国家出版基金项目
NATIONAL PUBLICATION FOUNDATION

舰船现代化

潜艇光电装备技术

主编　张坤石
参编　李　忠　彭旭煌　张秉铎　段　滔
　　　骆顺奇　王振华　刘爱东　何大华
　　　耿安兵　刘　娟
主审　陈福胜

哈尔滨工程大学出版社

内容简介

潜艇光电装备是海军光电系统的主要组成部分之一。本书以潜艇潜望镜为主线,从研究设计的角度,介绍了潜艇光电装备的类别、用途、工作原理,并较为详细地介绍了与此相关联的一些应用基础理论与技术:论证基础知识与作用效能评价、安装和动态环境条件的影响、结构总体技术、光学设计技术、系统与信息化技术、测距技术、红外热像技术、动态基座上光电设备的图像稳定原理;本书还从总体的角度专门介绍了国内外正在大力发展的光电桅杆与光电浮标技术、虚拟潜望镜与水下光电成像探测技术、潜用与舰用天文导航定位定向的原理、光电导航的概念与原理及相关技术。

本书是为相关专业研究生的授课所编写的教材,可作为有关院校军用光电与天文导航专业高年级学生、研究生的教学参考书,亦可作为有关研究人员及工作人员参考用书。

图书在版编目(CIP)数据

潜艇光电装备技术/张坤石主编.—哈尔滨:哈尔滨工程大学出版社,2012.12

ISBN 978-7-5661-0501-1

Ⅰ.①潜… Ⅱ.①张… Ⅲ.①潜艇-光电仪器
Ⅳ.①U674.76

中国版本图书馆 CIP 数据核字(2012)第 297192 号

出版发行　哈尔滨工程大学出版社
社　　址　哈尔滨市南岗区东大直街 124 号
邮政编码　150001
发行电话　0451-82519328
传　　真　0451-82519699
经　　销　新华书店
印　　刷　哈尔滨市石桥印务有限公司
开　　本　787mm×1 092mm　1/16
印　　张　47
字　　数　1 100 千字
版　　次　2012 年 12 月第 1 版
印　　次　2012 年 12 月第 1 次印刷
定　　价　240.00 元
http://press.hrbeu.edu.cn
E-mail:heupress@hrbeu.edu.cn

前　言

随着现代信息技术的飞跃发展和军事信息化建设的加速，潜艇光电装备技术发展迅猛。以光电桅杆和光电潜望镜为代表的潜艇光电装备已发展成为大型复杂的光机电一体化的军用信息装备，在国外，已成为潜艇信息网络的重要节点和倚重设备，受到前所未有的重视。现代光电潜望镜和光电桅杆广泛配置了凝视型红外热像仪、高清晰度黑白和彩色电视、对人眼安全的激光测距仪、数码相机等新型光电传感器，大大增强了其对目标的探测识别功能；为保证精确测量及光电图像的质量，广泛配置了高精度瞄准线或图像稳定系统；为了适应日益增强的潜艇与反潜战的需要，国外已大力研究虚拟潜望镜技术、光电浮标技术、水下无人潜器和潜射无人机技术、水下微光电视技术和水下激光成像技术等；为了适应未来复杂电磁环境下安全可靠航行的需要，国外正在大力发展基于多星矢量定位技术的现代光电导航技术，可以不用任何先验信息而自主确定运载体相对惯性空间的姿态；为了适应大潜深、复杂断面桅杆和水中壳体的力学设计需要，已广泛地采用有限元理论来解决潜艇光电设备的力学课题；为适应潜艇信息网络建设的需要，发展了将各光电传感器和其他波段传感器集成的潜艇综合成像系统。

本书系统全面地反映现代潜艇光电装备技术进展的要求，进行了大量新技术内容的编写。其中包括光电桅杆技术、光电潜望镜技术、凝视热成像光学系统的设计及应用技术、激光测距应用技术、虚拟潜望镜技术、水下激光成像技术、光电导航技术、光电装备的系统化技术、在潜艇光电装备的力学领域应用的有限元技术以及属于总体技术的效能分析与评价，系统整理了瞄准线与图像稳定的数学原理，增添了捷联式稳定原理的数学分析和电子图像稳定知识等。

本书的1，3，6，8章由张坤石研究员编写，此外还提供了7.7节、9.5节、10.7节、11.4节等编写内容。第2章由刘娟高级工程师编写。第4章由耿安兵研究员编写。第5章由彭旭煌研究员和骆顺奇研究员（5.8节）编写，彭旭煌研究员还提供了8.9节编写内容。第7章由段滔研究员编写，并审校了第3章。第9章由李忠研究员编写。第10章由何大华博士编写。第11章由王振华研究员和季必达研究员（11.1节）编写。

在本书的审校过程中，鲍晓静研究员审校了全部书稿，并提出了增添“效能分析与评价”内容的意见。陆炳哲研究员审校了第1，3，6，7，9，10章内容，提出了非常宝贵的修改意见，并提供了进行编写的大量国外发展资料及图片。海军驻中南地区光电系统军代室许中胜研究员审校了第1，6章，并提供了第6章部分编写稿。张建民高工、廖佳锋工程师审校了第8章。

本书的编写出版工作，得到了华中光电技术研究所领导和哈尔滨工程大学出版社领导和编辑的指导和大力支持，并得到华中光电技术研究所很多同志的帮助，黄晓君高工为本书进行了大量的组织协调工作，在此一并向他们表示衷心的感谢。

由于编者水平有限，书中难免有错误和不当之处，恳请读者批评指正。

编　者

2012年1月

目　录

第1章　绪　　论

1.1　潜艇光电装备的概念和类别

潜艇光电装备是指为潜艇或潜水器配套使用的光电设备，可分为两个类别：

(1)装于潜艇或可潜器上，用于探测水上目标的光电设备，主要有潜艇潜望镜、潜艇光电桅杆、光电浮标等；

(2)装于潜艇或可潜器上，用于探测水下目标或通过水介质探测水面及空中目标，保证自身航行安全及完成对空对海探测的光电设备，主要有虚拟潜望镜、水下激光成像及距离探测设备、水下微光电视监视设备等。

本书中所涉及的天文导航装备是指为海军舰船(包括水面舰船和潜艇)配套使用的天文导航定位定向设备，可分为三个类别：

(1)安装于水面舰船的天文导航设备，主要有天文经纬仪(或星体跟踪器)、全天候自主式天文导航系统、天文射电导航设备以及新一代光电导航设备等；

(2)安装于潜艇或可潜器上的天文导航设备，主要有专用的天文导航潜望镜以及多用途潜望镜中的测星定位定向分系统等；

(3)装于潜艇或可潜器上，用于海底地形/图像匹配的光电与水声组合导航设备。

潜艇光电装备和天文导航装备看似两种不同专业的装备，而因潜望镜的功能发展而相互融合。天文导航定位功能是当代光电潜望镜的主要功能之一，天文导航装备与潜艇光电装备二者之间形成了交互的不可分割的联系。由于天文导航技术相对的独立性，本书在最后一章中以阐述潜望镜天文导航系统的技术为主，并适当进行原理上和基础知识方面扩充，相对独立地对天文导航技术加以论述。

海基光电系统是现代军用光电系统的重要分支和组成部分，上述的潜艇光电及天文导航设备是海基光电系统的主要组成部分之一，其功能涵盖了潜艇的战术要求和航海要求两个领域。舰用光电、潜用光电、舰用天文导航是海基光电系统的三大主要装备系列。

潜望镜是潜艇第一位的对海对空侦察传感器，被誉为潜艇的“眼睛”。现代光电潜望镜通常分为三类：即光电攻击(指挥)潜望镜、光电搜索(多用途)潜望镜、天文导航潜望镜。前两类潜望镜，除配有目视观察系统外，还配有昼光电视、微光电视、激光测距、热像观察搜索以及照像侦察等光电探测手段。此外，光电潜望镜还较普遍地加装了 ESM 电子支援措施天线、电子战天线、GPS 天线、通信天线等，从而进一步加强了其侦察警戒、通信功能和卫导定位功能。现代光电潜望镜已发展为多用途的大型光机电一体化的信息化设备，可实现目视观察、红外热像与电视探测识别、测天定位、定向、激光测距、卫导定位、雷达警戒、无线电通信，并保留了对目标光学分像测距、测方位以及鱼雷发射瞄准等传统功能。

潜艇光电桅杆，系指从潜望状态的潜艇中能对空中、水面和海面目标进行昼/夜光电搜索和电子监视等用途的、不穿透艇体耐压壳体的多传感器高级成像系统(装备)。它是传统的潜艇潜望镜在当代高技术条件下进一步发展的产物，是更新换代产品。通常的光电桅杆，主要由处于艇外的光电回转头、升降桅杆装置和置于艇内的多功能显控台三大部分组成。目前各国研制的潜艇光电桅杆，以搜索型光电桅杆为主，另外还有攻击型光电桅杆、红外光电桅杆、雷达光电桅杆和小截面光电桅杆等类型。战术光电桅杆又称为光电搜索桅杆（SMS），是一种可完成多种使命的综合性桅杆，它具有电视与热像搜索警戒、卫导精确定位、雷达侦察警戒测向、电子战、通信、激光测距、目标位置测定等多种功能。由于其搜索的快速性和高度的自动化，其使用性能较穿透型潜艇潜望镜上了一个台阶，其侦察警戒功能得到了突破性的加强。在现代潜艇与反潜战中，在与对潜艇威胁最大的反潜直升机对抗中，潜艇光电桅杆将会发挥其先敌探测的重要作用；在现代高科技的信息战中，潜艇光电桅杆将成为潜艇作战平台信息网络的重要节点。

光电浮标是指潜艇不必上浮到潜望状态就可以使用的对海面以上目标进行探测的光电传感器平台，在国外又被称为遥控电子观察平台。由于不需潜艇上浮到潜望状态即可用它探测警戒，因而潜艇在水下一定深度便能够获取水面以及空中的目标信息，这就成为现代潜艇隐身的一个重要手段。

为战略核潜艇装备的高精度天文导航潜望镜，以及为远洋测量船配备的天文经纬仪（或星体跟踪器），可以完成高精度、自主式地完成系统校正惯导的位置和航向任务，为导弹的水下发射或远洋测量船提供精确的位置和航向，从而提高战略导弹的打击精度以及测量船测试目标的定位精度。它还可为潜艇发射巡航导弹提供精确的舰位和航向服务。新一代光电导航技术是基于多星矢量定位技术的一种新型天文导航技术。光电导航设备可广泛应用于各类中远程空、海作战平台，包括航母、驱逐舰、导弹护卫舰及战略核潜艇等。天文导航定位定向和新一代光电导航设备以其不怕干扰、全球导航应用范围大，不受地域、时域、空域的限制，设备简单、工作可靠、不受人制约等突出优势，具有战术使用上的极大优越性。

海底地形/图像匹配导航是将水下运载体敏感器（激光测距仪、水下电视摄像机、声呐仪）测的数据和已知海底图像数据进行比较来确定运载体位置的方法，其用途也是解决惯导水下精确校准问题。

潜艇水下成像探测设备是指用于保障潜艇及水下无人潜器水下航行安全、水下对空对海探测的光电设备。现有水下成像装备主要包括虚拟潜望镜、水下微光电视和水下激光成像装备。目前正在大力开发的水下对空对海探测的光电设备是虚拟潜望镜，其原理是通过海水对海面或空中的目标成像，以便对危险目标报警，或为潜艇上浮时的安全服务，为此项目的服务还包括水下电视设备。水下激光成像和水下激光测距设备一是采用光电方法对潜艇周围水中目标如水雷、船体、冰山、水底暗礁等进行探测、定位，以使潜艇能进行有效的避让，安全航行，或选择坐沉海底，保证其机动的安全；二是目前正在大力研发用于水下无人潜器对目标的探测的设备；三是用于水雷探测、识别与规避。因而，水下光电安全装备又可比喻为水下光电导航设备。总之，本书所阐述的潜艇光电技术，虽然涉及的具体设备有多种，但都有以下共同特性：

（1）都是基于光波段工作，以光电技术为基础的设备；

（2）其功能都是基于满足潜艇或可潜器战术要求或航海要求的设备；

（3）具有相同或相似的安装平台和使用环境。

1.2 潜艇光电与天文导航装备的发展概况

1.2.1 潜艇潜望镜的发展概况

潜艇潜望镜作为潜艇观察设备的代表,有着悠久的发展历史。潜艇潜望镜是一种大型精密的光学与光电设备,顾名思义,“潜望”一词是指能置身于安全隐蔽的位置,去观察难于直接观察或危险的区域。而潜艇潜望镜则使置身于水下潜艇内的艇员,观察到海面和空中的目标。

潜艇潜望镜随着潜艇的发展而发展。随着潜艇雏形的出现,为解决其对水上观察的需要,1854年,法国人玛丽·戴维曾为潜艇设计了一种具有两个反射镜的观察镜,其原理见图1-1,是早期原始潜望镜的代表。

实用光学潜望镜的雏形,则出现于20世纪初。英国的霍华德·格拉布,美国的西蒙·雷克,曾分别在20世纪的头几年,提出了有关潜望镜发展的专利。意大利的拉索和劳伦蒂,德国的蔡司等人,亦在稍晚一些时候,提出了潜艇潜望镜的方案。但是,潜艇潜望镜成为一种有实用价值的设备,只是在潜艇大量建造和需要的推动下才成为可能。随着潜艇鱼雷武器的出现和使用,要求潜望镜为其提供目标运动要素,并进行射击瞄准。这就推动潜望镜从一种简单的光学观察设备,向着多用途的综合光学仪器发展。

第一次世界大战末到第二次大战期间,潜艇潜望镜随着潜艇建造技术的不断发展而逐渐成熟:采用转像光学系统,比早期潜望镜可提供更大的视场;随着光学设计水平的提高,大大改善了潜望镜的像质;由于增透镀膜技术的应用,提高了光的透过率,增大了像的清晰度;为了满足观察者对视场大小不同的要求,设计了望远系统的高低倍率转换组件;为了提高测距精度,研制了分像测距器;为了防止潜望镜内部的光学零件生雾发霉,改善了潜望镜的密封性并充以干燥的氮气;随着潜艇密封技术的发展,使潜望镜管可进行360°回转以实施方位瞄准;潜望镜的高低俯仰范围超过了一个象限,以便于搜索空中的飞机;不锈钢锻造的密封外镜管,代替了原始的黄铜外镜管等。

图1-2所示为基本潜望镜的原理构造,可作为这种光学潜望镜时期的代表。

在世界潜艇潜望镜的研制历史上,美国的科尔摩根公司、英国的巴尔·斯特劳德公司、德国的蔡司公司是起步最早的公司,为潜艇潜望镜的发展作出了重大贡献。前苏联从1928年开始仿制德国潜望镜,曾是潜艇和潜望镜的生产大国。在该国出版的参考文献[1]中总结了第二次世界大战前各国潜望镜发展的情况以及光机潜望镜的相关技术。在该国出版的参考文献[2]中,则总结了第二次世界大战中各国潜望镜的有关光学设计技术。

潜望镜从出现到今天已经历了三个发展阶段,即早期光学潜望镜发展阶段、光机潜望镜发展阶段、光电潜望镜发展阶段。而潜望镜的发展是与它所承担的任务使命演变密切相关的。在潜望镜发展的头两个阶段,潜艇的作战需求甚至可以说是潜艇水下活动时对潜望镜的依赖,是促使潜望镜当时快速大量发展的主导因素。潜艇发展初期,迫切需要实现对水面的观察,以后随着军事用途的提出,鱼雷武器的出现,进一步要求潜望镜解决潜艇鱼雷攻击测敌运动要素、解算和攻击瞄准问题,并且由于水声设备起步较晚,因此,潜艇的潜望深度鱼雷攻击是对舰攻击的主要方式。这一需求推动潜艇潜望镜为鱼雷攻击服务功能的逐步发展和完善。当时的潜望镜功能中,从目标的距离、己舷角、目标舷角、速度、方位变化率的测量,参数的装定,鱼雷射击提前量的解算,一直到鱼雷射击时的瞄准指挥等,无不面面俱到。潜望镜过去曾充当过潜艇鱼雷射击时的唯一传感器、指挥仪和瞄准器,作为潜艇鱼雷攻击最主要的依赖手段而发挥过显赫的作用。

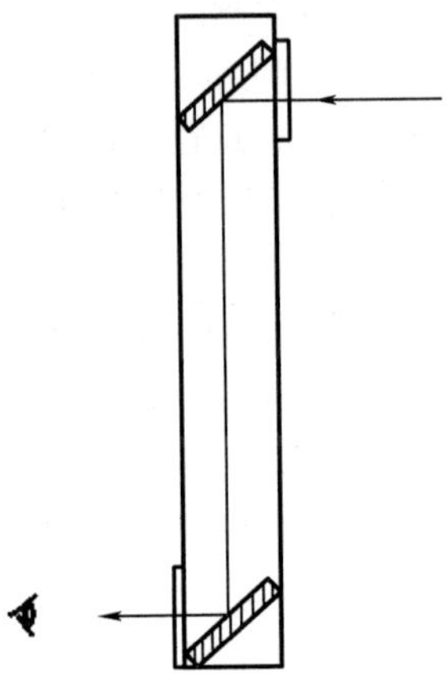

图 1-1 玛丽·戴维设计的简单潜望镜原理图

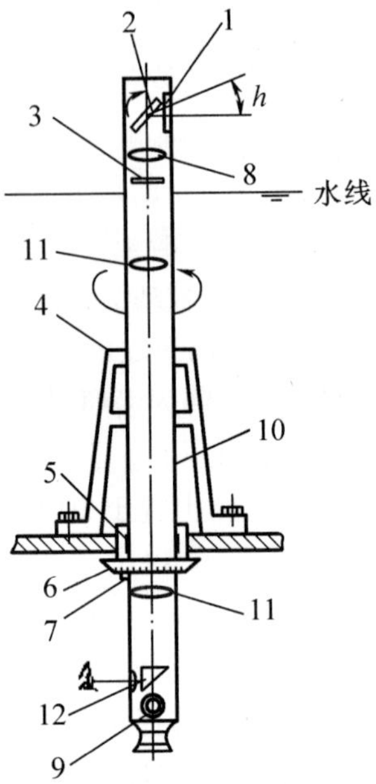

图 1-2 基本潜望镜的构造原理

1—头部观察窗口;2—上反射镜(或反射棱镜),可以进行回转以实现潜望镜的俯仰观察;3—分划板,可以用于对目标的瞄准;4—潜望镜的支撑装置,保证潜望镜在其中的升降和回转;5—密封填料函,保证潜望镜升降与回转时潜艇的密封;6,7—潜望镜方位度盘和指针,用于实现对目标的方位或舷角测量;8—物镜;9—方位推动把手;10—外镜管;11—转像透镜;12—下棱镜。

第二次世界大战后,水声探测设备逐步替代了潜望镜在潜艇鱼雷攻击中的主要功能,到目前已成为潜艇鱼雷攻击中占主要地位的探测传感器。随着潜艇探测手段的多元化要求及现代光电技术的发展,从20世纪70年代起,潜艇潜望镜向光电潜望镜发展。光电潜望镜有两大特点:一是以光电子技术为先导的各种传感器相继在潜望镜上获得应用,如电视摄像机、像增强器、激光测距仪和红外热像仪等;二是潜望镜桅杆的电子战功能有明显的加强,甚至可以替代潜艇的一根专用的天线桅杆。光电潜望镜是当今大多数拥有潜艇的国家使用的主流设备,已经发展为光机电一体化的大型精密、复杂的信息化装备。表1-1为国外与光电桅杆配套使用以及当代重要光电潜望镜性能一览表。

图1-3(见705页)为美国8B Mod3光电搜索潜望镜目镜头、上头部外形图,图1-4(见705页)为美国18型光电搜索页潜望镜目镜头、上头部外形图,图1-5(见706页)为美国90型光电潜望镜目镜头、上头部外形图,图1-6(见706页)为俄罗斯PARUS-98E光电攻击潜望镜目镜头、上头部外形图,图1-7(见707页)为英国CK043光电搜索潜望镜目镜头、上头部外形图,图1-8为德国SERO 400光电攻击潜望镜目镜头、上头部外形图,图1-9(见13页)为法国APS-20系列光电攻击潜望镜目镜头、上头部外形图,图1-10(见707页)为南非Ibol光电潜望镜目镜头外形图,图1-11(见708页)为美国76型潜望镜最新改进型目镜头、上头部外形图。

表1-1 国外光电搜索潜望镜性能一览表

国别	潜望镜型号	制造厂商	配套情况	外形尺寸		光学性能			摇摆与振动稳像措施	观察与探测成像系统	测距装置	观察与探测成像系统	照相录像与显控设备	电子战与通信天线	隐身性能	备注
				镜管直径 / mm	潜望力 / m	倍率	视场	俯仰范围								
美国	18 型光电搜索潜望镜系统	Kollmorgen	光电桅杆	190	10.97(18B) 12.6(18D) 13.1(18H)	1.5× 6× 12× 24×	32° 8° 4° 2°	-10° ~ +60°	导流罩,单轴瞄准线稳定,图像运动补偿	微光电视摄像机,高清晰度电视摄像机			图像运动补偿相机,数码相机,潜艇综合成像系统	组合 ESM 单脉冲自动侧向系统通信天线		到 2003 年共生产 76 根,装备洛杉矶级和海狼级核潜艇
	8B Mod3 光电搜索潜望镜	Kollmorgen	光电桅杆	190	10.97 14.2(8J 型)	1.5× 6×	32° 8°	-10° ~ +60°		3 ~ 5 μm 热像仪				ESM 通信天线 EHF		到 2003 年共生产 64 根,配套潜艇同上
	90 型光电潜望镜	Kollmorgen	86 型光电桅杆	190		1.5× 6× 12× 18×	32° 8° 4° 2.5°	-10° ~ +74°	双轴陀螺稳定瞄准线(1σ35 μrad)导流罩	8 ~ 12 μm 热像仪 CCD 电视	1.06 μm 激光测距可选人眼安全型	GPS	35 mm 相机,遥控数字或模拟数据总线	ESM 预警,侧向,通信天线	可见光、雷达、热隐身	出口型
俄罗俄	PARUS - 98E 光电攻击潜望镜	电气仪表中央科研所	PARUS - 98E 光电桅杆		8 ~ 13	1.5× 12×	45° 6°		瞄准线陀螺稳定系统,克服振动影响导流罩	微光电视目视观察	光学分像测距	GLONAS / GPS 天线	视频观察录像控制	ESM		
英国	CK043 光电搜索潜望镜	Pillkingten	光电桅杆接口(选用)	254	14.3	1.5× 3× 6× 12×	24° 12° 6° 3°	-15° ~ +60°	瞄准线稳定	热像仪微光电视	光学分像测距	潜望镜六分仪 GPS	35 mm 自动相机,遥控	ESM 预警,侧向,通信天线		模块化通用化设计
	CK038 光电搜索潜望镜	Pillkingten	光电桅杆接口(选用)	190.42	10.4	1.5× 6×	32° 8°	-10° ~ +60°	瞄准线双轴稳定	微光电视像增强器热像仪(选用)彩色电视(选用)	光学分像测距	GPS(选用)	35 mm 自动相机录像机遥控(选用)	ESM 全向(选用)通信(选用)	雷达吸波材料	模块化通用化设计
德国	SERO 400 光电攻击潜望镜	Garl Zeiss	与 OMS100 光电桅杆配套使用	190.5	11	1.5× 6× 12×	36° 8° 4.2°	-15° ~ +60°	高精度双轴稳定瞄准线数字瞄准线稳定技术	3 ~ 5 μm(或 8 ~ 12 μm)热像仪电视(750 × 750 像素)微光电视(1/10 000 Lex)	人眼安全激光测距仪	GPS(选用)	高分辨率数码相机(大于 2.5 m 像素)	ESM 预警(选用)		模块化设计
法国	PIVAIRSPS -S 光电搜索潜望镜	SAGEM		250	10.435	1.5× 6× 12×	36° 9° 4.5°	-10° ~ +80°	惯性稳瞄平台稳定瞄准线 1σ = 20″	热像仪 8 ~ 12 μm 288 × 4 IRCCD	光学分像测距激光测距(选用)	高精度六分仪	自动照相机,录像机	ESM 预警	头部涂 RAM	模块化设计
	PIV-AIRAPS - 20 系列光电攻击潜望镜	SAGEM	SMS - 30 系列搜索光电桅杆	190.5		1.5× 3× 6× 12×	30° 15° 7.5° 3.75°	-10° ~ +60°	单轴稳定瞄准线(可选三轴)	微光电视防模糊相机第三代 3 ~ 5 μm 热像仪(选用)高清电视(选用)	光学分像测距人眼安全激光测距(选用)	GPS	数字视频和快速录像遥控	ESM 预警	隐身性能	模块化设计
	M92 光电搜索潜望镜	SAGEM	光电雷达桅杆(OMS)	250		1.5× 6× 12× 24×	36° 9° 4.5°		惯性稳瞄平台稳定瞄准线	8 ~ 12 μm 热像仪(面阵)		高精度六分仪 GPS	遥控	ESM 预警	头部涂 RAM	

图 1-8 德国 SERO 400 光电攻击潜望镜目镜头、上头部外形图

分析表 1-1 和图 1-3~图 1-8 及图 1-10，图 1-12（见 708 页）可以看出，现代光电潜望镜从 20 世纪 70 年代起经过四十多年的发展，技术已经成熟，功能已趋完善，这体现在如下几点上：

1. 全天候的观测能力

应用红外热成像系统能使潜望镜实现 24 h 的全天候、昼夜观察监视，因此，对于潜艇的战术活动和夜间作战性能至关重要。目前，美、英、法等北约国家的潜艇，都配备有带红外热成像系统的潜望镜，甚至连日本、韩国、台湾等海军的潜艇潜望镜也都装备了红外热成像系统。

2. 一镜多功能

光电潜望镜的功能已经突破光学波段的范围，在其头部还集合了雷达预警测向接收天线、通信天线、卫星导航天线等，功能扩展到其他波段，使其真正具有了一镜多功能的优势。例如德国宇航雷达与无线电系统分公司研制的 USK 800 ESM 传感器，在潜望镜顶端安装的一根增强型的 ESM 传感器天线上，同时具有了 GPS 传感器天线功能和 VHF/UHF 通信通道的天线功能。

3. 利用计算机实现自动解算、数据自动输出和自动控制

现代光电潜望镜较普遍地采用了微机解算、图像信息的视频化、遥控台控制以及瞄准线的自动稳定控制。

4. 采用防振隐身技术提高使用航速

国外光电潜望镜较普遍的配备了导流罩或动力减振器，可使潜望镜上头部在水面划出的浪迹长度减少 60%。使用导流罩的潜望镜，其最高使用航速可达 15 kn，这无疑增加了潜艇潜望状态的机动性。另外，目前潜望镜的上镜头部较普遍地进行了减小雷达反射截面的优化设计并涂覆了雷达吸波材料（RAM），使其隐身性能大大提高。

5. 模块化设计制造

由于光电潜望镜技术的复杂性和制造的难度大,并且不同的潜艇提出的功能和技术要求又千差万别,为了缩短研制周期,降低生产成本,组装维修方便,扩展改进容易,以美国76型潜望镜为先导推出了模块化设计制造的技术,这是潜望镜设计制造技术的一次革命,这种技术在德国潜望镜、英国潜望镜和法国潜望镜的发展中也得到了系统的考虑。

光电潜望镜经过几十年的发展,其性能已日趋完善,要进一步提高其性能指标,潜力越来越小。因此,国外的几个主要潜艇大国的潜望镜制造商从20世纪80年代起已把研制的重点放在了光电桅杆上,至20世纪末国外主要潜艇大国已经出现光电潜望镜向光电桅杆变革,二者并存发展的局面。

但从全世界大多数具有潜艇国家的现实情况来看,穿透式光电潜望镜依然是其使用的主流设备,在未来很长的一段时间,依然会发展并保持其重要地位。

1.2.2 从光电潜望镜到光电桅杆的发展

第二次世界大战后,潜艇与反潜战曾成为海上军备竞赛的主要斗争形式。为此,美国和前苏联都各自建造了大量的常规潜艇和核潜艇,而为此配套使用的潜艇潜望镜技术亦得到了快速的发展。据不完全统计,自第二次世界大战后,美国、前苏联、英国、法国、德国等各国研究发展的新型号潜望镜就达到两百多项,生产的潜艇潜望镜总数达上万根之多。各国潜望镜技术在继承发展过去光学潜望镜和光机潜望镜技术的基础上,从20世纪70年代开始,由于光电子技术、计算机技术、自动控制技术的发展应用,已快速地向着光电潜望镜转变。

光电桅杆的出现完全是潜艇观通技术领域的一个新概念。其最早是由美国的科尔摩根公司提出的。1976年科尔摩根公司作为一个重要的潜望镜生产制造商,正式提出了最初光电桅杆原理供美国海军评审。到20世纪80年代,科尔摩根公司正式启动了开发非穿透耐压壳体的光电桅杆计划。此后,其他各国的潜望镜制造商如英国的泰利斯光电子公司、法国的萨捷姆公司、德国的蔡司光电子公司、俄罗斯的罗蒙联合股份有限公司以及日本的尼康公司相继开发了各具特色的潜艇光电桅杆。如今,三十多年过去了,光电桅杆已从概念、原理样机发展为工程型号。尤其是美、英、法、德等国已在新型核动力潜艇或常规潜艇上配装了光电桅杆,开创了光电桅杆应用的新局面。目前光电桅杆一些潜在的优点已经得到广泛认识,如相对于穿透式潜望镜设计而言隐身性更高、对艇体的改装要求更低及适装性和安全性更高等。目前大多数的配置情况是一根穿透式光电潜望镜与一根光电桅杆,也有的情况是两根全部配置光电桅杆,如英国CM010光电桅杆,美国PMP光电桅杆系统。表1-1列出了与光电桅杆配套使用及重要的当代光电潜望镜性能一览表。

要理解从光电潜望镜到光电桅杆的发展演变,应该从作战需求、武器平台信息化改造、穿透式潜望镜技术的局限性和光电技术发展四个方面来进行分析。

1. 航空反潜战的发展与潜艇对空警戒探测需求

随着潜艇威胁的增大和科学技术的进步,航空反潜得到迅速发展。国外各主要海军国家,在护卫舰以上级别的舰艇上,大都装备了反潜直升机;反潜巡逻机的数量也在日益增加，从而弥补了水面舰艇航速慢，对潜探测距离近的缺陷，大大加强了反潜作战能力。当今反潜直升机与固定翼反潜机已使潜艇的空中威胁日益严重，而这种威胁对潜艇而言，更带有突发性的特点。为了对付这种局面，潜艇除了大力提高隐身性能、机动性能和降低水面暴露率外，大力加强对空探测技术和应付手段便成为潜艇发展的一项急迫需求。

现代潜艇强烈的防空警戒需求，赋予潜艇光电装备以新的历史使命，是推动潜艇光电装备发展的“热点”。光电桅杆和虚拟潜望镜、光电浮标的出现，以及随后出现的潜射无人机等将为承担这种新的历史使命和功能角色的改变作出贡献。

2. 军事信息系统一体化发展的需要

一体化的 C4ISR 系统是实现信息化武器装备系统综合集成的重要前提。从 1989 年开始，美国对其“烟囱”式的军事信息系统进行改革，重点发展一体化军事信息系统。作战平台信息化改造，不仅可以使武器平台具有强防护力、远航程、高机动性和高隐身性，更重要的是具备对战场信息的获取、传递、处理、再生和应用等一种或几种功能的信息能力，其结果是将机械化作战平台改造为信息化平台。美军认为，“网络中心战”将牵引 C4ISR 系统更显著地进入杀伤链，随着新的核心能力出现在战场，在作战能力方面更大的、实质性进步的时机正在出现，C4ISR 系统正在成为战斗力的核心。而潜艇光电桅杆到今天已发展成为潜艇作战平台信息网络的重要节点和倚重设备。

3. 传统穿透型潜望镜构造的局限性

光电潜望镜经过三十多年的发展，已发展成为大型精密的、集光机电一体化的复杂设备；而与此相应的，是由于其在构造上的局限性，它在防空警戒探测方面的缺陷也暴露无疑，在现代航空反潜战与武器平台信息化发展中遇到了强烈的挑战。

(1) 光电潜望镜观察系统是以光学原理为基础的，光学传递图像通道是它的主要构成部分，这种细长的传像桅杆是从艇外一直穿透到艇内，细长的传像桅杆要由多个支点支撑，既要升降，又要解决深潜时的密封问题，使用时又受到很大的流体动力，造成转动力矩大、转动惯量大，方位回转不灵活，无法适应和达到潜艇的防空警戒高速搜索要求。

(2) 主要利用光学系统的直接成像，用人眼直接观察空中目标，不但效率极低，而且延长了镜管外露时间，造成了自我隐蔽性的降低；单人观察不利于信息资源共享，是属于“烟囱”式的信息设备，非常不利于潜艇作战平台综合化、信息集成化的发展。

4. 科学技术的进步提供了发展演变的可能性

光电桅杆是在传统潜望镜的构造形式越来越不能适应现代潜艇技术发展要求的推动下，伴随着光电子领域的新技术、自动控制技术、计算机技术的发展而发展起来的。可以想象，如果没有源于光电子领域的高清晰度电视的发展和可靠性的提高，使其图像的分辨率和可靠性达到与潜望镜光学系统成像并驾齐驱的程度；如果没有红外热成像技术的成熟，人们也不敢想象用这种系统代替传统潜望镜。而恰恰是 20 世纪 70 ~ 80 年代这些现代技术的成熟，提供了这种条件。表 1 - 2 列出了美国 86 型潜望镜与穿透式潜望镜（18 型）作用距离性能比较。表 1 - 3 列出了美国测试得出的 86 型光电桅杆电子成像与传统潜望镜可靠性比较。

表 1 - 2 中高清晰度电视的作用距离皆超过目视作用距离，而热像仪在夜间的作用距离

也将大大超过目视距离(表中未列出)。表 1－3 中光电子成像系统总的可靠性已与目视系统可靠性相当。

表 1－2 美国 86 型光电桅杆与 18 型穿透潜望镜作用距离性能比较 单位:km

设备＼等级	目标尺寸	探测概率		识别概率(乐观)		识别概率(保守)	
	m	50%	95%	50%	95%	50%	95%
潜望镜目视(典型)	15×15	22	18.2	16.8	13.5	15.8	12.2
	7×6	17.8	15.1	12.9	9.5	11.7	8.6
高清晰度电视	15×15	26.8	23	20.4	15.9	18.6	13.9
	7×6	21.5	17	14.3	9.5	12.3	7.8
彩色电视	15×15	22.5	18	15.1	10.	13	8
	7×6	16.3	11.2	8.8	5.1	7.1	4
热成像	15×15	22.3	18.8	16.6	11.4	14.9	8.6
	7×6	18.	13.8	10.1	4.9	7.5	3.7

表 1－3 电子成像与传统潜望镜可靠性比较

项目	MTBF/h
传感器组件	2 450
彩色摄像机	13 194
高清晰度黑白电视摄像机	21 991
前视红外摄像机	12 025
人眼安全型激光测距仪	11 433
耐压电缆带 / 穿透装置	200 000
所有的艇外部分	2 420
整个光电子系统	1 681
传统潜望镜	1 654

1.2.3 舰用天文导航设备的发展概况

二百多年来,世界上大大小小的水上、水下的海上舰只,几乎全部都装备着六分仪、天文钟、各种算表和航海天文历。但是,直到二次世界大战结束,舰用天文导航设备的发展是极其缓慢的。第二次世界大战后,海军舰船和武器得到迅速发展,常规动力远洋潜艇数量剧增,核动力弹道导弹潜艇、靶场测量船和海洋测量船相继出现。为了保证航行安全、作战机动,有效地发挥现代武器的作用和提高打击精度,迫切需要高精度、全天候、全球性和高可靠性的导航设备。近代科学技术和工业的发展,提供了海军装备发展的基础。于是,天文导航设备也开始脱出古典设备的框框,和其他装备一起,得到蓬勃发展。

天文导航设备发展的一个方面,是解决潜艇的水下天文定位和定向问题。使用普通六分仪,必须在黎明或黄昏,把潜艇浮出水面进行天体观测,这将给潜艇带来极大的危险。解决问题的方法是潜艇在潜望深度通过潜望镜进行天体观测。20 世纪 50 年代,国外潜艇天文导航设备的发展,曾出现过一个研究发展的热潮。苏、美、英、法等国一方面是在常规潜艇的潜望镜上改进加装六分仪装置,使其具备水下潜望状态的测天定位功能;另一方面是适应弹道导弹潜艇的出现,为解决潜艇水下精确天文定位和定向问题,美国研制了 11 型天文导航潜望镜系统,前苏联则成功地制造了"里拉-1"天文导航系统。

舰用天文导航设备发展的另一个方面,是随着靶场测量船和海洋测量船的出现,全自动的星体跟踪器研制和装舰。测量船要完成对空间飞行体的测量,必须在船上装备精密测量定位设备。而要想准确地捕获和实时连续地跟踪飞行目标,并精确地测得轨道参数,则必须要知道测量时刻本船的精确舰位和姿态及航向航速等参数,而这些参数由船上的综合导航系统提供。天文导航是综合导航系统的主要设备之一,天导的作用是对惯导进行船位和航向校正,尤其航向校正更为重要。1964 年美国法兰德公司和斯佩里陀螺仪器公司共同研制了 FAST 星体跟踪器,此后又研制了 NAST 星体跟踪器。前苏联也在其靶场测量船上安装有光学自动定向仪。

直到今天,舰用天文导航系统已从传统的光机式系统向高精度、自主、小型化、全自动光电信息获取与处理技术高度集成的新型光电系统方向发展,逐步克服以往系统体积大、设备复杂、导航精度低等缺点。例如,俄罗斯现役"德尔塔"级弹道导弹核潜艇和"台风"级弹道导弹核潜艇均装有天文/惯导组合导航系统,采用天文定位定向方法对发射基准进行初始对准,前者可使潜艇定位精度达到 0.25 n mile(1 n mile = 1 852 m),使弹道导弹的命中精度达到 370 m,后者可使导弹命中精度达到 500 m。美国现役的"俄亥俄" 级弹道导弹核潜艇上装备的天文/惯导组合导航系统,采用同样方法,可使弹道导弹的命中精度达到 90 m。法国弹道导弹核潜艇"凯旋"级和"不屈"级装有 M92 光电搜索潜望镜,其高精度的天文导航分系统,采用天文定位定向方法对发射基准进行初始校准,可使 M45 型潜射弹道导弹的命中精度达到 400 m。

大视场多星定位技术是 20 世纪 90 年代发展起来的一种新型原理的测天定位技术,在国内又被称为光电导航技术。与传统的以高度差为基础的天文导航设备不同,其特点是,一次测多星、没有运动机构、全自动、系统光机构造简单,其构造原理更像一台天顶摄像机。其工作过程由大视场成像、多星目标同步提取、星图识别、导航解算等几步组成。其最大优点是可不借助任何先验信息而自主确定运载体相对惯性空间的姿态。目前在一些国家已有多种产品在航天、航空和航海领域得到应用。这种测天定位原理是随着大面阵 CCD 成像技术和计算机技术的发展而发展的。其定位精度预期可以较小视场、单通道、以高度差为基础的天文定位设备提高一个数量级,达到几十米的水平。其发展和使用可以与 GPS 定位系统并驾齐驱,而较之 GPS 定位要自主、不受干扰、可靠性好。

1.3 潜艇光电与天文导航技术的特点、作用与发展趋势

1.3.1 光电子技术的特点及在高技术战争中的作用[7]

1. 光电子技术的特点

潜艇光电与天文导航技术的基础是光电子技术,而光电子技术是光波段的电子技术,其最根本的特点是波长短、频率高。

(1)光电子技术的优点

光波的波长要比微波短得多,因而,它较微波(或雷达波)呈现下列优点。

①角分辨率高　雷达分辨率由下式决定,即

$$\Delta\theta \propto \lambda/L \tag{1-1}$$

式中　λ——雷达波长;

L——天线口径尺寸。

雷达波长一般在厘米量级,而光波长短波端在纳米、微米量级,相差 5 个量级,因此在天线尺寸小得多的情况下,其角度分辨率可达毫弧度量级及微弧度量级,而雷达则很难达到如此高的角分辨率。

②距离分辨率高　脉冲雷达的距离分辨率由下式决定,即

$$\Delta R = \frac{c}{2B} \tag{1-2}$$

式中　c——光速;

B——雷达信号带宽(为脉冲宽度的倒数)。

目前,军用激光测距仪脉冲宽度在纳秒量级,其距离分辨率为米的量级,而雷达波也是很难做到的。

③频带宽、信息容量大　光波频率大约是微波频率的 10 万倍,因而它的带宽与通信容量也可相应提高 10 万倍。

④光谱分辨率高　多光谱、超光谱成像技术不同于传统的单一宽波段成像技术,而是将成像技术和光谱测量技术相结合,获取的信息不仅包括二维空间信息,还包括随波长分布的光谱辐射信息,形成所谓的“数据立方”,丰富的目标光谱信息结合目标空间影像极大提高了目标探测的准确性,扩展了传统探测技术的功能。

⑤光电成像探测是被动方式工作,因而其抗电磁干扰性能好。

(2)光波传输的特性

由于光波的波长短,其波长已和大气中的悬浮离子尺寸处于相同的量级,因而吸收与散射严重,受天候的影响大,在大气中的传输距离较近;

光波在水中传播的散射吸收更大,作用距离受到更大的影响。

光在光纤中的传播与光波波长、光纤材料和材料的纯度有关。目前可以做到石英光纤,对波长 1.55 μm 的损耗每千米不到 1 dB,所以被大量应用于通信领域。

2. 光电子技术在高技术战争中的作用

光电子技术作为信息技术的一个重要支柱,在高科技战争即现代信息战争中将起着关键的作用。由于光电对抗的发展,光电子技术不仅限于获取、传输、处理和显示信息,而且它已发展成为一种压制和摧毁敌方有生力量的武器。光电子技术在高技术战争中,即信息时代战争中的作用可以归纳为以下几点:

(1)看得更清

看清敌我态势和看清作战目标是在战争中取得主动的前提,可以依赖光电子技术获取的高分辨率图像信息情报,准确分析敌情;可以依赖红外热像信息识别目标和伪装,迅速准确地分析判断战场态势。

(2)反应更快

高技术战争中情况瞬息万变,要想克敌制胜必须有快速反应能力。光电子技术借助光纤大容量信息传输,特别是高速实时传输能力和光电子信息处理技术,能提供快速反应所必需的信息,而且光电系统的设备体积较小,质量轻,动态操控性能好,为快速反应提供了前提。

(3)打得更准

精确打击是高技术战争的又一特点。光电子技术对提高各种武器的命中精度起到了关键作用。光电子技术依靠分辨率高的特点,在对目标进行精确定位和实施精确打击应用中越来越受到重视。

(4)生存能力更强

利用光电子技术获取敌方情报,属于被动方式工作,隐蔽性好。由于不辐射电磁波,因而不易被敌方发现;另外,因为不受电磁波干扰,所以能在强电磁辐射环境下生存。

1.3.2 潜艇光电与天文导航装备技术的发展趋势[24]

1. 国外潜艇成像系统的发展

从信息技术的观点来看,潜艇光电装备可看成潜艇为获取空中水下等周围环境信息的传感器,是潜艇获取外部信息的源头之一。

从信息技术的角度看,光机潜望镜发展时期可列入信息化武器装备的单一功能发展时期,而光电潜望镜的出现和发展,则适应了信息武器装备的系统发展时期。随着信息武器装备系统向综合一体化发展,潜艇光电装备已向着光电桅杆、综合光电成像系统发展演变,将改变各设备、各个分系统间信息流通不畅,缺乏互联、互通机制,“烟囱林立”,相对闭塞的“信息孤岛”状态,而形成全艇网络化的综合监视系统,可使潜艇的信息、侦察和监视能力发生根本变化。图1-9列出了国外潜艇光电成像系统的发展状况。

总结图1-9,国外潜艇成像系统目前正在大力发展的技术是光电桅杆技术,包括穿透潜望镜技术改造的综合成像系统技系统、虚拟潜望镜系统、光电浮标系统以及与潜艇有关的无人机和水下潜器成像系统等。

有关光电桅杆的发展趋势的论述见第9章。

2. 穿透式光电潜望镜发展趋势

对于大多数拥有潜艇的国家而言,穿透式潜望镜在可预见的一段时期,均是其使用的主流信息设备;而对于已经装备光电桅杆的国家而言,与之配套使用的穿透式潜望镜同样需要继续发展。

(1)信息的综合化、集成化

为了满足潜艇网络中心战的作战要求,必须对原来处于“信息孤岛”状态的穿透性潜望镜进行彻底改造,一方面是加装红外热成像系统和和电子战系统,以增强其信息探测功能;另一方面是改装实施潜艇综合成像系统,将现有潜艇潜望镜成像系统统一整合在一个综合成像系统的平台上,成为潜艇能安全有效地利用其监视能力和武器能力所不可缺少的一部分。这其中必须加强并改进以下技术:

①进一步强化电子战功能;

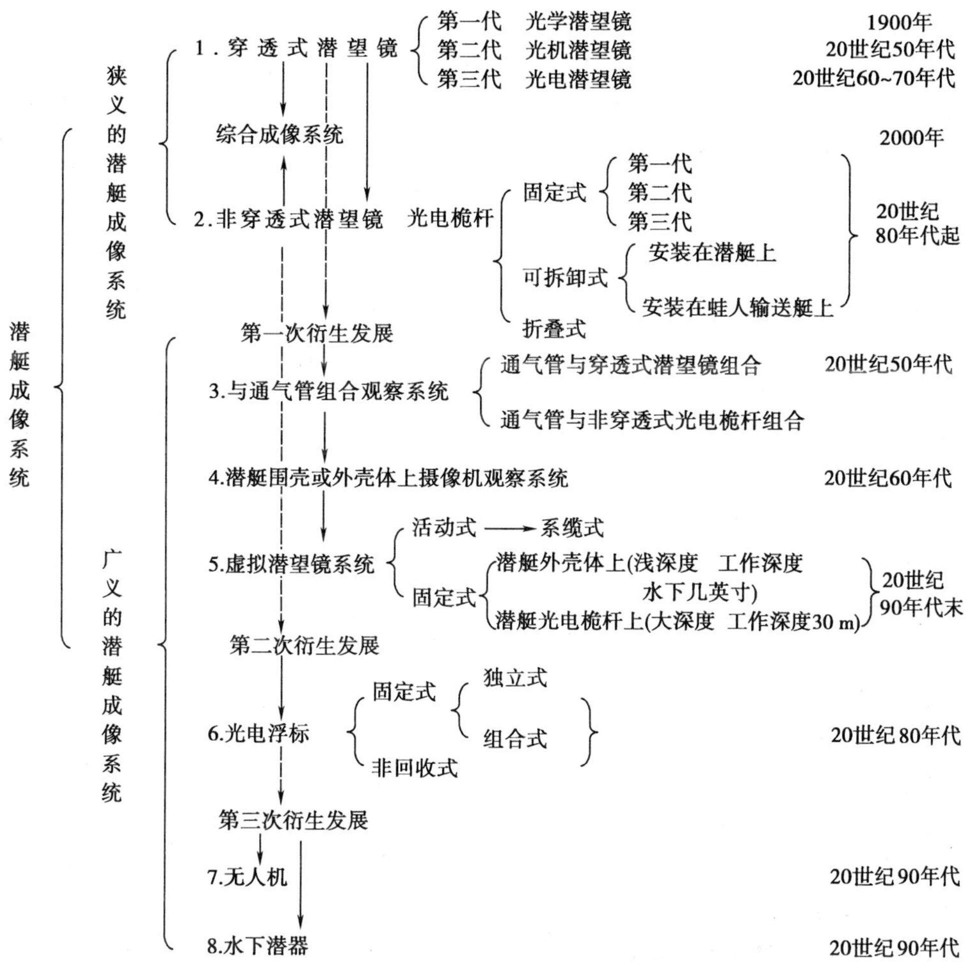

图 1-9　国外潜艇光电成像系统的发展状况

②大力研究开发传感器融合技术；

③研究解决自动对空监视功能；

④研究解决视频自动探测和目标跟踪功能等。

(2) 大力加强隐身性能

通过头部外形优化设计，涂雷达吸波材料等加强其雷达隐身性能。通过减少头部红外辐射面积，改变红外辐射特征，涂覆多波段隐身材料等提高红外隐身效果。通过使用可升降导流罩等降低使用时激起浪花高度，以达更好的可见光隐身效果。

(3) 模块化设计技术以及嵌入技术与高性能传感器的应用

随着现代高科技的光电传感器如数码相机、高清晰度电视、高清晰度红外热像仪、双色探测器、增强型微光电视摄像机等不断出现和成熟应用，潜望镜必须跟上发展潮流，性能不断改进。为此，模块化设计技术和嵌入技术可以起到决定性的作用。

(4) 瞄准线稳定图像稳定技术大力开发应用

随着光电传感器性能的提升，对图像稳定精度要求必然提高，如现今图像稳定精度可达一个像元对应物方张角约 30 μrad 的水平。而随着高清晰度成像传感器的采用，对图像稳定的精度要求必然会成倍地提高。为此，一方面是提高机电式陀螺稳定系统的稳定精度，还应开发电子稳像技术，以适应数码成像技术越来越多的应用情况。

(5)全向潜望镜技术

全向潜望镜的优势是一目了然的。它不需转动即可监视360°周围环境。随着全向摄像机技术有了突破性进展和计算机图像处理软件技术的成熟,该项技术走出了设想阶段,进入工程型号的研制。该项技术用于24 h周围环境的监控,对于保证潜艇的安全,具有十分重要的意义。

3. 水下光电成像探测技术的特点、作用和发展趋势

美国海军认为,浅水区域是有点令人担心的区域。因为这个区域舰船所具有的活动范围很小,潜艇所能选择的机动余地十分有限。尽管雷达、声呐及其他探测系统都取得了很大进展,但对潜艇而言,只有通过潜望镜观察时,潜艇艇员才确信潜艇周围是否存在威胁目标。而这必须使潜艇上浮到水面附近升起潜望镜才行。这种观察方式,牺牲了潜艇本身的隐蔽性,限制了潜艇的航速,同时也增加了与水面舰船碰撞的危险性。为了解决这个问题,他们正在发展一种"虚拟潜望镜"的光电装备,用于潜艇从水下去观察水面及空中的目标。这种技术的开发,将开创潜艇不用升到水面就能从水下通过光电技术探测空中与水面目标的先河,提高潜艇对空中目标探测的效能,并提高潜艇的隐蔽性和机动性。

由于虚拟潜望镜技术的出现,所以潜艇在某些情况下,可以不必升起潜望镜。虚拟潜望镜是一种完全在潜没的水下平台上能向上观察海面目标光学传感器。更明确地说,它是从水下观察海面目标的一种潜望镜。

虚拟潜望镜技术除提高了潜艇隐身性能外,当潜艇需要上浮到潜望镜深度时,它可以在最大程度上减少与水面舰船碰撞的概率。

据不完全统计,国外从1900年潜艇出现到1990年的90年间,潜艇所发生的非海战事故有500多起,造成近300艘潜艇沉没。这些事故的发生,多数是由于潜艇与水面舰船相撞、非海战触雷以及触礁搁浅等造成的。可以设想,如果潜艇上安装了性能良好的探雷避障和水下导航设备,这些事故就可以大大减少。为此,世界上一些主要海军大国都把潜艇的防雷避碰以及水下导航技术放到了一个重要位置来发展。

目前,水下目标探测手段主要有主动声呐、声呐测深仪、水下激光成像探测设备和水下电视等。

主动声呐和声呐测深仪是利用声波反射来探测水中目标的,作用距离较远,是目前潜艇水下防雷避障、进行水下导航机动的主要依靠手段。但由于声呐在垂直方向上的探雷避障能力不足,当潜艇在上浮和下潜时,它不能及时发现水中目标;而声呐在探测海底及其附近目标时,又容易产生较强的海底混响,严重干扰目标探测与识别;再者声速传播较慢,对于行进中的潜艇而言,留给它的反应时间太短。由于以上种种原因,以声呐为主的潜艇水下安全及导航系统仍不能很好地满足现代潜艇发展的需求。

水下电视成像系统由于视觉直观、图像清晰而得到发展,广泛应用于水下打捞、水下景物拍摄、水下作业、水下考古等场合。据报道,英国和俄罗斯的潜艇的围壳上装有水下电视系统,主要是为了解决潜艇上浮时的安全避让问题。

水下激光成像系统,利用波长为海水透过"光学窗口"的蓝绿激光作为照射光源,能减少海水对光的吸收,通过距离选通避开后向散射或通过同步扫描使激光照射区域和接收系统的瞬时视场同步,以克服后向散射,可使作用距离大幅度增加,从而达到在潜艇上实用的水平。这种系统相比现用的声呐安全系统具有图像直观、分辨率高、隐蔽性强、反应时间快等优点,是目前世界有关国家正在大力研究开发的水下光电探测设备。

4. 无人潜器和无人机技术[37]

由于潜艇光电装备作用范围的限制以及使用隐身的要求,目前美国、英国、法国、德国等海军部门都在开发与之相关联的无人水下潜器和无人机技术。这些技术大大扩大了潜艇实现情报、监视、侦察、通信中继、目标定位、战果评估、电子对抗、诱饵、攻击等作战任务的范围和效果,提升了潜艇的综合作战性能。二者都需要配置光电探测手段,为潜艇提供扩大视野的图像信息。

5. 天文导航技术装备的特点、作用和发展趋势

(1)在现有的导航方法中,天文导航的历史最为悠久。它之所以时至今日仍然具有强大的生命力是因为:①它是自主式的,不需要任何地面或空中设施配合工作,因而设备简单并且隐蔽好;②它不但定位精度高,而且能提供其他导航方法目前尚达不到的航向精度。

(2)由于以上特点,使天文导航定位方法具有以下的战术优越性:

①不怕干扰,特别适用于战争条件下使用。因天文导航使用天空中的星体作为导航信标,而且星体是谁也拿不走、打不掉的,不怕外界电磁波的干扰破坏,具有隐蔽、安全、可靠、生命力强等特点。特别是当对方施展强力无线电干扰使卫星导航和无线电导航设备无法正常工作时,启用天文导航,这对于保证己方战略核打击威力及其战术优势,无疑有着深远的意义。因而,进入 20 世纪 90 年代以来,随着战争模式由陆战向海战到空战的立体作战方式的转变,特别是当今以大规模的电子压制为先导的电子信息战的出现,导致拥有卫星自主权以及惯导技术遥遥领先的国家,仍致力于中远程兵器作战需要的天文/惯性导航技术的研究。

②天文导航定位,全球导航应用范围大,不受地域、时域和空域的限制,定位、定向误差不随时间的增加而增加,也不会因航行距离的增加而变大。与卫导和无线电导航相比,不需要设立陆基台站和向空间发射轨道运行体,设备简单,工作可靠,不受别人制约。

(3)惯性导航是利用陀螺仪和加速度计的空间惯性,测出舰船航行中所处的地垂线变化,来确定舰船的地理位置和航向的。它是一个自主式导航系统,具有较高的精度,是现代舰船的导航中心。但是由于存在陀螺漂移,惯性导航系统的舰位和航向指示误差,将随着时间的增长而增大。位置漂移误差在平时可以用卫导定位系统来校正;航向误差(一昼夜漂移可达 2′ ~ 3′)的校正目前精度上可行的办法只有靠天文定向和发展依靠静电陀螺监控器技术。

从过去几十年天文导航技术的研究与发展状况来看,欧美一些军事技术发达国家仍然把天文导航技术的发展放在比较重要的位置,并注重实效,进行新的天文导航理论和方法的研究。这些都是由以上所述天文导航技术的独特军事地位所决定的。

(4)舰船天文导航技术今后的发展趋势

①发展全新的光电导航技术。新一代光电导航是集星光导航与激光陀螺导航于一体的一种新型导航设备。由大视场星体跟踪器、短波红外星体跟踪器、双频干涉激光器、信号处理与智能解算模块等部分组成。其基本原理是在已知"天体 - 地球"运动规律的基础上,通过多波段光电传感器被动探测天体位置及利用双频干涉激光器产生的激光在闭环光路中的撒格拉克效应来感知平台的基准和姿态信息,经智能解算模块实时进行空间几何解算,确定"天体 - 地球 - 载体"关系,以获得平台的位置、航向、姿态、速度等信息。对于大气层外用的光电导航设备,可以配置使用双色折射测量仪,突破自主提供高精度水平基准的

技术关键,使导航定位精度达到接近 GPS 的水平。

光电导航技术与传统天文导航相比,具有可靠性高、自主性更强、体积小、精度高的特点;与传统的惯性导航技术相比,具有经济性好、易于安装、无误差累积效应和重调周期(实时自主重调)的原理性技术优势;与其他电子导航技术相比,具有隐蔽性高、不受干扰、不需人工信标等优点。光电导航技术可以成为与传统惯导、卫导互为备份、互为补充、互为冗余的关系,是新一代平台总体、信息系统和武器系统的必需装备。

②研究地磁导航技术。利用舰艇平台的的光电蒙皮,通过感知地磁的变化来实现地磁导航,也是一项极具发展潜力的导航模式,其精度取决于“地磁网络”的数据精度以及系统的测量精度,同样具有自主、被动、不漂移、不受干扰的优点。

③天文导航技术的发展。重点集中在大力提高其定位定向精度,与射电天文技术和大视场天文导航技术有机结合,实现全天候和全球昼夜导航,使天文导航的实用性更强。

1.4 潜艇光电装备战技指标论证的基础知识与思路

1.4.1 概述

1. 绪言

潜艇光电与天文导航装备一般都属于大型复杂的设备,有的是潜艇综合导航系统的一个分系统,有的是潜艇武器指挥控制系统的组成部分。因而,装备型号的开发是一项系统工程。在装备型号的开发过程中,从确定型号的目标,开展研究设计与工厂试制,到装备定型,其中有待解决的问题千头万绪,工作环节纵横交错,必须按照复杂装备系统工程的要求,进行科学的统筹规划,方能保证装备型号研制工作的顺利进行。论证工作在潜艇光电装备型号开发中处于重要地位,是装备型号开发前段的关键环节。本书是以介绍潜艇光电技术为主,之所以在此涉及论证问题,是因为:

(1)光电装备的论证涉及到其使命任务和技术指标,它把装备的战术使用与装备的性能指标有机地联系起来,这对理解光电装备的原理、用途以及本书中所阐述的有关内容可起到提纲挈领的作用;

(2)作为潜艇光电装备的开发者,经常会涉及论证的问题,因此必须具备一定的论证知识;

(3)潜艇光电装备的论证,尤其是战术技术指标论证,带有鲜明的光电技术的特点,必须单独加以介绍。

而且,在潜望镜长期的开发实践中,我们已经积累了一些有关战技指标确定的考虑方法。因此,在此节中将重点介绍潜艇光电装备战技指标论证特点的一些基础知识、潜望镜战技指标的确定思路等内容,而对论证的概念、模式与过程则只作简单介绍。

2. 论证的概念意义和行为特征[3]

(1)论证是一项科学研究活动

论证是运用科学的理论方法和手段,对论证项目中所涉的对象系统进行一系列的分析与综合,并在提出多种可行的备选方案的基础上进行优化,从而选出最满意的方案,为有关决策提供科学依据的过程。

(2)武器装备发展论证的意义

武器装备发展论证是为武器装备发展和建设服务的,要为决策者或决策机构提供这方面决策的科学基础,发挥决策支持和参谋咨询作用。而且一旦其研究结论为决策者所采纳,它又是执行决策和工程实施的科学依据。

(3)论证行为的特征

①论证是围绕某个论题及其方案所进行的一系列研究;

②论证是一项主要为决策服务的前期研究活动;

③论证的任务是为有关判断与决策提供充分的科学依据;

④论证的目的是为了保证决策的有效性和科学性。

3. 潜艇光电装备发展型号论证的模式和主要过程[3]

潜艇光电装备发展型号论证的全过程通常包括下列四个论证阶段(图 1－13)。

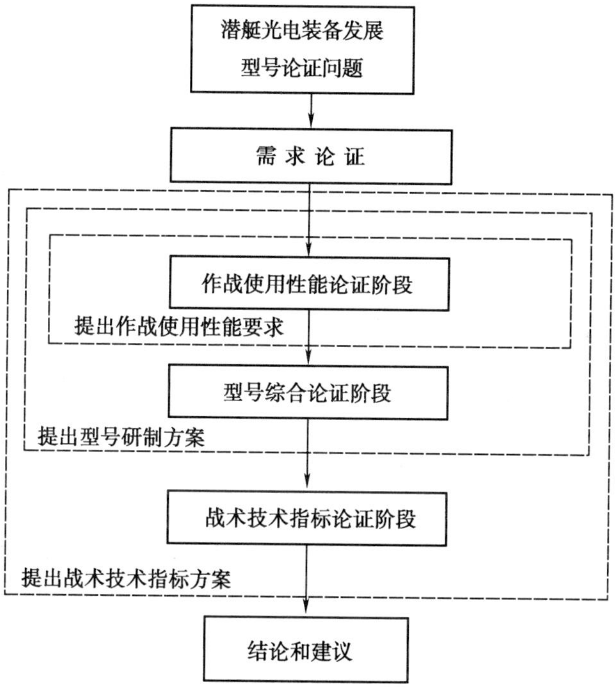

图 1－13　潜艇光电装备发展型号论证全过程

(1)新装备型号需求论证阶段

新型装备型号的需求问题,是型号论证中最原则、最根本的问题,它是确定新型装备型号的的战术使用性能、战术技术指标的必要条件。该论证阶段主要包括两方面的研究课题:战术需求分析和装备需求分析。

战术需求分析是该论证阶段的分析重点,主要以未来某类光电装备所应完成的战术任务为主要依据,通过评价该类光电装备的现行战术效能,明确现行战术效能在完成未来作战任务时存在的差距,提出该类光电装备战术能力有待充实与提高的各个方面。该项分析目的是要了解发展某一新型装备对于提高或充实潜艇武器装备或综合导航装备作战能力的重要性程度和必要性程度,其分析的结果将是装备需求分析的前提和依据。

装备需求分析是从某类光电装备的现状出发,根据适应未来作战需求的装备整体结构要求,来诊断现行装备在战术配套、技术配套等方面的不足或缺口,以及海军现行装备与外国同类先进装备在性能水平上的差距,分析发展该新型装备的迫切程度。

(2)战术使用性能论证阶段

该论证阶段包括三个方面的研究课题:系统概念分析、环境因素分析和系统功能分析。

系统概念分析主要是明确系统的目标任务和有关的系统概念。一方面,在确定型号任务剖面的基础上,明确该型号的目标任务轮廓;另一方面,分析型号的有关概念,较为准确地对将要开发的型号进行定性描述。经过系统概念分析,论证人员可以获得型号的概念模型。

环境因素分析着重探求型号与环境(战场环境和自然环境)的关系,主要包括型号在其寿命周期内所处的环境及其主要影响因素,以及这些因素在该型号的寿命周期内将产生的可能影响和影响的程度。环境因素分析的目的是为后续的各项分析内容提供客观合理的环境想定模式。

系统功能分析将立足于型号的作战使用要求和目标任务轮廓,分析型号在完成该目标任务的过程中应当具备的各项基本的行为与功能。同时,在定型的描述这些功能的相互关系的基础上,建立型号的功能分配图。

(3)方案综合论证阶段

该论证阶段主要涉及两方面的研究课题:系统结构分析和可行性分析。

系统结构分析是根据型号的功能分配图,探索系统所应具备的总体结构形式。该项分析主要是采用系统的结构描述方法,以获得型号的构成要素关系图(结构关系图),并进行系统结构要素之间相互关系的分析。该项分析的目的在于建立好系统的结构模型(或称结构方案),为后续的各项分析活动提供虚拟的系统结构形式。

可行性分析主要是探讨型号系统的性能、结构等在战术、技术和经济这三个方面的可行性,并提出有关的改善途径,以保证型号系统的性能和结构既先进又可行。

(4)战术技术指标论证阶段

该论证阶段包括两项研究课题:系统性能分析、指标体系分析。

系统性能分析主要是针对每一系统性能,将其分解为多个性能构成要素(即相关的各项性能属性),以及更低层次上的影响性能属性的各个因素。该项分析的目的是通过将各项系统性能进行分解,了解最基本的性能影响因素及其相互关系,以建立型号的性能模型。

指标体系分析是根据系统性能的分解结果及其性能模型所描述的各项性能属性和影响因素之间的相互关系,建立型号战术技术指标体系。此外,以建立的指标体系为基础,进行各项指标的权衡,并最终确定一组理想的可行的战术技术指标。

最后是效能费用分析。其主要目的是通过评估型号的效能水平和寿命周期费用(包括型号的可靠性费用),以及在系统效能与费用之间进行权衡,以确定满意的型号备选方案。

实际上,具体的论证过程可根据产品的实际情况,在以上的全过程的论证程序中进行裁减。

1.4.2 潜艇光电装备战技指标论证的基础

战技指标论证,因潜艇光电装备的技术特点和某些使用特性而被施以了限制条件,这些条件是进行潜望镜与光电桅杆战技指标论证的基础。

1. 地球曲率和大气能见度对视距的影响

由于光线的直线传播和潜望镜升起海平面的高度受到限制，地球曲率将严重影响潜望镜的视见距离。如仅考虑到大气近地折射的影响，潜望镜的视见距离计算式为

$$S = 20.8(\sqrt{h_1} + \sqrt{h_2}) \quad (\text{链}) \tag{1-3}$$

式中　h_1——潜望镜头部瞄准线升起海平面的高度，m；

h_2——目标露出海平面的高度，m。

当潜望镜升起为 1 m 的情况下，根据式(1 - 3)算出的发现目标距离的理论值如表 1 - 4 所示。

表 1 - 4　当 h = 1 m 时，对不同高度的目标，视见距离的理论值

h_2/m	5	10	20	30	40	50
S/链	67	87	114	135	152	168

注：1 链 = 0.1 n mile = 185.3 m

实际上此理论值是无法达到的，因为此时计算的仅是目标最高处的一个点，要能看到目标还取决于：

(1) 大气的能见度；

(2) 目标与背景的对比度；

(3) 达到目视的分辨范围(或张角大小)。

考虑到以上因素后，在良好的能见度条件下，潜望镜目视发现目标的平均距离如表 1 - 5所示。

表 1 - 5　在良好的能见度条件下，潜望镜发现目标的平均距离　　单位：链

观察对象	航空母舰	驱逐舰	护卫舰	鱼雷艇	水面状态潜艇	飞机	直升飞机
视距	100	70	50	40	20 ~ 30	15 ~ 25	15 ~ 20

在中等能见度的条件下，发现目标的距离不超过 50 链，能见度不良的条件下，则不超过 20 链，该表是以实际的目视观察结果为依据的。

表 1 - 5 说明，潜艇潜望镜或光电桅杆受使用条件的影响，其能观察的水面目标最大距离是受到限制的。

2. 发现、分类、识别、认清的约翰逊准则[4]

人眼在观察成像于显示器的场景或处于一定背景上的目标时，有一个复杂的生理判决和认知过程。结合工程实践，可把这个过程分为探测(或发现)、分类、识别、认清四个等级。约翰逊依据实验，把人眼对目标的观察感知同对“等效条带图案”的视觉联系起来，建立了约翰逊准则(见表 1 - 6)，直接以目标的“临界尺寸”中所包含的可分辨等效条带数来评定视觉感知水平。目标的临界尺寸系指其最小投影的线度尺寸，条带的长度方向与目标临界尺寸方向正交，见图 1 - 14。

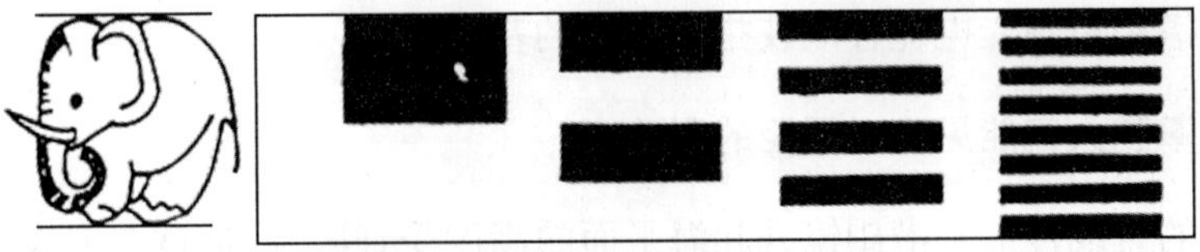

图1－14 等效条带图案

表1－6 观察等级的约翰逊准则

观察等级	含义	所需线对数(50%概率)
探测(发现)	在视场内发现目标	1.0±0.25
分类	可大致区分目标类型(如坦克、人等)	1.4±0.35
识别	可将目标细分(如坦克、卡车等)	4.0±0.8
认清	可区分目标的型号及特征(如T－72坦克、豹Ⅱ坦克)	6.4±1.5

以上的准则数据相对的观察概率为50%，若要达到100%的观察概率，则需提高条带数到以上数据的两倍左右。

3. 使用潜望镜对潜艇隐蔽性的影响与潜望镜的战术使用要求

(1)潜望镜使用影响潜艇隐蔽性的因素

潜望镜是潜艇水面的探测设备，由于使用潜望镜时，潜艇必须处于潜望深度航行，同时必须将上镜头伸出海面，这就破坏了潜艇的隐蔽性。而潜望镜使用影响潜艇隐蔽性的因素有：镜体反射，浪迹特征，以及引起的微生物发光效应等。

①镜体反射 伸出于水面上的潜望镜上镜头，可因光线的反射，特别是阳光的反射而被敌目力观察发现，此外还造成雷达波反射、热辐射效应等。

②浪迹特征 潜艇处在潜望深度航行时，潜望镜上镜头会在水面上划出一条人字形的浪迹，浪迹大小与艇的航速和潜望镜的细部直径有关(图1－15，见709页)。

③引起的微生物发光效应 潜艇处在潜望深度航行时，艇体和伸出海面的潜望镜上镜头会留下生物光痕迹，其长度数十倍于艇体，发光时间可达数分钟之久，在夜间可被机载观察设备所发现。

怎样使用潜望镜才能降低潜艇的暴露概率呢？潜望镜正确使用与潜望镜战技指标的关系有哪些，这是我们以下所要讨论的问题。由于潜望镜的使用是无源的，所以敌方探测的有效手段只有目力观察手段、雷达探测手段、红外热像探测手段。

(2)潜望镜的使用航速、海情与隐蔽性的关系

表1－7示出了一组实地观察的数据，说明了潜望镜激起的浪迹与使用航速及海情之间的关系。

表1－7 潜望镜的使用航速、海情与激起浪迹的关系

潜望镜使用航速	海面风浪为2~3级时	海面风浪大于2~3级时
3 kn	浪迹长约15 m，高度很低似鱼背，不易被发现	淹没于海浪中，不易被发现
5 kn	浪迹长约25 m，高度仍较低，但已溅起浪沫	淹没于海浪中，不易被发现
8 kn	浪迹长约40 m，高度如小涌，拌随着碎浪，易被15链处的敌目力观察发现	可显出潜望镜浪迹，但不易被15链处的敌目力观察发现

注：1 kn＝1 n mile/h。

潜望镜使用激起的浪迹　易被敌目力观察手段所探测。实践中的观察数据说明，在海面风浪不大且视距良好的条件下，白天应尽量使用小头部的指挥（攻击）潜望镜，航速最好是 3 kn，一般不应大于 5 kn；海面风浪在 3 ~4 级以上时，可允许使用较大头部的搜索（多用途）潜望镜，但航速不宜大于 8 kn，最好 5 kn。在此情况下使用潜望镜才不易被敌目力观察手段所探测。

（3）潜望镜露出水面高度、在水面停留时间与隐蔽性的关系

表 1 −8 是在潜望镜升起的瞄准线高度为 0.5 ~1 m 的情况下的试验数据。

表 1 −8　各种雷达发现潜望镜的距离与海情的关系

雷达种类	良好天气	风浪在 3 ~4 级以内	风浪大于 3 ~4 级
岸观通站雷达	13 ~15 n mile	8 ~10 n mile	3 ~4 n mile
水面舰艇雷达	4 ~5 n mile	3 ~4 n mile	1 ~2 n mile
潜艇雷达	2 ~2.5 n mile	1 ~2 n mile	0.5 ~1 n mile

雷达发现潜望镜不仅与潜望镜的升起高度和海情有关，还与潜望镜在水面停留的时间有关。雷达搜索的周期一般为 3 ~6 s，潜望镜的回波信号一般出现 2 ~3 次，即可判为可疑目标，因此潜望镜在有敌情的环境下使用时，停留于海面上的时间一次连续不应大于 8 ~12 s。

以上的实践数据为战技指标论证提供了一组下限标准，也就是说，作用距离指标，使用快速性等指标必须以不被敌方发现或被敌方发现概率最低为基准。

4. 目视特性[4][5]

对于主要以目视观察为主的潜艇潜望镜，其战技指标的确定会受到人眼目视特性的影响和限制，即便是配有光电成像器件的现代光电潜望镜或光电桅杆，如果还是靠人眼来观察显示屏，仍旧会受到目视特性的影响。

在我们研究问题的范围内，有关的目视特性如下。

（1）响应与适应

试验表明，人眼对视场亮度的适应范围可达 8 ~10 个亮级。但亮度突变时，人眼要经过一段时间才能达到正常视觉状态，此过程叫“适应”。

对视场由暗突变到亮的“适应”叫亮适应，它需 2 ~3 min；反之为暗适应，约需 45 min。暗适应过程中，人眼瞳孔可自行扩大，其直径可从 2 mm 扩至 8 mm。

（2）绝对视觉阈

经充分的暗适应后，人眼在暗环境中刚好能感知的最小刺激值叫做人眼绝对视觉阈，若以入射至眼瞳上的最小光照度表示，上述阈值为 10^{-9} lx 量级。天文学上认为正常人眼能看到的六等星，其在眼瞳上形成的照度约为 9×10^{-9} lx。

（3）阈值对比度

人眼观察的目标一般都处于一定的背景中。若目标亮度为 L_T。背景亮度为 L_B，则对比度为

$$C=(L_T-L_B)/L_B=\Delta L/L_B$$

人眼能否从背景中把目标鉴别出来，就取决于 L_B 和 C。定义刚好能鉴别出目标时的对比度

叫做阈值对比度,它与目标背景亮度以及目标的大小有关,见表1-9。

表1-9 人眼在不同亮度下的阈值对比度

亮度 $L/(\mathrm{cd\cdot m^{-2}})$	$\frac{\Delta L}{L}100\%$	亮度 $L/(\mathrm{cd\cdot m^{-2}})$	$\frac{\Delta L}{L}100\%$	亮度 $L/(\mathrm{cd\cdot m^{-2}})$	$\frac{\Delta L}{L}100\%$
12 732.4	0.034 6	25.4	0.017 8	0.025 4	0.860
6 366.2	0.026 6	12.73	0.017 5	0.273×10^{-2}	0.110
2 546.5	0.026 0	6.366	0.018 8	6.366×10^{-3}	0.159
1 273.2	0.019 1	2.546	0.021 7	0.546×10^{-3}	0.220
636.6	0.017 0	0.273	0.029 0	0.273×10^{-3}	0.270
254.6	0.017 2	0.636 6	0.031 4	6.366×10^{-4}	0.326
127.3	0.017 3	0.254 6	0.038 0	0.546×10^{-4}	0.410
63.66	0.017 6	0.127 3	0.045 5	9.549×10^{-6}	1.000
		6.366×10^{-2}	0.056 0		

在中等亮度时,通常取阈值对比度为2%。亮度过大或过低,都会使阈值对比度提高,对分辨目标不利。

(4)分辨力(视觉锐度)

人眼刚能区分两发光点时,此两点对人眼的张角叫极限分辨角,此极限分辨角的倒数叫分辨力或视觉锐度。表1-10列出了不同背景亮度和对比度时的极限分辨角。

表1-10 人眼的极限分辨角 单位:(′)

对比度	白背景的亮度 $L/(\mathrm{cd\cdot m^{-2}})$							
c/%	4.46×10^{-4}	3.37×10^{-3}	0.034 1	0.063 4	0.151	0.344	1.069	3.438
92.9	18	8.8	3.0	2.2	1.6	1.4	1.2	1.0
76.2	23	11	3.7	2.5	2.0	1.5	1.4	1.2
39.4	33	18	5.2	3.8	2.7	2.3	1.9	1.6
28.4	44	24	7.6	5.1	3.4	2.8	2.2	1.7
15.5		40	14	9.5	6.3	5.1	3.9	3.0
9.6			25	16	8.8	8.0	6.2	4.9
6.3			29	19	12	8.4	7.2	5.4
2.98				28	26	21	17	12
1.77					36	30	22	14

以上分辨角是对点目标而言,其极限分辨角为1′,而要观察两条平行的直线,则其极限分辨角可高达10″。

(5)眼睛的运动

当观察设备进行周视搜索时,人眼要随目标像进行跟随运动。而眼睛的运动特性对于发现、识别目标具有决定性的影响。

眼睛有三种基本运动形式:注视、跳动和追随运动。

①注视 注视是将眼睛的中央窝对准目标像的某一点。

②跳动 当我们用眼睛观察搜索任何目标时,或当我们主动地把视线由一个物体转移

到另一个物体时,眼球的运动并不是平稳的滑动,而是跳跃式的移动,从一种注视状态跳跃到另一种注视状态。眼睛的跳跃运动速度很快,在眼球跳跃过程中视觉是模糊不清的。表1-11是眼睛运动不同距离所需要的时间,表1-12是眼睛沿水平方向作不同距离运动时的潜伏期和运动时间,运动时间与表1-11结果近似,运动总时间随距离而增加。

表1-11 眼睛运动不同距离所需的时间

单位:ms

运动方向	眼睛运动距离				
	5°	10°	15°	20°	25°
水平	35	65	84	96	104
垂直	35	63	84	108	—
倾斜(45°)	35	65	90	115	—

表1-12 眼睛水平方向运动的反应时间

单位:ms

运动方向		左40°	左20°	左10°	右10°	右20°	右40°
右眼	潜伏期	293	253	242	249	247	276
右眼	运动时间	122	88	71	44	90	121
右眼	总和	415	341	313	323	337	397
左眼	潜伏期	288	248	236	253	254	283
左眼	运动时间	134	93	73	67	81	111
左眼	总和	422	341	309	320	335	394

③追随运动 眼球的追随运动是较平稳的运动,在头部不动的情况下,为了保持眼睛经常注视在一个运动的对象上,眼球必须跟随这个对象运动。眼球追随运动的物体,将其视像保持在中央视觉以内,所以视像是清晰的,但这时作为背景的视像就不清楚了。

试验证明,当物体运动速度在(50°~55°)/s以下时,眼睛是以追随运动跟随物体的,但当物体的运动的速度相当高而看不清的时候,在眼睛的追随运动中便掺杂了跳动。因为此时单单追随运动已不能保证物体的清晰知觉。而在高速情况下,当眼睛跳动的方向和速度与物体运动的方向和速度相符合时,反而能看清物体。眼睛跳动一次需用40~50 ms,约相当于300°/s的角速度。

对眼睛运动的研究,可以了解观察雷达荧光屏的基本视觉过程。而讨论人眼对电视显示屏的发现识别问题时,也应该依此为基准。在荧光屏搜索目标时,眼睛主要是作圆周运动,其跳动次数多,注视次数多,注视时间短。在辨认出目标以后,眼球的运动是较稳定的追随运动,注视时间长,跳动次数少,注视之间的时间间隔也短。

1.4.3 潜望镜目视观察系统战技指标论证

1. 目视观察系统战技指标论证的起点

潜望镜观察系统为望远光学系统,对其如下主要战术使用要求,成为进行战技指标论证的起点。

(1)潜望镜的最大目视观察作用距离

潜望镜在伸出一定高度的情况下,观察的距离越远越好。

表1-5中所列出的潜望镜最大目视观察距离,是在现有潜望镜技术指标确定的情况下得出的经验数据。而这里提出的潜望镜的最大观察作用距离,应由战术使用要求提出,以此作为依据,再来定潜望镜的技术指标。潜望镜的最大观察作用距离一般是指最大发现距离,而用潜望镜进行测距、照相等战术使用时,则必须在潜望镜的识别、认清作用距离之内。所以,潜望镜战术使用要求提出的最大观察作用距离,应以侦察和攻击使用最大距离外延得出。

(2)用潜望镜观察搜索的范围和搜索速度的要求

用潜望镜观察搜索的范围在方位上是360°;在高低方向上,根据战术使用不同,则要求不同。如对海使用,则0°~30°已够;而对空使用,则要到0°~70°范围。潜望镜另一项战术要求是对其搜索速度的要求,在技术限定范围内,应越快越好。这是因为潜望镜战术使用的一个很重要的方面,是要警戒潜艇上浮时和潜望状态时的安全,尤其是在有敌情或海区有渔船的情况下,它必须在上浮后快速周视,以便对周围的环境安全进行快速判断。

(3)使用潜望镜的的时间和天候要求

从潜望镜战术使用上看,应当是昼夜、全天候都能使用为好。而对于光电潜望镜的目视观察系统,由于可见光技术的限制,则只能区分为白天用,还是兼顾黄昏和晨曦用的问题。在当代光电潜望镜中,新型传感器的应用目的就是要解决潜望镜昼夜、全天候、远距离使用的问题。

2. 目视观察系统战技指标论证的步骤

(1)由侦察、测距等战术使用的距离要求外延推出最大观察距离要求。

(2)根据望远镜的倍率与视距的关系求解倍率要求。

目视望远镜的作用距离和放大倍率、目标与背景的对比度、大气的能见距离(衰减)、观察系统的透过率和杂光系数、人眼的阈值对比度、可分辨角度等因素有关,是一种较复杂的关系,所以不能仅凭表1-4中的理论计算值来确定作用距离。

(3)由潜望镜使用的时间要求确定出瞳直径,根据侦察测距等对图像的要求,确定潜望镜物镜的焦距。

望远镜出瞳直径是根据潜望镜的使用时间决定的,白天使用的潜望镜,其出瞳直径应略大于眼瞳,一般为3~4 mm(此值比陆用望远镜要大,是因为人眼在潜艇舱室照度环境下,眼瞳直径会放大所致)。而在兼顾黄昏和晨曦用的潜望镜中,此出瞳值可达5~7 mm。此出瞳直径一定,则潜望镜的入瞳直径D随之确定。

望远镜的目视系统物镜焦距是由侦察测距的使用要求来决定的。如要在4~5 n mile的距离上能进行测距照相的话,则成像在目镜前焦面上的目标像尺寸就不能太小,否则,照相的解像力就很差,测距的精度会很低。如30 m高的目标,在4 n mile的距离上对潜望镜的张角就只有4 mrad左右,而焦距取100 mm时,在物镜后的像高只有0.4 mm。照相侦察的实际解像力水平可达到70线条/mm,只有0.4 mm的目标像高也就分辨不出多少条线;再者,测距装置的最小测量分辨率也就在0.01~0.02 mm水平,可见只有0.4 mm的最大像高,不但难以分辨目标测量标志,而且会使测距精度非常粗糙。

综上所述,潜望镜目视系统物镜的焦距通常应取300 mm以上,或至少不应低于200 mm,所以潜望镜不但要求具有大的倍率,而且要求具有长的焦距。

(4)根据倍率关系式确定潜望镜的主要线性外形尺寸D,$f_{目}$

$$\Gamma = \frac{D}{d} = \frac{f'_{物}}{f_{目}} \tag{1-4}$$

式中　D——入瞳直径；

d——出瞳直径；

$f'_{物}$——物镜焦距；

$f_{目}$——目镜焦距。

(5)根据潜望镜搜索快速性要求、潜望镜技术上可能性确定视场指标

从实现快速周视的要求看，一是视场应越大越好，这样可以对大范围的环境安全更快地作出判断；二是周视速度应该尽可能高。

视场的最大值受到以下公式关系的制约

$$\Gamma = \tan\omega' / \tan\omega \tag{1-5}$$

式中　ω'——望远系统目镜后的半视场角；

ω——望远系统物镜前的半视场角。

其中 ω' 取决于目镜实现的可能性，一般的目镜的视场只有 $2\omega' = 20° \sim 30°$，很复杂的目镜最大也不过 $2\omega' = 60°$ 左右。

潜望镜周视速度的提高则受到人眼反应能力的限制。当潜望镜作周视观察时，固定目标的像是在观察视场内作平移运动，此时如眼睛能作追随运动，便能有较好的发现识别目标的能力。而眼睛作此运动的条件是目标相对眼睛的运动角速度在(50° ~ 55°)/s 以下，这大约相当于潜望镜周视的最高转速为 6 r/min(使用 $1.5^{\times}$ 时)。这个转速也和眼睛可反应范围在视场内能扫描一次所需大约 0.6 s，相当于扫描目方视场角 40°的周期(表1－13)。

应当指出，潜望镜观察系统既要实现周视的快速性，又要实现侦察测距等目标细节观察要求，一套参数是难以兼容的。因此，潜望镜的观察系统都具有两种倍率(通常是 $1.5^{\times}$ 和 $6^{\times}$)、两种视场(通常为 8° ~ 10°和 32° ~ 40°)。即小倍率大视场用于实现快速周视，并将目标瞄准，大倍率小视场用于侦察测量作业。由于倍率增大对于测量瞄准会带来较大的好处，在能克服倍率增大带来的图像抖动量激烈的的情况下，现代光电潜望镜较普遍地增设了 12 的高倍率，但此时的视场角已只有 4° ~ 5°。

(6)根据使用的隐蔽性要求和艇上的安装要求确定潜望镜的升距、潜望力并进一步确定观察系统的所有外形尺寸参数。其中潜望镜的升距是一项涉及潜艇战术使用性能的指标，它的大小须保证潜望状态使用潜望镜时，在要求使用的风浪条件下，不能暴露潜艇艇体。

由以上的论证分析可知，对于潜望镜的目视观察系统而言：

①由于视场光阑的直径基本不受限制，因此潜望镜的物镜焦距和倍率可以很大，这对于使用性能是有利的；

②由于受人眼目视特性的限制，潜望镜目视时的转速是不能过快的，太快了会使眼睛检出目标的概率大大降低，这也包括用人眼观察荧光屏进行搜索的工况。

1.4.4　潜望镜在潜艇攻击使用中有关性能战技指标论证的思路[11]

1. 从鱼雷攻击的可能性论证作用距离

潜望镜对敌舰测距的距离一般应该大于 40 ~ 50 链(表 1－8)，这是由海情和敌方的因

素所确定的一个条件,除此之外,还必须考虑鱼雷攻击可能性和有效性的条件。

我们知道,潜艇的鱼雷攻击一般分为三个阶段:接敌机动阶段,占领射击阵位阶段,发射鱼雷后的机动阶段。而在接敌机动阶段中的主要任务是:

(1)判明目标运动方向;

(2)确定垂距,并确定潜艇接敌机动航向;

(3)测定目标运动要素;

(4)判明攻击范围;

(5)进行发射管准备;

(6)确定攻击方案。

当鱼雷的最大射距小于潜望镜的视距时,以往的一种观点认为潜艇的鱼雷攻击半径如大于或等于己舰舰位与敌航道的最大距离误差,则就能攻得上敌舰。

潜艇的鱼雷攻击半径为

$$R_1 = D_{发}\frac{V_w}{V_d} + D_1 \tag{1-6}$$

式中 $D_{发}$——己艇观察器材发现敌舰的距离;

V_w——接敌机动时,潜艇所采用的水下最大航速;

V_d——敌舰航速;

D_1——鱼雷最大射距。

鱼雷攻击半径的意义为能保证潜艇使用某种鱼雷对敌舰进行有效攻击的敌舰最大正横距离。

当用引导法攻击敌舰时,为能攻得上敌舰,则己艇的鱼雷攻击半径必须大于或等于己舰舰位与敌航道的最大距离误差:

$$R_l \geqslant \Delta D_{\perp} \tag{1-7}$$

式中的 $\Delta D_{\perp}$ 取决于三个因素:

(1)查明敌航道的位置误差;

(2)突击阵地的宽度;

(3)潜艇确定己舰舰位的误差,有

$$\Delta D_{\perp} = \sqrt{\Delta D_1^2 + \Delta D_2^2 + \Delta D_3^2} \tag{1-8}$$

从发现目标到进入接敌机动航向,随之进行测距,机动的过程一般有三个步骤:

(1)判断敌之运动方向的己艇机动过程;

(2)测定垂距的过程;

(3)计算、判断和实施接敌机动方案,包括计算判断、下命令、转弯机动到接敌航向等步骤。

在以上步骤中敌我间的机动接近距离一般可达到 15~20 链,所以应在要求的发现距离上减去 15~20 链,即可得要求的测距距离。当然这里论证的是一项最低要求,如果能作到发现目标就可进行测距,那当然是最好不过了。而由于用光学分像测距时,必须和对目标的“看清”相联系,因而发现目标时,不一定能进行测距,测距的距离一般也就小于发现距离,而要做到立即测距要求则需采用激光测距手段。

2. 从攻击的有效性论证作用距离和精度

从与声呐器材匹配使用的角度看,用潜望镜红外热像仪在气象条件良好时发现目标的距离，应该与声呐在水文条件较差的情况下的发现距离相当。如此才可对发现目标，测定目标要素等作出贡献。这时既能不被敌舰发现，又可在与声呐联合搜索中明显地提高发现概率，在测定目标要素中作到解算时间短，收敛快，效率高，提高鱼雷攻击的有效性。

1.4.5　潜望镜红外热像系统在防空警戒中的战技指标论证的思路

光电桅杆与潜望镜红外热像系统在防空警戒中的作用将在1.5节中作系统的论述，这里仅就潜望镜红外热像系统的战技指标论证的思路作初步的介绍，亦是为后面的论述打好基础。

1. 潜望镜红外热像系统战技指标论证的依据条件

(1)潜艇与反潜机相遇使用红外热像仪的情况分析

现有潜艇一般都装有潜空导弹对抗反潜战。但通常潜艇对反潜机的战斗原则是以防御为主，保持行动隐蔽，争取先敌发现，灵活地进行机动规避。

潜艇与反潜机相遇使用红外热像仪的的情况，主要是在敌反潜机尚未发现潜艇的以下状况：

①潜艇在通气管状态下补充充电时的全面对空警戒状况；

②潜艇上浮至潜望镜状态执行侦察、通信等战术任务时的对空警戒状况。

由于潜望镜红外热像系统作用距离和搜索性能均不足以执行潜艇通气管状态的对空警戒任务，所以在此仅研讨后一种情况下的战技指标论证问题。

(2)潜望镜红外热像系统发现目标的概率

潜望镜红外热像系统的作用距离与发现距离间是一种复杂的函数关系。显然，在最大作用距离下并不一定能发现目标，因为并不知道目标的所在方位，要靠搜索，要靠检出，要靠识别，才能最后发现目标。

现时的潜望镜红外观察搜索系统，主要还是靠人眼观察显示屏来使用，红外热像系统对点源目标的发现过程，是人眼在系统的显示屏上搜索的过程，发现目标概率的决定因素是系统的输出信噪比。一般而言，对显示屏上有无目标的判断主要靠人眼来完成，因此人眼的视觉特性与探测概率有密切的关系。而搜索时的转速对人眼的视觉特性影响又很大，所以，由此又可进一步来确定合理的搜索转速。

而从战术使用角度来看，我们关心的是探测概率与目标距离的关系，观察器材的作用距离与发现概率的关系一般如图1－16所示，它呈现的是一种近似负指数曲线的关系，在可能的发现域中随着距离的增大，概率呈负指数规律减小。

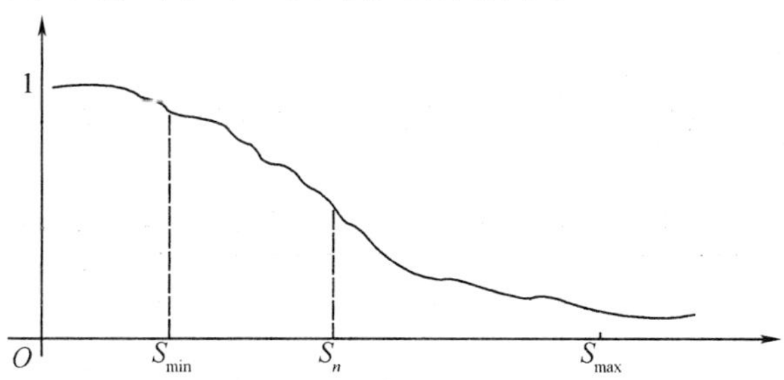

图1－16　发现距离的概率分布

图中S_{max}称为最大(发现)距离，表示在大于S_{max}的距离上发现目标实际上不可能或很少可能。由S_{max}所确定的区域称为可能区域。S_{min}称为最小距离，表示在小于等于此距离上,目标的发现概率非常接近于1,由S_{min}所规定的区域称为肯定发现区域。

应当注意,同一个观察设备,在不同的气象条件下也会有不同的S_{max}和S_{min}。

2. 从提高搜索发现概率上看潜望镜红外热像系统对反潜机的作用距离

当潜望镜红外热像系统与ESM警戒系统联合搜索敌机时,二者联合探测的概率模型为

$$P = P_1 + P_2 - P_1 \cdot P_2 \tag{1-9}$$

式中 P_1——潜望镜红外热像系统战术意义上的探测飞机的概率模型

$$P_1 = \exp[-0.693(D/R_{50})^{1.5}]; \tag{1-10}$$

D——潜艇与飞机之间的距离;

R_{50}——红外热像系统探测目标概率为0.5时的作用距离;

P_2——ESM预警系统战术意义上的探测飞机的概率模型

$$P_2 = \exp[-0.693(D/D_{50})^2]; \tag{1-11}$$

D_{50}——ESM预警系统探测概率为0.5时的作用距离。

一般ESM预警系统工作距离为反潜机雷达工作距离的1.2倍,如果潜望镜红外系统的工作距离达到10 n mile以上,则与ESM系统联合工作时,则对于先敌发现敌机概率的提高会有显著的贡献。

3. 从潜艇能安全规避敌反潜机的角度论证红外热像系统有关参数和作用距离

由于潜望镜的红外热像系统和ESM预警系统联合工作时对飞机的探测距离,较敌反潜机对潜艇的探测距离大,完全可以设想,在一般情况下潜望镜红外热像与ESM预警系统先敌发现的概率要大得多,这使潜艇争取到一定规避机动的时间,可以在敌机发现之前潜入水下。我们就从这一角度来论证潜望镜红外热像系统的作用距离。

(1)潜望镜红外热像系统发现水天线附近目标的概率与搜索的次数的关系

潜望镜升起前,敌机在空中相对于潜望镜的位置,在我们所讨论的潜艇尚未被敌任何器材发现的情况下,并不是完全随机的;而我潜艇位置相对于敌机而言却是完全随机的。此时我方可能已知道敌机巡逻航线的大体方位、飞行高度范围。升起潜望镜后,要先转到预定的大体方位为中心,在一定的扇面上进行来回搜索,对于往复式的离散观察而言,多次搜索可以提高发现概率

$$P_0(n) = 1 - (1 - P_1)^n \tag{1-12}$$

式中 P_1——一次搜索发现目标的概率,与潜望镜搜索时的俯仰角度,飞机相对位置、距离远近有关;

n——搜索次数。

表1-13为探测概率与搜索次数、一次搜索发现目标概率的关系。

表1-13 探测概率与搜索次数、一次搜索发现目标概率的关系

P_1	n	1	2	3	4	5	6	7
0.3	$P_0(n)$	0.3	0.51	0.657	0.76	0.832	0.883	0.918
0.4	$P_0(n)$	0.4	0.64	0.784	0.87	0.922		
0.5	$P_0(n)$	0.5	0.75	0.875	0.937 5			
0.6	$P_0(n)$	0.6	0.84	0.936				

由表 1－13 中可以看出，如果一次搜索的发现概率较低时，也就是目标距离较远时，就需要更多的搜索次数，对于潜望镜而言，若搜索次数多于 5 次，则停留于水面的时间太长，易于暴露。一般最好能在 2～3 次的搜索中就发现目标，这样一次搜索的发现概率不能低于 50%。

潜望镜搜索的转速受人眼的影响，不能太快，为保持眼睛能连续的追随图像的运动，以达到最佳的发现识别条件，潜望镜的最佳转速大约在 6 r/min 以下，即每转需 10 s 左右，而如果搜索的扇面角度为 90°，则搜索大约 3 次，需时共 15～20 s，如果一次搜索发现水面和低空目标的概率大于 50%，则基本能保证发现目标。

（2）潜望镜红外搜索系统发现反潜机目标概率与视场、俯仰角及搜索速度的关系

图 1－17 中，H 为敌反潜机巡航最低高度，H' 为最高高度，W 点为潜望镜升起的位置，它顶部距离海面的高度为 h（一般为 0.5～1 m），S 为到水天线的距离，当 $h=1$ m 时为 20 链左右。R_1（max）为潜望镜红外系统发现目标的最大距离；R_2 为敌机发现潜望镜的最大距离；r_3 为潜望镜发现敌反潜机的距离；i_1 为潜望镜红外系统的最小仰角；i_2 为潜望镜红外系统的最大仰角；I_4 为临界角。潜望镜搜索的仰角范围为 $\alpha \geqslant i_2 - i_1$，潜望镜红外系统的小视场角应为 $2\omega \geqslant i_3 - i_1$。

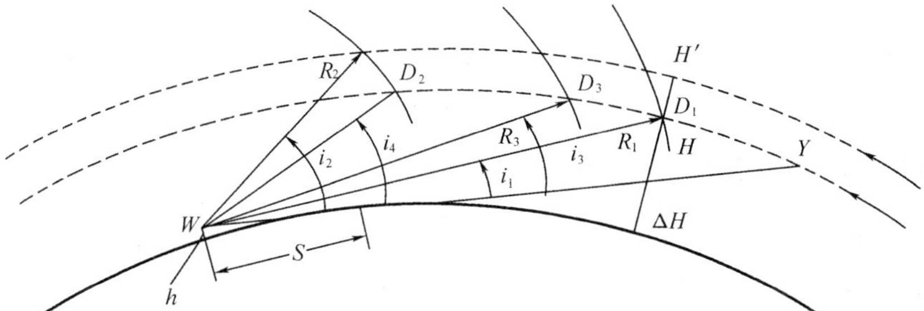

图 1－17　潜望镜红外系统视场及俯仰角与敌我态势关系

反潜航空兵在使用机载雷达搜索时，通常的巡航高度范围为 150～5 500 m，如兼顾使用红外吊舱探测时，其飞行高度通常为 150～450 m。它携带的红外探测仪发现潜望镜的距离为 3 n mile 左右，其雷达在这样的高度上发现潜望镜的距离，也只有 2～3 n mile 的水平。当潜望镜红外系统的最大发现距离为 20 km 时，$i_1 \approx 0.4°$，$i_2 \approx 45°$。若潜望镜红外系统 R_{50}（概率为 50% 的发现距离）的最小距离为 5 km 时，则 $i_3 \approx 5.16°$，这说明敌反潜机出现的主要空域还是在水天线方向。当升其起潜望镜后，应首先用大视场自上而下搜索高俯仰角空域，此时由于对敌机的距离近，潜望镜一次搜索的探测概率很高；至水天线以上时应改用小视场连续的向下搜索，一直到水天线附近，然后再反复搜索。如果红外系统的大视场为 10°，则搜索 90°扇面的时间为 20 s 左右（按 6 r/min 的角速度，从仰角 45°起向下搜索三次至 15°附近），至水天线附近改用小视场搜索，需要 40 s 左右（以 5°的视场角向下反复搜索 6 次），在对危险的全空域搜索时，总的时间为 1 min 左右。在水面需要停留 1 min，才能搜索完危险的空域，这个时间显得太长。说明潜望镜搜索的速度受人眼生理的限制太大，还不能适应现代防空警戒的要求。

（3）敌机向潜艇的接近飞行时间与潜艇的规避动作时间的关系

在图 1－15 中敌机在 D_3 点被发现后，我艇即实施下潜规避，到完全没入水下安全深度的时间设为 t_1，此时敌机从 D_3 点可能向 D_2 点接近，其接近的时间设为 t_2，必须的条件是

$t_1 < t_2$。在敌机未发现潜艇时,从 D_3 点向 D_2 点接近的过程是个完全随机的过程,从 D_3 点直接向 D_2 点飞来的可能性并不是一个大概率事件(假设所花时间为 t_2');而敌机搜索以 D_3D_2 为一个边长,搜索宽度为另一边长的面积所化去的时间(假设为 t_2''),则构成了费时较长的另一种可能性,较为合理的大概率事件的取值应为 $t_2 \geq (t_2' + t_2'')/2$。也就是说,若潜艇能在小于 t_2 的时间内下潜规避到安全深度,则就不会被敌机发现。

(4)潜望镜红外系统作用距离论证的步骤

①根据 $t_1 < t_2$,得出最小的 t_2 值;

②根据反潜机通常的巡航速度、搜索宽度,求解 D_3D_2 距离;

③根据反潜机通常的巡航高度计算 R_3,这应是潜望镜红外系统确实发现敌机的距离;

④根据搜索 2 ~ 3 次即能使发现概率达到 90% 以上,推出此时潜望镜战术意义上的作用距离;

⑤根据战术意义上的作用距离与最大作用距离的关系式,推出潜望镜红外系统最大作用距离。

1.4.6 潜望镜测天定位战技指标论证的思路

潜望镜测天定位系统的战技指标论证,可分为多用途潜望镜的测天定位装置和专用天文导航潜望镜两种不同的情况,二者有不同的要求和论证的内容。

1. 多用途潜望镜测天定位装置战技指标论证

多用途潜望镜的测天定位装置的某些性能参数,如倍率、视场、出入瞳直径等,受到潜望镜总体系统和人眼观察使用的制约,因此其观察的星等,视场的大小,无法提出单独的论证要求。但从测星的要求来看,一般应该用潜望镜的高倍率来进行测天,这样可以使点光源的星体亮度增加,背景的面视场的亮度减弱,有利于提高可观察的星等。但潜望镜大倍率的物方视场角不能太小,至少应该能观察到一个星座的范围,否则就无法识别星体。

多用途潜望镜测天定位装置战技指标论证的主要工作是进行定位精度的论证。过去有两种出发点:

一是从航行的安全出发,测天定位的精度应高于 24 h(或 48 h)的综导系统推算舰位精度。

二是从潜艇的鱼雷攻击的角度提出的精度要求。测舰位的精度应保证潜艇进入敌航线附近的攻击域,这是战后各国潜望镜测天定位装置提出定位精度时普遍的出发点。这种观点认为:为了能可靠地发现和攻击敌舰,应保证测己舰舰位和测敌舰舰位的综合均方误差,小于或等于鱼雷攻击半径,即

$$\sqrt{\sigma_w^2 + \sigma_d^2} \leqslant R_l \tag{1-13}$$

式中 σ_w——测己舰舰位的均方误差;

σ_d——侦察兵力测敌舰舰位的均方误差;

R_1——己艇鱼雷攻击半径。

2. 专用天文导航潜望镜战技指标论证

专用的天文导航潜望镜是用于精密测量天体的高度和方位,以便精确定位定向用的潜

艇专用设备。对其主要的战技指标论证要求如下。

(1)测天定位的精度要求

潜艇惯导系统是一个自主式的导航系统,具有较高的精度,是现代核潜艇的导航中心。但是由于存在陀螺的漂移以及风浪和海流的影响,惯性导航系统的舰位和航向指示误差将随着时间的增长而增大,目前还需要引进外部的信息,对其进行定期的校准。

专用天文导航潜望镜的测天定舰位,是对其进行定期校准的手段之一。而从根本上看,它又是为弹道导弹武器射击服务的,在发射弹道导弹前的定位校准将是发射的重要依据参数,定舰位的误差将会引起同等数量级的导弹射点误差。因此天文定位的精度需高于惯导系统至少两昼夜的推算精度,才有使用价值。

(2)测量航向角的精度要求

潜艇惯导系统的位置漂移误差在平时可以用卫导定位系统来校正,而航向误差的校正,目前可行的精度校正办法主要依靠天文定向。所以,潜望镜天文定向的精度必须高于潜艇现有各种定向手段的精度,才能起到校正惯导系统航向的作用。而从根本上,潜艇航向的指示精度将影响导弹的命中公算,导弹射点的最大偏差为

$$\Delta l_{\max} = \pm 3\sqrt{\sigma_M^2 + (l\tan\sigma_k)^2} \tag{1-14}$$

式中　σ_M——舰位均方误差;

σ_k——航向角均方误差,其中包括惯导系统提供的航向角均方误差和天文导航系统提供的航向修正量均方误差;

l——导弹射程。

航向修正量的均方误差为

$$\sigma_{\Delta k} = \sqrt{(\sigma_{Ac})^2 + (\sigma_{A测})^2} \tag{1-15}$$

式中　σ_{Ac}——计算方位角均方误差

$$\sigma_{Ac} = \pm\sqrt{(\tan h\sin A_c)^2\sigma_{\Delta\varphi}^2 + (\cos q\cos\delta\sec h)^2\sigma_{\Delta\lambda}^2}; \tag{1-16}$$

h——被测天体的高度角;

A_c——该天体的计算方位角;

q——天体视差;

δ——天体赤纬;

$\sigma_{\Delta\varphi}$——天文舰位误差的纬度分量;

$\sigma_{\Delta\lambda}$——天文舰位误差的经度分量;

$\sigma_{A测}$——用潜望镜测量方位角的均方误差。

潜望镜测量方位角(或舷角)的误差,是影响航向角精度的一项主要误差源,为了提高其精度,应选择低高度的天体进行测量(一般不超过 30°)。

(3)观察天体的高度范围及物方视场角

观察的天体高度越高,天文舰位圆的曲率半径越小,对定位精度的影响越大,为此要求观察天体的高度不大于 75°。而高度太低时,大气折光差修正后的剩余误差越大,也影响定位精度,故要求观测高度不应低于 15°。

因天文导航潜望镜是靠推算舰位和导航计算机计算预定星体的计算高度和方位来自动寻星的,所以天文导航潜望镜的物方视场角,主要由惯导系统提供的舰位和航向精度决定。可用下式进行计算

$$2\omega = 2(\Delta K_s + \Delta K + q_{太}) \cdot C \qquad (1-17)$$

式中　2ω——潜望镜物方视场角；

ΔK_s——惯性导航系统的推算舰位误差对航向的影响，$\Delta K_s = \Delta S\tan h$

ΔS——惯导系统推算舰位与真实舰位的最大偏差；

h——最大测量星体高度；

ΔK——惯导系统的最大航向误差；

$q_{太}$——太阳视差角；

C——系数，一般取 $C = 1.05$。

一般而言，该视场角越小，对潜望镜的结构设计越有利，可以为提高精度的措施留有更大的空间；但太小就受到式(1-17)的制约，否则在视场内将找不到预选的星体。

(4)白天测星及观测星等能力

若可观测的星等范围越大，则进行天文定位的机会越多。而如果实现白天测星，则可大大提高使用的机会。

提高观测星等和实现白天测星，与光学系统的性能、接收器件的性能以及信息处理技术等因素密切相关。

对于用 CCD 面阵作为成像传感器的天文导航潜望镜，其成像面上的照度为

$$E' = \frac{1}{4}\pi B_0 \tau \left(\frac{2a}{f'}\right)^2 \qquad (1-18)$$

式中　B_0——星体的视亮度；

$2a$——光学系统的入射光瞳直径；

f'——光学系统组合物镜焦距；

$\frac{2a}{f'}$——物镜的相对孔径；

τ——光学系统的透光度。

从该式看出，要能测更暗的星体，必须使光学系统的入射光瞳直径 $2a$ 尽可能地大，而光学系统组合物镜焦距 f' 尽可能地小。而从望远镜的倍率公式 $\Gamma = \frac{f'}{f_{目}} = \frac{2a}{d}$ 来看，受目镜焦距 $f_{目}$ 不能太小的限制，如果 f' 较小，则倍率较小，$2a$ 很大的情况下，出瞳直径 d 就会很大，使之无法适应目视观察的需要。应该是出瞳直径 d 比人眼的瞳孔略大，此时星点像的主观亮度将与放大率的平方成正比，放大率越大对人眼观察测星越有利。要使目视观察瞄准测量与 CCD 成像测量能兼顾，必须既有大的入瞳直径，又有比较大的放大倍率，即较大物镜焦距才行。

潜望镜的入瞳直径 $2a$ 受到结构空间的制约，而物镜焦距又要考虑目视观察，所以物镜的相对孔径 $\frac{2a}{f'}$ 只能在技术条件限制下，来取尽可能大的值。而此时像面的照度式(1-18)中，只有星的等级所确定的视亮度还是一个变数。要测更暗的星，只能从 CCD 成像接收器件上、信号处理上想办法解决。

1.5 潜艇光电装备效能分析与评估

1.5.1 装备效能分析与评估的基本概念和分类[26][28]

1. 效能的基本概念

我国国军标 GJB 1364 – 92 对效能的定义为：在规定的条件下达到规定的使用目标的能力。

“规定的条件”是指规定的战场条件、规定的时间条件和规定的作战任务；“规定的使用目标”是指所要达到的目的；“能力”则是指达到目标的定量或定性程度。

最初关于效能的论述来源于军事运筹学，一般是指使用规定武器条件下作战行动的效能或典型作战行动下武器系统的效能，简称为作战行动的效能或武器系统的效能。

目前使用频率最高的是系统效能和作战效能，也是军队最关心的两个效能。

2. 效能的分类

按照武器系统评估的需要，其效能可分为以下三类。

（1）单项效能

指运用武器系统时就单一使用目标，所能达到的有效程度。和潜艇光电装备有关的武器系统单项效能有：

①搜索效能　指为发现某物体，对该物体可能存在的区域进行考察的过程。目的是获得关于目标存在的信息，确定其性质及位置。

②侦察效能　指发现目标的能力，跟踪目标、确定目标位置、预测目标轨迹的能力，识别能力等。

③预警效能。

④通信效能。

⑤情报处理效能。

⑥指挥控制效能　主要是指主体利用各种指挥工具、指挥系统实现指挥效果的概率。这些指挥系统可以归结为 C^3I 系统，即指挥自动化技术系统，其含义指指挥（C）、控制（C）、通信（C）、情报（I）。

⑦射击效能　通常指具有瞄准系统、发射系统的身管式发射武器对目标毁伤效果的度量。潜艇光电装备通常作为潜艇武器的瞄准系统，对目标的发现概率和测距测方位精度都会影响射击效果。

⑧机动效能　该效能指标反映了舰船为完成任务奔向战场，能够克服各种海上环境条件，快速到达战场的能力，这里有导航能力的需求。

⑨生存能力　可以分为对抗下和非对抗条件下两种情形。

（2）系统效能

指武器系统在规定的条件下，满足一组规定任务要求的可能程度。系统效能一般用于描述装备或系统完成其任务的总体能力。

系统在开始执行任务时的状态(可用性:Availability)、在执行任务过程中的状态(可信性:Dependability)、最后完成规定任务的程度(固有能力:Capability),三者共同构成了系统效能。

$$系统效能=可用性\times可信性\times固有能力$$

在舰载武器系统中,又可分为作战指挥系统效能指标(包括上述①~⑥单项效能)与武器系统效能指标。

(3)作战效能

作战效能目前主要由两种定义,一种称为狭义的作战效能,另一种称为广义的作战效能。狭义的作战效能是在某一特定作战行动中,系统完成其预定的作战任务的能力,它一般是指武器系统本身潜在的能力。

1.5.2 潜艇光电装备效能归类分析

由于潜艇武器系统的复杂性,它涉及平台性能、装置设备性能、作战能力、经济性、可靠性、人机因素等多重因素,所以效能分析与评估是一项非常复杂的研究工作。而潜艇光电装备设备项目众多,既可归入武器系统的一部分,也可归入观通导航领域。它本身并不是以全面的作战系统出现,因此并不适合进行整个效能模型的评估,而需根据其本身固有能力结合其在武器作战中的效能来进行分析。而且我们在此效能分析和评估领域所做工作甚少,本书中很难提供光电装备较系统的效能分析评估方法。根据有关资料,我们将重点分析潜艇光电装备在潜艇潜空对抗中的作用与效能,以及分析潜艇光电装备在网络中心战领域的作用与效能等两个方面的问题,至于光电装备在潜艇鱼攻中的作用效能,可参看参考文献[11]。潜艇光电装备在潜艇的安全领域、航海领域的作用与效能可参看有关章节论述。

1. 潜艇光电装备效能的归类

我们把潜艇光电装备的效能归入潜艇装备体系的以下四项效能领域。

(1)武器系统的作战效能领域

主要是影响潜艇鱼雷武器射击效能和潜空导弹攻击的效能方面。

①影响鱼雷武器射击效能的光电瞄准、指向和精确测距能力;

②对海空目标的监视与搜索能力;

③当潜艇处于水下隐蔽状态,提供海面敌情能力;

④在潜艇处于水下或近水面状态提供敌反潜机方位和位置能力,为潜空导弹发射提供目标位置、指向能力。

(2)网络中心战领域

当前,美军在“网络中心战”思想的指导下,把作战装备能力的提高由原先的提高平台和武器的自身性能,转向了通过信息网络的连接来提高整体作战效能。

信息系统综合集成是整个作战体系综合集成的基础,也是最关键的部分。信息系统既是预警探测、情报侦察、指挥控制、通信、火力打击、综合保障等作战要素一体化的“黏合剂”,也是军队整体作战能力提高的“倍增器”。

潜艇光电装备作为信息源头设备,无疑会在信息战领域发挥越来越重要的作用。属于该领域的单项能力有:

①全天24 h对空对海侦察监视能力;

②预警能力;

③通信能力;

④情报处理能力;

⑤影响指挥控制效能的能力。

(3)影响潜艇生存力的效能领域

在对抗条件下,影响潜艇生存力领域的项目主要为在潜空对抗下影响潜艇生存力的效能:

①能否先敌发现及时安全规避能力;

②坐沉海底对敌探测能力等。

在非对抗条件下,影响潜艇生存力领域的项目有:

①潜艇从安全深度上浮过程中的危险探测与安全保障能力;

②潜艇水下航行或坐沉海底的危险探测与安全保障能力;

③潜艇水面状态时的24 h安全警戒监视能力(包括反恐监视)。

(4)影响机动效能领域

主要是能否保证潜艇航渡过程中的导航能力、警戒、战场信息获取与通信等能力。

2. 潜艇光电装备作用与效能分析评估的思路

潜艇光电装备作为一类信息装备,在潜艇的作战尤其是在信息战领域将发挥重要作用,其作用与效能的分析评估,将按照整个装备体系在潜艇单项作战行动或单项与作战效能有关的能力中作用和效能进行分析,而不是分析某一个单独设备的效能。这样分析是着眼于光电装备的设备体系,它的固有能力与效能以及不足之处,对于潜艇光电装备的发展会起到很好的指导作用;再一个是着眼于单项作战或与此相关的固有能力,就使效能分析大大简化。而评估武器系统能力的基本方法是分解法,系统成功完成其任务不是通过单一的事件,而是通过一系列不同的事件,系统能力正是这一系列个别或组合事件的综合结果。分解法和概率法是我们以下进行能力分析的基本方法。

1.5.3 潜艇光电装备在潜空对抗中作用的效能分析与评估

1. 日益增强的航空反潜威胁

参考文献[30]中指出,以往的潜艇发展史常被看作是潜艇技术更新换代的发展史。其实,它是潜艇和反潜技术战术反复较量、相互促进发展的历史。在高新技术迅猛发展和新军事变革的潮流下,今日对潜艇如何发展的考量必须更换视角,应将潜艇放在反潜对抗环境下应对能力的优势创建上。

在当今高技术条件下,高技术潜艇面对的是高技术反潜手段的多样性,反潜战已成为多维立体网络化的多军兵种联合作战一个组成部分,构成一个天罗地网式的“盾牌阵”;由此,潜艇这个“矛”,也必须与时俱进,以更高性能、更多功能、更巧妙战法,融入多军兵种一体化联合作战的组成中，使潜艇能冲破一切天罗地网而驰骋海洋，充分发挥潜艇战的优势。

今天，我潜艇面对的是一个多维的反潜网络，包括以下几种：

(1)太空反潜　美国在轨军用卫星提供各种情报、目标定位、指挥控制、全球网络化通信、电子侦察等信息，其中，光学成像卫星的地面分辨率小于0.1 m，孔径雷达成像卫星的分辨率小于1 m，特别适用于跟踪舰艇；日本也组有太空侦察网。所以，潜艇如不考虑应对措施，则其航渡过程很容易被天基侦察网发现跟踪。

(2)航空反潜　主要有P－3C岸基反潜巡逻机升级版，以及正在研制替代P－3C的新一代“任务海上飞机(MMA)”，其机载任务系统与无人机和卫星传感器集成，能探测远程和濒海低噪声潜艇；正在开发测试的MH－60R舰载多用途战斗直升机，集现役SH－60B和SH－60F功能于一身，装有低频吊放声呐、先进的前视红外系统等一整套传感器和武器的反潜系统。

(3)水面反潜　美国正在重点研发的濒海作战舰，可搭载RQ－8B垂直起降战术无人机，装备模块化负载和武器及制式情报侦察监视和通信设备，以执行反潜任务为重点。

(4)水下与海底反潜　水下主要依靠反潜潜艇和新开发的无人潜航器，海底反潜主要依靠长期布放在咽喉要道上的被动水声监视系统组成。

由上可知，无论是岸基出动飞机反潜或是舰艇上的直升机反潜，航空反潜已成为最重要的反潜方式，而网络中心战则给潜艇的活动造成越来越大的困难。

2. 航空反潜与潜空对抗的特点[38]

(1)在参考文献[29][33]中，论述了如下航空反潜的主要特点。

①速度快　目前常规潜艇的潜航速度为20 kn左右，核潜艇为30～40 kn；反潜飞机巡航速度为200～400 km/h，为潜艇的5～6倍；

②探测性能高　根据参考文献[31]中介绍，航空声学探潜装备的发展已日趋成熟并逐步迈向网络化方向，非声学探测方式的发展十分迅速，在未来航空反潜作战中，声学的吊放声呐和声呐浮标，仍将扮演主要角色。另外还有侦察航渡中潜艇的目视、雷达、光电吊舱以及对潜艇水下可精确定位的磁探仪等，见表1－14。再进一步，对潜艇活动感知最为敏感的还属天基卫星监视网络。而目前潜艇对空探测手段有限，尤其是水下潜艇探测能力更差。

③战斗协同能力强　飞机通信联络方便，尤其是已形成信息网络，可以用一个网络的协同作战来对付一个孤立的信息不畅的潜艇，所以潜艇在目前的潜空对抗中，其信息战不对称劣势非常明显。

④攻击能力强　反潜飞机的反潜武器包括有深水炸弹、反潜鱼雷及火箭等，威力较大。而目前潜艇的反击手段主要是潜空导弹，另外美国还在大力发展潜射无人机等应对手段。

⑤隐蔽性对比(应召反潜潜空对抗时)　飞机飞行是一种暴露性的活动，当应召探测潜艇时，反潜飞机需长时间低空盘旋甚至低空悬停，隐蔽性差，且本身自卫能力弱；潜艇依托于海洋，隐蔽性好。

⑥环境适应性对比　飞机受气象、海况影响大，反潜直升机在恶劣天气就难以在海域上空作业，而潜艇则受此影响很小，所以，隐蔽性和适应能力是潜空对抗中，潜艇的不对称优势所在。

表1-14　目前主要反潜机性能表

<table>
<tr><td colspan="2">机　型</td><td>舰载反潜直升机</td><td>岸基反潜巡逻机</td></tr>
<tr><td colspan="2">最高时速</td><td>270 ~ 310 km/h</td><td>700 ~ 750 km/h</td></tr>
<tr><td colspan="2">巡航时飞行高度</td><td>~650 m</td><td>最该升限8 500 m</td></tr>
<tr><td colspan="2">最大作战半径</td><td>100 ~ 250 km</td><td>~2 500 km</td></tr>
<tr><td colspan="2">巡逻探潜时飞行速度</td><td>200 ~ 250 km/h</td><td>200 ~ 400 km/h</td></tr>
<tr><td colspan="2">应召探潜时飞行速度</td><td>0 ~ 65 km/h（潜艇在水下）</td><td></td></tr>
<tr><td colspan="2">探潜时飞行高度</td><td>10 ~ 400 m</td><td>1 000 m以下</td></tr>
<tr><td rowspan="6">主要探潜设备作用距离</td><td>主动搜索雷达</td><td>通气管航行潜艇11 ~ 13 n mile
潜望镜状态航行潜艇1 ~ 3 n mile</td><td>水面航行潜艇40 n mile
通气管航行潜艇 ~15 n mile
潜望镜状态航行潜艇 ~3 n mile</td></tr>
<tr><td>主动式声呐浮标</td><td>水下潜航的潜艇1 ~ 3 n mile</td><td>水下潜航的潜艇1 ~ 3 n mile</td></tr>
<tr><td>被动式声呐浮标</td><td>水下潜航的潜艇2 ~ 5 n mile</td><td>水下潜航的潜艇2 ~ 5 n mile</td></tr>
<tr><td>吊放式声呐</td><td>主动3 n mile　被动10 n mile</td><td></td></tr>
<tr><td>磁探仪</td><td>水下潜航的潜艇1 ~ 2 km（吊放式）</td><td>水下潜航的潜艇1 ~ 2 km</td></tr>
<tr><td>前视红外吊舱</td><td>通气管航行潜艇目标
等效为2.3 m×2.3 m
$\Delta T = 2$ ℃
5 mile</td><td>通气管航行潜艇
目标等效为2.3 m×2.3 m
$\Delta T = 2$ ℃
5 n mile</td></tr>
</table>

注：n mile—海里，以上表中数据仅供参考。

（2）参考文献[38]中论述的航空反潜的特点如下：

①反潜机的优势是快速、隐蔽、效率高，舰载直升机都普遍安装了前视红外系统，提高了夜间反潜能力。

②直升机反潜的不足之处是：

a. 本身自卫能力弱；

b. 在海空搜索时间短，每组留空时间不超过2 h；

c. 反潜受天气、海况影响较大。

③反潜方式和过程　反潜方式有应召反潜、检查性反潜和巡逻反潜。反潜过程为搜索、识别、定位和攻击。

文中认为美V-22鱼鹰直升机将会成为未来美反潜的主要兵力，其巡航速度为463 km/h，是目前反潜直升机的两倍。

另据资料报道，日本八八舰艇编队，九十舰艇编队，其直升机搜潜作战方式为，反潜直升机以三机为一组，呈倒三角形，在编队前方8.5 ~ 18.5 km处展开，一架直升机搜索的有效宽度正常为9 km。

3. 潜艇应对空中威胁的手段

（1）目前的对空探测手段

主要由潜望镜目视、潜望镜光电搜索、主动雷达、ESM警戒系统、被动声呐听侧系统等。

潜望镜雷达搜索飞机易于自我暴露，使用受到严格限制。ESM警戒系统是目前实施对空警戒的主要手段，且其作用距离一般大于机载雷达作用距离。但当反潜飞机无线电静默或实施强电磁压制时，ESM预警系统将失去作用。艇上的被动声呐可根据低空飞行的反潜飞机响声或根据投放声呐入水声测出目标大体方位,但这种作用非常有限。

潜望镜目视探测反潜飞机,其作用非常有限,且易于自我暴露;潜望镜光电搜索(红外和电视)可以和反潜飞机的红外吊舱形成一定对抗,但因潜望镜搜索转速和俯仰高度均受到一定限制,所以其能力不足。

(2)正在大力发展的对空探测对抗手段

①潜艇搜索型光电桅杆　可以克服潜望镜光电搜索系统速度慢、作用距离近、非得升到位才可使用、升降不可调控、信息处理水平低等缺陷,可实现对空自动搜索、自动告警、自动跟踪、测距、目标定位等一系列功能,是潜艇实施潜空对抗的重要手段。

②虚拟潜望镜技术　它可以在潜艇处于水下状态时,探测感知空中的目标,将为潜空对抗中的潜艇提供重要的探测手段。

③潜艇浮标技术　它可在潜艇处于水下时的坐沉海底或海水突变层时,升起浮标探测海面以上信息;坐沉海底潜艇停机可使敌之被动声呐失去效能,而又可探测到目标信息。对潜艇的安全规避或海面上战场环境的了解起到重要作用。

④潜射无人机技术　它可在潜艇处于水下状态时发射,是直接对抗敌反潜机的重要探测工具和杀手。

⑤潜空导弹　是对付反潜机尤其是反潜直升机的有效杀手。

⑥信息集成与网络中心　将潜艇平台各种探测传感器集成为信息中心并与战场各信息平台联网后,可使潜艇的潜空对抗出现质的变化。它可改变潜艇单一对抗敌反潜系统的局面,而形成一体化的对抗系统。如对敌之天基侦察系统,有了信息网络,就可使潜艇任何时候都能掌握敌卫星的飞行规律(无论战时临时变轨也好),上浮时避开敌之天眼的侦察,做到航渡的安全。

4. 潜艇光电装备对空警戒能力分析评估[29][31][33]

(1)潜艇光电装备对空警戒能力的组成

这里所说的对空警戒能力是指潜艇在出海、航渡、通过封锁线、在待机阵地等待侦察或攻击过程中因通气管状态航行、上浮充电、通信、换气等情况下,不被敌之航空侦察设备发现的能力。可用系统效能评估中的能力向量或不被敌发现概率来衡量。

$$C \in (c_1, c_2, c_3, c_4) \tag{1-19}$$

式中　c_1——潜艇在以上状态下不被敌天基侦察设备发现的能力;

c_2——潜艇不与反潜巡逻机和反潜直升机相遇的能力;

c_3——潜艇对空中目标搜索识别能力;

c_4——潜艇对空中目标距离发现能力。

c_1 能力与潜艇的出海准备预案、水文气象条件、海上船只情况以及我信息网络系统的健全状况等因素有关。如果我信息网络系统健全,则对于敌侦察卫星的临空规律就能随时掌握,我信息系统就能通过网络及时通报潜艇,使潜艇选择安全的时机上浮,不被天基侦察系统发现。另外还可在我水面舰艇的掩护下出海,规划好航渡线路,如选择海上渔船多的区域,海上运输线附近,都可利用船只的掩护,减少被发现的机会。我潜艇出海一旦被敌之天基侦察系统发现,则敌可调集侦察兵力在潜艇的运动方向,就使潜艇处于应召反潜或平时的应召监视跟踪状态下,给潜艇的摆脱造成很大的困难。可用不被敌探测的概率来表征此项能力

$$P_{c1}=(1-P_1) \tag{1-20}$$

式中 P_1——敌之天基侦察系统发现潜艇的概率。

c_2 能力包含两方面的含义，即

$$c_2 \in (c_{21}, c_{22})$$

式中 c_{11}——指通过敌之封锁线时或在待机阵地上进行上浮补充侦察时防止与目标相遇的能力；

c_{22}——指潜艇在水下安全状态下需上浮到潜望状态或通气管状态时不暴露地感知空中目标的能力。

而要做到以上两点，一是要有健全的信息网络，能够及时感知潜艇所处的战场环境，合理地进行通过敌之封锁线时的航路及航路展开宽度方案选择，合理地选择待机阵地的位置及上浮潜望状态正确的时机；二是常规潜艇在必要的通气管补充充电地点和时间的合理选择；三是要大力发展虚拟潜望镜技术和浮标技术。可用潜艇不使与敌机相遇的概率来表征此项能力

$$P_{c2}=(1-P_2) \tag{1-21}$$

式中 P_2——潜艇与敌反潜机相遇的概率。

c_3 能力也包括两方面的含义，即

$$c_3 \in (c_{31}, c_{32}) \tag{1-22}$$

式中 c_{31}——指在潜艇处于通气管状态时在与敌反潜机可能相遇的情况下，提前搜索发现目标的能力；

c_{32}——指潜艇在上浮潜望状态侦察、通信或执行其他战术任务时，在与反潜机可能相遇的情况下，提前搜索发现目标的能力。

这里主要强调搜索能力，因为根据1.4节中的论证可知，即便在潜艇光电设备的作用距离之内，也不一定能快速发现目标，因为目标位置是随机的，升起潜望镜或光电桅杆后，必须搜索到该目标位置而且还要能检出，才能发现目标。留给搜索的时间是有限的，如果时间长了，即便能发现目标，但由于错过了安全规避的时间，也会被敌机发现，这就是所谓的搜索能力问题。其搜索发现概率用 P_{c3} 表示。

c_4 能力是指潜艇光电设备的距离探测能力，它与 ESM 系统共同工作时，可以扩大潜艇总的作用距离。

任意二事件共同工作时的联合概率如式(1-9)所示。

$$P_{c4}=P_H+P_E-P_HP_E$$

为定量分析光电设备的对空探测概率，根据目前的发展水平，特作如下假定：

设光电桅杆红外热像传感器探测概率为0.5时，对反潜机的最大发现距离 $R_{H\max}$ 为15 n mile，$R_{H50}=12.6$ n mile；设反潜机雷达探测概率为0.5时，对通气管状态下的潜艇探测距离为10 n mile；光电桅杆 ESM 预警装置在同样的探测概率下对反潜机的警戒距离 R_E 为12 n mile。代入式(1-9)，(1-10)，(1-11)可得图1-18目标探测率曲线。

目前国外光电桅杆红外传感器作用距离，已达上述水平，如美国86型光电桅杆红外传感器探测概率为0.5时，作用距离达22.3 km，和图1-18举例中的情况基本相当。

(2)潜艇不与反潜机相遇概率 P_{c2} 分析

为分析潜艇与反潜机相遇问题，我们参考潜艇与反潜舰艇对抗机动知识，制作成图1-19。

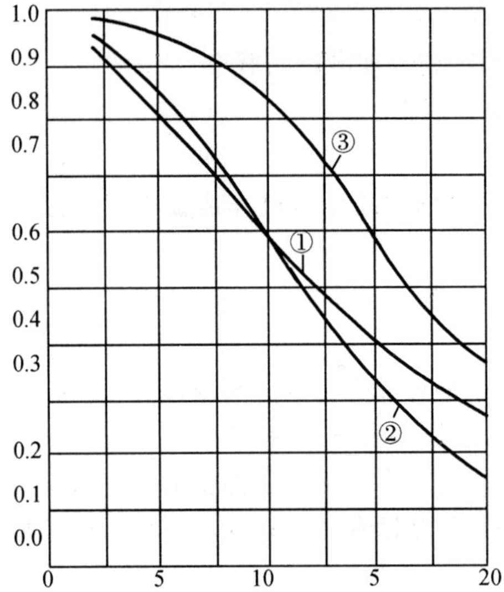

图 1 -18　光电桅杆对空探测概率曲线

①红外热像传感器探测概率;②ESM 预警装置探测概率;③红外传感器与 ESM 联合探测概率

此图中的假定条件是:忽略斜距的影响,将图 1 - 17 中的关系平铺在海面上进行分析;由于潜艇航速相对反潜机较低,故分析时假定它处于静止状态。

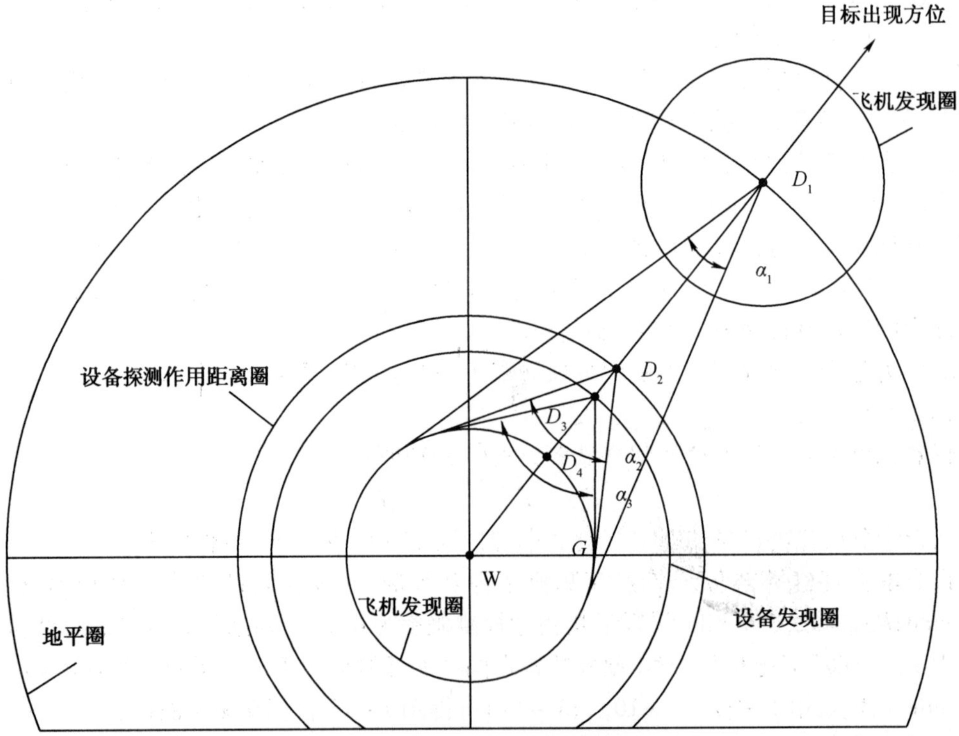

图 1 -19　潜艇与反潜机间探测对抗关系图

D_1—飞机进入测者地平圈的地平线点;D_2—飞机进入潜艇探测设备作用距离圆上的一点;D_3—飞机进入潜艇探测设备发现圆上的一点;D_4—飞机进到发现潜艇的一点;α_1—飞机在 D_1 点时对潜艇的探测相遇航向角范围;α_2—飞机在 D_2 点时对潜艇的探测相遇航向角范围;α_3—飞机在 D_3 点时对潜艇的探测相遇航向角范围;W—潜艇的出水位置点

图1-18中,角 α_1,α_2,α_3 表示在不同的距离上,敌反潜机与潜艇相遇的航向角范围。如果假定在潜艇上浮期间,反潜飞机的航向是随机的,则在这些角度内的相遇概率分别为

$$P_{21}=\frac{\alpha_1}{180^\circ},P_{22}=\frac{\alpha_2}{180^\circ},p_{23}=\frac{\alpha_3}{180}$$

随着和潜艇距离的接近,则此概率会越来越大,直到潜艇位置 W 附近的飞机发现圆以内时,此相遇概率达到1。

由此可知:

①潜艇与反潜飞机相遇的概率是一个变化的量,它与潜艇与飞机相对位置的远近有关,距离近,则相遇概率大;距离远,则相遇概率小。

②相遇概率和潜艇浮起位置与反潜飞机巡逻航向相对位置有关,最好是在反潜飞机巡逻航向的正横方向,其相遇的概率最小,随着与航向的夹角变小,则相遇的概率越来越大。

③当潜艇浮起的位置,刚好在反潜机探测范围以内时,则相遇的概率达到百分之百。此情况的出现,是由于对敌情不掌握、进入敌机的巡逻航向范围和对空探测手段不完备所致。如果有完备的网络信息系统,则对此情况可能已经进行判断,如敌之封锁线位置、敌机巡逻规律等,不致进入敌机的巡逻航向范围。

如果配备虚拟潜望镜系统和光电浮标系统,则即便进入敌机的巡逻航线,也因在水下状态可对天顶区进行侦察,也不至于进行上浮遇险。从这里看来,这些设备最重要的是要满足探测的水上空间视场角

$$2\omega>2\cos^{-1}\frac{h}{R} \tag{1-23}$$

式中 h——反潜飞机巡逻高度;

R——反潜飞机对潜艇的探测距离。

如果满足在式(1-32)的设备视场内,探测不到反潜机,则潜艇浮起就起码不会落入敌反潜机的探测范围。

(3)搜索发现概率 P_{c3} 的分析

①关于反潜机抵近潜艇飞行时间的分析 在1.4.5节中假定敌反潜机是按照一定搜索宽度的来回搜索,其抵近潜艇飞行时间应该是

$$t=(t'+t'')/2$$

式中 t'——反潜机对着潜艇直线飞行时间;

t''——反潜机按一定宽度搜索飞行扫过一定面积的时间。

这对于反潜直升机来讲是较符合的,根据有关资料称一架直升机的搜索有效宽度通常为5 n mile。但对反潜巡逻机,由于巡逻飞行速度快,对潜艇规避的风险更大。它一般是大范围的区域巡逻,对于潜艇完成上浮战术动作的时间而言,通常采用“Z”字形大面积搜索飞行,所以须按图1-19中的关系来确定抵近时间。

图中反潜机从 D_3 点被发现,一直到 D_4 点发现潜艇,它可能的危险飞行航向包括在 α_3 角范围内。不在此航向飞行时,由于不会相遇而不会造成危险,所以不用考虑。其中最近的距离为 D_3D_4,最远的距离为 α_3 角的边线 D_3G,所以抵近的时间应该取为

$$t_2=\frac{D_3D_4+D_3G}{2V} \tag{1-24}$$

据计算分析,此时间为直线飞行时间的1.5倍左右。

②潜艇潜望状态战术活动时,提前发现敌反潜机能力分析　在图1－18中当飞机处于设备探测作用距离圆的边沿点D_2时,并不等于已经发现了目标,要发现它,还得依靠设备的搜索,因为此时并不知道飞机的方位。从1.4节的论证中已知,潜望镜对危险方位搜索一遍的时间大约为1 min,而要达到发现的0.7～0.8以上概率,则需要搜索2～3次,也就是需要2～3 min。在可相遇的范围内,敌机在此期间已向潜艇逼近6～9 km(巡逻状态的反潜直升机)和10～15 km(固定翼反潜巡逻机),留给潜艇规避的时间已经太少了。如果潜艇从潜望镜状态规避下潜到安全深度所需时间为t_1,则潜艇潜望镜或光电桅杆与雷达警戒系统共同工作时,保证潜艇安全规避的探测反潜机的作用距离应满足

$$R \geqslant (t_1 + t_3) V_d + r_d \tag{1-25}$$

式中　t_1——潜艇从潜望状态速潜到安全深度所需时间,一般在1 min以内,现按0.7 min进行估算;

t_3——潜望镜或光电桅杆搜索发现反潜飞机所需时间,对于潜望镜为2～3 min,对于光电桅杆取为0.5 min;

V_d——敌反潜机抵近潜艇的飞行速度,在以下进行估算时,反潜巡逻机按300 km/h,反潜直升机按200 km/h;

r_d——敌反潜机对潜艇的发现圆半径,对于潜望镜或光电桅杆取为3 n mile。

初步估算,对于潜望镜而言,保证潜艇安全规避的对反潜机的作用距离$R \geqslant 20.5$ km;对于光电桅杆而言$R \geqslant 11.5$ km。也就是说,光电桅杆如达到潜望镜的作用距离,则可给潜艇安全下潜提供充足的规避时间。

③潜艇通气管状态下对空警戒能力的分析评估　虽然潜艇上浮地点选择了敌机巡逻航线以外,但由于常规潜艇上浮通气管状态补充充电时间一般要4～5 h,而且在出海期间频次较高,仍有与敌反潜舰艇或护航舰艇上的反潜机相遇可能,这种危险是常规动力潜艇经常会碰到的。

此时分析思路同上,但此时反潜机用雷达搜索时对于通气管状态的潜艇的发现距离大大增加,可达13～15 mile;而且潜艇从通气管状态下潜到水下安全状态,总的规避耗时可达1.5 min以上,所以会给潜空探测对抗带来很大的挑战。其对抗形势如图1－20所示。

在潜艇进行补充充电时,潜艇处于暴露状态,此时艇上的雷达侦察仪和被动声呐,潜艇光电桅杆全时执更,进行空中和海上警戒。对于敌之反潜巡逻机在夜间反潜搜索主要依靠搜索雷达和前视红外吊舱。而我潜艇与之对抗的是雷达侦察仪和光电桅杆,雷达侦察仪作用距离是敌方雷达作用距离的1.5倍。我们将此关系画于图1－20中。设$D_1D_4 = \frac{D_4W}{2}$,由D_1点向飞机发现圆作切线,可得G点,则可计算出$\frac{\alpha}{2} = 41.8°$,若假设反潜巡逻机相对潜艇的航向是随机分布的(在没有发现潜艇前),则相遇概率为$P_2 = 41.8°/90° = 0.464\ 4$。这说明,敌反潜艇与潜艇相遇的概率非常大,随着距离的移近,其相遇概率会急剧上升,潜艇处于被发现的危险之中。

潜艇从D_1点向D_4点抵近飞行的可能性并不是一个小概率事件,我们可以从图中所画的虚线的角$\frac{\alpha}{2}$平分线,可以看出,在此四分之一角的范围内,到达飞机发现圆的距离几乎差别不大,而这种可能性的概率达到了0.23。按照反潜巡逻机对潜艇通气管状态的作用距离

为 14 mile,反潜巡逻机的飞行速度为 300 km/h 估算,耗时大约为 2.6 min;如果按大概率事件问题处理,再乘以 1.5 倍,则时间变为 3.9 min。

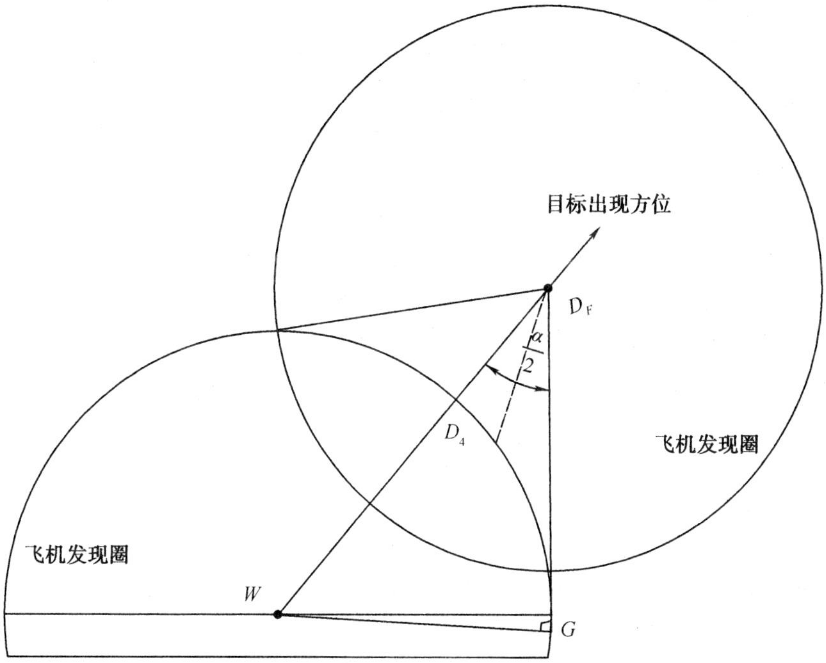

图 1 - 20　潜艇通气管状态与反潜机对抗形势图

D_1—潜艇警戒雷达发现敌反潜机位置;D_4—敌反潜机直线飞行抵达发现潜艇位置;
W—为我潜艇所在位置;飞机发现圆—敌反潜机用搜索雷达发现潜艇的最大范围;
$\frac{\alpha}{2}$—反潜直升机对潜艇的探测发现半角(相遇半角)

潜艇合理的机动动作应是,在雷达侦察仪发现敌机雷达信号后,应立即速潜至潜望深度,此时耗时大约为 1 min,这时敌机对我艇发现距离已大大减小,而且相遇概率大为降低,就可使光电桅杆立即转到发现雷达信号的方位,变为小范围搜索监视状态,光电桅杆捕获目标后,可通过敌机在像面上象元的变化确定敌机向我飞来的可能性,然后采取进一步的战术机动行动。

若敌反潜巡逻机采取雷达间断开机工作方式时,其开机的时间间隔通常为

$$t = \frac{D + d}{v} \tag{1-26}$$

式中　D——潜艇雷达侦察以发现敌雷达信号的距离;
　　d——敌反潜飞机雷达发现潜艇通气管的距离;
　　v——反潜飞机的飞行速度。

以上关系式说明,敌机的出现更具有突然性,而且比图 1 - 20 中出现的距离更近,留给潜艇的反应时间更短,而对潜艇光电设备的期望值更高。

(4)作用距离探测能力概率 P_{c4} 的分析

由上节分析可知,目前在常规潜艇通气管状态下的安全警戒仍是一个比较棘手的问题。光电装备探测距离增大的需求非常急迫。同时,ESM 测向功能是非常重要的,有了这一功能,光电桅杆可以不用扫描立即转到此方位,省去扫描时间,变为注视状态,就可大大

提高作用距离,提高检出目标能力。而目前雷达侦察仪的测向分辨率为 20°~30°,不足以满足此项要求。

如果是反潜舰艇的反潜直升机,虽然其飞行速度稍慢一些,但它若采取搜索雷达间断工作状态时,雷达侦察仪或光电桅杆配置的 ESM 都无法及时在较远的距离捕获目标信息,只有靠光电桅杆的红外热像传感器弥补其不足。若设反潜直升机对潜艇通气管状态的发现距离为 11 mile,潜艇从通气管状态速潜到潜望状态的时间为 0.8 min,光电桅杆从作用距离到发现距离的搜索时间为 0.5 min,反潜直升机的飞行速度为 200 km/h,为了潜艇的安全规避,根据式(1-34)估算,要求红外传感器对反潜机的作用距离达到 24.7 km 以上,才可对潜艇的安全规避发挥满意的效能;而要取反潜直升机对通气管状态潜艇发现距离为 13 mile,则要求光电桅杆红外传感器作用距离大于 28.4 km。

由图 1-19 看出,如果作用距离探测圆越大,则发现敌反潜机的距离可能更远,就给以后的搜索发现过程、潜艇规避应对过程留有更多时间,使我艇不与敌反潜机遭遇的概率大幅提高。所以需通过加装更先进的传感器,或与 ESM 预警和测向手段联合使用以提高日夜和各种气象条件下的作用距离。

(5)总的对空探测能力概率评估

实质上说,潜艇对空探测的总能力就是如何保证潜艇不与反潜机相遇的能力。延伸一步说,如果相遇了,也要使反潜机探测不到露出水面的潜艇,实质上还是没有相遇。所以从概率论的角度看,总的探测能力概率可表示为

$$P_{探} = P_{c1}P_{c2} - (1 - P_{c3}P_{c4}) = (1 - P_1)(1 - P_2) - (1 - P_{c3}P_{c4}) \qquad (1-27)$$

式中　P_1——敌天基侦察系统发现潜艇的概率;

P_2——潜艇与反潜机相遇的概率;

$P_{c3}P_{c4}$——潜艇在水面不使反潜机捕捉到的概率,此概率不仅与设备的搜索及作用距离有关,还与潜艇操控性能和所处状态,反潜机的类型等因素有关。

(6)关于潜艇对空探测能力分析的结论

①潜艇对空探测能力总的要求应该是使潜艇"去无影归无踪",只有做到这一点,才能使潜艇完成其战术任务创造前提。如果在敌之反潜网络下,潜艇出海活动一次被探知,则性质立刻变成敌之应召反潜工况或追踪监视工况,给潜艇完成战术任务造成异常大的困难。

②今日反潜战已形成一个多维的反潜网络,潜艇一出海便会遇到层层"关口"和层层监视的天眼,我潜艇必须以健全的信息网络应对敌之网络战。

③潜艇对空探测也是一个多维的对敌感知能力,只有进行全面的建设和统筹的考虑,才能取得满意的效果。

④提高潜艇光电设备对反潜机的作用距离、搜索效率、对目标检出的快速能力、自动报警能力,是潜艇光电设备应对潜艇与反潜机探测对抗的最重要的手段,尤其是对于频次较高的常规潜艇上浮补充充电时的警戒保障显得更重要。目前光电设备作用距离明显不足,必须配置并加强 ESM 的测向功能,以便与光电桅杆形成有机的共同工作状况,增大作用距离,提高搜索发现效率。

⑤提高潜艇光电装备在潜艇水下安全状态下感知空中反潜机的能力,是涉及潜艇生死攸关的课题,必须尽快尽早地加以解决。

5. 潜艇光电装备在潜空对抗中作用分析评估[34]

战时,如果潜艇在与敌反潜机探测与反探测的对抗中失败,暴露行踪,则立刻变为我们

在此节中所要研究的潜空直接对抗问题。

（1）潜空对抗时潜艇的应对方法

潜艇在没有空中掩护的情况下，过去单纯依靠自身的规避机动，实践证明是很难摆脱敌机的跟踪和攻击的。反潜飞机对于通气管、潜望深度和巡航深度的潜艇构成了极为严重的威胁。

国外普遍的做法是研究加装潜空导弹防御系统来对付空中反潜机的威胁，也就是在潜艇被敌机发现和跟踪，采用其他方式无法摆脱敌机时，用潜空导弹攻击敌机，将其击落或造成对其的严重威胁，从而提高潜艇的生存能力。

国外潜空导弹已知有三种类型：

第一种是英国“斯拉姆”低空对空导弹武器系统。该型武器系统已大量装备于世界各国不同的潜艇。“斯拉姆”系统在潜艇上采用六联装发射装置，可发射改进的单兵“吹管”导弹，其制导方式为光学跟踪和无线电指令制导。发射装置平时装在耐压水密容器里，作战时从容器内升出，可在360°范围内方位旋转和在 -10° ~ +90°范围内俯仰。方位回转速度为40°/s，俯仰速度为10°/s，瞄准精度为±0.5° ~ ±1°，在通气管或水面状态发射导弹。当艇上的潜望镜或雷达和声呐等探测设备捕获目标后，将目标方位和距离信息传给“斯拉姆”控制系统和射手，并用其电视系统进行跟踪，进入射程后，发射导弹。

第二种是美国的“西埃姆”系统，也是近程低空潜射武器系统。可用于对付固定翼飞机和直升机等反潜飞机。这是一种全自动的对空导弹武器系统，导弹采用雷达主动和红外线被动寻的复合制导体制，导引头为雷达/红外双模导引头，系统从搜索、跟踪目标、敌我识别到发射、导引头跟踪锁定目标和转向、制导导弹击毁目标，全由弹上的双模导引头完成。

第三种是法国和德国联合研制的“独眼巨人”系统。这是一种水下发射，光纤制导的潜空武器系统。作战距离为10 km。系统工作方式为：首先由艇上的声呐设备根据反潜飞机叶片发出的声音或根据吊放声呐、声呐浮标或鱼雷入水发出的音响测出目标的大体方位，即可从鱼雷管发射出装有导弹的运载器，出水后运载器脱落，导弹发动机点火，导弹的红外自导头或电视摄像机开动，在空中搜索目标，一旦确认是须打击的目标，即操控指令将其击毁。

（2）潜艇加装潜空导弹后的作战效果及计算机仿真计算结果

①潜艇发射潜空导弹的时机

a. 在通气管状态下，当探测到的敌机距离除以敌机飞行速度的时间已小于潜艇下潜规避时间的情况下，应使用导弹进行抗击，然后潜艇速潜至安全深度以下进行规避。

b. 当潜艇在水下被敌机跟踪后，若机动规避无效，装有对空导弹的潜艇可以突然速浮至发射深度，升起导弹发射架，用红外搜索跟踪系统跟踪敌机，当确认敌机在导弹射程之内时，发射导弹攻击敌机。

②潜空对抗的潜艇优势所在

a. 潜艇对空攻击采用的是对空导弹，而反潜机对潜攻击采用的是鱼雷或深水炸弹，前者反应时间为20多秒，要比后者反应时间快得多。空投鱼雷时，必须测出潜艇的目标运动要素，才能进行发射，而其解算时间要长达4 ~6 min。

b. 潜艇在水下可利用海水的隐蔽性，使反潜机的探测比较困难，耗时较长。

③计算机仿真计算结果

a. 潜艇在通气管状态航行时，不装对空导弹，仅靠单纯下潜规避来避开反潜直升机的攻击，其生存概率仅为29%，潜艇只能处于被动挨打的地位。

潜艇加装对空导弹后，导弹击毁直升机概率为81%，直升机毁艇概率仅为12%。直升机为了自身安全，不敢靠近潜艇，被迫在较远的距离上投雷，直升机在5 km以外投雷时，鱼雷命中概率为10%，这时潜艇的生存概率为90%。

b. 潜艇在水下状态被单架反潜机发现跟踪和攻击时，潜艇未装对空导弹，仅靠规避机动摆脱敌机，成功概率仅为32%。

潜艇加装对空导弹后，发射两枚导弹时的生存概率为75%，发射四枚导弹时的生存概率可达到86%。

(3)潜艇光电设备在潜空导弹对抗中的效能分析

潜艇光电设备在潜空对抗中的效能可分为以下三种情况：

①在潜艇通气管补充充电时遭遇敌机情况下，潜艇发射潜空导弹时光电设备作用的分析。由于敌机在抵近潜艇过程中，有可能采用雷达间断工作方式；再者，战时有很大的可能是复杂的电磁环境，导致雷达无法正常工作。此时，由于光电桅杆的红外搜索性能无论速度或作用距离都较导弹自身的搜索系统性能要好得多，所以可以用光电桅杆作为导弹观瞄系统的导引设备，并利用光电桅杆精确的激光测距功能和精确的方位指示，将目标定位，输给导弹发射控制系统，无疑会大大提高瞄准精度，提高导弹的命中概率。

②在潜艇潜入水下后，如需要紧急上浮发射导弹攻击敌机时，光电设备作用的分析。此时当潜艇贴近海面时，应该依靠虚拟潜望镜观察头顶上空是否有反潜机，然后在上浮过程中到达潜望状态时，用光电桅杆迅速扫描扑捉目标，在继续上浮到通气管状态的过程中，继续用光电桅杆跟踪目标，在潜空导弹准备过程中，光电桅杆早已锁定目标，此时导弹一开机，便可利用光电桅杆的目标导引指示参数，这无疑会将导弹系统的反应时间大大缩短，提高了攻击效果。

③当潜艇在水下状态需要发射潜空导弹时，光电设备作用分析。目前水下发射潜空导弹，是利用我艇被动声呐听测敌反潜机的螺旋桨声音或利用敌探测声呐浮标落水声音大致判断敌机的方位，其方向分辨率只有10°以下；加之，声音传播速度慢，会造成很大的迟后效应，容易造成导弹出水后捕获不到目标而造成脱靶。如果配置有效的光电浮标装置，则可变听测为直接光电观察，能掌握敌机的空中飞行轨迹，对于水下发射导弹，无疑会带来目标指示的革命性变化。

1.5.4 潜艇光电装备在网络中心战领域的效能分析评估[30][32][35][36]

我们分析此项效能的思路是，先介绍以C^4ISR为中心的网络中心战的意义作用，再介绍信息化条件下海战场对潜艇战术活动的影响，潜艇的应对措施，光电探测手段与雷达、水声探测技术的优劣与作用比较，最后以分解法来分析光电装备的作用与效能。

1. 以C^4ISR为中心的网络中心战的意义作用[36]

以下是美国海军提出的对C^4ISR技术及其发展的看法的摘录，我们认为它在一定程度上反映了当前C^4ISR技术发展的动向，尤其是满足联合作战所需的技术和发展方向，值得我们加以分析和讨论。

(1)C^4ISR系统的概念和意义

海军C^4ISR系统是指指挥控制——C2，计算机——C，通信——C，情报、监视、侦察——

ISR的体系结构。

1997年美军提出“网络中心战”的概念以来，经过十多年来不间断的理论研究和一系列转型计划的实施，预期将在2015年前后实现“网络中心战”的目标。美军认为“网络中心战”将牵引C^4ISR系统更显著地进入杀伤链，随着新的核心能力出现在战场，在作战能力方面更大的、实质性进步的时机正在出现。C^4ISR系统正在成为战斗能力的核心，为作战成功提供至关重要的信息、指挥和控制。

(2)C^4ISR系统对作战任务的影响和度量

C^4ISR系统在作战能力中的总度量要求是：处理大规模、分布式作战所需的时间和能力。如果美军控制了冲突开始的时间，C^4ISR系统最大的贡献来自发现、定位、跟踪、交战、评估的“任务周期时间”的缩减；如果对方控制了冲突的时间进程，C^4ISR系统对任务成功的最大贡献是把平台快速集成到攻击群中并快速进行任务规划。

“任务周期时间”重要性的关键之一是作为决策基础的信息存在过时性。即在需要立即采取行动的决策中，所使用的信息存在过时性。“任务周期时间”不仅包括探测或者识别威胁所需的时间，还包括达成协调和合作经由多系统的C^4ISR系统、跨越兵力进行信息分发和决策所需的时间。决策者的要求是，在他们承担决策结果的责任之前，信息要达到最低可接受的质量水准。因此信息的完整性和精确性，信息显示的有效性在决策时间方面有重要影响。更快地获得较少歧义的数据将会缩短进行决策所需的时间。因此，消除二元性并形成单一的、在战区内一致的战术图像描述，将是指挥和控制的最大突破。

2. 信息化条件下海战场的特点及对潜艇作战行动的威胁[32]

(1)信息化条件下海战场的特点

海洋战场信息环境是由战场的自然环境(地理、水文、气象)和人类社会环境因素(信息装备及系统、人文、心理等)构成与作战有关的各种情况和条件的统称。信息化条件下海战场的特点如下。

①信息获取全程性、复杂性、长期性。

②信息空域、频域广阔多维。虽然现代海战依托海洋进行，但围绕海战场的信息作战却在陆、海、空、天、磁、网络等多个空域和领域多维空间同时展开。从频域上，海战场信息环境几乎容纳了全部电磁和声域频谱。

③水上电磁信息密集、开放，水下信息环境相对封闭。在信息化海战场，大量信息武器装备及系统的应用、多兵种的联合作战及多维化战场形态，使信息流量剧增，电磁信息密度加大，战场日益透明。在广阔的海洋，海军舰艇、飞机没有类似陆军那样的地形、植被等客观条件的掩护，使各种电磁信息均暴露在整个海洋上，形成一个开放透明的信息空间。同时由于广阔的海洋中海水是一种特殊的介质，对无线电波及声波具有不确定的传播及衰减作用，加上海洋水文环境的复杂性，使得水下的信息环境相对封闭。

④太空信息优势对取得海战场信息优势至关重要。海战场环境的特殊性导致海上作战对信息支援保障提出了更高的要求，运行于外层空间(太空)的各种卫星既有空间优势又有信息优势，从海战场的侦察、探测、遥感、监视到天气预报、指挥通信、精确制导都将发挥重要作用。所以空间信息优势已成为夺取海上“制信息权”的关键手段。

(2)信息化海战场环境对潜艇作战行动的威胁[32]

①反潜系统的信息化加强，对潜艇兵力构成严重威胁。

一是加强预警系统建设。如在太空中部署侦察卫星以便获取潜艇早期的活动信息；在空中部署预警机、反潜巡逻机对潜艇实施先期预警；在主要航道、重点区域布设水声探测系统，初步形成了高、中、低立体的反潜预警系统。

二是大力发展反潜武器装备。如日本拥有当今反潜能力最强的 P－3C 反潜巡逻机 99 架，在日本各类战机中占相当大的比例。平时在建造各种武器平台时，兼顾防空、反舰的同时，优先考虑反潜武器装备系统的性能，确保各种武器平台都具有良好的对潜搜索和攻击能力。

②信息化海战场日益透明，对潜艇的隐蔽行动及生存提出了更严峻的挑战。

一是由于海战场信息环境的开放透明，潜艇活动的各种信息都暴露在开放的水下或水上的信息环境中，通过敌信息化探测系统（包括水声探测系统），把战场中潜艇活动的各种相关信息进行搜集、对照分析，从而可以掌握潜艇活动的各种信息，使战场透明度提高，潜艇兵力隐蔽作战行动困难。尤其是常规潜艇需经常浮起到通气管状态补充充电，将受到来自空中、水下、水面等全空域的威胁，隐蔽性受到严峻挑战。

二是探测设备系统化、立体化。为争夺制海权，各国把探潜系统的建设作为重点优先发展，已逐步形成太空侦察卫星、空中反潜飞机、水面反潜舰艇、水下反潜潜艇及水声侦察系统等大规模、立体化的综合反潜系统，留给潜艇隐蔽的空间越来越小。

三是作战对象多元化、系统化，信息传递实时高速化。在信息化海战场上，主要作战对象是由敌各种作战飞机、水面舰艇、潜艇等信息化作战平台组成的联合作战编队，不仅机动性好，隐身化程度高，而且各作战平台间利用先进的指挥控制系统，实现信息传递实时化、高速化，各种反潜探测器材及武器装备具有远程化、精确化、智能化的特点，对潜艇的隐蔽及生存构成极大的威胁。

3. 从网络中心战的角度看潜艇光电装备任务使命

（1）对美国海军赋予潜艇成像系统所赋予的使命任务的分析

①为配合美国的海军的发展战略，对美国海军而言，潜艇将扮演越来越重要的角色。外置式传感器和航行器在扩展潜艇活动区域以及增强情报、监视、侦察和目标捕获（ISRT）能力方面，毫无疑问发挥着强大的作用。随着 ISRT 任务的重要性日益提升，潜艇成像能力正在受到前所未有的重视。在 POM－10 水下需求文件中，综合式潜艇成像系统（ISIS）在海军现代化改装计划中排在第一的位置。

美国海军赋予潜艇光电装备的使命是潜艇安全性、情报、监视和侦察、战术控制。为此目的，要求潜艇成像系统保证能在一天 24 h 内提供高质量的成像。而且在各种气候条件下保证在一周 7 天内支持潜艇在世界各地的活动，包括在浅水区域。

（2）对美国赋予潜艇光电设备使命任务的分析

①美国赋予潜艇光电装备的使命是为其海军发展战略服务的。美国海军在冷战时期，曾将重点放在核潜艇在大洋深处与前苏联的潜艇战。而在冷战结束后，美国海军率先提出了一系列新的军事理论与发展规划。其主要目的是以推行美国的价值观，随时可以干涉全球事务和反恐需要，由海上向世界各地投送海军力量。美国海军在 2020 年的发展构想中提出，海军担负三大任务：和平时期参与；威慑和防止冲突；作战并夺取胜利。海军将重点突出五种能力，即：信息战能力；作战空间控制能力；作战力量投送能力；持续作战能力；近海作战能力。

其中信息战能力主要是指指挥、控制与监视能力，利用信息能力确保拥有制信息权。这是未来海军在冲突中制胜的前提。美国海军为了确保夺取和保持制信息权，必须要开发高性能的监视系统，为远距离的用户提供实时的三维立体图像，把无人机、海基和地基的探测器数据融合到一个共用的图像中。

②美国重视潜艇光电装备的研究发展，说明图像系统在完成其发展战略任务中作用地位的提升。美国强调信息战能力，一直以坚决的步骤，推进其海军装备的信息化、一体化，而图像系统在信息化过程中，由于其图像直观、信息量大、被动隐蔽，成为其信息化过程中倚重的对象，正如其对 C^4ISR 系统的作用中所述，提供在战区内一致的战术图像描述，将是指挥的最大突破，可以获得较少歧义的，将会缩短进行决策所需要的时间。

③近 20 ~ 30 年来，随着图像技术的快速发展，尤其是红外热像技术的发展，以及图像技术发展的巨大潜力，使其具有了突破性的作用效能，寄予厚望于其具有坚实的技术基础。

④为了完成其一天 24 h 提供高质量图像的要求，美国重点开发研究的项目侧重于图像侦察、警戒及安全领域，如虚拟潜望镜技术、全景潜望镜技术、超光谱成像技术、综合成像系统、自动目标识别技术、其他波段技术与光电集成技术等。为了保证一周内各种气候条件下支持潜艇在世界各地的活动，美国甚至重新研究在潜望镜或光电桅杆上加装新的雷达测距仪，这是一种扬长避短综合考虑的结果。

4. 潜艇在信息化海战场应具备的应对信息战能力

（1）规划好潜艇在一体化联合作战中的作用和建设。在现代高新技术条件下，潜艇与反潜作战都是以一体化联合作战为前提，同时又服务于诸军兵种一体化的联合作战。为此，对潜艇而言，首要的任务应是尽速建设起信息化网络体系及联合作战的指控系统一体化网络。使潜艇的战术活动完全置于战区或全军的网络控制指挥之下，得到诸军兵种的信息及多种作战手段的配合，以顺利完成总部赋予潜艇的作战任务。所以规划潜艇的建设，应从反潜战和网络中心战两个方面来综合考量，应以网络中心战中赋予潜艇的使命为出发点来统筹建设。

（2）不遗余力地提高潜艇的隐蔽性和探测能力是潜艇建设最要害的任务。针对信息化条件下海战场越来越透明以及潜艇活动越来越困难的问题，潜艇的建设必须不遗余力地加强隐蔽性建设和探测能力建设。降低噪音，使潜艇更安静；大力提升使用各种器材时的隐蔽性，研究敌探测设备的特性，有针对性地采取对抗措施。尤其是须大力加强常规动力潜艇的建设，利用其噪音性能先天的优势，对付抵近浅海区的敌核动力潜艇的侦察、情报或秘密活动的一系列敌对行动。为适应浅水区活动时，水声设备性能不足的状况，必须大力发展非声探测设备的性能。

（3）为应对敌之反潜武器系统性能越来越先进的状况，必须大力发展潜艇的反制对抗的进攻和防御措施。尤其要强调的是，潜艇必须尽快解决潜空对抗中的武器打击能力问题。

（4）为应对潜艇在信息战中的作战和探测任务需要，必须延伸潜艇的侦察手段和范围，大力研发无人潜航器与无人飞行器。

（5）必须加强对周边及需要海区的海洋环境和战场态势感知，发挥环境效应的作战效能；研究潜艇用的实时环境信息采集系统和环境自适应作战辅助决策系统。

5. 潜艇光电装备在网络中心战中的作用与效能分析

(1)潜艇几种信息探测手段的作用及性能比较

潜艇的空间信息探测手段除光电探测手段外,主要还有水声技术、雷达技术、通信技术三类。

①水声探测技术　声波是目前人类所知的唯一能在水下远距离传播的能量形式。声呐利用水声技术探测水下目标和进行水下通信。水声技术是各国海军进行水下监视使用的主要技术,用于对水下目标进行探测、分类、定位和跟踪,进行水下通信和导航,保障舰艇、反潜飞机和反潜直升机的战术机动和水中武器的使用。随着现代声呐技术的发展和进步,新一代声呐具有更先进的探测性能、更远的探测距离以及更高的分辨率。

声呐之所以在潜艇的探测设备中具有举足轻重的地位,是因为其作用距离远,使用隐蔽性好(噪音站),并且功能齐全,对于潜艇在水下战术活动是不可替代的。尤其是在深海,由于水下声道比较稳定,因此其作用距离可达几十公里,甚至上百公里;由于常规动力潜艇水下航行时采用电力驱动,其本艇噪音水平低,更加大了与敌反潜舰艇对潜探测相比距离远的优势,为潜艇的水下对抗、水下战术活动、水下鱼雷攻击提供了可靠的探测手段。

然而,对于今天的信息战而言由于水下信息环境相对封闭,其对整个信息网络的连接主要靠水上空间来进行;而且对于潜艇在信息战中所领受的抵近浅水区活动或在复杂海区执行监视、侦察或情报等任务而言,水声探测手段有许多不利之处:一是浅水区和复杂海区环境噪音大,且易受海底和海面混响的影响,使水声器材作用距离大大降低,而且区分目标困难;二是水声设备受水文气象条件的影响大,恶劣的气象水文条件下,其作用距离和探测效能会大打折扣;三是其探测手段仅限于水下,探测水上空间信息能力较差;四是仅限于点源探测,可进行图像显示的主动声呐探测,由于会暴露自己,很少使用,所以其信息探测效能就受到限制。

②雷达探测技术　由于潜艇主动搜索雷达使用易于暴露,所以在潜艇执行信息战任务中会很少使用。执行探测任务的雷达技术主要是雷达侦察仪,即雷达警戒侦听系统。它可以侦察听敌方雷达的信号,识别出每个脉冲的中心频率、幅度、脉宽、到达时间和指向。与储存的雷达数据比较,可生成按战术性能分类的辐射源清单。而且其探测距离大于敌方雷达的工作距离,所以对于水上探测来说是非常重要的手段。

然而,这种手段还属于点源探测,无法得到图像;而且在战时强电磁环境下,易受干扰而无法工作。

③通信技术　当潜艇抵近其任务区时,敌方的通信信息会非常密集。用情报侦听系统,可以得到大量的有用信息。这种探测侦听是潜艇要执行的重要任务之一。但这种手段与雷达探测一样,也属于点源探测并易于受到干扰。

通信技术中比较难的工作是实现潜艇与基地或总部的通信联系,过去是潜艇出海后只接收不发送或万不得已才发送,现在随着信息网络化的发展,潜艇实现隐蔽的双向通信已经可能,那就是使用极高频天线与己方通信卫星间的通信,或通过中继航空飞行器(直升机、巡逻机或潜射无人机)与己方舰艇的通信。要实现以上通信任务都需要有光电手段的配合。

从上面的分析来看,属于水上空间能进行被动式图像探测且抗电磁干扰性能好的只有光电手段。在水下探测领域,光电图像探测的手段也正在大力发展。

（2）潜艇光电装备在网络中心战中的作用与效能分类

我们用以下关系式来表达潜艇光电装备在潜艇信息战中的作用与效能

$$C_w \in (c_K, c_B, c_C, c_J, c_S, c_T, c_D) \tag{1-28}$$

式中　c_K——反映图像空间信息的倍增效能；

c_B——属于光学波段被动探测的隐身效能；

c_C——反映多传感器集成和信息融合效能；

c_J——潜艇网络中心的重要节点效能；

c_S——红外探测、超光谱探测识别伪装效能；

c_T——在完成安全、强电磁环境下使用的不可替代效能；

c_D——天文导航为保证潜艇机动性的自主与和武器打击精度的效能。

（3）对各种作用与效能的分析

①c_K 效能分析　海战场的目标信息主要由目标的光信息、声信息、电磁信息三大领域信息构成。光信息形成的图像信息具有多维信息特点，不但反映目标的频域多维特性，而且更重要的是可呈现目标的空间尺寸特征。而声信息和电磁信息虽然在频域上也属多维，但在空间上基本呈现点信息特征。所以对于要侦察的目标而言，光信息量大，反映目标的特性最为直观可信。这种特性决定了它在信息战中独一无二的重要地位。

在今天，如果只有其他信息而无图像信息，则对目标的侦察、探测、识别、分类及威胁判断会带来很大困难。而有了图像信息，则使指战员可以了解目标任务的全貌，大大提高侦察结果的可信性和效能，使信息的了解掌握达到倍增器的效果，有助于指战员更快速地作出决策，为作战的胜利作出重大的贡献。而对于大多数要求对侦察的信息能识别和目标分类而言，光电通道是不可替代的。表1－15示出了图像编辑的过程。

表1－15　图像编辑过程

过程	说明
探测	从一系列传感器观察结果中确定出物体目标的出现
跟踪	根据传感器观察结果时序估计出运动信息
融合	合并不同传感器的观察结果
识别	确定物体目标的类型
认清	对物体目标进行以下标识，如敌方、中立方、友方、未知
风险评估	对成功完成任务的可能性进行量化
意图估计	确定物体目标即将采取的行动类型

②c_B 效能分析　由于潜艇本身的特性，它不可能执行战场的大范围态势侦察任务，而多是秘密抵近目标的小范围战术识别级的一些任务。光波段的探测虽然需要使潜艇上浮到水面附近来进行探测，但由于光学探测属于被动方式，所以对于潜艇在威胁区执行侦察、监视、搜集情报等任务，被动的工作方式是最适宜的方式，而且由于水下的信息环境相对封闭，水上信息环境相对开放，电磁和图像等信息密集，更突出了光波段隐蔽探测的重要性，而光电桅杆技术的进展，装备传感器性能的提高，已使其作用距离更远，升起使用的时间很短，使其暴露问题可以减少到很小的程度，更加强了这种被动探测手顿的优势。

③c_C 效能分析　多传感器集成的优势因光电桅杆技术的突破而得以充分体现。一是光电桅杆上红外传感器性能的提升使其作用距离达到与雷达并驾齐驱的水平；二是其操控

性能的大幅提升,使其能在暴露于水上的数秒钟内完成捕获到完整的水上图像,而且使暴露的高度可以控制,使之减少到最小。

除上述优势外,光电桅杆可集中不同的其他主被动工作的天线组合,如雷达预警和测向天线 RESM、通信天线 CESM、电子干扰与抗干扰天线。还可集成雷达测距天线、激光测距装置、GPS 卫星导航天线等。

集合这些天线,可做到有机地结合使用,具有性能倍增效果。如主动式雷达测距和激光测距,配置在具有红外探测功能的光电桅杆上,就可利用光电桅杆被动扫描捕获目标的功能,精确测向功能,作为目标指示器和瞄准器供雷达和激光测距使用,可大大减少使用的暴露时间。雷达预警和测向配置于光电桅杆上,就可以相互有机使用,为光电桅杆作危险目标指示,减少光电桅杆搜索时间,提高共同的作用距离。再如美国把极高频天线系统安装到 8Bmod3 型潜望镜上,升起潜望镜后操作员可以控制潜望镜天线捕获到通信卫星,从而把信息通过卫星发射给航母作战平台,这种通信手段保密性好,是整个信息网络的重要环节。GPS 天线和通信天线使用时,都可充分利用光电桅杆的安全警戒效能。

光电桅杆可从装备的电视、微光、红外以及雷达等传感器的战术信息通过数据融合和图像增强技术,解决高难度目标的探测和识别问题,大大提高完成图像识别和分类任务的效率,见表 1-15。有了这些多传感器的集成优势,加强了潜艇平台对水上空间的探测性能,使潜艇在信息战中完成赋予的任务方面和对抗敌之反潜战方面都会起到重要的作用。

④c_J 效能分析　潜艇光电桅杆一方面将空间的光学信息、红外信息、雷达预警信息、导航信息、通信信息传输到艇内,经过其工作站的图像编辑数据融合,将信息流发送到潜艇的信息网络,达到指挥控制中心;艇上的图像成像系统则把穿透潜望镜的图像和其他信息,以及艇上的其他如光电浮标、虚拟潜望镜、水下电视等设备信息综合集成在一起也传输到潜艇信息网络。而根据指挥控制中心的指令,光电桅杆可以完成艇内网络信息与我空间信息节点交换信息的功能。原因很简单,在交换信息的过程中,安全的警戒和暴露最少是必备的条件,而光电桅杆承担此节点重任是当之无愧的。

⑤c_S 效能分析　红外传感器可根据目标与背景的温差识别伪装的目标,特别是可根据目标的红外辐射强弱差异,探测出目标的热核心,可加强对目标的判断。

此外,快速、实时多光谱和超光谱成像技术、光谱图像处理技术已经可用于对伪装和隐蔽目标的探测和识别,而且能在干扰的背景下分清这些目标。采用这些技术后,可有助于提高光学方法对目标的识别问题。

⑥c_T 效能分析　对于在浅水区而且是海上目标复杂的情况下,给常规潜艇的战术活动造成了很大的挑战。由于要经常浮出通气管状态进行补充充电,而且要浮出海面到潜望状态执行搜集情报、侦察、监视等任务,此时上浮过程中的安全性就是一个棘手的课题。以往的潜艇,主要靠被动声呐听测、艇壳上装置的水下电视装置以及上浮过程中升起潜望镜来观察预警。有的潜艇还配有艇壳向上的小型主动声呐,但这些设备的使用都具有局限性。如在敌活动区,就不可能贸然使用主动声呐,而被动声呐对于停机的渔船等目标则无能为力。潜艇围壳的水下电视成像系统和正在大力开发的虚拟潜望镜系统为潜艇的安全上浮可提供有效的预警支持。从确保潜艇安全来看,光学可靠的预警手段是不可替代的。

在战时复杂的电磁环境下,艇上的以无线电为工作基础设备会受到很大干扰,而光学波段的信息设备,则成为信息战的倚重手段。潜艇对外空间信息的了解要完全靠不怕干扰的光电设备。从这一点来看,其作用是不可替代的。

⑦c_D 效能分析

战时卫星定位会受到干扰而无法正常工作。立足于自然星体和自主基准的光电导航定位手段可以为潜艇的导弹发射提供精确的位置和航向信息,为潜艇机动性提供可靠的安全保障。光电导航可靠性高、自主性强、体积小、精度高;与惯性导航相比,经济性好、易于安装、无误差积累效应和重调周期,更适合于吨位较小的常规潜艇上安装使用,将为确保潜艇的安全机动和巡航导弹发射需要精确舰位和航向作出贡献。

(4)效能分析的几点结论性意见

①从以上角度分析,更易理解光电桅杆出现和发展的意义,应该是以航空反潜作为"导火索",而信息化建设的需求更是其发展成长的坚实基础。应该在大力加强光电桅杆图像探测的基础上,发挥潜艇平台信息网络这个重要节点的效能,使潜艇信息网络平台的运转更顺畅。

②应该破除单个设备信息"烟囱"式发展建设的思路,充分利用光电桅杆工作优势,研发复合天线装置,使之具备雷达预警、测向、电子情报侦察、电子干扰与反干扰、卫星通信、卫星导航等天线,使之有机地与光电桅杆或潜望镜集成,以大大增强潜艇对水上空间的信息感知能力。

③光电装备图像的探测距离、质量、分辨率应该大力地研究发展。从上面的论述已经可以看出图像探测的重要意义。而光电图像探测的作用距离、分辨率仍有大力发展的强烈需求。

④大力发展潜艇信息战网络,使其尽速实现,有很多工作要做。对于潜艇光电装备而言,尽快实现系统本身的诸传感器融合,使图像和数据都融合在一个统一的系统中,可以为潜艇的信息网络化建设作出贡献。

参考文献

[1] Агафвов С С. Перископы подводных лодок[M]. Военмориздат. 1939.

[2] Вавилов С И. Оптика в военном деле. Том Ⅱ[M]. изд АН СССР. 1948.

[3] 李明,刘澎,等. 武器系统发展系统论证方法与应用[M]. 国防工业出版社,2000.

[4] 王永仲. 现代军用光学技术[M]. 北京: 科学出版社, 2003.

[5] 荆其诚,等. 人类的视觉[M]. 北京:科学出版社, 1987.

[6] 杜德罗夫斯基 А И. 光学仪器理论[M]. 北京:科学出版社, 1958.

[7] 梅遂生,杨家德. 光电子技术 - 信息装备的新秀[M]. 北京: 国防工业出版社, 1999.

[8] 史德,吉春生. 潜艇潜望镜[M]. 北京: 海潮出版社, 1995.

[9] 徐培德,谭东风. 武器系统分析[M]. 长沙: 国防科技大学出版社, 2001.

[10] 阿勃楚克 В А,苏兹达尔 В Г. 目标搜索论[M]. 中国系统工程学会军事系统工程委员会,1982.

[11] 唐正平,史德. 红外系统在潜艇上的应用研究[D]. 青岛: 海军潜艇学院, 1994.

[12] 张坤石. 潜艇潜望镜[M]. 北京: 国防工业出版社 1983.

[13] 陈福胜. 概念、趋势与对策——军用光电系统发展的战略思考[J]. 光学与光电技术, 2005(1).

[14] 黄盖云,王欣. 国外舰用天文导航系统综述[J]. 光学与光电技术,2005(5).
[15] 王振华. 天文导航技术与装备的发展现状与对策[J]. 光学与光电技术,2005(5).
[16] 王欣. 信息化战争中军用电子信息装备的运用与发展[J]. 舰船光学,2003(增刊).
[17] 朱耘. 从伊拉克战争看光电技术在现代战争中的作用与发展趋势[J]. 舰船光学,2003(增刊).
[18] Robert D Keithley. Optical considerations for periscopes[J]. Sperry Rand Engineer Review,1970,23.
[19] William J Rowan. Notes on submarine periscope[J]. Navigation . 1967,14(1).
[20] 张坤石,孙成禄. 潜艇潜望镜功能发展评述[J]. 舰船光学,1997(2).
[21] 陈福胜. 海军光电系统手册[M]. 北京:国防工业出版社, 2004.
[22] 陆炳哲. 德国 SERO 400 潜望镜系统综述[J]. 舰船光学,2005(3).
[23] 卢雁. 国外潜艇光电技术[M]. 武汉:长江出版社,2009.
[24] 陈福胜,赵坤. 21 世纪舰船光电技术展望[J]. 光学与光电技术,2010(5).
[25] 宋华文,耿艳栋. 信息化武器装备及其应用[M]. 北京:国防工业出版社,2010.
[26] 邢昌风,李敏勇,吴玲. 舰载武器系统效能分析[M]. 北京: 国防工业出版社, 2018.
[27] 赵立军,任昊利,张晓清. 军用装备体系结构论证方法[M]. 北京:国防工业出版社,2010.
[28] 郭齐胜,等. 装备效能评估概论[M]. 北京: 国防工业出版社,2005.
[29] 鲍晓静. 潜艇光电桅杆作战效能评估[J]. 舰船光学,2002(4).
[30] 尤子平. 从反潜威胁环境考量潜艇的发展[J]. 舰船论证参考,2008(2).
[31] 尹晓东,刘清宇. 国外航空探潜装备综述[J]. 论证与研究,2010(2).
[32] 马志民. 信息化海战场对潜艇作战行动的影响[J]. 舰船论证参考,2010(1).
[33] 李忠. 从反潜战的发展看潜艇潜望设备的技术发展方向[J]. 舰船光学,2004(1).
[34] 朱士铭. 潜艇对空防御作战效果分析[J]. 舰船论证参考,1994(1).
[35] Divid M Duryea, Carl E. Lindstrom Riad Sayegh[J]. 潜艇成像系统——新能与技术的发展综述. 朱耘,译. 舰船光学,2008(增刊2).
[36] 沈长云. 美国海军 C4ISR 技术发展分析[J]. 舰船论证参考,2009(1).
[37] 曾永辉,刘君. 海天暗箭——潜射无人机的发展及应用前景[J]. 当代海军,2012(5).
[38] 胡宝良. 航空反潜与现代海战[J]. 当代海军,2012(7).

第2章　潜艇光电装备安装、使用环境条件与总体设计技术

2.1　概　　述

以潜艇潜望镜为代表的潜艇光电装备的安装和使用环境具有非常鲜明的特点，它给潜望镜和潜艇光电设备总体构造和性能造成极大的影响，可以说，不熟悉这方面的问题，就无法正确设计和了解潜望镜及潜艇光电装备。对设计影响较大的因素有：

(1)安装条件；

(2)航行时流体动力的影响；

(3)航行时波浪及摇摆的影响；

(4)海水的冲刷及腐蚀的影响；

(5)下潜时海水压力的影响。

潜望镜特殊的安装条件，形成了其特殊的原理构造形式，并给予了若干限制条件，不研究此问题，则无法了解潜望镜构造特点的形成机理。

潜望镜在航行时的划水运动，造成了迎面的弯曲变形和特殊的横向自激振动。这一方面会带来强度和安全性问题；另一方面则影响潜望镜的使用性能。可以设想：在一具细长柔性杆上，且有剧烈的振动和大变形的情况下，实现精密测量的困难，它会带来有多么大的工程技术挑战。

潜望镜和潜艇光电装备备在波浪中的摇摆颠簸，一方面会带来强度和可靠性问题；另一方面，则会影响潜望镜和潜艇光电设备的观察使用效果。尤其是对于现代的光电潜望镜和光电桅杆，摇摆会造成瞄准线和图像的不稳定，降低精密测量的精度，造成后续图像处理的困难。这给现代光电潜望镜和光电桅杆又提出了一个研讨"精密稳定"问题的课题。

海水的冲刷和腐蚀是所有潜艇光电系列装备的共有问题。它不但形成了一套特殊的选材用材原则，而且影响到一些设计的原则和特殊的工程研究项目，如红外窗口的金刚石硬碳保护膜的镀制，高强度耐海水不锈钢的研制等。

潜艇下潜时的海水压力可达几十个大气压，形成了潜艇光电装备又一个不同于其他光电设备的使用环境，也造成了另一个工程技术难点，即潜艇光电装备的窗口必须耐高压，必须为此安全性的隐患提出一些设计原则和应对方案。

潜艇的使用环境，还会造成潜望镜管上部冷、下部热的问题，以及从冷的水中升起到海面热空气中时镜体与窗口结雾问题，不解决这些问题，同样会影响潜艇光电装备的正常使用。

在本书的第8章中将对摇摆影响所造成的工程技术问题进行详细的讨论，在第1章参考文献[12]中对海水腐蚀和选材问题已作了较详细的讨论。本章将对近三十多年来在潜艇光电装备环境条件影响方面所做的一些研究工作，尤其是在潜望镜的振动弯曲的计算、

适应性设计理论和解决方法、窗口强度计算等方面，重点加以总结和介绍。

本章讨论问题的着眼点是从潜望镜和潜艇光电装备总体设计的角度，而对于各个环境影响的机理则仅作原理性的简介。

2.2 潜艇潜望镜安装条件与总体设计技术

传统潜艇潜望镜的潜望能力是靠光学直接传像方式来实现的。这种实现潜望能力的方式，必然带来细长的安装环境条件。由于潜艇隐蔽性的要求，在技术允许的情况下，往往需要按最大化的原则来确定潜望力和外伸距，也使这种细长的安装条件更为突出。图 1－2 为基本潜望镜的组成原理图，图 2－1 为潜望镜的安装示意图。潜望力是指潜望镜的上瞄准线到主目镜光轴间的距离。由图 2－1 可得

$$H = l_1 + l_2 + h \tag{2-1}$$

式中 H——潜望力；

l_1——潜望镜支承部分的高度；

l_2——潜望镜悬臂长度，即潜望镜上支承到上瞄准线的距离；

h——下支承到目镜光轴的距离。

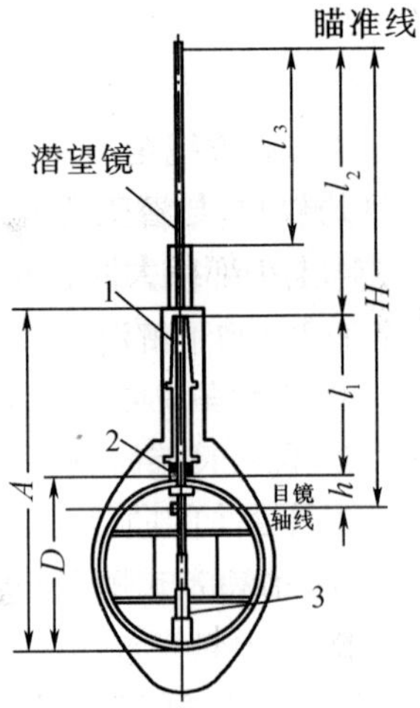

图 2－1 潜望镜安装示意图

1. 潜望镜构造原理的形成

这种特殊的细长安装条件，对于形成潜望镜的构造原理，是带有决定性意义的，体现在以下几个方面：

(1)形成了特殊的潜望镜型的构造形式

也称为规范化的潜望镜式仪器动作与构造原理，周视指转动整个镜管；俯仰指转动头部棱镜或反射镜。

这种构造不同于经纬仪式仪器、周视瞄准镜式仪器、六分仪式仪器的构造。这种构造原理给仪器的设计、技术特性以及装校验方式都带来决定性的影响。

(2)形成了特殊的穿透潜艇耐压壳体的一体式结构形式

这种结构形式的潜望镜一种细长的柔性管状大型光学仪器，带有双层管总体结构的特征。内管为柔性管，轴向支托各光学零件位置和机构；外管起防护和同轴度支承作用。

(3)形成了较有特色的潜望镜光学系统

①主要依靠转向系统来拉长潜望力；

②细小并有长度要求的头部外形；

③置于上头部主物镜前的变倍变视场系统；

④单通道观察系统准双目观察装置；

⑤严重的视场渐晕；

⑥特殊的二级光谱色差较正和充氮像面偏移等问题。

2. 限制条件

这种特殊的细长件安装，对潜望镜的总体与结构设计带来了一些限制与制约条件，体现在以下几个方面：

(1) 对外形尺寸的限制条件

①外径的限制　按直径系列，不能任意设定。

②潜望力与总长度的限制　取决于潜艇的战术要求和艇体尺寸。

升起时的外伸距(图 2－1)应符合战术使用要求和满足强度、刚度要求；降下时，上顶部低于指挥台或导流罩围壳上沿。

③目镜轴线至潜望镜下端面尺寸　目镜轴线至方位圈上沿尺寸 h(图 2－1)受艇体直径 D 的限制，与潜望镜升距相互制约。

④上头部最大回转半径　受雷达反射截面、激起浪花大小的暴露因素以及降下时上头部区域外围条件的制约。

要求上头部大于镜管直径的部分高度应最小。上头部径向尺寸小于外镜管直径时，配置最合理，可使第一支承位置最高，以改善外伸端受力状态。

⑤目镜头的回转半径受艇内空间尺寸制约。

(2) 吊装方式带来的限制条件

由于一体式潜望镜构造要求整体式吊装潜望镜，这就要求：

①对于一腔式的整体潜望镜而言，在目镜头部分凡是大于主镜管外径的部件，要能进行拆卸和恢复而不影响整体的密封性和光学机械性能，这涉及到传动的内外隔离设计、电气接入密封、光学的合理分段等问题；

②极大影响方位测量与驱动组件的构造形式和结合方式。

3. 外围设计问题

这种特殊的细长安装条件，给潜望镜的总体设计也带来了一些特殊的外围设计问题。

(1) 支承系统的设计

支承系统的高度可充满指挥台围壳，在有限的径向尺寸空间内，做到：

①必须有足够的刚度和强度以可靠地支承潜望镜；

②必须保证潜艇的水密性，即在潜艇下潜的可能深度内，不能造成泄漏；

③必须保证潜望镜回转灵活、轻便、平稳，摩擦力矩小；

④必须能够耐海水腐蚀，使用寿命长；

⑤几个支承的布置位置合理；

⑥同轴度好，不失调；

⑦工艺性好。

(2) 升降系统的设计

潜艇潜望镜的升降系统，具有升距大、有导轨、受力变化大、要求高等特点，必须做到：

①升降平稳，噪声小；

②操控性能好；

③设备简单可靠，易维护。

参考文献[5]中，给出了升降力和升降装置功率的详细计算方法。

(3)电路转接问题

潜望镜需要大距离的升降和全方位的回转,给电路的转接带来新的技术问题,既要解决随着升降的问题,又要解决回转问题。现解决回转问题的装置有导电滑环、旋转接续器等。解决随着升降问题的方法有:

①在目镜头下部的升降道导轨和防转臂法;

②从目镜头上向下部导电滑环外壳接出的差动轮系法;

③升起时的自动插拔法等。

2.3 潜艇潜望镜流体动力学理论与强度和安全性设计

潜艇潜望镜在海水中航行使用时,将会受到海水的流体动力作用,而产生振动和弯曲变形。严重时,会影响潜望镜的使用和安全性。进行潜望镜的总体设计时,不可缺少的一个环节是要对潜望镜的使用安全性进行校核设计;同时还应对使用光电器件的潜望镜进行使用适应性和稳定性的分析。长期的设计与研究实践表明,潜艇潜望镜的流体力学与结构力学的课题具有相当大的难度与复杂性。到目前为止,前人虽已做了大量的研究工作,但这方面的理论和方法还不够完善,看法还不完全一致,仍留有相当多的问题或疑点等待着研究与探索。本节将介绍潜艇升降装置比较常用的流体动力学理论和安全性校核设计方法。

2.3.1 作用在潜望镜上的流体动力

潜望镜在无风浪的海水中运动时,将承受下列流体作用力,或称为由镜管运动产生的力。

1. 运动黏性阻力

该力作用于镜管的运动方向,其牛顿计算公式为

$$F_x = C_x \cdot \frac{\rho V^2}{2} \cdot D \cdot L \tag{2-2}$$

式中 C_x——黏性阻力系数,是雷诺数的函数,$C_x = f(Re)$,见图2-2;

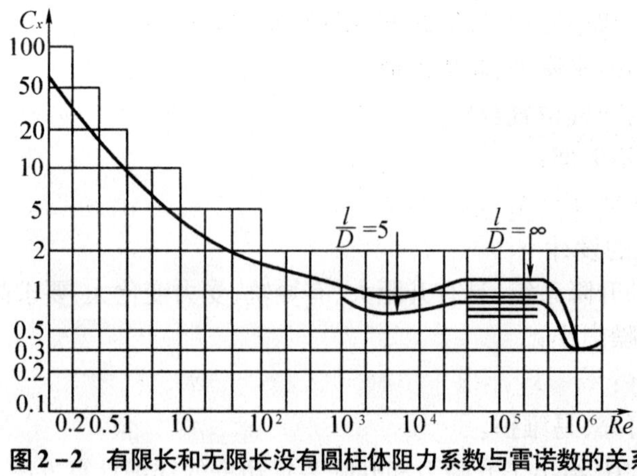

图2-2 有限长和无限长没有圆柱体阻力系数与雷诺数的关系

Re——雷诺数，$Re=\frac{VD}{\gamma}$，潜望镜航行时使用的雷诺数 $Re=2\times(10^5\sim10^6)$ 范围，恰在雷诺数变化较大的区域，即相当于其周围的水流由层流到紊流的过渡区域和完全的紊流区，理论上，$Re\leqslant2\times10^5$ 称为亚临界雷诺数域；$2\times10^5\leqslant Re\leqslant2\times10^6$ 为临界雷诺数域，即过渡域；当 $Re>2\times10^6$ 时，称为超临界区，参考文献[4]认为，当 Re 为 10^6 时，可取 $C_x=0.5$；

V——潜望镜的运动速度；

D——潜望镜的镜管外径；

γ——海水运动黏度，取 $\gamma=1.06\times10^{-6}\,\mathrm{m^2/s}$；

ρ——海水密度，取 $\rho=1\,040\ \mathrm{kg\cdot s^2/m^2}$；

L——潜望镜的浸水部分长度。

2. 兴波阻力

部分浸水圆柱体，通过静水中运动时，将产生表面波浪。M C Cormik 在 1973 年提出[3]，该力作用在圆柱体上的高度为

$$\bar{Y}=-0.122V^2\quad(0.122\text{ 的单位为 }\mathrm{s^2/m})$$

式中　$\bar{Y}$——兴波阻力平均作用位置距水面的高度，m；

V——镜管运动速度。

作用于镜管运动方向的兴波阻力计算公式为

$$F=C_w\cdot\frac{\rho V^2}{2}\cdot D\cdot L\tag{2-3}$$

式中，C_w 为兴波阻力系数，取决于弗劳德数$\frac{V}{\sqrt{gD}}$，其关系如表 2-1 所示。

表 2-1　兴波阻力系数

$V/\sqrt{gD}$	1	1.5	2	2.5	3
C_w	0.8	0.6	0.45	0.35	0.3

根据 M C Cormik 的 C_w 数据，由该力所引起的潜望镜弯曲变形量，与运动黏性阻力所引起的变形，可达同等的数量级。但在参考文献[1][2]中，却忽略了它的影响。从潜望镜实物航行时激起的很大浪花看，此力对潜望镜的作用应是非常显著的。

3. 涡旋发放引起的侧向力

该力随时间周期性变化，其方向垂直于来流（图 2-3），因此将引起潜望镜在横向的剧烈振动。其幅值计算公式如下

$$F_y=C_y\cdot\frac{\rho V^2}{2}\cdot D\cdot L\tag{2-4}$$

式中，C_y 为侧向力系数，是雷诺数的函数，可按参考文献[5]的实验结果确定。

侧向交变力是周期性发放卡门涡旋产生的，它与运动黏性阻力可达同等数量级。涡旋的发放频率由下式确定

$$v = Sr\frac{V}{D} \tag{2-5}$$

式中，Sr 为斯特劳哈尔数，$Sr = f(Re)$，见图 2-4。在潜望镜的使用航速范围内，Sr 数近似为 0.2。

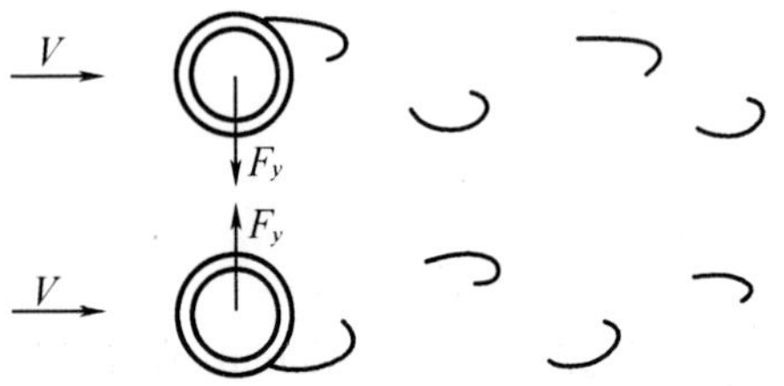

图 2-3　涡旋发放所引起的侧向力

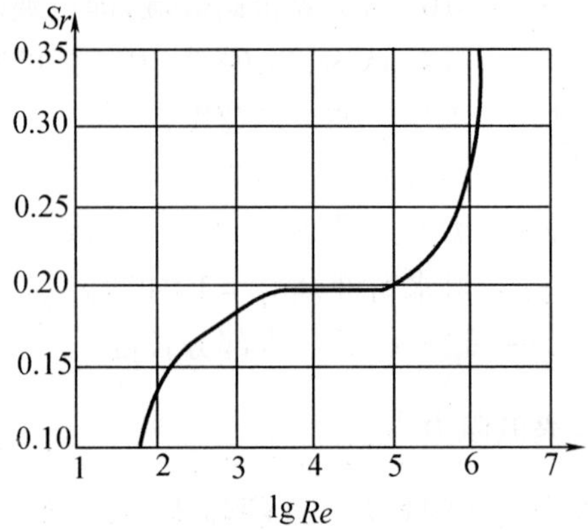

图 2-4　斯特劳哈尔数与雷诺数的关系

4. 波浪绕流产生的黏性阻力

潜望镜在海水中由表面波浪而受到的作用力有波浪绕流产生的黏性阻力、波浪惯性力、波浪撞击力，这些力都属于脉动交变力。

当海面有波浪时，在一定深度上的海水分子，都呈现深度方向的椭圆轨迹运动，造成对潜望镜管浸水部分的脉动交变力。其计算公式如下

$$F_B = C_B \cdot \frac{\rho V_B^2}{2} \cdot D \cdot L \tag{2-6}$$

式中　V_B——水质点水平方向绕流速度；

$$V_B = \omega_B \cdot \frac{H}{2} \cdot e^{-KZ} \cdot \cos\omega_B t \tag{2-7}$$

H——波浪高度；

K——波形频率，$K = \frac{2\pi}{\lambda} = \frac{\omega_B^2}{g}$；

λ——波浪长度；

ω_B——波浪频率；

Z——水深；

g——重力加速度。

5. 波浪惯性力

受波浪影响的物体，还将受到一个波浪惯性力 F_m 的作用，其计算公式如下

$$F_m = C_m \cdot \frac{\pi D^2 \rho \cdot L}{4} \cdot a \tag{2-8}$$

式中　C_m——质量系数，通常取 $C_m = 2$；

a——海水质点水平方向加速度。

根据参考文献[1]，认为对于中等波浪，其力与波浪黏性阻力可达同等数量级。而参考文献[2][3]则认为，此力不超过稳定值的5%，可以忽略。

6. 波浪撞击力

参考文献[1]中，用下式估算波浪撞击力

$$F_c = p \cdot \omega_0 \tag{2-9}$$

式中 p——撞击冲量；

$$p = \frac{1}{2}\Delta m(V + V_B) \tag{2-10}$$

Δm——附连水质量；

$$\Delta m = \frac{\pi}{4}\eta \cdot \rho \cdot h \cdot b^2 \tag{2-11}$$

h——波浪撞击潜望镜出水部分高度；

b——波浪撞击潜望镜出水部分平均宽度；

η——空间绕流修正系数；

$$\eta = \frac{1.2}{1.2 + \dfrac{b}{h}} \tag{2-12}$$

$$\omega_0 = 2\pi v_0 \tag{2-13}$$

v_0——潜望镜固有频率。

该撞击力作用在潜望镜露出水面部分的中点。

参考文献[2]认为，以上估算的波浪撞击力是从波浪撞击岸边不动物体算出的，其计算值过大，并认为波浪撞击岸边不动的物体和大海中行进的物体是完全不同的。

2.3.2 潜望镜的强度与安全性设计

长期以来，潜艇升降装置的强度设计为人们所关注，我国一直沿用了前苏联的资料[1]。多年的实践证明，该资料计算的结果偏于安全，有一定的局限性。20世纪80年代，中国船舶科学研究中心对细长杆件进行了理论探讨和试验研究（见参考文献[4][7][9][10]），舰船设计所提出了一套计算方法[2]，参考文献[1]也有了改进版[5]。应该说目前的计算方法，较过去前进了一步。以下介绍有关的计算方法。

1. 潜望镜管强度设计的基本观点

（1）我国目前的基本观点

①参考文献[4]认为，从结构强度考虑，运动黏性阻力产生的静挠度，再加上波浪绕动力所产生的低频脉动挠度所产生的总的应力，应作为升降装置强度设计的依据。

②参考文献[2]认为，潜艇从通气管状态潜越时，潜望镜管所受到的作用力是最危险的，应作为其强度设计的依据。因为此时潜望镜还来不及降下，只好以通气管状态的航速随着下潜。如对于一些潜艇，潜望镜的最高使用航速为10 kn，而通气管使用的航速比它要高。

③参考文献[2][4]都认为，将单独考虑水流时的作用力与单独考虑波浪时的作用力进

行叠加,用来估算作用在波浪中运动的直立细长圆柱体上的力是不够的。他们认为,其力应该按修正的二项式 Morison 方程计算更为合理。

④设计计算时应该考虑支承的柔性,可把其作为一个控制手段。

⑤关于共振问题,认为在现有使用条件下,振幅较小,不足以振起来,还形不成工程上的共振。

(2)俄参考文献[5]的观点

①认为对于结构强度,共振最具有危险性。在评估升降装置的强度时,必须既按疲劳强度检查,也要按不出现塑性变形检查,即按屈服极限检查。

②应该按共振区内的水动力与共振区外的水动力分别进行计算,共振区的范围为(也称为锁入区)

$$4.1vd \leqslant \boldsymbol{v} \leqslant 5.94vd \tag{2-14}$$

式中 v——镜管自振频率;

d——镜管外径;

$\boldsymbol{v}$——航速。

该文献着重介绍了共振区内的计算方法。对于共振区外的水动力,认为由于镜管的小振动改变了绕流结构,仅根据对固定柱体上的力谱来确定此时的水动力是不允许的。

③关于强度计算公式和安全系数问题

有横向振动和正面阻力,按屈服极限校核时

$$\sqrt{\sigma_B^2 + \sigma_C^2} \leqslant 0.7\sigma_T \tag{2-15}$$

按疲劳极限校核时

$$\sqrt{\sigma_B^2 + 0.25\sigma_C^2} \leqslant 0.7\sigma_Y \tag{2-16}$$

式中 σ_B——振动应力;

σ_C——定常应力;

σ_T——镜管材料的屈服强度;

σ_Y——镜管材料的疲劳强度。

这里,安全系数 $n = 1.43$。

(3)关于共同工作时尾流中升降装置的强度

实验结果表明,在尾流中升降装置的振动显著地增强了,升降装置间越近,则振动增强越剧烈,而尾流中升降装置的绕流速度减小了,发生共振区向大的来流速度方面移位。将装置轴横向移位可以减小前面装置对尾流中装置振动的影响。进行潜望镜强度与安全性设计时,应首先考虑共同工作时尾流中潜望镜的强度。其具体的计算方法见参考文献[1][2][5],是对以上介绍的方法进行局部的修正。

2. 波-流共存时的强度计算方法[2]

参考文献[2][4]都认为,潜望镜管在波流共存时所受到的作用力要大于单独作用时各分力的代数和。所以,计算潜望镜管的强度时,是按以下方法进行的。

(1)流向力计算公式

用简化并修正的 Morison 方程计算流向力的公式为

$$F=\int_{-z_0}^{0}\frac{1}{2}\rho_w C_{dc}D(V_s^2+2V_sU(z)+U^2(z))E(z)\mathrm{d}z+\int_{-z_0}^{0}\frac{\pi}{4}\rho_w D^2C_{mc}\frac{\partial U(z)}{\partial t}\mathrm{d}z$$
$$=\frac{1}{2}\rho_w C_{dc}DV_s^2Z_0+\frac{\rho_w C_{dc}DV_sH\lambda}{2T}(1-\mathrm{e}^{-\frac{2\pi Z_0}{\lambda}})\cos2\pi\left(\frac{x}{\lambda}-\frac{t}{T}\right)+$$
$$\frac{\pi^2\rho_w C_{mc}D^2H\lambda}{4T^2}(1-\mathrm{e}^{-\frac{2\pi Z_0}{\lambda}})\sin2\pi\left(\frac{x}{\lambda}-\frac{t}{T}\right)\tag{2-17}$$

式中　ρ_w——海水密度；

C_{dc}——波－流场中流体阻力系数；

D——桅杆直径；

V_s——潜望镜最大使用航速；

Z_0——潜望镜最大迎水高度；

H——潜望镜最大适用波浪的高度；

λ——潜望镜最大适用波浪的长度；

T——对应的波浪周期；

C_{mc}——波－流场中流体惯性力系数。

式中，第一项为定常阻力，第二项为脉动阻力，第三项为惯性力。计算表明，惯性力的量值甚小，近似计算时可以忽略。

(2)计算原则

①波浪参数选取　以潜望镜设计使用要求的海况，作为波浪参数选取波高 H 的依据，再根据一定的比值确定波长，推荐 $H/\lambda=1:20$。波浪周期可用下式计算

$$T=\sqrt{\frac{2\pi\lambda}{g}}$$

式中，g 为重力加速度。

②迎水高度的确定　以桅杆全部入水，而天线或头部附重物处于水上这种状态，作为设计计算的前提条件。对于潜望镜，如果头部尺寸不大于主镜管，可取 $Z_0=H_0$，反之，可取 $Z_0=H_0-b$。式中 b 为头部的高度尺寸。

③阻力系数的选取　流体阻力系数 C_{dc} 是 K_c 数、Re 数(或 β 数)、V_k 数(或 α 数)的函数，要得到数 C_{dc}，必须先按以下各式计算 K_c 数和 Re 数。

波浪质点最大水平速度为

$$U_m=\frac{\pi H}{T}\tag{2-18}$$

计算 K_c 数

$$K_c=\frac{U_mT}{D}\tag{2-19}$$

计算雷诺数

$$Re=\frac{U_mD}{\upsilon}\tag{2-20}$$

$$\beta=\frac{Re}{K_c}=\frac{D^2}{\upsilon T}\tag{2-21}$$

计算 V_k 数(或 α 数)

$$V_k = \frac{V_c T}{D} \tag{2-22}$$

$$\alpha = \frac{V_c}{U_m} \tag{2-23}$$

根据图(2－5),图(2－6)选取阻力系数。图中 V_c 为所取的计算速度。

为了计算出(2－17)式受力的最大值,需要对式中的 $\cos 2\pi\left(\frac{x}{\lambda}-\frac{t}{T}\right)$ 项进行极大值判断。

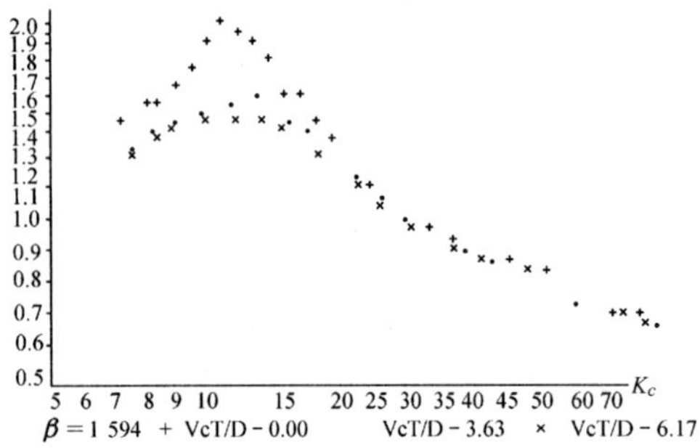

图 2－5 对于 β＝1 594 与不同的 V_k 值,光滑圆柱的 C_{dc} 随 K_c 数的变化

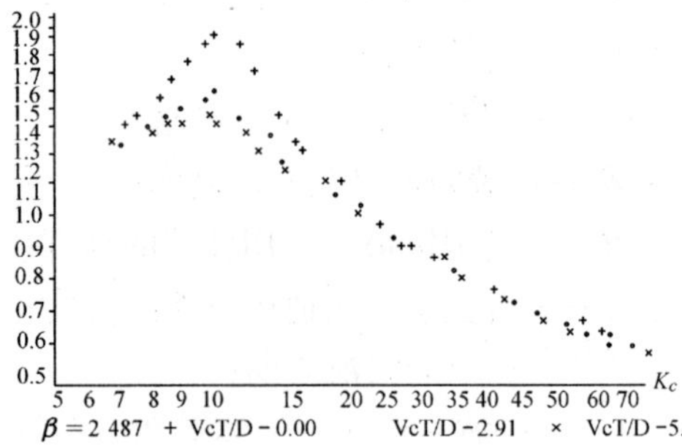

图 2－6 对于 β＝2 487 与不同的 V_k 值,光滑圆柱的 C_{dc} 随 K_c 数的变化

3. 潜望镜在流体动力作用下安全性设计的考虑方法

潜望镜设计者应关注在要求的使用航速内,潜望镜发生共振的可能性,是否有陷入"锁入区"的可能。因为由参考文献[6]的试验数据可知,共振时的振幅可达到一倍的镜管直径。这不但会造成镜管的强度问题,更容易造成内部机构和设备的损坏。可根据(2－14)式判断其陷入"锁入区"的可能,以及离"锁入区"的远近。

2.4 潜望镜弹性变形计算方法

潜望镜镜管弹性变形计算涉及结构力学和结构动力学范围。其静力学变形计算本书主要依靠静不定梁的三弯矩方程解法;属于结构动力学范畴的固有频率计算主要依靠瑞利能量法;振动振幅计算主要依靠解水动力作用条件下的拉格朗日微分方程法,这些方法都属于古典的力学方法。

随着高速计算机的发展,有限元法的应用也以十分惊人的速度发展。四十多年来有限元法的应用已由弹性力学平面问题扩展到空间问题、板壳问题,由静力学平衡问题扩展到稳定问题、动力学问题,分析的对象从弹性材料扩展到塑性、黏弹性、黏塑性和复合材料等,从固体力学扩展到流体力学、传热学等连续介质力学领域,有限元法已成为解决工程实际问题必不可少的工具。所以,为适应这种情况,我们于本书的 2.4.4 节将介绍有限元法的基本概念和方法,并通过解算潜望镜固有频率的实例来介绍有限元法解算一维杆件固有频率的基本过程,并与传统解法作了对比分析,以作为感兴趣的读者了解这种方法的入门知识。

2.4.1　潜望镜镜管的弯曲变形计算

1. 多支承悬臂梁悬臂端弯曲变形计算

潜望镜镜管在以上分析的流体动力作用下，将会发生弯曲变形和振动变形，以下先介绍悬臂端弯曲变形计算方法。

潜望镜镜管在流体动力的作用下，将会在潜艇的艏艉面内产生弯曲。潜望镜镜管是一种多支承的悬臂梁结构，属于静不定问题，可用三弯距方程法进行求解。现潜望镜多用三支承或四支承，图 2－7 为四支承潜望镜受力示意图，表 2－2 列出了三支承与四支承潜望镜悬臂梁悬臂端的弯曲变形计算公式。

表 2－2　多支承悬臂梁悬臂端弯曲变形计算公式

支承形式	载荷	均布载荷(q)	集中载荷(F)	三角形载荷(Q)
三支承	转角变形 θ	$\theta(\lambda)=\frac{-qL^3}{24EI}\left[\frac{(3+4\alpha)\text{æ}}{1+\alpha}-12\lambda^2+4\lambda^3\right]$ $\lambda=1$ 时： $\theta=\frac{-qL^3}{24EI}\left[4+\frac{\text{æ}(3+4\alpha)}{1+\alpha}\right]$	$\theta(\lambda)=\frac{-FL^3}{6EI}\left[\frac{(3+4\alpha)\text{æ}}{2(1+\alpha)}+6\lambda-3\lambda^2\right]$ $\lambda=1$ 时： $\theta=\frac{-FL^2}{6EI}\left[\frac{(3+4\alpha)\text{æ}}{2(1+\alpha)}+3\right]$	$\theta(\lambda)=\frac{-QL^2}{180EI}\left[\frac{10(3+4\alpha)\text{æ}}{(1+\alpha)}+120\lambda-90\lambda^2+12\lambda^3\right]$ $\lambda=1$ 时： $\theta=\frac{-QL^2}{180EI}\left[\frac{10(3+4\alpha)\text{æ}}{(1+\alpha)}+42\right]$
三支承	挠度变形 f	$f(\lambda)=\frac{-qL^4}{24EI}\left[\frac{(3+4\alpha)\text{æ}}{1+\alpha}\lambda+6\lambda^2-4\lambda^3+\lambda^4\right]$ $\lambda=1$ 时： $f(\lambda)=\frac{-qL^4}{24EI}\left[3+\frac{(3+4\alpha)\text{æ}}{1+\alpha}\right]$	$f(\lambda)=\frac{-FL^3}{6EI}\left[\frac{(3+4\alpha)\text{æ}}{2(1+\alpha)}\lambda+3\lambda^2-\lambda^3\right]$ $\lambda=1$ 时： $f=\frac{-FL^3}{6EI}\left[2+\frac{(3+4\alpha)\text{æ}}{2(1+\alpha)}\right]$	$f(\lambda)=\frac{-QL^3}{180EI}\left[\frac{10(3+4\alpha)\text{æ}}{(1+\alpha)}\lambda+60\lambda^2-30\lambda^3+3\lambda^4\right]$ $\lambda=1$ 时： $f=\frac{-QL^3}{180EI}\left[\frac{10(3+4\alpha)\text{æ}}{(1+\alpha)}+33\right]$
三支承		式中 $\alpha=\frac{l_1}{l_2};\text{æ}=\frac{l_2}{L};\lambda=\frac{x}{L}$		
四支承	转角变形 θ	$\theta(\lambda)=\frac{-qL^3}{24EI}\left[\frac{4(K-1-\alpha_1)\text{æ}}{K}+12\lambda-12\lambda^2+4\lambda^3\right]$ $\lambda=1$ 时： $\theta=\frac{-qL^3}{6EI}[1+S]$	$\theta(\lambda)=\frac{-FL^2}{6EI}[6\lambda-3\lambda^2+2S]$ $\lambda=1$ 时： $\theta=\frac{-FL^2}{6EI}[3+2S]$	$\theta(\lambda)=\frac{-QL^2}{180EI}[40S+120\lambda-90\lambda^2+12\lambda^3]$ $\lambda=1$ 时： $\theta=\frac{-QL^2}{180EI}[40S+42]$
四支承	挠度变形 f	$f(\lambda)=\frac{-qL^4}{24EI}[4S\lambda+6\lambda^2-4\lambda^3+\lambda^4]$ $\lambda=1$ 时： $f=\frac{-qL^4}{24EI}[3+4S]$	$f(\lambda)=\frac{-FL^3}{6EI}[2S\lambda+3\lambda^2-\lambda^3]$ $\lambda=1$ 时： $f=\frac{-FL^3}{3EI}[1+S]$	$f(\lambda)=\frac{-QL^3}{180EI}[40S\lambda+60\lambda^2-30\lambda^3+3\lambda^4]$ $\lambda=1$ 时： $f=\frac{-QL^3}{180EI}[40S+33]$
四支承		式中 $\alpha=\frac{l_1}{l_2};\alpha_2=\frac{l_2}{l_3};\text{æ}=\frac{l_3}{L}$	$\lambda=\frac{x}{L};K=4(1+\alpha_1)(1+\alpha_2)-\alpha_2$	$S=\frac{(K-1-\alpha_1)}{K}$

以上计算公式是假定支承为刚性的前提下导出的，如果要进行较精确的变形分析，则必须考虑支承的柔性，见参考文献[4][5][16]。

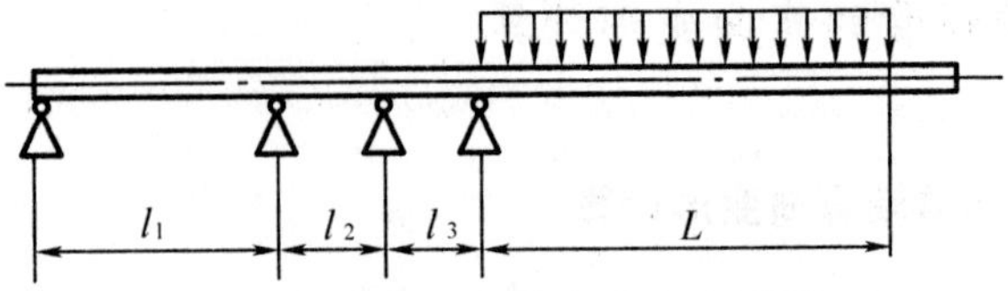

图 2-7 四支承潜望镜受力示意图

2. 多支承悬臂梁全长弯曲变形计算

在潜望镜的工程技术问题中，不但要用到上述的悬臂端变形计算，还经常要用到潜望镜管全长范围的变形量计算，它是分析潜望镜管造成测量误差的基础，所以以下一并加以介绍。实际上，在求悬臂端变形时已经求出镜管全长范围的变形，其基本方法是，用三弯矩方程法或待定元素法[1]，求出各点的支反力，然后求得各段梁的弯矩公式（$M_i(x)$），再按以下公式求取各段梁的变形公式

$$\begin{cases} f_1''(x) = \dfrac{M_i(x)}{EI} \quad (i=1,2,3,\cdots) \\ \theta_i(x) = \displaystyle\int_0^x \dfrac{M_i(x)}{EI}\mathrm{d}x + C \\ f_i(x) = \displaystyle\iint \dfrac{M_i(x)}{EI}\mathrm{d}x\mathrm{d}x + Cx + D \end{cases} \tag{2-24}$$

表 2-3 列出了三支承悬臂梁在受到三角形和矩形分布载荷作用时全长范围变形公式，图 2-8 示出了三支承梁的受力及变形情况，其中的悬臂端变形已在表 2-2 中列出，此表中不再重复。

表 2-3 三支承悬臂梁全长变形计算公式

变形形式＼载荷		均布载荷	三角形分布载荷
$A-B$ 段	转角变形 θ	$\theta_1(\lambda_1) = \dfrac{qL^3\alpha æ}{24EI(1+\alpha)}(3\lambda_1 - 1)$	$\theta_1 = \dfrac{QL^2\alpha æ}{18EI(1+\alpha)}(3\lambda_1 - 1)$
	挠度变形 f	$f_1(\lambda_1) = \dfrac{qL^4\alpha^2 æ^2}{24EI(1+\alpha)}(\lambda_1^3 - \lambda_1)$	$f_1(\lambda_1) = \dfrac{QL^3\alpha^2 æ^2}{18EI(1+\alpha)}(\lambda_1^3 - \lambda_1)$
$B-C$ 段	转角变形 θ	$\theta_2(\lambda_2) = \dfrac{-qL^3 æ}{24EI(1+\alpha)}[3(3+2\alpha)\lambda_2^2 - 6\lambda_2 - 2\alpha]$	$\theta_2(\lambda_2) = \dfrac{-QL^3 æ[3(3+2\alpha)\lambda_2^2 - 6\lambda_2 - 2\alpha]}{18EI(1+\alpha)}$
	挠度变形 f	$f_2(\lambda_2) = \dfrac{-qL^4 æ^2}{24EI(1+\alpha)}\{[(3+2\alpha)\lambda_2 - 3]\lambda_2^2 - 2\alpha\lambda_2\}$	$f_2(\lambda_2) = \dfrac{QL^3 æ^2}{18EI(1+\alpha)}\{[(3+2\alpha)\lambda_2 - 3]\lambda_2^2 - 2\alpha\lambda_2\}$
各位置点变形（在支承为刚性的情况下，各支点处挠度变形为零）	A 点转角变形	$\theta_A = -\dfrac{qL^3\alpha æ}{24EI(1+\alpha)}$	$\theta_A = -\dfrac{QL^2\alpha æ}{18EI(1+\alpha)}$
	B 点转角变形	$\theta_B = -\dfrac{qL^3\alpha æ}{12EI(1+\alpha)}$	$\theta_B = -\dfrac{QL^2\alpha æ}{9EI(1+\alpha)}$
	C 点转角变形	$\theta_C = -\dfrac{qL^3(3+4\alpha)æ}{24EI(1+\alpha)}$	$\theta_C = -\dfrac{QL^2(3+4)æ}{18EI(1+\alpha)}$
	式中	$\alpha = \dfrac{l_1}{l_2}$；$æ = \dfrac{l_2}{L}$；$\lambda_1 = \dfrac{x}{l_1}$；$\lambda_2 = \dfrac{x}{l_2}$	Q—三角形分布载荷

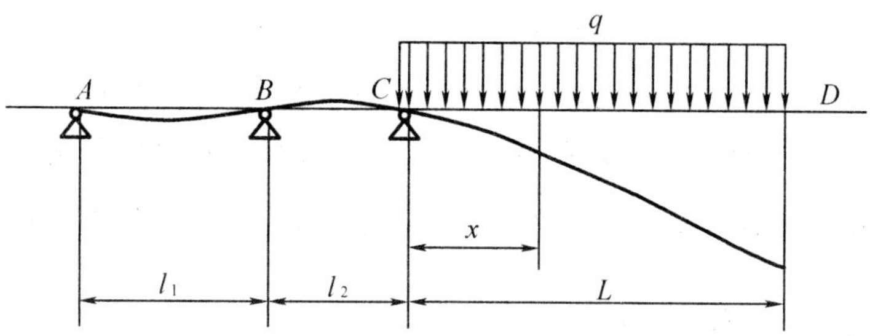

图 2-8　三支承潜望镜管受力及变形模型

图中和式中　L——镜管浸水部分长度；

q——镜管在航行时受到的迎面均布载荷，$kg \cdot f/m^2$（$1\ kgf = 9.8\ Pa$）；

E——镜管材料的弹性模量，$E = 2.1 \times 10^{10}\ kg \cdot f/m^2$；

I——镜管断面抗弯（轴）惯性矩，$I = \pi(D^4 - d^4)/64(m^4)$；

D——镜管外径；

d——镜管内径。

2.4.2　潜望镜的固有频率计算

1. 刚性支承固有频率计算

潜望镜在海水中航行时的振动，是由于卡门涡漩的周期发放产生的交变侧向力引起的，属自激振动类型，其振动频率接近其固有频率。潜望镜管固有频率的计算是潜望镜变形计算的重要内容，它对于判断潜望镜使用的安全性，计算潜望镜的强度，以及分析潜望镜观察使用性能的稳定性和可行性，都具有十分重要的意义。

计算潜望镜管固有频率的方法有迭代法、瑞利能量法、有限元法等。这里介绍瑞利能量法。这是一种近似的解法，用这种解法，先要假定物系在振动中的形状，然后从系统的能量的关系来决定振动的频率。其假定是，运动是自由振动，外力不对这一系统作功；原理是，利用振幅中点处的动能和极限位置的势能相等来建立方程，就可解出固有频率，也称为自由振动频率。瑞利方法的导出过程参见图 2-9、图 2-10。

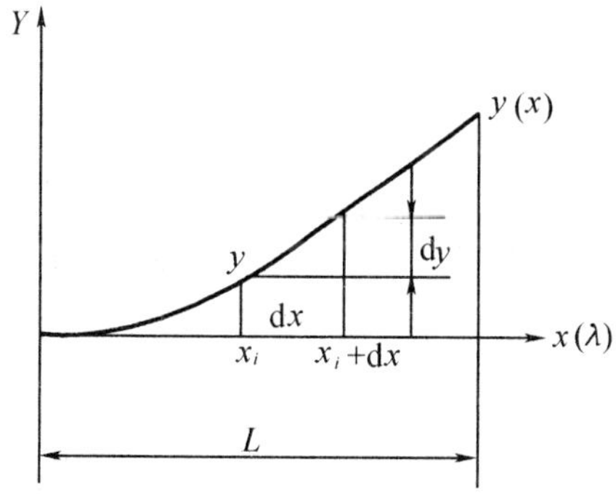

图 2-9　镶入端悬臂梁模型

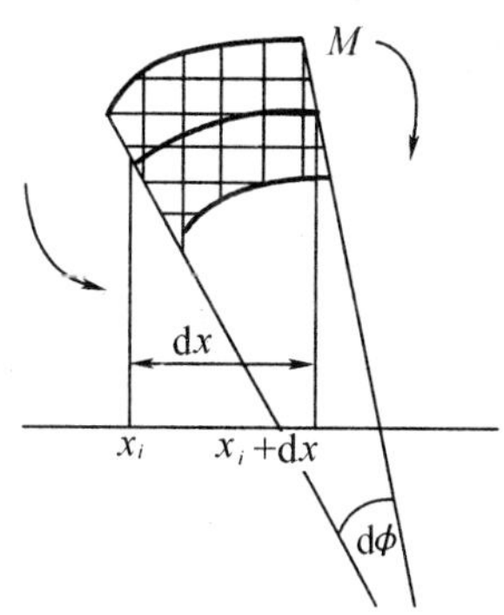

图 2-10　梁单元势能关系图

在图 2-9 中，设梁任意断面处的弯曲量为 y，单位长度的质量为 m，则梁上任意单元的动能为$\frac{1}{2}mv^2 = \frac{1}{2}(m\mathrm{d}x) \cdot (y\omega)^2$，总动能为

$$K_{im}=\int_0^l\frac{1}{2}(m\mathrm{d}x)\cdot(y\omega)^2=\frac{1}{2}\omega^2m\int_0^l y^2\mathrm{d}x$$

梁中储藏的势能可由图2－10分析计算。图中的小单元dx,在力距M的作用下,原来的直线弯曲成一个小的角度。如果左端被夹住,则右端在力矩M的作用下转过小角度dϕ所作的功为$\frac{1}{2}M\mathrm{d}\phi$。如果左端的斜率为$\frac{\mathrm{d}y}{\mathrm{d}x}$,右端的斜率就是$\frac{\mathrm{d}y}{\mathrm{d}x}+\left(\frac{\mathrm{d}^2y}{\mathrm{d}x^2}\right)\mathrm{d}x$,而斜率差为$\mathrm{d}\phi=\frac{\mathrm{d}^2y}{\mathrm{d}x^2}\mathrm{d}x$,所以,单元梁中储藏的势能为

$$\mathrm{d}P_{ot}=\frac{1}{2}M\cdot y''\cdot\mathrm{d}x=\frac{1}{2}EIy''^2\mathrm{d}x$$

式中,$M=EIy''$。梁中的总势能是

$$P_{ot}=\frac{EI}{2}\int_0^l y''^2\mathrm{d}x$$

利用$P_{ot}=K_{im}$可以建立如下方程

$$\frac{EI}{2}\int_0^l y''^2\mathrm{d}x=\frac{1}{2}\omega^2m\int_0^l y^2\mathrm{d}x$$

由以上方程可以求得

$$\omega^2=\frac{EI\int_0^l y''^2\mathrm{d}x}{m\int_0^l y^2\mathrm{d}x}\tag{2-25}$$

式中 ω——圆频率;

$K_{等}$——梁的等效刚性系数,$K_{等}=EI\int_0^l y''^2\mathrm{d}x$;

$M_{等}$——梁的等效质量,$M_{等}=m\int_0^l y^2\mathrm{d}x$。

由(2－25)式可见,求取自由振动频率的关键问题是要知道梁的振动变形曲线$y(x)$,而这又与解题的要求相矛盾,解决的办法是假设一个近似的振形。

对于潜望镜这种多支承的悬臂梁而言,当悬臂端承受三角形分布载荷时,其挠度变形曲线与实际振形最为接近,因此一般用它作为计算自由振动频率的依据[16]。其计算模型如图2－11所示。

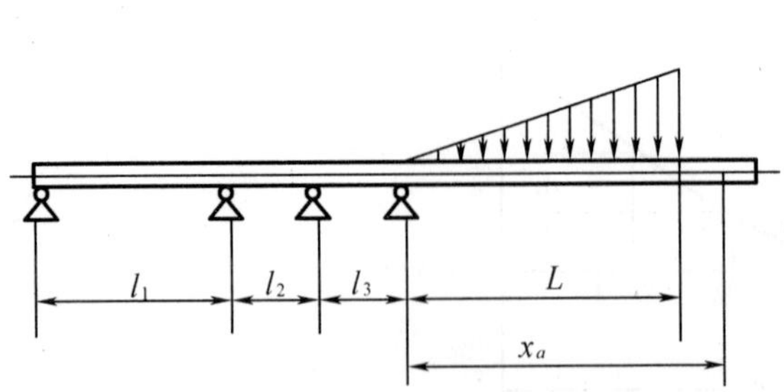

图2－11 潜望镜固有频率计算模型

计算公式的推导过程是,先求出在三角形分布载荷作用下,梁各段的变形曲线$y(x)$,并经过二次求导,分别代入(2－25)式。后经过推导,可得到如下固有频率的计算公式

$$v_o=\frac{\omega}{2\pi}=\frac{1}{2\pi}\sqrt{\frac{K_{等}}{M_{等}}}=\frac{1}{2\pi L^2}\sqrt{\frac{EI}{m+\Delta m}}\cdot\frac{1}{\mu_0} \tag{2-26}$$

式中 v_0——潜望镜支承无间隙时的一阶固有频率；

m——潜望镜单位长度质量；

Δm——单位长度附连质量，在空气中时为零，在海水中时，则按照镜管同体积的海水来进行计算；

E——镜管材料弹性模数；

I——镜管断面惯性距，$I=\frac{\pi}{64}(D^4-d^4)$；

D——镜管外径；

d——镜管内径；

L——浸水部分长度；

μ_0——频率影响系数，对于不同的支承形式，其值不同，见表 2 - 4。

表 2 - 4 各种支承形式下的 μ_0 表达式

支承形式	μ_0 表达式
镶入端悬臂梁	$\mu_0=0.284$
二铰链支承悬臂梁	$\mu_0=\sqrt{\frac{0.171+0.47æ+0.333\beta æ^2+0.069æ^5\beta}{2.12+3æ}}$ $æ=\frac{l}{L}$
三铰链支承悬臂梁	$\mu_0=\sqrt{\frac{2.745+1.886\frac{3+4\alpha}{1+\alpha}æ+0.333\left(\frac{3+4\alpha}{1+\alpha}\right)^2æ^2+\beta\frac{8\alpha^5+32\alpha^2+33\alpha+9}{(1+\alpha)^2}\cdot\frac{æ^5}{105}}{12\left(2.83+\frac{3+4\alpha}{1+\alpha}æ\right)}}$ $æ=\frac{l_2}{L};\alpha=\frac{l_1}{l_2};\beta=\frac{m}{m+\Delta m}$
四铰链支承悬臂梁	$\mu_0=\sqrt{\frac{\frac{4}{105}\beta æ^5(8\alpha_1^5\alpha_2^5+\alpha_2^5P+q)+3K^2R}{48\left(æB+\frac{99}{140}K^2\right)}}$ $æ=\frac{l}{L};\alpha_1=\frac{l_1}{l_2};\alpha_2=\frac{l_2}{l_3}$ $P=9+33\alpha_1+32\alpha_1^2$ $q=32+64\alpha_1+32\alpha_1^2-31K\alpha_1-31K+8K^2$ $K=4(1+\alpha_1)(1+\alpha_2)-\alpha_2$ $R=1.78S^2+2.51S+0.915$ $S=\frac{(K-1-\alpha_1)æ}{K}$ $B=4+8\alpha_1+4\alpha_1^2+3\alpha_2+7\alpha_1\alpha_2+4\alpha_1^2\alpha_2-2K-2K\alpha_1+K^2$

2. 潜望镜固有频率计算的修正

表 2－4 中的计算公式是建立在以下假定基础上的：

（1）潜望镜支承为刚性；

（2）支承内无间隙；

（3）潜望镜管质量分布上下基本均匀。

潜望镜实际上的情况与此假定是相差较远的，这就带来一个修正计算问题。

（1）关于头部附重物的修正计算

参考文献[2]中，提出了判定原则：如果头部附重物的结构尺寸及质量密度较桅杆差异较大，可按头部集中质量处理，否则，可不考虑集中质量。

考虑集中质量时，是在 μ_0 表达式的根号内的分子项上添加影响项：对于二支承为 $\mu_a \cdot f_a^2$，对于三支承为 $\dfrac{\mu_a \cdot f_a^2}{(1+\alpha)^2}$，对于四支承可以仿照三支承的方法处理，其中

$$\mu_a = \frac{m_a + \Delta m_a}{(m + \Delta m) L A_1^2}$$

式中 m_a——头部单位长度质量；

Δm——头部单位长度附连质量；

A_1——系数，对于三支承，$A_1 = \dfrac{10}{33(1+\alpha) + 10\alpha(3+4\alpha)}$，

对于四支承，$A_1 = \dfrac{10}{33K + 40\alpha(K-1-\alpha)}$；

f_a——外伸于水面上的头部中点相对挠度，等于头部中点挠度变形量与镜管浸水上端部挠度变形之比。

（2）关于间隙与支承柔性的修正计算

可把间隙与支承柔性同等看待，它们的共同趋势是使固有频率减小。参考文献[4][5][9]中都给出了解决此问题的方法。它们都无例外地把支座的弹性系数作为一个边界条件（元）来处理，用在解自振频率的方程中。

参考文献[5]中给出了支座弹性系数详细的计算方法。并且认为，在求支座弹性系数时，通常将其相对船体结构的角位移看成是它的主要位移。支座弹性系数为支座截面处弯距值与角位移之比，求弹性系数问题就变成为求支撑装置转角问题。

对于某型潜艇潜望镜支承装置，可看作是变截面的悬臂梁结构，参考文献[4]中给出的弹性系数为

$$K = \frac{P}{V} = \frac{P}{\int_0^l \frac{M(x)}{EI_x} \cdot \frac{\partial M(x)}{\partial P} \mathrm{d}x} = \frac{P}{\int_0^l \frac{PX}{EI_x} \cdot x \cdot \mathrm{d}x} = \frac{1}{\int_0^l \frac{x^2}{EI_x} \cdot \mathrm{d}x} \tag{2-27}$$

式中 P——作用在支承装置顶部的集中力，N；

V——支承装置顶部的位移，m；

l——支承装置高度，m；

E——支承装置材料的扬氏模量；

I_x——支承装置随 x 变化的抗弯惯性距，m^4。

对于 No1 潜望镜计算得 $K_1 = 1.895\,0 \times 10^8$ N/m；对于 No2 潜望镜计算得 $K_2 = 1.358\,0 \times$

10^7 N/m。

对于二支承的支承装置,参考文献[5]认为,可把固结于艇密封处的一端视作刚性端,这种梁相对于上端角位移的弹性系数为

$$K=\frac{3EI}{l\left(1+\frac{3EIA}{l^3}\right)} \tag{2-28}$$

式中　l——支座间距离;

EI——支座间支承装置跨度的刚度;

A——上支座处为舱壁时的支座柔性系数。

对于三支承的支承装置,则弹性系数为

$$K=\frac{\theta}{\theta f-\chi^2} \tag{2-29}$$

式中

$$\theta=\frac{l_1}{3EI_1}+\frac{l_2}{3EI_2}+A_2\left[\frac{1}{l_1^2}+\frac{2}{l_1 l_2}+\frac{1}{l_2^2}\right]+\frac{A_3}{l_2^2} \tag{2-30}$$

$$\chi=\frac{l_2}{6EI_2}+\frac{A_2}{l_1 l_2}+\frac{A_2}{l_2^2}+\frac{A_3}{l_2^2}$$

$$f=\frac{l_2}{3EI_2}+\frac{A_2}{l_2^2}+\frac{A_3}{l_2^2}$$

如果上支承与中间支承处固定于平板形构架上时,则该处的支座柔性系数为

$$A(A_2\cdot A_3)=\frac{1}{k}=1.5\times10^{-11}\delta^{-1}\quad(\text{m/N}) \tag{2.31}$$

式中,δ 为支承板的厚度。

2.4.3 潜望镜的振动变形计算

潜望镜的振动变形主要由卡门涡漩的发放所引起,其作用机理非常复杂,参考文献[5]在[1]的基础上,又进行了深入的研究。我国在参考文献[4][6][9][10]和第 1 章[12]中,亦进行了实验研究,但其基础仍是参考文献[1],故以下仍以其为主进行介绍。

以潜望镜管作为振动体,建立拉格朗日方程式

$$\frac{d^2q}{dt^2}+\frac{dq}{dt}2n+\omega_0^2q=F_y\cos2\pi vt \tag{2-32}$$

式中　$2n$——阻尼系数,$2n=\dfrac{0.26C_x\frac{\rho V^2}{2}D\cdot L}{0.26(m+\Delta m)L+m_af_a^2}$;　(2-33)

ω_0——圆频率,$\omega_0=2\pi v_0$;

F_y——侧向交变力幅值,$F_y=\dfrac{0.4LC_y\frac{\rho V^2}{2}D}{0.26(m+\Delta m)L+m_af2_a}$;　(2-34)

C_x——正面黏性阻力系数,参考文献[5]中给出,在锁入区:

$$C_x=C_{x0}+\Delta C_{x0}\doteq0.6\pm0.7C_y$$

C_y——侧向力系数,参考文献[5]中提供了新的实验结果,在锁入区该系数与无量纲

振幅有关，其变化的幅值从0.2～0.7；

ρ——海水密度；

V——潜望镜运动速度；

D——镜管直径；

L——镜管浸水长度；

m——镜管单位长度质量；

Δm——镜管单位长度上附连水质量；

m_a——镜管出水头部单位长度质量；

f_a——出水头部中点相对挠度值。

方程(2－32)的特解为

$$q = A \cdot \cos(2\pi vt + \delta) \tag{2-35}$$

其中振幅为

$$A = \frac{F_y}{\omega_0^2} \cdot \frac{1}{\sqrt{(1-z^2)^2 + \left(\frac{2n}{\omega_0}\right)^2 z^2}} \tag{2-36}$$

式中 δ——振动位移与干扰力间相位差，$\delta = \arctan \frac{z}{1-z^2} \cdot \frac{2n}{\omega_0}$； (2－37)

$\frac{2n}{\omega_0} = \frac{1.2\alpha}{\pi^2 \varepsilon} \cdot \frac{1}{Sr}$——阻尼衰减； (2－38)

z——侧向交变力的无因次频率，$z = \frac{v}{v_0} = \frac{0.2}{1 + \frac{\delta \beta_1}{\pi}} \cdot \frac{1}{Sr}$； (2－39)

v——侧向交变力频率；

v_0——镜管固有频率；

S——斯特劳哈尔数；

α——无因次系数，$\alpha = \frac{1}{1 + \bar{\rho}\left(1 - \frac{d^2}{D^2}\right)}$； (2－40)

ε——无因次系数，$\varepsilon = 1 + \frac{m_a f_a^2}{0.26(m + \Delta m) \cdot L}$； (2－41)

β_1——经验系数，$\beta_1 = 1 - e^{-2.8\bar{A}_{共}}$； (2－42)

$\bar{A}_{共}$——镜管振动的共振振幅与其直径之比，$\bar{A}_{共} = 0.208\left(1 + \frac{1 - e^{-2.8\bar{A}_{共}}}{2}\right)$； (2－43)

$\bar{\rho}$——潜望镜镜管材料密度与海水密度之比；

d——镜管内径；

D——镜管外径。

图解方程(2－43)，可以得到无因次共振振幅 $\bar{A}_{共} = 0.262$，代入式(2－42)可以得到 $\beta_1 = 0.52$。

将式(2－38)(2－39)代入(2－37)，经运算可得到用斯特劳哈尔数表达的相位差为

$$\frac{1}{Sr}=\sqrt{\frac{\tan\delta}{\frac{1.2\alpha}{\pi^2\varepsilon}\cdot\frac{0.2}{1+\frac{\delta\beta_1}{\pi}}+\tan\delta\left(\frac{0.2}{1+\frac{\delta\beta_1}{\pi}}\right)^2}}\tag{2-44}$$

无因次振幅为

$$\bar{A}=\frac{A}{D}=\frac{F_y}{\omega_0^2D}\frac{1}{\sqrt{(1-z^2)^2+\left(\frac{2n}{\omega_0}\right)^2z^2}}\tag{2-45}$$

式中，$\frac{F_y}{\omega_0^2D}$为侧向交变力的无因次幅值

$$\frac{F_y}{\omega_0^2D}=\frac{0.2\alpha}{4\pi^2\varepsilon}\left(\frac{1}{Sr}\right)^2\tag{2-46}$$

由(2-36)~(2-46)式，可对潜望镜振动变形幅值进行计算。

2.4.4　潜望镜弹性变形的有限元法计算[18][19][26][27]

1. 现有潜望镜弹性变形计算方法综述

我们在以上的潜望镜弹性变形计算中，对于静力学变形主要采用三弯矩方程法，对于潜望镜镜管的固有频率的计算主要采用瑞利能量法。三弯矩方程法对于支撑属静不定问题的简支梁而言，是比较有效的。瑞利能量法在一般情况下计算结果也是可信的，这是因为：

(1)镜管结构一般比较简单，能基本满足瑞利能量法所依据的条件；

(2)瑞利能量法所假定的三角形分布载荷变形曲线，与理论振型曲线吻合程度高(不超过 3%)[16]，以此为基础计算均质镶入梁的固有频率与理论值差不超过 0.2%。

所以过去几十年来，一直采用这些方法来处理潜望镜中的有关技术问题。但在实践中发现，瑞利法在计算有大的集中质量不均匀分布、梁和支撑为柔性时的固有频率与实测值有较大差别。随着科学技术的进步，光电桅杆的出现、虚拟潜望镜技术的研究、光电浮标体需求以及大潜深带来的技术问题等方面，传统的变形、应力、固有频率等计算方法已完全不能适应新技术发展的要求。诸如质量非均匀分布的桅杆体、流线型的升降装置和导流罩、虚拟潜望镜要承受海水超过几个兆帕压力的宽镜头设计、浮标体的流体力学和压力容器设计、更大潜深下潜望镜与光电桅杆观察窗口的应力和强度设计等问题，都需要用新的理论和方法来解决。

2. 有限元法概述

有限元法在潜艇光电装备领域的应用虽起步较晚，但已取得了可喜的结果。如参考文献[18][19]中对窗口玻璃材料的应力分析，参考文献[26][27]中对质量不均匀分布桅杆的固有频率计算都反映了有限元法的效能，把传统方法不能解决的问题，可以较好地加以解决。本书以下将介绍有限元法的基本概念、使用的软件知识、桅杆固有频率的有限元法解法、潜望镜管静力变形计算等。由于有限元法博大精深，本书中只能作初步的概念引导，

具体应用还要靠读者进一步努力。

(1)有限元法的基本概念

有限元法是在计算机技术和数值分析方法支持下发展起来的,为解决复杂的工程分析计算问题提供了有效的途径。有限元法的基本概念是用较简单的问题代替复杂问题后再求解。它将求解域看成是由许多称为有限元的小互连子域组成,单元之间仅靠节点连接。单元内部的待求量可由单元节点量通过选定的函数关系插值求得。由于单元形状简单,由平衡关系或能量关系建立节点量之间的关系式,然后将各个单元方程“组集”在一起而形成总体代数方程组,计入边界条件后即可对方程组求解。单元划分越细,计算结果越精确。有限元分析时利用数学近似的方法对真实物理系统进行模拟,再用简单而又相互作用的元素(即单元)就可以用有限数量的未知量去逼近无限未知量的真实系统。目前有限元法应用越来越广,现已应用于结构力学、结构动力学、流体力学、热力学、电路学、电磁学等各种领域。

构成有限元系统的三个基本要素是节点、单元和自由度。节点(Node)是构成有限元系统的基本对象,是整个系统中的最基本点,它包含了坐标位置以及具有物理意义的自由度信息。单元(Element)是由节点与节点相连而成的,是构成有限元系统的基础。单元中包含了物理对象的各种特性,一个有限元系统必须有至少一个单元。通用有限元分析软件中提供了可供多种不同分析选择的单元,例如梁单元、平面单元、体积单元等。在工程分析时,选择适当的单元可以大大提高计算的效率和精度。自由度(DOF,Degree of Freedom)分系统自由度和节点自由度,整个系统的自由度,在分析中需要进行适当的约束,系统中每个节点都有各自的节点坐标系和对应的节点自由度,对于不同的单元上的节点,具有不同的自由度。

(2)有限元法解题的基本步骤

①系统离散化和选择单元类型　即先将某个工程结构离散为由各种单元组成的计算模型,单元与单元之间利用节点相互连接起来,单元节点的设置、性质、数目等应视问题的性质、描述形态的需要和计算精度而定。再按单元的性质和精度要求,写出表示单元内任意点的位移函数,利用节点位移表示单元体内任意点位移的差值函数。因此,有限元分析计算所获得的结果只是近似的,划分单元数目多而合理,则所获得的结果就与实际情况相符合。

②单元特性分析　即从区域或结构中取出其中一个单元来进行研究。

a. 选择位移模式　在有限元法中,选择节点位移作为基本未知量时称为位移法;选择节点力作为基本未知量时称为力法;取一部分节点力和一部分节点位移作为基本未知量时称为混合法。位移法易于实现计算自动化,所以在有限单元法中位移法应用范围最广。当采用位移法时,物体或结构物离散化之后,就可把单元总的一些物理量如位移、应变和应力等由节点位移来表示。

b. 分析单元的力学性质　根据单元的材料性质、形状、尺寸、节点数目、位置及其含义等,找出单元节点力和节点位移的关系式,此时需要应用弹性力学中的几何方程和物理方程来建立力和位移的方程式,从而导出单元刚度矩阵,这是有限元法的基本步骤之一。

c. 计算等效节点力　物体离散化后,假定力是通过节点从一个单元传递到另一个单元。但是,对于实际的连续体,力是从单元的公共边传递到另一个单元中去的。因而,这种作用在单元边界上的表面力、体积力和集中力都需要等效地移到节点上去,也就是用等效的节点力来代替所有作用在单元上的力。

③单元组集　利用结构力的平衡条件和边界条件把各个单元按原来的结构重新连接

起来，形成整体的有限元方程

$$KU = F \tag{2-47}$$

式中　K——结构的总体刚度矩阵；

U——节点位移列阵；

F——载荷列阵。

④求解未知节点位移　解有限元方程式(2－47)得出位移。这里，可以根据方程组的具体特点来选择合适的计算方法。

⑤单元应变和应力的计算　可根据已知的节点位移利用固体力学或结构力学的有关方程计算出应变和应力。

3. 有限元软件概述

有限元分析软件目前最流行的有 ANSYS，ADINA，ABAQUS，MSC 等。

ANSYS 是商业化比较早的一个软件，目前公司收购了很多其他软件在旗下，注重应用领域的拓展，已覆盖流体、电磁场和多物理场耦合等十分广泛的研究领域。ADINA 软件除了求解非线性问题外，其多物理场的流固耦合求解功能也是全球唯一的专利技术。ABAQUS 则集中于结构力学和相关领域研究，致力于解决该领域的深层次实际问题，其强大的非线性分析功能在设计和研究的高端用户群中得到了广泛的认可。MSC 是比较老的一款软件，目前更新速度比较慢。

ANSYS 公司成立于 1970 年，总部位于美国宾夕法尼亚州的匹兹堡，ANSYS 软件的创始人是匹兹堡大学力学系教授、著名有限元权威 John Swanson 博士。ANSYS 能与 Pro/E，UG，I－DEAS，Solidworks 等软件接口，实现数据的共享和交换。ANSYS 产品进入中国市场较早，并且在五年前是界面最好的有限元软件之一，所以在中国，ANSYS 软件在用户数量和市场推广度方面要高于 ABAQUS。

(1)ANSYS 软件提供的分析类型

①结构静力分析　用来求解外载荷引起的位移、应力和力。静力分析很适合求解惯性和阻尼对结构的影响并不显著的问题。ANSYS 程序中的静力分析不仅可以进行线性分析，还可以进行非线性分析，如塑性、蠕变、膨胀、大变形、大应变及接触分析。

②结构动力学分析　结构动力学分析用来求解随时间变化的载荷对结构或部件的影响。与静力分析不同，动力分析要考虑随时间变化的力载荷以及它对阻尼和惯性的影响。ANSYS 可进行的结构动力学分析类型包括瞬态动力学分析、模态分析、谐波响应分析及随机振动响应分析。

③结构非线性分析　结构非线性导致结构或部件的响应随外载荷不成比例变化。ANSYS 程序可求解静态和瞬态非线性问题，包括材料非线性、几何非线性和单元非线性三种。

④动力学分析　ANSYS 程序可以分析大型三维柔体运动。当运动的积累影响起主要作用时，可使用这些功能分析复杂结构在空间中的运动特性，并确定结构中由此产生的应力、应变和变形。

⑤热分析　程序可处理热传递的三种基本类型：传导、对流和辐射。热传递的三种类型均可进行稳态和瞬态、线性和非线性分析。热分析还具有可以模拟材料固化和熔解过程的相变分析能力以及模拟热与结构应力之间的热－结构耦合分析能力。

⑥电磁场分析　主要用于电磁场问题的分析，如电感、电容、磁通量密度、涡流、电场分

布、磁力线分布、力、运动效应、电路和能量损失等；还可用于螺线管、调节器、发电机、变换器、磁体、加速器、电解槽及无损检测装置等的设计和分析领域。

⑦流体动力学分析　ANSYS 流体单元能进行流体动力学分析，分析类型可以为瞬态或稳态。分析结果可以是每个节点的压力和通过每个单元的流速。并且可以利用后处理功能产生压力、流速和温度分布的图形显示。另外，还可以使用三维表面效应单元和热－流管单元模拟结构的流体绕流，并包括对流换热效应。

⑧声场分析　程序的声学功能用来研究在含有流体的介质中声波的传播，或分析浸在流体中的固体结构的动态特性。这些功能可用来确定音响话筒的频率响应，研究音乐大厅的声场强度分布，或预测水对振动船体的阻尼效应等。

⑨压电分析　用于分析二维或三维结构对 AC（交流）、DC（直流）或任意随时间变化的电流或机械载荷的响应。这种分析类型可用于换热器、振荡器、谐振器、麦克风等部件及其他电子设备的结构动态性能分析。压电分析可进行四种类型的分析：静态分析、模态分析、谐波响应分析、瞬态响应分析。

（2）ANSYS 软件的组成

软件主要包括三个部分：前处理模块，分析计算模块和后处理模块。

前处理模块提供了一个强大的实体建模及网格划分工具，用户可以方便地构造有限元模型；分析计算模块包括结构分析（可进行线性分析、非线性分析和高度非线性分析）、流体动力学分析、电磁场分析、声场分析、压电分析以及多物理场的耦合分析，可模拟多种物理介质的相互作用，具有灵敏度分析及优化分析能力；后处理模块可将计算结果以彩色等值线显示、梯度显示、矢量显示、粒子流迹显示、立体切片显示、透明及半透明显示（可看到结构内部）等图形方式显示出来，也可将计算结果以图表、曲线形式显示或输出。

目前，ANSYS 已从最初的版本发展到今天的 ANSYS13.0，其程序已经有了很大的变化。新的 AWE（ANSYS Workbench Environment）环境能直接读入各种 CAD 软件的零件模型，并能在其统一环境中实现任意模型装配和 CAE 分析。整合相同或不相同 CAD 软件模型数据就得到 CAE 分析用的 CAD 模型库，这些模型库保留 CAD 中的设计参数，并通过连接技术实现与 CAD 软件之间的共享，CAD 和 CAE 人员对设计的改变都立即反映到对方软件环境中，从而实现设计－仿真的同步协调。

4. 潜望镜固有频率的有限元分析

（1）一维杆件自然（固有）频率数学模型

用于一维杆件动力分析是基于弹性体的拉格朗日运动方程

$$\boldsymbol{M}\ddot{\boldsymbol{U}} + \boldsymbol{C}\dot{\boldsymbol{U}} + \boldsymbol{K}\boldsymbol{U} = \boldsymbol{F}(t) \tag{2-48}$$

式中　$\ddot{\boldsymbol{U}}$——加速度向量；

$\dot{\boldsymbol{U}}$——速度向量；

$\boldsymbol{U}$——位移向量；

$\boldsymbol{K}$——杆件系统总刚度矩阵；

$\boldsymbol{M}$——杆件系统总质量矩阵。

求解自然频率时，假定力函数 $F(t)=0$，通常忽略阻尼（C），运动方程为

$$\boldsymbol{M}\ddot{\boldsymbol{U}} + \boldsymbol{K}\boldsymbol{U} = 0 \tag{2-49}$$

式中,对于线性系统,自由振动为简谐形式

$$\boldsymbol{U} = \phi_i \cos\boldsymbol{\omega}_i t \tag{2-50}$$

式中　$\boldsymbol{\omega}_i$——求解的特征值列矩阵。

将式(2-50)带入式(2-49)有

$$(\boldsymbol{K} - \boldsymbol{\omega}_i^2 \boldsymbol{M})\phi_i = 0 \tag{2-51}$$

方程(2-51)是位移模型 ϕ_i 表示的线性齐次方程组。因此,只有其系数矩阵的行列式等于零,方程才有非零解,即必须有

$$|\boldsymbol{K} - \boldsymbol{\omega}_i^2 \boldsymbol{M}| = 0 \tag{2-52}$$

一般来说,方程(2-52)是 n 个代数方程组,而 $i(i=1\sim n)$ 为与问题相关的自由度数。自然频率为

$$f_i = \frac{\boldsymbol{\omega}_i}{2\pi} \tag{2-53}$$

(2)ANSYS 软件模态分析法求解固有频率的概念

①模态分析法的概念　ANSYS 软件模态分析用以确定一个结构的固有频率和振型,固有频率和振型是承受动态载荷结构设计中的主要参数,是结构动力学分析的范畴。ANSYS 中的模态分析是线性分析,任何非线性特性,如塑性、接触单元,即使定义也将被忽略。

模态分析法的主要工作是如何求解方程(2-52)中杆件系统的总刚度矩阵 $\boldsymbol{K}$ 和总质量矩阵 $\boldsymbol{M}$,为此需要按有限元法解题步骤一步步展开。

第一步是系统离散化,对于一维杆件而言,由于是对称体,离散化比较简单,就是截取杆的一小段而已;选择单元类型,在 ANSYS 软件中,我们选择 PIPE59 单元,即一小段承受流体力管的三维空间两节点梁单元(见后介绍)。

选择好单元模型后,单元特性分析中的位移模式、力学性质分析、计算等效节点力以及靠后的单元组集和求解位置节点位移等均由 ANSYS 软件解决。有了这些成熟的软件,设计者的主要工作是要建立好要解算的模型,考虑好需要满足的边界条件,以便配合软件得出符合实际的解算结果。

②ANSYS 模态提取概念　是用来计算特征值和特征向量的术语,常用的方法有:

a. 分块兰索斯法(Block Lanczos)　适用于大型结构对称的 $\boldsymbol{M}$ 和 $\boldsymbol{K}$ 矩阵。收敛快,可处理 5~10 万个自由度的大量阵型,能很好地处理刚体阵型,需要较大的内存。

b. 子空间法(Subspace Method)　适用于大型结构计算,但仅取前面几个阵型和频率,所以结果较准确。需要较少的内存但需要较大的硬盘空间和 CPU 时间。有刚体阵型时,可能出现收敛问题,具有约束方程时,不要用这种方法。

c. 缩减法(Reduced)　如果模型中的集中质量不引起局部的振动可使用缩减法。它的速度最快,需要较少的内存和硬盘空间。由主自由度来定义结构的质量和刚度矩阵并求其频率和阵型。然后再将结果扩展至全部结构,这种方法精度较低。

(3)ANSYS 中模态分析步骤

主要由建模、选择分析类型和分析选型、加载并求解、观察结果四个步骤完成。以某潜望镜为例:

①建模　ANSYS 中建模的主要内容是用前处理器(PREP7)定义单元类型、单元的实常数、材料性质及几何模型。

对潜望镜的支撑形式进行简化,升起状态下得如图 2-12 模型,其中,镜管在 1 350 mm,

5 350 mm,1 200 mm 段分别位于舱内或支撑套柱中,4 550 mm 段浸没在海水中,400 mm,260 mm段伸出海面。260 mm 尺寸段为潜望镜的头部长度,头部特征简化为外径 $\phi300$ mm,壁厚 10 mm 的圆柱,其余尺寸段均简化为外径 $\phi200$,壁厚 15 mm 的圆柱。

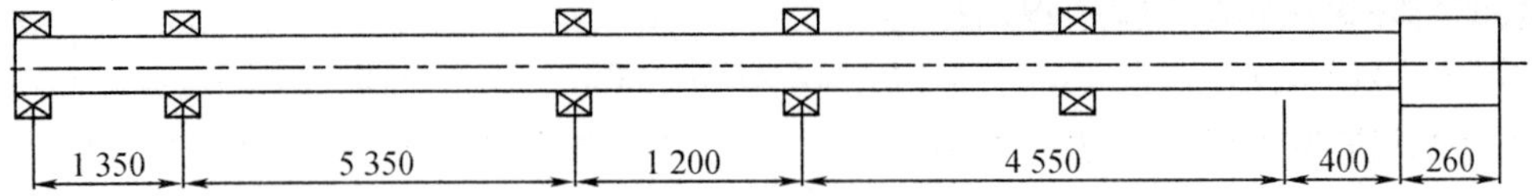

图 2-12　某潜望镜及支撑简化图

在 ANSYS 中,选择 PIPE59 单元进行系统的模态分析。PIPE59 是用于模拟海洋结构物的常见单元类型,主要的模拟对象为泥线以上考虑波流等流体效应的海洋管体结构。PIPE59 单元的形状如图 2-13 所示。

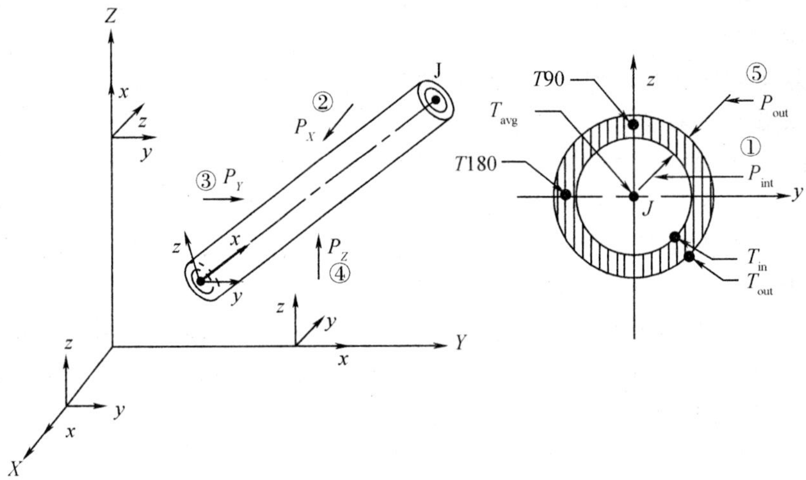

图 2-13　PIPE59 单元的形状

PIPE59 单元是三维空间的两节点梁单元,可以承受拉压、扭转、弯曲作用,并能够模拟海洋波浪和水流的单轴单元。单元每个节点有六个自由度,即沿 X,Y,Z 方向的线位移及绕 X,Y,Z 轴的角位移。可以考虑轴向拉压、扭转、弯曲变形。单元的截面是圆管形,通过指定外径和壁厚就确定了圆管的特性。该单元支持线性与非线性材料,也支持大位移与大变形,还支持动力分析,同时扩充了单元环境载荷,即波浪与海流载荷的计算功能,可进行海洋环境载荷作用下的结构线性、非线性静力与结构线性、非线性动力分析。载荷计算中可以考虑管外壁上的附着层,在动力计算的附加质量计算中可以计入附连水质量与管内外附着质量。系统中如果含有 PIPE59 单元,总体坐标系的原点为自由海平面,Z 轴的方向自地心指向天空。单元可以位于海平面以上或浸没于海水中,也可处于半浸没状态。

PIPE59 单元中,ANSYS 质量矩阵由四项构成:

$$\boldsymbol{M}_{\mathrm{t}} = (m_{\mathrm{w}} + m_{\mathrm{int}} + m_{\mathrm{ins}} + m_{\mathrm{add}})L$$

式中　m_{w}——单位长度管道质量;

m_{int}——单位长度内部流体与附件单位长度质量;

m_{ins}——单位长度外部流体附加质量;

m_{add}——单位长度附属层的质量;

L——管道长度。

上述值均在 PIPE59 单元的实常数中定义(具体可参照ANSYS帮助文件),因此,在

ANSYS模型的简化中，认为 1 350，5 350，1 200 尺寸段 m_{int} 值仅为大镜管的质量、内镜管概略质量（内镜管单位长度概略质量为大镜管质量的 25%，该值为 20.85 kg/m）。在 4 550 尺寸段，不仅有大镜管质量、内镜管概略质量，还有外部流体的附加质量。这里不再单独计算 m_{ins} 项，而将外部流体的附加质量处理为单位长度内部流体与附件单位长度的质量，即 m_{int} 取值为 59.7 kg/m，在 400，260 尺寸段仅有外镜管质量，m_{int} 取值为零。

镜管的材料特性均按照有关资料设置，整个系统沿纵向长度每 10 mm 划分为一个单元，建立有限元模型如图 2－14（见 709 页）所示。

②选择分析类型和分析选型　选择 ANSYS 模态分析中的 Block Lanczos 算法，提取前 10 节固有频率，并扩展模态，将振型写入结果文件中。

③加载并求解　在四个支点上施加位移约束，即 X,Y,Z 三个方向的位移为零，ANSYS 在进行模态分析时在没有施加约束的方向上将计算刚体阵型，因此，在末端支撑处施加 Z 轴的旋转约束（这与使用状态相符）。

④观察结果　在后处理器（POST1）中观察结果，模型的前 10 阶固有频率如图 2－15（见 710 页）。低阶固有频率为 5.524 3，该值与理论计算值相吻合（理论值为 5.502）。

（4）仿真分析中的基本假定

以上关于潜望镜固有频率的仿真计算主要建立在三个假设上，即：

①在理论计算的基础上，假设潜望镜支承为刚性；

②支承内无间隙；

③潜望镜管上下基本均匀。

5. 关于潜望镜固有频率解算有限元法与瑞利法比较

2.4.2 节详细地论述了潜望镜固有频率的瑞利法求解理论计算公式及其影响因素的修正方法，但存在明显的缺陷，表现为以下两个方面：

（1）对于质量非均匀分布的情况其影响系数没有考虑，原瑞利法对局部集中质量的影响太过近似，不够准确；

（2）对支撑柔性的影响无法考虑，计算公式中加不进去影响系数。

采用 ANSYS 仿真时对以上问题可处理为以下两种：

（1）质量非均匀分布或有集中负载时

一种方法是将非均匀分布的质量转化为局部集中质量点，另一种方法是设置该处单元的实常数，在 m_{int} 项中增加集中负载的质量（注意将集中质量转换为单位长度质量）。

在图 2－12 模型中，假设头部最高部位负载集中重物 10 kg，在头部相应位置设置节点，在该节点上建立结构质量单元 MASS21，实常数设置为 10 kg，其余加载方式不变，固有频率如图 2－16（见 710 页），若按设置相应部位实常数的方式进行仿真，两种方法的一致性较好。

（2）支座为柔性时

支座为柔性时，采用有限元方法时可以很方便的采用弹簧单元来仿真，若只考虑上支撑点的支撑柔性时，去掉该节点处的约束，在该节点的（$+x$，$+y$）两个方向上增加两个弹簧单元，弹性系数设置为 1.35×10^{7} N/m，求解后得固有频率如图 2－17（见 711 页）。

可见有限元法可以轻而易举地解决原古典的瑞利法比较难以解决的问题。另外可以看出无论是头部增加集中质量点还是考虑支撑点的柔性，它们的共同特点就是使得固有频率降低。

6. Morison 方程 Stokes 五节波理论进行潜望镜外镜管变形计算的方法

(1) Morison 方程 Stokes 五节波理论

潜望镜在使用过程中主要受到风、浪、流等环境载荷，海洋工程领域中，作用在结构物上的波浪力的计算是结构设计中的基本任务，波浪力的计算中常根据结构物的尺度与波浪的比值分成小尺度波浪力计算和大尺度波浪力计算。当比值 $D/\lambda \leqslant 0.2$ 时，称为小尺度物体（D 为物体的特征长度，对于潜望镜为镜管的直径，λ 为波长），$D/\lambda \geqslant 0.2$ 时，称为大尺度物体，它必须考虑物体的自由表面效应和相对尺度效应，合起来称为绕射效应。

对于 $D/\lambda \geqslant 0.2$ 的称为大尺度物体，目前采用两种方法进行分析，一种是马哥卡姆和富克提出的绕射理论，认为结构的存在将改变附近的流场；另一种是弗汝德－克雷洛夫假定，利用入射波压力在结构表面受压面积上积分计算波浪力。

对于 $D/\lambda \leqslant 0.2$ 相对尺度较小的细长柱体的波浪力的计算，Morison 方程的应用较为广泛。其表达方式为

$$f_{wy} = \frac{1}{2} C_D \rho_w D \left(u - \frac{\partial y}{\partial t} \right) \left| \left(u - \frac{\partial y}{\partial t} \right) \right| + C_M \cdot \rho_w \frac{\pi D^2}{4} \left(\frac{\partial u}{\partial t} - \frac{\partial^2 y}{\partial t^2} \right) \tag{2-54}$$

式中 f_{wy}——垂直作用于管柱上的单位长度的波浪力，kN/m；

u——管柱轴线处水质点的水平方向的速度，m/s；

ρ_W——海水密度；

C_D——阻力系数；

C_M——惯性力系数；

该理论假设柱体的存在对波浪运动无显著影响，认为波浪对柱体的作用主要是黏滞效应和附加质量效应，此公式主要把垂直于柱体上的力分为与流体加速度成正比的惯性力项和与流体速度平方成正比的曳力项。

采用 Morison 方程计算相应的波浪力，主要在于选用适宜的波浪理论，波浪理论中主要有以 Aiy 波为代表的线性波浪理论和以 Stokes 波为代表的非线性波浪理论。Aiy 波假定波浪振幅足够小，可以基本忽略非线性项而得到速度势的近似解，线性波浪理论形式简单，使用方便，但不适用考虑海洋结构物的生存条件。Stokes 波浪理论可以更准确地描述实际波浪的运动，其理论的研究逐渐受到重视，目前有些国家的海洋平台入级规范也建议用 Stokes 三阶波理论或 Stokes 五阶波理论进行海洋结构物有关强度和结构设计。

阻力系数、惯性力系数是 Morison 方程求解波浪力的另一关键问题，它与雷诺数、$K-C$ 数及结构物的表面粗糙度等有关，各国船级社和有关部门建议该值的选用范围如表 2－5。

表 2－5　在波浪作用时的阻力系数与惯性力系数

试验单位	C_D	C_M	H(波高)/m
壳牌公司Ⅰ	0.4，0.5	1.2	>5
壳牌公司Ⅱ	0.88	1.184～2.470	>3
壳牌公司	0.578	1.628(平均值)	>8

(2) 关于 Morison 方程 Stokes 五节波理论镜管弯曲变形的有限元分析

①建模　建模与图 2 - 12 相同。水线以上及水线以下 -4.55 m 的镜管采用 PIPE59 单元，-4.55 m 以下的镜管采用 PIPE20 单元。

PIPE20 单元模拟的对象主要是泥线以下管体结构或不考虑流体效应的平台管体结构(可以考虑塑性)，PIPE20 单元的几何形状如图 2 - 18 所示：

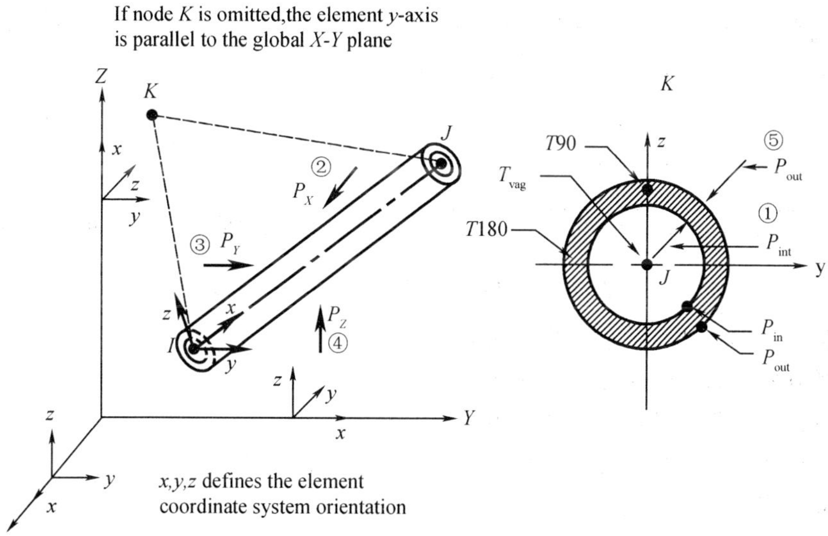

图 2 - 18　PIPE20 单元的几何模型

PIPE20 单元是一种单轴直管单元，具有拉压、扭转和弯曲功能，该单元由两个节点构成，每个节点具有六个自由度。具有塑性、蠕变、膨胀等特性。单元载荷可以由节点和单元载荷表示，此单元不识别渐变压力，只支持恒压。PIPE20 单元的输出定义参见 ANSYS 有关帮助文件。

PIPE20 单元的实常数中仅定义了直管的外径和壁厚，在质量矩阵中只有大镜管的质量参与了计算，在图 2 - 12 模型的简化中，认为 1 350，5 350，1 200 尺寸段中参与质量矩阵运算的不仅有大镜管的质量，还有内镜管概略质量(20.85 kg/m)。因此，必须在这些尺寸段节点上定义 MASS21 质量单元，根据图 2 - 12 的建模，该段的质量为 20.85 kg/m × 7.9 m = 164.715 kg，该质量沿这三个尺寸段均布(791 个节点)，因此 MASS21 单元的实常数定义为 164.715 kg /791 = 0.208 2 kg。

在进行材料属性的定义时，除定义材料的密度、杨氏弹性模量、泊松比外还必须设置环境载荷参数，主要采用 Stokes 五阶波理论，波浪耦合作用方式为“沿波浪作用方向，水面以下使用当前输入的海流剖面，水面以上使用最高的海流剖面；水深 4.55 m，海水的密度为 1 030 kg/m^3，波浪作用方向为 X 向，海水底部、中部、海平面的坐标分别为 -4.55 m，-2.275 m，0 m，三处的流速均为 4.12 m/s(假设为 8 kn 航速)，方向均沿 X 轴，波高 3.5 m，周期 6.7s，最大相位角 57°(必须先进行藕合力最大时的相位角搜索)。

图 2 - 12 潜望镜模型的使用条件为波高 3.5 m，考虑到与海工建筑的表面粗糙度与潜望镜的表面粗糙度等的区别，阻力系数和惯性力系数分别取值为 0.5 和 1.2，该值也和我们潜望镜常用的经典力学公式中的取值相匹配。

在进行结构静力学分析时，必须先进行相位角搜索，以找到波流耦合力最大时的相位角。搜索相位角主要是利用 ANSYS 的 APDL 命令流的功能编制相位角搜索程序，具体命令流参见相关资料。8 kn 航速时波流耦合力 - 相位角关系曲线如图 2 - 19，相位角为 57°时波浪的耦合力最大。

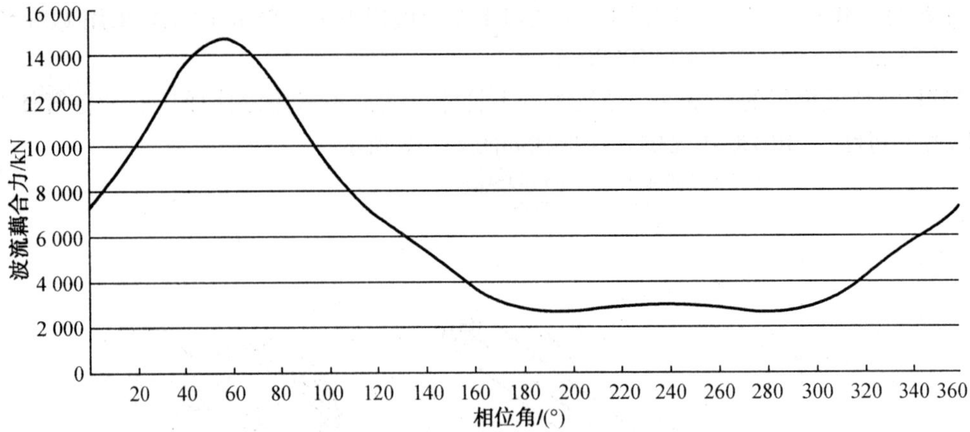

图 2-19 波流耦合力-相位角关系曲线

②加载并求解 加载并求解步骤为如下。

a. 选择分析类型 Static 静力分析模块。

b. 设置边界条件 轴承支点的约束与上节相同。

c. 施加载荷 波流载荷:已在"Water Table"中设置;重力场载荷:在施加重力加速度属性的对话框中定义 X 和 Y 方向的重力加速度为 0,Z 方向的重力加速度为 9.81。

d. 对问题求解。

(3) Morison 方程 Stokes 五节波理论镜管弯曲变形的有限元分析与理论计算值的比较

挠度的比较见图 2-20,转角的比较见图 2-21,应力的比较见图 2-22。可以看出在 1~12 kn航速的范围内,阻力系数 $C_D=0.5$ 时,仿真结果与计算结果两者的吻合度较好,最大误差的数值比较见表 2-6。

表 2-6 Morison 方程 Stokes 五节波理论有限元仿真计算变形与理论计算值比较

	$C_D=0.7$		$C_D=0.5$		备注
	仿真值	计算值	仿真值	计算值	
挠度/mm	48.616	38.4	34.776	31.47	12 kn 航速时误差最大
转角/(′)	34.33	30.4	11.56	13	$C_D=0.7$ 时,12 kn 航速时误差最大; $C_D=0.5$ 时,6 kn 航速时误差最大
应力/MPa	131	115.53	93.4	91.74	12 kn 航速时误差最大

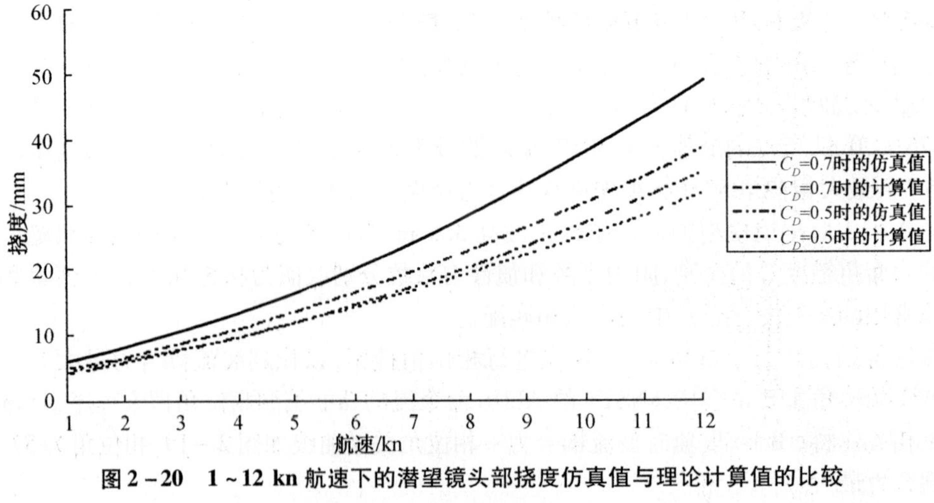

图 2-20 1~12 kn 航速下的潜望镜头部挠度仿真值与理论计算值的比较

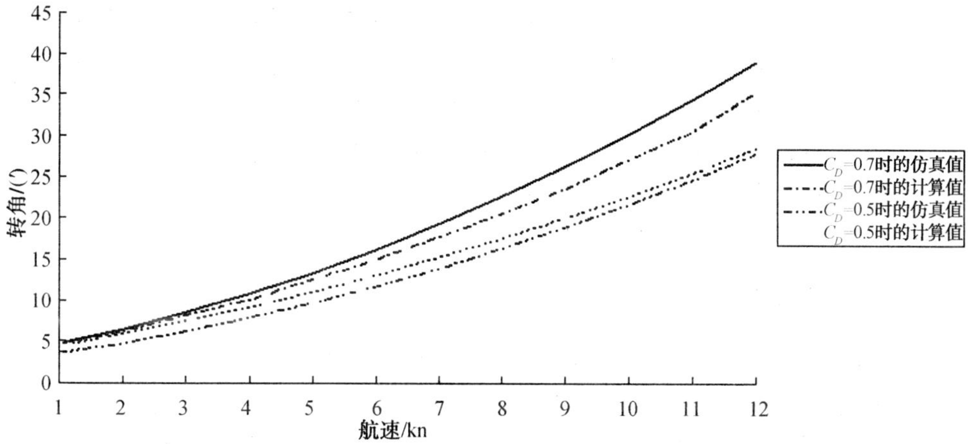

图 2-21　1～12 kn 航速下的镜管转角变形仿真与理论计算值的比较

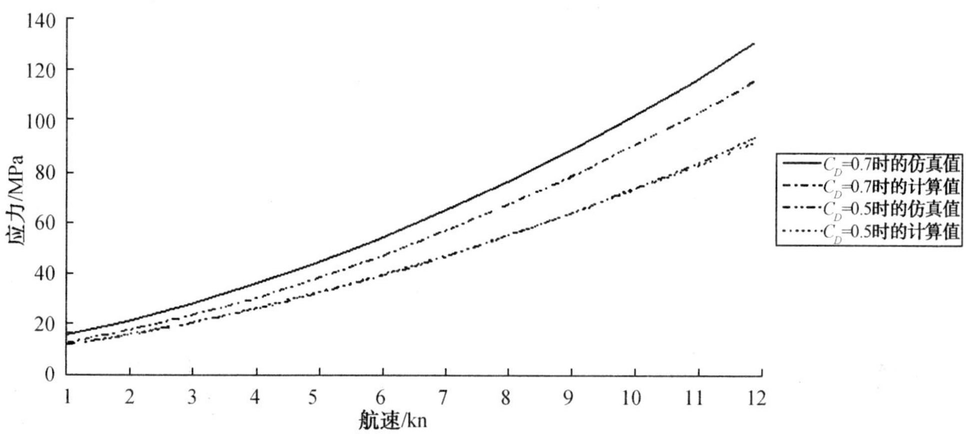

图 2-22　1～12 kn 航速下的镜管外表面的最大弯曲应力仿真值与理论计算值的比较

(4)关于 Morison 方程 Stokes 五节波理论镜管弯曲变形的有限元分析小结

从图 2-20、图 2-21、图 2-22 及表 2-6 可以看出：$C_D=0.5$ 时，无论是挠度、转角、应力的值均与有关资料的计算值拟合性较好；$C_D=0.7$ 时，12 kn 航速时误差最大，挠度的误差约为 10 mm，转角误差约为 4′，应力误差约为 15 MPa。对于潜望镜这种安全系数较高的设备，这种误差是可以接受的。

采用该模型，进行固有频率的分析，前 6 阶固有频率见图 2-23(见 711 页)。一阶固有频率值与理论计算值 5.5 Hz 吻合性较好。

2.5　潜艇潜望镜的模型与实艇试验

在气流或液流中，由于涡流发放而产生的弹性圆柱振动问题，诸如高大烟囱、建筑物、导弹等由风引起的振动以及潜艇潜望镜及其他升降装置的桅杆在液流中的振动，国外对此已做了大量的试验工作，发表了不少风洞、水洞、水槽、水池中弹性圆柱振动试验资料和理论分析的文章。

在参考文献[6]中系统总结了我国早期由多个单位合作①进行的一次潜艇潜望镜模型水池试验情况。随后中国船舶科学研究中心又进行了“潜艇升降装置水弹性振动”的课题研究,其结果体现在 [4][9][10]等参考文献中。在早期,我们还进行了一系列的潜艇潜望镜的实艇振动弯曲测试试验和实物模型的振动试验,得到了一些试验数据(第 1 章参考文献[12])。为了对潜艇潜望镜的弯曲振动特性有一个直观的了解,现介绍参考文献[6]中发表的潜艇潜望镜模型水池试验的情况及结论。

1. 潜艇潜望镜模型水池试验的情况

试验模型的尺寸见表 2－7,其在水池拖车上安装情况见图 2－24、图 2－25。

本次试验采取试验模型直立拖曳,以模拟实艇情况,这是本次试验最重要的特征。测量的主要参数为镜管模型的振动频率和振动振幅。在不同的车速下,对模型的拖架同时进行了振幅测试。结果证明,在两个测量点的全振幅均不大于 1 mm,由此认为拖架的刚度是满足设计要求的。而模型的支承采用了二支承的形式,可简化为二简支悬臂梁结构。

表 2－7 试验镜管模型参数

参数 / 模型	外径 D/mm	内径 d/mm	浸水长度 L/mm	缩小比例尺 K
1*	ϕ28.3	ϕ23	760	5.65
2*	ϕ37	ϕ32	730	5.94

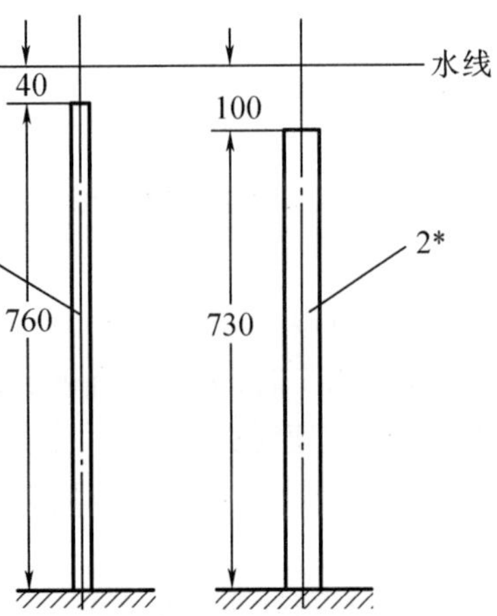

图 2－24 试验镜管模型示意图

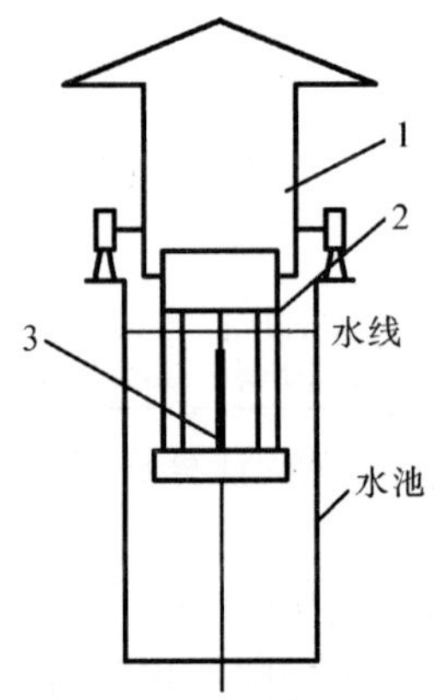

图 2－25 潜望镜模型水池试验拖曳试验装置

1—拖车;2—拖架;3—模型

通过开始的试验发现,如果模型伸出水面,则会在镜管的背后产生气囊,使镜管振不起来,这是因为试验的佛鲁德数与实物不近似所造成,为克服自由液面的影响,该试验将模型的上端面没入水中,见图 2－24,使自由液面的效应得到妥善解决。

① 试验的主要合作单位有:中国船舶科学研究中心、华中光电技术研究所、武汉船舶第一设计所、哈尔滨工程大学等。

本次试验采用两种测量方法同时进行,即电测法和光测法。电测法采用加速度传感器固定于镜管内侧,通过放大器、频谱分析器、示波器或声级记录器来测量镜管模型端部的振幅和振动频率。光测法则是通过固定于拖架上的读数显微镜,来读取镜管模型上端面上分划板刻线的振幅,它起到一种与电测法比对的作用。

2. 试验结果

试验分二次进行,第二次试验是在第一次试验的基础上,在试验方法和测试手段上作了若干改进后进行。

(1)振动频率

表 2-8　镜管模型试验振动频率与计算的固有频率

振动频率 / 模型类型	空气中		水中	
	实测	计算的固有频率	实测	计算的固有频率
1*(带锥管)	45	45.2	38	38.3
1*(圆柱管)	38	40	33	33.7
2*	56	57	51	47

由表 2-8 可以看出,镜管模型的试验振动频率接近于模型计算的固有振动频率。

(2)振动振幅

表 2-9,2-10 中列出了第二次试验结果的振动振幅测试情况。图 2-26,2-27 分别列出了两个镜管模型的无因次振幅与航速关系曲线。

表 2-9　1* 潜望镜模型振动参数(模型固有频率:空气中为 38 Hz,水中为 33 Hz)

速度 V /(m/s)	雷诺数 $Re\times10^5$	振幅 $2A$/mm	无因次振幅 $\bar{A}=A/D$	主要频率分量 幅/频	斯特劳哈尔数 Sr	$1/Sr$	观察情况 (用测量显微镜观察)
1.0	0.28	1.17	0.020 6				横向全振幅 0.16 mm
1.41	0.39	2.50	0.044 2	1.33/39	0.78	1.28	横向全振幅 2 mm
1.93	0.54	1.67	0.029 5	0.75/39	0.57	1.75	纵向全振幅约 7 mm 横向全振幅仍很小
2.53	0.71	2.16	0.038 2	0.42/38	0.43	2.326	纵向全振幅大于 8 mm,横向全振幅 1.2 mm
3.09	0.87	4.50	0.079 5				纵向振动消失,横向全振幅 3.1 mm
3.50	0.99	6.50	0.115	1.0/38	0.307	3.257	横向全振幅 8.7 mm
4.10	1.15	8.50	0.15	4.75/30	0.207	4.83	横向全振幅 13.6 mm
4.49	1.26	16.70	0.296	5.8/30.5	0.192	5.21	振动振幅超过目镜视界
5.08	1.43	31.7	0.56	25/30	0.167	5.99	
5.60	1.57	38.4	0.68	29.2/33.5	0.169	5.92	
6.24	1.75	55	0.97	40/33.5	0.152	6.58	镜管模型发生永久弯曲变形,弯曲点距上支承约一个直径处

表 2－10　2[*] 潜望镜模型振动参数(模型固有频率:空气中为 56 Hz,水中为 51 Hz)

速度 V /(m/s)	雷诺数 $Re \times 10^5$	振幅 $2A$/mm	无因次振幅 $\bar{A}=A/D$	主要频率分量 幅/频	斯特劳哈尔数 Sr	$1/Sr$	观察情况(用测量显微镜观察)
2.92	1.07	1.83	0.024 7	0.5/51	0.646	1.55	
3.42	1.26	2.50	0.033 8	0.33/50.5	0.546	1.83	
4.13	1.52	3.0	0.040 5				纵向振动全振幅 12 mm,横向 3 mm
4.56	1.68	5.0	0.067 5	3.0/27	0.219	4.56	纵向振动全振幅 10 mm,横向很小
4.86	1.79	5.5	0.074 4	3.5/27	0.206	4.86	纵向振动消失
5.06	1.86	6.5	0.087 8	3.75/27	0.197	5.07	
5.31	1.95	6.0	0.081 1	3.75/28	0.195	5.13	
5.53	2.03	6.0	0.081 1	3.5/28	0.187	5.34	
5.75	2.11	5.0	0.067 5	1.0/29	0.186	5.36	
6.00	2.21	6.0	0.081 1	1.0/42	0.259	3.86	
6.51	2.39	7.0	0.094 6	3.0/44.5	0.253	3.95	
6.88	2.53	16.7	0.226	9.2/48	0.258	3.87	发现镜管转动 10°左右
7.07	2.60	13.3	0.18	8.3/48	0.251	3.98	
7.34	2.70	12.2	0.169	5.8/47.5	0.239	4.18	
7.60	2.79	32.5	0.439	24.2/50.5	0.246	4.07	拖车剧烈振动
7.79	2.86	32.5	0.439	23.3/51	0.242	4.13	
8.05	2.96	33.5	0.45	23.3/49	0.225	4.44	

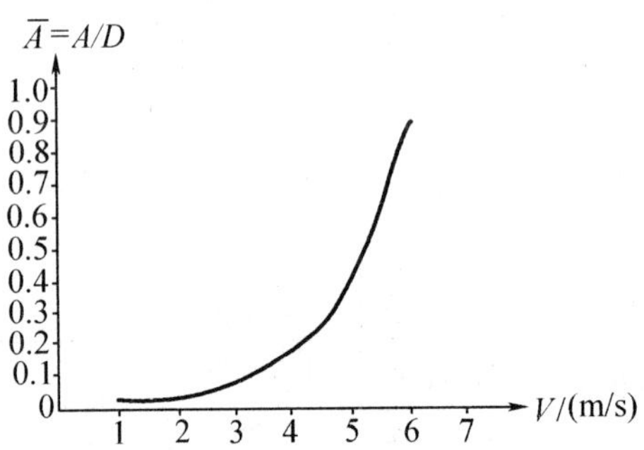

图 2－26　1[*] 潜望镜模型无因次振幅与航速关系曲线

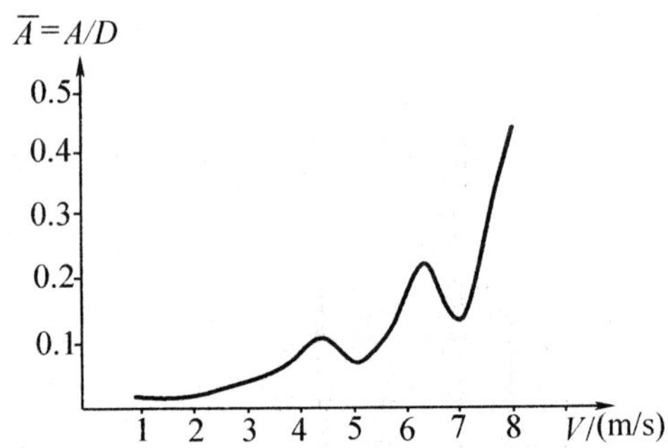

图 2－27　2[*] 潜望镜模型无因次振幅与航速关系曲线

从试验数据表和曲线可以得出如下结论。

①在拖速较低的情况下,潜望镜模型产生微小的振动,随着拖速的提高,纵向振动逐渐消失,横向振动逐渐增大,直至达到潜望镜管的谐振区域。由此可见,潜望镜振动主要发生在横向平面内(即垂直于潜艇的航速平面内)。在纵向平面内亦可能产生振动,但是,只是产生于较低的航速下,且振幅较小。

②由大量的试验数据可见,潜望镜管模型的无因次共振振幅可达 0.25～0.5。由此可见,潜望镜模型和实物,在特定的条件下,在其基频时,最大振动振幅近似于一个镜管直径。

3. 分析讨论

(1)相似准则问题

由于在本次试验中,主要是研究非定常绕流的自激振动问题,应满足斯特劳哈尔数相似准则,即$\frac{Sr_{实物}}{Sr_{模型}}=1$,而斯特劳哈尔数

$$Sr=\frac{f\cdot D}{V} \tag{2-47}$$

式中　f——振动频率;

D——镜管直径;

V——来流速度。

实物与模型的几何相似常数为

$$C_D=\frac{D_{实物}}{D_{模型}}=k$$

可以证明实物与模型的频率相似常数为

$$C_f=\frac{f_{实物}}{f_{模型}}=\frac{1}{k}$$

因此,为保证斯特劳哈尔数相似准则,在试验中要取拖车的速度等于实艇航速。

(2)动力相似问题

模型试验的雷诺数域与实物相差很大,模型试验是在亚雷诺数到临界雷诺数域间进行的,产生的涡旋是规则的,基本上是层流分离;而实物是在临界域到超临界域,流体动力处于不稳定区。且斯特劳哈尔数随着雷诺数的增大而变化,见图 2-4,但影响如何,还有待于今后的试验。

2.6　潜艇潜望镜振动与弯曲变形适应性设计理论与方法

2.6.1　潜望镜振动与弯曲变形对总体性能的影响

1. 振动对目视观察性能的影响

潜望镜的自激振动频率较高,约在次声波的频率范围,当振幅较大时,将使被观察的目标影像模糊一片,无法分辨。一般情况下,也会严重影响观察使用性能,例如使分辨率降低、造成观察疲劳等。

通常,人眼对动目标的识别,不仅与目标运动的幅值有关,而且与频率有关。即取决于目标相对人眼运动的角速度

$$\dot{\alpha}=\alpha_{\max}\cdot\omega_0=\alpha_{\max}\cdot 2\pi v_0 \tag{2-48}$$

式中　$\dot{\alpha}$——从潜望镜目镜出射的目标像抖动角速度;

$\dot{\alpha}_{max}$——从潜望镜目镜出射的目标像抖动最大角速度；

v_0——潜望镜的固有频率。

据资料介绍，人眼判断目标处于动态的最小角速度为(1′～2′)/s。据在实艇潜望镜上的试验数据，当水平方向的角速度 $\dot{\alpha}_p > 90°/s$ 时，而垂直方向的角速度 $\dot{\alpha}_h > 70°/s$ 时，都会出现下列现象：

(1)当观察的目标为亮目标时，则目标变为模糊的亮带；

(2)当观察的目标为暗目标时，则目标消失。

参考文献[37]中进行了潜望镜振动对目视观察影响的实验研究。列出的目标相对人眼的运动角速度公式为

$$\dot{\theta} = \frac{V\sin\alpha}{L} \quad (1/s) \tag{2-57}$$

式中 V——目标运动速度；

α——目标运动方向相对视平面的夹角；

L——视距。

其实验数据如下：

(1)对于对比度足够大的点或线目标，当 $\dot{\theta} = 74°/s$ 时，目标完全模糊；

(2)对于面状复杂目标，当 $\dot{\theta} \geqslant 30°/s$ 时，眼睛对图像的感觉完全模糊；

(3)对于复杂的重复正弦运动目标，当 $\dot{\theta} \geqslant 10°/s$ 时，眼睛对图像感觉模糊。

这里的点线目标实验数据和上述中 70～90°/s 的数据基本吻合。

可通过下式转换成对潜望镜抖动量的要求。

$$\theta = \delta\sin(2\pi t/T) \tag{2-58}$$

$$\dot{\theta}_{max} = 2\pi\delta/T \tag{2-59}$$

式中 δ——镜管振动角振幅；

T——镜管振动周期。

根据以上关系式，若使 $\dot{\theta}_{max} \leqslant 10°$，则在镜管振动频率为 10 Hz 时，其振动角振幅应满足 $\delta \leqslant 0.14°$ 的要求，才不致造成目视观察图像模糊。实践证明，当潜望镜振动时，致视场中的十字线抖动量不超过 0.1°时，目视观察的目标图像都是很清晰的。

2.6.2 潜望镜变形折点的概念与计算方法

实践证明，潜望镜的振动与弯曲的转角变形大都集中在悬臂梁的根部，上部的大部都可近似看为直线，潜望镜振动与弯曲变形，可认为是围绕一个固定的折点摆动。这一规律最初是被一名荷兰人的专利中所揭示[8]。以后，在参考文献[16][17]中，作了进一步的分析和完善，形成了以下较系统的潜望镜变形折点概念和计算方法。

1. 定义

(1)潜艇潜望镜振动折点

潜艇潜望镜的振动折点，系指潜望镜镜管在海水中运动时，其外伸部分因受卡门旋涡

周期发放影响而产生横向振动，其振动变形曲线的端部切线与下部不动部分光轴（或镜管中心线）延长线的交点。

（2）潜艇潜望镜弯曲折点

潜艇潜望镜的弯曲折点，系指潜望镜镜在海水中运动时，其外伸部分因受运动方向稳定的水阻力而产生弯曲，其弯曲变形曲线的端部切线与下部不动部分光轴（或镜管中心线）延长线的交点。

2. 特性

（1）振动折点的特性

①振动折点是镜管发生横向振动而出现的一种现象。

②折点位置不受振动振幅、航速高低、镜管浸水高度的影响。

③折点位置与镜管的粗细、厚薄、材料的刚性无关。

④折点位置受支承结构参数、刚性和镜管自身外伸距的影响。

（2）弯曲折点的特性

①弯曲折点是镜管发生在艇首尾面弯曲而出现的一种现象。

②折点位置不受镜管弯曲量大小、航速高低的影响。

③折点位置与镜管的粗细、厚薄、材料的刚性无关。

④折点位置与镜管的浸水高度、受力特性、支承参数、刚性及自身外伸距有关。

振动折点与弯曲折点二者是完全不同的两个概念，不能混为一谈。通常二者位置不同，弯曲折点位置偏下，相距较远。振动折点位置的影响因素较弯曲折点位置的影响因素少，可变性小，可信度高，因而可利用的价值也高；弯曲折点的变动性大，可信度差，可利用的价值低。

3. 位置计算法

（1）振动折点位置的计算

要计算振动折点位置，首先必须知道镜管振动的振型。潜望镜在水中的振动是一种因卡门旋涡发放而引起的自激振动，其振型为固有振动振型。虽然现已知道其实际振型，但由于计算处理复杂，通常采用近似振型的方法。在 2.4.2 节中已指出，用三角形分布载荷作用下的静挠度变形，来近似代替自激振动振型，是工程计算精度足够的一种快速简便方法。

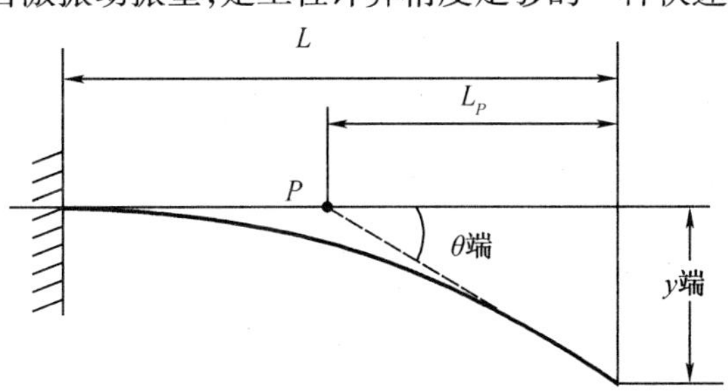

图 2－28　振动折点位置的计算示意图

根据振动折点的定义，如果求得悬臂梁端部的振幅 $y_{端}$ 和端部对应的转角 $\theta_{端}$，则振动折点 P 的位置参数 L_P（从悬臂端到振动折点的距离），可用下式求出（图 2－28）：

$$L_P = y_{端}/\tan\theta_{端} \tag{2-60}$$

已推导出各种根部支承形式下的振动折点位置计算公式列入表2－11。表中：

对于二支承悬臂梁，$\ae=\dfrac{l}{L}$，l 为二支承间距；

对于三支承悬臂梁，$\ae_3=\dfrac{3+4\alpha}{4+4\alpha}$，$\alpha=\dfrac{l_1}{l_2}$，$l_1$ 为一、二支承间距，l_2 为二、三支承间距；

对于四支承悬臂梁，$\ae_4=\dfrac{k-1-\alpha_1}{k}$，$k=4(1+\alpha_1)(1+\alpha_2)-\alpha_2$，$\alpha_1=\dfrac{l_1}{l_2}$，$\alpha_2=\dfrac{l_2}{l_3}$，$l_1$ 为一、二支承间距，l_2 为二、三支承间距，l_3 为三、四支承间距。

以上各支承情况见图2－7、图2－8、图2－11。

(2)弯曲折点位置的计算

潜望镜弯曲折点位置与受力的特性有关，根据参考文献[3]，潜望镜所受到的迎面稳定水阻力有迎面均匀黏性阻力(q_1)和兴波阻力。参考文献[16]通过分析也把兴波阻力在较低航速时近似作为均布载荷(q_2)对待，所以，最后仍按外伸端浸水部分受均布载荷来计算弯曲折点的位置。表2－11列出了根部为各种支承时的弯曲折点位置的计算式。值得注意的是，这里的 $L_{浸}$ 代表镜管外伸端的浸水部分长度，而计算振动折点时，需用外伸端的全长度。

表2－11　各种根部支承形式下的弯曲折点计算公式

根部支承形式	弯曲折点位置计算式(L_P)	
镶入梁	$L_{P镶}=\dfrac{y_{端}}{\theta_{端}}=\dfrac{11}{15}L$ 式中：$y_{端}=y_0$ $\theta_{端镶}=y_0\dfrac{5\lambda}{11L}(8-6\lambda+\lambda^3)_{\lambda=1}=y_0\cdot\dfrac{15}{11}\cdot\dfrac{1}{L}$	
二支承悬臂梁	$L_P=\dfrac{y_{端}}{\theta_{端}}=L_{P镶}\cdot\left(\dfrac{99+120\ae}{99+88\ae}\right)$ 式中 $y_{端}=y_0+y_2=y_0\left(1+\dfrac{40}{33}\ae\right)$ $\theta_{端}=\theta_{端镶}+\vartheta_{2(1)}=\theta_{端镶}\left(1+\dfrac{8}{9}\ae\right)$	$\ae=\dfrac{l}{L}$
三支承悬臂梁	$L_P=\dfrac{y_{端}}{\theta_{端}}=L_{P镶}\left(\dfrac{99+120\ae\cdot\ae_3}{99+88\ae\cdot\ae_3}\right)$ 式中 $y_{端}=y_0+y_3=y_0\left(1+\dfrac{40}{33}\ae\cdot\ae_3\right)$ $\theta_{端}=\theta_{端镶}+\theta_{3(1)}=\theta_{端镶}\left(1+\dfrac{8}{9}\ae\cdot\ae_3\right)$	$\ae_3=\dfrac{3+4\alpha}{4+4\alpha}$ $\alpha=\dfrac{l_1}{l_2}$
四支承悬臂梁	$L_P=\dfrac{y_{端}}{\theta_{端}}=L_{P镶}\left(\dfrac{99+120\ae\cdot\ae_4}{99+88\ae\cdot\ae_4}\right)$ 式中 $y_{端}=y_0+y_4=y_0\left(1+\dfrac{40}{33}\ae\cdot\ae_4\right)$ $\theta_{端}=\theta_{端镶}+\theta_{4(1)}=\theta_{端镶}\left(1+\dfrac{8}{9}\ae\cdot\ae_4\right)$	$\ae_4=\dfrac{K-1-\alpha_1}{K}$；$\alpha_1=\dfrac{l_1}{l_2}$ $\alpha_2=\dfrac{l_2}{l_3}$ $K=4(1+\alpha_1)(1+\alpha_2)-\alpha_2$

4. 振动折点与弯曲折点位置的修正计算

实际上，影响振动折点与弯曲折点位置的因素较多，这些因素对于振动折点位置有：①振型假定的影响；②支承柔性的影响；③高频振型的影响。对于弯曲折点位置有：①支承柔性的影响；②浸水长度变化的影响；③兴波阻力变化的影响。

对于振动折点位置，支承柔性影响很大，其他两项因素可以忽略。而对于弯曲折点位置，浸水长度变化影响最大，对于镶入梁的影响式为 $\Delta L_{Q镶}=\dfrac{3}{4}\Delta L_{浸}$。将此式代入表 2-12，可计算其他支承形式下的弯曲折点修正量。支承柔性对于弯曲折点影响也很大，不过一个是动刚度问题，一个则是静刚度问题。

表 2-12　各种根部支承形式下的弯曲折点计算公式

根部支承形式	弯曲折点位置计算式(L_Q)
镶入梁	$L_{Q镶}=\dfrac{y_{端镶}}{\theta_{端镶}}=\dfrac{3}{4}L_{浸}$ 式中 $y_{端镶}=\dfrac{(q_1+q_2)L_{浸}^4}{8EI}$；$\theta_{端镶}=\dfrac{(q_1+q_2)L_{浸}^3}{6EI}$
二支承悬臂梁	$L_{Q2}=\dfrac{y_{2端}}{\theta_{2端}}=L_{Q镶}\cdot\left(\dfrac{3+4\alpha}{3+3\alpha}\right)$ 式中 $y_{2端}=y_{端镶}\cdot\left(1+\dfrac{4}{3}\alpha\right)$；$\theta_{2端}=\theta_{端镶}\cdot(1+\alpha)$
三支承悬臂梁	$L_{Q3}=\dfrac{y_{3端}}{\theta_{3端}}=L_{Q镶}\cdot\left(\dfrac{3+4\alpha\cdot\alpha_3}{3+3\alpha\cdot\alpha_3}\right)$ 式中 $y_{3端}=y_{端镶}\cdot\left(1+\dfrac{4}{3}\alpha\cdot\alpha_3\right)$；$\theta_{3端}=\theta_{端镶}\cdot(1+\alpha\cdot\alpha_3)$
四支承悬臂梁	$L_{Q4}=\dfrac{y_{4端}}{\theta_{4端}}=L_{Q镶}\cdot\left(\dfrac{3+4\alpha\cdot\alpha_4}{3+3\alpha\cdot\alpha_4}\right)$ 式中 $y_{4端}=y_{端镶}\cdot\left(1+\dfrac{4}{3}\alpha\cdot\alpha_4\right)$；$\theta_{4端}=\theta_{端镶}(1+\alpha\cdot\alpha_4)$

现介绍参考文献[17]中的一种支承柔性修正计算方法，其他因素修正计算的考虑方法可参看文献[16]。

图 2-29 中是以二支承悬臂梁为例，依据变形叠加原理进行分析计算。当第一支承处有位移 Δ_1，第二支承处有位移 Δ_2 时，可以统一归化为在第一支承处的位移 Δ_1 和附加转角 $\theta_1'=\dfrac{\Delta_1\pm\Delta_2}{l}$，其中正负号表示二者变形方向的影响，当相反时为正；同方向时则为负。则梁端部的实际挠度变形量为

$$L_{端(实)}=y_{端(理)}+\Delta_1+\theta_1'\cdot L$$

梁端部的实际转角变形量为

$$\theta_{端(实)}=\theta_{端(理)}+\theta_1'$$

由此可得到支承柔性情况下，振动与弯曲折点位置参数为

$$L_{P(Q)实}=\frac{y_{端(实)}}{\theta_{端(实)}}=\frac{y_{端(理)}+\Delta_1+\theta_1'\cdot L}{\theta_{端(理)}+\theta_1'}$$

$$= L_{P(Q)理} + \frac{\Delta_1}{\theta_{端(理)}} + \frac{\theta_{端(理)} \cdot L - y_{端(理)} - \Delta_1}{\theta_{端(理)}} \cdot \frac{\theta_1'}{\theta_{端(理)} + \theta_1'} \tag{2-61}$$

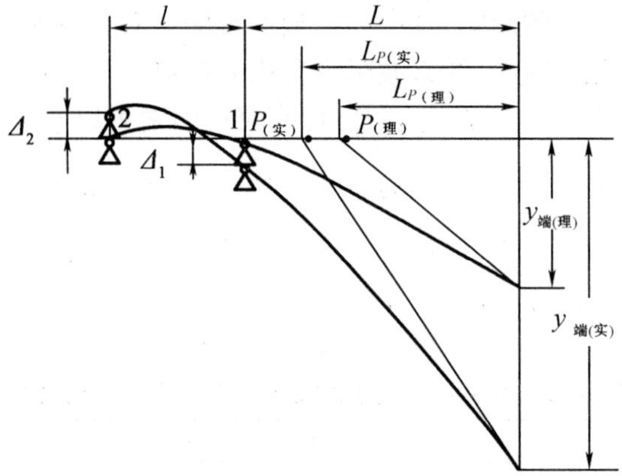

图 2-29 支承柔性计算示意图

分析式(2-61)可以看出,支承柔性对折点位置的影响特性包括:

①将始终造成实际值加大,即折点位置下移;

②可以区分为第一支点位移影响的下移量(式中的第二项)和后方支点位移造成的附加转角(θ_1')影响的下移量(式中第三项);

③支承数量多于两个时,仍可以进行这样的统一与归化计算。造成 Δ_1,Δ_2 的因素可以是配合间隙,也可以是支座受力位移变形。

2.6.3 物空间瞄准线向量在振动弯曲潜望镜光学系统中的传递

求取一物方空间的瞄准线向量经过振动弯曲的潜望镜光学系统后,出射光线的失调规律,是进行潜望镜适应性设计的基础。以下我们用矩阵方法来求取此规律。

1. 基本假定

物方瞄准线向量经过振动弯曲的潜望镜光学系统时,其情况是比较复杂的,为此设定所研究的基本工况如下:

(1)物方瞄准线向量是在仪器的观察面内,在仪器视场内偏离观察面的其他位置情况虽然规律有些不同,但观察面的影响是最典型的;

(2)使镜管的振动弯曲方向与潜望镜的观察面偏离一个角度 φ(见图 2-30 的俯视图),这是可能遇到的典型情况;

(3)潜望镜管的振动弯曲,可以看作是光学系统的上部相对下部光轴在折点 P 处发生的倾斜角 θ;

(4)根据潜望镜光学系统的情况,可以分为折点在平行光路中和会聚光路中两种情况,对于平行光路中的情况,潜望镜折点前方的光学系统可以简化为角放大率为 Γ_1 的开普勒望远镜,而其后到目镜可以简化为角放大率为 Γ_2 的开普勒望远镜;

(5)对于折点在会聚光路中的情况,潜望镜折点前方的光学系统可以简化为角放大率为 $\Gamma = \pm 1^{\times}$的开普勒望远镜加主物镜,当有转像系统时为 $\Gamma = -1^{\times}$,当无转像系统时为

$\Gamma = +1^{\times}$;

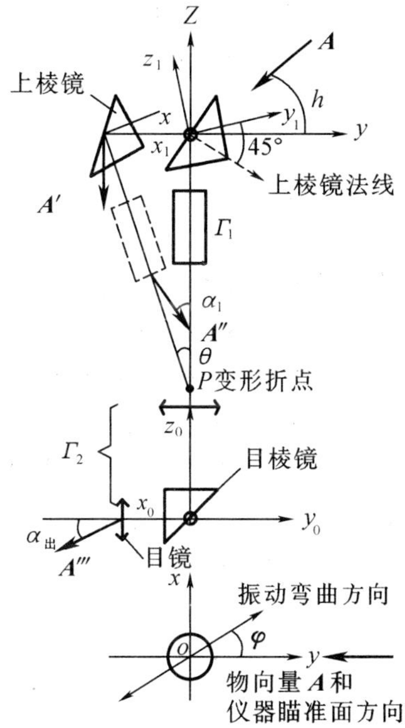

图 2-30　物向量在振动弯曲潜望镜光学系统中的传递(适用于变形折点在平行光路中的系统)

(6)当潜望镜进行俯仰观察时,则物向量随着俯仰。

由于我们在此是将潜望镜振动弯曲的影响一并进行讨论,所以以下又把振动折点和弯曲折点统称为变形折点。

2. 坐标系的建立及求解思路

建立三个坐标系:

(1)建立与潜望镜不动部分固结的坐标系 $ox_0y_0z_0$,令 oy_0z_0 面与潜望镜的观察面一致,oz_0 在竖直的光轴方向,物向量 **A** 也在此坐标系的 oy_0z_0 面内;

(2)建立与潜望镜上头部弯曲振动部分固结的动坐标系 $oxyz$,其中 oyz 面与潜望镜的观察面一致,oz 轴向上且与光轴一致;

(3)建立与上棱镜固结的动坐标系 $ox_1y_1z_1$,其中 oy_1z_1 面与棱镜的主截面一致,棱镜法线与 oy_1 轴成45°角,在 oz_1 轴的负方向。

求解问题的思路是,当潜望镜管弯曲振动时,与其固结的动坐标系也就跟着运动,这就把运动问题变为坐标转换问题。而在光学系统与其固结的坐标系中,几何光学定律完全适用,瞄准线向量则按照几何光学定律传递。

3. 物空间瞄准线向量在振动弯曲潜望镜光学系统中传递矩阵方程的建立

以下建立图 2-30 中变形折点在平行光路中的系统。在振动弯曲为小角度的情况(通常情况下只有几角分的量级),镜管振动弯曲在观察面和弧矢面的分量可用以下公式近似计算:

$$\begin{cases}\theta_{子} = \theta\cos\varphi \\ \theta_{弧} = \theta\sin\varphi\end{cases}$$

$\boldsymbol{A}$ 向量在坐标系的表达式为

$$\begin{cases}\theta_{子} = \theta\cos\varphi \\ \theta_{弧} = \theta\sin\varphi\end{cases}$$

$\boldsymbol{A}$ 向量在 oy_0z_0 坐标系的表达式为

$$\boldsymbol{A} = \begin{bmatrix} 0 \\ -\cos h \\ -\sin h \end{bmatrix}$$

$\boldsymbol{A}$ 向量经上反射镜作用后，其出射像向量 $\boldsymbol{A}'$ 在动坐标系 $oxyz$ 中的投影为

$$\boldsymbol{A}' = \boldsymbol{G}_1^{-1}\boldsymbol{S}_1\boldsymbol{G}_1\boldsymbol{J}_{oy,\theta_{弧}}\boldsymbol{J}_{ox,\theta_{子}}\boldsymbol{A} \tag{2-62}$$

在上棱镜后出射的像向量 A′经镜管变形折点前方的光学系统后，出射光线向量 $\boldsymbol{A}''$ 为

$$\boldsymbol{A}'' = \boldsymbol{\Gamma}_1\boldsymbol{G}_1^{-1}\boldsymbol{S}_1\boldsymbol{G}_1\boldsymbol{J}_{ox,\theta_{弧}}\boldsymbol{J}_{oy,\theta_{子}}\boldsymbol{A} \tag{2-63}$$

矩阵方程(2-62)，(2-63)的意义为：乘项($\boldsymbol{J}_{ox,\theta_{弧}}\boldsymbol{J}_{oy,\theta_{子}}$)是代表向受振动弯曲影响的上头部光学系统进行投影转换；乘项($\boldsymbol{G}_1^{-1}\boldsymbol{S}_1\boldsymbol{G}_1$)是考虑上反射棱镜的作用(见第 8 章有关部分)，以倍率符号的黑体字 $\boldsymbol{\Gamma}_1$ 表示变形折点前方的望远光学系统的作用矩阵，一般情况下有

$$\boldsymbol{\Gamma}_1 = \begin{bmatrix} \boldsymbol{\Gamma}_1 & 0 & 0 \\ 0 & \boldsymbol{\Gamma}_1 & 0 \\ 0 & 0 & \dfrac{1}{\boldsymbol{\Gamma}_1^2} \end{bmatrix}$$

4. 矩阵方程的求解

现列出各从静坐标到动坐标转换的矩阵式

$$\boldsymbol{J}_{ox,\theta_{子}} = \begin{bmatrix} 1 & 0 & 0 \\ 0 & \cos\theta_{子} & -\sin\theta_{子} \\ 0 & \sin\theta_{子} & \cos\theta_{子} \end{bmatrix}$$

$$\boldsymbol{J}_{oy,\theta_{弧}} = \begin{bmatrix} \cos\theta_{弧} & 0 & \sin\theta_{弧} \\ 0 & 1 & 0 \\ -\sin\theta_{弧} & 0 & \cos\theta_{弧} \end{bmatrix}$$

由于镜管振动弯曲为小量，可以令 $\cos\theta_{子} \approx \cos\theta_{弧} \approx 1$；$\sin\theta_{子} \approx \theta_{子}$；$\sin\theta_{弧} \approx \theta_{弧}$。带入有

$$\boldsymbol{J}_{ox,\theta_{子}} = \begin{bmatrix} 1 & 0 & 0 \\ 0 & 1 & -\theta_{子} \\ 0 & \theta_{子} & 1 \end{bmatrix}$$

$$\boldsymbol{J}_{oy,\theta_{弧}} = \begin{bmatrix} 1 & 0 & \theta_{弧} \\ 0 & 1 & 0 \\ -\theta_{弧} & 0 & 1 \end{bmatrix}$$

$\boldsymbol{G}_1 = \begin{bmatrix} 1 & 0 & 0 \\ 0 & \cos\dfrac{h}{2} & \sin\dfrac{h}{2} \\ 0 & -\sin\dfrac{h}{2} & \cos\dfrac{h}{2} \end{bmatrix}$ 代表从动坐标系 $oxyz$ 向与上棱镜固结的动坐标系

$ox_1y_1z_1$ 绕 ox_1 轴转动的坐标转换矩阵。

$\boldsymbol{G}_1^{-1}$ 为以上坐标转换矩阵的逆矩阵，代表从动坐标向静坐标的转换。

$\boldsymbol{S}_1=\begin{bmatrix}1&0&0\\0&0&1\\0&1&0\end{bmatrix}$是上棱镜在其固连的坐标系 $ox_1y_1z_1$ 中的作用矩阵。

将以上各矩阵带入(2－63)式得

$$\boldsymbol{A}''=\boldsymbol{\Gamma}_1\begin{bmatrix}1&0&0\\0&-\sin h&\cos h\\0&\cos h&\sin h\end{bmatrix}\begin{bmatrix}1&0&0\\0&1&-\theta_{子}\\0&\theta_{子}&1\end{bmatrix}\begin{bmatrix}1&0&\theta_{弧}\\0&1&0\\-\theta_{弧}&0&1\end{bmatrix}\begin{bmatrix}0\\-\cos h\\-\sin h\end{bmatrix}$$

$$=\boldsymbol{\Gamma}_1\begin{bmatrix}-\theta_{弧}\sin h\\ \sin h\cos h-\theta_{子}\sin^2 h-\theta_{子}\cos^2 h-\sin h\cos h\\ -\cos^2 h+\theta_{子}\sin h\cos h-\theta_{子}\sin h\cos h-\sin^2 h\end{bmatrix}=\boldsymbol{\Gamma}_1\begin{bmatrix}-\theta_{弧}\sin h\\-\theta_{子}\\-1\end{bmatrix}$$

$$=\boldsymbol{\Gamma}_1\begin{bmatrix}-\theta\sin\varphi\sin h\\-\theta\cos\varphi\\-1\end{bmatrix}=\begin{bmatrix}-\Gamma_1\theta\sin\varphi\sin h\\-\Gamma_1\theta\cos\varphi\\-\dfrac{1}{\Gamma_1^2}\end{bmatrix}\tag{2－64}$$

由式(2－64)可知，该向量与动坐标系 $oxyz$ 中的 oz 轴夹角的弧失分量为矩阵式中的第一行（ox 轴方向）；子午分量为矩阵式中的第二行（oy 轴方向）。若设该向量与静坐标系 $ox_0y_0z_0$ 中原光轴 oz_0 的夹角用 α_1 表示，由图 2－24 可知，它应该等于在以上向量与 oz 轴夹角的基础上再加上一个镜管的弯曲角 θ。

所以最后的 $\boldsymbol{A}'''$向量与光轴的出射夹角应为

$$\begin{aligned}\alpha_{出}&=\Gamma_2\cdot\left(\theta+\Gamma_1\sqrt{(-\theta\sin\varphi\sin h)^2+(-\theta\cos\varphi)^2}\right)\\&=\Gamma_2\cdot\theta\left(1+\Gamma_1\sqrt{\sin^2\varphi\sin^2 h+\cos^2\varphi}\right)\end{aligned}\tag{2－65}$$

式(2－65)即为具有一组转像系统以及变形折点在平行光路中的潜望镜，受振动弯曲影响时，像方瞄准线向量出射方向偏移公式。

2.6.4　潜望镜目视光学系统与振动弯曲变形相关的传递系数理论

由式(2－56)可知，振动影响目视观察，是通过在目镜后的目标抖动角速度来体现的。而目标像须经过整个潜望镜光学系统的传递。于是就出现了与振动弯曲相关的传递系数理论。参考文献[11]中，首先提出了这一概念，并推导了不同潜望镜光学系统的传递系数算式。第 1 章参考文献[12]中，进行了进一步的系统归纳。

1. 定义

潜望镜光学系统与振动弯曲相关的传递系数，是指潜望镜光学系统对振动弯曲的灵敏度，或者说是光学系统受振动弯曲影响，而使目标瞄准线失调的程度。

2. 适用条件

(1)头部有一次反射的穿透型潜望镜光学系统。

(2)镜管变形符合变形折点的理论。

3. 变形折点在平行光路中的系统

潜望镜早期的光学系统,大部采用一组转像系统的结构,导致镜管变形折点位于其平行光路中。这类潜望镜光学系统可简化为图 2-30。图中 P 点为潜望镜悬臂端变形折点,在该点之前的潜望镜光学系统放大率为 Γ_1;P 点之后潜望镜固定光学系统的放大率为 Γ_2。

现在我们来讨论上节推出的(2-65)式

$$\alpha_{出} = \Gamma_2 \cdot \theta(1 + \Gamma_1 \sqrt{(-\sin\varphi\sin h)^2 + (-\cos\varphi)^2})$$

式中 h——目标高度角;

φ——潜望镜子午面与振动平面的夹角;

当 $\varphi = 0°$时,即振动发生在潜望镜的子午面内时,有

$$\alpha_{子午} = \theta \cdot \Gamma_2(1 + \Gamma_1) = K_{子午} \cdot \theta \tag{2-66}$$

当 $\varphi = 90°$时,即振动发生在潜望镜的弧矢面内时,有

$$\alpha_{弧矢} = \theta \cdot \Gamma_2(1 - \Gamma_1 \sin h) = K \cdot \theta \tag{2-67}$$

式中 $K_{子午}$——该类潜望镜光学系统子午面与振动弯曲相关的传递系数;

$K_{子午}$——该类潜望镜光学系统弧矢面与振动弯曲相关的传递系数。

$$K_{子午} = \Gamma_2(1 + \Gamma_1) \tag{2-68}$$

$$K_{弧矢} = \Gamma_2(1 - \Gamma_1 \sin h) \tag{2-69}$$

4. 变形折点在平行光路中系统的传递系数特性

对式(2-68),(2-69)进行分析后认为,这种系统的传递系数特性为:

(1)要同时实现子午面与弧矢面的传递系数为零,对于轴对称的光学系统而言是不可能的;

(2)实现子午面传递系数为零的条件是 $\Gamma_1 = -1^{\times}$,此时弧矢面的传递系数增大;

(3)实现弧矢面传递系数为零的条件是 $\Gamma_1 = \dfrac{1}{\sin h}$,由于目标高度角 h 为一个变量,要实现这一点技术上是困难的;

(4)对于传统的只有一个转像系统的潜望镜而言,由于 Γ_2很大,致使两个方向的传递系数都比较大,说明这种系统的抗弯振性是很差的。

5. 变形折点在会聚光路中的系统

图 2-31 中,P 点为潜望镜的变形折点,P 点之前的光学系统可简化成由上棱镜和等效物镜所组成的光学系统。P 点之后为潜望镜光学系统的固定不动部分,由转像系统和目镜所组成。

在子午面内,设上部弯振 θ 角,则由图可得

$$o_1 o_2 = \Delta_1 = \theta \cdot f'_{物}$$

$$o_1 o \approx \Delta_2 = (L - f'_{物}) \cdot \theta$$

由水平方向目标来的光线向量 $\boldsymbol{A}$ 的像位移为

$$o_2 o = \Delta = \Delta_2 - \Delta_1 = (L - 2f'_{物}) \cdot \theta$$

经后方系统后为

$$\Delta' = \Delta \cdot \beta = (L - 2f'_{物})\theta \cdot \beta$$

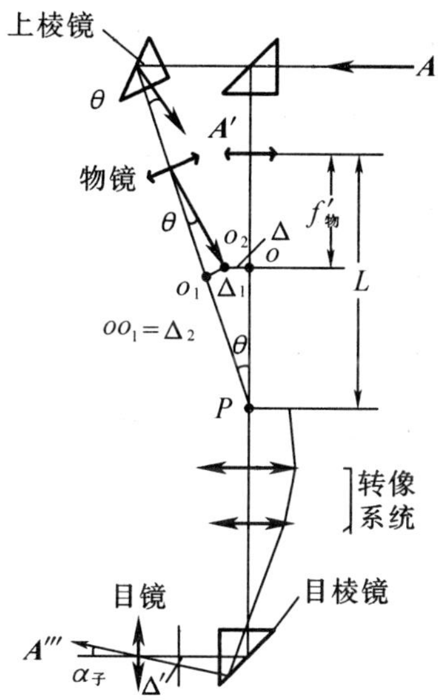

图 2-31　物向量在振动弯曲潜望镜光学系统中的传递

（适用于变形折点在会聚光路中的潜望镜光学系统）

经目镜后的出射光线向量 **A‴**的倾斜角为

$$\alpha_{子午} = \frac{(L - 2f'_{物})\theta\beta}{f'_{目}} = K_{子午} \cdot \theta \tag{2-70}$$

则这种系统的子午面与振动弯曲相关的传递系数为

$$K_{子午} = \frac{(L - 2f'_{物})\beta}{f'_{目}} \tag{2-71}$$

式中　L——变形折点 P 到组合物镜主面的距离；

$f'_{物}$——组合物镜的等值焦距；

$f'_{目}$——目镜焦距；

β——转像系统的横向放大率。

用同样方法，可推出弧矢面的偏振角和传递系数为

$$\alpha_{弧矢} = \left(\sin h - 1 + \frac{L}{f''_{物}}\right)\Gamma \cdot \theta = K_{弧矢} \cdot \theta \tag{2-72}$$

$$K_{弧矢} = \left(\sin h - 1 + \frac{L}{f'_{物}}\right) \cdot \Gamma \tag{2-73}$$

式中　h——目标高度角；

Γ——潜望镜光学系统的总放大率。

6. 变形折点在会聚光路中系统的传递系数特性

分析式(2-71)，式(2-72)，可以得出：

(1)当变形折点与焦点重合时，有 $L = f'_{物}$，代入式中可得

$$\begin{cases} K_{子午} = \Gamma \\ K_{弧矢} = \sin h \cdot \Gamma \end{cases}$$

这种系统，当 $h=0$ 时，$K_{弧矢}=0$，子午面的传递系数也只有系统的总放大率大小，抗弯振性能较好。

(2)当变形折点位于组合物镜二倍焦距位置时，有 $L=2f'_{物}$，代入式中可得

$$\begin{cases}K_{子午}=0\\K_{弧矢}=(1+\sin h)\Gamma\end{cases}$$

此时，子午面的传递系数为零，弧矢面的传递系数略有增加，这种系统对提高测量精度非常有利，适合于作为测天定位系统使用。

7. 等效物镜中有奇数转像系统的情况

这时的等效物镜，可简化为一负一倍望远镜和等效物镜所组成的系统。如图(2－32)所示。在子午面内，由图可得

$$o_1o_2=\Delta_1=\theta\cdot f'_{物}$$

$$o_1o=\Delta_2=(L-f'_{物})\cdot\theta$$

水平方向目标来的光线向量 $\boldsymbol{A}$ 的像位移为

$$\Delta=\Delta_1+\Delta_2=\theta\cdot f'_{物}+(L-f'_{物})\theta=L\cdot\theta$$

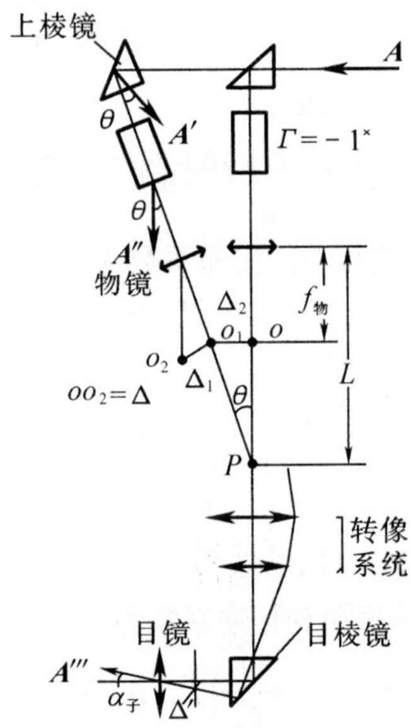

图 2－32 物向量在振动弯曲潜望镜光学系统中的传递

(适用于变形折点在会聚光路且等效物镜中的转像系统为奇数的情况)

经后方系统后为

$$\Delta'=\Delta\cdot\beta=L\cdot\theta\cdot\beta$$

经目镜后的倾斜角为

$$\alpha_{子午}=\frac{L\cdot\beta}{f'_{物}}\theta=K_{子午}\cdot\theta \tag{2-74}$$

$$K_{子午}=\frac{L\cdot\beta}{f'_{物}} \tag{2-75}$$

同样可推出弧矢面的公式为

$$\alpha_{弧矢}=\left(-\sin h-1+\frac{L}{f'_{物}}\right)\Gamma\cdot\theta=K_{弧矢}\cdot\theta \tag{2-76}$$

$$K_{弧矢}=\left(-\sin h-1+\frac{L}{f'_{物}}\right)\Gamma \tag{2-77}$$

当 $L=0$ 时,即变形折点与等效物镜的虚主点重合时,有

$$\begin{cases}K_{子午}=0\\K_{弧矢}=-(1+\sin h)\Gamma\end{cases}$$

此时的子午面传递系数为零,弧矢面的传递系数略有增加,符号为负值。说明瞄准线偏移方向与上相反,但数值相同,这样的系统也对提高测量精度非常有利。

2.6.5　潜望镜的减振与消振方法

减振问题是潜望镜研究设计的重要课题之一。随着现代潜艇对潜望镜使用航速要求的提高,潜望镜的减振问题已成潜望镜技术中热门的课题。而减振比较有效的方法集中在两个方面:一是加活动导流罩,二是加动力减振器。

1. 加活动导流罩法

正如参考文献[23]中所言:"减小潜望镜振动最有效的方法是装设导流罩,它改变了潜望镜管附近的水流,从而减小了引起潜望镜管振动的扰动力"。已经在潜望镜中应用的有固定导流罩和活动导流罩两种。但是,固定式导流罩将影响潜艇水下性能,即增加潜艇的水下阻力,降低了潜艇水下航速。所以,一般倾向于采用可升降的活动导流罩。美国的潜望镜中,应用活动导流罩较为普遍;现代的光电桅杆中,也广泛采用活动导流罩。

导流罩的外形一般采用流线体的形状,表 2-13 为流线体的型值表。图 2-33 为流线体的半宽外形。

表 2-13　流线体的型值表

型值			型值		
位置	X(从零算起)	Y(半宽)/in①	位置	X(从零算起)	Y(半宽)/in
1	0.328	1.107	10	11.006	5.288
2	0.533	1.476	11	13.629	5.042
3	1.045	2.176	11	16.232	4.616
4	1.578	2.705	13	18.856	4.017
5	2.091	3.136	14	21.479	3.238
6	3.136	3.833	15	22.791	2.767
7	4.448	4.448	16	24.103	2.213
8	5.759	4.857	17	25.415	1.537
9	8.383	5.247	18	26.110	0.943
最大宽度	9.940	5.308	19	26.625	0.000

① 1 in = 0.025 4 m。

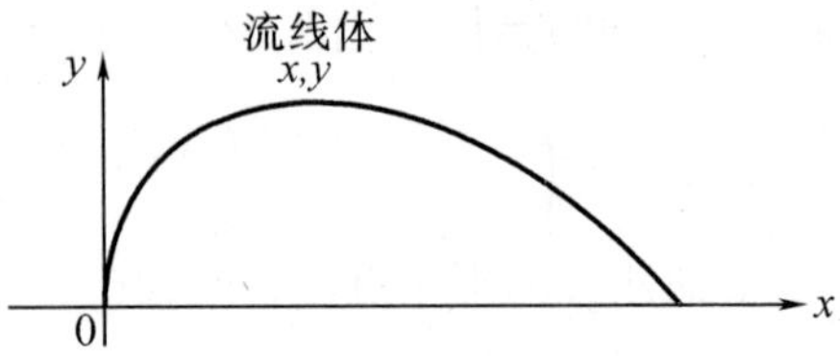

图 2－33 流线体外形

流线体将产生依赖于来流速度和攻角的阻力和升力。泰勒船模试验水池对表 2－12 所列流线体形状进行了拖曳试验，并在对应于 15 kn 速度的雷诺数范围内测得流线体的升力和阻力系数，见图 2－34。

流线体的迎面阻力为

$$F_D = C_D \cdot \frac{\rho V^2}{2} \cdot A_D \tag{2-78}$$

流线体的升力为

$$F_L = C_L \cdot \frac{\rho V^2}{2} \cdot A_L \tag{2-79}$$

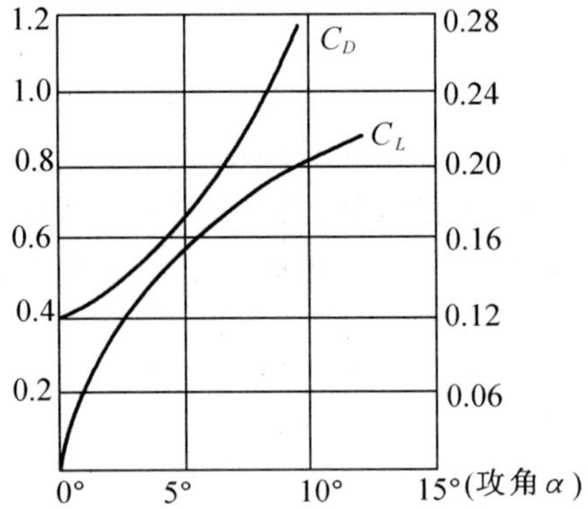

图 2－34 流线体升力和阻力系数与攻角的关系

式中 A_D——流线体的迎面面积，$A_D = 2Y_{\max} \cdot h$；

$Y_{\max}$——流线体的最大半宽；

h——流线体的高度；

A_L——流线体的侧面投影面积，$A_L = X_{\max} \cdot h$

$X_{\max}$——流线体的最大长度。

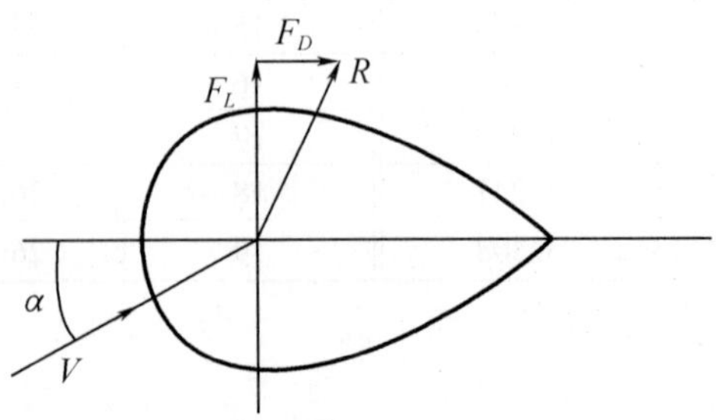

图 2－35 流线体的攻角与升力和阻力的位置

攻角表示来流速度方向与流线体纵中线面的夹角，见图 2 - 35。虽然导流罩在安装时其中线面应与艇的艏艉面一致，但由于海上浪涌的方向与船舶航行方向的任意性，使其合成的流体动力速度方向与流线体的中线面有一定的攻角，应该是一种常态。

可以根据攻角算出二者的合力 R 的大小和方向，在二者中，升力非常显著，是造成活动导流罩升降困难和强度问题的主要因素，值得高度重视。

随着现代光电桅杆的出现和列装，一种模块化的活动导流罩和舷外组合支撑装置在专利“EP0711702A1”[24]的基础上应运而生，图 2 - 36 为这种装置的示意图，图 2 - 37 为分立的活动导流罩在艇上的应用示意图。它较分立式的活动导流罩结构具有可在车间预先安装调试，组件整体吊装，结构强度高，减小潜艇围壳尺寸，缩短升降装置的舾装时间，减少费用等优势，是目前正在获得应用的一种技术。光电桅杆支撑系统及导流罩技术的进展可参看参考文献[28][29][30][31]。

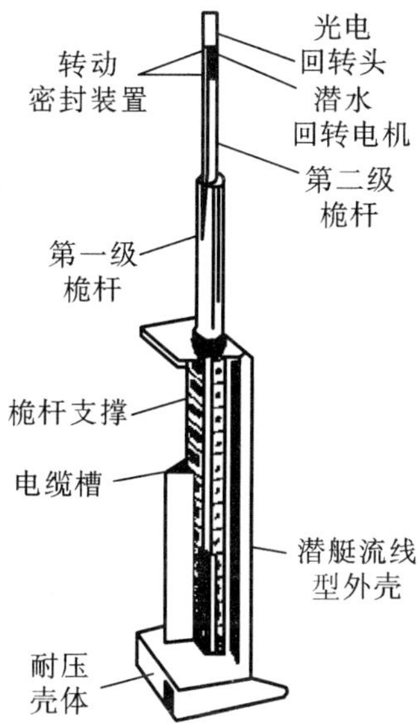

图 2 - 36　带模块化活动导流罩的光电桅杆和支撑装置示意图

2. 加动力减振器法

在潜望镜上配置各种形式的减振器，以减小潜望镜的振动振幅，是一种解决潜望镜振动影响的可行方法。减振器有机械式、流体式和电子式多种。德国人 Eike Lehman 于 1985 年中请了一份专利（U. S. Patent 4,640,216 Device for Reducing Vibrations of Periscopes）[22]，详细介绍了以机械惯性力和弹性阻尼为基础的减振方法，图 2 - 38 为该专利的一种减振器形式。图中，1 为潜望镜的上头部，3b 为减振器的浮动块，4,5 为减振器的固定架，6 为弹性元件，7b 为保护罩，2 为潜望镜的锥形管，60 为辅助天线。

根据实艇测试，在潜望镜上采用机械式和流体式减振器后，可得到明显的效果（图 2 - 39），图中 1 为无减振器的潜望镜振幅，2 为装了减振器的潜望镜振幅。据称英国的现代光电潜望镜中已实地采用了动力减振器技术。

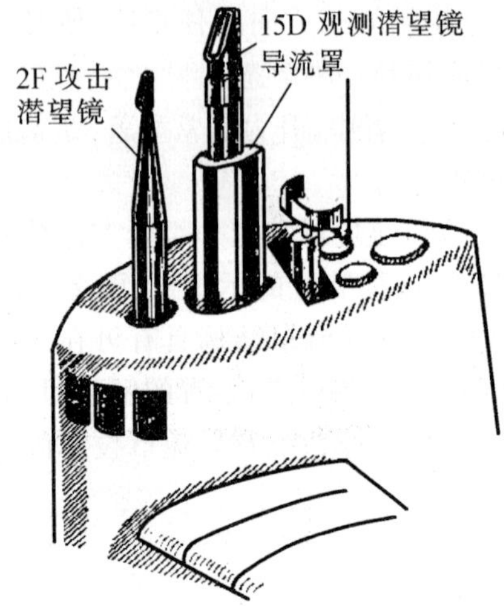

图 2-37　带有分立式活动导流罩的潜艇潜望镜

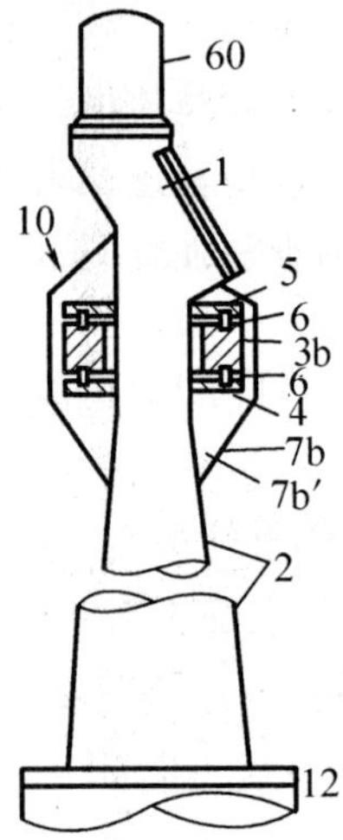

图 2-38　动力减振器的一种结构形式

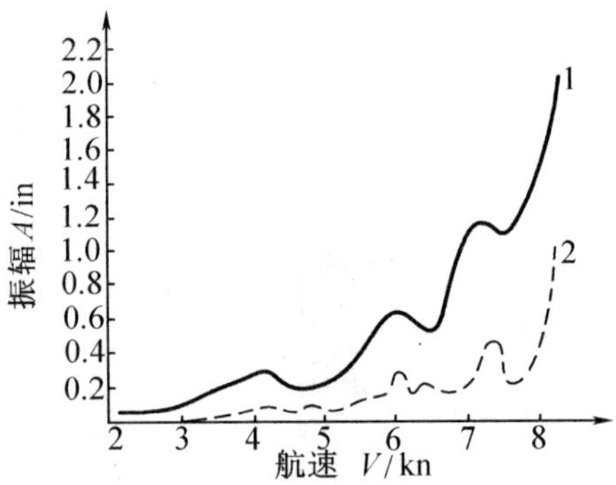

图 2-39　减振器对潜望镜振幅的影响

2.6.6　潜望镜振动与弯曲变形适应性设计方法

进行潜望镜总体设计时,必须把振动与弯曲的适应性设计放在重要位置。对于精密测量的系统,甚至于要作为首要的问题加以考虑。在潜望镜的发展中,前人在这方面已做了大量工作,并有不少专利问世,现仅把已成功应用于潜望镜中的一些方法作简要归纳介绍。

1. 潜望镜变形折点的利用法

自从荷兰人的潜望镜变形折点与图像稳定法专利[8]于 20 世纪 50 年代发表后,西方国家很快进行了应用。其原理用今天的潜望镜变形折点理论与光学系统的传递系数的理论是很容易理解的。

如果潜望镜主要用于观察,则可使潜望镜前方的光学系统的组合物镜焦点,与镜管悬臂端的振动变形折点重合。现在,这种系统通常被称为“图像稳定光学系统”。

如果潜望镜主要用于测量,则应使弯曲变形折点与前方组合物镜的二倍焦距位置重合;如果前方组合物镜中有一组转像系统时,则应使弯曲变形折点与前方组合物镜的主点重合。这种系统在子午面内可完全消除镜管弯曲的影响,而对于减振影响的效果也是很好的。

2. 原理消除法

(1)从式(2-68)可知,若潜望镜前方的光学系统的放大率为 $-1^{\times}$,则 $K_{子午}=0$,即系统子午面内从原理上消除了振动和弯曲的影响。而此时在弧矢面内仍会受到振动和弯曲的影响。在某型潜望镜中,又进一步采用了内管为悬臂梁隔离技术,并加入了弧矢面内的补偿系统。

(2)在美国的 11 型潜望镜中,是将望远系统置于镜管的下部,镜管悬臂梁中仅设置了反射镜装置。它采用偶次反射原理消除了振动弯曲在子午面内的影响,弧矢面的影响是靠四连杆机构来消除。

(3)在现代的光电潜望镜中,已经实现了将可敏感振动的陀螺传感器置于潜望镜的头部,通过稳定瞄准线来消除振动的影响。这种方法对于光电传感器置于头部的潜望镜类型是非常合适的。

3. 镜管弯曲变形曲线的利用法

在参考文献[13][16][17]中,都提出了分析镜管变形曲线,然后加以利用的想法。参考文献[13]中提出了在潜望镜的弧矢面与变形折点有关的位置,设置三反射镜系统,并以滑块机构,使之随镜管的变形而产生角度变化,可以自动消除镜管弧矢面内振动和弯曲的影响。

总之,潜望镜镜管的变形是客观存在的,要在这样的条件下实现精密测量,就必须认真研究潜望镜镜管的变形规律,提出适应性的设计解决方法。在这一领域,还是大有文章可做的。

2.7　海水压力和腐蚀条件下的潜艇光电装备安全性设计

2.7.1　海水压力和冲刷、腐蚀条件下的潜艇光电装备安全性设计问题

在海水压力和腐蚀的环境条件下,给潜望镜和潜艇光电设备的总体设计带来与其他光学仪器非常不同的一些新问题。这些问题基本都是从潜望镜,甚至是从潜艇总体的安全角度提出来的。

(1)潜艇深潜时,潜望镜要一起下潜,其窗口外露,是耐压的薄弱环节,必须进行严格的强度设计和试验。

(2)在与海水直接接触的窗口处、零件连接处、潜望镜升降道口等处,都应该进行严格的密封设计和试验。

(3)必须考虑潜望镜头部窗口因高压破损或因意外损伤破损时,给潜艇造成安全性破坏所应有的补救措施。对于一体式构造形式的潜望镜而言,必须进行目镜头自内向外的强度校核设计,或在潜望镜的光学系统中(目镜头前)增设耐压光学元件。

(4)必须考虑潜望镜管一旦受到意外损伤破损时,潜艇的整体安全,潜望镜管材料应具有只弯而不断的性能。

(5)潜望镜管及与海水接触的材料,应该耐海水的腐蚀,在整个使用期内,其使用的强度与安全性应得到保证。例如,像镜管材料长期接触海水后的晶间腐蚀,会造成其强度的降低,就应给予特别重视。

2.7.2 潜艇光电装备头部窗口保护玻璃的强度计算

1. 传统的窗口强度计算方法

潜望镜头部窗口所用的保护玻璃,是脆性材料,其抗压应力要比抗弯应力大得多。因此,计算强度主要考虑玻璃的抗弯应力。保护玻璃的压紧方式,可区分为固定式和简支式两种:有平板密封垫的压紧方式,可按简支考虑;而有 O 型密封圈的压紧方式,可按固定式(镶入式)考虑。另外,由于一般保护玻璃的厚度均小于其最小边长的五分之一,计算时均按薄板看待。

(1)圆形保护玻璃的计算

通常采用以下公式计算产生的应力

$$\sigma_{\max}=\frac{1}{4}\cdot\frac{d^2}{t^2}\cdot q=\frac{r^2}{t^2}\cdot q \tag{2-80}$$

式中 $\sigma_{\max}$——最大弯曲应力;

d——保护玻璃的直径;

t——保护玻璃的厚度;

q——保护玻璃所受的均布载荷;

r——保护玻璃的半径。

而目前机械设计手册中,对于镶入式圆板的最大弯曲应力计算式为

$$\sigma_{\max}=o.75\cdot\frac{r^2}{t^2}\cdot q \tag{2-81}$$

(2)矩形保护玻璃的计算

最大弯曲应力的计算公式为

$$\sigma_{\max}=\alpha\left(\frac{b}{t}\right)^2\cdot q \tag{2-82}$$

最大应变的计算公式为

$$w_{\max}=\beta\left(\frac{b}{t}\right)^4\cdot\frac{q}{E}\cdot t \tag{2-83}$$

式中 a——长边宽;

b——短边宽;

t——厚度;

E——材料的抗弯模量,其计算模型见图 2-40;

α,β——系数,见表 2-14,2-15。

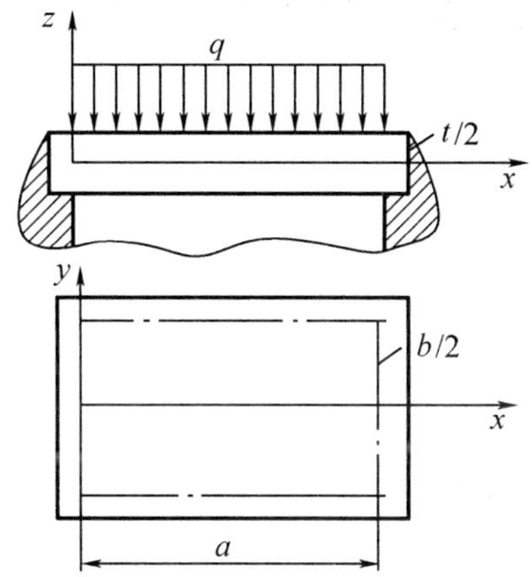

图 2－40　受均布载荷矩形薄板强度计算模型图

表 2－14　四边简支矩形板 α,β 系数表

$\frac{a}{b}$	1.0	1.1	1.2	1.3	1.4	1.5	1.6
α	0.287 4	0.331 8	0.375 6	0.415 8	0.451 8	0.487 2	0.517 2
β	0.044 3	0.053	0.061 6	0.069 7	0.077 0	0.084 3	0.090 6
$\frac{a}{b}$	1.7	1.8	1.9	2.0	3.0	4.0	∞
α	0.544 8	0.568 8	0.591 0	0.610 2	0.713 3	0.741 0	0.750 0
β	0.096 4	0.101 7	0.106 4	0.110 6	0.133 0	0.140 0	0.142 2

表 2.15　四边固支(镶入)矩形板 α,β 系数表

$\frac{a}{b}$	1.0	1.2	1.4	1.6	1.8	2.0	∞
α		0.383 4	0.435 6	0.468 0	0.487 2	0.497 4	0.500 0
β	0.013 8	0.018 8	0.022 6	0.025 1	0.026 7	0.027 7	0.028 4

以上计算对应的材料泊松比为 $\nu=0.3$。

设计保护玻璃的厚度时,由于是脆性材料,一般取安全系数为 3～4,即

$$[\sigma]_{许}=\sigma_b/(3\sim4),\quad \sigma_{max}\leqslant[\sigma_{许}]$$

式中　σ_b——窗口玻璃材料的抗断强度;

$[\sigma_{许}]$——窗口玻璃材料的抗弯许用应力。

2. 考虑为弹性支承的窗口强度的有限元计算方法

参考文献[18][19]对矩形玻璃窗口的承压模型进行了有限元仿真分析,按照以上约束假定得出的有限元仿真结果与按公式计算得出的结果相差很大,不但最大应力应变的数值不符,而且最大点的位置也不同(见表 2－16)。

表 2-16　四边固定矩形薄板有限元分析与公式计算结果的对比(4 MPa 静水压力)

窗口特征	方法	最大应力值/GPa	最大应力部位	最大挠度值/mm	最大挠度部位
窗口材料	四边固支计算(1)	31.6	长边中点	0.006 8	窗口中点
锗	四边简支计算(2)	37.8	窗口中点	0.027	窗口中点
窗口尺寸	第(1)种约束假定有限元分析	53.7	短边中点	0.082	窗口中点
25 mm×100 mm×190 mm	第(2)种约束假定有限元分析	83.6	窗口四角	0.076	窗口中点

同样的静水压力,同样的四边简支支承假定,按公式计算的最大应力和最大挠度变形与实际值皆相差约2.5 倍,这说明按公式计算的结果与实际相差很大,而试验结果的失效率与仿真分析的应力计算结果接近。其主要原因在于,用有限元进行仿真分析时的约束假定与按公式计算时的约束假定不同。按公式计算时,其四周的简支点假定没有位移(变形),而进行有限元仿真分析时,则假定四个边的橡皮垫有变形,在四角则假定为简支。这与实际的状态可能比较接近。这说明,实际上是一个支承有变形的弹性力学问题,不能假定做刚性力学来处理;另一方面也说明其所取的 3~4 倍安全系数是必要的,原因不在于是脆性材料,而是计算方法的近似性,图 2-41 为光学窗仿真应力分析图。

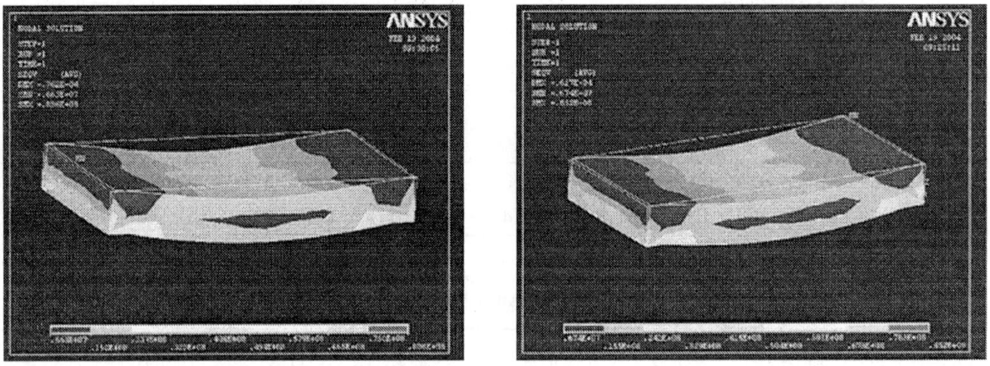

(a)　　(b)

图 2-41　光学窗仿真应力分析图

(a)Ge 光学窗应力分析图;(b)Si 光学窗应力分析图

而如果是采用 O 型密封圈的固支式压紧方式,则必须把头部壳体安装面刚度考虑进约束条件中,才能得到较为精确的结果。这就需要对整个头部壳体与窗口一起进行有限元仿真分析才行。表 2-17 示出按四边固支假定时,用公式计算与仿真分析结果的比较。

表 2-17　四边固支矩形薄板有限元分析与公式计算结果的对比(4 MPa 静水压力)

窗口特征	方法	最大应力值/GPa	最大应力部位	最大挠度值/mm	最大挠度部位
窗口才料:K9	四边固支计算	49.7	长边中点	0.017	窗口中点
窗口尺寸 20 mm×100 mm×200 mm	仿真分析	83.6	短边 1/4 处	0.064	窗口中点
窗口才料:K9	四边固支计算	31.8	长边中点	0.008 6	窗口中点
窗口尺寸 20 mm×100 mm×200 mm	仿真分析	58.4	短边 1/4 处	0.035	窗口中点
窗口才料:锗	四边固支计算	35.2	长边中点	0.006 8	窗口中点
窗口尺寸 25 mm×106 mm×196 mm	仿真分析	64.4	短边 1/4 处	0.032	窗口中点

由表看出，无论是应力应变值，还是最大应力部位，其差别都是很大的；也说明在四边固支的假定下，用刚性力学的计算公式与实际结果相差是较远的。

2.7.3　海水冲刷、腐蚀特性及其影响

1. 海水冲刷、腐蚀的特性

（1）海水含盐量相当大，一般在 3% ~4%，是腐蚀性很强的电解液，海水中氯离子的含量可达总盐的 50% 以上，其腐蚀性很强。由于海水表面与空气接触面积很大，不断地起浪，剧烈的对流等因素，使在相当大的深度范围内，海水外层被氧气所饱和，因此，绝大多数金属与合金在海水中极易腐蚀，即使是含铬很高的合金钢，甚至是不锈钢，在海水中照样会受到腐蚀。

（2）海水腐蚀属电化学腐蚀。其特性是阳极阻滞很少，腐蚀速率很大。在海水中不同金属材料接触，将导致电负性金属更强烈的腐蚀，电正性金属的腐蚀降低，这称为接触腐蚀。

（3）海水的扰动或海水运动速度的增大，都会加速腐蚀。腐蚀最严重的部位是最常浸润的表面处和留有残液的缝隙处以及受到喷溅而升出水面的上部，因破坏了保护膜，大大加速了腐蚀。

2. 潜艇光电设备材料的选择

（1）选用材料的原则

①选用耐海水腐蚀性很强的金属作为结构材料，是最基本的防腐方法。与海水直接接触的材料，通常都是选用特种不锈钢材料。

②不与海水直接接触的内部结构零件材料，也要选用耐腐蚀性较好的材料。

②为防止接触腐蚀，与海水接触的材料，其电极电位应较为相近。

③对于紧固件、标准件应选用耐腐蚀性好的铜基底加表面镀铬或镉处理的材料。

④对光学窗口的镀膜材料除满足光学性能要求外，还要求耐海水腐蚀和耐冲刷。

（2）潜望镜或光电桅杆的外镜管材料

对于潜望镜或光电桅杆的外镜管材料的选用，需考虑以下几点：

①必须要有足够的强度和刚度，以承受航行时海水的流体动力；

②对海水具有足够的耐蚀性；

③低磁性。

现有可用于做外镜管材料的不锈钢品种有 1Cr18Ni9Ti，2Cr18Ni11Ti，906 不锈钢三种。1Cr18Ni9Ti 不锈钢冶炼与加工工艺性、耐腐蚀性等均非常良好，但强度偏低；2Cr18Ni11Ti 强度提高了近三分之一，但耐腐蚀性有所降低；906 不锈钢强度提高了近一倍，耐腐蚀性也非常良好，但冶炼及加工工艺性难度有所增大。

2.8 潜艇摇摆的特性及影响

1. 摇摆的一般概念[20]

潜艇摇摆的基本形式和水面舰艇一样，有下列几种：横摇，潜艇围绕纵轴所作的旋转摇摆；纵摇，潜艇围绕横轴所作的旋转摇摆；升沉，潜艇在垂直方向的上下摇摆。

潜艇的摇摆有在静水中的摇摆、在波浪中的摇摆等工况。当潜艇下潜到潜望深度时，一方面是波浪水质点的的旋转轨道半径猛烈减小，对潜艇摇摆的影响减弱，而当 $H_{下}/L \geqslant 0.45 \sim 0.75$ 时，波浪升力和波浪纵倾力矩变得很小，可以忽略不计。$H_{下}$ 为潜艇下潜深度，L 为潜艇艇长。

(1)潜艇在静水中的摇摆

潜艇在静水中的横摇称为固有横摇，其横摇方程为固有横摇方程，即

$$\theta = \theta_0 \cos n_\theta t \tag{2-84}$$

其摇摆周期为固有横摇周期 $T_\theta = \dfrac{2\pi}{n_\theta}$，通常，在水下状态的潜艇，其固有横摇周期为8 ~ 12 s，其横摇的摇心在重心和浮心之间。

潜艇的纵摇与横摇相类似，但其衰减速度比横摇快得多。其固定纵摇周期的近似计算式为 $T_\Psi \approx 2.41\sqrt{T_{cp}}$，$T_{cp}$ 为潜艇的吃水深度，一般潜望深度的吃水深为 8 ~ 11m。

(2)潜艇在波浪中的摇摆

在无航速的情况下，潜艇的横摇方程为

$$\theta = \theta_0 \cos n_\theta t + \frac{\chi_\theta \alpha_{B,C_{\max}}}{1-\left(\dfrac{\sigma_B}{n_\theta}\right)^2}\cos\sigma_B t \tag{2-85}$$

式中 $\alpha_{B,C_{\max}}$——波浪最大倾斜角，$\alpha_{B,C_{\max}} = \dfrac{\pi H_B}{\lambda_B}$；

H_B——浪高；

λ_B——浪长；

σ_B——波浪频率；

χ_θ——考虑到在潜艇宽度的范围内波浪倾斜角变化的减小系数，它随着波浪长度与潜艇宽度和吃水的比值的增大而增大。

式(2-85)说明，在波浪上的横摇是不规则的，而固定的横摇亦不减幅。而在波浪中的纵摇，由于固有项很快衰减，则只剩下(2-85)式中的后一部分。表 2-18 示出波浪级别与波浪高度及波浪频率的关系。

表 2-18 波浪级别与波浪高度及频率的关系

级别	波浪高度/m	波浪频率(1/s)	波浪质点轨道速度/(m/s)
3	0.75	2.45	0.82
4	1.25	1.93	1.22
5	2.00	1.49	1.49
6	3.00	1.23	1.85
7	5.00	0.94	2.36

由表 2－17 看出，波浪的周期为 3～6 s，比潜艇的固有周期要小得多。这说明潜艇的横摇规律是很复杂的。

2. 波浪、摇摆对潜望镜及潜艇光电装备的影响

（1）波浪对潜望镜外伸距尺寸的影响

从保证潜艇的隐蔽性出发，潜望镜总体设计时，必须合理地确定潜望镜外伸距的尺寸要求。在潜望深度使用潜望镜时，潜艇的指挥台围壳不因风浪和潜艇的升沉而露出水面，又不能使镜头淹没。为此，潜望镜的外伸距应为

$$L = H_B + 2S + h + Z \tag{2-86}$$

式中　H_B——波浪高度；

S——潜艇的升沉值，一般可达 1 m；

h——潜望镜露出水面的高度，通常为 0.5 m；

Z——潜艇围壳距离水面的最小深度，通常取 0.5 m。

这样在五级海情（六级浪）的工况下使用时，则要求潜望镜的外伸距要大于 5 m。

（2）摇摆对潜艇光电设备使用的影响

潜艇摇摆的频率较低，但摆幅较大，而且带有不规则性。主要表现为在水平面内两个轴向的摇摆（横摇、纵摇），沿竖直轴方向的偏航摆动较小。

由于潜艇光电设备的惯性元件位置往往距离摇摆中心较远，因此，其受到的摇摆惯性力仍较大，因而凡以物理摆、水泡之类为原理的地垂线（或水平线）修正装置误差较大，使用会受到限制。

在潜望镜或光电桅杆头部使用的稳定装置，由于会同时受到摇摆和振动的影响，其外干扰力的频带范围较宽，对于惯性元件的适应范围和控制系统的频带宽都提出了较高的要求。

在那些无瞄准线稳定的设备以及以地平测量坐标系为基础的测天定位系统中，摇摆还影响潜艇光电设备光学系统物方视场的确定。

参 考 文 献

［1］ Иванов А Н, Мазор М Е. 升降装置的振动及作用于其上的流体力的计算方法［J］. 前苏联克雷洛夫中央科学研究院学报，1956（100）.

［2］ 刘文凯. 潜艇升降装置强度计算方法［Z］. 武汉第一船舶设计所，1992.

［3］ AD A048260 Technical Report No. ED－AX－82 CCD Periscope Program［R］，1977.

［4］ 程贯一，徐中年，顾国良. 潜艇升降装置水弹性振动的研究［Z］. 中国船舶科学研究中心，1987.

［5］ ЧЕХНИЧЕСКИЙ ОТ. ЧЕТ N7.1－23－69Т. Правила（алгоритм） расчетоввибропрочностных характеристик мачтовых устройств агшаратов и выбор мощност их подбемников и российская федерацияцентраль научно－исследовательский институт имени акдемика А. Н. Крылова［Z］，1994.

［6］ 杨正智. 潜艇潜望镜模型试验分析［J］. 舰船光学，1982（1）.

［7］ 徐中年. 波－流中潜艇升降装置受流向力试验报告［R］. 中国船舶科学研究中心，

1989.
[8] BP 1,039,720 Improvements relating to Periscopes for use in Submarines[Z], 1966.
[9] 顾国良，范根生，王振鸿. 潜艇升降装置水弹性振动研究[Z]. 中国船舶科学研究中心，1987.
[10] 肖袁根. 静水中航行的潜艇的升降装置(单杆)涡激振动的计算方法[Z]. 中国船舶科学研究中心,1985 .
[11] 陈养渭. 复杂光学系统的系统工程[J]. 舰船光学，1980(增3).
[12] 张坤石. 潜望式光电设备镜管振动影响观察和成像效果的分析[J]. 舰船光学,2006,(3)
[13] 崔耀新. 潜望镜弯曲和振动的补偿[J]. 舰船光学，1982(1).
[14] AD 601,463 承受流体动力载荷的圆柱体和流线体组成的悬臂梁的应力分析[J]. 舰船光学，潜艇潜望镜专辑（Ⅱ）,1972.
[15] AD 650,610 在圆柱形桅和天线罩上的水动力载荷研究[J]. 舰船光学，潜艇潜望镜专辑（Ⅱ），1972.
[16] 张坤石. 潜艇潜望镜振动折点位置的分析计算法[J]. 舰船光学，1985(2).
[17] 张坤石. 潜艇潜望镜振动折点与弯曲折点的定义及位置计算方法[J]. 舰船光学，1999(3).
[18] 李忠,刘娟. 矩形红外窗口的强度设计[J]. 舰船光学，2002(4).
[19] 项能全. 潜艇潜望镜高性能光学窗口的研制[D]. 华中科技大学，2004.
[20] 叶费姆也夫 H H. 潜艇理论基础[M]. 北京：国防工业出版社，1975.
[21] 李忠. 锗在潜望镜红外耐压窗口的应用[J]. 舰船光学，1992(3).
[22] U. S. Patent 4,640,216 Device for reducing vibrations of periscopes[Z], 1985.（译文见潜艇学术研究 1989(2)）
[23] [俄] 杨正智,译. 潜艇潜望镜振动的测量[J]. 舰船光学，潜艇潜望镜专辑Ⅰ,1972.
[24] EP 0711 702 A1 EUROPEAN PATENT APPLICATION 1995[Z].（译文见舰船光学 1998. 增1）
[25] 李季,李忠. 均匀压力载荷的锗窗参数设计[J]. 舰船光学,1997(1).
[26] 刘娟,张惠. 桅杆系统固有频率的计算与仿真分析[J]. 舰船光学，2004(4).
[27] 刘娟,戴德山. 潜艇桅杆固有频率的计算与测试[J]. 舰船光学,2008(4).
[28] 刘娟,宫经汉. 升降装置用导流罩制造技术研究[J]. 光学与光电技术，2009(5).
[29] 宫经汉,戴德山. 潜艇升降装置技术发展综述[J]. 舰船光学,2008(增刊1).
[30] 项能全,宫经汉. 潜艇支撑升降装置发展与思考[J]. 舰船光学,2009(4).
[31] 朱耘,编译. 德国现有潜艇和未来潜艇的新型桅杆升降装置[J]. 舰船光学,2008(1).
[32] [美] Daryl L. Logan 有限元方法基础教程[M]. 3版. 伍义生,吴永礼,等,译. 北京：电子工业出版社,2003.
[33] 王国强. 实用工程数值模拟技术及其在 ANSYS 上的实践[M]. 西安：西北工业大学出版社,1999.
[34] 杨永谦，肖金生,等. 实用有限元分析技术——ANSYS 专题与技巧[M]. 北京：机械工业出版社,2010.
[35] 江克斌，屠义强,等. 结构分析有限元原理及 ANSYS 实现[M]. 北京：国防工业出版

社,2010.
[36] 杨进, 刘书杰,等. ANSYS 在海洋石油工程中的应用[M]. 北京:石油工业出版社, 2010.
[37] 鲜勇, 许中胜. 拟制潜望镜图像抖动技术研究[J]. 舰船光学, 2004(3).

第3章　潜艇潜望镜结构总体技术

3.1　概　　述

光机潜望镜技术在几十年发展的基础上，并经过第二次世界大战的考验，积累了丰富的设计成果，形成了较规范化的结构组成。了解、继承和分析这些基本组成，有利于分析和了解脱胎于此的现代光电潜望镜，更有利于研究设计新一代的光电潜望镜和潜艇光电装备。从20世纪70年代开始，从光机潜望镜快速发展演变而来的光电潜望镜，随着光电子技术、计算机技术、自动控制技术的发展应用，已发展成为光机电一体化的大型精密复杂信息化设备。

从光机潜望镜发展演变到光电潜望镜的途径，从构造上有两种形式：一种是在保持原光机潜望镜构架的基础上，"捆绑"增加需要的光电传感器；另一种是打破原光机潜望镜的一体式基本构架，采用模块化的组成方式，使潜望镜的面貌发生了根本性的变化。

前者适用于在原有光机潜望镜的基础上进行技术改造或用原有接口关系进行替换。目前美国国内潜艇配套使用的8B Mod3，8J Mod3，8K Mod4，18型，22型等潜望镜，英国的CK034，CH084，CK035，CH085等型潜望镜，德国的SERO 200型潜望镜，SERO 250潜望镜，法国ST5 95，J95，等潜望镜，南非改进的法国M41，ST3潜望镜等都属于这种类型。

后者更适宜进行全新型号的设计更新。目前美国的76型，90型潜望镜，英国CK038，CH088，CK043，CH093，CK048，CH098，海蛸潜望镜等型潜望镜，德国SERO 40 S，SERO 400，SERO14，SERO15等型潜望镜，法国APS－20潜望镜属于后一类型。

从总体技术的角度来看，现代光电潜望镜较日常生活中常见的典型光机电一体化系统，如数码相机等要大型复杂得多，它由多种系统和功能集合在一起，可以说是一种综合型的光机电一体化系统，带有明显的复杂光机电一体化系统的特点；除此而外，它又是一种大型信息化装备，必须从这两方面的视角来研讨其总体设计问题。

(1)综合性与系统性

与传统光机潜望镜相比，光机电一体化的光电潜望镜是多学科的知识和技术有机结合而成的综合性高新技术产品，具有系统性和完整性。在把各种技术或分系统综合成一个完整的系统时，不但发挥出原有技术的性能，而且大大提高了整机的功能。

(2)多功能，高精度，计算机化

各种先进传感器的应用和机电控制系统的采用，使光电潜望镜大大扩展了原光机潜望镜所有的功能，使瞄准精度、测距精度、测方位角精度、测天精度等都有了大幅度的提高，解算实现了计算机化。

(3)自动化与环境适应性

光学仪器或光电传感器与机电控制系统结合，实现了系统的自动化，大大提高了潜望镜工作时对环境的适应性能。

(4)高阶复杂系统的特性

光电潜望镜之所以是一种复杂的光机电一体化系统,因为它是一种高阶系统,是多维参数对应(控制)多种物理性能。功能越复杂,控制参数越多,其阶数越高。它的物理表现为:存在时序上的和空间上的冲突以及各功能间此涨彼消的现象,即为所谓的“工程冲突”。这种特性,是较之光机潜望镜新出现的一种新的特性由此带来功能提升,但设计难度加大。

由于光电潜望镜的以上特性,决定了它与传统光机潜望镜在总体设计思想方法有着很大的区别。传统的光机潜望镜设计,强调潜望镜的总体光机布局设计,以此为纲而陆续开展后面的各项设计任务;而光电潜望镜的设计,则与此大相径庭。

首先,光电潜望镜的设计,强调功能系统化设计,是把光机部分和控制部分两者结合在一起,作为一个一体化的功能系统来考虑。在方案设计阶段优先的工作是拟定系统组成框图,信息流程图,其次才是总体布局图。

其次,由于信息技术的迅猛发展及其在潜艇执行任务中的极端重要性,必须把光电潜望镜作为潜艇的信息化装备看待。光机潜望镜强调结构的标准化和通用化;而光电潜望镜则研讨更适应信息传递的模块化,嵌入式设计和集成式设计等理念,进而下功夫研讨解决信息的集成和融合等问题。

再次,光机潜望镜主要表现为各组成单元的空间关系,而光电潜望镜中,时域参数是表征系统功能的重要参数,影响和决定着系统的运行状态。所以光电潜望镜的功能特征主要由时域参数决定,其系统设计应符合时域参数控制原则。即将系统的时域参数置于系统控制器的控制之下,这是实现对系统运行状态和功能进行控制的充要条件。

举例来说,对于潜望镜的俯仰和方位瞄准,光机潜望镜采用了俯仰钢丝绳操纵,方位人力驱动,没有时域的问题。而光电潜望镜采用俯仰电力操控,方位液压操纵后,则时域参数如最小操控速度、平稳性等则成为重要的性能指标,影响方案的拟定选取。再如,凝视型热像仪的使用限定了潜望镜的最高回转扫描速度;激光测距发散角的减小有利于提高测距距离,但降低了动态下测距的测中率;动态下瞄准线稳定性能等问题,都涉及到光电系统时域参数问题,并进一步影响方案的拟定甚至总体布局。

本章的重点是研讨光电潜望镜有关总体设计技术问题,特别是对以上两种演变形式下的总体功能配置,总体布局设计理念等都将进行深入探讨。同时还要介绍与功能设计有关的潜望镜传统分类、涉及总体设计任务要求并带有潜望镜特点的精度分析设计问题、人机工程设计问题等。

由于涉及总体设计的信息集成和时域参数问题将在本书的第5章介绍,所以本章将偏重总体的结构设计内容,也就是重点研讨各组成单元间的空间关系。

3.2　潜艇潜望镜及潜望镜装置的组成

3.2.1　潜艇潜望镜与潜望镜装置

由传统光机潜望镜所形成的所谓潜望镜设备,主要包括潜望镜和潜望镜装置。潜望镜本身可以分为不同的类型,而形成的潜望镜装置则基本相同,并由下列部分组成(见图3-1)。

(1)潜望镜支承装置1(或称潜望镜支承系统)

用于支承潜望镜处于竖直状态,使潜望镜在其轴承内转动和升降的装置。潜望镜所采用的支承装置有滑动轴承支承装置、滚动轴承支承装置和液压轴承支承装置三种形式。

(2)带应急密封装置的填料箱2

其作用是当潜望镜回转升降及潜艇下潜时,确保海水不进入艇内。

(3)升降装置3

升降装置专为控制潜望镜升降之用。现有的升降装置有液压顶杆式升降装置、液压吊杆式升降装置、吊索式电动升降装置、吊索式液压升降装置等类型(见图3-1)。

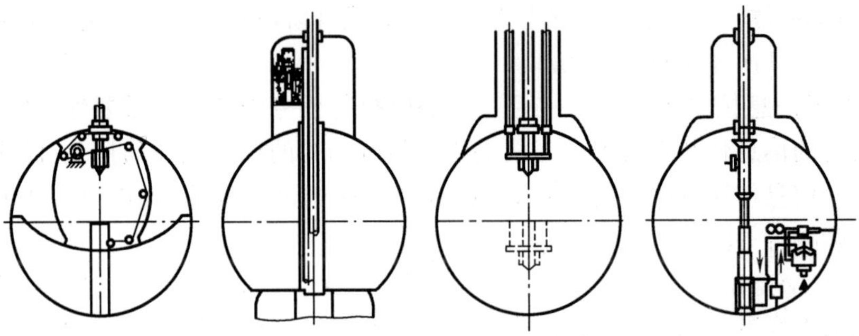

(a) (b) (c) (d)

图3-1 潜望镜升降装置

3.2.2 潜艇潜望镜的类型与配置

从传统光机潜望镜所形成的分类名称与原则,把潜艇潜望镜分为三种基本类型。

(1)攻击潜望镜(或称指挥潜望镜)

主要用于观察搜索水面目标,测定目标坐标数据,对敌实施侦察、警戒、鱼雷攻击瞄准和潜望状态航行指挥保障的潜艇潜望镜。

(2)搜索潜望镜(或称多用途潜望镜)

除具备攻击潜望镜的功能外,还能进行对空侦察警戒、多波段警戒监视、导航定位等用途的潜艇潜望镜。

(3)天文导航潜望镜

专用于测量天体的高度和方位,以进行潜艇定位定向用的潜艇潜望镜。

通常,大中型以上的潜艇,皆配置两根潜望镜。常规动力潜艇和核动力攻击型潜艇一般配置一根攻击潜望镜和一根搜索潜望镜,而一般天文导航潜望镜皆与搜索潜望镜配套布置。一般搜索潜望镜和攻击潜望镜在功能上又有所重叠,目的是提高使用的安全裕度。

以上分类在我国已形成部颁标准,并收入海军名词大词典。它符合我国目前的实际,仍基本适应光电潜望镜装备后的情况。但从世界潜望镜的发展来看,以上的分类和功能区分必然要有所变化。

(1)光电桅杆装艇后与之配套使用的光电潜望镜类型,有的国家采用光电攻击潜望镜,有的国家采用光电搜索潜望镜,也有的只称其为光电潜望镜,如美国的90型光电潜望镜。

这样看来,攻击潜望镜又称指挥潜望镜的提法,从发展来看是需要修改的。在与光电桅杆配套使用的情况下,哪根设备更适合担任指挥功能? 如果是潜望镜,那攻击与搜索都可能担任指挥角色。

(2)光电传感器在潜望镜上大量采用后,目前潜望镜分类上主流的发展还是区分为攻击型和搜索型两类,但其功能定义会有所不同。

(3)从发展的角度,其分类名称有"弱化"的趋势,有的潜望镜只称为某某型光电潜望镜,而不再分为攻击型或搜索型。而从美国大量装备潜艇综合成像系统来改造原潜艇潜望镜设备后,可将一根潜望镜的光学系统抽出,装入光电器件为主的一些传感器,成为穿透型的"光电桅杆",其名称和功能更是一个发展中的课题。

图 3 -2 为两种光机型潜望镜上头部剖视图。图 3 -3(见 712 页)为德国两型光电潜望镜上镜头外形图。图 3 -4(见 711 页)为美国两型光电搜索潜望镜上镜头外形图。

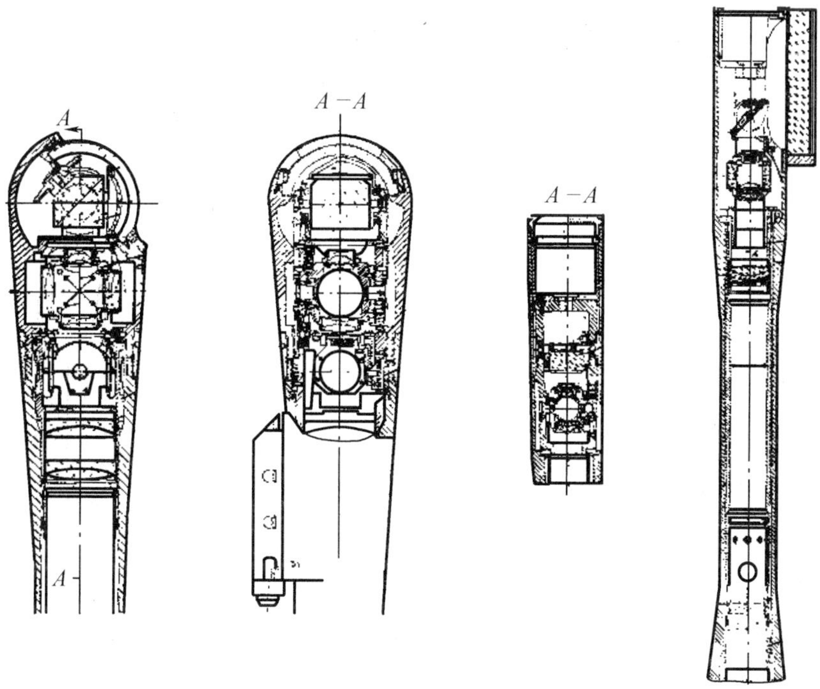

(a)　(b)

图 3 -2　前苏联光机型潜望镜上镜部剖面图

(a)ПЗН 型对空导航潜望镜;(b)ПА 型指挥潜望镜

3.2.3　光电潜望镜的基本组成

光电潜望镜的基本组成的一个实例见图 3 -5 所示。

该型潜望镜是用模块化设计思想设计的全新型的潜望镜系统。从结构单元组成方面看,可分为潜望镜本体部分、两根潜望镜共用的控制机柜以及其他配套单元。而从系统组成方面看,现代光电潜望镜是一种多个分系统和装置的复杂光电综合体;从空间组成的角度看,它是以可见光目视观察光学系统为基础,在其上嵌入、并接、串接各种分系统和装置。图 3 -6(见 713 页)为法国 PIVAIR 光电潜望镜的组成示意图,是当代最为复杂的一种光电多用途潜望镜。它有可见光观察搜索照相,红外热像搜索警戒,高精度测天定位,电视摄像与激光测距(选择),高精度稳定瞄准线,ESM电子警戒等多项功能。

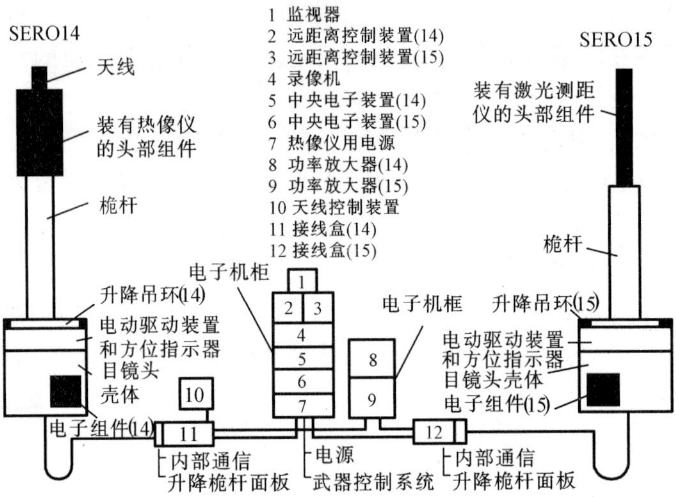

图3-5 德国SERO14/15光电潜望镜系统简图

现代光电潜望镜的分系统和装置一般包括:

(1)目视观察系统;

(2)高低和方位扫描驱动控制系统和高度方位测量装置;

(3)测距装置;

(4)测天定位装置;

(5)照相侦察装置;

(6)昼光电视与微光电视侦察装置;

(7)红外热成像搜索观察装置;

(8)GPS卫导定位装置;

(9)ESM电子侦察装置等。

除以上各种装置和分系统以外,大部光电潜望镜还配备了瞄准线稳定系统,它是在高低和方位扫描驱动控制系统的基础上,依靠计算机和数字电路对潜望镜的瞄准线进行稳定控制而组成的系统。

各国光电潜望镜可因其承担的使命不同,而有以上不同系统和装置的组合。

3.3 光电潜望镜总体设计[1][2][30][31][35]

光电潜艇潜望镜的总体设计是指在进行产品技术设计以前,从产品自身的功能、技术指标、安装使用要求等总体角度出发,对产品设计中的全局问题进行全面的设想和规划。而进行潜望镜总体设计最重要的前提,是对已有的潜望镜的系统组成与结构有比较深刻的了解。但新的潜望镜总体设计不能是对已有潜望镜的抄袭,而应在已有的基础上进行创新和发展。

总体设计贯穿于整个方案设计阶段和总体的结构布局设计阶段,是确定潜望镜性能的最重要的设计环节。总体设计要考虑的主要问题有:①设计任务分析;②设计原则的考虑;③系统设计与功能设计;④技术难点的分析;⑤总体布局设计;⑥系统软件设计;⑦产品或分系统精度分配;⑧人机工程设计与产品造型设计;⑨安全性设计、可靠性设计与维修性设计、标准化设计。

由于可靠性设计、维修性设计和标准化设计都有专门的规范或资料，系统软件设计在第 5 章、第 11 章中分别有所涉及，因此在本章中仅就①②③④⑤⑦⑧各点加以论述。

3.3.1　设计任务分析与设计原则考虑

在潜望镜的总体设计阶段，首先要对设计任务进行分析，以明确设计的目的和功能要求，把握难点和关键，分清问题的主要矛盾和次要矛盾，以使以后的设计在清晰的思路中进行。

1. 设计任务分析

对设计任务的分析，应从以下几个方面进行。

(1) 产品的使命及任务需求分析

对产品战术技术任务书的分析，应首先从产品的使命及任务需求分析入手，弄清楚以下几个问题：

①潜艇作战对该型潜望镜的主要任务需求是什么；

②潜艇总体对该型潜望镜的其他功能和使用要求；

③该型潜望镜的主要任务使命和辅助任务使命；

④潜艇的安装条件对潜望镜提出的要求；

⑤潜艇的使用环境条件对潜望镜提出的要求。

(2) 国外同类潜望镜产品的现状与发展水平分析

①弄清楚国外同类潜望镜产品的现状，现准备研制的产品有那些可以借鉴的地方。

②从国外同类潜望镜产品的发展方向，论证现准备研制产品的系列发展，以对现设计产品进行深层次的筹划。

③分析国外同类潜望镜产品的功能与实现方案，了解实现的技术难点，作为考虑方案和技术攻关的参考。

(3) 国内潜望镜产品现状与技术基础水平分析

①掌握国内潜望镜产品现状，分析现准备研制的产品的可继承性，以及有那些突破和技术难点。

②调查国内技术基础水平，器件水平，以便为方案的选择确定打下基础。

③掌握单位内潜望镜的制造工艺水平，作为考虑方案和技术攻关的参考。

通过以上分析，可对设计任务以及所设计的产品的有关方面有一个全面的了解。在此基础上，还应弄清楚问题的主次，哪些是在设计中必须首先要解决和保证的，哪些是次要的。这样在设计中，便可集中精力对关键问题进行深入的研究。

2. 一些基本设计原则的考虑

潜艇潜望镜是军用产品，其一些基本设计原则的考虑与民用产品大不相同，带有本身的特色，主要从以下使用角度提出设计原则。

(1) 使用隐身性原则

潜望镜的总体设计须保证当使用潜望镜时，露出水面的时间最短，暴露出水面的截面积最小，激起的浪花最低，被敌方雷达发现的概率最低。

(2)使用安全性原则

潜望镜是潜艇从水下到潜望状态的危险上升过程中必须使用的设备,因而,有受到意外损伤的可能性。潜望镜的总体设计须保证,潜望镜自身使用的安全性和遭受到意外损伤时潜艇的安全性。

(3)使用实时性原则

由于潜望镜的升起使用时机,一般都是为航行安全保驾或在周围有敌情的情况下使用,除去为侦察目的的使用外,一般都需要保证探测结果的实时性,以便于潜艇指挥员及时作出判断。

(4)使用可靠性原则

潜望镜的总体设计须保证潜望镜使用时基本功能的可靠性,即潜望观察能力的可靠性。为了确保这一点,通常配备两根潜望镜,而且其基本功能要能相互备份。

3.3.2 系统设计与功能设计

潜艇光电潜望镜是一种多功能的复合型产品,光机设计占有较大比重,与其他单功能的光电产品不同,其总体设计是围绕产品功能设计与产品总体布局设计进行的,这就造成了系统设计的多元性。传统光机潜望镜的总体设计,已在第1章参考文献[12]中作了介绍。现代光电潜望镜的总体设计,应在光机潜望镜的基础上,从空间关系和系统关系上解决光电传感器如何结合布置、如何系统化处理等问题。具体而言,现代光电潜望镜的系统与功能设计,要解决以下几个方面的问题。

1. 系统与功能匹配设计

潜望镜的系统与功能匹配设计,包含一艘潜艇上两根潜望镜间的功能匹配问题,也包含一根潜望镜中各功能的匹配问题。由于各国潜望镜的设计思想不完全一致,因而,功能匹配设计的结果不会完全相同。现以实例说明系统与功能匹配设计的考虑方法。

(1)英国CK035型光电搜索潜望镜与CH085型光电攻击潜望镜

这也是在原光机潜望镜构架的基础上设计的一组全新型光电潜望镜。

①光电搜索潜望镜与光电攻击潜望镜相互备份的功能

a. 可见光目视观察监视　光电攻击潜望镜与光电搜索潜望镜都采用图象稳定光学系统;光电攻击潜望镜有$1.5^{\times}$,$6^{\times}$两种放大倍率,光电搜索潜望镜另增加两种$3^{\times}$,$12^{\times}$的放大倍率;光电攻击潜望镜俯仰范围为$-15° \sim +30°$,主要用于对海观察,光电搜索潜望镜俯仰范围为$-15° \sim +60°$,可以兼顾对空;光电攻击潜望镜入瞳口径小、出瞳口径小、头部截面小,可以白天观察使用,光电搜索潜望镜入瞳口径大、出瞳口径大、头部截面大,适宜黄昏和晚上使用;都设有准双目观察装置,都可加装像增强器,都可加装瞄准线稳定装置 。

b. 侦察照相和录像　光电搜索潜望镜与光电攻击潜望镜都配有OM-2型自动照相机,还可选用电视摄像机代替照相机对目标进行侦察摄像、录像。

c. 目标探测和目标攻击　光电搜索潜望镜与光电攻击潜望镜都配有视距测距仪、真方位与相对方位测量装置,可以实现目标距离、方位的测量和自动传输。

②光电搜索潜望镜特有的功能

a. 加装AHPS4型六分仪实现天文导航定位(只有直径ϕ254 mm的潜望镜才能实现)。

b. 加装 ESM 接收天线系统。

③光电攻击潜望镜特有的功能

a. 加装热像仪。

b. 加装激光测距仪。

c. 加装电视摄像机。

d. 瞄准线稳定。

由上述可见，英国的光电搜索潜望镜与光电攻击潜望镜在功能匹配上，既要考虑基本功能的相互备份，又要考虑两根潜望镜的不同使用时机，而有不同的使用性能。光电攻击潜望镜侧重于对海和对目标测量以实施鱼雷攻击；光电搜索潜望镜侧重于航海保障和警戒。图 3-7(见 713 页)为英国 CK-035 光电搜索潜望镜目镜头外形图，图 3-8(见 714 页)为 CH085 型光电攻击潜望镜目镜头外形图。

(2)德国的 SERO14 型光电搜索潜望镜和 SERO15 型光电攻击潜望镜(图 3-9，见 714 页)

①光电搜索潜望镜与光电攻击潜望镜相互备份的功能

a. 可见光目视观察监视　都设有 $1.5^{\times}$，$6^{\times}$ 两种放大倍率；两轴陀螺稳定瞄准线；准双目观察装置，俯仰范围 $-15° \sim +75°$，$-15° \sim +60°$，光电搜索潜望镜头部大，光电攻击潜望镜头部小。

b. 目标探测和目标攻击　都设有分像测距装置，方位、舷角测量装置，距离舷角传输装置。

c. 侦察照相和录象　都可选用 35 mm 照相机或电视摄像机、微光摄像机，具有共同的遥控与显控台。

②光电搜索潜望镜特有的功能

a. $12^{\times}$/变焦放大率。

b. 热像仪。

c. 全向 ESM 天线。

d. GPS 天线。

e. UHF 天线。

f. 监视器与录像机。

③光电攻击潜望镜特有的功能

a. 激光测距系统。

b. 精确方位稳定。

由以上的功能匹配情况可以看出，总体构架虽然是模块化设计思路，但功能匹配思想与英国非模块化的光电潜望镜仍存在相同之处。说明了这些同出现于 20 世纪 80 年代的光电潜望镜的功能匹配思想，仍继承了光机潜望镜的思路。一根潜望镜需保持小的头部，以便可能时用于攻击；一根潜望镜是多用途的，头部可比较大；两根潜望镜的最基本功能是可以相互替代的。

2. 原理方案设计

两根潜望镜的功能匹配方案确定之后，就会立即进入功能的原理方案设计阶段。现以潜望镜的测距功能和测天定位功能为例，来分析解决这个问题的思路。

(1)原理方案的选择

可实现潜望镜测距功能的方案有密位分划测距、分像法电子视距测距、激光测距、雷达测距等(见第 6 章)。而激光测距又有 1.06 μm 的固体激光测距和对人眼安全的激光测距。选择方案取决于潜艇的总体要求、潜望镜的使命任务,以及测距方法的特性。分像法电子视距测距,测距精度低,但属于被动法测距,隐蔽性好。激光测距精度高,但隐蔽性稍差,雷达测距隐蔽性差,抗干扰性差,但作用距离远,比激光测距测中率高。

实现测天定位功能的方案更有多种(见第 11 章)。选择什么样的原理方案,同样应该根据潜艇的总体要求,潜望镜的使命任务以及潜望镜允许的空间和其他客观条件。因测天定位分系统比较复杂,在英国的潜望镜中,只有镜管外径为 ϕ254 mm 的潜望镜才配有测天定位分系统。再者,艇上是否有可利用的水平基准,也是影响原理方案选取的重要因素。如艇上有惯导平台或平台罗经,则选择“甲板坐标系测天定位系统”比较有利;而艇上无水平基准可利用时,则选择“地平坐标系测天定位系统”比较有利。最后,测天定位系统原理方案的选取,还和一个国家的专业公司在此技术上的习惯及技术储备有很大关系。如英国的前巴尔·斯特劳德公司在 20 世纪 60 ~ 70 年代研制成功的属于“地平坐标系测天定位系统”的 AHPS 型潜望镜六分仪,其原理仍延用到今天的英国光电潜望镜中;而美国科尔摩根公司所研制的潜望镜中,从 8B 型潜望镜开始,就一直习惯沿用“甲板坐标系测天定位系统”。

(2)配置方案的设计

以选择激光测距为例,其配置方案有置于头部的倒置方案,置于锥部的英国方案,置于目镜头处的美国 76 型潜望镜方案。置于锥部的英国方案,适用于有比较粗的镜管条件(ϕ254 mm);置于目镜头处的美国 76 型潜望镜方案,光能损失比较大,作用距离较近;置于头部的倒置方案,会造成头部尺寸较大,不利于隐蔽使用。每一种布置方案都会有各自的利弊,与单独设计的激光测距仪相比,这里的实现难度要大得多,体现在:

①受到潜望镜装配调试条件和空间尺寸的制约大;

②与潜望镜光机系统需进行有机的结合,如把其目视观察系统作为激光测距仪的瞄准系统,则必须实现三轴轴线的一致性;

③受到潜望镜使用环境条件的影响大,尤其是高频振动将严重影响其测中率。

而对于测天定位分系统而言,由于其复杂性,它的配置方案则会影响到整个潜望镜的布局。

3. 功能参数设计计算

一个分系统的主要技术参数往往是由潜望镜产品的战术技术任务书中已确定的,从正设计程序而言,它影响着方案的选择;而方案确定之后,又必须进行仔细的验算,看是否能达到要求的主要技术参数。例如对于激光测距而言,主要有作用距离、测中率等。对于作用距离,要仔细核算激光器的发射功率、发散角大小、接收系统的口径、光透过率、接收器件的性能、大气状况、目标特性等。对于测中率,则要仔细地进行有关的精度分析。如三轴一致性精度、潜望镜镜管振动的影响、潜艇摇摆对瞄准精度的影响、发散角大小的影响、接收系统视场的影响、接收系统虚警率的影响等。总之,这种分析设计必须是结合潜望镜的使用特点进行,这样才能设计出合用的系统。

3.3.3　技术难点分析

由于新产品的研制必须有创新的发展，因而在系统与功能方案设计中，必定会出现需研究的关键技术和技术难点。而解决这些关键技术和技术难点的过程，便是一个创新的过程。创新是对原设计的继承和发展，对现有产品的理论知识和实践经验了解得越多，掌握得越深入，越容易发现现有产品的缺陷，从而找到进一步完善和发展的途径。

根据以往的经验以及国外的有关资料，在潜望镜发展中，新产品研制的技术难点可分为以下几个方面。

(1)原理上的新课题

①潜望镜图像稳定原理实现及镜管弯曲高精度补偿问题。过去的光机型潜望镜，光学系统拉长的设计主要是从系统简单、透光率高的角度来考虑问题，但其抗振使用性能很差。随着潜望镜使用航速要求的提高，潜望镜像抖动的问题变得非常严重。图像稳定原理专利的出现和潜望镜镜管变形折点理论以及相关的光学系统传递系数的原理发展应用(见第 2 章)，给光电潜望镜的发展打下了稳固的基础。

潜望镜镜管在使用中不仅会有振动，还会发生复杂的弯曲变形，在这样的情况下用它进行精密的角度镜测量是一项非常困难的任务，在这方面还有很多工作要做。测量基准建立在甲板内的“甲板坐标系测天定位系统”，对于镜管的弯曲变形更为“敏感”。采用图像稳定原理光学系统时，如何补偿镜管的弯曲变形误差，曾是多用途潜望镜实现测天定位功能的一项关键技术；离焦式补偿系统原理和方法的提出，较好地解决了这一难题(原理见第 11 章)。英国的 AHPS4 型潜望镜六分仪中采用了独特的镜管弯曲自动补偿系统(原理见第 11 章)，构思巧妙，补偿精度高。

②光电瞄准线与图像稳定的理论与技术。随着光电器件在潜望镜上广泛应用和潜望镜、光电桅杆对空警戒任务的提出，对光电系统瞄准线与图像稳定精度要求上了一个层次。而瞄准线与图像在动态使用条件下的角运动给这种要求增加了困难。所以，光电潜望镜或光电桅杆、光电浮标的发展必须解决动态使用条件下的瞄准线与图像稳定问题。该问题既有理论层面的问题(原理见第 8 章)，又有技术层面的问题。

在法国 PIVAIR 搜索潜望镜中，采用了头部高精度陀螺稳定瞄准线和消除镜管振动影响，提高了测量天体高度的精度。除这种方法外，英国在其研制的光电桅杆中，采用光纤陀螺的捷联式图像稳定技术，取代了机械式或机电式的平台稳定系统，使系统结构简单坚固，体积小、质量轻，提高了系统的可靠性。美国的 ENERGEN 公司已研制成功图像稳定软件，用于安装数码相机的数码潜望镜，可以处理 100 Hz 以内的振动，图像稳定精度达到 35，其应用范围非常广泛。

③超光谱全向潜望镜成像技术。多光谱、超光谱成像技术是当前新一代光电探测技术，是光电技术领域中的一个研究热点。早期的超光谱成像仪都是用于机载或卫星的遥感测量。超光谱成像技术不同于传统的单一宽波段成像技术，而是将成像技术与光谱技术相结合，获取的信息不仅包括二维空间信息，还包括随波长分布的光谱辐射信息，形成三维数据。丰富的目标光谱信息结合目标空间影像极大地提高了目标的准确性，扩展了传统的探测技术功能。目前，快速、实时多光谱、超光谱成像技术、光谱图像处理技术已可用于对伪装和隐蔽目标的探测和识别，而且能在干扰背景下可以分清这些目标。

如果将这项技术用于潜艇潜望镜,它将会增强水下潜艇对周围态势的感知,其观察性能将远远地超过现有的潜望镜性能,进一步改善潜艇的侦察能力。

传统的潜望镜使用时,需要进行不断的周视扫描。受周视扫描速度的限制,其近距离全景观察能力较差,全向潜望镜成像技术就是为了解决这个问题。如果能实现这一设想,则对于潜艇潜望镜状态时,对周围态势的实时快速监视能力有很大的提高。为此,美国从2000年起,已大力开展这项技术的研究。

(2)光电潜望镜信息集成与图像融合的问题

从信息技术的观点来看,潜艇光电装备可看成潜艇为获取空中水下等周围环境信息的传感器,是潜艇获取外部信息的源头之一。光机潜望镜发展时期可列入信息化武器装备的单一功能发展时期,而光电潜望镜的出现和发展,则适应了信息武器装备的系统发展时期。随着信息武器装备系统向综合一体化发展,潜艇光电装备已向着光电桅杆、综合光电成像系统发展演变,将改变各设备、各个分系统间信息流通不畅,缺乏互联、互通机制,“烟囱林立”,相对闭塞的“信息孤岛”状态,而形成全艇网络化的综合监视系统,可使潜艇的信息、侦察和监视能力发生根本变化。

为此,美国已大力开展潜艇综合成像系统的研究,研制潜艇通用的成像系统。其中,必须解决多传感器图像融合技术、数据集成与融合模式、自动对空监视、视频的自动探测和目标跟踪、目标自动识别算法等技术难点问题。

(3)光电潜望镜是一种高阶的复杂系统

由于其“工程冲突”的存在,给潜望镜的设计带来一定的难度。而在解决这些技术难点的过程,便是一个创造性过程。

①在光电潜望镜中,所谓的工程冲突是大量存在的。如原来光机攻击潜望镜中,有很细小的头部尺寸,对于攻击使用时的隐蔽性是非常有利的。但改进为光电潜望镜后,电操控系统、激光测距系统、电视系统等的加入,提高了潜望镜的多种性能,但增大了头部尺寸,对有源系统(如激光测距)使用时的发热造成了红外隐身性能的降低,带来了攻击使用时隐蔽性的变差。

②光电系统的复杂性增加,造成其组成无法在潜望镜本体上全部配置,就会形成以机柜、机箱的配置形式出现。虽然可设置遥控操作方式,但由于当前直接目视的重要性,潜望镜操作者又很难离开潜望镜战位,就使操作使用处于两难的处境。

③光电系统增加越多,潜望镜性能应该越好,但各设备挤在一起,就会带来电磁兼容的问题,如不很好解决,则会造成使用可靠性降低。

④随着新的光电器件的更新,其性能会有越来越大的改进,必然会造成原有潜望镜所选择器件的落后,需要不断更新的局面,这又是一个光电潜望镜中明显的“工程冲突”实例。为了解决这个问题,美国已经出现了一种在计算机技术中采用的嵌入式设计组件的概念,可以用较小的代价,进行光电器件的替换,与时俱进地改进潜望镜或光电桅杆的性能。

(4)新器件、新技术的应用课题

潜艇光电技术的发展离不开新器件、新技术的应用,如凝视型红外焦平面探测器件的应用,大面阵CCD成像器件的应用,人眼安全激光器的应用,高清晰度电视的应用等。这些器件在潜艇光电设备的使用和安装条件下的应用,必然会带来一些特殊的技术问题。

(5)特殊使用条件下的新课题

如光电桅杆实现头部高速旋转时的耐压密封问题,外置式桅杆问题,耐压电缆问题;光电浮标的图象稳定和定向问题,信号传输问题;大潜深下的窗口耐压问题。

隐身技术是当今世界三大尖端军事技术之一。由于现代反潜技术的发展,使潜艇潜望镜的隐身性能面临极大的挑战和考验。光电潜望镜光电器件的采用,提高了综合性能,又不可避免地增大了头部结构尺寸,使这个问题更加显得突出。可以说开展潜望镜隐身的研究已到了刻不容缓的地步。国外潜望镜头部都普遍涂覆雷达吸波材料,还在结构隐身、红外隐身、电磁隐身、声隐身、可见光隐身等方面下功夫,取得了很好的效果。

外形设计是雷达隐身技术的主要内容。理论和实践都证明采用合理的外形设计后,潜望镜的雷达截面可以大大减小。美国、英国、法国、德国、俄罗斯等国新设计的光电潜望镜都普遍对头部外形和尺寸进行了最优化。

以上列举的课题仅是最基础的一部分,详细的内容可参看有关章节。

3.3.4　总体布局设计

1. 光电潜望镜总体布局设计的一般概念

光电潜望镜的总体布局设计,是潜望镜方案设计阶段的一个关键步骤,它实际是一种草图设计,与光机潜望镜的总体布局设计大相径庭。这里需要解决光电传感器与光机系统的优化组合问题,光机系统作为一个"骨架"如何能与多种光电传感器有机结合等问题。在当代光电潜望镜的总体布局设计中,20 世纪 70 年代以来,国外将机械产品中的模块化设计思想应用到现代光电潜望镜的设计中,给潜望镜的设计方法带来革命性的变化,在下节中将着重加以介绍。传统的潜望镜总体布局设计一般可以分为以下五个部分。

(1)潜望镜安装布局设计

根据此布局设计可以由战技任务书或技术规格书的有关要求,最后确定潜望镜的主要外形尺寸。像目镜光轴到潜望镜下端的尺寸,上瞄准线到潜望镜上端的尺寸,目镜光轴到潜艇舱地板的高度及潜望镜伸出高度的匹配情况等。

(2)潜望镜观察系统的布局设计

光学系统图说明了潜望镜观察系统的基本布局。光学系统外形尺寸的设计过程,是保证观察系统达到总体技术要求的基本布局过程。包括允许最大外径情况下潜望力的实现,头部细部和锥部的实现,变倍功能的实现,图像稳定原理的实现,中部稳定像面位置的保证,目镜头作为一个装配体的保证等。

(3)上镜头的布局设计

这种布局设计是指除观察系统以外的布局设计内容,主要包含其他功能涉及上镜头的部分,如激光测距功能,微光电视功能,红外热像功能,测天定位功能,另外还有 GPS,ESM 接收天线的安装布局,潜望镜隐身性能的实现,窗口耐压性能的保证等。

(4)目镜头的布局设计

潜望镜目镜头的布局设计既有部分外形尺寸计算的内容,更多的是其他功能装置的匹配设计内容。这种布局设计主要是保证各种功能的实现和人机工程学及外观造型的美学原则。条件是,操作使用方便,装配调整容易,目镜头密封性能易于达到,安装维修简便等。

(5)操控机柜的布局设计

这种布局设计既要满足人机工程学的原则又要达到电磁兼容的要求,散热要求,便于维修要求以及好的制造工艺要求等。

2. 布局设计的一般原则和方法

适合任何光学仪器产品布局的一般原则有：

(1)在按照技术任务书的要求以及其他指标和条件的情况下，使外形尺寸最小；

(2)合理分配组件和装配单元；

(3)保证部件、组件和整台仪器可装配性和可调整性；

(4)消除组件和元件对仪器工作精度的影响和元件之间的相互影响；

(5)根据生产批量，最大程度地保证结构的工艺指标；

(6)满足人机工程学和技术审美的要求；

(7)使用过程中能对元件和部件很方便地进行检查、修理和快速更换。

3.3.5 模块化设计

1. 产品模块化设计概念及其主要特点[3]

(1)模块化设计概念

模块化设计是近年来发达国家普遍采用的一种先进设计方法。它的核心思想是将系统根据功能分解为若干模块，通过模块的不同组合，可以得到不同品种、不同规格的产品。从 20 世纪 50 年代欧美一些国家在机械产品中首先提出这一设计方法以来，它已扩展到许多行业，并与 CAD 技术、成组技术、柔性加工技术等先进技术密切联系起来，应用到了实际产品的设计与制造之中。

在机械产品中，所谓模块就是一组具有同一功能和结合要素，但性能和结构不同，却能互换的单元。如上所述，模块化设计是将产品上同一功能的单元设计成具有不同性能，可以互换的模块，选用不同的模块，即可组成不同类型、不同规格的产品。模块化设计的原则是力求以少数模块组成尽可能多的产品，并在满足用户要求的基础上，使产品精度高、性能稳定、结构简单、成本低廉。显然，为了保证模块的互换，必须提高其标准化、通用化、规格化的程度。模块化设计当首先用于系列产品设计中。

(2)模块化设计的特点

①产品更新换代较快。

②可以缩短设计和制造周期。

③可以降低成本。

④维修方便必要时可只更换模块即可。

⑤模块化设计时对产品的功能划分及模块设计进行了精心的研究，这就保证了它的性能，使产品性能稳定可靠。

⑥模块化设计用于生产批量较小的系列产品是特别有利的。

(3)机械产品模块化设计的方式

①横系列模块化设计　即在不改变产品主参数条件下，利用模块发展变型产品。

②纵系列模块化设计　即产品功能及原理相同，结构相似，而参数尺寸有变化。

③跨系列模块化设计　它有两种模块化方式：一是在相同的基础件结构上选用不同模块组成跨系列产品；另一种是基础件不同的跨系列产品中，具有同一功能的零部件，选用相

同功能模块。

(4)模块的划分

模块的划分是模块化设计中的关键问题。划分模块的出发点是功能分析，根据产品的总功能分解为分功能、功能元，求相应的载体 - 功能模块，然后具体化成加工单元 - 生产模块。机械产品功能模块的划分见图 3 - 10。

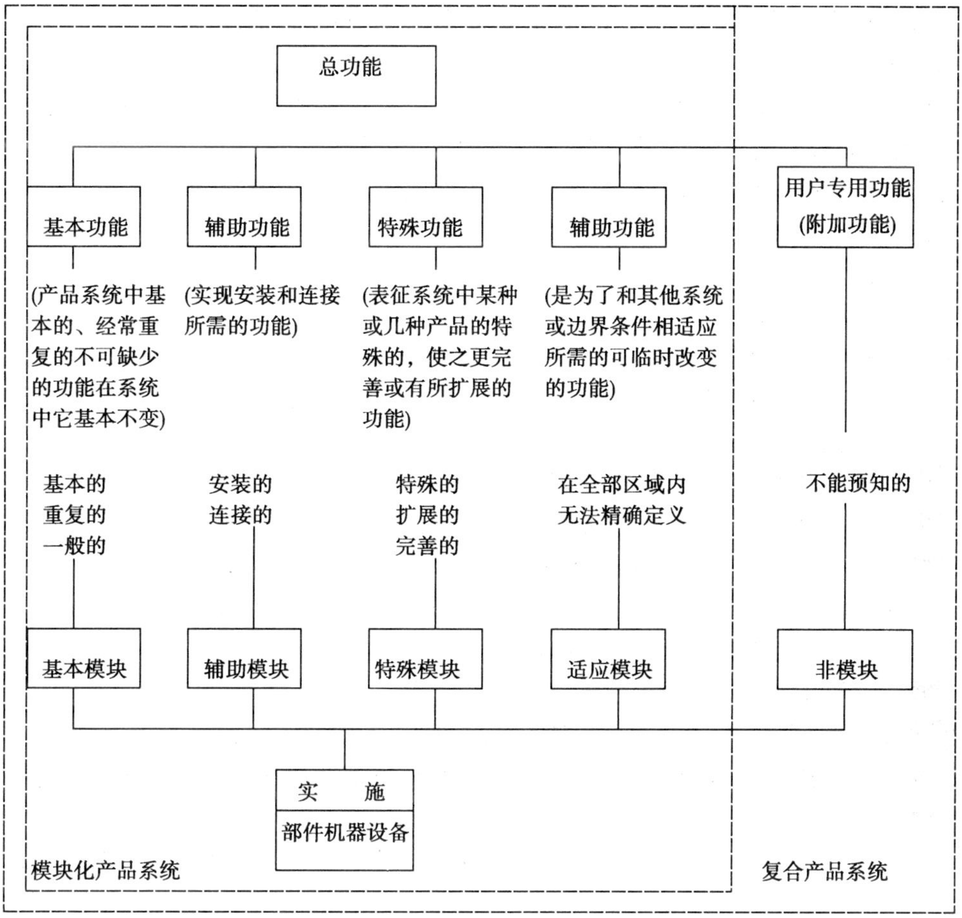

图 3 - 10　复杂机械产品功能模块划分示意图

在功能模块的基础上，根据具体生产加工条件确定加工模块 - 生产模块。也称基本模块，基本模块是加工单元，是实际使用时拼装组合的模块，可以是部件、组件或零件。一个功能模块可能分解为几个生产模块。

以部件作为基本模块应用较为普遍。组件模块可以使部件有不同的功能和性能，有时比更换部件更灵活，零件作为生产模块灵活性更大。但目前模块的实际划分主要按部件进行，这样做的优点是，模块有较高的独立性和完整性；便于结合与分离，容易保证装配质量，生产管理变动较小。

为了更好地发展模块化设计，近来提出了分级模块的思想，即把模块分成不同的级别，低一级的模块组合成更高一级模块。不管什么情况，划分模块前必须对系统进行仔细的、系统的功能分析和结构分析，并要注意下列各点：

①注意模块在整个系统中的作用及其更换的可能性和必要性；

②注意保持模块在功能及结构方面的一定独立性与完整性；

③模块间的结合要素要便于连接及分离；

④模块的划分不能影响系统的主要功能。

(5)一种光学仪器组件模块化设计的基本原理

由于在光电潜望镜模块化设计中，电气线路的模块化实现比较容易，主要难点还是在于光机部分，也就是光学或机械接口的模块化设计。

在参考文献[34]中介绍了光学机械仪器组件模块化设计的原理，对于光电潜望镜功能组件模块化的设计有借鉴作用，在此介绍如下。

①模块的概念和意义　如果将一组相关的光学机械元件组装成一个模块，事先调校好，并且模块间可以相互交换，那么光学仪器的组装、调校和维修就会简化。一些情况下，认为单个模块是不可维修的，通过更换有缺陷的模块进行仪器的维修，通常也无须对系统进行再调校。

②满足以上要求单模块的设计原理

a. 将光学系统组装成一系列机械模块。

b. 每个模块的设计都要考虑到能充分发挥制造该模块时所使用工具的固有精度，特别是一个模块的临界表面应是平面或圆形表面，重要表面都要以组装期间作为基准的基准面为准，设计成同心、平行或垂直表面。

c. 为了组装进系统，为每个模块提供装配基准面。

d. 每个模块中的光学件都要相对于基准面调校对准。

e. 基准面保证模块在系统内定位的可重复性。

f. 如果有必要，可以使用平板和旋转台(即转轴)的固有精度简化装配。

③由子模块组件组成功能性模块时对模块组件的设计要求

a. 在不降低性能要求的情况下，实现互换性要求。

b. 可以在组装时在模块内进行调整来满足要求。

c. 在一些情况下，需要以光轴和像平面为基准对安装表面进行加工，以满足特定方向或位置的需要。

d. 由子模块组件组成功能性模块时，可以通过设计和加工专用光机工装夹具保证这些模块的生产和调校。

2. 美国潜望镜的模块化设计和技术嵌入设计[27]

美国76型潜望镜是潜望镜模块化设计起步较早的一型潜望镜，有不少值得思考的做法和经验。潜艇潜望镜的模块化设计虽然采用机械产品模块化设计的理念，但具体做法是有所不同的。潜艇潜望镜的模块化设计生产，是指将过去已经定型，认为先进可靠的通用部件和分系统模块化或标准化，为现在已经决定生产的或将来准备发展的具有不同要求和特性的各型潜望镜，进行有针对性的选择，这相当于上述介绍的跨系列模块化设计。美国在76型潜望镜采用模块化设计并特别注意了零部件的通用化设计，降低了费用，简化了后勤保障，便于维修保养，并有利于未来新器件和新技术的嵌入。

(1)76型潜望镜的总体布局设计与模块化(见3-11，图3-12，见715页)

76型潜望镜的总体布局设计完全受到模块化设计思想的左右。

①使搜索型潜望镜与攻击型潜望镜除上头部有所不同之外，其目镜头和主镜管等部分均是通用的。

②将通用部分又成五个通用和系列化的基本组成部分。

a. 装有潜望镜主光学系统的主镜管(是作为含有上镜头的整个镜管组件的一个部件来看)。

b. 目镜头装置　配有能显示目标距离、真方位和相对方位的分束双目镜、35 mm 相机、操纵潜望镜回转和上棱镜俯仰的各种手柄。

c. 接续器(导电滑环)　安装在目镜头底部。

d. 吊环装置(又称谓十字头部件)与潜望镜升降杆连接,支撑潜望镜及其附件,该装置可把相对方位和目标距离数据传输给潜艇火控系统和导航系统。

e. 接线箱　装有电气控制设备、开关、保险丝和向潜望镜供电的电源,接口电路。

(2)76 型潜望镜的基本选择功能与模块化设计

针对 76 型潜望镜为出口型潜望镜,应适应不同性能要求的多重功能选择性特点,该型潜望镜设计了九种可选择的通用部件,这些部件具有可选择更换的模块化特性:①稳定瞄准线装置;②12$^{\times}$放大率装置;③电子视距测距仪;④视频测距仪;⑤视频数据显示设备;⑥潜望镜遥控台;⑦话筒;⑧动力回转驱动装置;⑨潜望镜导流罩。

(3)76 型潜望镜可实现的选择性功能与模块化设计

以上的基本选择功能有时并不能满足用户提出的功能要求,76 型潜望镜的设计者又考虑了以下可实现的选择性功能:①微光电视系统;②像增强器;③热成像系统;④测距雷达;⑤六分仪导航系统;⑥GPS 定位系统;⑦ESM 预警系统;⑧激光测距仪。

这些系统在 76 型基本潜望镜上的实现,是经过仔细考虑的,在改动不大的情况下,是可以实现的。如六分仪导航系统,其方案就要考虑 76 型基本潜望镜的特点,采用甲板测量坐标系,使潜望镜的内部不动,只在外部做“文章”。多增加一水平基准装置和一个六分仪记录解算装置,就可实现这一功能。再如激光测距仪,其方案也要考虑 76 型基本潜望镜的特点,保持潜望镜的内部不动,将激光测距仪的发射和接收系统都设置在潜望镜的目镜头外部,通过反射镜和窗口,经过主观察系统发射和接收激光束,实现该项测距功能。

由上述可以看出,76 型潜望镜的模块化设计,分三个层次来考虑,第一个层次是基本的,应考虑好基本系统(光机系统)的最大适应性;第二个层次是互换性好的基本选择功能;第三个层次是可实现的选择功能。潜望镜的模块化设计,是一门系统工程,必须进行统筹的考虑,才能做好。

(4)美国潜艇光电装备的技术嵌入(Technology Insertion)设计

目前在美国潜望镜与光电桅杆中,已发展了一种从计算机技术中移植过来的所谓“技术嵌入设计”法,是鉴于传感器的更新速度加快,为了使潜望镜传感器的性能跟上现代科技的发展,设计师在潜望镜模块化的基础上对传感器的安装结构预留了未来的发展空间。应用该方法,一旦出现新一代传感器,不需要更换整个模块和控制装置,即可实现性能的提升。美国 PMP,PMV 光电桅杆系统中都已采用这种设计理念。

3. 英国光电潜望镜的系列化与模块化、通用化设计[27]

由于英国潜艇潜望镜的研制,一直由皮尔金顿/巴尔－斯特劳德有限公司承担,其设计思想具有较好的连续性和继承性。因此,英国光电潜望镜的现状是系列化和模块化、通用化比较好,产品的品种多,规格较全,可选择的余地大,产品零部件通用化程度高,生产的经济性好。

(1)英国光电潜望镜的系列化与模块化设计

产品的系列化设计是模块化设计的更高一级形式,但又与模块化设计有所区别。英国光电潜望镜中,产品的系列化设计与模块化设计结合的比较好。

①将潜望镜的大镜管外径系列化为 $\phi127$ mm,$\phi190$ mm,$\phi254$ mm 三种规格,将已模块化的功能部件按可能与必要的原则,分步地在三种规格外径的潜望镜中实现。不但降低了潜望镜实现的难度,而且实现了潜望镜品种的多样化。如模块化的 AHPS4 型潜望镜六分仪、激光测距仪这些比较复杂的功能部件,就只能在 $\phi254$ mm 外径的潜望镜中才能实现,而 $\phi127$ mm 外径的潜望镜,则可实现的模块化功能要少得多。

②注意将潜望镜的基本光学性能模块化,通过改变潜望力和其他外部安装尺寸,以及匹配不同的功能部件来实现不同的潜望镜品种型号。表 3-1 中列出了英国 $\phi127$ mm 小潜望镜不同型号的光学性能参数。

由表 3-1 可以看出,除去最早设计的 CK32 型潜望镜(1982)光学性能略有不同之外,其他型号的潜望镜光学性能,都归化为相同的特性,但所匹配的功能部件,20 年来已经发生了较大变化,如增加了像增强器、瞄准线稳定装置、数据输出接口装置、ESM 电子战装置、ICCD 电视装置等模块化功能装置。在保持潜望镜的光机性能的情况下,发展出了各型具有光电特性的潜望镜产品。

表 3-1 英国 $\phi127$ mm 小潜望镜不同型号的光学性能参数

光学性能	CK32 型	CK37 型	CK39 型	CK41 型	CK60 型
低倍放大率	1.5	1.5	1.5	1.5	1.5
高倍放大率	6	6	6	6	6
入瞳直径(高倍)	40 mm	40 mm	40 mm	40 mm	40 mm
入瞳直径(低倍)	10 mm	10 mm	10 mm	10 mm	10 mm
入瞳直径(Ⅱ)	75 mm	75 mm	75 mm	75 mm	75 mm
视场角(高倍)	6°	5.5°	5.5°	5.5°	5.5°
视场角(低倍)	24°	22°	22°	22°	22°
最大仰角	60°	60°	60°	60°	60°
最大俯角	15°	15°	15°	15°	15°
目镜调焦范围	+3D -3D	+2D -1D	+2D -1D	+2D -1D	+2D -1D
测距范围	0°~60°	0°~60°	0°~60°	0°~60°	0°~60°
分辨率	0.34 mRad	0.34 mRad	0.34 mRad	0.34 mRad	0.34 mRad
光透过率	50%	50%	50%	50%	50%

③注意将一些功能模块系列化,增加规格品种,以满足不同型号潜望镜的配套需要。表 3-2 列出了与英国小潜望镜配套的外部功能部件模块化情况。

表 3-2 与英国小潜望镜配套的外部功能部件模块化情况

潜望镜型号	十字头部件型号	照相机型号	导电滑环型号	电气接口装置型号
CK32	TN017	BA195	无	无
CK37	TN018	BA195	OG027	无
CK39	TN023	BA195	OG034	OG016
CK41	TN023	BA195	OG034	OG018
CK60	TN023	BA195	OG034	OG018

（2）英国光电潜望镜总体布局与模块化设计的特点

分析英国光电潜望镜的有关资料，可知其总体布局与模块化设计有如下特点：

①潜望镜的光机系统都采用标准的防振光学系统；

②原先各型潜望镜瞄准线稳定都是作为一项选择功能；

③测天定位采用地平测量坐标系；

④在潜望镜大镜管的上部与锥形管转接部位开窗，分别配置以模块化的像增强器、微光电视、热像仪等功能部件，分别实现不同的夜视与热像观察性能，这充分利用了防振光学系统的组成特性；

⑤在目镜头的同一个窗口上，可配置不同的功能模块，以实现不同的功能，如在照相窗口上，还可配置电视摄像机、一步成像照相机；

⑥在目镜头上一个窗口处，可以实现不同的上部系统匹配要求，如装在目镜头后面的微光电视摄像机，可以拍摄可见光的、像增强器的图像，传至远距离的监视器和录像机（图 3－13，见 715 页）；

⑦产品通用化程度高，从图 3－14（见 715 页）可以看出，其攻击与搜索两根潜望镜间，通用的部分占比较大，可达 90%，使潜望镜的经济性，可靠性均处于各国潜望镜的前列。

图 3－14 为按模块化设计的英国 CK038，CH088 型潜望镜整体外形示意图，图 3－15（见 716 页）为以上潜望镜通用目镜头外形图。图 3－16（见 716 页）为按模块化设计的英国 CK043 型搜索潜望镜/CH093 攻击潜望镜通用目镜头外形图。

4. 德国光电潜望镜的模块化设计

（1）德国潜望镜模块化设计的状况

德国光电潜望镜的模块化设计是做得比较好的。从其研制的第一套模块化构造的 SERO－40潜望镜开始，以后的 SERO 40 S，SERO 400，SERO 14，SERO 15 等各型潜望镜都采用了模块化设计。SERO 40 S 稳定型潜望镜系统是一种模块化设计的系统。1983 年首次交付使用，装备德国 209 型潜艇。该系统包括 AS 40S 型攻击潜望镜和 BS 40S 型搜索潜望镜。这两型潜望镜具有完全独立的工作模式，但在结构上大部分是相同的，具有通用的目镜头，区别只在于上头部，见图 3－17（见 716 页）。

图 3－18（见 716 页）为该型潜望镜组成模块图，图右侧自上而下为潜望镜主镜管模块、方位驱动装置模块、目镜头模块、电缆及接线盒模块。图左侧有中央电子装置和处理装置模块、显控机箱模块和电源及功放装置模块等组成。

分析该图可以看出如下几点。

①这种模块化的组成是与潜望镜总体布局的两腔式设计密切相关的。由于主镜管模块与目镜头模块的分离，就使得不同类型的潜望镜可以通用一样的目镜头模块，而只区别于主镜管模块。而不同类型的潜望镜，上镜头是不可能一样的。

②要能使主镜管与目镜头分离，潜望镜上镜头的有关传动必须为电动控制。

③主镜管与目镜头必须为单独的密封体，即由过去的一腔式改为两腔式结构。

④主镜管与目镜头间的光学联系应该为平行光关系，其相互定向的精度要求应有保证环节。

图 3－19（见 717 页）为德国 SERO 40 红外潜望镜的上头部和目镜头外形图。图 3－20（见 717 页）为德国 SERO 400 攻击潜望镜的上头部和目镜头外形图。

(2)德国潜望镜模块化设计的特点

①规划得较早,规划得好　从20世纪70年代末开始为209型潜艇研制SERO 40潜望镜系统起,德国蔡司光电子公司就筹划采用模块化的设计理念。为此,将电控技术应用到潜望镜中,取代了原有的对设在头部的俯仰、变倍等部分的机械操纵,这样就使得潜望镜本体具备了由一体化的结构形式拆分为两体或三体构造的可能。

②产品系列继承得好　德国潜望镜模块化设计的起步是从基本属于光机潜望镜的SERO 40型潜望镜开始的,但他这种划分组件的思想,一直被后来改进的SERO 40 S型光电潜望镜,21世纪新研制的SERO 400现代光电潜望镜所遵循。

③ 功能选择切合实际　德国模块化设计的潜望镜不像美国76型潜望镜那样,设想那么多选择性功能(如涉及到内部结构大修改的基本选择功能和可实现的选择功能就达六七项之多),给潜望镜设计制造带来很大的难度;而是在不改变基本结构的情况下,选择那些潜望镜构造比较容易实现的一些功能,如SERO 40 S光电潜望镜的选择功能涉及内部的只有电视摄像机、激光测距等两项。

④性能改进与时俱进　从SERO 40潜望镜贯彻模块化设计思想起,20世纪80年代初就新研制了模块化组成的SERO 40 S光电潜望镜系统,其模块还是那样划分,但模块的"内含"已产生了极大地变化。到了21世纪新研制的SERO 400型现代光电潜望镜,为了适应现代光电技术的发展,更将原来为一体的上镜头大镜管模块,分为头部装置模块和潜望镜镜管模块,并明确地指明选择功能如激光测距或热像仪的配置,主要在头部装置模块进行。这样规划的模块化设计技术,比较切合实际,既促进了潜望镜发展性能的提高,又降低了设计难度和制造成本,更大大提高了产品的维修性和可靠性。

总之,以上三国的潜望镜模块化设计均处于世界各国潜望镜设计的领先地位。美国的潜望镜模块化设计起步最早,其进一步发展的技术嵌入设计理念更处于领先地位;英国潜望镜模块化设计与系列化、通用化相结合,经济性、可靠性好,产品品种齐全,可选择余地大;德国模块化设计注重实际,继承性好,产品性能与时俱进,三国的潜望镜模块化设计各具特色。

3.3.6　人机工程设计与外观造型设计[6][31]

潜艇潜望镜是由人工操作的,因此必须贯彻人机工程的设计原则。人机工程设计需要考虑的基本问题是人与机器之间的合理分工,以及人与机器之间如何才能更有效地进行信息交流等人机配合技术。人机工程设计的一个主要任务是在产品系统的设计中充分考虑人体本身的特点和特性,以提高人机系统的工作效率和操作人员的舒适性。在潜望镜设备中,直接与人打交道的人机接口部件是目镜头操控显示部分和机柜的显示面板。系统操控软件设计以及造型和外观设计也属人机工程设计的一部分,外形外观会在一定程度上影响操作者的心理感受,从而影响工作效率,而上镜头的外观造型设计还与隐蔽性的特性有关。由光机潜望镜发展而来的光电潜望镜,其人机系统的环境条件已经发生了很大的变化。过去是把手多,人力驱动与操控多;现在是显示屏、计算机键盘、旋钮与单杆。为适应光电潜望镜发展的要求,各国潜望镜设计师在潜望镜人机系统与产品造型方面作了很多努力,产生了不少外形流畅美观,操作舒适宜人的潜望镜产品。

1. 光电潜望镜人机系统高度的人性化设计趋势

(1)潜望镜目镜头造型与人机工程设计

新型潜望镜的设计应是高度人性化的设计,充分体现现代潜望镜设计以人为本的设计理念。以图 3 - 20 中德国 SERO 400 光电攻击潜望镜为例,其目镜头结构布局十分新潮,线条流畅简洁,别具一格,给人以非常舒适的感觉。目镜头面板采用了类似于手机的控制按键,淘汰了一些旋钮结构。最突出的改进是操作手柄,取消了上下翻动的大回转半径的操作手柄,而采用了固定式的小扶手把手,很具特色,并被俄罗斯 PARUS - 98E 新型攻击潜望镜中所采纳。其他产品目镜头外观可见图 3 - 21(见 718 页)、图 3 - 22(见 718 页)。

(2)遥控装置的普遍设置

现代光电潜望镜普遍设置了遥控装置,这是一种人性化的功能扩展。这是只有配置了电视摄像功能或热像侦察功能的现代光电潜望镜才出现的一种功能扩展。它使操作者不必一直站立在潜望镜战位来操作使用潜望镜,对于侦察或航行值更等工况使用时,可以减轻操作者的疲劳,延长工作时间。

(3)目镜头一体化的集中显控

进入 21 世纪后,国外研制的几种新型模块化的光电潜望镜的一个重要特点就是将控制电路、显示器和人机操控界面等均集成在潜望镜的目镜头处,取消了独立的机柜,减少了潜望镜导电滑环的路数和体积,使潜望镜目镜头的体积尺寸做的比较大,如英国 CK043 潜望镜目镜头回转半径大约 250 mm,高度为 1.5 m 以上,几乎等同一个机柜,如图 3 - 22、图 3 - 16所示。德国 SERO 14 潜望镜目镜头直径也很大,如图 3 - 21 所示。

这样设计的条件是目镜头可以作为一个模块来拆分。而其好处是,解决了潜望镜本体与机柜两个战位情况下,潜望镜操作使用者有时两难的处境,符合人机系统优化配置的原则,提高了潜望镜的适装性和操作的便捷性,同时提高了维修性,增加了可靠性。

2. 人机工程设计的一般原则和应满足的条件

(1)人机工程设计的一般原则

①考虑使用者的智力、体力、耐力及心理状态。

②考虑操作和维修时空间的要求。

③考虑生理光学和视觉系统的机能特性的要求。

④产品的控制、操作系统、显示分划或显示仪表等的位置选择。

⑤当产品在恶烈环境条件下工作时,人的固有误差的最小安全系数。

⑥考虑与工作效率有关的舒适因素。

⑦考虑气候和机械环境对人的耐久力、注意力的影响。

⑧考虑新产品的操作程序与习惯操作程序的一惯性。

(2)外形配置合理性和艺术性的条件

①造型简明。

②对于在原光机潜望镜构架基础上发展而来的光电潜望镜,要适应潜望镜主体部分为圆形体的特点,转角过渡要柔和,中心对称性要好。

③稳定感好,不要形成头重脚轻的感觉。

(3)操纵使用合理性舒适性的条件

①符合操纵习惯,操纵方向和潜望镜的运动方向一致。

②尽量选用按键、旋钮等代替手轮手柄。

③操纵的高度、转角范围、用力方向要使人感到舒适。

④操纵部件要集中有次序地布置。

⑤需要观察、调试数据的显示部分应正对操作者的前方,照度要合适。

(4)色调设计合理性的条件

①色调的品种不能过多,一般不要多于 3 ~4 种。

②布置要统一,要有一个统一的底色。

③各色之间要用适当的对比,而不能用过分强烈的对比。

3. 潜艇潜望镜人机工程设计的具体要求和参数

(1)与人体尺寸有关的结构要求

①站姿时眼平均高度为 1 550 ~1 600 mm。

②坐姿时眼与坐距为 790 mm。

③方向手柄距地板高度为 1 300 mm。

④站姿时人头上部需操纵的把手最大高度为 1 850 ~1 900 mm。

⑤目镜头各种手柄距目镜座的最大半径,水平方向 $R\leqslant 400$ mm,垂直方向(向上)$R\leqslant$ 300 mm。

(2)与人的操作力有关的要求

①要求精密测量时,最好采用坐姿操作,操作动作不应使用很大的肌力。

②手动回转潜望镜的最大操作力不应大于 150 N。

③关键的控制器应有动作保护装置。

(3)与人的视觉有关的要求

①信号指示灯的颜色　红色表示警戒禁止、停顿、不安全或有故障时;绿色表示正常运转;黄色表示引起注意。

②内部分划照明颜色　白天使用时采用绿色;夜晚使用时宜采用红色;禁止使用蓝色,照明亮度需可调节。

③外部刻划照明　一般采用 8 ~15 W 灯泡,亮度应可调节。

(4)操作面板布置设计

①操作钮的排列要考虑到安排在手前方的活动区域中央部位,工作效率最高。

②垂直排列比水平排列易于分辨。

③排列在人体右侧的按钮比左侧易于分辨。

④一般应使仪表或显示器布置在操纵钮的上方。

⑤应将完成同一 功能的显示器与操作键结合成组布置。

(5)目镜头和显控台的造型设计

①造型设计应达到实用、经济、美观三项基本要求。

②造型设计应造成局部与整体的相互联系、统一和匀称。

③造型设计应给人以均衡和稳定的视觉感觉。

④目镜头的造型应该在结构零散的情况下,突出统一和完整、协调的效果。

⑤机柜的设计应注意变化,以获得生动、自然的造型。

⑥目镜头和机柜的色彩造型设计,都要有一种主色调,在此基础上注意美学法则,符合产品功能特点与外形结构,且要满足生理平衡的要求,做到舒适宜人,注意色质并重和面饰工艺。

(6)上镜头的造型设计

①造型设计应符合使用隐蔽性的原则。

②应尽量采用圆柱形和流线型,避免大平面和直棱直角结构。

③尽量采用轴对称的和稳定感好的外形。

(7)瞄准线稳定的要求。

(8)振动图像稳定的要求。

(9)设置双目观察装置的要求。

(10)适应潜艇摇摆下使用时的出瞳距离、眼点距离要求等。

3.4　潜望镜本体总体结构方案设计

3.4.1　一腔式本体总体结构方案设计

在潜望镜发展史上的光机潜望镜阶段,潜望镜的本体皆采用一腔式的基本结构。这种结构是适应光机潜望镜的技术发展水平的。由于在光机潜望镜中,俯仰、变倍及头部滤光镜接入等普遍采用钢丝绳或钢带传动,因而,一腔式的总体构造便是非常自然的结果。这种一腔式总体构造的优点是:①由于潜望镜本体是作为一体来装调,这就便于光学性能和总体其他性能的装调实现;②干燥维护容易实现。

1. 一腔式本体总体结构设计应遵循的原则

(1)双层镜管的总体构造原则

为了适应细长特点而又便于调校和拆装,双层镜管的总体构造曾是潜望镜最为合理的构造,这是潜望镜发展几十年技术"沉淀"的产物。其中,坚固的不锈钢外管,主要用于承受外力、密封,保证光轴的直线性以及上下镜头的方向的一致性;内管则主要用于固定所有的光学零件和机构。具体而言,双层管中外管的主要作用是:

①给予固定光学系统的内部镜管以可靠的支撑,并保证已校好的光学零件间相互位置不产生失调;

②承受海水压力以及航行时水的阻力和振动力;

③当潜望镜头部保护玻璃破损后,承受自内向外的海水压力,以保证潜艇的安全;

④保持整个仪器的水密性和气密性,承受海水的腐蚀并防止湿气进入镜管内部,以保护内部光学系统和其他组件;

⑤在潜望镜升降和回转时,起导向体作用,并且用于连接回转与升降机构,承受回转与升降力。

外管一般由上头部壳体、中间大镜管(有时由圆锥管和圆柱管两段组成)、目镜头外壳体以及相应的连接环组成。

双层管中内管的主要作用是:

①安装内部光学零件,保证其轴向的正确位置,保证光学系统性能的装校要求,并形成内部光学通道和内外管之间环行通道的两层空间;

②在环行通道空间安装内部传动机构和装置,确保机构动作的传递;

③在环行通道空间的内管外壁上架设导线、通气管、传动钢丝绳、头部功能装置的馈线或雷达用波导管等。

一般对内镜管大组件,可按各项性能要求,尤其是光学系统性能要求,做到初装调好。

(2)潜望镜内部功能部件设计安排时,须把可靠性、维修性作为优先考虑的原则

很明显,一腔式的潜望镜本体,必然要求一体式的整体吊装安装和拆卸。如果镜管内部有故障,则会造成很大的麻烦。因此,在总体结构安排时,可放在两端的结构不要放在中间;可放在下端的结构不要放在上端,可放在外面的结构不要放在里面。在潜望镜使用过程中需要维修更换的另部件,一定要在潜艇的舱内潜望镜下部的目镜头处解决。

(3)潜望镜往艇上安装时,整体吊装安装的原则

一腔式的潜望镜装调好后,在往艇上吊装前,必须进行密封处理,而吊装时,又不得破坏这种密封性。其解决的方法是,设计时以双层管的外管为基础进行密封设计,凡大于镜管外径的零部件应能方便拆卸和安装复原。这对于镜管外部构造模块的特性有决定性的影响,必须以此进行分段处理,又不影响其装较功能。

图3-23为前苏联ПЗН型潜望镜总体结构图,图3-24为其目镜头的结构图。这种潜望镜的结构,具有鲜明的双层管一腔式总体构造特点。

2. 一腔式本体总体结构相关的技术问题

一腔式本体总体结构在大量的生产实践中,已积累了非常成熟的经验,使这种结构形式已达到规范化的程度,以下是一些相关的技术问题。

(1)关于一腔式总体结构下的布局设计

一腔式本体总体结构本身就是一种大的布局,它使潜望镜的结构形式带有特殊的双层管构造特色。在这种情况下的布局设计,就是如何划分部件,如何解决性能的装校,如何解决整体的密封与干燥等问题。

①双层管外管的布局设计　通常将其划分为主镜管组、头罩组、目镜头外壳体组。头罩组、目镜头外壳体组与主镜管组的连接一般采用左右螺纹环连接,密封则用紫铜片(用于头罩组和主镜管组)和O型橡胶圈或橡胶垫(用于目镜头外壳体组与主镜管组)。在头罩组上设置窗口,安装固定保护玻璃。在目镜头外壳体上开设各种功能用途的窗口,以安装匹配各种功能部件(见图3-24)。在主镜管的下端通过环槽和方位键,以及配置的吊环和方位离合器部件可以承吊潜望镜升降和方向驱动力。

②双层管内管的布局设计　双层管内管的布局设计应考虑以下几点。

a. 通常将其划分为上镜头组件、内镜管组件、目镜头组件三大组件。该三大组件可以在卧校台上进行潜望镜总体光学性能的装校。

b. 要使上、下镜头组件便于调试,必须在光学系统布局设计时合理分段。如上镜头组件的下端应为实像面,最好设置分划板,该实像面的径向尺寸应小于或等于物镜的径向尺寸。这样调校好的上镜头组件才可顺利进行以下的装校。而目镜头组件的上端应有转像透镜,最好是入射平行光束,以便于目镜头分系统的定中心调试和像面位置调试。

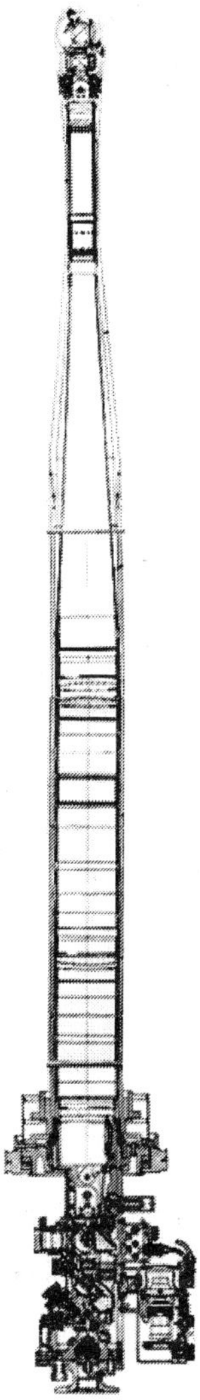

图 3-23　一腔式潜望镜的总体构造图

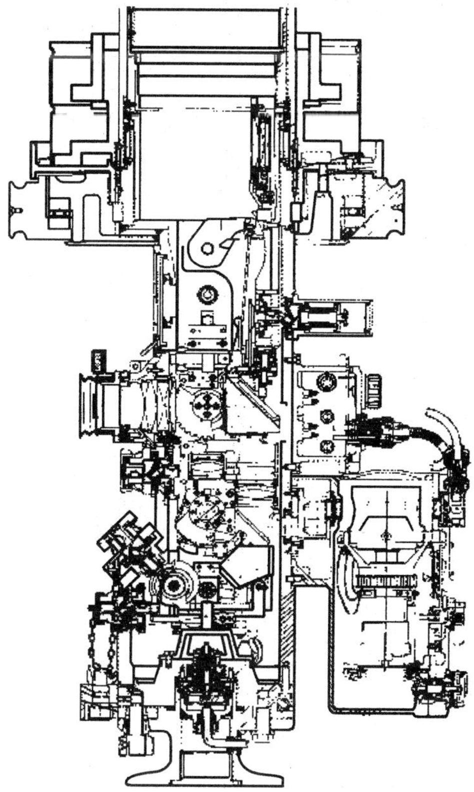

图 3-24　一腔式潜望镜的目镜头结构

c. 内镜管组件上应在平行光路部分设置可调节镜管长度的左右螺纹环机构，以解决内外管间长度匹配所带来的像面位置对准问题。

d. 内镜管组件上应在平行光路部分设置可调节镜管长度的左右螺纹环机构，以解决内外管间长度匹配所带来的像面位置对准问题。

③关于潜望镜的提升与方向作用力承载组件布局　由于目镜头外壳体与主镜管间为左右螺纹环连接，该组件不能承受大的方向作用力，而要使潜望镜方位转动，其较大的方位作用力必须由主镜管本身承担。因此合理的布局是在主镜管的下端设置方向作用力键槽和方位离合机构，一般它和接水盘合一。该机构随主镜管一起升降，升到上端时，通过梯形键或锥形键与设置在舱顶处的方向驱动机构插接，以驱动镜管方位回转。

(2)关于一腔式总体结构下须解决的技术问题

在潜望镜的生产实践中，一腔式的总体结构会产生以下各种问题，需要认真解决。

①关于竖直后因零件下沉造成像面变动问题　由于潜望镜内镜管为软管的多处连接，会使装入外镜管且竖直后，间隙被压紧而形成内镜管上端部零件的下沉。不考虑这个问

题,往往会造成竖直后像面的变动。

②关于图像稳定系统的相关问题　图像稳定系统的特殊之点是要求内镜管中间的实像面处在理论轴向位置上。为了解决此一问题,应该在焦前焦后的平行光路中,各设置一个调整轴向位置的左右螺纹环机构。

③关于内外目镜头间的失调变形问题　这种布局方案易在内外目镜头间出现失调变形,从而带来像面位置和精确测量机构的变动。如测距装置的测头是在目镜头外壳体上,而分像元件在目镜头内壳体上,不解决此问题,就会造成测量误差;还有照相像面、目镜像面、电视摄像像面都可能产生变化。

④关于目镜头的整体失调变形问题　由于这种构造的目镜头与主镜管间是以刚性较差的左右螺纹环连接的,因此在用顶杆式升降机升降时以及摇摆下使用时,会有相对变形产生。如果分划板设置在目镜头内壳体上,这种变形误差将造成甲板坐标系测天定位系统较显著的测量误差。

⑤关于密封与通气干燥问题　这种一腔式构造的最大缺陷是将多孔的目镜头外壳体也要变为密封体,大大增加了漏气概率,使主镜管腔体受到这个漏气的影响。所以解决目镜头的密封和整体的合理通气干燥,变成为这种类型潜望镜的重要设计和施工问题。

⑥潜望镜破损时安全问题的解决　为了解决潜望镜上镜头破损时,目镜头外壳体内压问题,设计时对其有必要进行强度的验算,且对首件进行内压强度试验验收。也可将目镜头上端的透镜做厚或钢化,由它来承担内压以保证安全。

⑦电气传输与布线　对于上镜头与目镜头分别从两端插入的安装方式,将给电气传输和布线带来一定的困难。

3. 一腔式本体结构存在的缺陷

上述一腔式本体结构存在的明显缺点有以下几种:

(1)由于潜望镜往艇上安装时,须采用一体式吊装方式,因而目镜头外部的设备都必须能拆下再装上而不能影响其技术性能,这给潜望镜的总体设计带来一定的技术难题,尤其是发展到光电潜望镜阶段后,其外围设备越来越多的情况下,增加了更大的设计制造难度;

(2)使潜望镜在艇上的安装难度增加,效率降低;

(3)使潜望镜维修困难,潜望镜一但发生故障,在艇上一般无法进行维修,必须吊拆整个潜望镜回厂维修。

而从发展的角度看,它的缺陷更是致命的:

(1)这样的构造无疑给现代光电潜望镜的模块化设计设置了一只拦路虎,使其无法进行科学的模块化设计布局,给光电潜望镜的进一步发展造成了障碍;

(2)这样的构造长期使用时的失调因素多,尤其是漏气环节多,特别不利于潜望镜长期稳定的使用;

(3)这样的构造,安全隐患大,尤其是难以满足大潜深的要求。

3.4.2　二腔式本体总体结构方案设计

1. 二腔式本体总体结构设计的概念及发展

我们上节所讨论的一腔式本体总体结构,是指潜望镜的本体只有一个统一的内腔。而这里的潜望镜本体,却有主镜管和目镜头两个分离的内腔。这种大布局的设计,我们称为二腔式本体总体结构设计。

二腔式本体总体结构是随着现代光电潜望镜的发展而出现的。从 20 世纪 70 年代开始,美国的 18 型潜望镜,英国的 CK034,CH084 等光电潜望镜率先将潜望镜内部的机械操作,发展改进为电动伺服驱动,使潜望镜的总体结构具备了发展革新的条件,出现了目镜头独成一体的变革。随后,以美国 76 型潜望镜为代表的新一代模块化设计生产的潜望镜开始面世,接着是英国的小型潜望镜系列,CK038,CH088 光电潜望镜,CK043,CH093 光电潜望镜,德国的 SERO 40 – S 稳定型潜望镜等,均采用了模块化的设计制造技术。而这些模块化设计制造的潜望镜的一个显著特点,便是二腔式的总体结构布局。可以这样认为,二腔式的总体结构布局是与潜望镜的现代模块化设计密切相关的,没有二腔式的总体结构布局,便称不上潜望镜的现代模块化设计。

2. 二腔式总体结构的布局组成

分析三个国家的不同潜望镜的模块化设计图形资料,它们具有如下共同的布局组成。

(1) 主镜管组件

形成一个独立的密封腔体,不同型号的潜望镜上镜头不同,影响主镜管组件不同。潜望镜往艇上吊装时,只吊装该主镜管组。

(2) 目镜头组件

形成又一个独立的密封腔体。与主镜管间有能定位定向的可靠连接。往艇上安装时,可由舱口送入,一体与主镜管间安装。

(3) 十字头(或方位驱动装置)部件

与主镜管的下部以键槽结合,其功能有三:

①其上装有力矩电机或回转电机,驱动潜望镜作方位回转;

②与吊环合一,借助吊杆式液压升降机,使潜望镜升降;

③ 其上设有方位测角元件或舷角刻度盘,可以测量目标的舷角(或相对方位角)。

图 3 – 25(见 718 页)为德国模块化 SERO40 – S 型攻击潜望镜本体的三大组件:上镜头与主镜管、目镜头、十字头外形图。

(4) 导电滑环

因为这种布局的潜望镜电气线路的一部分已被安排在目镜头组件上,所以经过导电滑环的路数要减少很多。其滑环的体积较小,通常都是装于目镜头的底部。图 3 – 26(见 718 页)为英国二腔式的小型潜望镜目镜头下方的导电滑环外形图。

值得推崇的是,这种配置的导电滑环解决防转问题的方案,没有采用从艇铺板上伸出的防转臂结构,而是采用了一种差动器的机构(图 3 – 27)。

图中的大太阳轮 1 固定在十字头部件 9 的壳体上,当十字头部件被液压拉杆提升到顶端时,十字头部件壳体上的定位销 5 将插入艇舱顶的销孔中,保持此太阳轮不动。系杆 3 通过轴承座 6 安装在目镜头外壳体 7 上,在系杆的上下端各装有一个相同的小齿轮 4,上端的小齿轮与太阳轮 1 啮合,当潜望镜目镜头转动时,带动系杆回转(绕太阳轮 1 公转),此时也引起系杆的自转。而在导电滑环 8 的外壳体上装有一个相同的太阳轮 2,当系杆产生自转时,其下端的小齿轮将带动太阳轮2以和目镜头同样的转速朝相反方向回转,其最后的结果是使与下部太阳轮固结的导电滑环外壳体维持不动,这就巧妙地解决了导电滑环的防转问题。

(5)电缆及接线盒

一般采用柔性金属护套电缆和悬挂部件,上端与导电滑环连接,下端与艇上的接线盒连接,并解决潜望镜下端在升降井中升降时电缆的移动问题。

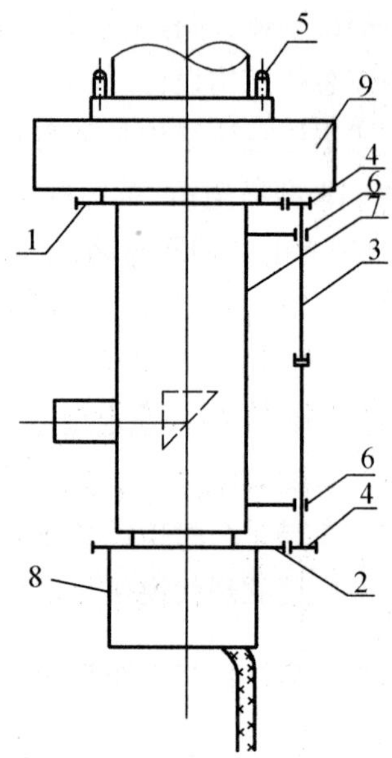

图3-27 解决导电滑环防转的差动器机构

3. 二腔式总体结构布局的优势

经分析,二腔式总体结构布局有以下优势。

(1)有利于可靠性的提高

以二腔式总体结构为主要特点,采用模块化设计制造的几种类型潜望镜的制造商都无一例外地宣称,用此种技术设计制造的潜望镜被证明可靠性是非常好的,只用少量日常维护保养就可实现全部使用性能。这是因为目镜头与主镜管的分离,使主镜管的失调因素大大减少,而目镜头的维护保养又易于进行。

(2)有利于维修性和安全性的提高

使潜望镜的吊装与维修工作非常便利,大大提高了工作效率;主镜管组件可靠性大大提高,一般不会产生故障,而目镜头组件故障,则因拆修方便而便于维修。将目镜头的内压安全问题排除,只用主镜管来承担,无疑提高了使用潜望镜的安全性。

(3)有利于制造生产

一个艇上的两根不同型号的潜望镜,可以采用相同的目镜头构造,二者的通用率很高(据称有的已达到90%),这明显有利于制造生产,降低制造成本。

(4)有利于光电潜望镜的发展改进

一体不拆卸的目镜头,给光电潜望镜的改进设计提供了方便,它使布局更为合理,空间得以充分的利用,只须多增设新的模块或更换模块即可。光电潜望镜功能的发展,离不开上镜头的改变,如果需要改进功能只需更换主镜管组件即可解决,大大减小了修改的工作量。

(5)有利于潜望镜的熟练使用

潜望镜操控和使用功能的规范化配置,无疑将使使用者能更块地熟练潜望镜的操作,尤其是一个艇上的两根潜望镜,采用相同的目镜头时,更是如此。

以上两种不同总体结构布局特性的比较,见表3-3。

表 3-3 两种不同总体结构布局的特性比较

	优点	缺点
一腔式总体结构布局	a. 整机调试性能容易实现; b. 干燥维护易于实现	a. 往艇上的安装难度大,效率低; b. 故障维修困难; c. 镜管漏气失调因素多,使用可靠性差; d. 目镜头外空间利用性差,不利于光电潜望镜发展改进; e. 不利于模块化设计制造; f. 不利于潜望镜的安全性设计
二腔式总体结构布局	a. 往艇上的安装难度大大降低; b. 主镜管受漏气影响的因素大大降低,使用可靠性大大提高; c. 故障维修容易; d. 目镜头外空间的利用性好,利于光电潜望镜的改进发展; e. 有利于模块化的设计制造,降低生产成本; f. 有利于潜望镜的安全设计; g. 有利于潜望镜熟练使用	a. 两段布局给潜望镜的整机性能调试带来一定的麻烦; b. 主镜管的干燥维护较麻烦

3.5 潜望镜测量系统精度分析

3.5.1 精度的概念及精度分析设计的方法步骤

1. 概述

潜艇潜望镜是军用观察与测量用仪器,涉及的精度问题较多,是各种功能设计的核心问题之一。如潜望镜的测天定位功能中,测量天体高度的精度,测量天体舷角的精度便是测天定位功能的核心问题。而瞄准线稳定精度,补偿系统的补偿精度等则属于其派生的精度设计问题。

在潜望镜的光学测距功能中,测距精度也是其核心问题;而在激光测距功能中,测中率问题实质上也是一种精度问题。

在潜望镜的俯仰和方位搜索瞄准过程中,还曾出现过俯仰像跳问题和方位瞄准精度问题,前者是在俯仰时瞄准线不平稳运动的现象,后者则反快了方位操控系统不灵敏的问题。

潜望镜测量目标的方位精度和舷角精度,是这种设备的重要技术指标之一。而变倍跳动是潜望镜较特殊的误差问题。

在潜望镜设计中出现的精度问题,既有机构误差的影响,也有光学系统的影响,还有控制系统的影响;既有静态精度计算问题,也有动态精度计算问题。

精度的设计或分析涉及到潜望镜方案的选定,是潜望镜总体设计中无法逾越的课题;

由于我们在潜望镜的研制实践中积累了一定的精度分析知识，所以本书在此章中特把这部分作为重点予以介绍。

2. 仪器精度指标的概念

作为现代的仪器或系统，仪器精度指标相对于机构精度指标所包含的范围更大、更广，也更能全面地评价潜望镜或潜艇光电设备的精度问题。

(1)仪器的静态特性与精度指标

①仪器的静态特性与线性度误差 当输入量不随时间的变化而变化或变化十分缓慢时，输出与输入量之间的关系称为仪器的静态特性。当输入 x 和输出 y 呈线性关系时，仪器静态特性是线性函数，可表示为

$$y = kx \tag{3-1}$$

式中 k——灵敏度或放大比。

在规定条件下，通常希望仪器的输入与输出为一种规定的线性关系，即 $y_0 = k_0 x$，如果仪器实际特性与规定特性不符，就会产生非线性误差，定义

$$\Delta(x) = f(x) - k_0 x \tag{3-2}$$

式(3-2)也称为仪器的静态精度特性，一般以两者的最大偏差与标称输出范围 A 的百分比来表示仪器的线性度，即

$$\text{线性度} = \frac{\Delta(x)_{\max}}{A} \times 100\% \tag{3-3}$$

②示值误差与示值重复性 示值误差越小，表明仪器的准确度越高。重复性误差小，表明仪器的精密度高。

③灵敏度与分辨率 灵敏度是指仪器对被测量变化的反应能力，这相当于机构精度指标中的迟钝度。分辨率是指仪器显示的最末一位数字间隔或一个刻度所代表的被测量值。

④仪器的稳定性与漂移 仪器的稳定性就是在规定的条件下，仪器的某些性能随时间保持不变的能力。漂移是指仪器特性随时间的缓慢变化，分别有零点漂移和灵敏度漂移两种，它们是仪器的精度稳定性指标。

⑤滞差 相当于机构误差的变动度指标。

(2)仪器的动态特性与精度指标

现代光电潜望镜是一种光机电一体化的高阶复杂系统，动态特性和精度这些与时域参数有关的功能特性是必须关注的重要指标。

①仪器的动态特性 当输入信号是瞬态值或随时间的变化值时，仪器的输出(响应)与输入(激励)之间的关系称为仪器动态特性。由于仪器中存在着弹性、惯性和阻尼，因此输出信号不仅与输入信号有关，还与输入信号的变化速度、加速度等有关。常用传递函数、脉冲响应函数和频率响应函数分别在复域、时域和频域内分析仪器的动态特性。

传递函数是描述仪器传递信息特性的函数，是仪器结构参数的表达式，它只取决于仪器本身的结构，而与输入信号无关。

频率响应函数反映的是系统对不同频率激励响应的能力，它是在频域中对系统稳态特性的描述。

②动态偏移误差(又称为测量仪器的准确度)和动态重复性误差(又称为测量系统的精密度)(图3-28) 动态偏移误差 $\Delta(t)$ 是一种有规律的或在一定条件下有固定大小和符号

的误差，它由输入信号的形式和仪器的动态特性所决定。动态仪器的输出应能正确反映输入，故定义动态偏移误差 $\Delta(t)$ 为输出信号 $y(t)$ 与输入信号 $x(t)$ 之差，即

$$\Delta(t)=y(t)-x(t)$$

已知输入信号 $x(t)$ 的函数形式，为求动态偏移误差，就必须先求出输出信号 $y(t)$ 的函数形式。为此可通过解微分方程法，仪器的脉冲响应函数与输入信号的时域卷积法或由仪器的传递函数与输入信号拉氏变换乘积的拉氏反变换法来求出；也可用实测的方法得到输出信号 $y(t)$ 的样本集合，在特定的动态测量条件下，通过多次测量，把 $y(t)$ 的均值 $M[y(t)]$ 与被测量信号 $x(t)$ 之差，作为测量仪器的动态偏移误差，即

$$\Delta(t)=M[y(t)]-x(t) \tag{3-4}$$

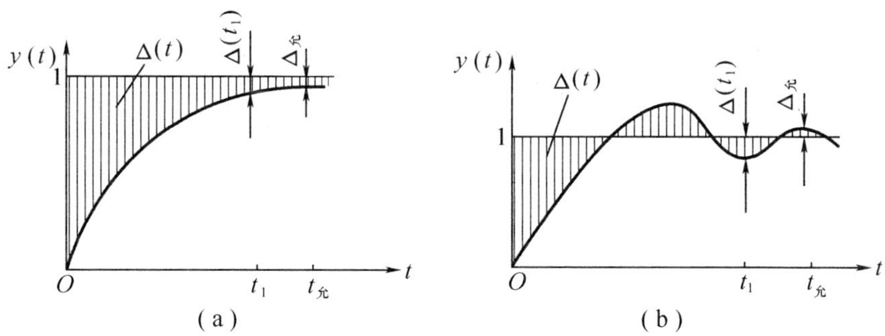

图 3-28　系统动态偏移误差示意图

(a)一阶系统；(b)二阶系统

动态重复性误差是在特定的动态测量条件下，对同一动态输入信号进行多次重复测量，其输出测量结果的符合程度，即测量系统的可靠程度。对于各态历经平稳随机过程，可用一组测量结果的样本来描述测量系统的精密度，即

$$\sigma(t_i)=\sqrt{\frac{1}{N}\sum_{i=1}^{N}\{y_i(t)-M[y(t)]\}}$$

式中　$y_i(t)$——测量结果的样本观测值；

$M[y(t)]$——测量结果样本观测值的均值。

动态偏移误差和动态重复性误差是在时域表征动态测量仪器的精度，分别代表了动态仪器响应的准确程度和精密程度。

③理想仪器与频率响应精度　对于理想的动态测量仪器，在稳态的测量条件下，其输出信号 $y(t)$ 应能不失真地再现输入信号 $x(t)$，在时域它们之间的关系为

$$y(t)=A_0x(t-\tau_0) \tag{3-5}$$

式中　A_0——仪器的增益或静态灵敏度；

τ_0——输出信号的滞后时间。

对上式进行傅立叶变换，则仪器的频率响应函数为

$$H(\mathrm{j}\omega)=\frac{Y(\mathrm{j}\omega)}{X(\mathrm{j}\omega)}=A_0\mathrm{e}^{-\mathrm{j}\omega\tau_0} \tag{3-6}$$

理想仪器的幅频特性为 $|H(\mathrm{j}\omega)|=A_0$；相频特性为 $\varphi(\omega)=-\tau_0\omega$。由此可知，理想不失真仪器的幅频特性应该是与频率无关的常数，相频特性应该与频率呈线性关系。而实际上是不可能做到的。但可选择某一足够精度的频率范围作为仪器系统不失真特性的范围，称为仪

器的频率响应范围,在这个频率范围之内与理想仪器相比所产生的最大幅值误差与相位误差,就代表了仪器的频率响应精度。它是仪器的稳态响应精度指标,表征了仪器对不同频率信号的响应能力。

3. 仪器允许总误差的确定

(1)仪器精度与测量精度

仪器精度指的是由于仪器构造在原理上、制造技术上的缺陷所带来的误差而决定的仪器自身的精确程度。它是评价仪器质量、仪器设计与制造水平的根本指标。

测量精度指的是仪器精度、使用条件、外界因素、测量方法以及与操作者的经验和生理限制等因素有关的综合精度,实际上,它是仪器的使用精度。

(2)测量精度指标

常用的测量精度指标有五种:平均误差 θ;极限误差 $\delta_{\lim}$;相对误差 f;或是误差 $\rho = 0.674\ 56\sigma \approx 2/3\ \sigma$ 和标准误差 σ。

$$\sigma = \sqrt{\frac{\sum_{i=1}^{n} v_i^2}{n-1}} \tag{3-7}$$

(3)仪器精度指标的确定

采用哪一种测量精度指标作为仪器精度指标取决于仪器的用途和测量方法。

按一定测量程序工作的仪器,通过数据处理,能最大程度地抵消系统误差,而残余的系统误差可按随机量来处理。因此,这样的测量系统可近似认为不存在系统误差。对这类仪器来说,用一次测量的标准误差来评价仪器精度比较方便,如高精度经纬仪和测天定位系统。

对军用仪器,实际要求在短时间内完成观测任务,尤其是用于测量活动目标和修正射击时,更是这样。这表明不能依靠增加测量次数来提高精度。因此,军用仪器的工作方法,在大多数情况下,只能是单次直接测量(测天定位系统除外),动态测量仪器也是这样。所以应当用极限误差表示仪器的精度指标。

4. 仪器(系统)精度分析和精度设计的阶段与过程

(1)仪器(系统)精度分析的阶段与过程

仪器的精度分析,按以下步骤进行。

①分析寻找仪器源误差。

②计算分析各个源误差对仪器精度的影响。这种影响可以用误差影响系数与该源误差的乘积来表示,称为一个局部误差。即一个源误差使仪器产生一个局部误差,而仪器的总误差就是由许多局部误差综合而成的。

③误差综合。根据各个源误差对仪器精度影响估计仪器的总误差,并判断仪器总误差是否满足精度设计所要求的数值。

(2)仪器(系统)精度设计的阶段与过程

仪器精度设计是仪器精度分析综合的反问题,其根本任务是将给定的仪器总误差合理分配到仪器的各个组成部件上,为正确设计仪器的各个组成部件结构以及制定零部件的公差和技术要求提供依据。仪器(系统)的精度分析是精度设计的基础环节,而精度设计的含义要更为广泛,其方法步骤大体如下:

①通过对起始数据分析，将仪器使用精度要求转换成设计精度指标；

②根据仪器用途，明确其工作原理，以建立测量方程式，确定仪器最少组成环节，并由此构成测量回路原理框图；

③找出测量回路各个环节的误差来源；

④局部误差分析求解；

⑤误差分配，局部误差允许值的确定；

⑥仪器构造参数计算、有关零部件公差的确定以及误差补偿和调整；

⑦拟定与仪器精度有关的制造与验收技术条件，提出检验方法与要求。

这种设计又可分为静态精度设计和动态精度设计两种。

3.5.2　潜望镜典型局部误差分析

1. 绪言

计算分析各源误差对仪器总精度的影响，是仪器精度分析的关键环节。通常用的方法有微分法、几何法、逐步投影法、作用线与瞬时臂法、数学逼近法、经验估算法和实验测试法等。

矢量代数法与球面三角法是应用数学方法来解决空间位置和方向误差的分析计算方法，主要用于光学仪器的精度分析中。它适用于潜望镜轴系误差、镜管弯曲误差、光学系统的参数和校正状态等误差的分析。球面三角法分析与矢量代数法相结合，分析轴系误差有清晰直观、概念清楚等优点。

光学仪器的瞄准误差是光学测量仪器的重要误差源，其误差分析方法已在参考文献[12]中作了详细的介绍。而光电潜望镜中往往用光电器件代替人眼观测瞄准，在这种情况下，瞄准误差的分析是一个全新的课题，参考文献[20][21]在此方面作了研讨。针对 CCD 面阵测量传感器存在离散分布和积分时间两大特点，当点像目标的图像尺寸趋近于像素级时，可采用细分方法，即亚像素定位方法，其细分精度可达 1/10～1/5 像素水平。对于在动态下进行测量瞄准时，由于 CCD 器件积分时间的影响，将会造成取样时间与 CCD 对应像元的不准确而造成瞄准误差。参考文献[21]认为将取样时间与目标像点运动的质心对应所产生的误差，要比与目标像点运动的形心对应所产生的瞄准误差小。在此方面还有细致的分析研究工作要做。

控制系统误差分析是现代光电潜望镜测量系统中常遇到的，也是精度分析人员比较生疏的课题，因此有必要介绍这方面的内容。

2. 潜望镜轴系误差的矢量代数法分析[12][23][24][26]

用潜望镜进行精密测天定位时，方位瞄准是转动整个镜管，俯仰瞄准是转动上棱镜。则镜管外圆柱面的轴线就构成了潜望镜轴系的第一个轴——竖直轴；上棱镜的转动轴线构成了潜望镜轴系的第二个轴——水平轴；而潜望镜瞄准分划板十字线中心与其组合物镜的后主点连线，则构成了潜望镜轴系的第三个轴——瞄准轴。另外，对于潜望镜而言，还有一项特有的，即其上棱镜的反射面是否与水平回转轴平行的误差，称为准直误差。对于细长杆状的潜望镜来说，要想使这三个轴（还包括准直误差）的关系处于理想位置，则是一件比较困难的制造课题。而这三个轴间的关系不理想，将是造成潜望镜静态测量天体高度角和方位角的主要误差源。所以,潜望镜轴系的误差分析问题,自很早以来就引起了人们的注意。在参考文献[23]中曾用球面三角法对潜望镜的轴系误差进行了开创性的分析,在参考文献[12][22]中对以上文献进行了翻译整理。由于用球面三角法不便于确定瞄准线的物方轨迹方程,而是要通过一个垂直偏离量进行变换计算,因此推导过程复杂,概念也不够清晰。在参考文献[26]中,利用矢量代数法易于求取物方瞄准线轨迹的优势,确定了四种轴系误差情况下所产生的有误差的物方瞄准线轨迹方程;同时保留了球面坐标具有可形象地表达测量误差的优点,因此可使潜望镜轴系误差的分析计算概念更为清晰,计算也更为快捷。为此,以下将作为重点予以介绍。

(1)角度偏移与测角误差的基本关系式

潜望镜用作测角仪器时,主要是测量空间目标(如星体)的水平角(以下称方位角)和俯仰角(以下称高度角)。根据测角工作原理,其轴系应满足如下要求:

①当测量垂直角时,仪器瞄准轴线应严格沿子午面上的圆弧弧段移动;

②当测量水平角时,瞄准轴线应严格沿等纬度线上圆弧弧段移动,而在瞄向水平时,应沿赤道线上圆弧弧段移动。

由于潜望镜制造误差的存在,使其轴系相互状况不理想,一般做不到以上要求,而产生瞄准线偏移误差。瞄准轴线相对于子午面圆弧的偏移称为垂直偏移,以 δ 表示;而瞄准轴线相对于水平面的偏移,则称为水平偏移,以 η 表示。

$$\eta = \Delta i_{\varphi_2} - \Delta i_{\varphi_1} \tag{3-8}$$

式中 Δi_{φ_1}——当瞄准水平角为 φ_1 的点 1 时的垂直角误差;

Δi_{φ_2}——当瞄准水平角为 φ_2 的点 2 时的垂直角误差。

仪器作高低扫描时,瞄准线轨迹 TBO 偏离了铅垂线位置,相对于零位子午线有不同的角距离:在瞄向水平方向时,角距为 a_0;在瞄向高度角为 i 的点 B 时,则角距为 a_i,见图3-29。

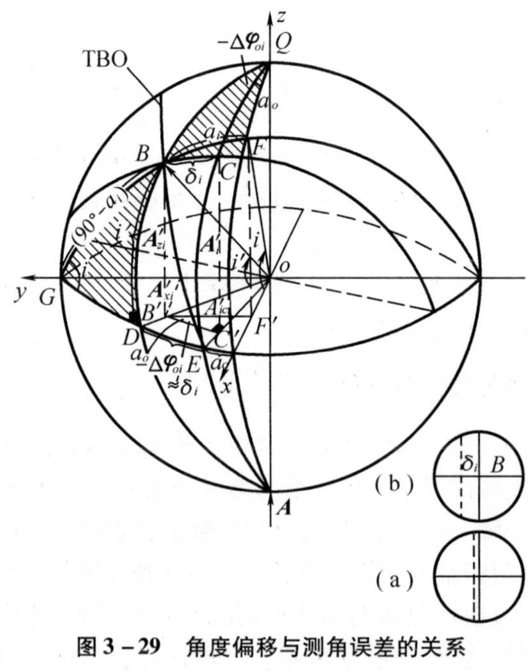

图 3-29 角度偏移与测角误差的关系

①瞄准点位置坐标与垂直偏移和方位角误差的关系　为了确定垂直偏移，必须先对铅垂线上的水平点进行瞄准，如图 3－29 中(a)所显示的视场。然后不改变水平瞄准而将镜管瞄向垂直角为 i 的点 B，从图 3－29 中(b)上看出十字线中心相对于铅垂位置偏移了一个角度 δ_i，即垂直偏移。

过点 B 作一子午圆，即得瞄准线由水平位置($i=0$)瞄向高度角 i 时，水平角积累误差 $\Delta\varphi_{oi}$，即

$$\Delta\varphi_{oi}=\varphi_0-\varphi_B<0$$

式中　φ_0——当瞄准铅垂线的水平点时，在水平度盘上读取的读数；

φ_B——瞄准点 B 的实际方位角度，该值大于 φ_0。

垂直偏移量 δ_i 可用对铅垂面的垂线来度量，也就是说用过 B 点引出的垂直于过瞄准线轨迹之水平点 E 的铅垂面之大圆上的弧段来度量，即 BC 弧段。

设用一物空间单位向量 A_i'表示瞄准 B 点的坐标位置，有

$$\boldsymbol{A}_i'=\begin{bmatrix}A_{xi}'\\A_{yi}'\\A_{zi}'\end{bmatrix}$$

则向量 $\boldsymbol{A}_i'$与水平面的夹角为 B 点的理论高度角 i'，而实际的测量高度角皆是绕 oy 轴转动。为此，过 B 点作一垂直零子午面的大圆，与零子午线相交于 F 点，而 oF 线与水平面的夹角为潜望镜上棱镜所测出的实际高度角 i。从 B，C 两点分别向水平面 oxy 投影，得 B'，C'点，则 $B'C'\approx\delta_i$，且垂直于 oE。由图中关系可以得出

$$\delta_i=\boldsymbol{A}_i'\cdot\cos i\cdot\sin\Delta\varphi_{oi}$$

因 $\boldsymbol{A}_i$ 为单位向量，$\Delta\varphi_{oi}$很小且为负值，$\sin\Delta\varphi_{oi}\approx-\Delta\varphi_{oi}$，所以有

$$\Delta\varphi_{oi}=-\frac{\delta_i}{\cos i}\qquad(3-9)$$

而根据 δ_i 与瞄准点 B 位置坐标的关系，由图可得

$$\delta_i=(A_{yi}'-A_{xi}'\tan a_0)\cos a_0$$

由于在装校中产生的 a_0 很小，所以有 $\cos a_0\approx1$，$\tan a_0\approx a_0$，因此可得

$$\delta_i\approx A_{yi}'-A_{xi}'a_0\qquad(3-10)$$

$$A_{y0}'=\sin a_0\quad\text{或}\quad A_{y0}'\approx a_0\qquad(3-11)$$

即 a_0(弧度值)等于物方瞄准点在俯仰角为零时的 y 轴投影值。

②瞄准点位置坐标与垂直偏移和高度角误差的关系　由图 3－29 中左面阴影球面直角三角形，根据正弦定理有

$$\frac{\sin i'}{\sin i}=\frac{\sin(90°-a_i)}{\sin 90°}$$

$$\sin i'=\cos a_i\sin i\qquad(3-12)$$

高度角测角误差为

$$\Delta i=i'-i\qquad\qquad i'=i+\Delta i$$

$$\sin i'=\sin(i+\Delta i)=\sin i\cos\Delta i+\sin\Delta i\cos i$$

由于 Δi 误差较小，有 $\cos\Delta i\approx1$，$\sin\Delta i\approx\Delta i$，代入可得

$$\sin i'=\sin i+\Delta i\cos i$$

用(3－12)式替换可得

$$\cos a_i \sin i = \sin i + \Delta i \cos i$$

$$\Delta i = (\cos a_i \sin i - \sin i)/\cos i = (\cos a_i - 1)\tan i = -\frac{a_i^2}{2}\tan i \tag{3-13}$$

在图 3-29 中,由 F 点向水平面 oxy 作垂线得 f' 点,$B'f'$ 即等于像向量在 oy 轴向的投影 A'_{yi},有 $a_i \approx A'_{yi}$, 代入(3-13)式可得

$$\Delta i = -\frac{A'^2_{yi}}{2}\tan i \tag{3-14}$$

(2)准直误差对方位角和高度角测量精度的影响

准直误差是指上棱镜的反射面法线与其水平回转轴不垂直的误差,如图 3-30 所示。设准直误差用 k 来表示,它代表上棱镜法线向量 $\boldsymbol{N}$ 在弧矢面内倾斜与竖直轴的夹角。

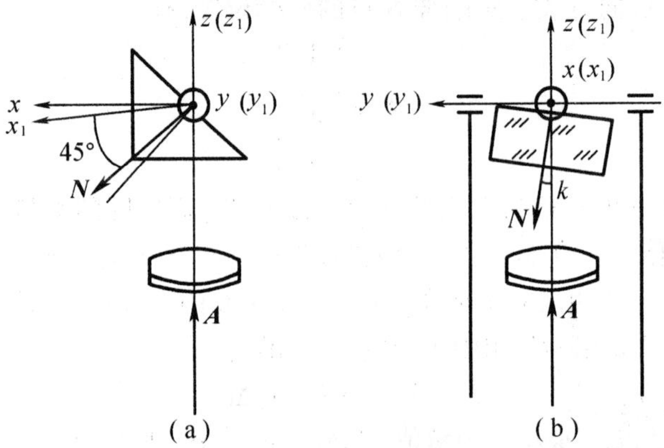

图 3-30 准直误差与坐标系的建立

①坐标系的建立与像向量的矩阵求解 先建立与图 3-29 一致的静坐标系 $oxyz$,其中 oz 轴向上且与潜望镜的光轴一致,oy 轴与上棱镜的水平回转轴一致,为左手坐标系。另外建立一个与上棱镜固结的动坐标系 $ox_1y_1z_1$,其中的 oy_1 轴与 oy 轴一致,棱镜的法线与 ox_1 轴成45°。在起始位置,即仰角 $i=0$ 时,二坐标系重合。设瞄准线向量为 $\boldsymbol{A}$,它与潜望镜的光轴即 oz 轴方向一致(见图 3-30)。

建立求像向量的矩阵方程为

$$\boldsymbol{A}'_{ki} = \boldsymbol{A}_1^{-1}\boldsymbol{S}_1\boldsymbol{G}_1\boldsymbol{A} \tag{3-15}$$

式中,$\boldsymbol{A} = \begin{bmatrix} 0 \\ 0 \\ 1 \end{bmatrix}$ 即物向量 $\boldsymbol{A}$ 在静坐标系 $oxyz$ 中的表达式。

$\boldsymbol{G}_1$ 为静坐标系 $oxyz$ 到动坐标系 $ox_1y_1z_1$ 的绕 oy 轴转动的坐标转换矩阵(与右手坐标系表达式有所不同),表示为

$$\boldsymbol{G}_1 = \begin{bmatrix} \cos\frac{i}{2} & 0 & \sin\frac{i}{2} \\ 0 & 1 & 0 \\ -\sin\frac{i}{2} & 0 & \cos\frac{i}{2} \end{bmatrix}$$

上棱镜法线向量在动坐标系 $ox_1y_1z_1$ 中的表达式为

$$N = \begin{vmatrix} \cos k\cos 45° \\ \sin k \\ -\cos k\sin 45° \end{vmatrix}$$

S_1 为存在准直误差时棱镜的作用矩阵

$$S_1 = M = \begin{bmatrix} 1-2Nox^2 & -2NoxNoy & -2NoxNoz \\ -2NoxNoy & 1-2Noy^2 & -2NoyNoz \\ -2NoxNoz & -2NoyNoz & 1-2Noz^2 \end{bmatrix} = \begin{bmatrix} \sin^2 k & -\frac{\sqrt{2}}{2}\sin 2k & \cos^2 k \\ -\frac{\sqrt{2}}{2}\sin 2k & 1-2\sin^2 k & \frac{\sqrt{2}}{2}\sin 2k \\ \cos^2 k & \frac{\sqrt{2}}{2}\sin 2k & \sin^2 k \end{bmatrix}$$

G_1^{-1} 为动坐标系 $ox_1y_1z_1$ 到静坐标系 $oxyz$ 的绕 oy 轴转动的坐标转换矩阵，即 G_1 的逆矩阵

$$G_1^{-1} = \begin{bmatrix} \cos\frac{i}{2} & 0 & -\sin\frac{i}{2} \\ 0 & 1 & 0 \\ \sin\frac{i}{2} & 0 & \cos\frac{i}{2} \end{bmatrix}$$

代入像向量的求解矩阵，可得

$$A'_{ki} = \begin{bmatrix} \cos\frac{i}{2} & 0 & -\sin\frac{i}{2} \\ 0 & 1 & 0 \\ \sin\frac{i}{2} & 0 & \cos\frac{i}{2} \end{bmatrix} \begin{bmatrix} \sin^2 k & -\frac{\sqrt{2}}{2}\sin 2k & \cos^2 k \\ -\frac{\sqrt{2}}{2}\sin 2k & 1-2\sin^2 k & \frac{\sqrt{2}}{2}\sin 2k \\ \cos^2 k & \frac{\sqrt{2}}{2}\sin 2k & \sin^2 k \end{bmatrix} \begin{bmatrix} \cos\frac{i}{2} & 0 & \sin\frac{i}{2} \\ 0 & 1 & 0 \\ -\sin\frac{i}{2} & 0 & \cos\frac{i}{2} \end{bmatrix} \begin{bmatrix} 0 \\ 0 \\ 1 \end{bmatrix}$$

$$= \begin{bmatrix} (\cos\frac{i}{2}\sin^2 k - \sin\frac{i}{2}\cos^2 k)\sin\frac{i}{2} + (\cos\frac{i}{2}\cos^2 k - \sin\frac{i}{2}\sin^2 k)\cos\frac{i}{2} \\ \frac{\sqrt{2}}{2}\sin 2k(-\sin\frac{i}{2} + \cos\frac{i}{2}) \\ (\sin\frac{i}{2}\sin^2 k + \cos\frac{i}{2}\cos^2 k)\sin\frac{i}{2} + (\sin\frac{i}{2}\cos^2 k + \cos\frac{i}{2}\sin^2 k)\cos\frac{i}{2} \end{bmatrix}$$

$$= \begin{bmatrix} \cos^2 k\cos i \\ \frac{\sqrt{2}}{2}\sin 2k(\cos\frac{i}{2} - \sin\frac{i}{2}) \\ \sin^2 k + \cos^2 k\sin i \end{bmatrix} \approx \begin{bmatrix} \cos i \\ \sqrt{2}k(\cos\frac{i}{2} - \sin\frac{i}{2}) \\ k^2 + \sin i \end{bmatrix} \tag{3-16}$$

式(3－16)为存在准直误差时，物方瞄准线的轨迹方程。式中，因准直误差为小量，所以有：$\sin k \approx k$，$\cos k \approx 1$，此关系对以下讨论的各项轴系误差皆适用。

②高度角方位角误差的求取　根据(3－11)式可求得

$$a_0 = \sqrt{2}k(-\sin\frac{0°}{2} + \cos\frac{0°}{2}) = \sqrt{2}k$$

根据(3－10)式可求得

$$\delta_i = A'_{yi} - A'_{xi}a_0 = \sqrt{2}k(\cos\frac{i}{2} - \sin\frac{i}{2}) - \cos i \cdot \sqrt{2}k$$

$$\approx\sqrt{2}k[(\cos\frac{i}{2}-\sin\frac{i}{2})-\cos i]$$

根据(3－9)式可求得方位角误差为

$$\Delta\varphi_{ki}=-\frac{\delta_i}{\cos i}=-[\sqrt{2}k(\cos\frac{i}{2}-\sin\frac{i}{2})-\cos i\cdot\sqrt{2}k]/\cos i$$

$$\approx\sqrt{2}k(1-\frac{1}{\cos\frac{i}{2}+\sin\frac{i}{2}}) \tag{3-17}$$

将矩阵式(3－16)中的第二项代入式(3－14)，可得产生的高度角误差为

$$\Delta i_{ki}=-\frac{A'^2_{yi}}{2}\tan i=-k^2(\cos\frac{i}{2}-\sin\frac{i}{2})^2\tan i \tag{3-18}$$

由式(3－17)，(3－18)可知，准直误差所引起的方位误差为一阶量，而引起的高度误差则为二阶微量。

(3)上棱镜水平回转轴的倾斜对方位角与高度角测角精度的影响

上棱镜水平回转轴的倾斜是指上棱镜水平回转轴在弧矢面的倾斜，用 l 表示，它代表上棱镜的回转轴与静坐标系的 oy 轴的夹角，见图 3－31。

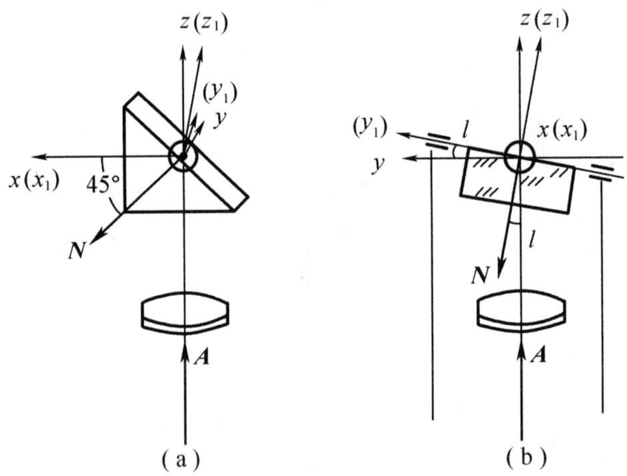

图 3－31　水平回转轴的倾斜与坐标系的建立

①坐标系的建立与像向量的矩阵求解　静坐标系的建立和物向量 $\boldsymbol{A}$ 的坐标表达式同准直误差一节，而动坐标系 $ox_1y_1z_1$ 的建立则有所不同。这里 oy_1 轴与上棱镜的水平回转轴一致，ox_1z_1 面在棱镜的主截面内，上棱镜的法线 $\boldsymbol{N}$ 与 ox_1 轴夹角为 45°，像向量的求解矩阵方程为

$$\boldsymbol{A}'_l=\boldsymbol{G}_2^{-1}\boldsymbol{G}_1^{-1}\boldsymbol{S}_2\boldsymbol{G}_1\boldsymbol{G}_2\boldsymbol{A} \tag{3-19}$$

式(3－19)表示随上棱镜一起回转的动坐标系 $ox_1y_1z_1$，先要相对静坐标系 ox 轴作一微量转动 l 角(乘 $\boldsymbol{G}_2$ 矩阵)，再作俯仰转动(乘 $\boldsymbol{G}_1$ 矩阵)，最后必须乘相应的逆矩阵，以便回到静坐标系，使像向量仍用静坐标系来表达，以便于根据图 3－29 进行误差计算。

上棱镜法线向量的矩阵表达式为

$$\boldsymbol{N}=\begin{bmatrix}\cos 45°\\0\\-\sin 45°\end{bmatrix}$$

代入反射镜作用矩阵公式可得

$$S_2=\begin{bmatrix}0&0&1\\0&1&0\\1&0&0\end{bmatrix}$$

由图3－26得 G_2 矩阵表达式为

$$G_2=\begin{bmatrix}1&0&0\\0&\cos l&\sin l\\0&-\sin l&\cos l\end{bmatrix}$$

其他矩阵表达式同上节。代入像向量求解矩阵可得

$$A_l'=\begin{bmatrix}1&0&0\\0&\cos l&-\sin l\\0&\sin l&\cos l\end{bmatrix}\begin{bmatrix}\cos\frac{i}{2}&0&-\sin\frac{i}{2}\\0&1&0\\\sin\frac{i}{2}&0&\cos\frac{i}{2}\end{bmatrix}\begin{bmatrix}0&0&1\\0&1&0\\1&0&0\end{bmatrix}\begin{bmatrix}\cos\frac{i}{2}&0&\sin\frac{i}{2}\\0&1&0\\-\sin\frac{i}{2}&0&\cos\frac{i}{2}\end{bmatrix}\begin{bmatrix}1&0&0\\0&\cos l&\sin l\\0&-\sin l&\cos l\end{bmatrix}\begin{bmatrix}0\\0\\1\end{bmatrix}$$

$$=\begin{bmatrix}\cos i\cos l\\\cos l\sin l(\sin i-1)\\\sin^2 l+\cos^2 l\sin i\end{bmatrix}\approx\begin{bmatrix}\cos i\\l(\sin i-1)\\l^2+\sin i\end{bmatrix}\tag{3-20}$$

②高度角方位角误差的求取　根据(3－11)式可得

$$a_0\approx A_{y0}'=-l$$

根据(3－10)式可求得

$$\delta_i=A_{yi}'-A_{xi}'a_0=l(\sin i-1)+l\cos i$$

根据(3－9)式可求得方位误差为

$$\Delta\varphi_{li}=-\frac{\delta_i}{\cos i}=[l(\sin i-1)+l\cos i]/\cos i=l(1+\tan i-\sec i)\tag{3-21}$$

根据(3－14)式可求得产生的高度角误差为

$$\Delta i_{li}=-\frac{A_{yi}'^2}{2}\tan i=-\frac{l^2}{2}(\sin i-1)^2\tan i\tag{3-22}$$

水平回转轴的倾斜所引起的方位角误差为一阶量，引起的高度角误差为二阶微量。

(4)瞄准轴侧向倾斜对方位角与高度角测角精度的影响

瞄准轴的倾斜误差是由于镜管的物镜或分划板从正确位置向旁侧位移而引起的。但瞄准轴子午面内的位移，只能改变垂直瞄准时的起始零位，该项误差可以在零位校正时消除。而瞄准轴在侧向的偏移才会引起测量误差。图3－32中瞄准轴的侧向倾斜用 q 表示，它代表瞄准线向量在弧矢面内与静坐标系 oz 轴的夹角。

①坐标系的建立与像向量的矩阵求解　静坐标系与动坐标系的建立完全同准直误差一节，只是物向量的矩阵、上棱镜作用矩阵的表达式有所不同。像向量的求解矩阵为

$$A_{qi}'=G_1^{-1}S_3G_1A_q\tag{3-23}$$

式中，$A_q=\begin{bmatrix}0\\\sin q\\\cos q\end{bmatrix}$，在这里，上棱镜的作用矩阵 S_2 同水平回转轴倾斜一节相同。

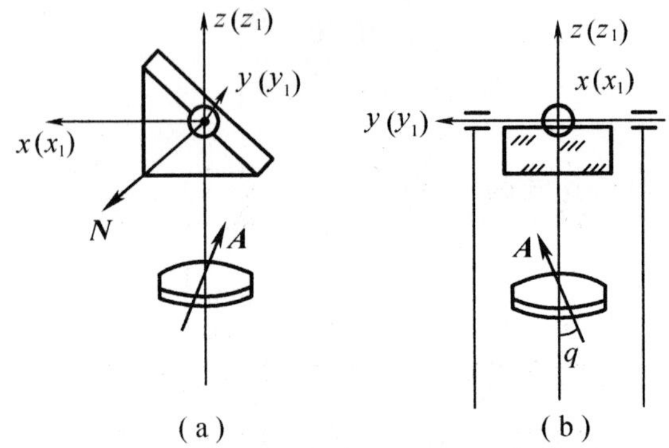

图 3-32 瞄准轴倾斜与坐标系的建立

将各矩阵代入(3-23)式可得

$$A'_{qi}=G_1^{-1}S_2G_1A_q=\begin{bmatrix}\cos\frac{i}{2} & 0 & -\sin\frac{i}{2}\\ 0 & 1 & 0\\ \sin\frac{i}{2} & 0 & \cos\frac{i}{2}\end{bmatrix}\begin{bmatrix}0&0&1\\0&1&0\\1&0&0\end{bmatrix}\begin{bmatrix}\cos\frac{i}{2} & 0 & \sin\frac{i}{2}\\ 0 & 1 & 0\\ -\sin\frac{i}{2} & 0 & \cos\frac{i}{2}\end{bmatrix}\begin{bmatrix}0\\ \sin q\\ \cos q\end{bmatrix}$$

$$=\begin{bmatrix}\cos i\cos q\\ \sin q\\ \sin i\cos q\end{bmatrix}\approx\begin{bmatrix}\cos i\\ q\\ \sin i\end{bmatrix}\tag{3-24}$$

②高度角方位角误差的求取 根据(3-11)式可得

$$A'_{y0}\approx a_0=q$$

根据(3-10)式可求得

$$\delta_i=A'_{yi}-A'_{xi}a_0=q-\cos i\cdot q=q(1-\cos i)$$

根据(3-9)式可求得方位误差为

$$\Delta\varphi_{qi}=-\frac{\delta_i}{\cos i}=q\frac{(1-\cos i)}{\cos i}\tag{3-25}$$

根据(3-14)式可求得产生的高度角误差为

$$\Delta i_{qi}=-\frac{q^2}{2}\tan i\tag{3-26}$$

(5)竖轴倾斜对水平角与垂直角测角精度的影响

竖轴倾斜误差指潜望镜的竖轴不在铅垂位置而引起的竖轴的不垂直度 m,是指竖轴在零子午面内的倾斜,即潜望镜竖轴与 oz 轴的夹角,见图 3-33。

①坐标系的建立与像向量的矩阵求解 另设一与潜望镜固结的动坐标系 $ox_1y_1z_1$,其 oy_1 轴与 oy 轴一致,oz_1 轴绕 oy 轴向前倾斜 m 角,则像向量的求解矩阵为

$$A'_{mi}=G_3J_1^{-1}G_1^{-1}S_2G_1J_1A\tag{3-27}$$

式(3-27)的意义是先求出像向量在动坐标系 $ox_1y_1z_1$ 中的表达式,然后再向静坐标系投影,得出在静坐标系 $oxyz$ 中的表达式。

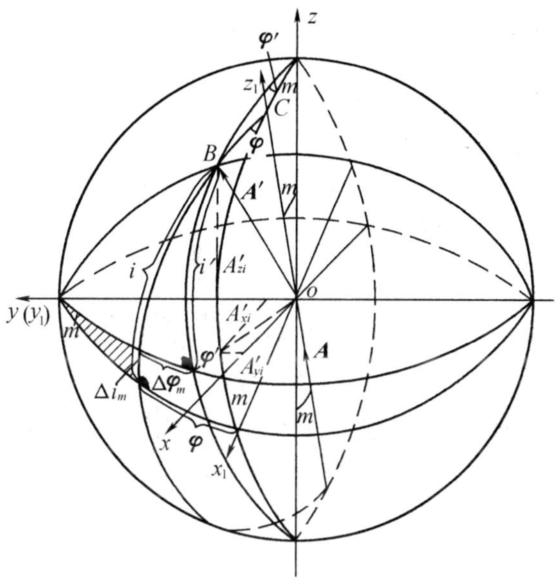

图 3-33　潜望镜竖轴在零子午面倾斜的影响

式中，$A=\begin{bmatrix}0\\0\\1\end{bmatrix}$，$G_3=\begin{bmatrix}\cos m & 0 & \sin m\\0 & 1 & 0\\-\sin m & 0 & \cos m\end{bmatrix}$，由于物向量 A 跟着一起运动，所以这里的 G_3 应为动坐标系到定坐标系的坐标转换矩阵。J_1 是绕 oz_1 轴转动 φ 角时的坐标转换矩阵，J_1^{-1} 为 J_1 的逆矩阵。

$$J_1=\begin{bmatrix}\cos\varphi & -\sin\varphi & 0\\\sin\varphi & \cos\varphi & 0\\0 & 0 & 1\end{bmatrix}$$

其他各矩阵式的表达式可参看以上各节。代入得

$$A'_{mi}=\begin{bmatrix}\cos m & 0 & \sin m\\0 & 1 & 0\\-\sin m & 0 & \cos m\end{bmatrix}\begin{bmatrix}\cos\varphi & -\sin\varphi & 0\\\sin\varphi & \cos\varphi & 0\\0 & 0 & 1\end{bmatrix}\begin{bmatrix}\cos\frac{i}{2} & 0 & -\sin\frac{i}{2}\\0 & 1 & 0\\\sin\frac{i}{2} & 0 & \cos\frac{i}{2}\end{bmatrix}\begin{bmatrix}0 & 0 & 1\\0 & 1 & 0\\1 & 0 & 0\end{bmatrix}$$

$$\begin{bmatrix}\cos\frac{i}{2} & 0 & \sin\frac{i}{2}\\0 & 1 & 0\\-\sin\frac{i}{2} & 0 & \cos\frac{i}{2}\end{bmatrix}\begin{bmatrix}\cos\varphi & \sin\varphi & 0\\-\sin\varphi & \cos\varphi & 0\\0 & 0 & 1\end{bmatrix}\begin{bmatrix}0\\0\\1\end{bmatrix}$$

$$=\begin{bmatrix}\cos\varphi\cos i+m\sin i\\\sin\varphi\cos i\\\sin i-m\cos\varphi\cos i\end{bmatrix}\tag{3-28}$$

②高度角方位角误差的求取　由图 3-33 可得方位角误差为

$$\Delta\varphi_{mi}=\varphi-\varphi'$$

$$\tan\Delta\varphi_{mi}=\tan(\varphi-\varphi')=\frac{\tan\varphi-\tan\varphi'}{1+\tan\varphi\cdot\tan\varphi'}$$

而 $\tan\varphi' = \frac{A'_{yi}}{A'_{xi}} = \frac{\sin\varphi\cos i}{\cos\varphi\cos i + m\sin i}$,代入上式可得

$$\Delta\varphi_{mi} \approx m\sin\varphi \cdot \tan i \tag{3-29}$$

由图 3-33 可得高度角误差为

$$\Delta i_{mi} \approx i - i' \qquad i' \approx i - \Delta i_{mi}$$

$$\sin i' \approx \sin(i - \Delta i_{mi}) = \sin i\cos\Delta i_{mi} - \sin\Delta i_{mi}\cos i$$

$$\Delta i_{mi} \approx \frac{\sin i - \sin i'}{\cos i}$$

又从图中有 $\sin i' = A'_{zi} = \sin i - m\cos\varphi\cos i$ 代入上式可得

$$\Delta i_{mi} \approx m\cos\varphi \tag{3-30}$$

由式(3-29),(3-30)可知,竖轴倾斜所产生的高度角方位角误差皆为一阶量值。

3.5.3 控制系统误差分析[2]

在有控制系统的测量设备中,系统以及电路的源误差同样影响仪器的静态与动态精度。下面介绍有关反馈控制系统误差的分析方法。

仪器控制系统从功能上看通常是由测量装置、比较元件、放大系统、校正装置以及执行机构所组成。其每一种功能都可以用传递函数来表达。控制系统受两种信号作用,即测量元件(传感器)所提供的测量信号以及扰动。前者是有用的输入信号,决定系统被控制量的变化规律;而后者是系统不希望的干扰,它破坏系统对输出信号的控制。在实际系统中,扰动总是不可避免的,它可以作用于系统的任何部位。电源电压的波动、环境温度、压力变化以及负载的变化等,都是现实中存在的扰动。它们对系统的影响使各个环节的输出信号产生偏移,最终引起控制系统的输出误差。除此之外,控制系统的各个环节在制造和安装过程中的误差,如电器元件参数的非理想性、电路微小参数的忽略等,也将引起每个环节输出的正确性,同样影响控制系统输出的精度。

例如闭环反馈控制系统,已知两个环节的输入信号为 x_1 和 x_2,输出信号为 y_1 和 y_2,静态灵敏度为 k_1 和 k_2,环节源误差用 Δy_1 与 Δy_2 表示,可以看作是在输出处与输出信号相加的信号。如图 3-34(a)所示。此时,各环节的输出信号便成为

$$y_1 = x_1k_1 + \Delta y_1$$
$$y_2 = x_2k_2 + \Delta y_2$$

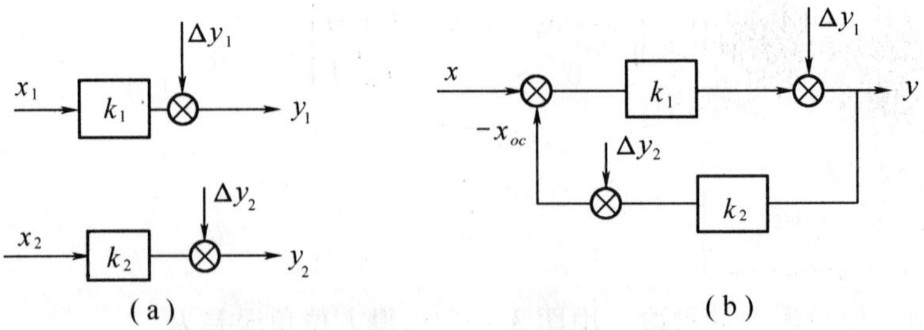

图 3-34 按被测量偏差的闭环负反馈系统

以第一环节构成控制系统主回路,第二环节变成包容第一环节的负反馈耦合(见图 3-34(b)),便得到按被测量偏差的闭环负反馈系统。仪器中的按被测量偏差闭环负反馈

系统的反馈环节 k_2 是由检测元件或转换环节组成,其功能是对系统的输出进行检测。系统依据控制信号与反馈信号之差实现对被控对象的控制,控制系统的误差可以定义为 $e=x-x_{oc}$ 或 $e=x-y$ 。针对图 3-34(b)的情况,根据叠加原理,仪器总的静态误差可以看作是两个环节所带来的误差之和,即

$$e=\Delta y'+\Delta y''$$

式中　$\Delta y'$——由第一环节源误差 Δy_1 所引起的系统输出误差;

$\Delta y''$——由第二环节(反馈环节)源误差 Δy_2 所引起的系统输出误差。

$\Delta y'$ 由两部分组成。一部分是 Δy_1,它以全量出现在第一环节的输出处;另一部分是信号经过闭环回路后产生的,即

$$\Delta y'=\Delta y_1-\Delta y'k_1k_2$$

由此可得

$$\Delta y'=\frac{\Delta y_1}{1+k_1k_2}$$

$\Delta y''$ 也由两部分组成。一部分由负反馈环节的源误差折算到第一环节的输出值,它等于 Δy_2k_1,另一部分是由 $\Delta y''$ 通过整个系统的结果,它等于 $\Delta y''k_1k_2$,即

$$\Delta y''=-\Delta y_2k_1-\Delta y''k_1k_2$$

由此可得

$$\Delta y''=-\frac{\Delta y_2k_1}{1+k_1k_2}$$

如果源误差 Δy_1 和 Δy_2 是系统误差,则得到按偏差负反馈系统的静态误差为

$$e_x=\frac{\Delta y_1-k_1\Delta y_2}{1+k_1k_2} \tag{3-31}$$

如果源误差 Δy_1 和 Δy_2 是随机误差,则得到按偏差负反馈系统的静态随机误差为

$$e_s=\frac{\sqrt{(\Delta y_1)^2+(k_1\Delta y_2)^2}}{1+k_1k_2} \tag{3-32}$$

3.5.4　误差的综合[12][14][34]

1. 影响误差合成方法(公式)的因素

误差的合成方法与下列因素有关。

①误差的性质　一般而言,系统误差的合成应取代数和,随机误差的合成应按概率法进行。

②对误差的掌握程度　即对误差的符号、大小及分布规律是否全部掌握。例如,符号和大小都不能确定的系统误差或只能确定其大小而不能确定其符号的系统误差(称未定系统误差)就不能按代数合成。

③误差的独立性　非独立误差的合成要考虑相关系数值,不能按误差独立作用原理来合成。

④误差的分布规律　随机误差和随机性的系统误差有各种各样的分布规律,分布规律不同,则误差合成时的计算方法是不同的。

⑤误差项的数目　当误差项的数目很少时,未定系统误差和随机误差可按绝对值和合成;反之,可按概率法进行合成。

⑥置信概率　置信概率不同,在误差合成计算中所取的置信系数亦不同。

由上所述,误差的合成问题是一个相当复杂的问题,不能随心所欲地简单处理了事。特别是随机性的系统误差和随机误差,其符号、大小及分布规律不能掌握及不完全掌握的情况下,更是如此。

2. 随机误差的综合

产品中随机误差是大量的,考虑到随机误差的随机性及分布规律的多样性(如正态分布、均匀分布、三角分布、反正弦分布等),在对随机误差进行综合时,可采用均方法和极限误差法。

(1)均方法

全随机误差所引起的产品合成标准差为

$$\sigma_y = \sqrt{\sum_{i=1}^{n}(p_i\sigma_{oi})^2 + 2\sum_{1\leqslant i<j<\leqslant n}\rho_{i,j}(p_i\sigma_{oi})(p_j\sigma_{oj})} \tag{3-33}$$

式中　σ_{oi},σ_{oj}——相关误差的标准差;

p_i——某项误差的影响系数;

$p_i\sigma_{oi}$——某项误差的局部误差;

$\rho_{i,j}$——第 i,j 两个相关随机误差的相关系数。

当产品的各个随机误差互相独立时,则有

$$\sigma_y = \sqrt{\sum_{i=1}^{n}(p_i\sigma_{oi})^2}$$

合成后的总随机误差为(总随机误差的不确定度)为

$$\delta_y = \pm t\sigma_y = \pm t\sqrt{\sum_{i=1}^{n}(p_i\sigma_{oi})^2} \tag{3-34}$$

式中,t 为置信系数,一般认为多项随机误差合成的总随机误差服从正态分布,即当置信概率为 99.7% 时,$t=3$;置信概率为 95% 时,$t=2$。

(2)极限误差法

由于在产品设计阶段各单项误差的标准差是未知的,因此用式(3-33),(3-34)进行随机误差综合比较困难,一般都是已知各单项误差的极限误差(如公差范围),那么可以用各单项误差的极限误差来合成总随机误差的不确定度:

$$\delta_y = \pm t\sqrt{\sum\left(\frac{p_i\delta_i}{t_i}\right)^2 + 2\sum_{0\leqslant i<j<\leqslant n}\rho_{i,j}\left(\frac{p_i\delta_i}{t_i}\right)\left(\frac{p_j\delta_j}{t_j}\right)} \tag{3-35}$$

式中,t_i 为各对应随机误差的置信系数,它以各单项随机误差的分布不同而不同。

若各个单项随机误差互相独立,则有

$$\delta_y = \pm t\sqrt{\sum_{i=1}^{n}\left(\frac{p_i\delta_i}{t_i}\right)^2}$$

3. 系统误差的综合

(1)已定系统误差的合成

因已定系统误差其数值大小和方向已知,其合成方法用代数和法

$$\Delta_k = \sum_{i=1}^{r} p_i \Delta_i \tag{3-36}$$

式中　p_i——误差的影响系数；

Δ_i——已定系统性源误差。

(2)未定系统误差的合成

未定系统误差是其大小和方向或变化规律未被确切掌握，而只能估计出不致超出某一极限范围 $\pm e_i$ 的系统误差。由于未定系统误差的取值在极限范围内具有随机性，但对产品精度影响上又具有系统性，故常用两种方法合成。

①绝对和法

$$\Delta_e = \sum_{i=1}^{m} |p_i e_i| \tag{3-37}$$

这种合成方法估计值偏大，但方法简单、直观，因而误差数值较小或选择设计方案时采用。

②方和根法

考虑到未定系统误差的随机性，可用随机误差合成方法合成未定系统误差，

$$\Delta_e = \pm t \sqrt{\sum_{i=1}^{m} \left(\frac{p_i e_i}{t_i}\right)^2} \tag{3-38}$$

式中　p_i——误差影响系数；

t——合成后未定系统误差的置信系数；

t_i——为各单项未定系统误差的置信系数。

上式对应各单项未定系统误差互相独立时的情况。

4. 产品总误差的合成

我们下面选取综合法来进行产品总误差的合成。

(1)一台产品总误差的合成

在产品试制时，只生产一两台产品，若产品中各源误差互相独立，且未定系统误差较少，则一台产品合成总误差为

$$U = \sum_{i=1}^{r} p_i \Delta_i + \sum_{i=1}^{m} |p_i e_i| \pm t \sqrt{\sum_{i=1}^{n} \left(\frac{p_i \delta_i}{t_i}\right)^2} \tag{3-39}$$

(2)若试制产品中未定系统误差数较多，在产品误差合成时，既考虑未定系统误差的系统性，又强调其随机性，可按下式合成

$$U = \sum_{i=1}^{r} p_i \Delta_i \pm t \sqrt{\sum_{i=1}^{m} \left(\frac{p_i e_i}{t_i}\right)^2} \pm t \sqrt{\sum_{i=1}^{n} \left(\frac{p_i \delta_i}{t_i}\right)^2} \tag{3-40}$$

(3)一批同类产品误差的合成

当产品进行批量生产时，原来的一些未定系统误差，因为批量生产会在一批同类出厂产品中出现散布状态，此时其随机性大大增加，因此为强调其随机性，误差合成时将未定系统误差按随机误差处理

$$U = \sum_{i=1}^{r} p_i \Delta_i \pm t \sqrt{\sum_{i=1}^{m} \left(\frac{p_i e_i}{t_i}\right)^2 + \sum_{i=1}^{n} \left(\frac{p_i \delta_i}{t_i}\right)^2} \tag{3-41}$$

由上述可知，误差合成计算必须符合产品生产的实际，其结果才更可信。参考文献[12]认为，以上列举的产品总误差各综合合成法适用于系统误差占有较大比重而不能忽略

时，更适宜高精度仪器精度的计算。

5. 随机误差的分布

(1) 概率分布和置信系数

在上面随机误差的合成公式中，出现置信系数的概念，它表示源误差的极限偏差与其标准差的关系。如果不能确定置信系数，则就不能进行误差的综合。置信系数与源误差的分布规律有关。从概率论知道，误差的正态分布是有前提条件的：第一，构成总误差的误差项很多；第二，每一误差项对综合的贡献要很小。但在实际中，以上两条件很难满足，如加工零件筛去超差零件后，剩下的合格零件就不再是正态分布；经过修磨配对的零件批次，也不再服从正态分布；几乎所有高精度的形位公差均属非正态分布。表3－4列出了各种在光电仪器中常见的原始误差的分布特性及置信系数情况。

表3－4 各种原始误差的分布特性及置信系数

分布名称	分布密度	方差标准差	置信系数 t	原始误差与总误差
正态	$p(x)=\dfrac{1}{\sigma\sqrt{2\pi}}e^{-\frac{x^2}{2\sigma^2}}\ \vert x\vert<\infty$	$D=\sigma^2$	3～2.58	误差项较多时的合成总误差（要求高时，参考文献认为影响总误差因素需在15个以上）
均匀	$p(x)=\begin{cases}\dfrac{1}{2\delta}\cdots\ \vert x\vert\leqslant\delta\\ 0\cdots\cdots\ \vert x\vert>\delta\end{cases}$	$D=\dfrac{\delta^2}{3}$ $\sigma=\dfrac{\delta}{\sqrt{3}}$	$\sqrt{3}$	人眼瞄准误差、舍入误差、数显量化误差、光电器件分辨率误差、齿轮空回误差、由磨擦所引起的误差等
反正弦	$P(x)=\dfrac{1}{\pi\sqrt{\delta^2-x^2}}\ \vert x\vert\langle\delta$	$D=\dfrac{\delta^2}{2}$ $\sigma=\dfrac{\delta}{\sqrt{2}}$	$\sqrt{2}$	由偏心产生的度盘刻度误差、度盘读数误差、电学量中与正余弦信号线性相关的误差，无线电中失配引起的误差
三角（辛普生）	$p(z)=\begin{cases}\dfrac{2\delta+z}{4\delta^2},\ -2\delta>z\leqslant0\\ \dfrac{2\delta-z}{4\delta^2},0\leqslant z<+2\delta\end{cases}$	$D=\dfrac{\delta_z^2}{6}\sigma=\dfrac{\delta_z}{\sqrt{6}}$	$\sqrt{6}$	两个均匀分布之和的分布、竖轴系间隙所产生的误差
瑞利	$p(x)=\begin{cases}\dfrac{z}{\sigma^2}e^{-\frac{z^2}{2\sigma^2}},z>0\\ 0,z\leqslant0\end{cases}$	$D=\dfrac{4-\pi}{36}\delta_z^2$ $\sigma=\dfrac{\sqrt{4-\pi}}{6}\delta_z$	$\dfrac{6}{\sqrt{4-\pi}}$	齿轮机构累积误差、两维散布误差（天文定位误）、偏心值、由于偏心因素所引起的周的径向跳动、刻度盘、圆光栅盘最大分度误差
两点	$p(x)=\begin{cases}\dfrac{1}{2},\ \vert x\vert=\delta\\ 0,\text{其他}\end{cases}$	$D=\delta^2\sigma=\delta$	1	对未定系统误差的一部分可按两点分布考虑

(2) 未知分布的合理假设

在误差合成中，某些随机性的系统误差或随机误差，不知道其概率分布，此时就有一个对其合理假设的问题。

参考文献[15]中认为，未知分布的误差按均匀分布假设较为合理，也较保险。而对于未定系统误差常常估计为 $\pm e$，称之为系统不确定度。它取值 $-e$ 或 e 的概率均为1/2，即两点分布。若未定系统误差具有下限 a 及上限 b，但其分布未知，则可分解为两项：一项中心值为$\frac{b+a}{2}$,归入已定系统误差;另一项是$\pm\frac{(b-a)}{2}$,归入系统不确定度,属于两点分布。

3.5.5　误差补偿[12][25]

减少或消除某些误差影响的手段统称误差补偿。误差补偿的方法在潜望镜中使用的非常普遍[25],这是一种消除误差、提高精度、提高经济性的有效方法,必须加以研究。

1. 误差补偿的目的意义

由于潜艇光电设备所具有的机构精度普遍较高,单件或小批量生产等特点,使其不是选择完全互换法来组织生产装配,而通常采用修切法来进行生产装配,这给设置误差补偿环节带来必要和可能。误差补偿的意义在于:

(1)可以在合理的公差等级上保证产品的精度;

(2)可在保证精度的前提下扩大某些组成环节的公差值,以降低生产制造成本;

(3)在某些情况下增设补偿环节,是达到要求精度的必需或最佳途径,如潜望镜镜管弯曲的补偿系统,就是实现精密测天定位的必需环节。

2. 误差补偿的方法

误差补偿的方法可以归纳为以下三类。

(1)技术组织措施

这类补偿办法的特点是不对零部件的结构或公差技术条件作任何改动,仅在生产上采取一些组织措施,达到减小或消除某些误差影响的目的。具体有:

①"单配" 例如焦距一致性的配对;导轨与滑块最小间隙的选择装配;电子器件参数匹配等。

②分组选择装配　如散装滚珠轴承滚珠直径的分组选配。

③零位校正　如视度零位的校正、原光学测距装置距离度盘零位的校正等。通过改变零位的位置(或使零位公差在合格范围内变化),来改变误差曲线的位置(平移),达到整个区域都在公差范围以内的目的。设计者应当给产品零位以校正的可能性,以便合理地补偿部分系统误差。

(2)工艺补偿办法

在潜望镜的光学系统性能校正中,大都用修切法解尺寸链,也就是设计一修切环(补偿环),来解决零件制造尺寸精度可以低一些,而光学性能(如视差)要求高的矛盾,以达到经济性的要求。

(3)设计补偿法

产品设计中采取的减小或消除误差影响的措施称为设计补偿法。这是一种有效的补偿办法,在某种意义上讲是评价设计好坏的标准之一。

从补偿的方法而言,又可分为误差值补偿、传递系数补偿和综合补偿三类。如设置修切环属于误差值补偿。而改变补偿系统中摆杆长度,则属于改变影响系数[25]。

在潜望镜的测量系统中,设计补偿法的例子比比皆是。如原对空导航潜望镜中,利用六分仪动镜摆杆回转中心的偏心调整补偿环节,可以补偿整个测天系统的某些系统误差的影响。凡带凸轮的测量机构,都可以通过调整凸轮位置来补偿某些系统误差。潜望镜轴系误差中的准直误差和水平轴倾斜误差,由于变化规律相近可以使其相互补偿等。

在参考文献[25]中,列出了选择补偿环的几个原则:

①补偿调整简单,便于实现;

②补偿的特性好,便于对各种变化规律的误差进行补偿;

③补偿调整的灵敏度高。

3.6 潜望镜结构技术设计

在潜望镜总体布局设计一节中,已经介绍了结构技术设计应遵循的布局原则。以下就结构技术设计中一些重要的具体问题再展开讨论。

3.6.1 潜望镜本体结构设计中划分部件的原则

(1)产品装配单元的含义

①零件　一种不采用装配工序而制成的成品。

②部件　由几个零件以可拆或者不可拆形式组成的成品,一个部件又可分为若干小部件。

③组件　部件和零件因为共同用途而结合在一起,所构成的产品的一个独立组成部分。复杂组件可由分组件、部件和零件组成,组件也可仅由零件组成。

(2)潜望镜本体部件划分的原则

①在潜望镜的结构设计中,必须考虑由哪些零件组成一个独立起作用的部分,即结构单元,这些结构单元最好又是装配单元,即保持结构单元和装配单元的统一性。

②必须保证装配过程的连续性,不能有较大的中间间断。

③能方便修切或调整元件,并保证经过调节的机构和零件位置具有稳定性。

④装配单元的位置应当紧凑,体积小,同时又必须保证装配和调整方便。

总之,潜望镜划分部件的主要出发点是便于或能够进行装配校正,这尤其是体现在光学系统的组成结构上。所以如不熟悉产品的装校知识,就很难进行合理的产品结构设计。

3.6.2 潜望镜结构技术设计中的尺寸链解法

1. 产品的静态精度设计与尺寸链

产品静态精度设计,就是处理静态误差的大小问题。这里静态的含义可理解为尺寸连接处的两个零件表面是相互接触的,一般情况下彼此之间没有运动。而静态精度分析和设计所采用的方法,以尺寸链的理论和方法应用最为普遍。

潜望镜的光学性能(如视差、视度、望远性、齐焦要求、倍率变换和大小、焦面位置要求等)的保证,通常是通过解修切尺寸链来达到,所以可以看作是静态精度解法问题。

在产品装配和零件加工过程中,相互连接的尺寸形成封闭的尺寸组成为尺寸链,按尺寸链应用的场合可以分为装配尺寸链、零件尺寸链、工艺尺寸链。按各环在空间的位置，又可分为直线尺寸链、平面尺寸链、空间尺寸链，这些都有专门著作进行介绍。我们在产品的结构设计中，将专注于装配尺寸链。

2. 潜望镜结构设计中尺寸链的修切补偿法

一般装配尺寸链可以有以下几种解法：完全互换法；选择装配法——配对或选配法；研磨法；修切法；调整法。

修切法是潜望镜主要性能装校中通常采用的方法。这是由于：

(1)装配尺寸链“封闭环”所要求的精度一般比较高(如视差、视度的线距为 0.1 mm 左右)；

(2)潜望镜中光学零件的公差一般较大(如焦距公差为 5% 时，对于焦距为 1 m 的透镜，则可达到 50 mm 的变动量)；

(3)潜望镜的零件通常为单件或小批量生产；

(4)一般的装配尺寸链都较长。

修切法的优点是能获得较高的装配精度，而且所装配结构的稳定性较好。对于潜望镜在动态下应用而言，具有较好的可靠性。但修切法的缺点是装配工作量大，各产品间互换性差。而调整法的稳定性相对较差，一般可用在不太重要的部位。如若使用，则必须在调整后定位牢靠。

3. 修切补偿环的设置原则

潜望镜中的装配尺寸链，计算目的多为核算修切环的修切量是否足够，但是如何选择修切补偿环，则值得研究。

(1)一个修切补偿环只应对应校正一种性能的实现，或消除一种误差源，最好不要选相互干扰的修切补偿环。

(2)后面的校正不应破坏前面已校正好的性能。

(3)通常修切补偿环的灵敏度要适中，因情况而异，一般在潜望镜中要选择灵敏度较高的。

(4)要便于进行修切加工和调整。

参 考 文 献

[1]　李庆祥，王东生，李玉. 现代精密仪器设计[M]. 北京：清华大学出版社，2004.

[2]　浦昭邦，王宝光. 测控仪器设计[M]. 北京：机械工业出版社，2004.

[3]　廖林清. 机械设计方法学[M]. 重庆：重庆大学出版社，2000.

[4]　孙祖宝. 量仪设计[M]. 北京：机械工业出版社，1982.

[5]　Search Attack Periscopes Type CK035 & CH085 with Remote Control OH2[Z]. Barr &Stroud Ltd, 1985.

[6]　高敏. 机械产品艺术造型基础[M]. 机械工程师进修大学教材，1983.

[7]　Electronic Periscope System CK038 Search Periscope[Z]. Barr & Stroud Ltd, 1996.

[8] 杨平，廉仲. 机械电子工程设计[M]. 北京：国防工业出版，2001.
[9] [苏]普洛特尼科夫 B C,等. 光学机械仪器设计和计算[M]. 北京：机械工业出版社，1991.
[10] 何照才. 光学测量系统[M]. 北京：国防工业出版社，2002.
[11] Electronic Periscope System CH088 Attack Periscope[Z]. Barr & Stroud Ltd, 1996.
[12] 王尔祺，宋德慧. 光学仪器精度分析[M]. 北京:测绘出版社，1988.
[13] 蒋庄德,苑国英. 机械精度设计[M]. 西安:西安交通大学出版社,2000.
[14] 毛英泰. 误差理论与精度分析[M]. 北京：国防工业出版社，1982.
[15] 金泰义. 精度理论与应用[M]. 北京：中国科学技术出版社，2005.
[16] Optronic Periscopes CK043(Search) CH093(Attack)[Z]. Pilkington Optronnics Ltd,1998.
[17] Model 76 Submarine Periscopes, Kollmorgen corporation, Electro – optical Division[Z]. 1982.
[18] Compact Submarine Periscopes[Z]. Pilkington Optronics Ltd , 1997.
[19] 曹宇清. 天文导航潜望镜导航精度分析与设计[D]. 华中科技大学,2004.
[20] 谢伦治. 面阵探测器的像点亚像素定位研究[J]. 光学与光电技术,2003(1).
[21] 段滔，张建民. 瞄准线稳定系统的 CCD 测量[J]. 舰船光学,2002(4).
[22] 崔耀新. 潜望镜的装配和校正[J]. 舰船光学，1978(1).
[23] Погарев Г В. Юстировка оптических приборов[М]. Изд，Литмо,1968.
[24] 崔耀新. 两种部件的装校原理分析[J]. 舰船光学，1978(2).
[25] 张坤石. 机构误差补偿法在潜望镜中的应用[J]. 舰船光学,1981(4).
[26] 张坤石. 潜望镜轴系误差的矢量代数法分析[J]. 舰船光学,2005(1).
[27] 张坤石. 国外潜艇潜望镜模块化设计思想分析[J]. 舰船光学,2003(2).
[28] Electro – Optical Sensors Periscopes and Masts[J]. Janes' s Underwater Warfare System 1995 – 1996.
[29] Bruce H Walker. Alignment and Collimation ofSubmarine Periscope Optics[Z]. Kollmorgen Corporation, Electro – Optical Division. SPIE. 1984, Vol483, Optical Alignment Ⅱ.
[30] 李玉和，郭阳宽. 现代精密仪器设计[M]. 2 版. 北京：清华大学出版社,2010.
[31] 陈非凡. 仪器设计基础[M]. 北京：清华大学出版社,2007.
[32] 王大珩，丁先华. 现代仪器仪表技术设计(下卷)[M]. 北京:科学出版社,2002.
[33] 马宏，王金波. 仪器精度理论[M]. 北京:航空航天大学出版社,2009.
[34] [美] Paul R. Yoder Jr. 光机系统设计[M]. 北京:机械工业出版社,2008.
[35] 范宁军,李杰,王正杰,等. 光机电一体化系统设计[M]. 北京:机械工业出版社,2010.
[36] 邵超，段滔. 潜望镜双通道一体化改造结构设计综述[J]. 光学与光电技术,2009(5).
[37] 叶文，李海军，胡卫强,等. 航空武器系统分析[M]. 北京：国防工业出版社,2011.
[38] 宋华文，耿艳栋. 信息化武器装备及其运用[M]. 北京：国防工业出版社,2010.
[39] 梅遂生，王戎瑞. 光电子技术[M]. 2 版. 北京：国防工业出版社,2008.
[40] 吴学铜，项能全，唐亿东. 潜望镜头部雷达隐身外形技术研究[J]. 舰船光学,2005(3).
[41] 顾健，李忠. 潜艇潜望镜综合隐身技术的研究[J]. 舰船光学,2004(3).
[42] 诸四海. 在强杂波背景下的潜望镜检测[J]. 现代雷达,2000(4).
[43] 史德等. 潜艇潜望镜隐蔽性的设计考虑[J]. 舰船光学,1994(2).

第4章　潜艇光电装备光学设计技术

4.1 概　　述

光学设计技术是一门历史久远而成熟的设计技术，在计算机已很普及的今天，采用光学设计软件包，在计算机上完成一个光学系统的设计，已不是一件很困难的任务。

然而，对于潜艇潜望镜的研究者来说，由于它是一种发展历史悠久的大型复杂的光学设备，带有非常显著的细长特点和在多项限制条件下的严格要求和技术难点，其光学系统的设计技术已沉淀了上百年的历史经验，积累了丰富多彩的系统方案、结构形式和设计资料，参考文献的国外部分[4][8][22][23][24]及第1章[2]等资料中就反映了这方面的一部分成果。因此，熟悉这方面的知识，对于新一代潜艇光电装备的开发，仍具有很重要的借鉴意义。

现代光电潜望镜光学系统的范畴已由目视系统扩展到电视摄像系统、红外热像系统、测量显微系统、准直投影系统等方面，因而，其光学设计的内涵已向更广的方面扩展。

此章将以潜望镜光学观察系统的设计技术为重点，在总结前人设计经验的基础上，较系统地介绍潜望镜自身特点的各方面光学设计内容，并相应地介绍现代光电系统光学设计一些方法；最后专列一节，介绍光学镀膜和红外光学材料的有关知识。

4.1.1　潜艇潜望镜观察光学系统的组成及基本原理

作为观察用的潜艇潜望镜基本光学系统，相当于两个或四个远焦系统叠加而成的系统。一种攻击型潜望镜的目视观察光学系统如图4-1所示。图中1为保护玻璃，其作用是承受海水的冲击和压力，保证内部光学系统的水密性。2为上棱镜，通过它的俯仰转动，使潜望镜可进行高低扫描。3,4,5,6,7为变倍组件，可进行$1.5^{\times}$或$6^{\times}$的变换观察。8为主物镜。10为观察瞄准分划板。9,11为防尘保护玻璃。12,13,14为转像系统组件，起转像和拉长潜望力的作用。15为目棱镜组件，起折转光线至水平方向的作用。16为观察目镜组件，可进行视度的内调焦，以适应不同视度的观察要求。

各型潜望镜间区别是：

(1)各相应透镜的口径和焦距可能不同；

(2)保护罩有的用球面，也有用斜放平板玻璃；

(3)上反射棱镜，大多采用直角棱镜，也有的用立方棱镜或平面反射镜；

(4)有的潜望镜，具有三个变倍透镜组，即可以变换$1.5^{\times}$,$6^{\times}$,$12^{\times}$三种观察倍率；

(5)这里的转像系统是由三块透镜组成的一组式转像系统，而有的潜望镜，则具有三组转像系统，其目的是缩小转像透镜的口径，并便于使中间的实像面与潜望镜的振动折点重合，以减小镜管振动对观察的影响；

(6)观察目镜通常为单目镜，有的潜望镜则设有双目镜组成的准双目观察系统。

图4-2、图4-3为带有单组转像系统和三组转像系统的潜艇潜望镜光学系统原理图。

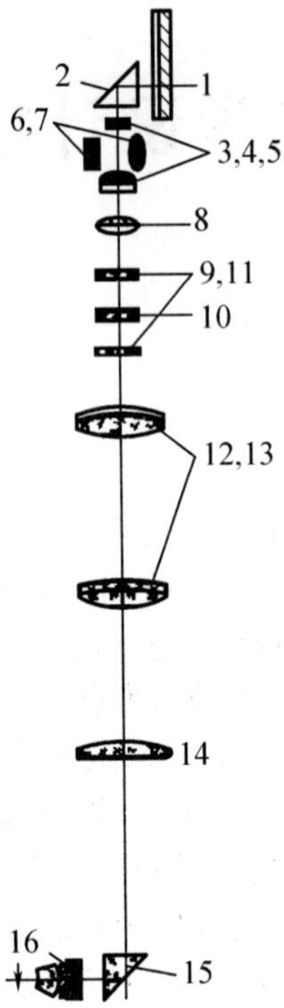

图 4－1 潜望镜光学系统原理图

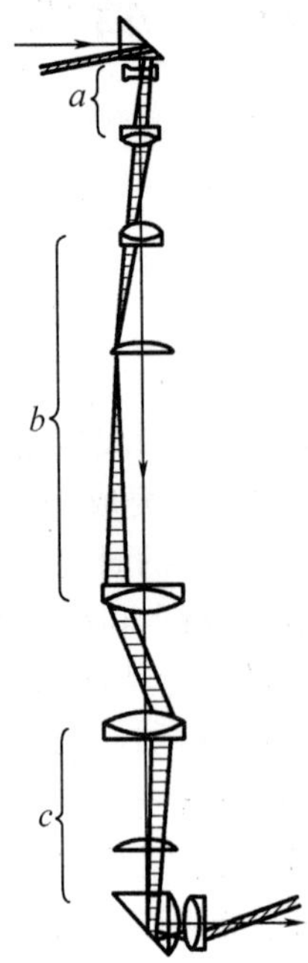

图 4－2 单组转像系统潜望镜光路原理图

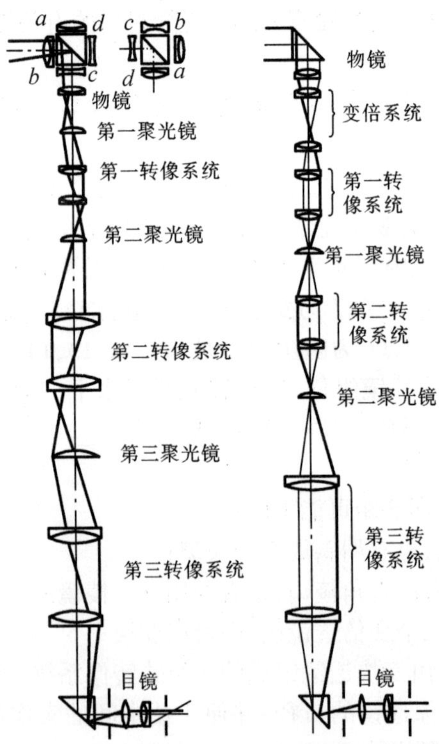

图 4－3 三组转像系统潜望镜光学系统原理图

4.1.2　潜艇潜望镜光学系统由目视到光电系统的转变

从光学系统来说，潜艇潜望镜的发展主要经历了以下几个转变：

①转像系统由一组转变成三组；

②由无防振能力的普通光学系统到防振光学系统的转变；

③工作波段由可见光谱段扩展到红外及其他波段；

④光学通道由单通道发展成目方的准双目双通道或物方的不同系统（目视，电视，激光，红外等）多元通道；

⑤主系统被其他系统（照相系统，补偿系统，测距系统，激光系统等）借道使用，因而设计时采用的主波长由 D 光向其他谱线转移；

⑥提高对系统二级光谱和色球差的要求；

⑦提高对系统透过率的要求，因而对镀膜技术及材料透过率有更高的要求；

⑧提高对系统的像质要求以适用于各种系统。

在以上的转变中，由目视到光电系统的转变最为重要，它是决定潜艇潜望镜由光机型到光电型转换的决定因素，是潜艇潜望镜现代化的最显著的标志。在潜艇光电设备中应用的光电系统主要包括白昼电视系统、微光电视系统、红外热像系统、CCD 测试系统、激光测距系统与激光成像探测系统等。这些光电系统的应用解决了潜艇光电设备目视系统观察使用的局限性，大大提高了全天候探测、夜视观察探测的能力；成数量级地提高了设备的作用距离和测量精度；大大缩短了观察使用的时间，提高了隐蔽性。所以光电系统的应用已成为潜艇光电设备性能提高的倍增器。

光电系统的应用也改变了一些传统的以目视系统为中心的潜艇光电设备光学设计思想，这在国外的现代光电潜望镜和光电桅杆的设计制造中已经越来越多地体现出来。目视观察系统由过去占主导地位，已经逐渐变为并行的系统甚至变为辅助系统，而光电桅杆则已取消目视观察光学系统。

4.2　潜艇潜望镜观察光学系统性能参数

这里讨论的潜艇潜望镜光学性能主要是指潜望镜的目视观察光学性能，包括潜望力、放大率、视场、出瞳直径（出瞳距离）、俯仰范围、鉴别率及像质、透过率等，所以我们在此主要是从目视的角度来论述这些性能。

1. 潜望力

指潜望长度（Periscopic Length），表示物方水平瞄准线与目镜轴线的距离，亦称潜望长度。它代表潜望能力的大小，故习惯上称为潜望力（Periscope Ability）。潜望力一般允许有 10% 公差。

2. 放大率

这里着重介绍视放大率的概念。所谓视放大率（Visual Magnification）是指对同一目标用仪器观察的视角正切和用肉眼直接观察的视角正切之比；或者说用仪器观察时视网膜上像高与用肉眼直接观察时视网膜上的像高之比；这就是说光学系统与人眼结合使用的主要原因是要增大在视网膜上最后的成像尺寸，从而允许观察者能比用肉眼观察分辨更多的图像细节。对潜望镜

$$\Gamma = \frac{\tan\omega'}{\tan\omega} = \frac{D_{入}}{D_{出}} = -\frac{f'_{物}}{f'_{目}} \text{（无转像系统）} \tag{4-1}$$

或

$$\Gamma = -\frac{f'_{物}}{f'_{目}}\beta \text{（有转像系统）} \tag{4-2}$$

式中，β 为转像系统线放大率（有时也称横向放大率）。其他光学系统的放大率表示如下：

放大镜
$$\Gamma = \frac{250}{f'} \tag{4-3}$$

目镜
$$\Gamma_{目} = \frac{250}{f'_{目}} \tag{4-4}$$

显微镜
$$\Gamma = \beta_{物}\,\Gamma_{目} \tag{4-5}$$

式中，$\beta_{物}$ 为显微物镜的垂轴放大率。

视放大率（简称放大率）是潜望镜的一个主要性能指标。它涉及到观察范围和目标可被分辨的细节程度。一般要有较大和较小两种放大率。小放大率用于快速浏览外界景物；大放大率用于仔细观察和测量。放大率的确定要考虑结构实现可能性和载体的工作状况。各国潜望镜几乎都是采用 $1.5^{\times}$ 和 $6^{\times}$ 两种放大率。快速浏览外界景物应该具有与肉眼直接观察相近的效果。但为什么不采用 $1^{\times}$ 而用 $1.5^{\times}$ 呢？这是因为潜望镜光学系统存在较大的剩余像差（特别是二级光谱和色球差）和光能损失，造成在视网膜上的分辨率下降。如果采用 $1^{\times}$ 系统进行观察，由于视网膜上的分辨率比直接用肉眼观察时低，会造成景物被拉远了的感觉。分辨率大约下降 15%。采用 $1.25^{\times}$ 进行观察，其分辨率与肉眼观察相近，为简便起见，用 $1.5^{\times}$ 作名义值，这就是用 $1.5^{\times}$ 的由来。从提高瞄准精度来说，当然希望放大率愈大愈好，但放大率过大，由于载体晃动造成景物像随之移动，致使瞄准和观察都很困难。而且放大率过大，水面上的水蒸气易造成像抖动。此外，还受目镜视场角和头部尺寸的限制。因此，放大率不能过大。实验表明，对装于晃动载体的望远镜，一般放大率不应超过 $7^{\times}$ ~ $8^{\times}$（德国蔡司厂早年生产的舰用双筒望远镜常采用 $7^{\times}$）。在潜望镜中采用 $6^{\times}$ 作理论值比较适合，既使视场角不致过小（一般可达 8° ~ 10°）又便于进行外形尺寸计算。因为大小两放大率刚好差四倍，便于各参数的取值。注意，由于剩余像差和光能损失 $6^{\times}$ 的理论值，实际上只相当于 $5.1^{\times}$。

3. 视场

指通过潜望镜同时观察到的物方景物范围。由于潜望镜露出水面时间短，要迅速搜索及捕捉快速运动的目标需要大视场。但受以下因素的制约：目镜的口径、转像系统的口径和像差设计等，故视场角不能过大。另外，目镜还要考虑耐压密封性能、眼点距离等因素。对小倍率，一般不会超过 30° ~40°，20 世纪 70 年代后生产的潜望镜多用 28° ~32°；大倍率系统不超过 10°，常用 6° ~8°。如英国的 CK035 搜索潜望镜视场角分别为 24°和 6°；CH085 攻击潜望镜为 32°和 8°。

视场角的选定应从实用出发，过分追求大的视场角是不必要的。视场角过大会使设计

难度加大，也无此必要。人眼能同时看清的视角范围不超过 10°，凝视的范围就更小，通过俯仰和方位转动能看到更大的范围，而在现代潜望镜中俯仰和方位转动的操作是十分简便的，这也就是现代潜望镜很少采用 32°以上视场角的原因。

4. 出瞳直径

出瞳直径是指孔径光阑在目镜后成像的直径。出瞳直径的确定要考虑潜望镜的工作状况，如工作环境照度、艇体晃动情况等，还要考虑目镜能容许的口径大小。出瞳直径的平方表征系统几何光力的大小。

一般，对攻击潜望镜，$d_{出}=3.5\sim4$ mm。因为攻击潜望镜主要在白天使用，而白天眼瞳直径为 2～2.5 mm，考虑艇体的晃动，取比眼瞳稍大些就可以了；而对搜索潜望镜，$d_{出}=6\sim8$ mm，因为搜索潜望镜常带有测天导航系统，需要在傍晚或夜间工作，当照度较低时眼瞳直径为 7～8 mm，出瞳直径要与眼瞳直径相匹配。

5. 出瞳距离

潜望镜上多用 25～35 mm。对于出瞳距离和眼点距离各种光学仪器通常有如下规定：

(1)为了不至碰眼睫毛，最小也要大于 10 mm；

(2)有护眼罩时，一般要大于 20 mm；

(3)有护额垫时，一般要大于 25～50 mm；

(4)对步枪瞄准镜，考虑后坐力的影响，通常为 75～100 mm。

眼点距离是指眼点到系统的最后一个出射面的距离。不要将眼点距离与出瞳距离混为一谈。出瞳距离是指出瞳平面到目镜最后表面顶点的距离。出瞳是孔径光阑的像，而眼点是指当眼瞳无限小时仍能看见最大视场的位置。理想光学系统的眼点和出瞳中心是重合的，而实际上由于光瞳像差的存在，两者不再重合。由于出瞳距离很易测量，故图纸上常标有此距离，而眼点距离则在设计时要加以考虑。

6. 鉴别率和像质

(1)鉴别率(Resolution, Resolving Power)

鉴别率指系统能够分辨物体细节的能力，即指能分辨开的两像点的间距所对应的两物点的角距离或线距离。对不同的系统有不同的计算公式。

①照像系统　指像面上每毫米长度内能分开的线条数目。

$$N=\frac{0.82}{\lambda}\frac{D}{f'}\approx1500\,\frac{D}{f'} \tag{4-6}$$

式中，D 为物镜口径。上式只是指照相物镜而言，对整个系统还需包括底片的鉴别率。设用 $N_{胶}$ 表示胶片的分辨率，则有

$$\frac{1}{N_{总}}=\frac{1}{N_{镜}}+\frac{1}{N_{胶}} \tag{4-7}$$

或

$$\left(\frac{1}{N_{总}}\right)^2=\left(\frac{1}{N_{镜}}\right)^2+\left(\frac{1}{N_{胶}}\right)^2 \tag{4-8}$$

一般，对于相对孔径为 2∶1 的镜头，N 的理论值可达 740 线对/毫米。但胶片最高仅能

达 100/线对。计算结果总分辨率只达几十线对，很接近底片的分辨率。照相镜头因视场角及相对孔径都大，是大像差系统，故实际分辨率比理论分辨率下降许多。

②显微系统　指物面上刚能分辨开的两物体的最小距离。

$$\delta = q\lambda/(2\pi n\sin U) \quad 按瑞利规定\ q=3.83$$

$$\delta = 0.526\frac{\lambda}{n\sin u} \approx \lambda/2n\sin U \tag{4-9}$$

式中　$n\sin U$——物方数值孔径；

λ——观测时所使用光线的波长。

当像差校正良好时，数值孔径愈大分辨率愈高。这就是设计显微镜时希望数值孔径要尽可能大的原因。空气中 $n=1$，$(n\sin U)_{max}=1$，一般最多只能达0.9。如果在物体与物镜第一面之间用油浸，因油的折射率 $n \gg 1$，则数值孔径可大于1(可达1.5~1.6)。

③望远系统　指以刚能分辨开的两物点对入瞳中心的张角来表示。在下式中 α 的单位为秒，D 的单位为 mm，K 为系数，它取决于系统复杂程度。

$$\alpha\begin{cases} =K\dfrac{120}{D} & (d_{出}<3.5) \\ =K\dfrac{35}{D} & (d_{出}>3.5) \end{cases} \tag{4-10}$$

K 值的推荐值如下表 4-1 所示。

表 4-1　K 值与望远系统复杂程度的关系

K	1.05	1.2	1.3	1.5	1.6	2.0	2.2
适用系统	小孔径小倍率简单仪器	小孔径的大地测量仪器，测远机及精密仪器	具有一组透镜转像系统的仪器	具有单组棱镜转像系统的仪器	具有三组透镜转像系统的潜望镜等仪器	大倍率复杂仪器，连续变倍系统	具有几组透镜转像，多个棱镜，放大率大于15$^{\times}$的系统

为了得到清晰的像质，通常要求 $\alpha\Gamma \leqslant 1$，即要求仪器的分辨率要高于人眼分辨率。对 1.5$^{\times}$的潜望镜，要求不超过40″；对 6$^{\times}$的潜望镜，要求低于10″。

(2)极限鉴别率(Limit of Resolution)

光电光学系统常把极限鉴别率(线对/毫米或线对数/图像宽度)看作是 MTF 下降到3%时所对应的空间频率。因为人眼要分辨出亮暗条纹过渡之差异，所需的图像的对比度约为3%。线极限鉴别率表征系统的能力，而不是人眼的一种度量。

(3)对像质的要求

通常是通过看星点像形状是否是规则的同心环，有无拖尾及彩边，中心环是否集中大部分能量来判断像质的好坏。在产品技术文件及图纸上一般不规定对像差的数值要求，因为无法进行测量，设计时的像质要求见后述。

潜艇潜望镜观察光学系统有以下特点：组件多，长焦距透镜多，正光焦度组件多，因而剩余像差有别于普通光学系统。零部件多，透过率就低；长焦距透镜($f'>1\ 000$ mm)多，二级光谱大；正光焦度的组件多，色球差因叠加而变大，匹兹伐和数也大；系统总长度大而透镜口径又受到限制故视场边缘渐晕大。凡此种种，致使潜艇潜望镜目视观察光学系统像质不是很好。透光度低使观察到的景物像发黄发暗，二级光谱和色球差大造成图像出现彩边，渐晕大令视场边缘明显暗于视场中心。装调时主要使星点像圆整，不拖尾，鉴别率达到要求就可以了。

7. 俯仰范围

潜艇潜望镜通过转动俯仰棱镜可观察到水平面上下的空间范围。俯仰范围当然是越大越好，它能观察到水面上大的空间范围，易捕捉到目标。但俯仰范围大会导致头部保护玻璃过长，厚度亦随之大大增加（因要保证一定耐压强度），造成设计及加工困难及降低隐蔽性。俯角一般取 -10°，其原因主要不是潜望状态下使用，而是潜艇进出港和窄航道水面航行时，潜望镜升起可俯视观察到舰首前方情况以进行安全驾驶的需要。所以此俯角大小要根据艇的尺度和潜望镜的升高位置来决定。有的潜望镜俯角最大可达 -15°；而仰角常取 +60° ~ +70°范围。如要求能观察天顶应采用球面罩，以免保护玻璃尺寸过大。表 4 -2 列出几种潜艇潜望镜的俯仰范围。

表 4 -2　几种潜望镜的俯仰范围一览表

序号	潜望镜的国别型号	俯仰范围
1	前苏联 ПА -10 攻击潜望镜	-10° ~ +60°
2	法国 ST3 攻击潜望镜	-10° ~ +65°
3	英国 CK038 搜索潜望镜	-10° ~ +60°
4	英国 CH035 攻击潜望镜	-15° ~ +30°
5	美国 76 型攻击潜望镜	-10° ~ +74°
6	美国 76 型搜索潜望镜	-10° ~ +60°
7	德国 SERO14 搜索潜望镜	-15° ~ +75°
8	德国 SERO15 攻击潜望镜	-15° ~ +60°
9	前苏联 ПЗН -10 对空导航潜望镜	-10° ~ +90°
10	法国 M41 搜索潜望镜	-10° ~ +90°

8. 透过率

潜艇潜望镜目视观察光学系统的特点之一是组件多和反射面多，因而透过率低。造成透过光能降低的因素有：透射表面的反射损失，反射面的吸收损失和光学材料的吸收等。通常镀减反膜的一个折射面反射系数约为 1%（未镀膜表面为 4% ~5%），镀反射膜的反射面吸收率为 5% ~10%。系统的轴向透过率可用下式表示

$$\tau = \tau_1^m \times \tau_2^n \times \tau_3^l \tag{4-11}$$

式中，τ_1，τ_2，τ_3 分别表示折射面透过率、反射面反射率和材料的透过率；m，n，l 分别表示折射面数、反射面数和以厘米为单位的介质中的光程长度。潜艇潜望镜目视观察光学系统通常有几十个面，所以光能损失是相当惊人的。当环境照度较低时，通过潜望镜观察会感到景物像发暗、发黄。

要提高透过率，就要求系统尽量减少零件数目，提高材料质量（特别是材料的光吸收要尽量小），提高镀膜工艺水平。当前英国潜望镜系统（带有三组转像系统）的透过率据称可达 51%，它是通过镀多层减反膜达到以减少折射面的反射损失，以及采用低吸收率玻璃材料来达到的，而一般潜望镜只能达到 30% ~40%。装有准双目结构的潜望镜由于增加了反

射面和分光面，透过率还要进一步降低。

4.3　潜艇潜望镜观察光学系统典型组件分析

4.3.1　耐压保护玻璃窗

潜艇潜望镜长期在水中潜行，作为潜望镜第一道窗口，保护玻璃窗是潜艇安全的一个关键件之一，要求有较高的加工质量并能耐一定的压力。因为在水中每下潜 10 m 静水压力要增大 0.1 MPa，如下潜 300 m 时，应能承受的静水压力约 3 MPa；考虑还要加上一定安全余量，应至少能耐 4 MPa 的压力。此外，保护玻璃窗还应有化冰去雾的功能，以适应不同季节水上水下温差巨变状况下的正常使用。化冰去雾通常是采用在玻璃内层镀上导电膜或者在两层玻璃中间夹上电阻丝的办法。两种方法各有利弊，镀导电膜工艺较简单，但透过率较低且会因反光而增加暴露的几率；而后一种方法因所用的电阻丝直径极细不影响轴向透光度，也不会增强反光，但其工艺复杂还需要用两块玻璃进行胶合。加电阻丝的工艺为英国的 Barr & Ctroud 公司的专利，美国亦从英国引进保护玻璃的半成品，其他各国大都采用导电膜方式。玻璃窗有球面罩和平行平面板（矩形、圆形或椭圆形等）两种。平板玻璃的强度计算已在第 2 章讨论过，以下只介绍比较特殊的球罩的有关知识。

1. 球罩的光学特性

采用球罩的最大好处是可实现很大的仰角（甚至可达 90°），但其缺点是难加工，难镀膜，难钢化，难固定，难镀导电膜，更突出的是它要加补偿透镜才能形成远焦系统，因为等厚的球面罩相当于一个负透镜。等厚透镜有 $r_1 = r_2 + d$。

$$\varphi = \frac{1}{f'} = (n-1)\left(\frac{1}{r_1} - \frac{1}{r_2}\right) + \frac{(n-1)^2}{nr_1r_2}d$$

因 $r_1 - r_2 = d$，则有

$$\varphi = -\frac{(n-1)^3}{nr_1r_2}d$$

因 $d>0, n>1, r_1>r_2>0$，分子分母都为正值，$\varphi<0$，故球罩等效于一负透镜，需加正透镜来补偿，使出射光仍为平行光。在此要强调一点，对于单透镜其焦距公式为

$$f' = \frac{nr_1r_2}{(n-1)[d(n-1)+(r_2-r_1)n]} = \frac{nr_1r_2}{(n-1)d[(n-1)+\frac{n(r_2-r_1)}{d}]} \quad (4-12)$$

当 r_1，r_2 异号，且 $r_1>0, r_2<0$（双凸透镜），因分子为负值，分母亦为负值，故焦距总为正；而当 $r_1<0, r_2>0$（双凹透镜），因分子为负，分母为正，故其焦距为负。平行光束通过球面罩后将变成发散光束，为了保证进入后面系统的光束仍为平行光束，需要加一补偿透镜使两者形成远焦系统。用补偿透镜与球罩组成远焦系统的要求有三：两光组光轴重合，放大率符合要求以及望远性误差要控制在一定范围内。

2. 对球面罩的主要技术要求

当球罩工作在瞄准线对准天顶状态时，其后的立方棱镜反射面亦对准天顶，光轴与棱镜反射面平行的园形光束通过立方棱镜后变成两个圆弧相对的半圆，如图 4－4(见 719 页)所示。两半圆圆心的距离为

$$t=2\times\frac{\sqrt{2}\,nD}{\sqrt{n^2-\sin^2 i}}\sin\theta$$

因 $i=45°$，$n=1.516\ 3$，则 $t=0.668\ 5D$。如某型潜望镜，$\Gamma=5.8^{\times}$，出瞳直径 $d=7$，棱镜直角面(入射面)$D=46$，求得 $t=30.75$。白天，眼瞳直径约为 2 mm，故实际入瞳直径只为 11.6 mm。此时，通过立方棱镜后形成圆心相距 30.75 mm，半径为 5.8 的两个半圆。两半圆圆弧与两圆心连线交点相距 30.75 − 11.6 = 19.15。而两个半圆的几何中心相距 24.95 mm。假定观察较近的距离 $L_{\min}$ 的目标，此目标对 24.95 的中心距形成的张角为 $\sigma=\frac{24.95}{L_{\min}}\times 206\ 265$($\sigma$ 的单位为角秒)。通过 $\Gamma=6^{\times}$ 的系统后张角为 6σ，通常认为 10″以内的双像不会被辨别。因此应有

$$\frac{24.95\times 206\ 265}{L_{\min}}\times\Gamma\leqslant 10''$$

或

$$L_{\min}\geqslant\frac{24.95\times 206\ 265\times\Gamma}{10''}=2\ 984\ 861(\text{mm})$$

换算成公里有 $L_{\min}\geqslant 2.98$km。此数值可作为球罩和补偿透镜配合时的远焦性偏差，即图纸上标注的 $f'_{\min}$。生产中常用 $\Phi 25$ 的光阑来检查配对时远焦性偏差。此时两中心相距 18.7 mm，求得 $L_{\min}\geqslant 2$ km。显然，一个目标成双像的大小取决于物距 L，L 越小双像越显著，L 越大双像越不明显，从某一距离 $L_{\min}$ 起，观察不出双像，故将 $L_{\min}$ 看成望远性偏差。

下面分析球罩厚度的影响：

$$f'_1=-\frac{n_D}{n_D-1}\frac{r_1(r_1-d)}{d}$$

$$\frac{\Delta f'_1}{f'_1}=\frac{\Delta d}{d}+\frac{\Delta d}{r_1-d}\approx\frac{\Delta d}{d}$$

通常，球面罩厚度 d 为 10 mm 左右，显然，球罩厚度只要有 $\Delta d=\pm 0.1$mm 的误差就会引起 ±1% 焦距误差。球罩和补偿透镜的焦距都在 700 mm 左右，假定 f'_1，f'_2 对名义值总偏差达 1%，即可求得调焦时补偿透镜的必须移动量达 ±7mm，超过标注的间隔范围(6.29 ± 0.2)，此时须得选用焦距合适的补偿透镜进行配对，如无法进行选配，则只有改变补偿透镜的一个表面曲率或厚度使其焦距满足要求。

4.3.2　上棱镜

上棱镜的作用是把水平的光线折射到潜望镜筒中去。一般要考虑它的外形尺寸和转动中心。设计棱镜尺寸应注意下面几点：

1. 入瞳及视场的遮挡情况

棱镜转过一定角度后会对入瞳和视场造成某种程度的遮挡，如图 4－5 所示。当尖端 A 转到

与入瞳边缘的延线相交后即开始遮挡入瞳。而通过入瞳另一边缘的光线如折射后与 B 点相交也开始遮挡入瞳。用 $h_{左}$ 和 $h_{右}$ 分别表示入瞳两边能通过的边缘光线,其计算公式如下:

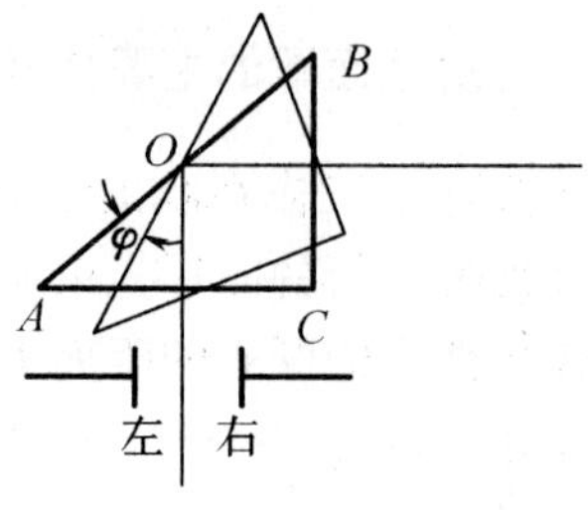

图 4-5 上棱镜回转时的情况

$$\begin{cases} h_{左} = \dfrac{D}{2}\dfrac{\sin(45^\circ - \varphi)}{\sin 45^\circ} \\ h_{右} = \dfrac{D(\sqrt{n^2 - \sin^2\varphi} - \sin\varphi)}{\sqrt{2}\cos\varphi\sqrt{n^2 - \sin^2\varphi}} \end{cases} \quad (4-13)$$

$$挡光 = D_{入} - (h_{左} + h_{右})$$

式中 D——直角边长度;

φ——棱镜转角,仰角 $=2\varphi$。

不挡入瞳的条件是 $h_{左} \geqslant \dfrac{1}{2}D_{入}$,以及 $h_{右} \geqslant \dfrac{1}{2}D_{入}$。

通常潜望镜的技术条件中应注明入瞳和视场开始遮挡时的仰角以及仰角最大时遮挡情况。加大棱镜尺寸可以完全满足不挡入瞳的条件,但尺寸太大不但增加质量和体积,而且会让有害的杂散光进入系统内,生成附加像或降低图像对比度。

2. 旋转中心的确定

通常选用光轴与斜面的交点作为旋转中心,当然也可选其他位置,但旋转中心在不同位置对入瞳和视场的遮挡不一样,当棱镜和头部保护玻璃尺寸受到限制时,尤其应仔细计算后再定。

3. 产生的有害附加像

(1)现象

在俯仰过程中除了观察到高空目标外,视场中还出现水平线附近的附加像。产生这种附加像的原因是,由于来自水平方向的有害光线通过在折射面上反射后,进入后面的系统而在视场中成像。这种有害的附加像会扰乱对目标的正常观察,特别是当水平方向有发光物质时更为严重,如下图 4-6 所示。

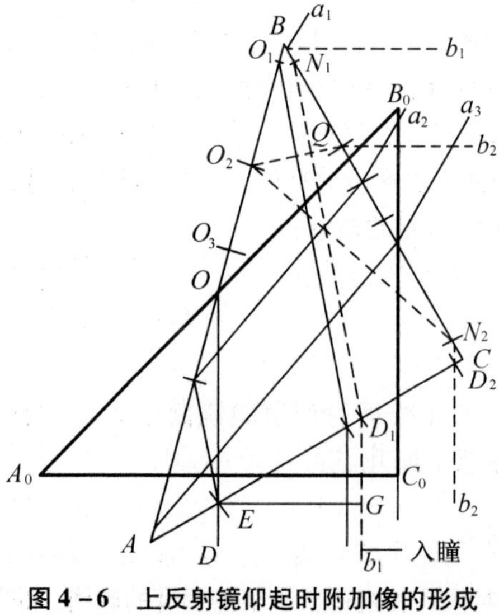

图 4-6 上反射镜仰起时附加像的形成

图中实线表示通过棱镜转动后接收来自高空目标的光线，后面系统将其生成供观察的像。虚线表示来自水平方向光线，在被棱镜反射面反射后又被折射面按全反射方式反射，亦进入后面系统参与成像(除了水平方向之外，其他非对准方向的光线亦有可能进入系统参与成像)。这种附加像不是预期的而且是有害的，它叠加到所观察的图像上造成混乱，如果这种有害光线来自亮目标则危害性更大，它会淹没较弱的有用目标。在观测星星时地面上有灯光照明的目标会出现在视场中，这不仅影响观察，有时甚至无法观测星星。

(2)消除附加像的办法

使所有成像光线通过俯仰棱镜时只在棱镜的反射面上反射一次，或者是使有害光线不能进入后面系统参与成像。在确定棱镜的尺寸时，如果使棱镜上仰时通过其锐角尖端的有害光线刚好通过入瞳右边缘相交，有害光线就不能进入后面系统(如图中的 b_1 光线)。在图 4-6 中，如果 $EG \geqslant \frac{D_0}{2}$，则水平方向光线不能进入主系统，略去公式推导过程，最后得

$$EG = ED_1\cos\varphi = BC\cos\varphi\left\{1 - \frac{\sqrt{2}\sin(45° - \varphi)}{2\cos(\varphi)} - \tan\left[\arcsin\left(\frac{\sin\varphi}{n}\right)\right]\right\} \tag{4-14}$$

式(4-14)中表示出 EG 和棱镜转角 φ 的函数关系，用此式可进行以下分析计算：

①令 EG 等于入瞳之半，可以求出开始产生水平有害像时的仰角；

②令 EG 等于入瞳之半，可以求出在仰角最大时不产生有害像时棱镜的边长 BC；

③可求出在 BC 和仰角一定时水平方向有害光束的宽度。

假定取 BC = 46 mm，n = 1.516 3，可用曲线表示出 EG 和棱镜转角的关系，如图 4-7 所示。

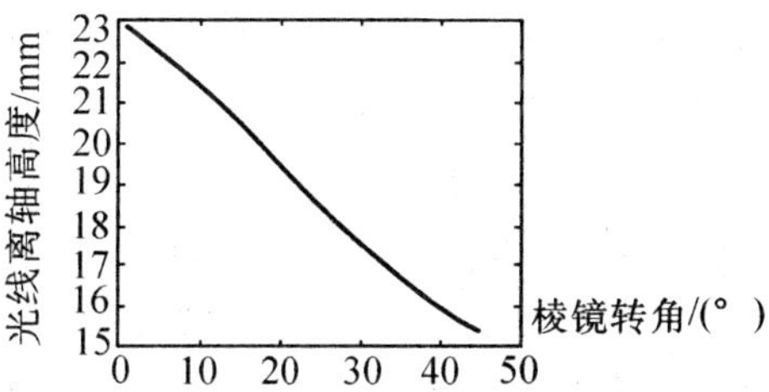

图 4-7　棱镜转角和有害光线离轴高度的关系曲线

对一定大小的入瞳而言，水平方向来的有害光线不能进入主系统条件下，棱镜转角与棱镜尺寸的关系如图 4-8、图 4-9 所示。

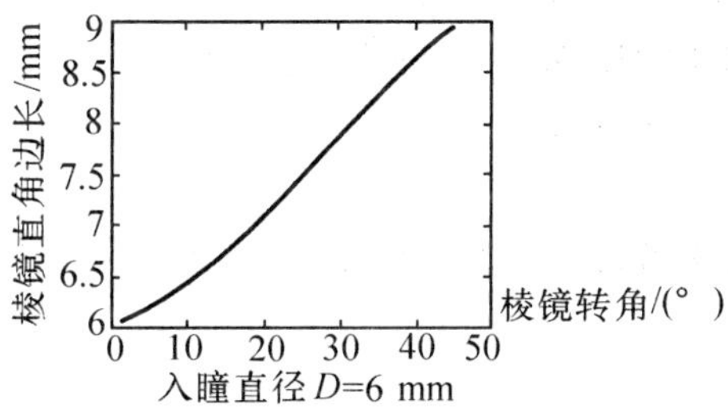

图 4-8　棱镜转角与棱镜直角边长关系曲线

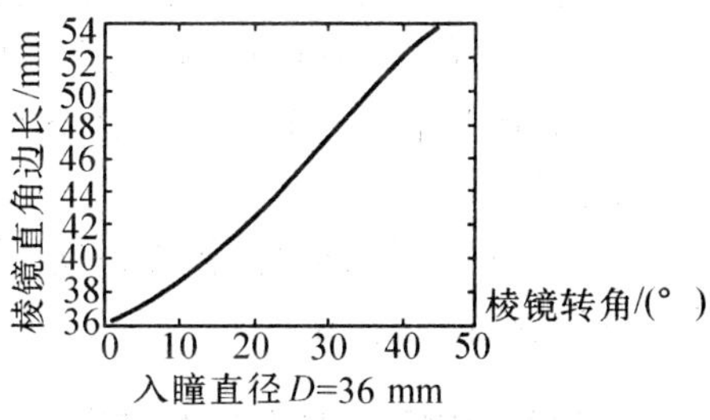

图 4-9　棱静转角与棱镜直角边长关系曲线

以上分析只是对水平方向来的有害光线而言，对水平线以下来的光线接入系统成像的可能性更大，此时 $i > \varphi$，即入射角大于棱镜转角，式(4-14)变为

$$EG = ED_1\cos\varphi = BC\cos\varphi\left\{1 - \frac{\sqrt{2}\sin(45° - \varphi)}{2\cos(\varphi)} - \tan\left[\arcsin\left(\frac{\sin i}{n}\right)\right]\right\} \tag{4-15}$$

求出的 EG 将比 $i = \varphi$ 时小，有更多的有害光线进入系统。减少有害光线进入系统的办法除了合理选择棱镜尺寸外，提高角度和面形的加工精度，截除无用部分，以及从结构上加遮挡元件等办法，亦有助于减轻有害光线的影响。

4.3.3 变倍系统

1. 变倍实现方式

变倍系统分为连续式和阶跃式两种，连续式的多用于电视摄影，它是由固定组、变倍组、调焦组三部分构成的。潜望镜常采用阶跃式。阶跃式变倍是指采用某些结构使观察仪器具有两种或多种不连续的放大率。潜望镜通常采用1.5$^{\times}$及6$^{\times}$，亦有加较高的12$^{\times}$。带有转像系统的潜望镜的放大率$\Gamma = -\frac{f'_{物}}{f'_{目}}\beta_{转}$。可见，放大率取决于物镜焦距、目镜焦距及转像系统线放大率(即其前后组透镜焦距)。改变其中任何一个数值都可改变Γ值。这样，阶跃式变倍就有三种方式可以实现。

(1)变目镜

更换目镜(例如转盘式结构)在显微镜中常用，但在潜望镜不适用，因受以下因素限制。

①受出瞳距离限制　潜望镜要求有较大的出瞳距离，但对一般的目镜结构其出瞳距离与焦距之比为0.5~0.8。欲使目镜焦距改变四倍(6/1.5=4)而保持出瞳距离基本不变是很难实现的。

②受出瞳大小限制　$f'_{目}$改变时，由于前面系统不变，会使$d_{出}$也改变，结果不是小$f'_{目}$时$d_{出}$过小就是大$f'_{目}$时$d_{出}$过大，这是不允许的。

③使目镜前的系统得不到充分利用，大倍时只能利用物镜的一部分视场，而剩余像差却被大大地放大了，这在设计上是不合理的，因此此方法不被利用。

(2)改变转像系统放大率或焦距

此种方式也有缺点：

①转像透镜都是口径大，焦距长的组件，不论是更换透镜还是改变后组透镜和聚光镜的距离，使焦距增大或缩小四倍在结构上都极难实现。

②使透镜组既要满足小视场时的大孔径又要满足小孔径时的大视场，这样的方案是不合理的。国外有的潜望镜的备用功能采用在转像系统中加一2$^{\times}$的伽利略系统以达12$^{\times}$的高倍，可以想像其结构一定比较复杂，这样的例子并不多见。

(3)改变物镜

它也有三种方式，即更换物镜、移动透镜和加变倍组。更换物镜结构比较复杂，还要考虑齐焦问题，故很少采用。

2. 各种变换物镜实现变倍的方法

(1)移动透镜

这种结构物镜由两组或三组透镜组成。移动其中一组透镜使两透镜间隔改变可达到改变组合焦距的目的。由两组透镜组合的系统焦距为

$$f' = -\frac{f'_1 f'_2}{\Delta} = \frac{f'_1 f'_2}{f'_1 + f'_2 - d}$$

f'_1，f'_2，d都为正值，d越大，分母就越小，f'越大。移动透镜时要保持组合系统的像面不动。这只有在共轭的两个位置成像才能保持物点与像点的位置不动。这就是说移动单组

透镜只能形成两种线放大率。移动单透镜变倍原理图如图 4-10 所示。

图中f_1'为固定透镜后焦点，f'为组合物镜的后焦点，则有

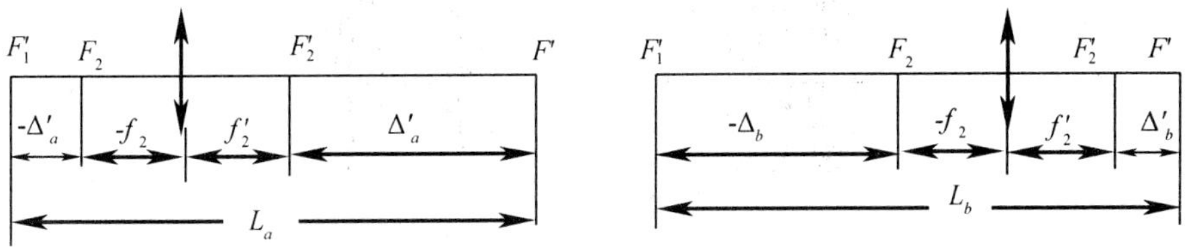

图 4-10　移动单透镜变倍原理图

$$L_{\mathrm{a}} = -\Delta_a - f_2 + f_2' + \Delta_a' = -\Delta_a + 2f_2' + \Delta_a' = -\frac{f_2'}{\beta_a} + 2f_2' - f_2'\beta_a$$

$$= (-\frac{1}{\beta_a} + 2 - \beta_a)f_2'$$

同样

$$L_{\mathrm{b}} = (-\frac{1}{\beta_b} + 2 - \beta_b)f_2'$$

因 $L_a = L_b$，有$\frac{1}{\beta_a} + \beta_a = \frac{1}{\beta_b} + \beta_b$。$\beta_a$，$\beta_b$ 为变倍透镜在两个位置上的线放大率。以 β_a 乘两端，得

$$\beta_a^2 - (\frac{1}{\beta_b} + \beta_b)\beta_a + 1 = 0$$

解之得两个根：$\beta_a = \frac{1}{\beta_b}$，$\beta_a = \beta_b$，后一个根无意义。

$$\beta_a = \frac{-f_2}{\Delta_a}, \beta_b = -\frac{f_2}{\Delta_b}$$

$$\Delta_a\Delta_b = f_2'^2 \tag{4-16}$$

Δ_b 的绝对值等于 Δ_a'，Δ_a 之绝对值等于 Δ_b'。

改变放大率所需的移动量为

$$d' - d = \Delta_b - \Delta_a = \frac{f_2'^2}{\Delta_a} - \Delta_a \tag{4-17}$$

若使组合焦距增大四倍，则使光学间隔 Δ 缩小四倍即可。$\Delta_b = 4\Delta_a$，可得 $\Delta_a = \frac{f_2'}{2}$，$\Delta_b = 2f_2'$，则

$$d' - d = 2f_2' - \frac{f_2'}{2} = \frac{3}{2}f_2' \tag{4-18}$$

例如，前苏联生产的潜望镜 ΠA-7.5 由 1，2，3 三个双合透镜组组成（见图 4-11）。由 1，2，3 构成的组合物镜在两种位置上的后焦点皆与后面转像系统前组透镜的前焦点重合以构成远焦系统。其移动数值为 $d' - d = 61.66 - 1.69 = 59.97$，$f'_{移} = 39.98$，$\frac{59.97}{39.98} = 1.5$，$d' - d = \frac{3f'_{移}}{2} = \frac{3}{2} \times 39.98 = 59.97$。

虽然其结构相对简单，但设计较复杂，因在位置Ⅰ要按小孔径大视场来校正像差，而位置Ⅱ则须按大孔径小视场校正，其难度还是比较大的。

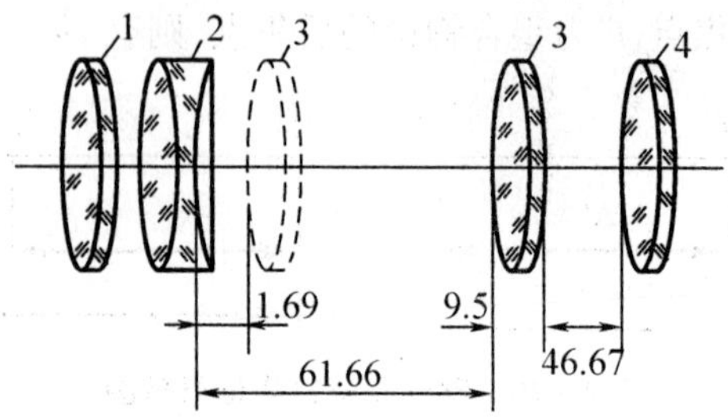

图 4-11 移动透镜变倍示例

(2)加变倍系统

在物镜前加变倍系统有两种方式,如图 4-12 所示。

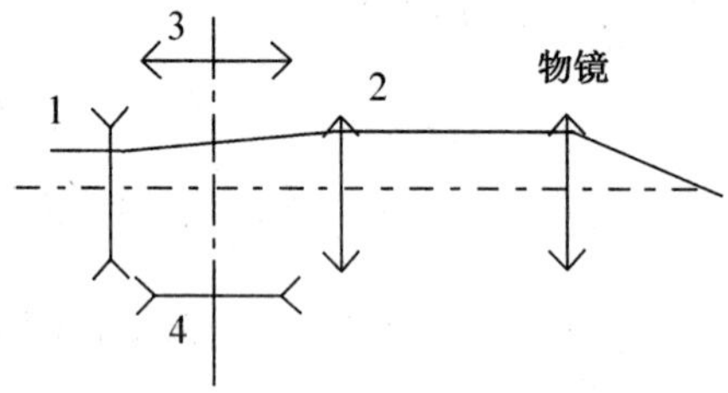

图 4-12 在物镜前加变倍系统的两种变倍方式示意图

①采用两个伽利略系统前后串联放置并可翻转 180°。对串连系统,它的 1,2 片和 3,4 片分别组成两个可翻转 180°的系统,当这两个系统相组合时,便可得到不同的总的放大率,若设:$\Gamma_1=2^{\times}$,$\Gamma_2=\sqrt{2}^{\times}$,$\Gamma_3=\sqrt{18}^{\times}$。则当各自翻转后的倍率是 $\Gamma_1=(\frac{1}{2})^{\times}$,$\Gamma_2=(\frac{1}{\sqrt{2}})^{\times}$,它们有以下的组合:

$$\Gamma_1=2^{\times} \qquad \Gamma_2=(\frac{1}{\sqrt{2}})^{\times} \qquad \Gamma_{总}=\Gamma_1\cdot\Gamma_2\cdot\Gamma_3=6^{\times}$$

$$\Gamma_1=(\frac{1}{2})^{\times} \qquad \Gamma_2=(\frac{1}{\sqrt{2}})^{\times} \qquad \Gamma_{总}=1.5^{\times}$$

$$\Gamma_1=2^{\times} \qquad \Gamma_2=\sqrt{2}^{\times} \qquad \Gamma_{总}=12^{\times}$$

例如美国的 76 型多用途潜望镜就采用这种结构(图 4-13)。

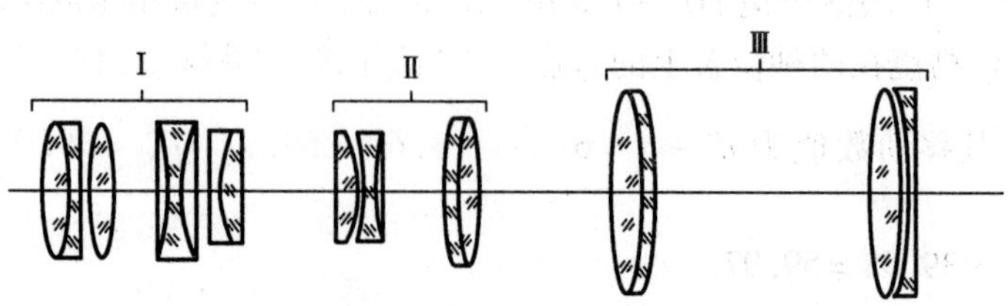

图 4-13 美国 76 型潜望镜变倍系统组成示意图

它的第一个伽利略系统正向放置时 $\Gamma=2^{\times}$，反向时 $\Gamma=\dfrac{1}{2}$，两者相差 $4^{\times}$。第二个伽利略系统正向时 $\Gamma=\sqrt{2}$，反向时 $\Gamma=\dfrac{1}{\sqrt{2}}$，两者相差 $2^{\times}$。分别将两个伽利略系统按正反方向组合放置，可得到四种放大率。常用的放大率 $1.5^{\times}$，$6^{\times}$，$12^{\times}$ 的比值为 1:4:8。若将变倍系统后面系统的放大率取为 $\sqrt{18}$，则可得

$$\Gamma=\frac{1}{2}\times\frac{1}{\sqrt{2}}\times\sqrt{18}=\sqrt{\frac{18}{8}}=\sqrt{2.25}=1.5^{\times}$$

$$\Gamma=\frac{1}{2}\times\sqrt{2}\times\sqrt{18}=3^{\times}$$

$$\Gamma=2\times\frac{1}{\sqrt{2}}\times\sqrt{18}=\sqrt{36}=6^{\times}$$

$$\Gamma=2\times\sqrt{2}\times\sqrt{18}=\sqrt{8\times18}=\sqrt{144}=12^{\times}$$

这种结构比方体的横向尺寸小些，但像差校正要难得多。

②采用光轴互相垂直的两个伽利略系统构成变倍方体。设变倍方体后的系统放大率为 Γ_0，用 Γ_1，Γ_2，Γ_3 分别表示从小至大的三种放大率。如只有两种放大率，则有

$$\Gamma_1\times\Gamma_0=1.5^{\times},\Gamma_2\times\Gamma_0=6^{\times}$$

因两系统不相干，故只要两系统间距大致相近，Γ_0，Γ_1，Γ_2 都可任选。如变倍方体要有空档，则应取 $\Gamma_0=6^{\times}$，$\Gamma_1=\dfrac{1}{4}$。法国生产的 *M*41 潜望镜就采用这种带有空档的变倍方体。当采用三种放大率时，其中的一个伽利略系统必须可以翻转 180°，此时有 $\Gamma_3=\dfrac{1}{\Gamma_1}$。

$$\Gamma_0\times\Gamma_1=1.5^{\times}$$

$$\Gamma_0\times\Gamma_2=6^{\times}$$

$$\Gamma_0\times\Gamma_3=\Gamma_0\times\frac{1}{\Gamma_1}=12^{\times}$$

将含 Γ_1 两式的两端相乘，可得

$$\Gamma_0^2=18,\Gamma_0=\sqrt{18},\Gamma_2=\frac{6}{\sqrt{18}}=\sqrt{2},\Gamma_1=\frac{1.5}{\sqrt{18}}=\frac{1}{\sqrt{8}},\Gamma_3=\sqrt{8}。$$

③采用光轴互相垂直的两组负光组作变倍方体。前后两组透镜虽然亦是一正一负，但构成负光组而不是构成伽利略系统。这种结构的原理图如图 4-14 所示。

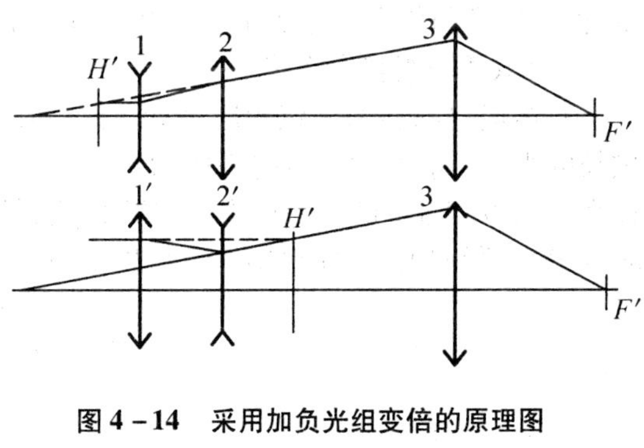

图 4-14　采用加负光组变倍的原理图

这种结构在两个放大率情况下，对无穷远物体生成的像相对于后面物镜的距离不变，即物距不变，因而物镜的像面 f' 亦不变。这种结构的特点是小倍时负透镜在前，组合主面前移，大倍时负透镜在后，主面后移，因而使两种倍率的后焦点位置不变（注意：当两透镜光组构成正光焦度时与此情况刚好相反，即负光组在前使组合主面后移，负光组在后使组合主面前移）。此结构只能得到两种放

大率,因将其翻转后组合焦面位置已变,使物镜像面也变了。

类似的另一种结构是用两组物镜代替单组物镜,前组物镜与变倍系统构成一个倒伽利略系统如图4-15所示。

双组物镜比单组物镜装调要方便得多,因前后组间为平行光,可以放置其他部件如滤光镜,补偿系统上标线的引入棱镜等。负光焦度变倍体的优点是,变倍体结构紧凑从而使头部尺寸减少;变倍部分做成具有较大光焦度的负光组可以减少全系统的匹茨瓦和,还可改善高级像差(特别是色球差)单向叠加的趋势,有利于全系统的像差校正。

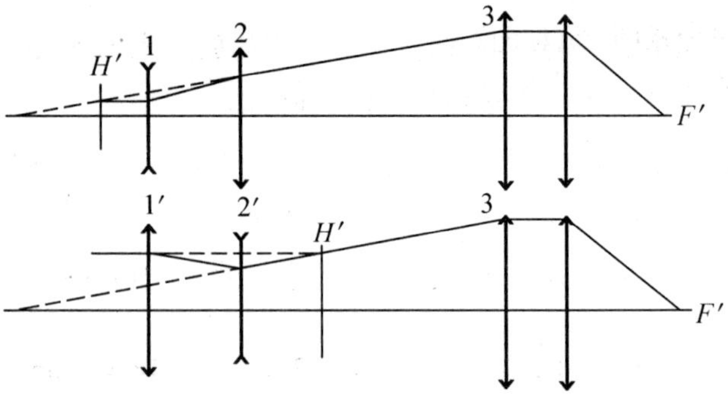

图4-15 采用双组物镜负光组作为伽利略望远镜物镜的变倍原理图

利用方体变倍后会出现变倍跳,即转动后像中心不成在同一位置。这是因为两光轴不可能真正做到互相垂直,结构上转过90°时另一变倍透镜组的光轴并未也转过90°,因而造成像中心位移,这是由方体结构加工不良和装配不良所致。

连续变倍物镜的设计方法已有许多文献资料作了详尽的说明,在此不再赘述。

4.3.2 转像系统

1. 转像系统的作用和分类

(1)作用

转像系统的作用一是将主物镜生成的倒立实像再倒过来变成正立实像,以便通过目镜观看到与物体相似的正立实像;二是由于它们位于粗镜管中,可以有大的口径(其焦距长且视场角小),因而担负了潜望力的大部分。

(2)分类

转像系统有棱镜式和透射式两种。凡带有奇次反射和一个屋脊面的棱镜都可用作转像系统。透镜式有单组和三组两种,每组又可分为单透镜组和双透镜组两种。单透镜组通常为一双胶合透镜,其放大率$\beta = -\frac{l'}{l}$,β值可以为$-1^{\times}$或其他值。单透镜组虽然结构简单,但在口径和焦距一定情况下能提供的长度有限,在潜望镜中很少采用。

(3)双透镜组转像系统

双透镜组的转像系统的原理和单透镜组是一样的,但其间可做成平行光路,因此可提供长的光路。潜艇潜望镜的潜望力主要是由转像系统来达到。设转像透镜的最大通光口径直径为D,入瞳直径为D_0,物镜焦距为f'_1,转像系统前组透镜焦距为f'_2,物方半视场角为ω,则转像系统理论上能提供的最大长度为

$$L_{\max} = \frac{Df'_2}{f'_1 \tan\omega} + 2f'_2$$

但$\frac{f'_2}{f'} = \frac{D}{D_0}$,故有

$$L_{max}=\frac{D^2}{D_0\tan\omega}+2f'\frac{D}{D_0}$$

可见,能提供的最大长度取决于可用的转像系统口径。双透镜组可采用对称式或非对称式。对称式指的是前后两组透镜结构完全相同,光阑置于其间的中心位置上。对称式在光学设计上的优点是轴外像差自动消除。非对称式泛指除对称式以外的各种结构,包括前后组焦距不同,透镜结构形式不同,光阑不居中等。非对称式一个最常用的结构形式是后组用一双胶合透镜和一个相隔甚远的单透镜组成。具有一个转像系统的潜望镜大都采用这种结构形式,如图 4－16 所示。这种结构形式的作用如下。

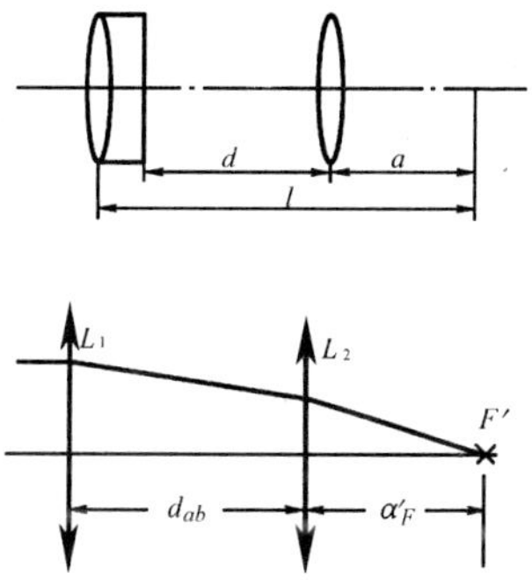

图 4－16　转像系统后组加一聚光镜外形和光路

①可改变目镜前系统的组合焦距,装配过程中如组合焦距不满足要求可改变其间隔 d 来改变焦距,这是潜望镜各组件中唯一可改变焦距的组件。

②使目镜口径变小。

③改变出瞳距离。

④增加潜望长度。假定用 f'_1,f'_2 和 f' 代表双胶合透镜焦距,单透镜焦距和两者的组合焦距,则有

$$f'=\frac{f'_1f'_2}{f'_1+f'_2-d},\alpha'_F=f'\left(1-\frac{d}{f'_1}\right),L=d+\alpha'_F$$

f'_1 可选取大于 f' 的任何值,例如取 $f'_1=2f'$,$d=1.5f'$,则 $\alpha'_F=0.25f'$,$L=1.5f'+0.25f'=1.75f'\geqslant f'$,只要选择合适 f'_1,且令 $f'_1>f'$ 及 $f'_1>d$ 就可增加长度。

转像系统光组多采用双胶合或双分离透镜做单个组件,一般有不大的视场角,为 2°～3°。其焦距多大于 1 000 mm,因而有较大的二级光谱,指当对两种色光进行校正使焦点重合时,对别的色光仍不能重合的现象。

2. 转像系统的设计思路

潜艇潜望镜转像系统光组的特点是小相对孔径,小视场角(为 2°～3°)和长焦距(大于 1 000 mm)。转像系统是潜望镜目视观察光学系统的一个关键部件,它牵涉到实现潜望力的可能性和系统剩余像差(二级光谱,色球差等)的大小。转像系统的设计要点如下:

①外形尺寸计算时,应充分利用给定的最大口径,合理控制光线的走向,使边缘视场渐晕系数尽可能大(轴外光束尽可能宽);

②合理选择线放大率 β,早期的潜望镜转像系统大多采用 $\beta=-1^\times$ 或 $\beta\approx-1^\times$,设计实践中发现用 $\beta<-0.7^\times\sim-0.6^\times$ 对全系统的像差平衡更为有利;

③选用有助于减小二级光谱和色球差的结构形式和玻璃配对。

3. 转像系统光组的玻璃选择

确定外形尺寸后即可进行优化设计。优化过程中玻璃选择是关键,玻璃选择不好很难减少二级光谱。密接双合透镜的二级光谱色差可用下式表示

$$\Delta L'_{\mathrm{FCD}}=\frac{-l'^2}{f'}\frac{P_1-P_2}{\nu_1-\nu_2}\tag{4-19}$$

式中　P_1,P_2——分别表示两种玻璃的相当色散系数;

ν_1, ν_2——表示两种玻璃的阿贝数。

$$P = \frac{n_F - n_D}{n_F - n_C}, \quad \nu = \frac{n_D - 1}{n_F - n_C}$$

当物在无穷远时，$l' = f'$，则

$$\Delta L'_{\mathrm{FCD}} = -f' \frac{P_1 - P_2}{\nu_1 - \nu_2} = kf'$$

这里

$$k = \frac{P_2 - P_1}{\nu_1 - \nu_2}$$

可见，对密接双合透镜而言其二级光谱与结构参数无关，只取决于玻璃对的特性参数（两者的阿贝数差和部分色散系数差）。对于普通玻璃配对，$k \approx 0.000\,5$，故 $\Delta L'_{\mathrm{FCD}} = 0.000\,5f'$。在透镜焦距不大时，二级光谱很小，无须加以注意。大多数光学系统的二级光谱都不大，不致显著影响成像质量，设计时不必作为像差校正的重要指标。但对于长焦距或大倍率系统，二级光谱将成为影响成像质量的主要像差，必须加以特别注意。例如在具有三组转像系统（六个双胶合透镜）的潜望镜，假定其焦距都为 1 000 mm，则全系统将有大约3 mm的二级光谱色差。要减少二级光谱需选择 $\Delta\nu$ 大，ΔP 小的玻璃配对。普通光学玻璃目录中，P 值相近的玻璃对颇多，但阿贝数差 $\Delta\nu$ 不大。一些特殊玻璃和晶体如氟冕玻璃和萤石有很大的阿贝数，与某些玻璃配对可大大减少二级光谱值。氟冕玻璃具有低折射率高阿贝数，如国产玻璃 FK_2，$n_d = 1.486\,56$，$\nu_d = 84.47$。一些晶体有更高的阿贝数，诸如萤石阿贝数95.1，氟化锂阿贝数为98.0，可惜的是有良好的光学均匀性的大块晶体很难得到，故只能用于高倍显微物镜。长焦距光组则把希望寄托在氟冕玻璃上，可喜的是氟冕玻璃的熔炼技术已不再成为难题，一些著名的玻璃生产厂都能提供这种玻璃。如德国肖特厂的 FK50（$\nu_d = 81.5$），FK51（$\nu_d = 84.8$），FK52（$\nu_d = 81.8$），FK54（$\nu_d = 90.7$），日本保谷厂的 SFPL51（$\nu_d = 81.6$），SFPL52（$\nu_d = 90.3$），SFPL53（$\nu_d = 95.0$）。

我国早在 20 世纪 80 年代已由长春光机所研制出性能良好的大块氟冕玻璃并已应用到某型潜望镜上。当然，氟冕玻璃亦有其不足之处，那就是价格要比普通光学玻璃贵得多，此外其加工性能和物理化学稳定性也稍差。虽则如此，与其减少二级光谱作用相比，这些缺点不是致命的。采用普通玻璃的具有三组转像系统的潜望镜如美国的 2D 型潜望镜其二级光谱约为 4 mm。如果采用氟冕玻璃与某些玻璃配对，可将二级光谱减小到原来的 1/4 ~ 1/3。表 4 - 3 列出一些玻璃对的特性参数。

表 4 - 3 玻璃配对的色散特性

德国肖特（SCHOTT）玻璃	k_{FCD}	日本保谷（OHARA）玻璃	k_{FCD}	国产玻璃（GB903 - 87）	k_{FCD}
FK51/BALK3	0.000 003 9	FPL51/LAL14	0.000 009 4	FK1/LaK12	0.000 057 1
FK51/LAK24	0.000 005 4	FPL51/SBAL41	0.000 013 9	FK1/BaK6	0.000 077
FK51/SK11	0.000 011	FPL51/NSL23	0.000 036 1	FK1/K6	0.000 104
FK51/K7	0.000 025	FPL51/ZSL7	0.000 056 4	K9/TF3	0.000 34
FK51/ZK1	0.000 045	FPL51/SSL2	0.000 089 6	K9/ZF1	0.000 48
FK51/KzFS2	0.000 014				
FK51/KzF2	0.000 086				
FK51/KzFS6	0.000 093				

从上表看得出有几种玻璃对的 K 值很小，只为普通玻璃配对的几十分之一，但还要考虑球差，色球差和 OSC 等像差的校正，实际结果二级光谱只能减小为普通玻璃对的 1/4 ~ 1/3。

曾有人提出用复消色差三合透镜代替消色差双合透镜作转像系统透镜，例如用一块磷酸盐冕玻璃、一块特种短火石玻璃和一块钡火石玻璃做复消色差三合透镜，即用 SCHOTT 厂的玻璃 PK50/KzFSN4/BaF4 设计的三合透镜可使二级光谱从 4 mm 降至 0.2 mm。作如此代替的麻烦是：(1) 与双胶透镜相比每组透镜要增加四个与空气接触面会增加光能损失；(2) 安装调整困难加大；(3) 为了得到好的效果，设计时折射率要用到小数后面第六位，而且要用玻璃块的实测值，每次生产都必须根据实测折射率来改变曲率半径，这是非常麻烦的。此外对面形的加工精度也要求很高。由于有这些缺点，故用复消色差三合透镜作转像系统透镜还未进行到实用阶段。

4.3.5　主物镜类型及特点

主物镜的作用是在分划板上生成目标和背景的像。常用的有两片型(双胶合、双分离)，三片型物镜、四片型(对称物镜及匹兹瓦物镜)物镜等，其结构形式如图 4 - 17 所示。

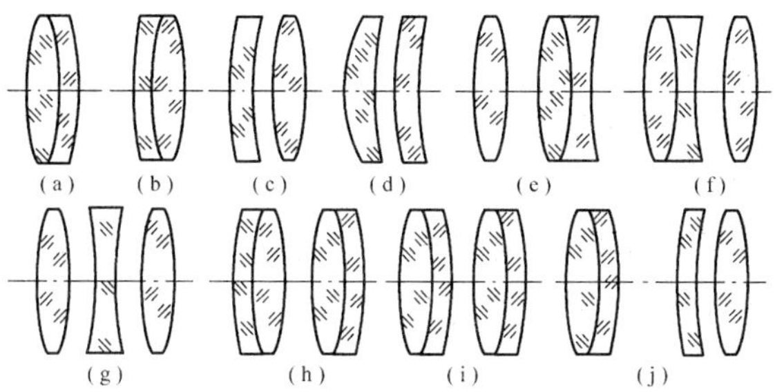

图 4 - 17　物镜的各种结构形式图

两片型物镜有双胶合和双分离两种形式，而双胶合又可分为王冕在前和火石在前两种。双胶合物镜应用最为广泛，它有三个半径和玻璃配对四个参数，因此在满足焦距要求外还可消球差、色差和 OSC′这三种像差，但不能校正轴外像差，也不能校正色球差和二级光谱，因此只适用于视场角不大(一般不超过 8° ~ 10°)的场合。因球差与焦距一次方、孔径二次方成正比，所以能得到良好像质时的相对孔径因不同焦距而异。表 4 - 4 列出焦距与能达到的相对孔径的关系。

表 4 - 4　焦距与相对孔径关系表

焦距	50	100	150	200	300	500	1 000	>1 000
相对孔径	1/3	1/3.5	1/4	1/5	1/6	1/8	1/10	1/12

火石在前的结构其色球差要比王冕在前结构稍小些。

双分离物镜可利用空气间隙作变量使带球差降低，但色球差及二级光谱仍不能校正，而且空气间隙和两透镜光轴的同轴度对像差影响大，装配也较困难，故在望远镜使用不多，主要用于平行光管物镜。双分离型有一种特殊结构形式如图 4 - 17 中的(d)，它的四个表面弯曲取向一致，这种物镜称为高斯物镜，它的色球差较小而且符号与一般的双胶合相反，因此有助于减小全系统的色球差。

三片型有一双胶合与一单透镜组合与三分离型两种,前者又有双胶在前与单透镜在前之分。三片型由于有较多变量,而且正光焦度由两零件分担,可以校正色球差等高级像差。三分离型在相对孔径不大时如果合适选择玻璃可校正二级光谱。

四片型有相近的两组双胶合和匹兹瓦物镜两种形式。由于自由参数较多,可校正部分轴外像差,因此,在相对孔径为 1/4 时,视场角可达 40°,如视场角不大相对孔径可达 1/2。匹兹瓦物镜由一双胶合透镜与相距较远的一组双分离透镜组成,这种物镜是匈牙利人匹兹瓦(Petzval)在 1840 年首先设计出的,故以得名。它可校正球差、位置色差和倍率色差,彗差也不大,一般相对孔径可达 1/3。

通过变倍系统后,入射到主物镜的入瞳直径和视场角已基本一致,可根据这些参数和像质要求以及全系统像差平衡的要求来选定结构类型。

4.3.6 目镜类型,准双目作用及类型

1. 目镜特点与类型

目镜有以下一些特点:

①相对孔径小,为 1/15 ~ 1/5 ;

②大视场角,为 40° ~ 80°;

③焦距短,在 10 ~ 45 mm 的范围内(少数有达 60 ~ 70 mm 的);

④光瞳在镜外,并有较大的距离;

⑤与眼睛一起工作。

在潜艇潜望镜中用的目镜要求有中等视场和较长的出瞳距离。从历史上曾采用过的目镜种类如下。冉斯登目镜:$2\omega = 40°$,$P = (1/4 - 1/3)f'$;惠更斯目镜:$2\omega = 45°$,$P = 1/3f'$;对称目镜:$2\omega = 40° \sim 45°$,$P = 3/4f'$;凯尔纳目镜:$2\omega = 40° \sim 42°$,$P = 1/2f'$;艾里弗Ⅰ型目镜 $2\omega = 65°$,$P = 1/2f'$;艾里弗Ⅱ型目镜:$2\omega = 60° \sim 65°$,$P = 1/2 \sim 3/4f'$;艾里弗Ⅲ型目镜:$2\omega = 45°$,$P = f'$;四片分离式:$2\omega \simeq 60°$,$P \simeq 1/2f'$。潜望镜常用的各类目镜的形状如图4 - 18 所示。

2. 双目结构类型

早期生产的潜艇潜望镜一般都是单目结构。由于使用时常需要闭上一只眼,故后来大都采用双目结构。双目结构有三种:真双目,准双目和假双目。

①真双目　即两套各自独立的物镜和目镜系统,两光轴相互平行,观察景物有立体感。

②假双目　一只眼只设不透光的眼罩,没有光线进入眼睛。因为用单目观察时要闭上一只眼,工作时颇感不方便,采用假双目装置可使观察时无须闭上一只眼。

③准双目(Quasi - binocular)　物镜共用,用分光系统将物镜生成的像传向两个目镜。它相当于双目同时观看一个平面图,没有立体感。虽然双目都能观察而不致有一只眼感到不舒服,但进入单个眼睛的光能却减少了一半。潜艇潜望镜不可能采用真双目结构,现代光电潜望镜普遍采用准双目结构。

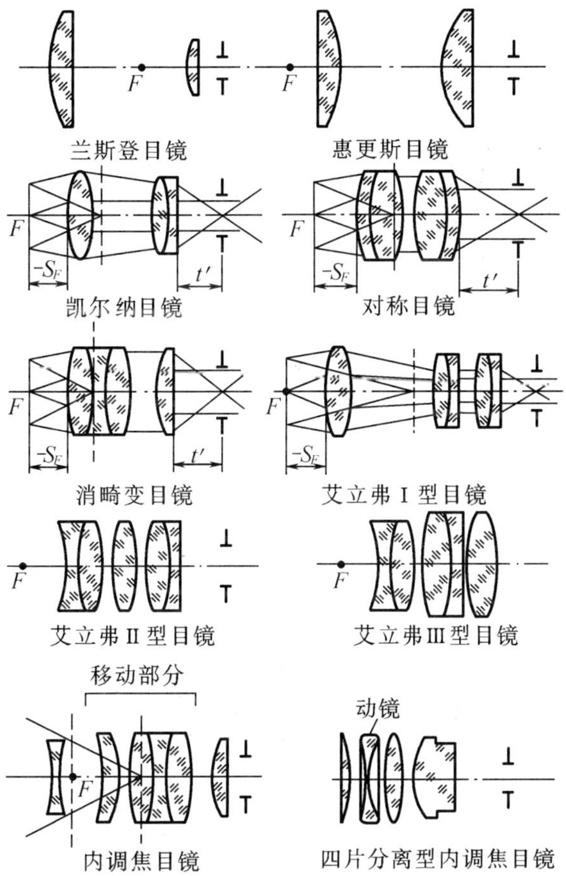

图 4－18 目镜种类

3. 准双目的实现方式

准双目的实现方法可归结为三种形式：

(1)在平行光路中分光，此方案需要有较大的光瞳；

(2)在像面上分光，要求对缝要准确，否则会观察到不齐全的图像；

(3)在会聚光路中分光，这种方式用得最多，要注意的是两光路的光程必须一致。图 4－19是几种准双目的光路原理图。

图 4－20(见 719 页)、图 4－21、图 4－22 是几种在国内外潜艇潜望镜产品中应用的准双目结构及光路示意图。

近代潜艇潜望镜所采用的准双目结构大都用分光棱镜作为分光元件，有的将光束上分(双目安置在分光棱镜上面)，有的下分(双目安置在分光棱镜下面)，其结构大同小异。使用过程中要调节目瞳距离时有的是左右目镜一起转动(如法国和美国的潜望镜)，有的是只动右目镜，而左目镜不动(如英国潜望镜)。左右目镜一起动时须将分光棱镜亦转过一定角度。由于双目分开的距离较大(欧洲人的平均目瞳距约为 75 mm，大多数亚洲人的平均目瞳距在 65 mm 左右)，而目镜的焦距又较小，只能在目镜前焦面前分光，故常将目镜安置在目镜头外壳体外。这样安置会带来一些不便，如目镜光轴与前面系统光轴的重合问题以及保证密封等，图 4－22 为一种实用的准双目结构图。

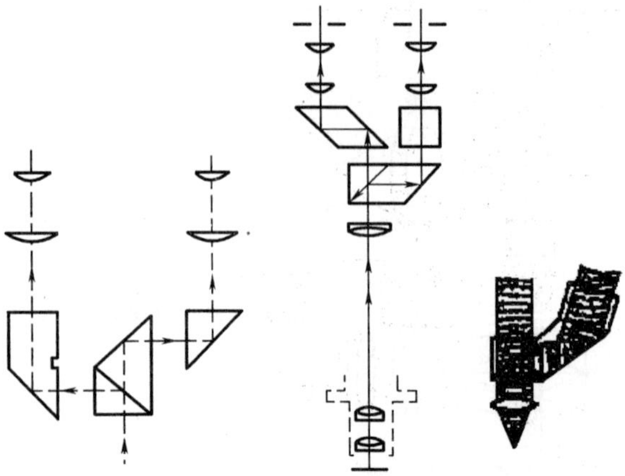

图 4 - 19 几种准双目的结构原理图

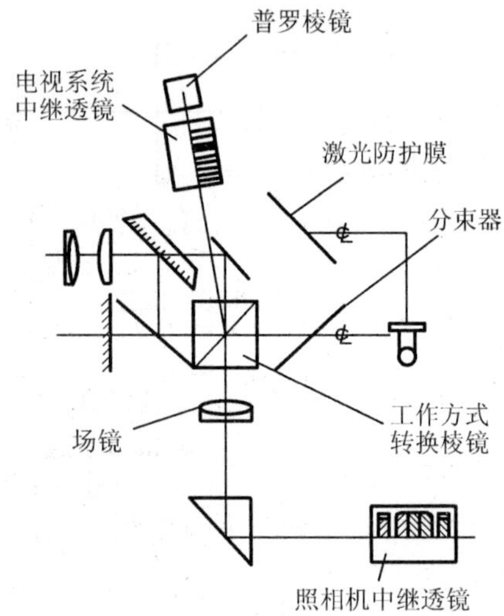

图 4 - 21 美国 76 型潜望镜准双目结构图

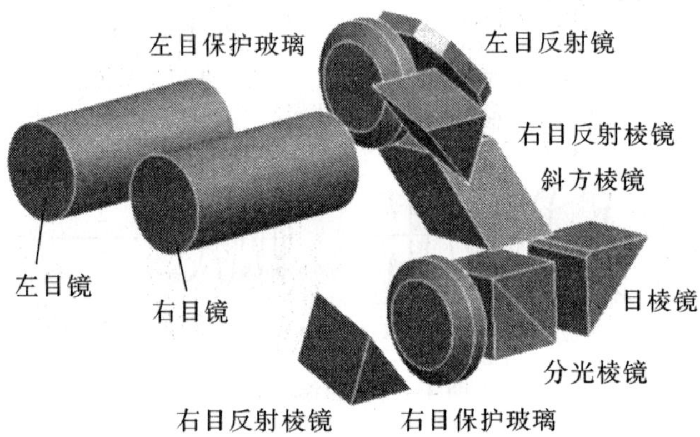

图 4 - 22 一种实用的准双目结构图

在图 4 - 22 结构中,用一斜方棱镜将由分光棱镜反射的光轴向左移半个目瞳距,而直接透过分光棱镜的光轴,则由两个斜放的外反射棱镜向右移半个目瞳距。这样,分开后的两光轴相距一个目瞳距。使用中通过同时转动右边两个外反射棱镜可改变两光轴距离,以适应不同人的目瞳距要求。

4.4 潜艇潜望镜观察光学系统外形尺寸设计与像差设计

4.4.1 光学设计

光学设计是一门实践性很强的学科,它根据光学仪器总的技术要求从仪器各部分(光学、电气、机械性能)出发,用各种光学元件的组合以满足对光组光学性能、外形尺寸和像质的要求。

1. 光学设计的基本步骤

第一步:初步设计

此阶段包括的内容如下:

(1)根据总体要求,设计满足这些要求的原理方案及系统各部分的组成,以保证仪器的作用(如观察、照相、测距、测量天体高度、电视摄像等)和原理的可实现性。

(2)外形尺寸计算,根据给定的各种光学特性,如放大率、视场、出瞳直径和距离、光学长度(潜望力)、受限制的最大口径等,在不考虑像差的前提下利用线性共轭理论和几何关系进行计算,确定出组成光学系统的各零部件及其基本参数:口径、视场、焦距及各部件的距离等,既为机械结构设计准备资料,又为各光学部件的像差校正计算提供原始数据。

(3)分析各个光学部件的相互作用,初步估计它们的校正像差的可能性以及校正整个系统像差的可能性。

第二步:像差设计

此阶段包括的内容如下:

(1)制订总系统的像差平衡方案。

(2)选择部件的类型(要考虑透镜数目,形状,相互位置及像差校正可能性)。

(3)利用优化原理反复进行像差计算一直到将有关像差控制在容许范围内,确定出各部件透镜的曲率半径,厚度,折射率,通光口径,间隔和光阑位置。

2. 好的设计结果应具备的条件

(1)完全满足仪器总体所提的要求。

(2)像质符合一定标准(即将剩余像差值控制在一定数值之下)。

(3)加工和装配工艺性好。

(4)在工作条件下的稳定性和可靠性。

(5)具有较好的先进性,经济性和费效比。

3. 光学设计的基本原则

(1)在满足要求的情况下,优先采用通用件、重复件、相同的曲率半径,以减少样板数目,缩短加工时间及提高互换性和装配过程中的选配能力。

(2)在满足总体性能的条件下必须兼顾先进性、工艺性和经济性的综合平衡。

(3)选择玻璃时,在满足像差校正的条件下应尽量采用普通玻璃,少用或不用价格昂贵,理化性能差和加工性差的特殊玻璃以及新研制未经充分试验的新玻璃,特别是不能把稳定性差的玻璃用在野外作业仪器上。

(4)符合光学标准(国标、国军标、部标和行业标准)。

(5)不同的系统选用不同的评价标准。

(6)光学设计人员应参与总体论证和总体方案的探讨工作,以能将光学设计的合理性、设计实现可能性、先进性、经济性、可靠性和工艺性反映到总体方案中。

(7)设计结果应尽量使透镜各参数对变化值最不敏感和公差最大。

在计算机已被普遍采用,各种光学计算软件功能日益强大齐全的情况下,对设计人员的要求将更高。知识面广且富有经验的设计人员将能更充分利用软件的功能,使设计结果更合理更有价值。

在此强调一点:无论软件如何完善总不能代替设计人员的作用。计算机及光学软件只是减少人的劳动量,使原本很复杂的庞大计算量变得简单易行。人工需要几个月才能完成的工作量,现今利用计算机不到一分钟就可解决了,而且还可提供更多更全面的信息。设计过程需要人去判断与干预,各种设计课题永远会有新的内容,会遇到各种各样千差万别的问题,计算机是无从判断的,无论编程者如何高明、如何富有经验,总不能把所有实际问题都考虑在内。因此,计算机和光学软件包不可能完全代替光学设计人员,光学设计人员还是大有可为的。

4.4.2 潜艇潜望镜观察光学系统外形尺寸设计

1. 概述

潜望镜目视观察光学系统的外形尺寸计算是潜望镜设计的一个重要阶段。潜望镜总体对光学系统外形尺寸有严格的数量繁多的限制条件。例如,长度(潜望力),最大口径,头部细部直径,像面位置,放大率,视场角,俯仰范围,主观察系统和各种辅助系统的交叉配置,折点位置,单双目结构等等,无一不有明确规定。太多的限制条件使外形尺寸计算颇费周折。潜望镜光学系统的外形尺寸计算已有一些光学工作者作了开创性工作,前苏联的著名光学专家鲁西诺夫[4]曾提出如下两条原则:在潜望镜物镜的前方安置变倍系统是得到最良好的外形尺寸的一个必要条件;在变换倍率时,保持相同的目镜视场和出瞳直径及距离是得到最良好的外形尺寸的另一个必要条件。第 2 章参考文献[11]中提出"方法光路"的概念,将一般光路中前后光组光线拟合的任意性归结为几种简单情况,该文献中还就单组和三组转像系统的计算,变形折点的配置以及各组件焦距选择的影响作了详细分析。参考文献[14][15]在变倍系统和转像系统的外形尺寸计算方面也做了大量卓有成效的工作。

外形尺寸计算还可分为初始外形尺寸计算和精确外形尺寸计算两阶段。第一阶段认为系统各部件没有像差,并且假定各组件的厚度为无穷薄,即用一个主面来代替透镜或透镜组。之所以作这样假定,是为了使推导公式和计算过程简化。尽管认为各组件没有像差,但计算时仍必须估计所设计的各部件校正像差的可能性,否则往往不会得到满意的像质或是使一些组件结构过于复杂而不得不重新进行计算。

2. 光学系统外形尺寸计算方法

(1)单组转像系统的计算

下面以具有一个转像系统的直视潜望镜作为例子,来介绍外形尺寸计算方法。所谓直视就是不考虑上下两棱镜造成的光路弯折。

一般情况下,潜艇潜望镜的长度和园柱部分的外径(对光学系统而言是潜望力和转像系统透镜的最大口径)以及颈部直径和长度是战术技术总体要求所确定的。已知的还有放大率、视场、出瞳大小和距离。其简图如图 4-23 所示。

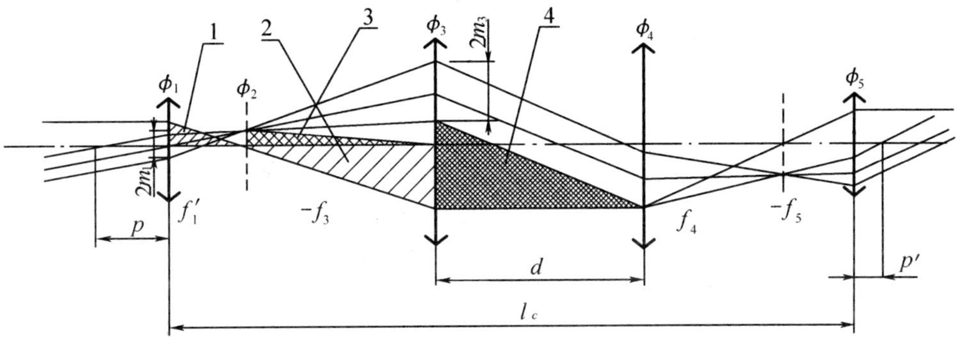

图 4-23　单组转像系统外形尺寸计算光路图

设 $\Gamma, 2\omega, d_{出}, p'$ 给定，且 $D_3 = D_4, D_3 = cD_2$；$2m_1$ 表示入瞳视场宽，$K = 2m_1/D_{入}$ 为渐晕系数。则

$$D_{入} = \Gamma d_{出}, \Gamma = \frac{f_1' f_4'}{f_5' f_3'} = -\frac{f_1'}{f_5'}\beta, \beta = -\frac{f_4'}{f_3'}, D_2 = -2f_1'\tan\omega_1 \tag{4-20}$$

由阴影相似三角形可得

$$f_3' = f_1'\frac{D_3}{D_1} = \frac{2cf_1'^2\tan\omega_1}{D_{入}} \tag{4-21}$$

$$\frac{D_2}{2f_3'} = \frac{D_3 - 2m_3}{d}, d = \frac{D_3 - 2m_2}{D_2}2f_3' = \frac{2(1-k)D_3 f_3'}{D_2} = 2c(1-k)f_3'$$

因为 $2m_1 = kD_{入}$，所以 $2m_3 = kD_3$。

$$L_c = f_1' + f_3' + d + f_4' + f_5'$$

$$L_c = -\frac{\Gamma}{\beta}f_5' - \frac{f_5'}{d_{出}\beta}D_3 - \frac{(1-k)D_3^2}{d_{出}\Gamma\tan\omega_1} + \frac{f_5'}{d_{出}}D_3 + f_5'$$

由式 $f_5' = \dfrac{L_c + \dfrac{1-k}{d_{出}\Gamma\tan\omega_1}D_3^2}{1 + \dfrac{D_3}{d_{出}} - \dfrac{D_3}{d_{出\beta}} - \dfrac{\Gamma}{\beta}}$ 可求出 f_5'　(4-22)

由 $\Gamma = -\dfrac{f_1'}{f_5'}\beta$　可求出 f_1'　(4-23)

由 $f_3' = f_1\dfrac{D_3}{D_{入}}$　可求出 f_3'　(4-24)

由 $\beta = -\dfrac{f_4'}{f_3'}$　可求出 f_4'　(4-25)

也可由

$$\frac{(1-k)D_3^2}{d_{出}\Gamma\tan\omega_1} + \left(\frac{f_5'}{d_{出}\beta} - \frac{f_5'}{d_{出}}\right)D_3 + \left[\left(\frac{\Gamma}{\beta} - 1\right)f_5' + L_c\right] = 0 \tag{4-26}$$

求出 $d_{出}$ 和 P'。

如果已知 D_3 求出的 f_5' 太大，可以将转像系统后组用一双胶透镜与一焦外聚光镜取代而得到较小的值，如图 4-16 所示。

$$\Delta L = d_{ab} + \alpha_F' - f_4', \alpha_F' = f_4'\left(1 - \frac{d_{ab}}{f_a'}\right)$$

$$f'_{4a}=\frac{d}{2(1-k)},f'_4=\frac{D_3}{d_{出}}f'_5$$

$$d_{ab}+\alpha'_F=\alpha'_F-\frac{D_3^2}{2\Gamma d_{出}\tan\omega_1}+\frac{\alpha'_F D_3}{2\Gamma f'_5\tan\omega_1}$$

$$L_c=f'_1+f'_3+d+d_{ab}+\alpha'_F+f'_5$$

用

$$(1-\frac{\Gamma}{\beta}\frac{D_3}{d_{出}\beta})f_5'^2-[L_c-\alpha'_F+\frac{(3-2k)D_3^2}{2d_{出}\Gamma\tan\omega_1}]f'_5+\frac{D_3\alpha'_F}{2\Gamma\tan\omega_1}=0$$

或 (4-27)

$$\frac{2(1-k)+1}{2d_{出}\Gamma\tan\omega_1}D_3^2+\frac{2f_5^2\Gamma\tan\omega_1-d_{出}\alpha_F\beta}{2d_{出}f'_5\Gamma\tan\omega_1\beta}D_3+[L_c-\alpha_F-(1-\frac{\Gamma}{\beta})f'_5]=0$$

都可得出f'_5。

场镜(分划镜)焦距的选择要考虑主光线的走向,式中有效光栏在二转向透镜中点。

计算外形尺寸时亦可用转面公式:

轴上 $n'_1\tan u'_1-n'_i\tan u'_i=n_i\frac{h_i}{f'_i},u'_i=u_{i+1},h_{i+1}=h_i-d\tan u'_i$

轴外 $u'_i\to w_i\quad h_i\to Y_i$

透镜厚度及畸变的影响、上下棱镜及目镜弯折成水平状况的影响、加入变倍系统等的影响可通过改变转像系统间距来保持潜望力不变。因与潜望力相比这些变化量都是微小量,造成的转像系统间隔的微小变化不会有何明显影响,充其量只是使系统的渐晕系数有微小改变而已,而且这种影响还可通过改变场镜的光焦度来弥补。

不同的假设将推导出不同公式,主要是要灵活运用线性共轭理论和几何关系。在满足限制条件的情况下,并考虑整个系统的像差平衡,可指定某些参数来求出其他参数。

(2)三组转像系统的计算

①三组转像系统的分析 对具有三组转像系统的光学系统,要推导出一个表示式是很复杂的,此时要作更多的假设。如系统为防振光学系统,则需先安排变形折点前的光学结构,然后再计算后面系统的尺寸。要用逐步确定法,在已知放大率、视场、潜望力、出瞳直径和转像透镜最大口径等情况下选定。潜望镜的放大率可表示为

$$\Gamma=-\frac{f'_{物}}{f'_{目}}\cdot\beta$$

对于三组转像系统,有$\beta=\beta_1\cdot\beta_2\cdot\beta_3$。因为转像系统的线放大率通常都为负值,故转像系统的组数必须为单数,即1,3,5…采用五组或五组以上是不可能也不必要的,大多数情况下都是采用一组。但在20世纪70年代后,由于防振光学系统概念的出现(在本书中又称图像稳定光学系统)和陆续被付诸实施,在潜望镜中三组转像系统已有逐渐取代单组转像系统的趋势。采用三组转像系统会使结构变复杂,降低系统透光度和增大二级光谱和色球差等剩余像差。如果目棱镜用带屋脊的五角棱镜取代直角棱镜,可以采用两组转像系统亦能得到正像。采用三组转像系统无非是两种原因:其一,口径受到限制无法实现潜望力的要求;其二,防振光学系统安置弯折点和像面的要求。前一种情况可以采用全等结构,即三组系统间隔完全一样,六个双合透镜结构完全一样,只是每组的前后组对称放置。后一种情况则有两种安排:其一变形折点前放置一组转像系统;其二,变形折点前放置两组转像系统。这两种安排在各国潜望镜

中都有采用。变形折点前放置两组转像系统的如法国的 M41 型搜索潜望镜，其潜望力为 9 m，上棱镜瞄准线至弯折点的距离为 3 643.4 mm，其示意图如图 4－24 所示。

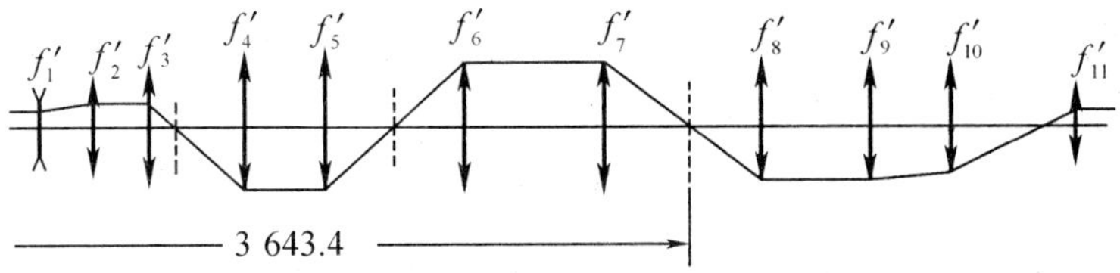

图 4－24　法国 M41 型搜索潜望镜透镜 光学系统组成图

图中：f_1'、f_2'为变倍系统（伽利略系统），图示状态为 1.5×，转过 90°形成空挡为 6×；f_3'为物镜；f_4'、f_5'为第一转像系统；f_6'、f_7'为第二转像系统；f_8'、f_9'、f_{10}'构成第三转像系统，其中f_{10}'为聚光镜，它与f_9'共同组成第三转像系统的后组；f_{11}'为目镜。具体数值如下：

$f_1'=-30, f_2'=120.3, f_3'=318.9, f_4'=f_5'=240.3$

$f_6'=f_7'=f_8'=1\ 153.7, f_9'=2\ 353, f_{10}'=509.3, f_{11}'=57.07$

$d_{1,2}=90.3, d_{2,3}=188.8, d_{3,4}=559.2, d_{4,5}=138.2, d_{5,6}=1\ 394$

$d_{6,7}=334, d_{7,8}=2\ 307.4, d_{8,9}=2\ 084.8, d_{9,10}=1\ 827.5, d_{10,11}=315.57$

转像系统的线放大率为

$$\beta_{\mathrm{I}}=-1^{\times}, \beta_{\mathrm{II}}=-1^{\times}, \beta_{\mathrm{III}}=1.004^{\times}$$

全系统放大率，不含球罩与补偿透镜时

$$\Gamma=318.9\times(-1)\times(-1)\times(-1.004)/58.07=5.5^{\times}$$

含球罩与补偿透镜时

$$\Gamma=1.093\times5.5=6^{\times}, \Gamma_{球罩}=1.093^{\times}$$

此系统的转像系统线放大率$\beta\approx-1^{\times}$，对全系统的像差平衡并不很有利。因各组件的剩余像差都不加缩小或放大传递到最后像面上，对系统的像差贡献是固定的、直接的，未能充分利用放大率来改变像差传递比例。

弯折点前安置一组转像系统的系统如图 4－25 所示。

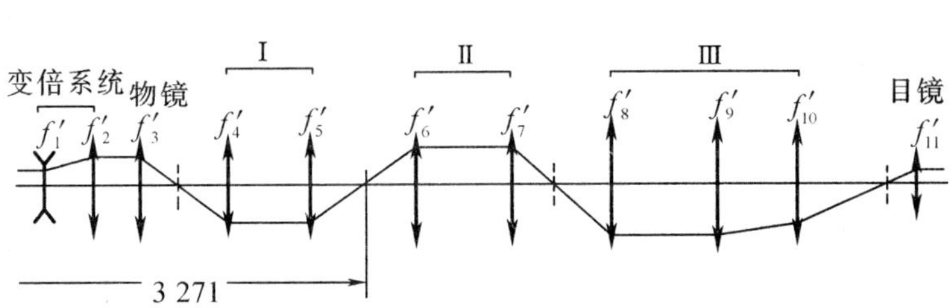

图 4－25　法国 M41 型搜索潜望镜折点前与折点后光学系统的组成

在此系统中，$\beta_{\mathrm{I}}=-1.2^{\times}$，$\beta_{\mathrm{II}}=-1^{\times}$，$\beta_{\mathrm{III}}=-0.6^{\times}$，整个转像系统的线放大率$\beta=-0.72^{\times}$。

②三组转像系统外形尺寸计算考虑的问题　三组转像系统外形尺寸计算需根据潜望镜总体要求确定的问题进行。

a. 选定整个转像系统放大率：$\beta=\beta_1\beta_2\beta_3$。一般选用绝对值小于 1 的线放大率，这样对全系统的像质平衡有利；

b. 根据折点位置，安排第一组转像系统的参数（焦距，口径，间隔等）；

c. 根据分划板尺寸，确定物镜焦距（一般分划板直径不超过 60 mm）。

假定系统总长(潜望力)为 L_T,则 $L_T = L_0 + L_{\text{I}} + L_{\text{II}} + L_{\text{III}} + f'_{11}$, L_Z 为瞄准线至变形折点的距离,则 $L_Z = L_0 + L_{\text{I}}$,或 $L_{\text{I}} = L_Z - L_0$(图 4-26)。L_Z 由潜望镜伸出水面长度和导套位置等因素确定,计算外形尺寸时是已知的,L_0 代表瞄准线至物镜像面的距离,可以根据容许结构尺寸和光学设计的需要设定。故可算出第一转像系统的长度,因 f'_{11} 与潜望力相比是微小量,为计算简便起见可略去不计,则有

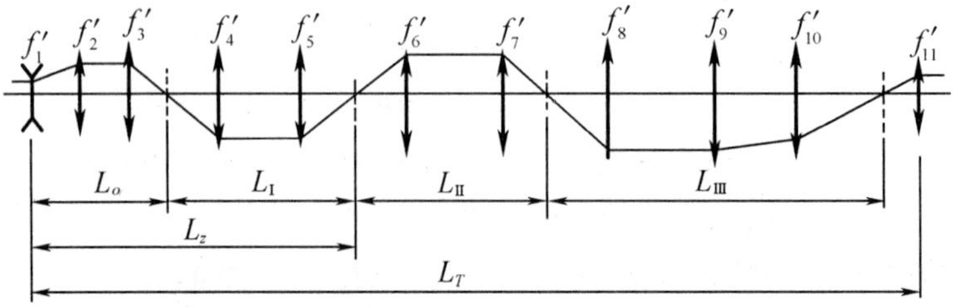

图 4-26 图像稳定光学系统外形尺寸的安排

$$L_{\text{II-III}} = L_{\text{II}} + L_{\text{III}} = L_T - L_Z, L_{\text{II}} = f'_6 + d_{6,7} + f'_7, L_{\text{III}} = f'_8 + d_{8,9} + d_{9,10} + \alpha'_{10}$$

通常,第二组转像系统担负潜望力的大部分,此组应采取“等高”光路,即轴外光束在转像系统前后组透镜上的通光口径相等,相当于在其中心位置上加有一虚光阑。

③图像稳定系统中三组转像系统外形尺寸计算步骤　下面列出这类潜望镜外形尺寸计算的详细步骤和计算公式。一般给定的已知量有潜望镜放大率 Γ,潜望力 L_T,视场角 $2\omega_0$,出瞳直径 $d_{出}$,最大透镜(转像系统透镜)口径 $D_{\max}$,弯折点距 L_Z,分划板(物镜焦面上)口径 $D_{分划}$;此外,还指定渐晕系数 K 和目镜焦距两者中的一个。

a. 选定转像系统总放大率 β 及各组线放大率 $\beta_1, \beta_2, \beta_3$,如无别的考虑建议取如下推荐值:$\beta \approx -0.6 \sim -0.7^{\times}, \beta_1 \approx -1^{\times}, \beta_2 \approx -0.7^{\times} \sim -0.65^{\times}$。

b. 确定物镜焦距:$f'_3 = \dfrac{D_{分划}}{2\tan\omega_0}$。

c. 确定第一组转像系统前组透镜焦距:$f'_4 = \dfrac{D_{\max}}{D_{入}} f'_3$。

d. 确定第一组转像系统后组透镜焦距:$f'_5 = -\beta_1 \cdot f'_4$。

e. 确定第二组转像系统前后组焦距,通常取:$f'_6 = f'_7 = f'_5$。

f. 确定第二组转像系统前后组透镜间隔:$d_I = \dfrac{D_{\max}(1-K)}{\tan\omega_I}$,式中 ω_I 为最大的斜光束倾斜角,K 为最大视场的渐晕系数。理论上有:$d_{1max} = \dfrac{D_{\max}}{\tan\omega_I}$。

g. 确定第二转像系统长度:$L_{\text{II}} = f'_6 + d_I + f'_7$。

h. 确定第三转像系统长度:$L_{\text{III}} = L_T - L_Z - L_{\text{II}}$。

i. 确定第三转像系统前组透镜焦距:为减少透镜品种,可选取 $f'_8 = f'_6$ 或 $f'_8 = f'_4$。

j. 确定第三转像系统后组焦距:$f'_{\text{III}b} = -f'_8 \cdot \beta_3$,虽然采用三组转像系统潜望力容易满足,但为了使全系统有一个可调焦距(及放大率)的环节,后组还必须采用加焦外聚光镜的结构,即用 f'_9,f'_{10} 取代 $f'_{\text{III}b}$,其关系为

$$f'_{\text{III}b} = \frac{f'_9 \cdot f'_{10}}{f'_9 + f'_{10} - d_{9,10}}$$

此外还有一个参数要考虑:

$$\alpha_{10}' = f_{\mathrm{III}b}'\left(1 - \frac{d_{9,10}}{f_9'}\right)$$

即聚光镜出射面到组合光组后焦面的距离,此数据由目镜头的总体布置限定,属于已知数、两式中有两个已知数,三个未知数,无法联立求解,需再选定一个参数。一种可选办法是引入 a 和 b 两个参数,其概念如下图 4－27 所示。

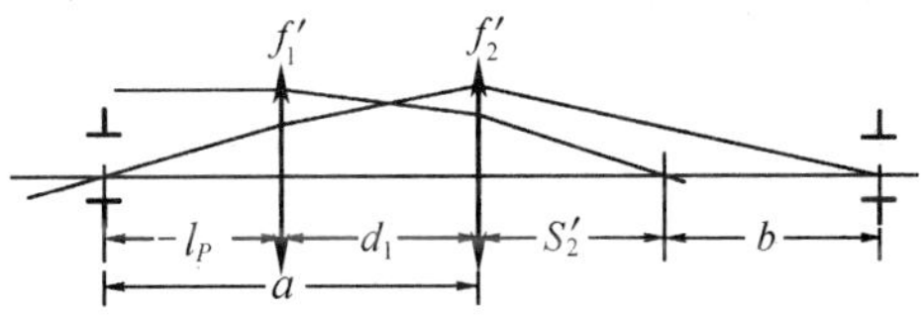

图 4－27　第三转像系统后组的设计

图中 a 为后组入瞳距离,b 为出瞳至组合系统焦面的距离。用 h_1,h_2表示轴上光在两透镜上投射高度,h_{p1},h_{p2}表示主光线的投射高度,经推导和整理后得出以下公式:

$$d_1 = \frac{(S_2' - a)S_2'\varphi + f'(S_2' + b)/b}{1 - S_2'\varphi} \tag{4-28}$$

$$\varphi_1 = \frac{1 - S_2'\varphi}{d_1}, \varphi_2 = \frac{\varphi - \varphi_1}{1 - d_1\varphi_1}$$

通常,因要安装测距结构及照相分光板等装置,S_2'至少要大于 300 mm,但又不能过大,在 $S_2' \approx 300 \sim 400$ mm 范围内。b 的值由目镜出瞳距离决定。

k. 确定第三组转像系统透镜间距:$d_{8,9} = L_{\mathrm{III}} - f_8' - d_{9,10} - \alpha_{10}'$

如果给定的已知参数与上述的不尽相同,计算公式亦应不同,但思路是一致的,计算步骤无大差别。

3. 潜望力变更的简单方法

在实际设计过程中,有时需要同一根潜望镜能用于不同艇体尺寸的潜艇中,即在不改变或少改变光学结构情况下要求潜望力能作适当变动。例如,英国的小型潜望镜系列、前苏联产品 ПЗН－9 和 ПЗН－10 潜望镜,其潜望力由 9 m 变成 10.2 m,光学结构参数和光学性能基本不变。在功能和使命不变条件下,无须重新设计潜望镜,这对降低成本和缩短研制周期是非常有利的。

改变潜望力有两个途径:不改变转像系统口径;改变转像系统口径。

(1)不改变转像系统口径

假定转像系统透镜最大通光口径为 $D_{\max}$,其间的最大视场的光线斜角为 $\omega_{\max}'$,则其间距为

$$d = \frac{D_{\max}(1 - K)}{\tan\omega_{\max}'}$$

式中,K 为渐晕系数。

改变潜望力即将 d 改为 d',需要潜望力加长,$d' = d + \Delta d$;反之,潜望力缩短,$d' = d - \Delta d$。显然,$d' < d$ 时,渐晕系数 K 增大;反之,$d' > d$ 时,渐晕系数缩小。当 $K \approx 0$,d'为极值,即理论上 $d_{\max}' = \dfrac{D_{\max}}{\tan\omega_{\max}'}$,例如,ПЗН－9 和 ПЗН－10 的转像系统的数据如图 4－28 和表4－5 所示。

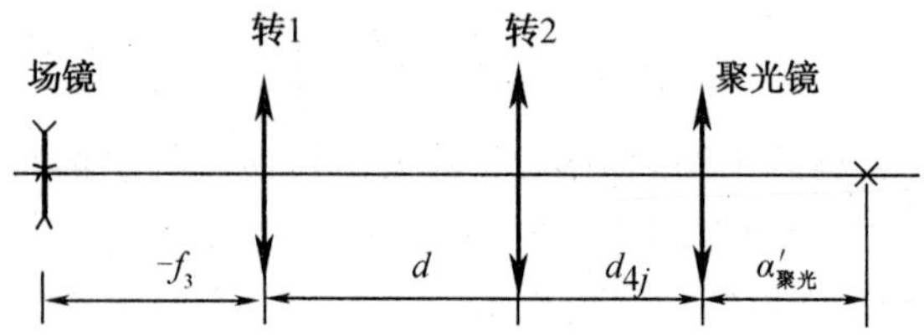

图 4－28　前苏联 ПЗН 型潜望镜转像系统

表 4－5　前苏联 ПЗН 型潜望镜转像系统参数表

潜望镜型号	$f'_{场}$	d	渐晕系数 K
ПЗН － 9		4 503.3	0.31
ПЗН － 10	－2 094.23	5 703.3	0.1
ПЗНГ － 8		3 503.3	0.46

其他参数是一样的：

$$f'_3 = 1\ 229.44, f'_4 = 2\ 963.39, f'_5 = 579.51, d_{4j} = 2\ 281.8, \alpha'_{聚光} = 313.21$$

$$D_3 = D_4 = D_{\max} = 145\ \text{mm}, \tan\omega'_3 = \tan\omega_{\max} = 0.022\ 5$$

在上述条件下，$d'_{\max} = \dfrac{145}{0.022\ 2} = 6\ 532\ \text{mm}$，ПЗН－9 型理论上极限潜望力可达 11 040 mm，但此时渐晕系数已趋近于零，已无实际意义。ПЗН－10 边缘视场的渐晕系数只有 0.1（即边缘视场光束宽度只为轴上光束宽度的 10%）。因人眼对环境和目标照度有相当大的动态范围，如此低的渐晕系数仍可正常使用，故可以取为目视仪器边缘视场的最低限度渐晕系数。对于光能接收器为胶片、CCD、电视摄像机靶面和红外探测器等器件，过低的渐晕系数是不容许的。平行光路中的间隔改变后，为了保持前面系统的入瞳位置不变，需要改变场镜（分划板）的光焦度，通常分划板为平凸或平凹结构，平面为分划面不能改动，另一面为球面可以更改。

分划镜（场镜）的焦距用下式计算

$$f'_{场} = \frac{h_3}{\tan\omega_3 - \tan\omega_2} = \frac{f'_1 f'_3}{f'_3\left(1 + \dfrac{p}{f'_1}\right) + f'_1\left(1 - \dfrac{d}{2f'_3}\right)} \tag{4-29}$$

其中

$$h_3 = \frac{d}{2}\tan\omega_4 = -\frac{f'_1}{f'_3}\frac{d}{2}\tan\omega_1$$

式中，f'_1 为主物镜焦距。

潜望力拉长，只要渐晕系数不低于最低限度的要求，可以通过拉长转像系统透镜间隔来实现；潜望力缩短，亦是通过缩短转像系统透镜间隔来实现，此时渐晕系数增大，有助于提高边缘视场照度。但不管是拉长还是缩短都必须更改分划镜的光焦度。

(2) 改变转像系统透镜口径

当要求潜望力加长数值过大，就非加大透镜口径不可了。有两种情况：透镜的中心厚度较大，增大口径后透镜边缘厚度仍大于规定的最小厚度；口径加大后，边缘厚度太小，需重新设计转像系统。前一种情况只需加大透镜口径和更改分划镜光焦度就行了。后一种情况要按下列步骤进行。

①根据容许的最大口径来重新决定透镜焦距：$f'_3=\frac{D_{容许}}{D_{入瞳}}\cdot f'_1$。

②保持转像系统线放大率不变的情况下确定后组焦距：$f'_4=-\beta\cdot f'_3$，前组焦距变大后，轴外光束的倾斜角将变小，有利于拉长透镜间隔：$\tan\omega_3'=\frac{f'_1}{f'_3}\cdot\tan\omega_1$。

因前后组透镜焦距及其间隔都已增大，潜望力可大大增加。图 4-23 中为简便起见，后组只用一透镜代表，实际上后组应由一双合透镜和一焦外聚光镜组成（图 4-28）：

$$f'_4=\frac{f'_{4'}\cdot f'_{聚光}}{f'_{4'}+f'_{聚光镜}-d_{4j}}$$

并且

$$\alpha'_{聚光}=f'_4\left(1-\frac{d_{4j}}{f'_{4'}}\right)$$

计算潜望力时应该用 $d_{4j}+\alpha'_{聚光}$ 替换 f'_4，即潜望力为

$$L=f'_1+f'_3+d+d_{4j}+\alpha'_{聚光}+f'_5$$

由于 f'_3，f'_4 都已更改，后组双合透镜和聚光镜亦需重新设计，但应保持 $\alpha'_{聚光}$ 不变，以免目镜头作大的变动。

拉长潜望力还有另一种办法，即将转像系统前组亦用一双合透镜和一聚光镜代替，但此法使镜筒结构要作较大变动，而且增加光能损失和装配难度，故一般不采用。

4.4.3　潜艇潜望镜观察光学系统像差设计

1. 光学系统像差合成方法

用近似的方法来估算单个组件的剩余像差在系统中的传递情况及对整个系统剩余像差的贡献，这种方法就是像差合成方法。

在计算机已很普及的今天，对整个系统计算像差是轻而易举的。但对整个系统的追迹计算并不能弄清各个组件剩余像差对整个系统的作用大小，因此，像差合成方法仍有了解和使用的价值。在介绍此方法之前，先作几项规定：

(1)像差的正向和反向：任何一个组件在独立进行计算时，当光线方向跟系统方向相同时为正向，记作 $\Delta\overrightarrow{L}$，$\Delta\overrightarrow{y}$；若光线方向跟系统方向相反时则为反向，记作 $\Delta\overleftarrow{L}$，$\Delta\overleftarrow{y}$。

(2)组件的物方或像方有平行光路，则在进行单组设计时，要使光束平行入射，即取物在无穷远处。

(3)各组件在进行单组设计时，视场角应取同一符号。

光学系统的纵向像差，不论是正向计算还是反向计算，其像差符号是不变的，但绝对值不同。反向光路时像方的纵向像差（假定物方没有像差）等于正向光路时的纵向像差除以正向光路的纵向放大率。合成的纵向像差等于光组按相反方向分别计算的像差的代数和，即：$\Delta L'_{总}=\Delta\overrightarrow{L'_1}+\Delta\overleftarrow{L'_2}$，当 $\Delta\overrightarrow{L'_1}=-\Delta\overleftarrow{L'_2}$ 时，$\Delta\overrightarrow{L'_{总}}=0$。而总的横向像差则等于两个光组按相反方向分别计算的横向像差之差，即 $\Delta y'_{总}=\Delta\overrightarrow{y'_1}-\Delta\overleftarrow{y'_2}$，当 $\Delta\overrightarrow{y'_1}=\Delta\overleftarrow{y'_2}$ 时，$\Delta y'_{总}=0$。

对于一个有转像系统的光学系统，如用 1，2，3，4 脚标按顺序分别表示物镜组，转像系统

前组,转像系统后组和目镜,则全系统的像差合成可表示成

$$\Delta L'_{总} = (\Delta \overrightarrow{L'_1} + \Delta \overleftarrow{L'_2})\beta^2 + \Delta \overrightarrow{L'_3} + \Delta \overleftarrow{L'_4} \tag{4-30}$$

$$\Delta y'_{总} = (\Delta \overrightarrow{y_1} - \Delta \overrightarrow{y_2})\beta + \Delta \overrightarrow{y_3} - \Delta \overrightarrow{y_4} \tag{4-31}$$

式中,$\beta = -\dfrac{f'_3}{f'_2}$。

以上两式只有在像差不大的情况下才能成立。此外,也只有在像差不大时,横向放大率才与理想系统的横向放大率相等。

例如,某型潜望镜,其变倍系统由一个 $\Gamma = \sqrt{8}^{\times}$ 的伽利略系统组成,正反放置得到两个倍率,$f'_1 = -34.02$,$f'_2 = 96.266$,其物镜 $f'_{物} = 249.716$。

高倍时 $\beta = (\dfrac{249.716}{34.02}) = 7.34^{\times} \quad \beta^2 = 53.88^{\times}$

低倍时 $\beta = (\dfrac{249.716}{96.266}) = 2.59^{\times} \quad \beta^2 = 6.73^{\times}$

可见,虽然变倍系统前后组的剩余像差一样,但正反放置在物镜焦面上的贡献大不相同(相差 8 倍),即对物镜剩余像差的叠加作用有很大差别。这将给系统的像质平衡带来困难,这也说明大倍率的伽利略变倍系统设计困难所在。

2. 潜望镜观察光学系统像质评定方法

(1)像质评定的各种方法

在光学设计初步完成以后,势必要牵涉到这样的问题:设计结果是否可用?这就进入一个课题:如何来评定成像质量,即对剩余像差是否容许作出判断。这就是所谓的“像质评定”。像质评定通常有以下几种方法:“瑞利判据”“中心点亮度”“点列图”“能量集中度”“光学传递函数”等。这几种方法是在不同时期发展起来的,各有其特点和应用场合。因此对不同的光学系统,所用的评价标准是不一样的。

(2)小像差系统的像质评定

对小像差系统的像质评定,一般可使用“瑞利判据”和“中心点亮度”法。

中心点亮度是指有像差时的衍射图形中最大亮度和无像差时的最大亮度之比,它大致确定了能量分散程度,并且在像差不大时又和像差有密切关系。

瑞利判据的出发点是指在波差不大时,使波差最大值为最小(小于 $\lambda/4$),由于只考虑波面缺陷的最大值而不管缺陷部分所占比例,从能量角度看是不合理的,而中心点亮度的判断是使波差的平方平均值为最小,这种判断比瑞利判据合理,但在像差不大时其差别不大,而瑞利判据使用方便,所以使用普遍。例如在评定初级像差可采用下列公式作依据:

仅有初级像差

$$L'_A = \frac{4\lambda}{n'\sin^2 u'_m} \tag{4-32}$$

有高级球差时的边缘值

$$L'_{Am} = \frac{\lambda}{n'\sin^2 u'_m} \tag{4-33}$$

有高级球差时的带球差

$$L'_{AZ}=\frac{6\lambda}{n'\sin^2 u_m} \tag{4-34}$$

仅有初级位置色差

$$\Delta L'_{CF}=\frac{\lambda}{n'\sin^2 u'_m} \tag{4-35}$$

$$\mathrm{OSC}\leqslant\frac{\lambda}{2n'\eta'\sin u'_m} \tag{4-36}$$

位置色差为两倍焦深是因参考点取在长短波长的像点中间。由于在波长两端人眼灵敏度下降，所以二级光谱超过 50% 是允许的。在夜间由于眼瞳放大致使分辨能力降低至$\frac{1}{5}$左右，此时像差容限可以放大。

(3) 大像差系统的像质评定

①点列图　由一点发出的在光阑面上均匀分布的光线经过光学系统以后，由于存在像差，其与像面的交点不再是同一点，而是形成了散开的图形，称之为点列图。用点列图中的这些点的密集程度可以衡量系统的质量优劣。这是以几何光学方法（光线分布密集程度）来解决物理光学（能量分布）问题。这显然是一种近似的方法。计算的光线数目愈多（取点愈密）近似程度就愈高。可以认为在占 60% ~70% 的光线所集中的图形区域为光学系统的弥散斑直径，其半径的倒数可近似作为系统的鉴别率。

②光学传递函数　当把光学系统看作一个等晕系统时，可以用傅里叶变换的方法把物体分解成一系列的不同频率的正弦信息，物体通过光学系统成像后，这些正弦信息的频率是不变的，但是振幅要降低，位相也要变化，随着正弦信息频率的不同，其振幅的降低位相的变化也随之不同，因此，振幅的降低和位相的变化是频率的函数，这个函数随着不同质量的光学系统而不同。由于它可直接表现出光学系统对于不同空间频率所产生不同的对比度，也就是说光学系统在接收器上对线条和阶调的表现能力。由于此法已日趋成熟，而且比其他方法更接近实际、更合理，现在已被照相、电视摄像和红外镜头等系统作为评价性能的一个重要指标。

(4) 目视和有接受器的光学系统成像质量要求

对目视仪器和有接收器的系统必须要考虑接收元件（人眼、CCD、红外探测器、胶片等）的性能，成像质量要与之匹配。

①人眼的目视特性　目视仪器的最终接受元件是眼睛，仪器的成像质量要与人眼的特性相匹配。人眼的目视特性有人眼的鉴别率、人眼的景深、人眼的剩余像差、人眼的动态性能等。人眼的目视特性已在第 1 章介绍了部分内容，以下再介绍与观察有关的一些其他性能。

a. 眼睛的景深　假定眼睛瞄准在实际无穷远起点上，则眼睛的景深可表示成

$$L=-\frac{d_{\text{眼}}}{2\varphi}$$

φ 为用弧度表示的鉴别率。如 L 用屈光度表示，则上式可改写为

$$L=\frac{1\,000\times2\times\varphi}{d_{\text{眼}}}\text{（屈光度）}$$

当 $\varphi=0.000\,3$，$d_{\text{眼}}=2$ mm 时，$L\approx0.3$ 屈光度。这是眼睛无须调节而能看清的空间范围，可用作像散的评定标准。人眼的视度调节范围随年龄而异，见下表 4-6 所示。

表 4-6　人眼的屈光能力与年龄的关系

年龄	10	15	20	25	30	35	40
调节能力(屈光度)	-14	-12	-10	-8.5	-7.0	-5.5	-4.5

经过训练的人员调节能力还可增大,一般可用 -10 个屈光度来估计人眼的调节能力。

b. 观察时能同时清晰的视场范围　眼睛的视场虽然很大(可达 150°),但只在轴周围 6°~8°范围内能清晰识别,其他部分较模糊,需要转动眼球使视轴外移才能清晰观察。人眼的这种特性才能容许场曲比像散有较大的值。

c. 人眼的动态范围　人眼能感受的亮度变化范围非常大,可从 $10^{-7}\sim10^{5}$ 尼特(坎得尔/m^2),其比值达 $10^{12}:1$;但大的亮度变化过程中眼睛需要有一定的适应时间。

用 CCD 作接收元件的系统,一般应使弥散圆不超过 2~3 个像元,否则得不到清晰的像。用作测量时要求还要提高。

对于照相镜头,弥散斑直径一般应满足:$\delta\leqslant0.000\,29\times250=0.073$ mm。如照片要放大 β 倍,则 $\delta\leqslant\dfrac{0.073}{\beta}$mm。

②潜望镜目视观察系统像质的最低限度标准　对于望远系统,因出射光束应为平行光,用线值来表示像差是不便的,采用出射光束的角像差(球差、彗差、色差等)和屈光度(场曲、像散)来表示剩余像差要方便得多。

角像差　$$\gamma=\frac{\Delta y}{f'_{目}}3\,438'$$

屈光度值　$$D=\frac{1}{x'}=\frac{1\,000}{f'_{目}}\Delta S$$

根据上述的眼睛的一些特性及对现有的各种潜望镜光学系统复算结果统计表明,以下的经验像差值应该认为是可用的,或者说是潜艇潜望镜光学系统剩余像差最低限度应满足的标准:球差:1′~2′;位置色差:3′~4′;二级光谱:17′~20′;彗差:3′~4′;倍率色差:2′~3′;像散:0.5~1 屈光度;场曲:3~4 屈光度;畸变:5%~8%。

以上所列各数值有不同的依据。其中球差对像的清晰度影响最大,而且各组件的相对孔径都比较小,设计的难度小,故应严格控制。色差(特别是倍率色差)和彗差,因设计难度较大,可容许有比球差稍大的剩余值。这里所说的设计难度大小是指用简单的结构,比如双胶合透镜所能达到的结果。像散是根据眼睛的景深来确定的,而场曲则是依照眼睛的调节能力和能同时看清的视场范围确定的。至于畸变,因不影响像的清晰度,若系统不用于测量,可容许有较大的值,一般小于 5% 的畸变是觉察不到的。二级光谱有大的值并非是从像质来考虑,而是因采用普通光学玻璃作为双胶合透镜的配对是不能校正二级光谱的。前面已谈到对于普通玻璃配对,二级光谱值与焦距成正比,潜望镜中有多个长焦距组件,其叠加结果造成系统有大的二级光谱值,在实际使用中将看到景物(特别是有清晰边缘的景物)有彩边。减少二级光谱的影响只有采用特殊玻璃(如用 FK 玻璃)或将组件结构复杂化才能做到。使用滤光镜缩小成像光谱范围亦有助于减小二级光谱的影响。此外,潜望镜系统还有较大的剩余色球差,这是因为系统多为正组件,同号的色球差叠加结果造成大的剩余值。减少色球差的办法将在后面介绍。

3. 潜望镜目观察光学系统像差设计的一些要点

（1）潜望镜目视观察光学系统的像差特点

要进行光学设计首先应了解潜望镜目视观察光学系统所产生的像差的特点：

①除变倍系统之外，各零部件的相对孔径都不大，故与相对孔径关系最大的球差比较容易控制到较小值；

②具有两个或多个长焦距的双合透镜，故具有较大的二级光谱值；

③大多数零部件都具有正的光焦度，故匹兹伐和数较大，且色球差呈现单向叠加致使全系统的剩余色球差颇大。

例如，具有三个成像面的某型潜望镜在三个成像面上的色球差分别为 0.22 mm，1.17 mm，1.54 mm。第一像面处色球差只比一个焦深稍大，而到第三像面已超过 8 个焦深，尽管各组件的色球差都不大，但叠加的结果令全系统的色球差就不可忽视了。由于受到种种条件的限制，在光学设计过程中常采用的一些参数如光阑位置、透镜厚度等就不能随意运用，玻璃选择及结构复杂化也受到限制，就是说不像设计一个镜头那样自由，因为一般的潜艇潜望镜光学系统都具有较大的色球差、二级光谱和场曲等像差的剩余值。对观察而言，最重要的是要保证视场中心成像清晰。因此，对系统的剩余球差和 OSC 及近轴彗差应严格控制在合格的范围内。

（2）制定总系统的像差平衡方案

通常，进行光学系统设计时往往都是独立地校正好各部件的像差。而设计潜望镜光学系统需要考虑全系统的像差综合平衡，有时单独校正好像差的组件，但构成系统后不一定得到好的像质。因此，先要将系统进行分段，即分成几个子系统进行像差平衡。一般分成四段：变倍系统；分划板前系统；转像系统；目镜。注意：如变倍系统带有翻转 180°的光组时，不要对变倍的前后组进行独立校正。因为在正反两个位置上对后面系统的像差贡献是不一样的，需要将各区域像差控制在一定值以内。变倍系统的前后组虽然相对孔径相同，但焦距相差一定倍数，其剩余像差的绝对值是不同的，所以必须将前后组一道进行校正。分好段后应尽量避免各段的剩余像差形成叠加，即要制定合理的全系统像差平衡方案。

（3）选择部件的类型

根据各组件的相对孔径和视场角选择类型。从减少光能损失和装配方便起见，选择的组件类型应尽量简单。除目镜之外，双胶合透镜应是首选。典型的目镜和双胶合透镜的设计方法可参看一般的光学设计书籍。

（4）双胶合透镜色差校正及玻璃的选择

①双胶合透镜色差校正

阿贝数
$$\gamma = \frac{n_D - 1}{n_F - n_c}$$

平均色散
$$n_F - n_c$$

如 K9 玻璃，$n_F = 1.521\ 955$，$n_c = 1.513\ 895$，$n_F - n_c = 0.008\ 060\ 0$。

相对色散
$$\frac{n_{\lambda 1} - n_{\lambda 2}}{n_F - n_c}$$

色差
$$\Delta L'_{FC} = a_0 + a_1 h^2 + a_2 h^4 + a_3 h^6 + \cdots$$

其中，近轴色差 $\Delta L'_{FC} = a_0$。

对双合透镜

$$\Delta L'_{FC}=\frac{1}{n'_k u'_k}\sum_1^k C_I\ ,\ \sum_1^k C_I=h_1^2=\frac{\varphi_1}{v_1}+h_2^2\frac{\varphi_2}{v_2} \tag{4-37}$$

密接时

$$h_1=h_2=h,\ \sum_1^k C_I=h^2(\frac{\varphi_1}{v_1}+\frac{\varphi_2}{v_2}),\varphi=\varphi_1+\varphi_2$$

要 $\sum_1^k C_I=0$,则$\frac{\varphi_1}{v_1}+\frac{\varphi_2}{v_2}=0$,所以

$$\varphi_1=\frac{v_1}{v_1-v_2}\varphi,\varphi_2=\frac{v_2}{v_1-v_2} \tag{4-38}$$

选用玻璃时,要求 $\Delta\nu=\nu_1-\nu_2$ 越大越好,通常用冕牌(低折射率、低色散)和火石玻璃(高折射率高色散)的组合。当 $\varphi>0$ 时,$\varphi_{正}$用冕牌,$\varphi_{负}$用火石;当 $\varphi<0$ 时,$\varphi_{正}$用火石,$\varphi_{负}$用冕牌。双胶合透镜多采用冕牌玻璃在前的结构,有时亦采用火石玻璃在前的方式。

②潜望镜光学系统选用玻璃原则 要求稳定性好,能适用于恶劣的环境。

a. 耐酸级别与耐潮级别用 1 类或 2 类。

b. 线胀系数小。

c. 折射率,温度系数小。

d. 相对硬度大(K9 定义为相对值 1)。

e. 光吸收性(共分 0 ~6 类,不能大于 3 类)。

f. 应力双折射(共分为 1,1a,2,3 四类)要求不大于 2 类,光学均匀性不大于 3 类。

g. 少用重火石,重钡火石。

h. 新品种的玻璃没经过检验合格不能使用。

③减小高级像差 要考虑二级光谱,使 Δp 小,$\Delta\nu$ 大,Δn_D 大 。注意二级光谱、色球差都是有叠加性的。减少二级光谱和色球差等剩余像差可采用如下办法:

a. 组件复杂化(如用三片取代双胶合,因为三种不同的玻璃可对三种色光消色差)。

b. 选用特殊玻璃,如用萤石,FK 等阿贝数大($\nu>80$)的玻璃与其他玻璃配对消色差。

c. 采用线放大率绝对值小于 1,即$|\beta|<1$ 的转像系统。

d. 变倍体中负组件采用高级像差较大的玻璃对。

e. 采用四个面都朝向像面的高斯物镜。

f. 采用火石玻璃在前的结构。

单透镜中光线的折射情况如图 4-29 所示。二级色球差可表示成

$$\Delta L_{FCDII}=(h'_1\cdot A'_1-h_2\cdot A_2)\delta n \tag{4-39}$$

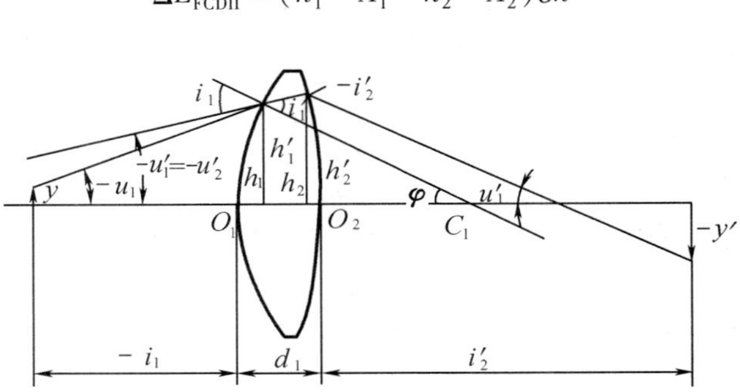

图 4-29 单透镜的光路

式中

$$A_1' = (i_1' - u_1')^2 i_1' + i_1'^2 \cdot u_1', A_2 = (i_2 - u_2)^2 i_2 + i_2^2 \cdot u_2$$

可见,色球差是光线投射高h,折射角i和孔径角u的函数。i和u加大均会使高级色差加大。系数A_1',A_2中各含有两个平方项和两个一次项i_1',u_1'和i_2,u_2。A_1'和A_2的符号取决于i_1',u_1'和i_2,u_2的符号。当i和u同号时,A_1'和A_2亦同号而且各乘以投射高度后进行相减,所以高级色差小。在会聚光束中$u>0$,当$r<0$时,$i<0$且与u异号,故高级色差大;而当曲率半径$r>0$时,$i>0$,而且与u同号,故高级色差小。这就是高斯物镜四个表面都弯向像面的原因。

以上的分析也说明,对于具有正光焦度的双胶合透镜,火石在前的结构比冕牌在前的结构色球差要小一些。在具有三组转像系统的潜望镜中,如果六个双胶合透镜都采用火石在前的结构,则对减小全系统的色球差还是有意义的。

4.4.4 潜艇潜望镜光学系统光学零件公差的计算方法

1. 光学零件公差的给定原则和要求

(1)光学零件公差的给定原则

光学系统设计完成后要进行加工生产。在加工过程中不可能完全做到与设计数值丝毫不差,因此应事先计算并合理给定光学零件材料等级及制造公差。计算及给定公差必须考虑接收器的性能和分配方法(如概率分布),并应注意宽严适度。过严会影响生产进度及增大成本;过宽则满足不了使用要求。换句话说,为了保证光学系统的质量要有较高的加工工艺水平;而为了降低成本、提高生产率,又希望零件公差放松些。这是互相矛盾的。因此,公差的计算是个复杂的问题,需要从各方面来加以考虑。目前在一些著作中都介绍了各类方法,有些较完善的光学设计程序软件亦带有公差计算功能。下面介绍一些过去常采用的方法。对于像潜望镜这样零部件多而每组件相对孔径不大的系统,这些方法的精度是足够的。

给定光学零件公差应注意的原则是:①采用一些简单可靠的公式进行计算;②参照现有的已生产的同类产品给定的公差,一些光学设计手册都给出参照表格,也可以参照利用;③充分考虑实际加工水平,难易程度及费效比,可对某些难加工的零件公差放松,某些件加严,进行一定调整,因为加工误差常常是随机的。

经验表明,加工误差造成的像差变化量为10% ~15%是允许的。

(2)光学零件的公差要求

光学零件的公差要求分两大类:对零件的加工要求和对玻璃材料质量要求。

对零件的要求包括:①零件表面面形(光圈N和局部光圈ΔN及样板等级ΔR);②表面光洁度B;③透镜偏心(偏心C或面倾角χ);④透镜焦距及误差($f' \pm \Delta f'$);⑤平面板光楔角θ及棱镜的第一平行差θ_{I}第二平行差θ_{II}等。

对玻璃材料要求有:①折射率,色散系数与标准值的允许差值及同一炉号玻璃折射率与色散系数差值(Δn_d,$\Delta \nu_d$);②光学均匀性;③应力双折射;④条纹度;⑤气泡度;⑥光吸收系数等。国家标准GB 903 -87对国产的无色玻璃各项指标均有明确规定。

影响像质的光学零件公差有曲率半径、表面空气间隔、零件厚度、折射率误差、色散误差、表面面形误差(N,ΔN)、棱镜的平面度和角度误差、平行差、透镜偏心等。此外,光学均匀性和应力双折射会影响鉴别率,光吸收系数、气泡度等影响像面照度,因此对零件加工误差和玻璃材料的性能指标都应从严要求。

2. 光学零件公差指标的计算方法

(1)棱镜的角度误差

当加工后的棱镜角度与设计值有差别时,将使棱镜展开后不再是平行平面板而是形成光楔。通常将不平行的度量用两种平行差来表示,即第一平行差与第二平行差。其定义规定为:光线从反射棱镜的入射面垂直入射,光线在出射前对出射面法线的偏差,在入射光轴截面方向的分量,称做“第一光学平行差”;在垂直于入射光轴截面方向的分量,称做“第二光学平行差”。对一次反射的直角棱镜以往常用$\delta 45°$和尖塔差π来表示角度误差。反射棱镜的光学平行差一般产生像的色差和引起光轴的偏折,故应给一定的公差范围(表4-7)。

引起色差:$\delta_{总}=0.5'$

偏角:$x'_t-x'_s=0.1\dfrac{f_\theta^2}{1\ 000}$

表4-7 棱镜角度公差计算式表

位置	按色差	按偏角
物镜前	$\dfrac{\delta'}{\Gamma(n_F-n_C)}$	$\dfrac{\delta}{\Gamma(n-1)}$
物镜与分划板间	$\dfrac{\delta' f'_{目}}{l(n_F-n_C)}$	$\dfrac{\delta f'_{目}}{l(n-1)}$
物镜后	$\dfrac{\delta'}{(n_F-n_C)}$	$\dfrac{\delta}{(n-1)}$

表中l为棱镜光轴长度中点至目镜前焦面的距离。

(2)透镜的偏心差c

偏心指两球面的几何轴线不共线造成边缘厚度不一。相当于加了一个光楔使光轴与几何轴形成一夹角。偏心用在焦面上成像点的垂轴偏移量来度量。透镜的偏心会引起色差、彗差、像散。对单薄透镜存在的偏心情况如图4-30所示。

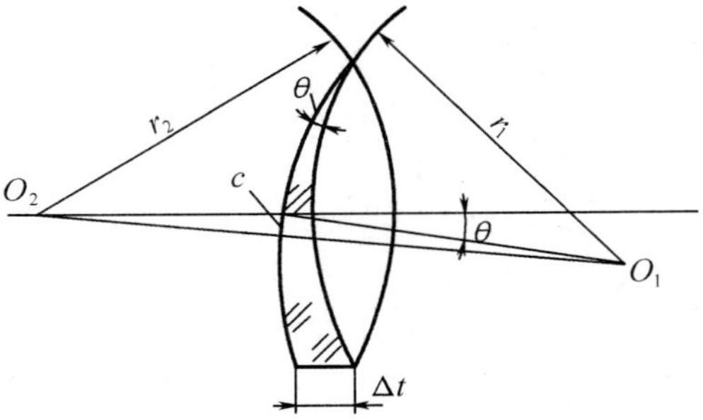

图4-30 单透镜偏心后的情况

光楔造成的光线偏角δ为

$$\delta=(n_D-1)\theta$$

角色差表示为

$$\Delta\delta_{FC}=\delta_F-\delta_C=(n_F-n_C)\theta=\frac{n_D-1}{\nu}\theta$$

$$\theta=\frac{\Delta\delta_{FC}\nu}{n_D-1}$$

如果用$\Delta\delta'_{FC}$表示系统最后形成的色差,d'_p表示出瞳直径,d表示零件上的工作光束口径,则可将上式写成

$$\theta=\frac{\Delta\delta'_{FC}\nu}{n_D-1}\cdot\frac{d'_p}{d}$$

对于单透镜有

$$\theta = \frac{\delta}{n_D - 1} = \frac{1}{n_D - 1} \cdot \frac{c}{f'}$$

故

$$c = \theta(n_D - 1)f' = \Delta\delta'_{FC} \cdot \nu \cdot f' \frac{d'_p}{d} \tag{4-40}$$

上式中，$\Delta\delta'_{FC}$指的是系统各透镜因存在偏心而生成色差的总合。对要求高的系统可取$\frac{1}{4}\lambda$（$\approx 0.1\mu = 0.0001$ mm）的波差作为公差值，但对一般的望远系统可取人眼鉴别率即1′（或0.000 29 rad）作公差就可以了。假定系统的透镜数目为m，各透镜偏心形成的附加色差不可能是简单叠加，通常按概率分布考虑，可有

$$c \leqslant \frac{f'\nu}{\sqrt{m}} \cdot \frac{d'_p}{d} \times 0.000\ 29$$

通常$d'_p = 2$ mm，故得

$$c \leqslant \frac{f'\nu}{d\sqrt{m}} \times 0.000\ 58$$

对于长焦距透镜或不便测量偏心c的透镜，可将偏心c换算成透镜边缘厚薄差

$$\Delta t = \frac{c \times D}{f'(n-1)} \tag{4-41}$$

式中D为透镜直径。在新的国标GB 7242－87中将透镜中心误差用面倾角χ表示，偏心差C与面倾角χ的关系式为

$$c = 0.291(n-1)l'_f\chi \cdot 10^{-3} \tag{4-42}$$

式中面倾角χ的单位为角、分，偏心差c与像方后截距l'_F单位为mm。

（3）面形要求

表面误差主要指球面半径误差、平面的平面性偏差以及局部误差等。

在生产中，通常以具有一定精度的玻璃样板来检验光学零件的表面误差。此时，光学件的误差包括两部分：其一是玻璃样板本身的表面误差；其二是零件表面与样板表面之间的误差。对于零件表面与样板表面之间的误差则以它们之间空气隙产生的干涉圈来表示。光圈数N表示表面半径的误差，而光圈的不规则程度ΔN则表示表面的局部误差。

①玻璃样板　玻璃样板分为基准样板（即对板）及工作样板。对板的曲率半径是用高精度的仪器来测量的，而样板的制造是以对板为基础来测量的。对样板的精度要求是根据光学零件的精度要求而定的。

样板的精度等级尚未有统一的标准，目前较为广泛采用的是分为A，B，C三级。

②表面半径误差　零件表面半径误差通常用光圈数N来表示。图4－31表示用一块样板检验零件时，零件表面和样板两者半径有微小差别

$$r_2 = r_1 - \Delta r$$

$$h_1 = r_1 - \sqrt{r_1^2 - \frac{D^2}{4}} = r_1 - r_1\sqrt{1 - \frac{D^2}{4r_1^2}}$$

因$\frac{D^2}{4r_1^2}$比1小，可用近似公式$\sqrt{1-a} = 1 - \frac{1}{2}a$将上式化简为

$$h_1 = r_1 - r_1\left(1 - \frac{1}{2} \cdot \frac{D^2}{4r_1^2}\right)$$

$$h_1 = \frac{1}{8} \cdot \frac{D^2}{r_1}$$

同样

$$h_2 = \frac{1}{8} \cdot \frac{D^2}{r_2}$$

$$\Delta h = \frac{D^2}{8}\left(\frac{1}{r_2} - \frac{1}{r_1}\right) = \frac{D^2}{8}\left(\frac{r_1 - r_2}{r_1 r_2}\right)$$

$$r_1 - r_2 = \Delta r, r_1 \cdot r_2 \approx r^2$$

故有

$$\Delta h = \frac{D^2}{8} \cdot \frac{\Delta r}{r^2}, \Delta c = \frac{\Delta r}{r^2}, \Delta h = \frac{D^2}{8} \cdot \Delta c$$

产生干涉环条件:光程差 $\delta = \frac{\lambda}{2}$,或写成 $\Delta h = N\frac{\lambda}{2}$,则

$$N = \frac{\Delta h}{\lambda/2} = \frac{D^2}{4\lambda}\Delta c \tag{4-43}$$

式中 Δc——零件表面曲率的偏差;

D——零件的直径。

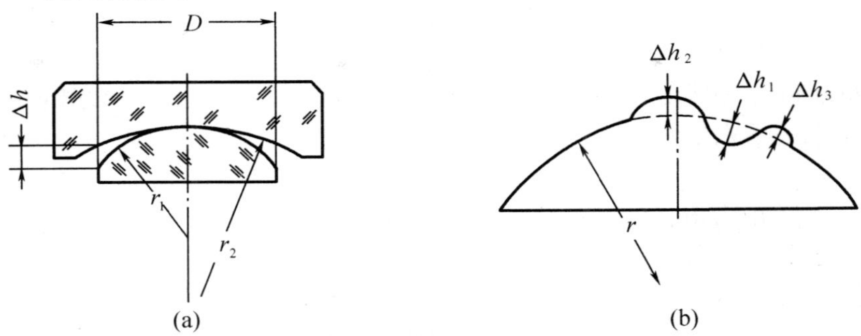

图 4-31 用玻璃样板检验光学零件

③局部误差 局部误差是指表面某部分不规则的程度,如图 4-31(b)所示。

表面局部误差直接影响非对称性像差,特别是像散,因而局部误差的 ΔN 给定可以根据允许的像散来计算。下面介绍一组经验公式。

设允许的像散极值为 0.1 视度(前苏联的国立光学研究所推荐值为 0.07 视度值),则通过仪器分配到每块零件的允许视度为

$$\Delta D'_{零件} = 0.1/\sqrt{P_{面} + P_{件}} \tag{4-44}$$

式中 $P_{面}$——P 零件折射面数 +4 × 反射面数;

$P_{件}$——产品零件总数。

计算时,胶合面不应计入,即 $p_{件}$ 中胶合零件作为一个零件来计算。反射面数之所以要乘 4 倍是为了相当于将反射面转化为折射面。假定表面某处有微小起伏 Δh_1,光线通过和不通过的光程差为 $(n-1) \cdot \Delta h_1 \approx 0.5\Delta h_1$,对反射光起伏处与其他处的光程差为 $2\Delta h_1$,可见同一凹陷 Δh_1 透射与反射引起的光程差相差 4 倍,故反射面数要乘以 4。各零件的计算公式为

a. 物镜前的折射面 $\Delta D'_{折} = \frac{1}{\Gamma^2} \cdot \Delta D'_{零件}$, $\Delta N = \Delta D'_{折} \cdot D^2$

式中　D——光学零件的外径，以下相同。

b. 物镜前的反射面　$\Delta D'_{反} = \frac{1}{2\Gamma^2} \cdot \Delta D'_{零件}, \Delta N = \Delta D'_{反} \cdot D^2$

c. 物镜与目镜之间的折射面　$\Delta D'_{折} = \frac{f'^2_{物}}{\Gamma^2 \cdot L^2} \cdot \Delta D'_{零件}, \Delta N = \Delta D'_{折} \cdot D^2$

d. 物镜与目镜之间的反射面　$\Delta D'_{反} = \frac{f'^2_{物}}{2\Gamma^2 \cdot L^2} \cdot \Delta D'_{零件}, \Delta N = \Delta D'_{反} \cdot D^2$

e. 分划板、目镜、场镜的折射面　$\Delta D'_{折} = \Delta D'_{零件}, \Delta N = \Delta D'_{折} \cdot D^2$

注意：分划板面形误差对成像质量影响非常小，抛光后可不必检验光圈，以免影响表面光洁度。

在计算出 ΔN 后，可按 4 ~ 5 倍给定光圈 N 值。

在上面计算式中显然有 $\Delta N_{反} = \frac{1}{2}\Delta N_{折}$，这一关系与前面提到的反射面数乘 4 并不矛盾。将反射面数乘 4 是考虑分配公差时，由于反射面存在应使每个表面所摊到的公差减小，在给定每个零件公差后，对反射面的要求要严于折射面，因此取二倍关系。

(4) 表面光洁度

零件表面抛光后残存的表面疵病（麻点、道子）会将照射其上的光线散射，严重的会使视场中出现阴影，因此将造成光散射的玻璃疵病（结石、气泡、条纹等）和表面疵病一并考虑使挡光比控制在 1% ~4% 以内。靠近成像面的疵病还会被观察到，故应严加要求。

关于光洁度等级选择的一般原则如下。

①用于观察的光学仪器，例如前置镜、显微镜，光学零件光洁度等级若无别的依据时，可根据其表面轴向光束的直径来选择（图 4 - 32）。

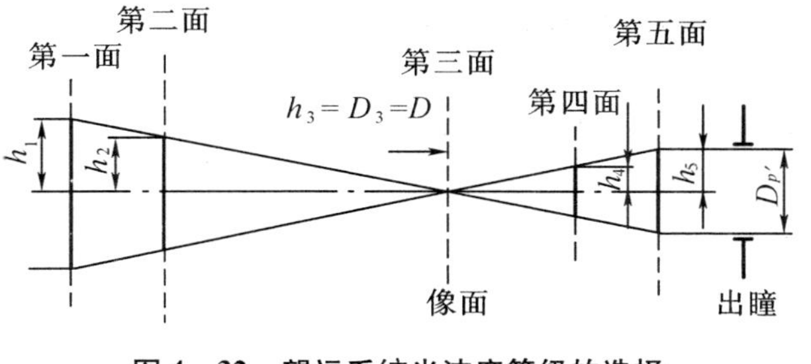

图 4 - 32　望远系统光洁度等级的选择

②表面工作孔直径按下式计算

$$D_n = \frac{4h_n}{d}$$

当 $d \geqslant 2$ mm 时，$D_n = 2h_n$；

当 $d < 2$ mm 时，式中 D_n 为光学系统中第 n 个表面的工作孔径，h_n 为该表面上轴向光束之边缘光线的高度（在计算光学系统时确定之）；d 为光学系统出射光瞳的直径。

③根据已算出的工作孔直径按照表 4 - 8 来选择光洁度的等级。

表 4－8　光学零件工作孔径与光洁度的关系

工作孔直径/mm	光洁度等级	基本使用范围	工作孔直径/mm	光洁度等级	基本使用范围
0～0.5	Ⅰ－b Ⅰ－c Ⅰ－d Ⅰ－e	位于光学系统实像面或距实像面很近的零件表面	>1.5～4.5 >4.5～10 >10～25 >25～50	Ⅲ Ⅳ Ⅴ Ⅵ	距光学系统实像面很远的零件表面
>0.5～1.5	Ⅱ	位于光学系统实像面附近的零件表面	>50	Ⅶ	

④观察仪器零件的光洁度亦可按表 4－9 粗略参照给定。

表 4－9　观察仪器光学零件光洁度粗略选定表

光洁度等级	观察仪器光学零件的部位和名称
Ⅰ－a 级	在仪器内的分划板、场镜和度盘、位于实像平面上有上述两个以上零件者、放大 30 倍以上观察其分划板和度盘
Ⅰ－b 级	目镜焦距为 10～15 mm 之仪器的分划板、场镜和大视场目摸的第一透模
Ⅰ－c 级	目镜焦距为 15～25 mm 之仪器的分划板、场镜和大视场目镜的第一透镜
Ⅰ－d 级	目镜焦距大于 25 mm 之仪器的分划板、场镜和大视场目镜的第一透镜
Ⅰ－e 级	大视场目镜的第一透镜
Ⅱ级	距实像面很近的棱镜、场镜、大视场目镜的第一透镜和其他零件
Ⅲ级	平行光管的分划毛坯、望远仪器的目镜透镜、目镜棱镜、平行光管之反射镜、显微镜物镜和目镜的透镜
Ⅳ级	望远仪器中物镜、目镜和转像系统的透镜、望远仪器中平行光束通过之棱镜和平面平板玻璃、放大镜
Ⅴ级	望远仪器中物镜透镜、转象系统透镜、接物棱镜、平行光束中的棱镜、照相及投影物镜的透镜、放大镜
Ⅵ级	望远仪器的物镜和转像系统的透镜、照相和投影物镜的透镜
Ⅶ级	大直径的照相物镜、天文物镜和转像系统的透镜、各种零件表面的非工作区、不在仪器光学系统中的零件

(5)材料的要求

①气泡　疵病挡光比要小于 1%～4%。对气泡的分类有如下经验公式

$$d_{\max}=D\sqrt{0.002\omega^{\circ}+0.004},\omega^{\circ}=\frac{d_{出}}{l}\times 57.3^{\circ},l=\frac{f'_{目}}{x}$$

式中　$d_{\max}$——最大气泡直径；

l——气泡的像到焦面的距离；

x——气泡到目镜前焦面的距离。

②折射率误差经验公式

$$\Delta n_{\mu}=\frac{\Delta f'}{\sqrt{m}f'^{2}}\frac{h_1}{h_{\mu}}(n_{\mu}-1)f'_{\mu} \tag{4-45}$$

③位置色差误差公式

$$\Delta(n_F - n_c) = -\frac{\Delta L'_{CF}}{\sqrt{m}f'^2}\left(\frac{h_1}{h_\mu}\right)^2(n_\mu - 1)f'_\mu, \Delta L'_{FC} \approx 0.03 \sim 0.1 \quad (4-46)$$

由材料造成的位置色差应控制在剩余色差的$\left(\frac{1}{10} \sim \frac{1}{6.5}\right)$范围。

对玻璃材料的要求参考表 4 - 10,对光学零件的要求可参考表 4 - 11。

表 4 - 10　对玻璃材料的要求

	物镜			目镜		分划板	棱镜	不在光路中的零件
	高精度	中精度	一般精度	$2\omega > 50°$	$2\omega < 50°$			
Δn_D	1B	2C	3D	3C	3D	3D	3D	3D
$\Delta(n_F - n_C)$	1B	2C	3D	3C	3D	3D	3D	3D
均匀性	2	3	4	4	4	4	3	5
双折射	3	3	3	3	3	3	2	4
光吸收系数	4	4	5	3	4	4	3	5
条纹度	1C	1C	1C	1B	1C	1C	1A	2C
气泡度	1C	1C	2C	1B	1C	0A	1C	2E

表 4 - 11　对光学零件的技术要求

系统属性	零件种类	对零件要求项目					
		N	ΔN	c	Δd	θ	S
显微镜和	物镜	1 ~ 3	0.1 ~ 0.5	0.005 ~ 0.01	±0.01 ~ 0.05		
精密仪器	目镜	3 ~ 5	0.5 ~ 1.0		±0.1 ~ 0.3		
照相系统	物镜	2 ~ 5	0.1 ~ 1.0	0.005 ~ 0.1	±0.05 ~ 0.3		
投影系统	滤光镜	1 ~ 5	0.1 ~ 1.0				
望远系统	物镜	3 ~ 5	0.5 ~ 1	0.01 ~ 0.1	±0.1 ~ 0.3		
	转像透镜	3 ~ 5	0.5 ~ 1.0	0.01 ~ 0.1	±0.1 ~ 0.3		
	目镜	3 ~ 6	0.5 ~ 1.0	0.01 ~ 0.1	±0.1 ~ 0.3		
	场镜,滤光镜	5 ~ 15	0.5 ~ 5	0.05 ~ 0.1	±0.1 ~ 0.5		
	分划板	5 ~ 15	0.5 ~ 5			10′ ~ 15′	
	物镜前保护玻璃	3 ~ 5	0.3 ~ 0.5			20″ ~ 5′	
棱镜及反射镜	棱镜反射面	1 ~ 2	0.1 ~ 0.5				
	折射面	2 ~ 4	0.3 ~ 0.5				
	屋脊面	0.1 ~ 0.4	0.05 ~ 0.1				2″ ~ 20″
	平面反射镜	0.1 ~ 1.0	0.05 ~ 0.2				
	(内反射)					2″ ~ 30″	
	(外反射)					10′ ~ 15′	

4.5　潜艇潜望镜光学系统特种技术问题

温度变化和压力变化的影响,对于一般军用光学仪器而言都是存在的。但对潜艇潜望镜而言,由于其细长的特点,这种影响将会形成一个麻烦的问题。在设计过程中,玻璃材料和金属材料的各种特性值都是在标准大气压和常温(20 ℃)下的标定值，当温度和压力产生变化时，各种特性值将相对标定值亦产生变化，导致仪器的性能随之改变(一般是变坏)；严重时使仪器不能正常工作。

4.5.1 压力变化的影响

光学仪器在受到迅速变化的温度、相对湿度和内部气压影响时，仪器内部气体中所含的水汽容易凝结成雾。为了使潜望镜内部不生雾，减少内部氧化，需要向完全密封的仪器内部充入干燥的氮气。为了使仪器在使用过程中在镜管内部始终能够有足够压力的干燥氮气，需使镜管内的氮气气压略高于镜管外的气压。这样就使得内部的干燥氮气可以往外泄漏，而外部相对潮湿的空气不会进入镜管内部。但随之带来的是，潜望镜光学系统始终处在高于一个大气压的氮气环境中。

气体的折射率与其密度成正比，而气体的密度又与其压力成正比。压力变化导致空气折射率的改变可用下式表示

$$n = 1 + 0.000\,294\,\frac{P_\delta}{760}\cdot\frac{1}{1+\dfrac{t}{273}} \tag{4-47}$$

式中 t——环境温度，用绝对温度值表示；

P_δ——镜管内的表压(计示压强、剩余压强)，用水银柱表示。

压力变化对金属和玻璃材料的影响可以忽略不计，因为压力变化量很小。空气的折射率在常温下通常取为1，由于压力变化造成空气折射率变化将会导致透镜的像面位置和像质发生变化。实践表明潜望镜充气对像质影响可以忽略不计，而像面位置的变化对像潜望镜这样的复杂系统就不可忽视了。因此，国外又将此问题称为“潜望镜充氮像面偏移问题”。国外各类潜望镜一般充氮增压到7.5 磅/平方英寸(0.53 kg/cm^2，或者0.29 MPa)。压力变化造成的焦距偏差可用近似公式表示：

$df' = 3(p_\delta)(f')(0.000\,02)$　　式中 p_δ 用磅/平方英寸表示

$df' = 3(p_\delta)(f')(0.000\,283)$　　式中 P_δ 用 kg/cm^2 表示

对于焦距为1 m的转像系统透镜，当镜管内部充氮增压至7.5 磅/平方英寸时

$df' = 3 \times 7.5 \times 1\,000 \times 0.000\,02 \approx 0.45$ (mm)

对于有三组转像系统的潜艇潜望镜，至目镜前的焦差将有数毫米之多。对有视度调节目镜的观察系统，几毫米的焦差可通过调节视度来补偿，不会对正常观察带来影响；而对照相，白昼电视等像面不能调节的系统其危害就大了。它会造成图像模糊不清。严重的是镜管内的氮气会缓慢向外泄漏，使其压强逐渐减小，其造成的焦差亦会产生变化，这就不能一劳永逸地通过合适安装像面位置来解决。解决的办法是：①严格控制充氮增压值，不可随意增高；②定期充氮并提高潜望镜的密封性；③将像面位置不可调节的系统(照相系统、白昼电视系统等)的像面安装在最大焦差的中间位置上。

4.5.2 温度变化的影响

1. 温度变化引起的像面位移

(1) 概述

设计光学系统时常常假定光学仪器是在常温与常压条件下使用的。玻璃表所提供的

各种参数都是对应于常温($T=20$ ℃)条件下的值。透镜的半径、厚度和间隔在常温常压下亦认为是不变的。但在使用过程中,温度和压力发生变化时,玻璃和镜框材料的参数会产生变化,导致焦面位移和像质变坏。因此,在设计时一定要考虑到在使用环境下可能发生的像面位置和像质变化。潜艇潜望镜细长的构造特点再加上工作环境非常恶劣,长期在户外工作,经历急剧的温度变化(从海水中伸出海面)和大范围的温差(游弋于环境温度有很大差别的各海区以及四季的温度变化),故应对温度变化对仪器的影响给予足够重视。

在均匀温度变化情况下的光学元件结构参数发生的相应变化可用下列诸式表示:

曲率半径　$r=r_0[1+\alpha(t-t_0)]$

元件厚度　$d=d_0[1+\alpha(t-t_0)]$

空气间隔　$S=S_0[1+\alpha(t-t_0)]$

材料折射率　$n=n_0+\beta(t-t_0)$

空气折射率　$n_{air}=n_{air0}\beta(t-t_0)$

从曲率半径的变化来看只是曲率的增加或减少,并不改变面型的特性。至于其余各项变化后是和空间位置无关的量,只是 Δt 的函数。

(2)空气折射率与温度变化的关系

根据 Penndorf L 理论,在常压(760 mmHg)条件下,空气折射率随温度变化可用下式表示

$$n_t=(n_{15}-1)\left(\frac{1.054\ 9}{1+0.003\ 66\ t}\right) \tag{4-48}$$

式中　n_t——温度为 t 时的空气折射率;

n_{15}——温度为15 ℃时的空气折射率。

根据 Edlen 理论,作为波长函数的 n_{15} 值可用下式表示

$$(n_{15}-1)\times10^8=8\ 342.1+\frac{2\ 406\ 030}{130-\nu^2}+\frac{15\ 996}{38.9-\nu^2} \tag{4-49}$$

式中,$\nu=\frac{1}{\lambda}$,λ 的单位为 μm。假定取 $n_{空气}\approx1$,则有

$$\frac{d(n_{空气})}{dt}=\frac{-0.003\ 861(n_{15}-1)}{(1+0.003\ 66\ t)^2} \tag{4-50}$$

假如取 $\lambda=0.55\mu$,$t=15$ ℃,得出空气折射率随温度变化的系数为 -0.964×10^{-6}。

在德国人柯尔劳希(F. Kohlrausch)的著作《实用物理》中给出另一形式,即

$$n_{air}=1+\frac{(n_{ref}-1)P}{1.0+(T-15)\cdot(3.478\ 5\times10^{-3})} \tag{4-51}$$

$$n_{ref}=1+\left(6\ 432.8+\frac{2\ 949\ 810\lambda^2}{146\lambda^2-1}+\frac{25\ 540\lambda^2}{41\lambda^2-1}\right)\times1.0\times10^{-8} \tag{4-52}$$

式中　T——摄氏温度值;

P——相对空气压力(无量纲);

λ——用微米表示的波长。

(3)玻璃折射率与温度变化的关系

玻璃的绝对折射率随温度的变化可用下式给出

$$\Delta n_{abs}=\frac{n^2-1}{2n}(D_0\Delta T+D_1\Delta T^2+D_2\Delta T^3)+\frac{E_0\Delta T+E_1\Delta T^2}{\lambda^2-\lambda_{tk}^2} \tag{4-53}$$

式中 ΔT 是相对于 20 ℃的改变值（$\Delta T>20$ ℃为正），其余六个参数由（肖特）玻璃表给出。假定除 D_0外其余系数均为零，则有

$$\Delta n_{\text{abs}}=\frac{n^2-1}{2n}(D_0\Delta T),D_0=\frac{2n}{n^2-1}\cdot\frac{\mathrm{d}n}{\mathrm{d}t}$$

（4）透镜焦距与温度变化的关系

单透镜的的光焦度为

$$\varphi=(n-n_{\text{air}})(c_1-c_2)$$

式中，c_1 和 c_2 是透镜两表面的曲率，将上式对温度取微分，有

$$\frac{\mathrm{d}\varphi}{\mathrm{d}t}=(\frac{\mathrm{d}n}{\mathrm{d}t}-\frac{n\mathrm{d}n_{\text{air}}}{\mathrm{d}t})(c_1-c_2)+(n-n_{\text{air}})(\frac{-1}{r_1^2}\frac{\mathrm{d}r_1}{\mathrm{d}t}+\frac{1}{r_2^2}\frac{\mathrm{d}r_2}{\mathrm{d}t})$$

上式中，r_1，r_2 分别为透镜表面的曲率半径。注意到

$$\frac{1}{r_1}\frac{\mathrm{d}r_1}{\mathrm{d}t}=\frac{1}{r_2}\frac{\mathrm{d}r_2}{\mathrm{d}t}=X_g$$

则有

$$\frac{\mathrm{d}\varphi}{\mathrm{d}t}=\varphi\left[\frac{1}{n-n_{\text{air}}}\left(\frac{\mathrm{d}n}{\mathrm{d}t}-n\frac{\mathrm{d}n_{\text{air}}}{\mathrm{d}t}\right)-X_g\right]$$

用焦距代替光焦度并引入温度焦距位移系数 X_f，上式可改写为

$$X_f=\frac{1}{f}\frac{\mathrm{d}f}{\mathrm{d}t}=\frac{1}{n-n_{\text{air}}}\left(\frac{\mathrm{d}n}{\mathrm{d}t}-n\frac{\mathrm{d}n_{\text{air}}}{\mathrm{d}t}\right)-X_g$$

上式还可作近似处理：略去空气折射率的变化，即

$$n_{\text{air}}\approx1,\frac{\mathrm{d}n_{\text{air}}}{\mathrm{d}t}\approx0$$

最后可得

$$X_f=\frac{B_g}{n-1}-X_g \tag{4-54}$$

可见，温度焦距位移系数 X_f 和透镜的面形形状无关，只和玻璃材料的光学特性（n,X_g）有关。X_f 值有正有负，其大小决定了透镜焦距的变化量随温度变化量的关系。X_f 的数值就是温度每变化 1℃所对应的焦距变化数值。由于其值有正有负，在使用时随着温度升高，透镜的焦面可能移向透镜，也可能背离透镜。上式也可改写成

$$\frac{\mathrm{d}f}{\mathrm{d}t}=f(\frac{B_g}{n-1}-X_g) \tag{4-55}$$

一些国家的玻璃表（如肖特玻璃表、俄罗斯玻璃表等）都给出 X_f 的值。国产无色玻璃表（GB903－87）只载有折射率温度系数和线膨胀系数（表上分别用$\frac{\Delta n}{\Delta t}$，$\alpha$ 表示），但亦可方便地计算出 X_f 值。

（5）光学系统温度离焦的改正措施

温度波动时镜筒也会产生胀缩，设计时必须一并加以考虑。一般情况下温度升高会引起镜筒长度变长。为了实现焦点的热稳定性，应尽量使金属材料的热膨胀系数与光学零件材料的热光膨胀系数相匹配。如黄铜和铝的线胀系数分别为 10×10^{-6}，23.6×10^{-6}，假定筒长为 1 000 mm，则温度升高 1 ℃时两种材料制成的筒长分别增长 0.01 mm 和 0.023 6 mm。用 K9 玻璃制成的焦距为 1 000 mm 的单透镜，$\mathrm{d}f=0.001\ 8$ mm/℃，远远小于金属材料的变化，用 V

取代 X_f。

对消色差双合薄透镜有

$$\frac{\varphi_1}{\nu_1}+\frac{\varphi_2'}{\nu_2}=0;\frac{\varphi_1'}{\nu_1}=-\frac{\varphi_2'}{\nu_2};\varphi_2'=-\frac{\nu_2}{\nu_1}\varphi_1'$$

欲令 $\Delta f'\approx\Delta S_F'=0$，则有

$$\varphi_1'V_1+\varphi_2'V_2=0,\varphi_1'V_1=-\varphi_2'V_2$$

$$\varphi_1'V_1=\frac{\nu_2}{\nu_1}\varphi_1'V_2,V_1=\frac{\nu_2}{\nu_1}V_2,\frac{V_1}{V_2}=\frac{\nu_2}{\nu_1}$$

最后得

$$V_2=\frac{\nu_1}{\nu_2}V_1\approx(1.5\sim2)\nu_1 \tag{4-56}$$

可见，为了消除温度改变而造成的离焦，对正负透镜必须采用其热光学常数 V_D 与其中部色散系数（阿贝数）ν_D 成反比的玻璃组合。例如，K9/ZF1，K9/BaF1，BaK3/ZF1，BaK3/BaF3，BaK7/F3，BaK7/F1，ZK5/ZF5 等都是有助于减小离焦量的玻璃配对。

2. 温度波动对成像质量的影响

温度波动时，折射率、曲率半径、透镜厚度及空气间隔不能保持与设计值完全一样。这不仅会导致焦距及顶焦距的改变（在长焦距光组中更明显）而且也会导致光学系统像差的改变。

消色差双合透镜因温度波动造成的色差变化可用下式表示

$$\Delta L_{F-C}=-f'^2\Delta t[\varphi_1'(V_F-V_C)_1+\varphi_2'(V_F-V_C)_2] \tag{4-57}$$

假定一个消色差双合透镜焦距为 500，F 数为 10，用 K9（$f'=210$），F2（$f'=-365$）两种玻璃制成，在 $T=60$ ℃时有

$$\Delta L_{F-C}=-500^2\times60\left[\frac{1}{200}(-14+25)-\frac{1}{365}(24-3)\right]\times10^{-7}=0.007\,5$$

K9　　$V_F=-14\times10^{-7},V_C=-25\times10^{-7}$

F2　　$V_F=24\times10^{-7},V_C=3\times10^{-7}$

对玻璃组合：K9/ZF1 有　　$\Delta L_{F-C}=0.018$

用俄罗斯玻璃 БΦ23/ТΦ1 组合有 $\Delta L_{F-C}=-0.007$

从上述诸例子可以看出：即便有较长焦距的物镜，当温度变化时轴向色差实际变化不大。因为对消色差物镜而言，利用冕牌玻璃或重钡玻璃或钡火石玻璃与火石玻璃或重火石玻璃的组合接近于

$$\frac{(V_F-V_C)_1}{(V_F-V_C)_2}\approx\frac{\nu_2}{\nu_1}=-\frac{f_1'}{f_2'}$$

合理选择光学系统各个透镜的玻璃牌号，可以保证光学系统各组件的像差无变化或者说趋向最小。显然，温度变化仅在成像面的位置有主要影响，而不致引起像差的明显改变。成像质量下降主要与零件体内的温度梯度有关。

4.6 潜艇光电设备热像光学系统分析与设计

有关红外热像仪的原理、方案以及在潜望镜上的应用等在本书第 7 章已作了详细的介绍，本章只介绍红外光学系统设计的有关问题。

4.6.1 红外物镜系统设计

红外系统设计的基本依据有：

①F 数和系统焦距及通光口径；

②像质要求：光学系统像质的好坏主要由光学系统衍射及几何光学像差决定。像质情况最终用衍射及几何光学像差所形成的弥散斑大小和指定空间频率下的 MTF 值检验；

③视场（瞬时视场及扫描形成视场）；

④允许的外形尺寸大小；

⑤最低限度的系统辐射能透过率。

以上各项有可能互相矛盾，设计时应分主次并综合加于考虑后确定各项指标。

红外物镜的结构型式有反射式、折反式、折射式等各种类型，以下介绍红外光学系统常用物镜结构的像差设计方法。

1. 双反射镜系统设计

（1）反射镜系统的面型曲线方程

双反射镜由主镜和次镜两块反射镜组成。主镜和次镜多采用二次曲线回转面做面型。其曲线方程为

$$y^2 = 2r_0x - (1 - e^2)x^2 \tag{4-58}$$

式中 r_0——曲线顶点曲率半径；

e——曲线的偏心率（亦称特性值）。

根据偏心率的值，其面型可分成以下几种：

$e<0$	扁球面
$e=0$	球面
$0<e<1$	椭球面
$e=1$	抛物面
$e>1$	双曲面

根据次镜的类型可构成不同系统：

次镜为平面反射镜——牛顿系统；

凸镜——卡塞格林系统，次镜的 β 为负值，系统 $f'>0$，成倒像；

凹镜——格里高利系统，次镜的 β 为正值，系统的 $f'<0$，成正像。

卡塞格林系统与格里高利系统相比有副镜挡光小、镜筒短、可在系统后面放置接收元件等优点，故多被采用；而格里高利系统和牛顿系统很少使用。主镜和次镜的面型通过像差设计来确定。

(2)非球面双反射镜系统的初级像差校正公式

非球面双反射镜系统的初级像差校正公式如下。

①只消一种像差

a. $S_{\mathrm{I}}=0$

$$e_2^2=\frac{(e_1^2-1)\beta^3+\alpha(1-\beta)^2(1+\beta)}{\alpha(1+\beta)^3} \tag{4-59}$$

若主镜为抛物面镜,$e_1^2=1$,则

$$e_2^2=\left(\frac{1-\beta}{1+\beta}\right)^2 \tag{4-60}$$

b. $S_{\mathrm{II}}=0$

$$e_2^2=\frac{2\beta+(1-\alpha)(\beta-1)^2(\beta+1)}{(1-\alpha)(1+\beta)^3} \tag{4-61}$$

c. $S_{\mathrm{III}}=0$

$$e_2^2=\frac{4\beta(1-\alpha+\beta)+(1-\alpha)^2(\beta+1)}{(1-\alpha)(1+\beta)^3} \tag{4-62}$$

d. $S_{\mathrm{IV}}=0$

$$\alpha=\frac{\beta+1}{\beta} \tag{4-63}$$

e. $S_{\mathrm{V}}=0$

$$e_2^2=\frac{2\beta(3+\beta-3\alpha+3\alpha\beta)+(1-\beta)^2(1-\alpha)^2}{(1-\alpha)^2(1+\beta)^2} \tag{4-64}$$

②同时消两种像差

五个赛特像差系数同时消两种有多种组合,常用的有两种:$S_{\mathrm{I}}=S_{\mathrm{II}}=0$ 和 $S_{\mathrm{I}}=S_{\mathrm{III}}=0$。

a. $S_{\mathrm{I}}=S_{\mathrm{II}}=0$

$$e_1^2=1+\frac{2\alpha}{(1-\alpha)\beta^2} \tag{4-65}$$

$$e_2^2=\frac{\frac{2\beta}{1-\alpha}+(1+\beta)(1-\beta)^2}{(1+\beta)^2} \tag{4-66}$$

在此条件下,对卡塞格林系统,其主镜的偏心率 $e_1^2>1$ 而接近于1,其面型为近于抛物面的双曲面,次镜的 $e_2^2>1$,为双曲面;而格里高利的主镜有 $0<e_1^2<1$ 而接近于1,为近于抛物面的椭球面,次镜的 e_2^2有 $0<e_2^2<1$ 为椭球面。

b. $S_{\mathrm{I}}=S_{\mathrm{III}}=0$

$$e_1^2=1+\frac{4\alpha(1-\alpha+\beta)}{(1-\alpha)^2\beta^2} \tag{4-67}$$

$$e_2^2=\frac{\frac{4\beta(1-\alpha+\beta)}{(1-\alpha)^2}+(1+\beta)(1-\beta)^2}{(1+\beta)^3} \tag{4-68}$$

③同时校正三种像差

只取一种情况:$S_{\mathrm{I}}=S_{\mathrm{II}}=S_{\mathrm{III}}=0$

此时

$$\alpha=2\beta+1$$

$$e_1^2 = 1 - \frac{2\beta + 1}{\beta^3} \tag{4-69}$$

$$e_2^2 = \frac{\beta(\beta^2 - \beta - 1)}{(\beta + 1)^3} \tag{4-70}$$

以上公式的推导条件是 $l_1 = \infty$，$u_1 = 0$，光阑位于主镜上。式中 α 为遮挡比，β 为副镜放大率，其中

$$\alpha = \frac{l_2}{f_1'} = \frac{2l_2}{r_{01}} \approx \frac{h_2}{h_1}$$

$$\beta = \frac{l_2'}{l_2} = \frac{u_2}{u_2'}$$

$$r_{02} = \frac{r_{01}\alpha\beta}{\beta + 1}$$

α 为正值时，表示两个反射镜位于第一焦点的同侧；为负值时表示位于异侧。β 为正值时表示副镜的物和像位于同侧；负值表示物和像位于异侧。e 为二次非球面的偏心率，r_0 为顶点曲率半径。因反射系统中：$n_1 = n_2' = 1$，$n_1' = n_2 = -1$，令 $h_1 = 1$，$f_1' = 1$，可得

$$f_1' = \frac{1}{\beta},\ u_1' = u_2 = \beta,\ u_2' = 1,\ y_2 = -\frac{1 - \alpha}{\beta},\ r_{02} = \frac{2\alpha}{\beta + 1}$$

(3) 双反射镜系统的参数和像差设计

设计时，一般给定系统焦距 f' 和相对孔径或 F 数，再先选定两个参数。比如主镜的焦距及挡光比 α，或是指定筒长和两反射镜间隔等，根据上述条件及公式就可求出其他值。

实际计算表明，对于 $S_{\mathrm{I}} = S_{\mathrm{II}} = 0$ 的同轴系统，当 F 数为 5 时，近轴物点像质很好，而轴外物点的像质与 F 数为 2 ~ 3 时相比不见得好，甚至更差，这就是为什么有一定视场的红外物镜的 F 数一般都取 2 ~ 3 的原因之一。当 F 数继续下降时，像质迅速变坏，其弥散斑直径太大以致无法使用。正是由于结构简单，轴上点的成像质量良好，特别是不产生色差，使卡塞格林系统得以在长焦距系统被广泛使用。但由于不能校正轴外像差，故只有在小视场 (20′ ~ 30′) 时才有用武之地。

对于偏轴系统，当次镜偏转后由偏转与视场光线引起的像差起到一定的补偿作用，像质有向好的方向变化，它使轴上物点与轴外物点的像质变得接近和均匀了，即轴上比共轴差，轴外比共轴好。

①口径　不论是共轴还是偏转系统，其口径越大像质就越差，其变化量基本符合整体缩放的关系。例如对于 $F = 2$，$2\omega = \pm 1.5°$，$\alpha = 1/3.5°$，$\beta = 2^{\times}$ 这样的系统，其口径应选在 200 mm 以下为宜。

②视场　对共轴系统，视场增大至 ±2°时像质明显下降，计算表明视场大小与成像质量区分如下：$2\omega \leqslant \pm 0.5°$ 为优质；$\pm 0.5° \leqslant 2\omega \leqslant 1.5°$ 为中等；$2\omega \geqslant 1.5°$ 为低像质。

对偏转系统亦与上述区分范围基本相同，当 $2\omega \leqslant 0.5°$ 时，得到优良像质，且轴上轴外像质基本一致。

③遮挡比　遮挡比是指次镜直径与主镜直径之比。一般取值在 1/5 ~ 1/3 范围内。当 α 由 1/3 变至 1/5 时，像质由较好变到较差，轴外点弥散斑直径几乎增大一倍。遮挡比越大，中心遮挡越多，有效通光面积越小，这会降低了弥散斑的中心亮度，从而导致系统的灵敏度下降。所以，选择遮挡比一定要综合考虑。

④次镜放大率　$-\beta = \dfrac{l_2'}{l} = \dfrac{u_2}{u_2'}$　其绝对值越大像质越差。选择 β 值时，应与遮挡比及

筒长等指标一并考虑。

2. 折反式物镜设计

最简单的结构形式是一块反射镜(通常为球面反射镜)和一块透射式校正板组成。校正板有三种:弯月形消色差校正板;同心镜校正板;非球面校正板。

①弯月形消色差校正板　消色差校正板本身是校正色差的,可用它来校正反射镜的球差。当光阑位于球心时彗差为零;若校正板的光阑也处于彗差为零的位置,在二光阑位置重合时将不产生球差和彗差。只要光焦度分配得当,可利用空气间隔来校正色差,这样便可很好地校正球差色差和彗差。

②同心镜校正板　将同心镜校正板的球心与球面反射镜的球心重合时,只产生色差和球差,不产生高级轴外像差。若使校正板的球差与反射镜的球差相互补偿,且校正板用等折射率玻璃胶合消色差,可实现大相对孔径和较大的视场。

③非球面校正板　般是采用斯密特校正板。斯密特校正板的设计是根据球面反射镜的球差曲线进行的,它可校正各带的高级球差,但有色差存在。因校正板安置在球面镜的曲率中心处,校正板就是孔径光阑,故系统没有彗差、像散和畸变。校正板重点是校正带球差。加入校正板后使不同高度的光线以相同的光程到达像点。

$$x=\frac{y^2}{4(n-1)r}\left[y^2-\frac{3}{2}\left(\frac{D}{2}\right)^2\right] \tag{4-71}$$

式中　x——坐标原点设在校正板曲面顶点时高度为y处的曲面的x坐标(即与平面的偏离量);

r——球面反射镜的曲率半径;

D——校正板通光口径;

N——校正板折射率。

校正板与非球面反射镜相比,其优点是在光线通过校正板时前面与后面的折射率差约为0.5,而反射面为2.0(由+1到-1),这样,同样的制造误差造成的影响只有四分之一。

美国的舰用红外警戒系统AN/SAR-8曾采用此型折反式系统作物镜,其F数高达1。

3. 折射式系统设计

折射式成像物镜在各种红外系统应用最为普遍,它可适用于大相对孔径、大视场和变焦等各种场合。适合在红外系统中采用的透红外材料一般折射率都很高,它可减小高级像差。此外,红外透镜可单点金刚石刀进行车削加工,可用数控车床较方便地加工出二次及高次非球面面形,故在中小焦距大视场大相对孔径的红外系统中常采用折射式物镜。对于长焦距系统,由于难以消除二级光谱和受到筒长尺寸的限制则很少采用。一般的折射式红外镜头采用2~4片镜片就够了,因为从成本和装调因素及光能损失来考虑采用非球面远比将透镜结构复杂化更为有利。红外透镜不能采用胶合透镜,因无合适的胶合材料,故红外透镜都是单透镜。前面已谈到能不用非球面就尽量不用,因为非球面面形检测困难,而球面可用玻璃样板测量光圈及局部光圈,容易控制表面质量,使加工结果更符合设计数值。但这并不是绝对的,目前非球面加工和检测技术日益成熟,特别是单点金刚石车削技术的广泛应用,使得非球面在高性能红外光学系统中得到广泛应用,甚至一些折衍混合透镜的应用也越来越多。设计时,根据规定的相对孔径和视场及像质要求选定初始结构进行优化。对像质的要求不必像可见光波段采用的高级镜头那样严格，因为红外目标一般都是低对比度的。此外，应尽量使设计结果有较大的公差，特别是系统含有非球面时，否则可能会出现设计结果像质很满意而加工装配出来的镜头却差强人意的情况。

4.6.2 冷反射现象及其控制方法

潜用光电设备中，用到的热像仪多为制冷型热像仪。制冷型热像仪有一个特殊的现象，就是冷反射，也叫水仙效应(Narcissus)。

由于低温腔与镜筒其他部分温度的明显差异，探测器除了接收到正常成像的景物辐射外，还通过红外光学系统中折射面的微弱反射，接收到本身及周围低温腔冷环境的影像，形成冷像，导致了一种成像缺陷——冷反射。在扫描成像的红外系统中，可以更为精确地表述为，在扫描周期内，探测器探测到的杜瓦瓶冷表面辐射的极其微弱的信号到由仪器壳体辐射的较强信号之间的交流变化的信号。较强的冷反射信号将淹没目标信号，严重影响系统的探测、识别、分别率及跟踪性能。

在红外热成像系统中，冷反射的抑制一直是光学设计者所关注和面对的主要问题之一。随着红外技术的发展，红外探测器的灵敏度变得越来越高、系统的体积越来越紧凑、冷屏效率也越来越有效，所有这些导致了系统的冷反射抑制变得更为困难，相应地由于冷反射引起的图像均匀性校正也变得更加不易。为了让热成像系统的作用距离更远，就需提高探测器的灵敏度。高灵敏度导致了透镜表面即使有0.3% ~1.0%的微小反射率，其反射回来的微弱冷反射信号，也将被探测器探测并显示出。

为了消除冷反射对像质的影响，必须采用一些手段来解决，如镀高效率的增透膜，以降低透镜表面的反射；所有的平面窗都倾斜安置；用光学设计的方法解决使冷反射散焦等。因此，设计红外光学系统时，应充分考虑该系统的冷反射现象，使设计出的红外物镜不仅像质好，而且要把它的冷反射减到最小。

1. 产生冷反射的两种典型情况

两种产生冷反射的典型情况分别如图4－33和4－34所示。图4－33及图4－34表示一个远焦红外望远系统加在一个红外扫描器的前面，而且第二透镜的平面对着扫描器。如图4－33所示，当扫描到视场中心时，探测器的像平面完全反射回到自己那里，并观察到一个冷背景。当如图4－34所示离开扫描视场中心时，探测器的像经同一平面反射离开了系统的敏感面，所以探测器观察到一个热背景，而在显示器的中心就会有一个黑斑，所以对于轴上物点的边缘光线在任何一面上的正入射就是一个潜在的冷像源。

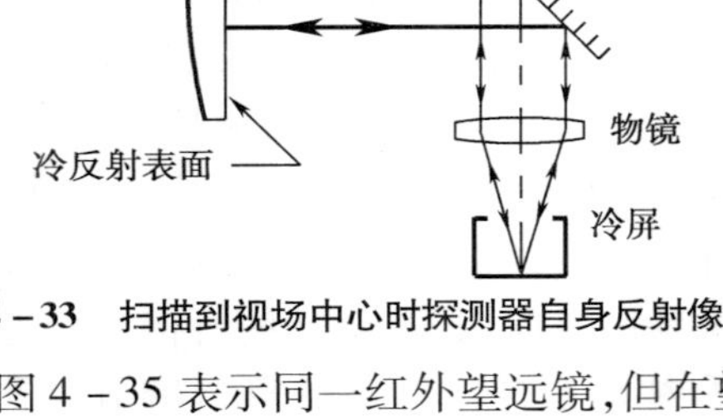

图4－33 扫描到视场中心时探测器自身反射像现象

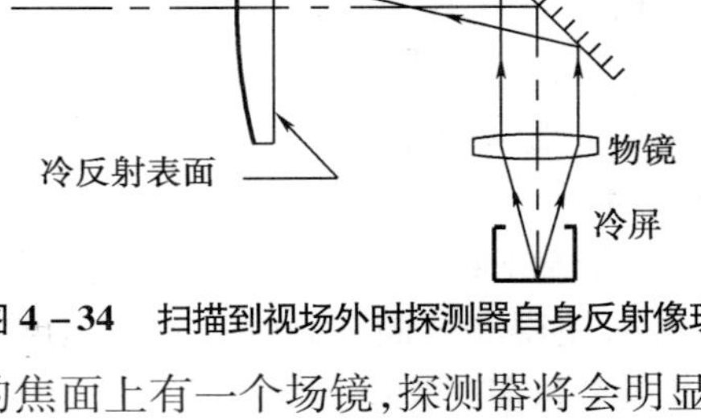

图4－34 扫描到视场外时探测器自身反射像现象

图4－35表示同一红外望远镜，但在望远镜的焦面上有一个场镜，探测器将会明显地看

到由场镜产生的自身的反射像,这也会产生一个冷反射像。所以在任一面上轴上物点的边缘光线的入射高度接近 0 时就成了第二个潜在的冷像源。

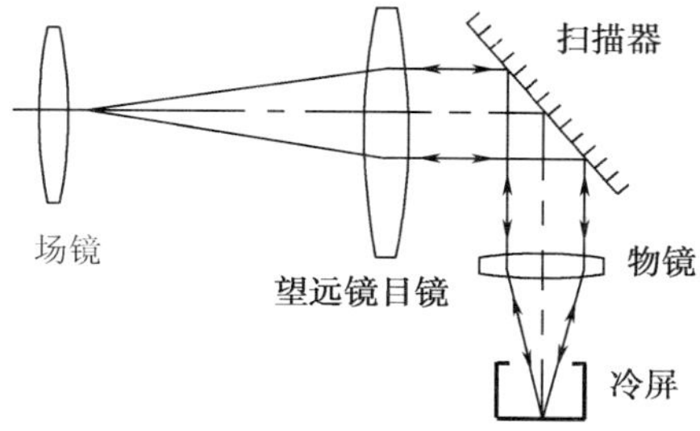

图 4-35　扫描型红外光学系统产生冷反射的第二种情况

2. 红外光学系统冷反射控制方法

红外扫描成像系统中冷反射的抑制方法主要有三种。第一是膜层技术,提高光学膜层的透过率,降低单面反射率;第二是在电路中用平均电平来补偿冷反射电平;第三是光学设计的方法来抑制冷反射。第一种方法当膜层的单面反射率为 0 时,没有探测器的冷光被反射回来,也就没有冷反射产生,所以要尽可能降低有冷反射产生的折射面的膜层反射率,把传统的单面反射率 0.3% 降低到 0.15%,甚至更低。因为典型热像仪的温度动态范围为 0.3～5 K,而杜瓦瓶温度和室温温度的差值 220 K 远远超出该动态范围,如此大的温差,即使有 0.3%～1.0% 的微小反射率,也将会产生过饱和信号。第二种方法是在系统的中间像面上安装一个均匀、光滑的温度参考源,当红外探测器探测到有冷反射电平时,就用该温度参考源的"热平均电平"来补偿,显示为平均电平,达到冷反射的校正。这里重点介绍第三种方式,用光学设计的方法来抑制冷反射。

红外光学系统中的每个折射面都可能产生冷像噪声。但是,扫描镜后的各面的冷像强度不再随视场大小变化,为可滤去的直流噪声。因此,冷像分析仅限于扫描镜前的各折射面。对红外扫描成象系统像质产生影响的仅是冷像噪声随视场变化的交流成分。

光学设计上的方法有两种:降低冷反射强度和阻碍冷反射随视场变化。降低冷反射强度,就是要提高冷光线在各个折射面上的 YNI 值,使得冷光线返回探测器时产生离焦,被冷光阑和其他孔径所遮拦。YNI 是近轴边缘光线在该面上的投射高度 Y、入射角 I 和折射率 N 的乘积。不难看出,只要投射高度 Y 或入射角 I 接近于 0,YNI 值就接近于 0,它表明该折射面产生的冷像影响最大。因此在光学设计优化时,通过改变光学面的曲率来增加光线在该面上的入射角 I 或改变间隔来增加入射高度 Y。通过这样的调整,使产生冷像影响的各光学面的 YNI 值都大于某一指定值,当然根据具体情况,这一指定值尽量要大,使冷像引起的轴上点温度下降值减到最小,这样就基本消除了冷像噪声对景物信号的影响。

另外,冷反射还与整个扫描视场范围内的温度变化有关。阻碍冷反射随着视场变化而变化的方法是,提高 $I/I-BAR$ 的比值。I 是近轴边缘光线的入射角,$I-BAR$ 是近轴主光线的入射角。$I/I-BAR$ 反映的是该面产生的冷像噪声在系统视场范围内的变化情况。当这个比值大于 1 时,表明该面产生的冷反射噪声基本不随视场变化而变化。即使该面的 YNI 值比较小,该折射面产生较强的冷像噪声,但由于大部分为可滤掉的直流噪声信号,它所产生的冷像影响也很小。若 $I/I-BAR$ 小于 1,其值越小,表明该面产生的冷像噪声随着视场扫描的变化而变化,冷像噪声大都是不可滤掉的交流信号,在这种情形下,为了消除冷反射现象,就必须要求减弱此面的冷反射强度(即 YNI 值很大),使得其随视场变化的缺点反映不出来。因此在设计中,增大 YNI 值,也就是减小了冷反射电平;降低 $I-BAR$ 的值,则阻碍冷反射随着视场扫描而变化。采用此两种方式,则可以有效降低冷反射现象。

4.6.3 具有100%冷光阑效率的光学系统设计

1. 冷屏及冷光阑效率

在制冷型红外焦平面探测器的杜瓦瓶中,通常有一个冷屏。冷屏是杜瓦瓶装置的一个重要部件,其背面均匀冷却,只发射很小的热能,用来限制探测器所看到的立体角。在这个立体角范围以外的任何辐射,都类似于可见光系统中的杂散光,如果作用在探测面上,将降低红外系统的灵敏度,甚至产生不希望有的异常图像。因此,在这类红外光学系统的设计中,通常应该将冷屏作为系统的孔径光阑,或者使孔径光阑经过系统后,成像在冷屏的位置上。在这种情况下,探测器具有最好的探测效率和灵敏度。

当冷屏为红外光学系统的实际孔径光阑时,就称光学系统具有100%冷屏效率或冷光阑效率。这种光学系统设计时,就将冷屏作为孔径光阑。但在一般情况下,这并不是可行的,因为光阑距离像差控制所需的光阑位置太远。此外,为了避免杂散光引起的图像不正常,一般必须不允许有渐晕。这样,将明显增大光学系统的径向尺寸。

一般当光阑放在透镜边框处时,透镜的口径最小。但由于轴外视场光线的影响,在冷屏处的光束口径将增大。这样将导致轴外光线严重的渐晕,并且使探测面直接接收到来自镜筒的辐射。这种情况在红外系统中通常是不允许的。当将冷屏作为光阑时,透镜口径又将很大,可能导致加工无法实现或系统无法使用。因此,既要保证透镜口径不致过大,又要满足冷屏效率,使得这类光学系统的设计具有一定的难度,必须采取一定的措施。

一种可用的方式是使系统两次成实像,在第一次成像面位置加上场镜,改变光束传播方向,使得冷屏处光束尺寸满足要求。图4-36显示了这种方式的一个示例。

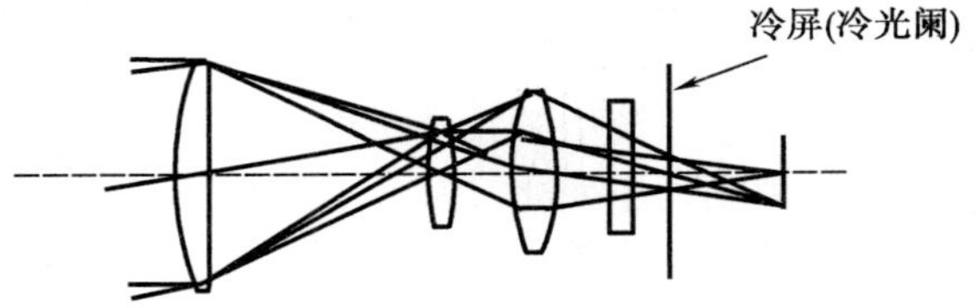

图4-36 具有100%冷光阑效率的光学系统示意图

2. 光学及外形参数计算公式推导

这里将推导出光阑位于主透镜处,且光阑成像于冷屏,即满足100%冷光阑效率的光学系统外形参数计算公式,包括焦距分配和轴向间隔等。这里分需要场镜和不需要场镜两种情况推出光学系统光学及外形参数计算公式。

(1)通用公式(需要场镜)的推导

如图4-37所示,将整个光学系统分为前组 l_1、场镜 l_f 和后组 l_2。前组透镜焦距为 f'_1,成像为 y'_1 后,由后组透镜按 β 的放大率再次成像为 y'_2。场镜位于像面上,不改变系统的焦距。探测器冷屏至探测面的距离为 S'。

对于后组透镜,有

$$f'_2=\frac{l_2\cdot l'_2}{l_2-l'_2}=\frac{\beta}{1-\beta}l_2=\frac{1}{1-\beta}l'_2 \tag{4-72}$$

又

$$\tan u'_2=\frac{-y'_2}{S'},l_2=\frac{S+S'}{\beta},y'_1=\frac{y'_2}{\beta}$$

$$y_1' + \tan(-u_2) \cdot \left(-\frac{S+S'}{\beta}\right) = \tan u_2' \cdot S$$

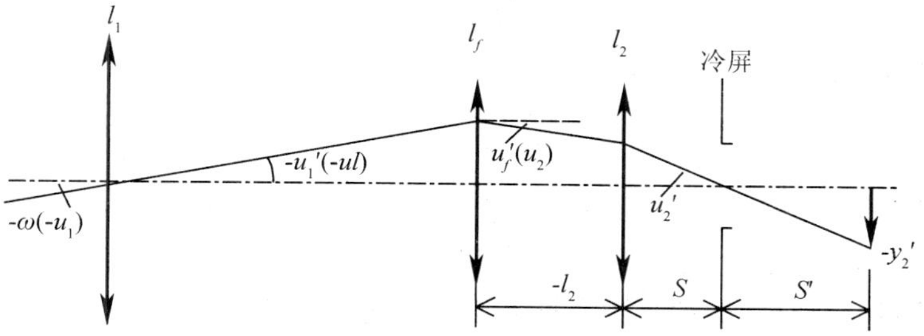

图 4－37　100% 冷光阑效率光学系统原理图

所以

$$\tan u_2 = \frac{\left(\frac{S}{S'} + \frac{1}{\beta}\right) \cdot y_2' \cdot (-\beta)}{S+S'} \tag{4-73}$$

对于场镜，有

$$\tan(-u_f) \cdot (-l_f) = \tan u_f' \cdot l_f'$$

$$l_f' = \frac{\tan u_f}{\tan u_f'} \cdot l_f \tag{4-74}$$

由 $\frac{1}{l_f'} - \frac{1}{l_f} = \frac{1}{f_f'}$，可以得出场镜的焦距为

$$f_f' = \frac{\tan u_f}{\tan u_f' - \tan u_f} \cdot l_f \tag{4-75}$$

其中的 l_f 就是主物镜的焦距的反号值，即

$$l_f = -f_1' \tag{4-76}$$

$\tan u_f$ 中的 u_f 就等于前组透镜的像方孔径角，也等于系统的视场角

$$\tan u_f = \frac{y_2'}{f'} \tag{4-77}$$

在确定了后组透镜的放大率 β 以后，可以很容易求出前组透镜的焦距

$$f_1' = \frac{f'}{\beta} \tag{4-78}$$

在探测器选定以后，像高 y_2'、冷屏至探测面的距离 S' 都是确定的，我们只要根据结构尺寸确定 S，并根据总焦距 f' 及光学特性定下后组放大率 β，然后利用公式（4－72）～（4－78），就可以求出各组透镜的焦距分配以及透镜之间的间隔。

（2）不需要场镜时的条件

以上推导的是一般情况下的计算公式。实际上，作为特例，在满足一定的条件下，可以实现场镜焦距为无穷大，即不需要场镜，这时同样能满足通光孔径和冷屏尺寸的要求，实现 100% 的冷光阑效率。不用场镜可以增大系统透过率，减小场镜表面质量对系统成像的影响。

在公式（4－75）中，当分母为 0 时，场镜焦距为无穷大。即

$$\tan u_f' = \tan u_f$$

该公式的物理含义就是场镜的物方孔径角和像方孔径角相等，光线经过场镜后不发生偏折。

由于 $\tan u_2 = \tan u_1'$，$\tan u_1' = -\frac{y_2'}{f'}$，所以有

$$\frac{\left(\frac{S}{S'}+\frac{1}{\beta}\right)\cdot y_2'\cdot(-\beta)}{S+S'}=-\frac{y_2'}{f'}$$

将该式化简，可以得到

$$\beta=\left(\frac{S+S'}{f'}-1\right)\cdot\frac{S'}{S} \tag{4-79}$$

这样，在定下了系统后截距以后（通常可以根据结构安装尺寸确定），就可以求出后组的放大率 β。这时场镜焦距为无穷大，即不需要场镜。

类似地，我们也可以先根据光学特性确定下 β，然后求出最后一片透镜至冷屏的距离

$$S=\frac{S'^2-S'f'}{\beta\cdot f'-S'} \tag{4-80}$$

求出 β 或 S 后，再根据前面的公式，就可以求出整个系统的外形尺寸。

需要强调的是，对于两次成像的系统，按近轴参数计算的组合焦距值是负值，尽管系统对无穷远的物体成的是实像。在代入公式计算时必须注意取负号。其他参数的符号也应按几何光学的符号规则选取。

以上推导的外形参数计算公式中没有包括透镜的口径的计算公式，但整个推导过程是针对主光线来进行的，且按照瞳孔耦合相接、满足近轴光线成像特性的原则，因此，当孔径光阑位于前组透镜时，出瞳必定位于冷屏处。同样，当孔径光阑位于冷屏处时，入瞳必定位于前组透镜口径处。这时，能够满足在最小的径向尺寸下，达到100%的冷光阑效率。

4.6.4 红外光学系统的无热化

1. 无热化的概念

红外光学材料同普通的透可见光的材料相比，红外光学材料的折射率温度系数（dn/dt）比可见光玻璃大一到两个数量级，红外光学材料的光学热膨胀系数 Xrefr（≈ −（dn/dT）/（$n-1$））比可见光玻璃至少大一个数量级，随着温度的变化，红外光学材料的折射率和光学元件的尺寸和面形都会发生较大变化，表4－12 列出了透镜参数随温度变化的情况。这些变化使光学系统产生离焦和其他像差，导致成像质量变差，光学系统性能下降。因此必须考虑红外光学系统的无热化问题。

表4－12 系统的高斯参数随温度变化表

透镜表面曲率半径	$c\to c+\Delta c=c(1-\alpha_g\Delta t)$	空气折射率	$n_{\text{air}}\to n_{\text{air}}+\Delta n_{\text{air}}=n_{\text{air}}+(\Delta n_{\text{air}}/\Delta t)\Delta t$
透镜厚度	$d\to d+\Delta d=d(1+\alpha_g\Delta t)$	空气间隔	$d\to d+\Delta d=d+Xg(d-s_{-1}+s)\Delta t$
元件折射率	$n\to n+\Delta n=n+(\Delta n/\Delta t)\Delta t$	—	—

其中 α_g 材料的热膨胀系数，Xg 为光学热膨胀系数，空气间隔变化要考虑透镜面型变化带来的空气间隔变化。

无热化一词译自英文 Athermalisation。此词有数种译法，如无热化，绝热，热不敏等。其意思是指采用种种补偿方法使温度变化对红外系统的影响最小的技术。我们认为用“热不

敏”可能比较确切。对红外成像光学系统而言温度变化的直接影响就是使焦面位置产生位移,从而导致成像质量变差。无热化技术大致可分为三类:

(1)机械被动式无热化(Mechanical Passive Athermalisation)

基本原理是通过使一个或一组透镜产生轴向位移,从而补偿由于温度变化所引起的焦面移动。轴向位移的形成是通过选择合适的镜筒材料,利用其热胀冷缩使镜筒伸长或缩短达到某组光学元件沿轴向移动。

(2)机械主动式无热化(Mechanical Athermalisation)

与被动式的原理一样,也是利用某光学元件的轴向移动来补偿温度波动引起的焦面移动,但不是靠镜筒热胀冷缩来获得,而是用“手动”或“电动”来移动补偿元件。它比被动式可补偿的范围要大得多。早期的手动和电动都是用手来操作,随着电子技术的发展已将“电动”赋予“自动”的内容。其原理是先用传感器探测出温度,再将信息传给处理器,计算出对应的位移量,然后发出电信号驱动电机,带动补偿光组产生位移。目前,已制成高灵敏度、高可靠性、小体积的装置,使无热化达到满意的效果。

(3)光学被动式无热化(Optical Passive Athermalisation)

这种技术利用光学材料热特性之间的差异,通过不同特性材料的合理组合来消除温度的影响或将影响降低到一定程度。应该注意到折射率温度系数有正有负,通过不同材料透镜的适当组合,就可消除或减少焦面移动。例如用三种材料:ZnSe/ZnS/Ge,Ge/KRS-5/ZnS 或 Ge/KRS-5/ZnSe 制成的红外透镜,获得相当好的无热化效果。这些材料的有关系数如表 4-13 所示。

表 4-13　一些材料的有关温度变化系数

材料	$n(10\mu)$	$\nu(8\sim12\mu)$	$dn/dt\times10^6/℃$	$B_g\times10^6/℃$
Ge	4.003 1	864	396	6.1
ZnSe	2.496 5	58	60	7.6
ZnS	2.200 2	23	50	7.9
KRS-5	2.372 0	165	-235	58.0

2. 光学被动式无热化设计理论公式

假设整个光学系统由 n 个薄透镜组成,考虑该系统由 n 个元件组成,其光焦度分配满足总光焦度、消轴向色差、消热差设计三个方程

$$\sum_{i=1}^{n} h_i\phi_i = \phi \tag{4-81}$$

$$\Delta f_b^T = \left(\frac{1}{h_1\phi}\right)^2 \sum (h_i^2\omega_i\phi_i) = 0 \tag{4-82}$$

$$\frac{df_b^T}{dT} = \left(\frac{1}{h_1\phi}\right)^2 \sum (h_i^2\chi_i\phi_i) = \alpha_h L \tag{4-83}$$

式中　ϕ——全系统的总光焦度;

ϕ_i——第 i 个薄透镜的光焦度;

h_i——近轴光线在透镜上的入射高度;

ω_i——元件的色散因子,也就是色散引起的光焦度的相对变化;

χ_i——光热膨胀系数；

α_h——结构件的线膨胀系数；

L——结构件的长度。

对绝大部分红外材料，如 Si，Ge，ZnSe，ZnS 等，其折射元件的光热膨胀系数$\chi_{f.r}<0$，这些材料组成的正透镜都需要镜筒材料具有热缩冷胀的性能才能实现无热化，然而通常情况下镜筒材料具有热胀冷缩的性能。实际应用中一个非常有效的方法就是采用二元光学元件，即衍射元件。虽然衍射元件的光热膨胀系数$\chi_{f.d}>0$，但$\chi_{f.r}$的绝对值远远大于$\chi_{f.d}$。因此仅靠混合系统中的二元面来实现红外光学系统的无热化设计是很难的或不可能的。因而在设计中，通常需要用光热膨胀系数绝对值大的折射材料做负透镜，如中波、长波的锗材料，其他材料做负透镜，使得系统在保证正光焦度的情况下，$\sum(h_i^2\chi_i\varphi_i)$趋近于零或为正值。此外，红外系统除了满足热稳定外，它的色差对成像质量也有很大影响，设计中各因素需要综合考虑。

当机械结构用铟钢、碳纤复合材料等低热膨胀材料时，α_h 趋近于零，可以使$\sum(h_i^2\chi_i\varphi_i)$趋近于零；当用铝材料时，其 $\alpha_h=23.6\times10^{-6}$，镜框材料相对光学系统本身热效应引起的焦面移动不可忽略时，满足 $\mathrm{d}f_b^T/\mathrm{d}T=\alpha_h L$，这样就可以实现系统的无热化设计。国内外很多学者对光学被动式无热化理论进行了研究，并设计了中波和长波的一次成像和二次成像的各种系统，光学被动式折/衍混合无热化设计理论和技术已经比较成熟。

3. 热补偿的热差容限

实际无热化光学系统不可能实现严格的热补偿，即在某温度范围内，系统像面不可能严格与壳体的变化保持一致，需要给定其误差的容限。从广义上理解，温度造成的像面离焦可以认为是一种像差，按照光学系统像差的瑞利容限，热补偿的误差 ΔL_T 应控制在其最大波像差小于四分之一波长，根据波像差和焦深的关系式，即 ΔL_T 应与系统的焦深相同，有以下关系

$$\Delta L_T\leqslant\frac{\lambda}{2n'u_m'^2}=2\lambda(F)^2 \tag{4-84}$$

4.7 潜艇光电设备电视系统光学设计与分析

潜艇光电设备电视系统通常有两种：白昼电视与微光电视。

4.7.1 白昼电视系统

在潜望镜中白昼电视系统一般直接采用主系统作成像系统，只在目镜头的光路中用反射元件将成像光束反射到电视靶面上即可。在潜望镜引入白昼电视旨在能够同时多人实时观察并能录像以备日后分析。虽然潜望镜主光学系统的入瞳小，相对孔径也小，但因在白昼使用，目标及背景的光能量能满足电视靶面（通常是 CCD 作接收元件）的成像要求，故无须另行设计光学系统。白昼电视在潜望镜上的配置有外置式和内置式两种。

像面上的照度可用下式表示

$$E = \frac{E_0 R T_R}{4f^2(1+M)^2} \qquad (4-85)$$

式中　E'——像面上的照度(勒克司);

E_0——景物的照度;

R——景物的反射系数;

T_0——光学系统的透光度;

F——光学系统的 F 数,$F=f'/D$;

M——从景物到像面的放大率。

如果用景物亮度 $\pi L_{景}$ 代替 E_0R,则上式可写成

$$E' = \frac{\pi L_{景} T_R}{4f^2(1+M)^2} \qquad (4-86)$$

景物的亮度随天气、季节、时间和环境变化很大,应根据景物亮度来调整像面上的照度。但由于没有设置孔径光阑,不能根据景物亮度来调整成像光束大小以使像面得到最合适的照度,因此,常使景物像不是发白就是灰暗。为了解决这一问题,应采用带有电子快门装置的 CCD 器件组作为接收元件。如果采用图像采集卡将图像数字化后进行处理将能得到更为清晰的图像。

1. 内置式白昼电视

内置式结构是在潜望镜转像系统后装一反射(棱)镜,把光反射到 CCD 上成像,然后在监视器上显出图像。其优点是可进行实时观察,多人观察,还可录像;结构简单且不影响主系统性能。但存在以下的问题:(1)视场太小,当采用 1/2″CCD 作接收元件时对于大放大率只约为 1.5°×1°;(2)不能调光圈,因此,在不同照度条件下很难将图像调得同样清晰;(3)光能损失大,图像对比度也差。采用 CCD 面阵时,常标有 1/2″等。但要注意 1/2″并不等于 12.7 mm。它的有效成像尺寸如下:

CCD 标称尺寸	有效成像尺寸/mm
1/3″	3.3×4.3
1/2″	4.8×6.4
2/3″	6.6×8.8
1″	9.6×12.7

在固体摄像机中常常提到 C 接口和 CS-接口,其意思是基准法兰盘面到像面的距离。C-接口为 17.526 mm,而 CS-接口为 12.5 mm。由于像面位置不可调,当选用的接口类型不对时,成像将不清晰。

2. 外置式白昼电视

外置式是将白昼电视做成独立系统装在上头部,这是目前国外光电潜望镜多采用的方式。用电缆通过潜望镜镜管内部将信息传到目镜头外的监视器上。外置式的优点是相对孔径可做得较大,作用距离大大增加,另外可实现电动调焦,以适应不同的环境照度;而且可和目视同步观察,视场角也可以大为增加。

3. 白昼电视系统的技术要求

(1)CCD 探测元件应有较大的动态范围。

(2)对于内置式系统视场角不低于目视系统高倍时的一半。

(3)满足一定的视距要求。用监视器来显示目标图像时应满足约翰逊准则,但由于通常目标与背景的对比度都不大,根据经验目标发现,识别和看清可分别取为4:14:22 电视行或2:7:11 线对。

4. 电视技术在国外潜挺光电装备中的应用

电视技术在国外现代光电潜望镜和光电桅杆上的应用具有不同的作用和意义。在潜望镜上的应用,过去主要是为了实现多人观察的需要,一般利用潜望镜的可见光通道,在目镜头处设置光路转换接口来实现。过去的潜望镜中标准配置的情况不多,主要有英国的CH085 型攻击潜望镜、法国皮瓦尔攻击型潜望镜、南非 IBOL 潜望镜等,大多情况是作为一项选择功能。但随着信息化要求和图像重要性的提升,有的潜望镜中已大大提高了其配置的地位。如美国 18 型潜望镜中新增加配置了高清晰度电视摄像机,在俄罗斯新型的PARUS－98E攻击潜望镜中也配置了高清晰度电视摄像机,主要目的是与本身或光电桅杆的红外热像系统进行图像融合处理,以大大提高整个系统的探测性能,所以这种潜望镜中整个光学系统不可能再以目视观察系统为主来进行设计了。

在当代光电桅杆上配置电视系统,一是要替代目视观察系统,所以其可靠性和分辨率已经大大提高,一般都是采用高清晰度电视系统,如德国 OMS－100 光电桅杆中采用的加固高清晰度电视摄像机,其探测器像元可达到 1920/1080,与初期配置时的 400 × 400 像元相比,已有成数量级的提高;二是不像潜望镜要借道目视观察系统,而是自成独立通道单独设计,为性能的提高奠定了基础;三是要实现图像探测的性能提升,与红外热像系统、多光谱成像系统等图像融合的需要,所以其性能和意义与潜望镜开始采用是的多人观察要求相比,已经大相径庭了。

4.7.2 微光电视系统

1. 概述

当环境照度较低时,不论目视还是通过白昼电视的监视器观察都难以看清目标,这就需要引入夜视装置(微光成像系统)。采用微光成像系统可实现在环境照度为$10^{-3}\sim10^{-2}$ lx时对一定距离的目标进行观察。在潜望镜上配置的微光成像系统亦分为内置式和外置式两种。

(1)内置式微光成像系统

内置式结构是在物镜焦面上放置像增强器靶面,而通过目镜和转像系统观看荧光屏的图像。为了在探测器收到足够的光能,除了尽可能采用增益高的像增强器外,还要求微光物镜的相对孔径(D/f')和入瞳口径要大。但潜望镜基本光学系统的 $D/f'\approx1/10$,入瞳口径 $D<30\sim40$ mm,采用这种方式难度很大。至今只有极少的潜望镜采用这种结构,如英国的潜望镜等。

(2)外置式微光电视

外置式是将微光电视做成独立系统装在头部。它的结构走向为 :微光物镜→像增强器→耦合物镜→电视摄像机靶面→视频输出,然后由电缆传至舱内目镜头外的监视器上显示图像。如图 4－38 为其原理框图。

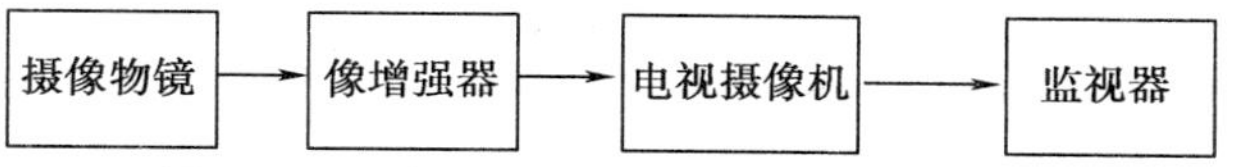

图 4-38　外置式微光电视的组成原理框图

这样,由于不在主观察系统光路中,物镜的相对孔径可做到 1/1.5 ~1,而物镜入瞳可做到 $D \geqslant 100$ mm。物镜焦距通常大于 100 mm,焦距大观察范围可远些,但当像增强器靶面尺寸一定,焦距越大视场角越小。视场角太小也是不利的。

耦合物镜的作用是将荧光屏的图像转移到电视摄像机靶面上。荧光屏大小和靶面大小要匹配。由于受筒长的限制,耦合物镜的焦距较小,其数值孔径和线视场较大,因而采用简单结构是不行的,为了得到较好的像质一般要用 6 ~8 片透镜。

微光电视实际观察效果:采用国产的第Ⅱ代像增强器的微光电视,在 10^{-2}lx 时,即相当于 1/4 月亮时的环境照度,可实现对海上大中型舰艇目标一定距离的探测要求,并能保证潜艇夜间安全驾驶指挥的需要。但第Ⅱ代像增强器还存在强光湮没目标和白光拖尾的现象。第Ⅲ代像增强器则无此缺点,而且可将耦合物镜和像增强器做成一体,图像增强效果大大优于第Ⅱ代管,整机装调也方便得多。

20 世纪 80 年代 CCD 固态微光摄像器件获得了迅速发展,目前市场上已有 10^{-9}lx,水平分辨率大于 700TV 线,动态范围为 4 000:1 的微光摄像机。国外光电潜望镜目前采用的一种称为增强型微光电视摄像机的技术,就是采用了增强型 CCD(ICCD)或电子轰击 CCD(EBCCD)等固态微光摄像器件,都可在景物照度小于 10^{-4}lx 下工作,并具有高的图像分辨率,在微光条件下,具有优良的成像质量。利用微光摄像与红外热像的图像融合技术,可以将微光成像提供清晰的目标识别和红外热像提供远距离的目标探测性能结合起来,提高融合后总系统的效能。这是目前国外潜望镜仍在大力发展增强型微光摄像机的原因。不过我们在以下分析微光电视特性参数时,仍着眼于目视观察的角度,可供参考。

2. 微光电视系统的主要特性参数

(1)灵敏度

指保证图像质量所需的景物最低照度。

(2)动态范围

指保证图像质量所需景物的最高照度和最低照度的范围。先进的微光电视系统具有接近于全天候工作能力,既可在夜间无月星光条件(景物照度 10^{-5}lx)下使用又可在白天阳光下(景物照度约 10^{5}lx)工作,其动态范围为 10^{10}:1。

(3)分辨力

指所显示的景物图像充满整个摄像器件的光敏面(或光电阴极面)所呈现的电视线条数。垂直分辨力主要决定于一帧画面上所采用的扫描行数 N,而扫描行数的确定最终还是取决于人眼的分辨能力。水平分辨力主要取决于视频带宽,一般可以做到 400TVL 以上。

(4)电气指标

①信噪比(C/N)　指摄像系统给出的信号电平与噪声电平之比。一般 S/N 达到30 dB以上时,所显示的图像是较满意的。可根据信噪比将图像质量分成七个等级,如表4-14所示。

表 4-14 信噪比与图像质量

质量等级	S/N(dB)	对图像清晰度的影响
1	60	完全看不到噪声干扰
2	50	稍微能看到一点噪声干扰
3	40	能看清噪声和干扰,但对图像清晰度几乎无影响
4	30	对图像有影响,但不妨碍收看
5	20	对收看稍有妨碍
6	10	对收看有明显妨碍
7	0	妨碍严重,图像不能成形

②灰度　将图像从最亮到最暗分成10个亮度等级,称之为灰度。图像上任一点的亮度应该正比于被摄景物相应点的亮度,也就是重现了被摄物体各点间的灰度比。因此,灰度等级越大,图像的层次越丰富,图像越逼真。经验表明,当灰度不劣于6级,图像层次已较清楚了。

③非线性失真　指景物经过电视系统成像后所产生的几何畸变。它主要是由于摄像管与显像管偏转电场的不均匀,行、场扫描电流非线性,光学系统像差等因素造成的。一般工业电视规定,非线性失真不大于5%~10%。

微光电视系统的一个重要组成部分是像增强器。像增强器性能的好坏对微光成像效果有很大影响。像增强器的作用是把微弱的光图像增强到足够亮的亮度,以便人们用肉眼进行观察。因此可以认为像增强器是直视微光成像系统的核心器件。像增强器的种类很多,按工作方式可分为连续工作、选通工作和变倍工作三种;按像管结构可分为近贴式、倒像式;按电子聚焦方式可分为静电聚焦式和电磁复合聚焦式;按发展阶段则可分为Ⅰ代级联式像增强器,Ⅱ代光纤极窗且带微通道板的像增强器,Ⅱ代半玻璃阴极窗带微通道板的像增强器和Ⅲ代负电子亲和势光阴极带微通道板的像增强器。当前仍在使用的有Ⅱ代管和Ⅲ代管。Ⅱ代管性能和工艺都较稳定,我国亦能生产。它的不足之处在于灵敏度稍低,图像易被强光湮没,强光图像出现拖尾等。Ⅲ代管的灵敏度高,无强光湮没和拖尾现象。有的型号还带有耦合物镜、体积紧凑等优点。但我国还不能生产,国外也只有少数国家(如美国等)具有生产能力。

(5)观察作用距离

假定用y,y'分别表示物高和像高,物距和镜头焦距有如下关系

$$L=\frac{f'}{y'}\cdot y$$

像高和探测器分辨率关系为

$$y'=n\frac{h}{N}$$

式中　n——探测目标所需电视行数(TVL);

h——探测器靶面高度;

N——探测器靶面分辨率。

经整理后可得微光电视系统观察距离估算式

$$L=\frac{f'yN}{hn} \tag{4-87}$$

式中　L——观察距离；

f'——物镜焦距；

y——目标高度；

N——阴极面分辨力(电视行)；

n——探测目标所需的电视行数；

h——阴极面高度(垂直尺寸)。

人眼对单个小目标的鉴别准则用空间频率来表示。在计算观察距离之前，必须先确定不同观察等级下所需的电视行数。目标是千差万别的，它们的形状、尺寸、高宽比、对比度和色调等因素都会影响对目标的观察效果。由实验得知，发现目标的空间频率 n 应取 5 ~6 行，识别目标取 10 ~16 行，认清目标取 20 ~22 行。在计算时应注意，当目标高度 H 与宽度 W 之比不为 1 时，取短边尺寸为 H 值，例如观察人时 $H=0.4$ m。对于舰船、飞机、坦克等 $W>H$ 军事目标，可直接用其高度进行计算，但要减去无效部分，如舰船的桅杆、烟囱等细长物。计算探测器的高度 h 时，应该考虑到监视器的尺寸。一般监视器的高宽比位为 3:4，选定摄像管后，其有效直径已知，根据宽:高:直径为 4:3:5 的关系，即可求出幅面高度 h。例如 1 in 的摄像管靶面有效直径为 16 mm，有效幅面高度为 $h=9.6$ mm，整个幅面高度中的电视行数 n 就是摄像管的极限分辨力。在测试物镜及摄像管、监视器等的分辨力时，常采用对比度为 100% 的黑白条纹测试卡。实际上景物对比度不可能是 100%，大约只为 30%，与实验室测试结果差别很大，故在计算视距时应予修正。

当观察效果不变时，摄像管靶面照度值与对比度的关系为

$$E_1 c_1^2 = E_2 c_2^2 \tag{4-88}$$

式中，E_1 和 E_2 分别为对比度 c_1 和 c_2 时的光敏面照度。

可见，如果对比度从 100% 变为 30%，则照度应增加一个数量级；对一个对比度很低的景物，例如 10%，则需要将照度增加两个数量级，才能收到同样的观察效果。对比度为 c 时的照度 E 可按下式换算成对比度为 100% 的光敏面照度 $E_{100\%}$，即

$$E_{100\%} = Ec^2 \tag{4-89}$$

摄像管光敏面对比度为 100% 时的景物照度可用下式表示

$$E_{100\%} = \frac{1}{4} E_0 \rho \tau \left(\frac{D}{f'}\right)^2 c^2 \tag{4-90}$$

式中　D/f'——光学系统相对孔径；

τ——透光度；

ρ——目标反射率；

c——景物对比度；

E_0——景物照度。

上式未考虑大气衰减的影响，当气候条件较差时，还需乘以大气透光度τ_a。

一些景物的反射率如表 4 - 15 所示。

对比度 c 可根据上表给出的目标物与邻近景物的反射率来计算；也可粗略选取，自然界中景物对比度一般在 20% ~50% 之间，通常取对比度为 33% 是适宜的。表 4 - 16 为对识别人和坦克在各种自然条件下的估算距离实例。

表 4-15　一些景物的反射率表

景物	反射率
雪	0.87
钢	0.55
光亮混凝土	0.32
干草	0.31
枯黄叶	0.31
绿叶	0.25
黏土	0.16
淋湿的褐色土地	0.14
绿草	0.11
风干的树	0.10
常绿的树	0.05
黑土	0.05～1.0

表 4-16　对识别人和坦克在各种自然条件下的估算距离表

自然条件	景物照度/lx	光敏面照度 E/lx	摄像管极限分辨率/(TVL/幅)	识别人距离/m	识别坦克距离/m
无月，浓云	2×10^{-4}	1×10^{-6}			
无月多云	5×10^{-4}	2.5×10^{-6}			
晴朗星光	1×10^{-3}	5×10^{-6}	100	17～28	172－185
1/4 月光	1×10^{-2}	5×10^{-5}	300	70～113	525－847
半月	5×10^{-2}	2.5×10^{-4}	400	94～150	705～1 125
满月	1×10^{-1}	5×10^{-3}	400	94～150	705～1 125

4.7.3　微光电视光学系统设计

微光电视系统包含两种光学系统：摄像物镜与耦合物镜。摄像物镜将景物像成在像增强器的阴极面上，而耦合物镜又将像增强器荧光屏上的像转移到电视靶面上，生成视频信号由电缆传递到位于舱内的监视器生成电视图像。因此，摄像物镜、像增强器、耦合物镜、电视靶面和监视器等各部分的分辨力都会影响整个电视系统的分辨力。进行光学系统设计时，必须考虑使各部分的分辨力有最佳适配。为了得到良好像质，应使前面各部分的分辨力都高于监视器的分辨力，而且应该是往前逐级提高。摄像物镜的分辨力应高于后面各部分的分辨力。

1. 摄像物镜设计

摄像物镜属于中等视场大相对孔径物镜。对于固定焦距系统可选用匹兹瓦型物镜作原始结构进行优化；如需要变焦则应采用连续变倍系统。变焦系统一般要包含固定组、变焦组和补偿组三部分，其结构要比固定焦距系统复杂得多。

(1)摄像物镜特性参数的确定

①相对孔径　表征物镜的集光能力。靶面照度与相对孔径平方成正比。在微光条件

下应尽量选择大相对孔径的物镜。而且为了提高物镜的理论鉴别率以及能获得更多的光能量，物镜的通光口径（入瞳）亦应取较大的值。靶面上从每个像元上所探测到的光子数可表示为

$$M=\frac{nD^2\rho\,\tau\,T}{4s^2}\eta \tag{4-91}$$

式中　D——物镜口径；

T——观察时间；

S——成像距离；

ρ——景物反射率；

τ——物镜透光度；

η——靶面的量子效率；

n——每单位时间内入射到该像元的光子数。

显然，收集到的光子总数与透镜口径成正比。口径越大，收集到的光子愈多。但大相对孔径和大入瞳会使物镜像差校正困难，为了校正像差不得不使结构复杂化，其成本将随之提高。如果规定在距离为 S 处能发现或看清某一特定目标，则可用下式估算所需的入瞳口径：

$$D\geqslant 2f'\sqrt{\frac{E}{E_0\rho\,\tau_0\tau_a c^2}} \tag{4-92}$$

式中　E——靶面所需照度；

E_0——景物照度；

τ_0——光学系统透过率；

τ_a——大气透过率；

ρ——目标反射率；

c——景物对比度。

②焦距和后截距　当物距固定时，焦距决定了像的放大率及像距。

如要求看清远处目标细节，则焦距应取较大的值；或者说对远距离处的一定大小的目标，要能探测出来必须使其像压一定行数的 TVL，即焦距大小关系到探测距离。后截距大小是安装和调整探测器的需要。对给定的目标和探测距离可用下式确定焦距

$$f'\geqslant\frac{hn}{yN}L \tag{4-93}$$

例如，要求在 5 km 识别中型舰船（水面高度为 10 m），用 1/2 英寸 CCD 作探测器（$h=4.8$ mm，$n=400$）则微光物镜焦距

$$f'=\frac{0.004\,8\times 12}{10\times 400}\times 5\,000=0.072(\mathrm{m})=72(\mathrm{mm})$$

显然，焦距越长能分清的目标细节就越小。此外，在探测器光敏面面积一定的情况下，焦距长可缩小视场，而视场小有助于背景的抑制。这与提高像面照度的要求是矛盾的。

③视场角与成像尺寸　一般摄像物镜不另加视场光阑，而由摄像管靶面尺寸来控制视场大小。

靶面的有效尺寸决定成像尺寸，也就是决定了视场角。视场角表示所能同时观察的空间范围，从战术看其范围大些是有必要的。下面列出各种摄像管的有效工作尺寸：

类　　型　　　　有效成像尺寸

1 英寸光电导摄像管　　9.6×12.8

$1\frac{1}{4}$英寸光电导摄像管　　12.8×17.1

3 英寸超正析像管　　24×32

摄像物镜的相对孔径、焦距和视场角都是由总体性能决定的。根据要观察的距离，所观察的目标范围和细节等战术技术指标来选定物镜的诸参数。但物镜的这三个参数是互相关连、互相制约的，并不能孤立选定。当摄像管型号定下来后，成像尺寸已确定，此时焦距与视场角互相矛盾，互成反比。焦距长势必导致视场小。反之，要求视场角大，焦距就会变短。如要求有较大的焦距和视场角，只能选用成像尺寸大的摄像管型号。选择参数时，应该从战术技术要求出发，先确定各个指标的最低限度值，然后根据可能性及迫切性的顺序一点一点地提高指标值。

④透光度与光谱特性　透光度是指透过光学系统的光通量与入射到光学系统的光通量之比。它是衡量光能量通过光学系统后透过程度的参数。透光度是波长 λ 的函数，透光度随波长而变化的函数关系称为光谱特性。透光度大小影响到像面照度和收集到的光子的大小。光学系统的镜片数目愈多，光能损失越大，透光度越低。对镜片数目多的系统如变焦镜头，应通过加镀多层减反膜及选用光吸收率低的材料来减少光能损失。

⑤物镜的分辨力及调制传递函数　物镜的分辨力表征它分辨图像细节的能力，通常以单位长度(1 mm)内看清的对比度为 1 的黑白条纹的线对数(lp/mm)来表示。物镜的理论分辨力用下式表示：

$$N = \frac{0.82}{\lambda}\frac{D}{f'} \approx 1500\frac{1}{F} \tag{4-94}$$

上式中取波长平均值 $\lambda = 0.55$，F 数为相对孔径的倒数。物镜的分辨力必须满足电视系统分辨力的要求，即 $N_{物镜} \geqslant N_{电视}$。只用分辨力来评价物镜质量是不够严格的，因为测试分辨率是用高对比度的目标。而微光条件下的景物都是低对比度的，此外它未考虑其他因素。用调制传递函数(MTF)来表征物镜分辨细节的能力更科学、更客观、更合理。调制传递函数可以理解为不同空间频率下像的对比度与物的对比度之比。电视的分辨力 N_{TV} 是用图像高 h 内的电视线数(TVL)来表示，它与物镜分辨力 N 的关系为

$$N = \frac{N_{TV}/2}{h} = \frac{N}{2h} \tag{4-95}$$

电视图像的高宽比为 $h:b = 3:4$，故上式可表示成

$$N = \frac{2N_{TV}}{3b} \tag{4-96}$$

通常，电视系统以每图像高 400 电视线的调制传递函数来衡量其分辨力的好坏，相应于电视 400 线的摄像物镜分辨力可按下式计算：

$$N = \frac{800}{3b} \tag{4-97}$$

对于 1 英寸的摄像管，$b = 12.8$mm，$N = 20$(lp/mm)；

对于 $1\frac{1}{4}$英寸的摄像管，$b = 17.1$mm，$N = 15$(lp/mm)；

对于 3 英寸的摄像管，$b = 32$mm，$N = 8$(lp/mm)。

可见，因受电视系统分辨力的限制，对物镜分辨力(lp/mm)的要求并不太高，但在相应于电

视系统分辨力范围内的调制传递函数要求要高。国外一些像增强器性能有如表 4－17 所示。

表 4－17　国外一些像增强器性能表

管型	分辨力/(lp/mm)	MTF/%		
		2.5 lp/mm	7.5 lp/mm	15 lp/mm
二代管 XX1500	32	80	60	25
二代管 XX1410	25	86	58	20
二代管 XX1470	32	92	68	34
三代管(美国)	26～36			

(2)摄像物镜结构类型的选定和优化

①固定焦距镜头　对固定焦距的镜头应选取大孔径($F<2$)小视场中长焦距(一般 $f'\geq$ 100 mm)的类型，例如匹兹瓦(Petzval)物镜及其改进型作初始结构来进行优化。匹兹瓦物镜在光学史上是使用最早的大孔径摄影物镜。它由相距较大的两组正光组透镜构成，由于光焦度由两组光组分担，因此轴上点和近轴点的像差都能达到较理想程度。最初的结构其相对孔径可以做到 1/3.4。不足之处是 Petzval 和($S_{Ⅳ}$)比较大，故视场较小($2\omega=8°\sim10°$)。其后有人陆续加以改进，如将前后组的胶合透镜分离，增加了四个变量，相对孔径可达1/1.4。此外，通过提高玻璃的折射率值并减少正负透镜的折射率差来减小它的 $S_{Ⅳ}$ 值，亦可使视场稍有增大。根据正负光焦度分离能校正 $S_{Ⅳ}$ 的原理，拉开第三、第四透镜的距离，并增大第三透镜的厚度，有助于 $S_{Ⅳ}$ 的进一步减小，视场可达 14°。如果在结构上进一步复杂化，相对孔径可做到 1:1。也可以采用其他类型物镜，如 Sonnar 型或双高斯型作为原始结构进行优化。用好的光学软件进行优化，不难达到目的。评价函数可用 MTF 或点列图作为目标值。只要目标值定得合理，优化过程很快就能完成。如果因变量不够或性能指标过高优化进行不下去，则可更换玻璃或增加面数再继续优化。不到万不得已时切不可采用非球面，因加工困难，重复性差。下图 4－39 为一种定焦的微光电视物镜结构。此结构焦距为 150 mm，相对孔径为 1/1.5，采用 XX1332 像增强器。这种结构是从双高斯物镜型演变而成的，其 F 数达 1.5，视场角约为 20°，边缘视场的渐晕系数可达 0.7，后工作距离大于 90 mm。由于视场角较大，当载体晃动时视场中心瞄准的目标不至于移出视场外。

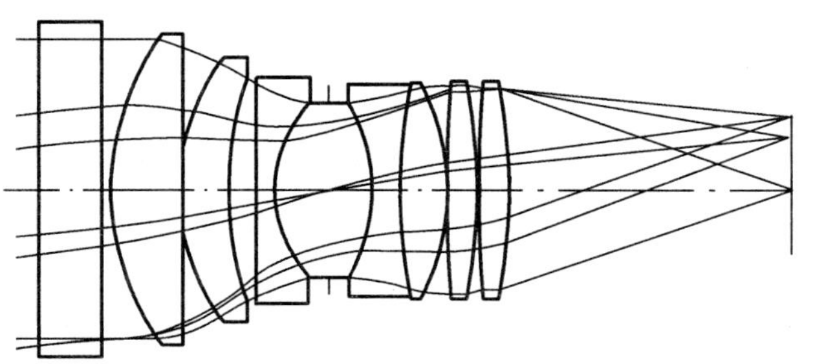

图 4－39　一种定焦微光电视物镜结构

②连续变焦物镜　为了适合对不同距离和不同大小的目标的观察，电视摄像物镜最好具有变焦和调焦功能。变焦物镜设计应满足下列基本要求：

a. 焦距变化时，成像面位置固定不变；

b. 各个焦距所对应的相对孔径大致相同；

c. 各个焦距所对应的像质和照度分布应符合要求。

当物镜由两组或多组透镜组成时，其间隔连续改变，物镜的组合焦距就随之连续变化，这就是连续变焦物镜的基本原理。典型的连续变焦物镜应该包含三个组分：固定组，变焦组和补偿组。图 4－40、图 4－41 是一个变焦镜头实例。

从图 4－40 看，1 为前固定组，2 为变焦组，3 为补偿组，4 为后固定组。当透镜组 2 沿轴向移动时，因透镜间距变化，致使物镜组合焦距随之改变，物体通过透镜组 1 和 2 生成的像也随之沿光轴移动，即像面位置发生变化。为了使像面位置固定不动，用补偿组 3 按一定规律沿光轴移动来补偿像面位置的移动量就能使像面位置稳定。后固定组 4 的作用是为了增加后截距而设置的。在有的系统中不用此组。变焦物镜的最长焦距与最短焦距之比称为变焦比或称变焦倍率。变焦比越大，设计越困难，成本也随之越高。设计时，根据给定参数指标，选择相近的现有镜头作为初始结构进行优化。一些较先进的光学软件都附有镜头库可供选择，设计过程所考虑的原则与一般的光学设计是一样的。

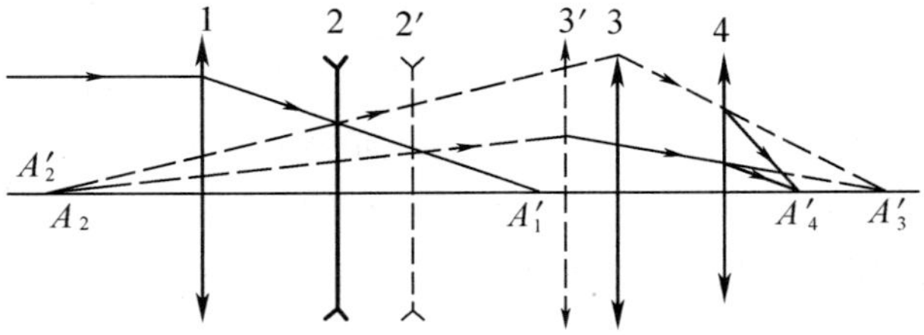

图 4－40　变焦物镜光路示意图

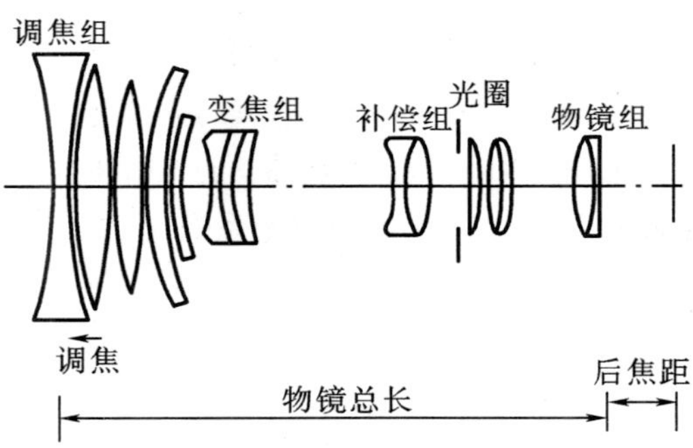

图 4－41　一种变焦摄影物镜结构图

图 4－42 为一个 20 倍变焦物镜的结构图。

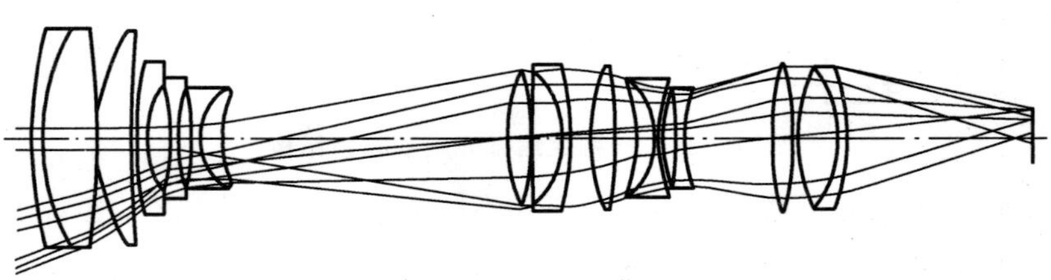

图 4－42　一 20 倍变焦物镜结构图

③谱线选择　设计时光谱范围的选取应考虑夜天光光谱分布，景物反射特性以及摄像管的光谱响应特性等因素，为了提高夜间摄像的图像质量，要求微光摄像物镜在 0.4 ~ 1.0 μm的光谱范围内具有良好的透光性能和消色差，但主要波段范围是 0.5 ~ 0.9 μm。所以良好的微光摄像物镜应采用对 C 光(0.656 3 μm)消单色像差，对 A'光(0.768 5 μm)和 D 光(0.589 3 μm)消色差。

还应注意的问题是，考虑潜望镜头部尺寸不可过大，微光物镜、像增强器、耦合物镜及电视靶面不能按直线安置成一体，需要将光轴转折成为光轴互相垂直的两部分，而转折位置只能选定物镜和其像面之间，故微光物镜应有较长的后截距，以便安放反射元件。反射元件应该选用带屋脊的棱镜，否则物镜像面上将是镜像。

2. 耦合物镜设计

(1)光谱谱线选择

像增强器荧光屏上生成投射在其光敏面上的像，已成为耦合物镜的“物”，因此应根据荧光屏的光谱特性来选择谱线。一般是对 e 光消单色像差，对 F 光和 C 光消色差。

(2)结构类型的选定和优化

耦合物镜的数值孔径和线视场都比较大，而因总长度受限制其焦距又不能大，故常采用类似双高斯那样的较复杂透镜结构。图 4 - 43 为一种已在产品中使用的耦合物镜。其技术指标是：

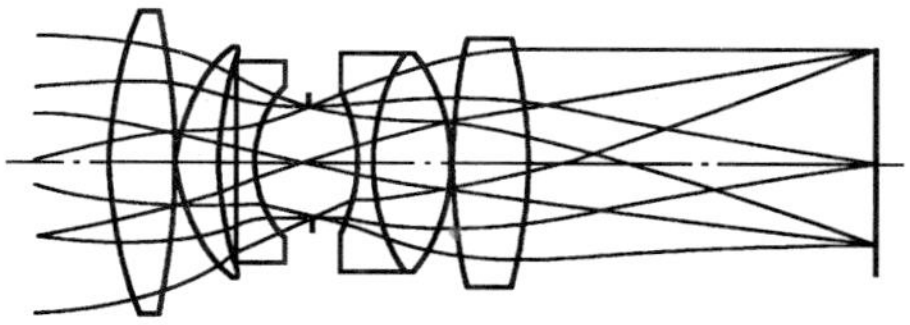

图 4 - 43　一种实用的耦合物镜结构图

物高(荧光屏半径)	20 mm
像高(电视摄像机靶面半径)	8 mm
全长(从物点到像点距离)	127 mm
物方数值孔径	0.075
线放大率	$-0.4^{\times}$

这种结构因焦距较短而物高较大，故采用六片结构，更简单的结构像质难以满意。

3. 对微光电视系统像质的要求

(1)微光电视系统成像质量的 MTF 判据

对微光电视系统像质的要求常用弥散斑半径和传递函数数值来表示。通常，轴上弥散斑半径要小于 CCD 纵向尺寸/分辨率，而轴外点的弥散斑可略大一些，可取比轴上大 1.5 ~ 2 倍。由于像增强器的分辨力不高，其弥散斑直径为 0.03 ~ 0.04 mm，微光成像物镜的弥散斑按此数值控制就可以了。

系统的成像质量可用 MTF 作为判据。对一个设备的总体而言，光学系统只是其中的一部分，因此必须综合考虑组成整个系统中各个环节的影响及它们之间的相互关系。要把这些因素统一加以考虑，以得到整个设备的最终的效果，用传递函数来对各个环节进行描述是一种可行的方法。因为在这种情况下，总体的调制传递函数就是各个组成部分的调制传递函数的简单的相乘。通常在整个仪器中要考虑如下一些环节：①目标对比度；②大气抖动的调制传递函数 ATF；③光学系统的调制传递函数 MTF；④信号调制盘的调制传递函数

RTF；⑤探测器空间滤波调制传递函数 D_STF；⑥探测器时间滤波调制传递函数 D_TTF；⑦电子系统调制传递函数 LTF；⑧显示器调制传递函数 YTF；⑨照相底片调制传递函数 HTF；⑩人眼调制传递函数 ETF 等。这样总体调制传递函数

$$STF = MTF_{Ob} \times ATF \times MTF_{OP} \times RTF \times D_STF \times D_TTF \times LTF \times YTF \times HTF \times ETF$$

上式是一个通式，随着各类系统的不同而有所差异。例如成像系统没有调制盘就不含 RTF 项，在搜索跟踪系统和目视系统没有照相底片就不包括 ETF 等。

对于微光电视系统，概括起来可认为包含三大部分：

$$MTF_{总} = MTF_{物} \times MTF_{光} \times MTF_{电} \geqslant MTF_{眼}$$

式中脚标的物、光、电和眼分别表示物体、光学系统、电气和人眼的传递函数。一般对微光物镜可取 35 lp/mm 为其特征频率，即在此空间频率下要达到一定的 MTF 值。满足人眼能接收的调制度，对 $\nu = 35$lp/mm 的极限值为 $MTF_{眼} = 0.026$。假定天上目标与背景的对比度为 1:0.8，则 $MTF_{物} = \frac{1-0.8}{1+0.8} = 0.11$，经仔细调试后 $MTF_{电} \approx 0.7$，可求出

$$MTF_{光} \geqslant \frac{MTF_{眼}}{MTF_{物} \times MTF_{电}} = \frac{0.026}{0.7 \times 0.11} = 0.338$$

视场边缘的 MTF 允许下降，但应有 MTF≥0.2。计算出的 MTF 是最低限度值，考虑加工影响和得到较好的观察效果，设计物镜时应使 MTF 大一些。

（2）人眼的调制函数特性

人眼是最终的接收器，一切像质要求都要从人眼的性能出发。人眼的 MTF 的估计很复杂，对于作为屈光系统的人眼其 MTF 值随瞳孔直径和空间频率的关系可用图 4－44 的曲线来表示。至于视网膜和角膜、晶状体的 MTF 如图 4－45 中的关系曲线所示。

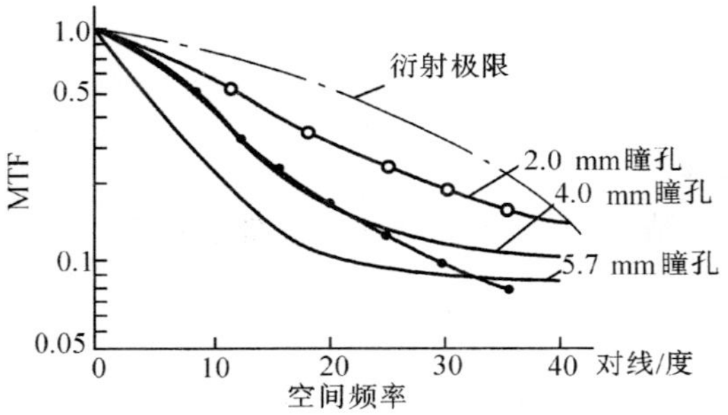

图 4－44 人眼 MTF 值随瞳孔直径和空间频率变化的关系曲线

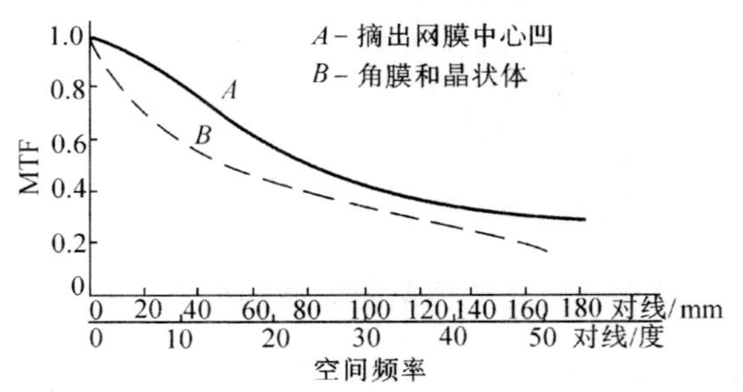

图 4－45 人眼构成部分的 MTF 值变化曲线

对人眼的 MTF 的分析可认为折光系统和视网膜是相继成像的线性系统的组合，故两者的 MTF 都应包括进去。

罗纳德 G. 德里格斯等人阐述了人眼 MTF 估算方法，认为包括屈光系统，视网膜和振动三方面。

①人眼屈光系统 MTF 的估算式为

$$MTF(\rho) = \exp[-(43.69\rho/\rho_0)^{i_0}]$$

②视网膜 MTF 估算式为

$$MTF_{retina}(\rho) = \exp[-0.375\rho^{1.21}];$$

③振动 MTF 估算式为

$$\mathrm{MTF}_{\mathrm{tremor}}(\rho)=\exp[-0.4441\rho^2]$$

式中　ρ——循环对称空间频率,周/毫弧度;

ρ_0, i_0——传递函数可变量,它们与眼瞳直径有关,其关系列于表 4-18 中。

眼瞳直径随环境照度强弱而变,如观看显示器时眼瞳直径随显示器亮度变化可用下式表示

$$d=4.3-0.645\log(ftL) \tag{4-98}$$

式中,ftL 为显示器亮度,单位英尺-朗伯;d 的单位为 mm。亮度的另一种单位的换算关系为:1 流明/(m^2-球面度)=0.292 英尺-朗伯。例如,假定显示器亮度为 10 ftL,则 $d=4.3-0.645(10)=3.655$ mm。

表 4-18　眼瞳直径与传递函数可变量之间的关系

d	ρ_0	i_0
1.5	36	0.9
2	39	0.8
2.4	35	0.8
3.0	32	0.77
3.8	25	0.75
4.9	15	0.72
5.8	11	0.69
6.6	8	0.66

根据 d 值按上表用插值法求得

$$\rho_0=26.2, i_0=0.754$$

则

$$\mathrm{MTF}(\rho_0)=\mathrm{e}^{-(43.69\frac{\rho}{26.2})^{0.754}} \tag{4-99}$$

可画出 MTF 与空间频率(周/弧度)关系曲线,如图 4-46 所示。

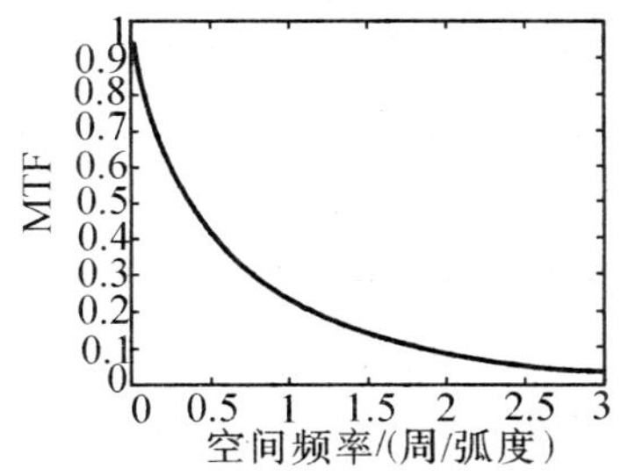

图 4-46　人眼的 MTF 曲线

4.8　光学薄膜及红外光学材料

光学薄膜广泛地应用于可视光学仪器、微光夜视、红外、激光、紫外、光电综合应用、光电对抗等光学技术领域,在现代光学仪器中起着不可或缺的重要作用。光学薄膜技术是建立在薄膜光学理论基础之上的一门理论性和实践性都很强的技术,经过 200 多年的发展,形成了自成体系的膜系设计方法和各种镀膜制造方法,设计并制造了如减反膜、分光膜、反射

膜、截止滤光片和带通滤光片等各类薄膜,已经开始形成自身的产业。随着红外辐射在物理学、化学、生物学和工程学中的应用日益广泛,红外光学材料的需求量不断扩大,种类也越来越多。下面主要介绍光学薄膜的特性及其在潜艇光电装备中的应用,对常用红外光学材料和红外镀膜材料则作简要介绍。

4.8.1 光学薄膜的分类及用途

1. 光学薄膜的分类及作用

光学薄膜按照结构可分为单层膜、双层膜、三层膜和多层膜等。按照性能特点及其在光学系统中的作用可分为增透膜(也称作减反膜,Antireflection Film)、反光膜(Reflection Film)、保护膜(Protecting Film)、滤光膜(Filter)、分光膜(Splitter)、偏振膜(Polarization Film)以及导电膜(Conductive Film)等。根据使用的波段范围,又可分为红外(Infrared)薄膜(包括近红外 1 ~3 μm,中红外 3 ~5 μm 和远红外 8 ~12 μm),可见光薄膜(0.4 ~0.7 μm)和紫外(Ultraviolet)薄膜(波长小于 0.4 μm)等。

光学薄膜功能多样,用途也很广泛,每一种薄膜都有它独特的应用领域。现代许多光学系统组合应用了多种功能的薄膜,如潜望镜光学系统中就综合应用了增透膜、反光膜、保护膜、分光膜、导电膜等多种光学薄膜。

(1)增透膜 以增加透射、减少光在光学零件表面的反射损失及消除杂散光为目的的薄膜。按光谱区域的通带范围分为窄带、宽带和超宽带增透膜。当光线由入射介质(通常是空气)入射到光学系统中,一部分光线被反射,一部分经过折射进入内部。这时,反射就带来了两个方面的弊端。一方面,由于光学系统中光学零件很多,光线在各个表面来回反射,所造成的杂散光会严重影响光学系统的正常使用。对于一个成像系统,若杂散光进入像平面,会降低像的对比度及衬度,使像质变差,严重时会造成图像难以辨认而导致系统无法工作。另一方面,由于现代光学系统都比较复杂,尤其像潜望镜这样的大型光学系统,光学元件比较多,如果每个元件的透过率不高,那么入射损失就非常大。降低光学元件表面的反射比的方法就是在其表面加镀一层或者是多层厚度适当、折射率匹配的增透膜。这是提高折射式光学系统透过率最有效、最廉价的方法之一。如果光学元件是玻璃,入射介质是空气,其折射率分别为 $n_g = 1.52$,$n_0 = 1.0$,所镀单层膜折射率为 n_f,物理厚度为 d。参考波长为 λ_0(即要进行减反射的波长)。当它们满足条件 $n_f \times d = \lambda_0/4$ 以及 $n_f = \sqrt{n_0 \times n_g} = \sqrt{1.52} = 1.23$ 时,对波长为 λ_0 的垂直入射光线的反射比将等于0。但实际存在的膜料中常用材料 MgF_2 的最低折射率($n = 1.38$)也大于 1.23,虽然效果不理想,但是改进比较明显。加镀 MgF_2 增透膜后,其表面的残余反射比为 1.3%,已低于未镀膜的 4%。

通常,单层增透膜只对一个波长增透。对于某些要求增透波段比较宽、要求比较严的场合,通常采用两层或多层增透膜,它能在一个相当广的波段内给出很高的透射率。例如眼睛片上的多层膜,其在整个可见光范围(0.4 ~0.7 μm)内的透过比都在 95% 以上。

(2)反光膜 在光学零件表面镀以金属膜或全介质膜,使其反射比大幅度提高。按光谱区域的通带范围也可分为窄带与宽带反光膜。通常用于各种反射镜表面,如日常用的镜子、探照灯的抛物反射镜、扫描反射镜、激光器腔镜以及各种反射式光学系统中的反射镜。它们都是在其内表面或者外表面加镀了一层或者多层金属或者是介质反射膜来增加其光谱反射比。反光膜在光学系统中的作用几乎与增透膜同等重要。

提高表面反射比的方法就是在表面加镀比元件材料本身的折射率高得多的介质薄膜或金属膜。最常用的可见光单层反射膜就是铝膜。它的制备工艺简单、性能稳定,但其缺点是吸收比较大,其次是单层膜的高反射比只出现在特定的波段内(通常很窄)。在要求比较高的场合,多层高反膜得到了应用。其方法就是用折射率不同的两种膜料,在元件表面交替的镀制光学厚度为 $\lambda_0/4$ 的膜系。这些材料都是介质,因为它们的吸收很小。这样的膜系在一个较宽的波段范围都有很高的反射比,最高可达 99.99%,如激光器的谐振腔腔镜膜系。

(3)保护膜　对光学元件或其表面的薄膜起保护作用的膜层。这种保护作用有防划伤、防化学反应、防潮、抗冲击等。对裸露在空气中或应用环境比较恶劣的光学元件,都应该加镀保护膜以延长其工作寿命。各种外置镜头表面,特别是潜望镜头部保护玻璃窗口,经常处于海水的冲刷和海浪的拍击之下,对其保护膜的要求就更高,例如机械强度高(耐冲击、防擦伤)、化学性能稳定(耐海水腐蚀)等。保护膜也可起到增透的作用,只要满足上面提到的两个条件,就可以将两种功能结合起来考虑,降低设计的复杂性和生产成本。对保护膜的另一个要求是透过比要高,不能影响系统的性能。常用的保护膜材料有 Al_2O_3,SiO,SiO_2,MgF_2,ZnS 等。近年来,金刚石、类金刚石(DLC)、碳化锗(Ge_xC_{1-x})、氮化碳(CN)以及磷化硼(BP)薄膜发展迅猛,尤其是 DLC,以其硬度高(接近金刚石)、化学性能稳定、折射率可变等优点引起了广泛的关注。

(4)偏振膜　用于将自然光分为 s 偏振光和 p 偏振光,或者用于对偏振光进行消偏处理。通常用在大功率激光器中,实现电光调 Q 以提高其峰值功率。根据功能可分为产生偏振光的偏振膜和消除偏振光的消偏振膜。

(5)滤光膜　从连续光谱中滤出所需波长和一定强度光线的薄膜,它其实就是一种光学滤波器。根据实际应用可分为减弱通过光线强度的密度滤光膜(也称中性滤光膜),以某波长为界,一边截止一边透过的截止滤光膜以及能通过特定波段的带通滤光膜。

光谱透过率曲线上从截止区到透射区发生突变的滤光片,叫做截止滤光片。根据工作波段不同,有长(波)通滤光片和短(波)通滤光片。根据工作机理的不同,又可分为吸收滤光片和干涉滤光片两种。它主要应用在某些需要抗干扰的系统中,如红外系统,通常加一个长波通滤光片,以消除可见光的干扰。在各种分光镜中,它也得到了广泛的应用,例如彩色电视摄像中的分色系统就大量地应用了分别工作在三原色波段的滤光片。此外,很多太阳能装置中也用到了一种透可见光反红外的热反射镜,它能有效地减少吸收体的热辐射损失,提高太阳能收集效率。

光谱曲线的透射带两侧邻接截止区的滤光片称为带通滤光片,它在激光系统中应用最广泛,最常见的就是法布里－珀珞滤光片。它主要用于将某一个波段范围(通常比较窄)的光透过,而将其外的光截止的系统中。如 DWDM 系统中就大量应用了通带为 1.54 ~ 1.56 μm的带通滤光片。激光测距仪中也用它来消除干扰,提高稳定性。此外,它在光谱学、天文物理等领域也有广泛的应用。

(6)分光膜　用来把一束光分为两部分,它在某一波段具有特定的反射比和透射比,分为中性分光膜和二色分光膜。常用的是中性分光膜,其理想透射、反射比(T/R)为 50/50。它在干涉系统中应用得比较多,例如迈克耳逊干涉仪和马泽－赫德干涉仪中就用到了这种分光镜。有些成像系统中也用它来分离光束,一部分用于成像,一部分用于观察。

(7)透明导电膜　既能导电又能透光的薄膜。这是近年来发展极为迅猛的一种薄膜。大量应用于太阳能电池、透明电极、光电自动控制、红外反射窗口以及平板显示等系统中。常用的有 ZnO, In_2O_3, SnO_2 以及它们的掺杂物薄膜。在各种外置镜头,如潜艇光电设备的头部窗口上,加镀这种薄膜,能有效地防止镜头结霜和防水,通电以后,它能跟电阻一样发热而消除水以及冰霜,使系统能在恶劣的气候条件下使用。

2. 在潜望镜中采用的光学薄膜

传统的潜望镜是工作在可见光波段的一种大型目视光学系统,其光学元件主要是保护玻璃、透镜、棱镜和反射镜等。对于保护玻璃,主要性能指标有耐压、透射比、“憎”水、机械强度和化学稳定性;对于透镜,主要指标是透射比;对于反射镜,则应是其反射比。随着相关技术的进步和应用需求的提出,红外热成像装置在潜望镜上的应用也越来越普及。红外光学系统一般都采用折射率较高的光学材料,因光能反射损失较大,所以必须镀膜。潜望镜的作用距离和灵敏度与光学元件镀膜后的性能有十分重要的关系。潜望镜中采用的光学薄膜主要包括可见光增透膜、反光膜、保护膜、分光膜、导电膜和红外减反射膜、类金刚石膜等光学薄膜。

3. 在激光系统中应用的光学薄膜

激光系统中应用的薄膜分为内部和外部两种。前者是指激光器谐振腔内的高反射腔镜,高反镜要求有很高的反射比,以减小损耗,提高内增益。在激光器的外部使用的光学系统主要有光束整形系统和接收系统,它们采用有些比较特殊的要求的光学薄膜,比如增透膜、高抗损伤阈值膜以及滤光膜(要求透射带比较窄)等。

激光器的谐振腔腔镜为激光器的正常工作提供稳定的增益,因此对腔镜的反射比有着严格的要求,全反射镜的中心波长反射比应该在99.9%以上,半反射镜的中心波长的反射比也在95%以上,单层或少数几层增反射薄膜很难达到这种要求,因此激光器腔镜的高反膜层数都在几十层,甚至高达一百多层。随着激光器峰值功率的提高,对腔镜高反射膜系又有了新的要求,即尽可能减小膜系的吸收,所以激光器腔镜膜系都采用介质材料,而且膜系的结构(厚度分布)也与其他的 $\lambda/4$ 规整高反膜系有所不同。

激光发射或接收系统中的增透膜与其他系统中的增透膜有所区别,即在单一波长上使用(1.064 μm 或 1.57 μm),透射比要求很高(99%以上),抗激光损伤阈值要大。因此它的设计也有所不同,层数较少(减小吸收),通常是一层或两层。增透膜对整个系统的灵敏度有很大的贡献。如在激光测距仪中,它能有效地减少激光能量在发射、接收系统中的损失,一方面使探测距离增加,另一方面保护元件不被激光损伤以延长其使用寿命。

激光高抗损伤阈值膜现在已成为研究热点。随着激光输出功率的增加,普通薄膜由于阈值较低容易被损伤,导致薄膜整个损坏而限制了激光器的输出能量和功率。抗激光损伤薄膜技术应用于现代激光系统的每个光学元件上,包括高反膜、增透膜等,有效地提高了器件寿命以及激光器输出功率。

滤光膜是红外激光测距仪中一个重要的器件。它实际上是一个光学滤波器,能有效地排除干扰,降低虚警率,提高信噪比以及系统灵敏度。由于激光器工作在单波长,因此接收系统必须使用窄带滤光片以降低其他波长光对接收系统的干扰,否则不能正常工作。这种滤光膜要求透过波段尽量窄,最好是单波长,峰值透过率高(减小光能量损失),抗激光损伤阈值高。

4. 在红外系统中应用的光学薄膜

红外光学系统因其工作的波段与其他光学系统不同而在薄膜功能和薄膜材料上有很大的差别。红外系统中的光学材料折射率很高，Ge 是 4.0，Si 为 3.5，因此其表面的反射比很大（Ge 零件单个表面为 36%），光能量的反射严重损失使系统灵敏度急剧下降，所以必须加镀增透膜以提高系统性能；同时红外系统工作波段宽，通常是 1～3 μm，3～5 μm 和 8～12 μm三个窗口，有的系统同时工作在其中的两个或三个窗口，它对增透膜的要求就更高了。

物体的红外辐射通常比较弱，而且现代武器在红外隐身方面有了重大改进，这就对红外探测系统提出了更高的要求。要在复杂干扰的背景中探测到目标，滤光片是必不可少的。红外滤光片能有效地降低背景中的可见光以及其他波段的光线对系统的干扰，从而降低了系统的虚警率，使系统的可靠性和灵敏度大大提高。

红外探测头一般都裸露于空气中，所以镜头很容易被擦伤或者沾水，严重的影响系统正常工作，所以要求镀上保护膜和其他功能薄膜（如导电膜或者“憎”水膜）。保护膜如类金刚石膜因具有高的硬度（接近金刚石）而具有很好的抗冲击防划伤能力，给前置光学镜头提供有效的机械保护。此外，导电膜具有电阻一样的电热能力，它能使镜头上的雾气、水珠和冰霜迅速蒸发而不影响系统正常工作。新型的“憎”水薄膜具有不沾水的优良性能，在各种水面水下光学系统中有着良好的应用前景。

红外波段使用的薄膜材料不仅要求其透射比很高（吸收小），透射光谱范围要宽，覆盖 1～3 μm，3～5 μm 或 8～12 μm 波段，而且对其稳定性、机械强度的要求也比较高。因此，使用的材料不是很多，国产的材料品种更是稀少，而且纯度也难以达到要求。表 4－19 给出了一些常用的红外薄膜材料的一些特性，还有些材料表中未一一列出。薄膜材料的特性与它的制备方法有关，聚集密度不同，折射率也不同。红外薄膜的制备工艺很多，从电阻蒸发的物理方法到 CVD 的化学方法以及各种离子辅助技术都可应用。

表 4－19　常用的红外薄膜材料的物理特性

物质	折射率	透明范围/μm	蒸发技术	熔点/℃
Al_2O_3	1.62(0.6 μm)	0.2～7	电子束	2 050
Sb_2O_3	2.04(0.5 μm)	0.3～7	铂舟	656
Bi_2O_3	2.45(0.55 μm)	0.4～12	铂舟	817
CeO_2	1.95～2.45(与制备、波长有关)	0.4～16	钨舟	1 950
ZrO_2	1.92～2.1(与波长有关)	0.3～7	电子束	2 700
TiO_2	2.1～2.7(与制备、结构有关)	0.35～12	电子束	1 850
SiO	2.0(0.55 μm)、1.7(6 μm)	0.5～9	钼舟	升华
SiO_2	1.46(0.55 μm)	0.2～8	电子束	1 750
MgF_2	1.38(0.55 μm)、1.35(2 μm)	0.21～10	钼舟	1 395
Na_3AlF_6	1.35(0.55 μm)	0.2～14	钼舟	1 000
CaF_2	1.32(0.55 μm)	0.12～12	钼舟	1 360
PbF_2	1.75(0.5 μm)	0.24～20	钼舟	855
CeF_3	1.45～1.63(与波长有关)	0.3～5	钼舟	1 342

表 4-19(续)

物质	折射率	透明范围/μm	蒸发技术	熔点/℃
BaF_2	1.46(1 μm)	0.3~10	钼舟	
ZnS	2.35(0.55 μm)、2.2(2-0 μm)	0.38~25	钼舟	升华
ZnSe	2.58(0.63 μm)	0.6~22	钼舟	900
Ge	4.0	1.7~100	电子束	950
Si	3.5	1.1~10	电子束	1 410
Te	4.9(6 μm)	3.4~20	钼舟	452
HfO_2	1.88~2.088(与波长有关)	0.22~12	电子束	2 812
Y_2O_3	1.69~1.82(与波长有关)	0.25~12	电子束	2 680

保护膜作为光学系统的前置保护层,不仅要有很高的机械强度,还要求化学稳定性好,而且与其他膜层的附着性也要很高。目前使用最广泛的有类金刚石膜。它有很多优良的性质。①红外光学性能好:透射特性好(>50 μm),较低的吸收(取决于制备工艺),折射率可变(1.60~2.15,与制备工艺有关);②力学性能好:极高的硬度,抗摩擦能力强,其克氏硬度为2 000~4 000 kPa/mm²,接近金刚石;③化学性能好:对各种强酸、强碱、强盐呈化学惰性,在-196 ℃ +400 ℃的温度范围内,物理化学性能不变。因此它可以用于绝大多数的光学系统的保护膜。其沉积工艺有蒸发、溅射、离子束以及各种化学方法,它影响薄膜的一些光学、物理特性,因此要根据实际需要,研究合适的制备工艺。用于保护膜的其他新型材料还有金刚石、碳化锗(Ge_xC_{1-x}),氮化碳(CN)以及磷化硼(BP)等。

5. 滤光片

简单地说,滤光片就是一种光学滤波器。它能将入射光中不需要的光谱成分或者干扰光线滤除,减少背景中的干扰成分,提高目标对背景的对比度,从而提高系统的信噪比。滤光片的工作原理有两种:一种是利用材料的本征吸收;另外一种就是利用光的干涉效应。根据原理不同可分为两种滤光片:吸收滤光片和干涉滤光片。

薄膜吸收滤光片是由某种材料的单层薄膜构成的,这种材料的本征吸收限正好对应所要求的截至波长。这种滤波片通常具有长波通特性。半导体材料在其本征吸收限内可以从不透明突变到透明,可以作为优质的长波通截止滤光片的极有效材料。

干涉型滤光片又可分为干涉截止滤光片和带通干涉滤光片。

干涉截止滤光片由组成高反膜的$\frac{\lambda}{4}$多层膜发展而来,结构通常为$\frac{H}{2}LHLHL\cdots HL\frac{H}{2}$或者$\frac{L}{2}HLHL\cdots LH\frac{L}{2}$($H$代表高折射率层,$L$代表低折射率层,下同)。因此,其透射曲线(是波长的函数)的主要特征是一连串的高反射带(即低透射带、抑制区)间隔高透射带。通常我们把抑制短波区,透射长波区的滤光片称作长波通滤光片。而把抑制长波区,透射短波区的滤光片称为短波通滤光片。其透射特性由以下指标确定:①透射曲线开始上升(或下降)时的波长以及此曲线上升(或下降)的许可斜率;②高透射带的光谱宽度、平均透射比以及在此透射带内的最小许可透射比;③具有最低透射比的反射带(即抑制区)的光谱宽度以及在此范围内的所有许可的最大透射比。根据截至波长不同,只用同一膜料组合就满足不同的使用要求,只需使其相对厚度对应于截至波长就可以。在特殊情况下,如只需截止波长范围特别窄的光线,或者对于波长超过截止限的光线检测器无响应,那么滤光片的截止带宽度是够用的。但是,在很多情况下,希望截止短于某一特定波长,或者长于某一波长的所有光线,则需要对截止带进行展宽,其方法有两种:①与吸收滤光片组合使用;②使用特殊的膜系设计方法和多于两种的膜料来达到设计要求。

最简单、最常用的带通滤波片就是法布里-珀珞滤光片,它是根据 1899 年出现的法布里-珀珞干涉仪的原理设计的。它具有近乎三角形的通带,已发现的串置组合的简单滤光片,就像调谐电路那样,可以改变滤光片通带的形状。按照组合结构中简单滤光片的数目,这些组合滤光片可以分为双半波滤光片、三半波滤光片等。利用势透射率的概念还可以设计出金属和介质组合的诱导透射滤光片,它具有高的透射峰值和特宽的长波截止区等优良特性,特别适用于要求宽带截止的场合。单一的法布里-珀珞滤光片(结构为 *HLHL…H LL H…LHLH* 或者 *HLHL…HL HH LH…LHLH*)的透射比峰值的两边会出现旁通带,虽然可以附加长波通滤光片来去掉短波峰,但是接近 50% 的光能量损失掉了。另外,短波通滤光片不容易得到,长波峰就不容易消除。另外一个问题更严重,简单法布里-珀珞滤光片的透射曲线是一个尖峰,与理想的矩形峰有很大差别,这样透射能量的一半就损失掉了。因此透射曲线越接近矩形越好。虽然使用高级次的滤光片可以得到较好的透射峰,但这种改变是有限的,级次大于 3 的滤光片通常是不成功的,因为它增加了间隔层的粗糙度。解决这一问题的有效办法就是将多个(通常多于 2 个)滤光片串连起来。形成双半波或多半波滤光片。这些滤光片的层数比较多,一般在几十层。诱导透射滤光片(结构为介质反射膜|间隔层|金属膜|间隔层|介质反射膜)有很高的透射峰值和宽广的截止区,不仅适合于不要求通带很窄的情况,而且适用于对峰值透射比很高和截止区很宽的场合,同时可作为抑制窄带全介质滤光片的长波旁通带的滤光片使用。

4.8.2　红外光学材料

近年来,红外辐射在物理学、化学、生物、工程学中,特别是在军事中的应用有了显著的增长。以红外探测器为代表的一系列红外器件在军事中的应用越来越受到关注,例如红外预警系统、红外寻的系统、红外夜视系统等。在红外线应用技术中,有许多地方使用能够透过红外线的材料。例如,用于会聚红外线的红外透镜,装在密封式红外探测元件前方的允许红外线透过的红外窗口,可把不同波长的红外线分解的红外棱镜,让单一波长红外线通过的红外滤光片,以及在高速飞行的红外装备上透红外线的头罩等。制作这种零件的材料称为红外光学材料。

对于红外材料,在实际应用中应当考虑如下的主要性能。

(1)对不同波长红外线的透过率　红外材料必须在要求的红外波段内有良好的透明性。目前已有上百种能透过一定红外波段的材料,其中有透明性很高的材料(如 Ge,Si,ZnS 等),但实际应用的只有三十多种。实际应用的红外材料其透射比应大于 50%,同时吸收应尽可能小。

(2)对不同波长红外线的折射率和色散　折射率和色散是光学材料的重要特性。由于红外材料的折射率一般很高,适合于制作棱镜、透镜以及高放大率宽视场的光学系统。但对制造窗口材料以及整流罩材料来说,高折射率意味着高反射损失,因此,红外增透膜是必需的。有时为了校正系统的像差和色差,不但要使用不同的材料制作复合透镜,而且对材料的色散也有一定的要求。

(3)材料的机械强度及物理、化学稳定性　材料的机械特性和热性能也是极其重要的。光学材料应当具有足够的强度,因为在许多工程技术中应用是会受到震动和冲击的。材料的表面硬度也是一个重要的因素,它决定材料是否能进行抛光以及使用时是否会被擦伤或产生裂纹。红外仪器的工作环境温度变化比较大,因此材料的光学、物理等特性应保持稳定。材料的化学性能也必须考虑。对强酸、强碱、强盐应具有化学惰性,潮解、吸水性必须满足使用要求。

(4)材料的最高使用温度(取决于材料的软化温度及熔点)　一些红外材料的吸收随着温度的升高而增加,透过率显著下降,或者软化温度低,影响材料的实际应用。

(5)可能制备的材料最大尺寸及其价格　许多性能优异的晶体类红外材料不易培育大尺寸,制约了它的应用范围。考虑了上述诸多因素后,真正具有实用价值的红外光学材料就为数不多了。

人类研究和使用红外材料已有很久的历史。早期是使用自然界里的天然晶体,如岩盐(NaCl)、水晶(SiO_2)等,后来为了寻求大尺寸、高光学质量的光学材料,开始研究和使用人造晶体和红外光学玻璃。人工培育的多种大型晶体(包括离子晶体和半导体晶体)及玻璃态材料,其性能都已超过了天然材料,下面将最常见的两类传统的红外光学材料——红外光学晶体与红外玻璃作以简要介绍,然后对新发展起来的几种红外光学材料再分别进行介绍。

1. 光学晶体材料

晶体是目前使用得最多的红外光学材料,它具有透射波长限较长(有的可达 60 μm)、折射率和色散的变化范围大的优点。此外,不少晶体还具有熔点高、热稳定性好、硬度大等诸多优良性能,能满足各种需求。缺点是不易培育大尺寸的晶体,且价格昂贵。晶体可分为离子晶体和半导体晶体两种。

离子晶体包括碱卤化合物晶体、碱土 - 卤族化合物晶体、氧化物晶体和无机盐晶体。离子晶体的折射率较小,透射比较高,光学性能随温度的变化很小,适合于环境温度变化较大的场合使用。碱卤化合物晶体虽然具有高透射率、长吸收波限、均匀性好等优点,但由于它们普遍硬度低、熔点不高、存在解离面、机械强度差,因此未能得到广泛的使用。碱土 - 卤族化合物晶体主要有氟化钙(CaF_2)、氟化钡(BaF_2)、氟化锶(SrF_2)和氟化镁(MgF_2)。与碱卤化合物晶体相比较,它们具有透射率、熔点、硬度和机械强度方面的优点,同时不溶或微溶于水。而且折射率低,反射损失较小,但透射波长限较短。其中应用最多的是 MgF_2 材料,通常用作增透膜料。氧化物晶体包括蓝宝石(Al_2O_3),石英(SiO_2)、氧化镁(MgO)和金红石(TiO_2)等,它们的主要性能见表 4 - 20。蓝宝石具有优良的物理和化学性能,熔点高,硬度大,耐腐蚀,耐磨损、耐冲击、透射率随温度变化不大、可以和玻璃封接。因此,它被广泛的用作 3 ~ 5 μm 波段的窗口、整流罩和探测器的衬底材料。熔融石英是各向同性的无定型物质,又称石英玻璃。它跟蓝宝石一样具有熔点高、硬度大、化学稳定性好、耐热以及耐冲击等优点。无机盐晶体主要有 $SrTiO_3$,$Ba_5Ta_4O_{15}$ 和 $BiTiO_3$ 等。$SrTiO_3$(钛酸锶)熔点高,不溶于水,主要用作场镜和探测器的窗口。用它制作的浸没透镜也已成功地应用于军事中。

半导体晶体在红外器件中应用的最多,几种主要的半导体晶体材料的性能如表 4 - 21 所示。半导体晶体的折射率较高,适宜制作场镜、透镜和浸没透镜,但反射损失较大,要加镀增透膜。锗是一种化学性能稳定、不溶于水、能制备大尺寸的单晶体的红外材料，已广泛应用于制作窗口、透镜以及滤光片。但其折射率比较大($n=4.0$)，反射损失大，必须镀增透膜才能使用。此外，锗的吸收随着温度的升高而增加，透过率显著下降；而且它比较脆，抗机械冲击能力差，因此不适合在较高温度下使用，加工中也应该注意。硅与锗是同族元素，所以其性能与锗相近。硅的硬度、抗机械冲击能力都比锗好，而且可以在较高温度下使用。硅不仅可以制作窗口、透镜，还可以制作整流罩，且容易制作较大的单晶。其折射率比锗低，红外透射光谱特性与锗有些差异，所以使用的光谱范围也不完全相同。Ⅲ~Ⅴ族化合物晶体锑化铟(InSb)和砷化镓(GaAs)，既是红外探测器的材料，也是红外光学材料，可以制作透镜和窗口。由于GaAs的熔点高，在10.6 μm处的透射率达60%，被用作CO_2激光器的窗口。InSb是3~5 μm波段性能优良的红外探测器，在8~14 μm波段有较好的透射特性。Ⅱ~Ⅵ族化合物晶体，主要是镉的硫、硒和碲的化合物。尽管它们的透射特性和化学稳定性都比较好，但是硬度低，尺寸小。与表面镀膜材料黏附性不好，所以未能广泛使用。CdS和CdSe对可见光的响应度很高，是普遍使用的可见光探测器材料。

表4-20 几种常用氧化物晶体的主要物理与化学性质

材料	透射波长限/μm	折射率(4.3 μm)	硬度(克氏硬度)	熔点/℃	弹性模量/(10^5kg·cm^{-2})	热膨胀系数/(10^{-6}℃$^{-1}$)	水中溶解度/(g·(100 ml)$^{-1}$)	密度/(g·cm^{-3})
氧化铝	5.5	1.68	1 370	2 030	38	5.0/6.7	0.00	3.98
熔融石英	4.5	1.37	470	1 667	7.2	0.55	0.00	2.20
氧化镁	6.8	1.66	690	2 800	26	13	0.00	3.59
氧化钛	6.0	2.45	880	1 825	C11:35.8 C44:12.5	9	0.00	4.26

表4-21 可用作红外光学材料的几种半导体的主要性质

材料	透射波长限/μm	折射率(4.3 μm)	硬度(克氏硬度)	熔点/℃	弹性模量/(10^5kgf·cm^{-2})	热膨胀系数/(10^{-6}℃$^{-1}$)	水中溶解度/(g·(100 ml)$^{-1}$)	密度/(g·cm^{-3})
锗	25	4.02	800	940	C11:12.9 C44:6.7	6.1	0.00	5.33
硅	15	3.42	1 150	1 420	C11:16.6 C44:8.0	4.2	0.00	2.33
金刚石	30	2.4	8 820	3 500	C11:95 C44:52	0.87	0.00	3.51
锑化铟	16	3.99	223	523	C11:6.5 C44:3.1	4.9	0.00	5.78
砷化镓	18	3.34	750	1 238	C11:1.2 C44:0.54	5.74	0.00	5.31
锑化镓	2~4	3.70	448	705	C11:8.9 C44:4.3	6.9	0.00	5.62
硫化镉	16	2.26	121	1 500	C11:8.1 C44:1.43	3.5/5	0.000 13	4.82
硒化镉	25	2.4	71	1 350	—	—	0.00	5.81
碲化镉	30	2.56	54	1 045	C11:5.4 C44:2.0	4.5	0.00	5.85

2. 玻璃态材料

玻璃是常见的光学材料，它的优点很明显：光学均匀性好；可熔可铸；不同的玻璃具有不同的折射率，易于制作复合透镜；不存在解离面，具有较高的机械强度；表面硬度较大，易于加工、研磨和抛光；大多数玻璃对大气的作用稳定，不会潮解。此外，它的原料丰富，价格低廉，制造较容易。其缺点是透射波长较短，软化温度低。由于红外玻璃和其他红外光学材料的性能特点，大多用于 1 ~ 3 μm 的波段。玻璃可分为氧化物玻璃和硫属化合物玻璃。

在氧化物玻璃中，又有硅酸盐玻璃和非硅酸盐玻璃之分。硅酸盐玻璃即常用的冕牌玻璃和火石玻璃。冕牌玻璃的折射率较低，主要成分是氧化硅和氧化硼。火石玻璃的折射率较高，色散系数较小，由氧化硅和和氧化铅组成。非硅酸盐玻璃是用原子量较大的元素的氧化物，如 GeO_2，Sb_2O_3，Al_2O_3，TiO_2 等，代替 SiO_2 而制成的玻璃。它们的透射波长较长，但一般不大于 7 μm。所以这种玻璃广泛地作为 1 ~ 3 μm 和 3 ~ 5 μm 波段的红外透射材料。

为了扩展玻璃的红外透射波长，用Ⅵ族元素中较重的硫、硒、碲代替氧作为玻璃的基本组分，形成硫属化合物玻璃。如三硫化二砷玻璃、锗硒镓玻璃、锗硒汞玻璃和砷硒玻璃等。三硫化二砷玻璃是最先研制成功的硫属化合物玻璃，其透射波长可达 12 μm，但退火温度较低（约 165 ℃），使用温度不超过 110 ℃，并具有冷流变（在室温下缓慢地流动变形）特性，折射率较高（2.3 ~ 2.7），因此使用并不广泛。为了进一步提高硫属化合物玻璃的使用温度和扩大其透射波长，采用硒和碲等更重的Ⅵ族元素作为玻璃的基本成分，并加入一些Ⅳ族和Ⅴ族元素。其中性能较好的是锗砷硒玻璃，透射波长 1 ~ 16 μm，软化点和使用温度是硫属化合物玻璃中最高的。虽然硫属化合物玻璃具有较好的红外特性，但大都具有毒性，且易爆，应特别注意。表 4 – 22 列出了一些红外玻璃的特性。

表 4 – 22 一些红外玻璃的主要性能

名称	组分	透射波段/μm	折射率	软化点/℃	热膨胀系数/(10^{-6}℃$^{-1}$)	硬度(克氏硬度)	杨氏模量/(10^5kgf·cm^{-2})	特点与用途
硅酸盐玻璃								
光学玻璃	SiO_2，B_2O_3，P_2O_5，Al_2O_3	0.3 ~ 3	1.5	700	4 ~ 10	300 ~ 600	7 ~ 10	窗口、透镜、棱镜等
非硅酸盐玻璃								
BS37A 铝酸盐玻璃	SiO_2，CaO，MgO，Al_2O_3	0.3 ~ 5	1.5	700	9.3	—	10.7	近、中红外使用
BS39B 铝酸盐玻璃	CaO，BaO，MgO，Al_2O_3	0.3 ~ 5.5	1.6	700	9.7	—	13.9	同上
镓酸盐玻璃	SrO，CaO，BaO，MgO，Ga_2O_3	0.3 ~ 6.65	—	670	—	—	13	同上
碲酸盐玻璃	BaO，ZnO，TeO_3	0.3 – 6.0	2	320	—	—	—	同上
硫属化合物玻璃								
三硫化二砷玻璃	$As_{40}S_{60}$	1 ~ 11	2.41	210	25	109	1.6	软化点低、冷流变
硒化砷	$As_{38.7}Se_{61.3}$	1 ~ 15	2.79	202	19	114	1.7	软化点低、波段宽

表 4 - 22(续)

名称	组分	透射波段/μm	折射率	软化点/℃	热膨胀系数/(10^{-6}℃$^{-1}$)	硬度(克氏硬度)	杨氏模量/(10^5kgf · cm^{-2})	特点与用途
20 号玻璃	$Ge_{33}As_{21}Se_{55}$	1 ~ 16	2.49	474	—	171	3.1	同上
锗锑硒玻璃	$Ge_{28}Sb_{12}Se_{60}$	1 ~ 15	2.62	326	15	150	3.0	同上
锗砷碲玻璃	$Ge_{10}As_{20}Te_{70}$	2 ~ 20	3.55	178	18	111	—	同上

3. 热压多晶红外光学材料

由于火箭、导弹、人造卫星、宇宙飞船、高功率红外激光器等新技术的发展,需要有耐高温、耐热冲击、高强度、大尺寸的红外光学材料。上面介绍的单晶材料,大多数不能满足这些要求。少数晶体,如蓝宝石、氧化镁等虽然性能优良,但晶体制备工艺复杂、价格昂贵,因而限制了它们的使用。红外光学玻璃具有透过波段宽、制备工艺比较简单等优点,但其机械强度低,抗热冲击性能差,所以也难以满足要求。热压多晶红外光学材料与红外透明陶瓷材料就是针对这些要求而发展起来的。这些材料已被制成各种红外光学元件。表 4 - 23 列出了一些热压多晶红外光学材料的特性。

表 4 - 23 几种热压红外光学材料的物理和化学性质

材料	透射范围/μm	折射率(5 μm)	硬度(克氏硬度)	熔点/℃	弹性模量/(kgf · cm^2)	热膨胀系数/(10^{-5}℃$^{-1}$)	水中溶解度	密度/(g · cm^{-3})
氟化镁	0.45 ~ 9.5	1.34	576	1 396	11×10^3	11.5	不溶	3.18
硫化锌	0.57 ~ 15.0	2.25	354	1 020	9.7×10^3	7.0	不溶	4.088
氧化镁	0.39 ~ 10.0	1.7	640	2 800	—	13.9	不溶	3.58
氟化钙	0.2 ~ 12.0	1.37	200	1 330	—	—	不溶	—
硒化锌	0.48 ~ 22	2.4	150	—	—	7.7	不溶	5.27
碲化镉	2 ~ 30	2.7	40	—	—	5.9	不溶	5.85
氟化镧	1 ~ 13	1.5	—	—	—	—	不溶	—

4. 红外透明陶瓷

红外透明陶瓷是近十年来发展起来的又一类耐高温红外光学新材料。普通陶瓷内部结构比较疏松,体内尚存大量微气孔。这些气孔对入射光产生散射,故普通陶瓷无论对可见光还是红外光都是不透明的。通过消除陶瓷体中的微气孔,可制得透明陶瓷。

除了上面介绍的四类材料以外,在红外波段使用的还有低光吸收超纯红外光学晶体和红外塑料等。低光吸收超纯红外光学晶体采用化学气相淀积(俗称 CVD 法)、物理气相淀积(俗称 PVD 法)和反应气氛(俗称 RAP 法)等特殊方法制备,主要应用于高功率红外激光器中高透过率红外透镜和窗口,光吸收系数较一般光学系统高 2 ~4 个数量级。塑料是一种无定形高分子聚合物。它具有价格低廉、不溶于水、耐酸碱腐蚀等优点。此外,塑料在近红外和远红外都有较高的透过率(在中红外,因聚合物分子的本征吸收使透过率很低)。所以,塑料是一种很有前途的远红外光学材料,主要可用作红外窗口和保护膜等。塑料的缺点是它的软化温度低,因而不能在较高温度下使用。有代表性的红外塑料有有机玻璃、聚乙烯、高密度聚丙烯塑料、聚四氟乙烯等。有价值、实用的红外塑料材料正在进一步研究之中。

参考文献

[1] 袁旭沧. 光学设计[M]. 北京:科学出版社,1983.

[2] 林大键. 工程光学系统设计[M]. 北京:机械工业出版社,1987.

[3] 鲁西诺夫 M M. 技术光学[M]. 陈晃明,译. 北京:科学出版社,1962.

[4] 鲁西诺夫 M M. 光学系统外形尺寸计算[M]. 陈晃明,译. 北京:科学出版社,1962.

[5] 马尔采夫. 光学零件的公差计算[M]. 张曾扬,译. 北京:国防工业出版社,1980.

[6] [美]无线电公司编. 电光学手册[M]. 史斯,伍琐,译. 北京:国防工业出版社,1978.

[7] 李景镇. 光学手册[M]. 西安:陕西科学技术出版社,1986.

[8] Bruce H. Walker. Optical Design for Visual System[M]. A publication of SPIE,2001.

[9] ДубовикAC. Прикладная Оптика[M]. Недра,1982.

[10] Eugene Hecht OPTICS[M]. 北京:高等教育出版社,2005.

[11] 近藤文雄. レソズの設計技法[Z]. JOERA 光学工业技术研究组合,1978.

[12] 别戈诺夫,等. 光学系统理论[M]. 包学诚,译. 北京:国防工业出版社,1989.

[13] 庄松林,钱振邦. 光学传递函数[M]. 北京:机械工业出版社,1981.

[14] 徐邦旭. 潜艇潜望镜的变倍物镜设计(一)~(六)[J]. 舰船光学,1983(1,3~6).

[15] 徐邦旭. 潜艇潜望镜转像系统设计方法[J]. 舰船光学. 1985(2).

[16] 张秉铎. 潜望镜高级色差校正问题[J]. 舰船光学. 1990(1).

[17] 张坤石. 一次转像的图像稳定潜艇潜望镜光学系统方案设计[J]. 舰船光学,1991(2).

[18] 张丽琴. 光电转换物镜参数的选择与计算[J]. 湖北光学. 1987(2).

[19] 赵秀丽. 红外光学系统设计[M]. 北京:机械工业出版社,1986.

[20] 杨宜禾,等. 红外系统[M]. 北京:国防工业出版社,1995.

[21] 威尔福特 W T. 对称光学系统的像差[M]. 陈晃明,译. 北京:科学出版社,1982.

[22] William H Taylor. Periscope design trade - off analysis[J]. SPIE, Vol. 54, August 1974. (译文“潜望镜设计的综合分析”. 舰船光学,1976. 潜艇潜望镜专辑 V).

[23] 三种放大率的潜望镜头部组件[J]. 孙成录译自 U. S. tent 4,017,148 . 舰船光学. 1979(1).

[24] 光学系统中二级光谱的分析和校正[J]. 陆炳哲,译. 舰船光学. 1979(4).

[25] 唐晋发. 应用薄膜光学[M]. 上海:上海科学技术出版社,1984.

[26] [苏]沃伦科娃,等. 红外光学材料手册[K]. 北京玻璃技术研究所情报组,译,1973.

[27] 唐培,耿安兵. 折/衍混合复消色差设计[J]. 舰船光学,2009(1).

[28] 王海涛,耿安兵,杨长城. 切换变倍光学系统设计[J]. 光学与光电技术,2009(5).

[29] 王海涛,李升辉. 红外光学系统光学被动热不敏设计[J]. 舰船光学,2010(3).
[30] 杨长城,李升辉. 中波红外光学系统无热化设计[J]. 光学与光电技术,2006(6).
[31] 杨长城,江华诚,李升辉. 切换式变焦系统热补偿技术的研究[J]. 光学与光电技术,2009(3).
[32] 刘瑞奇,陈星明,赵家琪. 红外光学系统无热化设计[J]. 光学与光电技术,2009(5).
[33] 耿安兵,王海涛. 红外光学系统被动无热化设计[J]. 光学与光电技术,2009(5).
[34] 李升辉,杨长城. 采用衍射元件实现消热差的中波红外光学系统[J]. 光学与光电技术,2009(5).
[35] 罗森,陈生奇. 失调卡塞格林光学系统像差分析[J]. 光学与光电技术,2009(5).
[36] 李勇. 一种大口径红外变焦光学系统的公差优化设计[J]. 光学与光电技术,2009(5).
[37] 李钱陶,熊长新,杨长城. 红外光学窗口多层保护膜性能研究[J]. 舰船光学,2010(3).
[38] 李海波,车驰骋. 光电设备中球罩的视轴误差研究[J]. 光学与光电技术,2010(6).

第5章　潜艇光电装备系统技术

5.1　概　　述

1. 现代潜艇光电装备的一体化与信息化

第二次世界大战前后，各国生产的光机型潜望镜中，电气装置的应用较少，仅限于照明、电加热等方面；电气传动方面的应用，仅见到测敌舰速用的固定线装置、舷角传递装置等。在发展成熟的光机潜望镜中，也仅见于单机单控的俯仰瞄准电气驱动装置、方位电气驱动装置、陀螺水平仪机电装置以及高度角计数叠加装置等。

在潜望镜由光机型向光电型的转变中，有两项技术起着最主要的"催化剂"作用，那就是现代光电技术和电气控制技术；在近代光电潜望镜向光电桅杆的转变过程中，计算机技术、图像稳定和图像处理技术更起着不可替代的作用。

当代光电潜望镜和光电桅杆既是一种大型精密的光机电一体化设备，也是现代大型信息化设备，必须从这两方面的视角来考察其设计技术问题。

(1)从光机电一体化的角度来看，光机电一体化是激光技术、微电子技术、计算机技术、信息技术与光学机械技术结合而成的综合性技术。各种技术的综合及多个部分的组合，使得光机电一体化技术及产品更具有系统性、完整性和科学性。光机技术、微电子技术、自动控制技术、信息技术、传感器技术、电力电子技术、接口技术、模拟量与数字量交换技术以及软件技术在综合集成一个完整系统中相互配合时有严格的要求，这就需要在原来各种技术的基础上扬长避短，更趋于合理，以大大提高装备的作用范围、精度与使用效能。

从系统化的角度而言，光机潜望镜主要表现为各组成单元的空间关系，而在光电潜望镜中，时域参数是表征系统功能的重要参数，影响和决定着系统的运行状态。现代光电潜望镜是由光机潜望镜发展演变而来的，其光机部分占有较大比重，初期的光电潜望镜大都未实现瞄准线稳定功能，因而其系统化水平还较低。而现代光电潜望镜和光电桅杆中，瞄准线或图像稳定功能的提出和实现，促使其多种传感器和分系统一体化的水平上了一个台阶，而这也几乎是当代潜艇光电装备中一项必备的功能。虽然它是属于讨论瞄准线稳定的第8章中的内容，但我们在此章中将以此为着眼点来展开对于设备系统集成化技术问题的讨论，包括传感器技术、伺服驱动技术、自动控制技术、计算机及接口技术等。

(2)从信息化技术的角度来看，光机潜望镜发展时期可列入信息化武器装备的单一功能发展时期，而光电潜望镜的出现和发展，则适应了信息武器装备的系统发展时期。随着信息武器装备系统向综合一体化发展，潜艇光电装备已向着光电桅杆、综合成像系统发展演变，将改变各设备、各分系统间信息流通不畅，缺乏互联互通机制，"烟囱林立"，相对闭塞的"信息孤岛"状态，而形成全艇网络化的综合监视系统，可使潜艇的信息、侦察和监视能力发生根本变化。

因在第 3 章中已重点研究了光电潜望镜系统中属于空间关系方面的技术问题,我们在此章中将重点关注光电潜望镜系统集成中的如下问题:系统组成方案分析、各组成单元的工作原理、信息流程转换以及相应的接口设备工作原理、软件设计等,而其时域参数的性能特性将决定和影响系统的运行状态,所以成为讨论各单元最重要的技术内容和要求。

我们在本章中除重点研讨设备内的系统化集成技术之外,还将介绍属于信息领域的图像处理技术和综合成像系统的有关知识。

2. 一种典型的光电潜望镜系统的信息流程及特点

图 5 - 1 为一种典型的光电潜望镜信息流程图。

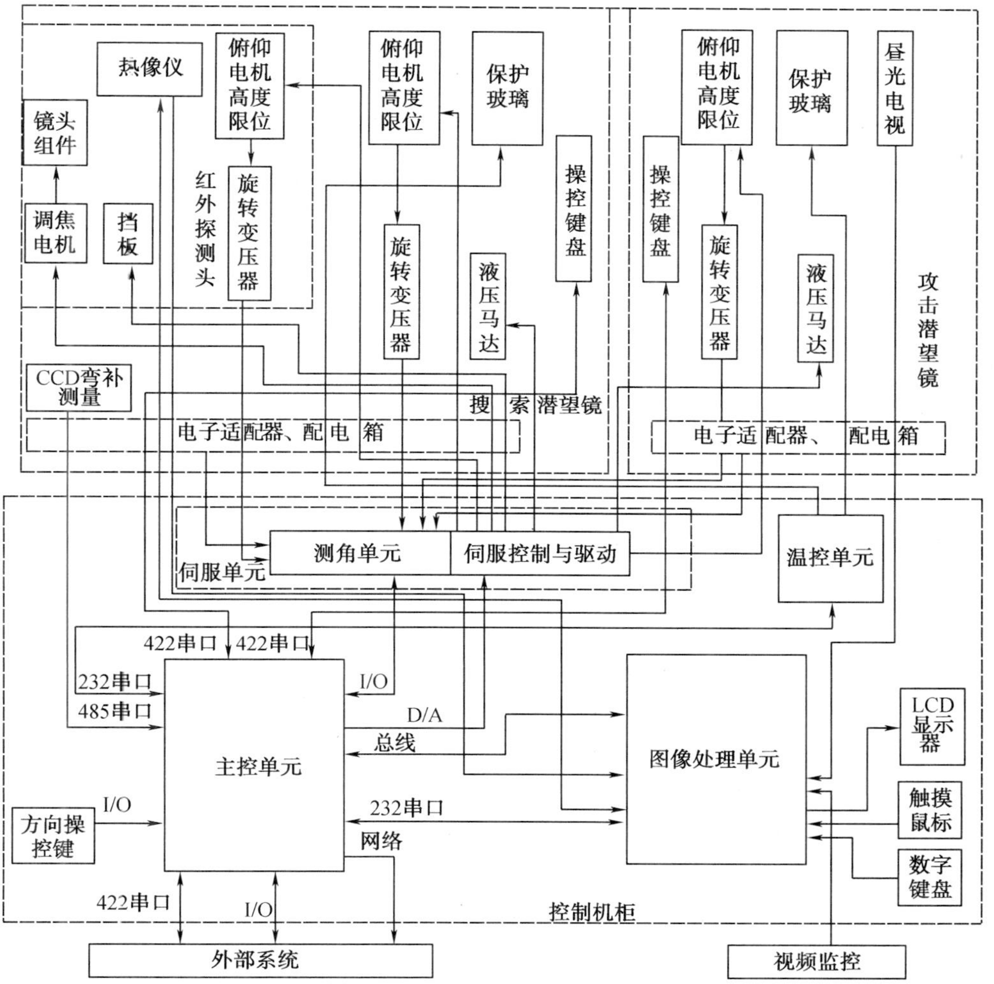

图 5 - 1　光电潜望镜信息流程图

在光机潜望镜的基础上,光电潜望镜的组成增加了电气系统。它以计算机为中央处理系统的核心,包括以潜望镜俯仰和方位伺服系统为主要部分的潜望镜瞄准线稳定全自动控制系统、测天定位控制与计算系统、热像仪远程操控系统、镜管弯曲补偿测量处理系统、光栅测距测量数据处理系统、卫导信号接受处理系统、保护玻璃加热自动调节系统以及照明和加热等供电电路等。为了测天定位与瞄准线稳定,计算机需要接受来自惯导系统的艇姿态信息和初始舰位等信息;为了测天定位定向的需要,还自备了记时系统。

光电潜望镜系统由潜望镜本体(一般是两具潜望镜配置:搜索潜望镜,攻击潜望镜)、控制机柜、方位圈、电子适配器和电缆组件组成。相比光机潜望镜,光电潜望镜本体顶部增加了成像传感器(一般在搜索潜望镜上配置红外成像传感器,在攻击潜望镜上配置电视传感器)和天线装置(一般在搜索潜望镜上配置卫星导航天线,在攻击潜望镜上配置雷达预警天线);在镜管内外增加了俯仰电机传动机构、俯仰测角机构、陀螺、弯曲测量装置、CCD 测星装置、光栅测量装置等电气装置;由控制机柜集中供电、集中操控、集中显示和实现信息传输,同时,在两具潜望镜上也可实现独立的操控。潜望镜方位驱动由方位圈来完成,方位圈采用电液或电机驱动;潜望镜本体的各种电气信号通过电子适配器、电缆转接组传送到控制机柜。

现代光电潜望镜电气控制系统的特点可以概括如下:

(1)一般都是一个机柜控制艇上的两根不同型号的潜望镜;

(2)因为潜望镜是一种多用途的设备,所以它的电气系统是比较复杂的,既有自动控制系统(瞄准线稳定、测天定位),也有自动调节系统(保护玻璃加热),光电测量系统(镜管弯曲补偿、光栅测距),供电线路等;

(3)光电测量控制系统占到越来越多的分量,尤其是原来只作为远程操控作用的电视系统、红外系统,随着图像处理的需要,工作量变得越来越大;

(4)从伺服系统的角度讲,潜望镜的主要部分还是高度和方位伺服控制系统,这两个伺服控制系统既要能全自动控制,也能进行开环人工控制;

(5)与艇上作战系统、导航系统等实现信息互联。

5.2 潜艇光电装备伺服控制系统应用传感器技术

传感器技术是现代检测和自动化技术的重要基础之一,系统的自动化程度越高,对传感器的依赖也就越大。可以说,传感器对系统的功能起着决定性的作用。

在潜艇光电装备中所采用的传感器品种繁多,有测量类传感器,如正余弦多级旋转变压器、转速传感器、线位移光栅传传器、电位器式线位移传感器;有光电探测器类传感器,如电荷耦合摄像器件(CCID)、线阵 CCD、光电二极管、光电倍增管;有提供稳定姿态类传感器,如光纤陀螺传感器、挠性陀螺传感器等。以下就潜艇光电装备伺服控制系统中常用的几种传感器进行介绍。

5.2.1 位移传感器

位置测量元件是闭环控制系统中的重要部件之一,它的作用是检测位移(角位线或线位移)并发出反馈信号。伺服系统中广泛使用的位置测量元件有旋转变压器(亦称分解器或解算器)、自整角机(亦称同步机,Synchro)、感应同步器(Indnoxlosyn)、光电编码器、圆光栅等。

旋转变压器精度较高,可靠性好,能完成各种功能,尤其适用于潜望镜振动的环境条件和海上使用环境条件,所以在海军光电设备的测角中得到了广泛应用。

1. 正余弦旋转变压器的工作原理

旋转变压器实际上是有次级旋转绕组的变压器，当转子转动时，定子激磁绕组与转子输出绕组之间的耦合发生变化，从而使输出电压按正弦、余弦关系变化。

正余弦旋转变压器的一般结构特点与微型交流电机相同，它由定子和转子组成，转子和定子均具有两个空间成 90°的绕组，如图 5－2 所示。若在一个定子绕组上旋加一交流参考电压（励磁电压）U_{ref}，则当转子绕组与定子绕组平行时，在转子绕组内将产生最大的电压，当两绕组呈 ±90°时，则输出电压为零。随着轴的转动，在一个转子绕组内感应电压呈正弦波 e_s，而在另一个转子线圈内感应电压呈余弦波 e_c，即

$$\begin{cases} e_s = kU_m \sin\omega t \sin\theta \\ e_c = kU_m \sin\omega t \cos\theta \end{cases} \tag{5-1}$$

式中　k——变压比（以下假设变压比 $k=1$）；

ω——励磁电压角频率；

U_m——励磁电压的幅值。

当轴角 θ 固定时，旋转变压器的输出电压波形的正弦波，幅度大小与 θ 的正弦或余弦有关，应当明确的是旋转变压器输出信号仅仅引入了空间上的相移而不是时间上的相移，式（5－1）中 $\sin\theta$ 和 $\cos\theta$ 项仅调制参考正弦电压 $kU_m\sin\omega t$ 的幅值。

如果对式（5－1）表示的电压进行相敏解调，即可用于模拟位置闭环控制。若采用直接数字闭环，则必须将轴角 θ 编码为数字量 D，使 $D\approx\theta$。

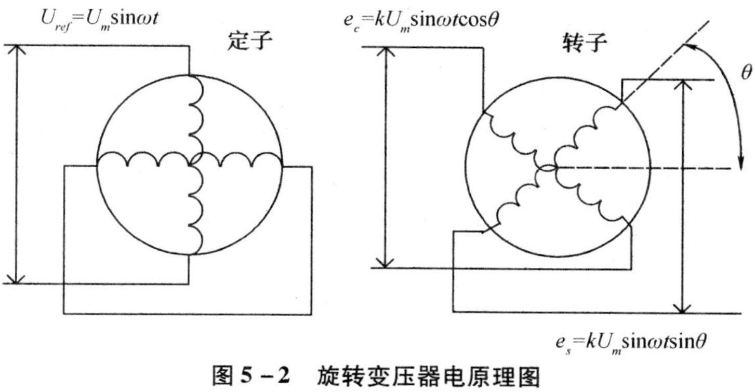

图 5－2　旋转变压器电原理图

2. 轴角 A/D 数码转换技术

目前将旋转变压器输出的正余弦信号转换成相应的轴角的数字量的方法主要是采用模块化轴角转换器。美国 AD 公司生产的 SDC1700 系列转换器是一种采用跟踪转换技术和模块化结构的旋转变压器一数字转换器，图 5－3 是其原理框图。其核心环节是数字正余弦乘法器、相敏解调器、积分器（频率整形电路）、压控振荡器（VCO）和可逆计数器，它们组成一个数字伺服系统。

数字式正弦乘法器和余弦乘法器是两套结构相同的函数发生器，都可用一个乘法型 D/A转换器（MDAC）和一个只读存储器来实现。正弦乘法中的 MDAC 参考电压输入端接余弦电压 $e_s=U_m\sin\theta$，它的数字输入端正弦 ROM 中存储着 0°～90°范围内各个角度所对应的正弦函数值，而各个存储单元由可逆计数器的输出进行寻址，余弦乘法器与此相同。设可

逆计数器的输出数字代表某一角度 ϕ(小于 90°),此时正弦 ROM 输出 $\sin\phi$,余弦 ROM 输出 $\cos\phi$,于是数字正、余弦乘法器输出的模拟电压分别为

$$\begin{cases} e_s\cos\phi = U_m\sin\omega t\sin\theta\cos\phi \\ e_s\sin\phi = U_m\sin\omega t\cos\theta\sin\phi \end{cases} \tag{5-2}$$

这两个电压在一个减法器中相减后得到

$$e_s\cos\phi - e_c\sin\phi = U_m\sin\omega t\sin(\theta-\phi) \tag{5-3}$$

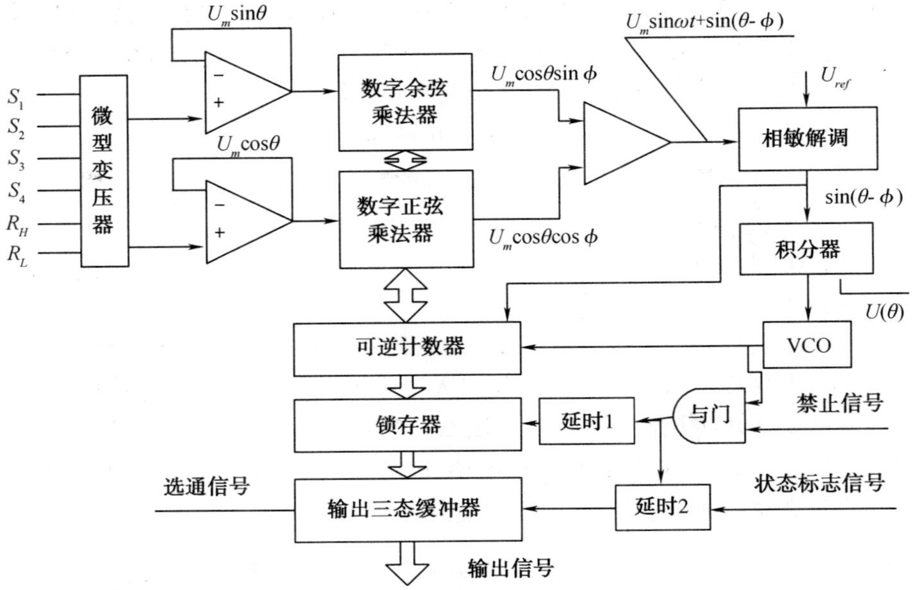

图 5-3 SDC1700 系列转换器原理图

将(5-3)式所示电压与参考电压 U_{ref} 同时引入相敏解调器,解调后可产生一个与 $\sin(\theta-\phi)$ 成正比的直流误差信号 U_d,并送入积分器,经过积分,产生一个随时间增长的输出电压 u_1,它作为一个宽动态范围的压控振荡器 VCO 的输入电压,VCO 输出 CP 脉冲的频率正比于 u_1 的幅值,可逆计数器累计这一脉冲系列,当 $U_d>0$ 时,表示 $\theta>\phi$,计数器作加法计数;当 $U_d<0$ 时,表示 $\theta<\phi$,计数器作减法计数。计数同时,正弦 ROM 和余弦 ROM 的输出亦随之变化,使 ϕ 趋近于 θ。系统平衡后,可逆计数器保持的 ϕ 值即为转角 θ 的等效数字。

跟踪式转换中计数器的输出数据连续地跟踪输入轴角的变化,为了得到稳定可靠的并行输出数据,转换器中必须具备相应的数字接口电路。

3. 粗精双通道轴角编码逻辑及纠错

(1)粗精双通道组合编码原理

为了提高精度,采用旋转变压器的粗精双通道组合编码技术。粗精双通道组合编码的实现如图 5-4 所示。当 θ_j 与 θ_c 之间的速比为 i:1,则电信号相当于 e_{sc},e_{cc} 以 360°(θ 角)为一个周期,而 e_{sj},e_{cj} 则以 360°/i 为一个周期。若 $i=16$ 时,折合到精度数为 22.5°一个周期。这样可对粗精组合旋转变压器进行轴角编码。

先将 0°到 360°划分为 16 个区间,每个区间为 22.5°,这可用 e_{sc},e_{cc} 来得到,而后再用 e_{sj},e_{cj} 得到每个小区间的精确值。组合的原则是,θ_c 只取“整数”部分,[θ_c]整数部分 = 360°N/i ($N=0,1,2,\cdots,15$) θ_j 取小数部分,即 θ_j/i,故总的轴角编码为

$$[\theta_c]\text{整数部分} + \frac{\theta_j}{i} = N\frac{360°}{i} + \frac{\theta_j}{i}$$

然而,由以上所考虑的粗精双通道组合编码的原理,是建立在粗读数整数部分不能有差错的基础上。实际中由于齿轮间隙和其他工艺因素的影响以及传感器误差、编码电路的误差等,往往导致得不到粗精通道的理想配合,会使粗读整数在两个数码的边界状态时,出现使粗读数多"1",或者少"1","1"的含义即为 $360°/i$。这种误差是原理性误差,是粗精组合系统中粗读整数不可避免的误差。依靠提高器件及电路的精度来达到绝对避免这种误差是不可能的(只会减少产生这种差错的机率);也就是说,粗精组合编码时必须纠错,即需判断粗读整数是否有错,若有错则必须加以修正。

采用最大纠错能力为[$\pm(360°/i)\times(1/4)$]的余数比较法,方法原理如图 5-4,图5-5所示。

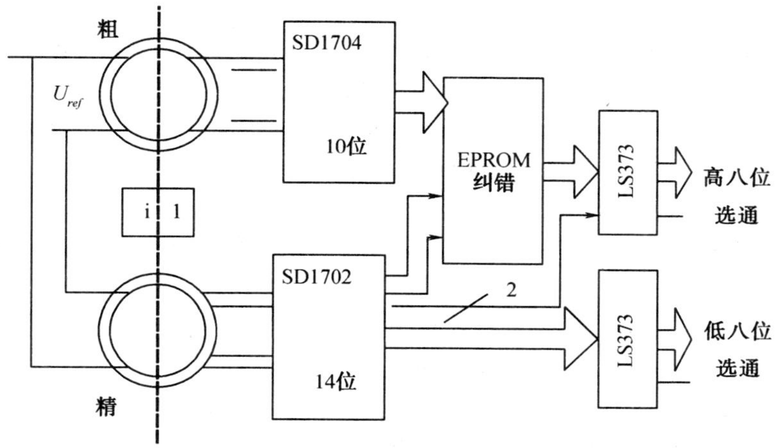

图 5-4　粗精组合编码及纠错示意图

(2)余数比较法纠错原理

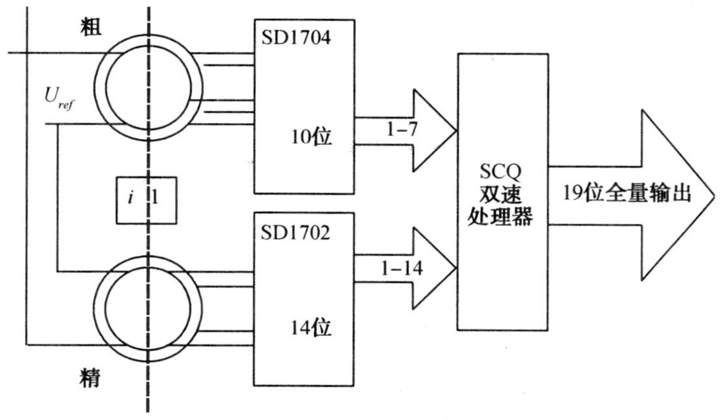

图 5-5　用功能模块纠错粗精组合编码示意图

设粗精速比为 i,则粗读整数最小刻度单位为 $\Delta\theta_c = 360°/i$,此时最大纠错能力为 $\pm\Delta\theta_c\times(1/4) = \pm 360°/i\times(1/4)$,若 i = 16,则最大纠错能力为 5.625°,实际中最差的齿轮传递误差也不会超过 5.625°,上述假定是保险的。余数比较法就是把 θ_c 圆周分为 i 个刻度,每刻度之间的轴角为 $360°/i$,θ_c 在 i 个刻度间的小角度为"余数",将余数等分为四个区间,利用硬件电路(图 5-5)或 EPROM(图 5-4)或计算机根据 θ_c 所在的区间及 θ_c 在各区间对应的余数范围来判断纠错。

假定 $\theta_c/\theta_j=1/16$，则 θ_c 余数范围与 θ_j 的对应关系如表 5－1。

表 5－1 θ_c 的余数范围与 θ_j 的对应表

区间	θ_c 余数范围	θ_j 余数范围
1	5.625°	0°～90°
2	5.625°～11.25°	90°～180°
3	11.25°～16.875°	180°～270°
4	16.875°～22.5°	270°～360°

不难看出，当 θ_j 在 90°～180°或 180°～270°时，θ_c 余数应在 5.625°～11.25°及 11.25°～16.875°之间，因为只可能有 5.625°的误差，所以 θ_c 余数可能处于 16.875°～22.5°间；然而，这两情况下都不会影响粗通道读数的整数，因而不需纠错。当 θ_j 在 0°～90°时，θ_c 的余数应为 0°～5.625°；然而由于 θ_c 可能有处于 5.625°的误差，故余数可能变为处于 16.875～22.5°范围内或者 0°～5.625°范围内。若为前者，则说明 θ_c 读数少一个刻度(22.5°)；若为后者，则说明 θ_c 读数无误。当 θ_j 在 270°～360°时，θ_c 时余数应为 16.875°～22.5°范围内，由于 θ_c 可能有 5.625°误差，因而 θ_c 的余数也可能变为 0°～5.625°范围或者 11.25°～16.875°的范围。若为前者，则说明 θ_c 多于一个刻度 22.5°；若为后者，则说明 θ_c 读数仍是正确的。

(3)余数比较法的纠错规则

①当 θ_j 在 0°～90°区间，而 θ_c 的余数为 16.875°～22.5°时，则表示 θ_j 读数整数少了一个刻度“1”(即可 22.5°)，应予纠错，即加“1”(加 22.5°)。

②当 θ_j 在 270°～360°区间，而 θ_c 的余数为 0°～5.625°时，则表示 θ_c 读数整数多了一个刻度“1”(即多了 22.5°)，应减“1”(即减 22.5)。

根据以上规则，根据 θ_j 所在的区域范围及 θ_c 的余数大小，利用硬件电路、EPROM 或单片微处理机来判断纠错，即

当
$$\begin{cases}\theta_j=0°\sim 90°\\ \theta_c\text{ 余数}=56.875°\sim 22.5°\end{cases}\text{时，}$$

总的轴角编码为

$$(N+1)\times 22.5°(\theta_c\text{ 整数部分})+\frac{\theta_j}{16}(\theta_j\text{ 小数部分})$$

当

$$\begin{cases}\theta_j=270°\sim 360°\\ \theta\text{ 余数}=0°\sim 5.625°\end{cases}\text{时，}$$

轴角编码量计算式应为

$$(N-1)\times 22.5°(\theta_c\text{ 整数部分})+\frac{\theta_j}{16}(\theta_j\text{ 小数部分})$$

当
$$\begin{cases}\theta_j=90°\sim 180°\\ \theta_c\text{ 余数}=5.625°\sim 11.25°\end{cases}\quad\begin{cases}\theta_j=180°\sim 270°\\ \theta_c\text{ 余数}=11.25°\sim 16.575°\end{cases}\text{时，}$$

轴角编码量计算式应为

$$N\times 22.5°(\theta_c\text{ 整数部分})+\frac{\theta_j}{16}(\theta_j\text{ 小数部分})$$

4. 光电编码器

光电编码器由转动圆盘(码盘)、孔径板(狭缝)、光源和光探测器组成,见图 5-6。

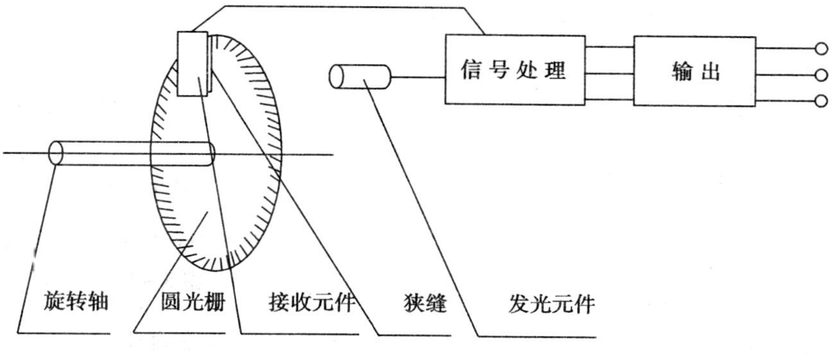

图 5-6　光电编码器组成框图

和轴一起转动的玻璃圆盘(码盘)上,有透明和不透明的图案组成的码道,有多少位码道就称为多少位码盘。目前多采用周期式刻线的循环码,它比直接式二进制码精度高。光电编码器分增量式和绝对式两种。

孔径板也是玻璃制成的,其上刻有一道很小的狭缝,孔径板同码盘平行,中间间隙很小,孔径板上的狭缝延长线通过码盘的中心。光源由超小型白炽灯或固体器件以光学方法聚焦在码盘板面上。光探测器一般由光敏二极管或光敏三极管组成,每个码道上均有一个受光元件。接通光源,光线通过转动圆盘码道上的透明刻线,照在孔径板上。装在孔径板后面每个码道上的受光元件,只能接受从孔径板狭缝透过的光。转动码盘,就能改变光敏二极管的受光状态。很显然,从码盘中心(粗码道)向外(最外为精码道)所置的光敏二极管受光状态的变化是不一样的,最内圈的粗码道最慢,越向外越快,精码道最快。光敏二极管受光状态每改变一次,就反应出所对应码道的刻线精度。例如 9 位码盘,测角精度为 $360°/2^9=42'11''$。码盘的位数越多,测角精度越高。当码盘位数增至 14 位时,测角精度为 $360°/2^{14}=01'19''$。而 19 位码盘精度就变成 $360°/2^{19}=2.47''$。但是,位数越多,对于绝对编码器来说,刻线就越困难;加大直径,改进刻线工艺,固然可以得到高位数码盘,但又受到受光元件尺寸的限制;又因每一码道均装有受光元件,每个受光元件的光电信号又要经过差动放大、整形、转换等线路,所以位数越多,线路也就显得庞大复杂;再者是由于码盘与孔径板之间的间隙很小,如果固定不牢,有松动,就会影响使用的可靠性。

光电码盘是把模拟量直接转换为数字量的装置,它把轴的转角转换为脉冲系列。作为位置指示元件时,它和旋转变压器或感应同步器的重要区别是,后者都是直接输出与转角的正、余弦成比例的模拟装置。

5.2.2　陀螺传感器

1. 光纤陀螺传感器

(1)光纤陀螺的原理与构成

自从 1976 年美国人 Vali 和 Shorthill 提出光纤陀螺的概念以来,光纤陀螺的发展已经走过了30多个年头,世界各国相继进行了大量光纤陀螺的研究和开发,已取得一大批成果。目前,光纤陀螺大致可分成干涉仪型和谐振腔型两大类,但它们的基本原理是相同的,都是基于光学的塞格纳克效应,即当光在闭环中绕顺时针和逆时针两个相反的方向传播时,若闭环绕垂直于其平面的轴旋转,两路光会出现光程差。光纤陀螺的原理如图5-7所示。

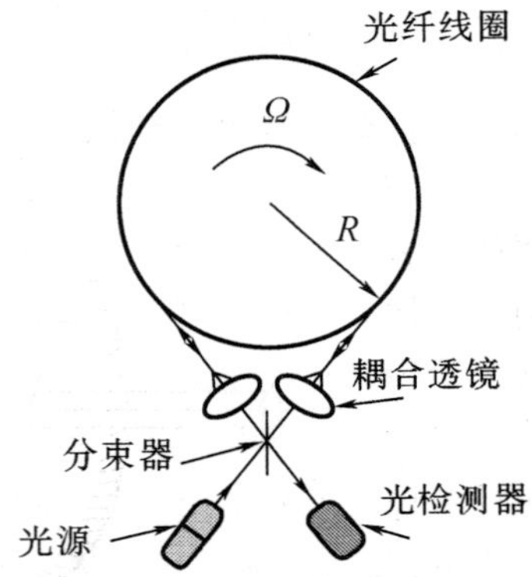

图5-7 光纤陀螺原理图

在图5-7中,由光源提供的光通过分束器被分为两束,经过耦合透镜分别沿两个相反方向在光纤线圈中传播,两束光在第两个分光镜上形成干涉条纹,通过光电检测器测量出合成光强。在静止状态下,光纤线圈正反两个方向传播的光的光程差相同,不存在相位差;但是当光纤线圈绕垂直于自身的轴旋转时,与旋转方向相同的光路光程要比逆旋转方向传播的光路走过的光程大一些。当两束光汇合时,由此引起的相位差将导致干涉条纹的幅值发生变化。假设光纤线圈的半径为R,光纤的长度为L,激光的波长为λ,那么相位差$\Delta\Phi$与旋转角速率Ω的变化公式为

$$\Delta\Phi = 4\pi RL\Omega/C\lambda$$

只要通过检测干涉条纹的相位差变化$\Delta\Phi$,就能测量光纤线圈旋转的角速率Ω,起到陀螺测速的功能。

图5-8为光纤陀螺的结构图,光纤陀螺的光源来自于半导体激光器,泵浦光经过掺铒光纤后会形成980 nm和1 550 nm的两种波长的激光。其中980 nm波长的激光被分离出去;而波长为1 550 nm的激光通过光隔离器和耦合器后进入光纤线圈。光纤线圈的长度可达1 km,在光纤陀螺内部还包含有光干涉线路、信号调制、探测器、数字D/A和A/D变换线路等。

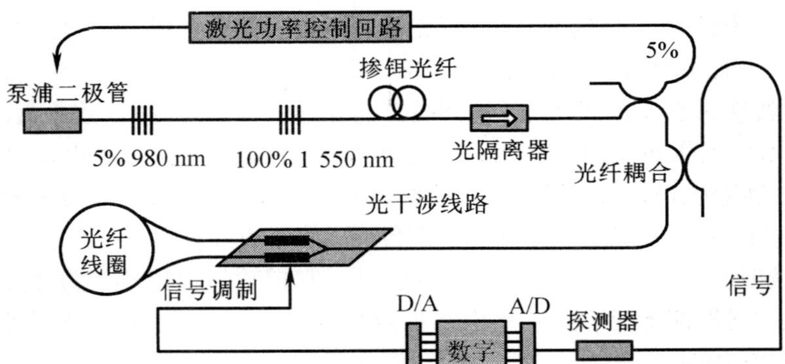

图5-8 光纤陀螺结构图

(2)国外研究进展

美国是最早研制与应用光纤陀螺的国家。早在20世纪80年代,美国就开始对光纤陀螺仪进行全面的研究。Northrop,Honeywell等公司和斯坦福大学等都是赫赫有名的研究机构。它们研究的光纤陀螺受到国家和基金支持,主要应用在军事上。其中,比较具有代表性的是Northrop公司[4],该公司于2001年8月由Litton集成系统、Litton意大利、Litton加拿大等七家Litton公司合并而成。其光纤陀螺技术在低中精度应用领域已经成熟,并已经

产品化,主要客户是美国陆军、空军、海军和波音、空客等主要的航空公司。1988 年,该公司研制出实验惯性装置,所用到的惯件器件是光纤陀螺和加速度计。1989 年,研制并论证了系统飞行试验装置。1991 年、1992 年,研制出用于导弹和姿态与航向参考系统的惯性测量系统。1992 年,研制出全球定位系统与惯导系统组合的导航系统。如今,其生产的光纤陀螺产品有 FOG200,600,1 000,2 500 等系列,分为导航类、战术类、民用航空类和太空类,应用在陆地、海洋、太空等领域,精度为(0.001°~1°)/h,既有单轴结构,也有双轴、三轴结构。该公司生产用于太空用途的光纤陀螺抵抗辐射能力强,达到使用 15 年可靠性超过 99.6% 的优异性能。美国 Honeywell 公司一直致力于发展用于空间定位和潜艇导航应用的精确级光纤陀螺。其研制的第一代高性能的干涉型光纤陀螺采用的是集成光学相位调制器、0.83 μm宽带光源、光电探测器、前置放大器模块、保偏光纤偏振器等。第二代高性能干涉型光纤陀螺采用了集成光学多功能芯片技术以及全数字闭环电路。几年前,Honeywell 公司使用 4 000 m 光纤,5.5 in(1in = 25.4 nm)保偏光纤环和掺铒光纤光源,进行了稳定温度条件下的闭环漂移测试,角度随机游走(Angle Random Walk,ARW)精度为 0.000 19°/h,偏置稳定性(Bias Stability,BS)优于 0.000 3°/h,相当于漂移率为一个半世纪旋转一周。现已应用在高性能惯性参考系统中,能够改变光纤线圈大小和光纤的长度,以满足具体任务的要求。

日本是紧随美国开展光纤陀螺研究和应用的国家,其主要的研究机构有东京大学尖端技术室和日立、全友电工、三菱、日本航空电子工业等公司。日立公司主要研制速率级光纤陀螺,其最重要的贡献在于简化了干涉型光纤陀螺的系统配置,大大地降低了系统成本,使光纤陀螺的民用范围得到很大的扩展,例如,用于汽车导航系统、清洁机器人、农用直升机姿态控制系统等。到 1996 年,已经具备每月生产 5 000 只光纤陀螺的能力,在光纤陀螺的商业领域占据一定的市场份额。另外,该公司在一些高级凌志轿车上安装了基于光纤陀螺的导航系统。日本航空电子工业公司研制的开环干涉型光纤陀螺,其主要技术是使用0.83 μm弱相关光源、单根消偏 1.3 μm 光纤,以达到低成本,主要应用于商业领域。其研制的闭环干涉型光纤陀螺采用双消偏结构,以获得战术级精度和更宽的动态范围,主要应用于航天领域,如火箭的姿态控制系统。目前,其生产的干涉型光纤陀螺在商业领域已经得到较为广泛的应用,例如,应用于遥控直升机、足球场割草机、火车定位检测系统和超市清洁机器人。

法国 Ixsea SAS 公司的前身是 Photonetics 公司的导航分部,从事光纤陀螺的研发有 16 年,拥有多项关键专利,应用领域涉及海上、水下应用和太空等。从 20 世纪 90 年代开始,在法国、欧洲航天局的支持下,开发控制卫星姿态用光纤陀螺。这类的光纤陀螺曾应用在巴西 Micro 卫星(PBM)上。2001 年,发布了当今最小的、基于光纤陀螺的惯导系统,该系统为全球定位系统、多普勒测速器、声呐定位系统预留接口。它生产的 IMU120 使用的光纤陀螺偏置稳定性达到 0.003°/h,精度最高的光纤陀螺随机游走精度达到 0.000 15°/h,是 Octans(1998 年开发的能够敏感运动的寻北仪)精度的 200 倍。

德国 LITEF 公司成立于 1961 年,从 2001 年开始,隶属于美国 Northrop 公司电子系统分部,研制的方向集中在惯性传感器、惯性参照和导航系统,75% 的飞行导航、陆地、海中导航产品用于出口,已有超过 20 000 只光纤陀螺在当今世界使用,产品应用领域涵盖太空、空中、陆地和水中等军用、民用范围。从 2003 年到 2007 年,该公司已向德国和荷兰军方提供 577 套组合导航系统,为军用侦察车提供位置、航向和姿态信息。

Fizoptika 公司是俄罗斯的一家生产光纤陀螺的公司,成立于 1989 年,是一家相对较为年轻的公司,发明了用于微型光纤陀螺的技术。它将所有的光学元件并列放置,元件之间没有光学的连接,用这种技术生产的光纤陀螺尺寸小、功耗低,能够降低成本,提高可靠性,在国内外颇有市场。其主要种类有 VG910,VG941,VG951;动态范围达到≤500°/s;零偏稳定性可达(0.3°~1.0°)/h;最小质量仅 40 g。

(3)国内研究进展

我国也非常重视光纤陀螺技术的研究,20 世纪 80 年代后,许多大学和研究所相继启动光纤陀螺的研发项目,也取得了一定的成绩。国内的光纤陀螺研制水平虽然与国际水平有一定距离,但已具备中、低精度要求,并在近年来开始产业化。

我国该领域发展速度与国外相关领域的成果差距依然是存在的,主要问题是与光纤陀螺相关的光电子器件在技术和数量上满足不了陀螺总体的设计要求,市场的布局不够合理。另外,光纤陀螺小型化也是面临的一个主要课题。如何进一步改进光学元件的制作工艺及结构、探索新的敏感机理,如何充分发挥微处理技术的计算机软件功能,以发送和补偿光纤传感器的性能已经成为当务之急。

(4)光纤陀螺的发展方向

回顾光纤陀螺的发展历程,光纤陀螺取得巨大发展的原因除了自身固有的优点外,光纤通信技术和光纤传感技术的发展,光纤陀螺成本降低和体积减小,外部辅助技术的发展都对光纤发展起到十分重要的推动作用。当对光纤陀螺的应用前景进行展望时,这些外部因素仍然是不可忽视的。

借鉴国外文献和数据,从近期看,光纤陀螺精度和成本由于受到光纤通信技术、集成光学技术和光纤传感技术发展的限制,主要应用在战术级和速率级。目前,国外光纤陀螺的研究工作主要集中在下列一些新的研究动向:

①光纤陀螺的小型化技术(包括光路小型化及电路小型化),采用三轴测量代替单轴,研发多功能集成光学芯片、保偏技术等。

②光纤陀螺的多路复用技术,通常共用一个激光光源和/或一个探测器,可以较大程度地降低陀螺成本和减小体积。

③深入开发中、低精度光纤陀螺的应用,特别是民用惯性导航技术。

④加强精密级光纤陀螺的技术与应用研究,开发新型的光纤陀螺。

(5)光纤陀螺的优点

与机械陀螺或激光陀螺相比,光纤陀螺具有如下几方面的优点:

①使用方便简单。机械陀螺需要外界供给的线路较多,如马达电源、激磁电源、加温及控温电路等,使用较为复杂,而光纤陀螺只需要提供直流电源就能正常工作。

②可靠性高,环境适应性强。由于机械陀螺内部有高速旋转的转子及高精密的轴承、接头等,故它不能承受较为剧烈的振动和冲击,否则会引起机械部件的断裂和损伤,而光纤陀螺没有旋转部件,也有很少的机械零件,故它能适应较强烈的冲击和振动,可靠性高。

③使用寿命长。光纤陀螺的寿命较机械陀螺长,机械陀螺的使用寿命一般不超过 5 000 h,而光纤陀螺的使用寿命在 20 000 h 左右。

④光纤陀螺具有动态范围宽、瞬时启动、数字输出且输出不受某些外界环境变化的影响等优点。

⑤光纤陀螺绕制的光纤可达 1 km 甚至更长,这增长了激光束的检测光路,使检测灵敏度和分辨率比激光陀螺仪提高了好几个数量级,从而有效地克服了激光陀螺仪的闭锁问题。

2. 挠性陀螺传感器的原理和结构

挠性陀螺又称干式陀螺，是一种动力调谐陀螺，它以挠性支承代替液浮支承和框架支承，以克服支承中的干摩擦力，性能好，可靠性高，成本较低。如图 5－9 所示，动力调谐挠性陀螺的转子由两对相互垂直的扭杆和一个平衡环组成，一对共轴线的内扭杆与驱动轴和平衡环固连，另一对共轴线的外扭杆与平衡环及转子固连，外扭杆与内扭杆轴线垂直，且相交于一点，当驱动电机使驱动轴旋转时，驱动轴通过内扭杆带动平衡环旋转，平衡环再通过外扭杆带动转子旋转，内外扭杆容易扭曲但不易弯，并且转子在一特定转速下运行时，平衡环产生一个动力反弹簧力矩来抵消挠性轴产生的弹性力矩，达到陀螺高精度的目的。

挠性陀螺主要由陀螺转子、挠性接头、驱动轴、磁滞马达、信号传感器和力矩器等组成，如图 5－10 所示。在挠性陀螺的应用中，有三个元件与稳定系统的应用密切相关，其一为陀螺转子的角动量，陀螺的稳定性与陀螺转子的自转角速度、转子相对自转轴的转动惯量以及陀螺三轴是否垂直等因素有关，自转角速度越大、转子转动惯量越大，稳定性就越高，陀螺三轴越垂直，稳定性就越好。其二为信号传感器，一般为电容式，需要输入激磁电压，陀螺敏感的动态摇摆信息转化为电压信号通过信号传感器输出，正是对传感器输出信号的处理不同，导致了挠性陀螺的不同使用方法。其三为力矩发生器，一般为永磁式电流型，力矩的大小与输入的电流成正比，力矩器的作用是使陀螺的主轴进动，改变陀螺转子旋转轴的方向。

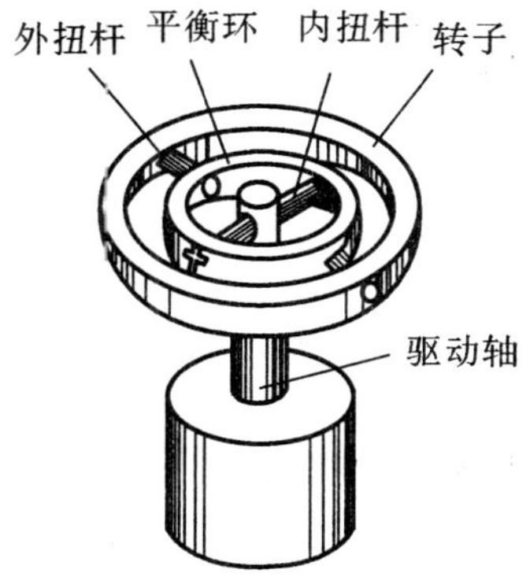

图 5－9　挠性陀螺外形图

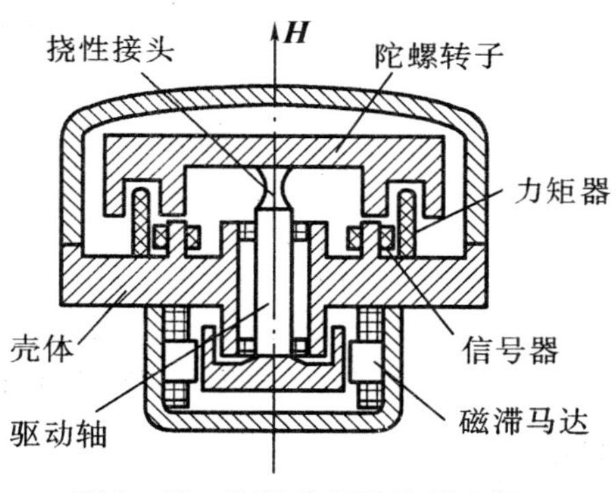

图 5－10　挠性陀螺结构原理图

5.3　潜艇光电装备伺服驱动技术

5.3.1　概述

1. 对伺服驱动系统的基本要求

光电潜望镜的伺服驱动系统作为光机电一体化的重要部分，其基本要求有以下几点：

(1)稳定性

由于系统存在惯性，当系统的各参数配合不当时，将会引起系统的振荡而失去工作能力。因此，任何一个控制系统，要使其令人满意地工作，首先应该是稳定的，也就是说，应该具有这样的性质：输出量偏离给定的输入量的初始值应该随着时间增长逐渐趋近于零。因此稳定性的要求乃是控制系统正常工作的首要条件，而且是最重要的条件。必须指出，稳定性的要求应该考虑到一定的稳定裕度，以便照顾到系统工作时参数可能发生的变化。

（2）快速性

这是在系统是稳定的前提下提出来的。所谓快速性就是指当系统的输入量与给定的输出量之间产生偏差时，消除这种偏差过程的快慢程度。在分析和研究控制系统时一般有两种提法：一种提法是，在阶跃信号作用下，系统跟随的瞬态响应时间，如图 5－11 中的 t_s，一般是指被控量达到稳态值 95% 左右所需的时间。另一种提法是系统的通频带 f_0 有多宽，即当系统的输入信号是正弦信号，且当增加到一定频率 f_0 时，输出信号的幅值只有输入量的 70% 左右，即输出已不能准确地复现输入时，这个频带 f_0 叫做系统的通频带。由于瞬态响应时间 t_s 和通频带 f_0 都是反映系统的快速性能，显然，在一定条件下，它们之间存在某种内在的数量上的联系。此外还经常要求过渡过程中振荡得不要太厉害，保证调整的均匀性，故对振荡次数、超调量也有一定要求。通常把瞬态响应时间、振荡次数和超调量三者统称为系统的品质指标。

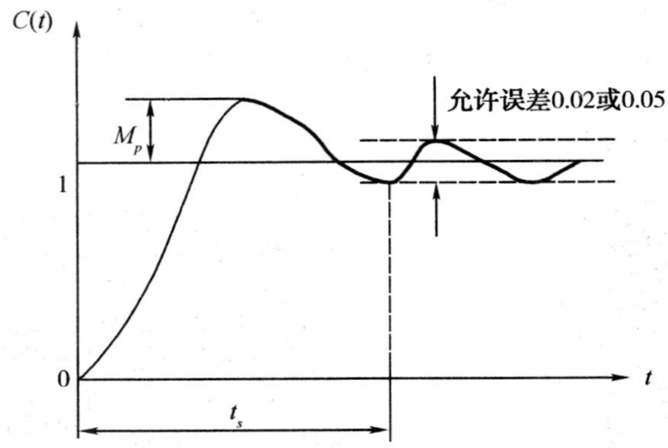

图 5－11　系统的瞬态响应时间

（3）准确性

就是指在调整过程结束，输出量与给定的输入量之间的偏差，又称为静态误差或稳态精度。我们总是希望由一个稳态过渡到另一个稳态，输出量尽量接近或复现给定输入量，或者说要求稳态精度高。由于外扰动和给定的输入量经常变化，尽管系统实际上经常处在不断调整的过程中，但对缓慢变化的干扰或给定的信号，在一定的时间内总还可以看成是相对不变的。对于同一系统，变化规律不同，稳态精度也不同。

对驱动与控制系统除以上基本品质要求外，还有量程和分辨率要求、抗干扰要求、电磁兼容性要求、可靠性要求等。

在对其精度要求的内容中，必须适应光电传感器的特点，进行统筹匹配考虑。

2. 伺服系统的分类

按控制技术可分为开环伺服系统和闭环伺服系统两类。

（1）开环伺服系统

开环伺服系统结构简单、稳定性好、成本低，在精度要求不高、负载不大的场合得到广泛的应用，也在潜望镜的方位与高低驱动系统中得到了较早的应用。而目前在光电潜望镜中的一些动作传递驱动也都属于开环伺服系统。开环伺服系统的原理框图见图5－12。

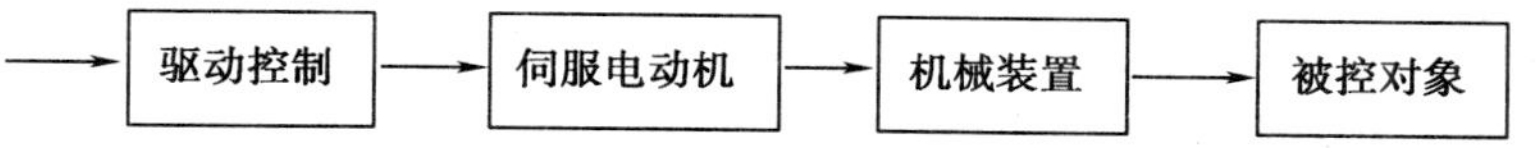

图5－12　开环伺服系统原理框图

由控制装置发出的指令脉冲作用于电动机的驱动电路，它控制驱动电动机通过机械传动装置带动被控对象运动。如果驱动电动机采用步进电动机，则可通过指令脉冲控制步进电动机点动或连续运动，步进电动机的瞬态响应可达2 000～3 000步/s。开环系统的运动速度上限受电动机驱动频率和机械装置减速比限制。步进电动机可锁紧在任何位置上。

（2）闭环伺服系统

闭环系统是负反馈控制系统，其构成见图5－13。

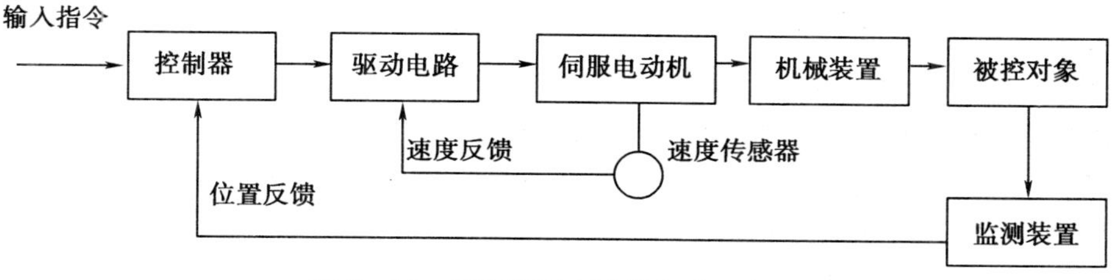

图5－13　闭环伺服系统的构成示意图

这个系统与开环系统相比，增加了检测装置，可以随时测出被控对象的运动量（转角或位移），并将测得值反馈到输入端与指令值进行比较，用比较后的差值进行控制。反馈检测元件一般精度比较高，系统传动链的误差、闭环内各元件的误差以及运动中造成的误差都可以得到补偿，从而大大提高了系统的跟随精度和定位精度。闭环系统的定位精度可达±0.001～±0.003 mm。

闭环伺服系统实质上是一个自动调节系统，系统的响应特性，如超调量、起调时间、调整时间、动态误差等，是反馈系统品质的重要参量；而稳态响应误差，如幅值误差、相位误差等，是响应系统精度的重要指标；而检测装置的精度则是影响闭环伺服系统精度的主要因素。

根据检测元件的安装位置，闭环系统又可分为全闭环和半闭环两种。位置检测元件安装在最后的移动部件上，则形成全闭环系统。对于全闭环系统，系统的误差都可以得到补偿，但也极易造成系统的振荡，使系统波动不稳定。如果检测元件安装在传动链的某一个位置上，如伺服驱动电机上时，就形成半闭环系统。这种半闭环系统由于传动链的一部分在位置闭环以外，环外的传动误差得不到系统补偿，因而伺服系统的精度有所降低。但是半闭环系统中的检测元件构造简单、价格便宜，系统也较容易调整，因此得到广泛应用。但在现代光电潜望镜的俯仰与方位伺服控制系统中，因精度要求较高，所以都是采用全闭环系统。

3. 伺服驱动装置的类型

（1）步进电机驱动装置

步进电机是一种将电脉冲信号转换成相应的角位移或直线位移的数字/模拟装置。当输入一个电脉冲后，步进电机输出轴转动一个角度（步距角）。不断输入电脉冲信号，步进电机就一步步地转动，步进电机转过的角度与输入脉冲个数成严格比例关系。步进电机的特点如下：

①输出角与输入脉冲严格成比例，且在时间上同步。步进电机的步距角不受各种干扰因素的影响，如电压的大小、电流的数值、波形；转子的速度主要取决于脉冲信号的频率；总的位移量则取决与总脉冲数。

②转子惯量小，启动、停止时间短。

③输出转角的精度高，无积累误差，步进电机实际步距角与理论步距角总有一定的误差，且误差可以累加，但当步距电机转过一周后，总的误差又回到零。

④与计算机接口容易，维修方便，寿命长，步距电机本身就是一个 A/D 转换器，能够直接接受计算机输出的数字量。

⑤可正、反转和启动、停止。

⑥能量效率低，存在失步现象。

(2)直流伺服驱动装置

直流伺服电机是伺服系统应用最早的，也是应用最为广泛的执行元件。直流伺服电机具有启动转距大、体积小、质量轻和转速容易控制、效率高等优点。其缺点就是转子上安装了具有机械运动性质的电刷和换向器，需要定期维修和更换电刷，使用寿命短、噪声大。

直流电机具有良好的控制和调速特性，因此在工业生产中一直占据主导地位。直流伺服电机常用的驱动方式有 SCR 驱动和 PWM 驱动，目前广泛采用 PWM 驱动，其原理见下节。

(3)交流伺服电机变频调速

从 20 世纪 30 年代开始，人们就致力于异步电机的交流调速研究，但收效甚微。直到 20 世纪 70 年代，随着电力电子技术的发展，出现了各种可控电力开关器件，从此交流变频技术得到了飞速的发展。交流异步电机的转速公式为

$$n = \frac{60f}{p}(1 - s) \tag{5-4}$$

式中 f——定子电源频率，Hz；

s—转差率；

p—极对数。

根据公式(5-4)，改变交流电机的转速有三种办法，即变频调速、变极调速和变转差调速。变极调速是有级调速且调速范围窄，变转差率调速耗损大，以上两种调速方法皆不理想。而变频调速调速范围宽、平滑性好、效率高、具有优良的静态和动态特性，成为目前交流调速系统的首选。

5.3.2 潜望镜俯仰伺服驱动系统

1. 概述

(1)潜望镜俯仰搜索伺服控制系统的作用及特点

潜望镜俯仰扫描系统的工作特点是：

①工作范围不大；

②跟踪速度不高；

③转动惯量小；

④负载力矩不平衡等。

潜望镜俯仰搜索驱动系统的技术要求如下：

①工作稳定可靠，承受加速度的侧倾的能力较强；

②由于潜望镜俯仰扫描工作范围不大，为防止超出转动范围损伤内部机构必须设置限位机构；

③为实现潜艇的隐蔽性，潜望镜头部尺寸不宜过大，要求其传动系统体积小，质量轻，工作平稳可靠、工作的噪声要小；

④由于潜望镜头部在航行时的振动，系统承受加速度和侧倾的能力应较强，因而要求其内部的电气元件的体积小，结构简单可靠，寿命要长。

（2）潜望镜俯仰搜索驱动系统的类型

潜望镜俯仰搜索驱动系统的类型主要有钢丝绳人力驱动系统、手动操纵多极旋变控制力矩马达驱动系统、双速电机驱动系统、自整角机指示系统、计算机控制的力矩马达俯仰搜索伺服控制系统。

图 5－14 为一种潜望镜的力矩马达俯仰搜索电气传动装置。上头部棱镜俯仰采用力矩马达驱动系统，由潜望镜控制机柜控制。力矩马达 1 的转动带动蜗杆 2、蜗轮 3，驱动上棱镜 5 旋转。

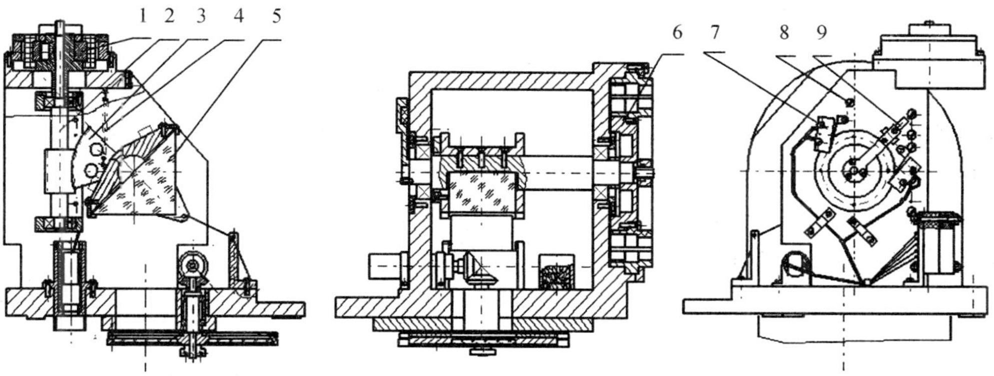

图 5－14　俯仰搜索瞄准电气传动装置示意图

1—力矩马达；2—蜗杆；3—蜗轮；4—弹簧；5—上棱镜；
6—旋转变压器；7—行程开关；8—限位螺钉；9—限位杆

该装置的特点如下：

①以蜗轮、蜗杆作减速传动，可使棱镜自身运动自锁，当潜望镜头部在使用中处于动态时，可以起自动锁定棱镜作用；

②设有消空回弹簧 4，以使棱镜回转平稳，减小振动时因间隙和松动造成的撞击作用；

③为防止超出转动范围损伤内部机构，设有行程开关和限位螺钉等多种限位机构；

2. 力矩马达俯仰搜索伺服控制系统组成及性能分析

（1）系统组成

图 5－15 为计算机控制俯仰搜索伺服系统组成原理方框图（单环结构）。

由图中可看出，该系统由负载（直角棱镜）及俯仰轴系、蜗轮蜗杆减速机构、直流力矩电机、伺服放大器、多极旋转变压器测角系统、限位机构、计算机及接口电路等共同组成。该系统的工作原理如下。

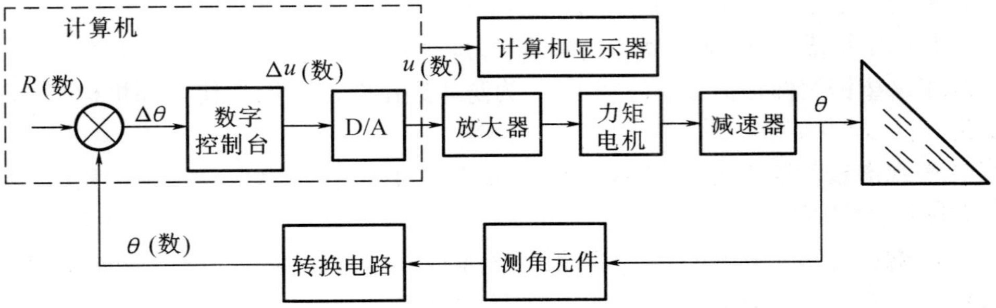

图 5-15 计算机控制俯仰伺服系统方框图

计算机输入一个与目标高度角对应的数字量 R(数)后,与测角元件及转换电路送来的瞬时角度数字量 θ(数)进行比较,计算机计算这两者之间的误差 $\Delta\theta$(数);然后根据误差 $\Delta\theta$(数)进行数字校正解算,输出对应的控制量 Δu(数);经数字模拟转换电路 D/A 转换成模拟量 u,再经伺服放大器放大,驱动力矩电机转动,经蜗轮蜗杆减速机构减速后带动棱镜作向减小 $\Delta\theta$ 的方向转动,直至为零(或减小到一最小值 ε),使被测对象进入并稳定在潜望镜视场中。高度角度值可根据需要,在显示器(或数码管)上进行显示。

(2)系统性能特性

①使用 PWM 功率放大器驱动的伺服电机,在静止时处于微振状态,有利于克服静摩擦力矩,缩小电机死区,因此提高了系统的静动态性能;且通过四个桥臂大功率管的组合、并联或多级输出,可进行功率扩展,从而可控制几百瓦的直流电机;另外,PWM 功率放大器的损耗小,效率高,这是其他放大器所不能比拟的。

② 采用了反应速度、转矩和转速波动小,能在很低转速下稳定运行,以机械特性和调节特性线性度好的力矩马达作为位置伺服系统的执行元件。它不需要经过齿轮减速,而直接带动负载。因此,消除了齿轮传动误差及其间隙对系统性能的影响,提高了系统的动、静态精度。

3. 力矩马达俯仰搜索伺服系统的设计

(1)对伺服系统工程上的技术要求

在上节中曾介绍了对伺服系统的基本要求,而工程上对系统的技术要求都是很具体的。由于系统种类不同、用途殊异,技术要求不尽相同。潜望镜力矩马达俯仰搜索伺服系统由于其空间等因素,目前均采用位置控制系统。对位置控制系统的基本要求如下。

①系统静态误差 ε_0 系统静态误差简称系统静差,通常指系统输入指令为常值时,输入与输出之间的误差,位置控制系统一般为无静差系统。用线性理论分析,系统静止协调时不存在位置误差。实际上,系统测量元件(亦称敏感元件)的分辨率有限,系统输出轴承受干摩擦造成死区,这些均可造成系统静误差。

②速度误差 e_v 和正弦跟踪误差 $e_{\sin}$ 当位置控制系统处于等速跟踪状态时,系统输出轴与输入轴(即主令轴)之间瞬时的位置误差(角度或角位移),称为速度误差 e_v。当系统作正弦摆动跟踪时,输出轴与输入轴之间瞬时误差的振幅值,称为正弦跟踪误差 $e_{\sin}$。

③速度品质系数 K_v 和加速度品质系数 K_a 速度品质系数系 K_v 指输入斜坡信号时,系统稳定输出角速度 ω_0(或线速度 v_0)与速度误差 e_v 的比值(即 $K_v=\omega_0/e_v$)。而加速度品质系数 K_a 是在以抛物线函数信号(等加速度信号)输入时,系统输出稳态角加速度 Q_0(或线

加速度 α_L)与其对应的系统误差的比值($K_a = Q_0/e_\alpha$)。

④最大跟踪角速度 ω_{max}(或线速度 v_{max})、最低平稳角速度 ω_{min}(或线速度 v_{max})、最大跟踪角加速度 α_{max}(或线加速度 α_{Lmax})　系统跟踪误差不超过允许值时所达到稳定运行的最大输出角速度,即为 ω_{max}。系统匀速跟踪所能达到的最低平稳角速度为 ω_{min}。而 α_{max} 为系统跟踪误差不超过允许值,系统输出轴所能达到的最大加速度。

⑤振荡指标 M 和频带宽度 ω_b　位置控制系统闭环幅频特性 $A(\omega)$ 的最大值 $A(\omega_p)$ 与 $A(0)$(由于位置系统为无静差系统,故 $A(0)=1$)的比值,称为振荡指标 M。闭环幅频特性 $A(\omega_b)=0.707$ 时所对应的角频率 ω_b,称为系统的带宽。

⑥系统对阶跃信号输入响应特性　当系统处于静止协调状态(零初始状态)下,输入阶跃信号时,系统的最大允许超调量 $\sigma\%$、过渡过程时间 t_s、和振荡次数 N 均应有具体限制。

⑦等速跟踪状态下,负载扰动引起的系统响应特性　系统作等速跟踪时,负载扰动(阶跃或脉冲扰动)所造成系统最大瞬时误差 e_{mf} 和过渡过程时间 t_{sf} 均应有具体要求。

⑧对系统工作制(长期连续运行、间歇循环运行和短时运行之分)、MTBF、可靠性以及使用寿命的要求。

⑨对系统的环境温度、湿度、三防(防水、防腐、防辐射)、抗振动、抗冲击的要求。

⑩对系统体积、质量、结构外形、安装等的限制。

⑪对系统的生产成本、元部件通用性、标准化程度、能源利用率、维护使用以及对系统电源条件(电源种类规格容量)等的限制。

(2)执行电动机的选择和传动装置的确定

①典型负载的分析与计算　系统常见的负载类型有摩擦负载、惯性负载、机械力负载、弹性负载、重力负载和风阻负载。其中,前两项几乎任一系统均有,现就其特征分别介绍如下。

a. 摩擦负载分析　在任何机械传动系统中,两个相互接触且作相对运动的物体接触面上都存在着摩擦。摩擦有静摩擦和动摩擦之分。当物体处于静止状态但有相对滑动趋势时的摩擦力称为静摩擦,物体滑动时的摩擦力则为动摩擦力。通常,后者较前者的数值要小。按摩擦接触表面上的润滑条件来看,可分为干摩擦、黏性摩擦(亦称湿摩擦)和介乎两者之间的边界磨擦(俗称半干摩擦)。摩擦力中通常是干摩擦力最大,边界摩擦力次之,黏性摩擦力最小。

按库仑摩擦定律,摩擦力 $F=uN$。这里 N 为法向压力,u 为摩擦系数,并认为为常值。而实际上,摩擦系数与法向压力、接触表面特性、表面粗糙度、温度、滑动速度、接触时间等均有关,不能简单地用一常数系数表征。在目前的工程设计中,多采用实测的办法,或由手册上提供的不同材料的摩擦系数值作近似地估算。

对于一个具体的伺服控制系统而言,其伺服电动机(或输出轴)轴上承受的摩擦转矩,是由系统整个传动机构各部分摩擦因素的综合效果。各部分的摩擦条件通常并不相同,因而系统实际的摩擦负载不像上述那样典型。多数系统的摩擦转矩 T_e(以旋转运动为例)具有图 5-16(a)所示的特性,即静摩擦转矩最大,随着系统输出角速度 ω_L 增加(在 $0<\omega_L\leqslant\omega_1$ 内),摩擦转矩减小;当继续增加时,摩擦转矩又略有增加或基本上保持不变。

在工程实践中,为了便于计算,常将摩擦负载特性近似成图 5-16(b)的形式,取近似的常值,但始终与运动方向相反。在动态计算时,为便于运用线性理论的方法,将摩擦负载近似用线性特性表示(见图 5-16(c))。对于 PWM 系统,这种近似线性化处理的误差通常是允许的,但必须注意开关频率的选择,否则设计结果有可能与实际要求差别较大。

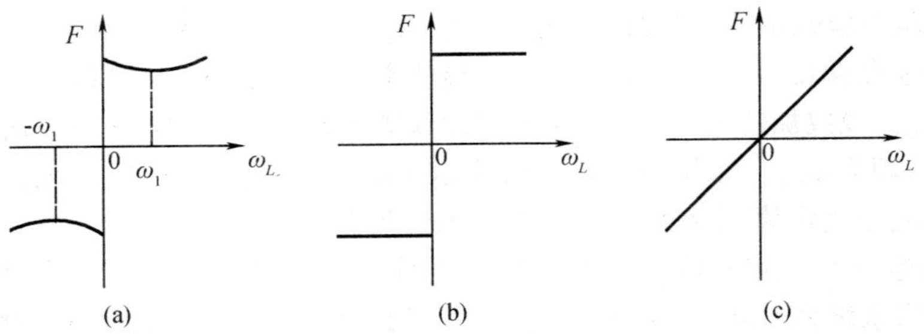

图 5-16 摩擦负载特性

(a)实际特性;(b)近似特性;(c)线性化特性

b. 摩擦转矩计算　当系统的伺服电动机与被控对象之间的耦合方式不同时,摩擦转矩计算公式也随之而变。下面以齿轮减速装置耦合来说明(见图 5-17)。电动机至负载的总速比为

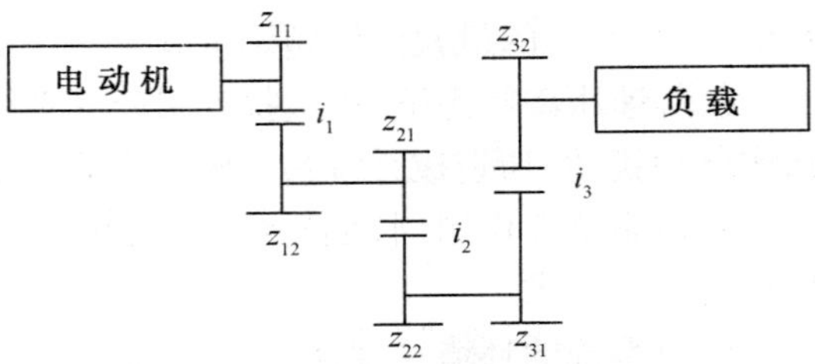

图 5-17 三级传动示意图

$$i=\frac{z_{12}}{z_{11}}\cdot\frac{z_{22}}{z_{21}}\cdot\frac{z_{32}}{z_{31}}$$

当负载轴角速度为 ω_L 时,电动机的角速度 $\omega_M=i\omega_L$,此时从负载轴测得的总摩擦转矩为 T_{Lfp},从电机轴测得的总摩擦力矩 $T_{Mfp}=T_{Lfp}/i$。即需符合传递功率不变的原则

$$T_{Mfp}\omega_M=T_{Lfp}\omega_L$$

在开始设计系统时,只知道负载自身摩擦转矩 T_{Lf},减速装置的摩擦转矩是未知的,因而无法直接测量总摩擦力矩。为计算方便,转矩需要折算,通常是将负载轴上的负载转矩折算到电机轴上,反之亦然。按照功率传递不变的原则,将减速装置本身(齿轮、轴承以及其他一些零部件)的机械摩擦损耗按传动效率 $\eta<1$ 来估计,即

$$T_{lf}\omega_L=T_{Lf}^{m}\omega_M\eta \tag{5-5}$$

式中　η——减速器总传动效率,$\eta=\eta_1\eta_2\eta_3$(η_1,η_2,η_3 为各级齿轮副的传动效率);

T_{Lf}^{m}—折算到电机轴上的等效负载摩擦转矩,$T_{Lf}^{m}=T_{Lf}/\eta i$。

摩擦负载对整个系统工作的品质有很大的影响。对伺服系统而言,摩擦负载会影响系统的控制精度。当要求系统作低速跟踪时,由于摩擦负载在低速区 $\mathrm{d}T_{Lfp}/\mathrm{d}\omega_L<0$(呈负斜率区,见图 5-16(a)),系统将出现不平稳的跳动现象。

c. 减小摩擦的几点措施　为了提高系统的精度和改善低速平稳性,希望减小摩擦。通常采取的措施有:改善润滑条件,尽量避免干摩擦;采用滚动摩擦代替滑动摩擦,动摩擦代替静摩擦,用黏性摩擦代替干摩擦。在要求高的场合,采用静压轴承、空气轴承、静压导轨等技术,使摩擦系数减小到 $u=(1.0\sim4.0)\times10^{-4}$。

另外,合理选择减速器的型式,提高传动零部件的效率 η,对减小整个系统的摩擦负载(特别是在小功率系统)影响很大。

d. 惯性负载　惯性负载(动态加速负载)是由于物体具有加速度才产生的。

当伺服电动机带动被控对象沿直线作变速运动时,被控对象形成的惯性负载力 F_L 为

$$F_L=-m\frac{\mathrm{d}v}{\mathrm{d}t} \tag{5-6}$$

式中　m——被控对象的质量;

v——被控对象运动的线速度。

式中负号表示惯性力 F_L 的方向始终是阻止速度变化的方向。

当系统带动被控对象作旋转运动时，被控对象形成惯性转矩 T_{LI} 为

$$T_{LI} = -J_L \frac{\mathrm{d}\omega_L}{\mathrm{d}t} \tag{5-7}$$

式中　J_L——被控对象绕其转轴的转动惯量；

ω_L——被控对象绕其转轴的旋转角速度。

对旋转轴的转动惯量可通过计算或实测的办法获得。理论力学中所给出的若干均质规则形状的物体的转动惯量表达式可用于转动惯量的估算。对于形状比较复杂的物体可划分为若干均质规则形状的物体，然后分别求出其转动惯量，再相加。

当系统具有减速装置时，常需作转动惯量的折算。折算的原则是基于储存动能相同，把负载的转动惯量 J_L 折算到电动机轴上（也可将电动机的转动惯量 J_M 折算到负载轴上），即

$$\frac{1}{2}J_L\omega_L^2 = \frac{1}{2}J_{Lm}\omega_M^2 \tag{5-8}$$

式中，J_{Lm} 为 J_L 折算到电动机轴上的等效转动惯量。

已知电动机轴至负载轴之间的速比为 $i = \omega_M/\omega_L$，则由上式可得

$$J_{Lm} = J_L/i^2$$

考虑到传动效率 $\eta < 1$，则

$$J_{Lm} = J_L/i^2\eta$$

同理，将电动机轴的转动惯量 J_M 折算到负载轴上的等效转动惯量 J_{ML}

$$J_{ML} = i^2 J_M \eta \tag{5-9}$$

为使系统响应快，通频带宽，需尽量减小系统运动部分的转动惯量。其途径有很多种，如减小结构尺寸，尽量使旋转中心靠近物体重心，采用密度小、强度高的材料，采用附加减轻或空心薄壁结构等。当需要减速装置时，适当选取偏大的传动比，对于平衡各构成部分的影响，提高系统品质会起到良好作用。

②直流伺服电动机的选择

a. 对直流伺服电动机的要求　根据伺服电动机在系统中的作用和特点，系统对它的性能提出下列要求：

(a)尽可能高的响应频率，亦即尽可能减小转子的转动惯量，增大转矩 - 惯量比；

(b)良好的低速平稳性；

(c)尽可能宽的调速范围；

(d)机械特性的硬度 $\Delta T/\Delta n$ 的数值尽可能大；

(e)换向器和电刷间的接触火花尽可能小，以减小伺服噪声；

(f)过载能力强。

b. 直流伺服电动机的选择　伺服电动机是将电信号转变成机械运动的关键元件，它应能提供足够的功率，使负载按所需的规律运动。因此，伺服电动机输出的转矩、转速和功率应能满足负载运动要求，控制特性应保证所需的调速范围和转矩变化范围。下面以满足功率的角度来初选电机，并给出对初选电机从温升、过载等方面进行校核的分析，可供系统设计时参考。

(a)功率估算　系统设计任务书明确之后的第一步就是要对伺服电动机进行初步的选

择。选择电动机的首要依据是功率,要求电动机具有足够的功率驱动负载。如果要求电动机在峰值转矩下以最高转速不断地驱动负载,则电动机功率可按下式估算

$$P_M \approx (1.5 \sim 2.5) \frac{T_{LP}\omega_{LP}}{1\ 020\eta} \tag{5-10}$$

式中 P_M——电动机功率,kW;

T_{LP}——负载峰值转矩,N · m;

ω_{LP}——负载最高角速度,rad/s;

η——传动效率。

式中 1.5 ~2.5 系数为经验数据,它考虑到初步估算时负载转矩有可能遗漏,且考虑电机转子和传动装置的功率消耗。

当电机长期连续地、周期性地工作在变负载条件下,通常应按负载均方根功率来估算

$$P_M \approx (1.5 \sim 2.5) \frac{T_{LR}\omega_{LR}}{1\ 020\eta} \tag{5-11}$$

式中 T_{LP}——负载均方根转矩,N · m;

ω_{LR}——负载角速度,rad/s。

估算 P_M 后就可选取电动机,使其额定功率满足:$P_R \geqslant P_M$。

初选电动机后,一系列技术数据,诸如额定转矩、额定转速、额定电压、额定电流、转子转动惯量、过载倍数等,均可由产品目录直接查得或经计算求得。

(b)发热校核 伺服电动机处于连续工作时的发热条件与周期性负载的均方根力矩相对应,故在初选电动机后,必须根据负载转矩的均方根来核对电机的发热情况。由于折算负载均方根力矩 T_{MR} 为

$$T_{MR} = \sqrt{\frac{1}{T}\int_0^T (T_L^M)^2 \mathrm{d}t} \tag{5-12}$$

式中,T_L^M 为折算到电动机轴上的负载转矩。为校核发热条件,要求电动机额定转矩 T_{MD} 大于或等于折算负载均方根转矩 T_{MR},即

$$T_{MD} \geqslant T_{MR}$$

上式即为发热校核公式,它也可以用来直接按发热条件选择电动机。

(c)转矩过载校核

转矩过载校核的公式为 $T_{L\max}^m \leqslant T_{M\max}$,而

$$T_{M\max} = \lambda T_{MD} \tag{5-13}$$

式中 $T_{L\max}^m$——折算到电机轴上负载转矩的最大值;

$T_{M\max}$——电动机输出转矩的最大值(过载转矩);

λ——电动机过载倍数。

在转矩过载校核时需确定总传动比 i,否则负载转矩无法向电机轴折算(除非是直接耦合)。需注意的是,最大负载 $T_{L\max}^m$ 持续作用时间 Δt,一定要在电机允许过载倍数的持续时间之内。

4. 直流 PWM 伺服驱动技术

驱动放大技术是伺服系统的一个重要组成部分,正确选择和设计驱动放大器是设计伺服系统的一项重要内容。用大功率晶体管 PWM(脉冲宽度调制)控制的永磁式直流伺服电动机驱动装置,是高精度伺服控制领域应用最为广泛的驱动形式,称为 PWM 驱动装置。这

种装置能实现宽范围的速度和位置控制，与常规的驱动方式（磁电机扩大机驱动、晶体管线性放大驱动、晶闸管驱动）相比具有无可比拟的优点。

（1）模拟 PWM 驱动装置

其电路功能框图如图 5－18 所示，它主要由脉宽调制器和 H 桥功率放大器两部组成。

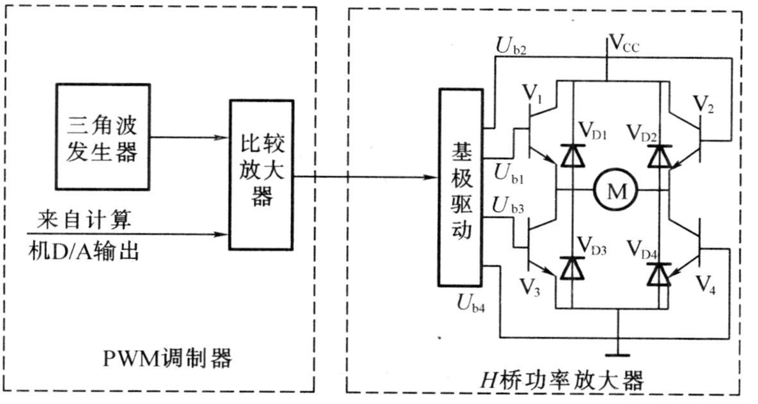

图 5－18　模拟 PWM 驱动装置

①脉宽调制器　模拟脉宽调制由对称三角波发生器、比较放大器等组成。三角波发生器固定周期和幅度的三角波，给比较放大器提供一路输入，比较放大器的另一路输入是计算机送来的 D/A 输出的模拟电压。比较器将三角波参考输入与计算机通过 D/A 送入的控制输入进行比较，当三角波的参考输入大于计算机给出的 D/A 控制输入时，比较器将输出高电平，反之则输出低电平，其工作波形如图 5－19 所示。

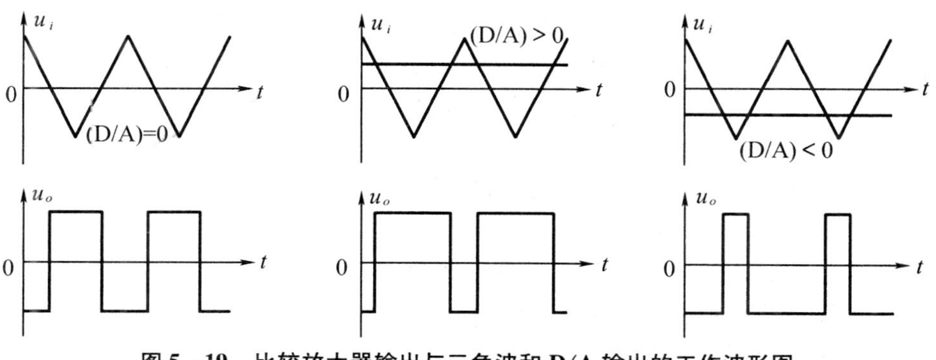

图 5－19　比较放大器输出与三角波和 D/A 输出的工作波形图

②H 桥功率放大电路原理简述　H 桥功率放大电路主要由脉冲分配电路、光电隔离电路、基极驱动电路、H 桥功率电路等电路组成。

脉冲分配电路的作用是根据 H 桥功率转换电路中大功率管的导通次序，对脉冲宽度调制器输出信号 U_{PWM} 进行适当的逻辑变换，以满足功率转换电路工作制式。“通断”时序的脉冲电压，经光电隔离后，经基极驱动电路进行前置放大，使之激励功率转换电路的大功率管。H 桥功率转换电路由四个功率 MOS 管和四个续流二极管组成。四个 MOS 管分为两组，V_1 和 V_4 为一组，V_2 和 V_3 为一组；同一组中的两个 MOS 管同时导通，同时关断；两组 MOS 管之另间是交替地导通和截止的，亦即基极驱动信号 $U_{b1}=U_{b4}$，$U_{b2}=U_{b3}=-U_{b1}$。工作时电压和电流波形如图(5－20)所示。

在$0 \leqslant t \leqslant t_1$期间，$U_{b1}$,$U_{b4}$为正，$V_1$和$V_4$导通；$U_{b2}$,$U_{b3}$为负，$V_2$和$V_3$截止；当$V_{AB} > E_g$时，电机电流从$A$流向$B$，电动机工作在电动状态。

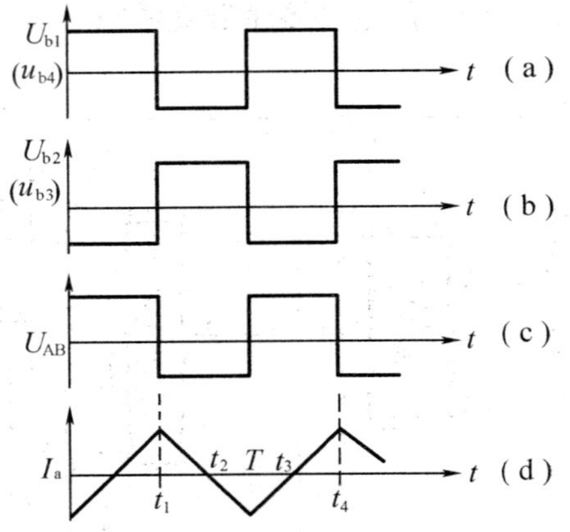

图5－20 H桥功率放大电路工作时电压和电流波形

(a)V_1,V_4基极激励电压；(b)V_2,V_3基极激励电压；(c)电枢电压波形；(d)电枢电流波形

在$t_1 < t \leqslant T$期间，U_{b1},U_{b4}为负，V_1和V_4截止；U_{b2},U_{b3}为正，V_2和V_3导通。在电机电感La的作用下，电机电流经V_{D3}和V_{D2}继续维持从A流向B，电动机仍然工作在电动状态。受二极管V_{D3},V_{D2}正向导通电压降的限制，晶体管V_2和V_3不能导通。假若$t = t_2$时刻，正向电流I_a衰减到零，则在$t_2 \leqslant t \leqslant T$期间，$V_2$和$V_3$在$V_{CC}$和反电势$E_g$作用下导通，电机电流从$B$流向$A$，电动机工作在反接制动状态；在$T < t \leqslant t_3$期间，$V_2$和$V_3$截止，电机电感$L_a$维持电流$I_a$经$V_{D4}$,$V_{D4}$继续从$B$流向$A$，电动机仍工作在制动状态。假若在$t = t_3$时刻，反向电流$(-I_a)$衰减到零，那么在$t_3 < t < t_4$期间，在$V_{CC}$作用下，$V_1$和$V_4$导通，$I_a$又经$V_1$和$V_4$从$A$流向$B$，电动机又工作在电动状态。由此可见，即使在空载情况下，电机电流仍然是连续的，不会出现断续，但其工作状态呈电动和制动交替出现。当正脉冲宽度大于负脉冲宽度时，V_1和V_4导通时间大于V_2和V_3导通时间，U_{AB}平均电压为正，平均电流从A流向B，电机正转；当正脉冲宽度小于负脉冲宽度时，V_2和V_3导通时间大于V_1和V_4，U_{AB}平均电压为负，平均电流从B流向A，电机反转。当正负脉冲电压的宽度相等时，U_{AB}平均电压为零，电机不转。但电枢电压瞬时值不等零，从而在电枢回路中形成一个交变电流，这个交变电流使电动机发生高频颤动，有利于减小静摩擦。

(2)数字PWM电路简介

数字PWM的组成如图5－21所示。

数字脉宽调制由脉冲发生器、分频器、行波计数器、数字比较器等组成。振荡器产生固定周期和幅度的脉冲；分频器的作用是调节脉宽调制的输出周期，分频器分频数一确定，其输出周期也随之而定；行波计数的作用是对分频后的脉冲进行计数，将其转换成二进数并行输出，以便给数字比较器提供参考输入；数字比较器的作用是将行波计数器送入的二进制数参考输入与计算机通过数据线送入的控制输入(8位二进制数)进行比较，当行波计数器的参考输入大于计算机给出的控制输入时，数字比较器将输出高电平，反之则输出低电平。

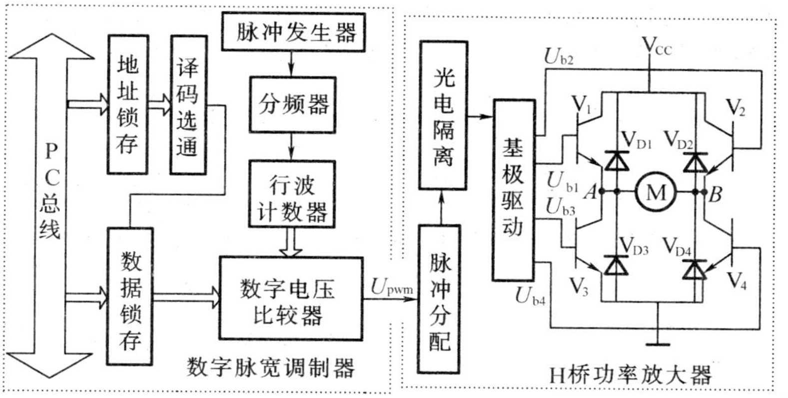

图 5 - 21　数字 PWM 驱动装置

数字脉宽调制器的输出电压 PWM 的波形如图 5 - 22 所示，在 PWM 方式下，周期 T 是恒定的。当控制输入为 80 H 时，$t_1=\frac{T}{2}$，U_{PWM}为等宽脉冲；当控制输入大于 80 H 时，$t_1<\frac{T}{2}$，U_{PWM}不再是等宽脉冲，高电平宽度小于低电平宽度；当控制输入小于 80 H 时，则与之相反，高电平宽度大于低电平宽度。

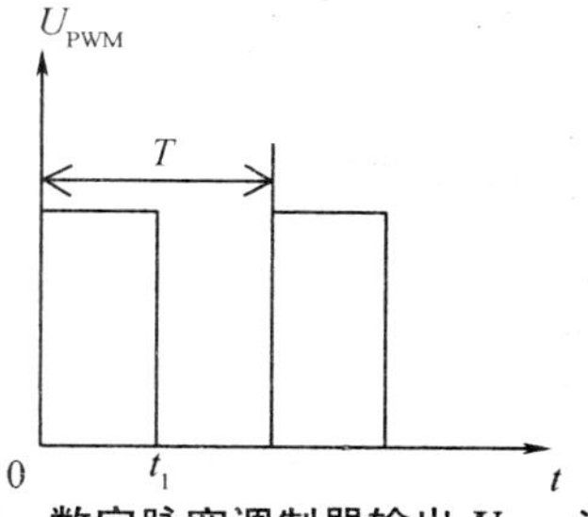

图 5 - 22　数字脉宽调制器输出 U_{PWM} 波形

(3) 专用集成电路组成的 PWM 驱动装置

随着微电子技术和电力电子技术的发展以及工业界对系统可靠性和小型化等诸方面的要求，许多厂商相继推出了各种伺服电机的智能化功率集成电路。它们把具有不同的功率单元、逻辑单元、传感器单元、调节控制单元和保护单元集成在一起，进行了模块化。使用这些电路可灵活构成可靠性高、结构紧凑、设计简单、高可靠运行的 PWM 伺服系统。以意大利 SGS 公司的伺服专用集成电路 L292（PWM 式直流电机驱动器）为例，简要介绍其构成技术。

①L292 的主要功能

a. 驱动能力为 2 A，36 V，1 ~ 30 kHz（调制频率可在外部设定）；

b. 双逻辑复原输入；

c. 外环路放大系数调整；

d. 单电源供电（18 ~ 36 V）；

e. 输入信号对称；

f. 过载保护及电源欠压保护。

②L292 的内部结构　如图 5 - 23 所示，L292 内部包含有一个功率跨导放大器，其供给直流电动机的电枢电流与来自输入的控制信号成正比，有效地以 PWM 工作方式驱动电机。L292 芯片内部还包括电流检测及电流调节器，电流调节器的参数及反馈器的参数右从外部调整，因而可实现电流的闭环调节控制。芯片内部设有电平移动环节（由于 L292 是单电源供电），以实现电机的可逆运行。为了避免 H 型主回路桥臂出现共态直通故障，芯片内设置了 PWM 脉冲前后沿错开电路（即开通延迟电路），其延迟时间与调节周期成正比。此外，L292 还具有多组电机同步运行的功能，它利用外接 RC 内络使开关速度互相同步，消除由

多给 L292 系统组合下产生的开关噪声及互调问题。L292 还具有输出级封锁功能,利用引脚不同的逻辑组合,可起到抑制输出、保护系统的作用。从 L292 内部结构及应用图可看出,使用此模块构成 PWM 伺服系统,外围元件少,结构紧凑,运行可靠。

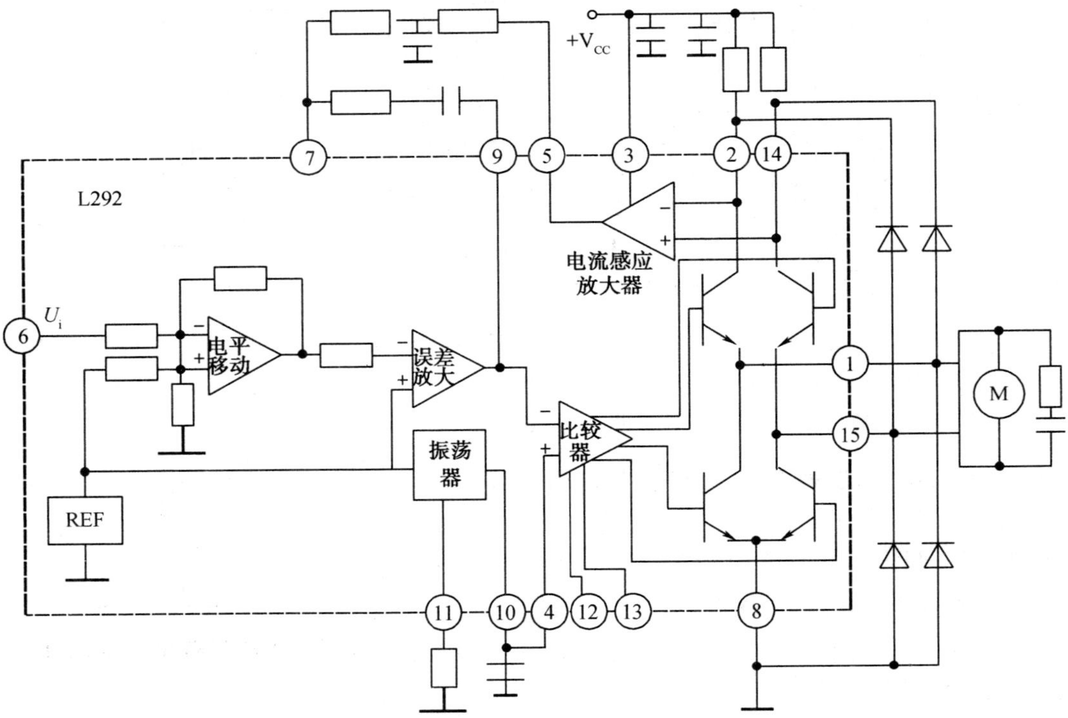

图 5-23　L292 内部结构及 PWM 应用图

(4) PWM 功率放大器输出级的形式及工作原理

脉宽调制型功率放大器的输出级和线性功率放大器的输出级相似,也有单边推挽式和 H 型桥式电路两种,如图 5-24 和图 5-25 所示。对于单边推挽式电路,为了实现正、反两个方向驱动直流电动机,需要两个电源,同时晶体管承受的电压高,在电机运行中有一部分电能从一个电源输向另一个电源,并且与两个电源并联的电容器容易产生高压损坏电子器件,因此在脉宽调制型功率放大器中输出级主要是采用 H 型桥式电路。如图 5-20 所示,电路由四个晶体管和四个续流二极管组成。A,B 两端是该电路的输出端。直流电机作为负载接在桥路的一个对角线 A,B 上,电源接在另一个对角线上。对这个电路有三种不同的控制方法,其输出电压也具有不同的形式。根据输出电压的极性,分别称为双极性输出、单极性输出和有限单极性输出。

①双极性输出　双极性输出的脉宽调制型功率放大器的控制方式如图 5-25 所示,在 T_1 和 T_4 的基极加一组完全相同的方波控制电压 u_{b1} 和 u_{b4},在 T_2 和 T_3 的基极加另一组相同的方波控制电压 u_{b2} 和 u_{b3},这两组控制电压的相位相反。它们的变化周期 T 就称为开关周期。若正负控制电压的幅值相等,则控制电压可表示为 $u_{b1}=u_{b4}=-u_{b2}=-u_{b3}$。这种控制方法的输出电压是双极性的方波电压。输出电压 u_a 的平均值为

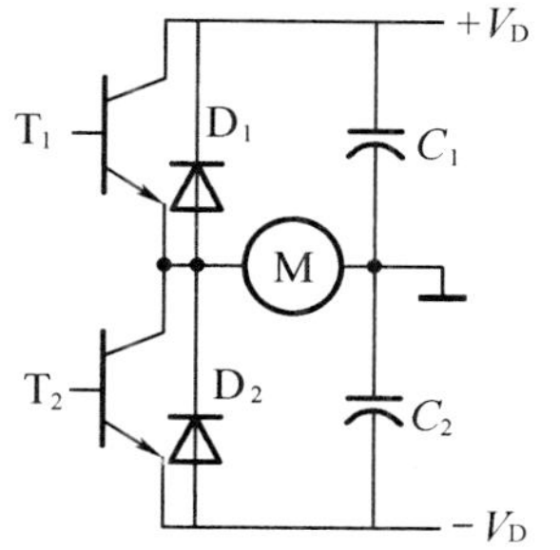

图 5-24　单边推挽电路

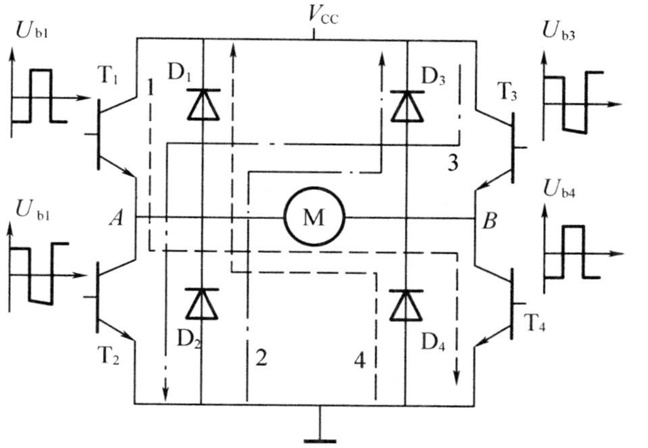

图 5-25　H 型桥式电路

$$U_{av}=\frac{1}{T}\int_0^{t_1}U_D\mathrm{d}t-\frac{1}{T}\int_{t_1}^{T}U_D\mathrm{d}t=U_D(2\cdot\frac{t_1}{T}-1) \tag{5-14}$$

由此可知，当 $t_1>T/2$ 时，输出电压的平均值 U_{av} 为正；当 $t_1<T/2$ 时，平均值 U_{av} 为负；当 $t_1=T/2$时，U_{av} 为零。根据平均电压 U_{av} 和反电势 E 的大小不同，电路的工作可分为两个状态。当电机电枢 A，B 两端电压 $u_a=u_{AB}$的平均值 U_{av}且大于反电势 E 时，电枢电流流动方向为 $A\to B$，与反电势 E 的方向相反，电机处于电动机工作状态；当电机电枢 A，B 两端电压的平均值 U_{av}小于反电势 E 时，电枢电流实际方向为 $B\to A$，与反电势同方向，电机工作在发电机状态。

②单极性输出　单极性输出电路的控制方法如图 5-26 所示，在电枢同侧的一对二极管如 T_1，T_2 的基极上加相位相反的方波控制电压，使其工作在交替的开关状态。另一侧两个晶体管中 T_4 的基极一直加饱和控制电压，T_3 的基极一直加截止电压。这时的输出电压是正的方波电压，所以称为“单极性”输出。当需要改变输出电压的极性时，将相位相反的控制电压加在 T_3 和 T_4 的基极上，使其起开关控制作用，同时使 T_2 一直饱和，T_1 一直截止，这时的输出电压是负的方波电压。当 $U_{av}>E$ 时，电枢电流流动的方向为 $A\to B$，与电势 E 的方向相反，电机工作在电动机状态；当 $U_{av}<E$ 时，电机电枢电流的实际方向为 $B\to A$，与电机反电势 E 的实际方向相同，电机工作在发电机状态。

③有限单极性输出　为了防止跨接在电源正负极之间的两个晶体管在开关过程中出现同时导通现象，可采用有限单极性控制方法。这种控制方法在桥式电路中只有一个晶体管工作在开关状态。例如在图 5-26 中，U_{in}为正，则 T_1 工作在开关状态，T_2 和 T_3 处于连续截止状态，T_4 处于连续饱和状态。当 T_1 处于饱和状态时，若电机的工作为电动机状态，则电枢电流沿回路 1 流动；若电机的工作为发电机状态，则电枢电流沿回路 4 流动。电枢 A，B 两端的电压 u_{AB}等于电源电压 U_D。当 T_1 处于截止状态时，电枢 A，B 两端的电压 u_{AB}依电机的工作状态而不同。这时，若电枢电流 i_a 是从 A 到 B 的正向电流，则电流沿回路 2 流动，电枢 A，B 两端的电压 u_{AB}为零。若电枢电流 I_a 是从 B 到 A 的反向电流，则电流沿回路4 流动，电机工作在发电机状态，电枢 A，B 两端的电压 u_{AB}等于电源电压 U_D。若电枢电流 I_a 为零，则电枢 A，B 两端的电压 u_{AB}等于电势 E。

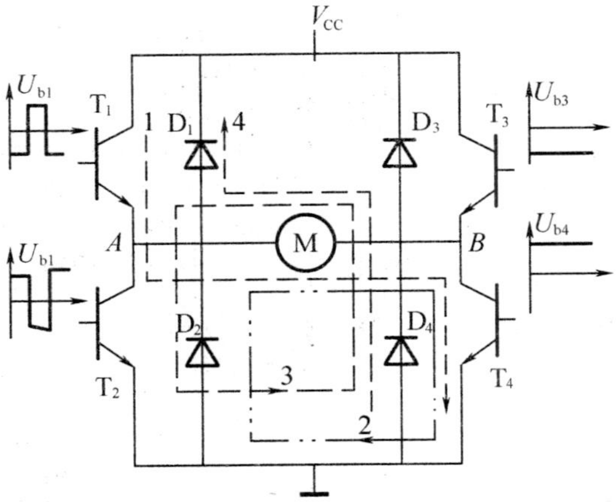

图 5－26 单极性输出的控制方法

有限单极性控制方法在输入信号极性不变时，只有一个晶体管工作在开关状态，与它同一侧的晶体管始终处于截止状态，所以可以避免两个晶体管同时导通。但是，由于电机能量不能很好地回输给电源，而影响快速性。当电枢电流出现断续现象时，机械特性特别软。因此，有限单极性控制方法的应用范围受到一定限制。

5.3.3 潜望镜方位伺服驱动系统

1. 方位圈及方位驱动装置概述

由于潜望镜构造的原因，其方位搜索驱动控制系统往往与方位测量部分组合成一个大的组件，又称为方位圈。

(1)方位圈及方位驱动装置的用途

方位圈及方位驱动装置是潜望镜的一个重要组成部分，它与其他装置一起配合使用，以完成潜望镜的战术使命，主要用途包括：

①驱动潜望镜本体作方位回转，观察搜索海空敌情，准确瞄准目标，完成并显示测定目标方位角、舷角等参数；

②快速配合天文导航潜望镜测量天体的方位角，确定潜艇地理坐标和真航向；

③进出港实施潜望状态方位观测护航，保证潜艇安全；

④在光机潜望镜中方位圈还可以装定鱼雷提前角，施行鱼雷攻击瞄准。

(2)方位圈及方位驱动装置的技术要求

方位圈既是动力装置，也是比较精密的测量装置。它必须和潜望镜总体的战术技术要求相适应，对方位圈及方位驱动装置的技术具体要求如下：

①方位圈必须具有足够精确的测角精度，在光机潜望镜中要求在 15′～30′；光电潜望镜要求在 10′以内，而在天文导航潜望镜中测角均方根误差不超过 10″。

②驱动系统应具有足够的功率和稳定的转速范围。在光机潜望镜中，是以人眼观察为主，所以驱动潜望镜的最高转速一般要求达到 4～5 r/min，而最低速要求达到 10°/min。而在光电潜望镜中，以各种光电器件代替人眼作传感器，所以转速可以大大提高，以满足周视

扫描的快速性要求。

③驱动系统具有一定的跟踪和稳定精度，以实施瞄准、跟踪目标。要求操纵方便、灵活，瞄准准确，跟踪迅速。

④测量、读数迅速，以保证潜艇的隐蔽性和不误战机。

⑤方位圈及方位驱动装置体积不应过大，并考虑其可维护及维修性。

（3）方位圈及方位驱动装置的类型

现有的方位圈及方位驱动装置主要有下面几种类型：

①机械－液压驱动方位圈及方位驱动装置；

②模拟电液伺服系统方位圈及方位驱动装置；

③数字化电液伺服系统方位圈及方位驱动装置；

④伺服力矩马达驱动方位座。

（4）方位圈及方位驱动装置的设计准则

在潜望镜方位伺服系统中，尽管有机液、电液、电气伺服驱动几种形式，但电液伺服系统在我国的潜望镜中应用的性能较好，技术也比较成熟。以下仅以电液伺服系统为重点来说明伺服系统设计的一般原则。

①对伺服系统稳定性是首先要考虑和确保的。系统不稳定就等于不能正常工作。确定一个系统稳定性有多种方法，有根轨法、奈奎斯特图法、波德图法。在以往设计中用得最多的是波德图法，因为它容易画出来，而且对系统的稳定性分析也很清晰。最为实用的稳定性判据为

$$\frac{K_v}{K_h} < 2\delta_h \tag{5-15}$$

式中　K_v——开环增益常数；

W_h——液压固有频率；

δ_h——阻尼系数。

当然，这些参数也有一定的条件限制。例如，阻尼系数一般为 0.1～0.2；增益常数一般限制在液压固有频率的 20%～30%。

②精度对一切伺服系统都是最基本、最重要的要求。伺服系统的误差由多种因素引起，由输入的位置、速度和加速度产生的误差；由漂移，元器件参数变化引起的误差；由负载和其他外来干扰产生的误差；由游隙和摩擦等非线性特性产生的误差等。系统精度要求一般就决定了波德图上低频部分的斜率。零型系统要求斜率为零，1 型系统要求斜率为 －1，2 型系统要求斜率为 －2 等。如果不能满足要求就要调正波德图中转折频率和斜率来满足要求。常采用的方法有提高开环增益 K_V、改变动力机构尺寸、采用多种校正手段等。但精度与稳定性是矛盾的，二者又都要受到液压固有频率 W_h 的限制。必须加以综合考虑，反复选择、计算，才能达到较为理想的系统组合。

③系统的快速性。要求系统有较高的频带宽度，它常常用穿越频率来度量，主要被执行器的动态特性 W_h 和 σ_h 所限。在实际应用中，为了使系统达到更好性能而采用各种校正装置，所以频带宽度又不能太宽，这样才能使校正装置简化。

④系统的稳定性、精度和快速性能与跟据技术要求而选用的动力机构、伺服阀、减速比、电气装置等方面有着密切的联系。通常选用原则是电气装置增益要高；动力机构要按负载匹配原则选取，要使动力机构即能满足负载驱动，又能满足系统性能。使其功率、体积最小，效率较高。对于位置伺服系统要选用高压力增益、抗污染的流量伺服阀。减速比选择原则是保证得到满意的液压固有频率前提下，尽量选大一些。在满足系统性能下，充分

考虑到马达的转速范围。

2. 机械－液压方位驱动装置

(1)机械－液压方位驱动装置结构

机械－液压方位驱动装置主要由方位圈本体、方位驱动装置、方位圈度盘、同步接收机、配电盒及照明装置组成。其传动系统(见图5－27)由操控机构、动力传递装置和转换机构组成,该方位驱动装置用于前苏联的П3Н型潜望镜中。

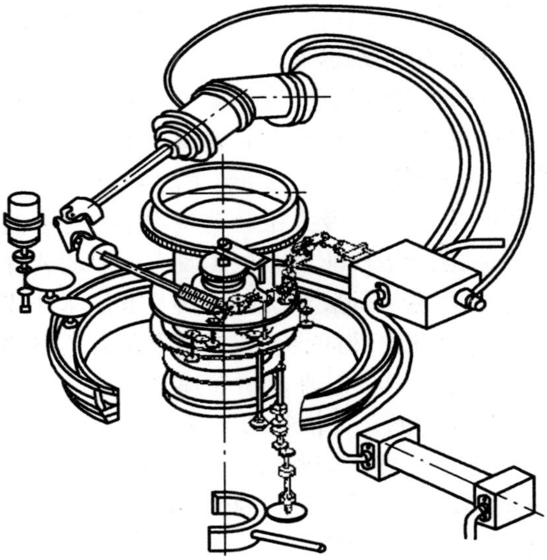

图5－27　机械－液压方位驱动装置构造原理图

(2)机械－液压方位驱动装置工作原理

机械－液压方位驱动装置其操控、控制、稳定均由机械结构来完成,机械－液压驱动系统原理方块图如图5－28所示。

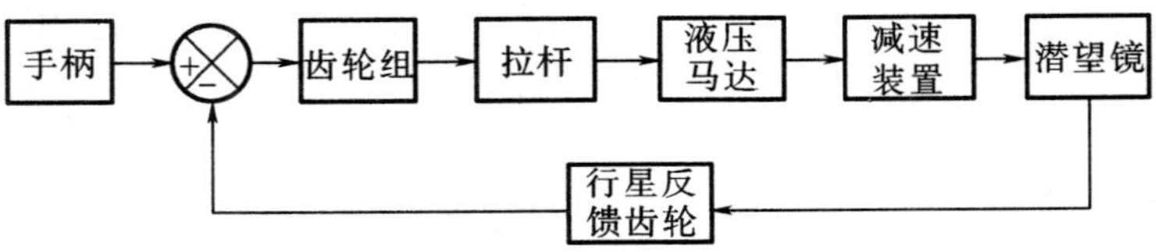

图5－28　机械－液压方位驱动系统原理方框图

当操纵手柄转动某一角度θ时,通过传动齿轮组,带动控制盒的拉杆,从而使压力油按一定的方向和一定的流量流入液压马达,液压马达再通过减速机构来驱动潜望镜回转。停止操纵时,在操纵手柄复位弹簧和控制盒内平衡弹簧作用下,整个操纵机构恢复到原位,潜望镜停止转动。

(3)机械－液压方位驱动装置存在的问题

该系统利用机械装置来传递、反馈位移信号。信号从操纵手柄传输到液压控制盒要经过十几对齿轮和许多刚度很差的悬壁构件,因此空回和弹性变形很大。当信号传到液压控制阀时,此阀又是一个双杆阀,不易平衡,摩擦力矩较大。在小位移情况下,阀就会产生跳跃变化。虽然有一套巧妙的稳定机构,仅能保证潜望镜转动只与手柄转动角度有关。要想停下来,必须使方位操纵大手柄回位,控制盒才可以复位。以上因素决定了驱动系统操纵不灵活,力矩大,瞄准精度低,不易跟踪,在捕捉目标时不是超前就是滞后。机液方位驱动系统虽然解决了潜望镜方位驱动取代人力的问题,但其方位操纵性能较差。

3. 电液方位驱动装置

随着电气液压技术的发展,电液技术的核心部件电液伺服阀在我国研制成功,并广泛使用。电液伺服系统兼有电信息快速及液压元件大功率高响应的优点,广泛应用于机械、冶金、航空、船舶等行业中。我国早在20世纪70年代就率先将电液伺服系统应用在方位驱动系统上。该系统的信号传输部分采用电气传输形式,这样用一根电缆就可代替复杂的机械传动链,弹性变形和空回问题得到彻底解决。

(1)电液方位驱动装置结构

这种结构外形和以前的机液结构相差无几,但内部结构变化很大(图 5-29)。这种方位圈结构主要包括:方位圈本体(含开关组、手柄组、油管组、油滤组等)、主传动系统组(主体座齿轮轴承组)、减速器液压马达组(蜗轮蜗杆轴承组、电液伺服阀组等)、配电盒组、自整角机组、反馈旋转变压器组、操纵手柄组(减速器、手轮、旋转变压器等)。在结构上与机液系统最大差别是少了十几对复杂的传动齿轮和行星齿轮,而多了一整套电液操控系统,在结构上大大简化,提高了系统的可装配性和可维修性。

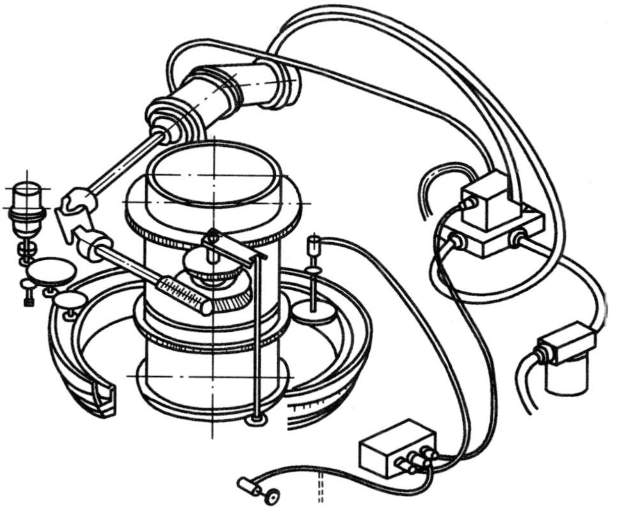

图 5-29　电液方位驱动装置构造原理图

(2)电液方位驱动装置工作原理图(图 5-30)

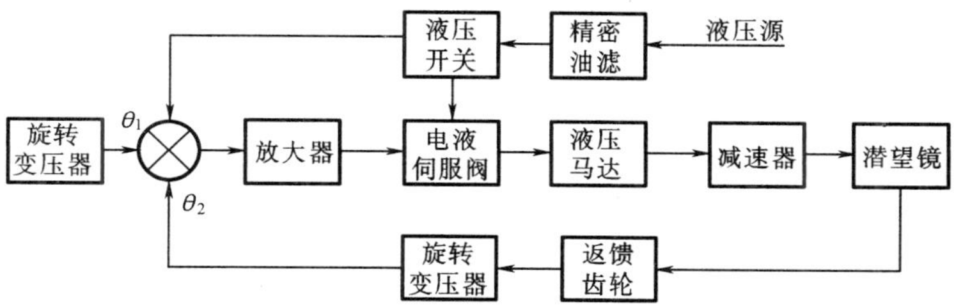

图 5-30　电液方位驱动系统原理方框图

这是一种电液模拟伺服系统,它操控简单,瞄准快速准确。它通过操控手轮可实现开环操控和闭环操控。当开环操控时,通过手轮使旋转变压器转动一个角度 θ_1、输出一个电压差,电信号通过放大器来控制电液伺服阀开口大小,从而控制液压马达转动来驱动潜望镜的回转,潜望镜转动带动反馈旋转变压器转动。这时旋转变压器就输出一个角位移 θ_2反馈到放大器中作比较,当 $\theta_1=\theta_2$时潜望镜停止转动。这种方位驱动系统是在方位圈度盘上直接读数(例如直接读出方位角、航向角、舷角等),所以其测量精度仍偏低。

(3)电液方位驱动系统优缺点

电液驱动系统与机液驱动系统相比较,它的主要改进是采用了电液伺服阀和反馈旋转变压器组代替了十分庞杂的机械传动和机械反馈装置。电液系统主要优缺点如下:

①克服了机液系统中构件刚度差、弹性变性大而引起的操纵空回大、不稳定等缺点,电液驱动系统在跟踪精度、稳定性等方面都比机液驱动系统有了很大的提高。

②由电液伺服阀代替了控制盒,这样由一个完全靠手操机械控制的滑阀,改进为由电流来控制压力油液的流量和方向的电液伺服阀,其性能起了根本的变化。电液伺服阀结构紧凑、动作灵敏、死区小,充分利用电气的优点。电液伺服阀的应用,为潜望镜方位驱动系统的自动化开辟了新的途径。

③电液伺服系统中增加了反馈旋转变压器装置，组成闭环系统，大大提高了系统的性能。但是这种电液驱动系统是最基本的仍是一种人为的闭环系统。在操纵潜望镜回转时，操纵人员以目视、手动来瞄准和跟踪目标，用目视来读取数据；这样潜望镜的瞄准跟踪目标的精度就与操纵人员的主观因素有关，所以系统精度就不可能太高。

④由于电液系统较机液系统结构大大简化，使系统装置的装配和维修更加简化容易。这种电液系统是模拟系统，人为因素很多，是一种最基本的电液系统，在这个基础上进一步发展成全自动数字化电液伺服系统是方向，而且也很容易实现。

4. 全自动电液方位伺服系统

(1)全自动电液方位驱动装置结构

全自动电液方位驱动装置是在上述电液驱动装置基础上改进发展起来的，变化如下：

①整个系统纳入计算机管理，从数据采集、处理、输出、显示均由计算机完成；

②取消了反馈旋转变压器，仅有一个高精度旋转变压器用于测定方位并兼作负反馈元件；

③计算机的加入使度盘简化了，仅供艇长观察参考，不作数据录用；

④去掉操纵手轮组，而将左手柄变成方位操纵手柄，可快慢、变向操纵。

(2)全自动电液方位驱动系统装置工作原理

其原理图如图 5－31 所示。系统工作原理：计算机输入一个与目标弦角对应的数字量 R(数)，并与测角元件转换电路送来的实时角度 θ(数)进行比较；计算机根据误差 $\Delta\theta$(数)进行数学校正解算，输出对应的控制量 ΔU(数)；经 D/A 转换成模拟量，再经放大器放大，驱动电液伺服阀，控制液压马达的转向和转速，再经减速装置带动潜望镜向减小 $\Delta\theta$ 的方向转动，直至为零(或减小到一最小值 ε)，使被测对象进入并稳定在潜望镜视场中。速度反馈量 VEL 直接送放大器，再经电液伺服阀对潜望镜实现平稳控制。方位角度值在显示器进行显示。

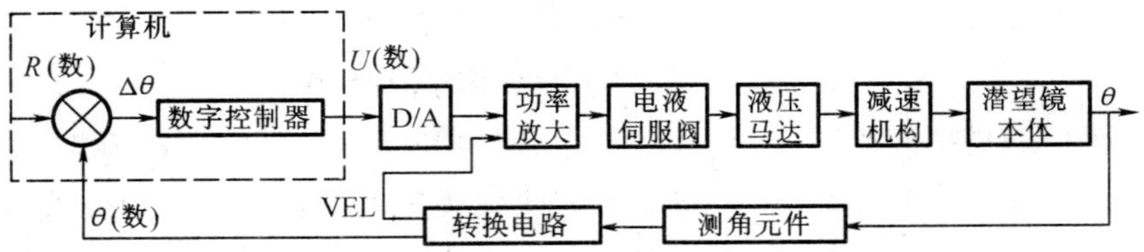

图 5－31 全自动电液方位驱动系统原理方框图

(3)全自动电液方位驱动装置的优缺点

由于系统纳入计算机管理，所以操纵方便，运算速度很快，显示清晰，容易实现遥控。但是采用了计算机和多种电气装置，使得系统复杂化，因此整个系统维护、保养、检修较为困难。提高系统的可靠性因素较多，难度较大。

5. 力矩马达方位驱动装置

(1)力矩马达方位驱动装置组成

在精密的天文导航潜望镜中，为了自动寻星，自动跟踪星体，其方位驱动系统采用了全自动电气伺服系统。该系统特点是自动化程度高，测量、输入、解算、打印全部自动化。对目标的捕捉和跟踪受计算机控制，操作简单方便。

20 世纪 70 年代力矩马达方位驱动装置采用小惯量伺服电机，经多级齿轮传动到主轴，齿轮空回比较大,影响了控制精度。新型的方位驱动装置采用的是大惯量永磁直流力矩电机。其结构由一对精密轴承、旋转变压器、测速电机、永磁力矩电机、导电滑环(或限位机构)组成。

力矩马达方位驱动装置工作原理大体上与全自动电液方位驱动装置相同。

(2)方位力矩马达驱动系统装置的优缺点

①采用大惯量力矩电机低速运转时输出转矩大,最大峰值转矩可达额定转矩的 10 倍以上;过载力强,允许持续过载时间较长。

②直接驱动潜望镜本体,无减速装置,完全消除了空回的影响。

③采用了精密轴承、整体加工技术,保证了很高的测角精度。

这种大惯量力矩电机虽然具有良好的调速和转矩特性,但它的结构复杂、体积大,而且电机的电刷容易磨损,限制了它的使用场合。

6. 各种方位驱动装置性能比较及发展

表 5 – 2 列出了各种方位驱动装置的性能比较。

表 5 – 2　各种方位驱动装置性能比较

特性名称	机液驱动系统	电液方位圈	电液方位圈	电动方位座
操纵方式	机液伺服系统	电液模拟伺服系统	计算机控制伺服系统	计算机控制伺服系统
瞄准精度	1° ~ 2°	< 10′	< 5′	< 3′
最高转数	3 r/min	4 ~ 5 r/min	4 ~ 5 r/min	
最低转数	30°/min	10°/min	10°/min	0.05°/min
驱动力矩	16 kg · m	16 ~ 32 kg · m	12 kg · m	26 kg · m
可靠性		MTBF≥150 h MTTR≤0.5 h	MTBF≥100 h MTTR≤0.5 h	MTBF≥5 000 h
性能	测舷角、方位角、装定鱼雷射击提前角、辅助测距	测舷角、方位角、装定鱼雷射击提前角、辅助测距、照相	测舷角、方位角、测距、照相、观察跟踪目标,辅助测天定位	测舷角、方位角、观察跟踪目标,辅助测天定位
特点	操纵困难、很难瞄准跟踪、结构复杂	操纵方便、灵活、瞄准跟踪容易、稳定可靠、结构优化	自动化程度高,自动测量、解算、可以遥控、显示	直接驱动,测角精度高,自动测量、解算、可以遥控、显示,自动化程度高

在闭环控制系统中,早期多用电液伺服阀 – 液压马达和小惯量电机,20 世纪 70 年代中期以后,多用宽调速直流伺服电机。近年来交流伺服电机的研究不断取得显著进展,交流伺服电机没有电刷和换向器等结构上的缺点,并且随着转型功率开关器件专用集成电路、计算机技术和控制算法的发展,交流伺服电机系统用在方位驱动装置上,取代其他的驱动系统成为发展趋势。

交流伺服方位驱动装置系统特点:

(1)结构简单,体积小,维修性强;

(2)由于驱动电机无电刷和换向器,所以发热量小,寿命长;

(3)性能稳定。

交流伺服方位驱动装置采用矢量变换控制法,它是一种新的控制理论方法,它的作用是使得交流电机能像直流电机那样,实现磁通和转矩的单独控制,使交流电机能够获得与直流电机同样的控制灵活性和动态特性。为此,必须将三相交流矢量转换成与之等效的直流标量,建立起交流电机与直流电机的数学模型,然后按直流电机的控制方法对其进行控制。

矢量变换控制的基本关系为

$$\begin{bmatrix} I_M \\ -I_T \end{bmatrix} = \begin{bmatrix} \cos\theta_1 & \sin\theta_1 \\ -\sin\theta_1 & \cos\theta_1 \end{bmatrix} \begin{bmatrix} i_D \\ i_Q \end{bmatrix} \tag{5-16}$$

$$\begin{bmatrix} i_A \\ i_B \\ i_C \end{bmatrix} = \sqrt{\frac{2}{3}} \begin{bmatrix} 1 & 0 \\ -\frac{1}{2} & \frac{\sqrt{3}}{2} \\ -\frac{1}{2} & -\frac{\sqrt{3}}{2} \end{bmatrix} \begin{bmatrix} i_D \\ i_Q \end{bmatrix} \tag{5-17}$$

基本原理为:由所要求的气隙磁通 θ_M 确定电流 I_M,由气隙磁通 θ_M 和所要求的转矩 T 确定转子电流 I_T,由此经过 I_M,I_T 再到 i_A,i_B,i_C 的变换,就可以得到三相电流 i_A,i_B,i_C 的瞬时值,以此作为定子三相电流的给定值,对三相交流电机进行控制。由于 I_M 和 I_T 可以单独调节,从而就调节了三相电流的瞬时给定值,这就使交流电动机的控制具有直流电动机同样的控制灵活性;并且由于是瞬时值控制,所以具有良好的动态控制性能。

5.4 潜艇光电装备自动控制技术

5.4.1 概述

自动控制技术的范围很广,包括自动控制理论、控制系统设计、系统仿真、现场调试、可靠运行等从理论到实践的过程,是光机电一体化系统中重要的关键技术。本节中以潜望镜和光电桅杆中瞄准线稳定控制系统为例,来论述其自动控制的原理和方法。

在潜艇光电装备中,现行的机电瞄准线稳定控制的实现方式主要有两种,第一种是通过从艇上的平台罗经或惯导得到舰艇摇摆值,经过一系列坐标变换,计算出克服摇摆的补偿值,由执行机构(如力矩马达、液压伺服阀、液压马达等)驱动俯仰和方位运动,从而实现瞄准线稳定(即所谓电子平台稳像法)。这种方法需要由外系统提供姿态信息,由于外系统自身状态、安装、传输和变形等因素导致其精度难以保证;而且,这种实施方法需要俯仰和方位两套随动系统,如果要达到较高的稳定精度,必须在结构构成和电气组成上采取相应的技术措施;但由于潜艇光电装备的光机结构、电气组成与艇上安装存在一些特殊要求,往往带来一些限制条件,导致稳定精度的提高有限,其典型的瞄准线稳定度为10′~30′。另一种瞄准线稳定控制技术是通过陀螺来实现的,在潜艇光电装备的桅杆头部安装一台双轴(也有采用单轴的)陀螺,由陀螺敏感艇的摇摆和振动,并通过信号处理与驱动电路来驱动与陀螺支架连接的两台力矩电机,分别控制俯仰和方位的补偿运动,从而达到瞄准线的稳定(本书又称为陀螺稳瞄平台稳定)。这种方法除了可以克服艇的摇摆之外,还可以补偿由于桅杆抖动和艇体振动带来的图像抖动,其典型的瞄准线稳定度可以达到5′以内,远高于电子稳定平台的稳定精度。但是这种稳定方法密切依赖陀螺的精度和寿命,以及桅杆头部的结构。而潜艇光电装备的桅杆头部必须满足水密、水压、尺寸小、拆装困难等特殊要求,往往限制了陀螺稳定技术在潜艇光电装备中的应用。

典型的潜艇潜望镜瞄准线稳定控制系统采用双轴稳定的结构形式，由高度和方位两套随动系统组成。其高度俯仰由伺服电机带动减速齿轮和一套蜗轮蜗杆来驱动高度棱镜作俯仰轴的上下运动。方位回转驱动主要有两种方式：一种由力矩马达驱动，通过特制的方位座来连接潜望镜本体并驱动本体转动；另一种使用电气－液压驱动，通过装有液压马达和液压电磁伺服阀的方位圈来连接潜望镜本体并驱动本体转动。随着计算机技术、电子技术和控制理论的迅速发展和应用水平的不断提高，越来越多的随动系统采用计算机作为直接的数字控制器来构成数字随动系统。

5.4.2　潜望镜瞄准线陀螺稳定系统的组成与分析

陀螺仪由于具有独特的惯性空间稳定性和进动性功能，被广泛地应用于各类稳定系统中，在稳定系统中起着很重要的作用，特别是近年来随着挠性陀螺、光纤陀螺等技术的日益成熟，其具有体积小、质量轻，内部结构简单，可靠性高，成本相对较低等优点，被广泛应用于各类稳定系统中。

潜望镜瞄准线陀螺稳定方法的原理结构可见第 8,9 章有关部分。对于该陀螺稳瞄平台的原理已在第 8 章中作了详细的分析，其结构原理也在第 9 章中作了介绍。这里将详细介绍其组成、陀螺仪原理及控制系统的有关问题。

1. 挠性陀螺仪组成的自主式稳定系统

在自主式稳定系统中，挠性陀螺作为稳定平台的唯一敏感元件，稳定系统的输入信号来自于陀螺信号器，系统没有其他额外信息输入，因此这种系统为自主式稳定系统，如坦克、直升机、吊舱等的瞄准线稳定等。在这种稳定系统中，陀螺本身处于开环状态，它敏感的动态信号经过电子放大线路后控制力矩电机的运动。整个系统形成闭环，使系统稳定在陀螺主轴的惯性空间方向上。陀螺力矩器的作用是通过电流的输入使陀螺主轴进动，改变稳定平台的方向（如瞄准线的方向），实施系统的搜索跟踪等。自主式稳定系统的组成方框图如图 5－32 所示。

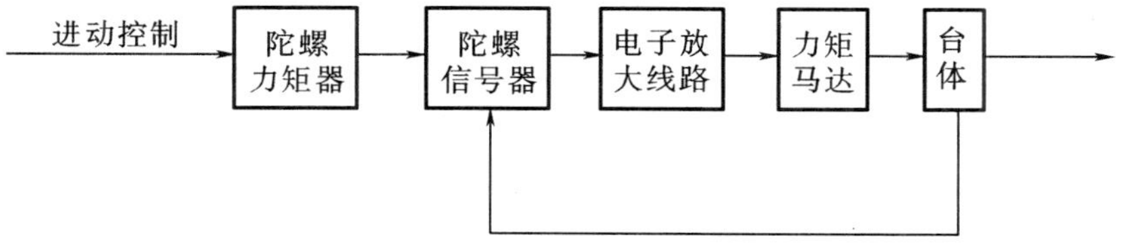

图 5－32　陀螺自主稳定系统组成方框图

在陀螺自主式稳定系统中，电子放大线路的设计非常重要，一般采用模拟电路的方法，包含有前置放大、解调、滤波、PID 校正、功率放大等环节。其组成如图 5－33 所示。

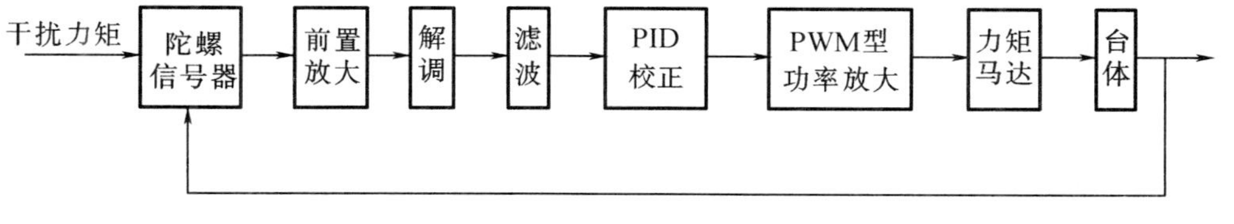

图 5－33　陀螺自主稳定系统电子放大线路组成图

前置放大是对陀螺信号器的输出信号进行放大，经常放置在陀螺附近，因为陀螺信号器的输出信号为毫伏量级，前置放大是为了避免传输过程的干扰和衰减，放大倍数常为10倍。解调、滤波是将交流信号转变为直流。因为稳定系统大多数采用直流力矩电机，且后面的校正环节为直流校正，所以需要将信号器的交流信号变换成直流信号。

PID 校正是对整个控制系统的动态品质进行综合校正，确保系统的稳定性。该环节是电子放大线路的关键环节，它直接影响稳定系统的稳定性和稳定精度。常采用串联型有源综合校正网络，能实施微分和积分两个方面的校正性能。通过调节电阻和电容的值，能改变校正网络的传递函数，克服动态过程中的超前和滞后误差，提高系统的稳态性能。各种元件参数可根据实际情况调整。

功率放大部分常采用 PWM 桥式功率放大器，它能够减小动静摩擦力矩之差，降低力矩电机的死区电压，提高系统的稳定精度，并克服线性功率放大线路所产生的功率损耗问题。

在自主式陀螺稳定系统中，常常存在漂移问题。它一部分是陀螺的随机漂移，另一部分是由于地球的自转形成的，因为陀螺稳定的是惯性空间。在瞄准线稳定系统中，由于连续工作的时间不是很长，陀螺的随机漂移影响较小（应用于此类稳定系统的挠性陀螺随机漂移大多在(0.01°～0.1°)/h；瞄准线的漂移主要是受地球的自转的影响，通常解决的方法是通过对陀螺力矩器施加一定的电流进行补偿。

2. 挠性陀螺仪作为角速率敏感元件的捷联式稳定系统原理

挠性陀螺仪经常工作在捷联状态，即将陀螺仪直接固联在平台或载体上，直接测量出载体或平台的角速率，再将角速率进行积分处理，就能得到角度信号，因为挠性陀螺仪只能测量很小的转角，因此把它接成力反馈式，即挠性陀螺本身形成了闭环。闭环式力反馈回路的原理框图如图 5－34 所示。

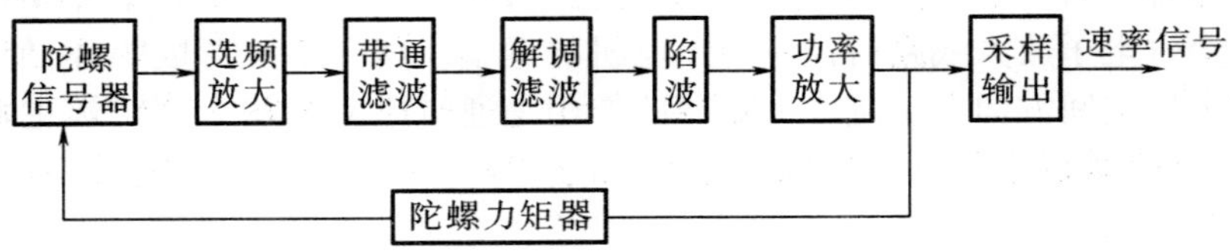

图 5－34　陀螺力反馈线路组成图

当平台或载体转动时，陀螺信号器测出其转角并送出电信号，经选频放大、解调滤波、陷波、功率放大等环节后变换成电流信号，再加给力矩器；力矩器产生的力矩作用到陀螺上，使陀螺转子轴进动，进动方向与平台或载体转动方向一致，这样使陀螺转子轴与平台或载体一起运动，直至二者之间的失调角为零，陀螺信号器的输出为零。作用到力矩器上的电流可通过采样电路变换成电压信号输出，它的大小与平台或载体转动的角速率成正比，这就是挠性陀螺测速的原理，此陀螺又称为挠性速率陀螺。

当挠性陀螺作为速率陀螺使用时，通常有两种应用方法。一种是在稳定系统中起速率反馈的作用，加强系统的稳定性和平滑性。在这类稳定系统中，需要外界提供载体的姿态信息（来自于平台罗经或惯导等），挠性陀螺只起到速度环反馈的作用。这类稳定系统的组成框图如图 5－35 所示。

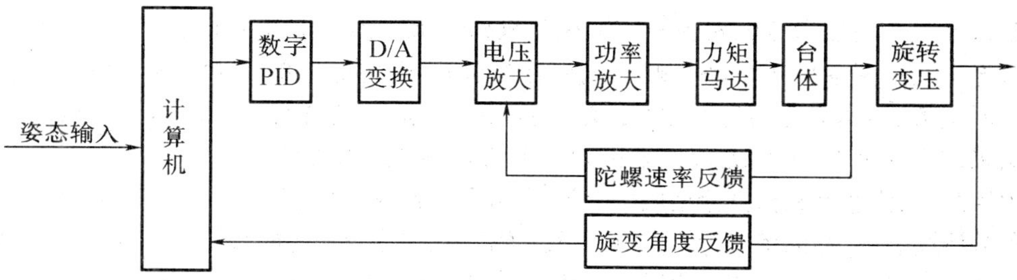

图 5－35　速率陀螺反馈的稳定系统组成框图

在此类稳定系统中,计算机起着很重要的作用,外界的姿态信息和台体的角位置信息都输入到计算机进行运算处理,PID 校正也是以数字方式由计算机完成,然后经过 D/A 变换、电压放大和功率放大后驱动力矩马达运动,挠性陀螺在系统中形成速度环反馈,提高了系统的稳定精度和稳定性。在此类系统中,由于存在位置反馈,陀螺漂移及地球自转对稳定系统精度的影响不大。

挠性速率陀螺的另外一种应用方法是构成完全数字式捷联系统，因为挠性速率陀螺能敏感角速率,将它输入计算机进行积分运算处理,得出角位置量,然后根据陀螺惯性空间稳定的数学模型进行程序设计处理。该系统主要工作由计算机软件完成,硬件较自主式稳定系统简单,但稳定精度低于自主式稳定系统。

5.4.3　以坐标转换迭代法为基础的潜望镜瞄准线稳定控制系统分析

以坐标转换迭代法为基础的潜望镜瞄准线稳定数字控制系统主要由控制器、传感器和执行器等组成,如图 5－36 所示。

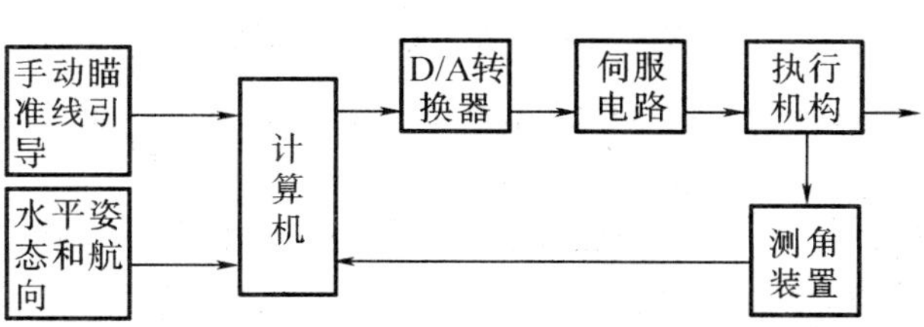

图 5－36　潜望镜瞄准线稳定控制系统组成方框图

控制器由计算机和接口电路组成。其中,计算机作为一个数字控制器,通过接口电路接收水平姿态和航向信息、测角装置的位置信息以及瞄准线的手工引导信息等,通过相应的控制算法解算出数字控制量。接口电路包括并行接口电路、串行接口电路、D/A 转换接口电路、A/D 转换接口电路和伺服电路。并行、串行接口电路用于接受姿态、位置等参与控制解算的信息元素;D/A 转换接口电路将数字控制器解算出来的数字控制量转换为模拟量传送到伺服电路,通过伺服电路放大、整形等处理后驱动执行机构向误差减小的方向运动;A/D 转换接口电路用于将测角传感器的转角模拟量转换为数字角度量发送给计算机以形成闭环控制。

以上瞄准线稳定控制系统中使用的传感器用于连续转角测量,主要有正余弦旋转变压器、感应同步器、光栅测角仪和光电码盘等几类。由于潜望镜的特殊结构和使用环境,为保证测量精度，一般使用多级正余弦旋转变压器来完成高度俯仰和方位回转的角度测量。

执行器包括高度和方位两套不同的执行机构。由于高度通道的特点，一般采用小功率的伺服电机通过减速机构带动与蜗轮蜗杆连接的高度棱镜实现高度俯仰。而方位通道由于转动质量大、力矩大且不均衡，通常设有专门的传动执行装置，如方位圈、方位座等，其中方位圈采用电－液驱动，而方位座采用大功率的力矩马达来驱动。

由控制器、传感器和执行器组成一个闭环控制系统，测角传感器实时测量出瞄准线的位置并发送给计算机，计算机将当前位置与预设位置比较，并通过一定的控制算法输出控制量传送给执行器，通过执行器使之朝位置误差减小的方向运动，以此形成一个闭环控制过程，达到瞄准线稳定的目的。另外，在观察过程中，有时需要改变瞄准线的位置和指向而同时保持瞄准线的稳定，此时，可以通过按键或手柄或操纵杆等输入控制量来引导瞄准线运动。

5.4.4 自动稳定跟踪的原理与分析

自动稳定跟踪是指光电装备根据光电传感器实时探测的目标相对于瞄准线的偏差量信息通过伺服系统实施的闭环跟踪的全过程。自动稳定跟踪由伺服系统完成，如图 5－37 所示。

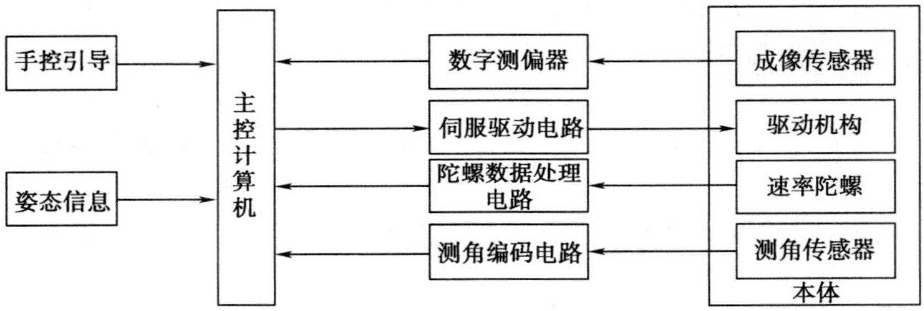

图 5－37 自动稳定跟踪框图

主控计算机发出控制信号，该信号经伺服驱动电路进行功率放大，施加于执行单元（如力矩电机），执行单元带动俯仰或方位机构转动，从而使瞄准线发生变化。在转动的过程中，测角装置实时测量俯仰或方位角度，速率陀螺同时敏感轴角转速和舰艇摇摆角速度，数字测偏器实时测量成像传感器中目标对光轴的偏差量（第七章介绍了目标提取和偏差量的算法），主控计算机采集这些测量值，进行控制计算，输出新的伺服控制信号，对俯仰或方位转动进行控制，使数字测偏器的测量值趋于减小直至为零，从而实现对目标的动态闭环自动稳定跟踪。

5.4.5 数字控制方法的原理与分析

控制理论和控制方法的研究具有悠久的历史，其发展也非常迅速。20 世纪 40 年代发展起来的传统的古典控制理论，直到现在仍然是分析、设计控制系统的主要理论基础。尤其在处理单输入－单输出的单变量线形系统时非常有效，但是对于多输入－多输出的多变量系统、非线形系统、时变系统等复杂的控制对象，古典控制理论越来越力不从心。因此从 20 世纪 60 年代开始逐渐形成了以状态空间法为基础的现代控制理论，并为数字控制系统的应用创造了条件。

常用的计算机数字控制系统的设计方法有数字 PID 控制的模拟化设计方法、最少拍和有限拍控制的离散化设计方法、最少能量控制与离散二次型最优控制的离散状态空间设计方法以及复杂规律控制方法等。其中数字 PID 控制方法和最少拍无差控制方法在实际工程应用中得到了比较普遍的研究和应用。

1. PID 控制方法的原理与分析

在连续－时间系统中，PID 控制器应用非常广泛，而且设计技术成熟，长期以来形成了典型的结构，参数整定方便，结构更改灵活，能满足一般的控制要求。PID 控制技术比较简单，易于掌握，并且有其突出的优点。当被控对象的结构和参数不能完全掌握，或得不到精确的数学模型时，控制理论的其他技术难以使用，系统的控制器的结构和参数必须依靠经验和现场调试来确定，这时应用 PID 控制技术最方便。因此，PID 控制具有很大的适应性和灵活性。

现在，数字控制器广泛应用于控制系统中，在直接数字控制系统中，计算机作为数字控制器，可以用程序简单又方便地实现数字 PID 控制规律，调整方便，能得到满意的控制效果。同时，因为计算机程序的灵活性，很容易克服连续控制中存在的问题，经过修正得到更完善的数字 PID 算法。

PID 控制对线形时变的且是相当低阶的控制系统，其跟踪和抗干扰能力特别强，能获得期望的特性。特别是对低阶的系统，可以达到参数最优化控制。然而，PID 控制也有其局限性，当系统参数是时变的，或者系统是跟踪一个参考轨迹而不是简单的设定点变化时，控制性能严重变坏，这时可以用自校正控制器。此外，当系统中存在有较大的滞后时，系统的性能也会严重变坏，必须采取特殊措施。

连续时间系统的 PID 控制系统如图 5－38 所示。

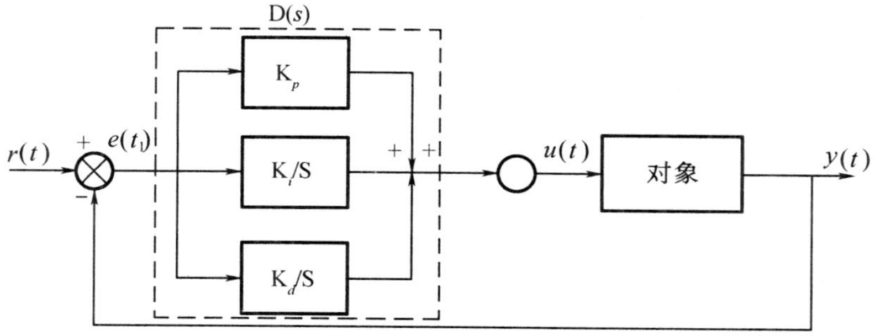

图 5－38　自动稳定跟踪框图

图中，$D(s)$ 为控制器，由它来完成 PID 控制规律，被称为 PID 控制器。PID 控制器是一种线形控制器，用输出量 $y(t)$ 和给定量 $r(t)$ 之间的误差的时间函数 $e(t)=r(t)-y(t)$ 的比例、积分、微分的线形组合来构成控制量 $u(t)$。在实际应用中，可根据受控对象的特性和控制系统的性能要求，灵活地采用不同组合，构成比例控制器

$$u(t)=K_p e(t) \tag{5-18}$$

比例＋积分控制器

$$u(t)=K_p\left[e(t)+\frac{1}{T_i}\int_0^t e(\tau)\,\mathrm{d}\tau\right] \tag{5-19}$$

和比例＋积分＋微分控制器

$$u(t)=K_p\left[e(t)+\frac{1}{T_i}\int_0^t e(\tau)\,\mathrm{d}\tau+T_d\frac{\mathrm{d}(e(t))}{\mathrm{d}t}\right] \tag{5-20}$$

式中 K_p——比例放大系数；

T_i——积分时间；

T_d——微分时间。

比例控制能迅速反映误差，从而减小稳态误差。但是，比例控制不能消除稳态误差，过分加大比例系数会导致系统的不稳定。积分控制的作用是，只要系统有误差存在，积分控制器就不断地积累，并输出控制量以消除误差，因而，只要有足够的时间，积分控制能完全消除，使系统误差为零，从而消除稳态误差。可是，积分作用太强会使系统超调增大甚至导致系统振荡。微分控制可以减小超调量，克服振荡，使系统的稳定性提高，同时加快系统的动态响应速度，减小调整时间，从而改善系统的动态性能。应用 PID 控制，必须适当地调整比例放大系数、积分时间和微分时间，使整个控制系统得到良好的性能。

计算机直接数字控制系统大多数是采样－数据控制系统，进入计算机的连续－时间信号，必须经过采样和整量化后，变成数字量，才能由计算机处理。无论是积分还是微分，在计算机中都是通过数值逼近的方法来实现。当控制系统的采样周期相当短时，可以用求和代替积分，用差分代替微分，使 PID 算法离散化。

用矩形积分时，有

$$\frac{1}{T_i}\int_0^t e(\tau)\,\mathrm{d}\tau=\frac{T_s}{T_i}\sum_{j=0}^{k} e(j) \tag{5-21}$$

用差分代替微分，有

$$T_d\frac{\mathrm{d}e(t)}{\mathrm{d}t}=\frac{T_d}{T_s}[e(k)-e(k-1)] \tag{5-22}$$

因此，PID 算法变为如下的差分方程

$$u(k)=K_p\left[e(k)+\frac{T_s}{T_i}\sum_{j=0}^{k} e(j)+\frac{T_d}{T_s}(e(k)-e(k-1))\right]+u_0 \tag{5-23}$$

式中，u_0 为控制量的基值，即 $k=0$ 时的控制量。

上式是 PID 算法的非递推式，称为全量算法。这种算法得出控制量的全量输出 $u(k)$，是控制量的绝对数值。在控制系统中，这种控制量确定了执行机构的位置，因此也称为位置算法。而当执行机构需要的不是控制量的绝对值，而是控制量的增量时，就需要采用 PID 算法的增量算法。由位置算法求出

$$u(k)=K_p\left\{e(k)+\frac{T_s}{T_i}\sum_{j=0}^{k} e(j)+\frac{T_d}{T_s}[e(k)-e(k-1)]\right\}+u_0$$

再求出

$$u(k-1)=K_p\left\{e(k-1)+\frac{T_s}{T_i}\sum_{j=0}^{k-1} e(j)+\frac{T_d}{T_s}[e(k-1)-e(k-2)]\right\}+u_0$$

两式相减，即可得出控制量的增量算法

$$\begin{aligned}\Delta u(k)&=u(k)-u(k-1)\\&=K_p\left\{e(k)-e(k-1)+\frac{T_s}{T_i}e(k)+\frac{T_d}{T_s}[e(k)-2e(k-1)+e(k-2)]\right\}\end{aligned} \tag{5-24}$$

同样，利用增量式算法也可求出位置的递推算法

$$u(k)=u(k-1)+\Delta u(k) \tag{5-25}$$

PID 算法的选择，与受控对象的执行元件有关。但总地来说，增量式算法优点更多。

事实上，在实际控制系统中，很少简单地采用上述控制算法。针对受控对象的特点和控制系统的特殊要求，总是要对 PID 算法作出必要的改进。

（1）数字 PID 位置算法的积分饱和现象及其抑制方法

当控制系统的误差信号 e 较大时，由数字 PID 位置算法计算得出的控制量 u 也很大，受控量增长慢，正误差积累更大；当受控量增长到等于给定值时，误差为零；但误差和积累项累计值很大，控制量还将继续维持饱和，经过相当长一段时间后，才会脱离饱和。这样使系统被控量的超调量明显加大，严重时会引起振荡。这种误差积累主要是由积分作用引起的，称为“积分饱和”。要克服积分饱和，关键是限制积分作用，使积分累计误差不能过大。最常用的方法是采用积分分离法，当误差量较大时，不进行积分，直到误差达到一定值之后，才加入积分累计。

（2）给定值突变时的改进算法

当给定值突变时，控制量也会突变。为了使给定值的迅速变化不致引起控制量的过大增长，在增量式 PID 算法中，将微分项内给定值的因素排除，用 $y(k)$ 代替误差项，相当于在 $e(k)=r(k)-y(k)$ 中，不考虑 $r(k)$，二阶差分项 $e(k)-2e(k-1)+e(k-2)$ 用 $-[y(k)-2y(k-1)+y(k-2)]$ 来代替，则增量式 PID 算法改写为

$$\Delta u(k)=K_p\left\{[e(k)-e(k-1)]+\frac{T_s}{T_i}e(k)+\frac{T_d}{T_s}[-y(k)+2y(k-1)-y(k-2)]\right\}$$

如果在比例项中也不考虑 $r(k)$，则得到

$$\Delta u(k)=K_p\left\{[-y(k)+y(k-1)]+\frac{T_s}{T_i}e(k)+\frac{T_d}{T_s}[-y(k)+2y(k-1)-y(k-2)]\right\} \tag{5-26}$$

以上介绍了有关数字 PID 控制的算法及其典型的改进措施，事实上，由于采用了计算机之后，可以充分利用计算机的逻辑判断和处理能力，针对实际控制系统采取更多的改善措施。

PID 控制是最早发展起来的控制策略之一，因为这种控制方法具有简单的控制结构、明确的物理意义，在实际应用中又比较易于调整，所以在工业过程控制中有着最广泛的应用。但是 PID 控制方法对不易获得数学模型的控制对象的控制效果不是十分理想，而且 PID 控制方法存在控制参数整定困难的缺点，传统的整定方法主要有 Ziegler - Nichols 整定算法、Cohen - Coon 整定算法、基于幅值与相位裕量设定的算法等，这些方法密切依赖于设计经验。因此一些新的设计方法如遗传算法等正受到越来越多的设计人员的关注，这些方法可以快速有效地实现 PID 控制器参数寻优，避免传统的 PID 控制器参数整定和寻优的随意性和盲目性。

2. 最少拍无差控制方法分析

所谓最少拍无差系统，就是能在最少几个采样周期内达到在采样时刻输入输出无偏差的系统。显然，这种系统对闭环脉冲传递函数 $\Phi(z)$ 的要求是快速和准确。

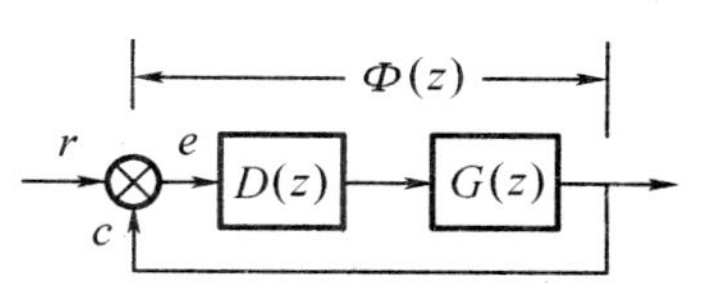

图 5－39　一种计算机控制系统的方框图

分析图 5－39 所示的计算机控制系统

$$D(z)=\frac{1}{G(z)}\frac{\Phi(z)}{1-\Phi(z)} \tag{5-27}$$

式中 $G(z)$——广义对象的脉冲传递函数；

$\Phi(z)$——系统的闭环脉冲传递函数。

因此，设计数字控制器的步骤如下：

(1)根据控制系统的性能指标要求以及其他约束条件，确定所需的闭环脉冲传递函数 $\Phi(z)$；

(2)根据上式确定计算机的脉冲传递函数；

(3)根据 $D(z)$，编制控制程序算法。

这种方法称为直接设计法，显然，其中第一步是最关键的一步。

偏差 $E(z)$ 的脉冲传递函数为

$$\Phi_e(z)=\frac{E(z)}{R(z)}=\frac{R(z)-C(z)}{R(z)}=1-\Phi(z) \tag{5-28}$$

所以

$$E(z)=\Phi_e(z)R(z)=[1-\Phi(z)]R(z) \tag{5-29}$$

由 z 变换的终值定理，系统的稳态偏差为

$$e(\infty)=\lim_{z\to 1}(1-z^{-1})E(z)=\lim_{z\to 1}(1-z^{-1})\Phi_e(z)R(z) \tag{5-30}$$

对于时间 t 的幂函数的典型输入函数

$$r(t)=A_0+A_1t+\frac{A_2}{2}t^2+\cdot\cdot\cdot\cdot+\frac{A_{q-1}}{(q-1)}t^{(q-1)} \tag{5-31}$$

查阅 z 变换表可知，它的 z 变换为

$$R(z)=\frac{B(z)}{(1-z^{-1})^q}$$

式中，$B(z)$ 是不包含 $(1-z^{-1})$ 因子的关于 z^{-1} 的多项式，对于阶跃、等速、等加速输入函数，q 分别等于1,2,3。

要使稳态偏差 $e(\infty)$ 为零，要求 $\Phi_e(z)$ 中至少包含 $(1-z^{-1})^p$ 的因子

$$\Phi_e(z)=1-\Phi(z)=(1-z^{-1})^pF(z) \tag{5-32}$$

式中，$p\geqslant q$，q 是典型输入函数 $R(z)$ 分母 $(1-z^{-1})$ 因子的阶次，$F(z)$ 是待定的关于 z^{-1} 的多项式。偏差 $E(z)$ 的 z 变换展开式为

$$E(z)=\sum_{n=0}^{\infty}e(nT)z^{-n}=e(0)+e(T)z^{-1}+e(2T)z^{-2}+\cdots \tag{5-33}$$

要使偏差尽快为零，应使上式中关于 z^{-1} 的多项式项数为最少，因此，式(5-32)中的 p 应选为 $p=q$。

综上所述，从准确性的要求来看，为使系统对式(5-30)或(5-31)的典型输入函数无稳态偏差，$\Phi_e(z)$ 应满足

$$\Phi_e(z)=1-\Phi(z)=(1-z^{-1})^qF(z) \tag{5-34}$$

式(5-34)是设计最少拍的一般公式，但若要使设计的数字控制器形式最简单，阶数最低，必须使 $F(z)=1$，这就是说，使 $F(z)$ 不含 z^{-1} 因子，$\Phi_e(z)$ 才能使 $E(z)$ 中关于 z^{-1} 的项数最少

$$\Phi_e(z)=1-\Phi(z)=(1-z^{-1})^q \tag{5-35}$$

所以

$$\Phi(z)=1-\Phi_e(z)=1-(1-z^{-1})^q \tag{5-36}$$

这就是最少拍无差系统的闭环脉冲传递函数的一般表达式。接下来的任务就是如何寻找它，进而求出计算机的脉冲传递函数 $D(z)$。

下面结合几种典型的输入函数来寻找闭环脉冲传递函数 Φ (z)。

（1）阶跃输入　输入函数 $r(t)=1(t)$，其 z 变换式为

$$R(z)=\frac{1}{1-z^{-1}} \tag{5-37}$$

要满足式(5-30)为零的条件是使 $\Phi_e(z)$ 能消去 $R(z)$ 的分母 $(1-z^{-1})$，令式(5-36)中 $q=1$，$\Phi(z)=z^{-1}$，所以

$$E(z)=R(z)[1-\Phi(z)]=1$$

结合式(5-33)就有

$$E(z)=1=1\times z^0+0\times z^{-1}+0\times z^{-2}+\cdots$$

说明只需一拍（一个采样周期）输出就能跟随输入，偏差为零，过渡过程结束。

（2）等速输入　输入函数 $r(t)=t$，其 z 变换为

$$R(z)=\frac{Tz^{-1}}{(1-z^{-1})^2}$$

要使静差为零，过渡过程为最少拍，必须使 $q=2$，即

$$\Phi_e(z)=1-\Phi(z)=(1-z^{-1})^2$$

$$\Phi(z)=2z^{-1}-z^{-2}$$

$$E(z)=R(z)[1-\Phi(z)]=Tz^{-1}$$

说明两拍（两个采样周期）之后在各采样点上偏差为零，过渡过程结束。

（3）等加速输入　输入函数 $r(t)=\frac{1}{2}t^2$，其 z 变换为

$$R(z)=\frac{T^2z^{-1}(1+z^{-1})}{2(1-z^{-1})^3}$$

要满足最少拍无偏差的要求，$q=3$，即

$$\Phi_e(z)=1-\Phi(z)=(1-z^{-1})^3$$

$$\Phi(z)=1-(1-z^{-1})^3=3z^{-1}-3z^{-2}+z^{-3}$$

因此过渡过程需要三拍。

最少拍系统的设计是以调节时间作为唯一的性能指标，当系统的输入形式改变时，系统的性能指标将变坏，如调节时间加长、超调量加大、稳态误差增加。为了使最少拍系统的性能满足实际要求，必须加以改进。如采用换接程序的办法来改善过渡过程，采用折中设计和最小均方误差设计来获得比较满意的过渡过程。

实际应用中，大多数控制系统都存在较大的纯滞后时间，往往对控制性能极为不利，一般的控制方法如数字 PID 控制器等难于得到良好的控制特性，因此必须采用特殊的方法来消除纯滞后对控制质量的影响。常用的方法有大林（Dahlin）算法和纯滞后补偿（Smith 预估）控制算法等。

3. 实用控制程序

在多用途光电潜望镜中，采用 MultiBus 多总线结构的军用加固计算机，配置扩展的并

行接口电路板、串行接口电路板以及 D/A 转换电路板、A/D 转换电路板、信号驱动电路板等构成一个完整的数字控制系统。在 IRMX86 实时操作系统平台上采用 PLM86 语言镶嵌 MASM86 汇编语言的方式编制数控程序；通过定时器产生定时中断，在中断服务程序中实时采集水平姿态信息、航向信息和高度、方位位置信息并通过数字滤波器对实时采集的数据进行处理；然后通过改进的数字 PID 控制器分别解算出高度和方位控制量驱动高度和方位朝误差减小的方向运动，从而实现瞄准线的稳定。典型的潜望镜高度随动系统和方位随动系统的控制模型分别如下图 5-40 和图 5-41 所示。其中前一环节为数字控制器，后面为经过抽象的控制对象的数学模型。

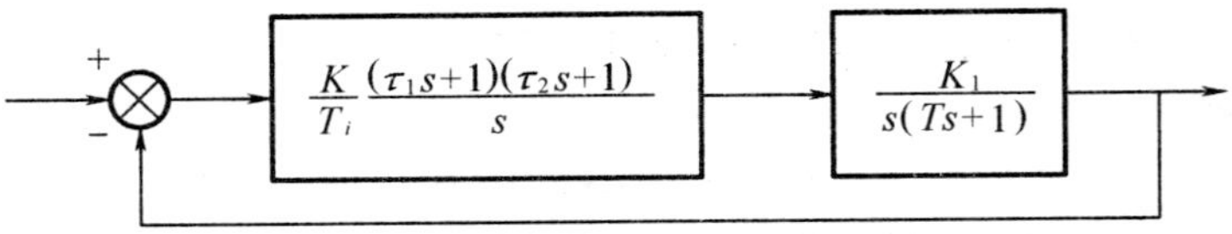

图 5-40 高度控制系统模型

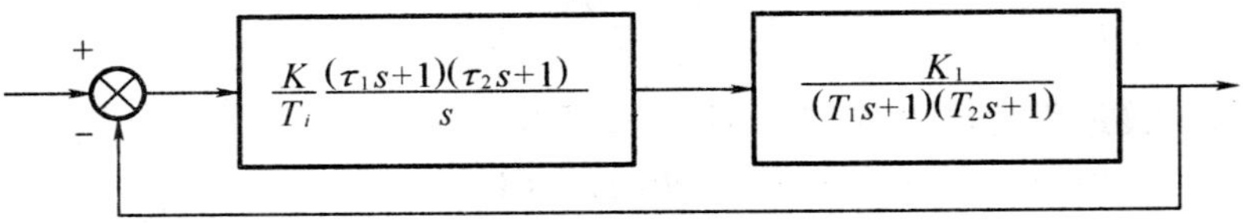

图 5-41 方位控制系统模型

与数字控制器相关的软件主要包括主程序、中断服务程序和接口程序等。程序设计中的所有度量单位全部统一为以弧度为单位，采用 64 位字长的浮点数运算。

主程序的主要功能是系统上电自检与初始化、建立并初始化数据区、自检并初始化可编程接口电路、中断管理、掉电检测处理和复电检测处理以及任务调度等。

接口程序包括接收并处理水平姿态和航向信息、接收并处理高度和方位位置信息、发送控制量至 D/A 转换电路等。由于水平姿态和航向信息是分别由粗、精通道取得的，必须经过粗、精组合和纠错处理。

中断服务程序分别调用接口程序录取姿态、航向和高度、方位位置信息，然后通过滞后补偿和数字控制解算得到高度和方位的数字控制量，通过 D/A 转换驱动高度和方位执行部件朝位置误差减小的方向运动。

5.5 潜艇光电装备计算机及接口技术

5.5.1 概述

随着光电技术的发展，计算机技术在光电系统中得到了广泛的应用，已成为现代光电系统不可分割的组成部分。现代潜艇光电潜望镜尤其是光电桅杆和综合成像系统都具备自动探测、图像处理、计算机控制和智能化操控、信息融合和传输等功能，技术水平、复杂程度不断提高，计算机已成为潜艇光电装备的信息处理中心和智能操控枢纽。

在潜艇光电装备中，计算机的主要功能是：

(1)信息处理　接收系统内部和外部信息，并按规定的流程和方法进行处理；完成系统要求的运算，并按规定流程传送和处理运算。

(2)信息接口　控制接口设备完成系统内部和外部的信息传输。

(3)信息显示　集中显示系统的图像信息、目标参数和设备状态。

(4)操作控制　根据接收到的指令完成系统的控制和操作。

(5)模拟训练　根据系统功能和操控流程，通过计算机采用模拟的场景模拟实际操作流程，在不需要系统处于全功能工作状态时达到训练效果。

5.5.2　计算机系统分类

潜艇光电装备使用的计算机多为嵌入式计算机和总线型计算机。随着计算机技术的不断发展和光电装备技术水平的日益提高，嵌入式计算机和总线型计算机在现代光电装备中同时存在和应用，并在系统中承担各自不同的功能和任务。

1. 嵌入式计算机

嵌入式计算机是以应用为中心，软件硬件可剪裁，适于应用对系统功能、可靠性、成本、体积、功耗等有严格要求的专用计算机系统。嵌入式计算机的性能不仅仅指运算速度，还包含能耗、安全性、实时性、可靠性等多方面的内容，是一个有着丰富内涵的概念。嵌入式系统虽然起源于微型计算机时代，但由于微型计算机的体积、价位、可靠性等指标都无法满足广大对象系统的嵌入式应用要求，嵌入式系统走上了独立发展的道路。随着嵌入式系统技术与相关 IT 技术的发展，当前嵌入式应用的发展趋势主要表现如下。

(1)应用的复杂度和智能化程度正在快速提高。随着智能计算技术、人机交互技术的发展，人们对嵌入式产品的功能和智能化程度都提出了更高的要求。在应用需求的驱动下，嵌入式系统从过去功能单一的单片机系统，逐步发展成为了复杂应用的承载平台。如光电系统中应用到的高清数字图像处理系统、智能感知系统等。

(2)随着网络和通信技术的飞速发展，网络化已经成为了嵌入式应用的一个重要发展方向。网络彻底地改变了计算和信息共享的方式，大量的嵌入式设备急需通过网络连接来提升其服务能力和应用价值。

(3)“普适计算”正在成为一类重要的嵌入式应用。“普适计算”就是指无所不在的、随时随地可以进行的计算，它对计算平台的体积、移动性、互联性都有较高的要求。因此，嵌入式系统正是“普适计算”的天然载体。目前常见的应用包括 PDA、车载智能设备、智能卡等。而“普适计算”技术的进一步发展，也将会给嵌入式系统的应用带来更多新的机遇。

嵌入式处理器是嵌入式系统的核心，它直接决定着嵌入式硬件平台的运算能力。与通用处理器不同，嵌入式处理器是根据应用领域的特殊需求而定制设计的。所以，嵌入式处理器的种类和系列十分繁杂。据不完全统计，从 4 位到 32 位的嵌入式处理器目前已经超过 1 000种，流行的体系结构包含 MCU，MPU 等 30 多个系列。其中，MCS－51 系列的 MCU 和 ARM 系列的 MPU 占据了嵌入式处理器市场 90% 以上的份额。然而，它们并不能全面地满足智能计算、高清图像处理等复杂应用对处理器运算能力的需求。目前，并行化的嵌入式处理器(如 MPSoC)和高性能的专用处理器(如 DSP)，已经成为了高端嵌入式处理器的发展方向。近年来,以 Intel 为代表的国际巨头纷纷将目光瞄准了多核技术,并从 2005 年开始陆续推出产品,如 Intel 的 Intel Core 2 Duo,i7,AMD 的 Turion 64 X2,Opteron 等多核微处理器。在嵌入式处理器设计中,片上系统(System on Chip,SoC)技术通过 IP 核重用的方式将处理器、存储器、I/O 接口等硬件单元集成到了单个芯片上,从而提高了处理器的设计效率和集成度。

与单核 SoC 相比,MPSoC 的多个处理器单元能实现任务级的并行处理,这为大幅提高应用的执行效率奠定了硬件基础。同时,MPSoC 比单核 SoC 具有更低的时钟频率,在很大程度上缓解了处理器的发热和功耗问题。因此,MPSoC 已经成为了当今嵌入式处理器技术的重要发展方向之一。

嵌入式计算机按照处理器的类型分为单片机型和专用处理器(DSP)型两种。

①单片机型　单片机是将 CPU、存储器、接口等全部集成在一片器件上,构成一个完整的具有独立控制功能的计算机。随着微电子技术的快速发展,单片机在内部已经集成了越来越多的部件,比如:定时器、比较器、A/D 转换器、D/A 转换器、串行通信接口以及 LCD 控制器等,有的单片机的内部还包含了局部网络控制模块;有的单片机内部设置了专门的控制电路,形成了最具有经济效益的专业嵌入式系统。尤其值得注意的是,有些单片机已经使用了三核结构,对于这一结构来说,是一种建立在系统级芯片概念结构上的,所谓的三核也就是微控制器和 DSP 核、数据和程序存储核以及外围专用集成电路,这一单片机最突出的特点就是把 DSP 和微控制器同时放在了一个片上,使单片机的功能大大提高。

单片计算机具有体积小、功耗低、性价比高、性能可靠、功能扩充方便等优点,特别适合于光电系统中独立单元功能部件的应用,如专用键盘、手柄等操控部件的控制管理。

②专用处理器(DSP)型　DSP(Digital Single Processor),是一类专门用于数字信号处理的嵌入式处理器,特别适合于控制量少、运算量大的应用领域。DSP 在体系结构、指令加速、流水线等方面都进行了特殊的设计,具有很高的指令执行效率。1982 年 TI 公司成功推出了第一代 DSP 芯片 TMS32010 系列,其运算速度比 MPU 快了几十倍,被广泛地应用于音频、视频处理领域。至 20 世纪 90 年代后期,DSP 发展到了第五代,其运算速度和存储容量都得到了成倍提高,为语音图像处理等领域的应用提供了平台支持。随着半导体工艺和设计水平的提高,高性能的 DSP 还在不断推出。其中最具代表性的单核 DSP 是 TI 公司的 DSP - TMS320C6455。这款 DSP 的主频高达 1.2 GHz,采用 Serial RapidIO 总线使互连速率提高到了 25Gbits/s,主要用于为医疗成像领域提供更完美的影像质量。为了满足数字娱乐、高清视频等应用对 DSP 处理能力的需求,DSP 的体系结构也正在向多核方向发展。目前,TI、Freescale 以及 ADI 等公司都纷纷推出了多核架构的 DSP 产品,如 OMAP、MSC8126 和 AD14060 等。值得注意的是,多核架构(如 VLIW 结构)的 DSP,既能实现任务级的并行,还能充分挖掘指令级的并行性。因此,以 DSP 为核心的嵌入式系统的研制将会是一个持续的热点。

DSP 超强的数据处理能力特别适合于图像处理领域,在光电系统的视频图像处理中得到了广泛充分的应用,如视频采集、目标提取、图像的各类运算等。

2. 总线型计算机

总线型计算机是指通过专用总线将计算机主板、各类功能板卡连接起来后与供电单元、机箱等组成的计算机系统。按总线类型和发展历程可分为 PC 总线计算机、多总线

(Multibus)计算机、ISA 总线计算机、PCI 总线计算机。

总线型计算机设计有专用计算机底板,底板上按总线类型布置总线和相对应的板卡插槽,底板固定在机箱上,计算机主板、各类功能板卡和电源模块分别插入对应的插槽后与机箱紧固连接,形成一个完整、独立的计算机系统。

军用系统普遍要求采用抗恶劣环境加固计算机(军用加固计算机),目前国内以 ISA 总线加固计算机和 PCI 总线(CPCI)加固计算机为主。加固计算机具有抗恶劣环境、可靠性高、扩展能力强、模块化和标准化程度高等诸多优点,是各类军用系统的必选配置。军用总线型计算机组成如图 5 - 42(见 719 页)所示。

潜艇光电装备的最主要功能是操作控制和图像处理。操作控制的重点是瞄准线稳定和人机接口等内容,接口类型较多,传输的信息量较大,对实时处理的要求较高。图像处理的主要内容是人机界面的显示和更新、图像采集和处理,接口类型相对简单,与外系统没有直接信息传输,但数据处理和计算量较大。因此在计算机的配置上,采用了主控计算机与图像计算机并行工作的配置模式,主控计算机具备强大的接口能力和实时处理能力,图像计算机具备充足的图像处理和数据计算能力,主控计算机和图像计算机之间通过网络或双口 RAM 来实现信息交互和共享。

5.5.3　计算机软件

计算机软件分为操作系统和应用软件两大类。

1. 操作系统

操作系统是总线型计算机正常运行的软平台,其种类与计算机同步发展,主要分为 DOS,iRMX,Windows,Unix 和 VxWorks 等类型,目前比较流行的 Linix 和国产"道系统"也是属于 Unix 框架结构形式。

目前,军用光电装备中计算机操作系统主要以 VxWorks,Unix 和 Windows 为主。为突破操作系统被国外企业垄断的困局,支持国产计算机操作系统的发展,在"道系统"(国产计算机操作系统)逐步成熟的基础上,目前国内已开始推广"道系统"在军用系统中的应用。

VxWorks 操作系统是 WindRiver systems 公司研制的一种实时操作系统,具有丰富的应用程序接口(API),在军用光电系统中普遍采用。VxWorks 配置十分灵活,可靠性高,适用范围宽,可以根据应用对象的复杂程度进行合理剪裁,从简单的片上系统到较大规模的网络系统都可以适用。VxWorks 内核 Wind 是一个高性能、嵌入式实时操作系统,具有多任务快速切换、抢占式任务调度、任务间通信多样化、中断延迟小等特点,并支持 TCP/IP 网络协议,具有较好的剪裁能力,用户可以根据应用背景和系统配置情况通过开发环境方便地进行配置。VxWorks 具有较好的兼容性,在不同的运行环境之间可以方便地移植。VxWorks 提供了软件交叉开发环境工具 Tornado,是集编辑器、编译器、调试器于一体的高集成度开发调试环境。

Unix 操作系统是目前公认的兼容性好、多用户、通用性强的开放系统操作平台,经过多年来的持续发展,其版本类型、实时性、标准型得到了极大地加强,在商业、工业领域和军事领域得到了非常广泛的应用,尤其在欧美国家的军用系统中占据了垄断地位。

Windows 由于其突出的商用业绩和网络能力,以及强大的应用软件支撑能力,目前也在一些军用系统中得到应用。Windows NT 是专为网络环境应用设计的操作系统,具有较好的扩展性和伸缩性,具有突出的交互性,在一些非实时的应用环境中的使用具有明显的优势。但 Windows 的实时性还达不到 Vxworks 和 Unix 的水平,一定程度上限制了其进一步的广泛应用。但随着 Windows XP Embedded 嵌入式桌面操作系统的推出和不断完善,其实时处理能力、稳定性、裁剪性得到了明显的改善和提高,得益于 Windows 既有的庞大软件支持能力、成熟的文件管理能力、强大的图像处理能力,在军用系统中的应用也越发普遍,军用光电系统中的图像处理部分多数采用了 Windows 操作系统。

鉴于潜艇光电装备的特点和功能,其计算机操作系统按照主控计算机和图像计算机的配置情况,分别选用了 VxWorks 和 Windows 操作系统。

2. 应用软件

应用软件是为特定应用目的设计研制、在特定的领域内提供所需功能和服务的软件。大部分嵌入式系统中,应用软件除了完成自身功能和任务之外,还负责硬件管理、设备驱动和任务调度,系统上电后直接运行应用软件,一般不需要操作系统的支持。而在总线型计算机中,都采用操作系统作为软件运行平台,负责系统的硬件管理、设备驱动和任务调度,应用软件运行在操作系统平台之上,充分利用操作系统的支持能力,专注于系统特定的功能和任务。

潜艇光电装备的应用软件按照计算机配置情况和功能划分,主要由图像单元软件和主控单元软件组成。图像单元软件运行在 Windows 操作系统环境下,主要负责完成人机界面、图像处理等功能;主控单元软件运行在 Vxworks 操作系统下,主要完成系统的操作控制、对外接口等功能。其组成如图 5 – 43 所示。

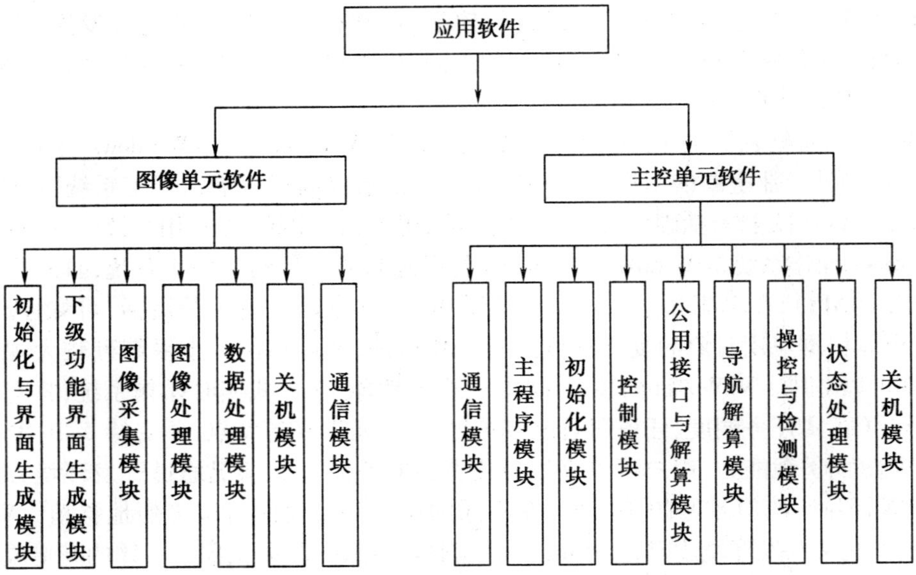

图 5 – 43 潜艇光电装备应用软件组成

(1)图像单元软件各模块的功能

①初始化与界面生成模块　主要完成计算机系统初始化、变量初始化、操控参数初始化、图像采集卡和其他通信接口的初始化、显控界面初始化。潜艇光电装备标准的人机主界面形式如图 5 – 44 所示,由图像显示、Logo 显示、传感器状态显示和系统信息显示四个区

域组成。

②下级功能界面生成模块　完成子功能的人机界面生成和显示，如导航界面、检测界面、模拟训练界面、传感器底层操控界面等。

③图像采集模块　完成红外、电视、监控视频等图像的实时采集和显示切换。

④图像处理模块　完成图像显示、录像、放像、目标提取、图像拼接等。

⑤数据处理模块　完成图像单元数据处理。

⑥关机模块　置位程序退出标志，关闭各运行线程，保存当前参数设置，保证计算机安全关机。

⑦通信模块　完成与控制单元的数据交换和共享，完成对键盘、鼠标、USB 等设备的控制。

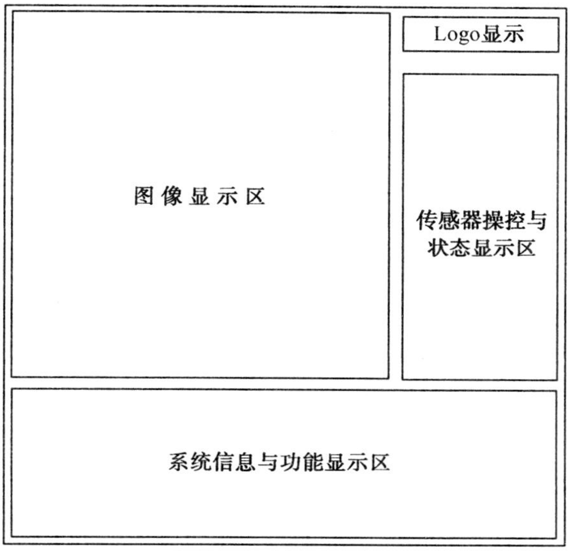

图 5－44　人机主界面示意图

(2)主控单元软件各模块的功能

①通信模块　完成与图像处理单元的信息交换，完成对外接口通信。

②主程序模块　完成主控单元初始化、各子功能模块的调度。

③初始化模块　完成硬件初始化、运行环境初始化、参数初始化、变量定义工作。

④控制模块　完成操作控制、瞄准线稳定控制、伺服系统控制等功能。

⑤公用接口与解算模块　完成各类接口数据的录取和解算、坐标变换解算等。

⑥导航解算模块　完成导航数据解算。

⑦操控与检测模块　检测并响应处理操控命令。

⑧状态处理模块　对系统运行的状态、各类操控环境等作出正确标识并实施实时管理控制。

⑨关机模块　完成关机前红外、伺服系统的归位和保护功能。

3. 软件设计

(1)软件与软件工程基础知识

软件是指计算机程序、支持程序运行的数据以及与程序有关的文档资料的完整集合。

其中,程序是按事先设计的功能和性能要求执行的计算机指令序列,数据是使程序能正常操作信息的数据结构,文档是与程序开发、维护和使用有关的图文资料。

纵观计算机软件的发展历史,可以归纳为三个阶段:

①程序设计阶段　采用机器语言和汇编语言,由程序设计者个人独立编写的小规模程序,是软件设计的初期阶段,没有软件规划,更没有软件测试和维护的概念。

②程序系统阶段　采用高级语言和结构化程序设计方法,可以由小规模的程序开发小组协作设计,开始引入软件设计和测试的方法,软件设计的输出包括程序文本和程序说明书。在此阶段,由于计算机硬件技术的迅猛发展和对计算机软件相应要求的爆发式增长,导致了“软件危机”的现象,为了解决“软件危机”,逐渐形成并完善了软件工程的方法。

③软件工程阶段　软件语言多样化,包括了软件需求定义语言、软件功能语言、软件设计语言和程序设计语言。软件设计团队的规模较大且能通过软件工程的方法来控制和管理。软件设计的技术手段多样化、专业化。软件设计的输出涵盖了程序、文档和数据。软件工作范围贯穿整个软件生存周期。软件测试和维护由专职人员来完成。

按照 GJB 2786－1996《武器系统软件开发》规定,军用系统计算机软件开发过程划分为以下七个阶段:

①给定需求分析(即系统需求分析与设计);

②软件开发阶段(含软件需求分析、软件设计和软件实现,软件设计又含概要设计和详细设计);

③软件测试阶段;

④检验与交付;

⑤软件生产;

⑥软件维护;

⑦软件的引退。

(2)应用软件设计

在应用软件设计时,应按照软件工程方法和相关管理规定进行分阶段的策划和实现。各阶段的工作内容和设计输出如下。

①给定需求分阶段　分析研究确定产品的构成,确定软、硬件的功能分配,需要设立的软件项目数;定义各软件开发项目,按软件失效后对系统安全性和功能的影响程度确定软件的关键性级别和是否需要进行独立的第三方测试;编写《软件研制任务书》并评审,根据评审意见修改完善后按软件配置管理要求,纳入软件配置管理受控库,形成功能基线。设计输出是《软件研制任务书》的有效版本。

②软件开发阶段　全面确定被开发软件的运行环境、功能、性能等全部需求,将给定需求转化为完整的、无歧义的软件需求规格说明和接口需求说明,并据此开展软件概要设计和软件详细设计,然后进入软件实现阶段,进行单元编码设计并逐一编译或汇编、调试,形成可执行程序,将各软件单元的源代码和可执行程序纳入软件配置管理开发库,编写软件产品规格说明并评审,纳入受控库。设计输出是软件开发计划、软件质量保证计划、软件配置管理计划、软件需求规格说明、接口需求说明、软件测试计划、软件设计文档、接口设计文档、软件产品规格说明、软件用户手册等系列文档以及软件单元的源代码和可执行程序。

③软件测试阶段　软件测试按软件关键性级别来开展,软件测试通过后,负责测试的部门应编制软件测试报告,并通过包括顾客在内的确认/评审/验收。

④检验与交付　软件验收是交办方或其授权代表根据《软件研制任务书》，通过验证证实软件达到了要求，并接受软件研制任务书规定的软件产品，将其纳入软件配置管理产品库的一项活动。软件交付是软件开发团队将通过验收的软件产品交付给交办方的过程。软件的验收测试一般可以和软件配置项测试（或系统测试）合并进行。

⑤软件生产　使用单位填写"产品软件生产申请单"，从软件受控库或产品库中提取指定软件，在检验人员监督下生产软件。生产的软件通过验收后由配置库管理人员按相关规定贴软件版本标志，必要时顾客参与的软件生产加盖标志。

⑥软件维护　根据软件运行过程中出现的错误或隐患、改善软件未来的可维护性或可靠性、软件需求变更（增加新的功能或修改已有功能）要求，完成对软件的改进性维护、纠错性维护、完善性维护和适应性维护。软件更改需按规定要求办理更改确认手续和入库管理。

⑦软件引退　按规定程序将指定型号的软件产品由产品库移至配置管理档案库作为档案保存，同时对软件产品库中的与引退软件产品有关的全部内容按规定清除。

5.5.4　计算机接口技术

1. 总线技术

总线是一组信号线的集合，是在计算机系统各部件之间传输地址、数据和控制信息的公共通道。按总线的层次结构可划分为CPU总线、系统总线和外设总线，本节按照总线技术的发展过程，重点介绍计算机系统总线。

（1）ISA总线

ISA（Industry Standard Architecture）是工业标准体系结构总线的简称。是由IBM公司在PC总线的基础上扩展而来，有16位数据线，数据传输率为16MB/s，有24位地址线，寻址空间为16M字节，是一种多主控总线，可以支持存储器读写、I/O读写、中断响应、DMA传输、存储器刷新和总线仲裁周期。ISA总线卡槽由一部分与原PC总线兼容的62线卡槽、另一部分为新增的36线卡槽组成，因此兼容以前的PC总线。

EISA总线是为了应对计算机发展到32位数据总线之后，ISA不能适应的矛盾而推出的一种新的总线标准，称为扩展的工业标准体系结构（Extension Industry Standard Architecture）。EISA支持32位地址，可以寻址4 GB，具有32位数据总线，总线频率为8.33 MHz，是ISA的4倍，同时EISA总线采用开放式结构，与ISA完全兼容。

ISA，EISA总线都是早期80×86 CPU结构体系下的总线技术标准，限制了先进处理器性能的发挥，目前已被PCI总线所取代。

（2）PCI总线

PCI（Peripheral Component Interconnection）是外围设备互联总线的简称，于1993年推出，是一种高性能的、32/64位的、地址数据复用的总线标准。PCI总线独立于处理器，不依赖于具体的CPU，具有强大的功能和良好的兼容性。PCI总线数据传输率最高可以达到264 MB/s，具有支持成组数据传送方式、适应多种机型、支持多主控器、通过奇偶校验确保数据的完整性和可靠性、支持即插即用等突出的特点。

PCI总线标准信号线120条，由系统信号、地址和数据信号、接口控制信号、仲裁信号、错误报告信号、中断信号和其他可选信号组成，利用这些信号可以进行数据、地址的传输，实现接口控制、仲裁和系统功能。

PCI 总线标准规定了 PCI 卡有 3.3 V,5 V 以及通用卡三种，不同电压的卡和插槽不能兼容，只有通用 PCI 卡可以适用于两种插槽。

每个 PCI 设备都有一个由 256 字节配置寄存器组成的配置空间，前 64 字节为标准内容简介，包括了 PCI 卡类型、制造厂家、版本、当前状态、Cache 行大小、总线延迟时间等信息，余下 192 字节由各制造厂家定义。

PCI 为即插即用(PnP)提供支持，系统加电后会对总线上所有设备的配置寄存器进行扫描，然后给每个设备分配一个唯一的基地址和中断级，对其进行初始化，并装入相应的驱动程序。

PCI 应用系统中的设备分为主设备和从设备，主设备是指取得总线控制权的设备，是引发 PCI 传输事务的实体；而被主设备选中以进行数据交换的设备，称为从设备，是响应传输事物的实体。

(3) CPCI 总线

CPCI 是 Compact PCI 的简称，即紧凑型 PCI 总线。CPCI 是以 PCI 电气规范为标准的高性能工业用总线。CPCI 的 CPU 及外设与标准 PCI 是相同的，并且 CPCI 系统使用与传统 PCI 系统相同的芯片、防火墙和相关软件。从根本上说，它们是一致的，因此操作系统、驱动和应用程序都感觉不到两者的区别，将一个标准 PCI 插卡转化成 CPCI 插卡几乎不需重新设计，只要物理上重新分配一下即可。换言之，CPCI 总线 = PCI 总线的电气规范 + 标准针孔连接器(IEC - 1076 - 4 - 101) + 欧洲卡规范(IEC297/IEEE 1011.1)。

CPCI 技术是在 PCI 技术的基础上改造而成，其主要特点是：

①开放的总线技术　CPCI 技术架构在一个更加开放、标准的平台上，有利于各类系统集成商、设备供应商提供更加便捷快速的增值服务，为用户提供更高性价比的产品和解决方案。

②可靠的欧洲卡结构　CPCI 抛弃 PCI 的传统机械结构，改用经过 20 年实践检验了的高可靠欧洲卡结构，改善了散热条件，提高了抗振动冲击能力，符合电磁兼容性要求。

③灵活的连接方式　CPCI 抛弃了 PCI 的金手指式互连方式，改用欧式连接器(即 2 mm 密度的针孔连接器)，具有气密性、防腐性、可靠性、高负载能力，为现代系列设计提供了无可比拟的性能和灵活性。

④高效的热插拔技术　CPCI 技术中最突出、最具吸引力的特点是热插拔(Hot Swap)。简言之，就是在运行系统没有断电的条件下，拔出或插入功能模板，而不破坏系统的正常工作的一种技术。它的实现是：在结构上采用三种不同长度的引脚插针，使得模板插入或拔出时，电源和接地、PCI 总线信号、热插拔启动信号按序进行。

(4) PCI Express 总线

前面介绍的 ISA，EISA，PCI，CPCI 都是并行总线，作为并行总线，它们有其自身无法克服的缺陷。以 PCI 总线为例，总线上单个设备的故障便会导致整个系统平台的崩溃；数据线的数量太多，严重地制约了总线频率的提升，进而限制了带宽；共享式的总线形式降低了设备间信息传输的效率与实时性。另外值得一提的是，PCI 总线众多的控制与数据线占用了大量的印制板空间，不仅提高了设计难度，更增加了产品成本。

为了克服并型总线的缺点，各大计算机厂商和组织争相开始开发下一代计算机总线——串行总线，PCI Express 总线就是其中突出的代表。

PCI Express 总线由 Intel 公司于 2001 年公布，原称第三代 I/O 总线，2002 年由 PCI - SIG 更名为 PCI Express。它采用点对点的串行互联方式，使用 LVDS 信号，8B/10B 数据编码形式，每个通道由两对收发差分信号线组成，可构成 x1、x2、x4、x8、x12、x16、x32 的多通道连接，目前较为成熟的 2.0 版本规范中定义了其传输频率为 5 Gbps，3.0 版本规范目前也基本确定，x32 通道的数据传输速率高达 320 Gbps。

PCI Express 总线采用 LVDS 差分接收/发送信号，具有极快的数据传输速率，可以根据需要灵活地进行不同通道数的配置，既保证了数据传输的速度，又能合理降低功耗。总线上各设备间通过"交换中心"进行"点对点"数据传输，确保了数据传输的实时性。另外，除了连接各种设备板卡外，还可以作为处理器、协处理器、桥芯片间的连接总线使用，甚至还推出了机外线缆连接规范，这彻底改变了以往的总线形式，为计算机总线的发展翻开了新的一页。

PCI Express 最初定位就是代替 PCI 总线，并解决芯片间连接不足，已经成为公认的下一代串行总线的主流标准。2005 年，PCIMG 组织推出了名为 Compact PCI Express 的 EXP.0 标准，将 PCI Express 总线定义为下一代工业串行总线标准。

(5) CAN 总线

CAN(Controller Area Network)总线属于总线式串行通信网络，作为一种现场总线，在嵌入式系统中应用较为广泛。

CAN 总线具有多主设备和多播特征，使用 CAN 控制器以最高 1MB/s 的速率传输数据，通过一根 120Ω 传输阻抗的双绞线与每一个节点相连。

(6) ARM 总线

随着 ARM 处理器在嵌入式系统中的广泛使用，实现 ARM 处理器与存储器、I/O 设备连接的 ARM 总线也得到了较多的应用。

ARM 处理器与存储器、外部 DRAM 控制器和片上 IO 设备相连，使用的是 AMBA - AHB 与 32 位数据和地址线路高速连接；与外部 IO 相连使用 AMBA - APB 进行低速操作。

2. 并行接口技术

并行数据传输是把一个字节的数据的各位用几条线传输。和串行数据传输相比，在同样的传输率的情况下，并行传输的实际传输速度快、信息率高；但是，由于需要更多的传输线路，随着传输距离的增加，数据传输成本增加很多。因此，并行数据传输一般用在传输距离较短、要求传输速度较快的场合。

实现并行数据传输的是并行接口。并行接口系既可以是单向的(只用于输入或只用于输出)，也可以是双向的(既能作为输出，也能输入)。

并行接口一般是利用通用并口编程器件来实现的，目前普遍采用 8255A 或类 8255A 可编程并行接口芯片。

(1) 通用并行接口芯片介绍

8255A 的 DIP 封装引脚图如图 5 - 45 所示，8255A 的内部结构如图 5 - 46 所示。

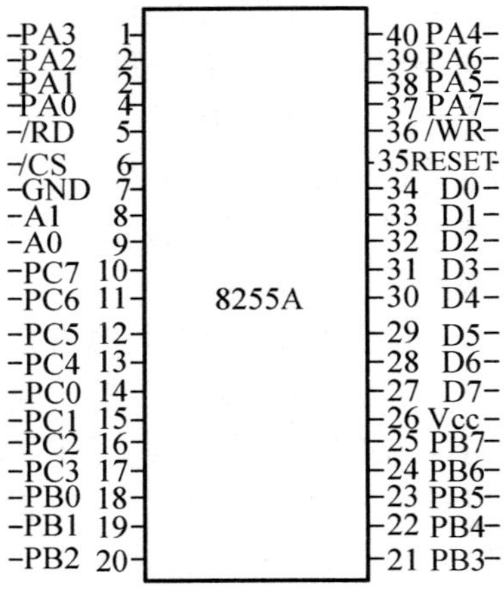

图 5-45　8255A 的 DIP 封装引脚图

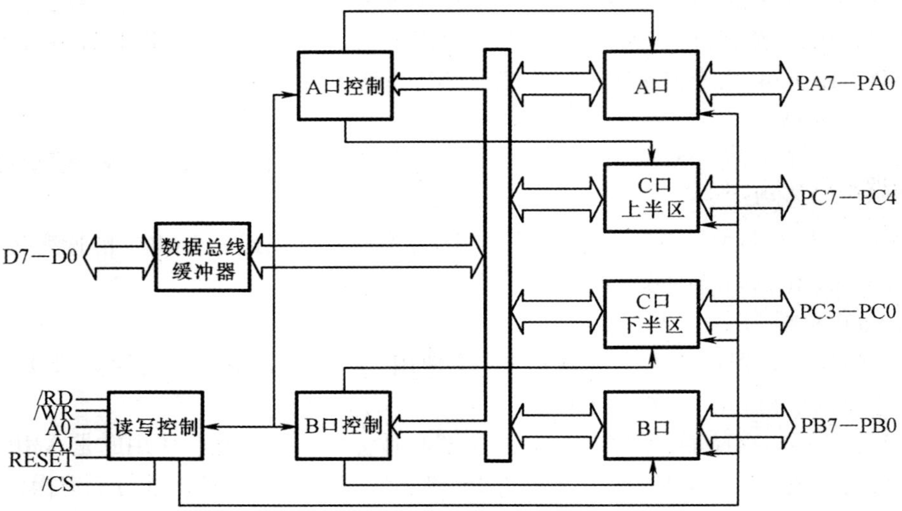

图 5-46　8255A 内部结构图

(2)8255A 在潜望镜中的应用

以 8255A 为核心器件设计了一块专用的并行接口电路板。其主要功能是提供并行 I/O 扩展能力，总共提供了 64 根 I/O 线，为计算机提供两路各 16 位的输入扩展接口。两路各 16 位的输出扩展接口，完成姿态信息、测角数据、CCD 补偿数据实时录取，输出录取数据所需的控制信号。通过软件编程可以设置 8255A 的工作方式，同时支持字节和字操作，主设备可以通过多总线对该板进行操作，其功能示意图见图 5-47。

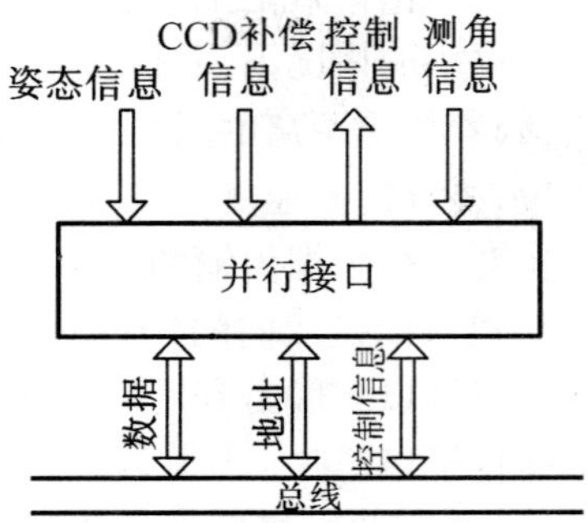

图 5-47　8255A 功能示意图

并行接口电路板主要由以下几部分组成：5 个功能模块（基本地址译码、控制逻辑、字节交换逻辑和数据锁存、传输回答延迟、数据可编程输入（缓冲）/输出（锁存））、印制电路板、接插件。

并行接口电路原理框图如图 5-48 所示。

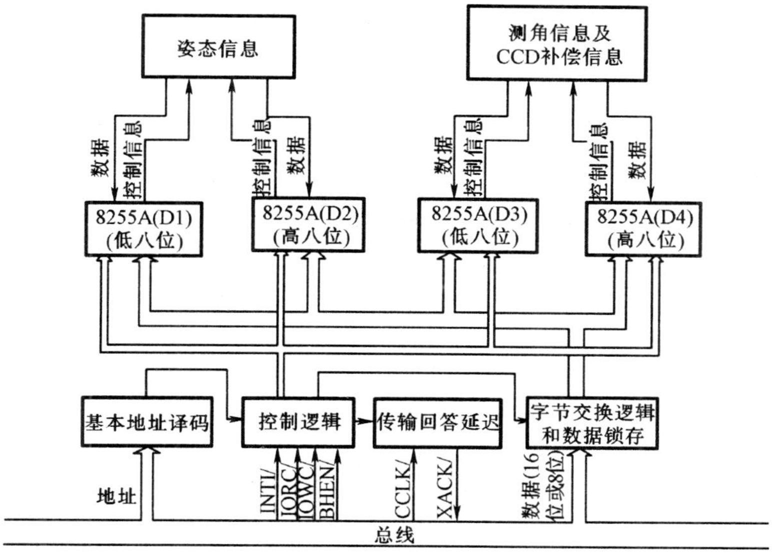

图 5-48　并行接口电路原理框图

并行接口电路总共提供了 64 根 I/O 线，8 个 8 位并行 I/O 口，实际使用时两片为一组提供 4 个 16 位并行 I/O 口。其中 A 口为数据输入口，C 口为控制命令输出口，可进行按位置位/复位操作。该电路不仅能够执行字节操作，而且也能支持字操作。由图 5-48 的原理框图可知，本板电路主要由以下功能模块组成：基本地址译码、控制逻辑、字节交换逻辑和数据锁存、传输回答延迟、数据可编程输入（缓冲）/输出（锁存）。下面分别对各部分的工作原理进行说明。

①基本地址译码电路　基本地址译码电路由 D21，D18，D19，X4，R9 组成，工作原理示意见图 5-49。

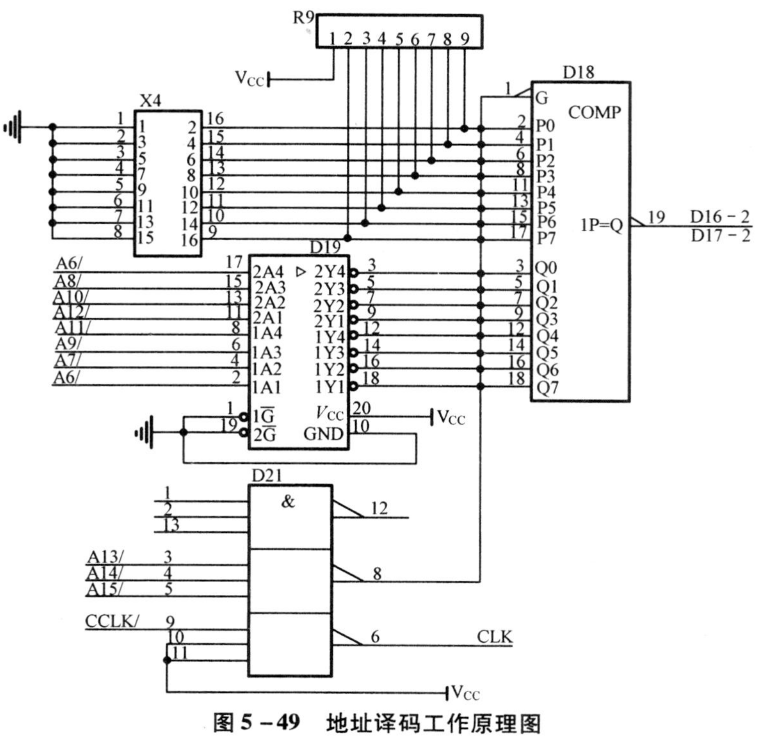

图 5-49　地址译码工作原理图

并行接口电路和多总线之间的读写采用 16 位地址的 I/O 寻址方式，当 CPU 对本板进行读写操作时，主要由 54LS688（D18）完成基本地址译码信号的产生。为保证 CPU 和接口设备的读写时序正常，采用了两级译码，芯片 D21 先对高三位（A15/ - A13/）地址译码，如全为“1”（即地址高三位全为“0”）则输出 D18 的片选有效信号，D18 在片选后，将经过 D19 锁存反相后的地址与短接柱上设置的地址进行比较，如符合，则输出地址译码有效信号 PQ/提供给后续的控制逻辑电路模块；如地址不符，则输出地址译码信号为高电平，说明 CPU 未对本板进行读写操作。

54LS688 的 Q 端接锁存反相后的地址总线，P 端通过短接柱接至高电平，可对短接柱 X4 进行短接（即将地址设置为低电平）来设置本板电路的地址（注意：54LS688 的 Q 端输入的是反相后的总线地址）。

②控制逻辑电路　此子电路模块完成本板电路的控制逻辑信号的产生，工作原理图见图 5 - 50。

a. 复位信号　复位信号经过 D20 反相后输出至可编程外围芯片 8255A 的复位端，从而 CPU 能够通过复位操作实现对该芯片的初始化。

b. 地址信号 A1/，A2/　地址信号 A1/，A2/经过 D20 的反相后输出至 8255A 的相应端 A1，A0，8255A 通过对此两位地址变化的识别，可以判断 CPU 对其的操作是数据还是命令。

c. 本板读/写信号　本板读/写信号通过 D17 对总线读/写信号与基本地址译码信号进行逻辑译码后产生。仅当地址译码信号 PQ 有效（为低）且总线读/写信号有效（为低）时，本板读/写信号才有效（为低）。

d. 清除信号 CLR　本板电路的 CLR 信号是用于产生回答延迟信号所用，当本板读或本板写信号任一有效时，此信号有效（高电平），从而产生回答延迟信号。此信号由可编程芯片 D16 产生，提供给 D22（54LS164）所用。

e. 8255A 片选信号　通过对 CPU 输出的地址 A0/，A3/，A4/与基本地址译码信号 PQ/的逻辑译码产生四片 8255A 的片选信号。此信号主要由可编程芯片 D17 产生。

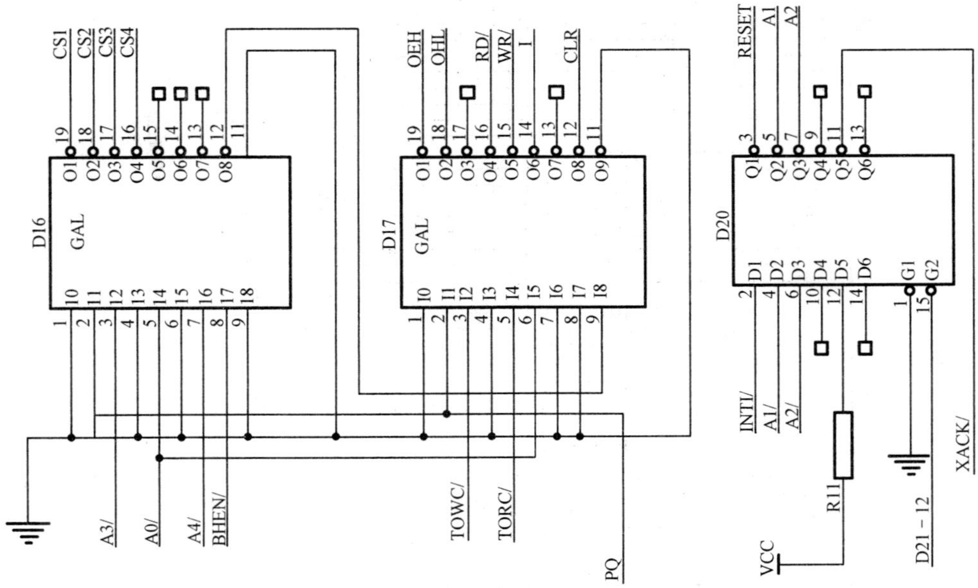

图 5 - 50　控制逻辑工作原理图

③字节转换逻辑及数据锁存电路　并行接口电路中设计了字节转换电路(SWAP 电路),可以完成和 8 位/16 位多总线的连接,满足多种需求,其工作原理见图 5-51 及表 5-3 所示。

当本接口电路和 16 位总线连接时,电路上的 D13(高八位)、D15(低八位)工作,完成 16 位数据的锁存;当和 8 位总线连接时,电路中的 D15 功能不变,D13 不再工作,而是由 D14 来完成 8 位数据线上高八位数据的接口。即由 8 位总线到 16 位外设的正常接口。

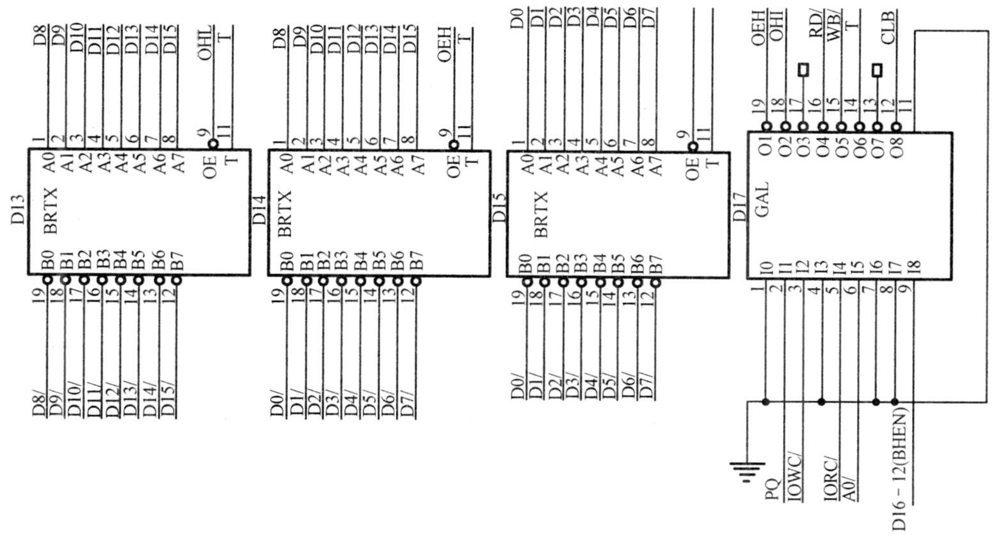

图 5-51　字节转换电路原理图

表 5-3　字节转换工作流程说明

BHEN/	ADR0/	备注	
H	H	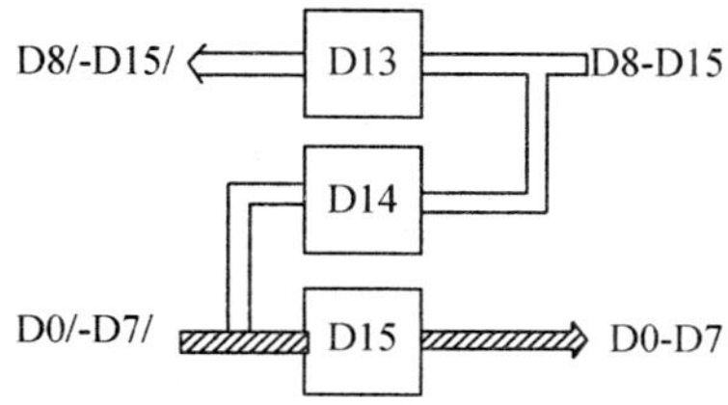	D0/ - D7/
H	L	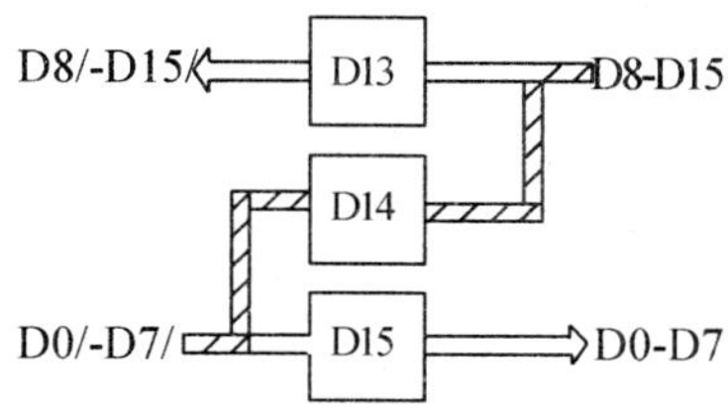	D0/ - D7/
L	H	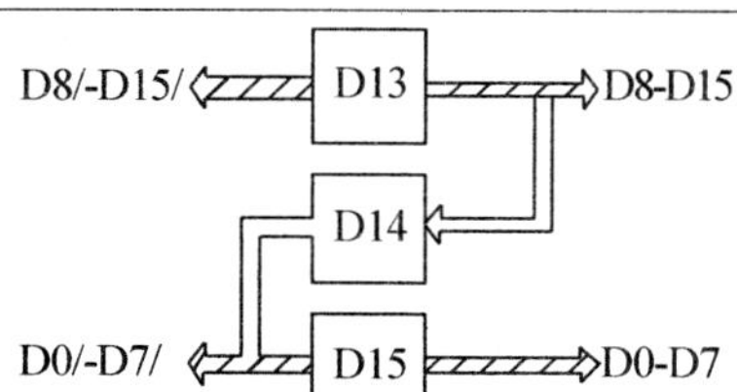	D0/ - D15/

注:表 5-3 中有阴影的数据线表示被选通的工作通道。

BHEN/信号是总线产生的接口信号，此信号在字节操作时无效，仅在字操作时有效（低电平），它和地址信号 A0/一起来形成三片 8287 的选通和截止控制信号。

④数据可编程输入（缓冲）/输出（锁存）电路　电路原理如下图 5－52 所示。

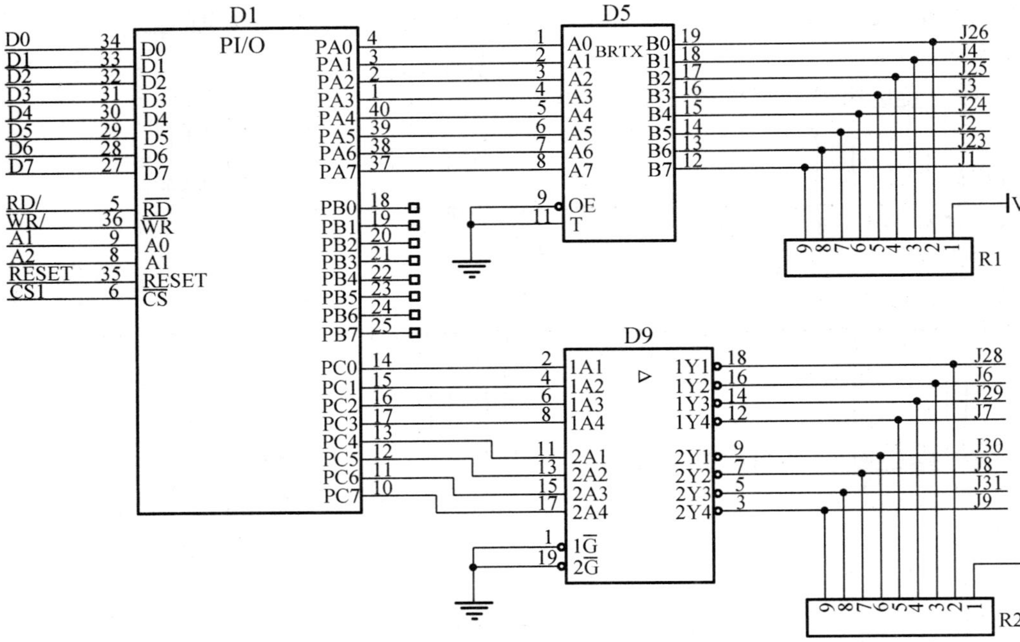

图 5－52　数据可编程输入（缓冲）/输出（锁存）

电路中 D1，D5，D9，R1，R2 完成低八位数据的 I/O，D2，D6，D10，R3，R4 完成高八位数据的 I/O。其中 8255A 的 A 口根据实际需要设置为输入方式，即 8287 的数据流向为由 B 向 A。而 C 口根据实际需要设置为输出口，在实际操作中采用位操作来发出控制命令。

随著微电子技术的迅猛发展，现代电子线路设计中已经很少采用 8255 芯片来设计并行接口电路，而代之以可编程逻辑器件来实现相同的功能，但其内部逻辑关系仍与 8255 的原理一致。

3. 串行接口技术

与并行接口技术显著不同的是，串行接口是在一根（为了保证数据传递稳定可靠一般不止一根线）数据线上一位一位地传送数据，因此在同样的时钟频率下，串行接口传输数据的速率要比并行接口慢，但在长距离传输时可以大大降低成本。

由于在计算机内部传输、处理的都是并行数据，因此，在进行串行传输之前，必须先将并行数据转换成串行数据，在接受时也要将串行数据转换成并行数据。数据转换通常以字节为单位进行，用移位寄存器完成转换。在发送端将一个字节的并行数据并行送入移位寄存器，在时钟脉冲控制下，8 位并行数据逐步右移，在输出端形成 8 位串行数据，通过传输线送至接收端移位寄存器，在时钟脉冲控制下，当移入一个完整的字节后，从并行数据输出端将一个字节数据读出。接收端与输出端的时钟必须频率一致，相位相差 180 度。这些工作通常都是用通用的串行接口器件来完成的。

（1）串行通信的同步方式

在传输数字信号时，接收端必须有与数据位脉冲相同频率的时钟脉冲来逐位将数据读入寄存器，为了正确读入数据，时钟脉冲的上升沿必须作用在数据脉冲稳定之后才能有效，这种在接收端使数据位与时钟脉冲保持一致的机制称为同步。根据在接收端获取同步参考信息的不同方法，同步方式分为字符同步方式（也称异步方式）和位同步方式。

①字符同步方式　发送端每发送一个字符之前先发一个同步参考信号，接收端根据同步参考信号产生与数据位同步的时钟脉冲，这样在发送端和接收端之间，每个字符都要同步一次。发送端在发送一个字符的串行数据前加一位起始位，在字符之后要加一位校验位和 1 ~2 位停止位，如图 5 -53 所示。

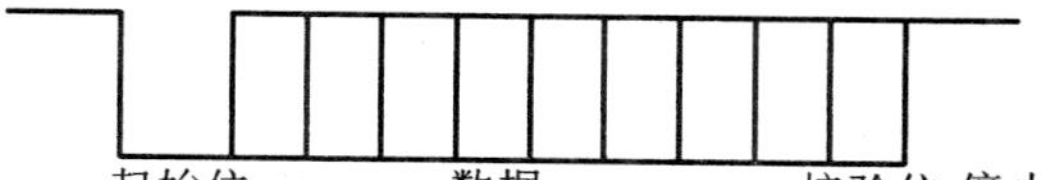

图 5 -53　字符同步方式格式

起始位是低电平，停止位是高电平，当发送端还未准备好下一个字符时，发送端的输出一直保持高电平。这里起始位的下跳沿就是同步参考信号。

虽然在接收端、发送端不是同一时钟，会有频率误差，但由于每个字符都要同步一次，字符之间的时钟频率误差不会积累，接受一个字符期间不会发生数据位与时钟失步。在这种同步方式下工作，通信双方必须约定字符长度、是否有校验位、校验方式、停止位位数等通信内容。

②位同步方式　在发送端对每位数据都带有同步信息，如在发送端可以附加发送与数据位同步的时钟脉冲，在接收端用这个时钟脉冲来读入数据。这样就不必要附加冗余的同步信息从而提高了数据的传输效率，但要附加一条同步脉冲的线路。

（2）串行通信的标准

①RS -232 -C　RS -232 -C 接口标准是 EIA（Electronic Industry Association）于 1969 年发布的用于串行数据交换的标准，也是目前使用最广泛的通信接口标准。RS -232 -C 采用负逻辑规定电平信号，与通常的 TTL 电平不兼容，对于发送器，输出逻辑 1 的电平范围为 -5 V ~ -15 V，逻辑 0 的电平范围为 +5 V ~ +15 V；对于接收器，电平范围在 -3 V ~ -25 V内为逻辑 1，在 +3 V ~ +25 V 范围内为逻辑 0。从 TTL 电平转换为 RS -232 -C 电平时使用 MC1488 来实现，相反时用 MC1489。

RS -232 -C 接口标准规定通信双方的连接距离不能超过 15 m，数据传输速率不能超过 20 000 bit/s。

②RS -422A　为了改善 RS -232 -C 的电气特性，延长接口距离和提高数据传输速率，EIA 于 1977 年发布了 RS -422A 接口标准。RS -422A 采用平衡线路，差分输入，差分输出。每路信号采用双线传输，抗干扰能力较强。RS -422A 标准规定发送器的输出电压为 2V ~6V（输出端之间），接收器的门限电压为 -0.2 V ~ +0.2 V；当传输距离在 10 m 以内时，传输速率可达 10 Mbps，当距离增至 1 km 时，允许的最大速率是 100 kbit/s。

③RS -485　RS -232 -C 和 RS -422A 两种标准只适用于两台设备之间的数据传输，而 RS -485 接口适合于多台设备之间的数据交换。RS -485 接口是在 RS -422A 接口的基础上对发送器和接收器增加了控制信号，当某一设备不发送、不接收数据时可以通过控制线关闭其发送器或接收器；为避免冲突，任何时候在连接线上只允许一个发送器处于发送状态。其电气特性与 RS -422 相同。

④USB　1996 年发布了 USB 1.0，目前 USB 2.0、USB 3.0 也已发布。

在以前的计算机系统中，所有外设都要有一个专用的连接器，而采用 USB 后，可以采用树状结构来连接外设，第一个外设连到系统的 USB 接口上，第二个外设可以连到第一个外设的 USB 接口上，最多可以连接 127 个外部设备；在 USB 接口电缆中包括了电源线，可以提供高达 5 A 的电流,使很多外设不用电源即可通过 USB 接口正常工作。

(3)通用可编程串行接口芯片介绍

常用的可编程串行接口芯片主要是 8251A 和 8250。下面以 8251A 为例介绍。

8251A 是一种通用的同步异步接收/发送(USART)芯片。作为一种外围器件,可以通过编程选用某一种串行通信技术。8251A 具有独立的发送器和接收器,能够以单工、半双工或全双工方式进行通信,并且提供一些基本的控制信号,可以方便地与 MODEM 连接。

如下图 5-54 和图 5-55 分别是 8251A 的引脚图和内部结构图。

(4)8251A 在潜望镜中的应用

以 8251A 为核心器件设计了一块通用的串行接口电路板,用于实现内外的串口通信,其组成原理图如下图 5-55。

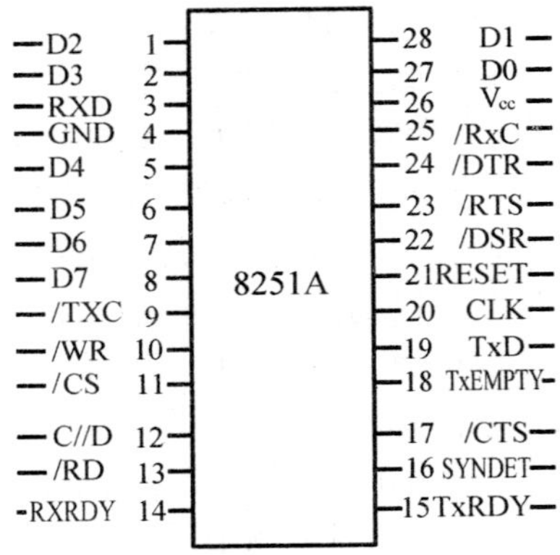

图 5-54 8251A 引脚图

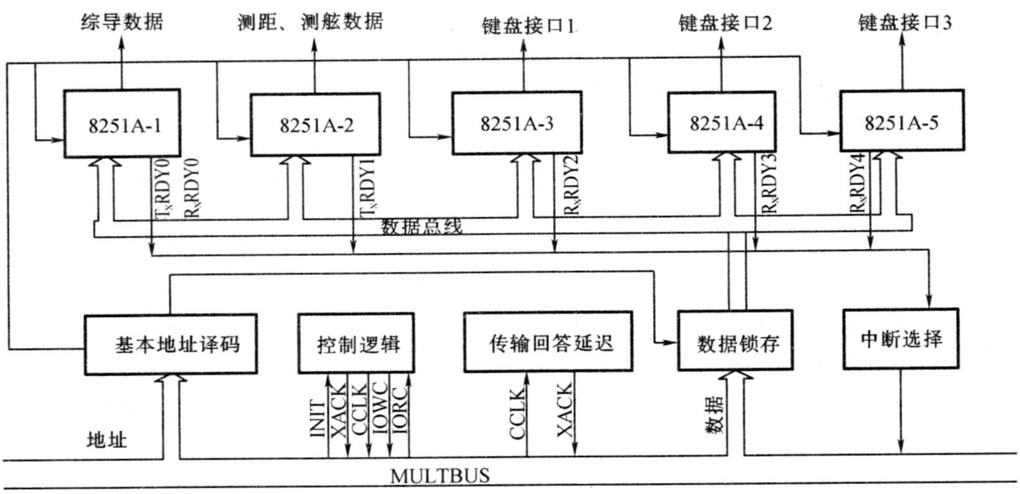

图 5-55 串行接口电路原理框图

基本译码电路用于产生 8251A 的地址信号。

逻辑控制电路是关键部分,它负责产生板上各芯片的片选信号、复位信号、清除信号、读写信号。

时钟控制由一片时钟发生器 8224 产生一个 2.47 MHz 的独立时钟,送至各 8251A 作为它的 CLK(时钟),本板内的 8251A 均工作在异步方式,CLK 频率须大于收发时钟频率的4.5 倍,而且 CLK 的周期要在 0.32 μs 到 1.35 μs 之间。传输回答延迟信号是电路输出给 CPU 的回答信号,CPU 根据此信号的长短可在读写时序中插入等待周期,以满足慢速接口电路的正常操作需要。此信号主要用于主设备和从设备间时序的同步,保证主设备和从设备间的操作正常。

由于 CPU 的速度要比外设接口电路快,而 CPU 在对外围接口电路进行写操作时,其地址和数据都几乎同时在总线上稳定有效。当 CPU 从外设接口电路读入数据时,由于两者速度上的差异,时序上稍有差错,CPU 就读取了错误数据。因此设计中采用数据收发器

MD8287，利用基本地址选通信号 PO/和读写信号 IORC/，IOWC/及 INTA/信号通过编程逻辑组合得到数据收发器 MD8287 的选通信号 OE。此信号需满足以下条件：OE 信号要在地址选通信号之后才能有效；且需在读写信号结束之后才能失效，即保证在读写信号的上升沿时数据收发器仍然选通，从而保证了读写数据的正确性。

4. 网络接口技术

随着网络技术的发展和成熟，武器装备研制中也越来越多地采用网络技术来构建系统级或全舰（全艇）级的数据网（局域网）。

以太网（Ethernet）是目前使用最广泛的局域网技术，它具有扩展性强、可靠性高、成本低廉等特点，并已经有了大量的网络开发、管理工，Ethernet 标准 IEEE 802.3 经历了 10 Mbps，100 Mbps，1 000 Mbps 的发展历程，其中 10 Mbps 和 100 Mbps Ethernet 技术非常成熟，成本已经很低廉。

构成 Ethernet 网主要有四个要素：

①帧（Frame） 一系列标准化的数据位，用于网内传输数据；

②访问控制协议 网络运行、访问控制和传输等各类标准和规则；

③信号部件 网内收、发物件，如网卡、收发器等；

④物理介质 网络连接的硬件。

网络技术发展快速，针对各类网络系统的网络接口器件也朝着通用性、系列化发展，基于以太网的网络接口控制器件比较常用的主要有 DM9008，RTL8019，MPC68360，MPC860 等。

下面以 DM9008 为例介绍。DM9008 是基于 ISA 总线的 10 M 超级以太网控制芯片，它集中了介质访问控制层（MAC）和物理层的功能，可以方便地设计基于 ISA 总线的网络系统，也可以比较简单地与计算机互连。其主要特点如下：

①实现 IEEE 802.3 协议、10BASE－T、10BASE2 和 10BASE5 的单芯片解决方案；

②集成 ISA 总线接口、8 K×16 SRAM、介质访问控制（MAC）、编解码器和 10BASE－T 收发器；

③可选 8 根中断申请线；

④自动极性检测和纠正；

⑤可选 8 位或 16 位模式；

⑥外部可编程 EEPROM；

⑦单 5 V 电源、低功耗 CMOS 设计；

⑧100 脚 PQFP 封装。

图 5－56 是一个典型的利用 DM9008 实现的网络接口。其中，计算机系统提供的信号线有：8 位数据线、5 位锁存后的地址线、读写信号、片选信号和中断请求信号，分别与 DM9008 的数据线、地址线、IO 读写信号线、地址使能线和中断请求线相连，DM9008 复位与系统同步。

93C46 是一个电可擦存储器，用于保存 DM9008 的配置信息：网络地址、IO 基地址、中断选择等；LAN7236 是一个隔离滤波器，因为 DM9008 内部已具备 10BASE－T 收发器，接口设计较简单，通过隔离滤波器直接与网络接插件（如 RJ45）相连即可。

潜艇光电设备按功能要素隶属于潜艇的综合导航系统或作战系统。为充分利用艇上资源，光电潜望镜设计中采用了非自主工作方式，接收导航系统提供的艇姿态信息、初始地理位置和航向信息，向导航系统输出实测位置和航向信息，向作战系统输出目标的三维坐标信息（高度、舷角和距离）。

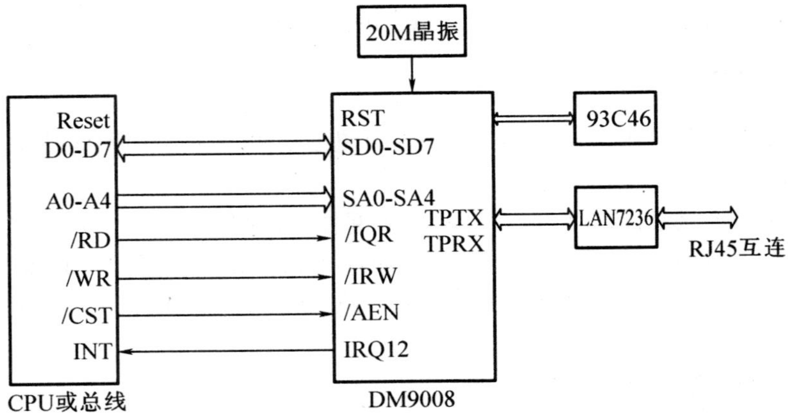

图 5－56　DM9008 网络接口电路

5. 光电潜望镜信息与接口组成框图

按输入输出信号分类，信息接口包括数字接口和模拟接口。并行数据传输、串行数据传输、网络传输等属于数字接口；也有一些信息仍然采用模拟接口方式，如视频信号、自整角机信号等。随着网络技术的发展，目前普遍开始采用网络技术来进一步提高全艇的信息传递和处理水平。

参考图 5－1 为光电潜望镜的信息流程图，图 5－57 为其相应的信息与接口组成框图。

按接口信息源可以分为内部接口、外部接口，按接口技术类型分可以分为并行接口、串行接口和网络接口。

内部接口包括：

①键盘接口　接收并处理机柜键盘、操镜键盘的键盘信息，一般采用串行接口来实现；

②测角信息接口　用于接收测角转换电路发送的方位、俯仰角度信息，一般采用并行接口来实现；

③时间、日期信息接口　用于接收天文钟发送的时间、日期，采用并行接口实现；

④弯曲补偿信息接口　用于接收镜管弯曲测量电路发送的镜管弯曲偏移量，采用并行接口实现；

外部接口包括：

①航向、姿态信息接口　用于接收艇上平台罗经或惯导提供的姿态、航向信息，一般采用并行接口来实现，以保证实时性；

②导航综合信息接口　用于接收艇上综合导航系统提供的位置、航速、标准时间、日期等导航信息，并发送天文导航信息到综合导航系统，由于数据量较大，一般采用双向串行接口来实现；

③作战信息接口　用于向指控系统发送目标的三维信息（高度、舷角和距离），一般采用单向串行接口来实现；

④网络接口　目前一些新系统、新建艇都采用网络技术来实现全艇的信息处理，因此

外部接口基本上不再使用串行、并行接口，而以网络的方式集中传输。

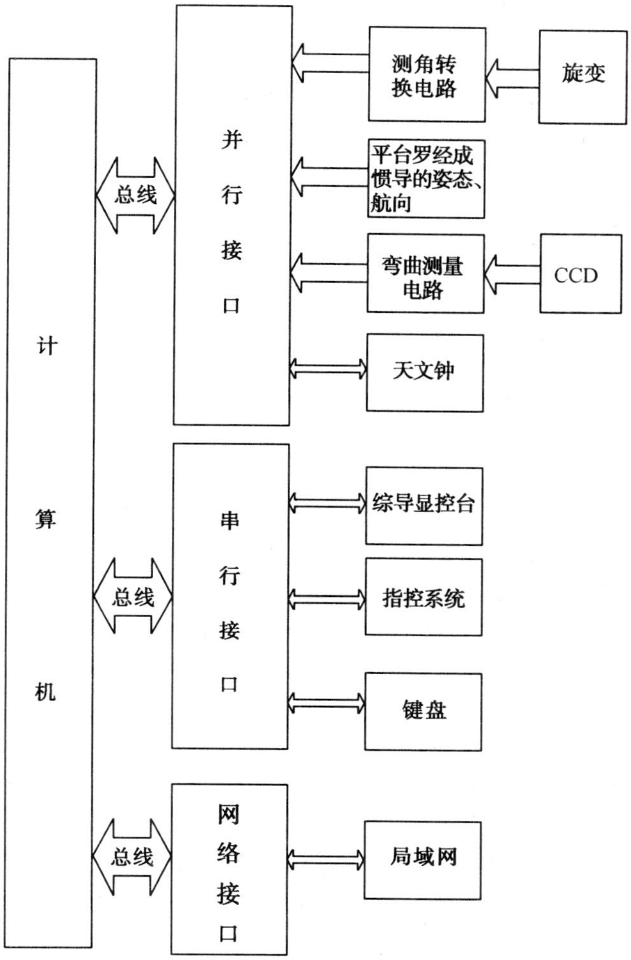

图5-57 光电潜望镜接口组成

5.6 潜艇光电装备图像处理技术

5.6.1 概述

数字图像处理是指将图像信号转换成数字格式并进行处理的过程，在20世纪60年代，融信息处理、计算机、自动控制和数学、光电子学等学科成为一门崭新的学科。随着计算机技术的飞速发展和图像处理技术理论的不断创新，图像处理技术的应用更加广泛，在军用光电系统领域中起到了重要的作用，是提高光电系统的效能、精度、自动化、智能化的重要技术手段之一。

图像处理技术在军用光电系统中的应用，主要集中在目标跟踪、图像识别、图像融合、电子稳像等领域。欧美发达国家在军用图像处理技术上启动很早，投入也很大，取得了很大的技术优势，并在陆、海、空、天等系列光电装备中得到了实际的应用，尤其是近十年来得到快速发展和大量列装的无人车、无人机和无人艇等无人驾驶平台，目标跟踪、图像识别、电子稳像等图像处理技术起到了至关重要的作用。

潜艇光电装备集成了红外、电视等成像传感器，作为潜艇上唯一的可直接获取外部直观图像信息的设备，利用图像处理技术来提高其图像信息提取能力非常必要而且可行。

5.6.2 图像采集

1. 潜艇光电设备图像采集和处理系统的组成

现代潜艇光电设备一般都具备电视、微光或红外成像功能。视频图像经计算机进行图像采集后形成数字图像，计算机对数字图像进行处理完成特定的功能，如图像的提取、增强、储存以及对目标的跟踪等。实现这些功能构成的图像处理系统都是在线式系统，具有很强的的实时性。为此，一些特定的功能都是通过专用的图像处理硬件来实现的，图像采集卡不仅完成图像的数字化采集，而且还集成了相应的图像处理算法来完成实时的图像处理功能；不仅如此，还有一些定制的专用图像处理芯片来实现一些特殊的处理功能。

潜艇光电设备的典型的图像处理系统的组成如图 5 – 58。

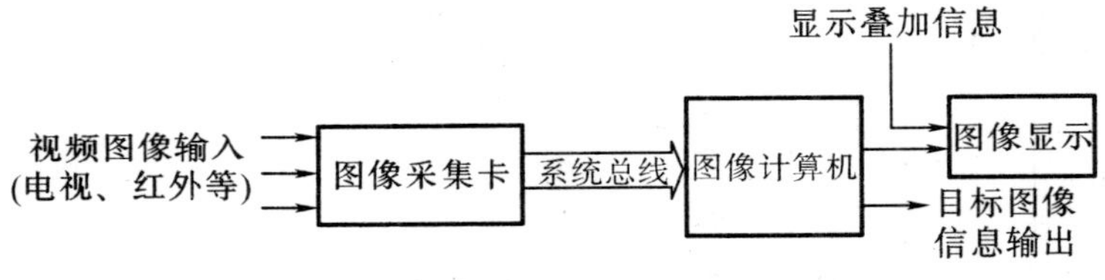

图 5 – 58 图像处理系统构成

其中图像采集卡完成视频图像的数字化采集，之后送入计算机进行数字图像处理，并输出相关的图像目标信息，同时将图像显示出来。

2. 图像采集卡的原理

图像采集卡主要由视频预处理电路、视频 A/D、视频 D/A、图像控制单元、图像处理单元以及图像存储器等组成，其原理框图如图 5 – 59 所示，图 5 – 60 是利用 DSP 和 FPGA 构成的图像采集卡组成原理图。

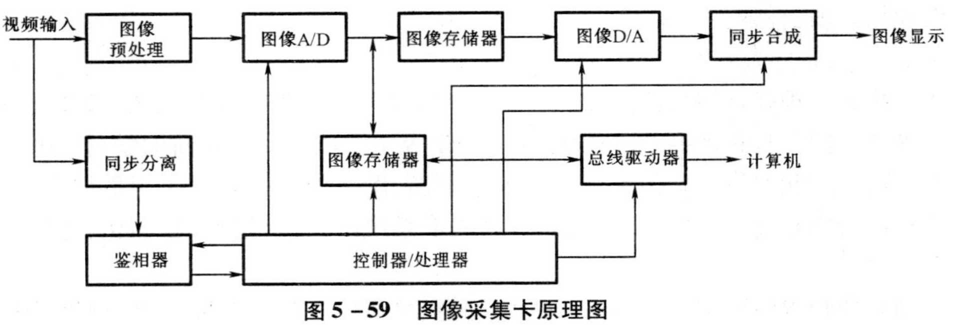

图 5 – 59 图像采集卡原理图

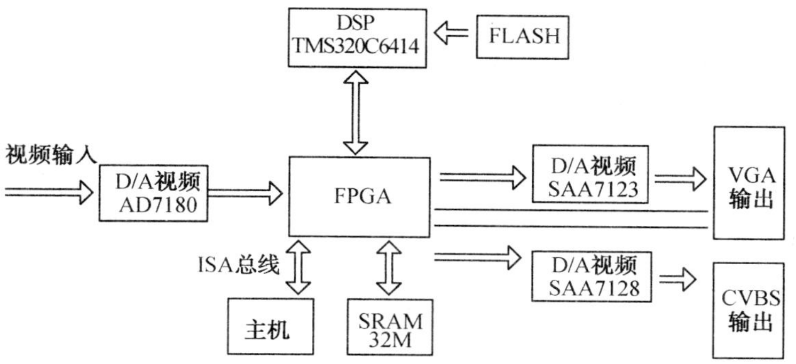

图 5-60　利用 DSP 和 FPGA 构成的图像采集卡组成原理图

图 5-60 所示是一个典型的 ISA 总线的视频图像采集原理框图。送入图像采集卡的视频信号一路通过同步分离电路分离出行与场同步信号，并将其送入鉴相器，使之与采集卡内时序脉冲发生器输出的同步信号比较，使卡内产生的行、场同步脉冲与输入的视频图像的同步脉冲同相位；另一路视频信号经过预处理后送给视频 A/D 转换电路转换成数字信号。随着器件水平的不断提高，目前也有一些专用的器件可以同时完成预处理、同步信号处理和视频 A/D，如 Philips 公司的 SAA7113，它具有四路视频输入、抗混滤波、自动钳位和增益控制功能，场同步信号、行同步信号和像素时钟信号都由管脚直接引出，省去了以往的时钟同步电路的设计，且芯片内步锁相环技术的集成使得可靠性大大提高，设计复杂度大大降低。在 SAA7113 中有控制字可以直接控制行同步有效时间，因此可以省略行延迟电路；SAA7113 是一种高集成度并且支持隔行扫描、多种数据输出格式的视频解码器，内置的 I,C 界面提供了对芯片内部电路的控制功能，可实现对输入模拟信号的预处理、对比度和亮度的控制，输出数据格式及输出图像同步信号的选择控制等。图像存储器用于处理过程中的缓存以及与计算机的匹配；控制器/处理器完成图像采集卡的逻辑控制与处理，以及一些图像信息的提取和生成，主要采用 DSP 和 FPGA 器件来实现；总线控制器用于实现图像采集卡与计算机的接口通信；图像 D/A 与同步合成单元用于将目标图像及其相关叠加信息还原成标准视频图像用于图像显示。

5.6.3　图像预处理

1. 图像增强

图像增强的目的是改善图像的视觉效果或将图像转换成一种更适合人或机器分析处理的形式。不同于图像的恢复，图像增强不以图像保真为原则，而是通过有选择地突出某些对人或机器分析感兴趣的信息，抑制无用信息，以提高图像的使用价值。

图像增强的方法有以下几种：

(1)用灰度变换增强对比度

照片或用电子方法得到的图像，常常对比度较低。如对每一像素的灰度值进行变换，扩大灰度范围，便可达到增强的目的。这是一种简便有效的方法。它将输入图像中某点的灰度值映射成输出图像的灰度。根据映射方式的不同，对比度增强可分为灰度变换法和直方图修正法，前者又分为线性、分段线性、非线性的灰度变换等几种不同方式。

(2)平滑

图像在生成和传输过程中常受各种噪声源的干扰而引起质量下降,这些噪声源包括传感器噪声、相片颗粒噪声、信道误差等。为拟制噪声,改善图像质量,必须对图像进行平滑处理。这可在空间域和频率域中进行。一类是进行全局处理,一般是比较困难的;另一类平滑技术是对噪声图像使用局部算子,仅涉及待处理像素周围的一个小临域。它的优点是效率高,可实时或准实时地处理。

①局部平均法 局部平均法是一种直接在空间域上进行平滑处理的技术。它认为图像是由许多灰度恒定的小块组成,相临像素间有很高的空间相关性,而噪声则是统计独立的。因此,可用像素临域内的各像素的灰度平均值代替该像素原来的灰度值,实现图像的平滑。具体而言又有非加权法和加权法的不同。

②中值滤波 中值滤波对脉冲干扰的拟制效果好,同时能较好地保存细节。它对一个滑动窗口内的诸像素灰度排序,用其中值代替窗口中心像素原来的灰度,因此,它是一种非线性的图像平滑。正确地选择窗口尺寸大小是用好中值滤波的关键。

③频域平滑 图像的平滑除了在空间域外,还可在频域进行。图像经二维傅里叶变换后,噪声频谱一般位于空间频率较高的地方,而图像本身的频率分量则处于空间频率较低的区域,因此,可通过低通滤波的方法,使高频分量受到拟制而让低频分量通过。常用的低通滤波器有:理想低通滤波器、Butterworth 滤波器、指数形滤波器、梯形滤波器等。

(3)锐化

图像在变换和传输过程中受到各种干扰而退化的典型现象是图像变模糊。锐化处理的目的是增强目标的轮廓或边缘信息,使对目标的识别更加容易。图像锐化处理的方法有:

①微分法 从数学上看,图像的模糊相当于图像被平均或积分,为实现图像的锐化,必须用它的反运算——微分。因为微分运算是求信号的变化率,有加强高频分量的作用,从而使图像清晰。由于模糊图像的特征各不相同,要锐化它们,应采用各向同性的、旋转不变的线性微分算子。

图像处理中最常用的微分方法是求梯度,一般用差分公式作近似处理来求梯度。梯度算出后,就可根据需要生成不同的梯度增强图像。

②高通滤波 图像中的边缘或线条与图像频谱中的高频分量相对应,因此,采用高频滤波的方法让高频分量通过,拟制低频分量,就可增强图像的边缘和轮廓,实现图像的锐化。

图像锐化技术不仅增强了边缘等高频分量,也使噪声加强了,这是人们所不希望的。一般是先对图像作平滑处理,滤除噪声,再用锐化技术加强边缘。

(4)伪彩色增强和假彩色增强

所谓伪彩色增强是指从黑白图像到彩色图像的变换,而假彩色增强是从一种彩色图像到另一种彩色图像的变换。

2. 图像恢复

图像在形成、传输、记录过程中,成像系统、传输介质和记录设备的不完善,都会引起图像质量的下降,或称为退化。图像恢复,就是尽可能恢复退化图像的本来面目。因此,要弄清退化的原因,建立相应的数学模型,并沿着图像降低的逆过程恢复图像。

图像退化的典型表现为图像模糊、失真、有噪声等。而引起图像退化的原因有很多,例如大气的抖动、摄像设备中光学系统的衍射、传感器特性的非线性、光学系统的像差、成像设备与物体之间的相对运动、感光胶片的非线性和颗粒噪声等。由于引起退化的原因很多,而且性质各不相同,目前没有统一的恢复方法,只能根据实际情况采用相应的退化模型和估计准则。

图像恢复的关键在于建立图像退化模型,这个退化模型应该能够反映图像退化的原因。图像恢复的主要目的是在给定退化图像 $g(x,y)$ 以及对退化函数 H 和噪声的某种了解或假设时,估计出原始图像 $f(x,y)$。但是,退化函数 H 很难获知或准确描述,只能对其进行估计。退化函数估计方法主要有如下三种。

(1)图像观察估计法

如果只有退化的图像,而没有退化函数 H 的相关知识,那么估计该函数的方法之一就是收集图像自身的信息来估计。如果图像是模糊的,可以观察包含简单结构的一小部分图像(目标或背景的一部分);为了减少噪声的影响,可以寻找其中信号最强的区域。也可以使用目标和背景的样品灰度级,构造一个不模糊的图像,该图像是原始图像在该区域的估计图像,和看到的子图像有相同的大小和特性。

(2)试验估计法

如果可以使用与获得退化图像的设备相似的装置,从理论上应该能得到一个准确的退化估计。利用相同的系统装置,成像一小亮点就可以得到退化的冲激响应。

(3)模型估计法

退化模型不仅要考虑引起退化的环境因素,而且要从引起退化的原因的基本原理上开始推导出退化的数学模型。

有了退化函数后,就可以对退化图像进行恢复处理了。常用的图像恢复方法主要有:

①逆滤波恢复;

②维纳滤波恢复;

③约束最小二乘方恢复;

④从噪声中恢复;

⑤几何失真校正。

由红外探测器输出的视频信号首先只有进行预处理,包括信号的阻抗匹配、幅度调整、模数转换、图像的滤波、增强和分割等处理技术,然后才能进行识别跟踪等后续功能处理。其中的关键是图像的数字化、滤波和分割。

对于空间域的预处理,通常使用中值滤波器完成(见第 9 章有关介绍),主要优点是不影响图像的边缘。此外,卷积滤波也是一种比较有代表性的处理方法。

5.6.4　图像检测与分割

在一幅图像中,往往只对其中的某些部分或目标感兴趣,这些部分或目标通常占据一定的区域,并在一些特性(如灰度、轮廓、颜色、纹理等)上和周围的图像有差别,这些差别可能非常明显,以致人眼可以识别,也可能很细微以致人眼察觉不出来,必须通过图像处理的方法来识别。图像识别的基础是图像分割,其作用是把反映物体真实情况的、占据不同区域的、具有不同特性的目标区别开来,并形成数字特征。图像分割是图像识别和图像理解的基础，是图像预处理后呈上启下的最重要的图像处理环节，图像分割质量的好坏直接影响后续图像处理的效果。

通过图像分割，可使目标从背景中分离，或将一个物体与另一个物体区分开来。通常可按幅度不同来分割不同的区域，也可按边缘、形状或灰度分布特征来分割不同的区域。

1. 图像边缘检测

边缘是图像的灰度或结构等信息的突变处，边缘是一个区域的结束，也是另一个区域的开始，利用边缘特征可以分割图像。图像的边缘有方向和幅度两个属性，沿边缘方向像素变化平缓，垂直于边缘方向像素变化剧烈，因此这种变化可以通过微分算子检测出来。通常用一阶或二阶导数来检测边缘，一阶导数认为最大值对应边缘位置，二阶导数则以过零点为边缘位置。另外 Canny 边缘检测算子不是通过微分算子来检测边缘，而是在满足一定约束条件下推导出的边缘检测最优算子。

(1)梯度算子

梯度算子是一阶导数算子。对于图像 $f(x,y)$，其梯度为

$$\nabla f(x,y)=\begin{bmatrix}G_x\\G_y\end{bmatrix}=\begin{bmatrix}\dfrac{\partial f}{\partial x}\\\dfrac{\partial f}{\partial y}\end{bmatrix}\tag{5-38}$$

常用小区域模板和图像卷积来近似计算梯度值，典型的一阶导数边缘检测算子包括 Roberts 算子、Sobel 算子、Prewitt 算子等，通过 2×2(Roberts 算子)或 3×3 模板作为核与图像中的每个像素点作卷积和运算，然后选取合适的阈值来提取边缘。

Roberts 算子利用局部差分算子寻找边缘，定位精度较高，适合于具有陡峭边缘且噪声较少的图像，但容易丢失部分边缘。Sobel 和 Prewitt 算子都是先对图像进行加权平滑处理，然后再作微分处理，对噪声具有一定的抑制能力，边缘定位效果较好，但不能完全消除虚假边缘，且边缘容易出现多像素宽度。

(2)拉普拉斯边缘算子

典型的二阶导数边缘检测算子是拉普拉斯边缘检测算子，如下所示

$$\nabla^2 f(x,y)=\frac{\partial^2 f(x,y)}{\partial x^2}+\frac{\partial^2 f(x,y)}{\partial y^2}\tag{5-39}$$

对于数字图像，用差分近似表示为

$$\nabla^2 f(x,y)=f(x+1,y)+f(x-1,y)+f(x,y+1)+f(x,y-1)-4f(x,y)\tag{5-40}$$

也是借助模板卷积来实现的。拉普拉斯边缘检测算子是无方向性的，因此只需要一个模板就可以。由于是二阶导数算子，对噪声非常敏感，容易丢失部分边缘信息造成不连续的边缘。因此，采用拉普拉斯算子时一般要先用高斯函数进行平滑滤波，再进行二阶微分，也称为 LOG 算子。LOG 算子克服了单一的拉普拉斯算子抗噪声差的缺点，但在抑制噪声的同时也可能将图像中比较尖锐的边缘滤掉。

(3)Canny 边缘检测算子

Canny 算子考虑了图像中存在噪声的现象，通过增加约束条件把微分求解转化为泛函最优化求解，归纳为三条准则：好的检测结果；好的边缘定位精度；对同一边缘要有低的响应。其处理步骤为：用高斯滤波器平滑图像；计算滤波后图像梯度的幅值和方向；对梯度幅

值应用非极大值抑制，找出图像梯度中的局部极大值点，把其他非局部极大值点置零以得到细化的边缘；利用阈值算法检测和连接边缘，使用两个阈值，第一个阈值用于寻找每条线段，第二个阈值用来在这些线段的两个方向上延伸寻找边缘的断裂处并连接这些边缘。

Canny 算子是基于最优化思想的检测算法，具有较强的抑制噪声的能力，但也存在会将图像中的高频边缘滤掉的缺点。

2. 图像边界跟踪

检测出的图像边缘点在某些情况下是不连续的，必须通过边界跟踪将其转换为有意义的连续边缘信息，以利后续处理。边界跟踪可以直接在原图像上进行，也可以用边缘检测方法得到的图像的梯度图来进行。

边界跟踪是从图像中一个边缘点出发，然后根据一定的判别准则搜索下一个边缘点，以此跟踪出目标的完整边界。包括三个步骤：

（1）确定边界的搜索起点；

（2）确定合适的边界判别准则和搜索准则；

（3）确定搜索的终止条件。

常用的边缘跟踪方法是对图像进行 Hough 变换，将边缘像素连接起来得到边界曲线，受噪声和曲线间断的影响较小。Hough 变换方法主要包括：利用直角坐标中的 Hough 变换检测直线；利用极坐标中的 Hough 变换检测直线；利用 Hough 变换检测圆；广义 Hough 变换。

3. 阈值分割

图像分割的经典方法是基于灰度阈值的分割方法，通过设定阈值，把像素点按灰度等级分类，从而实现图像分割。

把一幅图像转化成二值图像就是阈值分割的最简单形式，如下所示

$$g(x,y)=\begin{cases}1,f(x,y)\geqslant T\\0,f(x,y)<T\end{cases}\tag{5-41}$$

式 5-41 中全局阈值 T 的选择直接影响分割效果，可以通过分析灰度直方图来确定，常用的方法包括人工选择、自动阈值选择、分水岭算法选择等。

阈值分割是图像分割里最简单、速度最快的一种。第 7 章中分割图像即采用阈值化分割法。

4. 区域分割

阈值分割法由于很少考虑空间关系，使多阈值选择受到限制，而基于区域的分割方法可以弥补。区域分割方法利用图像空间性质，认为分割出来的属于同一区域的像素应该具有相似的性质，直接把那些具有相同特征，或者均匀性一致的像素聚集成区域，这种分割法适用于对比度高的图像。

常用区域分割法包括区域生长法、邻区域分裂法、区域合并法、区域分裂合并法等。

区域生长法主要考虑像素及其空间领域像素之间的关系，开始时确定一个或多个像素点作为种子，然后按照某种相似性准则增长区域，逐步生成具有某种均匀性的空间区域，将相邻的具有相似性质的像素或区域归并从而逐步增长区域，直至没有可以归并的点或其他

小区域为止。区域内像素的相似性度量可以是灰度值、颜色、纹理等信息。

区域分裂法是针对区域差别较大不满足一致性准则时采用的方法，分裂过程从图像的最大区域开始（一般情况下是从整幅图像开始），确定分裂准则和分裂方法。

单纯的区域分裂只能把图像分裂成许多满足一致性的区域，相邻的具有相同性质的区域并未合成一体，采用合并算法就是把相邻的具有相似性质的区域合并成一个区域。其中最重要的是确定不同区域的相似性，可以是基于区域的灰度值，也可以是基于区域边界的强弱性等。

区域分裂合并法不需要预先指定种子点，按照某种一致性准则分裂或合并区域，当一个区域不满足一致性准则时被分裂成几个小的区域，当相邻区域性质相似时合并成一个大区域，其研究的重点是分裂和合并的规则。使用分裂合并法可以实现图像自动细化分割运算，通过分裂运算，属于不同物体的区域和边界可以被找出来；同时通过合并运算，属于同一物体的邻接区域被合并，虚假的边界可以被消除。

5.6.5 视频跟踪技术

视频跟踪是指利用成像传感器采集图像，对包含有目标及背景的序列图像运用跟踪算法提取运动目标并预测目标的运动，根据目标运动参数来控制伺服系统指向目标，将图像序列中不同帧中同一运动目标关联起来，从而得到运动目标完整的运动轨迹。视频跟踪技术融合了图像处理、计算机技术、模式识别、人工智能、自动控制以及数学等领域的先进技术。

视频跟踪技术研究的内容主要包括运动目标检测、分类和跟踪三部分。

1. 运动目标检测

运动目标检测的目的是从序列图像中将变化区域从背景图像中提取出来。运动区域的有效分割对于目标分类、跟踪和行为理解等后期处理是非常重要的，因为以后的处理过程仅仅只是考虑图像中对应于运动区域的像素。然而，背景图像动态变化（如天气、光照、影子及混乱干扰等）的影响，使得运动检测成为一项相当困难的工作。目前常用的检测方法有背景差分法、帧间差分法、基于统计的模型法和光流法等。

（1）背景差分法

背景差分方法是用当前环境背景估计图像与当前帧图像进行相减来实现目标检测的一种方法。背景差分法速度快、检测准确，其关键技术是背景图像的获取。从理论上讲，这种方法更容易检测出运动目标，因为其在理想的情况下没有噪声污染，所以，差分结果一定是除了目标以外其余背景区象素差分值都为0（全黑），目标区像素值全为1（全白），这样就很容易提取出完整的目标图像。但是，在实际应用中，要得到一幅理想的背景图像是非常不容易的。一般获取背景图像的理想方法是在场景中无任何目标时采集一幅背景图并存储起来，但是，由于外界因素的干扰（如日光照射角度的变化，沙尘风雨天气以及目标运动频繁等因素），都会引起背景图像的不准确，为此，就需要根据外界环境变化不断的更新背景。

背景差分方法的主要问题是背景的更新与维护，选择一个好的背景图像更新方法是背景差分法的关键。

（2）帧间差分法

帧间差分法是一种基于像素的运动检测方法，它通过对视频图像序列中相邻两帧或三帧图像进行差分运算来获得运动物体的轮廓。在图像序列中,通过逐像素比较可直接求出前后两帧图像或相邻几帧图像之间的差别。由于采用邻近帧图像进行差分,而一般邻近帧间的时间间隔很短,因此,帧间差分方法对场景光线的变化一般不太敏感,抗干扰能力优于背景差分法。但在实际应用中,检测到的目标结果经常也不很令人满意,主要是目标的完整性要求不能很好地体现,通常很难完整地分割出运动目标,分割后的对象也容易产生"黑洞",不利于进一步地跟踪与识别。

(3)基于统计模型法

基于统计模型法的原理是将序列图像的各像素值看作随机过程,然后分析各像素值的变化特点,建立序列图像背景的描述模型,并用数学模型来模拟背景图像,接着再用当前帧图像中的每一个像素值与背景描述模型进行匹配。如果匹配,则为背景像素,否则为前景像素。之后,便可对目标像素和背景像素进行标注,并根据标注信息进行二值化处理和区域连通处理,最后检测目标。从本质上讲,该方法是一种基于背景差分的方法,只不过背景是用建立的模型来模拟的。

(4)光流分割法

光流分割法是通过目标和背景之间的不同速度来检测运动目标。基于光流估计的方法都是基于以下假设:图像灰度分布的变化完全是由于目标或背景的运动所引起的,即目标和背景的灰度不随时间变化。光流分割法具有较强的抗干扰性,且不需要预先知道场景的信息。但不能有效区分目标运动造成的背景遮拦、显现以及孔径等问题,同时计算量较大,需要特殊的硬件支持。如果光照强度或光源方位发生变化,则有可能产生错误结果。

在实际的视频跟踪系统中,为了准确稳定地实现动态目标的跟踪,不可能只采取单一的目标检测方法,而是采用多方法结合来弥补单一算法实现的不足,从而进一步优化算法,如将连续帧间差分法和背景差分法相结合、将光流法和帧差法相结合、将光流法与时间滤波器相结合等。

2. 运动目标的分类

目标分类的目的是识别运动目标所属的类别,以便从运动分割获得的所有运动块中精确地提取与运动目标相应的区域。不同的运动区域可能对应于不同的运动目标,比如交通道路上监控摄像机所捕捉的序列图像中可能包含行人、车辆及其他诸如飞鸟、流云、摇动的树枝等运动物体。为了便于进一步对行人进行跟踪和行为分析,运动目标的正确分类是完全必要的。目前常用的目标分类方法有基于形状信息的分类、基于运动特性的分类以及时间共生矩阵进行分层分类等。

3. 运动目标的跟踪

运动目标跟踪等价于在连续的图像帧之间创建基于位置、速度、形状、纹理、色彩等有关特征的对应匹配问题。运动目标跟踪方法可分为四类,分别是基于区域的跟踪方法、基于特征的跟踪方法、基于主动轮廓线的跟踪方法和基于模型的跟踪方法。可以说,这种分类方法是根据运动目标的表达方法和相似性度量方法来进行的。

(1)基于区域的跟踪

基于区域的跟踪方法是将发生变动的区域看作有移动物体的存在,通过检测这些变动区域的位置来达到跟踪的目的。通常所用的方法是利用背景减法和相邻两帧图像差分来检测发生变动的区域,然后进一步对这些区域进行筛选。Wren 等人的 Pfinder 系统就是利用小区域的特征来对室内环境下的单个人进行跟踪,他将人体看成是由头部、躯干和四肢等身体部分所对应的小区域块所组成,然后利用单高斯分布模型来对每个像素进行建模,并将属于人体部分的每个像素划分到不同的身体部分所对应的小区域块中,再通过跟踪各个小区域块来实现对整个人的跟踪。Sugandi 等人则提出了一种使用低分辨率图像来进行跟踪的方法,这种方法使用矩形区域来描述运动目标。在场景中的运动目标比较少的情况下,基于区域的跟踪方法效果比较好。但是,当背景比较复杂,各个目标区域之间有部分遮挡时,使用这种方法就比较难处理了。

(2)基于特征的跟踪

基于特征的跟踪主要是提取图像中形成目标物的各种成分(称为子特征),如点或线段,再将这些成分集合成较高阶的特征信息,然后通过对比连续的图像序列的特征信息来跟踪目标物体。特征的选取包括质心、周长、面积、线段、曲线段和顶点等。基于特征的跟踪方法的优点是即使存在部分遮挡,被跟踪物体的一些子特征也是可见的。基于特征的跟踪包括特征提取和特征匹配两个步骤。低层特征(比如点)较容易提取,而跟踪高层特征(如线和区域)相对比较困难。所以,在特征复杂度和跟踪的有效性方面需要协调。

(3)基于主动轮廓线的跟踪

基于主动轮廓线的跟踪方法是直接提取物体的形状,并利用封闭的曲线轮廓来表达运动目标,该轮廓能够自动连续地更新,从而用来跟踪物体。和基于区域的跟踪方法相比,这种方法的优点是可降低计算复杂度,且用主动轮廓线描述物体比较简单,比较适用于对非刚体(如运动细胞等)的跟踪。但是,这种方法在跟踪开始时需要一个好的初始匹配,所以,它对初始化的位置比较敏感。如果初始化的位置接近运动目标,那么这种方法则能够在较短的时间内锁定目标并对其进行跟踪;反之,则可能会出现丢失运动目标的情况。如果通过某种方式可以为每个运动物体初始化各自的轮廓线,那么,即使存在部分遮挡,也能对目标进行跟踪。

(4)基于模型的跟踪

基于模型的跟踪要先建立物体模型,再利用已知或假设的运动特征来建立运动模型,然后用运动模型去预测下一帧的物体模型变化,最后通过搜索和比对来完成跟踪。与其他跟踪方法相比,基于模型的跟踪方法因为有先验知识的支持,故不容易受到附近背景和其他物体干扰的影响,也可以在一定程度上解决物体部分遮挡的问题。但是,这种方法需要构建相应被跟踪目标的模型,而且计算量很大。

5.7 潜艇综合成像系统

5.7.1 潜艇综合成像系统的概念

1. 问题的提出

所谓潜艇综合成像系统(ISIS)就是将潜艇上光电及其他有关的探测传感器组合集成在

一起，提供图像处理、存储、检索与显示能力，以及实现与潜艇内的战术控制网络连接的系统。

要全面理解美国所进行的潜艇综合成像系统的改造计划，必须从其所进行的军事信息化改革说起。为打赢高科技的信息化战争，美国一直大力推进其武器装备平台的信息化建设。而一体化的 C^4ISR 系统是实现信息化武器装备系统综合集成的重要前提。从 1989 年开始，美国开始对其"烟囱"式的军事系统进行改革，重点发展一体化的军事信息系统。正是在这种总的方针指导下，美国海军在大力推进潜艇信息网络建设的情况下，于 2003 年提出了潜艇综合成像系统的建设计划。随着情报、监视、侦察和目标捕获（IRST）任务重要性的日益提升，潜艇成像能力正在受到前所未有的重视。根据其一项水下装备建设要求书中的规定，潜艇综合成像系统在海军现代化改造计划中排在第一的位置，目前海军正在致力于实现这些新的功能。

2. 潜艇综合成像系统的技术内涵

（1）对现有潜望镜进行现代化改造

2003 年，美国海军部作出决定，对现有的潜艇光电潜望镜进行现代化改造，以满足美国潜艇网络中心战的作战要求和未来 15 ~ 20 年海军战略的要求。将美国现有的光电传感器如 8B、8J 型潜望镜、18 型潜望镜、现有的潜艇成像系统等统一整合在一个综合成像系统（ISIS）的平台上。而且，这种新系统的结构要随着上述各传感器的不断发展要能够增加新的功能。所以，美国潜艇综合成像系统包括了可见光传感器、电子传感器、热成像传感器、电子支援措施、自动雷达测距、综合控制和显示等方面的信息。为满足潜艇综合成像系统的要求，而采取的现代化改造的研制工作如下：

①研制 18 型潜望镜"爱国者"雷达测距仪。将原装于水面舰艇上使用，需要进一步改造后应用到 18 型潜望镜上。加装"爱国者"雷达测距仪后，主要功能是增强潜艇对周围态势的了解和潜艇避撞的能力。

②研制适用于 18 型潜望镜的红外成像系统。改变原 18 型潜望镜无红外能力的缺陷，全部加装红外模块。

③研制潜艇共用的成像系统，使现有的潜望镜、光电桅杆以及相关的 ESM 等传感器信息共享共用的一种成像系统。

④开发装于潜望镜上头部的"无声值守"ESM 改进装置。

（2）实现与潜艇信息网络的连接

ISIS 系统利用虚拟工作站（VWS）技术，使用已有的火控工作站来实现传感器控制与显示。该技术要求实时视频信号通过艇内的网络流动。使用网络化的视频信号优点在于不需要在潜艇控制室增加新的显示器，可在潜艇的任何位置提供潜望镜视频信号的显示并控制这些视频信号的应用。

（3）发展的潜艇综合成像集成能力

由于考虑了该系统的结构要随着各种传感器不断发展要能够增加新的功能，所以，它是一种开放式的系统，可以进行不断的改进而更加合理及功能现代化。

从广义上讲，凡是能为潜艇提供外部真实图像信息的传感器，都可以成为潜艇综合成像系统的组成部分。因而潜艇获取外部图像信息的手段不再局限于潜望镜和光电桅杆等水上传感器，而且还能从空中和水下传感器获得潜艇外部的图像信息。由空中平台、水上平台和水下平台提供的潜艇综合成像系统是一个全新的概念。它从根本上解决了潜艇和潜望镜的隐身问题，极大地增强了潜艇的防空警戒和反潜能力，同时通过该系统使潜艇成为海军网络中心战的重要一环。

潜艇综合成像系统发展的传感器包括：①空中传感器，包括无人机；②水上传感器，包括潜望镜（全景潜望镜）、光电桅杆（潜视系统）、通气管摄像机监视系统、光电浮标，无人操纵水下运载器上的潜望镜；③水下传感器，包括围壳和壳体摄像机电视系统、虚拟潜望镜。

5.7.2 潜艇综合成像系统的工作原理、特点和优势

1. 潜艇综合成像系统的工作原理

下面以美国 AN/BVY－1 潜艇综合成像系统为例说明其工作原理。

美国潜艇综合成像系统将可以为洛杉矶级核动力攻击潜艇（SSN 668）、海狼级核动力攻击潜艇（SSN 21）和俄亥俄级导弹核潜艇提供多种能力，包括执行危急任务的能力、全天候使用的能力、目视搜索和电子搜索能力、数字图像管理能力、显示和预警能力以及平台结构的接口能力。

美国潜艇综合成像系统的工作原理主要有如下四点：

（1）潜艇综合成像系统采用先进的系统来替代现有潜艇潜望镜的光学光路，同时依然可以通过光路观察图像，原有的潜望镜目镜头保留使用。这种先进的系统是指装在潜望镜上的新型高分辨率摄像机和光纤数字成像技术。潜艇值更员使用操纵杆可控制艇外的摄像机，同时可观察计算机监视器上数字视频图像。

（2）潜艇综合成像系统的一套艇内视频处理设备可以在现有潜艇控制室的战术显示器上提供视频图像的实时显示和分析。该视频图像也能输送到潜艇内的各显示器上，供潜艇作战组成员观察和共享视频图像资源。

（3）潜艇综合成像系统还可以向潜艇操作员提供图像增强的能力和分析工具，它既可以在实时显示状态下使用也可以在录像状态下使用。潜艇综合成像系统还可以向潜艇操作员提供主动式和被动式测距控制，对图像和相关数据提供记录、储存和检索能力。

（4）红外摄像机可以提供图像增强的功能，而且红外图像能传输到潜艇外的其他海军部队和联合部队。

2. 潜艇综合成像系统的特点

（1）通用性与多功能综合集成　通过采用新的数字成像设备和软件，把目前潜望镜上的光学系统所具有的各种功能，集成并融合到一个系统上。而这个系统上具有通用的特点和功能，并可以应用在所有的潜艇上。

（2）开放式体系结构　采用建立在网络技术上的分布式体系结构，传感器的视频信息或作战控制等信息均送入到服务器，然后通过网络发送出去，供工作站上使用，接入到服务器上的任何一个工作站上都能提取视频信息或作战控制等信息。

（3）高度信息融合　潜艇综合成像系统能够在潜艇操纵室的显示器上显示多种图像和作战控制等信息。显示器可以显示现场的视频图像和已经摄录的视频图像、潜艇航向、潜艇相对方位显示以及目标跟踪信息。另外还显示时间、纬度和经度、所有的导航数据等。

（4）突破了传统的信息获取手段　潜艇获取外部图像信息的手段大大扩展了，潜艇指挥员不仅能从水上，而且还能从空中和水下，三维、实时地获得潜艇外部的图像信息，突破了传统的依赖潜望镜或光电桅杆获取信息特别是图像信息的局限性。

（5）改变了操控方式　潜艇综合成像系统采用高清晰度视频图像采集技术，可以获得稳定清晰的可见光和红外图像。显示器上的信息被集成在潜艇战术局域网上，显示器上的信息可以发送到艇外供分析参考。工作站的显示屏一半显示作战控制信息，另一半显示成像模式。操作员只需坐在工作站旁通过操纵控制杆，来回操控潜望镜、光电桅杆和其他传感器从而达到控制成像的功能，改变了潜艇指挥员使用潜望镜的传统方式。

3. 综合成像系统的优势

（1）多传感器的集成和组合，从不同的传感器、数据库以及监视平台获取的战术信息，通过数据融合和图融合技术可以解决高难度目标的探测和识别问题，可以大幅提高系统作用距离，采用多传感器协同工作与组网可以解决目前现有的一切问题和不足。

（2）多传感器的集成和组合，可以优势互补，实现潜艇 24 小时和全天候的监视能力，大幅提高光电系统的作用与效能。

（3）摆脱了独立系统信息“孤岛”状态，为潜艇平台的信息化网络化建设作出贡献。可使单个设备的资源变为潜艇的共享资源，并通过网络节点将相关信息发送给所需要的其他指挥网络。

图 5－61（见 720 页）为美国洛杉矶核潜艇综合成像系统的屏幕的局部显示，图 5－62（见 720 页）为用于综合成像系统的流动视频系统；图 5－63（见 721 页）为美国洛杉矶核潜艇综合成像系统组成示意图。

参考文献

[1]　张宇河，金钰. 计算机控制系统[M]. 北京：北京理工大学出版社，1996.

[2]　何耀三，唐卓尧，林景栋. 电气传动的微机控制[M]. 重庆：重庆大学出版社，1997.

[3]　曹柱中，徐薇莉. 自动控制理论与设计[M]. 上海：上海交通大学出版社，1995.

[4]　李友善. 自动控制原理[M]. 北京：国防工业出版社，1989.

[5]　高金源. 计算机控制系统[M]. 北京：北京航空航天大学出版社，1996.

[6]　Uomori K，Morimura A，Ishii H. Automatic image stabilizing system by full－digital signal [J]. IEEE Trans. Consumer Electronics. 1990，36（3）：510－519.

[7]　王庆有. 光电技术[M]. 北京：电子工业出版社，2005.

[8]　王明佳，金光，钟平，等. 实用电子稳像技术原理及方法[J]. 光机电信息，2003（2）.

[9]　Yeh Y M，Wang S J，Chiang H C. Digital camcorder image stabilizer based on gray－coded bit－plane block matching[C]. Proc. SPIE. 2000，4080：112－120.

[10]　谢勤岚，陈红. 基于遗传算法的 PID 控制器优化设计[J]. 光学与光电子，2003（3）.

[11]　何克忠，李伟. 计算机控制系统[M]. 北京：清华大学出版社，1998.

[12]　彭旭煌，唐莹. 综合稳像技术在潜用光电系统中的应用[J]. 舰船光学，2003（4）.

[13]　张丽华. 一个实用型伺服系统的分析计算[J]. 舰船光学，1987（6）.

[14] 秦继荣，沈安俊. 现代伺服控制技术及其系统设计[M]. 北京:机械工业出版社，1993.
[15] 胡祐德,曾乐生,马东升. 伺服系统原理与设计[M]. 北京:北京理工大学出版社，1993.
[16] 杨兴瑶. 电动机调速的原理及系统[M]. 北京:中国电力出版社,1995.
[17] 李树山. 光电桅杆多路视频信号传输技术探讨[J]. 舰船光学，1998(2).
[18] 韩生祥. 潜艇潜望镜电液方位驱动系统原理与设计[J]. 舰船光学，1978(6).
[19] 殷际英，林宋，方建军. 光机电一体化实用技术[M]. 北京:化学工业出版社，2003.
[20] 陆系群,陈纯. 图像处理原理、技术与算法[M]. 杭州：浙江大学出版社,2001.
[21] 王显正,范崇沱. 控制理论基础[M]. 北京：国防工业出版社,1980.
[22] 竺子民. 光电图像处理[M]. 武汉:华中科技大学出版社，2000.
[23] 万德钧，翟羽健. 陀螺仪器结构与设计[M]. 北京：国防工业出版社,1981.
[24] 张炎华，吕葵，程加斌. 光纤陀螺的研究现状与发展趋势[J]. 上海:上海交通大学学报，1998,32(8).
[25] 冯应峰 ,杨坤涛，李忠. 潜望镜瞄准线陀螺稳定系统的理论分析[J]. 舰船科学技术,2004(4).
[26] 王金龙，朱培申，姜世龙. 陀螺稳定平台框架伺服系统变结构控制器的设计与仿真[J]. 电光与控制,1998(2).
[27] 梁曦,隋静,黄美兰 . 视频跟踪技术方法研究[J]. 电子元器件应用，2011(1).
[28] 赵志强,陈盈. 一种基于灰度投影与块匹配的视频序列快速稳像算法[J]. 光电工程，2011(6).
[29] 姚敏 等编著. 数字图像处理[M]. 北京:机械工业出版社,2006.
[30] 王燕峰,程炼. 高清图像跟踪系统设计[J]. 光学与光电技术,2010(6).
[31] 刘志雄,李忠. 一种舰载跟踪平台稳定与跟踪控制方法[J]. 光学与光电技术,2010(6).
[32] 梁红. 高清图像跟踪系统设计[J]. 光学与光电技术,2010(6).
[33] 袁红卫,卢雁,毛海岑,等. 基于光流的运动小目标检测算法[J]. 光学与光电技术，2012(1).
[34] 毛海岑. 基于知识的旋转海面小目标检测[J]. 光学与光电技术,2010(6).
[35] 刘兴超,杨坤涛,李忠. 红外图像掠海小目标的检测算法研究[J]. 光学与光电技术，2004(2).
[36] 宣扬. 图像清晰度增强原理与实现[J]. 舰船光学,2008(2).
[37] 姜滨. 基于 Retinex 理论的红外图像增强[J]. 舰船光学,2008(2).
[38] 徐如瑜,王燕峰,董静,等. 基于 FPGA 的红外小目标的检测算法研究[J]. 光学与光电技术,2009(5).

第 6 章　潜艇光电装备测距技术

6.1　概　　述

6.1.1　潜艇光电装备测距装置的类型和特点

在潜艇潜望镜和光电桅杆上所配备的测距装置可分为四类:光学分像测距装置、视频测距装置、激光测距装置和雷达测距装置。前两项测距装置采用被动测距技术,而后两项测距装置采用主动测距技术。

光学分像测距,是指利用光学系统对目标成像,移动其部分光学元件使目标像分开,以测定目标的像高,再根据像高和目标高度计算出距离的方法。这种测距装置国外又被称为测距估算器、视距测距仪或分离透镜测距仪。这种测距装置在潜望镜中的应用最为久远和广泛,其品种较多,到目前仍是潜望镜最基本的测距手段。分析原因,是其具有以下几个特点:

①光学分像测距方法与设备能很好地与光机潜望镜的光学系统结合;

②光学分像测距方法属于被动法测距,隐蔽性好;

③光学分像测距方法,较适宜于海上目标测距标志明显,运动速度较慢的情况;

④光学分像测距设备简单,使用可靠性好。

这种测距方法,是建立在人眼的目视判断基础上的,它和光机潜望镜以目视为基础的发展水平是相适应的。在今天,如何发挥其优势,用当代的光电技术、电子技术改造其落后的一面,使其能适应光电潜望镜的要求,是一项现实的工作。

视频测距装置是随着光电型潜望镜的应用而出现的一种新型测距装置。它是测距功能与光电传感器密切结合的一种测距装置。视频测距装置目前已有两种不同型式:其一是在原光学分像测距系统的基础上,加电视接收装置以及一台专用的 STAD 监视器和操作解算电路,如美国 76 型潜望镜中采用的形式;其二是在潜望镜电视系统的监视器上,用光笔测量目标像高,再通过计算线路来测算目标距离,如英国 CK035、CHO85 潜望镜中所采用的形式。目前,美国还将视频测距技术应用于 90 型光电潜望镜。

适合于装置在潜望镜和光电桅杆中的激光脉冲测距装置,利用激光的特性,通过对目标发射接收激光波,计量行程时间,再计算出目标的距离。这种方法具有测距快、精度高和测距精度不随距离改变的特点。激光测距装置是光电潜望镜出现以来,结合到潜望镜和光电桅杆上的光电装置之一。这较之光学分像测距装置,是以完全不同的面貌出现的。它克服了光学测距慢、精度低、精度随目标距离增大而大幅降低以及须知目标被测量标志尺寸的缺点。激光测距操作方便,可实现昼夜测距。正因为如此,激光测距在潜望镜和光电桅杆上的应用越来越受到各国的重视,现在应用已相当普遍。尤其是在光电桅杆上测距手段多已选择激光测距,而很少采用光学分像测距手段了。

雷达测距装置在潜望镜上的应用,也比较久远和广泛,它的发展是与潜望镜在潜艇鱼雷攻击中作用的发展密不可分的。雷达测距的特点是:测程远、精度高、测距快、全天候。尤其是最后一点,是其他测距装置都不具备的。由于潜望镜雷达测距具有以上功能特点,所以在以往的光机型潜望镜中,得到了广泛的应用。但在光电型潜望镜中的应用,今天看来由于发射雷达波束,易暴露,看法是有分歧的。但由于其全天候,24 小时皆能工作的特点,从今天信息集成的角度来看,为了提高综合成像系统 24 小时安全有效的监视能力,则又成为系统的一个不可或缺的传感器。无论美国在其 18 型潜望镜上部署安装“爱国者”雷达测距仪,或是法国萨捷姆公司的雷达光电桅杆出现,都反映了这样一种考虑。

测距一直是潜艇潜望镜的一项主要功能,尤其是当潜望镜作为主要的鱼雷攻击传感器的年代。随着潜望镜在潜艇鱼攻中地位的下降,现代光电潜望镜已向多用途和多波段的侦察警戒功能方向发展。在潜望镜的多用途功能中,测距功能仍是不可或缺的一项重要功能。而在现代光电桅杆的发展中,也有越来越多地加装测距功能的趋势。在现代潜艇光电装备中配置测距装置,应考虑以下几个问题。

①要保持潜艇的隐蔽性　在当代反潜战日新月异发展的情况下,如何保持潜艇的隐蔽性变得越发重要。潜艇光电装备测距的使用与保持潜艇的隐蔽性,应该尽可能的一致。特别在潜艇攻击探测使用时,测距手段的选择使用,必须慎重考虑。测距装置的性能和使用要求,必须服从暴露性最小的原则:如观测速度要快,光学测距发现目标后,能在 3 ~ 5 s 内观测完毕;观测距离远,测程大;测距时,在水面露出的部分,要尽可能的小;潜艇光电装备的头部必须进行隐身化的处理。激光测距手段最好用在远距离和发射一两个脉冲的情况,而雷达测距更应禁用。

②要从发展的全艇信息集成的角度来考虑测距类型的配置问题　根据信息化装备的发展方向,单个光电装备不应成为一个信息的“孤岛”,而应集成为全艇综合化探测系统的一部分。这种综合化的探测系统可以为潜艇提供多种能力,包括执行危机任务的能力、全天候使用的能力、目标搜索能力、数字图像管理能力、显示和预警能力以及平台结构的接口能力。

在此思想指导下,激光测距较之光学分像测距有较大的优势,它不但可以白天用,也可以在夜间用微光电视或热像仪观察时实现精确测距功能;雷达测距更可以做到全天候。而用光学测距,只有白天和气象好时才可使用,使用局限性较大。激光测距与雷达测距的信息比较容易地进行集成并进行操作控制,而光学测距则需使用者操作使用潜望镜目视观察完成。

所以,从信息集成的角度,各类测距装置不是彼此取代的选择性问题,而是发挥各自专长的合理配置问题。如主动式的激光与雷达测距手段,虽然在潜艇攻击探测时需限制或禁止使用,但在潜艇窄航道导航,舰队夜间编队航行,周围无敌情的情况下的队形保持和避碰等很多场合,这种主动测距手段,对于潜艇的安全航行和执行危机任务的能力,就显得十分重要。

③测距装置应能实现模块化的构造形式或嵌入式构造形式　以利于参与潜艇光电装备的总体布局中,既实现了测距功能,又不影响其他功能的发挥。

6.1.2　潜艇光电装备测距装置的作用与效能

1. 潜艇光电装备测距装置的作用与效能分析

(1)在潜艇鱼雷攻击中的作用与效能分析

潜艇在实施鱼雷攻击过程中,现在主要依靠水声器材。但水声器材受水文条件的影响较大,在此情况下,使用光电桅杆或潜望镜在远距离上用红外热像系统和噪音站联合搜索敌舰,有助于提高发现目标的概率。如果在红外热像系统对敌舰瞄准时,用激光测距获得敌舰的一次较远的精确距离,改用解算目标运动要素精度高、时间短的距离平差法进行目标要素解算,即可解决有时无法鱼攻的困局。因为在水文条件不好的情况下,噪音站听测目标方位用方位平差法解算目标要素,经常有收敛的时间长、解算的精度达不到鱼攻要求的情况出现。

(2)在潜空导弹发射中的作用与效能分析

如第 1 章所述,在潜艇于通气管状态进行补偿充电时遭遇敌反潜直升机的情况下,如已来不及安全规避,只能采用潜空导弹进行对抗。此时,我艇已经暴露,潜艇合理的战术做法应是用光电桅杆或潜望镜上的红外热像仪和 ESM 系统联合搜索瞄准目标,用激光测距测得目标精确距离,发送给潜空导弹指控系统,操控导弹本身的观瞄系统瞄准目标。这可为导弹反射缩短反应时间,提高瞄准精度,进而提高命中概率作出很大贡献。

(3)在潜艇隐蔽侦察和封锁作战等战术任务中的作用

在潜艇完成一系列的战术任务时,经常会出现对目标进行隐蔽测距的需求。

①如对敌之巡逻封锁线的侦察　敌舰巡逻规律和巡逻封锁线宽度和位置都需要使用被动测距手段;

②如对敌之护航编队情况的远距离侦察　敌护航编队的组成和编队的配置也需要有隐蔽的测距手段配合;

③如对敌之港口、基地等的远距离侦察活动　当进行照相侦察时再配以隐蔽的距离参数 ,就会使图像侦察的效能更强;

④潜艇在封锁作战中,应具备观察和态势分析能力,并应有隐蔽测距能力。

(4)在保障航行安全中的作用与效能分析

潜艇在窄航道航行或编队巡航的情况下,精确的距离有利于潜艇避碰和安全航行。以往在窄航道航行时,潜艇多依靠岸边的灯塔或标志在海图上位置,采用两方位法、三方位法或一方位一距离法确定本身位置后,再判断安全航向;而如果引入激光精确距离,无疑使航行增加了快速判断手段,提供了安全可靠保障。

(5)在潜艇上作为距离基准的作用与效能分析

在常规潜艇未装惯导系统时,为了使潜艇在出海后,减小水下推算位置的误差,通常都要在出海过程中为潜艇进行测速标定,过去是利用潜望镜的方位瞄准精度高,通过设在海边一定距离上的两个测速标志来完成测速。那种方法受海岸环境影响大,在有风浪的天气就不易测准。如果利用激光测距,则在出海过程中,只对准一个标志点进行艏艉两次精确测定距离就可完成测速过程。既简便,又可考虑进海流的影响,使测速效能提高。

潜艇上的雷达、水声器材等有测距精度要求的设备,都需经常进行距离标定工作。有了激光精确测距手段，无疑给这些设备的精确标定提供了技术基础。

2. 测距作用距离指标的论证

(1)在潜空导弹攻击中作用距离的论证

可用下式表达在潜空导弹攻击中激光作用距离要求

$$D_j \geqslant d_l + V_f \cdot (t_1 + t_2) \tag{6-1}$$

式中 d_l——飞机空投鱼雷射距，一般不超过 3 n mile；

V_f——直升机飞行速度，按 3 ~4 km/min 估算；

t_1——潜空导弹反应时间，按 0.5 min 估算；

t_2——光电桅杆与红外系统配合测距反应时间，按 0.5 min 估算。

代入式(6-1)后，初步估算得出，激光测距作用距离应大于 8.4 ~9.4 km。

(2)激光测距在潜艇鱼雷攻击中作用距离的论证

论证的思路见 6.1.4 节内容，因为激光测距属于主动式方法，易于暴露己艇位置，所以必须审慎使用，而且一定要在较远的距离上使用。当水文条件不好，噪音站作用距较近时，不足以满足鱼攻要求的情况下，可使用红外热像仪和噪音站联合工作发现敌舰并进行判断攻击可能，并转入接敌航向到达测敌运动要素起始点后，立即进行红外热像瞄准的激光测距作业。若设红外热像系统作用距离为 D_h，则激光测距作用距离应为

$$D_j \geqslant D_h - d_1 \tag{6-2}$$

式中，d_1 为在 D_h 距离处发现敌舰后，通过判明目标运动方向，确定垂距，进入接敌运动方向，到达测敌运动要素的起始点处时，潜艇与敌舰接近的距离，一般可按 1.5 ~2 n mile 估算。

从保证鱼雷安全射击考虑，激光测距的作用距离应该满足式 6-3

$$D_j \geqslant d_l + d_2 \tag{6-3}$$

式中 d_l——鱼雷射距，对不同的鱼雷，该值不同，这里按 5 n mile 估算；

d_2——潜艇采用一距离多方位法测敌运动要素与敌舰接近的距离，这里按 2 ~3 n mile估算。

若设红外热像仪与 ESM 系统共同工作作用距离为 19 ~20 km，按前式估算，激光测距距离应该为 15 ~16 km；如按后一个公式估算，激光测距作用距离应该为 13 ~14.8 km。

获得此精确距离后，潜艇应迅速下潜至安全深度，用噪音站连续听测敌舰方位变化配以已测得的目标精确距离，解算目标运动要素，然后再进入发射鱼雷阶段。可以认为，在远距离上谨慎使用一次，敌舰噪音站作用距离尚不足以发现潜艇，造成暴露的概率很小。但带来的效果是，可使测敌要素的解算变为用距离平差法，解决仅靠噪音站的听测方位解算收敛慢甚至无解的局面。

6.1.3 潜望镜光学测距装置的发展

潜望镜光学测距装置在潜望镜的发展史上，曾有过辉煌的记录，也留下了大量的技术成果和资料，在本书第 1 章参考文献[1]和[12]中有比较详细的论述。潜望镜历史上所采用的光学测距装置有三类：光学分划板测距装置，内基线测距潜望镜，光学分像测距装置。

光学分划板测距是最早出现的一种测距方法，也是一种简单可行的测距方法，所以直

到今天仍在采用。它在潜望镜物镜的焦面上设置一个带密位分划的分划板即可进行测距。密位分划垂直方向刻制，一般设置在视场的左侧，只要读出目标像特征高度所对应的密位格数，即目标的视差角值，便可由目标的特征基线高度、潜望镜物镜的等值焦距，用目镜头上特意设置的测距换算表换算目标距离。这种方法简单可靠，但测距粗略，精度低，动态下测距困难。

为了得到更高的测距精度，而且在不知目标高度的情况下也能进行测距，在第一次世界大战前曾出现过内基线的测距潜望镜。它是将一具内基线测距仪结合在潜望镜的上头部，但经过第一次世界大战的考验，这种测距方案由于头部体积大隐蔽性差，而且用途单一，并没有多大的生命力，很快被历史所淘汰。

研究一种与潜望镜基本系统更好结合的测距方法，一直是各国潜望镜工作者所关心的课题。从潜望镜早期即出现了分像测距的原理。它是在潜望镜的主光路中，引入分像元件，使一个目标像分成两个像或两半个像，通过上下错移运动，测出目标像高的大小，然后根据目标特征高度和潜望镜物镜焦距计算出目标距离。

所用的分像元件有旋转双光楔、环形旋转双光楔、垂轴移动半切透镜组三种类型。在第二次世界大战前的各国潜望镜中，较普遍地采用了与专用测距目镜结合的垂轴移动半切透镜组测距形式，其中以德国、意大利、前苏联的潜望镜中使用较为普遍。但这种测距装置由于所占目镜头前面板尺寸较大，测距精度低，测量数字化困难，制造工艺性不好，因而第二次世界大战后，没有得到进一步发展。

得到进一步发展的是在潜望镜的主光路中加入一组垂轴移动半切透镜的形式（图 6-1）。这种形式是把测距装置作为一个潜望镜的一个模块化组件，不影响主系统的工作，这符合潜望镜向多用途发展的要求。而且这种装置的测距精度、制造工艺性有了提高，也便于实现数字化，因而在美国、英国、法国、德国、日本、南非及前苏联等各国的潜望镜中都普遍得到了发展。

在本书中将主要介绍现有各国潜望镜应用的光学分像测距装置的工作原理和设计技术，激光测距装置的工作原理，各国现有潜艇光电装备配置激光测距仪的现状以及配置方案的讨论，研讨动基座上激光测距所遇到的测中率低的问题和人眼安全型激光测距的技术问题，最后简要介绍视频测距和雷达测距的相应知识。

6.2　潜艇潜望镜光学分像测距装置

6.2.1　光学分像测距装置的类型和工作原理

现有潜望镜中使用的光学分像测距装置，从光学原理上分为两类，一类是以旋转环形双光楔为分像测量元件的英国潜望镜光学测距装置；一类是以垂轴移动的半切透镜为分像测量元件的光学测距装置。这一类光学测距装置又有置于平行光路中、与转像透镜互换或结合的美国、日本潜望镜光学测距装置；置于目棱镜前会聚光路中的前苏联潜望镜光学测距装置。这三种分像测距装置都是继承了过去的发展成果，又都进行了各自的创新发展，而形成了各具特色的具有专利性质的构造形式。

1. 会聚光路中使用的半切透镜组分像测量原理和特性分析[1][2]

在前苏联 ПЗН 型潜望镜中,于目棱镜前方的会聚光路加入了半切透镜分像系统,如图 6－1 所示。其视场内分像情况如图 6－2 所示。其分像测量原理如图 6－3 所示。

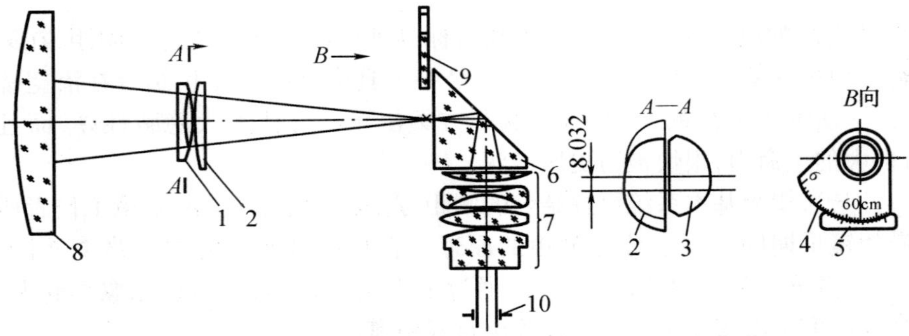

图 6－1　前苏联 ПЗН 型潜望镜光学分像测距光学系统

1—负透镜;2—活动半切透镜;3—固定半切透镜;4—距离度盘;5—高度度盘

6—目棱镜;7—目镜;8—聚光镜;9—测距度盘;10—出瞳

由像高测量光学原理图 6－3 可知,半切透镜组 2 作垂轴向上移动时,要使移动的机械量 δ 等于分像量 h,必须满足的条件是:半切透镜组须处于平行光路中工作,平行度越好,则精度越高。而该潜望镜中,为了满足这一要求,又附加了发散透镜 1,使前方来的会聚光束变为平行光束。这样一来,虽实现了测量原理的要求,也带来了如下一些实际问题。

图 6－2　前苏联 ПЗН 型潜望镜光学分像测距视场情况

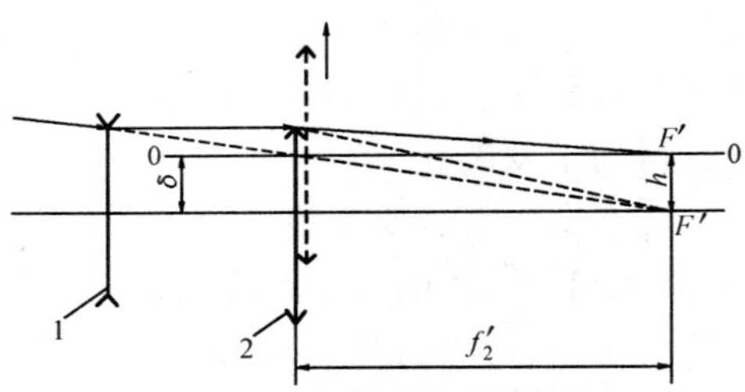

图 6－3　像高测量光学原理

(1)半切透镜组前光路平行度的保证问题

由于该测距透镜组要处于接入移出主光路的情况下使用,其应满足的要求是多方面的。例如,一要满足观察的主像面在它接入移出时,不应发生变化;二要保证接入光路时,恰好半切透镜组前为平行光束。在不具备特别的装校程序的情况下,光束的平行精度是不容易保证的。其产生的测距误差已在参考文献[2]中进行了细致的分析,如图 6－4 所示。

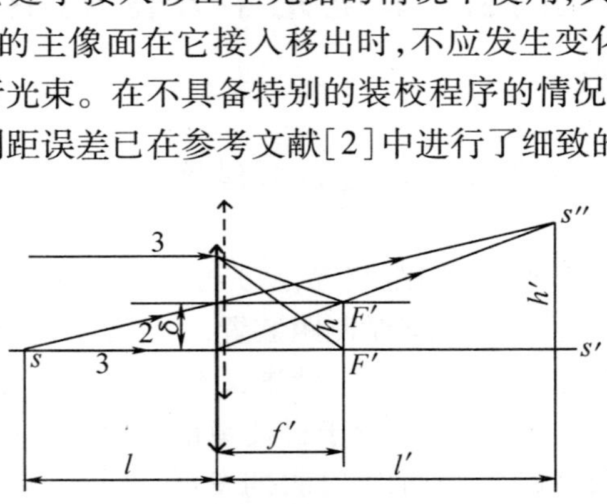

图 6－4　半切透镜组前光束平行度对像高测量精度的影响

图 6－4 中，当半切透镜组前为平行光束 3 时，则显然有像移量 h 等于半切透镜的错移量 δ；若接受距离为 l 的 s 点的是发散光束，则通过半切透镜后将成像于 s''，其像移量为 h'，显然，$h' \neq \delta$。

由图示可以看出

$$h' = \delta\left(1 + \frac{f'}{l + f'}\right)$$

因是讨论半切透镜前方的光束平行性问题，所以 l 将很大，f' 与 l 比较可以略去，则有

$$h' = \delta\left(1 + \frac{f'}{l}\right)$$

若 f' 与 l 皆以 m 为单位，则 $\frac{1}{l}$ 代表半切透镜组前光束的屈光度，用符号 $[D]$ 表示，有

$$h' = \delta(1 + [D] \cdot f')$$

由于半切透镜组的位移量 δ 与分像量 h' 不相等，而造成的像高测量误差为

$$\Delta h = h' - \delta = \delta[D] \cdot f'$$

造成测距的相对误差为

$$\frac{\Delta D}{D} = \frac{\Delta h}{h} \approx [D] \cdot f' \tag{6-4}$$

如果 $[D]$ 等于 0.1 个屈光度，f' 值在 150 mm 到 200 mm 之间时，仅由于这个因素而产生的测距误差，就可能达到距离值的 1.5% ~2% 。

（2）由半切透镜组接入位置所产生的问题

半切透镜组接入目棱镜前的会聚光路中时，从方案布局上，位置要适当。一不能离目镜前像面太近，那样会造成半切透镜组的焦距太短，其焦距制造配对误差对测距精度的影响较大；又不能离得太远，因会聚光束的口径迅速增大，在半切透镜组口径内所看到的视场将迅速减小。也就是说，它的位置是没有多大自由度的。正因为这样，其内部光阑的相对位置和成像特性是无法进行优化选择的。由此产生了以下的问题。

①严重的视场光阑和分像面渐晕问题　图 6－5 中 MM 为潜望镜的整个光学系统孔径光阑经测距透镜组的发散透镜后所成的像，即半切透镜组测量像高系统的入瞳。一般它距离半切测距透镜组的位置较远，又因这里半切透镜组的镜框起到实际限制测距视场的作用，就会造成严重的视场光阑渐晕和分像面的渐晕。

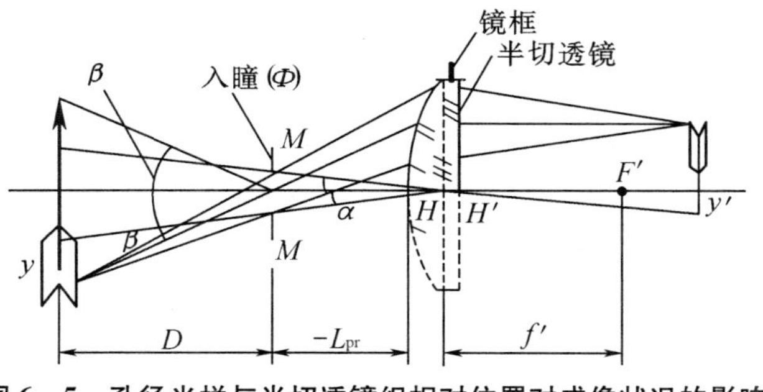

图 6－5　孔径光栏与半切透镜组相对位置对成像状况的影响

图中，半切透镜组的镜框起到实际限制测距视场的作用，但它又不与像面一致，且距离像面较远。因此，从目镜中看来，该视场光阑渐晕严重，模糊不清。

图中，入瞳 MM 和半切透镜间距离为 L_{pr}。由图中成像关系可看出，物体 y 上部的一段将无法成像。也就是说，在半切透镜后所成的像是不完整的像，在较大范围内将有渐晕现像。在此，半切透镜的切面将起分像的“入窗”作用，而称 α 为成半像的起始角，2α 则为成像的渐晕角，β 为物体的半视差角。由图可得

$$\begin{cases}\tan\beta = \dfrac{y}{2D}\\[2ex] \tan\alpha = \dfrac{\Phi}{2L_{pr}}\end{cases} \tag{6-5}$$

对此二式讨论如下。

a. 成无渐晕全像的条件　显然，若 $\alpha \geqslant \beta$，则成两个全像，此时

$$\frac{\Phi}{2L_{pr}} \geqslant \frac{y}{2D} \quad 或 \quad \Phi D \geqslant yL_{pr}$$

$$\frac{\Phi D}{y} \geqslant L_{pr} \tag{6-6}$$

由式(6－6)可知，只有 L_{pr} 的值充分小时，才能成全像；只有 L_{pr} 的值等于零，即孔径光阑的像与半切透镜框重合时，才能生成两个无渐晕的全像。

b. 成无渐晕半像的条件　由式(6－5)可知，要使渐晕角 α 为零，只有满足条件 $L_{pr} \to \infty$，即把入瞳抛向无穷远，或者说采用物方远心光路。这对于此测距装置，是无法满足的。

②严重的两半出瞳分离问题　半切透镜作垂轴移动时，对出瞳的影响，将视孔径光阑的位置而定。图 6－6 中关系有

$$\frac{Q_0'Q'}{\delta} = \frac{l_{pr}' - l_{pr}}{-l_{pr}}$$

$$Q_0''Q'' = Q_0'Q' \cdot \beta$$

式中　β——目镜的横向放大率，$\beta = -\dfrac{f_3}{x}$；

Q_0''——固定半切透镜系统的出瞳中心；

Q''——活动半切透镜系统的出瞳中心；

l_{pr}——孔径光阑像到半切透镜组的距离；

$Q_0''Q''$——活动出瞳的横向偏移量。

代入并经变换可得

$$Q_0''Q'' = \frac{l_{pr}' - l_{pr}}{-l_{pr}} \cdot \delta \cdot \beta = -\frac{l_{pr}f_3}{f_2'^2} \cdot \delta \tag{6-7}$$

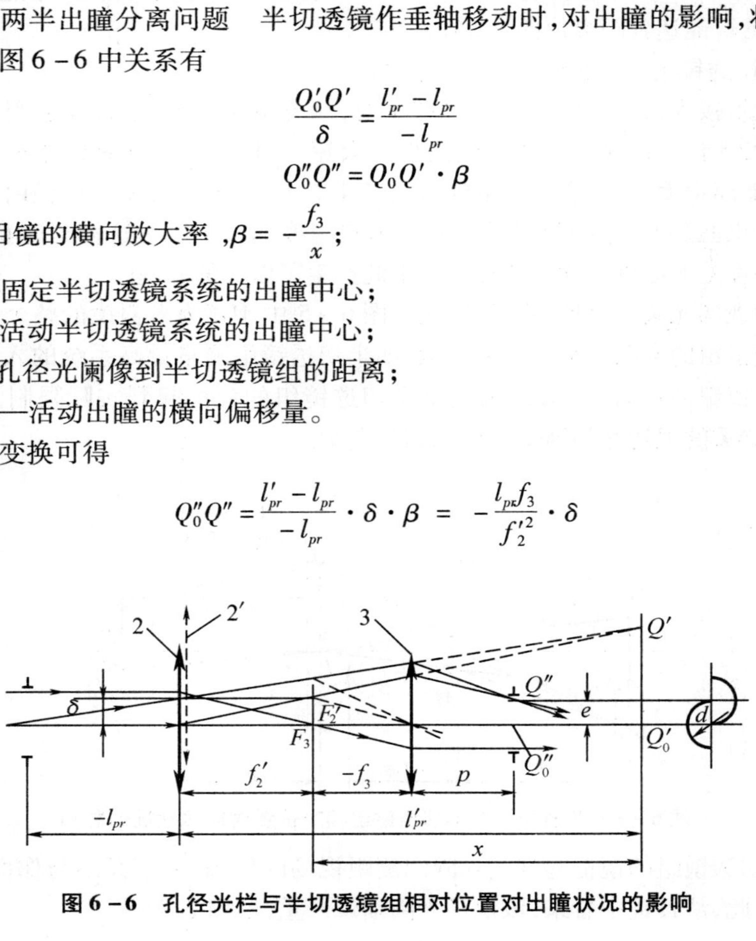

图 6－6　孔径光栏与半切透镜组相对位置对出瞳状况的影响

式中　f_3——目镜的前焦距；

f'_2——半切透镜组的后焦距；

δ——半切透镜的垂轴偏移量。

半切透镜系统出瞳的特性如下。

a. 由式(6－7)可看出，活动出瞳的横向偏移量是很严重的。它与孔径光阑像到半切透镜组的距离 l_{pr}、半切透镜的垂轴偏移量 δ 成正比。分像越大，两半出瞳的分离越大，弄不好甚至会完全分离，给观察使用带来很大的不便。要使出瞳不分离，唯一的条件是 $l_{pr}=0$，即孔径光阑像与半切透镜位置重合，而在此型的构造中，又是不可能实现的。

b. 由于孔径光阑像到半切透镜组的距离 l_{pr} 通常较大，因此，孔径光阑可以作为半切透镜的物来看待。当半切透镜横向位移时，它在后方的成像也是有渐晕的半像。

(3) 半切透镜垂轴移动所产生的像差

半切透镜垂轴移动带来的一个明显后果是，相对于光学系统的其他共轴组件产生了较大的不同轴度，不可避免地引起较大的像差。其中最显著的是倍率色差和中心彗差。

①倍率色差　透镜偏心的倍率色差系数为

$$C_2 = C_{\mathrm{I}}\frac{\delta}{D/2}$$

式中　C_{I}——透镜的初级位置色差系数；

δ——透镜偏心量；

D——入瞳直径。

对于单个薄透镜有

$$C_{\mathrm{I}} = \left(\frac{\Phi_{效}}{2}\right)^2 \cdot \frac{1}{\nu \cdot f'}$$

式中　$\Phi_{效}$——透镜的有效口径；

ν——玻璃材料的色散系数；

f'——透镜焦距。

代入上式得

$$C_2 = \left(\frac{\Phi_{效}}{2}\right)^2 \cdot \frac{1}{\nu \cdot f'} \cdot \frac{\delta}{D/2}$$

由于 $\Phi_{效}=D$，所以有

$$C_2 = \frac{\Phi_{效}}{2} \cdot \frac{\delta}{\nu \cdot f'}$$

像方倍率色差的线值为

$$\Delta H'_{CF} = \frac{C_2}{n'_K u'_K}$$

因为 $n'_K=0$(在空气中)，$u'_K=\frac{\Phi_{效}}{2}/f'$，代入后得

$$\Delta H'_{CF} = \frac{C_2}{n'_K u'_K} = \frac{\delta}{\nu} \tag{6-8}$$

式(6－8)说明，在单个薄透镜的情况下，像方倍率色差只与透镜的偏移量和材料的色散有关。当透镜的偏移量较大时，会带来明显的倍率色差。而测距时，又会使照度发生偏移，而造成瞄准对线误差。

②中心彗差　透镜偏心后的彗差系数为

$$S_2 = S_{\mathrm{I}} \cdot \Delta y + S_{\mathrm{II}} \cdot \Delta\eta$$

$$\Delta y = \frac{\delta}{y} \qquad \Delta\eta = \frac{\delta}{\eta_0}$$

式中　S_2——透镜偏心后的彗差系数；

S_{I}——初级球差系数；

S_{II}——初级彗差系数；

η_0——透镜偏心前方物高；

$y = D/2$——偏心透镜前方入瞳半径。

由于 η_0 相对 δ 而言，是很大的量，故有 $\Delta\eta \approx 0$，则

$$S_2 = S_{\mathrm{I}} \cdot \frac{\delta}{D/2} \tag{6-9}$$

式(6-9)所表示的彗差，不随像高而变化，在视场中心也存在，故也叫中心彗差。它正比于初级球差系数 S_{I}，透镜偏移量 δ，反比于入瞳直径 D。若分像半切透镜为平凸透镜，且凸面朝向平行光路时，初级球差系数 S_{I} 将很小，又因透镜偏移小于入瞳直径，所以此种情况下的中心彗差不大。

③半切透镜消色差改进设计　因为这种单透镜垂轴分像测距装置存在很大的倍率色差，使分开的像带有明显的色彩，影响测距效果和精度，所以需认真考虑解决半切透镜的消色差问题。如采用以下将单透镜半切透镜组改换为双合透镜结构，则能解决消色差问题。

对于由两种玻璃材料组成的双合透镜，其初级位置色差系数为

$$C_{\mathrm{I}} = \left(\frac{\Phi_{效}}{2}\right)^2 \cdot \Sigma\frac{\varphi}{\nu} = \left(\frac{\Phi_{效}}{2}\right)^2 \cdot \left(\frac{\varphi_1}{\nu_1} + \frac{\varphi_2}{\nu_2}\right)$$

代入(6-8)式

$$\Delta H'_{CF} = \frac{C_2}{n'_K u'_K} = \left[\left(\frac{\Phi_{效}}{2}\right)^2 \cdot \left(\frac{\varphi_1}{\nu_1} + \frac{\varphi_2}{\nu_2}\right) \cdot \frac{\delta}{D/2}\right] / n'_K u'_K$$

从上式看出，要想使半切透镜垂轴移动 δ 后倍率色差为零，只有满足条件

$$\frac{\varphi_1}{\nu_1} + \frac{\varphi_2}{\nu_2} = 0$$

即有

$$\frac{\nu_2}{\nu_1} = -\frac{\varphi_2}{\varphi_1} \tag{6-10}$$

而双合半切透镜的光焦度为

$$\varphi_{半} = \varphi_1 + \varphi_2 \tag{6-11}$$

选定玻璃材料后，解(6-10)，(6-11)式的联立方程，便可确定每块透镜的光焦度，这样的方案将不会带来分像时的色差。以下介绍的美国潜望镜应用的光学分像透镜，便采用了双合透镜结构。

(4)前苏联潜望镜光学分像测距装置技术参数

测距范围　　6 链(1 111.8 m) ~60 链(11 118 m)

目标高度　　5 ~50 m

最大视差角　　75′

测距倍率　　6ˣ

静态测距误差	2% ~25%			
测距视场	4.2°	（对空导航潜望镜）	5°	（指挥潜望镜）
分像透镜移动量	8.032 mm	（对空导航潜望镜）	5.308 mm	（指挥潜望镜）
测距等值焦距	365.36 mm	（对空导航潜望镜）	243.255 mm	（指挥潜望镜）
测距透镜组位置（距像面）	177.1 mm	（对空导航潜望镜）	155.05 mm	（指挥潜望镜）

2. 平行光路中使用的半切透镜组分像测量原理[5][14]

平行光路中使用的半切透镜组分像测量装置，见于美国、日本等国的各型潜望镜。图 6 -7示出半切透镜组在潜望镜光学系统中的位置，图 6 - 8 为分像透镜和测距视场的情况。它是取位于潜望镜管中部的第二组转像系统的后组转像透镜作为半切透镜组。早期的方案是半切透镜组与转像透镜独立使用，是作为一个变换方体来实现的。半切透镜组的口径比转像透镜的口径小，使二系统的出瞳直径不等，如美国 2 型潜望镜观察系统的出瞳直径为 5 mm，而测距系统的出瞳则为 4.18 mm。现今二者结合使用，则必须解决半切透镜没有移动时（即处于零位时），转像透镜所应达到的分辨率和位置的重复精度。科尔摩根公司称已经用特殊的装校方法解决了这个问题，见参考文献[5]。

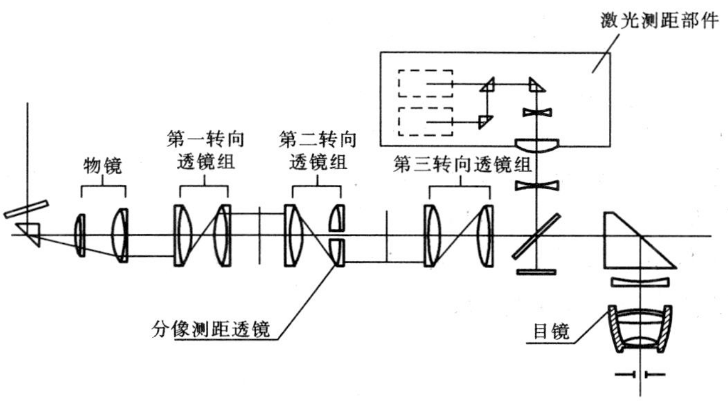

图 6 -7　美国 76 型潜望镜光学系统中分像测距透镜的配置

图 6 -9 为美国早期的光学分像测距装置结构原理图。上部为可转动的立方体，为分像半切透镜与第五转像透镜组二者转换用。下部为视距测距度盘与传动机构，右侧的小手柄为分像测距透镜转入转出手柄，转动行程为 138°。距离解算是用下方的三个度盘进行，外圈固定，为目标高度度盘；内圈为目标距离度盘，它与分像透镜间有传动关系，在分像半切透镜处设有凸轮机构；中圈为测距倍率转换时的测距转换度盘。

（1）成像特性的分析

参照图（6 -5）和式（6 -8），（6 -9），由于这里入瞳直径 Φ 与半切透镜（转像透镜）的直径基本相等，所以 $\tan\alpha = \dfrac{\Phi}{2l_{pr}}$ 的 α 将与 $6^{\times}$ 测距时的半视场角相对应（4°），而在该潜望镜中，测距时的物体半视差角 β 只有 0.5°，显然 $\alpha > \beta$；又因 l_{pr} 不等于零，由此可知，该潜望镜中是成两个有一定渐晕的全像，见图 6 -8。

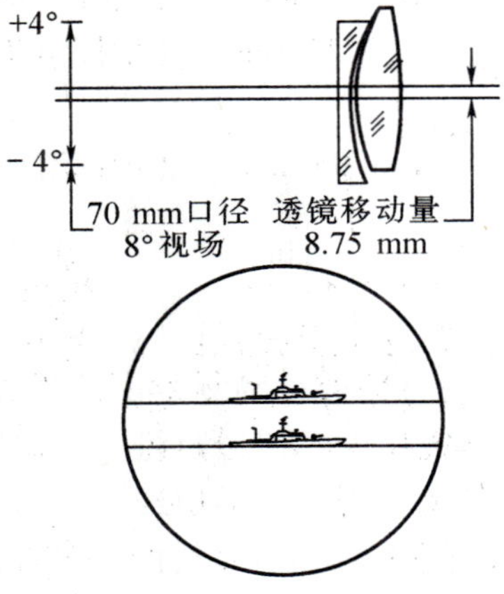

图 6－8　美国潜望镜中的分像半切透镜组与测距视场

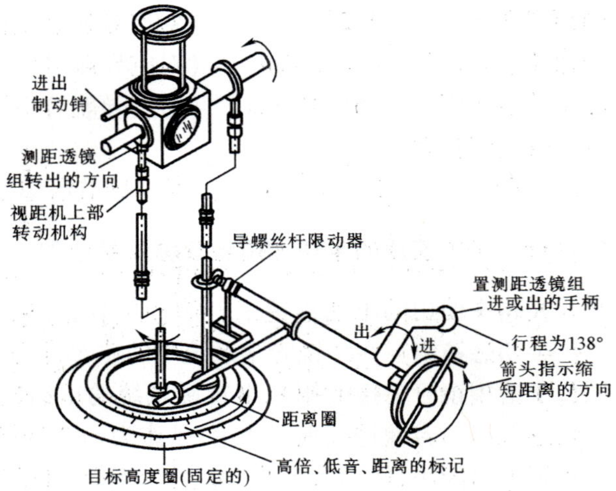

图 6－9　美国潜望镜中早期的分像测距装置示意图

(2)出瞳的分离特性分析

由式(6－7)$Q''_0Q''=-\dfrac{l_{pr}f_3}{f_2'^2}\delta$ 进行分析，这里的 l_{pr} 一般很难为零，故该潜望镜中测距时也要产生出瞳分离现像。而这里的 f_3 显然应为 β_3f_3，β_3 为第三转像系统的横向放大率，f_3 仍为目镜的前焦距。由于式中 f_2'，即作为分像透镜用的转像透镜焦距很大(1 143 mm)，β_3f_3 与其相较，要差一个数量级还多；而 l_{pr} 则与 f_2' 相接近，或相差不太多。由此可知，该潜望镜的出瞳分离量不大，其值较半切透镜的偏移量 δ 要小一个数量级，其最大值还不到 1 mm ($\delta_{max}=8.75$ mm)，这样的出瞳分离量对测距影响不大。

(3)美国潜望镜转像透镜与分像透镜合一的技术实现方案

①技术参数

测距范围	测程 1 800 ~ 9 100 m
最大测量视差角	60′
目标高度范围	6 ~ 60 m
测距时的倍率	$6^{\times}$
测距时的视场	8°
分像透镜最大垂轴移动量	8.75 mm
分像透镜(转像透镜)焦距	1 143 mm
分像透镜通光口径	96 mm

静态测距精度　　视差角 23′时　2%；11.5′时　　5%

②关键技术解决方案　使分像半切透镜与转像透镜合一的关键技术，是使分像半切透镜组在零位时达到观察和照像要求的分辨率。为此，采取了如下措施：

a. 控制分像透镜零位的复位精度在 0.008 mm 以内，这样可使观察照相的鉴别率达到 30 条线/mm；

b. 采用口径为 96 mm 的整体透镜一分为二的制造工艺，保持两半切光学元件之间的间隔为 1.6 ~ 1.8 mm；

c. 固定半切透镜与活动半切透镜的零位校正是采用干涉仪进行的，观察二者干涉条纹的差值，直到二者在一个条纹以内，调节块的精度可达 ±0.000 1 in，然后封胶固定。

③系统组成方案　相对于早期图 6－9 的光机结构方案，现代的分像测距装置已有了很大的变化，整个分像测距系统包括：

a. 双分离的活动半切透镜组，顶杆部件；

b. 滑动导轨；

c. 旋转的内凸轮；

d. 齿轮传动副；

e. 固定在活动透镜处的像高测量元件（电位差计，电压测量精度可达 ±0.2%）；

f. 模数转换电路；

g. 用于距离解算的计算机；

h. 显控台与左目镜内的数码显示器，距离传输接口；

i. 目标高度输入指轮开关。

据报道，美国 90 型潜望镜中配备的光学分像测距装置的测距性能范围已有大幅提升，其测距范围为 400～16 000 码（365.76～14 630.4 m），测距精度为 6.5%。测距的整个过程是，操作者使目标产生分像，而后输入目标高度，按下测距标志开关，再启用自动测距计算。

3. 旋转环形双光楔分像测量装置[14]

（1）旋转环形双光楔分像测量原理

环形双光楔 AB 置于物镜 C 前的平行光路中，通过环形内部的平行光束，在视场内形成一个目标的全像，而穿过环形光楔周边的平行光束则形成目标的第二个全像。当环形双光楔旋转时影像便错开，而当双光楔的顶角朝向一边时（如图 6－10 所示），则分像达到最大值。其视场情况如图 6－11 所示。

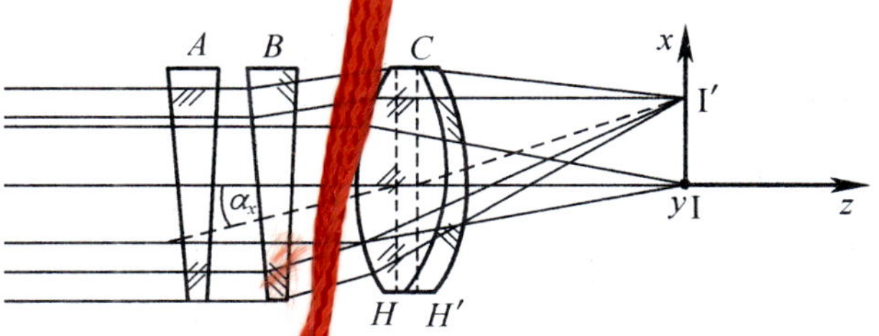

图 6－10　环形双光楔分像测量原理

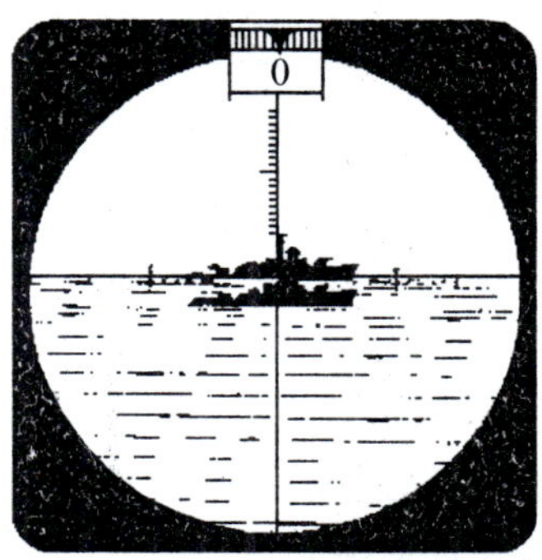

图 6－11　环形双光楔测距视场情况

在平行光路中的旋转双光楔所产生的偏向角计算公式为

$$\begin{cases}\alpha_x = 2A(n-1)\cos\beta \\ \alpha_y = 0\end{cases} \tag{6-12}$$

满足以上计算公式的条件如下：

①两个光楔的楔角要严格配对；

②要求传动机构的两个转角相等转向相反。

光楔镜用于潜望镜光学系统中，相当于接入了一个色散棱镜。所以，应对目方所产生最大色差量进行分析计算。一般其色差的最大角值不应大于3′~5′。

现分析英国环形双光楔光学测距装置的性能参数。其最大偏向角为 $\alpha_{max}=60'$时，每个光楔镜的楔形角也约为60′，此时物方的最大色差为

$$d_{\alpha_{CF}}=d_n\cdot 2A=0.011\,42\times 2\times 60'=1.37'$$

式中，d_n 为平均色散。

这样的色差，若在1.5$^{\times}$使用时，效果还可以；但在6$^{\times}$使用时，分开来的一个像，将会带有明显的色差。再看分像的亮度，由于每个像利用的光能仅是总光能的一部分，因此，分像的亮度要比原来的像减小一半左右。

(2)旋转环形双光楔分像测量时出瞳的变化

再看分像测量时出瞳的变化情况，见图6-12。图中，环形双光楔位于等效物镜与目镜组成的望远镜的前方，它与系统入瞳的距离为 l，显然，当环形双光楔分像 h'时，其出瞳也要分离。其量值为 $e'_{max}=\alpha_{max}\cdot l_{pr}/\Gamma$，式中 $\Gamma=\dfrac{f'_2}{f_3}$ 代入得

$$e'_{max}=\alpha_{max}\cdot l_{pr}\cdot\frac{f_3}{f'_2} \tag{6-13}$$

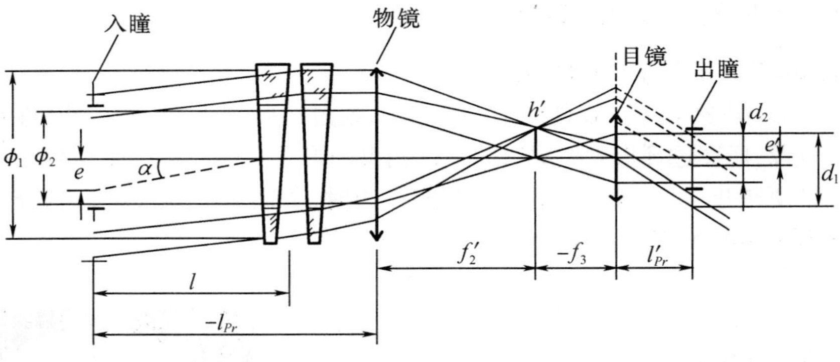

图6-12 环形光楔与系统的入瞳(或系统的有效光栏位置)相互位置对分像时出瞳变化的影响

由式(6-13)可见，由于 α_{max}只有1°左右，当 l_{pr}值不很大时，一般出瞳分离量不大；而只有 l_{pr}等于零时，出瞳才不分离。在这种测距装置中，为控制出瞳分离量，在设计时还是有一定选择余地的。

(3)旋转环形双光楔分像测量特点

①可放在物镜前面的任何位置上，以控制出瞳分离量；

②镜面对旋转轴的垂直度要求不高；

③楔形角是由测量最大视差角所决定的，因为影响成像质量的主要是色差，楔形角越大，则色差越大；

④楔形镜转角工作范围一般以30°~150°为宜；

⑤两个楔形镜配对精度要求高，一般折射角公差为2″~4″；

⑥实现两个楔形镜反向等角速度转动的机构比较简单。

(4)英国环形双光楔测距装置的技术参数和组成方案

①技术参数

最大测量视差角 60′

测距范围 365.74 m(400 码) ~ 10 972 m(12 000 码)

目标高度范围 6.095 m(20 英尺) ~ 50.29 m(165 英尺)

测距倍率 $1.5^{\times}$或$6^{\times}$

测距视场 8°

测距典型精度 ±5%

②组成方案 英国环形双光楔分像测距装置由下列部分所组成:

a. 等速反向旋转的楔形镜组;

b. 一个旋转电位器(产生一个与旋转角成正比的电信号);

c. 接入与移出机构,操控系统;

d. 在潜望镜目镜头右显控面板处的目标视差角和距离发光二极管显示器;

e. 目标高度输入、距离解算和发送部分。

4. 现有三种分像测距装置的性能比较

现有三种分像测距装置的性能比较,见表 6 - 1。

表 6 - 1 前苏联、美国、英国三种光学分像测距装置的性能比较

项目	前苏联光学分像测距装置①	美国光学分像测距装置②	英国光学分像测距装置③	性能分析
成像特性	a. 成半像; b. 分像面有严重渐晕; c. 分像视场光栏有严重渐晕	a. 成全像; b. 像有轻微渐晕; c. 像的亮度减小一半	a. 成全像; b. 像的亮度减小一半	a. 全像比半像更易于瞄准测量; b. 视场光阑阴影有碍于测量效果
出瞳分离特性	分像时两半出瞳产生严重分离	分像时两半出瞳只有轻微分离	分像时外部环形出瞳相对内部圆形出瞳有轻微分离	两半出瞳分离过大,将严重影响测量效果和精度
像差特性	因半切透镜为单透镜,使分开的半像产生严重的倍率色差	因双合半切透镜已消初级像差,分开的半像无大像差变化	使用楔形镜,使分开的半像有严重的色散现象	色差色散过大,会影响测量精度,尤其是使用滤光镜时
与测量有关的灵敏度系数	a. 测量的最大视差角为 75′; b. 直接的线形测量值为 5.3 mm; c. 灵敏度系数为 0.07 mm/1′	a. 测量的最大视差角为 60′; b. 直接的线形测量值为 8.75 mm; c. 灵敏度系数为 0.13 mm/1′	a. 测量的最大视差角为 60′; b. 直接的转角测量值为 90°; c. 灵敏度系数 1.5°/1′	灵敏度系数越大,测量易于实现,测量精度越高
其他误差因素	a. 半切透镜前的光束平行度不易保证,会带来显著的测量误差; b. 二分像半切透镜焦距配对误差对测距精度影响大; c. 视差对测量精度影响大	a. 半切透镜前的光束平行度易保证,不带来另外测量误差; b. 二半切透镜是由一块透镜切割而成,无配对误差; c. 视差对测量精度影响小	a. 不受光束平行度的影响; b. 二楔形镜配对精度要求高; c. 视差对测量精度影响小	a. 受装校精度影响大时,则该测距装置误差大且稳定性差; b. 焦距配对精度高,说明制造工艺不好; c. 视差大,对测距使用精度影响大

表 6-1(续)

项目	前苏联光学分像测距装置①	美国光学分像测距装置②	英国光学分像测距装置③	性能分析
结构特性	结构实现相对较易	需要细长轴传输，测距装置装入内部，安装维修不便	需要远控装置，且测距装置装入内部，安装维修不便	装于目镜头处，模块化特性好，维修性好
性能参数与尺寸	a. 测量的最大视差角 75′； b. 直接测量的像高值 5~8 mm； c. 测距时的视场：4°~5°约为测距时 6× 视场角的一半； d. 出瞳的分离量：约为出瞳直径的 3/4； e. 半切透镜的口径 ϕ40 ~ 50 mm，焦距 160~180 mm	a. 测量的最大视差角 60′； b. 直接测量的像高值 8.75 mm； c. 测距时的视场：8°与测距时 6× 视场角相当； d. 出瞳的分离量：约为出瞳直径的 1/5 ~ 1/4； e. 半切透镜的口径 96 mm，焦距 1 143 mm	a. 测量的最大视差角 60′； b. 直接测量的转角值 90°； c. 测距时的视场：与测距时 6× 视场角相当； d. 出瞳的分离量：不超过出瞳直径的 1/2； e. 环形双光楔的口径：和物镜或转像透镜的口径相当	
测距精度	静态：2% ~25%	静态：2% ~5%	典型精度：±5%	

从设计的角度看，前苏联的光学分像测距装置体积小，配置的灵活性和模块化性能比较好，实现起来也比较容易，但损失的是测距使用性能和测距使用精度。如何从原理上研究改进现有的光学分像测距装置，仍是摆在人们面前的一道课题。

参考文献[4]中探讨了用沿轴向移动的两半光楔作分像元件的原理和方法。这种方法的优点是，分像面无渐晕，非常清晰；测量的灵敏度提高，光楔的轴向移动量可以几倍于分像量。但由此带来体积较大，限制了其适用性。

6.2.2 像高测量和距离解算方法的改进[3]

1. 外基线光学测距解算原理及像高测量方法的比较

外基线光学测距原理如图 6-13 所示，图中有

$$D=\frac{H}{h}\cdot f' \tag{6-14}$$

在已知目标高度 H（称为外基线）、测距光学系统等值焦距 f' 的情况下，通过测量目标成像的像高 h，由式（6-14）即可计算目标距离。

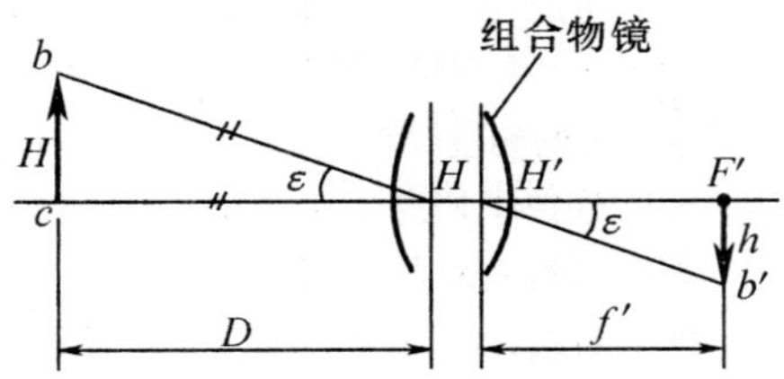

图 6-13 潜望镜外基线视差角法光学测距原理

在过去的光机潜望镜中，该式的解算是将乘除运算变换为对数的加减运算，采用指数凸轮和对数度盘的方法。这种方法简便、实时性好，已经有几十年的应用历史。但这种

方法精度低，发展到今天，最大的问题是其结果不是数字量，不能进行自动传输。在当今电子技术、光电子技术、计算机技术已经非常成熟且飞速发展的情况下，较精确地测量像高，并进行距离解算，实现数字量的显示和输出，还是比较容易实现的。而且，其选择余地也是比较大的。

例如对于像高的测量，在测量线性量时，就有线性电位计法、光栅数显法、容栅数显法、直线感应同步尺数显法、磁栅数显法等。

线性电位计法所用装置结构简单、成本低，实现容易，是较早以来美国潜望镜中一直采用的方法。线性电位计被置于潜望镜的内部使用，利用线性电位计的输出电压与电刷位移成线性关系，将位移量转换为电量。但精度较低，且电刷易磨损。

光栅数显法，栅线密精度高，与直线感应同步尺数显法、磁栅数显法相比，线路相对简单。但其装配制造较复杂，体积构造也较大，对使用条件也有一定要求，如不可低于0°以下使用，并需一定的密封和干燥保护。它最好是置于潜望镜的外部使用，以便维修。

容栅数显法所用设备构造简单，体积小，容栅测量头可装置于潜望镜内部使用。而在外部用液晶屏显示数据，一颗1.5 V的氧化银钮扣电池可以用上若干年，且已经有成熟的RS－232C接口，可实现容栅测量头与微机间的数据通信联系。我国光电潜望镜中光学测距装置的光栅数显测量，虽然也符合阿贝测量原理，但由于测量装置是置于潜望镜的外部，在其由内向外的位移传递中，往往会损失精度。这其中有橡皮隔膜的压紧变形、潜望镜目镜头内外壳体间的变形与失调、测距装置的重复接入等引起的损失。而装于内部，则可减少这些误差，明显地提高测量精度。再者，容栅数显，其工作的可靠性，环境条件的适应性等方面，也均比光栅数显要好。

直线感应同步尺数显法和磁栅数显法，其栅线间距较大，通常为毫米量级，由于测距的像高测量量，也仅为毫米量级，因此其测量头的体积尺寸与容栅测量头比较而言，显得较大。尽管从可靠性的角度，这二者的测量头可以放到潜望镜的内部，但从体积尺寸而言，在技术上较难实现。而装置于潜望镜目镜头的外部，与光栅数显相比，因其线路都较复杂，尽管测量头的可靠性有一定的优势，综合比较，也没有多少可取之处。

2. 一种光栅式电子分像测距仪的组成及工作原理[3]

图6－14为光栅电子分像测距仪的组成及信息流程图。它由半切透镜分像装置、光栅副、光源组、光电转换器件、细分与放大线路、微分判向等数字线路、微机（或计算线路）、数码显示器件、控制及输入键盘等组成。

来自目标的信息经过潜望镜前方的光学系统后，投射到半切透镜分像装置，它把目标的像分成两半个，并使其中一个半像垂轴移动，以便于测出目标的像高。光栅副的移动光栅与半切透镜将同步移动，并产生出明暗周期变化的莫尔条纹光学放大信号。此信号经光电转换器件后，产生出随莫尔条纹变化的正余弦电压信号。此信号经过差分放大细分整形，再经微分线路后，转换为等效于目标像高的数字量。再经判向等数字线路和接口，送入微机进行距离的解算。目标高度 H 和系统的等值焦距 f' 可由键盘输入。

用以上当代电子技术、计算机技术改进古老的光学分像装置后，不但实现了距离的数码显示和自动输出、提高了测量的精度，更为值得提出的是，由于微机的采用，这种系统还能设法消除测量系统中系统误差的影响，如目标在远处时，受地球曲率的影响而产生的部分呈现误差；测量光学系统中的装校误差，如等值焦距误差、光束的平行度误差、隔膜变形误差等。为此,对每一台潜望镜装校好后,应仔细地测出以上各值,变换为解算公式中的修正系数后,进行系统误差的修正。用这种方法,能较显著地提高整个系统的测距精度。

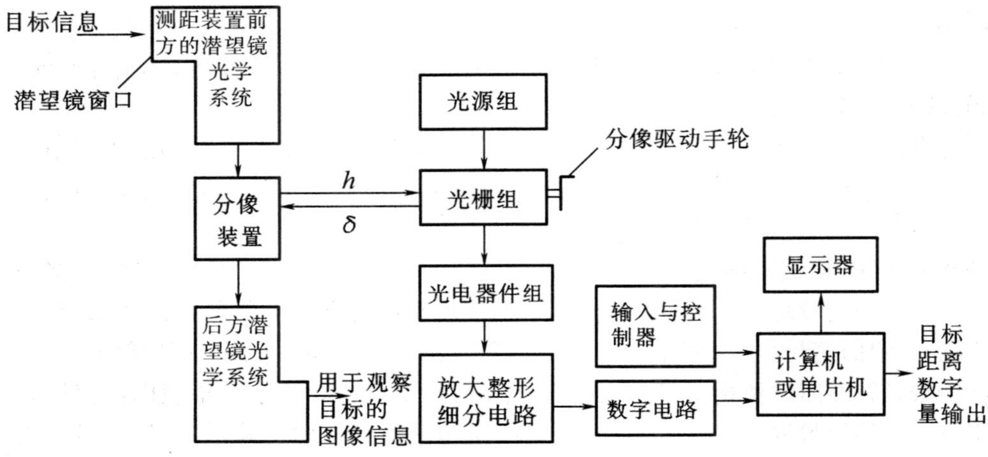

图 6-14 光栅电子分像测距仪组成方框及信息流程图

6.2.3 在会聚光路中的光学分像测距装置设计[1][2]

1. 分像测距透镜组光学特性

图 6-15 中的测距透镜组置于潜望镜目镜像面前方。会聚于像点 f' 的入射光线 q,经负透镜 1 后,变为于与光轴平行的光线 q';经正透镜后,出射光线 q'' 重又会聚于像点 f'。在此,是负透镜的前焦点与正透镜的后焦点重合。由图可见

$$f_1 = f_2' + d + c$$

式中,$c = HH' + H_2H_2'$。该光具组的组合焦距为

$$f'_{测} = \frac{(f_2' + d + c)f_2'}{2d + c} \qquad (6-15)$$

整个测距光学系统的等值焦距,将是测距透镜前方的潜望镜光学系统与测距光具组的组合焦距。根据组合光焦度公式可以求出

$$f'_{等} = \frac{f'_{组}}{1 + k} \qquad (6-16)$$

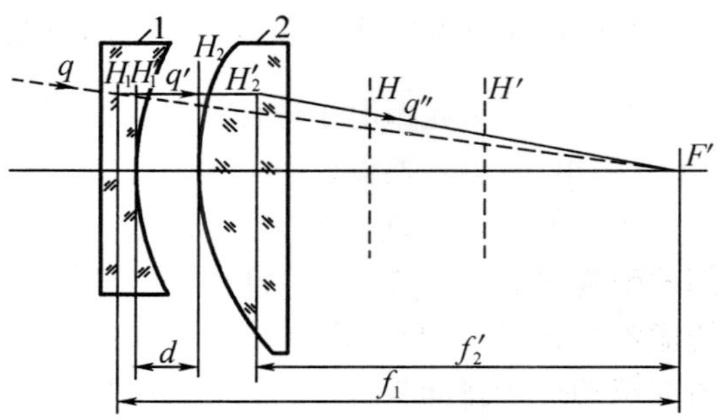

图 6-15 测距透镜组成原理图

式中 $f'_{组}$——测距透镜前方潜望镜光学系统组合焦距;

$$k = \frac{d + c}{f_2'} \qquad (6-17)$$

$d + c$——测距透镜组正负透镜的焦距差;

f_2'——分像半切正透镜焦距。

分析(6-17)式可知:

①测距透镜组是一个长焦距光组,这是因为(6-15)式分母值较小,分子项较 f_2' 的平方

还大，其值很大；

②测距系统光学系统的等值焦距主要取决于潜望镜光学系统的组合焦距，测距透镜组对等值焦距的影响不大；

③由于这种装置分像透镜的制造是采用配对加工的方法，从对等值焦距的影响看，焦距的公差将同时影响(6－16)式的分子项与分母项，会造成二者 k 值相差较大，使两半系统的等值焦距产生较大差值，一半像大一半像小，产生较大的像高测量误差，也即测距误差，所以对焦距配对精度要求较高。

2. 测距装置的配置方案设计

图 6－16 为一种在会聚光路中的分像测距装置的配置方案。这种配置方案的构造特点如下：

①推动半切透镜运动的力传动链与测量链合一；

②测距透镜组接入移出的转轴轴线与顶杆传动轴线合一；

③测距透镜组接入移出和两个位置的定位是靠马氏机构来实现的。

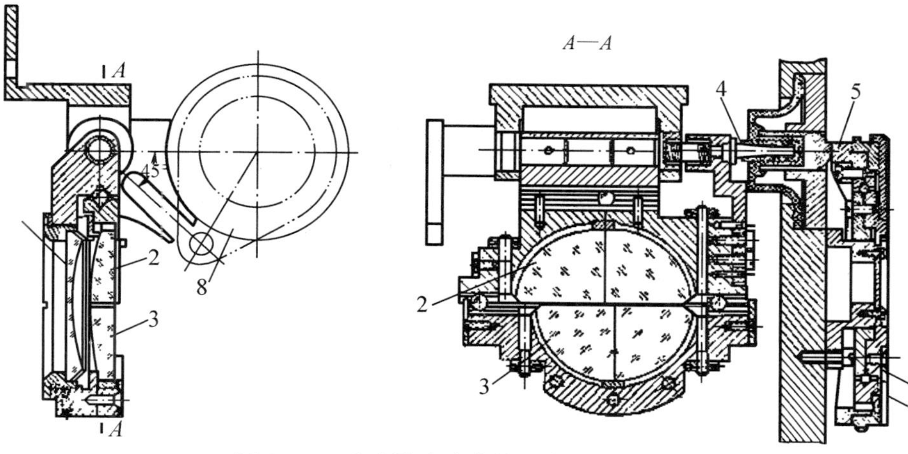

图 6－16　在会聚光路中的分像测距装置图

1—固定负透镜；2—活动正半切透镜；3—固定正半切透镜；4—顶杆；5—凸轮
6—距离度盘；7—高度度盘；8—马氏接入机构

在图 6－14 中的测距装置测量链改进，只是改变了图 6－16 中的 5，6，7，并没有改变内部的配置方案。这使力传动链与测量链合一所造成的缺陷仍旧存在。而如果采用图 6－17 的配置方案，使测量链与力传动链分开则可以解决以上问题。其中容栅测量副是装于内部的测距部件上，以半切透镜的移动导轨为基准，不另设导轨，将测得的像高电信号从目镜头内部传出；分像加力传动装置与操作手论配置在目镜头外部，也可与接入移出机构合并在一起进行操作。这样的配置方案使潜望镜目镜头的外部配置更为合理，测距的精度和稳定性更高，也避免了目镜头失调的影响。

3. 分像测距透镜组的布局设计

分像测距透镜组的布局设计，主要涉及两个问题：

①透镜组到潜望镜像面的距离 l；

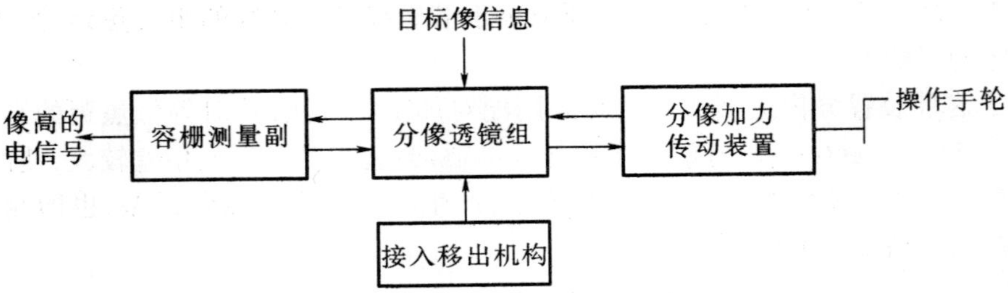

图 6－17　分像测距装置改进配置方案

②接入移出转轴到潜望镜光轴的距离，即图中 O 点的选取。

分像测距装置作为一个部件，在其移出潜望镜的主光路时，不应影响潜望镜的主观察系统视场。也就是应配置在图 6－18 中的从聚光镜出射的会聚光束之外。而接入后，其光轴应与潜望镜主光轴一致。

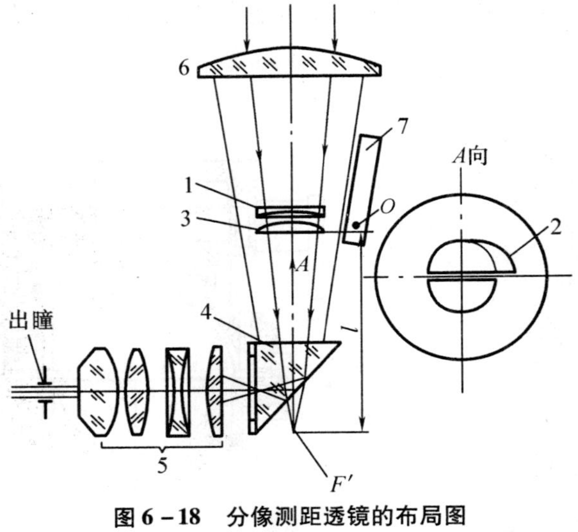

图 6－18　分像测距透镜的布局图

1—固定负透镜；2—活动正半切透镜；3—固定正半切透镜；4—目棱镜
5—主目镜；6—聚光镜；7—分像测距部件

分像测距装置到像面的距离越小，则同样的分像透镜口径会有更大的测距视场，对测距使用有利；但分像半切透镜的焦距会越短，对制造的精度要求越高。并由式（6－7）看出，会使出瞳分离量显著增大，使之达到无法使用的地步。

分像测距装置如上移远离像面，则其回转中心距光轴的距离越来越大，会使测距装置的尺寸迅速增大，而且测距的视场会越来越小。

前一项因素受到目镜头壳体内尺寸空间以及图 6－16 中顶杆中心在外壳体上开孔位置的限制；后一项因素则影响测距的使用，一般在 $6^{\times}$ 时测距的视场不能小于 4°。

从以上分析可以看出，半切透镜组在光路中的位置，没有多大的选择余地。向下，则受到出瞳分离量的限制，不能大于出瞳直径的 3/4；向上，则尺寸迅速增大，以致无法实现。

6.2.4　光学测距装置误差分析与系统误差修正

1. 光学测距装置局部误差分析

对于图 6－14 的测距系统组成，如不考虑目标基线误差，则主要误差源对总误差的传递公式如下。

（1）半切透镜接受的光束非平行性误差

参考式（6－4）有

$$\Delta D_1 = \pm f'_{等} \cdot \frac{H \cdot f'_2 \cdot [D]}{h} \tag{6-18}$$

式中　H——目标高度；

h——目标像高；

$f'_{等}$——测距系统的等值焦距；

f'_2——分像半切透镜焦距；

$[D]$——分像半切透镜前方光束的会聚度。

该误差对于一台产品而言，属于已定的系统误差。

（2）等值焦距及半切透镜焦距配对误差

$$\Delta D_2 = \pm \frac{H \cdot \Delta f'_{等}}{h} \tag{6-19}$$

式中，$\Delta f'_{等}$为测距系统的实际焦距与名义焦距之差（含二半切透镜焦距配对差）。

此误差会达到焦距值的 1%，对于一台制成的产品，也属于已定的系统误差。

（3）二半切透镜齐焦差

也就是二半切透镜焦面距离差，相当于视差。该误差因二半像系统的出瞳相互分离而会引起显著的瞄准误差，如图 6－19 所示。图中，设半切透镜 1，2 后焦面的距离为 $b_1 + b_2$，二半切透镜垂轴移动量为 δ。首先分析半切透镜 1 与目镜所成的系统。由图可得目镜出射的角视差为

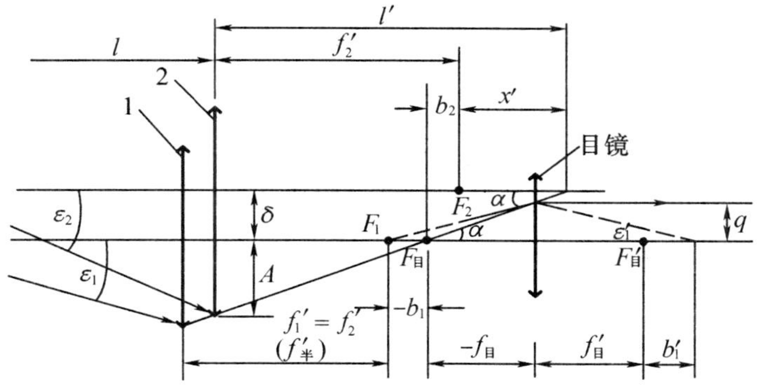

图 6－19　二半切透镜齐焦差所引起的角视差

$$\varepsilon'_1 = \frac{q}{f'_{目} + b'_1}$$

又 b'_1为 b_1 的共轭线段，有 $b'_1 = \frac{f'^2_{目}}{b_1}$，代入得

$$\varepsilon_1' = \frac{q}{f'_{目} + b_1'} = \frac{b_1 \cdot q}{f'_{目} \cdot b_1 + f'^2_{目}}$$

由于 $b_1 \ll f'_{目}$，上式可简化为

$$\varepsilon_1' = \frac{b_1 \cdot q}{f'^2_{目}} \tag{6-20}$$

物方张角为

$$\varepsilon_1 = \frac{b_1 \cdot q}{f'^2_{目}} \frac{1}{\Gamma_{半}} = -\frac{b_1 \cdot q}{f'_{半} \cdot f'_{目}} \tag{6-21}$$

式中，$\Gamma_{半}$ 为半切透镜与目镜系统的角放大率，$\Gamma_{半} = -\frac{f'_{半}}{f'_{目}}$。

再分析半切透镜 2 与目镜所成的系统，由图得

$$\varepsilon_2 = \frac{A + \delta}{l}$$

式中，$A = q \cdot \Gamma_{半}$；$l = \frac{l' \cdot f'_{半}}{f'_{半} - l'}$；$l'$为 l 的共轭线段，$l' = f'_{半} + x'$。

又有 $\delta = (x' + b_2) \cdot \alpha$，则 $x' = \frac{\delta}{\alpha} - b_2 = \delta \cdot \frac{f'_{目}}{q} - b_2$，代入式 $l' = f'_{半} + x'$得

$$l' = f'_{半} + x' = f'_{半} + \delta \frac{f'_{目}}{q} - b_2$$

$$l = \frac{l' \cdot f'_{半}}{f'_{半} - l'} = -\frac{(f'_{半} \cdot q + \delta f'_{目} - b_2 q) f'_{半}}{\delta f'_{目} - b_2 q}$$

$$\varepsilon_2 = \frac{A + \delta}{l} = -\frac{\delta}{f'_{半}} + \frac{b_2 \cdot q^2}{f'^2_{半} \cdot q + \delta - \frac{b_2 \cdot q}{f'_{目}})}$$

由于 $b_1 \ll f'_{目}$，简化上式可得

$$\varepsilon_2 = -\frac{\delta}{f'_{半}} + \frac{b_2 \cdot q}{f'_{半} \cdot f'_{目}} \cdot \frac{q}{q + \frac{\delta}{\Gamma_{半}}}$$

上式中，第一项为该型半切透镜的工作视差角，$\varepsilon_{\mathrm{I}} = -\frac{\delta}{f'_{半}}$，又称工作方程；第二项才是要讨论的误差项，有

$$\varepsilon_{\mathrm{II}} = \frac{b_2 \cdot q}{f'_{半} \cdot f'_{目}} \cdot \frac{q}{q + \frac{\delta}{\Gamma_{半}}} \tag{6-22}$$

在半切透镜前方，二者之和为

$$\Delta\varepsilon' = \frac{q}{f'_{半} \cdot f'_{目}} \left(b_1 + b_2 \frac{q}{q + \frac{\delta}{\Gamma_{半}}} \right)$$

在潜望镜物方的角视差为

$$\Delta\varepsilon = \frac{q}{f'_{等} \cdot f'_{目}} \left(b_1 + b_2 \frac{q}{q + \frac{\delta}{\Gamma_{半}}} \right) \tag{6-23}$$

式中　$f'_{等} = \Gamma_{前} \cdot f'_{半}$——测距系统的等值焦距；

$\Gamma_{前}$——半切透镜前方系统的放大率。

由以上视差角误差引起的测距误差为

$$\Delta D_3 = \frac{H}{\varepsilon^2}\Delta\varepsilon = \frac{D \cdot q}{h \cdot f'_{目}}\left(b_1 + b_2 \frac{q}{q + \dfrac{\delta}{\Gamma_{半}}}\right) \tag{6-24}$$

以上各式中，$\varepsilon = \dfrac{H}{D} = \dfrac{h}{f'_{等}}$；$q$ 为进入眼瞳的实际光束中心与仪器出瞳中心之间的距离，由图 6－20可得 $q \approx P = \dfrac{1}{2}Q$；$Q$ 为半系统出瞳中心分离量。

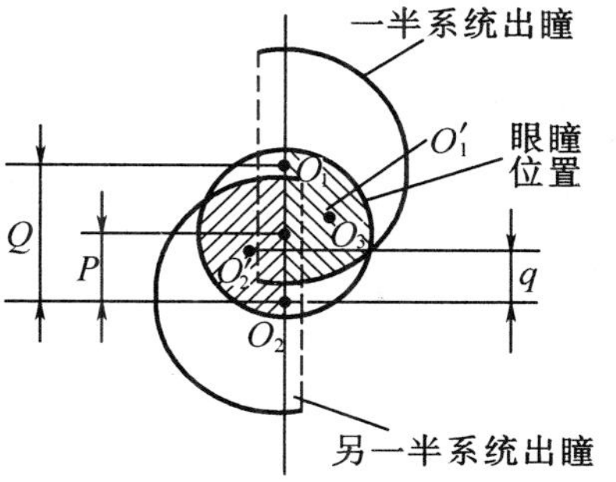

图 6－20　半切透镜测距系统的出瞳分离情况

该误差对测距误差的影响属于偶然误差性质。

(4) 顶杆传递误差(包括隔膜变形、内外目镜头失调变形)

该误差将直接引入到像高测量误差中，即

$$\Delta D_4 = f'_{等} \cdot \frac{H}{h^2}\Delta h_{变} \tag{6-25}$$

该误差对于一台具体产品属于系统误差。

(5) 光栅测量误差

$$\Delta D_5 = f'_{等} \cdot \frac{H}{h^2}\Delta h_{栅} \tag{6-26}$$

该误差属于偶然误差。

(6) 测量瞄准重像误差

该误差为人眼分辨率引起的像高瞄准相切误差

$$\Delta D_6 = f'_{等} \cdot \frac{H}{h^2}\Delta h_{瞄} \tag{6-27}$$

该误差属于偶然误差。

(7) 因地球曲率遮挡引起的目标部分呈现误差(图 6－21)

海上视见距离的经验公式为

$$D_e = 20.8(\sqrt{H_1} + \sqrt{\Delta H})\ (链) \tag{6-28}$$

式中　H_1——潜望镜头部瞄准线距水面高度，m；

ΔH——地球曲率遮挡目标高度，m。

变换式(6－28)可得

$$\Delta H = \left(\frac{D_e}{20.8} - \sqrt{H_1}\right)^2$$

所引起的高度误差为

$$\Delta D_7 = \frac{\Delta H}{h} \cdot f'_{等} = \frac{D'}{H}\Delta H = \frac{D'}{H}\left(\frac{D_e}{20.8} - \sqrt{H_1}\right)^2 \tag{6-29}$$

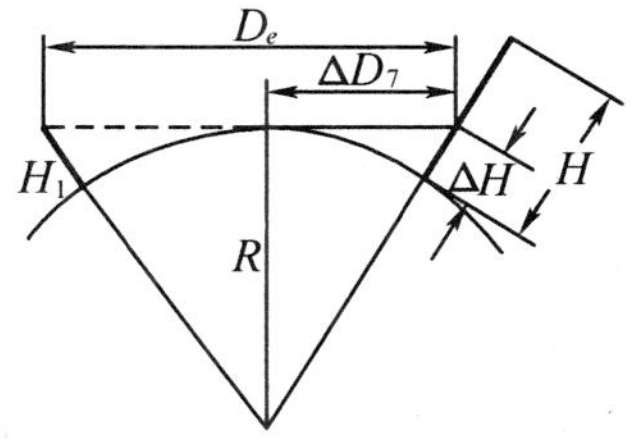

图 6－21　地球视见距离关系图

式中，D'为目标全部呈现时，测者到目标的距离，即按测距公式计算的名义距离。

由于按测距公式计算的名义距离总是偏大，因此实际距离应为

$$D = D' - \Delta D_7 = D'\left[1 - \frac{1}{H}\left(\frac{D_e}{20.8} - \sqrt{H_1}\right)^2\right] \tag{6-30}$$

而此时的 D 显然应为 D_e，所以有

$$D' - D - \frac{D'}{H}\left(\frac{D}{20.8} - \sqrt{H_1}\right)^2 = 0$$

$$D' - D - \frac{D'}{H}\left[\left(\frac{D}{20.8}\right)^2 - \frac{2\sqrt{H_1}}{20.8}D + H_1\right] = 0$$

$$\frac{D'}{H}\left[\left(\frac{D}{20.8}\right)^2 - \left(\frac{H}{D'} + \frac{2\sqrt{H_1}}{20.8}\right)D + (H_1 - H)\right] = 0$$

解以上二次方程，取其有实际意义的一个根为

$$D = \frac{\left(\frac{H}{D'} + \frac{2\sqrt{H_1}}{20.8}\right) \pm \sqrt{\left(\frac{H}{D'} + \frac{2\sqrt{H_1}}{20.8}\right)^2 - \frac{4}{(20.8)^2}(H_1 - H)}}{\frac{2}{(20.8)^2}} \text{(链)} \tag{6-31}$$

该项误差的特性为系统误差。

2. 光学测距装置误差计算和系统误差补偿

设各原始误差皆按通常工艺制造时的误差计算值如表 6-2 所示。

表 6-2 测距装置局部误差计算表

序号	局部误差名称	测距相对误差/%						局部误差特性		
		75′	50′	37.5′	25′	12.5′	5′	性质	数值	置信系数
1	光束平行性	1.8	1.8	1.8	1.8	1.8	1.8	系统	0.1 屈光度	
2	等值焦距	1	1	1	1	1	1	系统	1%	
3	齐焦差	0.08	o.14	0.18	0.26	0.52	1.30	偶然	0.4 mm	$\sqrt{3}$
4	隔膜壳体变形	0.4	0.4	0.4	0.4	0.4	0.4	系统	0.02 mm	
5	光栅测量	0.1	0.15	0.2	0.25	0.5	1	偶然	0.005 mm	$\sqrt{3}$
6	瞄准重像	0.44	0.64	0.84	1.28	2.5	6.6	偶然	2′	$\sqrt{3}$
7	曲率遮挡			2	3	4	5	系统		
误差综合	系统误差和	3.2	3.2	5.2	6.2	7.2	8.2			
	偶然误差和	0.53	0.77	1.0	1.53	3.0	7.8			
	总误差	3.73	3.97	6.2	7.73	10.2	16			

由表 6-5 看出，对于一台产品系统误差占总误差的比例很大，在大视差角部分，已占到总误差的 80% 以上。因此，如何补偿系统误差，特别是地球曲率遮挡误差的自动补偿应是该测距装置的一个应重视的题目。在使用微机解算距离的情况下，补偿系统误差的影响则更为容易进行。

该系统的总误差是按下式合成的，即

$$\Delta D_{总} = \sum_{i=1}^{n} \Delta D_{系i} \pm t\sqrt{\sum_{i=1}^{m}\left(\frac{\Delta D_{偶i}}{t_i}\right)^2}$$

式中 t——合成偶然误差的置信系数，一般按高斯分布处理，取 $t=2$；

t_i——某偶然误差的置信系数，该几项偶然误差皆为均匀分布，所以取置信系数为$\sqrt{3}$。

6.3　潜艇光电装备激光测距装置

在 20 世纪 80 年代以前，激光测距的工作波长都是 1.06 μm，光源采用氙灯泵浦 Nd:YAG 脉冲固体激光器，工作体制基于脉冲飞行时间测量的原理；到了 20 世纪 90 年代，采用 1.54 μm，1.57 μm 作为工作波长的人眼安全激光测距仪研制成功并得到大量装备，同时，激光器向着二极管泵浦固体激光器的光源体制发展，设备体积、质量大大减小，可靠性和寿命得到改善；到 21 世纪初，技术先进国家普遍装备了二极管泵浦固体激光器作为光源的激光测距仪产品，并出现了 1.57 μm / 1.06 μm 双波长同时工作或自动切换工作的一体化激光测距设备。于此同时，氙灯泵浦的激光测距仪并没有消失，由于其具有较低的成本，因此在手持或低成本激光测距设备中仍得到大量应用。

6.3.1　激光脉冲法氙灯泵浦 Nd:YAG 脉冲固体激光器测距的基本工作原理和组成[13]

1. 激光脉冲法测距的基本工作原理

激光测距技术目前已十分成熟，Nd:YAG 激光器是现有激光测距机的主要激光光源，以下以 Nd:YAG 激光器为例，说明其基本工作原理和组成（图 6-22）。

激光脉冲测距是通过测量激光脉冲在发射机和目标之间往返一次所需时间 t，再利用下式计算目标距离：

$$D=\frac{1}{2}c\cdot t \tag{6-32}$$

式中，c 为激光传播速度。

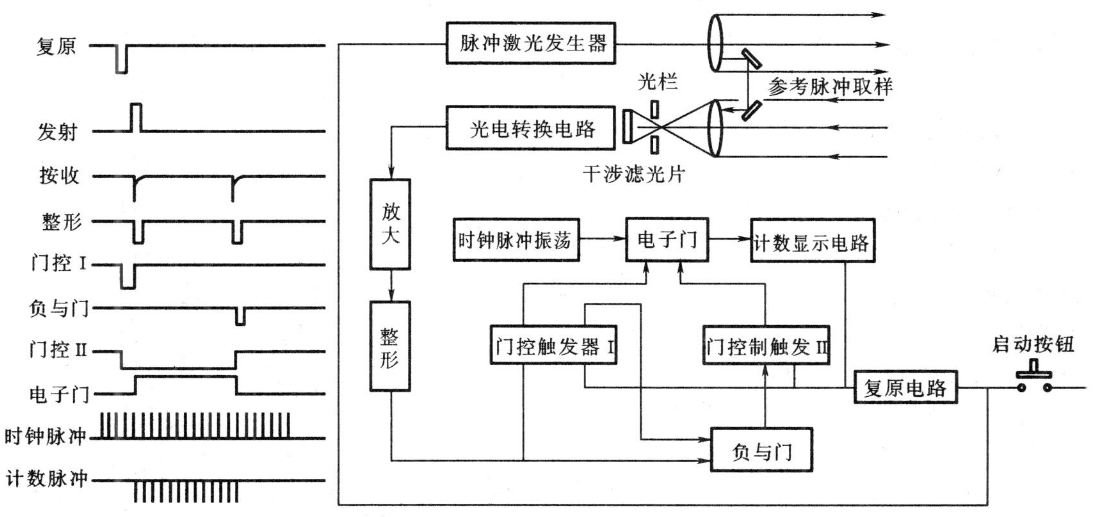

图 6-22　激光脉冲测距装置原理方框图

激光脉冲测距的关键是测出激光在发射机和目标之间的传播时间 t 。如图6－22,开始时先使整机复原归零,然后发射系统发射激光脉冲。该激光脉冲分两部分:一部分由接收系统的取样器直接送到接收系统作为起始信号,即参考信号;另一部分,也是大部分激光脉冲传至目标,返回后被接收系统所接受。

接收系统在收到起始(参考)信号后,由光电转换器件变换为电脉冲,并加以放大整形,然后使门控触发器1置位,打开电子门,开始记时。接收系统在收到回波信号后,经放大整形,经门控触发器1,使 Q 端低电位打开了负与门,并使门控触发器2置位,从而关闭电子门,停止记时。

实际上,记时装置不是记下激光脉冲往返的时间,而是记录激光脉冲往返过程中,时间脉冲振荡器通过电子门的时钟脉冲数,用此时钟脉冲数来计算目标的距离。

2. Nd:YAG 激光测距装置的主要组成

Nd:YAG 激光测距装置主要由五大部分组成:发射系统、接收系统、瞄准系统、记数逻辑系统和电源装置(图6－23)。

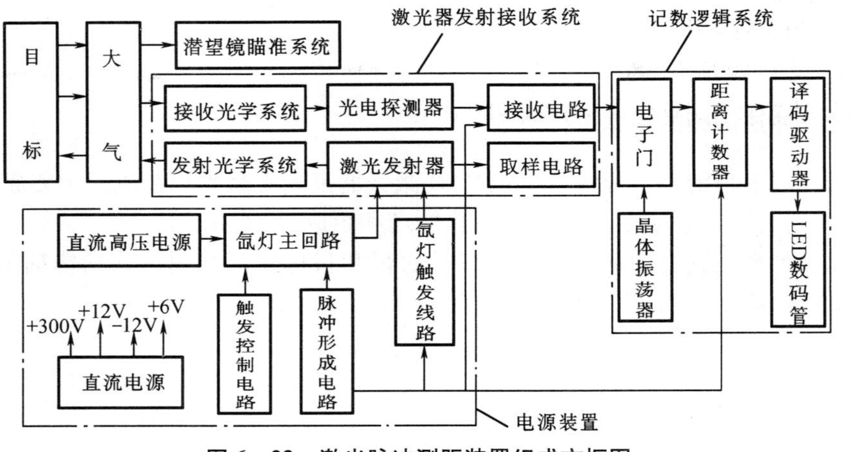

图6－23 激光脉冲测距装置组成方框图

(1)发射系统 用于控制激光脉冲的发射,主要包括激光发射器和发射光学系统两部分。

激光发射器(激光器)用于生产并向外发射激光,由 Nd:YAG 晶体棒、氙灯和触发电路、聚光器、BDN 染料盒、谐振腔等部分组成,见图6－24。

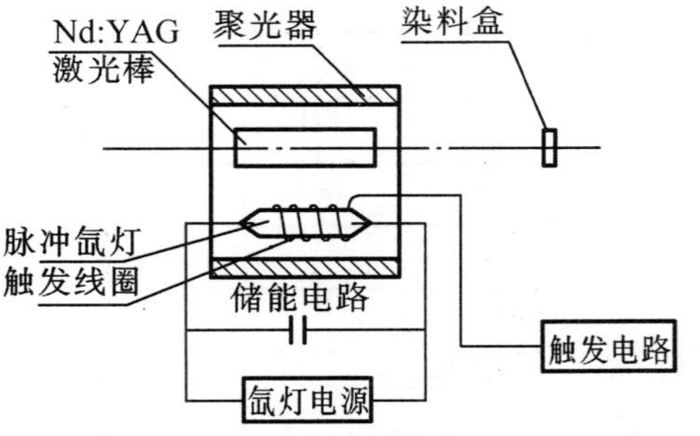

图6－24 激光器组成示意图

①Nd:YAG(掺钕钇铝石榴石)晶体棒 为四能级激光工作物质,是激光器的核心。其起振的激光波长为1.06 μm,此波长正好处于大气窗口红外光谱范围内,人眼是不可见的。

②氙灯和触发电路 可有效地对 Nd:YAG 晶体棒工作物质进行激励,为晶体棒的泵浦光源。

③聚光器 其作用是将泵浦光最大限度地耦合到激光工作物质上,通常为单椭圆柱玻璃镀银聚光腔。

④BDN 染料盒　在激光测距中，因为光速很快，在 1 μs 的时间内就传播 300 m，如果光脉冲的持续时间为微秒量级，测距精度就很差；而且此时峰值功率低，测程近。为此，激光器必须压缩脉冲持续时间，增大峰值功率。BDN 染料盒是一种被动调 Q 开关，用于建立激光振荡，形成短脉冲输出。

⑤谐振腔　谐振腔是激光器的重要组成部分，其作用是提供光学正反馈能力，以形成受激辐射的持续振荡；同时对振荡光束的方向和频率进行限制，以保证输出激光的高单色性和高定向性。谐振腔的一端为全反射（或接近全反射）镜面（燃料盒），另一端为晶体棒前端部分透过的镜面。四周是一个镜面反射玻璃管。没有谐振腔，受激辐射就不会逐渐增强，受激辐射的光子也就不会积累，也就不会产生激光。

发射光学系统，又称为激光发射天线。由于固体激光器受腔长的限制，发出的激光束的束散角仍较大，约 6 mrad，为了提高测程和角分辨率，必须减小激光束的束散角。这便是发射光学系统的作用。为了避免光能的会聚，一般都采用伽利略望远镜。

（2）接收系统

由接收光学系统、光电探测器和接收电路三部分组成。

①接收光学系统　又称为接收天线，用于接收由目标反射回来的激光束，一般由接收物镜、小孔光阑和干涉滤光镜组成。小孔光阑设置在物镜的后焦面上，用于缩小物镜的接收视场，以提高测距的准确性。干涉滤光镜配置在小孔光阑的前面，具有窄带滤光性能，对于 1.06 μm 激光有很高的透过率，而对于其余波长的光线，其透过率接近为零，使接收系统具有很强的选频能力，防止杂光干扰，避免虚警。

②光电探测器　用于进行光电转换。常用的硅雪崩光电二极管组件，是由光电转换电路和前置放大电路组成，具有内增益前置放大作用，灵敏度高，响应速度快。

③接收电路　主要由视频放大电路、TPG 电路、自动增益控制电路等组成，见图 6－25。

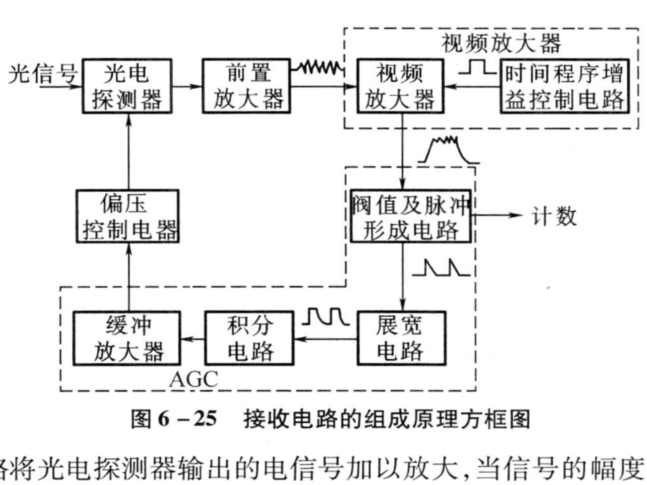

图 6－25　接收电路的组成原理方框图

视频放大电路将光电探测器输出的电信号加以放大，当信号的幅度超过检测电路的阈值电平时，就输出一个回波脉冲。该脉冲送到逻辑电路作为关门脉冲，停止计数器的计数。自动增益控制电路的功能是：当背景噪声、环境温度等变化时，根据视频放大器输出噪声决定阈值的高低，产生雪崩管偏压控制信号，使雪崩管保持在最佳增益状态下工作。

（3）瞄准系统

为一具瞄准望远镜，在潜望镜中，通常为 $6^{\times}$ 观察系统，要测得准，必须保证瞄准系统与发射、接收系统光轴的一致性。

(4)计数逻辑系统

是为了正确地使用激光测距仪而设计的。主要由控制逻辑电路、快速逻辑电路和显示逻辑电路等组成。

(5)电源系统

激光测距仪的电源系统比较复杂,包括有高压电源电路、低压电源电路等。

6.3.2 国外潜艇光电装备配置激光测距仪状况及分析

1979 年英国皮尔金顿光电公司首先将 LF4 型激光测距仪改进后应用于潜艇潜望镜测距,当时使用的激光器为 Nd:YAG 材料,波长为 1.06 μm,测距范围为 5 km。到了 20 世纪 80 年代,激光测距已成为英国潜望镜的基本配置功能。后来,美国、法国、德国、俄罗斯等国都在潜艇潜望镜和光电桅杆上采用了激光测距仪。表 6 - 3 为各国潜艇光电装备所配置的激光测距仪性能一览表。

通过对表 6 - 3 的分析,可以得出如下意见。

①早期在潜望镜上使用的激光测距仪都是非人眼安全型的,由于国际公约的规定,禁止致盲激光器。所以,现在国外潜望镜和光电桅杆用的激光测距仪都一致采用人眼安全型的了。

②20 世纪 80 年代以前,国外潜艇潜望镜上全都配置了光学分像测距手段,美国 8B 型潜望镜、法国 M41 型潜望镜等部分潜望镜上配装了雷达测距手段。随着激光测距技术的成熟,其在潜望镜和光电桅杆上的应用越来越广泛,在光电桅杆的应用,除法国以外,其他各国的光电桅杆大都配备激光测距手段。

③从在潜艇潜望镜上的结构配置来看,早期考虑的 76 型攻击潜望镜目镜头配置方案,仅仅是一种模块化设计的选配方案,它虽然使潜望镜头部尺寸较小,有利于使用时的隐身性能,但激光光能损失太大,测距性能偏低,实际使用效果差,所以没有得到进一步发展。目前采用的结构配置方案,大都是采用头部配置,和电视共用一个窗口,其测距性能都有大幅度的提高。

6.3.3 人眼安全型激光测距仪的类型和工作原理

过去潜望镜装备应用的 Nd:YAG 激光测距机主要缺点是对人眼不安全,在烟雾中的传输性能差。Nd:YAG 激光器发射的 1.06 μm 的波长激光能透过眼球聚焦到视网膜上,极易损伤视网膜,使人致盲。近年来,潜艇光电装备对激光测距手段越来越重视,体积小、质量轻、可靠性高、可维修性好、对人眼安全的激光测距仪越来越受到青睐。激光器是激光测距仪的关键器件,它的性能和稳定性直接关系到系统的性能和稳定性。

1.54 μm 激光是国际上公认的对人眼“最安全”的激光,其大气穿透能力强,目标反射率高,与其配套使用的 InGaAs 光电二极管及雪崩管控制偏压低,噪声低灵敏度高,在激光测距仪中得到了广泛地应用。常用人眼安全激光器有如下几类。

1. 拉曼频移 Nd:YAG 激光器

拉曼频移的 Nd:YAG 激光器是用 Q 开关 Nd:YAG 激光脉冲为光源，以频移为 2916 cm^{-1}的甲烷气体作为拉曼散射介质构成的。其工作原理是，用 Nd:YAG 激光器发出的 1.06 μm 激光去照射装满高压甲烷(CH_4)气体的拉曼盒，在光强达到阈值后，会产生强烈的受激拉曼辐射，波长为 1.54 μm，这种装置又称为拉曼频移器。受激辐射的光束具有激光的一切性质，方向性好，发散角可以与入射光束相近；强度高，功率可以与入射光束相近，光能转换效率可达 25% ~50%；单色性好，优于入射光束；光脉冲时间会变短。但其缺点是结构较复杂(高重复频率运转时，气体需要循环冷却)、成本高、单脉冲输出能量不高，一般在20 mJ一下。目前采用拉曼频移人眼安全激光器作为激光器光源的厂家较少，德国 Carl Zeiss 是其中一家，所以该国潜望镜中的人眼安全型激光测距仪已明确是采用了拉曼频移的 Nd:YAG 激光器作为光源。

表 6-3　国外潜艇光电装备配置的激光测距仪性能一览表

国别	激光测距仪配置对象型号	研制年代	工作物质	工作波长	测距范围	测距精度	构造与使用特点	备注
美国	76 型攻击潜望镜	80 年代	Q 开关钕玻璃	1.06 μm	400 ~ 6 000 m	±5 m	发射接收器设在潜望镜目镜头处，利用潜望镜观察系统	出口型选用
	90 型潜望镜	90 年代	Nd:YAG	1.06 μm 可选人眼安全型			发射接收器设在潜望镜头部，由显控台操控	出口型选用
	86 型光电桅杆	80 年代末		人眼安全型	9.1 km			标准配置 MH-Bf11 433 h
	PMV 光电桅杆	21 世纪初		人眼安全型	9.1 km			标准配置
	96 型攻击光电桅杆	21 世纪初		人眼安全型	10 km			
俄罗斯	基洛级拉达级等潜艇的标准潜望镜			1.54 μm	60 m ~ 18.5 km	5 ~ 10 m		标准配置
	非收缩潜望镜	90 年代		人眼安全型			能在很差光线条件下使用	标准配置
	PARUS—98E 光电桅杆 PARUS—L	21 世纪初		1.54 μm	60 m ~ 18.5 km	5 ~ 10 m	单独的发射器和反光镜与电视共用一个窗口和接收物镜	标准配置
德国	SERO—15 攻击潜望镜	80 年代	Nd:YAG 已改为拉曼频移 Nd:YAG	1.06 μm 已改进为人眼安全型 1.543 μm	366 m ~ 9 144 m			标准配置
	OMS—100 光电桅杆	90 年代	Nd:YAG	1.06 μm	366 m ~ 9 144 m			选配

表 6-3(续)

国别	激光测距仪配置对象型号	研制年代	工作物质	工作波长	测距范围	测距精度	构造与使用特点	备注
英国	SERO400 潜望镜	21 世纪初	拉曼频移 Nd:YAG	1.543 μm	366 m ~ 9 144 m		模块化设计的头部激光测距组件	选配
	CH084 攻击潜望镜 LF4 改进	80 年代	Nd:YAG	1.06 μm	>5 000 m	±10 m	发射接收器装于潜望镜锥形镜管处显控在目镜头	标准配置
法国	ST5 95 攻击潜望镜	90 年代			300 m ~ 9 990 m	±5 m		标准配置
	APS 型攻击潜望镜	80 年代 90 年代改进					瞄准线单轴稳定	替换头部的微光电视摄像机标准配置
	APS—20 攻击潜望镜	21 世纪初		LPI 人眼安全型			模块化设计	选配
	SMS—30 搜索光电桅杆	21 世纪初		LPI 人眼安全型			取代早期 SMS 型光电桅杆所采用的测距估算器 模块化设计	标准配置
南非	进口法国的 M41 搜索潜望镜改进型	90 年代		人眼安全型			取消原雷达测距仪改进为光学分像测距	可进一步改进为激光测距

注:表中研制年代未具体指出的,均为 20 世纪。

2. 铒玻璃激光器

铒玻璃激光器采用掺入 Er^{3+} 离子的玻璃激光棒,并用闪光灯或半导体激光器泵浦,产生 1.54 μm 的激光。铒玻璃激光器的优点是:

①直接输出人眼安全激光,谐振器简单;

②发散角小;

③上能级粒子寿命长,为 7.9 ms,比 Nd:YAG 的 250 μs 高一个量级;

④在 920 ~ 1 000 nm 具有较宽的吸收谱线,适合二极管泵浦,高低温性能稳定;

铒玻璃激光器的主要不足是:

①铒玻璃是三能级系统,效率低;

②基质玻璃材料热导率低。

随着半导体泵浦技术的发展,半导体泵浦的铒玻璃激光器也得到了深入的研究,并取得了很大的进展。与传统的闪光灯泵浦相比,半导体泵浦不仅效率高,而且产生的热量少,从而不仅可以使铒玻璃激光器全固化、小型化,而且可获得更高的重复频率,更适合激光测距和激光雷达应用。美国 Kigre 公司是从事铒玻璃、铒玻璃激光器研究生产的领先厂商,其主要产品型号性能见表 6-4 所示。

表 6－4　美国 Kigre 公司铒玻璃激光器技术指标

特性＼型号	ER－100	MK－81	MK－88
波长	1.535 μm	1.535 μm	1.535 μm
能量	0.1 mJ	2～3 mJ	3～4 mJ
脉宽	2 ns	6 ns	7 ns
频率	20 Hz	1 Hz	10 Hz
发散角	1.3X.D.L	3.5 mrad	3.5 mrad
工作温度	－40 ℃～＋50 ℃	－30 ℃～＋50 ℃	－30 ℃～＋50 ℃
质量		170 g	514 g

美国 L－3 公司、以色列 Elop 公司研制生产的激光测距仪均采用铒玻璃激光器。

3. 光学参量振荡(OPO)激光器

采用脉冲 Nd:YAG 激光泵浦Ⅱ类非临界相位匹配 KTP 晶体可以获得 1.57 μm 人眼安全激光输出，这类激光器被称为 OPO 激光器。OPO 激光器转换效率高，可高重复频率运转，主要不足是谐振器相对复杂，发散角大。

OPO 激光器从 20 世纪 80 年代开始研究并得到迅速发展，颇受各国军方重视。美国 BIG SKY 公司、Litton 公司、以色列 Elop 公司等先后研制出 1.57μm 人眼安全 OPO 激光器。我国于 1998 年底研制成功 OPO 激光器，并已成功应用于多型激光设备中。图 6－26 为美国一小型 OPO 激光器的谐振腔示意图。

激光工作物质中间切成布儒斯特角，并加入空气隙，起到起偏器作用，使得 1.06 μm 谐振腔中的激光振荡为线偏振光。图中 M1，M3 间组成 1.06 μm 激光谐振腔，M2，M3 间组成 1.57 μm 激光谐振腔。因 OPO 晶体仅对某一特定偏振方向的泵浦光吸收，因此，通过合理布置 OPO 晶体可以提高光学参量振荡器的转换效率。

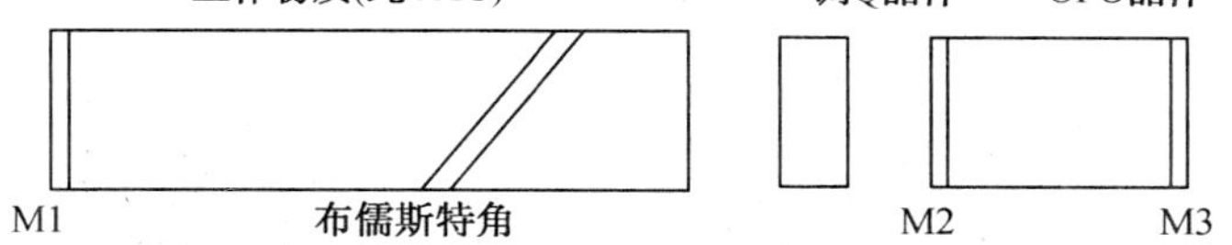

图 6－26　OPO 激光器谐振腔示意图

6.3.4　潜望镜激光测距的结构配置方案及测距特性分析比较

由于潜望镜的细长的构造特点和特殊的使用条件，要把一台成熟的激光测距仪配置于潜艇潜望镜中，困难显然是很大的。就过去在潜艇潜望镜上应用的激光测距仪来看，其测距仪主机在潜望镜上的配置，曾经出现过上、中、下三种方案。三种配置方案各有利弊，也各有需解决的一些特殊问题。以下分析介绍这些方案，有助于吸收前人的经验，以利于提高系统集成的水平。

1. 激光测距仪主机配置在下部目镜头处的方案[6]

在美国的76型攻击潜望镜中，激光测距仪(图6－27)采用工作波长为1.06 μm的Q开关钕玻璃激光器，其发射机和接收机均配置在目镜头处。激光测距仪的激光光路与潜望镜的主光路同轴，且激光测距仪的发射与接收通道和潜望镜的可见光系统共用一个孔径。

①这种配置方式的优点

a. 体现了模块化的设计制造理念，在不改变潜望镜原特性的情况下，可以增加激光选择功能，实现功能的一系列扩展，便于实现用户的不同选择需要；

b. 可以保持潜望镜的比较细小的头部尺寸，便于保持潜望镜使用的隐蔽性；

c. 便于保养和故障的维修；

d. 可以利用潜望镜变形折点的原理，使激光瞄准线在出射空间不受潜望镜管振动的影响，可使激光测距的测中率比较高。

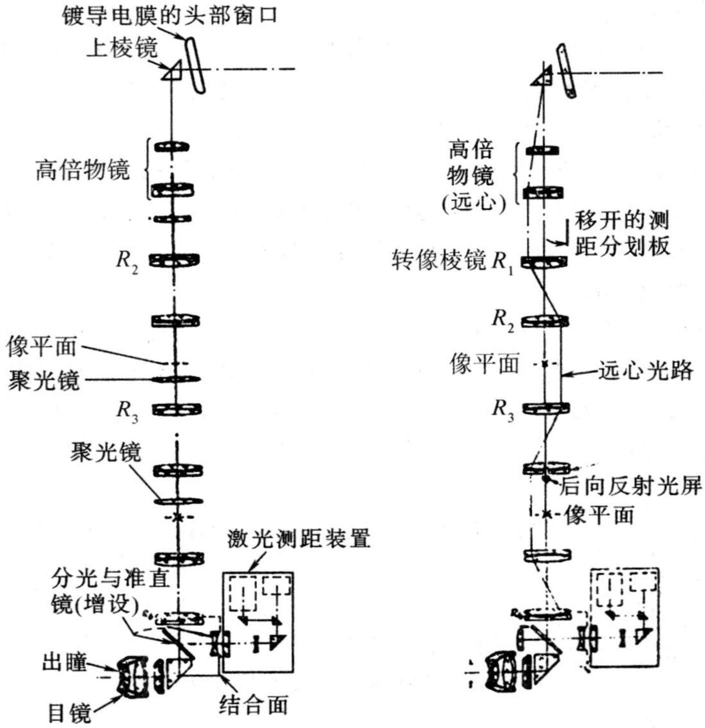

图6－27　美国76型攻击潜望镜中激光测距仪的配置示意图

②这种配置方式需解决的技术难点

a. 激光的发射和接收要两次穿过潜望镜的整个光学系统，显然必须解决激光光能的严重损失问题；

b. 激光的波长与可见光波长相去甚远，显然必须解决光学系统的兼容性问题；

c. 激光发射光束的功率高，光强度大，会损坏焦面附近的光学零件。

③美国潜望镜中的解决方法

a. 潜望镜光学系统的镀膜要兼顾可见光(0.55 μm)、激光(1～06 μm)、电视三种波长，均应达到较好的效果。为此，光学件的膜层有5～50层之多，可见工艺上有较大的难度和复

杂性,采用这些手段后,单程的激光透过率可达 50% ~60%;

b. 潜望镜光学系统的像差设计,兼顾以上三种波长;

c. 为使潜望镜光学系统能适应激光测距工作,还采取了一些特殊的措施:使用活动距离分划板;装入投射式标线系统;分像测距透镜的分像缝隙处采用后向反射屏;取消用于各种工作方式的聚光镜等。

④这种配置方案的先天性不足之处是,激光接收口径受潜望镜主观察系统($6^{\times}$)入瞳口径(一般只有 20 ~30 mm)的限制,接收的能量较小,再加上光学系统的透过率较低,因此,激光测距的作用距离受到限制,最远仅为 6 000 m。另外,这种系统的制造难度也比较大。

该激光测距装置的性能参数见表 6 -5。

2. 激光测距仪的主机配置在潜望镜管中部的方案

图 6 -28 为英国 CH084,CH085 型潜望镜中激光测距仪主机的配置示意图。它配置在锥形镜管与圆柱形镜管的过渡处,是在 FL4 型手持激光测距仪的基础上改进的。在潜望镜的目镜头处置有控制和显示组件。激光的发射和接收均通过潜望镜的头部窗口实现。测距瞄准是用潜望镜的观察系统,在潜望镜顶部系统中设有激光瞄准标志。被测目标的距离在目镜中使用发光二极管显示,还可将距离数据传送到潜艇火控系统。

①这种配置方案的优点

a. 可以保持潜望镜的比较细小的头部尺寸,便于保持潜望镜使用的隐蔽性;

b. 光能损失较前一种方案大有改善,测程有所提高;

c. 激光测距时,可以利用设置在头部的像增强器或红外热成像系统的瞄准线进行瞄准,可使在夜间工作的激光测距系统和白天一样有效。

②这种配置方式需解决的技术难点

a. 为了能在潜望镜管内的狭小空间内配置激光测距仪的主机,相应的器件和部件必须小型化;

b. 装入潜望镜管内部后,已无法进行现场维修,激光测距仪主机的可靠性必须保证;

c. 潜望镜头部光学系统必须作相应的修改,如取消焦面处的光学件,设置投影式激光瞄准分划板等。

该激光测距装置的性能参数见表 6 -5。

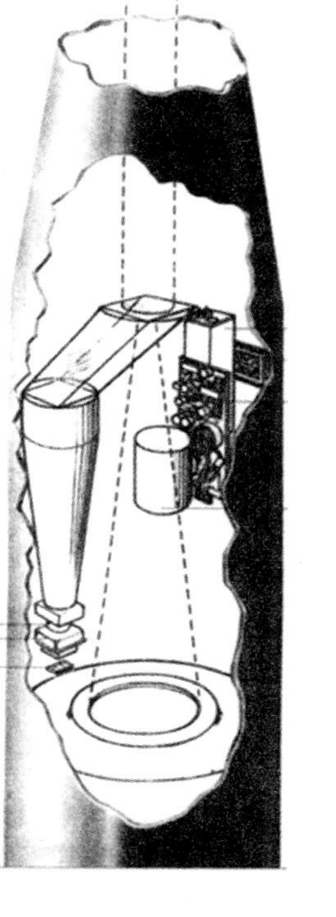

图 6 -28　英国潜望镜中激光测距仪的配置示意图

3. 激光测距仪的主机配置在潜望镜管头部的配置方案

这种方案是把激光测距仪的发射系统和接收系统并排倒置于潜望镜的头部,激光测距仪与潜望镜共用一个观察窗口;激光束的俯仰瞄准反射镜与潜望镜的上棱镜同步转动;以潜望镜的 $6^{\times}$ 观察系统作为激光测距仪的瞄准系统;装校时须保证以上三轴的一致性。为了使接收到的光能最大,使接收系统的物镜口径充满上头部的内径,而发射系统只好与其重叠,从物镜上开的偏孔中通过。这种测距仪的显控部分、电源部分均放置在潜望镜的目镜头处,测距距离的显示是在左目镜的护眼罩内(图 6 -29)。

①这种配置方案的优点

a. 适宜于模块化的设计配置和潜望镜功能的扩展，易于在潜望镜上进行改装实现；

b. 易于进行维修更换；

c. 可保证激光测距仪有较大的接收口径，较小的光能损失，较远的作用距离；

d. 保持了潜望镜的细部直径。

②这种配置方案的缺点和须解决的技术难题

a. 增大了潜望镜的头部尺寸和升起使用时的露出高度，于隐蔽性不利；

b. 受潜望镜使用时镜管自激振动的影响大，严重影响激光测距的测中率，这是需解决的最大技术难题。

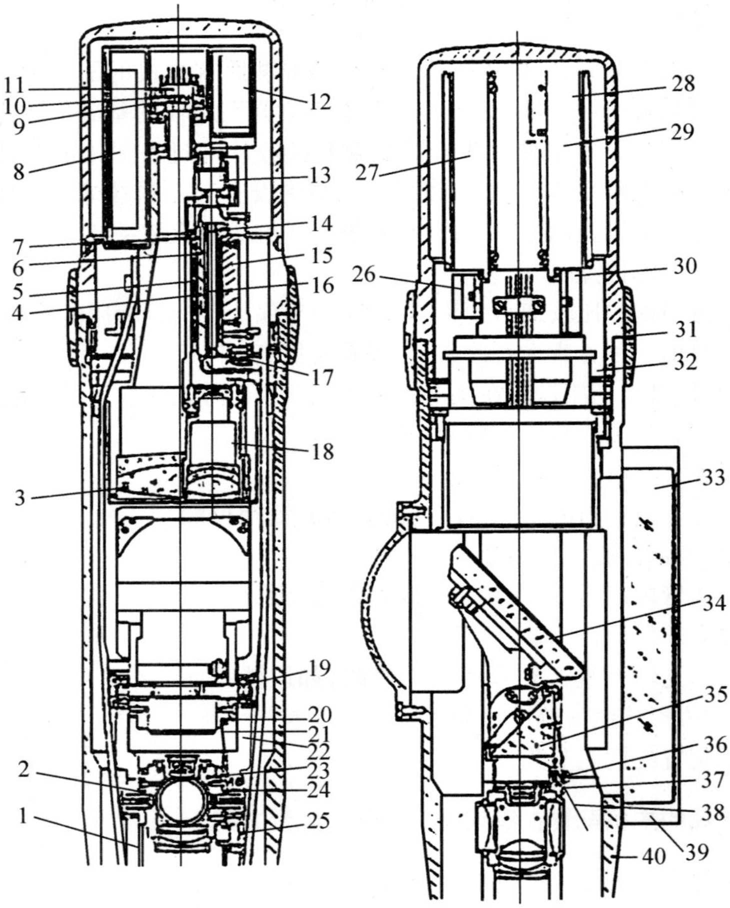

图 6－29 激光测距仪主机在潜望镜头部的配置图

2—激光接受物镜；4—激光发射器；5—镜面反射玻璃管；6—金属触发丝；7—氙灯；8—共用盒；9—干涉滤光片；10—小孔光阑；11—硅雪崩光电二极管组件；12—取样盒；13—BDN 染料盒；16—Nd：YAG 晶体棒；18—发射光学系统；26—触发变压器；27—雪崩管电源盒；29—放大器盒；30—电感线圈；32—激光测距仪本体

4. 三种激光测距仪的性能比较

表 6－5 列出了以上三种不同配置方案激光测距仪的性能特性。

表 6-5　三种不同配置方案激光测距仪的性能特性比较表

	美 76 型潜望镜激光测距仪	英 CH84 潜望镜激光测距仪	某型潜望镜激光测距仪
发射机： ● 工作物质	Q 开关钕玻璃	Nd:YAG 晶体棒	Nd:YAG 晶体棒
● 工作波长	1.06 μm	1.06 μm	1.06 μm
● 输出功率	1.5 MW(峰值)	大于 30 mJ	大于 30 mJ
● 脉冲宽度	20 ns	<10 ns	<10 ns
● 光束束散度	1 mrad(90% 能量)		1 mrad
接收机： ● 接收元件		硅雪崩光电二极管	硅雪崩光电二极管
● 接收口径	Φ25 mm	<Φ30 mm	
总体性能： ● 测距范围	400 ~ 6 000 m	最远≥5 000 m	
● 测距精度	±5 m	±10 m	±10 m

由上表可以看出，配置在潜望镜头部的方案，作用距离将是最远的，这是其客观条件所决定的。

6.3.5　关于潜望镜激光测距仪的测程和方案配置问题[20][24][25]

激光测距方程是在一系列简化条件下导出的，虽不够精确，但对系统的设计有指导价值。假定：

激光在大气中的传播是遵守几何光学规律的；大气是均匀的、各向同性的；目标对入射光是均匀漫反射的；激光光束内的能量分布是近似均匀的或至少是轴对称的；接收发射系统光轴是平行的。在此情况下，脉冲激光测距仪的测程公式为

$$R \leqslant \left(\frac{4P_t A_s A_r \rho}{P_{\min} \pi^2 \theta_t^2} K_t K_\tau K_\sigma K_\theta \right)^{\frac{1}{4}} \tag{6-33}$$

式中　A_s——目标有效面积；

A_r——接收光学系统有效面积；

ρ——目标漫反射系数；

θ_t——规定的激光光束散角；

P_t——发射功率；

$P_{\min}$——最小可探功率；

K_t——光学系统透过率；

K_σ——动态误差系数；

K_τ——大气透过率（$2R$ 路程）；

K_θ——实际光束与理想光束比，

$$K_\theta = \frac{E_\theta}{E_t} \cdot \frac{1}{M_t} = \frac{\eta}{M_t}$$

式中　E_θ——θ_t 角内所含能量；

E_t——发射总能量；

M_t——光束质量；

η——激光光束束散角内所含能量比率。

在潜望镜上配置激光测距仪时，初始的主要要求是：在规定天候条件下对某类目标的最大测程，一次测距的测中率，在潜望镜上配置时最大的尺寸限制等。而通过匹配优化的过程，最终要求确定的主要参数是：激光器最低输出峰值功率 $P_{T\min}$、束散角 θ_t、最小可探测功率 $P_{\min}$（灵敏度）、接收光学系统的口径 $D_r(A_r)$ 以及光路结构形式等。

由(6－33)式看出，在最小可探信号一定的情况下，测距的距离 R 的四次方与激光器的发射功率 P_t、接收光学系统的有效面积 A_r、接收光学系统的透过率 K_t 成正比；与激光束的束散角 θ_t 的平方成反比。要提高激光测距仪的作用距离，可从加大激光器输出功率，增大光学系统物镜的口径，提高光学系统的透过率，减小激光束的发散角入手。如果在做到技术上可实现的最大发射功率后，再来提高发射功率时，其效果是非常有限的，因为它与距离 R 是四次方的关系；而增大光学系统的口径，则会使潜望镜头部的尺寸增大，于隐蔽性不利或受到潜望镜结构尺寸的限制；减小激光束的发散角对提高作用距离是比较有效的，但会带来测中率的明显下降。所以潜望镜激光测距仪性能指标的确定是一项各种因素匹配优化的过程。

在实际中，应在作用距离与测中率间进行综合平衡，选取满足测中率要求的最小束散角 θ_t，然后判断：对于大型目标，$\theta_t \leqslant \frac{\sqrt{A_s}}{R}$ 时，可将式(6－33)中的 θ_t 用 $\frac{\sqrt{A_s}}{R}$ 式代替，式(6－33)变为

$$R \leqslant \left(\frac{4P_tA_r\rho}{P_{\min}\pi^2}K_tK_\tau K_\sigma K_\theta\right)^{\frac{1}{2}} \tag{6-34}$$

6.3.6 关于潜望镜激光测距仪的测中率问题[7]

1. 测中率问题的由来

将激光测距仪装置于潜望镜中，除上述安装配置困难外，再就是潜望镜的特殊使用条件对激光测距的影响。影响测中率的主要因素是：

①潜望镜镜管的高频振动，且其振动的角位移与激光束的束散角达相同的量级，这项误差靠人眼的瞄准是无法消除的；

②潜望镜随潜艇摇摆所造成的对目标的瞄准误差；

③潜望镜的操纵系统的缺陷所造成的瞄准误差，如方向操纵系统的爬行，俯仰操纵系统的像跳等，使进行激光测距时，无法得心应手地进行瞄准测距；

④除以上因素以外，激光瞄准系统误差源多，误差大。

总之，潜望镜中的激光测距是在一个动态的基座上，在不完备的瞄准与操作系统的条件下进行的，测不准是一个必然的现象，尤其是对于远距离的目标，更不易测准。

2. 激光测中率的解算

（1）激光测距测中概率表达式

激光测距仪的测中概率可以表示为

$$P = P_1 \cdot P_2 \cdot P_3 \tag{6-35}$$

式中　P_1——激光测距仪的激光束对被测目标的照准概率，这种概率的概念与枪弹射击的命中概率相似；

P_2——激光测距仪对激光回波信号的探测概率，其含义是，激光接收元件获得反射回波功率大于或等于整机最小可探功率的概率，例如用 $P_{\min}$ 来表达系统最小可探功率，用 w 表示接收元件接收到的回波信号功率，则可表达为

$$w \geqslant P_{\min} \text{时} \qquad P_2 = 1$$

$$w < P_{\min} \text{时} \qquad P_2 = 0$$

P_3——激光测距仪的正确显示概率，$P_3 = (1 - P_f)$。

式中，P_f 为激光接收系统的虚惊率。

激光测距仪的测中概率问题与枪弹射击命中概率问题有相似点，又有很大的不同点。其相似点是，激光束照准的与枪弹命中的概率分布都是在一个平面上的二维正态分布。

(2)激光束的照准概率计算

因为影响激光束瞄准的俯仰、方位上的各项误差因素可认为是互不相关的，所以可设二维随机变量 x,y 不相关时的联合分布密度，来描述它的概率问题，即

$$f(x,y) = \frac{1}{2\pi\sigma_x\sigma_y} e^{-\frac{1}{2}\left[\frac{(x-a_x)2}{\sigma_x} + \frac{(y-a_y)2}{\sigma_y}\right]} \tag{6-36}$$

而激光束的照准概率为

$$P_1[(x,y) \in D] = \iint\limits_D f(x,y)\,dxdy = \iint\limits_D \frac{1}{2\pi\sigma_x\sigma_y} e^{-\frac{1}{2}\left[\frac{(x-a_x)2}{\sigma_x} + \frac{(y-a_y)2}{\sigma_y}\right]} dxdy \tag{6-37}$$

式中　σ_x, σ_y——激光束在俯仰、方位上瞄准的均方误差；

a_x, a_y——激光束在俯仰、方位上瞄准的系统误差；

D——激光束的照准域。

公式(6－37)的意义是非常明确的，由于存在瞄准误差，使照准点出现散布，而照准概率则是在一定照准域内的二重积分，见图 6－30。

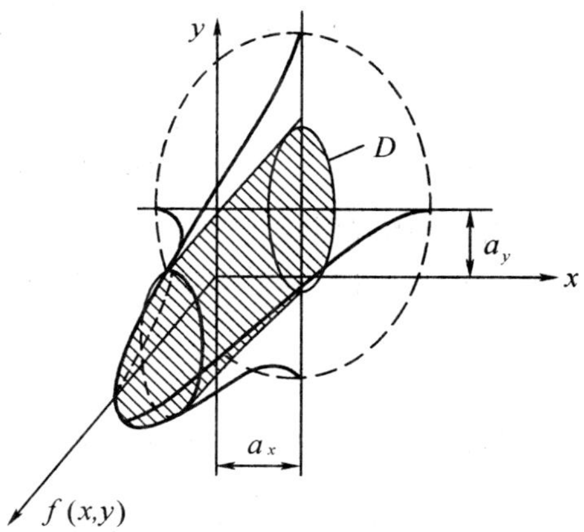

图 6－30　二维随机变量的概率分布

(3)激光测距与枪弹射击不同之处的分析计算

①激光束不像子弹，它有一定的张角，因此可掩盖目标一定的面积；

②激光的测中概率不仅取决于激光是否照准，还取决于回波是否被接收到及信号的强弱。

因此，才有 P_2 及其表达式

$$P_{\min} \leqslant \frac{4P_tA_sA_r\rho}{\pi^2\theta^2R_L^4}K_tK_\sigma K_\tau K_\theta = w \text{ 时}, P_2 = 1$$

$$P_{\min} > \frac{4P_tA_sA_r\rho}{\pi^2\theta^2R_L^4}K_tK_\sigma K_\tau K_\theta = w \text{ 时}, P_2 = 0$$

由 6.3.4 节中的关系式经过转换后，有

$$A_{s\min} \geqslant \frac{P_{\min}\pi^2\theta^2R_L^4}{4P_tA_r\rho K_tK_\sigma K_\tau K_\theta} \text{时}, P_2 = 1 \tag{6-38}$$

$$A_{s\min} < \frac{P_{\min}\pi^2\theta^2R_L^4}{4P_tA_r\rho K_tK_\sigma K_\tau K_\theta} \text{时}, P_2 = 0 \tag{6-39}$$

式中，$A_{s\min}$ 为目标被激光束照射的最小有效面积，其他符号的意义同上。

式(6－39)说明，要想使探测概率 $P_2 = 1$，不但必须使目标被激光束照准，而且必须使被

激光束照射的目标面积达到一定的大小才行。

(4)计算测中概率的步骤

①分别计算激光测距仪俯仰、方位系统的瞄准均方误差 σ_x,σ_y 和系统误差 a_x,a_y；

②根据(6－38)式计算目标在一定距离上的最小有效面积；

③根据最小有效面积来确定目标的测中域[7]；

④根据测中域和系统的瞄准误差对(6－36)式进行面积积分，以求取测中率。

3. 目标测中域的确定

公式(6－33)所示条件，是对目标测中域的进一步限定，由此条件可求出各种形状的激光照射目标的测中域。

(1)目标被激光束照射的面积为圆形时测中域的确定

在此种情况下，目标的截面积通常要小于激光束的面积，即图6－31中的 $r_B>r_A$。在此种情况下要确定测中域，主要思路是在图中阴影面积与式(6－36)相等的条件下求出 Δr，则测中域便是以 O 为圆心，以 $r_A+\Delta r$ 为半径的圆。

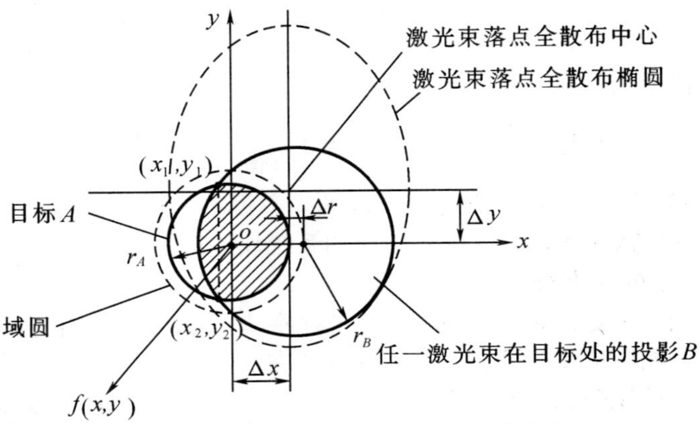

图6－31 目标截面为圆形时测中域的确定

解题步骤如下。

①在 xoy 坐标系内建立两个圆的方程，即

$$\begin{cases}x^2+y^2=r_A^2\\ [x-(r_A+\Delta r)]^2+y^2=r_B^2\end{cases}$$

解以上联立方程，可得两个相交点的坐标 (x_1,y_1)，(x_2,y_2)，即

$$(x_1,y_1)=\left\{\frac{1}{2}(r_A+\Delta r)+\frac{r_A^2-r_B^2}{2(r_A+\Delta r)},\sqrt{r_A^2-\left[\frac{1}{2}(r_A+\Delta r)+\frac{r_A^2-r_B^2}{2(r_A+\Delta r)}\right]^2}\right\}$$

$$(x_2,y_2)=\left\{\frac{1}{2}(r_A+\Delta r)+\frac{r_A^2+r_B^2}{2(r_A+\Delta r)},-\sqrt{r_A^2-\left[\frac{1}{2}(r_A+\Delta r)+\frac{r_A^2+r_B^2}{2(r_A+\Delta r)}\right]^2}\right\}$$

②求出两点间的距离，即两相交圆的公共弦长为

$$b=\sqrt{(x_1-x_2)^2+(y_1-y_2)^2}=2\sqrt{r_A^2-\left[\frac{1}{2}(r_A+\Delta r)+\frac{r_A^2+r_B^2}{2(r_A+\Delta r)}\right]^2}$$

③由公共弦长可分别求得两圆的弓形面积为

$$\begin{cases} S_A = \dfrac{1}{2} r_A^2 \theta_A^2 - \dfrac{1}{2} b \sqrt{r_A^2 - \left(\dfrac{b}{2}\right)^2} \\ \theta_A = 2\arcsin \dfrac{b}{2r_A} \end{cases}$$

$$\begin{cases} S_B = \dfrac{1}{2} r_B^2 \theta_B^2 - \dfrac{1}{2} b \sqrt{r_B^2 - \left(\dfrac{b}{2}\right)^2} \\ \theta_B = 2\arcsin \dfrac{b}{2r_B} \end{cases}$$

④求出图中的阴影面积为

$$S = S_B + \pi r_A^2 - S_A$$

⑤使 $S = A_{T\min}$，解方程可求得 Δr，从而可确定圆域的大小。

(2)目标被激光照射的面积为矩形时测中域的确定

以和上面同样的方法可以确定目标被激光照射的面积为矩形时，其测中域为较矩形面积大的多边形，见图 6－32，推导从略。

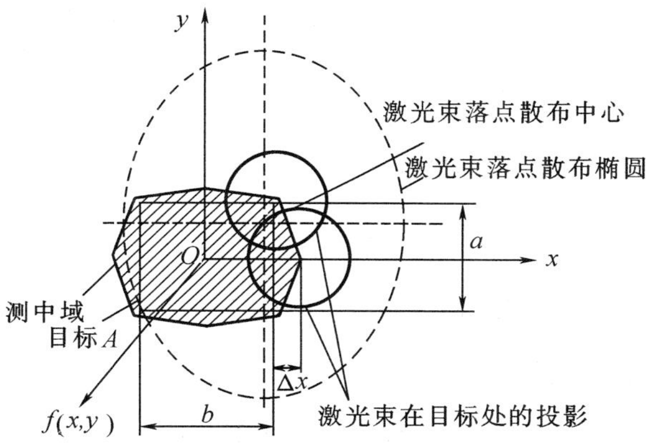

图 6－32　目标被激光照射面积为矩形时的测中域

4. 激光照准概率的计算

这里的激光照准概率计算是对二维随机变量的概率计算，本身是一个较复杂、麻烦的二重积分的数值计算问题。如果是简单形状的测中域，则可以通过变量替换，用查拉氏函数表的方法来计算。如果是复杂形状的测中域，则有蒙特卡罗法、数论网格法、散布网法等。

以下介绍简单形状测中域的概率计算方法，其他从略。

(1)概率偏差

在一维正态分布的随机变量计算中，曾用到概率偏差的概念。即若正态分布随机变量 x 出现于区间中的概率等于 50% 时，该区间长度的一半，即满足

$$P_x(|x - a| < E_x) = 50\%$$

式中的正数 E_x，称为随机变量 x 的概率偏差（式中 a 为散布中心）。

$$E_x = \sqrt{2}\rho\sigma_x \approx 0.674\ 5\sigma_x \quad 或 \quad \sigma_x = \frac{E_x}{\sqrt{2}\rho}, \rho = 0.476\ 9$$

现将式(6－36)用概率偏差的概念表达,即

$$P_1[(x,y)\in D]=\iint_D f(x,y)\mathrm{d}x\mathrm{d}y=\iint_D \frac{\rho}{\pi E_x E_y}\mathrm{e}^{-\rho^2\left[\frac{(x-a_x)2}{E_x}+\frac{(y-a_y)2}{E_y}\right]}\mathrm{d}x\mathrm{d}y \tag{6-40}$$

(2)各边平行于坐标轴的矩形测中域概率计算

先将(6－40)式的变量进行变换,以便于进行积分,令

$$\begin{cases} t_x=\dfrac{\rho(x-a_x)}{E_x} \\ t_y=\dfrac{\rho(y-a_y)}{E_y} \end{cases}$$

由二重积分法可知,当进行变量替换时,其变换的雅各比式为

$$J=\frac{D(x,y)}{D'(t_x,t_y)}=\begin{vmatrix} \dfrac{\partial x}{\partial t_x}\dfrac{\partial x}{\partial t_y} \\ \dfrac{\partial y}{\partial t_x}\dfrac{\partial y}{\partial t_y} \end{vmatrix}=\begin{vmatrix} \dfrac{E_x}{\rho} & 0 \\ 0 & \dfrac{E_y}{\rho} \end{vmatrix}=\frac{E_x E_y}{\rho^2}$$

变换(6－40)式得

$$P_1[(x,y)\in D]=P_1[(t_x,t_y)\in D']=\iint_{D'}\frac{\rho}{\pi E_x E_y}\mathrm{e}^{-(t_x+t_y)}J\mathrm{d}t_x\cdot\mathrm{d}t_y=\iint_{D'}\frac{1}{\pi}\mathrm{e}^{-(t_x+t_y)}\mathrm{d}t_x\cdot\mathrm{d}t_y$$

$$=\frac{1}{\sqrt{\pi}}\int_0^{\rho_x}\mathrm{e}^{-t_x}\cdot\mathrm{d}t_x\cdot\frac{1}{\sqrt{\pi}}\int_0\mathrm{e}^{-t_y}\cdot\mathrm{d}t_y \tag{6-41}$$

对于(6－41)式可用拉普拉氏函数替换

$$\hat{\varphi}(x)=\varphi(\rho_x)=\frac{2}{\sqrt{\pi}}\int_0^{\rho_x}\mathrm{e}^{-t}\mathrm{d}t \tag{6-42}$$

代入可得

$$P_1[(x,y)\in D]=\frac{1}{2}\varphi(\rho_x)\cdot\frac{1}{2}\varphi(\rho_y)$$

根据拉氏函数的计算方法,有

$$P_1[(x,y)\in D]=\frac{1}{4}\left[\hat{\varphi}\left(\frac{\beta-a_x}{E_x}\right)-\hat{\varphi}\left(\frac{\alpha-a_x}{E_x}\right)\right]\cdot\frac{1}{4}\left[\hat{\varphi}\left(\frac{\delta-a_y}{E_y}\right)-\hat{\varphi}\left(\frac{r-a_y}{E_y}\right)\right] \tag{6-43}$$

通过得到具体的数值 α,β,δ,r 以及 a_x,a_y,E_x,E_y 等可通过查拉氏函数表,根据(6－43)式计算出照准概率。

其他形状测中域的概率计算方法可参考文献[7]。

6.3.7 潜望镜激光测距瞄准误差分析及提高测中率的途径

1. 激光测距瞄准误差分析

图6－29所示的将激光测距装置配置于潜望镜上头部的方案,将会有较多的误差源,可分为制造误差和使用误差两类。

(1)制造误差

制造误差是因装校不完善而造成的,它多在产品静态精度检测时就反映出来,这些因素有:

①激光瞄准系统光轴与发射系统光轴二者间平行差,可达30″;

②激光发射系统光轴与激光接收系统光轴二者间平行差,可达30″;

③激光发射光束的能量分布不均匀误差，造成测中域和目标截面不对称，明显影响测中率；

④激光瞄准系统因变倍机构造成的瞄准线变动误差，6^x 测距使用时的瞄准线重复精度为 1′；

⑤因上棱镜回转轴的间隙所造成的瞄准线变动，设间隙为 0.005 ~ 0.01 mm 时的瞄准线变动可达 0.4′ ~ 0.8′。

(2)使用误差

①因潜望镜使用时镜管的自激振动所造成的激光轴线变动，由于测距装置配置于头部而无法避免，该值可达 1 到 2 倍的激光束散角；

②因潜望镜俯仰和方位操作不平稳所引起的瞄不准误差，实际在潜艇摇摆状态下测距时，如果俯仰有像跳，方位操作灵敏度低，则就不容易精确瞄准目标，使测中率下降，而实际这两项误差都会达到 1 倍的激光束散角。

2. 激光测距瞄准误差的综合

激光测距瞄准误差综合的目的是求出式(6 - 36)中的 σ_x，σ_y 和 a_x，a_y 各项，以便于进行测中率计算。某型激光测距装置瞄准误差的综合估算如表 6 - 7 所示。

表 6 - 7　激光测距瞄准误差综合估算

序号	局部误差名称	数量	局部误差特性			
			性质	分布特性	置信系数	影响方向
1	瞄准光轴发射光轴一致性	0.5′	系统			任意方向
2	发射光轴接收光轴一致性	0.5′	系统			任意方向
3	激光能量分布不均	1′	系统			任意方向
4	变倍重复精度	1′	未定系统	按均匀分布	$\sqrt{3}$	任意方向
5	转轴间隙	0.5′	偶然	三角分布	$\sqrt{6}$	Y 方向
6	镜管振动	3′ ~ 5′	未定系统	按均匀分布	$\sqrt{3}$	任意方向
7	俯仰爬行	1′ ~ 2′	偶然	均匀分布	$\sqrt{3}$	Y 方向
8	方位操作不灵敏	1′ ~ 2′	偶然	均匀分布	$\sqrt{3}$	X 方向
9	总误差	$a_x = 2'$　$\sigma_x = 7.6'$　$a_y = 2'$　$\sigma_y = 7.7'$				

以上估算说明激光瞄准误差很大，而以镜管振动的影响最大，所以如无有效的方法解决这些误差的影响，则置于潜望镜头部的潜望镜激光测距的测中率将很低。

3. 提高激光测距测中率的途径

参考文献[7][8][9][11][20][23] 中，对潜望镜激光测距仪的测中率问题都作了探讨，对提高测中率也提出了一些设想和分析，具体的方法如下。

①参考文献[23]中认为，可归入瞄准误差的光轴偏差、跟踪随机误差等对测中率影响较大，要求保证作用距离时，激光束散角应越小越好；要求保证测中率时，激光束散角应越小越好，所以在作用距离与测中率要求已确定的情况下，应该首先做好激光束散角与瞄准误差之间的匹配设计选取。

②减小潜望镜激光测距的瞄准误差。如提高三轴一致性的装校精度，提高潜望镜上头部部件的装校精度，如变倍的重复精度，上棱镜的转轴运动精度等；提高操纵系统的平稳性和精度；尤其是减小潜望镜振动，如美国潜望镜中加导流罩，英国潜望镜中加动力消振器，

采用图像稳定光学系统等,是减小激光瞄准误差的非常有效的方法。

③注意激光器光束能量分布不均匀所造成的影响,最好能测试出来用瞄准轴的调整进行补偿。参考文献[20]中,对激光光束质量对测距距离和测中率的影响进行了细致分析,并进行了实验验证。实践说明,激光光斑质量是极其重要的参数,不但对测距距离有很大影响,而且直接关系到测中率的变化,影响设备测距能力,尤其是对小目标时,更是如此。

④采用多发的方式测距,可以有效地提高测中率。如一发的测中率为 $\varphi_2^{(1)}$,则经多发后,这一组的测中率则为

$$\varphi_2 = 1 - (1 - \varphi_2^{(1)})^n \tag{6-44}$$

由(6-44)式可以看出,多发可以明显提高测中率,但会带来测距的时间延长,于隐蔽性不利。比较好的方法是采用多连发的方式,一般可以一次测距即可测中。参考文献[9]中探讨了通过优化多连发间隔,以适应镜管的振动频率的方法,可以在一组测距中较明显地提高测中率。

⑤参考文献[8]中,探讨了在激光测距的瞄准系统中加入光电瞄准器的方法。使原主要依靠人眼瞄准,变为主要依靠光电瞄准,并使光电瞄准的信号与激光的发射连锁,这在技术上是可以作到的。这种方法应该是解决潜望镜激光测距测中率低的一种有效途径。

6.4 视频测距装置

视频测距装置是随着光电潜望镜的出现而出现的一种测距装置。从目前在潜望镜中的应用来看,有两种形式:

①一是在美国 76 型潜望镜中采用的含有半切透镜的视频测距装置。该测距装置由一个标准的电视监视器,经取得专利权的科尔摩根电子仪器改进而成。它可构成分像视场,并显示目标距离。其显示器的情况如图 6-33 所示。按下(INIT)测距按钮便可进行测距。操纵分像控制旋钮可使目标像分开 ,如图 6-33(b)所示,直到下部像标高顶部与上部像标高的底部齐平,然后拨动指轮,输入目标高度,按下计算按钮,微机根据下式便可计算出目标的距离:

$$R = \frac{\text{目标高度}}{\tan Q(\text{分像角})}$$

②另一种是英国 CK035 和 CH085 潜望镜 OH2 远控台中采用光标法的视频测距装置。它在视频监视器的线路中加入了光标发生与控制的装置,使监视器的显示屏上产生可分离的两个水平线光标,操控电位器使光标对齐目标的顶部和底部,便可得到与目标的高度角(已知摄像机物镜的焦距)成比例的信息。将此信息和目标的高度输入到目标距离估算装置中,便可计算得到目标的距离。

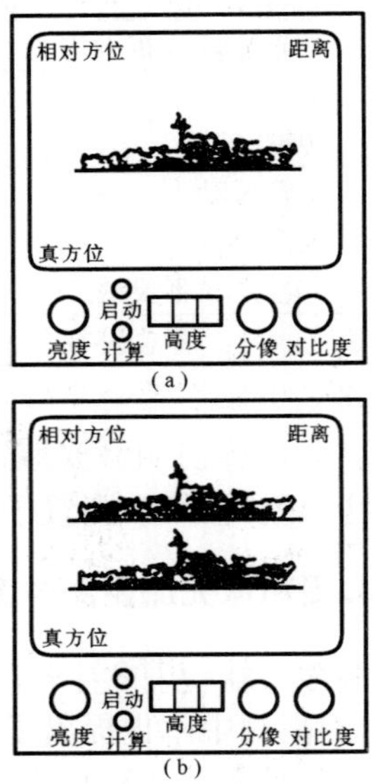

图 6-33 美国 76 型潜望镜视频测距仪的操作手监视器

美国的 90 型潜望镜中,亦采用光标法的视频测距方法。其测距操作过程是,根据已知目标高度,操作者把光标置于特征目标的顶部和底部,通过该系统的软件计算出目标的距离。计算得到的距离数据即被显示在目镜上,并被输送到遥控台或标准控制台,同时也被

传送到作战系统。

在参考文献[15]中,采用了图 6-34 所示的组成系统来实现视频测距。

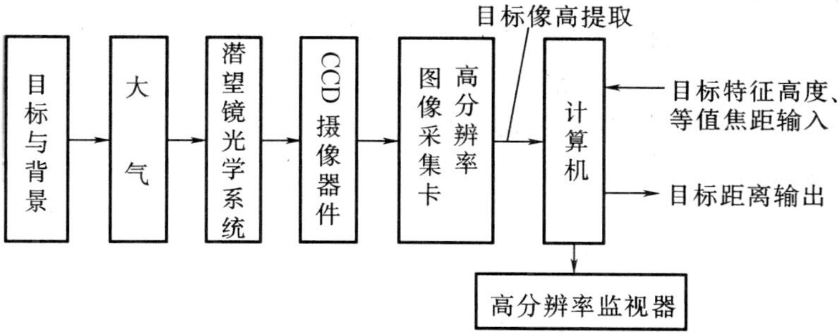

图 6-34　采用 CCD 摄像机的视频测距仪组成原理

在采用 CCD 摄像机的潜望镜电视系统中,加入高分辨率的图像采集卡,将视频信息量化为数字视频信号,通过计算机对数字视频信号进行处理,并将结果显示在高分辨率的监视器上。操作者用鼠标指示目标特征高度标志的两端点,专用测距软件即可提取目标所占的像元数,也就得到了目标的像高。已知摄像机物镜的焦距,再输入目标的高度,即可计算目标的距离。采用计算机后,通过软件可以处理目标两端部因振动模糊带来的测量误差、补偿一些系统误差。本视频测距装置的专用部分是图像采集卡和测距软件,而 CCD 摄像机和计算机都是潜望镜本体所具备的。

6.5　雷达测距装置

1. 概述

将雷达装置的收、发天线安装在潜望镜的上镜头,而不是安装在专用的雷达天线升降桅杆上,并通过潜望镜的方位驱动,实现雷达对被测目标的定向测距。把这种主要用于测定目标距离而又装配在潜望镜上的雷达,称为潜望镜雷达测距装置。

雷达测距装置在潜望镜上应用较早。在第二次世界大战期间,美国最先将光学和电子技术结合在一起,研制了世界上第一具装备雷达测距装置的 4 型多用途潜望镜。之后,美国又在 20 世纪 60 年代研制了 8B 型和 15 型多用途潜望镜,以及 70 年代生产的 18 型和 76 型潜望镜,均装备有雷达测距装置。除美国外,英国巴尔-斯特劳德公司生产的 180 mm 直径的标准搜索/攻击潜望镜和法国 M41 型和 J 型搜索潜望镜,日本的 2 型潜望镜均装有雷达测距装置。可以说,雷达测距在潜望镜上的应用曾有过辉煌的历史。

2. 潜望镜雷达测距装置的特点

在潜望镜上装备的雷达测距装置和光学测距装置相比,有下列特点。

①测程远　一般情况下,潜望镜光学测距最远只能达到 60~80 链左右,且测距精度随距离增大而降低。潜望镜雷达测距,可发现 10~15 n mile 甚至更远的海、空目标。如法国 J 型潜望镜上头部就装备汤姆森-CSF63 型导航与攻击雷达天线,可发现 10 n mile 远的护卫舰和 15 n mile 远 2 km 高的反潜飞机。

②精度高　潜望镜光学测距精度较低,对距离为 6 链的目标,测距允许误差为 ±2%,对

60 链的目标，其测距允许误差就可达 ±25%。而潜望镜雷达测距精度可达 1% ~2%，对潜艇武器使用命中率的提高是有利的。

③测距快 潜望镜雷达测距，除去瞄准、按雷达发射按钮的动作外，其他全是自动进行，测一次目标距离时间用得很短，使潜望镜头部暴露于水面的时间要比光学测距少得多。

④全天候 潜望镜雷达测距能突破不良天气条件对使用的限制，不分昼夜和天候进行测距使用，扩大了潜望镜的使用时间和海况。

正由于雷达测距的以上特点，其在 20 世纪反潜手段尚不够完备的情况下，有过较多的装备和应用。但雷达测距毕竟是易暴露的测距手段，随着今天反潜手段的日益发展，它的应用必然会受到越来越多的限制。

3. 潜望镜雷达测距的基本原理和配置方案

雷达波测距通常有三种方法，即脉冲法、调频法、相位法。在潜望镜上配置的雷达测距装置通常用脉冲法测距。它和本章介绍的激光脉冲法测距的原理是一样的。都是测量电磁脉冲到目标的往返时间，已知电磁波的传播速度计算得到目标的距离。

潜望镜雷达测距装置的基本配置方式是作为潜艇攻击雷达主机的分系统。即在设置专用攻击雷达天线的情况下，在潜望镜上再并联设置一个测距天线分系统。这样的配置，可以充分利用资源，利用相关的有利因素。图 6－35 为法国 M41 型潜望镜测距雷达的基本配置示意图。图 6－36 为美国几型潜望镜上头部的雷达缝隙阵天线外形图。

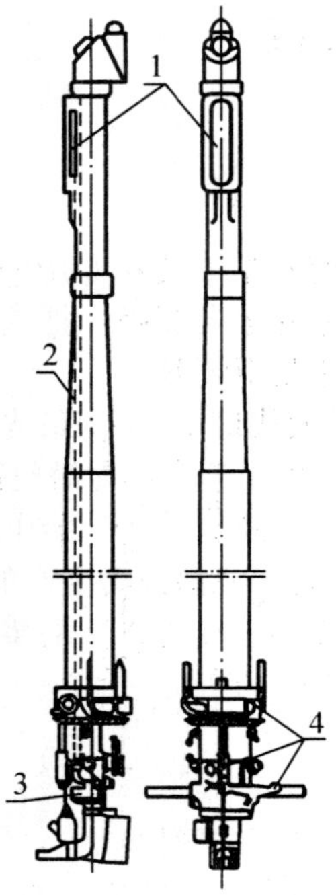

图 6－35 法国 M41 型潜望镜测距雷达配置示意图

1—天线；2—波导管；3—旋转接头；4—连续回转控制器

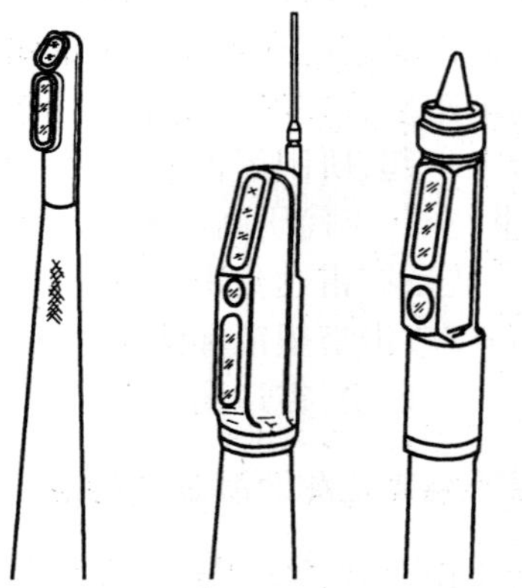

图 6－36 美国潜望镜上头部测距雷达天线外形图

潜望镜测距雷达一般都是采用X波段(波长3 cm),采用缝隙阵天线,脉冲宽度较窄,波束角很小,只有1°~3°,以尽量减少暴露因素。

参考文献

[1] 张坤石. 光学测距补偿器在潜望镜中的应用[J]. 舰船科学技术, 1980(8).

[2] 张坤石. 在平行光路中工作的半切透镜分像测距装置[J]. 舰船光学,1984(3).

[3] 张坤石. 潜望镜光栅式电子视距测距仪[J]. 舰船光学, 1988(1).

[4] 李松海. 移动双光楔测距补偿器应用于潜艇潜望镜的探讨[J]. 舰船光学,1984(3).

[5] William Macrobbie. Split lens stadimeter for submarine periscope[Z]. Kollmorgen Corporation,Electro - Optical Division. 1981.

[6] Bruce H. Walker. Periscope optics and high - powered laser[Z]. Kollmorgen Corporation, Electro - Optical Division,1979,193.

[7] 张坤石. 动基座激光测距仪测中概率探讨[J]. 舰船光学,1996(2,3).

[8] 王惠. 提高潜艇潜望镜激光测距机瞄准概率的方法[J]. 舰船光学,1988(4).

[9] 张坤石. 激光测距仪多连发脉冲间隔的优化设计[J]. 湖北光学,1987(2).

[10] 梅振兴. 激光测距在潜艇潜望镜中的应用[J]. 舰船光学, 1985(2).

[11] 梅振兴. 对激光测距系统测中概率的探讨[J]. 舰船光学,1985(5).

[12] Simplified Fire Control Development Knowhow,Miscellaneous Enginering Data - Mini Laser Development Knowhow HLE[Z]. 1982.

[13] 魏光辉,杨培根. 激光技术在兵器工业中的应用[M]. 北京:兵器工业出版社,1995.

[14] 李继梅, 张坤石. 潜望镜三种光学分像测距装置成像原理及特性分析[J]. 舰船光学,2003(4).

[15] 杨长城. 光电桅杆视频测距技术研究[D]. 717 研究所,1999.

[16] 傅万钧, 张维力. 应用电视技术[M]. 北京: 国防工业出版社, 1996.

[17] James M Smith, Russell H Logan. AN/APS - 116 Periscope - Detecting Radar[C]. IEEE Transactions on Aerospace and Electronic Systems,1980,16(1).

[18] D Curtis Schleher. Periscope Detection Radar[C]. IEEE International Radar Conference, 1993.

[19] 许中胜, 钟声远, 江传富,等. 新体制激光测距的应用研究[J]. 舰船光学,2008(3).

[20] 许中胜. 浅谈激光系统光束质量问题[J]. 舰船光学,1999(2).

[21] 王寿增, 孙峰, 练文. 激光测距技术研究进展[J]. 光学与光电技术,2009(5)增刊.

[22] 王寿增, 练文. 小型人眼安全激光器试验研究[J]. 舰船光学,2011(2).

[23] 许中胜, 江传富, 鲜勇,等. 光电探测系统参数优化关系与权衡[J]. 舰船光学,2006(1).

[24] 沈永良. 光电跟踪设备激光作用距离分析与检验[J]. 舰船光学,2004(2).

[25] 王海先. 一种简易的激光测距能力检测方法的研究[J]. 舰船光学,2004(4).

第7章　潜艇光电装备红外热像技术

7.1　概　　述

1. 热像仪的发展应用

摄取景物热辐射分布图像（也称红外热成像或热像），并将其转换为人眼可见图像的装置称为红外热成像系统（简称热像仪）。红外热成像技术实质上是一种波长转换技术，即把景物的红外辐射能转化为可见光的技术。它是利用景物各部分温度的差异，通过机械的或（和）电子束的扫描，像电视那样一一对应地显示出温度分布－热图像，用于观察景物的图像和分析景物特性。

红外热像系统采用被动工作方式，具有隐蔽性好、全天候性能好，实时性强、温度分辨率高、探测距离远、具有较强的识别伪装目标能力等优势。所以自从它被发现以来，已在军事和民用等各领域得到了迅猛的发展。

热成像技术的兴起可以追溯到20世纪50年代。1956年美国芝加哥大学率先研制成功第一台前视红外热像仪。20世纪60年代美国的许多公司又相继研制成功多种机载前视红外系统，并用于越南战场。20世纪70年代后期，热成像技术获得突破性进展，接着第一代光机扫描型热成像仪便开始大量生产与使用。

西方称为第二代的采用红外CCD焦平面阵列技术的热像仪，是20世纪80年代初由美国和西欧国家首先开始研制的，目前已大量生产和使用。

迄今为止，已研制和生产了两代热像仪。可以说，20世纪60年代是热成像技术的探索时代，70年代是第一代热像仪开发时代，80年代是第一代热像仪成熟和广泛应用的时代，90年代是以红外焦平面组件（FPA）为核心的第二代热成像技术迅速发展的时代。目前第三代、甚至第四代热像仪的探索、开发正在进行中。

2. 热像仪的性能优势和发展前景

美国J. M. 劳埃德在其所著“热成像系统”一书中，是这样评价热成像系统与被动光电成像器件的性能的：“如果就全天候条件下昼夜都能工作这点考虑，那么热像仪在性能上是胜过其他类型的被动光电成像器件的。主要是因为它能达到较高的对比度再现性，以及有良好的大气透过窗口可供使用。像增强器和微光电视系统主要是靠目标和背景之间的反射度差来发现和识别目标的。在可见光谱范围内，当使用非彩色器件时，有意义的目标及其背景之间的反射度差是较弱的，而在使用伪装时就更差了。然而，热成像系统却往往会拟制景物辐射亮度的平均值，而只要景物绕平均值有所变化就可显示出来。因此，它可做到较高的图像对比度，特别是因为温度是很难伪装的。”

归纳起来，热像仪较之微光电视有下列优点。

①热像仪是靠目标本身的红外热辐射与背景的红外热辐射的温差来成像的，所以可以完全不依赖光照，而且能在全黑的环境条件下进行观察。相反，微光电视是接受目标的反射光，它非常显著地依赖外界照度环境，在漆黑的夜晚会失去效用。

②红外热像仪可以根据目标与背景间的温差识别伪装的目标，例如，它能识别树丛中藏着的人和探测出油罐中所储燃油的多少。

③海上的特定环境条件决定了目标（主要是水面舰船、潜艇、飞机等）与海洋和天空背景有显著的温差，使目标不会为背景所淹没，也不会受到干扰。因此，红外热像仪易于探测出海上目标，并且能给出良好的热像。

④红外热像仪可以根据目标的红外辐射的强弱差异，探测出目标的热核心（例如车船的发动机部分、烟筒部分），这一点对军事应用来说特别重要。

⑤红外热像仪由于存在良好的大气透过窗口，其本身波长较长，因此具有良好的穿透烟、雾、雨和霾等能力，即可在恶劣的气像条件下使用。

⑥由以上因素决定了二者的作用距离相差很大，微光电视作用距离从几百米至二三千米；而红外热像仪的作用距离可达几千米至二三十千米，二者几乎差了一个数量级。

⑦微光电视在遇偶然的强光照射时会产生电晕效应而暂时失去作用，而红外热像仪则不受此影响。

⑧目前，微光电视核心器件的寿命要比红外热像仪低，只有几百至二三千小时，而红外热像仪已达几千小时。

微光电视作为历史发展阶段上大量应用的一种军事装备，在其他夜视器材的基础上，并克服了其局限性发展起来的，其优点是：

①摄像机部分可以装在艇外的高处位置，而监视器可以装在艇内合适的地方，提高了设备安装位置的灵活性；

②可以提供多路多人观察，有利于作战指挥及具体操作；

③通过图像视频信息转换，可以通过特殊处理而改进像质；

④监视器可以与热像仪、白昼电视兼容。

而以上各点，也是红外热像仪在发展过程中加以借鉴并成功采用的。当然就目前的微光电视与红外热像仪相比，仍具有操作简便，视场大，价格便宜等优势。但实践证明，微光电视在海上的应用，由于作用距离有限，只能起到一定的安全驾驶指挥作用，对于侦察警戒则一般是无能为力的。大力发展加装红外热像设备，正如本书第 1 章所论证的，它的应用，不但强化了光电通道在潜艇三大信息通道中的作用地位，而且对于实现潜艇的作战使命，保证自身的安全都具有重大的意义。

表 7－1 示出了热像仪与微光电视、雷达的性能比较。

表 7－1　热像仪与微光电视、雷达的性能比较

工作特性与限制条件	热像仪	微光电视	雷达
系统多路传输	好	好	不好
群集目标	好	好	较好
工源工作	好	好	不好
抗干扰	好	好	不好
24 小时昼夜工作能力	好	不好	好

表 7-1(续)

工作特性与限制条件		热像仪	微光电视	雷达
穿透烟雾能力	烟	好	不好	好
	雨	满意	不好	满意
	雾	好	不好	好
高温		不好	好	好
识别伪装能力		好	不好	不好
寿命		中等	偏低	高
作用距离		几千米至二三十千米	几百米至二三千米	几千米至几十千米

目前,热像仪的发展将在以下几个方面进行。

①对于制冷式的凝视焦平面阵列,其像素量会不断增加,现在已经达到 700×700 元以上的水平,将有 1 000×1 000 元阵列产品出现。

②美国在研究小型灵巧焦平面阵列热像仪,称为第三代热像仪。其后选功能有:从高灵敏的威胁予警区到高分辨率的目标识别区,图像分辨率可变;具有可旋转的中央视觉,在该处,焦平面列阵上的高分辨率区可在图像上移动;自动目标提示;辅助目标识别;确定目标优先次序;战斗识别;可独立自主地捕获目标等。

③具有足够像素量、热灵敏度和可靠性高、无制冷式焦平面列阵的出现是传感器发展史上又一个重要的里程碑,并对制冷式器件提出了挑战,目前正在大力克服其不足之处,大力提高其性能。

7.2 热成像技术的理论基础

7.2.1 红外辐射的基本定律

1. 基本概念

红外辐射是波长 λ 在 0.75~1 000 μm 电磁波。红外辐射具有反射、折射、干涉、衍射和偏振等波的特性。在考虑红外辐射的反射和吸收时,又将其视为“分立的颗粒——光子”的集合体。一个光子的能量为 $\varepsilon_p = h\upsilon$(其中 υ 为频率,$h \approx 6.627\ 2 \times 10^{-34}$ J·s,称为普朗克常数)。

不同波长的红外辐射在大气中的传播特性不同。按波长将其分为 4 个区:

①近红外区,λ = 0.75 ~ 3 μm;

②中红外区,λ = 3 ~ 6 μm;

③远红外区,λ = 6 ~ 15 μm;

④极远红外区,λ = 15 ~ 1 000 μm。

在前三个区中,包含有 1 ~ 2.5 μm、3 ~ 5 μm 和 8 ~ 14 μm 三个地球大气对红外辐射吸收较小的波段,即所谓的“大气窗口”。

2. 基尔霍夫定律

19 世纪中叶，基尔霍夫引入发射本领和吸收本领的概念，定义了吸收率 α 和发射率 ε，建立了“绝对黑体”（简称黑体）模型，发表了具有严格定量形式的基尔霍夫定律。

物体的发射本领是波长 λ 和温度 T 的函数，用光谱辐射出射度 $M_{\lambda T}$衡量。设到达物体单位面积上的辐射通量为 ϕ，其中被物体吸收的部分为 ϕ'，定义吸收本领为 $\alpha_{\lambda T}=\alpha(\lambda,T)=\phi'/\phi$，也是波长 λ 和温度 T 的函数。对于黑体（以下属于黑体的辐射量用下标“b”作标志）来说，$\alpha_{\lambda T}=\alpha_{b\lambda T}\equiv 1$，与 λ 和 T 无关。对其他热辐射源，则有 $\alpha_{\lambda T}<1$。

基尔霍夫定律可以表述为：物体发射本领和吸收本领的比值与物体的性质无关。不同物体的的和是不同的，但 $M_{\lambda T}/\alpha_{\lambda T}$是所有物体的普适函数，仅与 λ 和 T 有关，相应的数学表达式为

$$\frac{M_{\lambda T}}{\alpha_{\lambda T}}=\frac{M_{b\lambda T}}{\alpha_{b\lambda T}}=M_{b\lambda T}=f(\lambda,T) \tag{7-1}$$

式中，$M_{b\lambda T}$和 $\alpha_{b\lambda T}$为黑体的光谱发射本领和光谱吸收本领。因 $\alpha_{b\lambda T}=1$，故所述普识函数正是黑体的发射本领 $M_{b\lambda T}$。一般地说，当辐射能入射到一个物体的表面，其中吸收部分为 α，反射部分为 ρ，透射部分为 τ，按能量守恒原则有

$$\alpha+\rho+\tau=1$$

这样定义的 α,ρ 和 τ 是吸收比、反射比和透射比对入射各种波长辐射的统计平均值。对不透明材料，$\tau=0$，有 $\alpha+\rho=1$。T 一定时，可更精确地定义辐射面的光谱吸收比 $\alpha_{\lambda T}$、光谱反射比 $\rho_{\lambda T}$、光谱透射比$\tau_{\lambda T}$，并且仍有

$$\alpha_{\lambda T}+\rho_{\lambda T}+\tau_{\lambda T}=1$$

若$\tau_{\lambda T}=0$，则 $\alpha_{\lambda T}+\rho_{\lambda T}=1$。

3. 普朗克公式及辐射定律

普朗克应用量子概念导出以 λ（μm）和 T（K）为变量，确定黑体光谱辐射出射度 $M_{b\lambda T}$（$\mathrm{W/m^2\cdot\mu m}$）的公式为

$$M_{b\lambda T}=\frac{c_1\lambda^{-5}}{\mathrm{e}^{c_2/\lambda T}-1} \tag{7-2}$$

式中　$c_1=2\pi hc^2=3.741\ 8\times10^{-16}\ \mathrm{W\cdot m^2}$——第一辐射常数；

$c_2=hc/k=1.438\ 8\ \mathrm{m\cdot K}$——第二辐射常数，其中 $k=1.380\ 7\times10^{-23}$ J/K 为玻耳兹曼常数；

$c=2.997\times10^8$ m/s——光在真空中的传播速度。

从黑体的 $M_{b\lambda T}-\lambda$ 曲线族（图 7－1）可以看出：

①$M_{b\lambda T}$随波长连续分布，每条曲线有一个极大值；

②各条曲线互不相交，温度越高，所有波长的光谱辐射出射度也越大，每条曲线下的面积代表给定温度的全部出射度；

③随着温度的升高，辐射的峰值波长减小，辐射中包含的短波成分增加。

此外，黑体辐射是非偏振的，辐射面是朗伯散射面。在实际应用中，光谱辐射出射度的定量求值用数值计算完成。

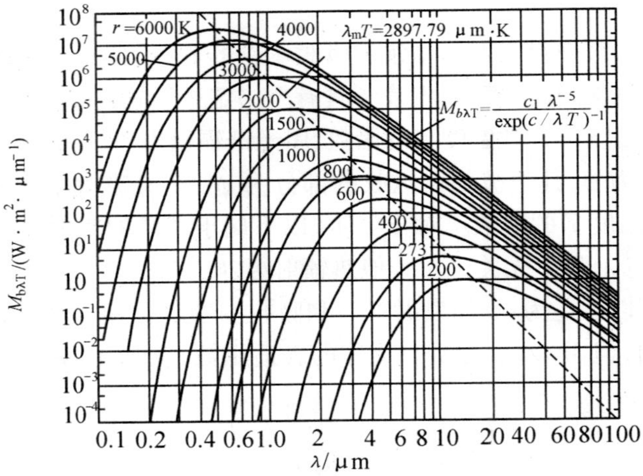

图 7-1 不同温度的黑体光谱辐射出射度分布曲线

将公式(7-2)对波长 λ 求极大值,可得峰值波长 λ_m 与 T 的关系

$$T = 2\,897.79(\mu m \cdot K) \tag{7-3}$$

此式称为维恩位移定律。图 7-1 中的虚线就是上述峰值的连线。将式(7-3)代入式(7-2),可导出黑体光谱辐射出射度峰值的表达式为

$$M_{b\lambda_m}(T) = BT^5 \tag{7-4}$$

式中,$B = 1.286\,7 \times 10^{-11}$ W/($m^2 \cdot \mu m \cdot K^{-5}$),为常量。

将式(7-2)对 λ 从 $0 \sim \infty$ 进行积分,可确定黑体全辐射出射度 M_b 与 T 的关系,即斯特藩-玻耳兹曼公式

$$M_b(T) = \sigma T^4 \tag{7-5}$$

式中,$\sigma = 5.670\,3 \times 10^{-8}$ W/($m^2 \cdot K^4$),称为斯特藩-玻耳兹曼常数。

4. 辐射效率和辐射对比度、热导数

(1)辐射源的光谱辐射效率

辐射出射度与功率成正比,定义辐射源在特定波长上的光谱辐射效率为

$$\eta_\lambda = \frac{M_{b\lambda T}}{M_b} = \frac{c_1 \lambda^{-5}}{\exp\left(\frac{c_2}{\lambda T}\right) - 1} \cdot \frac{1}{\sigma T^4} \tag{7-6}$$

将式(7-6)对 T 求极大值得

$$\lambda_e T_e = 3\,669.73(\mu m \cdot K) \tag{7-7}$$

这表明对于给定波长 λ_e,有一对应光谱辐射效率最大的温度 T_e。

(2)目标与背景的辐射对比度

描述目标与背景辐射的差别常引用辐射对比度,其定义为

$$C = \frac{M_T - M_B}{M_T + M_B} \tag{7-8}$$

式中 $M_T = \int_{\lambda_1}^{\lambda_2} M_\lambda(T_T)\mathrm{d}\lambda$——目标在工作波段 $\lambda_1 \sim \lambda_2$ 内的辐射出射度,其中 T_T 为目标的

温度值；

$M_B = \int_{\lambda_1}^{\lambda_2} M_\lambda(T_T)\mathrm{d}\lambda$ ——背景在工作波段 $\lambda_1 \sim \lambda_2$ 内的辐射出射度，其中 T_B 为背景的温度值。

作为例子，设 $T_T = 310$ K，$T_B = 300$ K，计算 $\lambda = 0 \sim \infty$，$3 \sim 5$，$8 \sim 12$ μm 三个波段的辐射对比度。由式(7－5)及 $\partial M_B / \partial T = 4\sigma T^3$ 得

$$C_{0\sim\infty} \approx \frac{\frac{\partial M_B}{\partial T}\Delta T}{\sigma[T_B^4 + (T_B + \Delta T)^4]} \approx \frac{2\Delta T}{T_B + 2\Delta T} \approx \frac{2\Delta T}{T_B} \tag{7-9}$$

计算得到：$C_{0\sim\infty} \approx 0.062\ 5$，$C_{3\sim5} \approx 0.174\ 13$，$C_{8\sim12} = 0.079\ 11$。由此可以看出，全频段的对比度比波段的对比度差；波长较长、带宽较宽的 8～12 μm 波段的对比度，比波长较短、带宽较窄的 3～5 μm 波段的对比度差（$C_{3\sim5}/C_{8\sim12} \approx 2.2$）。

（3）热导数（光谱微分辐射率）

光谱辐射出射度对 T 的偏导数称为光谱微分辐射率或热导数，即

$$\frac{\partial M_\lambda}{\partial_T} = \frac{(c_1 c_2 / T^2 \lambda^6)\exp(c_2/\lambda T)}{[\exp(c_2/\lambda T) - 1]^2} \tag{7-10}$$

这里 $M_\lambda = M_{b\lambda T}$，如果 $\exp(c_2/\lambda T) - 1) \gg 1$，可得近似关系为

$$\frac{\partial M_\lambda}{\partial T} \approx \frac{M_\lambda c_2}{\lambda T^2} \tag{7-11}$$

若再将 $\partial M_\lambda / \partial T$ 对波长求极值，可导出

$$\lambda_c T_c = 2\ 410.26(\mu\text{m}) \tag{7-12}$$

此式表明，给定 T_c 时，有一对应光谱微分辐射率最大的波长 λ_c。

后面用于表征热像仪性能的噪声等效温和最小可分辨温差的量值都与 $\partial M_\lambda / \partial T$ 有关。通常，当热像仪光谱带通 $\lambda_1 \sim \lambda_2$ 足够宽，在估计其热灵敏度时并不直接用 $\partial M_\lambda / \partial T$，而是采用在工作波段内的积分值

$$\Delta M_{\lambda_1 \sim \lambda_2} = \int_{\lambda_1}^{\lambda_2} \frac{\partial M_\lambda}{\partial T}\mathrm{d}\lambda \tag{7-13}$$

5. 实际发热体的红外辐射

普朗克公式、维恩公式和斯特藩－玻耳兹曼公式对黑体才是正确的，不可简单地以黑体辐射代替实际物体的热辐射。基尔霍夫定律和发射率 ε 的引入，是从黑体辐射过渡到实际发热体辐射特性的桥梁和纽带。

定义 $M_{\lambda t}$ 与 $M_{b\lambda T}$ 之比为物体的光谱发射率 $\varepsilon_{\lambda T}$

$$\varepsilon_{\lambda T} = M_{\lambda t} M_{b\lambda T} \text{或} M_{\lambda T} = \varepsilon_{\lambda T} M_{b\lambda T} \tag{7-14}$$

发射率 $\varepsilon_{\lambda T} = \varepsilon(\lambda, T)$ 是 λ 和 T 的函数，若用 $M(T)$ 和 $M_b(T)$ 分别表示实际物体和黑体的全辐射出射度，则又可定义相应的全辐射发射率为

$$\varepsilon(T) = M(T)/M_b(T) \tag{7-15}$$

这里，$\varepsilon(T)$ 是 $\varepsilon(\lambda, T)$ 在全频段的积分平均值。

有效探测目标的首要条件是：目标、大气窗口和热像仪的光谱特性要相匹配。因此，不同的热像仪有不同的工作波段。在应用中最有价值的发射率是

$$\varepsilon_{\Delta\lambda, T} = M_{\Delta\lambda(T)} / M_{b\Delta\lambda}(T) \tag{7-16}$$

此处，$\varepsilon_{\Delta\lambda,T}=\varepsilon(\lambda_1\sim\lambda_2,T)$乃是$\varepsilon(\lambda,T)$在$\lambda=\lambda_1\sim\lambda_2$波段的积分平均值。不同的工作波段和温度，发射率都不一样。

7.2.2 辐射度学单位、光度单位与辐射传播[7]

在进行辐射度学分析时有两个重要的假设：

①源是非相干的，那么，干涉现象可忽略不计；

②忽略衍射现象，光呈直线传播。

1. 立体角

立体角是指球面上某个面积在球心处所对应的角度，其单位为球面度（S_r），见图7－2。

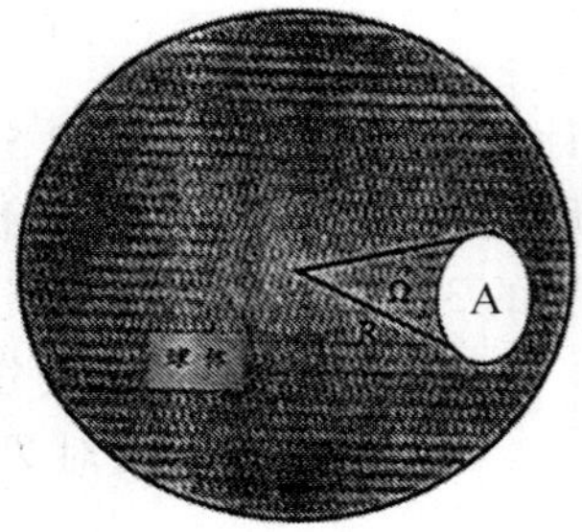

图7－2 球面度的表示

球面度可以用下式表示：

$$\Omega=\frac{A}{R^2} \tag{7-17}$$

式中A是球面上得到的一个曲面。当$A=R^2$时，$\Omega=1S_r$，球面上的最大球面度是$4\pi S_r$。如果R远大于曲面尺度，则球体上的曲面可以当作平面看待。

2. 辐射度学单位

表7－2给出了辐射度学的单位。辐射能量的基本单位是焦耳。辐射出射度实际上是指物体单位面积发出的总功率，包括发射功率和反射功率。

表7－2 辐射度学单位

符号	名称	表达式	定义	单位
Q	辐射能量	基本单位		焦耳
Φ	辐射通量（辐射功率）	$\frac{\partial Q}{\partial t}$	单位时间通过的辐射能量大小	J/s＝瓦
M	辐射出射度	$\frac{\partial \Phi}{\partial A}$	单位面积发出的辐射通量	W/m^2（W/cm^2）
E	辐射照度	$\frac{\partial \Phi}{\partial A}$	单位面积接收的辐射通量	W/m^2（W/cm^2）
I	辐射强度	$\frac{\partial \Phi}{\partial A}$	点光源沿给定方向在单位立体角的辐射通量	W/S_r
L	辐射亮度	$\frac{\partial I}{\partial A}$	单位投影面积上的辐射强度	$W/(cm^2\cdot S_r)$

3. 光度学单位

光度学单位与辐射度学单位非常相似，但是，对辐射要进行加权才能与人眼反应相适应。引入作为光视效能加权系数，其单位为流明/瓦，光通量为

$$\Phi_v(\lambda)=K(\lambda)\Phi(\lambda) \tag{7-18}$$

式中的下标 v 表示目视光度响应。表 7－3 示出了光度学的单位。

表 7－3　光度学单位

符号	名称	表达式	定义	单位
Φ_v	光通量	$\Phi_v=\frac{\partial Q_v}{\partial t}$	单位时间通过的光能	流明(L)
I_v	发光强度	$\frac{\partial \Phi_v}{\partial \Omega}$	点光源在单位立体角中辐射的光通量	L/sr
M_v	光出射度	$\frac{\partial \Phi_v}{\partial A}$	单位面积发出的光通量	L/m²
E_v	照度	$\frac{\partial \Phi_v}{\partial A}$	单位面积接收的光通量	L/m² 或 Lux
L_v	亮度	$\frac{\partial I_v}{\partial A}$	单位投影面积上的发光强度	L/(m² · sr)

4. 辐射传播

(1)朗伯辐射体的概念

所谓朗伯辐射体仍是指其表面具有朗伯面特征的物体。在实际的物体中,大多数的粗糙(粗糙度为一个波长)均匀表面,如无光泽的油漆、布、石头、木材等的表面皆可看作朗伯面。

朗伯面的光辐射特性如下。

①朗伯面上的发光强度随角度变化而降低,即

$$I_\theta = I_n\cos\theta \quad (\mathrm{W/sr}) \tag{7-19}$$

②各方向的亮度 L_θ = 常量,与观察角度无关,即

$$L_\theta=\frac{\mathrm{d}I}{\mathrm{d}A}=\frac{I_\theta}{\mathrm{d}s_\theta}=\frac{I_n\cos\theta}{\mathrm{d}A\cos\theta}=\frac{I_n}{\mathrm{d}A} \quad (\mathrm{W/cm^2\cdot sr}) \tag{7-20}$$

③光出射度

$$M_v = L\cdot\pi \quad (\mathrm{L/m^2\cdot sr}) \tag{7-21}$$

其关系见图 7－3。

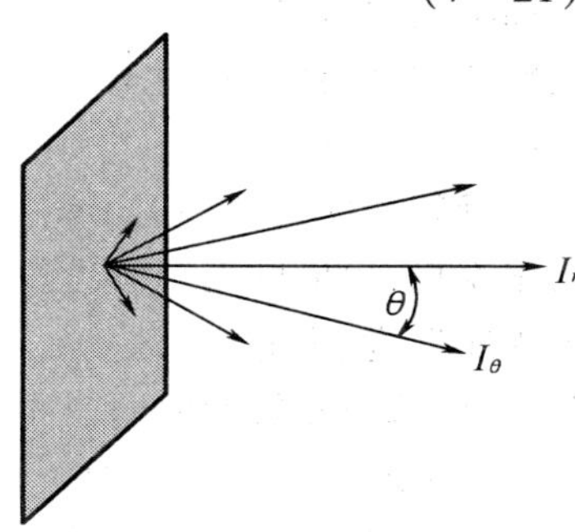

图 7－3　朗伯面

(2)点源模型的辐射传播

可把辐射体的几何形状作为一个点状以采取辐射传播的近似算法。而点源模型的条件是:当辐射体有效面积的平方根小于辐射源与探测器之间的距离的十分之一时,即

$$\sqrt{A_1\cos\varepsilon_1}<\frac{d}{10}$$

在满足以上条件下,则探测器面积单元 $\mathrm{d}A_2$ 上的辐射照度符合距离平方反比定律,即

$$E_0=\frac{I}{d^2} \tag{7-22}$$

其关系见图 7－4。

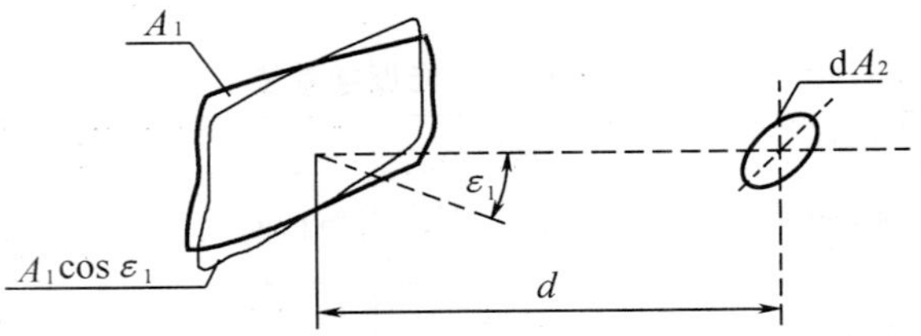

图 7-4 采用点源模型的条件

7.2.3 热目标和背景的红外辐射特性

用热像仪探测和识别的物体是目标,视场内对目标起干扰作用的其他物体是背景。同一物体,在某些场合是目标,在另外一些场合则是其他目标的背景。目标与背景辐射量的计算方法相同。在工程计算时,只有考虑两者之间的相互影响,才能得到与实际符合或接近的结果。已知目标的某些特性,如温度、尺寸、发射率、反射比和结构,如何求整个目标的辐射量,是系统设计首先要考虑的问题。目标辐射由两部分组成:自身辐射和对背景辐射的反射。如果目标为透射体,还应包括背景的透射辐射。目标往往是复合体或群体,在计算时,应将其叠加才能得到目标的总辐射。但实际上可根据具体情况作必要的简化。如在许多辐射中,有一种辐射远远大于其他辐射,那么在计算时只计算此强辐射就可以了。

我们主要感兴趣的是红外目标和背景在 3 ~ 5 μm 和 8 ~ 12 μm 波段的特性。这些波段是地球的大气窗口,其光传输的衰减较小。到目前为止,已在这两个波段上对大多数目标进行了特征化研究。

1. 海上舰船的辐射特性

海上舰船的红外辐射特性可以从以下几个方面进行描述。

(1)舰船表面的自发辐射

如果一个物体的辐射度在所有波长上都是一个常数,我们就称这个物体为灰体。舰船表面辐射为灰体辐射,包括舰船壳体、甲板和上层建筑的辐射。辐射强度与舰船结构材料、内舱热导性能、内外环境温度以及表面涂层的辐射率有关。其光谱范围集中在 8 ~ 12 μm 波段。

舰船表面自发辐射可用分割法计算。根据舰船结构数据库参数,将舰船从结构上分成若干亮场,表面则可划分为若干表面元,将每一表面元作为点状辐射元考虑,其辐射强度根据内舱温度、内舱热容量与导热率、壳体材料和辐射特性及涂层的辐射反射特性等计算得到,由此构成整艘舰船的表面辐射图。

(2)烟囱及其气焰辐射

发动机烟囱是舰船强烈的辐射源,喷口平均温度达 250 ~ 300 ℃,光谱范围在 5 ~ 5.7 μm,气焰温度在 150 ~ 200 ℃,离水线高度 20 ~ 50 m 的辐射要根据气焰中的气体分子和微粒的组成及燃烧辐射特性进行近似计算得到。

(3)舰船表面的反射辐射

舰船表面的反射辐射比自发辐射要弱,计算方法两者类似,都是用分割法,辐射源为太阳、天空、云和大海。

(4)舰上排泄热水、尾流和光晕的辐射

它们都是舰船运动时和海水相互作用的背景辐射,在建立复合模型时须加考虑;舰船排泄的热水一般在 65 ~ 80 ℃,舰船停止时为点状辐射源,运动时表现为带状辐射源。

尾流辐射来源于由螺旋桨产生的温差分布的海水,根据理论分析建立简单模型进行计算。

光晕是海面反射舰船辐射的结果,其探测温度和背景之间的平均差值为 1 ℃左右,在某些情况下,光晕可构成明亮的辐射背景,其强度和空间区域可建立模型进行计算。

2. 飞机的辐射特性

在海空背景中,飞机的红外辐射有以下几种。

(1)飞机外壳空气动力加热产生的辐射

对于高速飞行的飞机,飞机外层蒙皮是强烈的红外辐射源,飞机蒙皮温度与飞机速度、材料辐射系数等有关,其辐射分布也可用分割法计算,相比之下,太阳加热辐射可略去不计。

(2)发动机、喷气管及喷气尾流的红外辐射

不同发动机的热辐射及喷气管热辐射的特征不同,喷气尾流的辐射也与机型有关,除此之外,还与其所包含的杂质气体成分、颗粒密度及反应方程、喷气管内外压力等因素有关。

(3)背景辐射的反射辐射

背景辐射的反射辐射是由飞机对背景辐射的反射而产生的,较以上两种辐射要小得多,可忽略不计。

飞机温度最高的部位是发动机周围地区,温度能达到500 ℃左右,辐射波长最大值约处于 3 ~ 5 μm 的大气窗口;飞机在迎头方向的辐射不强,能观察到的主要是温度较低的汽缸和飞机蒙皮,但也可接受到来自排气管的部分辐射,它们的峰值波长处于 8 ~ 13 μm 和 3 ~ 5 μm这两个大气窗口。

3. 天空背景辐射特性

天空背景的光谱辐亮度特性是:波长短于 3 μm 的天空辐射为散射的太阳光;大于 3 μm 的是热辐射。大气光程的发射率与路程中的水蒸气、二氧化碳及臭氧的含量有关。图 7 - 5 为晴朗夜空不同仰角下的光谱辐亮度。在低仰角时,大气路程非常长,辐亮度实质上和处于低层大气温度的黑体辐射一样;在高仰角时,大气路程较短,在那些吸收很小的波段上,发射率也变低,但在 6.3 μm 的水蒸气发射带和 15 μm 的二氧化碳发射带上,吸收仍很厉害,甚至于在一个较短的路程中,发射率基本等于 1,波长为 9.6 μm 的发射是由臭氧引起的。阴暗天空的光谱辐射亮度曲线可以和黑体的相比拟,大多数阴暗天空是在几百到几千米的高度上,其温度与地球表面空气温度一般相差几度。

4. 海洋背景辐射

夜间海面背景是海面热发射和反射的天空背景辐射的总和。确定海洋背景特性的因素主要有:

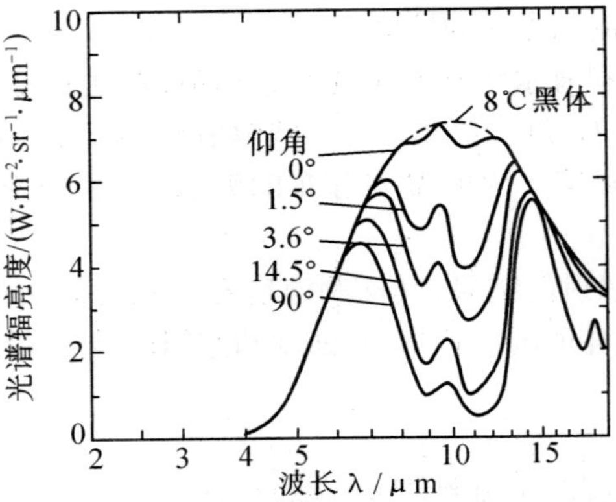

图 7-5 晴朗夜空的光谱辐亮度

(1)海水的光学特性;

(2)表面几何形状和波斜分布;

(3)表面温度分布;

(4)基底材料的性质。

天空辐射的反射辐射在各个入射角上的数据不同,可以根据天空辐射以及海水反射率来计算这一数值。

图 7-6 所示为海水的红外透射率和自由海面的反射率(虚线部分)。海水在波长在 2~15 μm 范围内的反射率和发射率与入射角的关系如图 7-7 所示。

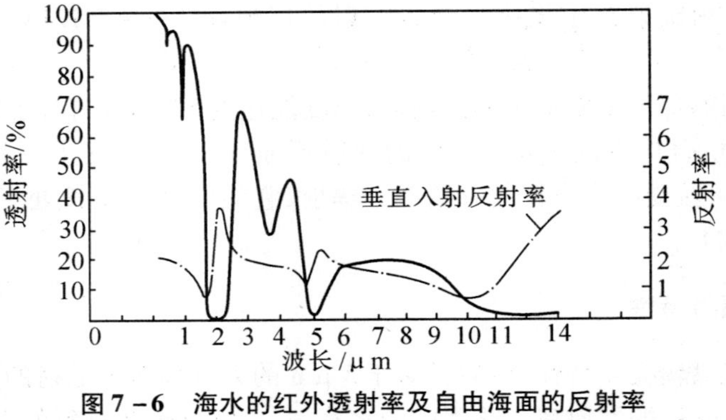

图 7-6 海水的红外透射率及自由海面的反射率

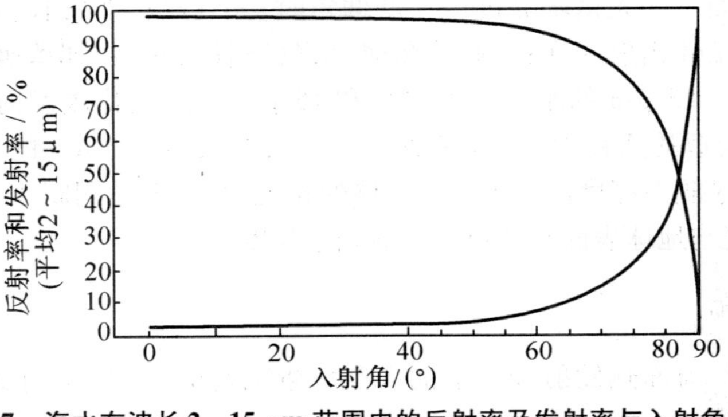

图 7-7 海水在波长 2~15 μm 范围内的反射率及发射率与入射角的关系

海平面的温度分布确定辐射的分布。在北极区温度接近 0 ℃,接近赤道时温度增加到 29 ℃,用热测绘仪就能测绘出更详细的海平面温度分布图。

5. 自然景物的辐射对比度特性

自然景物的辐射对比度特性,取决于昼夜不同的时间、天气条件、热源和背景。表 7-4 列出了不同天气条件下不同物质构成的背景与物体的温度差数据。

表 7-4 不同天气条件下物体与背景之间的温度差

温差 ΔT,单位 K	天气条件						
景物	晴朗	晴转阴	高空薄云	阴天	雾天	开始下雪	下雪天
建筑工地	3.0	0.8	1.6	1.4	1.3	0.6	2.0
住房	7.5	1.0	2.5	1.5	0.8	0.9	0.7
汽车	9.0	5.8	6.5	7.8	6.1	2.2	2.0
工厂区外烟囱	10.0	1.5	2.3	1.6	—	0.8	1.9
工厂区内烟囱	11.0	3.5	3.3	2.3	—	1.1	2.2
人	—	4.5	7.5	6.1	4.6	1.6	—
内燃机排气	11.5	5.5	6.0	6.7	—	3.7	2.0

按照热源,可以把地球上的物体分为两类。第一大类:物体的辐射通过其内部的热源引起。在对这些物体进行观察时,一天到晚的辐射对比度几乎没有什么变化,因为这些物体相对于其背景的温差是很大的。第二大类的物体,一天到晚是通过太阳的辐射而变热的,对于这类物体,其温差是随天时而变化的。

7.2.4 红外辐射在大气中的传输[2]

物体的辐射在到达热成像仪之前必须要穿过大气,辐射通过大气时的影响是多方面的。大气中气体分子的吸收作用和散射作用,导致发出的辐射被衰减,紊动媒质和折射率不均匀导致很难预计辐射发生的偏转,甚至可能导致产生幻景。大气的本征辐射降低了辐射对比度。实际上,对红外辐射衰减最重要的是水蒸气、二氧化碳和臭氧。假定红外辐射是平行光束,则大气吸收使红外辐射在传输路程上的功率按指数衰减。若 $x=0$ 处的辐射功率为 I_0,则在水平路程 $x=L$ 处的辐射功率 I 为

$$I = I_0 e^{-\alpha L} \tag{7-23}$$

式中,α 为吸收系数。

大气散射使红外辐射功率的衰减有类似的关系

$$I = I_0 e^{\gamma L} \tag{7-24}$$

式中,γ 为散射系数。

对一定波长红外辐射的大气衰减规律为

$$I = I_0 e^{-(\alpha+\gamma)L} = I_0 e^{-\beta L} \tag{7-25}$$

式中,$\beta=\alpha+\gamma$,称为大气的消光系数。

图 7-8 所示为一公里路程上大气对红外辐射的透射情况。由图可知,能透射红外辐射的区域大致有三段:即 1 ~ 3 μm 区、3 ~ 5 μm 区、8 ~ 14 μm 区,通常称为红外辐射大气窗口。

1. 大气中水蒸气的透射计算

为了计算大气路程中水蒸气对红外辐射的吸收比或透射比，需要先计算该路程长度内水蒸气的含量。将测量路程上的水蒸气等效成相同截面水层的厚度，定义为“可凝水量”（单位 mm/km）。每千米路程大气的可凝水量在数值上正好等于绝对湿度（单位 g/m^3）。有了可凝水量，便可查表或用经验公式计算，求得传输路程内经水蒸气吸收后的透射比 τ_2。

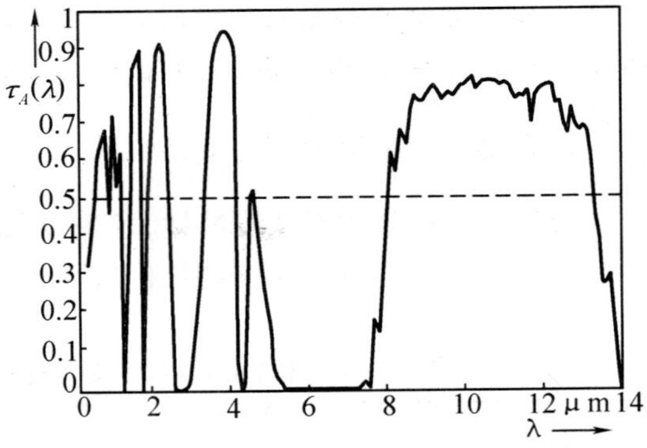

图 7-8 在一定条件下与波长有关的大气透射比

条件：1. 传输距离 $d=1.852$ km；2. 视距 $dv=20$ km；3. 可冷凝的水蒸气团 $w=17$ mm

可冷凝水蒸气团厚度按下式计算

$$w=\varphi_d\cdot Q_d(\vartheta_A)\cdot d \qquad (7-26)$$

式中 φ_d——相对湿度；

d——传输距离；

$Q_d(\vartheta_A)$——大气中与温度相关的最大游离水蒸气团，其值见表 7-5。

表 7-5 大气中与温度相关的最大游离水蒸气团

ϑ_A/℃	-10	-5	0	5	10	15	20	25	30	35
$Q_d(\vartheta_A)$/(mm/km)	2.25	3.2	4.8	6.8	9.4	12.8	17.3	23.0	30.3	39.0

2. 大气中二氧化碳的透射计算

二氧化碳是大气中的固定成分，直到 50 km 的高度，其浓度都保持不变。1963 年确定在大气中二氧化碳的平均含量按体积比为 0.033%。二氧化碳和大气一样，高度每增加 16 km，其分压强就降低一个数量级。和水蒸气比较，二氧化碳含量随高度的减少要慢得多。在低空，水蒸气吸收对红外辐射的衰减起主要作用。在高空，二氧化碳的吸收衰减变得重要起来。将视线路程中所有的二氧化碳分子等效为具有标准状态的气体，以 cm 为单位的厚度 W'，即为相应的大气厘米数，W' 与气压和温度有关。依据已求出的 W'，可查表估算红外辐射通过一定距离的传输，受二氧化碳吸收后的透射比 τ_3。

任意波长的红外辐射透过率的值是水蒸气和二氧化碳透过率二者的乘积。在低空，其他因素的吸收影响一般可以忽略。

3. 能见距离中散射情况下的透射率计算

大气散射对红外辐射的影响，主要是大气中的悬浮微粒和雾霾的作用。在仅含散射物质的大气中，通过路程 L（以 km 计）的透射比可表示为

$$\tau_1=\exp(-\gamma L) \qquad (7-27)$$

式中，$\gamma>1$。当大气中微粒半径 $r\ll\lambda$ 时，称为瑞利散射；与 λ 相近时为迈（Mie）散射；当 $r\gg\lambda$ 时，为无选择散射。空气中的云、雾等水滴大小与 0.76 ~ 14 μm 的红外波长相近，故迈散射是严重的。

气象能见度 V_L 不超过 1 km 的大气状态叫做“雾”，雾滴半径在 0.5～80 μm 之间，最多的是 5～15 μm。雾的轻重不同，每立方厘米可有数十到数百个雾滴，对红外辐射的散射相当严重。大气中含有烟尘等固体微粒的状态叫做霾，其粒子半径小于 0.5 μm。由于尺寸较小，霾对红外辐射的散射不像雾那么严重。

可用以下经验公式计算大气散射的透射比

$$\tau_1 = \exp \frac{3.91L}{V_L}(0.55/\lambda)^q \tag{7-28}$$

式中，$q = 0.585V_L^{1/3}$，或通过查表 7－6 可得。

表 7－6　利用能见距离快速计算大气衰减因素所涉及的天气条件、能见距离和可能的选择系数

天气条件	对能见距离的评价	能见距离/km	选择系数 q
很浓的雾	很差	0.05	0.0
浓雾、很厚的降雪量	很差	0.05～0.2	0.0
中等浓度的雾、下大雪	很差	0.2～0.5	0.0
轻雾、中雪	差	0.5～1	0.1
倾盆大雨、中等烟雾或雪	差	1～2	0.2
大雨、小雪或烟雾	一般	2～4	0.6
中雨、轻烟雾或小小雪	一般	4～10	0.6～1.3
远处降水或毛毛细雨	好	10～20	1.3
无降水	很好	20～50	2.5
特别晴朗	特别好	>50	4

通常要解决的问题是：计算三个大气窗口波段的红外通过路程为 L 的大气透射比 τ_a，为此一般只要求出与工作波段相应的大气散射的透射比 τ_1、水蒸气和二氧化碳吸收后的透射比 τ_2 和 τ_3，便可得到：$\tau_a = \tau_1 \cdot \tau_2 \cdot \tau_3$。

4. 计算红外大气透射比的 LOWTRAN 软件

全面考虑各种因素，通过计算确定大气透射比是一个很复杂的问题。1970 年美国空军地球物理实验室研制了 LOWTRAN 计算软件，以后又有 LOWTRAN6 和 LOWTRAN7 等新版本问世。1993 年中科院大气物理所推出 LOWTRAN 的汉化版本。这是一个单参数带模式的低分辨率（20 cm^{-1}）大气透射比和背景计算的软件包。主要有四种模式：①计算大气的透射比；② 计算热辐射；③ 计算包括太阳和月亮单次散射的辐射；④ 计算太阳的辐射照度。

7.3　红外光学系统

在本书的第 4 章中已介绍了红外光学各种形式的物镜结构及像差设计、热设计以及红外辅助光学系统的形式，这里介绍红外光学系统总体性能参数以及其他一些问题。

7.3.1 红外光学系统的特点与作用[4]

1. 红外光学系统主要作用

红外光学系统是红外系统的重要组成部分，它在红外系统中有如下作用。

（1）收集并接收目标的红外辐射能量，保证所摄物像具有期望的热分辨率。红外光学系统最主要的作用就是通过光学系统中的物镜收集目标的红外辐射能量。一个目标发射出的红外辐射能量，总是向它的四周空间辐射，而且红外辐射能一般都很微弱。例如，太阳辐射到地球表面产生的照度约为0.1 W/cm^2，而在30 km以外的波音707发动机，在忽略任何大气吸收的情况下，其照度大约只有8×10^{-10} W/cm^2。由于红外探测器的光敏元表面积都很小，其线度一般在十分之一毫米到几毫米，如果不加透镜，直接用探测器去接受，则只能收集到极小立体角内的红外辐射能量。由于物镜的孔径远远大于探测器的光敏表面积，所以接收的能量也就增加许多倍，这样会聚在探测器上的能量也就大大增加，从而提高了红外系统的灵敏度。

（2）实现大视场捕获目标与成像。有些红外系统要求对一个大的搜索视场来搜寻目标或成像，而单个探测器件相应的视场范围又很小，因此采用光机扫描的方法来扩大视场。

（3）确定目标的方位。目标在靶面上成像时，通常会偏离光轴，其偏离量又称为“脱靶量”，该量与物镜焦距联系起来，可以测出目标相对光轴的高度方位偏差。

（4）在有目镜光路的红外光学系统中，供人眼观察和瞄准被测目标。

（5）通常在探测器前方设置辅助光学系统，以便在探测器尺寸较小的情况下，扩大红外系统的视场角。

2. 红外光学系统的特点和主要参数

（1）红外光学系统中反射系统较多

一般的光学玻璃在红外波段内是不透明的，少数玻璃能透过3 μm以下的波长。红外物镜需要由特殊的红外光学材料制造才行。另一方面，为了收集更多的辐射能量，物镜的口径往往做得很大。目前的红外光学材料品种较少，其性能和成型尺寸还不能满足使用要求，且选择合适材料消色差困难。因此，目前的红外光学系统中多采用反射系统。反射系统不受材料限制，而且不产生色差。但对口径小、焦距短的系统，透射式结构可以使结构更加紧凑。

（2）红外光学系统的相对口径较大

由于红外系统的目标一般较远，作用距离远，能量微弱。因此，要求光学系统的接收孔径要大，以收集尽量多的辐射能量。另外，光学系统要将所收集到的红外辐射能量会聚到探测器上，为了在探测器的光敏表面上获得更大的照度，希望光学系统焦距f小些，这样光学系统的相对孔径D/f就要大些。探测器的信号输出电压，与其光敏表面的照度成正比。而光敏面上的照度又与物镜相对孔径的平方成正比。

（3）红外光学系统的接收器是红外探测器

红外光学系统是用红外探测器来接收。它不同于人眼和照相机的胶片。有的红外光学系统中，在探测器之前，装有光学调制器，以便把直流的光信号变成交变的光信号，然后经探测器接收并输出一个交变的电信号。

(4)探测器大小与瞬时视场的关系

红外光学系统的瞬时视场角是很小的,可以用近轴光学关系式求得

$$\omega \approx \frac{d/2}{f'} \tag{7-29}$$

$$F = \frac{d}{2\omega D} \tag{7-30}$$

式中　d——探测器尺寸;

$F = \frac{f'}{D}$——物镜的 F 数。而在空气中时,数值孔径 NA 等于

$$NA = n'\sin u' = \sin u' \approx \frac{D}{2f'} = \frac{1}{2F} \tag{7-31}$$

将 F 数的等式代入得

$$NA = \frac{D\omega}{d} \tag{7-32}$$

当光学系统成像在空气中时,$n' = 1$,数值孔径的最大值为 1(此时 $u' = \pi/2$),相应的最大 F 数为 1/2,即红外物镜的 F 数不能超过 1/2。然而实际上取 F 数为 1/2 的系统是很少见的,因为这时的像质太差。实际使用中对 F 数的限制为

$$F \geqslant \frac{1}{n'},\quad \frac{d}{2\omega D} \geqslant \frac{1}{n'},\quad d \geqslant \frac{2\omega D}{n'} \tag{7-33}$$

在空气中时有

$$d \geqslant 2\omega D \tag{7-34}$$

式(7-34)为设计红外光学系统时的限制条件。

(5)红外光学系统的焦深和景深

红外光学系统一般都是需要观察不同距离的目标,无论是移动探测器或移动光学系统,都是不容易实现的。因此需要对红外光学系统的焦深和景深作出估计。

焦深仍用几何光学中的公式进行计算:

$$2\Delta l_0^2 = \frac{\lambda}{n'\sin^2 U_m'} \approx \frac{4\lambda}{n'\left(\frac{D}{f'}\right)^2} = \frac{4\lambda}{n'} f^2 \tag{7-35}$$

式中,n'为像方折射率,在空气中时,$n' = 1$。

假使光学系统对无限远目标聚焦,像点在焦深的中心,已知像方距离,利用牛顿公式可得景深计算式为

$$x = \frac{n'(f')^2}{2\lambda f^2} = \frac{n'D^2}{2\lambda} \tag{7-36}$$

实际上,目标距离近到以上算式算出距离的 1/10 时,系统仍可不调焦还能看清目标。

(6)最小弥散斑及其角直径

对于红外波段,衍射往往起着显著的作用,有时甚至是十分重要的作用,因而应该综合衍射和像差两种因素来评价红外光学系统的质量。

无限远点光源经过圆孔光阑后的衍射圆斑(艾里斑)的角直径为

$$\Delta\theta = 2.44\,\frac{\lambda}{D} \tag{7-37}$$

艾里斑的线直径为

$$\delta l = f' \cdot \Delta\theta = 2.44\frac{\lambda f'}{D} = 2.44\lambda F \tag{7-38}$$

由式(7－38)可见,波长越长,F 数越大,则衍射越厉害。一般衍射斑不能溢出探测器,如果信号足够强,也可溢出一点。由于光学系统存在像差,则成像弥散斑要比衍射斑还大得多,所以对于探测器尺寸和系统 F 数的选择,要同时考虑能量、像差、衍射等因素。

7.3.2 扫描型热像仪红外物镜基本参数的确定

以下引用参考文献[19],对红外物镜基本参数的确定方法作一介绍。

焦距、入瞳面积和空间分辨率是红外物镜的基本参数。由于红外光谱区域目标和背景的对比度小,红外物镜应该有足够大的相对口径。例如,温差灵敏度约为0.1 K的热像仪应该分辨比人眼阈值对比度小200倍的能量对比度。

热分辨率和空间分辨率具有矛盾的倾向。大的相对口径会使物镜结构复杂化,引起像差的增大,因此必须进行优化设计选取,以保证在较低成本条件下、好的图像质量和必需的能量分辨率。在确定的物镜结构和口径的情况下,物镜的空间分辨率和能量分辨率之间具有确定的关系。比如,在焦距为100 mm、探测器单元尺寸为0.15 mm×0.15 mm、工作波段为8～12 μm,用单透镜结构的红外物镜同时实现空间分辨率 $\delta w < 1$ mrad 和 $NETD < 1$K 是不可能的。

1. 能量分辨率的判据

对红外仪器比较其特性和效率评估方法是正在发展的一个研究方向。在一些不同的判据中必须选择能给出关于红外光学系统的单位信息的这样的判据。这些判据的选择很大程度上由探测器的阈值灵敏度来决定。此外,这些判据还希望是直观的,便于运用的,并与广泛使用的品质概念相符。

(1)噪声等效辐照度 *NEI*

最普通的一个判据——入瞳平面的噪声等效辐照度 NEI,由下式确定

$$NEI = \frac{\sqrt{ad\Delta f}}{A_0\int_{\lambda_1}^{\lambda_2}\tau_0(\lambda)D^*(\lambda)\mathrm{d}\lambda} \tag{7-39}$$

式中 a,b——探测器的长宽尺寸;

Δf——通频带宽度;

A_0——入瞳面积;

τ_0——红外光学系统的通过率;

D^*——探测器的探测率。

(2)噪声等效温差 *NETD*

$$NETD(\Delta T) = \frac{\pi\sqrt{ab\Delta f}}{\alpha\beta A_0}\frac{1}{\int\frac{\partial M(T,\lambda)}{\partial T}D^*(\lambda)\tau_0(\lambda)\tau_a(\lambda)\mathrm{d}\lambda}$$

$$= \frac{\pi f_0'^2 \sqrt{\Delta f}}{A_0 \sqrt{ab} \int \frac{\partial M(T,\lambda)}{\partial T} D^*(\lambda) \tau_0(\lambda) \tau_a(\lambda) \mathrm{d}\lambda} \tag{7-40}$$

式中　f_0'——红外物镜焦距；

α,β——瞬时视场的平面角，关系式见 7.5.2 节。

(3)点源目标作用距离(见公式(7－72))，用于远距离工作的红外热像仪。

从以上三个方面来讨论能量分辨率的判据，有以下共同点：

①都考虑了被观察物体的辐射；

②在 D^* 和 a,b 值确定中，探测器的选择起决定作用；

③带宽 Δf 由仪器的功能特性决定(探测器时间常数、扫描形式和速度、信号放大和再现方法)；

④光学系统对入瞳面积的 A_0 影响是主要的，其透射比 τ_0 的影响不大。

2. 确定必需的入瞳面积和光学系统图像质量的一般方法

在参考文献[19]中建议用以下顺序确定红外物镜的基本参数。

①由设计师算出各项判据值。由(7－39)式算出的 NEI 值必需符合条件 $NEI < E_p$，而入瞳表面照度 E_p 可从被观察目标的光度计算中直接得出；$NETD$ 通过方程(7－40)由所要求的被观察物体表面的温差分辨率求出；距离由提出的任务给出。

②确定仪器的功能框图。时间常数和扫描形式与探测器的选择密切相关，这在很大程度上对仪器设计的成功起了决定性的作用，由此确定了 $\Delta f, a, b$ 和 D^* 等参数。

③确定工作波段 $\lambda_1 \sim \lambda_2$。

④计算红外仪器在工作波段内的平均值，其中有比探测率平均值

$$\overline{D}^* = \frac{1}{\lambda_2 - \lambda_1} \int_{\lambda_1}^{\lambda_2} D^*(\lambda) \mathrm{d}\lambda \tag{7-41}$$

平均大气透射比 $\bar{\tau}_a$ 和平均辐射率 $\bar{\varepsilon}$ 等。

⑤根据仪器所要完成的任务确定焦距 f_0'

$$f_0' = \frac{\sqrt{A_D}}{IFOV(1-\beta')} \tag{7-42}$$

式中　A_D——探测器面积；

$IFOV$——瞬时视场；

β'——线放大率，望远系统 $\beta'=0$。

如果能保证目标的表面积在距离 s 时刚好对应一个像素，则焦距为

$$f_0' = d\sqrt{\frac{A_D}{A_t}} \tag{7-43}$$

⑥为实现仪器指定的能量分辨率，确定必需的入瞳面积 A_0。

根据最普通的判据①，当仪器必须记录下它的入瞳表面最小辐照度时，我们得到

$$A_0 = \frac{\sqrt{ab\Delta f}}{MEI \cdot \overline{D}^*} \tag{7-44}$$

对于判据②，当热像仪必需确保记录下尺寸相当大(近距离)的被观察物体表面的最小

温差时,我们得到

$$A_0 = \frac{\pi f_0'}{NETD(MD)_2}\sqrt{\frac{\Delta f}{ab}} \tag{7-45}$$

如果热像仪为远距离工作时,计算入瞳面积应该采用如下公式:

$$A_0 = \frac{\pi s^2\sqrt{ab\Delta f}}{A_t \Delta M \bar{\tau}_a \bar{D}^*} \tag{7-46}$$

⑦转入更直观的对入瞳外径 D_0 的计算,如果光学系统有理想的透射比,且 $D_0^2 \gg D_1^2$,可得到

$$D_0 > 1.2\sqrt{A_0} \tag{7-47}$$

⑧获得空间分辨率的数据

$$\delta\omega_{0.5} = \frac{1.65\sqrt{ab}}{f_0'(1-\beta')} \tag{7-48}$$

该公式适合于光学系统的对比度传输为0.5。

实际中使用前面所导出的公式时,为了达到最佳技术方案,要用逐次接近法实现。

以最常用的计算红外仪器能量分辨率的判据——MEI,NETD 以及作用距离为基础,可以确定光学系统的入瞳面积。由此可以证明已众所周知的红外技术规则:一个仪器的成功,首先取决于探测器的合理选择。红外光学系统必需的图像质量取决于所使用的探测器及仪器的用途。这样,在简单的方程基础上计算出光学系统的基本参数,焦距、入瞳直径和光学系统以0.5对比度传输的空间分辨率。接下来选择光学系统的视场,它的值由仪器的用途和它所要完成的作战技术要求来决定。以上确定红外光学系统参数的方法可以在设计中参考。

7.3.3 光机扫描[4][11]

1. 热成像与空间扫描

热成像就是把场景的红外辐射转换成该场景的图像;或者说热成像就是形象化的温差图像。由于温差图像的成像不是采用照相胶片,而是在早期采用了像元数很少的红外探测器,其对应的瞬时视场往往是很小的,一般只有零点几毫弧度或几毫弧度,为了得到总视场中出现的景物的热图像,必须对景物扫描。这种扫描通常是由机械传动的光学扫描部件来完成的,所以称为光机扫描。图7-9为适应单个探测元的光机扫描成像原理示意图。

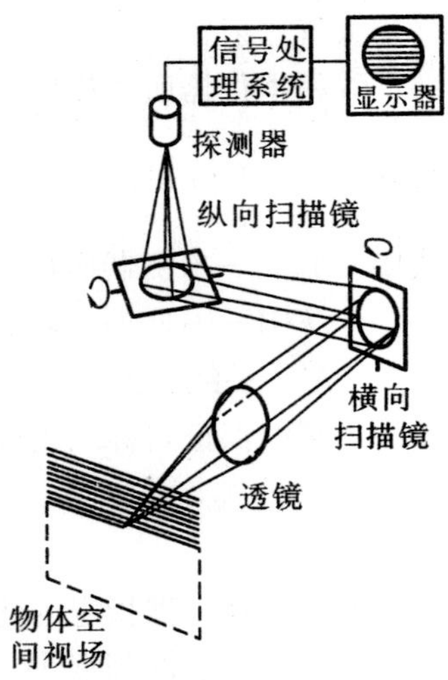

图7-9 单个探测元的光机扫描成像原理示意图

图中,一面镜子绕竖轴快速摆动来对视场进行横向扫描,另一面镜子则绕水平轴慢速摆动进行纵向扫描;而在显示器上进行同步电子扫描以产生一个红外图像所对应的可视图像。转镜扫描系统也称作 μ 扫描系统,红外探测器与 μ 扫描系统相结合,可以把噪声带宽减小到最低程度。表7-7示出

了现代热成像技术与光机扫描的应用情况。

表7-7 现代热成像技术与扫描系统的应用情况

序号	探测器结构	扫描系统	典型应用
1	单一敏感元探测器	振镜和转镜的光机扫描	具有较高分辨率的测量用摄像机
2	凝视线列探测器	配合使用产品俯仰或方位摆动来实现另一维的扫描	生产线监控,空中侦察
3	焦平面线列探测器	光机扫描,采用转镜:转镜表面反射镜的倾斜度各不相同	具有中等空间分辨率的测量用摄像机
4	焦平面阵列探测器(像元数较少)	光机微扫描,采用转镜:转镜表面反射镜的倾斜度各不相同	观察距离较远的观察仪器
5	热释电(Vidikon)	采用电子束扫描	具有较低热分辨率的观察仪器
6	红外凝视阵列	采用固体电子学自扫描	具有较高热分辨率的观察仪器

最新发展的大面阵红外凝视阵列探测器,是基于焦平面列阵技术,采用面阵CCD完成电子扫描,完全取消了复杂的光机扫描装置,而且其技术先进,性能优越,应用越来越普遍。所以本书以下将只对光机扫描装置作一简单介绍,而将把重点放在红外凝视阵列探测器及其相关的应用技术上。

2. 两种基本的光机扫描方式

物方扫描是将扫描器置于物镜之前,直接对景物进行扫描。因来自景物的辐射是平行光,也称平行光束扫描。图7-10为物方扫描的实例。扫描器在聚光光学系统前面,旋转反射鼓完成水平方向快扫,摆动反射镜完成垂直方向慢扫。这种扫描方式,一般需要有比聚光光学系统的口径还要大的扫描镜,且口径随聚光光学系统的增大而增大。由于扫描器比较大,扫描速度的提高受到限制。

像方扫描是扫描器置于物镜和探测器之间,对像方光束扫描,也称为会聚光束扫描。图7-11为像方扫描的实例。摆动平面反射镜和旋转折射棱镜置于会聚光路中,扫描器可以做得比较小,易于实现高速扫描。但这种扫描方式需要使用后截距长的聚光光学系统。而且由于在像方扫描,将导致相面的扫描散焦,对聚光光学系统有较高的要求。扫描视场不宜太大,像差修正比较困难。以下将两种扫描方式的优缺点比较列入表7-8。

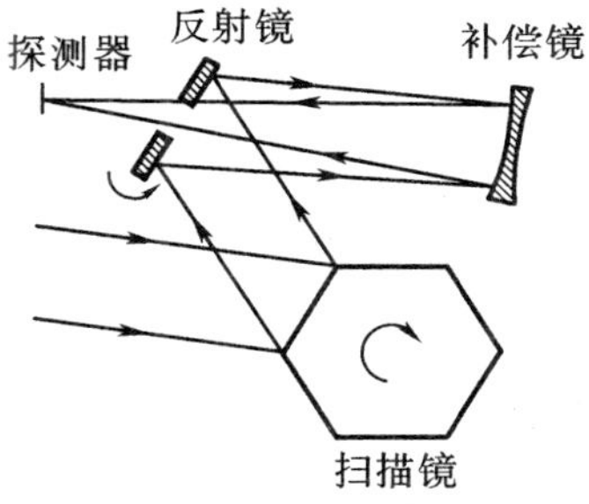

图7-10 物方扫描示意图

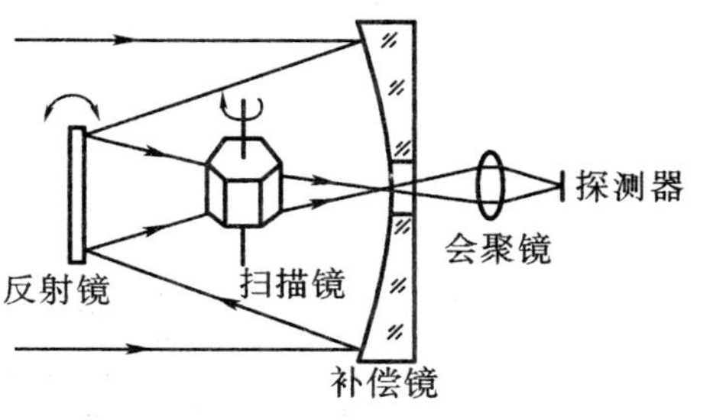

图7-11 像方扫描示意图

表 7－8 两种扫描方式的优缺点比较及应用

	物镜前扫描	物镜后扫描
优缺点	产生平直的扫描场 大多数扫描器不产生附加像差 扫描器光学质量对系统聚焦性能影响较小，像差校正容易 扫描器尺寸大，不易实现高速扫描	产生弯曲场 扫描器存在不可避免的散焦 扫描器光学质量对系统聚焦性能影响较大，像差校正困难，聚光系统设计复杂 扫描器尺寸较小，容易实现高速扫描
应用	民用热像仪中居多，配以无焦望远系统，压缩平行光路，减少尺寸，也可用于军事上	军用热像仪，如前视红外系统等

3. 光机扫描器

常用的扫描部件有：摆动的平面反射镜、旋转的反射镜鼓、旋转的折射棱镜、转动的透镜、旋转的折射光楔或 V 形反射镜等。对扫描器最基本的要求是：满足系统图像制式和编码，扫描部件的转角与物空间的对应关系是线性的，扫描器所造成的像差小、扫描效率高、尺寸小、结构坚固、容易加工制造等。

一般光机扫描的热像仪需在行和帧两个方向作二维扫描，常用的组合方案有以下几种。

(1) 旋转反射镜鼓作行扫描，用摆镜作帧扫描，如图 7－12 所示。

图中(a)旋转反射镜鼓和摆镜都处于物镜前方的平行光路中，为满足口径和总视场的需要，其结构尺寸一般较大，不适合高速扫描。图中(b)摆镜置于会聚光路中，视场增大时，像质会变差，不适宜大视场扫描。

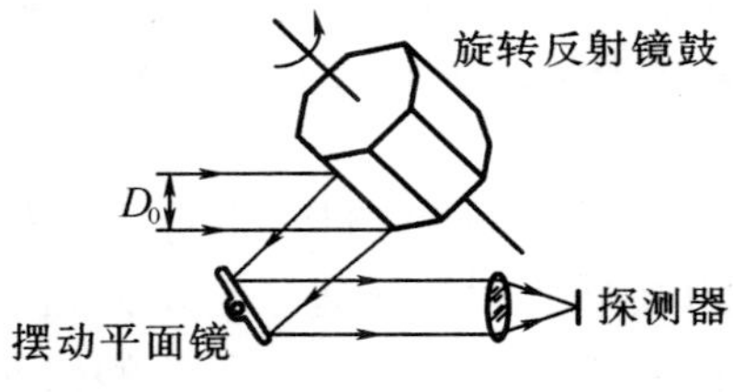

(a)

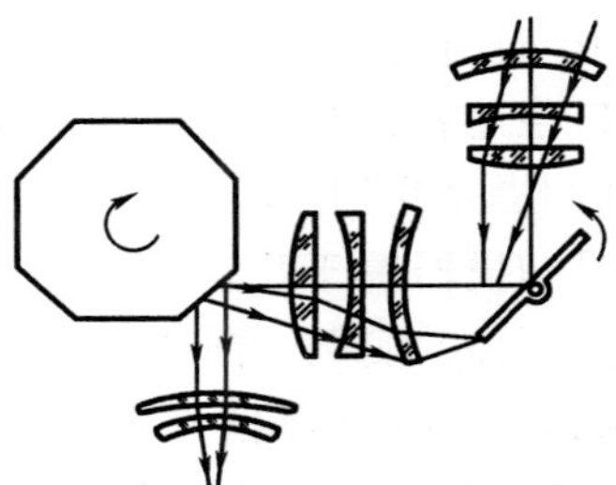

(b)

图 7－12 旋转反射镜鼓作行扫描用摆镜作帧扫描方案示意图

(2) 折射棱镜作帧扫描，反射鼓作行扫描，如图 7－13 所示。

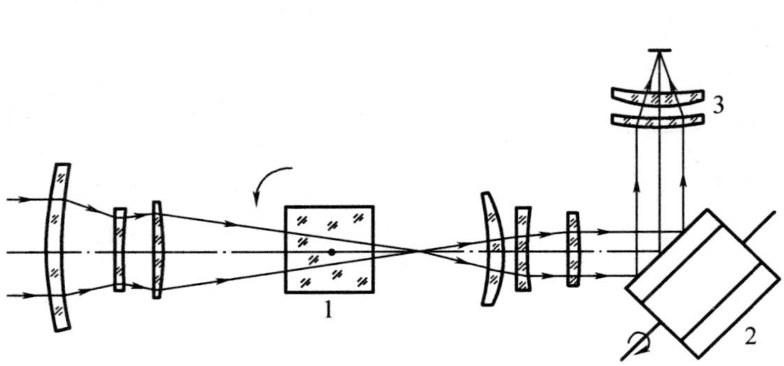

图 7－13 折射棱镜作帧扫描反射鼓作行扫描方案示意图

四方折射棱镜置于前置望远系统的中间平行光路中作帧扫，旋转反射镜鼓在物镜前作行扫，可以获得较稳定的高转速。由于折射棱镜比摆镜的扫描效率高，因此总扫描效率要比图 7 - 12 的方案要高些。反射镜鼓置于压缩的平行光路中作行扫描，像差校正较困难，但可作大视场及多元探测器串并扫描用。

(3)两个折射棱镜扫描，如图 7 - 14 所示。

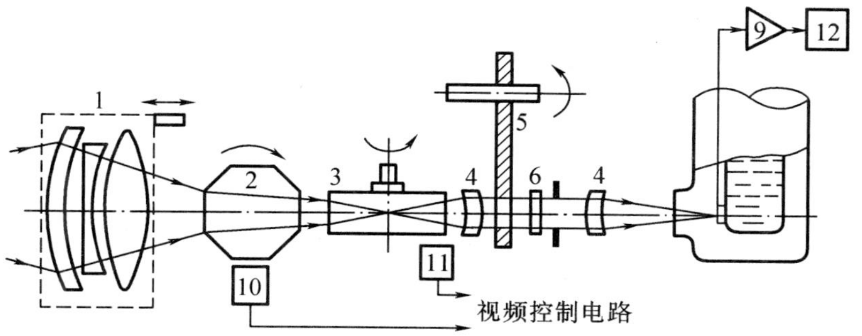

图 7 - 14　两个折射棱镜扫描方案示意图

图中，两个折射棱镜 2,3 都是置于物镜后的会聚光路中，帧扫描棱镜在前，行扫描棱镜在后，都是八面体棱镜，这种系统的优点是扫描效率高，扫描速度快，但像差修正难度大。

(4)两个摆动平面镜扫描。

单元探测器光机扫描仪就是采用这种扫描方案，由于摆镜稳定性差，不适合高速扫描。

7.4　红外探测器[2][7]

7.4.1　红外探测器的类型

红外探测器是把红外辐射能转换为电能或其他便于测量物理量的器件。红外探测器是基于红外辐射与物质相互作用产生热效应或光电效应而工作的，因而其类型可分为光子探测器和热探测器两类。最早的热像仪所用的探测器是热电偶和辐射热测量计，属于热探测器一类。后来热成像技术的进一步发展导致快速扫描热像仪的问世，这完全依赖于半导体光子探测器的应用，目前光子探测器是军事应用的主要红外探测器。第二次世界大战期间，德、美研制出 PbS 红外探测器。至 20 世纪 50 年代后期，实用的红外探测器已能覆盖三个大气窗口。20 世纪 60 年代制成碲镉汞(HgCdTe)等三元素化合物半导体红外探测器。1974 年英国埃略特等人研制出 SPRITE 红外探测器，实现了在器件内部的信号处理。这就是焦平面阵列(FPA)器件的一种形式。另一种焦平面阵列器件由红外探测器面阵与硅 CCD 互连而成，或将红外探测器与信号处理电路制作在同一衬底上。

1. 热探测器

热探测器利用红外辐射的热效应引起某种材料的温度变化，进而产生某种可度量的物理性质的变化，这样就得到了与红外辐射相对应的信号。开发利用热效应的红外探测器有很大的潜力。热探测器一般不需制冷，可靠性好，光谱响应与波长无关，制备工艺相对容易，成本较低，但缺点是灵敏度不高，响应速度慢。热探测器主要性能的限制因素是热绝缘的设计和实现工艺。目前研制较多而又应用广泛的两类热探测器是测辐射热计和热释电探测器。

(1)测辐射热计

热辐射计利用红外辐射的热效应引起材料温升使其电阻率变化，实现对红外辐射的探测，例如半导体、氧化物和金属薄膜、超导体等都可以制成测辐射热计。半导体因有高的温度系数而应用最多，制成的探测器常称为"热敏电阻"。也有利用高温超导材料在转变温度附近电阻率的巨大变化制作成需要制冷的测辐射热计。

(2)热释电探测器

有的晶体材料在温度变化时会产生热释电效应，热释电红外探测器就是利用这种效应来探测红外辐射。一般使用热释电探测器的红外系统要用斩波器调制入射的红外辐射。增加了系统的复杂性，但也使探测器的信号容易与前置放大器耦合，有利于限制系统电子学带宽和减小噪声。

2. 光子探测器

光子探测器通过吸收红外光子产生自由载流子。当吸收光子时，探测器温度无明显升高，探测是通过光子与材料的原子晶格直接相互作用而发生的。发生变化的参数有：电阻、电感、电压和电流。或者说，光子探测器是利用红外辐射光子在半导体材料中激发非平衡载流子（电子和空穴）引起电学性能变化（因载流子不溢出体外也称为内光电效应），将红外辐射直接转变成电信号。

光子探测器的灵敏度高，响应速度快。探测器输出信号与入射光子数及光子能量有关，相等的入射功率所含的光子数对不同波长是不同的，因而响应率不同。光子探测器的响应率有时是用量子效率来表示的，量子效率是每个被吸收光子产生的电子跃迁数量。本征探测器的量子效率在60%左右。光电导探测器典型的量子效率范围在30%～60%，光伏特和光电发射探测器的量子效率分别在60%和10%左右。由于光子能量只有大于或等于材料的能隙才有可能激发载流子，所以半导体光子探测器有一最长的响应波长，即截止波长 λ_c。光子探测器是选择性探测器。为了抑制载流子的热激发，或者说是为降低暗电流产生的电子噪声，探测器一般都在低温下工作。温度的下降，降低了暗电流噪声电平，使之低于光子产生的信号电平。

(1)光电导探测器

光电导探测器又称光敏电阻，分本质型和杂质型两种。当这种探测器感应光能时，伴有电导率（或电阻倒数）发生改变。在本征光电导探测器中，入射红外光子激发均匀半导体中价带的电子，使其越过能隙进入导带并在价带留下空穴，引起电导增加。

对杂质型光电导探测器来说，入射红外辐射激发禁带中的杂质能级上的载流子，使其进入导带或价带，引起电导的增加，其 λ_c 由杂质电离能决定。杂质电离能与杂质种类有关，通过控制杂质可以选择响应波段。杂质能级吸收小，其量子效率低于本征光电导探测器，工作温度也要比本征型的低。

(2)光伏探测器

光伏探测器又称光电二极管，通常就是半导体的一个 P－N 结。光伏探测器与光电导探测器相比，具有若干优点，其中包括较好的响应率、较简单的偏压和较好的理论上的信噪比（SNR）。雪崩光电二极管是在光电导模式下工作的一种特殊的光伏探测器。大的反向电压施加在 P－N 结上。这样就使通过强电场内的一些电子获得了额外的能量，从而产生了多余的电子空穴对。这一过程就叫做碰撞电离。如果新产生的电子空穴对达到了足够高的能级，它们就会产生更多的电子空穴对。这一过程被称为雪崩倍增，它也是获得高效内部增益的方法。典型内部增益为 50～500。

（3）光电子发射探测器

光电子发射探测器在探测过程中从光敏面释放电子，入射光子的能量提供了从光敏面释放电子的必要能量。光电倍增管（PMT）是光电子发射探测器的一个特例。通过多个倍增极的电子释放倍增，可以达到高增益和低噪声，如倍增电极为 9 个的光电倍增管，其电流增益可达 10^7 左右。

7.4.2 几种常用的红外探测器[2]第1章[4]

1. HgCdTe 探测器

1959 年，英国人劳森（Lawson）等发明了 HgCdTe 材料，为红外探测器的设计提供了空前的自由度。HgCdTe 材料有三大优势：

（1）最吸引人的特性是改变 HgTe 和 CdTe 配比，就可以精确调节材料的能隙，使研制出的探测器光谱响应与大气窗口匹配；

（2）HgCdTe 是本征激发，有高的吸收系数和量子效率，因而探测器有高的探测率；

（3）在同样的波段，HgCdTe 探测器工作在 77 K 就可达到背景限，可工作的温度范围宽。

第一代探测器以 HgCdTe 多元线列光导器件为主，美英等国在 20 世纪 80 年代进行了大批量生产。美国通用组件热像仪采用 60，120 和 180 元 HgCdTe 多元线列光导探测器，英国Ⅱ类通用组件热像仪采用 SPRITE 探测器。HgCdTe 能用于光导、光伏任何模式，但主要是光电导模式，因为采用这种材料的探测器容易耦合到前置放大器上。迄今为止，还没有一种新材料能超过 HgCdTe 的基本优点，在进一步发展的面阵和凝视列阵探测器中首选的仍是 HgCdTe 材料。

2. InSb 探测器

InSb 探测器是一种常用的红外探测器，分为光电导型和光伏型。对于光电导型，是 77K 低温下工作在 3～5 μm 波段常用的探测器。此时，它常被封装于杜瓦瓶内。InSb 材料也可制成 P－N 结的光伏探测器。InSb 光伏探测器是中红外波段最常用的高性能器件，响应快，灵敏度高，已用于多种全向攻击型导弹。

3. SPRITE 探测器

SPRITE 探测器由若干条形器件组成，每条又相当于 N 个分立的 HgCdTe 单元探测器。每个条形器件的结构示意如图 7－15 所示。

当目标的红外像斑沿长条方向扫过时，外加电场驱使光生载流子也沿上述扫描方向迁移,并使迁移速率与像斑扫描速率相同。这就使载流子经过串行累积后再由读出区读出,从而实现目标信号在器件内部的延迟与叠加。

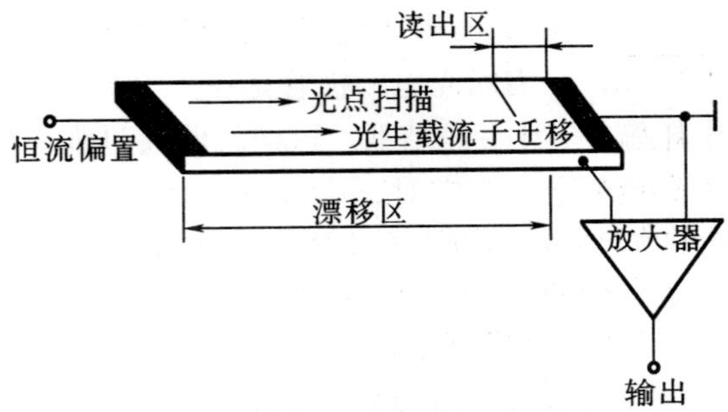

图 7-15 扫积型 HgCdTe 探测器示意图

当每条包含 N 个单元探测器时,输出信号电压将是单元探测器输出的 N 倍,而与之相应的噪声,则因其自身的非相关特性,其输出电压只会增大为单元探测器的 $\sqrt{N}$ 倍,于是使信噪比提高为单元探测器的 $\sqrt{N}$ 倍。

目前有代表性的 SPRITE 探测器包含有 8 条细长型的 HgCdTe 元件,每条长 700 μm,宽 62.5 μm(条间隔为 12.5 μm),厚约 10 μm。一条含 11 ~ 14 个单元探测器(故 8 条相当于 100 个单元)。这种探测器既能实现对红外辐射的探测,又具有对信号的延迟与积分功能;使后续信号处理电路大大简化,有利于探测器的密集封装和整机体积的缩小,是被大量应用的成像探测器件。

4. 焦平面器件

20 世纪 70 年代初,肖特基势垒探测器出现后,红外焦平面阵列(IRFPA)探测器成为研究的热点。使用这种器件,大大简化甚至完全取消光机扫描机构(用电扫描取代光机扫描),系统灵敏度提高约两个量级,且能同时处理多个目标,是红外技术的一个重要变革。这个变革还使红外系统体积缩小、质量减轻、响应更快、可靠性提高,在军事上更有突出的实用价值。

把红外探测器与 CCD 面阵结合,前者将红外辐射变成光生电荷,并将其注入到 CCD 的寄存器中;后者完成延时、积分、多路传输和信号放大等处理,这就组成了红外 CCD 面阵。红外 CCD(IRCCD)面阵探测器被认为是实现红外焦平面成像探测的主要方式之一,又被称为凝视阵列。但在技术上,它面临两个技术难题。

(1)背景拟制问题

在红外波段(尤其是 8 ~ 14 μm 波段),大量的背景光生电荷填充势阱,可使信号电荷无处容身。这就大大限制了光敏元的累积时间(例如,在远红外段,积分时间 ≤10 μs)。好在实际应用热像系统所探测的常是相邻像元间的温差,且目标多是运动的;而背景一般是温度缓变的、固定的。基此可在互连电路中采取交流耦合、差动互连等措施,以拟制背景。

(2)目标与背景对比度很低

在红外波段,这是个普遍问题。例如在室温条件下,目标温度改变 0.1 K 时,与 8 ~ 14 μm窗口相应的对比度 ≤0.1%。这就要求探测器面阵有极好的均匀性。为消除不均匀性的影响,可采用电路处理和计算机软件处理——图像处理技术。

表 7-9 示出了扫描与凝视器件的比较。

扫描与凝视器件的性能比较如下。

①灵敏度 由于凝视探测器在像空间不必对多点探测,所以它可以持续在一个位置,并吸收光子的时间达帧周期那么长,其积分时间较长,因而灵敏度较高。一般来说,对探测弱小目标,凝视系统性能要优于扫描系统。

表 7-9　扫描与凝视器件的比较

扫描型红外探测器件	凝视型红外探测器件
宽视场 为处理 TDI 需要进行信号处理 光学系统必须容纳下扫描器 扫描器增加了体积,降低了可靠性 需要行对行均值化 在扫描方向上分辨率高	由于积分时间较长,灵敏度得到提高 FOV 受阵列尺寸限制 光学设计较简单 无运动部件,更可靠 要求各个探测器非均匀校正

②分辨率　传感器的采样频率应该是传感器截止频率的两倍。这种情况对扫描器件是能做到的,这是因为其采样角度间隔小于探测器边线张角,而对凝视系统则不可能做到。这样就迫使凝视系统欠采样。对于探测器边线张角相同的扫描系统和凝视系统来说,扫描系统具有较高分辨率的能力。但是一种称为微扫描的较新技术有助于解决这一问题(表 7-7)。微扫描技术是一种可使瞄准线步进或高频振动从而提高有效采样频率的技术。

5. 非制冷红外焦平面探测器

由于省去了昂贵的低温制冷系统和复杂的光机扫描装置,采用非制冷焦平面列阵(UFPA)的热像仪突破了制冷型热像仪成本高的障碍,大幅度提高了系统的可靠性。UFPA 的出现,是热成像技术的又一个里程碑。

目前,UFPA 的敏感元件都是热探测器。非制冷探测器探测率比制冷型 HgCdTe 要低一个数量级以上,制成大规模的 UFPA,可弥补其不足,在这方面有巨大的发展潜力。目前发展最快、前景看好的有热释电和测辐射热计两类 UFPA。

(1)热释电 UFPA

较新的热释电材料有钛酸锶钡(BST)和钛酸钪铅(PST)等。目前的非制冷焦平面探测器的噪声等效温差(NETD)优于 0.1K,有望实现 1 000×1 000 像素的热成像。

(2)微测辐射热计

微测辐射热计(Microbolometer)是在硅 CMOS 读出电路上,用薄膜支撑有高电阻温度系数和高电阻率的热敏电阻材料薄膜,例如 Vox,采用侧面腐蚀技术把热敏材料作成微桥结构的测辐射热计列阵,直接与硅读出电路互连成单片式 UFPA。微桥结构很好地解决了热探测器的热绝缘问题,显著地提高了性能。微测辐射热计 UFPA 发展迅速,是红外探测器领域的一个热点。

微测辐射热计 UFPA 采用硅集成电路工艺,具有制造成本低,线性度好,$1/f$ 噪声低,像元间热绝缘好,帧频高和潜在的热灵敏度高(理论 NETD 可达 0.01K)等优点。与热释电 UFPA 比较,不足之处是其偏置功率受限制和噪声带宽大。

7.4.3　红外探测器特性和选择原则

1. 红外探测器特性参数

热像仪或其他红外系统都是围绕红外探测器来设计的,探测器的性能决定了系统的水平。评价探测器的主要性能参数如下。

(1)响应率

探测器响应率 R 是其均方根信号电压 V_s 或电流 i_s 与均方根入射红外辐射功率 P 之比。在一定入射功率范围内,探测器的输出信号随入射功率线性增长,入射功率超过某一值后,输入和输出就不是线性的了,用输出信号线性范围的大小来表征动态范围。图 7-16 示出了典型光子探测器的响应率曲线。

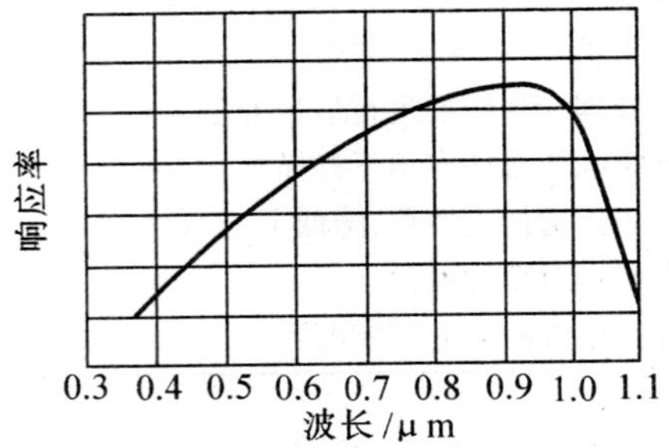

图 7-16 响应率曲线

(2)噪声等效功率

无红外辐照时,探测器的输出为噪声 V_n。目标热辐射产生的信号只有大于探测器噪声时才能够被探测到,定义信噪比为 1 时的入射辐射功率为 NEP

$$NEP = \frac{P}{V_s/V_n} = \frac{V_n}{R} \quad (\text{W}) \tag{7-49}$$

式中 $P = HA$——入射功率;

H——探测器上的辐照度;

A——探测器的有效面积。

NEP 表示探测器的最终灵敏度。

(3)探测率

毫无疑问,探测器的 NEP 值越小,则其探测能力越好。这与人们关于性能指标的常规观念不甚符合,于是引进了探测率 D,定义为

$$D = 1/NEP \tag{7-50}$$

这样 D 越大,则探测能力越强。

理论和实践都表明:

$$NEP \propto (\text{A} \cdot \Delta f)^{\frac{1}{2}} \tag{7-51}$$

式中 A——探测器的有效面积;

Δf——测量电路带宽。

这使得引用 D 值不能比较两个面积不同或带宽各异的探测器的优劣。为避免此情况,引入

$$D^* = (A \cdot \Delta f)^{\frac{1}{2}} D \tag{7-52}$$

D^* 叫比探测率,它描述一类探测器而不是具有某一特定面积的探测器的性能,其量纲是 $\text{cm} \cdot \text{Hz}^{\frac{1}{2}} \cdot \text{W}^{-1}$。

联立解式(7-49)、(7-50)、(7-52),可得

$$D^* = \frac{V_s/V_n}{HA}(A \cdot \Delta f)^{\frac{1}{2}} \tag{7-53}$$

D^* 是表征探测器热灵敏度比较理想、也是最重要的参数。

常以 500K 黑体作为标准辐射源(辐射功率可计算)测量探测率,称为黑体探测率。记为 $D^*(500\text{K}, f, 1)$ 或 D_{bb}^*,f 为调制频率,"1"表示噪声等效带宽为 1Hz。

应当说明,当 D^* 用来描述探测器对单色辐射的响应时,应表示为 $D^*(\lambda)$。当 λ 变化

时，$D^*(\lambda)$一般也变化。而当 D^* 用以描述器件对(λ_1,λ_2)波长范围内连续光谱辐射的响应时，即表为 D^*。$D^*(\lambda)$定义为

$$D^*(\lambda)=\frac{(V_s/V_N)_\lambda}{H(\lambda)A}(A\cdot\Delta f)^{\frac{1}{2}} \tag{7-54}$$

可以证明

$$D^*=\frac{\int_0^\infty D^*(\lambda)I_\lambda(\lambda)\tau_a(\lambda)\mathrm{d}\lambda}{\int_0^\infty I_\lambda(\lambda)\tau_a(\lambda)\mathrm{d}\lambda} \tag{7-55}$$

式中　$I_\lambda(\lambda)$——黑体辐射源的光谱辐射强度；

$\tau_a(\lambda)$——随波长变化的大气透过率。

说明 D^* 与辐射源的温度有关，故在标示 D^* 时，应同时指明黑体温度。

与此相关，在计算红外系统的探测能力时，若所论目标的温度与测试 D^* 时辐射源温度不同，则要对 D^* 作相应修正。

(4)光谱响应

探测器响应率随辐射波长的变化关系称为光谱响应，表征探测器的工作波段，是选用探测器的依据。热探测器对不同波长有相等的响应率。理想的光电探测器对所有波长小于 λ_c 的辐射有相同的量子效率，响应随波长增大线性增加，大于 λ_c 的则无响应，实际探测器的光谱响应曲线有所不同，响应达到最大后不是立即降为零，而是逐渐下降。对应最大响应率的波长为峰值波长 λ_p，定义下降峰值响应率 50% 时的波长为 λ_c。

(5)响应时间

探测器对辐射的响应见图 7－17。

探测器从 $t=0$ 时刻起，突然以一个恒定的辐射照射探测器，则探测器的输出信号按指数规律上升。

$$V_s=V_0(1-\mathrm{e}^{-t/\tau})$$

当 $t=\tau$ 时，有

$$V_s=(1-\mathrm{e}^{-1})V_0\approx 0.63V_0 \tag{7-56}$$

称响应时间 τ 为探测器受到红外辐射时，输出信号从零上升到稳定值的 63% 时所经历的时间间隔。

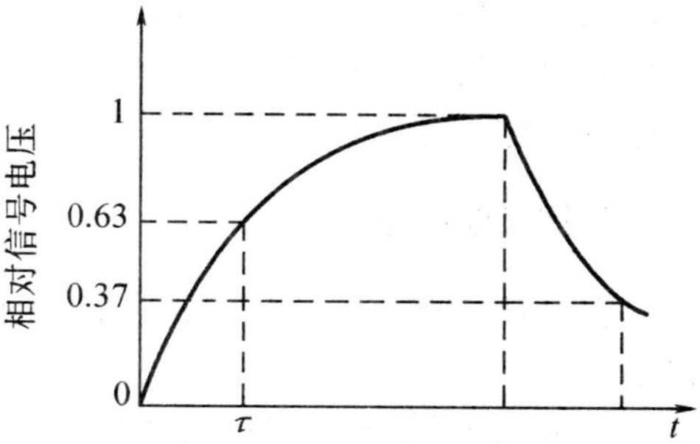

图 7－17　探测器对辐射的响应

探测器的时间常数 τ 表明了器件对外来辐射的响应快慢。τ 越小，响应越快；反之亦然。因此从对目标的响应速度来看，希望 τ 值越小越好。然而，对光电导型的探测器，τ 值主要由载流子的寿命来决定。而响应率与载流子的寿命成正比，τ 越小，则响应率越低。因此，对 τ 的要求要综合分析。例如 SPRITE 探测器，通常希望载流子寿命足够长，否则就不能工作，这时只好牺牲响应速度。光子探测器响应时间短到微秒甚至纳秒级，而热探测器的响应时间则长得多，达毫秒级。选择探测器时要求其响应时间比瞬时视场内的驻留时间短，否则，响应会跟不上扫描。

(6)频率响应

探测器的响应率与调制频率之间的函数关系称为频率响应。

若以一定振幅的正弦调制辐射照到探测器上，在调制频率很低时，输出信号与频率无关。在调制频率高到一定值后，器件的响应会跟不上调制频率的节奏，表现出高频响应下降。多数探测器的频率响应服从下式：

$$R(f) = \frac{R_0}{(1+4\pi^2 f^2 \tau^2)^{1/2}} \tag{7-57}$$

式中　R_0——低频时的响应率；

f——调制频率；

τ——响应时间，其曲线如图 7－18 所示。

由图显然可见，探测器表现为低通滤波器。

(7) 探测器调制传递函数(MTF)

MTF 反映探测器对目标几何尺寸变化的分辨能力，即对空间频率的响应。由于光敏面上各处入射功率不一样以及探测器本身的不均匀性，探测器的响应率是位置 x 的函数：$R=R(x)$。定义 MTF 为空间频率为 k 时的信号幅度与空间频率为零时的信号幅度之比

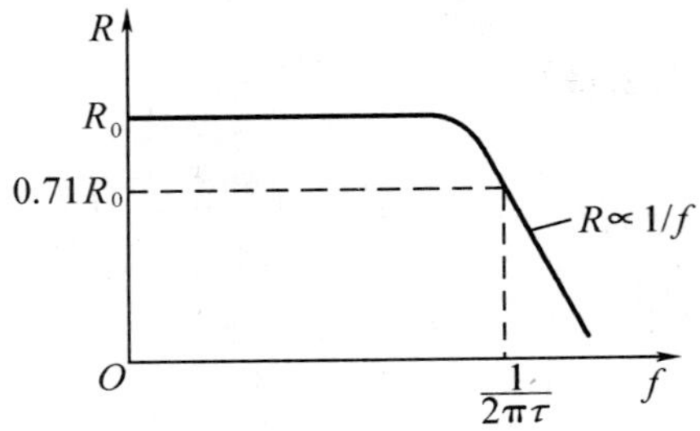

图 7－18　响应率与频率的依赖关系

$$\mathrm{MTF} = \frac{\int_{-\infty}^{\infty} R(x)\cos(2\pi kx)\,\mathrm{d}x}{\int_{-\infty}^{\infty} R(x)\,\mathrm{d}x} \tag{7-58}$$

对于一宽为 w 的矩形探测器，响应率接近为常数 R_0，在 w 以外为零，容易求得

$$\mathrm{MTF} = \frac{\sin(\pi kw)}{\pi kw} \tag{7-59}$$

响应均匀的小尺寸探测器的 MTF 比大的或边缘响应差的探测器要好。一些特殊类型探测器如 SPRITE 的 MTF 表达式要比矩形探测器复杂，与器件几何结构、材料的载流子寿命、迁移率及外加电场密切相关。

2. 探测器的选择原则

在设计红外系统时，选择什么样的红外探测器至关重要，一般应按如下原则选择探测器：

(1) 根据目标辐射光谱范围来选取探测器的响应波段；

(2) 根据系统温度分辨率要求来确定探测器的探测率和响应率；

(3) 根据系统扫描速率的要求来确定探测器的响应时间；

(4) 根据系统空间分辨率要求和光学系统焦距来确定探测器的接收面积。

一般室温物体辐射光谱的极大值在 $\lambda=10\ \mu m$ 附近，而辐射对比度极大值在 $\lambda=8\ \mu m$ 处，因此要求探测器的短波限不小于 2～3 μm，因为 300 K 黑体在 $\lambda=3\ \mu m$ 处辐射能量小于 $\lambda=10\ \mu m$ 处辐射能量的 1%。例如为了获取地热图，由于 300 K 黑体在 8～13 μm 内的辐射功率约为 3～5 μm 波段的 25 倍，显然，选用响应波段为 8～13 μm 的探测器为佳。

原则上说，选择探测率越高的探测器越好。对探测器的响应时间也有一定要求，它不应低于瞬时视场在探测器上的驻留时间。同时，探测器的输出阻抗要与紧接在后面的电路参数相匹配，这样才能获得较好的传输效率。此外在制冷方面，要求工作温度不能太低，制冷量不能太大。总之，热像仪的性能、维修的方便性以及外型尺寸决定了采用探测器及制

冷系统的类型。

一般来说,研究低温目标(T < 310 K ~ 320 K)使用 HgCdTe 探测器最有利,即使它的探测率比 InSb 探测器低也是如此。但是,随着目标温度的增加,使用 InSb 探测器可能优于 HgCdTe 器件。在 29 ~ 38 ℃温度范围内,两种探测器能保障大约相同的信噪比,在目标超过 38 ℃后,InSb 探测器更有效;而温度低于 29 ℃时,则最好采用 HgCdTe 探测器。

7.4.4　红外探测器的制冷[2]

高性能的红外探测器,如 HgCdTe,InSb 要求在 80 K 的低温下工作。在工程应用上,就需要使用微型制冷机(器)对其制冷。自 20 世纪 50 年代后期以来,逐步发展起一门微型制冷技术。军用热像仪的微型制冷机(器)主要是斯特林制冷机和节流制冷器。脉管制冷机可能成为继斯特林制冷机后的下一代主要的军用微型制冷机;辐射制冷器常用于制冷量较小的空间红外系统;半导体制冷器可以为红外探测器提供 -80 ℃以上的工作温度。

1. 制冷型探测器用小型杜瓦

为维持低温,要将探测器芯片封装在杜瓦中,用制冷机(器)进行制冷。杜瓦是一个有真空绝缘夹层和电极引线的容器,典型的杜瓦大致由杜瓦内管、电极引线、冷屏蔽罩、杜瓦外壳、窗口、吸气剂等部分组成,其结构示于图 7 - 19。

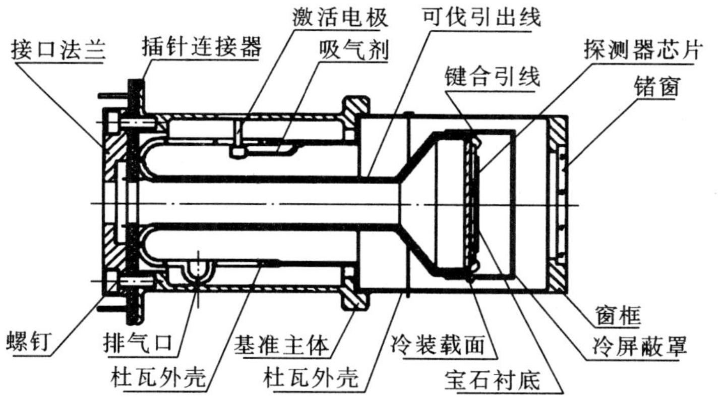

图 7 - 19　杜瓦结构示意图

红外探测器能否进行工程应用,杜瓦起着关键作用。只有通过杜瓦,才能将探测器芯片和制冷机(器)有机地结合起来,可靠地安装在系统中。

根据制造材料,可将杜瓦分为三类:玻璃杜瓦、玻璃/金属杜瓦、金属杜瓦。不同杜瓦有不同的电极引线方式,通常有三种:埋入杜瓦玻璃内管中的可伐丝;在杜瓦内管表面镀金属膜,再用激光刻线机刻出引线;用设置在真空夹层中的其他导线作为引线。

按杜瓦与制冷机的关系进行分类有三种结构:

①分离式　杜瓦与制冷机是独立的部件,通过机械接口组装成一个组件;

②集成式　制冷机膨胀机的外壳就是杜瓦的内管,通过分置管连接制冷机的压缩机;

③整体集成式　制冷膨胀机的外壳就是杜瓦的内管,膨胀机与压缩机直接连接成一体,省去分置管。

杜瓦窗口材料由探测器的工作波段决定,常用的材料有蓝宝石、硫化锌、硒化锌、锗等。研制杜瓦要解决的主要问题是:小型化、真空寿命、电极引线、漏热、与制冷机的配合等。

2. 斯特林制冷机

斯特林(Stirling)制冷机具有体积小、质量轻、起动较快、连续工作时间长、工作温度范围宽、可靠性高、电力驱动等优点,目前广泛应用于各种军用红外系统。超长寿命设计的斯特林制冷机则是制冷量要求大的空间红外系统的最佳选择。

图7-20为斯特林制冷循环的 $p-v$ 图。图7-21为近似实现斯特林制冷循环的机构。

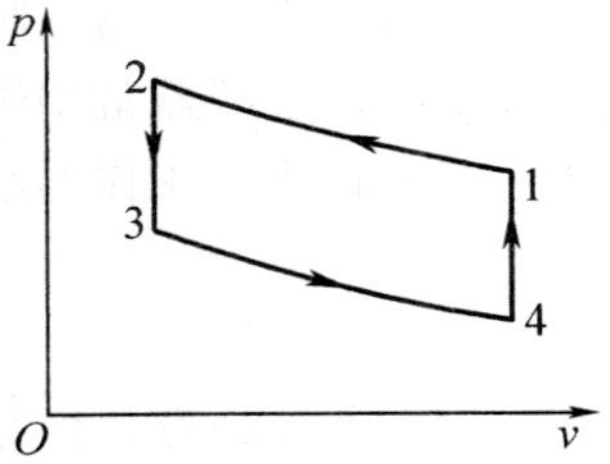

图7-20 斯特林制冷循环的 $p-v$ 图

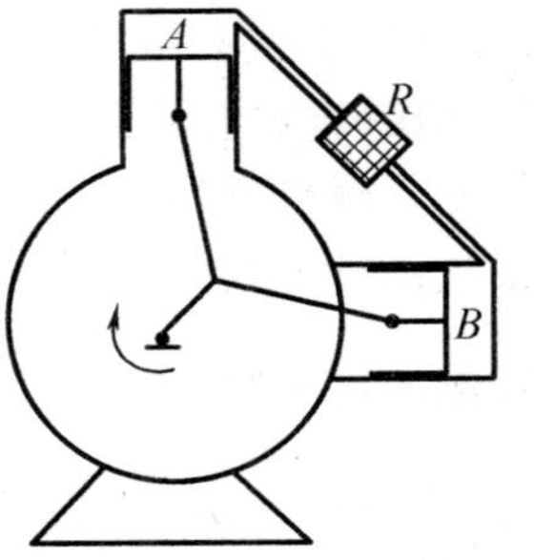

图7-21 近似实现斯特林制冷循环的机构

图7-20中,表示了斯特林提出的热力发动机循环的逆循环过程,由1—2等温压缩、2—3等容冷却、3—4等温膨胀、4—1等容回热四个过程组成。

图7-21所示的曲柄连杆机构带动的双活塞结构,可近似实现连续的斯特林制冷循环。图中 A 是压缩腔,B 是膨胀腔,R 是填料回路器或叫蓄冷器。曲柄顺时针转动时,膨胀活塞运动超前,压缩活塞转动90°,转动一周可近似实现上述的四个过程。工作物质氦在压缩腔内被压缩时,压缩热通过缸壁及时散出;工作物质从压缩腔流向膨胀腔时,被蓄冷器 R 冷却降温;工作物质在膨胀腔内膨胀时,产生冷量;当低温工作物质从膨胀腔流回压缩腔时,它从蓄冷器 R 中吸热温度回升至室温。制冷机的理论制冷量等于膨胀功。好的制冷机,减去各种损失后的制冷量通常只有理论制冷量的10% ~20%。克服振动的影响和提高寿命是该型机发展过程中的两大主要问题。

3. 脉管制冷机

脉管制冷机可看成斯特林制冷机的一种变型,它以薄壁管内振荡的"气体活塞"代替斯特林制冷机的膨胀活塞。其相位差是通过小孔和旁通气孔调节"气体活塞"的运动来实现的。脉管制冷机的蓄冷器和脉管有并列式、直线式和同轴式几种布置(见图7-22)。

与斯特林制冷机相比,取消了膨胀机内的运动部件、精密的间隙密封和相位控制机构,降低了与红外探测器配合的冷头的振动,减少了影响寿命和可靠性的因素。近十几年来,脉管制冷机的研究得到了飞速发展。目前,虽然大多数的脉管制冷机效率仍不及斯特林制冷机,但美国TRW的先进脉管制冷机效率已达到斯特林制冷机的水平。美、法、日、英、俄等国都大力投入研究脉管制冷机。脉管制冷机将成为新一代制冷机。

4. 节流制冷器

节流是高压流体流过小孔的减压过程。流体绝热节流前后焓值不变,对理想气体温度不变，但对实际气体温度会有变化，这种温度变化称为焦耳 - 汤姆逊（Joule - Thomson）效应（简称 J - T 效应），这就是节流制冷器（J - T Cooler）的工作原理。大部分实际气体在室温下节流温度降低，转换温度低于室温的氖、氢、氦等气体需预冷到其转换温度以下节流才降温。节流制冷器循环流程图如图 7 - 23 所示。

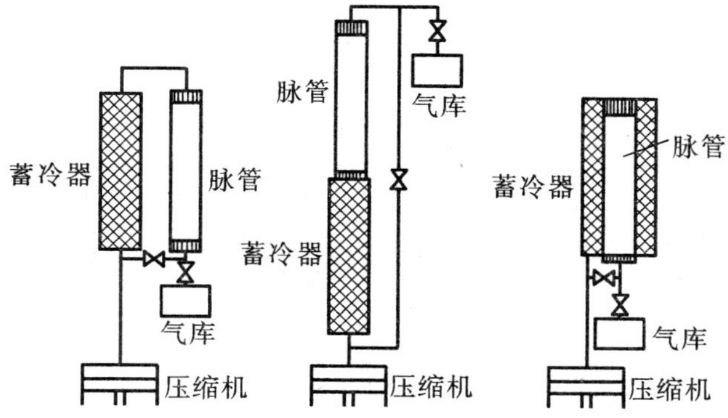

图 7 - 22　脉管制冷机原理图

（a）并列式（U 型）；（b）直线式；（c）同轴式

微型 J - T 制冷器最早由英国海马提克（Hymatic）公司于 20 世纪 50 年代制成，用直径约为 0.5 mm 的不锈钢管，在薄壁不锈钢芯管上再绕成直径通常为 5 ~ 7 mm 的螺旋管换热器，插进杜瓦内管内，利用杜瓦内管壁和螺旋管换热器的配合形成回气通路（见图 7 - 24）。高压气在细的不锈钢管内流进并预冷，经小孔节流后产生液化，并在杜瓦内管底部蒸发制冷，低温气体流经杜瓦内管与薄壁管间的环形间隙，在冷却细不锈钢管内的接流前的高压气体后进入大气。工作物质常为氮气或空气，工作温度分别为 77 K 或 80 K，启动时间几十秒。为避免高沸点杂质在低温下结冰堵塞节流小孔，要求工作物质非常纯净。制冷器通常由气瓶供气，最低工作气压在 9 ~ 10 MPa，为提高气瓶的利用率，常采用 30 ~ 40 MPa 的气瓶。图 7 - 24 的波纹管控流节流制冷装置，利用波纹管在高低气压下的可伸缩性来控制针阀与小孔的间距，在减少耗气量的情况下，达到温度稳定。20 世纪 70 年代，前苏联莫斯科动力学院研究了混合工作物质节流。近几年，各国都进行了大量研究，发现在氮气中加碳氢化合物或氟立昂比用纯氮的节流制冷效率提高 3 ~ 5 倍甚至 10 ~ 12 倍，在液氮温区工作的相同冷量制冷器，工作压力可从 10 MPa 以上降至 3 MPa，从而使用较低压力的压缩机代替高压气瓶成为可能。

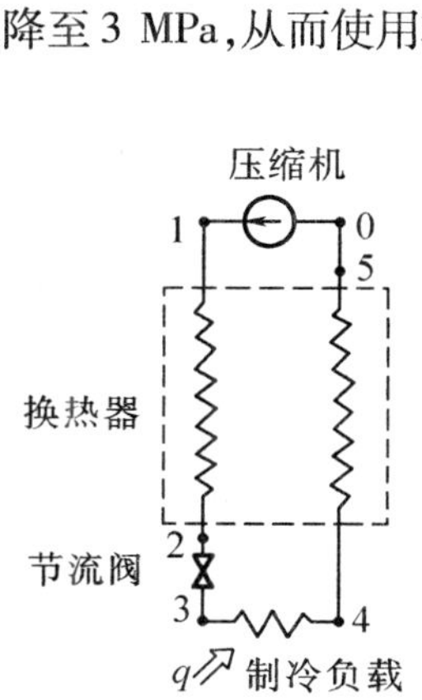

图 7 - 23　节流制冷器流程图

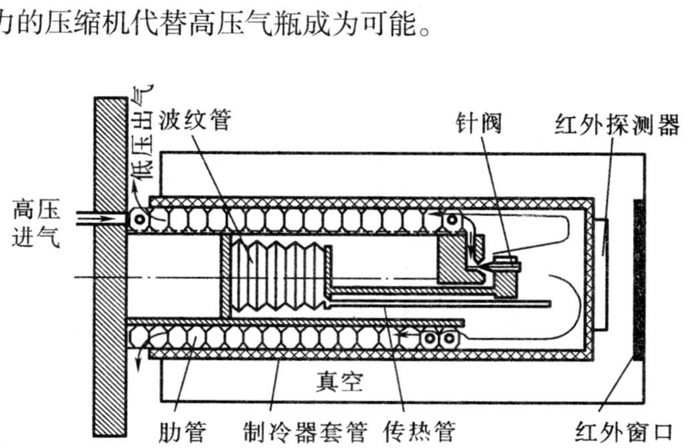

图 7 - 24　波纹管控流节流制冷器

7.5 热成像系统的工作原理与性能评价

7.5.1 热成像系统的组成和工作原理

1. 三种类型热像仪

根据探测不同的目标和不同的应用要求而设计研制的红外辐射探测装置，统称为红外系统或红外整机，能获得景物热像的系统就是热成像系统。这类系统一般包括光学系统、调制器或光学扫描器、红外探测器和制冷机(器)、信号处理系统、信号和图像输出的显示或记录装置等部件。按功能可将热成像系统分为：红外行扫仪、平台用热像仪、便携式热像仪、热成像制导系统、测辐射计、红外搜索与跟踪系统等。按扫描成像方法，热像仪有“光机扫描”、“电扫描”(包括固态自扫描和电子束扫描)和“光机扫描 + 电扫描”三种类型。

(1)光机扫描型热像仪组成及工作原理

图 7 - 25 是采用单元探测器的光机扫描热像仪原理图。它以摆动轴正交的两块摆动平面反射镜分别完成水平和铅垂方向的扫描。其中沿水平方向的扫描叫行扫描。行扫描镜上装有同步信号发生器，其输出电压标示每一瞬时行扫描镜的角坐标，并以此信号来控制显示器的电子束作同步偏转。因而，当行扫描镜完成对景物平面一个水平条带的扫描时，显示器就相应地呈现热图像的一行。此时高低扫描镜被驱动，使光轴在铅垂方向下偏一行所对应的角度。同时，高低扫描镜上的同步信号发生器控制显示器的电子束相应偏转，行扫描镜也回到起始位置，准备作下一行扫描。这样循环往复，扫完一帧，显示器上就呈现出景物的热图像。

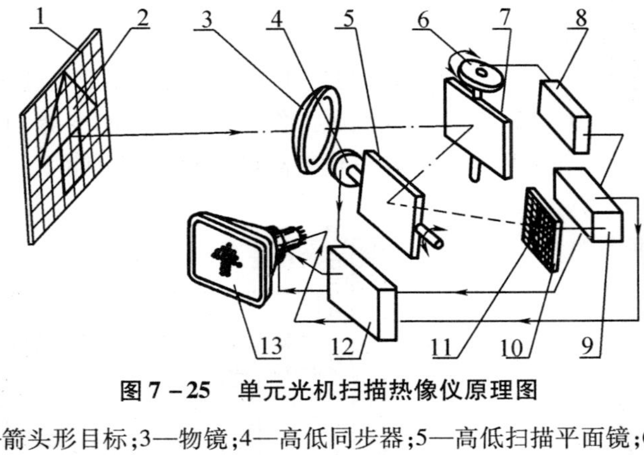

图 7 - 25 单元光机扫描热像仪原理图

1—物平面；2—箭头形目标；3—物镜；4—高低同步器；5—高低扫描平面镜；6—水平同步器；7—水平扫描反射镜；8—水平同步信号放大器；9—前放及视频信号处理器；10—像平面；11—单元探测器；12—高低同步信号放大器；13—显示器

(2)电扫描热像仪的组成及工作原理(见图 7 - 26)

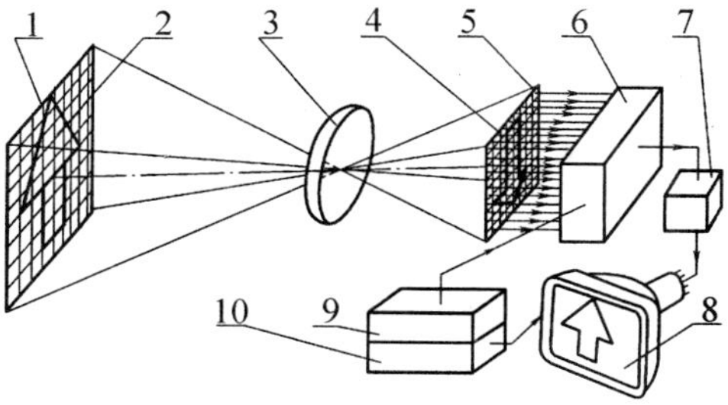

图 7-26　电扫描热像仪原理图

1—物空间平面;2—箭头形目标;3—物镜;4—箭头热像;5—多元面阵探测器(256×256);6—CCD;7—视频处理器;8—显示器;9—CCD 的驱动器;10—同步信号发生器

电扫描热像仪包括有电子束扫描和固态自扫描,我们这里只讨论固态自扫描的方式。这种热像仪的特点是采用足够大的焦平面阵列(FPA)探测器(例如 256×256 像元),用电扫描(CCD)将探测器的信号逐个依次读出,取消了光机扫描单元。驱动电扫描的同时,也发出行与帧的同步脉冲,送给显示器,以保证各像素信号在显示器上能被正确排列,成为所希望的可见光图像。

(3)光机扫描和 CCD 混合型热像仪的组成和工作原理

在光机扫描和 CCD 混合型热像仪的原理图 7-27 中,它是以多元线列探测器上下贯穿热像仪的像面跨度,而用水平方向的扫描镜来扫描系统在水平面内的视角。由于此类热像仪技术难度相对适中,工艺成熟,性能较好,故应用很多。

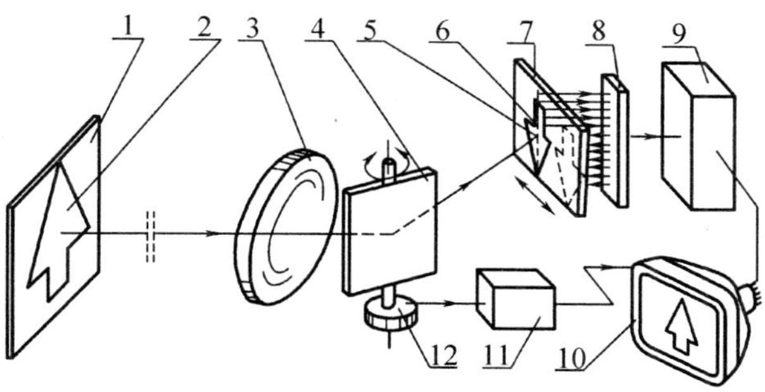

图 7-27　光机扫描和 CCD 混合型热像仪原理图

1—物平面;2—箭头形目标;3—物镜;4—摆动扫描镜;5—箭头像;6—线列探测器;7—像平面;8—CCD;9—视频信号处理器;10—显示器;11—高低同步信号产生器;12—方位同步信号产生器

2. 多元探测器的三种光机扫描方式

多个探测元探测器克服了单个探测元探测器的许多缺点。可以将探测元进行排列,把串行扫描单个探测元的输出信号叠加起来得到一个累积输出;或者利用更简单但速度较慢的并行扫描排列系统;也可以把这两种排列系统结合起来使用。

(1)串行扫描

图 7-28 表示由 8 个探测元排列而成的串行扫描探测器扫描原理。要得到单个探测器的被叠加输出信号,是把 8 个输出信号依次进行延迟后再进入积分器进行同相位的叠加。

如果用 n 个探测元，则最后的信号与噪声的比率就会提高$\sqrt{n}$倍。

应当指出，采用串扫方式时，其行扫描单元必须在平行光路中。若以会聚光束作行扫描，则会使沿行扫描方向排列的线阵探测器部分出现离焦现象。另外，由于串扫方式依然需要快速行扫描和慢速帧扫描，故要求各单元探测器时间常数小，放大电路的频带相应地要宽。

串扫方式的突出优点是对线阵器件各单元的性能一致性要求大大放宽。另外，它信号处理简单，无须扫描转换即可形成时序视频信号，便于与电视兼容。

(2)并行扫描

在并行扫描型热像仪中，多个单元探测器的排列方向与行扫描方向垂直，各单元探测器与多路前置放大器一一对应连通。每扫描一次，各单元探测器都彼此平行地在景物图像上扫过一行，形成多路信号，再经高速电子开关转换成一路时序视频信号送至显示器。电子开关由取样脉冲分配器控制，同时将同步信号送至显示器。图 7－29 是并扫方式示意图。

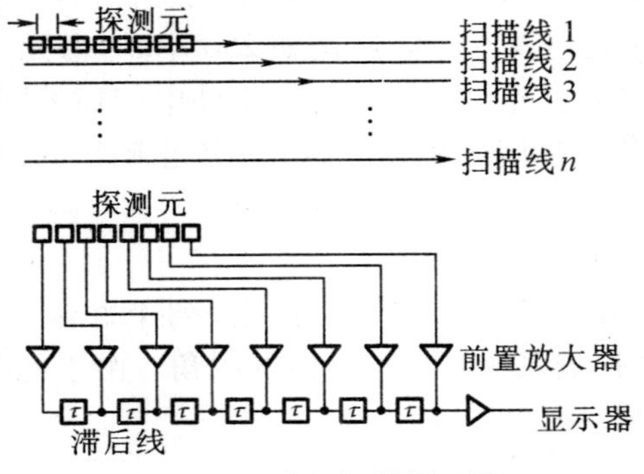

图 7－28　串行扫描原理图

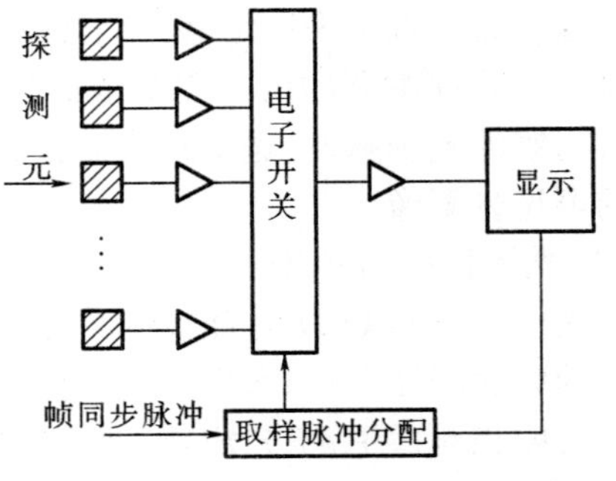

图 7－29　并扫多元线阵探测器及电路框图

采用 n 元并扫可利用会聚光束扫描和利用同一反射镜完成探测器扫描及显示器扫描，这就使系统结构紧凑。而且，由于一次可扫出 n 行，在帧速不快的条件下，探测器驻留时间增长，故放宽了对单元探测器响应速度的要求。

这种扫描方式的主要缺点是：

①要求各单元探测器一致性要很好，否则会直接影响热图像质量；

②因每一单元探测器要有一根引线与前置放大器连接，在探测器元数很多时，引线的排列和引出会有工艺上的困难，同时使热负载增加，制冷困难。

为了克服上述的第二个缺点，可采用隔行或跨行并扫方式，见图 7－30。

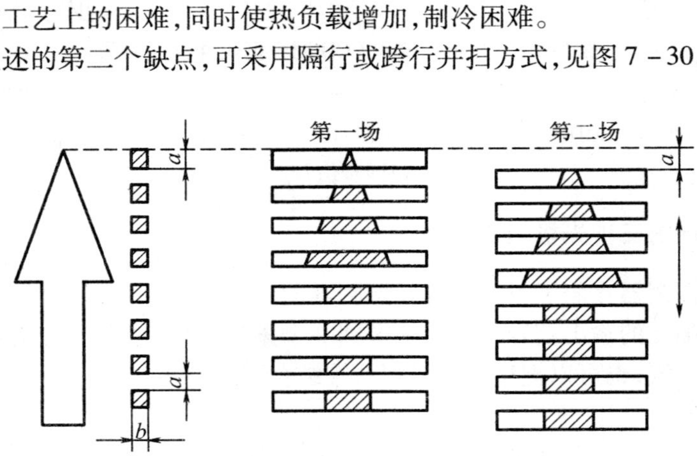

图 7－30　隔行及跨行并扫原理图

隔行并扫是使探测元之间相隔一条扫描线的距离，让光学系统把红外线图像移动一个与此相等的距离进行交替扫描。

跨行并扫把线数增加了二倍以上。探测器的探测元紧密排成一列，水平偏移扫描的宽度与该列等宽。纵向偏移扫描则把连续的水平偏移扫描移动一个带宽。

(3)串行 - 并行扫描

串并扫方式是将探测器排列成 $m \times n$ 元的矩阵形式，其沿水平方向排列 n 元探测器与串扫型器件功能类似。它兼有使目标信息增强的特点，又可降低扫描速率，对各单元的一致性要求相对降低。尤其在并扫线列的跨度不能覆盖铅垂方向的全视场时，必须采用串并扫方式。从多元探测器的排列形式而言，它是以两维面阵取代前面所述的一维线阵。图 7 - 31为串并扫的原理示意图。

相对于并扫方式，串并扫有许多优点：

①由于单元探测器的输出可以叠加，故其响应率误差可以平均，无须专设复杂的灵敏度校正电路，可以用其最高灵敏度，获得优质图像。

②探测器的冷屏相对小些，冷屏角度接近光学系统的孔径角，在探测器达到背景限性能时，因冷屏因素而得益，灵敏度提高约 1.3 倍。

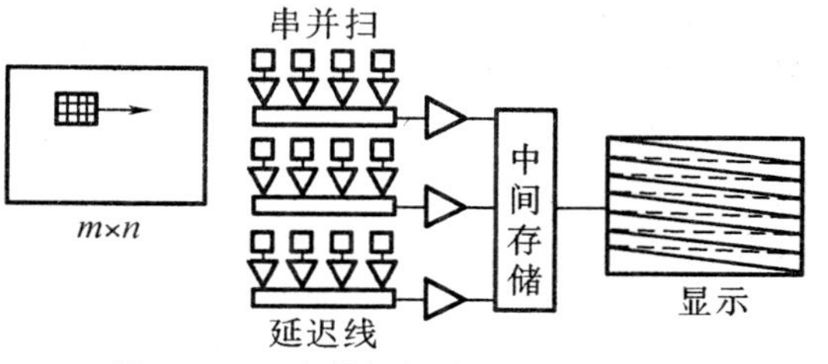

图 7 - 31　串并扫摄像方式原理图

③获得相同性能所必需的探测器数量只有并扫型的 1/5 ~ 1/3。

④检测点目标的性能好。这是由于它避开 $1/f$ 噪声比并扫型容易得多，故可借助信号检测环节有效地提高检测点目标的灵敏度，这对热成像跟踪、搜索和制导系统非常重要。

20 世纪 80 年代发展起来的 SPRITE 新型探测器可算是串并扫专用探测器。

(4)三种扫描摄像方式的比较

三种扫描摄像方式的比较见表 7 - 10。

表 7 - 10　三种扫描摄像方式的比较

方式 项目	串扫摄像方式	并扫摄像方式	串并扫摄像方式
探测器列阵	阵列方向与行扫描方向一致	列阵方向与行扫描方向垂直	两维面阵
探测器元数	较少	较多	较多
探测器特性	对探测器特性均匀性要求不高，但要求响应速度快	对探测器性能的均匀性要求高	对探测器特性要求一般，比并扫容易提高图像质量
制冷	探测器列阵短，制冷和冷屏蔽方便	探测器列阵长，制冷和冷屏蔽困难，制冷效果差	探测器面阵尺寸不大时可实现冷屏蔽
系统频带及频带范围	频带宽，低频端可取高些，以避开 $1/f$ 噪声区	频带窄，低频段不能取得太高，往往避不开 $1/f$ 噪声区	介于二者中间，比串扫带宽窄
信号处理	延迟后叠加，不需扫描转换就可以形成单通道视频信号	探测器信号并行输出，需经多路传输和扫描转换形成视频信号	电路复杂，需延迟叠加和多路传输、中间存储器
信噪比	通过信号叠加来增强信号，从而提高信噪比，理论上提高$\sqrt{n}$倍	通过降低系统带宽，从而降低噪声来提高信噪比，理论上提高$\sqrt{n}$倍	兼有两种提高信噪比的功能，信噪比提高大于$\sqrt{n}$倍
扫描速度	扫描机构速度高，实现起来较困难	速度相对较低，易实现	扫描速度较低

3. 热像仪的信号处理与显示

以下引用参考文献[11]中的论述,对扫描型热像仪信号处理电路的有关设计经验作一介绍。

在热成像系统中,红外探测器输出的电信号非常微弱,只有经过充分放大和适当处理后才能加以显示。因此信号放大和处理电路是热成像仪中的重要组成部分。信号电路从探测器接收到低电平信号,经过放大,限制带宽,分离信息,然后送至终端的控制装置或显示器上显示出来。

通常热成像系统要利用隔直流(或称交流耦合)电路,将探测器的信号耦合到放大电路。这有三个原因:①可以拟制背景;②可以消除探测器上的直流偏置电位;③能把探测器的 $1/f$ 噪声干扰减至最小。

在设计电路时,必须考虑信号电平及各级所需增益。一般探测器噪声电平可达数十微伏,而典型的显示器需要几十伏甚至一百伏以上的输入,因此净增益约需 10^7 倍以上。有时也会遇到高信号电平的情况,故要求信号处理电路能提供大的动态范围,因此需要采用自动增益控制技术。

(1)前置放大器

在探测器附近设置的前置放大器在整个信号处理电路中起着很关键的作用,它除了放大探测器的输出信号外,还具有转换探测器输出阻抗,为探测器加偏置电压,扩展探测器带宽等作用。前置放大器的噪声必须做得很低,此外还要求它具有高增益、低输出阻抗、大动态范围、良好线性和低颤噪声等特点。它的阻抗必须和探测器的阻抗匹配,且体积要小,现已普遍做成集成电路结构。

为了保持整个系统的低噪声指数,前置放大器的最小电压增益可取为10。在大多数系统中,前置放大器具有30~100的电压增益是最合乎要求的。通常前置放大器的动态范围不宜过大,它受到输入端的探测器噪声电平和允许的最大输出的限制。因此,通常希望前置放大器具有低的输出阻抗,因为在高信息传输率的系统中,低输出阻抗可保证电缆电容不衰减信号的高频分量。

(2)信号带宽的处理

前置放大后的信号处理,一般包括进一步放大、带宽的限制、检波、控制以及终端输出显示。

最佳带宽的确定十分重要,它取决于信号和噪声二者的频谱特性。在大多数系统中,当脉冲信号通过信号处理电路时,由脉冲中部构成跟踪信号,这样可保持脉冲信号的峰值。如果脉冲信号通过窄带放大器,则输出信号的峰值功率与带宽的平方成正比。随着带宽的增加,响应时间减小,输出信号的峰值功率很快达到某一与带宽无关的常数值。由于输出的噪声功率随带宽线性增加,因而存在一最佳带宽,这时脉冲功率峰值与噪声功率的比值达到最大值。

(3)多路传输与显示

热像仪的显示通常直接选用标准电视制式的TV监视器,即实现目标的热图像与黑白电视兼容显示,以便实时清晰地观察监视目标的灰度分布图像(即黑白图像)。

若热像仪是串扫系统,则其输出信号可作为标准视频信号。若热像仪是并扫系统,则在探测器列阵内,由主放大器输出的多路信号通过多路电子开关,将模拟信号馈送到A/D

转换器，在A/D转换器内信号被数字化，扫积式探测器的数字化信号经延时叠加后成为并联的多路信号。由于各并列线列长度不同，因此，在延时电路内设有不同移位积存器进行像素移出，以保证多路信号在同一时刻输出，然后将这些信号送至存储器内，按标准电视时钟脉冲输出到D/A转换器，经视频处理，输出电视视频信号，显示出标准的电视图像，其视频转换流程见图7-23。以上内容可供热像仪线路设计参考。

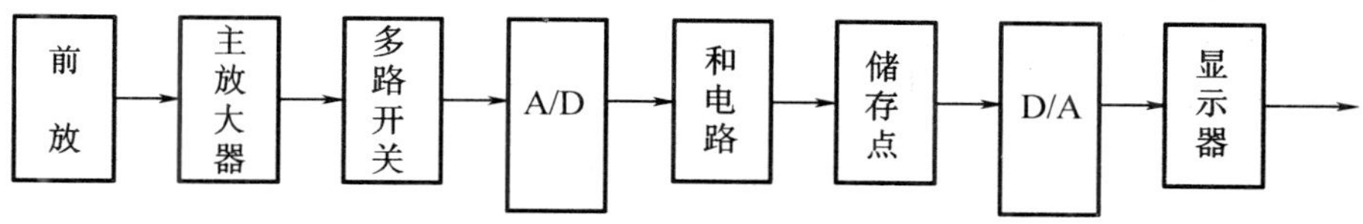

图7-32　视频转换方框图

7.5.2　热成像系统的基本技术参数和性能评价

1. 热成像系统的基本技术参数[4]

在红外光学系统一节中，我们曾讨论了红外光学系统的一些特性和参数，这里所讨论的热成像系统的基本技术参数是其进一步扩展。

(1)光学系统的入瞳口径 D_0 和焦距 f'

热像仪光学系统的入瞳口径 D_0 和焦距 f' 是决定其性能、体积与质量的重要因素。

(2)瞬时视场(IFOV)

瞬时视场指的是探测器线性尺寸对系统物空间的二维张角，它由探测器的形状、尺寸和光学系统的焦距决定。

探测器为矩形，若尺寸为 $a\times b$，则瞬时视场的平面角 α,β 为

$$\alpha=a/f',\beta=b/f'$$

式中 f' 为光学系统焦距。瞬时视场通常以弧度或毫弧度为单位。一般情况下，瞬时视场表示了系统的空间分辨能力。

(3)总视场(TFOV)

总视场指的是系统所观察到的物空间的二维视场角。总视场由系统所观察的景物空间的大小和光学系统的焦距决定。假设，总视场在水平方向和垂直方向分别为 ω_α 和 ω_β，则系统一帧图像中所包含的像元素的最大值为

$$m_{\max}=\frac{\omega_\alpha\omega_\beta}{\alpha\beta}=\frac{\omega_\alpha\omega_\beta}{ab}f'^2 \qquad (7-60)$$

该式表明，探测器的尺寸越小，系统的分辨率越高。

(4)帧周期和帧频

系统扫过一幅完整画面所需的时间称为帧周期或帧时，记为 T_f，单位为s。系统一秒钟扫过画面的帧数称为帧频或帧速，记为 f_p，单位为Hz。f_p 和 T_f 的关系为

$$f_p=1/T_f \qquad (7-61)$$

(5)扫描效率 η

热成像系统对景物扫描时，由于同步扫描、回归、直流恢复等要占时间，这个时间内不

产生视频信号,称为空载时间,用 T'_f 表示。帧周期与空载时间之差($T_f - T'_f$)称为有效扫描时间。有效扫描时间与帧周期之比,就是系统的扫描效率,即

$$\eta = (T_f - T'_f)/T_f \tag{7-62}$$

(6)驻留时间(τ_d)

驻留时间是光机扫描型热像仪的一个重要参数。热成像系统所观察的景物可以看成若干个发射辐射能的集合点的集合。在成像过程中,探测器相对这些点源是运动的,在与探测器前沿相交的瞬间到与探测器后沿脱离的瞬间所经历的时间,就是探测器的驻留时间。

若帧周期为 T_f,扫描效率为 η,热像仪采用单元探测器时,驻留时间为

$$\tau_{d1} = \frac{\eta \cdot T_f \alpha\beta}{\omega_\alpha \omega_\beta} \tag{7-63}$$

当探测器为 n 元并联线列探测器时,则驻留时间为

$$\tau_d = \frac{n \cdot \eta \cdot T_f \alpha\beta}{\omega_\alpha \omega_\beta} \tag{7-64}$$

可见,在帧周期和扫描效率相同的条件下,把 n 个同样的单元探测器沿着与行扫描正交的方向排成线列,则在单个探测器上的驻留时间便延长至 n 倍,这对提高热像仪的信噪比是有利的。必须注意,探测器的驻留时间应大于探测器的时间常数。

2. 热成像系统的性能评价[1][2][6][7]

(1)灵敏度和分辨率

热成像系统的性能度量指标是用热灵敏度和空间分辨率两项重要参数来表达的。灵敏度是指红外系统可鉴别物方空间辐射亮度微小变化的程度。噪声等效温差(NETD)是灵敏度较好的度量指标,可说明传感器一般的灵敏度。系统的调制传递函数(MTF)说明传感器的成像分辨率。但是,传感器的灵敏度和分辨率并不是独立的,红外传感器(系统)的分辨率与灵敏度关系十分密切,反之亦然,因此又产生了灵敏度和分辨率相结合的参数,称作最小可辨温差(MRTD),该参数可准确说明某一特定传感器的这种相互关系。MRTD 常被用作红外系统主要的性能度量指标。

分辨率是指传感器能"看见"物方空间细小空间细节的程度。分辨率特性可借助系统的 MTF 来描述。系统整体的 MTF 必须与噪声相联系,才能最后确定系统真实有用的分辨率。

由于灵敏度和分辨率是相关的,因此传感器分辨率的变化会影响传感器灵敏度。红外系统各部分中,绝大多数可能的变化会使灵敏度和分辨率的变化相冲突。例如传感器焦距增加(其他参数保持不变)时,可使分辨率增加,灵敏度下降。其关系如图 7-33 所示。

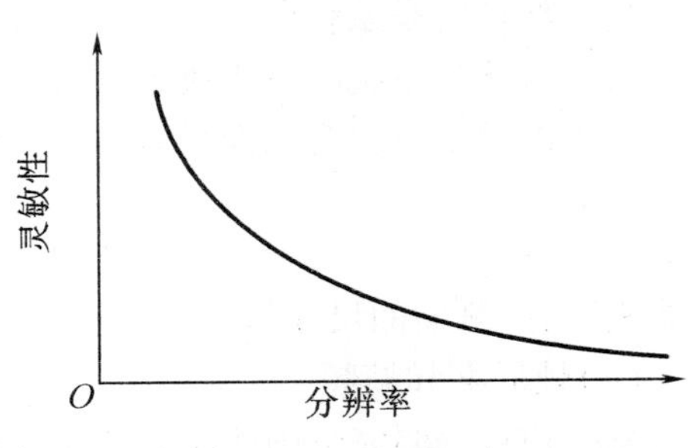

图 7-33 焦距变化时灵敏度和分辨率的关系

并不是所有参数都会使灵敏度和分辨率相冲突。有几个参数,例如入瞳直径通常会同时提高灵敏度和分辨率。对于较大的入瞳直径而言,由于衍射斑(即点扩散函数)较小可以使传感器分辨率增加;而传感器灵敏度可能增加是由于接收光能(即光通量)的增加。但成像光学系统都有一个实用的 F 数,其下限为 1,因而对入瞳造成限制。F 数很低的光学系统会带来像差增大,使系统的实际分辨率下降。

对于一般红外侦察监视系统,都要求具有极好的分辨率、灵敏度和最大的物方视场,设计者的责任是在以上三者间进行权衡处理,找出最佳方案。

(2)噪声等效温差(NETD)

在视场中,产生的输出信号值等于噪声均方根值的目标和背景的温度差称为噪声等效温差,用NETD表示,可称为噪声限制的热分辨率。常用如图7-34所示的测试图进行测试,均匀温度为T_T,尺寸为$W \times W$的方形目标,处在均匀温度为T_B的背景中,假定目标和背景都为黑体。实测时,黑体、目标的温度和温差ΔT大到使系统输出的峰值信号电压V_s远大于均方根噪声电压V_n时,NETD的计算公式为

$$\mathrm{NETD} = \frac{\Delta T}{V_s/V_n} \tag{7-65}$$

NETD通常在探测器输出端用一台示波器来测量,而红外热像仪观察到一个差分温度为ΔT的正方形目标,该目标产生的信号对背景差分电压为V_s。然后,在探测器的输出端的噪声电压V_n用一台准确的电压表测量出来。

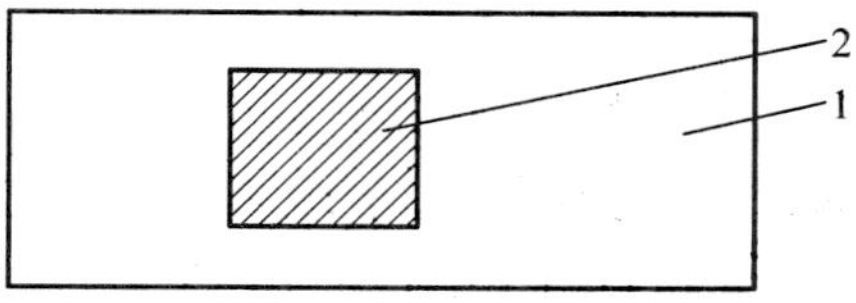

图7-34　NETD测试图

1—温度为T_B的均匀黑体背景;
2—温度为T_T的黑体目标

推导噪声等效温差实用表达式的系统示意见图7-35。

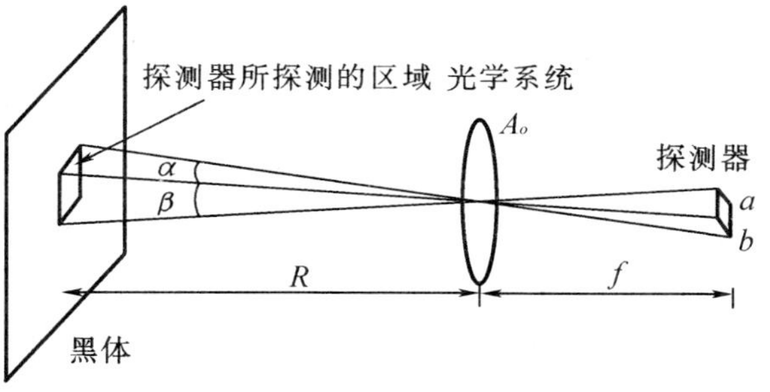

图7-35　传递到探测器上的黑体辐射通量

劳埃德推导NETD表达式的假设条件是:

①在探测器灵敏区域内探测器响应度是均匀的;

②探测器探测率与NETD等式中的其他参数无关;

③NETD等值为黑体信号级;

④探测器边线张角或系统F数可用小角度值来表示;

⑤电子处理器不引起噪声。

在以上假定下,可推出当$V_s/V_n=1$时,NETD应用于不同系统中的如下普遍形式为

$$\mathrm{NETD}(\Delta T) = \frac{\pi\sqrt{ab\Delta f}}{\alpha\beta A_0}\frac{1}{\int \frac{\partial M(T,\lambda)}{\partial T} D^*(\lambda)\tau_0(\lambda)\tau_a(\lambda)\mathrm{d}\lambda} \tag{7-66}$$

上式是对波长积分的精确方程式。在某些假定和近似条件下,上式可以简化为以下实用的形式:

$$\mathrm{NETD} = \frac{4}{\pi}\left[\frac{(F/\#)^2\sqrt{\Delta f}}{\tau_0\,\tau_a\,\sqrt{ab}\,D^*\,\dfrac{\Delta L}{\Delta T}}\right] \tag{7-67}$$

式中 $F/\#$——F 数,等于 f'/D;

ΔL——差分辐射亮度;

D^*——带内平均探测率;

$\dfrac{\Delta L}{\Delta T}$——普朗克定律频带辐射亮度的导数,可以加以近似(例如对于 300 K 光路情况下的背景)。

对于 8 ~ 12 μm 频带来说,被近似为 6.3×10^{-5} W/(cm^2 · sr · K);对于 3 ~ 5 μm 频带来说,被近似为 6.3×10^{-6} W/(cm^2 · sr · K)。

系统的 NETD 典型值范围约为 0.02 ~ 0.2 ℃。

劳埃德认为用 NETD 来表达热像仪的性能有如下一些缺点:

①NETD 通常是在电路输出端测量,并不是在显示器上测量,所以,它可能不包括所有的噪声源;

②NETD 是带内总的噪声度量指标,眼睛并不能按均匀一致的方式对所有噪声空间频率敏感;

③由于在推导中对黑体辐射作了假设,所以 NETD 并未考虑发射率。

(3)最小可分辨温差(MRTD)

用热像仪观察景物的热像时,要考虑"景物—热像仪—观察者"构成的整个系统。NETD 没有考虑显示器、人眼观察等因素,特别是没有把系统的温度分辨率与空间分辨能力联系起来。为了评价热像仪对不同空间频率的目标直接观察时系统的热灵敏度,引入最小可分辨温差——MRTD 的概念。

MRTD 的定义为:在给定的空间频率下,眼睛能从显示屏上分辨出测试板条带图像条带和背景之间的最小温差。

用具有某一空间频率且宽高比为 1:7 的四个条带作为标准目标,如图 7 - 36 所示,当目标与背景的温差逐渐从零增大到观察者可以在显示器上分辨出这些条带图案时为止。此时目标与背景的温差就是热像系统在该空间频率下的最小可分辨温差(MRTD)。MRTD 与空间频率的关系曲线如图 7 - 37 所示,N_{TC}称为截止频率,凡目标频率大于等于此值时,无论有再大的温差,目标都无法分辨。

图 7 - 36 MRTD 的标准测试图案

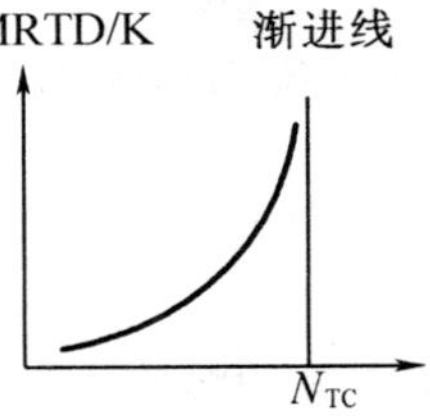

图 7 - 37 空间频率与 MRTD 的关系曲线

MRTD 的一般表达式为

$$\mathrm{MRTD}=\frac{3(\mathrm{NETD})(N_T)(\alpha\beta)^{1/2}}{\mathrm{MTF}_s(T_eF)^{1/2}(\Delta f_r)^{1/2}(\tau_d)^{1/2}} \tag{7-68}$$

式中　NETD——系统的噪声等效温差；

N_T——目标图案的空间频率；

α,β——探测器对目标图案的张角；

MTF_s——不包括显示器在内的系统调制传递函数；

T_e——人眼的积分时间，即人眼储存被观察物体信号的累积时间，一般为 0.2 s；

F——帧速；

Δf_r——基准滤波器的带宽；

τ_d——探测器扫描目标图案时的驻留时间。

(4)最小可探测温差(MDTD)

MDTD 定义为：在单独的目标与背景之间，能用热像仪看到目标的最小温差。使用单个正方形或圆形目标测量 MDTD，其线度要比系统瞬时视场小得多，可视为点源目标。MDTD 表征了系统探测不可分解的点源目标的能力。

MDTD 与 MRTD 的区别在于：测量 MDTD 用的是正方形目标且只有一个，只要温差足够大，不论目标大小如何，总可以被探测到。不存在条带图案，等于大于截止频率时，不论多大温差度无法分辨问题。

图 7－38 为 MDTD 与目标尺寸的关系示意。可见每一种尺寸的目标都有一个最小可探测温差与之对应，目标越大所对应的 MDTD 越小，也就是说对于较大目标只需要较小的目标与背景的温差就可探测到目标。

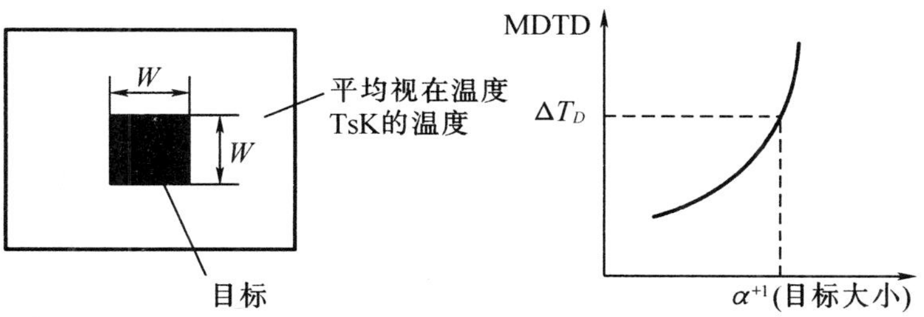

图 7－38　MDTD 与目标尺寸的关系

当方形目标的线度 W 与测试 MRTD 用的一条带的宽度相等时，即 $N_T=1/2W$ 时，MDTD 与 MRTD 的关系为

$$\mathrm{MDTD}=\frac{1.5\sqrt{2}(\mathrm{MTF})}{\bar{I}(x,y)}\cdot\mathrm{MRTD} \tag{7-69}$$

式中　MTF——系统总的调制传递函数；

$\bar{I}(x,y)$——对于比探测器立体张角小得多的目标，为目标立体张角与探测器立体张角之比。

(5)空间分辨特性参数(MTF)

空间分辨特性参数主要是调制传递函数 MTF。物面上的点经光学系统后，在像面上形成的一个光强分布称像点像(或称点扩散函数)，该点扩散函数的傅里叶变换就是光学传递函数 OTF。光学传递函数 OTF 实际上是像函数 $I(x,y)$ 的傅里叶变换与物函数 $O(x,y)$ 的傅

里叶变换之比,即

$$OTF(f)=\frac{F(I(x,y))}{F(O(x,y))}=MTF(f)\cdot e^{MTF(f)} \tag{7-70}$$

光学传递函数的模数 MTF 即为调制传递函数。

热成像系统的调制传递函数为

$$MTF(f)=MTF_o(f)\cdot MTF_d(f)\cdot MTF_e(f)\cdot MTF_x(f)\cdot MTF_{eye}(f) \tag{7-71}$$

式中　$MTF_o(f)$——光学系统的调制传递函数;

$MTF_d(f)$——探测器的调制传递函数;

$MTF_e(f)$——电子线路的调制传递函数;

$MTF_x(f)$——显示器的调制传递函数;

$MTF_{eye}(f)$——人眼的调制传递函数;

f——空间频率。

图 7-39 示出一系统的各分量的调制传递函数实例。

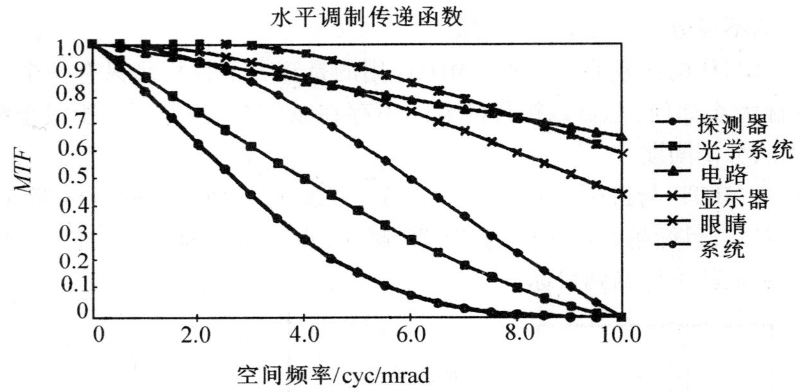

图 7-39　调制传递函数

(6)作用距离

作用距离是红外系统极其重要的一个综合性能参数。它与目标的辐射功率、大气条件、红外光学系统性能、探测器特性、电路带宽和使用所要求的极限信噪比等因素密切相关,还受到目标所处背景条件的影响。红外热像系统对目标的作用距离方程分面源目标和点源目标两种。

①点源探测时的距离方程　如果目标对热像仪的张角小于热像仪的瞬时视场角,则目标相对于热像仪而言就是点源目标。设不考虑背景辐射,也就是说系统的噪声仅受探测器的噪声所限制时,作用距离方程为

$$R=\sqrt{\frac{[I\tau_a]\cdot[\frac{\pi}{2}D_0(NA)\tau_0]\cdot[D^*]}{[(\omega\Delta f)^{1/2}(V_s/V_n)]}} \tag{7-72}$$

式中　根号内分子第一个方括弧内项表征目标的辐射和大气透射特性,其中

I——点源目标在波长 λ_1 和 λ_2 之间的辐射强度,$I=\int_{\lambda_1}^{\lambda_2}I(\lambda)\mathrm{d}\lambda$;

τ_a——大气透过率;

根号内分子第二个方括弧内项表征光学系统特征参量的作用,其中

τ_0——光学系统透过率；

D_0——光学系统通光孔径的直径；

(NA)——光学系统的数值孔径；

根号内分子第三个方括弧内项表示探测器特性，

D^*——探测器的比探测率；

根号内分母内项包括系统和信号处理的特性参量，其中

Δf——等效噪声带宽；

ω——光学系统的瞬时视场；

V_s/V_n——系统的信噪比。

②扩展辐射源目标的距离方程　当热像仪所观察的目标不满足上述“点”目标条件时，就叫扩展源目标。一般在利用热像来讨论对坦克、军舰、飞机、巡航导弹等军事目标的“发现”“识别”和“认清”时，实际就已把这些目标当作“扩展源”。此时，对目标图像的感知就不仅取决于目标辐射能的大小，还受目标形状、尺寸、与背景的辐射特性差异、大气条件以及要求的观察等级等多种因素的影响。

人眼从热像仪感知目标图像的条件是：若目标的等效条带图案之空间频率为 μ，其与背景的实际等效温差 ΔT_e 在经过大气衰减、到达热像仪时，仍不小于热像仪在频率 μ 上的最小可分辨温差 $MRTD(\mu)$，且目标最小投影尺寸对热像仪入瞳的张角不小于观察等级所对应的最小视角 $\Delta\theta$。以公式描述，即

$$\left.\begin{aligned}&\Delta T_e\,\tau_a(R)\geqslant MRTD(\mu)\\&\frac{H}{Rn_e}\geqslant\Delta\theta=\frac{1}{2\mu}\end{aligned}\right\}\tag{7-73}$$

式中　$\tau_a(R)$——距离 R 上的大气平均透过率；

H——目标最小投影尺寸；

n_e——目标等效条带数。

满足(7－73)式的最大距离 R_{max} 即热像仪的扩展源视距。实践中是在考虑主要影响因素后用逐次逼近方法求解的。

7.6　凝视热成像系统在潜望镜与光电桅杆上的应用技术

7.6.1　概述

1. 红外焦平面探测器件的发展

一个红外系统的主要部件包括：光学系统、红外探测器和信息处理电路等。在第一代红外系统中，红外探测器通常位于系统的光学焦平面上。现代高性能的红外探测器一般为内光电效应的半导体光电探测器，它需要封装在杜瓦瓶中并在低温下工作；而信息处理电

路位于焦平面外不放在杜瓦瓶内,于室温下工作。这样,在焦平面上仅仅完成探测功能。在杜瓦瓶中的每一个探测单元都有一根独立的传导信号引线通过低温真空杜瓦瓶引出。因此探测元数越多,引出线就越多,功耗也就越大。在第一代的红外系统中应用的探测元数被限制在200元以下。这包括国外20世纪70年代末发展的60,120,180元光导型碲镉汞通用组件是第一代红外探测器的典型例子。

然而,从许多应用角度来看,为进一步提高武器的性能,要求提高红外系统的分辨率和灵敏度,这就需要系统中包含有几千个甚至几十万个探测器,如果每个探测器再用独立的传导信号的引线引出,这简直是不能想像,也是无法实现的。20世纪60年代末,硅CCD的发明使得在焦平面上完成探测功能同时又能完成信息处理功能成为可能。经过深入细致的研究工作,并在红外探测器材料与器件和微电子技术的长足进展的情况下,促成了用集成电路技术制造具有模拟信号读出电路的高密度探测器阵列,产生了新一代红外焦平面探测器件(IRFPA,也写为FPA,即Focal Place Array)。

IRFPA的基本功能是在焦平面上完成光信号探测,并在积分时间内将光信号转换为电信号和多路传输,即把各个探测器的信号多路传输至一条或几条输出线路而读出,这样就大大减少了从杜瓦瓶中引出的线数,因而可将探测器的元数比第一代提高几个量级。探测元数的增加,使红外系统可获得较高的图像分辨率和灵敏度,从而提高对目标的识别能力,提高远距离探测和跟踪多目标的能力。在提高性能的同时又缩小了系统的体积与质量,最终可省去笨重的机械扫描,并向电子扫描过渡,使整个系统设计变得简单,做到小型化,并可实现模块化。

当前红外探测器技术发展极其迅速,国外已研制了多种先进的IRFPA器件,并有中规模、大规模甚至超大规模的焦平面阵列问世。西方海军大国最初在潜艇潜望镜上应用的热像仪都是光机扫描型的属于第一代的热像仪,随着技术的进步,目前已逐步被装有IRFPA器件的第二代热像仪替代,而潜望镜的换代产品——各国新研制的光电桅杆中,则一律采用第二代凝视型热像仪,并且现已发展到纷纷换装大规模的高清晰度焦平面阵列的阶段。

2. 扫描型和凝视型IRFPA

(1)扫描型IRFPA

它是一种具有一维光机扫描,并在焦平面上带有信号处理和读出功能的器件。通常由一至四排线列组成,是当前发展最为迅速并已得到广泛应用的一种IRFPA器件。以法国与美国推出的HgCdTe 4N系列(4×288,4×480,4×960)为典型例子。在焦平面上有四排288个(或480,960)的光伏型碲镉汞探测器线列和带有TDI(时间延迟和积分)功能的硅CCD信号处理电路通过铟柱互连而成。其中288行产生一个视频场,采用一维光机扫描,要求光机扫描速度与电荷转移速度同步,扫描方向有四个探测器,每个探测器顺次扫过同一视场元,依次从同一像点取样。这样探测器的探测率便可线性相加,为单个探测器的4倍,而噪声是非相关的,为原来的$\sqrt{4}=2$倍,使总的信噪比为原来的2倍。

由于凝视型焦平面器件特别是长波器件研制难度大、成本高,目前还不能满足集成规模要求或大量应用的要求;而对很多应用,就像搜索扫描与告警系统,4N系列焦平面器件还有独特的优点。最为重要的是,在俯仰方向可由数百元的探测器扩展视场,而在水平扫描方向,既可以实现高速扫描,而避免凝视型焦平面器件的面阵扫描带来的积分时间限制,也可以以极慢的速度扫描而保持高灵敏度。

(2)凝视型 IRFPA

凝视型 IRFPA 是一种无需光机扫描的二维探测器阵列。覆盖了整个视场,一个探测元对应景物的一个点。在每一时间周期内对全视场积分,信号由信号处理装置依次读出该视场后再对第二场进行积分。采用凝视型 IRFPA 的红外系统可大大简化设计,达到小型化。

与依靠光机扫描来扩大视场的探测器不同,每一场周期的时间中,扣除将探测器上获得的光电信号转移读出所需时间外,都被用来对景物的辐射能量进行积分,这样就大大增加了积分时间。

凝视型 IRFPA 为了达到最佳的性能与最大的信噪比,需要尽可能长的有效积分时间。增加积分时间,就可增加系统的灵敏度,而这与增大扫描速度的要求是相矛盾的。

在凝视型 IRFPA 的发展中,有一种小型面阵器件(320 × 240 元)加两维微型扫描器的方案,如德国的 ATTICA 系列热像仪,它避开了大规模凝视型 IRFPA 的制造难题,而又可达到一定的大视场和较高分辨率的要求(见 7. 3. 4,7. 7 节)。目前大面阵的焦平面阵列器件的研制已经有了长足的发展,出现了多型成熟的产品,无论是中波 3 ~5 μm 还是长波 8 ~12 μm,甚至短波 1 ~3 μm,都获得了广泛的应用,使潜望镜和光电桅杆的应用有了更大的选择余地。

(3)双波段凝视型 IRFPA 及第三代红外光学系统

在 20 世纪 90 年代中期,发展多色焦平面列阵(MSFPAs)的概念得到了美军方的高度重视,其投入大量资金开展 MSFPAs 技术研究,新型大规模焦平面列阵 MSFPAs 将成为提高信息获取能力的主要手段之一。

美国 Rockwell 公司研制出了 128 × 128 元长波/短波、中波/中波双色焦平面器件。该器件采用了分子束外廷碲镉汞多层材料,为单极型探测器结构,其探测率分别为 6. 0 × 1011 cmHz1/2W - 1 (长波),1. 6 × 1012 cmHz1/2W - 1(短波)。

法国 Leti/LIR 公司研制出了短波/中波双色焦平面器件,DRS 公司用"via - hole"的独特技术获得了双色探测器,而 Leti/Sofradia 公司也已经获得了碲镉汞双色探测器焦平面列阵。

美军夜视与电子传感器研究局(NVESD)将第三代 FLIR 定义为将大规格双波段焦平面(MWIR/LWIR)使用双 F 数或变 F 数光学系统的 FLIR。第一代 FLIR 系统是扫描型 LWIR 系统,其孔径光阑位于靠近扫描反射镜的位置,而扫描反射镜位于无焦系统和成像器之间。这种光阑位置会使背景辐射到达 FPA,从而限制了第一代 FLIR 系统的灵敏度。这样就使得第二代系统有了一个根本的变化:引入冷光阑。第二代系统中采用的冷光阑很大程度上降低了不需要的光通量,但同时也造成了所有的视场都是一个固定的 F 数。第二代系统有工作于凝视型(MWIR)和扫描型(LWIR)两种情况。

第三代系统旨在消除以往两代系统存在的局限性,同时保留并提升其优点。使用双波段(FPA)可以使同一个系统具有 MWIR 和 LWIR 双波段工作能力,使用的是一个焦平面,但需要设计双波段光学系统。采用双 F 数杜瓦消除了由于采用冷光阑和固定 F 数带来的限制,但同时又保留了原来的优点。合适的光学系统可使双波段双 F 数传感器成像系统得到最佳的分辨率和灵敏度,以及高效的冷屏效率,因而可显著提高对目标的侦察和识别能力。

3. 凝视型热像仪设计应用的一些技术问题

(1)关于非均匀性校正问题

成千上万的探测元的性能客观上存在不一致性,就存在一个均匀性的问题。通常均匀性最好的肖特基势垒 IRFPA 的不均匀性为 0.2% ~0.5%,而本征光子探测器不均匀性约为 10%,因此必须进行较好的均匀性修正才能发挥它全部的潜在优势。修正方法有单点、二点和多点修正。一般均匀性较好的肖特基势垒 IRFPA 可采用单点修正,而通常应用的方法是两点校正法。如果阵列响应是光通量的非线性函数,则对于高灵敏度阵列就需要较复杂的多点校正。

(2)关于坏元的替换处理问题

由于制造工艺的原因,IRFPA 的一些像元为坏元或灵敏度异常的像元的概率是非常大的,这就有一个替换处理方法问题。

(3)图像扫描的工作方式问题

由于采用 IRFPA 器件,凝视型热像仪的搜索扫描就是一个图像扫描的问题,它和线阵扫描有很大的不同,其扫描速度受到探测器积分时间的限制。此问题将在第 9 章做进一步的讨论介绍。

(4)关于图像的处理和目标的提取问题

红外热成像系统通过摄取目标发射的红外辐射,将其转换为电信号输出,形成可视图像实现对目标的热场进行观测和测量。如何实时而又准确地处理所获取的热图像是当前红外热图像处理领域的一个难题。

红外图像的处理过程大体分为:

①视频预处理,主要是对视频模拟信号进行箝位、放大和滤波等处理;

②图像的数字化处理,由 A/D 转换成 8 bit 的数字化信号;

③固定背景噪声去除处理;

④非均匀性校正处理;

⑤坏元替换处理;

⑥灰标、字符信号、波门或十字线等与图像的混合,电视制式的转换至送显示器显示。

如果需要对目标进行定位测量时,则需要对目标的位置进行判断、计算和提取。

7.6.2 潜望镜红外热像系统组成与工作原理

1. 系统组成

图 7-40 示出了热像仪在潜望镜上应用的系统组成示意。由于在潜望镜上应用的红外热像系统主要是用于较慢速的搜索和凝视观察,所以其系统的组成体现了红外观察系统的特点。

潜望镜凝视热成像系统基本由红外探测头和控制单元组成。一般红外探测头由红外保护玻璃、俯仰机构、红外光学镜头、红外传感器、信号处理模块、非均匀性校正(NUC)模块、测角元件等组成,安装在潜望镜头部。控制单元由计算机、俯仰驱动模块、测角转换模块、图像检测模块、信号接口板等组成,安装在潜望镜的操控机柜内。通过敷设在潜望镜镜管内的电缆和导电滑环实现能量和信号的传递。

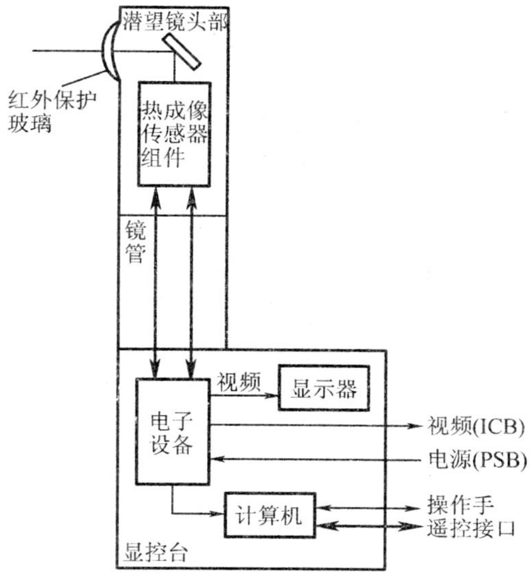

图 7-40　红外热像仪在潜望镜上应用的组成示意图

凝视型热像仪在潜望镜上应用的工作原理框图如图 7-41 所示。

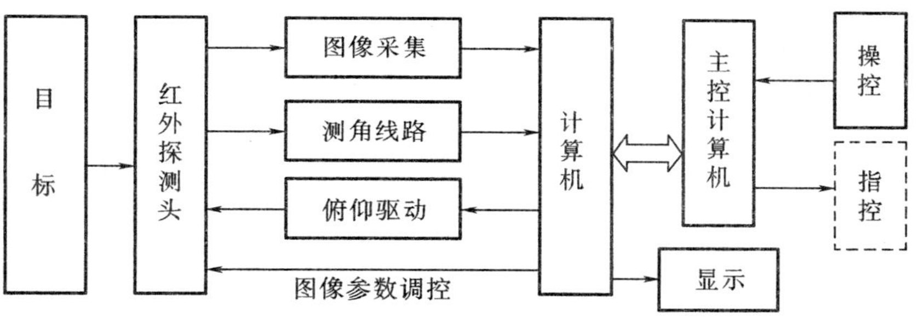

图 7-41　潜望镜热像仪组成原理框图

海空目标的热辐射通过大气传输，由红外镜头接收，聚焦在红外传感器的靶面上，红外传感器通过光电变换，将光信号转变为电信号，经信号处理，将图像编码为 CCIR 信号传输到控制机柜的显控单元中，经图像采集及图像处理后，在显示器上显示。显控单元、计算机可进行数字录像和放像。

2. 凝视型热像仪组成及信号流程框图

凝视型热像仪组成及信号流程框图见图 7-42。

在图 7-42 中来自摄像头(由红外光学系统和凝视型 IRFPA 组成)的图像信号，经箝位、放大和滤波等预处理后由 A/D 转换成 8 bit 的数字信号，在存入帧存储器前，先进行固定背景噪声消除。即先采集一帧背景图像信号，将该信号数字化后存入一背景存储器中，当摄取目标时，利用帧相减技术，将背景从目标信号中减去。去除背景后的目标图像信号再存入帧存储器中，并进行响应率的非均匀性校正和坏元替换补偿等处理。

读写控制线路对帧存储器中的图像信号进行读写，并将红外 CCD 输出信号的格式转换成标准视频信号的格式。图形发生器产生供显示用的灰标及字符信号、波门或十字线信号，与图像信号混合后，经对比度扩展、黑白电平控制、伪彩色编码和视频显示模块后，变成 PAL 制全电视信号至彩色监视器显示。对于军用热像仪，则一般不进行彩色编码的步骤。

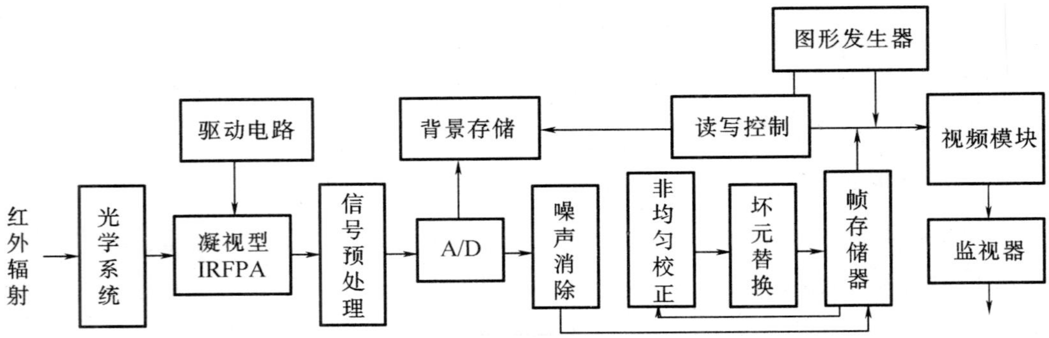

图 7-42 凝视型热像仪组成原理框图

7.6.3 总体方案考虑的问题

现代光电潜望镜与光电桅杆大多采用红外与可见光双通道的总体方案,相对于只有可见光通道的光机型潜望镜而言,其主要区别是在潜望镜观察头。如何权衡可见光通道与红外通道二者之间的关系,向来是各国光电潜望镜总体设计中最棘手的问题。凝视型热成像仪较之国外光电潜望镜中过去所采用的扫描型热像仪已经大大提高了工作性能并简化了结构,缩小了体积,提高了可靠性。在进行总体设计时,首先考虑的主要因素是观察头部结构形式、红外系统的可靠性和维修性,其次是红外图像处理及潜望镜的工作模式。

1. 观察头部方案的讨论

潜望镜观察头部的方案实质上就是观察窗口的布置方案。而观察窗口的外形主要有两种类型:一种是平行窗口布置方案;另一种是上下窗口布置方案。

对于攻击型潜望镜,通常要求潜望镜观察头部径向尺寸较小,一般采用观察窗口上下布置的方案;而对于搜索型潜望镜有采用观察窗口平行布置的方案,如法国的 PIVAIR 潜望镜,德国的 SERO14、SERO400 光电搜索潜望镜;也有采用上下布置方案的,如英国的 CK043 型光电搜索潜望镜,美国的 90 型潜望镜,15 型潜望镜,日本的潜望镜等。上下布置时,红外窗口多处于下方,且采用球面罩窗口。

潜艇潜望镜窗口不仅要承受海水环境的化学腐蚀和生物侵蚀,还要承受潜艇在最大下潜深度时产生的巨大海水压力。球面窗口相对平面窗口而言,从受力的角度分析,它比平面窗口耐压性能好。因此,在同等给定的厚度和直径的条件下,球面罩可以承受的压力比平面窗口的压力大得多。在设计上,采用球面窗口结构的玻璃厚度可以稍薄一些,这对于提高系统的透过率也是有利的。如果潜望镜要求的仰角很大,那么,对于给定的入瞳尺寸而言,球面窗口的直径显然小于平面窗口的直径。所以,球面窗口非常适合于瞄准线俯仰范围较大的潜望镜,球面罩的观察范围一般可达 $-15° \sim +75°$。采用球面罩结构能适当地为头部光学元件提供较大安装空间。另外,与可见光通道光学系统不同的是,球面罩窗口对制冷型红外热像装置不会产生冷反射现象。

球面窗口的问题是光学系统入瞳位于球面罩的曲率中心,它会引起光焦度、球差和色差的问题。如果光学入瞳落在其他位置上,那么球面罩又会增加彗差和像散。所以,瞄准线的俯仰轴必须精确地通过球面罩的曲率中心,这给潜望镜观察窗的装配带来很大的难度。此外,球面罩的光学加工工艺和加工成本也是必须考虑的因素。

平面窗口不存在上述球面窗口的问题，由于它结构简单，制造成本低，设计、加工和装配方便的特点，而被更多地采用。图7－43（见721页）是两例配置方案。

必需注意的是平面窗口形式的玻璃表面法线与瞄准线在子午面上须有较大的偏角，目的是消除红外热像仪的冷反射现象。

2. 红外光学系统

（1）单波段红外系统方案设计

在确定了潜望镜窗口的布置方案之后，紧接着是选择和确定红外光学系统的方案。如果是窗口上下布置的方案，则红外系统的轴向尺寸限制较大，多选用摄远型红外光学系统；如果是窗口并排布置的方案，则限制其径向尺寸，可选用二次成像的光学系统（原理见4.6.3节）。必须指出的是，红外光学系统的设计中应考虑制冷型红外传感器冷屏（相当于孔径光阑）对成像系统的影响，否则，成像系统可能产生较大的渐晕。

二次成像的光学系统，可实现在较小口径下，满足变焦成像及较高的冷光阑效率。一次成像的前组可完成变焦功能，它又由前固定组和变倍组所组成，变倍组前后移动，在两个共轭位置形成两个放大倍率，变换物距和像距，可得到不同的倍率值。

由于凝视型的红外焦平面探测器大幅度地提高了灵敏度，因此，较小的物镜口径就可以达到较远的工作距离，正如后节所述，这与扫描型热像仪开始在潜望镜上应用时，考虑光学系统有不同的出发点。

（2）双波段红外光学系统方案设计

当使用双波段双 F 数传感器时，红外光学系统的设计将与单波段固定冷光阑的系统有很大的不同。

首先要解决的问题是双波段光学系统的齐焦且成像质量满足要求。反射光学系统无色差，但不利于多视场系统；而折射光线系统色差较大，双波段系统又不能采用衍射光学设计，因此最佳的设计方案是将反射无焦系统和折射光学系统组合，见图7－44。

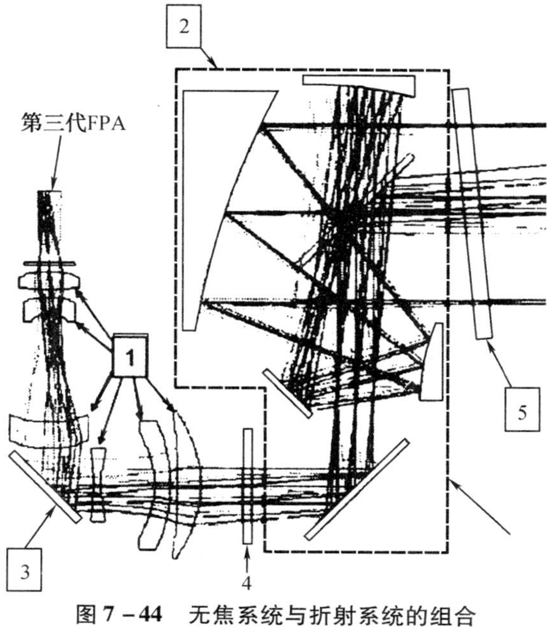

图7－44　无焦系统与折射系统的组合

1—折射系统；2—无焦系统；3—反射镜；4—分光镜；5—窗口

其次是实现双 F 数的光学系统。目的是在视场改变时,有不同的 F 数相匹配。

一种简单的双 F 数成像是两个视场间具有 2 倍的有效焦距调节,但两个视场的入瞳直径不变,见图 7-45。这样可以很大程度上减小光学系统尺寸,而不会导致性能下降。特别适合于对空间尺寸要求较严的系统采用。

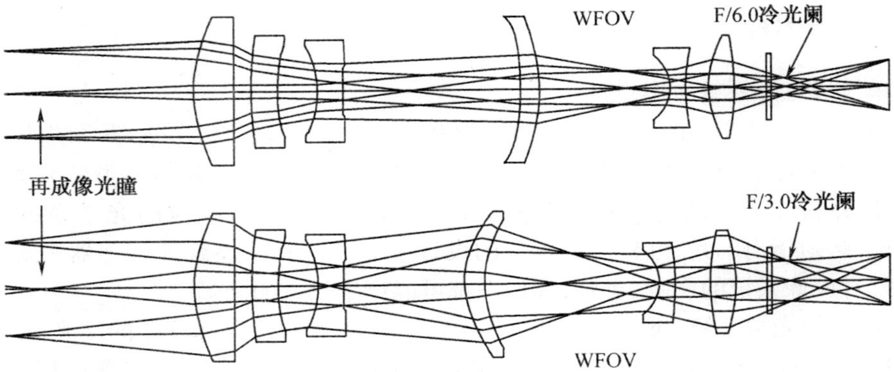

图 7-45 双 F 数光学系统

3. 冷反射问题

红外通道反射镜在俯仰操作时,有时在某一位置输出图像上会出现一个黑斑;在此位置上进行非均匀性校正后,则其他位置出现亮斑。这种现象称之为"冷反射(Narcissus)"(冷反射问题第 4 章有更详细的介绍)。

冷反射产生的原因见图 7-46 所示。红外焦平面阵列位于冷屏后面的制冷腔内,接收经过物镜会聚后的红外光,输出视频图像。由于红外焦平面阵列位于制冷腔内,制冷温度为 77 K(-196 ℃),其温度极低。在物镜焦平面上低温的红外焦平面阵列经过物镜后发射出平行光,一般情况下对成像没有影响。但在特殊的一个位置,即物镜光轴与保护窗口垂直时,该平行光会被保护窗口的表面微弱反射,再经过物镜成像在焦平面阵列上,即探测器看到了它自身的反射回来的像,这就是"冷反射(Narcissus)"现象。当保护玻璃后表面反射率较高时,冷反射现象较明显。冷反射的像进入成像系统后,将成为不可滤掉的噪声,与热图像叠加在一起,在视场中心形成黑斑。

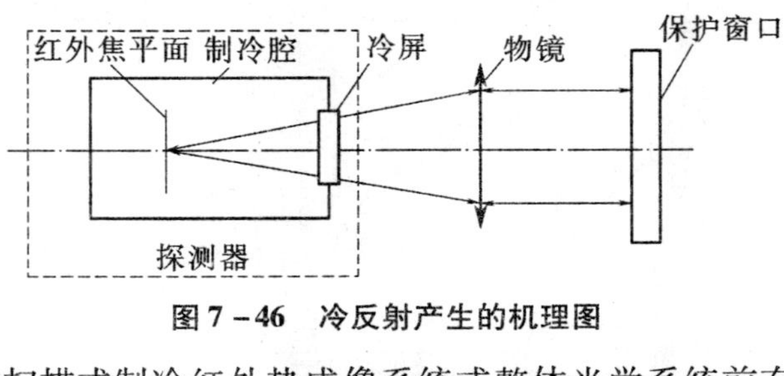

图 7-46 冷反射产生的机理图

冷反射仅出现在扫描式制冷红外热成像系统或整体光学系统前有垂直于光轴的平面零件的系统中。冷反射属于弱信号,当目标信号较强时,不影响观察,但当目标信号较弱时,对观察将产生影响。

为避免冷反射现象的出现,最简单的办法是将观察窗口保护玻璃在潜望镜弧矢面方向旋转一定的角度,使反射像偏离红外传感器靶面;或采用球面保护玻璃,使反射像远离传感器靶面。

4. 工作模式

凝视热成像系统的搜索扫描属于图像扫描，它与目视观察有很大的不同，它要一帧一帧地采样。这与线阵扫描也有很大的不同，扫描速率受到积分时间的制约。目前在潜望镜红外热像系统中的工作模式有三种。

(1)凝视观察模式

这是最基本的一种工作模式，它可用于观察、测距、录像等战术使用目的。

(2)周视和区域扫描模式

潜望镜红外热成像系统应可实现不同速度的自动周视和图像拼接，以及一定帧数的自动区域扫描图像拼接(如 5×6 帧)，以满足潜艇上浮后，须快速周视警戒和某一危险方位区域扫描警戒的战术需求。图 7－47 为周视扫描和区域扫描的模式图。

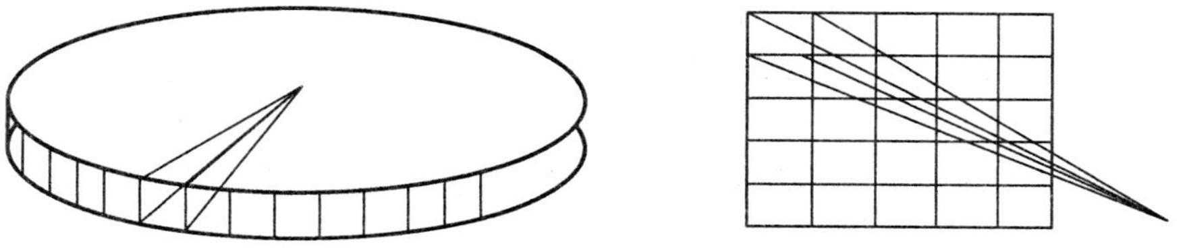

周视扫描模式　　区域扫描模式

图 7－47　周视扫描和区域扫描模式图

(3)目标跟踪

实现目标自动跟踪的关键是进行目标的检测，可通过波门来检测目标的偏离量，提供出控制潜望镜高度、方位随动系统的偏差量，就可实现对目标的跟踪。这种工作方式，对于判断目标的属性，弄清威胁的程度以及提高侦察的效率是非常有用的。

(4)全景成像警戒模式

使用全景成像镜头对空域 $\alpha\times360°$ 成像，可实现快速警戒的目的。其特点是无须扫描，缺点是作用距离小。

另一种全景成像警戒模式使用 N 个非致冷大视场红外热像仪成像拼接，对物方 360°一次成像。缩短警戒时间，减低被发现风险。

5. 波段选择问题

红外热像系统可利用的工作波段主要是 3～5 μm 和 8～12 μm。一般工作波段的选择主要应从大气环境、背景的温度范围、目标的红外辐射特性以及红外传感器的限制等方面综合考虑。

(1)红外波段与目标辐射特性的关系

目标光谱辐射通亮密度的峰值波长由式(7－3)威恩定律确定，即

$$\lambda_m T = 2\ 897.79(\mu m\cdot K)$$

对于 250 K(23 ℃)、313 K(40 ℃)、350 K(123 ℃)温度的目标而言，其辐射的峰值波长分别为 12 μm、9.3 μm、8 μm 附近。

同样，对于温度为 40 ℃的目标，可以计算出在 3～5 μm 和 8～12 μm 两波段的积分辐射通量(强度)分别占总辐射通量的百分比约为 3.5% 和 26%。这说明，常温目标的红外辐

射主要集中在 8 ~ 12 μm 波段内。

(2)红外波段与大气透过率的关系

从大气效应来考虑,3 ~5 μm 波段在高温高湿度条件下的使用性能要优于 8 ~ 12 μm 波段,而且这已为在我国南部海区的观察对比试验所证实。也可以通过计算来说明,3 ~5 μm波段的大气透过率受气象条件变化的影响较小,在第 9 章参考文献[1]中计算出,在探测距离为 15 km 时,在夏季潮湿的热带海洋气候条件下,3 ~5 μm 波段的大气透过率较之 8 ~12 μm波段的大气透过率可高出 3 ~4 倍。

(3)红外探测器的因素

目前长波(指 8 ~ 12 μm)红外探测器的大规模面阵制造还有一定困难,成本较高,目前还未大量地进入市场,多集中在有一维扫描的 288 ×4 或 488 ×4 的器件;而中波(3 ~5 μm)凝视型器件和热像仪则已经成熟,并正被大量地用于军民领域。

红外探测器主要实现两方面的功能,一是将红外光子转换成电荷载流子;二是对这些载流子的收集和信号的多路传输。从目标的辐射通量考虑和光子辐射出射度对温度的导数以及信噪比等看,8 ~12 μm 波段的性能均较高。然而,8 ~12 μm 波段的性能要受到红外探测器的有关性能特征的限制。由于积分光子受到读出载流子势阱尺寸的限制,通常 8 ~ 12 μm 波段的凝视探测器并不能利用整个 8 ~12 μm 波段,这样,8 ~12 μm 波段的信噪比高的优点将受到损失;另外,3 ~5 μm 的相对对比度较高(即光子辐射出射度随温度变化的相对对比度),因此,从器件来讲,3 ~5 μm 和 8 ~12 μm 波段各有优势。

总之,从以上三个方面的分析来看,主要是在热带海上应用的红外热像系统,以选择 3 ~5 μm波段更为有利;而主要是在温寒带海上使用的热像仪则以选择 8 ~ 12 μm 波段为宜,最好是选择双波段同时工作。从表 7 -11,7 -12 可以看出,目前国外光电潜望镜上装备的扫描型红外热像仪大多选用 8 ~12 μm 波段,而光电桅杆中则出现了选择 3 ~5 μm 波段的趋势。

6. 作用距离的核算

有时红外探测器厂家提供的是噪声等效温差 NETD,而非是比探测率 D^*,则需将式(7 -67)加以变换,将(7 - 72)的噪声等效温差表达式带入,则得到含有噪声等效温差 NETD 的点源目标探测距离计算式:

$$R = \left[\frac{I_{\Delta\lambda} \cdot \tau_a \cdot \eta_1 \cdot \eta_2}{\mathrm{NETD} \cdot \omega \cdot \Delta N_{\Delta\lambda} \cdot \mathrm{SNR} \cdot K} \right]^{\frac{1}{2}} \tag{7-74}$$

式中 $I_{\Delta\lambda}$——目标在探测器工作波段的辐射强度,$\mathrm{W \cdot sr^{-1}}$;

τ_a——大气透过率;

ω——探测器的瞬时视场,sr;

$\Delta N_{\Delta\lambda}$——单位温度变化引起的辐射亮度差,$\mathrm{W \cdot cm^{-2} \cdot sr^{-1} \cdot K^{-1}}$;

SNR——系统信噪比;

K——修正系数;

η_1——光学系统的平均透过率;

η_2——探测器的探测因子。

现有下列具体数据:

NETD =25mK(25 ℃时)

$\eta_1=0.8$

$\eta_2=0.7$

$\omega=\alpha\times\beta=6\times10^{-8}\mathrm{sr}$

$\tau_a=0.14$

$I_{\Delta\lambda}$在 3 ~5 μm 波段的辐射强度约 15 W · sr^{-1}

SNR 当目标像为亚像元时,探测概率为 0.95 时的信噪比取 SNR = 12

$\Delta N_{\Delta\lambda}$——单位温度变化引起的辐射亮度差,约 5.2×10^{-6} W · cm^{-2} · sr^{-1} · K^{-1}

K——修正系数取 4

将以上数据带入距离方程后,可计算得红外系统对点源目标的最大探测距离约为 20.3 km。

7.6.4　图像处理

1. 非均匀性校正(NUC)

凝视型红外焦平面探测器的由于受材料和工艺水平所限的原因,一个突出的问题是各探测元的非均匀型差别很大,难以满足实用要求。例如,对于红外成像制导系统,要求 IRFPA的非均匀性在 0.1% 以内,对于资源卫星上的红外遥感系统的红外焦平面器件的大量均匀性应在 0.5% 左右,最大不能超过 1% 。而目前的焦平面器件非均匀性典型值为

PtSi	FPA	0.5% ~1%
InSb	FPA	3% ~10%
HgCdTe	FPA(MCT)	10% ~30%

非均匀性的定义为 FPA 在同一均匀辐射输入时,单元之间输出的不一致性,又称为固有空间噪声(Original Spatial Noise)。造成非均匀性的主要影响因素是:响应率的非均匀性,包括光谱响应的非均匀性;读出电路自身及读出电路与探测器耦合的非均匀性;暗电流的非均匀性、红外光学系统的影响尤其是冷屏的影响等。

为了解决这个需求矛盾,通常采用现代信号处理技术,对 IRFPA 的非均匀性进行实时的校正;这是一条投入少,收效甚大的技术途径。多年来人们相继探讨了多种非均匀性校正方法,目前使用最为广泛的是基于两个辐照度定标的两点校正算法,它具有简单、易于实现等优点。而其他方法正在逐步完善发展,是目前一个热门的研究课题。

两点校正方法属于定标校正,应用两点校正法的前提条件有两个:第一,探测器的响应是线性的,这一点从图 7 -16 中可以得到,这一假定在大部分区域是成立的;第二,探测器的响应必须具有时间的稳定性。两点校正方法如下:

①在红外热像仪使用前,对准黑体温度为 T_1 目标,测得探测器各单元的响应 $V_{si}(T_1)$;

②对准黑体温度为 T_2 目标,测得探测器各单元的响应;

③按式(7 -75)计算各单元的校正系数;

④带入线性校正方程式(7 -76),求得各点的校正后的输出信号。

$$\begin{cases}a_i=\dfrac{V_s(T_2)-V_s(T_1)}{V_{si}(T_2)-V_{si}(T_1)}\\[2ex] b_i=\dfrac{V_s(T_2)V_{si}(T_1)-V_s(T_1)V_{si}(T_2)}{V_{si}(T_2)-V_{si}(T_1)}\end{cases}\tag{7-75}$$

$$V'_{si}=a_iV_i+b_i \tag{7-76}$$

式中，$V_s(T_1)$，$V_s(T_2)$是探测器各像元在温度为 T_1，T_2 的黑体辐射作用下的原始响应信号的平均值。

以上两点校正方法的原理，可由图 7－48 清楚地理解。

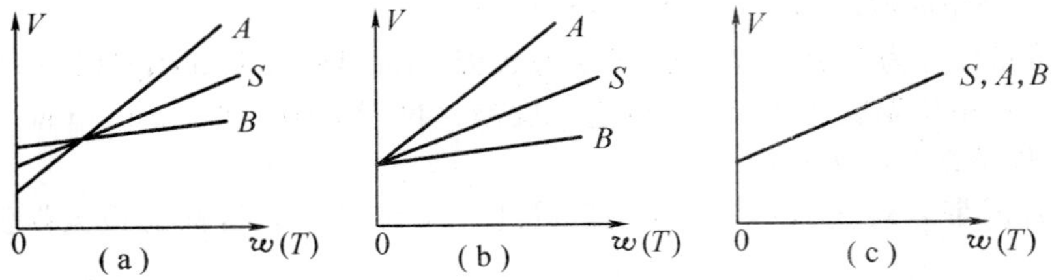

图 7－48　两点校正法的原理

图 7－48(a)是具有不同响应率和不同暗电流的两个光敏元的输入输出曲线的示意图，从图中可以看到输入输出曲线的截距反映出暗电流的不均匀性，曲线的斜率反映出响应率的不均匀性。非均匀性校正就是要使曲线 A，B 重合于一条曲线。为此拟定一条标准曲线 S（即上面所说的响应的平均值），先将曲线 A，B 作平移，可得图 7－48(b)；再将曲线 A，B 以 S 曲线为标准旋转变换得到图 7－48(c)。所有的转换都是以(7－76)式所示的响应为线性的假定为出发点的。

2. 坏元替换

由于制造工艺的原因，红外焦平面器件的一些像元为坏元或灵敏度异常的像元。坏点的定义是指像元的灵敏度大于或小于平均值的百分比，例如 30%。换句话说，坏点的认定取决于百分比的取值。在各型红外热像仪中，对坏点的定义是可以调整或者说是可以改变的。如在一种观察搜索用的热像仪中，坏点定义是灵敏度大于平均值 200% 或小于平均值的 50% 的点。采用与其相邻的像元的输出或其他的方法代替这个像元的输出，称之为坏元替换(RTP)。进行坏元替换后，会出现两个或两个以上的像元的输出信号和噪声特征相同的现象，严重的会出现“马赛克”现象。

坏点替换的方法有多种，一种方法是用临近的好点直接替换。

图 7－49 中，当检测到点 0 是坏点时，按顺序检测 1，2，3，4 点，然后，用好点直接替换 0 点。当 2 点为坏点时，检测 0，5，6，7 点，由于 0 点是坏点，只能由 5，6，7 顺序好点替换。因此，当 0 点被 1 点替换后，0 点的图像实际上是 1 点的图像，或者说，0 点的图像是假像。如果真实图像亮和暗的分界线正好在 1 和 0 点之间，则显示图像在此点将出现锯齿状，如图 7－50所示。

		3	7		
	1	0	2	5	
		4	6		

图 7－49　坏元替换原则

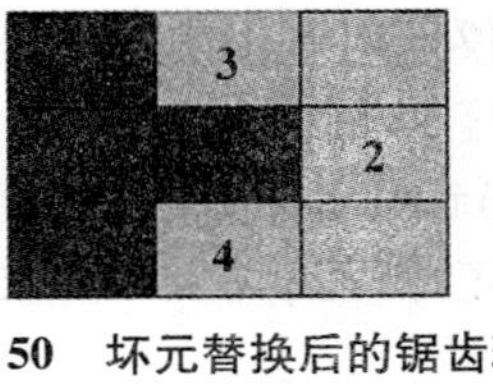

图 7－50　坏元替换后的锯齿现象

当 0 点附近坏点较多时，例如，在图 7－51 中，当 12，22，14，24，16，26 各点被替换后，原本灰度变化梯度平滑的图像就会成为灰度变化为阶梯状的图像，在观察显示图像时，表现为“马赛克”状。

为避免出现坏元替换后出现的“马赛克”现象影响使用，通常应对探测器提出一定的要求，例如对某型焦平面探测器的疵点（即坏元）的要求如下。

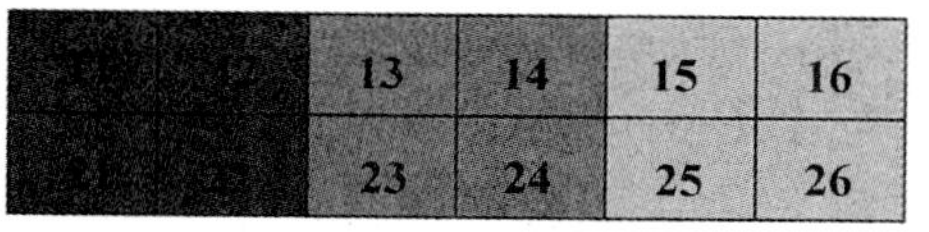

图 7 – 51　坏元替换后的马赛克现象

对热像仪进行非均匀性校正后，在 NETD 平均值不大于一定要求值的条件下：

①全视场疵点数量≤1%，不允许相邻疵点数量大于 15 个；

②全视场不允许相邻疵点数量大于 3×4 或 4×3；

③视场中心 128×128 区域，不允许相邻疵点数量大于 9 个。

7.6.5　目标提取与数字测偏算法数学模型

红外热像观察搜索系统如需要对目标进行跟踪或定位测量时，则需要解决数字图像的目标提取问题。目标提取通过采集视频图像、提取目标、图像显示和录制、输出目标偏差量等步骤进行。目标提取的数字测偏算法通常有邻域法和差分法等算法。

1. 邻域法

计算机读取波门内的灰度电平数据，数据区域为 m 行、n 列的数组，即

$$\begin{bmatrix} D(0,0) & D(0,2) & \cdots & D(0,n) \\ D(1,0) & D(1,1) & \cdots & D(1,n) \\ \vdots & \vdots & & \vdots \\ D(m,0) & D(m,1) & \cdots & D(m,n) \end{bmatrix}$$

（1）门限电平的设置

门限电平采用逐行设置的方法，将每行的第 0 列和第 n 列的数据取平均，即

$$V_i = [D(i,0) + D(i,n)]/2 + V_a \tag{7-77}$$

式中　V_i——第 i 行的门限电平，$i = 0 \sim m$；

$D(i,0)$——第 i 行第 0 列数据；

$D(i,n)$——第 i 行第 n 列数据。

V_a——灵敏度调节值。

（2）目标提取

将每行各点的像素数据同该行门限电平进行比较，高于门限电平值的数据即为目标数据，将其行位置和列位置存储起来。

（3）求目标矩心

对图像进行检测时，凡超过门限的各像素的信号电平 DV 均予以记存，因此，目标的矩心位置为

$$\begin{cases} x_r = \dfrac{\sum\limits_A i \cdot DV(i,j)}{\sum\limits_A DV(i,j)} \\[2ex] y_r = \dfrac{\sum\limits_A i \cdot DV(i,j)}{\sum\limits_A DV(i,j)} \end{cases} \tag{7-78}$$

式中　A——波门面积；

i——目标像素点的行位置；

j——目标像素点的列位置；

DV——目标像素点的电平值；

DV 也可采用简化二值化处理：

$$DV(i,j)=\begin{cases}1 & (i,j)\in \text{目标区}\\ 0 & \text{其他}\end{cases} \tag{7-79}$$

x_r,y_r——目标矩心相对波门的坐标。

目标相对图像中心的值为

$$\begin{cases}x=x_0+x_r\\ y=y_0+y_r\end{cases} \tag{7-80}$$

式中，x_0,y_0 为波门相对视场中心值。

(4)波门控制

根据检测出的目标相对视场中心的位置量 x,y，将波门位置控制到使目标在波门中心位置。

$$\begin{cases}x_0=x-n/2\\ y_0=y+m/2\end{cases} \tag{7-81}$$

式中　n——波门长度；

m——波门宽度。

波门的大小 m,n 可设为固定值，也可根据目标的大小设成自适应波门。

2. 差分法

(1)边缘算法

为将目标从背景中分离出来，边缘是很有用的信息。边缘是指图像中灰度值迅速变化的像素点序列。从图像中提取边缘首先是检测出边缘相似点，如果边缘的方向未被预测，则需要采用二维边缘算子来发现各可能方向的边缘像素点。为了判定一个像素是否是边缘点，需要同时考虑其临近窗口的其他像素，窗口的具体规定与算子类型有关。一般来说，小的窗口敏感于图像的细节，并易于计算。用 Roberts 算子检测阶跃型边缘，采用 2×2 窗口，表达式为

$$f(i,j)=\sqrt{[D(i,j)-D(i+1,j+1)]^2+[D(i+1,j)-D(i,j+1)]^2} \tag{7-82}$$

式中　$f(i,j)$——边缘值梯度模型；

$D(i,j)$——第 i 行 j 列的像素灰度值。

为了减少时间，对上式的简化形式是取绝对值之和来代替平方和的平方根，即

$$f(i,j)=|D(i,j)-D(i+1,j+1)|+|D(i+1,j)-D(i,j+1)| \tag{7-83}$$

(2)边缘点的确定

确定边缘点是对算子的输出取阈值(设门限电平)，那些具有较高对比度的超过阈值的点被判定为边缘点。

阈值（门限电平）的确定采用最大值平均方法，即在 $f(i,j)$ 中找出三个最大值 f_{m1}，f_{m2}，f_{m3}，求出最大平均值 $\bar{f}_m$。

$$\bar{f}_m = (f_{m1} + f_{m2} + f_{m3})/3 \tag{7-84}$$

则门限电平为

$$V_f = C_1\bar{f}_m + C_0 \tag{7-85}$$

式中　C_0——灵敏度调节参数；

C_1——系数，$0 < C_1 < 1$，由实验确定，一般取 0.5。

（3）确定目标位置的形心算法

通过对算子的输出 $f(i,j)$ 与门限电平的比较，将高于门限电平的 $f(i,j)$ 和 i,j 存储下来，作为目标特征点。

设波门面积为 A，位于波门 (i,j) 点的像素面积为 $\mathrm{d}A = \mathrm{d}i \cdot \mathrm{d}j$，在此像素内能量密度为 $f(i,j)$，因此，在此像素内的能量为 $f(i,j)\mathrm{d}i \cdot \mathrm{d}j = f(i,j)\mathrm{d}A$，则在整个波门内的总能量为

$$M = \int_A f(i,j)\,\mathrm{d}A \tag{7-86}$$

相对于 x 轴（行方向）的能量矩可表示为

$$M_x = \int_A jf(i,j)\,\mathrm{d}A \tag{7-87}$$

相对于 y 轴（列方向）的能量矩可表示为

$$M_y = \int_A if(i,j)\,\mathrm{d}A \tag{7-88}$$

因此，目标形心相对波门的位置为

$$\begin{cases} x_r = \dfrac{M_y}{M} = \dfrac{\int_A if(i,j)\,\mathrm{d}A}{\int_A f(i,j)\,\mathrm{d}A} \\[2ex] y_r = \dfrac{M_x}{M} = \dfrac{\int_A jf(i,j)\,\mathrm{d}A}{\int_A f(i,j)\,\mathrm{d}A} \end{cases} \tag{7-89}$$

目标相对视场中心的位置 x,y 的计算和波门的控制与邻域法相同。

3. 目标提取与数字测偏模块软件流程

其软件流程见图 7－52。

初始化是对视频采集显示板进行设置，设置其图像采集显示窗口的位置和大小、数据图像显示的区域和采集图像的亮度、对比度等。

设置搜索波门是在初始提取目标时，波门设置成水平方向移动的条形波门，当在条形波门中提取出目标后，转入跟踪波门，当无目标时转入搜索波门。

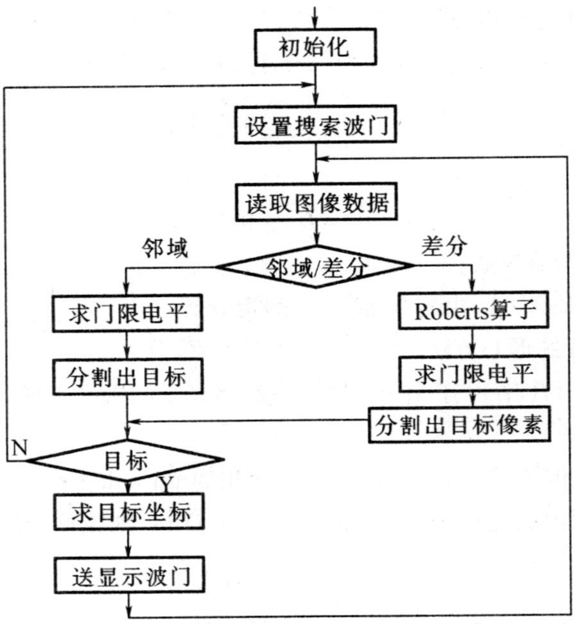

图 7-52 目标信号提取与数字测偏软件流程图

7.7 热像仪在国外潜望镜及光电桅杆上的应用[15][16][17]

7.7.1 热像仪在国外潜望镜及光电桅杆上的应用概况

热像仪在国外潜望镜上开始应用时，首先遇到了两个基本的问题：

①必须解决热像仪承受潜水压力密封窗口问题；

②在执行任务期间根本不可能对传感器进行维修，必须着重解决系统简化和可靠性问题。

除此而外，热成像传感器还必须小型化，才有安装到潜望镜头部的可能。

在以红外焦平面组件（FPA）探测器为典型代表的凝视热成像系统出现后，潜望镜及光电桅杆红外通道的简单化、小型化和模块化得到了较好的解决。由于潜望镜体积和质量的原因，TDI 型探测器的应用较少。

英国的巴尔·斯特劳德公司在 1977 年涉足潜望镜热成像领域，它研制了世界上第一台潜望镜热像仪的原理样机。作为评估系统，于 1978 年海试，其探测器为第一代 50 元线阵 CMT 列阵。显示是通过装在现有潜望镜目视通道内的直视发光二极管完成的，单倍率的视场为 6°×3°，瞬时视场为 0.3 mrad。接着于 1979 年研制了一台适合装艇试验使用的 IR019 型热像仪，并于 1981 年装在英国海军特拉法尔加级潜艇上使用，其探测器采用第一代 3×6 串/并 CMT 列阵，瞬时视场为 0.25 mrad。

扫积式探测器的出现导致引发新的一类高性能热像仪研制成功。1981 年，随着英国皇家信号和雷达研究院研制的专利产品——Sprie 探测器的投入使用，皮尔金顿公司的 IR018 热像仪产品的性能有了较大的提高。IR018 产品的改进型 IR028 于 1993 年首次装艇使用；在此基础上，以后进行了批量生产，配置到多种潜艇的潜望镜中。

从 20 世纪 80 年代后期开始的 CM010 光电桅杆，则采用了波音公司（以前的罗克维尔公司）热像仪，其探测器为 HgCdTe 焦平面凝视阵列探测器，从而完成了从第一代热像仪到第二代热像仪的转变。

美国科尔摩根公司生产的 76 型潜望镜，是光电潜望镜的典型产品。该型潜望镜早期使用的热像仪主要依靠引进荷兰菲利浦公司的 UA9057 热像仪和英国的 IR018 热像仪。但是，上述热像仪的性能虽然优良，但体积和质量仍然不能令人满意。从 1978 年开始，经过科尔摩根公司多年的努力终于研制成功了一种体积小、质量轻的新型 8 ~ 12 μm 微型前视红外热像仪。该型热像仪采用英国单元扫积式 Sprie 探测器，所以该微型前视红外热像仪仍属于第一代光机扫描型热像仪。

美国研制的 90 型光电潜望镜采用了以色列研制的 8 ~ 12 μm 波段热像仪。而在 86 型光电桅杆产品、22 型光电搜索潜望镜以及 76 型潜望镜的后续产品中，都已选用雷声公司研制的 3 ~ 5 μm 焦平面凝视探测阵列热像仪。在安装于“弗吉尼亚”号攻击型核潜艇的 AN/BVS - 1 型光电桅杆中，则采用了“夜间征服者”640 型热像仪，其探测器为锑化铟（InSb）焦平面阵列，频带宽度为 3.6 ~ 5 μm。

德国蔡司公司和 Daimler - 奔驰航空公司联合研制了 Ophelios 型热像仪，探测器为 IRCCD96 × 4 CMT，用于 SER014 光电搜索潜望镜。蔡司公司还开发了 ATTICA 系列凝视热像仪，其中 ATTICA C320 03 型热像仪用于 OMS100 型光电桅杆。其探测器为 CMT 焦平面阵列，240 × 320 元，工作波段为 3 ~ 5 μm。法国在其 PIVAIR、APS 等系列光电潜望镜中采用了 SAT 公司的 CT10 热像仪，工作波段为 8 ~ 12 μm，探测器为 Sprite 96 元 HgCdTe 阵列。法国 SAGEM 公司后又开发了一种 IRIS 型 CCD 红外热像仪，探测器为 HgCdTe 焦平面阵列 288 × 4 元，工作波段为 8 ~ 12 μm，用于光电桅杆。表 7 - 11 示出了国外潜望镜应用的红外热像仪情况。表 7 - 12 示出了国外光电桅杆应用红外热像仪的情况。

7.7.2　热像仪在国外潜望镜、光电桅杆上应用实例及分析

1. 在潜望镜上应用红外热像系统特点和技术难题

正如 H. M. Runciman 先生在其“潜艇潜望镜热成像传感器”一文[17]中所言：“对于潜艇来说，主要的要求是在保持隐蔽条件下还要有观察能力。因此，明显超出普通目视潜望镜外露体积的任何装置都是不允许的。此外，由于热像仪的放置位置及耐压密封的要求，几乎无法对它进行维修。因此，在能制造出大小适当、性能可靠的热像仪之前，潜望镜只能装像增强器”。可以总结出在潜望镜上应用红外热像系统特点和技术难题如下：

①潜望镜红外热像系统必须解决红外耐海水压力窗口问题；

②红外热像系统必须实现潜望式，即比直视式要多一个反射镜，用反射镜来实现较大范围的俯仰观察；

③潜望镜上头部安装红外热像系统的空间狭小，为了潜望镜头部的隐蔽性，红外热像系统必须小型化，必须处理好与可见光观察系统的匹配协调问题；

表 7－11　国外潜艇潜望镜上配置的红外热像仪情况表

型号 配置 及特性	英国 IR－18MK2 热像仪 IR－028 热像仪	荷兰菲利浦 UA－9057 热像仪	美国科尔摩根 微型红外热像仪	以色列"夜眼"热像仪	法国 CADET－10 热像仪	德国 Ophelios 热像仪	美国 Scopiter 凝视型探测器阵列(FPA)	美国辛辛那提电子公司凝视型 InSb 焦平面阵列(FPA)
配置潜望镜型号	英国 CH084、CH085 攻击潜望镜	美国 76 搜索潜望镜早期产品	美国 76 搜索潜望镜后续产品	美国 90 型光电潜望镜	法国 PIVAIR 搜索潜望镜早期产品	德国 SERO400 光电搜索潜望镜	美国 8B Mod3、8J Mod3、8K Mod4、76 型红外搜索光电潜望镜	美国海军中波全景潜望镜传感器系统 已装于 18Mod Ⅱ 潜望镜顶部
探测器	8 条 Sprite CMT 阵列	8 条 Sprite CMT 阵列	4 条串扫 Sprite CMT 阵列	CMT 阵列	96 元 Sprite CMT 阵列	IRCCD96 × 4 或第二代 IRC-CD288 × 4 焦平面 CMT 阵列	640 × 512	2 040 × 2 040 2 048 × 2 048
工作波段	8 ~ 13 μm	8 ~ 12 μm	8 ~ 12 μm	8 ~ 12 μm	8 ~ 12 μm	7.5 ~ 10.5 μm	3 ~ 5 μm	3.25 ~ 5.1 μm
扫描视场	窄视场 6.3° × 4.2° 宽视场 20° × 12.5°	窄视场 4° × 2.4° 宽视场 12.6° × 7.5°	窄视场 3.75° ~ 2.8° 宽视场 30° × 22°	窄视场 2.7° × 1.8° 宽视场 10° × 7.5° 变焦第三视场 1.4° × 0.9°	放大倍率 6× 6° × 3.2°	光学系统变焦(1:8) 3.6° × 1.8° ~ 28.8° × 38.4°	8K Mod4 窄视场 2.3° 宽视场 8° 76 型红外窄视场 3° × 4° 宽视场 9° × 12°	
入瞳直径(物镜口径)	110 mm	100 mm(高倍) 31.5 mm(低倍)	*F* 数 2.0 112 mm(高倍) 14 mm(低倍)	102 mm 焦距 = 120 mm		F 数 1.5 86 mm		
俯仰范围	高倍 －15° ~ +15° 低倍 －15° ~ +30°	－10° ~ +30°	－10° ~ +30°	－10° ~ +55°	－9° ~ +30°		－10° ~ +45°	－10° ~ +40°
温度分辨率	MDTD 0.25°	MRTD(°) N_T(高)(低) 0.5 0.3 0.1 1.5 0.8 0.2	NETD 0.24 ℃ MDTD 0.37 ℃	MRTD 0.5 ℃ (3lp/mrad/窄视场) NETD 0.1 ℃	NETD = 0.09° ℃ MRTD = 2° ℃	NETD < 0.12° ℃	NETD 15 ~ 18 mK	NETD 均值 28 mK

表7-11(续)

型号 配置 及特性	英国 IR-18MK2热像仪 IR-028热像仪	荷兰菲利浦 UA-9057 热像仪	美国科尔摩根 微型红外热像仪	以色列"夜眼"热像仪	法国 CADET-10 热像仪	德国 Ophelios 热像仪	美国 Scopiter凝视型探测器阵列(FPA)	美国辛辛那提电子公司 凝视型InSb焦平面阵列 (FPA)
瞬时视场(角分辨率)	高倍 0.29 mrad 低倍 0.93 mrad	高倍 0.15 mrad 低倍 0.5 mrad	高倍 0.15×0.17 mrad 低倍 1.19×1.35 mrad		0.3 mrad	高倍 0.195×0.218 mrad 低倍 1.616×1.81 mrad	像素间距15 μm	像素间距15 μm
行数	525线/帧		480	视频输出 RS—170A	192线(2帧隔行扫描)	576((2:1隔行扫描)	电视制式	
场/帧频	60/30 Hz		30帧/秒(2:1隔行扫描)		25帧/秒	每行像素768		30帧/s
制冷	焦尔-汤姆逊制冷方法 皮尔金顿Qk5小型压缩机	UA9053斯特林制冷机 启动时间15 n MTBF>2 500 h	IDCA制冷器 制冷能力 >0.35 W MTBF>4 000 h	闭环/分离式斯特林制冷机	焦尔-汤姆逊压缩机 制冷瓶2个 每瓶制冷时间4 h	线性分置式斯特林制冷器 启动制冷时间4 min	闭环探测器制冷	线性分置式斯特林制冷器 工作温度80 K 输入功率50 W 制冷能力75 mW
作用距离		(对6×46 m护卫舰) 发现 22 km 识别 9 km 认清 5 km			对驱逐舰 发现>10 km	用1.5°×2° 对飞机 发现 22 km 识别 14 km		
尺寸/质量	重7.8 kg	约15 kg	尺寸3.4×2.4×2.4(英寸) 质量400 g	尺寸16×12×40 cm 重量传感器6.5 kg 电子装置5kg 宽视场光学系统0.55 kg		直径200 mm 长度360 mm 重量约10 kg		尺寸152.4×203.2 mm ($\Phi \times h$)

表 7-12　国外光电桅杆上的配置的红外热像仪情况表

型号及特性 \ 光电桅杆配置	英国 CMO 10 系列	法国 IMS 早期	德国 OMS100	德国 OMS100 后续	美国 AN/BVS-1	美国 86 型光电桅杆系统	法国 S-30 光电桅杆
热像仪型号	改进型已采用 L-3 Night Conqueror 640×512 像素 InSb 焦平面阵列	法国 SAGEM 公司 IRIS 热像仪	Synergi 热像仪 由英法德三国公司联合研制	ATTICA C320 0/3 型热像仪第三代	美“夜间征服者”640 型热像仪 美国 L-3CE 公司产品	InSb 焦平面阵列(FPA) 美国 L-3CE 公司产品	Sofradir 公司 第三代热像仪
探测器	凝视型焦平面 CMT 阵列 320×240 元 +“1×1”格式对角线微型扫描器	IRCCD288×4 CMT 阵列 IRCMOS CMT	IRCCD288×4 CMT 阵列+微型扫描器 像元尺寸 28 μm×26 μm	凝视型焦平面 CMT 阵列 320×240 元 +“2×2”微型扫描器	锑化铟焦平面阵列 640×512 像素 28 μm 间距	256×256 元 1997 年升级改造为 640×512 像素(FPA)	InSb 焦平面阵列(FPA) 640 ×512 像素 1280×1024 像素
工作波段	3~5 μm 或 8~12 μm	8~12 μm	8~12 μm	3~5 μm 或 8~12 μm	3.6~5 μm	3~5 μm	3~5 μm
扫描视场	窄视场 6°×4.5° 宽视场 24°×18° 超高倍视场 3°×2.25°	窄视场 2.4°×1.8° 宽视场 6.67°×5°	窄视场 4.1°×3.1° 宽视场 12.4°×9.3°	窄视场 4.8°×3.6°(3.1°×4.9°) 宽视场 15°×12°(12.4°×9.3°)	窄视场 4×3° 宽视场 16.3°×12.3°	窄视场 1.5°× 2° 中视场 3°×4° 宽视场 9°×12°	像素间距 15 μm
入瞳直径(物镜口径)	窄视场时 46 mm 超高倍视场时 61 mm		窄视场时 96 mm	窄视场时 96 mm	F / 数 4.0 有效焦距 窄视场 250~473 mm		
俯仰范围	-15°~+60°	-15°~+40°	-15°~+60°	-15°~+60°	-15°~+55°	-10°~+45°(60°性能下降)	
视频输出		CCIR 或 RS170 分辨率 576×768 像元	CCIR 或 RS170 标准 数率可达 2 MHz	模拟 CCIR 或 RS170 视频线数 576 或 480 每视频线像素 768 或 480			电视制式与 两倍电视制式
制冷		闭环制冷	双活塞分置式线性制冷机 制冷时间 5 n/10 W 20 ℃时	线性分置式斯特林制冷器或整体旋转式	冷却时间 8 min		Thales Cryogenics 公司 LSF 分离式斯特林制冷器
作用距离及其他		传感器头部 10 kg 电子装置 5 kg 平均工作寿命 1500h NETD <0.2 ℃	2.2 kg NETD <0.3 ℃ 工作时间 >3 h		对于侧视 2.3 m×6.4 m 的坦克 发现 18.4 km 识别 7.5 km 对海上的舰船要远远大于上值 NETD 16 mK MRTD 5 mK	MRT 0.1 ℃ 发现 22.3 km 识别 16.6 km 以上均指 50% 概率	NETD 15~ 18 mK

④潜望镜上头部维修困难，置于上头部的红外热像部件必须可靠性高，将需要能在艇上维修的部件都应放在潜望镜的下部，这就必须解决系统的远控（或遥控）问题；

⑤潜望镜使用红外热像系统主要是用来进行对目标的搜索观察，用来搜索时，其观察视场要尽可能地大，而要对目标进行观察测量时，则倍率要求尽可能大，为了解决这二者之间的矛盾，应该设置变倍功能；

⑥由于潜望镜头部露出于水面的时间是非常有限的，因此，潜望镜红外热像系统应解决大空间快速扫描观察、进行图像存储和潜望镜降下后的复原问题；

⑦必须合理地解决狭窄空间条件下的探测器深冷、噪声和振动对图像清晰度的影响问题。

2. 英国皮尔金顿 IR018，IR028 热像仪

英国的皮尔金顿光电子公司（巴尔·斯特劳德公司）于1977年涉足潜望镜热成像领域，于1978年实现了世界上第一根装有热像仪潜望镜的海试。该公司在探讨潜望镜安装热像仪方面取得了丰富的经验和体会。

图7－53示出了热像仪在英国潜望镜上实现的配置示意图。

分析IR018（改进型为IR028）在英国潜望镜上的早期实现方案，根据参考文献[17]总结出的以下成功经验和特点，值得借鉴参考。

（1）关于头部窗口

①尽管球面罩窗口会引起光焦度差、像差和俯仰轴必须与球面曲率中心重合等多种技术问题，但在俯仰角要求较大时，其口径要比平面镜小得多，且其耐海水压力要大得多，所以他们最后选择了球面罩窗口；

②第一次用类金刚石碳材料解决了多晶锗红外玻璃窗口耐海水腐蚀的镀膜问题（ARG4），这种膜层还具有很好的憎水性能。

（2）关于红外传感器的配置

为了不增大潜望镜头部的尺寸，他们将红外传感器窗口配置在潜望镜上头部圆锥镜管和圆柱镜管的过渡处（见图7－53）。这种配置方案是非常独特的，只有在外镜管为254 mm的潜望镜中才可以实现。此时，可以实现可见光通道沿侧面折转向下通过。它的可见光目视观察头部仍保持细小，但若使用红外热像系统时，要使潜望镜外露部分加大。

（3）关于红外光学系统

①关于俯仰实现形式，采用了通过仔细地控制入瞳位置，在后方望远镜和球面罩之间使用一块反射镜的最简单直接的方法。也探讨了直接旋转望远镜和在望远镜中间加反射镜，使望远镜的前半部分以两倍角速度回转的结构，并对用折射棱镜实现俯仰也作了研究。

②红外光学系统的望远镜可把扫描器的视场变换到所需要的空间扫描视场，其结构是基于短焦距望远镜的形式，并结合球面罩进行优化设计。应满足将它所成的扫描器入瞳像前移，使之位于球面罩上，见图7－54。由于扫描作用，所使用的扫描器几乎完全没有入瞳移动，因

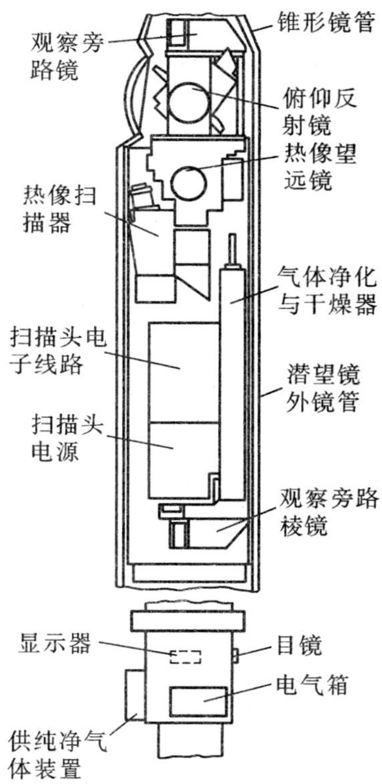

图7－53　IR018热像仪在英国潜望镜的配置示意图

此根本不用考虑入瞳移动(入瞳移动小于光束直径的1%)。

③视场变倍机构的主要技术要求是可靠性和快速动作,为此采用了马氏槽轮机构,这种马氏机构能在两种视场内使透镜进入要求的位置。

④红外光学系统的热适应性,是通过一个能使光学元件相应于温度传感器输出值而移动的位置伺服机构来实现的。

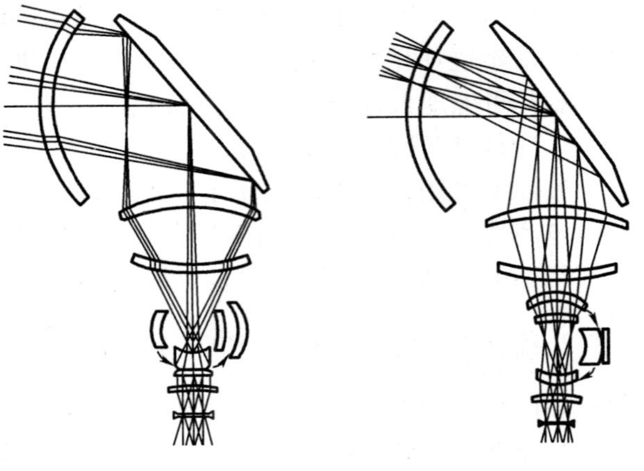

图7-54 具有两种视场的红外望远镜光学系统图

(4)扫描器

选用巴尔·斯特劳德公司的IR18扫描器,其结构见图7-55。该装置在高性能热像仪中体积最小、功耗最低。该扫描器为适应潜望镜的安装环境,采取了如下设计:

①增加折反反射镜,使瞄准线处于垂直状态,以使探测器保持垂直,以便于冷却液态气体与探测器基底保持接触;

②使整个扫描器都处于垂直光轴的一侧,以便给潜望镜的目视光路留出光路空间。

这种类型的扫描器在军用上的平均无故障工作时间可达4万小时以上。

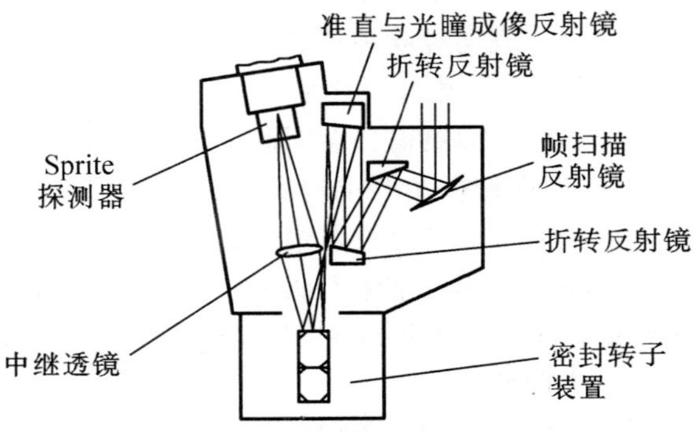

图7-55 扫描器结构

(5)探测器

开始是采用四通道八单元Sprite扫积型探测器,以后改进为八通道,可实现灵敏度增益40%。

(6)探测器冷却

采用可靠的探测器制冷装置是潜望镜系统上的一个重要考虑因素。潜望镜内部安装的限制因素有:尺寸限制;功耗与噪声限制;要特别可靠,因为维修困难。

曾对许多制冷发动机的适用性进行了调查,由于不满足以上三方面的要求,放弃了使用冷却发动机的方案。后来采用了焦耳·汤姆逊冷却方法,用小型压缩机提供压缩空气。可把压缩机直接装在潜望镜上而不需回转式高压接头。高压气体还要经过一个保护干燥器,由分子筛气体净化剂净化。潜望镜上设有排气孔,因为排放的冷却气体会使潜望镜内腔的压力逐渐升高到某个不能允许的程度,因此,排气阀应是可控的。为此,还需设置压力传感器。从潜望镜排出的气体应回收至压缩机,形成闭路循环系统。

(7)热像仪电子线路

比较理想的方法是尽可能把大部分电子线路移到潜望镜底部,以便能在海上进行保养维修。由于探测器发出的低频信号容易受大功率交流电路的干扰,如受伺服电机或行扫描电机激励电流的干扰。所以,在实践中必须采用一个折中的方法。这样在扫描头就需要对信号采取某种适当措施。另外在扫描头上应有机内检测装置,这也是很重要的。为了避免发射大功率快速变化的信号和由此产生的干扰问题,尽管行扫描电机和帧扫描电机的定时和控制电路都位于潜望镜的底部,但这些电机的激励电路还应放在扫描头部。为了减少电缆长度和降低阻抗,与扫描头有关的电子线路应采用一个单独的微型电源组件,该组件装在扫描头旁边。

热像仪的其他电子线路，凡能在艇上进行维修的，都应放在潜望镜的底部。这些线路包括：

①扫描转换器，它把来自探测器的并行输出信号转换成串行输出信号；

②微处理机控制的非线性(de－liner)校正电路，可消除任何通道不平衡的影响；

③定时控制发生器；

④电源；

⑤接口电路。

(8)显示和控制器

在典型的装置中，装有两种显示器。一种是装在目镜壳体中的小型阴极射线管显示器，另一种是遥控显示器。目镜壳体内显示是通过同一目镜观察的。设有目视和热像观察用的一个转换装置。热像仪的全部控制器都与遥控显示器上的控制装置完全相同，可以相互代替实现控制。

潜望镜上配备的控制器有：增益(对比度)、灰度、调焦、视场变换和极性转换。

(9)系统可靠性设计考虑

为了提高系统的可靠性，在设计时注意了以下几点：

①热像仪系统尽可能分做潜望镜顶部和底部两个不同的组件，尽量减少内部相互连接的数量，如电源组件上下是完全相同的；

②电缆可用双向光纤总线传输取代(不包括电源)；

③潜望镜内装有自检装置，以便在万一发生故障的情况下可采取适当措施；

④将热像仪分成几个最低程度可更换组件(LRA)，机内自检装置可显示故障发生在哪一个组件上；

⑤热像仪扫描头及其有关的光学部件、电子线路，也要根据 LRA 原理进行设计，并采取单独的机内检测装置，这就使其具备了有故障的 LRA 部件在基地或码头检测修理的能力。

3. 荷兰 UA9057 潜望镜热像仪

UA9057 热像仪是荷兰菲利普·尤斯法公司应美国科尔摩根公司光电分部要求为装备 76 型搜索潜望镜而专门设计的。它体现了潜望镜的安装特性要求，是潜望镜实现红外热成像观察的早期典型方案之一，值得加以介绍。图7－56 为该型热像仪的组成和总体结构图。图7－57 为该热像仪主机在 76 型搜索潜望镜上镜头部分的配置情况。图7－58(见721页)为采用的改进后的分置式制冷机外形图。

(1)UA9057 热像仪的系统组成

该型热像仪由以下三大部分组成。

①UA7009 热成像摄像机　包括物镜模块、垂直和水平扫描器模块、探测器/杜瓦瓶模块、制冷机、前置放大器、行/帧延迟器、视场调焦线路和后置放大器模块。

②UA7010 电子组件　由扫描转换器(6 比特)、视频电路、控制电子装置、直流电源和标线调整等部分组成。

③UA7008 电源和控制组件　本组件包括 115 伏/400 赫 24 伏直流转换器、扫描器电源组件、制冷压缩机电源组件、驱动装置电源和通/断及报警电路部分。

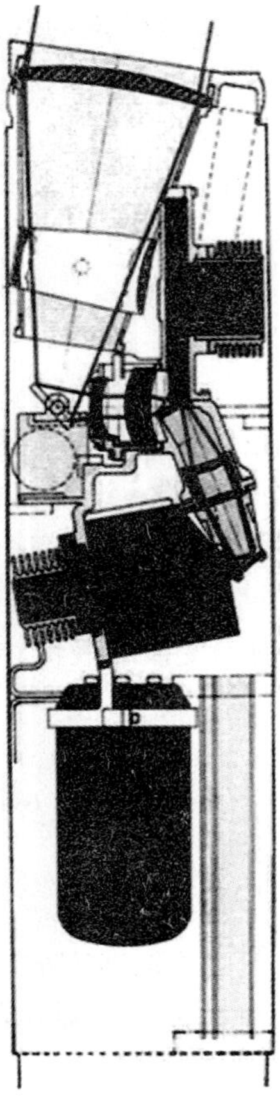

图 7-56 UA9057 红外热像仪的组成和总体结构

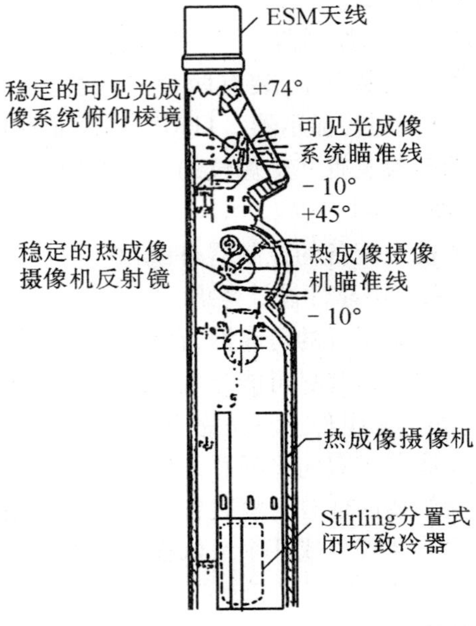

图 7-57 UA9057 热像仪在 76 型搜索潜望镜上头部的配置情况

(2) UA9057 热像仪的控制和显示功能

通过电气接口,操作手在监控台或潜望镜目镜头控制面板,从外部控制热像仪的下述功能:

①调焦;②极性变换;③接通/断开;④变换宽窄视场;⑤调整亮度;⑥控制对比度;⑦微调标线;⑧调整标线亮度。

能在监控台或潜望镜目镜头处显示下列指示:①标线亮度;②系统准备好指示;③接通指示系统;④机内内检测指示。

(3) 技术特点分析

分析该潜望镜热像仪的设计,有以下特点:

①采用了热像仪主机桶状一体式结构形式,方便在潜望镜上头部圆管内的安装;

②红外光学系统采用了大口径物镜(光学直径 100 mm)和三倍变倍体,实现了窄视场与宽视场的变换,具备了实现高性能的基础;

③采用了分离式的斯特林制冷机,部件的灵活性大、无摩擦损耗、焦面上无振动、噪声低、可靠性好,可避免压缩机产生的振动与热量对探测器等被制冷元件所造成的影响;

④设有显示屏视场分划生成系统，可以进行亮度和分划的粗细微调；

⑤采用了当时比较先进的 8 条扫积型 Sprite CMT 阵列探测器，再加上两维的机械扫描。

4. 美国科尔摩根公司微型前视红外热像仪

科尔摩根光电公司于 1978 年开始研制热像仪，经过多年努力，于 1984 年研制出一种体积小、质量轻的微型前视红外热像仪。该微型热像仪采用组件式结构，是迄今为止在潜艇潜望镜中应用最小的一种热像仪。

（1）系统组成

该系统为组件式结构，由小型视频速率扫描器、红外望远镜、探测器、制冷器和电子组件组成。

①扫描器　小型视频速率扫描器采用串并扫 2:1 隔行扫描方案，是该热像仪的关键部件，通过使用一个全反射系统，完全实现了尺寸小、质量轻、结构简单和成本低的优点。

②外接红外望远镜　扫描器的视场为 30°、入瞳为 14 mm，若要进行远距离观察，就需要小视场大入瞳。为解决此矛盾，须外加红外望远镜。红外望远镜由双合或三合锗目镜和一块折射式或折反射式非球面锗物镜组成。望远镜可在 1×，6×，8× 三种倍率中选择。

③探测器　采用 4 条 Sprite CMT 扫积式探测器，用串扫方式或硫化铂焦平面阵列。

④制冷器　采用了以色列 Ricor 公司和 Lsorad 公司联合研制的 IDCA 制冷器，它在制冷能力、降温时间、输入功率、声频噪声级和环境性能等方面满足甚至超过了美国陆军0.25 W 分置式循环制冷器的性能指标。

IDCA 制冷器性能参数：

质量	1 磅（1 磅 =0.453 592 37 kg）（包括杜瓦瓶）
驱动	改进型旋转电机
冷指耦合	直接耦合（机械驱动位移器）
输入功率	<10 W
制冷能力	>0.35 W
电压	12 ~ 15 V，DC
排热量	<10 W
振动输出	10 ~ 50 g（均方根值）
MTBF	>4 000 h

（2）技术特点分析

该微型热像仪有下列优点：

①分辨率高，串并扫描系统在垂直方向的分辨率可与水平方向的分辨率相比，其垂直方向可达 480 行；

②串并扫系统可提供非常好的图像均匀性；

③电视兼容性好；

④灵敏度高，扫积式探测器由于时间延迟积分效应，具有较高的灵敏度；

⑤体积小、质量轻，且采用组件式结构，适装性好，维修性好。

5. 凝视型红外热像仪在国外全景潜望镜传感器系统上的应用

在过去的几年里，由于红外探测器、读出电路、电子技术、光学系统及图像处理技术的创新和进展，红外成像系统的性能已经有了显著的提高。特别是近些年来，美国海军非常重视海上目标搜索和跟踪研究，他们已经把高性能的凝视型红外热像仪成功地应用到潜艇潜望镜领域。由美国海军研究实验室、遥真公司和 L3 辛辛那提电子公司共同开发研制成功一种高分辨率中波红外全景潜望镜传感器系统就是非常成功的实例。他们把 2K × 2K 15 μm像素间距的锑化铟(InSb) 焦平面技术与全景折反射光学系统理想地结合在一起，从而可以提供一个中波红外的态势感知传感器。该传感器的视场可以提供瞬时 360 度方位并具有 - 10° ~ + 40°俯仰范围。分辨率仅为几毫弧度，热灵敏度约为30 mK。该传感器利用近 4.2 μm 波段的 CO2 陷波滤波器可在 3.25 ~ 5.10 μm 工作。该成像系统的核心是 2048 像素(H) ×2048 像素(V)、15,0μm 间距、由辛辛那提电子公司研制的低温冷却的锑化铟(InSb) 焦平面阵列。硅读出集成电路支持两种工作模式，即边读边积分模式和积分再读出模式(integrate - while read and integrate - then - read mode)。它利用不同的积分时间来达到以 30 Hz 帧速全帧的时间。采用线性分置式斯特林制冷器来保持探测器 80 K 的工作温度。在环境室温条件下，可以提供 750 mW 冷却能力，输入功率为 50 W[32-34]。

该系统采用两点校正法，艇上的热电参照源可以进行实时非均型校正。中波红外全景潜望镜传感器系统包括探测器 - 杜瓦组件、制冷器、电子线路以及光学系统全部封装在高 8 英寸、直径 6.5 英寸的圆形结构内。中波红外全景潜望镜摄像机的外观和代表性的图像如图 7 - 59(见 722 页)所示。其光学系统光路如图 7 - 60 所示。目前，该系统已经安装在美国部分 18 型潜望镜的顶部。

中波红外全景潜望镜传感器系统的主要技术参数如下：

光谱范围	3.25 ~ 5.10 μm
水平视场	360°
俯仰视场	- 10° ~ + 40°
焦距	6.40 mm
F 数	2.5
孔径控制	固定
传感器面板上的像直径	30.60 mm (2040 像素)
传感器格式	30.72 mm × 30.72 mm
传感器像素间距	15,0 μm × 15,0 μm
有效传感器面积	2 040 像素(H) ×2 040 像素(V)； 2 048 像素(H) ×2 048 像素(V)
透镜结构	两个反射镜加转像透镜
反射镜表面的反射率	≥95%
多色 MTF	≥0.5(对于 33 周/mm)
传感器面上的相对亮度	≥80%
工作温度	80 K

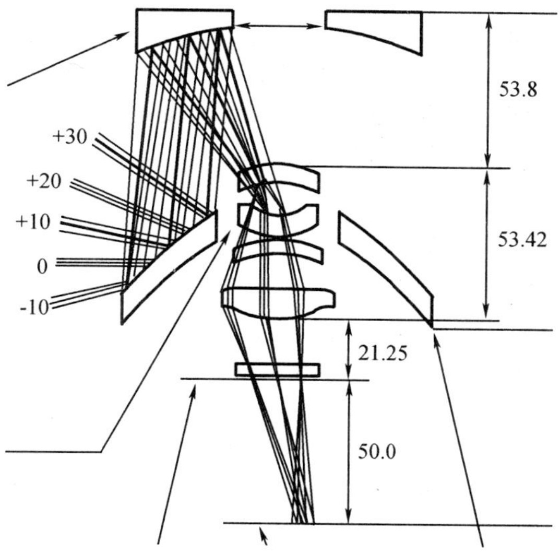

图 7－60　中波红外全景潜望镜摄像机光路图

7.7.3　红外热像技术在潜艇光电装备上的应用发展趋势及特点

红外技术的进步对潜望镜和光电桅杆的性能有了很大的提高，已成为其倚重的第一位探测手段，当前红外热像仪在潜艇光电装备上的应用主要体现下述特点。

（1）新研制或改进的潜艇光电装备所配备的单波段红外热像系统，大都舍弃了 8 ~ 12 μm长波段红外系统，而选择 3 ~ 5 μm 中波段系统；

（2）凝视型高清晰红外成像技术

国外潜艇潜望镜采用红外热像系统，经历了从第一代的扫描型向凝视型的转变。而光电桅杆一开始就是采用凝视型焦平面阵列探测器。但由于当时技术发展的限制，其焦平阵列像素较少，为了扩展视场，不得不另加采用微扫描方法（表 7－11）。

高清晰红外传感器近年来发展迅速，促使潜艇光电装备替换改进的速度加快。例如美国 86 型光电桅杆改进型、英国 CM010 光电桅杆、法国的 S－30 光电桅杆都装备了工作波段 3 ~ 5 μm，640 × 512 像素 InSb 焦平面阵列的高清晰红外热像仪，这种情况与进展迅速的高清晰度电视技术一起催生了“嵌入式”设计技术的出现。

（3）双波段焦平面探测器和双波段成像系统研发应用

所谓双波段即指中波红外与长波红外共同工作的系统。这种系统具有高的冷屏效率，通过图像融合可以发挥两个波段探测的各自优势，并发挥凝视系统分辨率高与扫描系统灵敏度高的优势，大大提高探测灵敏度，提高探测与识别能力，所以成为一个重点的研发领域。

（4）超大面阵的红外摄像机技术开始在光电桅杆上得到应用

早在 2009 年 2 月，由菲尔 · 亨利，约翰 · 德维特，詹姆斯 · 沃特曼，拉 · 梅农发表在美国军用传感专题讨论会——被动式传感器专业组（MSS Passive Sensors）的一篇论文，就超大面阵的红外摄像机在潜艇全景潜望镜上的应用做了详细的论述，现在已有 1280 × 1024 像素的大规模焦平面阵列探测器问世，更有美国辛辛那提电子公司 2048 × 2948 像素的超大规模 InSb 焦平面阵列研制成功。

(5)红外传感器小型化技术

装在潜望镜或光电桅杆上的红外热像仪既要提供良好的观察性能,又要求小型化,这在早期的潜望镜和光电桅杆上是不可想象的。例如,最初的潜望镜热像仪质量 10 kg 左右,目前在 AN/BVS-1 光电桅杆使用的美国 L3 辛辛那提电子公司设计的专用热像仪仅为 3 磅(1.36 kg)。

(6)短波红外技术开始在光电桅杆上得到应用

3~5 μm 工作波段的热像仪在各国海军潜艇光电桅杆上普遍使用,因为 3~5 μm 工作波段的热像仪在海上使用的工作环境受空气中悬浮颗粒的影响较小。同 8~12 μm 长波相比,这是由于 3~5 μm 辐射的低吸收特性。利用短波红外可以扩大并增强光电桅杆的探测能力。所以,美国海军希望未来的潜艇光电桅杆能在多个波段实现成像和探测。许多海军传感器组件包括中波红外传感器,它可以对热能提供非常好的探测平衡,但是用较短的波长则可以提供更高的分辨率。短波红外被看作是一种互补性的传感器,因为,它能看清更多的细节,因而能识别目标。

英国泰利斯公司的代表曾向简氏海军杂志的记者说出了同样的看法。他认为:1~2 μm波长会在未来的潜艇桅杆上得到应用,以此替代水上观察模式时使用的像增强器。美国在这项技术已经投入了相当大的资金。该传感器不会因光线变化而模糊或损坏。它的缺点是不穿透水。

根据近两年来的资料表明,美国非制冷短波红外传感器在光电桅杆上应用,主要有两方面,一是为最新一代弗吉尼亚级攻击核潜艇上研发非制冷短波红外摄像机,其二是为俄亥俄级战略核潜艇的水下潜器提供配置非制冷短波红外摄像机的小型光电桅杆。

雷声公司视觉系统部正在做短波红外摄像机的研制工作,该项研究是作为经济实用型模块化全景光电桅杆(Affordable Modular Panoramic Photonics Mast)项目的一部分。美国海军研究人员表示:他们希望雷声公司能提高短波红外成像技术现有的技术水平,以其能比现有的短波红外提供更高的分辨率、更大的覆盖范围和更高的灵敏度。目前美国海军研究局的官员签订此项合同。

美国海军研究处的官员希望经济实用型模块化全景光电桅杆能够具有在夜间能探测出只能在可见光成像中才能识别的与涂漆有关的特征。雷声公司开发短波红外摄像机工作波段为 1~1.7 μm。

据资料报道,该摄像机的体积不大于 2.5 in×2.5 in×5 in,可装在光电桅杆的头部。热像仪的格式为 1 900×1 200 像素,在横摇(rolling)或快摄模式下,该摄像机的视频速率至少可达 30 帧/秒,功耗小于 20 W。

在潜水器小型光电桅杆上配置短波红外摄像机是美国特种作战司令部 2009 年提出的研制项目。该项目要求研究一种具有昼夜 360 度全景观察能力的小型隐蔽的潜望镜。

参 考 文 献

[1] 劳埃德 J M. 热成像系统[M]. 北京:国防工业出版社, 1981.

[2] 周立伟,刘玉岩. 目标探测与识别[M]. 北京:北京理工大学出版社, 2002.

[3] 吴宗凡,柳美琳,张绍举,等. 红外与微光技术[M]. 北京:国防工业出版社, 1998.

[4] 陈海清. 现代光学系统[M]. 武汉:华中科技大学出版社,2003.

[5] (美)杰哈 A R. 红外技术应用——光电、光子器件及传感器[M]. 张孝霖,等,译. 北京: 化学工业出版社, 2004.

[6] 鲍晓静. 军用红外热像系统的总体性能参数及评估[J]. 舰船光学, 1992(2).

[7] Valentin Kolobrodov Norbert Schuster. 热成像技术基础[CD]. 德文版,1999.

[8] 张敬贤, 李玉丹, 金伟其. 微光与红外成像技术[M]. 北京: 北京理工大学出版社, 1995.

[9] 陈永甫. 红外辐射红外器件与典型应用[M]. 北京:电子工业出版社, 2004.

[10] 乔红军,等. 红外探测器[J]. 现代兵器, 1992(2).

[11] 吴宗凡. 热像仪综述(上、中、下)[J]. 现代兵器,1992(8,9,10).

[12] 李茂昌. 三代热像仪的沿革[J]. 现代兵器,1995(4).

[13] 孙成录禄. 荷兰 UA9057 潜望镜热成像系统[J]. 舰船光学,1989(4).

[14] 王泽和,编译. 美国海军红外焦平面列阵技术及其应用[J]. 舰船光学,1988(1).

[15] 李忠,编译. 英国皮尔金顿公司新型的高清晰度热像仪[J]. 舰船光学,1997(3).

[16] 陆柄哲. 美国科尔摩根公司微型前视红外热像仪综述[J]. 舰船光学,1993(1).

[17] Herbert M Runciman. Thermal Imaging Sensors for Submarrine Periscopes. Electro - optics Consultant[Z]. Barr & Stroud Ltd. SPIE. 1986. Vol 685.

[18] Submarine periscope thermal imaging :its evolution in the UK[Z]. George R. Armstrong, 1986.

[19] 李桑梓. 红外物镜基本参数的确定[J]. 舰船光学,1998(1).

[20] OPGAL SUBMARINE NITE - EYE Technical Specifications[Z]. 1997.

[21] Pierre P Marche. Second Generation Thermal Imaging Systems[Z]. THOMSON - CSf Optronique 1995.

[22] 陆炳哲,译. ATTICA 系列热像仪在潜艇上的应用[J]. SPIE Vol 4369. 舰船光学, 2003(1).

[23] 李忠. 制冷型红外热像仪冷反射效应的数理分析[J]. 舰船光学. 2005(3).

[24] 李忠. 传递函数分析热像仪的伪分辨现像[J]. 舰船光学, 1992(4).

[25] 鲍晓静. 基于 PC、SVGA 及 VP32 的红外图像处理[J]. 舰船光学. 1994(4).

[26] 陈华旺, 张智杰. 基于两点定标的红外焦平面自适应非均匀校正技术[J]. 舰船光学,2008(1).

[27] 何国俊. 红外探测器发展综述[J]. 舰船光学,2007(1).

[28] 朱耘,编译. 第三代红外光学系统设计[J]. (译自 SPIE Vol 6940 2008). 舰船光学, 2008(增刊2).

[29] 李升辉, 杨长城. 扫描型红外光学系统中冷反射的分析和控制[J]. 光学与光电技术,2009(5).

[30] 熊涛, 杨长城. 红外双波段两挡变焦光学系统设计[J]. 光学与光电技术, 2009(5).

[31] 王海涛,耿安兵,杨长城. 切换变倍光学系统设计[J]. 光学与光电技术,2009(5).

[32] James Waterman. Advanced imaging systems for navy applications Imaging Systems (IS) Tucson[Z]. AZ June 7, 2010 Military Applications I (IMA).

[33] Jonathan M Nichols, Menon R, John Devitt. Modeling and analysis of a high – performance midwave infrared panoramic periscope[Z]. Optical Engineering 49(11), 1132021 Nov. 2010.

[34] Rebecca M Willett, Roummel F Marcia, Jonathan M. Nichols Compressed sensing for practical optical imaging systems: a tutorial Optical Engineering 50(7), 072601 (July 2011) 072601 –9[Z].

[35] Jonathan M Nichols, Waterman J R, Menon R, John Devitt. Performance characteristics of a submarine panoramic infrared imaging sensor[Z]. SPIE Vol. 7760, 2010.

[36] John Devitt, Phil Henry, L3 – Cincinnati Electronics, Mason, OH, James Waterman, NRL, Raghu Menon, Remote Reality. Very Large Format IR Camera Technology for Submarine Panoramic Periscope. MSS Passive Sensors Orlando FL[Z]. Feb 2009.

[37] John Devitt, Phil Henry, L3 – Cincinnati Electronics, Mason, OH, James Waterman, NRL, Raghu Menon, Remote Reality. Very Large Format IR Camera Technology for Submarine Panoramic Periscope. SPIE DSS, Orlando FL[Z]. April 2009.

第 8 章　潜艇光电装备瞄准线和图像稳定的数理分析及电子稳像技术简介

8.1　概　　述

8.1.1　图像稳定的概念和意义

1. 图像稳定的概念[1][2]

潜艇光电装备的安装基座通常是不稳定的。对于船载环境,有波浪摇摆引起的角运动,纵倾、横滚和偏航;有船舶振动导致的高频率角运动;有安装于桅杆端部时因空气动力载荷造成的振动;还有本身在使用中造成的影响,如潜望镜或光电桅杆在水中运动时造成的自激振动等。

以上原因使潜艇光电装备给出的图像发生激烈颤动而呈现模糊,以至无法观察和识别,或图像摆动而无法瞄准。对于这样的系统,必须进行稳定,使其成像免受基座振动摇摆之影响而给出稳定和清晰的图像。这就是对图像稳定概念一种最基本的理解。

对于潜艇光电装备,其大部分又和测量定位、瞄准、跟踪相关联。这些带“测”字的功能,它们除了具有获得目标的信号或图像的功能之外,往往还带有测量目标位置及其运动参数的任务。在此情形,图像的上述颤动和位移,一方面会产生因目标的对准困难而带来的测量误差;另一方面还会因无固定、准确的参考系可言而使所测得的目标位置及其运动参数失去应有的意义。为解决这一问题,同样亦须对光电设备进行稳像,使坐标系免受基座运动之干扰。

所以,对于潜艇光电装备而言,稳像在实质上具有稳定图像和稳定测量坐标系的双重作用。

2. 图像稳定的意义[7][8]

潜艇光电装备包括以潜艇为基座的潜艇潜望镜、光电桅杆、潜艇天文导航设备、水下光电成像探测设备,以浮标体为基座的光电浮标设备等。这些载体环境条件已在第 2 章中作了系统介绍。

对于观察用的潜艇潜望镜而言,既要考虑因浪大而可能淹没镜头或使潜艇的指挥台暴露外,还要考虑目标是否会摇晃出视场;而对于光电潜望镜、光电桅杆、光电导航设备和光电浮标而言,还必须考虑摇摆和角振动对光电系统的成像和精密测量的影响,这是因为:

(1)光电潜望镜与光电桅杆是以电视摄像机和热成像仪作为主要的成像传感器,人对目标的观察监视由光机潜望镜的直接光学目视,变为对监视器上图像的观察,图像晃动对人眼视觉的影响加大，会使观察者产生疲劳感，进而容易导致误判和漏判；

(2)人眼和脑的组合基本上是一个分级和凝视成像系统，最小凝视(积分)时间大约为0.2 s，然后操作者才能观察被显示的(电视屏面)图像的另一部分，而当操作者要理解图像时，要研究图像内的多个凝视点或感兴趣的区域(ADI)，全过程所花的时间从不到0.5秒至几秒；如果图像在各个凝视周期的频带内(2 Hz)含有高频跳动，那么，图像的分辨率由于MTF减小而迅速下降；在2 Hz以下频率上的低频图像运动也会严重妨碍操作者对图像的理解；

(3)对于目标自动识别与跟踪系统会导致动态跟踪误差增大，降低目标跟踪的能力和探测概率。

(4)精密测量的目标(如星体)，是在惯性坐标系内，而测量的基准是在甲板坐标系内，必然因像在成像面上的晃动，造成成像的模糊带，影响测量瞄准的精度；

(5)对于快速扫描的系统，如存在图像的晃动，则会造成图像处理的困难；对于红外热像仪和以CCD为成像器件的电视摄像机视场都是矩形的，图像晃动会引起监视器视场与实际探测空间的不匹配，引起视场空间的丢失，这对于周视扫描以及图像拼接的实现十分不利；

(6)对于高速扫描的红外警戒系统，如不很好地解决瞄准线的稳定和消像旋问题，则会带来目标轨迹处理的困难。

在各国潜艇潜望镜发展史上，为了实现在潜望镜上测天定舰位功能，并设法提高测天精度，曾出现过大力研讨瞄准线或图像稳定问题的过程。前苏联、英国、法国等国家的潜望镜中，着力解决瞄准线的陀螺稳定，以实现地平坐标系的测天原理；美国则着力解决“电子平台”稳定瞄准线的方法，以实现甲板坐标系测天原理；前苏联更设计制造了陀螺平台稳定的六分仪原理方案，做到了星像视场稳定。到今天，美国20世纪60年代在潜艇光学装备中创立的“电子平台”稳定瞄准线方法，仍被各国海军光电设备所继续采用并大力发展；而陀螺直接稳定瞄准线的地平坐标系测天原理仍具有一定的生命力。

潜艇光电装备一个显著的使用环境特点是承受潜艇持续地波浪摇摆，这与陆、空军用装备环境非常不同。随着潜望镜由光机型向着光电型潜望镜和光电桅杆的转变，光电成像、光电扫描、光电跟踪等已成为新型光电设备的基本工作样式。相较过去只限于测天定位时对瞄准线稳定有所要求的情况已产生了极大的变化，所以大力开展对于稳像理论和技术的研究，既是潜艇光电装备研究发展的基础性课题，也是随着光电器件性能提高，广泛应用带来的非常紧迫的课题。

8.1.2. 图像稳定的种类方法[38]

1. 广义的系统稳定方法[7]

根据参考文献[7]中的分类，系统稳定的方法从大的原则方面可分为被动隔离稳定、主动稳定、惯性稳定三大类，而混合稳定方法也越来越多地得到了应用。

(1)被动隔离稳定方法。被动隔离稳定技术包括弹簧和阻尼隔离系统，它们用来消除由于载体引起的振动。可以采用线形和非线形技术，根据所考虑的振动频谱而定。

(2)主动稳定。主动稳定技术涉及到检测和测量扰动，继而克服这些扰动的许多应用。

可分为电子图像稳定、传感器检测扰动并进行补偿的主动稳定等。

(3)惯性稳定。指利用飞轮惯量所进行的稳定。

2. 光电装备的主动稳像方法[24]

现行光电装备的主动稳像方法有三种:光学稳像方法、陀螺平台或以陀螺作为敏感元件的稳像方法(或光学与电子学结合的稳像方法)、电子稳像方法。

(1)光学稳像方法

光学稳像的方法主要可分为利用折射元件、利用反射元件、利用结构光学元件作为调整元件的系统。根据稳像光学元件的位置,又分为物空间(平行光路)稳像和像空间(会聚光路)稳像方法。光学稳像又根据稳像的坐标系不同,分为相对稳像和绝对稳像两类。在坦克上观瞄系统的稳定多采用物空间稳定反射镜的绝对稳像方式;而第 9 章介绍的英国 CM010 光电桅杆中,则在像空间光轴上设置别汗棱镜来稳定像的旋转,属于相对稳像范畴。据参考文献[24]介绍,单独使用反射元件稳像的方法,精度难以做得很高,故只适宜于低精度的稳定系统中。

(2)陀螺平台或以陀螺作为敏感元件的稳像方法。平台式稳定方式是通过惯性元件敏感载体的姿态角的变化,其输出信号经过放大后驱动电机来保持镜筒或反射镜、棱镜以保持成像不变。现根据其组成情况,可分为直接陀螺平台稳像方法;利用陀螺直接稳定瞄准线的方法;基于陀螺仪转子空间惯性的惯性稳瞄平台法;基于自主式或非自主式姿态基准的"电子平台"稳定瞄准线方法;捷联式光学稳定系统五类。

①直接陀螺平台稳像方法。直接陀螺平台稳像方法,是利用陀螺作为传感器敏感基座的姿态变化,且组成平台来稳定光电设备图像或瞄准线的方法。根据消除误差的方式又分为一级稳定和二级稳定两类。

a. 一级稳定方法　一级稳定技术中的整体稳定原理可见后面的稳瞄平台介绍。它是采用一个环架系统作为光电传感器的光学平台,在平台上放置陀螺来测量平台的运动,陀螺敏感姿态角的变化经过放大后反馈给力矩电机,通过力矩电机驱动平台使光电传感器保持稳定。通常整体稳定的方法分为双轴陀螺稳定平台、三轴陀螺稳定平台和四轴陀螺稳定平台。其中双轴陀螺稳定平台又分为两轴二环和两轴四环两类。由于两轴稳定平台固有的原理误差,它不可能完全隔离载体的扰动力矩,导致瞄准线围绕光轴旋转;当旋转速度较大时,会对像质造成严重影响。要完全隔离须采用三轴的陀螺稳定平台或采用两轴四环的稳定平台。两轴、三轴的稳定技术在各国的机载光电设备中得到了广泛的采用。整体稳定一般适合较小的传感器负载,对于较大的负载则效果不佳,它受到摩擦力矩和静不平衡力矩的影响,其精度在 0.1 mrad 左右。在前苏联的 ΠP－12 天文导航潜望镜中,将测星用的六分仪及测星分划置于其头部的两轴陀螺复示平台之上,做到了与瞄准的星像处于相同的地平坐标系内,克服了摇摆的影响,实现了视场稳定。

b. 二级稳定方法　由于一级稳定完全依靠稳定平台来稳定瞄准线,遇到的干扰较多,限制了稳定精度的提高。进一步考虑,可以利用稳定平台实现粗调,用反射镜实现精调,它是反射镜和稳定平台的组合使用,可以达到微弧度级的稳定精度。这种稳定反射镜的技术在国外的高精度侦察系统和激光通信系统中得到了广泛的应用,以色列已经可以做到 15 μrad的稳定精度。

②利用陀螺直接稳定瞄准线的方法。在前苏联、法国的搜索型潜望镜中,采用了基于

地平坐标系的潜望镜六分仪原理,其测星用的分划线是用敏感地平线的陀螺水平仪来承载的,见第1章参考文献[12],这样,可以做到星像与分划像在瞄准时都处在同一个坐标系内,克服了潜艇摇摆影响,实现了瞄准线稳定,提高了瞄准精度。英国的AHPS4型潜望镜六分仪中,采用了与平台罗经姿态同步的反射镜作为测星分划线接入测星光学系统,也实现了瞄准线稳定,使星像与分划线像处于同一个坐标系中进行瞄准测量。

③在法国PIVAIR光电搜索潜望镜中,在头部设置两轴陀螺仪并与潜望镜上棱镜、测星基准分划等组成头部稳定框架(见第11章),用陀螺仪转子轴空间惯性敏感潜艇摇摆与镜管振动,通过控制回路控制头部俯仰电机和镜管方位回转电机,实现了摇摆与头部振动下的瞄准线稳定,可称为惯性稳瞄平台法。

④"电子平台"稳定瞄准线的方法

a.在美国的11型潜望镜中,首次应用了通过舰上共用的惯导系统得出的舰艇摇摆姿态角,再经过地平-甲板的坐标转换公式,得出目标的甲板坐标参数,并与实际的参数相比较生成控制量来稳定瞄准线的方法。这种方法是利用非自主式的平台提供姿态角,通过计算机迭代计算来实现光电设备瞄准线的稳定。在此,我们称之为非自主式"电子平台"稳定瞄准线的方法。

b.采用自主式"电子平台"稳定瞄准线方法的还有配置美国的Ⅲ型六分仪原理的潜望镜系列。与上不同的是,它是采用挂在潜望镜目镜头处的陀螺垂直器(与陀螺水平仪原理相同),以其敏感的潜艇摇摆信号通过瞄准线稳定方程控制潜望镜头部棱镜的俯仰,来达到瞄准线单轴的稳定。

⑤捷联式光学稳定系统。"捷联"一词的英文是strapdown,其原意是"捆绑"的意思。该捷联式技术最早被应用于惯导系统中,捷联式惯导系统就是将陀螺和加速度计直接固联于机体上的惯导系统。它没有电气机械平台,因此,捷联式惯导系统也称无平台式惯导系统。它是用计算机软件建立一个数学平台来代替平台式的惯性导航系统中的电气机械平台实体,实现同一功能。而凡是基于同一原理用来稳定瞄准线或图像的系统,我们称之为捷联式光学稳定系统。在英国的CM010光电桅杆系统中,就采用了捷联式光学稳定技术来稳定图像。而且这种技术在现代光电设备中获得了越来越多的应用。

捷联式光学稳定系统与直接陀螺平台稳定系统比较,有下列特点:

a.没有平台系统复杂的框架结构和框架跟踪陀螺的伺服系统;

b.用计算机的数学平台代替了平台系统的物理平台;

c.系统结构简单坚固,活动部件少;

d.体积小、质量轻,降低了系统的造价,提高了系统的可靠性。

(3)电子稳像方法

电子稳像是测出每一幅图像相对于参考图像的全局运动矢量,然后用解算出的运动参数去控制CCD输出像元各行列的起始读取位置,从而达到图像补偿稳定的目的。电子稳像系统一般包括三个主要功能模块,即运动矢量的检测模块,补偿输出模块和图像补偿模块。

因为采用光学、光电的方法稳像带来一个问题就是增加了系统的功耗和质量,而对于弹载、轻型飞机、星载或外星球探测中的跟瞄、成像设备来说,这往往是一个突出的问题。进入20世纪90年代以后,随着计算机技术和大规模集成电路技术的迅猛发展,为数字图像处理技术的发展提供了良好的条件,人们研究的重点开始转向电子稳像技术,这是当前稳像技术研究发展的趋势。与传统的光学稳像、机电结合的稳像方法相比,电子稳像具有易于操作,更精确,更灵活,体积小以及价格低,功耗小等特点,更便于实现设备的小型化,是观瞄或摄像系统中的更新换代的稳像方法。

8.1.3　瞄准线与图像稳定规范的研究[9]

1. 美国"图像稳定系统规范"

美国德克萨斯仪器公司 J. M. Hilkert 等人"图像稳定系统规范"一文中,研讨了图像运动对光电成像系统的影响并研究了一些规定稳定系统可容许图像运动的方法,也称为图像稳定规范。

该文中认为,光电成像系统中出现的图像运动使图像模糊不清并降低系统探测或识别远距离目标的能力,可通过以下几点来解释。

①对于空白背景下移动的点目标,图像运动产生的影响是生成一个模糊点图像,图像光强度降低,从而降低了相对于背景的对比度,严重时可降低到成像系统信噪比阈值以下,以致不能探测到目标。

②对于一个条形靶标,图像周期运动,将使图像变模糊,使成像系统不能分辨目标单个像元,降低了成像系统分辨目标的距离。

③对于光电成像系统,由于其成像原理是对目标在时间和空间上发射的能量进行采样和积分,因目标像运动,在时域和空域上都可能会发生采样效应,易造成"混肴"或"遗漏"。

文中认为,对于实时成像系统,人眼已成为成像系统的综合部分,必须统筹考虑。人眼的积分时间大约为 0.2 s,分辨空间能力大约为 0.25 mrad,有时成像探测器阵列输出很清晰的图像,进行采样的人眼看起来却相当模糊。

文中对容许的稳定抖动研究了几种规范方法。

①总均方根运动规范　就是规定系统能允许的总均方根抖动量,适用于高频随机运动场合;

②在一个积分周期或视频帧内容许的运动量　由于大多数图像稳定系统内的运动在本质上为统计量,因此这种方法具有很大的吸引力,它可给控制工程师一个明确的设计标准,但这种方法的主要缺点是须先对测量的运动频谱进行处理,然后才能与该规范相比较来验证系统;

③容许的 MTF 下降量　将运动造成的、可接受的 MTF 下降量作为整个成像系统 MTF 预算的一部分进行分配,这种规范精确地反映了要求,但其缺点是很难进行测量,也不能转换成更直接的规范,但人们可以从控制系统仿真中得出运动频谱并将它转换成 MTF 下降量,作为迭代设计的基础。

文中认为,如果能在稳定系统的实验室测试和野外测试中直接测量出 MTF,那么 MTF 或许是一项最好的表示图像稳定质量的总体性能指标。因此,测量由图像运动引起的 MTF 下降的技术,以及控制工程师用来精确预测运动造成的 MTF 损失的标准计算程序,将有助于提高稳定与跟踪系统的性能并降低成本。

2. 美国 AD A048260 报告(见第 1 章参考文献[3])中的实验结果

根据以上报告中的试验结果,由于光电器件存在积分时间,目标像抖动会造成监视器影像拖尾，系统传递函数降低。如试验器件的积分时间为80 ms，振动频率为12.5 Hz时，试验说明，当像移的峰－峰值大于一个像素时，便会严重地降低图像质量，最坏情况下，可使调制传递函数降到46%；当像移的峰－峰值大于两个像素时，最坏情况下，可使调制传递函数全部丧失。

3. 俄罗斯专家的观点

在俄罗斯PARUS－98E资料中，俄罗斯专家认为，在典型情况下，对于低频谱的舰艇摇摆（误差变化的角速度不超过3～5 rad/s），瞄准线稳定精度3～5角分是容易达到的，可是，镜管振动的角速度则高得多，它在稳定系统的设计方面起着决定性的作用。其稳定误差的允许值应该由探测器像素对应的物方张角确定，具体来说，对于512×512像素阵列尺寸的光电系统，物镜标准视场约为5°的情况下，一个像素的角视场约为36角秒，对振动影响的稳定精度应在20～30角秒范围内。

4. 国内对图像模糊机理的分析研究

参考文献[44]中分析研究了振动对光电设备的影响，文中认为图像稳定的目的是避免图像的模糊，而图像模糊会导致光电系统探测能力及测量能力的下降。要能引起图像模糊，必须的前提是，振动的频率大于电视帧频频率50 Hz，且振幅超过一个像素，这就是上述规范中所说的帧频内容许的运动量。但实际上光电系统往往是承担侦察监视功能，提供图像供人眼观察。为提高监视效果，要求频率大于10 Hz的振动图像稳定精度都应在一个像素左右。如一光学系统的等值焦距$f=400$ mm，像元8 μm，则瞬时视场为20 μrad时，图像稳定的精度应为20 μrad。

5. 对瞄准线稳定精度要求的分析

瞄准线稳定与图像稳定是两个不完全相同的概念。上述讨论的图像稳定虽然也包括了瞄准线稳定的内容，但两个作用和意义是有所不同的。在潜艇光电装备中，瞄准线稳定多用于测量、瞄准、跟踪，而图像稳定则用于光电图像的侦查、识别，所以二者评价的标准应该有所不同。

对于光电测量系统而言，瞄准线稳定精度的要求主要是从测量瞄准精度出发来考虑的。如法国PIVAIR光电搜索潜望镜中，瞄准线稳定精度为$1\sigma \leqslant 20''$，就是从测量天体高度的精度出发来考虑的，因为其测天误差要求不大于$1'$。在前苏联的对空导航潜望镜中，采用陀螺水平仪来稳定瞄准线，其零位漂移误差不大于$1'$，进动误差不大于$4'$（此误差通过平均计算可以减小到原值的$\frac{1}{5}$）的要求，也是与其测天总误差不大于$6'$相适应的。对于配置激光测距的潜用光电设备，瞄准线稳定精度必须与激光的束散角像匹配，并满足激光测中率的要求。

参考文献[44]中认为对于长周期的摇摆运动，本身并不导致光电系统探测能力的下降，因此对于光电跟踪系统，瞄准线稳定的目的是为了使被跟踪的目标不脱离视场，其稳定精度应与跟踪精度一致。

参考文献[50]中认为瞄准线稳定因存留较大的像倾斜（旋转），而影响光电系统视场边沿成像质量的降低，所以对于二轴稳定的光电侦查设备，要求对目标识别时，必须考虑人眼视角暂留效应,对低于0.5个像素的图像抖动不敏感,从此点出发,要求瞄准线稳定精度不低于0.1 mrad,也就是20角秒左右。

8.1.4 图像稳定技术研究的重点和发展趋势[24][38]

1. 大力开展提高稳像稳瞄精度的研究

随着光电设备应用领域的扩大,对跟踪、瞄准性能要求的提高,大力开展提高稳像稳瞄精度的研究,是光学稳像和机电稳像方法最为急迫的研究课题。如对于远距离的激光发射接受系统而言,特别是对于激光武器而言,已提出了秒级的瞄准线稳定精度要求。而国外的瞄准线稳定技术已达到15~20 μrad的精度。为此目的,正在大力开展研究的方面有:

(1)开展图像运动精确模型的分析研究;

(2)开展高精度伺服控制技术的应用研究;

(3)开展光学稳定与机电稳定结合的二级稳定技术的应用研究;

(4)大力开展将惯性元件直接与设备安装的捷联式稳定技术的应用研究。

2. 大力开展电子稳像技术的研究

从整个稳像技术研究的历史来看,利用纯数字图像处理的方法进行图像稳定(电子稳像)的研究是当前稳像研究发展的趋势。而国内电子稳像技术的起步较晚,目前只有少数大学和研究所有研究此问题的论文发表。

3. 大力提高稳像的适用范围

一个是提高稳像适用的动态范围,无论载体是车辆、飞机、舰船、飞行器,还是人工手持、肩扛都提出了稳像要求,其动态的频带很宽,运动规律也很复杂。对于潜艇潜望镜而言,其自激振动属于次声频率范围,一般的位置陀螺仪无法敏感此区域,限制了使用性能的提高。

必须开展稳像器件和设备小型化的研究,做到适用范围更广、更灵活、体积小、价格低、能耗小并易于操作。

4. 大力开展消像旋技术的研究

一般两轴的瞄准线稳定总会带来图像的旋转,又称像倾斜。对于使用时,摆动、回转速率较高的航空光电设备而言,其影响更为突出,它会使目标图像观察处理困难[26],测量精度降低。为解决这些问题,必须开展消旋技术的研究。

按消旋实现的方式,消旋系统主要可分为三类:电子消旋,光学消旋,物理消旋。

(1)电子消旋 把从摄像机实时采集来的每一幅图像信号,按要求的消旋角旋转处理后再送往监视器和图像跟踪器。它的优点是快速、简洁、可靠。但也存在以下缺点:

①增加图像处理时间;

②降低了一定量的图像精度;

③有效显示的视场要比摄像机视场要小,否则旋转时画面将出现空白;

④由于监视器的分辨率有限,画面沿中心转动时,会造成显示图的局部扭曲,当高速转动时,会形成画面的闪烁,给观察造成不便。

(2)光学消旋　在系统光路中,目标的成像器件前方,沿器件光轴方向装一消旋转棱镜,依靠它的转动补偿来消除图像的旋转,一般棱镜转动与图像旋转是1:1的关系,光学消旋常用在成像器件质量较大的红外跟踪系统中。

(3)物理消旋　指直接驱动成像器件沿轴心转动的消旋方法。它一般用在昼光电视系统中,这是因为CCD成像器件较小,容易形成较好的动态性能[26-28]。

5. 潜艇光电装备图像稳定扰动源性能特点

在俄罗斯PARUS-98E光电装备的资料中,俄罗斯专家认为,潜艇光电装备光电系统所允许的稳定误差主要取决于三个要素:瞄准线动态偏差范围、视场大小、阵列探测器的像素数量。

俄罗斯专家指出,桅杆类潜艇光电装备动态角偏差的频谱强度分布对其影响很大。潜艇的纵倾和横摇的影响会对应产生第一个谐振峰,其峰值的角频率 ω_1 在 $0.6 \sim 1.0\ s^{-1}$;潜望镜或光电桅杆观察头在迎向水流中产生动态角振动,会对应产生第二个谐振峰,其参数既取决于航速,又取决于桅杆的结构,尤其是镜管的自振频率、流线型导流罩的使用和观察头因海浪而被淹没的程度,其特点是此项振动振幅高达几弧分时,角频率 ω_2 为 $15 \sim 50\ s^{-1}$,这些高频振动对潜望镜或光电桅杆观察特性的影响相当大。

从上面介绍看出,其主要扰动源是潜艇的摇摆和自身的振动,潜艇艇体振动对光电设备的影响较小。摇摆的特性主要呈现的是两维角位移运动,空间频率大,时间频率低,对瞄准线稳定的影响大但对图像稳定的影响较小;自激振动的特点是空间频率与时间频率都较大,对瞄准线和图像稳定的影响都较大。

正因为扰动源有以上特点,所以过去潜望镜的瞄准线稳定多是采用陀螺直接稳定瞄准线,或“电子平台”法稳定瞄准线,而且是采用位置稳定方程。随着陀螺技术的进步,出现了把它置于头部敏感自身振动,以消除振动影响的方案;以后又出现了采用速率稳定方程的光纤陀螺捷联式稳定平台方案,使潜艇光电装备的瞄准线与图像稳定技术发展到一个新的水平。

本章将首先介绍瞄准线和图像稳定的概念、意义和稳定规范要求、研究瞄准线和图像稳定的数理知识和方法,随后介绍潜艇光电装备所采用的“电子平台”稳定瞄准线的方法,分析了两轴稳定所产生的图像倾斜(旋转)机理,介绍了惯性稳瞄平台稳定瞄准线的方法,二轴结构仪器角速度稳定方程的分析及捷联式稳定系统的基本原理,并扩展视野分析介绍水面舰船用光电设备等较复杂的三轴光机稳定系统的原理,最后介绍电子稳像技术的基本知识。

8.2　研究瞄准线和图像稳定问题的数理知识

8.2.1　向量概念及向量反射公式[2]

1. 向量(又称矢量)的概念

研究瞄准线稳定和图像稳定问题,要用到矢量的概念。矢量是具有方向和数量的量。其大小和方向可以用一条从始点 A 到终点 B 的定向线段表示,记为$\overrightarrow{AB}$。始点 A 代表向量的起点，而向量所在的直线 OO' 则代表向量的作用线（见图 8-1）。

有些向量无须强调其起止，则可以用一个带箭头或带横线的或粗体的字母表示，如 $\overrightarrow{A}, \overline{B}, \overline{\boldsymbol{C}}$ 等。向量 $\boldsymbol{AB}$ 的模用符号 $|\boldsymbol{AB}|$ 表示。一般讲，一个向量具有三个要素：模、方向以及作用点（始点的空间位置）。

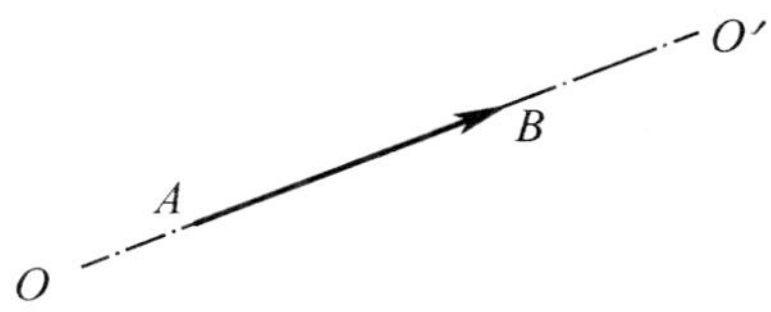

图 8-1　向量的表示法

向量可以分为三类：定点向量、定线向量、自由向量。作用点不能随意变动的向量称为定点向量。一个已知的定线向量，它的大小、方向和向量所在的作用线的位置必须是确定的，然而作用点沿作用线上的位置却可随意。如果向量允许在空间内沿任意方向作平移，那么这一类向量称为自由向量。

在以下所研究的问题中，物向量或像向量、瞄准线向量、像倾斜（旋转）向量、光轴向量、棱镜平面镜反射面法线向量、转轴向量等皆属于自由向量。以下常应用单位向量的概念，其模等于 1，且为自由向量。以下规定入射光线向量，物像方向向量、瞄准线向量、像倾斜（旋转）向量、反射镜法线向量以及转轴向量等皆取成单位向量。

习惯上，沿直角坐标轴 Ox, Oy, Oz 方向上的三个单位向量分别用专门的粗体字母 $\boldsymbol{i}, \boldsymbol{j}, \boldsymbol{k}$ 表示，而在我们以下的讨论中，各轴上分量皆只列出模量，而省略以上三个向量符号。

参考文献[33]中将角速度、角加速度等量的线矢量称为轴矢量，它们包含绕轴的某些旋转作用，并且假定它平行于旋转轴，其大小由矢量之模确定，而方向按右手螺旋定则确定。在参考文献[1]中则将角速度矢量表示为

$$\boldsymbol{\omega} = \omega \boldsymbol{p}$$

式中　ω——角速度的数值；

$\boldsymbol{p}$——角速度的转轴向量，代表角速度向量的方向。

2. 向量反射公式

研究带反射镜系统的稳定问题时，离不开向量反射公式。

图 8-2 中，AO, OB, ON 分别代表入射光线、反射光线以及平面反射镜的法线。通常只用单位向量来表示光线或法线的方向，如图 8-3 所示。$\boldsymbol{A}, \boldsymbol{A}'$ 以及 $\boldsymbol{N}$ 分别代表入射光线、反射光线以及平面镜法线的方向。由图上的几何关系可得：

$$\boldsymbol{A}' = \boldsymbol{A} + \boldsymbol{B}$$

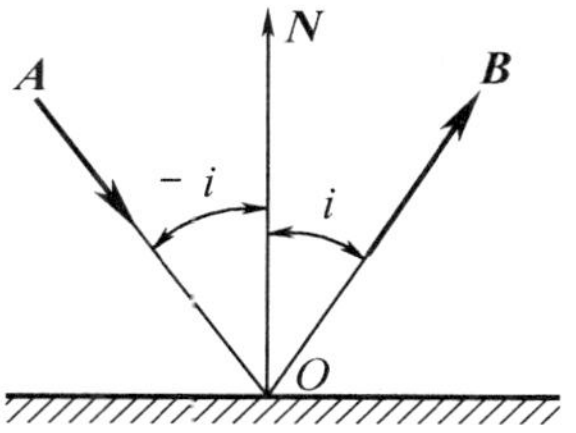

图 8-2　向量反射图

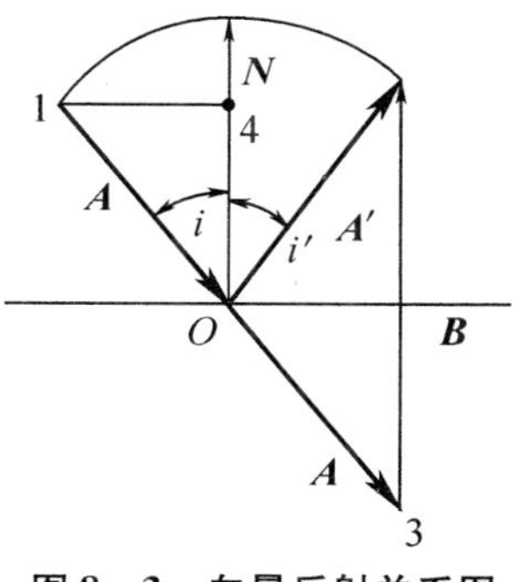

图 8-3　向量反射关系图

由于向量 $\boldsymbol{B}$ 的方向和向量 $\boldsymbol{N}$ 的方向相同，又由于向量 $\boldsymbol{B}$ 的长度等于向量 $\boldsymbol{A}$ 在向量 $\boldsymbol{N}$ 方向上的投影的两倍（但差一个正负号），即

$$|\boldsymbol{B}| = -2(\boldsymbol{AN})$$

式中 $|\boldsymbol{B}|$——向量的模,这个值总是正的;

$(\boldsymbol{AN})$——两个向量的数积,代表单位向量 $\boldsymbol{A}$ 在单位向量 $\boldsymbol{N}$ 方向上的投影,等于 $\boldsymbol{AN}=A\cdot N\cdot\cos(180°-i)$,这个量在本情况下是负值,因为向量 $\boldsymbol{A}$ 和向量 $\boldsymbol{N}$ 的夹角始终在90°和180°之间。由此,可将向量 B 写成

$$\boldsymbol{B} = -2\boldsymbol{N}(\boldsymbol{AN})$$

代入反射光线向量公式可得

$$\boldsymbol{A}' = \boldsymbol{A} - 2\boldsymbol{N}(\boldsymbol{AN}) \tag{8-1}$$

这就是向量反射公式。由该式,当已知单位入射向量 $\boldsymbol{A}$ 和平面镜的法线向量 $\boldsymbol{N}$ 的方向后,反射光线方向便可确定。

必须指出,向量反射公式成立的前提是,把平面镜的法线向量 $\boldsymbol{N}$ 认定为单位向量。

为了实用,需将以上公式向原点设在反射点 O 的直角坐标系 $Oxyz$ 进行投影,以便求得以下解析式

$$\begin{cases} A_x' = (1-2N_x^2)A_x - 2N_xN_yA_y - 2N_xN_zA_z \\ A_y' = -2N_xN_yA_x + (1-2N_y^2)A_y - 2N_yN_zA_z \\ A_z' = -2N_xN_zA_x - 2N_yN_zA_y + (1-2N_z^2)A_z \end{cases} \tag{8-2}$$

8.2.2 坐标转换

研究瞄准线稳定或图像稳定,离不开坐标系和坐标转换的概念。因为我们研究的对象是处在动基座上的光电设备,而光电设备要观察瞄准的目标往往处在地平坐标系内,始终有动静坐标系间的关系问题。同样,光学仪器内棱镜反射镜的转动扫描,其物像关系也有一个动静关系问题。我们就是把这些动静关系的研究用坐标转换的概念和理论来解决。

我们可以设一个与光学仪器固结的动坐标系 $Oxyz$,当舰船摇摆时,该坐标系可能绕任意轴旋转。如果再设一静坐标系 $Ox_0y_0z_0$,光学仪器观察的目标处在此坐标系中,这样,求目标在光学仪器视场中的情况,可变为解静坐标系 $Ox_0y_0z_0$ 到动坐标系 $Oxyz$ 的坐标转换问题。

被转换的向量可以分为转动与不转动两种情况,前者属于动坐标向静坐标的转换问题;而后者则属于由定坐标向动坐标的转换问题。如处在地平坐标系中的目标投射向量,如需求取在仪器动坐标系中的投影,则显然属于定坐标向动坐标的转换问题。再如求反射镜棱镜旋转扫描后的出射像向量问题,见图8-4,可用下式

$$\boldsymbol{A}' = \boldsymbol{G}^{-1}\boldsymbol{SGA} \tag{8-3}$$

来求取棱镜转动后像向量的出射方向问题。由于入射光线向量 A 未动,则也是定坐标系到动坐标系的转换问题。

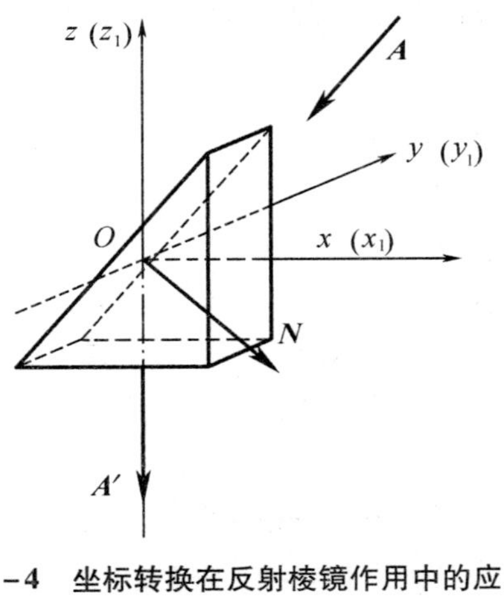

图8-4 坐标转换在反射棱镜作用中的应用

式(8-3)的意义为,除设与仪器固结的动坐标系 $Oxyz$ 外,另设一与反射棱镜固结的坐

标系 $Ox_1y_1z_1$，矩阵向量 $\boldsymbol{G}$ 表示坐标系 $Oxyz$ 向坐标系 $Ox_1y_1z_1$ 的坐标转换矩阵。由于棱镜在动坐标系 $Oxyz$ 中有相对运动，所以此时可把坐标系 $Oxyz$ 作为相对静止看待，而从该坐标系向与棱镜固结的坐标系的转换理解为静坐标系向动坐标系的转换。矩阵向量 $\boldsymbol{S}$ 为棱镜在与其固结的坐标系 $Ox_1y_1z_1$ 中的作用矩阵。矩阵向量 $\boldsymbol{G}^{-1}$ 为由坐标系 $Ox_1y_1z_1$ 向坐标系 $Oxyz$ 的坐标转换矩阵，可理解为动坐标向静坐标的坐标转换矩阵，也即 $\boldsymbol{G}$ 的逆矩阵。通过这一转换，可使出射光线向量 $\boldsymbol{A}$ 仍在与仪器固结的坐标系 $Oxyz$ 中来描述。

因为绕空间任意轴的转动皆可以分解为绕直角坐标系中三个轴向分量的转动，所以最基本的坐标转换是直角坐标系中绕各个单向轴的转换。表 8－1 中列出了绕各个单向轴动静坐标系之间的转换关系。其中的 θ 角规定有正负，正值是沿坐标轴的正向按右手螺旋定则确定。

表 8－1　动静坐标系之间的转换关系

动坐标系 / 静坐标系	仅绕 x_1 轴转动 θ 角			仅绕 y_1 轴转动 θ 角			仅绕 z_1 轴转动 θ 角		
	x	y	z	x	y	z	x	y	z
x_0	1	0	0	$\cos\theta$	0	$\sin\theta$	$\cos\theta$	$-\sin\theta$	0
y_0	0	$\cos\theta$	$-\sin\theta$	0	1	0	$\sin\theta$	$\cos\theta$	0
z_0	0	$\sin\theta$	$\cos\theta$	$-\sin\theta$	0	$\cos\theta$	0	0	1

8.2.3　殴拉转动法则与矩阵的概念

1. 殴拉转动法则

在上节讨论坐标转换时，并没有涉及转换法则问题。而在实际工程中，则一般都是按一定的规则进行转换，这种规则便是坐标转换的殴拉法则，见图 8－5。

如图 8－5 中，$Ox_0y_0z_0$ 为静坐标系，$Ox_1y_1z_1$ 为绕 Ox_0 轴转动 θ_1 角后的变换坐标系，$Ox_2y_2z_2$ 为绕 Oy_1 轴转动 θ_2 后的变换坐标系，可以归纳殴拉转动法则为：

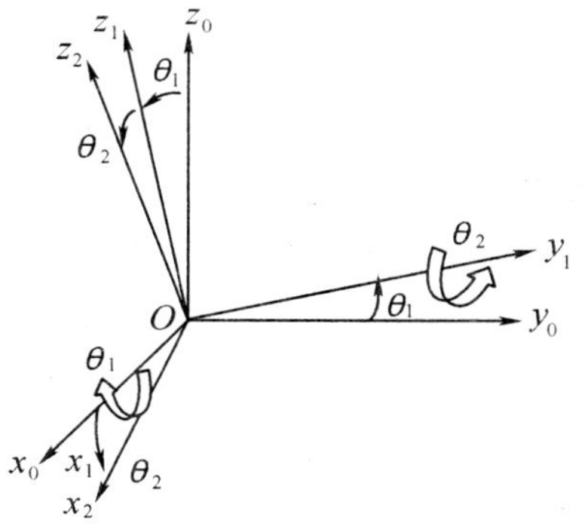

图 8－5　殴拉转动法则示意图

①如从静坐标系转动到动坐标系，则绕第一个转动的轴必须在静坐标系中；而如果是从动坐标系转动到静坐标系，则第一个围绕转动的轴，则必须在动坐标系中；

②坐标系的转动，必须保证转动是连续的转动。也就是说，当绕 Ox_0 轴转动 θ_1 角后，得到过渡坐标系 $Ox_1y_1z_1$，则第二次围绕转动的轴一定是已经翘起的 Oy_1，而第三次围绕转动的轴则应是第二次翘起的 Oz_2 轴。

符合以上法则的转动，可称为符合殴拉转动原理的坐标变换，为本书研究转动问题的基础。

2. 矩阵概念及其运算

在此,我们将矩阵作为一种坐标转换运算的工具使用。而恰恰是矩阵的运算规则和结果是与直角坐标转换的规则和结果完全一致的,它们都是属于线性变换的性质。而且矩阵的乘法运算法则是与坐标系转换的欧拉法则完全一致的。绕坐标轴转换的先后次序不同而有不同的结果,适合于矩阵乘法运算前后次序不能颠倒,这又和工程中十字轴万向环的转动有关联一致。

在参考文献[2]中证明了,向量绕任意轴回转的转动矩阵,是与转动有关的一对坐标系之间的坐标转换矩阵完全相同的。所以我们讨论向量的转动问题,可变为讨论坐标系的转换问题,矩阵的运算问题。

另外,由(8-2)式可见,反射镜棱镜的反射作用也是一种线性变换,可以写成如下矩阵形式

$$(\boldsymbol{A}')_0=\boldsymbol{R}(\boldsymbol{A})_0 \tag{8-4}$$

式中,$(\boldsymbol{A}')_0$ 和 $(\boldsymbol{A})_0$ 分别代表出射光线矢量 $\boldsymbol{A}'$ 和入射光线矢量 $\boldsymbol{A}$ 所对应的列矩阵

$$(\boldsymbol{A})_0=\begin{pmatrix}A_x\\A_y\\A_z\end{pmatrix}\qquad(\boldsymbol{A}')_0=\begin{pmatrix}A'_x\\A'_y\\A'_z\end{pmatrix}$$

$\boldsymbol{R}$ 代表单平面镜的反射作用矩阵

$$R=\begin{pmatrix}1-2N_x^2 & -2N_xN_y & -2N_xN_z\\-2N_xN_y & 1-2N_y^2 & -2N_yN_z\\-2N_xN_z & -2N_yN_z & 1-2N_z^2\end{pmatrix} \tag{8-5}$$

再联系(8-3)式,棱镜的作用矩阵 $\boldsymbol{S}$ 可以是由棱镜的法线向量 $\boldsymbol{N}$ 在与其固联的坐标系 Ox_1y_1 中的表达式,向式(8-5)代入求得。这样由(8-4)式可转换到(8-3)式,一个棱镜转动问题,就变为求解坐标转换问题和矩阵运算求解问题。

3. 适用性讨论

任何工程性的解决方案,都不能脱离其工程实际,我们在此后讨论稳定方程必须密切结合潜艇的实际状况。

(1)关于角位移稳定方程

我们在以下讨论稳定方程时,重点仍在位置稳定方程,这是因为:

①过去潜望镜中主要以克服艇的摇摆扰动为主,其角速度慢,位置稳定能够跟得上;

②潜艇摇摆的测量基准设置在惯导平台(或平台罗经)处,只有提供的角位移才有作用;

③适宜潜望镜或光电桅杆的惯性稳瞄平台稳定瞄准线法,仍以角位移稳定方程为基础;

④目前的瞄准线稳定控制仍以角位移控制为主。

(2)关于坐标转换

连续转动概念是研究刚体转动基础,否则也无法用矩阵进行运算。规定从静坐标系到动坐标系的转换时,必须遵循先绕位于静坐标系的轴进行转动,也是从工程实用的角度出

发的。如我国潜艇提供摇摆姿态角的平台安装情况是，外环轴在艇的首、尾面内，内环轴在艇的正横方向（提供纵摇角），即内环轴处于地平坐标系内，外环轴处于甲板坐标系内（提供横摇角）。所以，我们以下的从静坐标到动坐标的坐标转换次序必须是先绕处于地平坐标系的正横轴转动，再绕处于首尾面内的轴转动，否则如你的转动状态不与基准平台一致，则由它提供的摇摆角就成问题，就会有误差，这就是为什么我们要强调转动次序的原因。我们在此并未否定数学上解的正确性，而是强调是否结合你的工程实际，是否实用。如果自主式自备基准，则也需根据基准与设备的配置情况来考虑坐标转换问题。

8.2.4　矩阵运算的基本知识

1. 矩阵的概念

矩阵就是一个矩形的数字阵列，一个 m 行和 n 列的矩阵称为 $m\times n$ 矩阵，如果矩阵的行数和列数相等，即 $m=n$，则称该矩阵为方阵。我们书中，除表示向量的矩阵外，使用的都是 3×3 方阵或四阶方阵，三阶方阵为

$$\boldsymbol{R}=\begin{bmatrix} r_{11} & r_{12} & r_{13} \\ r_{21} & r_{22} & r_{23} \\ r_{31} & r_{32} & r_{33} \end{bmatrix} \tag{8-6}$$

或

$$\boldsymbol{R}=(r_{ij})_{m=n=3} \tag{8-7}$$

其中 r_{ij}叫矩阵的元素，简称矩元。矩阵的横向阵元集合称为矩阵的“行”；竖向阵元集合称为矩阵的“列”。

当 $n=1$ 时，矩阵 $\boldsymbol{A}$ 称列矩阵

$$\boldsymbol{A}=\begin{bmatrix} r_{11} \\ r_{21} \\ r_{31} \end{bmatrix} \tag{8-8}$$

在本书中把点和向量都表示为列矩阵。

当方阵中的 $r_{ij}(i=j)=1$ 而 $r_{ij}(i\neq j)=0$ 时，则得到单位方阵或称幺阵，记作 $\boldsymbol{E}$，如

$$\boldsymbol{E}=\begin{bmatrix} 1 & 0 & 0 \\ 0 & 1 & 0 \\ 0 & 0 & 1 \end{bmatrix} \tag{8-9}$$

幺阵 $\boldsymbol{E}$ 的特性是

$$\boldsymbol{EA}=\boldsymbol{AE}=\boldsymbol{A}$$

即无论用幺阵 $\boldsymbol{E}$ 左乘或右乘一个矩阵，都得原来的矩阵。

将矩阵的列换成矩阵的行所对应的矩阵称为 $\boldsymbol{R}$ 的转置矩阵，记作 $\boldsymbol{R}^{\mathrm{T}}$

$$\boldsymbol{R}^{\mathrm{T}}=\begin{bmatrix} r_{11} & r_{21} & r_{31} \\ r_{12} & r_{22} & r_{32} \\ r_{13} & r_{23} & r_{33} \end{bmatrix} \tag{8-10}$$

2. 矩阵的算数与代数运算

(1)矩阵相等的定义

若两个矩阵相等,则它们的维数以及它们对应的元素必相等。即若两个 $m \times n$ 矩阵 $\boldsymbol{S}$ 和 $\boldsymbol{G}$ 对任一 i(行)和 j(列)均满足 $\boldsymbol{S}_{ij} = \boldsymbol{G}_{ij}$,则称它们相等。

(2)矩阵加法

两个相同维数矩阵的加法可通过对应元素相加得到。

(3)矩阵乘法

①矩阵与标量乘法

设 $\boldsymbol{S}$ 为一矩阵,且 α 为一标量,则 $\alpha\boldsymbol{S}$ 为将 $\boldsymbol{S}$ 中的任一元素乘以 α 而构成的一个矩阵。

②向量与矩阵乘法

一个列向量 $\boldsymbol{A}$ 可以左乘以三阶方阵 $\boldsymbol{S}$,得到一个新的列向量。该向量的第一行元素为向量 $\boldsymbol{A}$ 的第一个元素与矩阵 $\boldsymbol{S}$ 第一行各个元素分别相乘的和,余此类推,即

$$\boldsymbol{A}' = \boldsymbol{SA} = \begin{bmatrix} s_{11} & s_{12} & s_{13} \\ s_{21} & s_{22} & s_{23} \\ s_{31} & s_{32} & s_{33} \end{bmatrix} \begin{bmatrix} a_1 \\ a_2 \\ a_3 \end{bmatrix} = \begin{bmatrix} s_{11}a_1 + s_{12}a_2 + s_{13}a_3 \\ s_{21}a_1 + s_{22}a_2 + s_{23}a_3 \\ s_{31}a_1 + s_{32}a_2 + s_{33}a_3 \end{bmatrix} \tag{8-11}$$

③矩阵与矩阵相乘

如果矩阵 $\boldsymbol{A}$ 的列数等于矩阵 $\boldsymbol{B}$ 的行数,则矩阵 $\boldsymbol{A}$ 可以和矩阵 $\boldsymbol{B}$ 相乘。乘积的第一列由矩阵 $\boldsymbol{B}$ 的第一列求得,即 $\boldsymbol{AB}$ 的第一列为 $\boldsymbol{Ab}_1$,$\boldsymbol{AB}$ 的第二列为 $\boldsymbol{Ab}_2$ 等。因此乘积 $\boldsymbol{AB}$ 是以 $\boldsymbol{Ab}_1,\boldsymbol{Ab}_2,\cdots,\boldsymbol{Ab}_n$ 为列的矩阵。

$$\boldsymbol{AB} = (\boldsymbol{Ab}_1, \boldsymbol{Ab}_2, \cdots, \boldsymbol{Ab}_n) \tag{8-12}$$

$\boldsymbol{AB}$ 的(i,j)元素为列向量 $\boldsymbol{Ab}_j$ 的第 i 个元素,它是由 $\boldsymbol{A}$ 的第 i 个行向量乘以 $\boldsymbol{B}$ 的第 j 个列向量得到的。换句话说,此时可把 $\boldsymbol{B}$ 矩阵的每一列作为一个列向量来左乘矩阵 $\boldsymbol{A}$,得到式(8-12),而其中每一阵元,则可用式(8-11)的法则求出。

(4)矩阵代数

一般来讲,矩阵乘法不满足交换律,即

$$\boldsymbol{AB} \neq \boldsymbol{BA} \tag{8-13}$$

若 α 和 β 为任何标量,$\boldsymbol{A},\boldsymbol{B},\boldsymbol{C}$ 皆为同阶方阵,则有

①$\boldsymbol{A}+\boldsymbol{B}=\boldsymbol{B}+\boldsymbol{A}$

②$(\boldsymbol{A}+\boldsymbol{B})+\boldsymbol{C}=\boldsymbol{A}+(\boldsymbol{B}+\boldsymbol{C})$

③$(\boldsymbol{AB})\boldsymbol{C}=\boldsymbol{A}(\boldsymbol{BC})$

④$\boldsymbol{A}(\boldsymbol{B}+\boldsymbol{C})=\boldsymbol{AB}+\boldsymbol{AC}$

⑤$(\boldsymbol{A}+\boldsymbol{B})\boldsymbol{C}=\boldsymbol{AC}+\boldsymbol{BC}$

⑥$(\alpha\beta)\boldsymbol{A}=\alpha(\beta\boldsymbol{A})$

⑦$\alpha(\boldsymbol{AB})=(\alpha\boldsymbol{A})\boldsymbol{B}=\boldsymbol{A}(\alpha\boldsymbol{B})$

⑧$(\alpha+\beta)\boldsymbol{A}=\alpha\boldsymbol{A}+\beta\boldsymbol{B}$

⑨$\alpha(\boldsymbol{A}+\boldsymbol{B})=\alpha\boldsymbol{A}+\alpha\boldsymbol{B}$

3. 正交方阵

直角坐标系的坐标转换矩阵皆为正交关系,因此皆属正交方阵。

4. 逆方阵

(1)逆方阵概念与求法

对于一个正交方阵 $\boldsymbol{R}$,如果有另一个方阵 $\boldsymbol{S}$ 满足

$$\boldsymbol{RS}=\boldsymbol{SR}=\boldsymbol{E}$$

则称 $\boldsymbol{S}$ 为 $\boldsymbol{R}$ 的逆方阵,记作 $\boldsymbol{R}^{-1}$,这里 $\boldsymbol{E}$ 为幺阵。在正交方阵的情况之下,有

$$\boldsymbol{R}^{-1}=\boldsymbol{R}^{\mathrm{T}} \tag{8-14}$$

即逆方阵就是它的转置方阵,可以用式(8-10)求转置矩阵的方法求出。

(2)逆方阵在矩阵方程变形中的应用

在解矩阵等式(方程)的过程中,有时为了求解更简练,需要将等式加以变换,将等号左右侧的相元相互调换,此时就用到逆方阵的概念,如

$$S_1S_2S_3=G_1G_2G_3 \tag{8-15}$$

由于有

$$G_2^{-1}G_2=E \qquad G_1^{-1}G_1=E$$

先将式(8-9)左侧乘幺阵 E,变为

$$E(S_1S_2S_3)=G_1(G_2G_3)$$

$$G_1^{-1}G_1(S_1S_2S_3)=G_1(G_2G_3)$$

此式中可消去两侧各左乘的 G_1 矩阵,变为

$$G_1^{-1}(S_1S_2S_3)=G_2G_3$$

同样有

$$G_2^{-1}G_1^{-1}(S_1S_2S_3)=G_3 \tag{8-16}$$

5. 函数矩阵的微分法则

对于矩阵元是实变量 t 的实函数矩阵

$$\boldsymbol{X}(t)=\begin{bmatrix} x_{11}(t) & x_{12}(t) & \cdots & x_{1n}(t) \\ x_{21}(t) & x_{22}(t) & \cdots & x_{2n}(t) \\ \vdots & \vdots & & \vdots \\ x_{m1}(t) & x_{m2}(t) & \cdots & x_{mn}(t) \end{bmatrix}$$

$\boldsymbol{X}(t)$ 中所有的分量函数 $x_{ij}(t)$ 都是本书所讨论的三角函数的情况下,函数矩阵的微分定义为

$$\frac{\mathrm{d}}{\mathrm{d}t}\boldsymbol{X}(t)=\frac{\mathrm{d}}{\mathrm{d}t}x_{ij}(t) \tag{8-17}$$

函数矩阵的微分具有下列性质

$$\frac{\mathrm{d}}{\mathrm{d}t}(\boldsymbol{X}(t)+\boldsymbol{Y}(t))=\frac{\mathrm{d}}{\mathrm{d}t}\boldsymbol{X}(t)+\frac{\mathrm{d}}{\mathrm{d}t}\boldsymbol{Y}(t) \tag{8-18}$$

$$\frac{\mathrm{d}}{\mathrm{d}t}(\boldsymbol{X}(t)\boldsymbol{Y}(t))=\left(\frac{\mathrm{d}}{\mathrm{d}t}\boldsymbol{X}(t)\right)\boldsymbol{Y}(t)+\boldsymbol{X}(t)\left(\frac{\mathrm{d}}{\mathrm{d}t}\boldsymbol{Y}(t)\right) \tag{8-19}$$

若 $\boldsymbol{K}$ 是常数矩阵,则

$$\frac{\mathrm{d}}{\mathrm{d}t}(\boldsymbol{KX}(t))=\boldsymbol{K}\frac{\mathrm{d}}{\mathrm{d}t}\boldsymbol{X}(t) \tag{8-20}$$

8.3 二轴结构仪器瞄准线稳定原理及角位移稳定方程分析

8.3.1 概述

所谓二轴结构仪器，是指具有方位回转轴和俯仰回转轴的结构仪器，其中有经纬仪类仪器，潜望镜类仪器，周视镜类仪器等。这类结构仪器的瞄准线稳定具有共同的特性，所以我们将它们合并在一起进行讨论。

二轴稳定只能是瞄准线的稳定。从二轴稳定方法而言，目前在潜艇光电设备中采用的方法主要是上节所述的“电子平台”、惯性稳瞄平台、陀螺直接稳定瞄准线等主动稳定方法。我们在此节中将主要介绍各种“电子平台”瞄准线稳定方法的原理；仪器不同构造形式二轴稳定特性的讨论以及作为二轴稳定特例的一轴稳定问题、周视镜型仪器的稳定问题等。

光学系统的瞄准线是指分划板十字线的中心与物镜后主点的连线。而所谓瞄准线稳定是指在仪器随潜艇甲板摇摆的情况下，将此瞄准线在物方的投射线稳定在地球坐标空间。或者，也可换句话说，瞄准线稳定是指：在仪器随潜艇甲板摇摆的情况下，将处于地球坐标系内目标的一点，始终与仪器十字线中心重合的功能。

以下讨论的瞄准线稳定方法从原理上有三种：

(1)美国 11 型天文导航潜望镜所开创并使用的坐标转换迭代法（电子稳定平台法）；

(2)属于自主式基准设置范畴的高度方位误差补偿法；

(3)由美国专利提出的，利用装在仪器头部的二自由度陀螺仪定轴性来稳定瞄准线的陀螺平台方法（将在单独一节中介绍）。

推求二轴结构仪器角位移稳定方程的方法现已出现多种形式，它们各有特点和适用条件，表 8－2 示出了各种推求瞄准线角位移稳定方程的方法体系。

表 8－2 推求角位移稳定方程的各种方法体系

<table>
<tr><th rowspan="2">方法名称</th><th rowspan="2">方法的含义</th><th colspan="2">方法的类别</th><th rowspan="2">适用场合</th></tr>
<tr><th>方法要点</th><th>主要特性</th></tr>
<tr><td>坐标转换迭代法</td><td>通过地平－甲板坐标系的转换方程，计算目标的甲板高度方位，和现时的仪器指示高度方位相减，得高度方位差，通过此量控制仪器的高度方位伺俯系统，实现瞄准线稳定</td><td>取决于水平基准的两种安装方式：
①我国惯导平台外环轴在舰船艏艉方向的安装方式；
②惯导平台外环轴在舰船正横方向的安装方式</td><td>水平基准的安装方式不同，则稳定方程的形式和计算的数值结果不同</td><td>非自主式公用水平基准</td></tr>
</table>

表 8-2(续)

方法名称	方法的含义	方法的类别		适用场合
		方法要点	主要特性	
高度方位补偿法	瞄准线在船摇摆后的失调量,通过仪器高度方位的补偿转动实现瞄准线的稳定	①视场投影法,将瞄准线的偏移向仪器视场内投影,通过使投影为零来求取瞄准线稳定方程; ②物向量空间不变法。通过在摇摆时使物向量空间不变来求取瞄准线稳定方程	①两种方法所得稳定方程形式不同,但计算的数值结果完全相同; ②基准安装形式不同,计算的数值结果不同	水平基准自主设置(跟随水平基准)
坐标相等法	利用某一空间目标在静态时的坐标值与动态下经补偿转动后坐标值相等来求稳定方程	先求出在地平坐标系空间的某一目标,在未摇摆时在仪器坐标系内的表达式,然后在求出经摇摆后再经三轴的补偿转动的表达式,如果使二者相等,则可以实现瞄准线和图像的稳定	可得出与坐标系转换迭代法相同的稳定方程,但多得出一组像旋转公式	非自主式公用水平基准

在本书中,对表中的方法都一一进行了介绍。且推导瞄准线稳定方程主要是建立和分析角位移稳定方程为主。在此基础上,下一节将进一步推导角速度稳定方程。

8.3.2　坐标转换迭代法稳定瞄准线[29]

1. 坐标转换迭代法稳定瞄准线的工作原理

坐标转换迭代法稳定瞄准线原理的要点如下。

①计算某一目标(如星体)某一时刻的地平坐标参数(高度角、方位角),采集同一时刻的艇体摇摆和航向参数(纵摇角、横摇角、航向角),代入地平-甲板坐标转换公式,经过计算滞后的补偿计算,得到相应时刻的目标甲板位置参数(甲板高度角、甲板舷角);

②将以上目标甲板坐标位置参数与高度、方位传感器现有参数比较,得控制量

$$\begin{cases}\Delta h = h_{计} - h_{实}\\ \Delta q = q_{计} - q_{实}\end{cases}$$

通过潜望镜的高度、方位两套随动系统驱动潜望镜瞄向目标,由于目标计算位置参数误差的存在,此时目标的像不一定位于视场十字线的中心,靠操作者的干预,用十字线中心精确瞄准目标;

③采集瞄准时刻目标的甲板坐标位置参数和同一时刻的艇体摇摆参数,代入甲板-地平坐标转换公式,得到相应时刻的目标测量地平坐标位置参数;

④计算出目标的地平坐标参数变化量,得到下一时刻的目标地平坐标参数,再代入地平-甲板坐标转换公式,再经过补偿计算,得到下一时刻的目标甲板坐标位置参数;

⑤再与高度、方位测角元件的现时参数比较生成控制量，通过随动系统瞄向目标，如此反复迭代，这便实现了瞄准线的稳定和目标地平坐标位置测量。

2. 相对于我国惯导平台安装方式下的坐标转换方程（一）

图8－6为相对于我国惯导平台安装情况的坐标系，其 Ozc 垂直于甲板平面，向上为正；Oyc 轴在艇的艏艉面内，指向艇艏，绕该轴的摇摆角为横摇角 R，甲板右舷下倾为正；Oxc 轴在艇的正横方向，指向右舷；绕其轴的摇摆角为纵摇角 P，舰首抬起为正。它相对的惯导平台安装情况为：外环轴在艇的艏艉面内，内环轴在艇的正横方向，即内环轴处于地平坐标系内，而外环轴在甲板坐标系内。

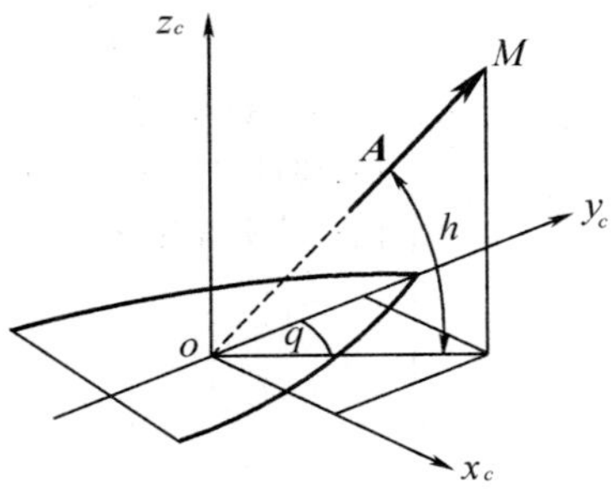

图8－6　相对于我国惯导平台安装情况的坐标系

空间某一点 M 的指向 向量 $\boldsymbol{A}$ 的地平坐标系矩阵表达式为

$$\boldsymbol{A}=\begin{bmatrix}\cos h\sin q\\ \cos h\cos q\\ \sin h\end{bmatrix}$$

式中，q 为目标的地平舷角，分为左右舷，现为右舷角。

绕 Oxc 轴转动纵摇角 P 的坐标转换矩阵公式为（静—动）

$$\boldsymbol{S}_{Ox_c,P}=\begin{bmatrix}1 & 0 & 0\\ 0 & \cos P & \sin P\\ 0 & -\sin P & \cos P\end{bmatrix}$$

绕 Oyc 轴转动横摇角 R 的坐标转换矩阵公式为（静—动）

$$\boldsymbol{S}_{oy_c,R}=\begin{bmatrix}\cos R & 0 & -\sin R\\ 0 & 1 & 0\\ \sin R & 0 & \cos R\end{bmatrix}$$

则向量 $\boldsymbol{A}$ 在甲板坐标系中的矩阵表达式为

$$\boldsymbol{A}_c=\boldsymbol{S}_{oy,R}\boldsymbol{S}_{ox,P}\boldsymbol{A}=\begin{bmatrix}\cos R & 0 & -\sin R\\ 0 & 1 & 0\\ \sin R & 0 & \cos R\end{bmatrix}\begin{bmatrix}1 & 0 & 0\\ 0 & \cos P & \sin P\\ 0 & -\sin P & \cos P\end{bmatrix}\begin{bmatrix}\cos h\sin q\\ \cos h\cos q\\ \sin h\end{bmatrix}$$

$$=\begin{bmatrix}\cos h\sin q\cos R-\sin h\cos P\sin R+\cos h\cos q\sin P\sin R\\ \cos h\cos q\cos P+\sin h\sin P\\ \sin h\cos P\cos R-\cos h\cos q\sin P\cos R+\cos h\sin q\sin R\end{bmatrix}$$

矩阵式中的第三行为目标甲板高度角的正弦函数

$$\sin h_c=\sin h\cos P\cos R-\cos h\cos q\sin P\cos R+\cos h\sin q\sin R$$

所以

$$h_c=\sin^{-1}(\sin h\cos P\cos R-\cos h\cos q\sin P\cos R+\cos h\sin q\sin R)\tag{8-21}$$

而目标的甲板舷角为

$$\tan q_c=\frac{\cos h\sin q\cos R-\sin h\cos P\sin R+\cos h\cos q\sin P\sin R}{\cos h\cos q\cos P+\sin h\sin P}$$

所以

$$q_c=\tan^{-1}\left(\frac{\cos h\sin q\cos R-\sin h\cos P\sin R+\cos h\cos q\sin P\sin R}{\cos h\cos q\cos P+\sin h\sin P}\right)\tag{8-22}$$

公式(8－21),(8－22)为地平－甲板坐标变换方程。

相应的甲板－地平坐标矩阵转换公式为

$$A = S_{ox_c,P}^{-1} S_{oy_c,R}^{-1} A_c = \begin{bmatrix} 1 & 0 & 0 \\ 0 & \cos P & -\sin P \\ 0 & \sin P & \cos P \end{bmatrix} \begin{bmatrix} \cos R & 0 & \sin R \\ 0 & 1 & 0 \\ -\sin R & 0 & \cos R \end{bmatrix} \begin{bmatrix} \cos h_c \sin q_c \\ \cos h_c \cos q_c \\ \sin h_c \end{bmatrix}$$

$$= \begin{bmatrix} \cos h_c \sin q_c \cos R + \sin h_c \sin R \\ \cos h_c \cos q_c \cos P - \sin h_c \cos R \sin P + \cos h_c \sin q_c \sin R \sin P \\ \sin h_c \cos R \cos P - \cos h_c \sin R \cos P + \cos h_c \cos q_c \sin P \end{bmatrix}$$

同理,有

$$h = \sin^{-1}(\sin h_c \cos R \cos P - \cos h_c \sin q_c \sin R \cos P + \cos hc \cos q_c \sin P) \tag{8-23}$$

$$q = \tan^{-1}\left(\frac{\cos h_c \sin q_c \cos R + \sin h_c \sin R}{\cos h_c \cos q_c \cos P - \sin h_c \cos R \sin P + \cos h_c \sin q_c \sin R \sin P}\right) \tag{8-24}$$

公式(8－23),(8－24)为甲板－地平坐标变换方程。

注意,在用式(8－22),(8－24)利用反正切函数计算目标舷角时,有一个象限的判断问题,其方法见第 11 章。

3. 相对于惯导平台外环轴设置在舰船正横方向的坐标转换方程(二)

图 8－7 相对应的是惯导平台的外环轴应设置在舰船的正横方向的情况。

在图 8－7 中,其 Ozc 轴垂直于甲板平面,Oxc 轴在艇的艏艉面内,指向艇艏,绕其转动的摇摆角为横摇角 R;Oyc 轴的正向在艇的左舷,绕其摇摆角为纵摇角 P。但我们为了与坐标转换方程(一)相比较,而采用了瞄准同一个目标,艇转动姿态一致情况,此时,绕 Oyc 轴的摇摆角为 $-P$。

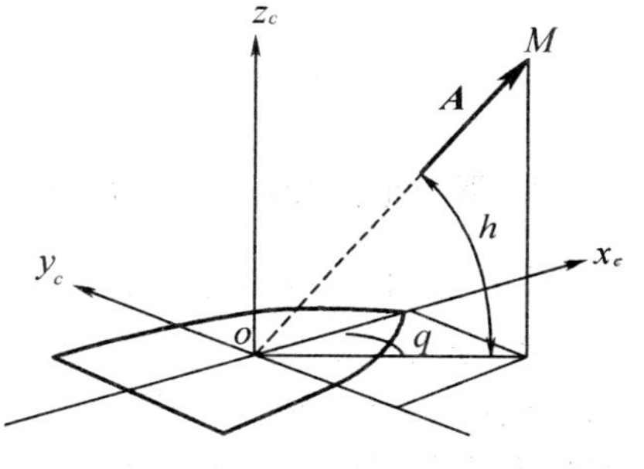

图 8－7　另一种惯导平台设置时所采用的坐标系

同一向量 $\boldsymbol{A}$ 在以上坐标系的地平坐标矩阵表达式为

$$A = \begin{bmatrix} \cos h \cos q \\ -\cos h \sin q \\ \sin h \end{bmatrix}$$

绕 Oxc 轴转动 R 角时的坐标转换矩阵公式为

$$S_{ox_c,R} = \begin{bmatrix} 1 & 0 & 0 \\ 0 & \cos R & \sin R \\ 0 & -\sin R & \cos R \end{bmatrix}$$

绕 Oy 轴转动 $-P$ 角时的坐标转换矩阵公式为

$$S_{oy_c,-P} = \begin{bmatrix} \cos(-P) & 0 & -\sin(-P) \\ 0 & 1 & 0 \\ \sin(-P) & 0 & \cos(-P) \end{bmatrix} = \begin{bmatrix} \cos P & 0 & \sin P \\ 0 & 1 & 0 \\ -\sin P & 0 & \cos P \end{bmatrix}$$

向量在甲板坐标系中的矩阵表达式为

$$A_c = S_{oy_c,-P} S_{ox_c,R} A = \begin{bmatrix} \cos P & 0 & \sin P \\ 0 & 1 & 0 \\ -\sin P & 0 & \cos P \end{bmatrix} \begin{bmatrix} 1 & 0 & 0 \\ 0 & \cos R & \sin R \\ 0 & -\sin R & \cos R \end{bmatrix} \begin{bmatrix} \cos h \cos q \\ -\cos h \sin q \\ \sin h \end{bmatrix}$$

$$=\begin{bmatrix} \cos P\cos q\cos h+\sin P\sin R\sin q\cos h+\sin P\cos R\sin h \\ -\cos R\sin q\cos h+\sin R\sin h \\ -\sin P\cos q\cos h+\cos P\sin R\sin q\cos h+\cos P\cos R\sin h \end{bmatrix}$$

目标的甲板高度角为

$$h_c=\sin^{-1}(-\sin P\cos q\cos h+\cos P\sin R\sin q\cos h+\cos P\cos R\sin h) \tag{8-25}$$

目标的甲板舷角为

$$q_c=\tan^{-1}\left(\frac{\cos R\sin q\cos h-\sin R\sin h}{\cos P\cos q\cos h+\sin P\sin R\sin q\cos h+\sin P\cos R\sin h}\right) \tag{8-26}$$

公式(8－25)，(8－26)为地平－甲板坐标转换方程。

相应的甲板－地平坐标转换矩阵公式为

$$\boldsymbol{A}=\boldsymbol{S}_{ox_c,R}^{-1}\boldsymbol{S}_{oy_c,-P}^{-1}\boldsymbol{A}_c=\begin{bmatrix}1&0&0\\0&\cos R&-\sin R\\0&\sin R&\cos R\end{bmatrix}\begin{bmatrix}\cos P&0&-\sin P\\0&1&0\\\sin P&0&\cos P\end{bmatrix}\begin{bmatrix}\cos h_c\cos q_c\\-\cos h_c\sin q_c\\\sin h_c\end{bmatrix}$$

$$=\begin{bmatrix} \cos P\cos q_c\cos h_c-\sin P\sin h_c \\ -\sin R\sin P\cos q_c\cos h_c-\cos R\sin q_c\cos h_c-\sin R\cos P\sin h_c \\ \cos R\sin P\cos q_c\cos h_c-\sin R\sin q_c\cos h_c+\cos R\cos P\sin h_c \end{bmatrix}$$

相应甲板－地平坐标转换方程为

$$h=\sin^{-1}(\cos R\sin P\cos q_c\cos h_c-\sin R\sin q_c\cos h_c+\cos R\cos P\sin h_c) \tag{8-27}$$

$$q=\tan^{-1}\left(\frac{\sin R\sin P\cos q_c\cos h_c+\cos R\sin q_c\cos h_c+\sin R\cos P\sin h_c}{\cos P\cos q_c\cos h_c-\sin P\sin h_c}\right) \tag{8-28}$$

4. 两种坐标转换方程的分析比较

第二种坐标转换方程是先转动一个横摇角，再转动一个纵摇角。这意味着转动横摇角时，位于正横方向的 oy 轴要抬起(或下降)一个 R 角，而使其位于甲板坐标系内。但目前我国的惯导平台或平台罗经则是内环轴在正横方向，当进行横摇时，它并不抬起，所以由这种安装方式所提供的艇摇摆参数对第二种坐标转换方程是不适合的。为了对两种坐标转换方程情况进行对比，我们列入具体的参数进行了计算，示于表 8－3。

表 8－3　两种瞄准线稳定方程的参数计算结果比较

$P,R=$	$h,q=$	坐标转换方程(一)		坐标转换方程(二)		计算参数的差值	
		h_g	q_g	h_g	q_g	Δh_g	Δq_g
5°	30°	27°.96	26°.47	27°.93	26°.32	1.8′	9′
	45°	44°.57	38°.2	44°.54	37°.76	1.8′	0°.44
10°	30°	25°.59	23°.77	25°.39	22°.08	12′	1°.69
	45°	43°.39	32°.15	43°.19	30°.47	12′	1°.68
20°	30°	20°.4	19°.47	18°.91	14°.44	1°.49	5°.03
	45°	39°.40	22°.93	37°.89	16°.79	1°.51	6°.14
30°	30°	15°.47	21°.04	10°.81	7°.31	4°.66	13°.73
	45°	34°.32	17°.75	29°.79	5°.25	4°.53	12°.5

通过对表 8－3 的分析，我们可以得出以下值得注意的结论意见：

①同样的目标地平坐标参数，经过不同的坐标转换公式，而可得出不同的甲板坐标参数，在摇摆角比较小时，其差值还比较小；但随着摇摆角的增大，其差值将越来越大；

②舷角的差值相比高度角的差值要大得多；

③这种差值的出现并不说明那一个坐标稳定方程有问题，而是说明其坐标转换的稳定方程，必须和艇提供的摇摆角的条件联系起来才能正确应用；

④两种瞄准线稳定坐标转换方程不可乱用，否则会带来较大的瞄准线稳定误差，尤其是会产生非常明显的方位偏差。

这种结果也说明了欧拉转动和矩阵相乘的不可颠倒，即不适用交换律的特性。

坐标转换迭代法稳定瞄准线原本是精密测天定位系统所使用的方法，这种系统的主要目的是为了得到目标的精确地平坐标参数。瞄准线稳定是把它作为一种过渡的手段，即为了实现星体的捕获、精确的瞄准测量。

由于这种瞄准线稳定的方法需要作大量的运算，所以它又特别依赖于计算机和快速随动系统的采用。美国开始使用时，是将三角函数用切贝雪夫展开式来计算的，现今可以把三角函数制成表格储存，用查表法代替复杂的函数运算。

这种瞄准线稳定方法由于公式复杂，计算量大，影响因素多，因而一般可实现的瞄准线稳定精度不会很高，大约在 10′ ~ 30′的范围。

8.3.3　用高度方位补偿法求取瞄准线稳定方程[39]

高度方位补偿法是根据参考文献[5]中的说法而来，即瞄准线因舰船的摇摆而发生角度变化，可以通过仪器本身的高度方位附加转动而进行补偿，从而达到稳定瞄准线的目的。由表 8 - 2 可知，用该方法求取稳定方程可以有两种途径，即：

①向仪器视场内的投影法；

②向物空间转换的物向量不变法。

以下讨论的求取瞄准线稳定方程的条件是自设水平基准，且基准按一定方式安装随主机一起作方位旋转，这种方式可简称为跟随水平基准。

1. 用视场投影法求解瞄准线稳定方程

(1) 基本工作原理

视场投影法的基本工作原理，是根据参考文献[2]中有限转动稳像公式的原理，其解题的思路如下。

①首先，在整个光学系统尚未绕 $\boldsymbol{P}_\varepsilon$ 转 ε 角之前，求出物空间代表某方向的单位矢量 $\boldsymbol{A}$ 通过前置系统及稳像系统，而在最后一块稳像棱镜的像空间内所成的单位矢量 $\boldsymbol{A}''$

$$\boldsymbol{A}'' = \boldsymbol{R}_2\boldsymbol{R}_1\boldsymbol{R}_{\text{前}}\,\boldsymbol{A}$$

式中各矩阵均对应于同一个动坐标系 xyz。

②然后，先想象整个光学系统作为一个整体，绕 $\boldsymbol{P}_\varepsilon$ 转 ε 角，接着稳像棱镜 1 和 2 再单独分别地绕 $\boldsymbol{P}_1$ 和 $\boldsymbol{P}_2$ 轴转动 θ_1 和 θ_2 应当指出，转角 θ_1 和 θ_2 都是相对动坐标系 xyz 而言的。

$$\boldsymbol{A}'' = \boldsymbol{S}_{p_2},_{\theta_2}\boldsymbol{R}_2\boldsymbol{S}_{p_2,-\theta_2}\boldsymbol{S}_{p_1,\theta_1}\boldsymbol{R}_1\boldsymbol{S}_{p_1,-\theta_1}\boldsymbol{S}_{\boldsymbol{P}_\varepsilon,-\varepsilon}\boldsymbol{A}$$

③令二像向量相等，则可以求出应补偿转动的角度

$$\boldsymbol{S}_{p2,\theta_2}\boldsymbol{R}_2\boldsymbol{S}_{p2,-\theta_2}\boldsymbol{S}_{p1,\theta_1}\boldsymbol{R}_1\boldsymbol{S}_{p1,-\theta_1}\boldsymbol{S}_{P_\varepsilon,-\varepsilon}\boldsymbol{A}=\boldsymbol{R}_2\boldsymbol{R}_1\boldsymbol{R}_{前}\boldsymbol{A}$$

根据以上思路,我们设一初始瞄准线向量,在未摇摆前,其成像在视场中心,即沿 oz 轴,而在其他两轴的投影为零。摇摆后未补偿时,其他两轴出现偏移值,经过上棱镜的俯仰转动和绕竖直轴的方位转动(对于潜望镜型仪器)补偿后,使其他两轴的投影为零来建立方程,就可以求出应补偿的参数,所以我们称这种方法为视场投影法。

(2)视场投影法求解稳定方程的思路

建立在高度方位误差补偿法基础上的视场投影法,其原理思路如下。

①在潜望镜的头部反射镜的转动轴处,设立潜望镜坐标系的坐标原点,令 ox 轴方向在潜望镜的子午面内。

②设有一初始的空间瞄准线向量,在船未摇摆的情况下,位于潜望镜的子午面内,与潜望镜物方的出射瞄准线相一致。

③当船摇摆后,安装于船甲板坐标系内的潜望镜,将随甲板一起摇摆,而初始瞄准线向量仍保持方向不变。这样,潜望镜瞄准线在物方的投射线方向将偏离原来的初始空间瞄准线向量。

④将空间初始瞄准线向量向潜望镜所在的动坐标系进行"投影",也就是用潜望镜所在的动坐标系进行表达。

⑤将潜望镜动坐标系表达的初始空间瞄准线向量,经上反射镜反射得到像向量,该像向量仍用潜望镜的动坐标系表达,然后经潜望镜主物镜成像于潜望镜视场内;而表达式中的 ox 轴 oy 轴分量,即代表了初始瞄准线向量在潜望镜视场中投影的方向偏。

⑥根据方向偏求出潜望镜应转动的方位和高度补偿角,将初始空间瞄准线向量的投影点拉回视场十字线的中心点。这样就又实现了潜望镜瞄准线在物方的投射线与初始瞄准线向量的一致,也就是实现了瞄准线的稳定。

(3)坐标系的建立与符号设定

在图 8-8 中,甲板坐标系 $ox_cy_cz_c$:与艇的甲板固结,随艇一起运动,其 oz_c 轴向上且垂直于甲板平面,ox_c 轴在艇的艏艉面内,指向艇艏,绕轴 ox_c 的摇摆角为横摇角 R,绕 oy_c 轴的摇摆角为纵摇角 P;

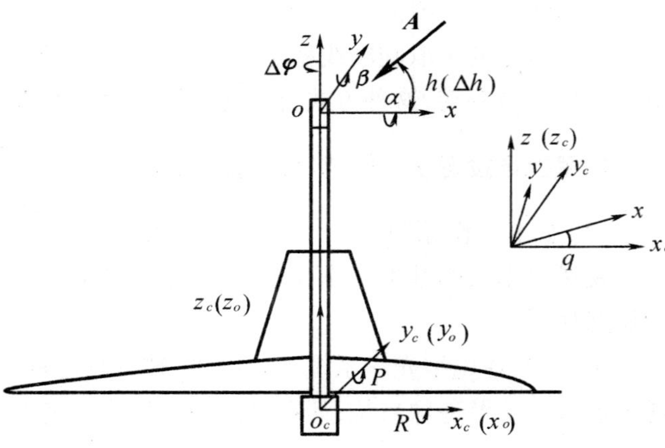

图 8-8 坐标系的设定

舰体地平坐标系 $ox_0y_0z_0$:原点与甲板坐标系的原点一致,ox_0y_0 平面与当地的地平面一致,oz_0 轴为该点的地垂线,在起始时甲板坐标系与舰体地平坐标系一致;

潜望镜坐标系 $oxyz$:其原点设在潜望镜上反射镜的转动中心点,oxz 平面在潜望镜的子午面内,oz 轴向上且与潜望镜的竖直轴重合,oy 轴在潜望镜的弧矢面内,为右手坐标系。开始时,潜望镜坐标系与甲板坐标系相应轴方向一致。

以上坐标系的设置与坐标转换迭代法不同,我们可把它作为第一种动坐标系设置。

有关的符号定义为：

P——舰艇纵摇角

R——舰艇横摇角

α——纵横摇角在潜望镜坐标系 ox 轴上的分量

β——纵横摇角在潜望镜坐标系 oy 轴上的分量

这两个在潜望镜坐标轴的摇摆角度分量与船摇摆角的关系见图 8－9。

自带跟随水平基准的情况下，其摇摆角的折算已由水平基准传感器自动完成，且可适用任何摇摆角的情况，而不需要进行公式折算。

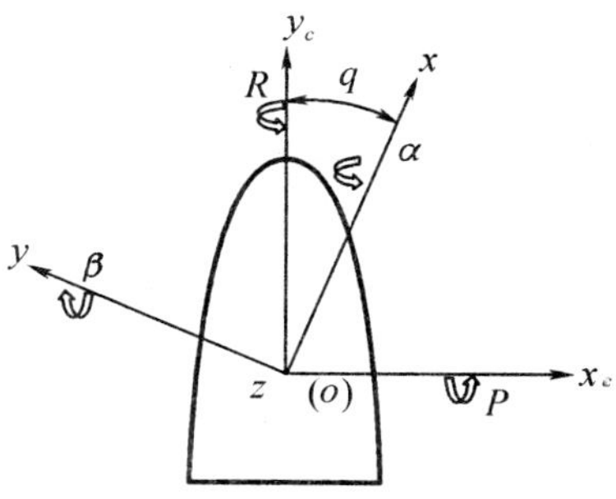

图 8－9　视场投影法坐标系设置与摇摆角的折算关系图

h——高度角（在水平面以上为正）

q——舷角，ox 轴正向相对于 ox_c 轴正向的夹角

$\Delta\varphi$——补偿的方位角

Δh——补偿的高度角

以上角度的正负（除高度角外），按右手螺旋定则确定。

（4）初始瞄准线向量在视场中投影方向偏的求取

图 8－10 为潜望镜坐标系与初始瞄准线向量关系图。初始瞄准线向量 A 在未摇摆的情况下，处在潜望镜坐标系的 oxz 面（子午面）内，且与潜望镜瞄准线的物方投射线一致，其矩阵表达式为

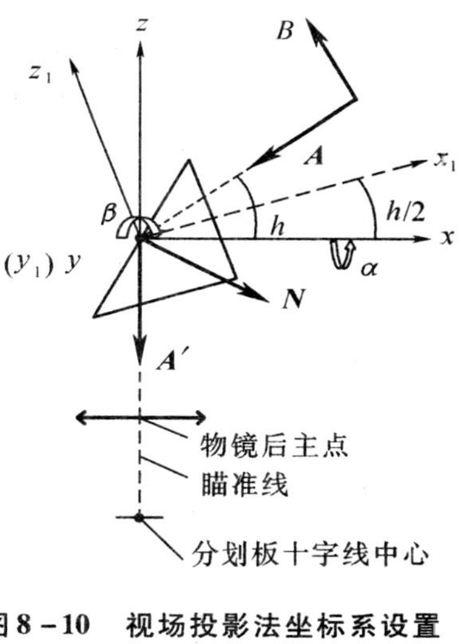

图 8－10　视场投影法坐标系设置与向量设定

$$\boldsymbol{A}=\begin{bmatrix}-\cos h\\0\\-\sin h\end{bmatrix}$$

潜望镜上反射棱镜法线向量 $\boldsymbol{N}$ 的矩阵表达式为

$$\boldsymbol{N}=\begin{bmatrix}\sin\frac{1}{2}(90^\circ+h)\\0\\-\cos\frac{1}{2}(90^\circ+h)\end{bmatrix}$$

潜望镜上反射棱镜的作用矩阵表达式为

$$\boldsymbol{M}=\begin{bmatrix}1-2Nox^2 & -2NoxNoy & -2NoxNoz\\-2NoxNoy & 1-2Noy^2 & -2NoyNoz\\-2NoxNoz & -2NoyNoz & 1-2Noz^2\end{bmatrix}=\begin{bmatrix}-\sin h & 0 & \cos h\\0 & 1 & 0\\\cos h & 0 & \sin h\end{bmatrix}$$

在潜望镜坐标系的两个水平轴上有摇摆分量时，初始瞄准线向量方向偏的求解矩阵

$$\boldsymbol{A}'_{myx}=\boldsymbol{M}\boldsymbol{S}_{oy,\beta}\boldsymbol{S}_{ox,\alpha}\boldsymbol{A} \tag{8-29}$$

注意这里的矩阵式是先绕 ox 轴旋转，再绕 oy 轴旋转。把 ox 轴设定在地平坐标系，而把 oy 轴设定在甲板坐标系，这和仪器自挂陀螺的情况一致。另外，由于设定的初始瞄准线向量 **A** 在地平坐标系内，而要求解的瞄准线方向偏是在随潜望镜摇摆的动坐标内，因而应是一个静坐标向动坐标的转换问题。

式中，$S_{ox,\alpha}$，$S_{oy,\beta}$均是静坐标系向动坐标系的坐标转换矩阵，即

$$S_{ox,\alpha}=\begin{bmatrix}1 & 0 & 0\\ 0 & \cos\alpha & \sin\alpha\\ 0 & -\sin\alpha & \cos\alpha\end{bmatrix}$$

$$S_{oy,\beta}=\begin{bmatrix}\cos\beta & 0 & -\sin\beta\\ 0 & 1 & 0\\ \sin\beta & 0 & \cos\beta\end{bmatrix}$$

代入式(8－29)后得

$$A'_{myx}=MS_{oy,\beta}S_{ox,\alpha}A=\begin{bmatrix}-\sin h & 0 & \cos h\\ 0 & 1 & 0\\ \cos h & 0 & \sin h\end{bmatrix}\begin{bmatrix}\cos\beta & 0 & -\sin\beta\\ 0 & 1 & 0\\ \sin\beta & 0 & \cos\beta\end{bmatrix}\begin{bmatrix}1 & 0 & 0\\ 0 & \cos\alpha & \sin\alpha\\ 0 & -\sin\alpha & \cos\alpha\end{bmatrix}\begin{bmatrix}-\cos h\\ 0\\ -\sin h\end{bmatrix}$$

$$=\begin{bmatrix}\sin(h-\beta)\cos h-\cos(h-\beta)\cos\alpha\sin h\\ -\sin h\sin\alpha\\ -\cos(h-\beta)\cos h+\sin(h-\beta)\cos\alpha\sin h\end{bmatrix}\tag{8-30}$$

根据原理陈述，像向量 A'_{myx} 等式中的 x 轴分量应为二轴有摇摆分量时瞄准线的子午偏，y 轴分量应为弧矢偏，其视场投影示意见图 8－18。

(5)补偿方位角和高度角方程的确定

子午偏和方向偏仅说明了初始瞄准线向量在视场中投影有横向偏移，它并不直接等于偏移的方位角和高度角，而要知补偿的方位角和高度角，还需采取以下转动。

①绕 oz 轴回转 $\Delta\varphi$ 角，直到在潜望镜视场中弧矢面的投影为零，可求得 $\Delta\varphi$；而绕 oz 轴回转 $\Delta\varphi$ 角，则是意味着绕 oz 轴进行一次坐标转换。即将与仪器固结的动坐标系转动到新的位置，它不同于在一个坐标系中某一个零件的补偿转动，

$$S_{oz,\Delta\varphi}=\begin{bmatrix}\cos\Delta\varphi & \sin\Delta\varphi & 0\\ -\sin\Delta\varphi & \cos\Delta\varphi & 0\\ 0 & 0 & 1\end{bmatrix}$$

$$A'_{mzyx}=MS_{oz,\Delta\varphi}S_{oy,\beta}S_{ox,\alpha}A\tag{8-31}$$

将有关矩阵转换公式代入，得

$$A'_{mzyx}=MS_{oz,\Delta\varphi}S_{oy,\beta}S_{ox,\alpha}A$$

$$=\begin{bmatrix}-\sin h & 0 & \cos h\\ 0 & 1 & 0\\ \cos h & 0 & \sin h\end{bmatrix}\begin{bmatrix}\cos\Delta\varphi & \sin\Delta\varphi & 0\\ -\sin\Delta\varphi & \cos\Delta\varphi & 0\\ 0 & 0 & 1\end{bmatrix}\begin{bmatrix}\cos\beta & 0 & -\sin\beta\\ 0 & 1 & 0\\ \sin\beta & 0 & \cos\beta\end{bmatrix}\begin{bmatrix}1 & 0 & 0\\ 0 & \cos\alpha & \sin\alpha\\ 0 & -\sin\alpha & \cos\alpha\end{bmatrix}\begin{bmatrix}-\cos h\\ 0\\ -\sin h\end{bmatrix}$$

$$=\begin{bmatrix}-(-\sin h\cos\Delta\varphi\cos\beta+\cos h\sin\beta)\cos h-(-\sin h\sin\Delta\varphi\sin\alpha+(\sin h\cos\Delta\varphi\sin\beta+\cos h\cos\beta)\cos\alpha)\sin h\\ \sin\Delta\varphi\cos\beta\cos h-(\cos\Delta\varphi\sin\alpha+\sin\Delta\varphi\sin\beta\cos\alpha)\sin h\\ -(\cos h\cos\Delta\varphi\cos\beta+\sin h\sin\beta)\cos h-(\cos h\sin\Delta\varphi\sin\alpha+(-\cos h\cos\Delta\varphi\sin\beta+\sin h\cos\beta)\cos\alpha)\sin h\end{bmatrix}$$

令矩阵式中的第二行等于零，则可以求出 $\Delta\varphi$：

$$\sin\Delta\varphi\cos\beta\cos h-(\cos\Delta\varphi\sin\alpha+\sin\Delta\varphi\sin\beta\cos\alpha)\sin h=0$$

$$\Delta\varphi=\tan^{-1}\left(\frac{\sin\alpha\sin h}{\cos\beta\cos h-\sin\beta\cos\alpha\sin h}\right)\tag{8-32}$$

②要求取应补偿的高度角，则应该转动上棱镜，即改变它的作用矩阵。由于转动上棱镜并不改变坐标系的位置，正像补偿法瞄准线稳定工作原理中所说，是改变原坐标系中一

个元件的位置，所以又可用下式表达棱镜的作用矩阵

$$\boldsymbol{M}' = \boldsymbol{G}'^{-1}_1 S_1 \boldsymbol{G}'_1$$

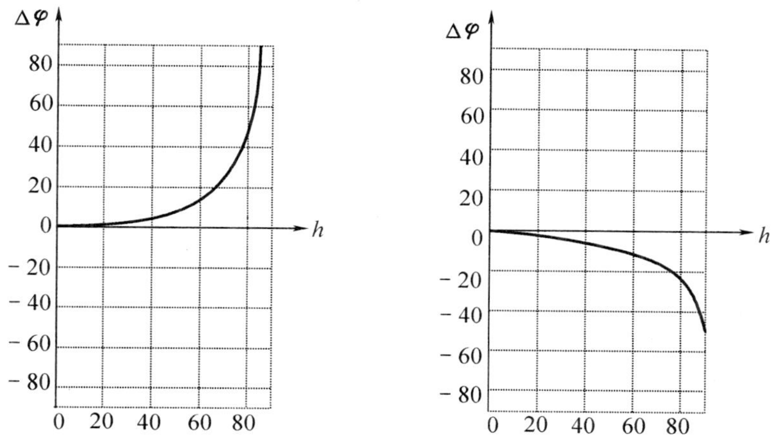

图 8-11　瞄准线稳定时应补偿的方位角与高度角的关系

式中　$\boldsymbol{S}_1 = \begin{bmatrix} 0 & 0 & 1 \\ 0 & 1 & 0 \\ 1 & 0 & 0 \end{bmatrix}$——上棱镜在其固连的坐标系 $ox_1y_1z_1$ 中的作用矩阵，ox_1z_1 面在棱镜的子午面内，棱镜的法线向量与 ox_1 轴成 45°；

$\boldsymbol{G}'_1$——设定的潜望镜坐标系 $oxyz$ 到坐标系 $ox_1y_1z_1$ 的坐标转换矩阵，是从静→动坐标转换矩阵，但按右手定则，这里又有 $h+\Delta h$ 为负值，因此有

$$\boldsymbol{G}'_1 = \begin{bmatrix} \cos\frac{1}{2}(h+\Delta h) & 0 & \sin\frac{1}{2}(h+\Delta h) \\ 0 & 1 & 0 \\ -\sin\frac{1}{2}(h+\Delta h) & 0 & \cos\frac{1}{2}(h+\Delta h) \end{bmatrix}$$

$$\boldsymbol{M}' = \boldsymbol{G}'^{-1}_1 S_1 \boldsymbol{G}'_1 = \begin{bmatrix} -\sin(h+\Delta h) & 0 & \cos(h+\Delta h) \\ 0 & 1 & 0 \\ \cos(h+\Delta h) & 0 & \sin(h+\Delta h) \end{bmatrix} = \begin{bmatrix} -\sin H & 0 & \cos H \\ 0 & 1 & 0 \\ \cos H & 0 & \sin H \end{bmatrix}$$

$$H = h + \Delta h$$

则初始瞄准线向量的像向量为

$$\boldsymbol{A}''_{m'zyx} = \boldsymbol{G}'^{-1}_1 S_1 \boldsymbol{G}'_1 \boldsymbol{S}_{oz,\Delta\varphi} \boldsymbol{S}_{oy,\beta} \boldsymbol{S}_{ox,\alpha} \boldsymbol{A} \tag{8-33}$$

将有关矩阵转换公式代入得

$$\begin{aligned} \boldsymbol{A}''_{m'zyx} &= \boldsymbol{G}'^{-1}_1 S_1 \boldsymbol{G}'_1 \boldsymbol{S}_{oz,\Delta\varphi} \boldsymbol{S}_{oy,\beta} \boldsymbol{S}_{ox,\alpha} \boldsymbol{A} \\ &= \begin{bmatrix} -\sin H & 0 & \cos H \\ 0 & 1 & 0 \\ \cos H & 0 & \sin H \end{bmatrix} \begin{bmatrix} \cos\Delta\varphi & \sin\Delta\varphi & 0 \\ -\sin\Delta\varphi & \cos\Delta\varphi & 0 \\ 0 & 0 & 1 \end{bmatrix} \begin{bmatrix} \cos\beta & 0 & -\sin\beta \\ 0 & 1 & 0 \\ \sin\beta & 0 & \cos\beta \end{bmatrix} \begin{bmatrix} 1 & 0 & 0 \\ 0 & \cos\alpha & \sin\alpha \\ 0 & -\sin\alpha & \cos\alpha \end{bmatrix} \begin{bmatrix} -\cos h \\ 0 \\ -\sin h \end{bmatrix} \\ &= \begin{bmatrix} -(-\sin H\cos\Delta\varphi\cos\beta + \cos H\sin\beta)\cos h - (-\sin H\sin\Delta\varphi\sin\alpha + (\sin H\cos\Delta\varphi\sin\beta + \cos H\cos\beta)\cos\alpha)\sin h \\ \sin\Delta\varphi\cos\beta\cos h - (\cos\Delta\varphi\sin\alpha + \sin\Delta\varphi\sin\beta\cos\alpha)\sin h \\ -(\cos H\cos\Delta\varphi\cos\beta + \sin H\sin\beta)\cos h - (\cos H\sin\Delta\varphi\sin\alpha + (-\cos H\cos\Delta\varphi\sin\beta + \sin H\cos\beta)\cos\alpha)\sin h \end{bmatrix} \end{aligned}$$

令矩阵式中的第一行等于零,可得

$$H=\tan^{-1}\left(\frac{\sin\beta+\cos\beta\cos\alpha\tan h}{\cos\Delta\varphi\cos\beta+\sin\Delta\varphi\sin\alpha\tan h-\cos\Delta\varphi\sin\beta\cos\alpha\tan h}\right) \tag{8-34}$$

高度补偿角为

$$\Delta h=H-h \tag{8-35}$$

方程(8-32),(8-34),(8-35)即为瞄准线稳定的补偿方程式。使用时,应将以上方程联立求解,即

$$\begin{cases}\Delta\varphi=\tan^{-1}\left(\dfrac{\sin\alpha\sin h}{\cos\beta\cos h-\sin\beta\cos\alpha\sin h}\right)\\ H=\tan^{-1}\left(\dfrac{\sin\beta+\cos\beta\cos\alpha\tan h}{\cos\Delta\varphi\cos\beta+\sin\Delta\varphi\sin\alpha\tan h-\cos\Delta\varphi\sin\beta\cos\alpha\tan h}\right)\\ \Delta h=H-h\end{cases} \tag{8-36}$$

③关于补偿顺序的讨论

a. 由改变上棱镜作用矩阵后的结果可以看出,棱镜的俯仰将不影响方向偏的大小;

b. 而补偿方向偏时,进行的绕倾斜 oz 轴的方位转动,将带来子午偏的不同结果,经计算,二者间的差距是较大的,说明补偿方位偏将影响补偿高度角的大小;

c. 所以若采用(8-36)作为瞄准线稳定方程时,正确的补偿顺序应该是先补偿方位偏,后补偿高度偏。

2. 用物向量空间不变法求解瞄准线稳定方程

高度方位补偿法稳定瞄准线,除去用上述的视场投影法来求解稳定方程外,还有向物方转换而保持物向量指向不变法。前者是向动坐标系中投影 ,而后者是向定坐标系中转换,二者间是一种逆坐标系的转换问题。二者求解的稳定方程形式虽有所不同,但结果应是一致的。下面以比较的方法来介绍这种求解稳定方程的原理。

(1)坐标系的建立

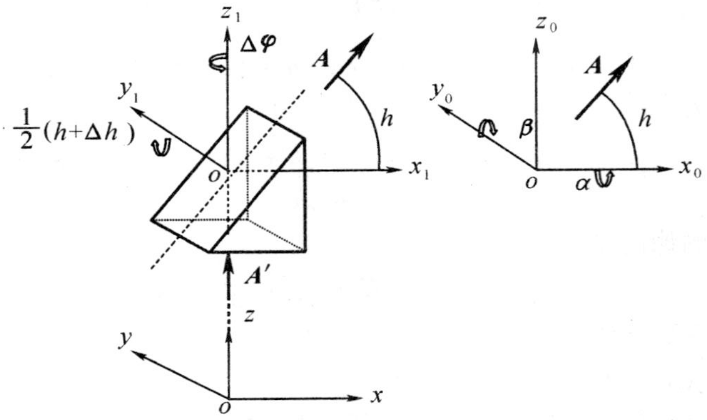

图 8-12 物向量指向不变法求解稳定方程所采用的坐标系

图 8-12 中,坐标系 $oxyz$:潜望镜的像坐标系,其定义与图 8-8 中潜望镜坐标系的定义相同。oxz 平面在潜望镜的子午面内,oyz 平面在潜望镜的弧矢面内,oz 轴向上且与潜望镜的竖轴重合。

坐标系 $ox_1y_1z_1$:上棱镜坐标系,与上棱镜固结,ox_1z_1 在棱镜的主截面内,oy_1z_1 在棱镜的

弧矢面内。

静坐标系 $ox_0y_0z_0$：物坐标系。

以上坐标系均为右手坐标系，转角的正负按右手螺旋定则确定。设未摇摆和目标高度角为零时，三坐标系方向一致。

(2)坐标转换矩阵

根据 8.2.2 节的介绍，上棱镜的作用矩阵可表达为以下形式，设 $\boldsymbol{S}_1$ 是与棱镜固连的 $ox_1y_1z_1$ 坐标系中的作用矩阵，有

$$\boldsymbol{S}_1=\begin{bmatrix}0&0&1\\0&1&0\\1&0&0\end{bmatrix}$$

$\boldsymbol{G}'$是静坐标系 $ox_0y_0z_0$ 到与棱镜固连的 $ox_1y_1z_1$ 坐标系的转换矩阵(静→动)，另有 $h+\Delta h$ 为负值，有

$$\boldsymbol{G}'=\begin{bmatrix}\cos\frac{1}{2}(h+\Delta h)&0&\sin\frac{1}{2}(h+\Delta h)\\0&1&0\\-\sin\frac{1}{2}(h+\Delta h)&0&\cos\frac{1}{2}(h+\Delta h)\end{bmatrix}$$

潜望镜有摇摆时，且经补偿转动后，物像空间的矢量关系为

$$\boldsymbol{A}'=\boldsymbol{G}'^{-1}\boldsymbol{S}_1\boldsymbol{G}'\boldsymbol{S}_{oz,\Delta\varphi}\boldsymbol{S}_{oy,\beta}\boldsymbol{S}_{ox,\alpha}\boldsymbol{A}$$

式中

$$\boldsymbol{A}=\begin{bmatrix}\cos h\\0\\\sin h\end{bmatrix},\quad \boldsymbol{A}'=\begin{bmatrix}0\\0\\1\end{bmatrix}$$

如果我们不是求像空间的投影，而是求物空间的物向量，则可用式(8-33)逆矩阵的方法，即

$$\boldsymbol{A}=\boldsymbol{S}_{ox,\alpha}^{-1}\boldsymbol{S}_{oy,\beta}^{-1}\boldsymbol{S}_{oz,\Delta\varphi}^{-1}\boldsymbol{G}\boldsymbol{S}_1\boldsymbol{G}'^{-1}\boldsymbol{A}' \tag{8-37}$$

(3)稳定方程求解

将各矩阵转换方程代入(8-37)式得

$$\boldsymbol{A}=\begin{bmatrix}1&0&0\\0&\cos\alpha&\sin\alpha\\0&-\sin\alpha&\cos\alpha\end{bmatrix}\begin{bmatrix}\cos\beta&0&-\sin\beta\\0&1&0\\\sin\beta&0&\cos\beta\end{bmatrix}\begin{bmatrix}\cos\Delta\varphi&\sin\Delta\varphi&0\\-\sin\Delta\varphi&\cos\Delta\varphi&0\\0&0&1\end{bmatrix}$$

$$\begin{bmatrix}\cos\frac{1}{2}(h+\Delta h)&0&-\sin\frac{1}{2}(h+\Delta h)\\0&1&0\\\sin\frac{1}{2}(h+\Delta h)&0&\cos\frac{1}{2}(h+\Delta h)\end{bmatrix}\begin{bmatrix}0&0&1\\0&1&0\\1&0&0\end{bmatrix}\begin{bmatrix}\cos\frac{1}{2}(h+\Delta h)&0&\sin\frac{1}{2}(h+\Delta h)\\0&1&0\\-\sin\frac{1}{2}(h+\Delta h)&0&\cos\frac{1}{2}(h+\Delta h)\end{bmatrix}\begin{bmatrix}0\\0\\1\end{bmatrix}$$

$$=\begin{bmatrix}-\cos\beta\cos\Delta\varphi\cos(h+\Delta h)+\sin\beta\sin(h+\Delta h)\\-(\sin\alpha\sin\beta\cos\Delta\varphi-\cos\alpha\sin\beta)\cos(h+\Delta h)-\sin\alpha\cos\beta\sin(h+\Delta h)\\-(\cos\alpha\sin\beta\cos\Delta\varphi+\sin\alpha\sin\Delta\varphi)\cos(h+\Delta h)-\cos\alpha\cos\beta\sin(h+\Delta h)\end{bmatrix}$$

利用向量的各列相等来建立求取瞄准线的稳定方程组：

$$\begin{cases}\cos\beta\cos\Delta\varphi\cos(h+\Delta h)-\sin\beta\sin(h+\Delta h)=\cos h\\(\sin\alpha\sin\beta\cos\Delta\varphi-\cos\alpha\sin\Delta\varphi)\cos(h+\Delta h)+\sin\alpha\cos\beta\sin(h+\Delta h)=0\\(\cos\alpha\sin\beta\cos\Delta\varphi+\sin\alpha\sin\Delta\varphi)\cos(h+\Delta h)+\cos\alpha\cos\beta\sin(h+\Delta h)=\sin h\end{cases}$$

解以上联立方程组可得瞄准线稳定方程为

$$\begin{cases}\Delta\varphi=\sin^{-1}\left[\dfrac{\sin\alpha\sin h}{\cos(h+\Delta h)}\right]\\\Delta h=\sin^{-1}[\cos\alpha\cos\beta\sin h+\sin\beta\cos h]-h\end{cases}\tag{8-38}$$

3. 两种稳定方程的分析比较和适用情况的讨论

(1)两种稳定方程的分析比较

方程(8.36)为视场投影法所得到的稳定方程；而方程(8-38)为使向量空间指向不变所得到的稳定方程。二者形式上有所差别，后者形式更简洁一些。我们已作了数值计算，证明二者计算值完全相同，可以认为：

①两种稳定方程是一致的，可以通用使用；

②第二种稳定方程更简洁，计算量小，因而实用性更强。

(2)关于适用水平基准安装情况的讨论

以上两种稳定方程的推导过程中，所依据的基本矩阵方程为式(8-33)：

$$\boldsymbol{A}'=\boldsymbol{G}'^{-1}_1\boldsymbol{S}_1\boldsymbol{G}'_1\boldsymbol{S}_{oz,\Delta\varphi}\boldsymbol{S}_{oy,\beta}\boldsymbol{S}_{ox,\alpha}\boldsymbol{A}$$

在此矩阵方程中，所依据又是以下的基本假定：

①与仪器固定的动坐标系 $oxyz$，其 oxz 平面与仪器的观测面(或子午面、主截面)一致；

②对摇摆干扰的处理是先绕主截面内的水平轴 ox 轴旋转 α 角，再绕弧矢面内的水平轴 oy 轴旋转 β 角。

由于所讨论的是从静坐标向动坐标的转换问题(对应式(8-33))，那么，根据殴拉转动法则，第一次进行的坐标转换应是围绕在静坐标系内的轴进行才对。若联系水平基准的情况，则必须满足水平基准的内环轴(稳定轴)必须在仪器的观测面方向，而外环轴必须在弧矢面方向，且应与俯仰轴平行。该水平基准悬挂必须按照这个原则进行，以上推出的公式才可适用。

根据有关资料，在采用跟随水平基准的美国 8B 型潜望镜、早期 76 型潜望镜、前苏联 ПЗН 型潜望镜中，跟随水平基准的悬挂皆是采用这种模式。

4. 高度方位补偿法与坐标转换迭代法的分析比较

(1)两者之间的相同点

①两者之间考虑问题的思路一样，都是在地平→甲板，甲板→地平间进行坐标转换。两者都可归入“电子平台法”稳定瞄准线的范畴。可以把高度方位补偿法的视场投影法称作自主基准的地平→甲板坐标转换；而把物向量空间不变法称作自主基准的甲板→地平坐标变换，即前者的反变换。

②两者都具有瞄准线稳定和精确测量目标地平高度角方位角功能。如美国的 76 型潜望镜中使用的Ⅲ型六分仪采用自主式设置陀螺跟随基准，既可稳定瞄准线，又能进行测天。法国现代 PIVIAR 光电多用途潜望镜为了测量天体高度，也设置了跟随陀螺基准，用头部棱镜计量的星体甲板高度角与高度方位补偿法解析式求得舰船摇摆影响的高度角增量 Δh、镜

管弯曲量之和来得到星体地平高度的。

(2)两者间的不同点

①最主要的不同点就是,一个利用艇上的公用基准,基准固定;一个自备基准,而且该基准随潜望镜转动。

②坐标迭代法无瞄准线引入,瞄准线稳定控制需要人工干预,观测瞄准线与目标高度方位之差来作为控制量;后者引入仪器瞄准线向量概念,可以自寻目标,其瞄准线稳定控制并可自主进行(对固定目标)。

(3)两者各自的优缺点

①坐标转换迭代法的优缺点

优点是可以利用艇上比较精确的水平基准。缺点是:

a. 迭代方程较复杂,每次迭代都要作约 27 次三角函数运算,计算量大,需要配置较复杂的计算机和快速随动系统,稳定精度不易提高;

b. 瞄准线稳定控制需要不断人工干预。

②高度方位补偿法的优缺点

优点是:

a. 稳定方程解算简单,少的只需作约 10 次三角函数解算,其大部分的工作都由自备陀螺基准给转换完成了,所以需配备的计算和控制设备就较容易,精度提高的潜力大;

b. 瞄准线稳定控制不需人工干预。干预的是瞄准线稳定偏差,即高度角的高阶量,干预后可以提高瞄准线稳定或测量精度;

c. 自主性好,可以适应各种改装场合。

缺点是要自备水平基准,精度一般不及共用基准。

8.3.4　经纬仪型仪器瞄准线稳定方程的讨论[30]

图 8－13 为经纬仪型仪器的坐标系与向量设定。坐标原点 o 位在水平轴与竖直轴的交点上,oz 轴向上与其竖直回转轴一致,oy 轴与仪器的水平回转轴一致,ox 在水平方向,与目标在同一象限,为右手坐标系。在设定以上坐标系的基础上,再设一与观察镜筒固结的动坐标系 $ox_1y_1z_1$,二者之间差一个俯仰角 h。

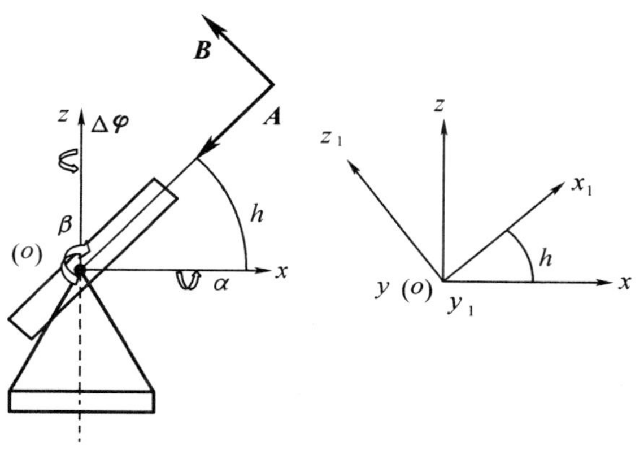

图 8－13　经纬仪型仪器的坐标系与向量设定

初始瞄准线向量 $\boldsymbol{A}$ 与仪器瞄准线在初始状态的空间投射线一致，求取视场投影法瞄准线稳定的矩阵方程为

$$\boldsymbol{A}'_{yzyx}=\boldsymbol{S}_{oy,(h+\Delta h)}\boldsymbol{S}_{oz,\Delta\varphi}\boldsymbol{S}_{oy,\beta}\boldsymbol{S}_{ox,\alpha}\boldsymbol{A} \tag{8-39}$$

式中 $(\boldsymbol{S}_{oy,\beta}\boldsymbol{S}_{ox,\alpha}\boldsymbol{A})$——与仪器固结的动坐标系 $oxyz$ 经过了摇摆的扰动后，物空间瞄准线向量 $\boldsymbol{A}$ 在仪器动坐标系的投影求解部分；

$\boldsymbol{S}_{oz,\Delta\varphi}$——乘该矩阵是为了进行绕竖直轴的转动补偿；

$\boldsymbol{S}_{oy,(h+\Delta h)}$——乘该矩阵是为了进行绕水平轴的俯仰和回转补偿，也可理解为由动坐标系 $oxyz$ 向随镜筒回转的动坐标系 $ox_1y_1z_1$ 的坐标转换矩阵。是从相对静止的坐标系向动坐标系转换的坐标转换矩阵。因为要讨论的瞄准线是在该坐标系内（在镜筒里），所以就不用再转回原 $oxyz$ 坐标系了。因仰角 h 在我们设定的坐标系内，按规定为负值，但与前面的假设一致，仍把它作正值对待。

式（8－39）和潜望镜型仪器的视场投影法瞄准线稳定的矩阵方程（8－31）比较，其他项相同，只有最后一项形式不同，那里为上棱镜的作用矩阵 $\boldsymbol{M}$，这里为 $\boldsymbol{S}_{oy,(h+\Delta h)}$ 二者比较如下

$$\boldsymbol{M}=\boldsymbol{G}_1^{-1}\boldsymbol{S}_1\boldsymbol{G}_1=\begin{bmatrix}-\sin H & 0 & \cos H\\ 0 & 1 & 0\\ \cos H & 0 & \sin H\end{bmatrix}=\begin{bmatrix}-\sin(h+\Delta h) & 0 & \cos(h+\Delta h)\\ 0 & 1 & 0\\ \cos(h+\Delta h) & 0 & \sin(h+\Delta h)\end{bmatrix}$$

$$\boldsymbol{S}_{oy,(h+\Delta h)}=\begin{bmatrix}\cos(h+\Delta h) & 0 & -\sin(h+\Delta h)\\ 0 & 1 & 0\\ \sin(h+\Delta h) & 0 & \cos(h+\Delta h)\end{bmatrix}$$

如果将后一矩阵式乘以反射镜的作用矩阵 $\boldsymbol{S}_1$，则有

$$\boldsymbol{S}_{oy,(h+\Delta h)}\boldsymbol{S}_1=\begin{bmatrix}\cos(h+\Delta h) & 0 & -\sin(h+\Delta h)\\ 0 & 1 & 0\\ \sin(h+\Delta h) & 0 & \cos(h+\Delta h)\end{bmatrix}\begin{bmatrix}0 & 0 & 1\\ 0 & 1 & 0\\ 1 & 0 & 0\end{bmatrix}=\begin{bmatrix}-\sin(h+\Delta h) & 0 & \cos(h+\Delta h)\\ 0 & 1 & 0\\ \cos(h+\Delta h) & 0 & \sin(h+\Delta h)\end{bmatrix}=\boldsymbol{M}$$

可见二者仅差一次镜面反射，是一个镜像对称问题，对稳定方程的形式没有影响。所以，潜望镜型仪器的瞄准线稳定方程，对于经纬仪型仪器完全适用。因此所讨论的二轴瞄准线稳定方程对于二轴结构的各型仪器而言，是具有普遍性的。

8.3.5 关于瞄准线的一轴稳定问题[32]

在潜望镜的发展中，有瞄准线一轴稳定的很多应用，如美国76型潜望镜，英国小型潜望镜，CH088型攻击潜望镜，法国APS攻击潜望镜等。在此，我们将讨论瞄准线一轴稳定应采用的公式，瞄准线一轴稳定的特点和存在的问题。

1. 各种瞄准线一轴稳定方程求解思路及分析

瞄准线一轴稳定是二轴稳定的特例，是二轴稳定的简化形式，我们就是从这个角度来分析瞄准线的一轴稳定问题。由于瞄准线一轴稳定都是采用自主式跟随基准，所以我们集中分析高度方位补偿法求出的公式。

（1）用视场投影法瞄准线稳定公式推导一轴稳定方程

我们在这种方法的如下矩阵方程（8－33）的基础上进行分析。

$$\boldsymbol{A}''=\boldsymbol{G}_1^{-1}\boldsymbol{S}_1\boldsymbol{G}_1\boldsymbol{S}_{oz,\Delta\varphi}\boldsymbol{S}_{oy,\beta}\boldsymbol{S}_{ox,\alpha}\boldsymbol{A}$$

如果我们不考虑方向的补偿 $\boldsymbol{S}_{oz,\Delta\varphi}$，只考虑高低方向的补偿，则上式变为

$$\boldsymbol{A}''=\boldsymbol{G}_1^{-1}\boldsymbol{S}_1\boldsymbol{G}_1\boldsymbol{S}_{oy,\beta}\boldsymbol{S}_{ox,\alpha}\boldsymbol{A}$$

式中

$$\boldsymbol{A}=\begin{bmatrix}-\cos h\\0\\-\sin h\end{bmatrix}$$

$$\boldsymbol{S}_{ox,\alpha}=\begin{bmatrix}1&0&0\\0&\cos\alpha&-\sin\alpha\\0&\sin\alpha&\cos\alpha\end{bmatrix}$$

$$\boldsymbol{S}_{oy,\beta}=\begin{bmatrix}\cos\beta&0&\sin\beta\\0&1&0\\-\sin\beta&0&\cos\beta\end{bmatrix}$$

$$\boldsymbol{G}_1^{-1}\boldsymbol{S}_1\boldsymbol{G}=\begin{bmatrix}-\sin H&0&\cos H\\0&1&0\\\cos H&0&\sin H\end{bmatrix}$$

$$H=h+\Delta h$$

代入 $\boldsymbol{A}''$式可求得

$$\boldsymbol{A}''=\begin{bmatrix}\sin(H+\beta)\cos h-\cos(H+\beta)\cos\alpha\sin h\\-\sin h\sin\alpha\\-\cos(H+\beta)\cos h+\sin(H+\beta)\cos\alpha\sin h\end{bmatrix}\tag{8-40}$$

矩阵式中的第一行表达了向量在视场投影的高度偏，令它等于零，可以求出高度的补偿方程

$$\sin(H+\beta)\cos h-\cos(H+\beta)\cos\alpha\sin h=0$$

$$\tan(H+\beta)=\cos\alpha\tan h$$

将 $\cos\alpha$ 用泰勒级数展开

$$\cos\alpha\approx1-\frac{\alpha^2}{2!}+\frac{\alpha^4}{4!}-\frac{\alpha^6}{6!}+\cdots$$

只取前两项代入

$$\tan(H+\beta)\approx\left(1-\frac{\alpha^2}{2}\right)\tan h$$

$$h+\Delta h+\beta\approx\tan^{-1}\left[\left(1-\frac{\alpha^2}{2}\right)\tan h\right]$$

所以有

$$\Delta h\approx-h-\beta+\tan^{-1}\left[\left(1-\frac{\alpha^2}{2}\right)\tan h\right]=-h-\beta+\tan^{-1}(\tan h)-\tan^{-1}\left(\frac{\alpha^2}{2}\tan h\right)$$

当摇摆角为小量时，其正切值可用角度的弧度值代替，有

$$\Delta h=-\beta-\frac{1}{2}\alpha^2\tan h\tag{8-41}$$

式(8-41)说明，在不考虑方位角补偿的情况下，高度角的补偿值为子午面内的摇摆的负值和弧矢面摇摆角影响二者之和。此式和美国系列潜望镜所用的公式完全相同。

(2)利用空间物向量不变法稳定公式推导一轴稳定方程

公式(8－38)为已推导出的瞄准线稳定方程为

$$\begin{cases}\Delta\varphi = \sin^{-1}\left[\dfrac{\sin\alpha\sin h}{\cos(h+\Delta h)}\right] \\ \Delta h = \sin^{-1}[\cos\alpha\cos\beta\sin h - \sin\beta\cos h] - h\end{cases}$$

一轴瞄准线稳定时应该采用方程组中的下式，即

$$\sin(h+\Delta h) = \cos\alpha\cos\beta\sin h - \sin\beta\cos h \tag{8-42}$$

可把上式中小量部分用泰勒展开式展开

$$\sin h\cos\Delta h + \cos h\sin\Delta h = \cos\alpha\cos\beta\sin h - \sin\beta\cos h$$

$$\cos\Delta h = 1 - \frac{\Delta h^2}{2} \qquad \cos\alpha = 1 - \frac{\alpha^2}{2} \qquad \cos\beta = 1 - \frac{\beta^2}{2}$$

$$\sin\Delta h = \Delta h - \frac{\Delta h^3}{6} \qquad \sin\beta = \beta - \frac{\beta^3}{6}$$

代入后可得

$$\sin h\left(1 - \frac{\Delta h^2}{2}\right) + \cos h\left(\Delta h - \frac{\Delta h^3}{6}\right) = \left(1 - \frac{\alpha^2}{2}\right)\left(1 - \frac{\beta^2}{2}\right)\sin h - \left(\beta - \frac{\beta^3}{6}\right)\cos h$$

该式两边皆除以 $\cos h$，可得

$$\tan h\left(1 - \frac{\Delta h^2}{2}\right) + \left(\Delta h - \frac{\Delta h^3}{6}\right) = \left[1 - \frac{1}{2}(\alpha^2 + \beta^2) + \frac{1}{4}\alpha^2\beta^2\right]\tan h - \left(\beta - \frac{\beta^3}{6}\right)$$

$$\Delta h - \frac{1}{2}\Delta h^2\tan h - \frac{1}{6}\Delta h^3 = -\beta - \frac{1}{2}(\alpha^2 + \beta^2)\tan h + \frac{1}{6}\beta^3 + \frac{1}{4}\alpha^2\beta^2$$

如果略去三阶以下微量，则有

$$\Delta h - \frac{1}{2}\Delta h^2\tan h = -\beta - \frac{1}{2}(\alpha^2 + \beta^2)\tan h$$

$$\Delta h = -\beta - \frac{1}{2}\alpha^2\tan h$$

该式为消去三阶以下微量时一轴瞄准线稳定的公式，其结果与视场投影法求得的公式完全相同。

2. 瞄准线一轴稳定方程分析与讨论

(1)瞄准线一轴稳定方程选择应用

瞄准线一轴稳定的目的是改善观察和测量的条件，有时也是为了得到目标的地平坐标参数，因此从稳定瞄准线轴的选择而言，以稳定俯仰轴为佳，其采用的稳定方程应以高度补偿法求出的式(8－26)为佳。

如果是进行粗略的稳定，还可以消去式中的后一项，而变为

$$\Delta h = -\beta \tag{8-43}$$

式(8－43)为瞄准线一轴稳定的近似公式，在摇摆角较小时才成立。可以设一台随潜望镜回转的陀螺仪垂直器，其一个水平轴始终平行于上棱镜的回转轴，使上棱镜的补偿高度角等于该陀螺仪水平轴上敏感摇摆角的反向值，就可以达到一轴概略稳定瞄准线的目的。

如果不能忽略二阶的微量，则可以采用(8－41)式，即其高度角的补偿值还要加上上述陀螺仪另一轴向的敏感摇摆角 α 经平方后的二分之一再乘以高度角的正切值。

(2)瞄准线一轴稳定方程的误差分析

(8－42)式是一轴瞄准线稳定的精确方程,(8－41)式是略去二次方以上项的近似稳定方程,而(8－43)式为简化稳定方程。表 8－4 中列入了一些具体的参数对三种稳定方程进行了数值计算。由表 8－4 可看出,用(8－41)式作为一轴瞄准线稳定方程,在摇摆角为 10°以内时,其稳定误差在几角分的数量级,对于需要测量目标坐标参数的系统,其精度是允许的。而简化稳定方程(8－43),其原理误差可达度的量级,只适宜粗略稳定使用。

表 8－4　几种瞄准线一轴稳定方程的稳定精度比较

参数	方程	式(8－42)	式(8－41)		式(8－43)	
			计算值	误差值	计算值	误差值
$h=0°$	$\alpha,\beta=5°$	－5°	－5°	0	－5°	0
	$\alpha,\beta=10°$	－10°	－10°	0	－10°	0
$h=20°$	$\alpha,\beta=5°$	－5.0803°	－5.0794°	0.054′	－5°	4.818′
	$\alpha,\beta=10°$	－10.2965°	－10.3176°	1.266′	－10°	17.79′
$h=45°$	$\alpha,\beta=5°$	－5.2025°	－5.2182°	0.942′	－5°	12.15′
	$\alpha,\beta=10°$	－10.7355°	－10.8727°	8.23′	－10°	44.13′

(3)瞄准线一轴稳定应用的特点

①瞄准线一轴稳定应用的最大特点是方法简单,实现容易,而且对于一些使用场合是较实用的,如对于一些测量如光学测距、星体高度的测量而言,俯仰方向的稳定是最重要的,对于这一类的测量,目标在视场中的弧矢方向偏移对于子午方向的测量影响不大;

②瞄准线一轴稳定,由于不补偿方向偏,因此就不产生附加的像倾斜,其像倾斜量相比二轴稳定瞄准线要小;

③瞄准线一轴稳定毕竟是一种不完全的稳定,会有较大的方向偏移存在,因此对于精确的测量系统和需图像稳定的情况下是不适用的。

8.3.6　周视观察瞄准镜的瞄准线稳定方程讨论

周视观察瞄准镜在海军的水面舰艇中有大量的应用,主要用作观瞄设备。随着现代光电技术的应用,其瞄准线稳定的需求必将迫切,这是本书在此研讨此问题的原因。由于其仍属于二轴结构仪器,所以其瞄准线稳定原理和本节前面讨论的应基本相同,但由于多了一个道威棱镜而带来不同的特点,是一种特殊的瞄准线二轴稳定问题。

1. 坐标系的建立

系统中的活动反射镜作用可以按 8.2.2 节的方法解决。即假设一动坐标系与它固结,从仪器所在的坐标系 $oxyz$,进行静→动的坐标转换,乘上该反射镜的作用矩阵后,再经过动→静的坐标反变换,回到仪器所在的坐标系。这样就可仍在仪器所在的坐标系中讨论瞄准线稳定问题。

为此,在周视镜的下部建立与仪器固结的动坐标系 $oxyz$,在周视镜上棱镜处设立动坐标系 $ox_1y_1z_1$。其 oy_1 与上棱镜的水平回转轴一致,oz_1 在垂直方向与仪器的竖直轴一致,它与上棱镜一起进行方位回转。另设一个与上棱镜固结的坐标系 $ox_1'y_1'z_1'$,它随棱镜一起俯仰,高度零位初始位置与坐标系 $ox_1y_1z_1$ 一致。在道威棱镜处设置一个与其固结的动坐标系 $ox_2y_2z_2$，见图 8－14。

2. 矩阵方程建立与求解

可以写出像向量的矩阵求解式为

$$\boldsymbol{A}_2' = \boldsymbol{G}_2^{-1}\boldsymbol{S}_2\boldsymbol{G}_2\boldsymbol{G}_1^{-1}\boldsymbol{G}'^{-1}_1\boldsymbol{S}_1\boldsymbol{G}_1'\boldsymbol{G}_1\boldsymbol{S}_{oy,\beta}\boldsymbol{S}_{ox,\alpha}\boldsymbol{A} \tag{8-44}$$

式中$(\boldsymbol{S}_{oy,\beta}\boldsymbol{S}_{ox,\alpha}\boldsymbol{A})$项代表仪器所在的动坐标系受摇摆影响后，物空间向量在此动坐标系中的投影。$(\boldsymbol{G}_1^{-1}\boldsymbol{G}'^{-1}_1\boldsymbol{S}_1\boldsymbol{G}_1'\boldsymbol{G}_1)$项代表上棱镜的作用，内三项代表俯仰作用，外两项代表方位旋转。都是先转换到动坐标系，再转回到原仪器坐标系 $oxyz$。$(\boldsymbol{G}_2^{-1}\boldsymbol{S}_2\boldsymbol{G}_2)$项代表道威棱镜的作用，它也是最后转回到仪器所在的坐标系，这就是 8.2.2 节中所叙述的思路。

式中，物向量 $\boldsymbol{A}$ 和像旋转向量 $\boldsymbol{B}$ 应该用球坐标系来表达，见图 8－15。

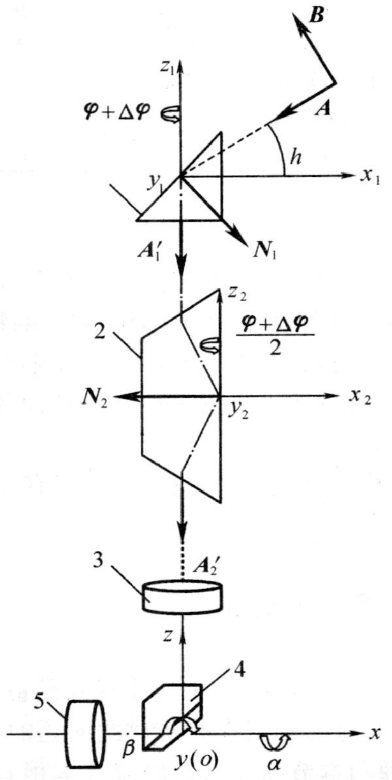

图 8－14　周视观察瞄准镜瞄准线稳定坐标系设置图

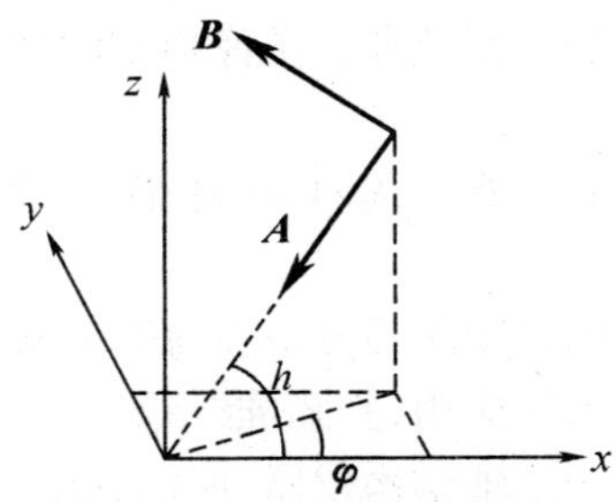

图 8－15　物向量关系示意图

$$\boldsymbol{A} = \begin{bmatrix} -\cos h\cos\varphi \\ -\cos h\sin\varphi \\ \sin h \end{bmatrix} \qquad \boldsymbol{B} = \begin{bmatrix} -\sin h\cos\varphi \\ -\sin h\sin\varphi \\ \cos h \end{bmatrix}$$

上棱镜的作用矩阵为

$$\boldsymbol{S}_1 = \begin{bmatrix} 0 & 0 & 1 \\ 0 & 1 & 0 \\ 1 & 0 & 0 \end{bmatrix}$$

而道威棱镜的作用矩阵为

$$S_2=\begin{bmatrix}-1&0&0\\0&1&0\\0&0&1\end{bmatrix}$$

其他矩阵式为

$$S_{ox,\alpha}=\begin{bmatrix}1&0&0\\0&\cos\alpha&\sin\alpha\\0&-\sin\alpha&\cos\alpha\end{bmatrix}$$

$$S_{oy,\beta}=\begin{bmatrix}\cos\beta&0&-\sin\beta\\0&1&0\\\sin\beta&0&\cos\beta\end{bmatrix}$$

$$G_1=\begin{bmatrix}\cos(\varphi+\Delta\varphi)&\sin(\varphi+\Delta\varphi)&0\\-\sin(\varphi+\Delta\varphi)&\cos(\varphi+\Delta\varphi)&0\\0&0&1\end{bmatrix}$$

$$G_1'=\begin{bmatrix}\cos\frac{1}{2}(h+\Delta h)&0&-\sin\frac{1}{2}(h+\Delta h)\\0&1&0\\\sin\frac{1}{2}(h+\Delta h)&0&\cos\frac{1}{2}(h+\Delta h)\end{bmatrix}$$

$$G_2=\begin{bmatrix}\cos\frac{1}{2}(\varphi+\Delta\varphi)&\sin\frac{1}{2}(\varphi+\Delta\varphi)&0\\-\sin\frac{1}{2}(\varphi+\Delta\varphi)&\cos\frac{1}{2}(\varphi+\Delta\varphi)&0\\0&0&1\end{bmatrix}$$

其他为上述矩阵的逆矩阵,所以代入式(8－44)有

$$A_2'=\begin{bmatrix}\cos\frac{1}{2}(\varphi+\Delta\varphi)&-\sin\frac{1}{2}(\varphi+\Delta\varphi)&0\\\sin\frac{1}{2}(\varphi+\Delta\varphi)&\cos\frac{1}{2}(\varphi+\Delta\varphi)&0\\0&0&1\end{bmatrix}\begin{bmatrix}-1&0&0\\0&1&0\\0&0&1\end{bmatrix}$$

$$\begin{bmatrix}\cos\frac{1}{2}(\varphi+\Delta\varphi)&\sin\frac{1}{2}(\varphi+\Delta\varphi)&0\\-\sin\frac{1}{2}(\varphi+\Delta\varphi)&\cos\frac{1}{2}(\varphi+\Delta\varphi)&0\\0&0&1\end{bmatrix}\begin{bmatrix}\cos(\varphi+\Delta\varphi)&-\sin(\varphi+\Delta\varphi)&0\\\sin(\varphi+\Delta\varphi)&\cos(\varphi+\Delta\varphi)&0\\0&0&1\end{bmatrix}$$

$$\begin{bmatrix}\cos\frac{1}{2}(h+\Delta h)&0&\sin\frac{1}{2}(h+\Delta h)\\0&1&0\\-\sin\frac{1}{2}(h+\Delta h)&0&\cos\frac{1}{2}(h+\Delta h)\end{bmatrix}\begin{bmatrix}0&0&1\\0&1&0\\1&0&0\end{bmatrix}$$

$$\begin{bmatrix}\cos\frac{1}{2}(h+\Delta h)&0&-\sin\frac{1}{2}(h+\Delta h)\\0&1&0\\\sin\frac{1}{2}(h+\Delta h)&0&\cos\frac{1}{2}(h+\Delta h)\end{bmatrix}\begin{bmatrix}\cos(\varphi+\Delta\varphi)&\sin(\varphi+\Delta\varphi)&0\\-\sin(\varphi+\Delta\varphi)&\cos(\varphi+\Delta\varphi)&0\\0&0&1\end{bmatrix}$$

$$\begin{bmatrix} \cos\beta & 0 & -\sin\beta \\ 0 & 1 & 0 \\ \sin\beta & 0 & \cos\beta \end{bmatrix}\begin{bmatrix} 1 & 0 & 0 \\ 0 & \cos\alpha & \sin\alpha \\ 0 & -\sin\alpha & \cos\alpha \end{bmatrix}\begin{bmatrix} -\cos h\cos\varphi \\ -\cos h\sin\varphi \\ \sin h \end{bmatrix} = \begin{bmatrix} A'_{2x} \\ A'_{2y} \\ A'_{2z} \end{bmatrix}$$

令$\begin{cases} A'_{2x}=0 \\ A'_{2y}=0 \end{cases}$,可求得视场投影法瞄准线稳定方程。单从 8.3 节的讨论可知,用视场投影法求出的稳定方程与物空间向量不变法相比,没有后者简洁。所以我们在此仍用后者来求取瞄准线稳定方程。为此,用逆矩阵的方法变换公式(8-44)可得

$$\boldsymbol{A} = \boldsymbol{S}_{ox,\alpha}^{-1}\boldsymbol{S}_{oy,\beta}^{-1}\boldsymbol{G}_1^{-1}\boldsymbol{G}'^{-1}_1\boldsymbol{S}_1\boldsymbol{G}'_1\boldsymbol{G}_1\boldsymbol{G}_2^{-1}\boldsymbol{S}_2\boldsymbol{G}_2\boldsymbol{A}'_2 \tag{8-45}$$

式中
$$\boldsymbol{A}'_2 = \begin{bmatrix} 0 \\ 0 \\ 1 \end{bmatrix} \qquad \boldsymbol{A} = \begin{bmatrix} \cos h\cos\varphi \\ \cos h\sin\varphi \\ \sin h \end{bmatrix}$$

$$\boldsymbol{A} = \begin{bmatrix} 1 & 0 & 0 \\ 0 & \cos\alpha & -\sin\alpha \\ 0 & \sin\alpha & \cos\alpha \end{bmatrix}\begin{bmatrix} \cos\beta & 0 & \sin\beta \\ 0 & 1 & 0 \\ -\sin\beta & 0 & \cos\beta \end{bmatrix}\begin{bmatrix} \cos(\varphi+\Delta\varphi) & -\sin(\varphi+\Delta\varphi) & 0 \\ \sin(\varphi+\Delta\varphi) & \cos(\varphi+\Delta\varphi) & 0 \\ 0 & 0 & 1 \end{bmatrix}$$

$$\begin{bmatrix} \cos\frac{1}{2}(h+\Delta h) & 0 & \sin\frac{1}{2}(h+\Delta h) \\ 0 & 1 & 0 \\ -\sin\frac{1}{2}(h+\Delta h) & 0 & \cos\frac{1}{2}(h+\Delta h) \end{bmatrix}\begin{bmatrix} 0 & 0 & 1 \\ 0 & 1 & 0 \\ 1 & 0 & 0 \end{bmatrix}$$

$$\begin{bmatrix} \cos\frac{1}{2}(h+\Delta h) & 0 & -\sin\frac{1}{2}(h+\Delta h) \\ 0 & 1 & 0 \\ \sin\frac{1}{2}(h+\Delta h) & 0 & \cos\frac{1}{2}(h+\Delta h) \end{bmatrix}\begin{bmatrix} \cos(\varphi+\Delta\varphi) & \sin(\varphi+\Delta\varphi) & 0 \\ -\sin(\varphi+\Delta\varphi) & \cos(\varphi+\Delta\varphi) & 0 \\ 0 & 0 & 1 \end{bmatrix}$$

$$\begin{bmatrix} \cos\frac{1}{2}(\varphi+\Delta\varphi) & -\sin\frac{1}{2}(\varphi+\Delta\varphi) & 0 \\ \sin\frac{1}{2}(\varphi+\Delta\varphi) & \cos\frac{1}{2}(\varphi+\Delta\varphi) & 0 \\ 0 & 0 & 1 \end{bmatrix}\begin{bmatrix} -1 & 0 & 0 \\ 0 & 1 & 0 \\ 0 & 0 & 1 \end{bmatrix}$$

$$\begin{bmatrix} \cos\frac{1}{2}(\varphi+\Delta\varphi) & \sin\frac{1}{2}(\varphi+\Delta\varphi) & 0 \\ -\sin\frac{1}{2}(\varphi+\Delta\varphi) & \cos\frac{1}{2}(\varphi+\Delta\varphi) & 0 \\ 0 & 0 & 1 \end{bmatrix}\begin{bmatrix} 0 \\ 0 \\ 1 \end{bmatrix}$$

$$= \begin{bmatrix} \cos\beta\cos(h+\Delta h)\cos(\varphi+\Delta\varphi) - \sin\beta\sin(h+\Delta h) \\ \cos\alpha\cos(h+\Delta h)\sin(\varphi+\Delta\varphi) - \sin(-\cos(h+\Delta h)\cos(\varphi+\Delta\varphi)\sin\beta - \cos\beta\sin(h+\Delta h)) \\ \sin\alpha\cos(h+\Delta h)\sin(\varphi+\Delta\varphi) + \cos\alpha(-\cos(h+\Delta h)\cos(\varphi+\Delta\varphi)\sin\beta - \cos\beta\sin(h+\Delta h)) \end{bmatrix}$$

令各坐标轴的分量与所设物空间向量 $\boldsymbol{A}$ 各分量相等来解方程得

$$\begin{cases} \cos\beta\cos(h+\Delta h)\cos(\varphi+\Delta\varphi) - \sin\beta\sin(h+\Delta h) = \cos h\cos\varphi \\ \cos\alpha\cos(h+\Delta h)\sin(\varphi+\Delta\varphi) - \sin\alpha(-\cos(h+\Delta h)\cos(\varphi+\Delta\varphi)\sin\beta - \cos\beta\sin(h+\Delta h)) = \cos h\sin\varphi \\ \sin\alpha\cos(h+\Delta h)\sin(\varphi+\Delta\varphi) + \cos\alpha(-\cos(h+\Delta h)\cos(\varphi+\Delta\varphi)\sin\beta - \cos\beta\sin(h+\Delta h)) = \sin h \end{cases}$$

$$\begin{cases} \sin(h+\Delta h) = -\sin\beta\cos\varphi\cos h - \cos\alpha\cos\beta\sin h + \sin\alpha\cos\beta\sin\varphi\cos h \\ \sin(\varphi+\Delta\varphi) = \dfrac{\sin\alpha\sin h + \cos\alpha\cos h\sin\varphi}{\cos(h+\Delta h)} \end{cases} \tag{8-46}$$

式(8－46)为周视镜型仪器瞄准线稳定方程式。

8.4　二轴结构仪器瞄准线稳定时的像倾斜(旋转)分析[10][40]

8.4.1　概述

二轴瞄准线稳定的共性问题是产生像倾斜，速率达到一定的量值时，像的转动被人眼看起来就变成连续的旋转。这种现象在以前多种文献中都被提及，有的进行了消旋的研究[26][28]。因为光电系统的大量应用，我们在瞄准线稳定的工程实践中已感受到其越来越多的影响，所以研究其产生的机理，并推求像旋转公式，分析其影响，便是本节的任务。推求二轴瞄准线稳定像倾斜公式基本有两种方法：

(1)设置像倾斜向量的视场投影法；

(2)坐标相等法。

这里是在本书中第一次讨论坐标相等法，所以除涉及像倾斜外，还要讨论其工作原理。

8.4.2　用视场投影法求取瞄准线二轴稳定时像倾斜表达式

视场投影法稳定瞄准线的特点之一便是将物方的目标投影到仪器的视场内，并将被稳定的目标和仪器视场的十字线联系起来。如果在稳定瞄准线的同时，求出目标在视场内相对十字线的像倾斜情况，并且采取措施进行补偿的话，则就可以实现图像在视场内的稳定。这虽是一种相对的视场稳定情况，但它对于现代光电仪器而言，却是非常适用的。这也说明用视场投影法的思路来求解像倾斜特性方程是一种比较直观可行的方法。

1. 用视场投影法求取像倾斜方法的要点

以下用视场投影法的思路来求潜望镜型仪器像倾斜向量的表达式。

(1)“像倾斜向量”的设定

在所假定的初始瞄准线向量 $\boldsymbol{A}$ 的前提下，再设定一个与它相垂直的同在潜望镜子午面内的单位向量 $\boldsymbol{B}$，其矩阵表达式为(见图 8－16)

$$\boldsymbol{B}=\begin{bmatrix}-\sin h\\0\\\cos h\end{bmatrix}$$

(2)在求取初始瞄准线向量在潜望镜动坐标系内方向偏的同时，可求出该向量在视场内的投影情况；

(3)如果该向量在视场内的投影有偏离潜望镜子午面的分量，则就说明产生了像的旋转；

(4)进一步可求出该像倾斜量的表达式，并分析其变化的规律，然后进行相应的补偿。

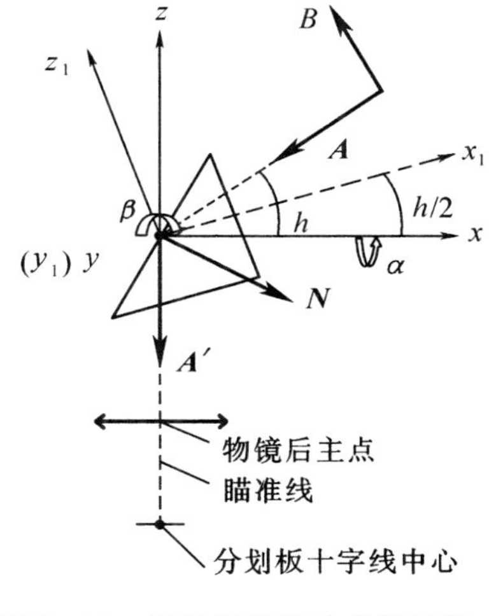

图 8－16　用视场投影法求像倾斜公式的坐标系与瞄准线向量设置图

2. 水平基准自主设置时像倾斜公式的求取

以下我们求取仪器的观测面与 oxz 面一致的情况，或者说跟随水平基准，其俯仰轴与水平基准的外环轴平行的情况。求取的步骤如下。

(1) 设一像倾斜向量 $\boldsymbol{B}$

该向量与瞄准线向量垂直，且在仪器初始位置的观测面内。

(2) 求取产生方向偏时的像倾斜量

$$\boldsymbol{B}'_{myx}=\boldsymbol{M}\boldsymbol{S}_{oy,\beta}\boldsymbol{S}_{ox,\alpha}\boldsymbol{B}=\begin{bmatrix}-\sin h & 0 & \cos h\\ 0 & 1 & 0\\ \cos h & 0 & \sin h\end{bmatrix}\begin{bmatrix}\cos\beta & 0 & -\sin\beta\\ 0 & 1 & 0\\ \sin\beta & 0 & \cos\beta\end{bmatrix}\begin{bmatrix}1 & 0 & 0\\ 0 & \cos\alpha & \sin\alpha\\ 0 & -\sin\alpha & \cos\alpha\end{bmatrix}\begin{bmatrix}-\sin h\\ 0\\ \cos h\end{bmatrix}$$

$$=\begin{bmatrix}\sin(h-\beta)\sin h+\cos(h-\beta)\cos\alpha\cos h\\ \cos h\sin\alpha\\ -\cos(h-\beta)\sin h+\sin(h-\beta)\cos\alpha\cos h\end{bmatrix}$$

矩阵式中的第二行，第三行反映了像倾斜有关的量，即

$$\tan\Delta\theta_1=\frac{(B'_{myx})_y}{(B'_{myx})_x}=\frac{\cos h\sin\alpha}{\sin(h-\beta)\cos\alpha\cos h-\cos(h-\beta)\sin h}\tag{8-47}$$

其在视场内的情况见图 8-17。

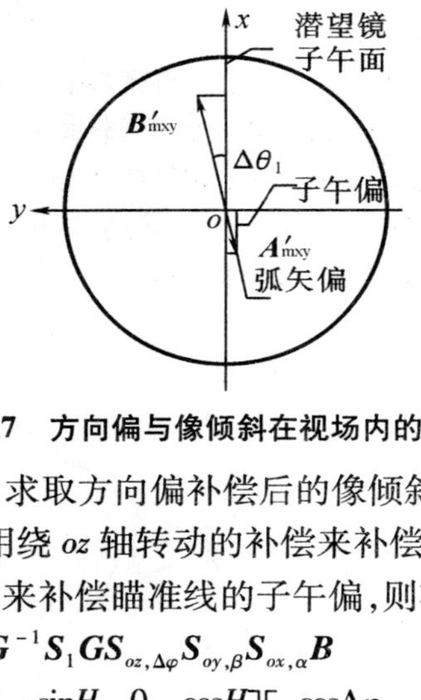

图 8-17 方向偏与像倾斜在视场内的示意图

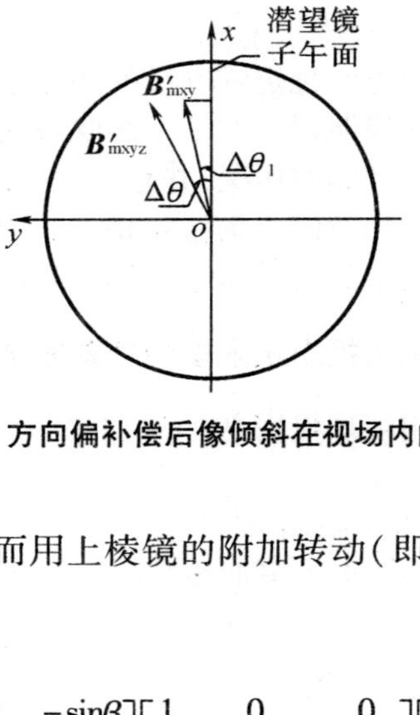

图 8-18 方向偏补偿后像倾斜在视场内的示意图

(3) 求取方向偏补偿后的像倾斜量

如用绕 oz 轴转动的补偿来补偿瞄准线的方位偏，而用上棱镜的附加转动（即改变其作用矩阵）来补偿瞄准线的子午偏，则有

$$\boldsymbol{B}'_{m'xyz}=\boldsymbol{G}^{-1}\boldsymbol{S}_1\boldsymbol{G}\boldsymbol{S}_{oz,\Delta\varphi}\boldsymbol{S}_{oy,\beta}\boldsymbol{S}_{ox,\alpha}\boldsymbol{B}$$

$$=\begin{bmatrix}-\sin H & 0 & \cos H\\ 0 & 1 & 0\\ \cos H & 0 & \sin H\end{bmatrix}\begin{bmatrix}\cos\Delta\varphi & \sin\Delta\varphi & 0\\ -\sin\Delta\varphi & \cos\Delta\varphi & 0\\ 0 & 0 & 1\end{bmatrix}\begin{bmatrix}\cos\beta & 0 & -\sin\beta\\ 0 & 1 & 0\\ \sin\beta & 0 & \cos\beta\end{bmatrix}\begin{bmatrix}1 & 0 & 0\\ 0 & \cos\alpha & \sin\alpha\\ 0 & -\sin\alpha & \cos\alpha\end{bmatrix}\begin{bmatrix}-\sin h\\ 0\\ \cos h\end{bmatrix}$$

$$=\begin{bmatrix}-(-\sin H\cos\Delta\varphi\cos\beta+\cos H\sin\beta)\sin h+(-\sin H\sin\Delta\varphi\sin\alpha+(\sin H\cos\Delta\varphi\sin\beta+\cos H\cos\beta)\cos\alpha)\cos h\\ \sin\Delta\varphi\cos\beta\sin h+(\cos\Delta\varphi\sin\alpha+\sin\Delta\varphi\sin\beta\cos\alpha)\cos h\\ -(\cos H\cos\Delta\varphi\cos\beta+\sin H\sin\beta)\sin h+(\cos H\sin\Delta\varphi\sin\alpha+(-\cos H\cos\Delta\varphi\sin\beta+\sin H\cos\beta)\cos\alpha)\cos h\end{bmatrix}\tag{8-48}$$

由于完全补偿方向偏后，此时初始瞄准线向量的像与瞄准线重合，即垂直于视场平面，所以矩阵式中的第二行反映了像倾斜角的正弦值，即

$$\Delta\theta = \sin^{-1}[\sin\Delta\varphi\cos\beta\sin h + (\cos\Delta\varphi\sin\alpha + \sin\Delta\varphi\sin\beta\cos\alpha)\cos h] \tag{8-49}$$

$$\begin{cases}\Delta\theta = \sin^{-1}[\sin\Delta\varphi\cos\beta\sin h + (\cos\Delta\varphi\sin\alpha + \sin\Delta\varphi\sin\beta\cos\alpha)\cos h] \\ \Delta\varphi = \tan^{-1}\left(\dfrac{\sin\alpha\sin h}{\cos\beta\cos h - \sin\beta\cos\alpha\sin h}\right)\end{cases} \tag{8-50}$$

实际上求像倾斜时，必须将上式联立求解。方向偏补偿后在视场内像倾斜的情况见图 8-18。

3. 对像旋转情况的讨论

式(8-48)与(8-50)反映了像倾斜在两个特定点的情况，一个是有方位偏，但未补偿的情况(图 8-19 中虚线)；一个是方位高度误差皆补偿到零的那一点的情况(图中实线)。现将这两点的像倾斜规律示于图 8-19。

对图 8-19 的像倾斜规律进行分析后，可得到如下的意见：

(1)对于在上头部设有反射棱镜的潜望式系统，当实现瞄准线稳定时，会产生较明显的像倾斜，尤其是高度角较大时，将随着高度角的增加而迅速加大；

(2)当瞄准水平面时，则只有 $\Delta\theta_1$ 一项像倾斜；

(3)随着高度角的增加，为实现瞄准线稳定所必须进行的绕倾斜竖直轴的方位补偿转动，将带来附加的像倾斜，该附加像倾斜与未补偿方位偏时初始像倾斜无法相消，始终为叠加关系；

(4)后者的像倾斜是构成大高度角大像倾斜量的主要成分；

(5)像倾斜的量在两个方向是不对称的。

要进行像倾斜的补偿，光知道这两点的情况还不够，还得搞清方向偏补偿的中间情况以及像倾斜速率变化的情况。

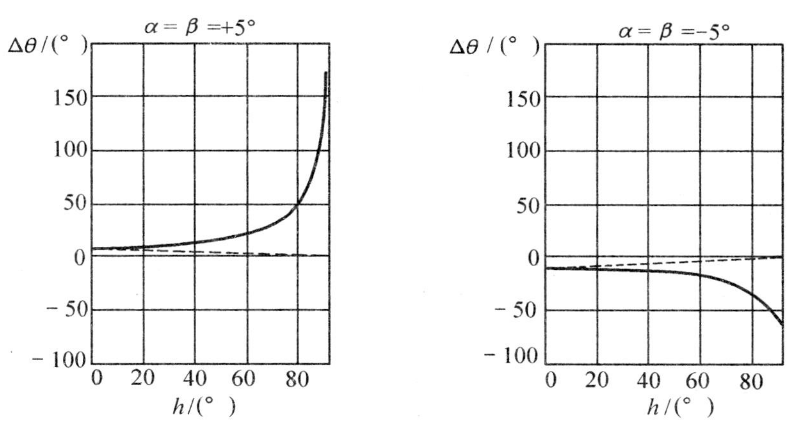

图 8-19　瞄准线稳定前和稳定时像倾斜角和高度角的关系

8.4.3　坐标相等法求取瞄准线稳定方程和像倾斜公式

1. 坐标相等法求取瞄准线稳定方程和像倾斜的思路

以上在 8.3 节中讨论求取二轴结构仪器瞄准线稳定方程时，使用了坐标迭代法和高度方位补偿法。以下介绍另一种不同的方法,称为坐标相等法[6]。该方法不但可以求解出瞄准线稳定方程,而且可以同时求出像旋转公式。其方法的思路如下。

(1)设在舰船地平坐标系中的任意一点 $P(x_0y_0z_0)$,实际是一个向量,在没有摇摆直接瞄准后的仪器坐标系 $oxyz$ 中的表达式为 $\boldsymbol{P}'(x_1y_1z_1)$;在摇摆并经过绕三轴的补偿(其中一轴是绕瞄准轴补偿转动)后,在仪器的坐标系 $oxyz$ 中的表达式为 $\boldsymbol{P}''(x_2y_2z_2)$。如果令二者相等,则就实现了瞄准线和图像的稳定。

(2)由此来推出瞄准线稳定和图像稳定的条件的这种思路,其实仍是 8.3.3 节中高度方位补偿法的思路。但是这里在解析时去掉了瞄准线的概念,而是利用向量在坐标转换矩阵中投影相等来进行解析。

(3)这种解题的思路,虽然不如以上方法直观,但克服了与仪器直接挂钩所带来的局限性,可以统一坐标迭代法和高度方位补偿法,并可以直接求取像倾斜大小。

2. 矩阵方程的建立与解析

向量 $\boldsymbol{P}(x_0y_0z_0)$ 在没有摇摆直接瞄准后的仪器坐标系中的矩阵表达式为

$$\begin{bmatrix} x_1 \\ y_1 \\ z_1 \end{bmatrix} = \boldsymbol{S}_{ox,h}\boldsymbol{S}_{oz,q}\begin{bmatrix} x_0 \\ y_0 \\ z_0 \end{bmatrix}$$

经摇摆干扰和绕三轴的补偿(其中一轴为绕观察视轴的补偿回转)后,在仪器坐标系中的矩阵表达式为

$$\begin{bmatrix} x_2 \\ y_2 \\ z_2 \end{bmatrix} = \boldsymbol{S}_{oy,\theta_c}\boldsymbol{S}_{ox,h}\boldsymbol{S}_{oz,\Delta\varphi}\boldsymbol{S}_{oy,R}\boldsymbol{S}_{ox,P}\begin{bmatrix} x_0 \\ y_0 \\ z_0 \end{bmatrix}$$

令

$$\begin{bmatrix} x_1 \\ y_1 \\ z_1 \end{bmatrix} = \begin{bmatrix} x_2 \\ y_2 \\ z_2 \end{bmatrix}$$

则有

$$\boldsymbol{S}_{ox,h}\boldsymbol{S}_{oz,q} = \boldsymbol{S}_{oy,\theta_c}\boldsymbol{S}_{ox,hc}\boldsymbol{S}_{oz,\Delta\varphi c}S_{oy,R}\boldsymbol{S}_{ox,P}$$

上式可以变形为

$$\boldsymbol{S}_{oy,\theta_c}\boldsymbol{S}_{ox,hc}\boldsymbol{S}_{oz,\Delta\varphi c} = \boldsymbol{S}_{ox,h}\boldsymbol{S}_{oz,q}\boldsymbol{S}_{ox,P}^{-1}\boldsymbol{S}_{oy,R}^{-1}$$

式中各矩阵的表达式可从 8.3.2 节和 8.3.3 节查得。

将各矩阵式代入并展开得

$$\begin{bmatrix} \cos\theta_c\cos\Delta\varphi_c + \sin\theta_c\sin h_c\sin\Delta\varphi_c & -\cos\theta_c\sin\Delta\varphi_c + \sin\theta_c\sin h_c\cos\Delta\varphi_c & -\sin\theta_c\cos h_c \\ \cos h_c\sin\Delta\varphi_c & \cos h_c\cos\Delta\varphi_c & \sin h_c \\ \sin\theta_c\cos\Delta\varphi_c - \cos\theta_c\sin h_c\sin\Delta\varphi_c & -\sin\theta_c\sin\Delta\varphi_c - \cos\theta_c\sin h_c\cos\Delta\varphi_c & \cos\theta_c\cos h_c \end{bmatrix} =$$

$$\begin{bmatrix} \cos q\cos R - \sin q\sin P\sin R & -\sin q\cos P & \cos q\sin R + \sin q\sin P\cos R \\ \cos h\sin q\cos R + \cos h\cos q\sin P\sin R - \sin h\cos P\sin R & \cos h\cos q\cos P + \sin h\sin P & \cos h\sin q\sin R - \cos h\cos q\sin P\cos R + \sin h\cos P\cos R \\ -\sin h\sin q\cos R - \sin h\cos q\sin P\sin R - \cos h\cos P\sin R & -\sin h\sin q\cos P + \cos h\sin P & -\sin h\sin q\sin R + \sin h\cos q\sin P\cos R + \cos h\cos P\cos R \end{bmatrix}$$

利用矩阵各项相等可得

$$\sin h_c = \cos h\sin q\sin R - \cos h\cos q\sin P\cos R + \sin h\cos P\cos R \tag{8-51}$$

$$\tan\Delta\varphi_c = \frac{\cos R\cos h\sin q + \sin R\sin P\cos h\cos q - \sin R\cos P\sin h}{\cos P\cos h\cos q + \sin P\sin h} \tag{8-52}$$

$$\sin\theta_c = \frac{-1}{\cos h_c}(\cos q\sin R + \sin q\sin P\cos R) \tag{8-53}$$

式(8－51)(8－52)与坐标转换迭代法得出的公式(8－21)(8－22)完全相同,虽然解题思路不同,但实质是一样的,但这里多解析得到像的倾斜公式(8－53)。

公式(8－53)中像的倾斜角度 θ_c 与甲板高度角的余弦成反比,当高度角增大时,余弦值减小,高角时会引起较大的像倾斜量。

3. 坐标相等法求取瞄准线稳定方程和像倾斜的原理分析

我们根据上面的说法建立如图 8－20 的仪器右手坐标系 $oxyz$。开始时,oy 轴指向艇首,ox 轴指向艇的右正横方向,oz 轴垂直向上。在舰船地平坐标系的一点 P,在以上坐标系中的投影为($x_0y_0z_0$),这是一个以坐标原点为起始点的向量 $P(x_0y_0z_0)$。

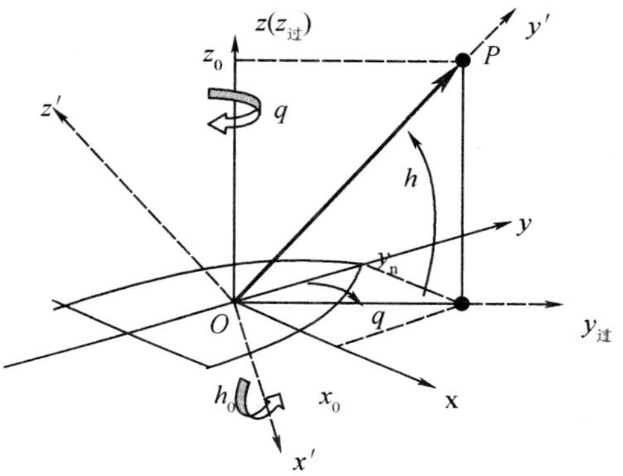

图 8－20 坐标相等法求取瞄准线稳定方程和像倾斜原理示意图

在没有摇摆直接瞄准后的仪器坐标系 $ox'y'z'$ 中的表达式为 $P(x_1y_1z_1)$。由图中可以看出,以上虚拟仪器瞄准过程是先绕 oz 轴转动 q 角(右舷为正),变为一过渡坐标系 $ox_{过}\ y_{过}\ z$,然后再绕此过渡坐标系的 $ox_{过}$ 轴转动 h 角瞄准了 P 点,其实质是 oy 轴指向了 P 点,也就是说 oy 轴是虚拟仪器的视轴,即仪器的瞄准线。

在摇摆并经过绕三轴的补偿后,在仪器坐标系中的表达式为 $\boldsymbol{P}''(x_2y_2z_2)$,这是补偿像倾斜后的情况。如果尚未补偿像倾斜,可以从视场投影法中知道,由于摇摆的影响,此时像向量偏离了仪器的观察面,也即受摇摆影响的动坐标系的 oyz 面。在实际的仪器中,为补偿此偏离量,只有沿竖轴作补充转动,而这里只有虚拟仪器概念,是假定沿受到摇摆影响的动坐标系中的 oy_c轴转动 θ_c 角来补偿像向量对瞄准面的偏离,而 oy_c轴恰恰是虚拟仪器的视轴。这里的转动,是数学意义上的转动,不是实际仪器的转动。但这一概念,恰恰是 P 点在二坐标系中的坐标值相等(也就是二点向量完全一致)时得到的,所以结果是正确的。

8.4.4 不同像倾斜公式的分析比较及结论

1. 两组形态不同的像倾斜公式

以上已用二种方法求出了两组不同的像倾斜公式,以下为坐标相等法求出

$$\begin{cases}\theta_c = \sin^{-1}\left[\dfrac{-1}{\cos h_c}(\cos q\sin R + \sin q\sin P\cos R)\right]\\ h_c = \sin^{-1}(\cos h\sin q\sin R - \cos h\cos q\sin P\cos R + \sin h\cos P\cos R)\end{cases}$$

以下为基准自主设置条件下投影法求出的像旋转公式为

$$\begin{cases}\Delta\theta = \sin^{-1}[\sin\Delta\varphi\cos\beta\sin h + (\cos\Delta\varphi\sin\alpha + \sin\Delta\varphi\sin\beta\cos\alpha)\cos h] \\ \Delta\varphi = \tan^{-1}\left(\dfrac{\sin\alpha\sin h}{\cos\beta\cos h - \sin\beta\cos\alpha\sin h}\right)\end{cases}$$

以上两组公式是通过不同的思路分别独立推导出来的的，其形态各不相同。为了判断它们的异同，我们进行如下分析。

2. 对像倾斜公式的数值计算分析及结论

为了比较它们的差别，采用都瞄准右舷目标、相同高度，摇摆情况相同时，在参考文献[40]中，分别计算了以上两组像倾斜公式产生的像倾斜量，结果证明：

(1)两组像倾斜公式计算出的像倾斜量惊人的一致；在摇摆角不大时差别微小，在大摇摆角时差别也不大，只说明是计算误差或摇摆角折算误差。

(2)用坐标相等法得出的像倾斜公式，并没有和仪器的构造相联系。这就说明像的倾斜量大小对于两轴结构仪器二轴摇摆稳定下是相同的，求解像倾斜量的公式是普遍适用的，在参考文献[30]的分析中也已得到印证。

3. 与视场投影法坐标系设置不同时像倾斜公式的求取

在 8.4.2 节中用视场投影法求取像倾斜公式时，与仪器固结的动坐标系的设置情况是假定仪器观察面与 oxz 面一致(见图 8－16)，也即仪器的视轴与 ox 轴一致。以下我们仍用视场投影法的思路推求一下仪器坐标系与图 8－20 的情况一致时，也即仪器的观察面与 oyz 平面一致的情况。此时 ox 轴与俯仰轴平行。开始时，oy 轴指向艇首，此即为第二种动坐标系的设置。

物向量和像倾斜向量都在 oyz 平面内，像向量 $\boldsymbol{B}$ 的表达式为

$$\boldsymbol{B} = \begin{bmatrix} 0 \\ -\sin h \\ \cos h \end{bmatrix}$$

瞄准线稳定时，像倾斜公式求解矩阵为

$$\boldsymbol{B}' = \boldsymbol{M}\boldsymbol{S}_{oz,\Delta\varphi}\boldsymbol{S}_{oy,\beta}\boldsymbol{S}_{ox,\alpha}\boldsymbol{B}$$

注意此公式中，虽然形态没有变化，但 α,β 角的含义及与艇摇摆角的关系已经发生变化。将各个矩阵式代入

$$\boldsymbol{B}' = \begin{bmatrix} 1 & 0 & 0 \\ 0 & -\sin(h+\Delta h) & \cos(h+\Delta h) \\ 0 & \cos(h+\Delta h) & \sin(h+\Delta h) \end{bmatrix} \begin{bmatrix} \cos\Delta\varphi & \sin\Delta\varphi & 0 \\ -\sin\Delta\varphi & \cos\Delta\varphi & 0 \\ 0 & 0 & 1 \end{bmatrix} \begin{bmatrix} \cos\beta & 0 & -\sin\beta \\ 0 & 1 & 0 \\ \sin\beta & 0 & \cos\beta \end{bmatrix}$$

$$\begin{bmatrix} 1 & 0 & 0 \\ 0 & \cos\alpha & \sin\alpha \\ 0 & -\sin\alpha & \cos\alpha \end{bmatrix} \begin{bmatrix} 0 \\ -\sin h \\ \cos h \end{bmatrix}$$

$$= \begin{bmatrix} -\sin\Delta\varphi\sin(h-\alpha) - \cos\Delta\varphi\sin\beta\cos(h-\alpha) \\ \sin(h+\Delta h)\cos\Delta\varphi\sin(h-\alpha) + (-\sin(h+\Delta h)\sin\Delta\varphi\sin\beta + \cos(h+\Delta h)\cos\beta)\cos(h-\alpha) \\ -\cos(h+\Delta h)\cos\Delta\varphi\sin(h-\alpha) + (\cos(h+\Delta H)\sin\Delta\varphi\sin\beta + \sin(h+\Delta h)\cos\beta)\cos(h-\alpha) \end{bmatrix}$$

矩阵式中的第一行反映了此时像倾斜量的正弦值，即

$$\sin\Delta\theta = -[\sin\Delta\varphi\sin(h-\alpha) + \cos\Delta\varphi\sin\beta\cos(h-\alpha)] \tag{8-54}$$

相应的应补偿的方位偏式为

$$\tan\Delta\varphi = \sin\beta\tan(h - \alpha) \tag{8-55}$$

将式(8 - 54)(8 - 55)中像倾斜 $\Delta\theta$ 和方位偏补偿角 $\Delta\varphi$ 与高度角的关系表示于图 8 - 21、图 2 - 22 中。

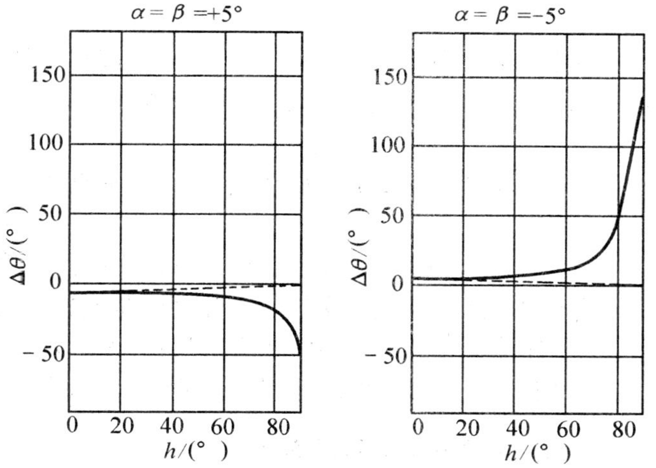

图 8 - 21　瞄准线稳定后像旋转角与高度角的关系

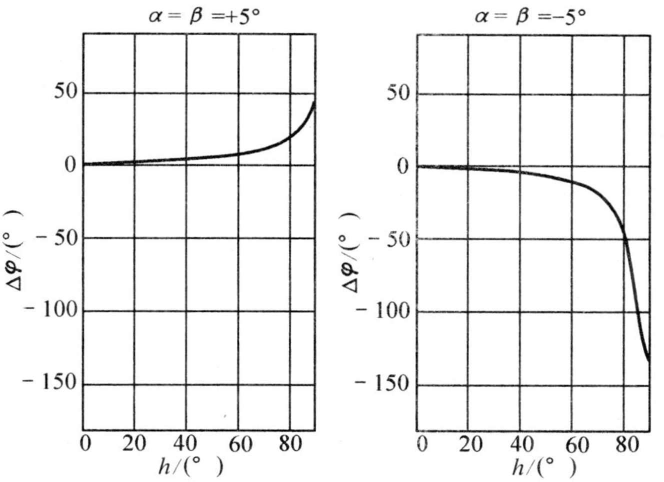

图 8 - 22　瞄准线稳定时补偿的方位偏角与高度角的关系

这里像倾斜公式(8 - 54)(8 - 55)的形态与(8 - 50)式是不同的。而从图(8 - 19)和(8 - 21)的比较可以看出，两者像倾斜的变化完全一致，只是因为所取的目标象限不同，而有像倾斜正负号的差别。

我们知道潜望镜上棱镜俯仰回转时是不产生像倾斜的。而对于经纬仪式仪器绕垂直于观察面的仪器俯仰轴回转时，同样也不会产生像倾斜。这从向量和坐标系转动的概念中很容易得到理解。像倾斜产生是因为向量偏离了仪器观察面，而若绕垂直于观察面的轴进行坐标转换，此时观察面坐标转换前后没有发生变动，向量对此面的投影关系就不会变化。不会产生(转换前向量在此面内时)或增加像倾斜量(转换前向量不在此面内时)。

像倾斜公式(8－50)(8－54)(8－55)所依据的都是求像倾斜向量的矩阵方程

$$\boldsymbol{B}'=\boldsymbol{M}\boldsymbol{S}_{oz,\Delta\varphi}\boldsymbol{S}_{oy,\beta}\boldsymbol{S}_{ox,\alpha}\boldsymbol{B}$$

等式右边在像倾斜向量后的前三个相乘的矩阵式($\boldsymbol{S}_{oz,\Delta\varphi}\boldsymbol{S}_{oy,\beta}\boldsymbol{S}_{ox,\alpha}$)中，都有一个矩阵式是对像倾斜不起作用的绕俯仰轴的摇摆分量，剩下的两项无论是数值还是相乘的次序都是相同的；后一个矩阵乘式 $\boldsymbol{M}$ 二者完全相同，代表上棱镜的俯仰作用矩阵，也不产生像倾斜，所以二者的像倾斜量一定是相同的。

以上论证说明了在摇摆相同的情况下，二轴稳定产生的像倾斜量是固定的。无论仪器是什么结构形式，坐标系设置如何，瞄准线稳定时带来的像倾斜量大小都是相同的。

8.4.5 三轴摇摆时二轴稳定像倾斜公式的求取及分析

由于在舰船实际工程中，绕水平面内两个交叉轴摇摆的情况比较普遍，航向偏角的摆动量值较小，所以以上推出的二轴稳定像倾斜公式，应用面还是比较广泛的。但有的情况，还是要考虑偏航影响的，如连续转弯航行下的图像稳定问题，无动力浮标体基座上光电仪器的图像稳定问题，空载吊舱应用时的图像稳定问题，都要考虑三轴摇摆的情况。

1. 三轴摇摆时二轴稳定像倾斜公式求取的思路

在此，仍是采用上节的坐标相等法来求取像倾斜公式。即设在舰船地平坐标系中的任一点向量 $\boldsymbol{P}(x_0y_0z_0)$，在没有摇摆直接瞄准后的仪器坐标系 $oxyz$ 中的像点向量为 $\boldsymbol{P}'(x_1y_1z_1)$。在经过三轴摇摆并经过绕三轴的补偿(其中一轴是绕瞄准轴的虚拟转动)后，在仪器坐标系 $oxyz$ 中的像点向量为 $\boldsymbol{P}''(x_2y_2z_2)$，如果令二者相等，则就实现了瞄准线和图像的稳定，由此条件就可以求得瞄准线稳定时像倾斜量的大小，或像倾斜的公式。

2. 矩阵方程的建立与解析

点向量 $\boldsymbol{P}(x_0y_0z_0)$ 在没有摇摆直接瞄准后的仪器坐标系中像点向量矩阵求解式为

$$\begin{bmatrix}x_1\\y_1\\z_1\end{bmatrix}=\boldsymbol{S}_{ox,h}\boldsymbol{S}_{oz,q}\begin{bmatrix}x_0\\y_0\\z_0\end{bmatrix}$$

经三轴摇摆干扰且经绕三轴的补偿后，在仪器坐标系中的像点向量矩阵求解式为

$$\begin{bmatrix}x_2\\y_2\\z_2\end{bmatrix}=\boldsymbol{S}_{oy,\theta_c}\boldsymbol{S}_{ox,h_c}\boldsymbol{S}_{oz,\Delta\varphi_c}\boldsymbol{S}_{oz,k}\boldsymbol{S}_{oy,R}\boldsymbol{S}_{ox,P}\begin{bmatrix}x_0\\y_0\\z_0\end{bmatrix}\tag{8-56}$$

式中各矩阵的表达式如下：

$$\boldsymbol{S}_{oz,q}=\begin{bmatrix}\cos q & \sin q & 0\\-\sin q & \cos q & 0\\0 & 0 & 1\end{bmatrix}\qquad \boldsymbol{S}_{ox,h}=\begin{bmatrix}1 & 0 & 0\\0 & \cos h & \sin h\\0 & -\sin h & \cos h\end{bmatrix}$$

$$\boldsymbol{S}_{ox,P}=\begin{bmatrix}1 & 0 & 0\\0 & \cos P & \sin P\\0 & -\sin P & \cos P\end{bmatrix}\qquad \boldsymbol{S}_{oy,R}=\begin{bmatrix}\cos R & 0 & -\sin R\\0 & 1 & 0\\\sin R & 0 & \cos R\end{bmatrix}\qquad \boldsymbol{S}_{oz,K}=\begin{bmatrix}\cos K & \sin K & 0\\-\sin K & \cos K & 0\\0 & 0 & 1\end{bmatrix}$$

$$S_{oz,\Delta\varphi_c}=\begin{bmatrix}\cos\Delta\varphi & \sin\Delta\varphi & 0\\ -\sin\Delta\varphi & \cos\Delta\varphi & 0\\ 0 & 0 & 1\end{bmatrix}\qquad \boldsymbol{S}_{oy,\theta_c}=\begin{bmatrix}\cos\theta_c & -\sin\theta_c & 0\\ \sin\theta_c & \cos\theta_c & 0\\ 0 & 0 & 1\end{bmatrix}$$

零

$$\begin{bmatrix}x_1\\ y_1\\ z_1\end{bmatrix}=\begin{bmatrix}x_2\\ y_2\\ z_2\end{bmatrix}$$

则有

$$\boldsymbol{S}_{ox,h}\boldsymbol{S}_{oz,q}=\boldsymbol{S}_{oy,\theta_c}\boldsymbol{S}_{ox,h_c}\boldsymbol{S}_{oz,\Delta\varphi_c}\boldsymbol{S}_{oz,K}\boldsymbol{S}_{oy,R}\boldsymbol{S}_{ox,P}$$

上式可变形为

$$\boldsymbol{S}_{oy,\theta_c}\boldsymbol{S}_{ox,h_c}\boldsymbol{S}_{oz,\Delta\varphi_c}=\boldsymbol{S}_{ox,h}\boldsymbol{S}_{oz,q}\boldsymbol{S}_{ox,P}^{-1}\boldsymbol{S}_{oy,R}^{-1}\boldsymbol{S}_{oz,K}^{-1}$$

式中，$\boldsymbol{S}_{ox,P}^{-1}\boldsymbol{S}_{oy,R}^{-1}\boldsymbol{S}_{oz,K}^{-1}$为相应的逆矩阵。

将各矩阵式代入式(8－56)并展开得

$$\begin{bmatrix}\cos\theta_c\cos\Delta\varphi_c+\sin\theta_c\sin h_c\sin\Delta\varphi_c & -\cos\theta_c\sin\Delta\varphi_c+\sin\theta_c\sin h_c\cos\Delta\varphi_c & -\sin\theta_c\cos h_c\\ \cos h_c\sin\Delta\varphi_c & \cos h_c\cos\Delta\varphi_c & \sin h_c\\ \sin\theta_c\cos\Delta\varphi_c-\cos\theta_c\sin h_c\sin\Delta\varphi_c & -\sin\theta_c\sin\Delta\varphi_c-\cos\theta_c\sin h_c\cos\Delta\varphi_c & \cos\theta_c\cos h_c\end{bmatrix}=\begin{bmatrix}m_{11} & m_{12} & m_{13}\\ m_{21} & m_{22} & m_{23}\\ m_{31} & m_{32} & m_{33}\end{bmatrix}$$

式中

$$m_{11}=(\cos q\cos R-\sin q\sin P\sin R)\cos K-(\cos h\sin q\cos R+\cos h\cos q\sin P\sin R-\sin h\cos P\sin R)\sin K$$

$$m_{12}=-\sin q\cos P\cos K-(\cos h\cos q\cos P+\sin h\sin P)\sin K$$

$$m_{13}=(\cos q\sin R+\sin q\sin P\cos R)\cos K-(\cos h\sin q-\cos h\cos q\sin P\cos R+\sin h\cos P\cos R)\sin K$$

$$m_{21}=(\cos q\cos R-\sin q\sin P\sin R)\sin K+(\cos h\sin q\cos R+\cos h\cos q\sin P\sin R-\sin h\cos P\sin R)\cos K$$

$$m_{22}=-\sin q\cos P\sin K+(\cos h\cos q\cos P+\sin h\sin P)\cos K$$

$$m_{23}=(\cos q\sin R+\sin q\sin P\cos R)\sin K+(\cos h\sin q-\cos h\cos q\sin P\cos R\_+\sin h\cos P\cos R)\cos K$$

$$m_{31}=-\sin h\sin q\cos R-\sin h\cos q\sin P\sin R-\cos h\cos P\sin R$$

$$m_{32}=-\sin h\sin q\cos P+\cos h\sin P$$

$$m_{33}=-\sin h\sin q\sin R+\sin h\cos q\sin P\cos R+\cos h\cos P\cos R$$

利用矩阵各项相等可得

$$\begin{cases}\sin h_c=(\cos q\sin R+\sin q\sin P\cos R)\sin K+(\cos h\sin q\cos R-\cos h\cos q\sin P\cos R+\sin h\cos P\cos R)\cos K\\ \tan\Delta\varphi_c=\dfrac{(\cos q\cos R-\sin q\sin P\sin R)\sin K+(\cos h\sin q\cos R+\cos h\cos q\sin P\sin R-\sin h\cos P\sin R)\cos K}{-\sin q\cos P\sin K+(\cos h\cos q\cos P+\sin h\sin P)\cos K}\end{cases}\tag{8－57}$$

$$\sin\theta_C=\frac{-1}{\cos h_c}[(\cos q\sin R+\sin q\sin P\cos R)\cos K-(\cos h\sin q\sin R-\cos h\cos q\sin P\cos R+\sin h\cos P\cos R)\sin K]\tag{8－58}$$

以上式(8－57)为三轴摇摆情况下，二轴瞄准线稳定方程组，式(8－57)为此时所存在的像倾斜量表达式。

3. 分析与结论

与二轴摇摆情况下所求得的瞄准线稳定方程(8－51)(8－52)以及所存在的像倾斜表达式(8－53)比较后，可得到如下意见。

(1)如果令 $K=0$，即无航向偏时，则(8－57)(8－58)式，便简化为(8－51)(8－52)

(8 - 53)式；

(2)可以把(8 - 58)式改写为

$$(\sin\theta_c)_3 = (\sin\theta_c)_2\cos K - (\tan h_c)_2\sin K \tag{8-59}$$

式中 $(\sin\theta_c)_3$——为三轴摇摆情况下瞄准线稳定时的像倾斜量；

$(\sin\theta_c)_2$——为二轴摇摆情况下瞄准线稳定时的像倾斜量，即式(8 - 53)；

$(\tan h_c)_2$——为二轴摇摆情况下瞄准线稳定方程的高度角求解式。

此式清楚地表明了三轴摇摆时的像倾斜与二轴摇摆时像倾斜的关系。当航向偏为零时，$\sin K$ 等于零，$\cos K$ 等于 1，则 $(\sin\theta_c)_3 = (\sin\theta_c)_2$，三轴摇摆变为二轴摇摆。

(3)三轴摇摆情况下像倾斜的规律与二轴摇摆时规律相似，都是随着目标高度角的增加而迅速增大；

(4)与二轴摇摆情况下得到的像倾斜公式为通式的道理一样，式(8 - 58)(8 - 59)也是三轴摇摆情况下，二轴稳定时所存在的像倾斜量的计算通式，它适用于各类二轴仪器的二轴稳定情况。

8.5 惯性稳瞄平台稳定瞄准线的原理及应用

8.5.2 惯性稳瞄平台稳定瞄准线的原理

1. 工作原理[12]

图 8 - 23 为参考文献[12]中用于潜望镜头部的瞄准线稳定平台原理示意图。图中 10 为平台的框架，12 为反射镜的转动水平轴，11 为竖直轴。17 为二自由度陀螺仪，它安装在与轴 12 平行的水平轴 30 上，二转轴之间的传动比为 1:2。陀螺仪的转子轴 G_S 在初始状态与水平瞄准线 X 平行，其另外两个垂直轴，一个为 G_X，它平行于反射镜 14、15 的回转轴 12；一个为 G_Z，它平行于竖直轴 11。M_x 为水平轴 30 的驱动马达；M_z 为竖直轴 11 的驱动马达。陀螺仪两个轴敏感的摇摆信息(β,γ)，将直接馈给与此相应的两个轴上的力矩马达，以便使瞄准线达到稳定。以上的基本原理在法国 PIVAIR 潜望镜头部瞄准线稳定平台中得到了较早地应用，以后在美国 90 型潜望镜中亦得到应用，成为世界现有潜望镜中瞄准线稳定精度最高的两型潜望镜。在光电桅杆中的应用，首先见之于美国 86 型光电桅杆，以后在法国、德国等国的光电桅杆中普遍得到了推广应用。

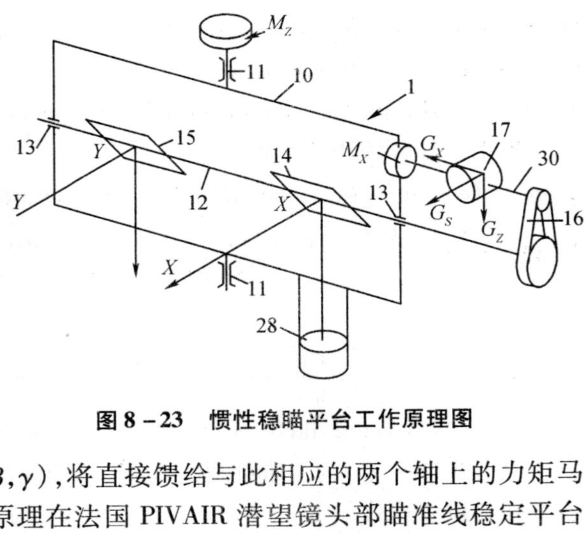

图 8 - 23 惯性稳瞄平台工作原理图

这是一种陀螺平台稳定瞄准线的形式，它适合于经纬仪型仪器和潜望镜型仪器使用，目前已广泛应用于各种军用光电设备中。由于其瞄准线稳定原理与上面讨论的情况不同，是一种特殊的二轴瞄准线稳定形式，所以需专门进行讨论。

2. 坐标系的建立

如图 8－24 所示，$oxyz$ 是与平台框架固结的坐标系，为右手坐标系；oxy 平面在水平面内，ox 为水平方向，oy 与平台框架的内环轴一致；oz 与平台框架的外环轴一致，oz 铅垂向上。

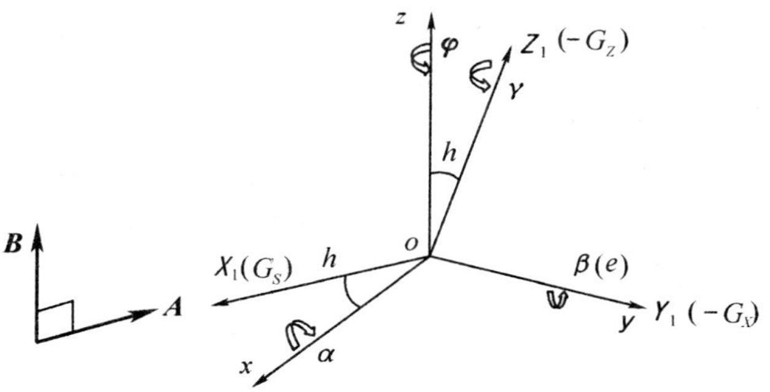

图 8－24　平台框架坐标系与陀螺仪框架坐标系关系图

$oX_1Y_1Z_1$ 坐标系是与二自由度陀螺仪框架固结的坐标系，oX_1 轴与陀螺仪转子轴（G_S）一致，代表稳定瞄准线方向；oY_1 轴（$-G_X$）有敏感角位移元件，敏感角为 β；oZ_1 轴（$-G_Z$）有敏感角位移元件，敏感角为 α 的分量 γ。

$\boldsymbol{A}$ 为空间瞄准线向量，瞄准线稳定是指仪器与平台基座一起摇摆的情况下，将瞄准线在物方的投射线稳定在地球坐标空间，$\boldsymbol{B}$ 为像倾斜向量。

8.5.3　惯性稳瞄平台瞄准线稳定方程的求取[31]

1. 求取陀螺仪框架二轴补偿转动量与摇摆角的关系

根据参考文献[1][2]中有限转动稳像原理公式的思路，一地球坐标空间向量 $\boldsymbol{A}$，经船摇摆扰动的仪器坐标系和陀螺框架坐标系的补偿转动后，应该与陀螺的转子轴向一致。可以写出如下矩阵方程

$$\boldsymbol{A}' = \boldsymbol{J}_{oy_1,e}\boldsymbol{J}_{oz_1,\gamma}\boldsymbol{S}_{oy,-h}\boldsymbol{S}_{oy,\beta}\boldsymbol{S}_{ox,\alpha}\boldsymbol{A} \tag{8-60}$$

式中　$(\boldsymbol{S}_{ox,\alpha},\boldsymbol{S}_{oy,\beta})$——代表基座摇摆角运动（可沿任意轴），分解为沿 ox 轴 oy 轴分量 α,β，而引起的平台基座坐标系（仪器坐标系）相对于地平坐标系的坐标转换矩阵组，是静坐标系到动坐标系的坐标转换矩阵；

$\boldsymbol{S}_{oy,-h}$——转到陀螺框架坐标系的坐标转换矩阵，因二者间差一俯仰角 h，在我们所设坐标系的情况下，仰角 h 角为负值（按右手螺旋定则）；

$(\boldsymbol{J}_{oy_1,e},\boldsymbol{J}_{oz_1,\gamma})$——在陀螺框架坐标系所作的二项补偿运动矩阵，但这里并不是相对于动坐标系，而是相对于陀螺框架坐标系中的转子轴向来讨论稳定问题，因此就不必再转回仪器所在的动坐标系了。

以下列出各矩阵表达式并代入矩阵方程（8－60）进行解算

$$\boldsymbol{A}=\begin{bmatrix}\cos h\\0\\\sin h\end{bmatrix},\boldsymbol{S}_{ox,\alpha}=\begin{bmatrix}1&0&0\\0&\cos\alpha&\sin\alpha\\0&-\sin\alpha&\cos\alpha\end{bmatrix}$$

$$\boldsymbol{S}_{oy,\beta}=\begin{bmatrix}\cos\beta&0&-\sin\beta\\0&1&0\\\sin\beta&0&\cos\beta\end{bmatrix},\boldsymbol{S}_{oy,-h}=\begin{bmatrix}\cos h&0&\sin h\\0&1&0\\-\sin h&0&\cos h\end{bmatrix}$$

$$J_{oz_1,\gamma}=\begin{bmatrix}\cos\gamma & \sin\gamma & 0\\ -\sin\gamma & \cos\gamma & 0\\ 0 & 0 & 1\end{bmatrix},J_{oy_1,e}=\begin{bmatrix}\cos e & 0 & -\sin e\\ 0 & 1 & 0\\ \sin e & 0 & \cos e\end{bmatrix}$$

$$\begin{aligned}A'&=J_{oy_1,e}J_{oz_1,\gamma}S_{oy,-h}S_{oy,\beta}S_{ox,\alpha}A\\
&=\begin{bmatrix}\cos e & 0 & -\sin e\\ 0 & 1 & 0\\ \sin e & 0 & \cos e\end{bmatrix}\begin{bmatrix}\cos\gamma & \sin\gamma & 0\\ -\sin\gamma & \cos\gamma & 0\\ 0 & 0 & 1\end{bmatrix}\begin{bmatrix}\cos h & 0 & \sin h\\ 0 & 1 & 0\\ -\sin h & 0 & \cos h\end{bmatrix}\begin{bmatrix}\cos\beta & 0 & -\sin\beta\\ 0 & 1 & 0\\ \sin\beta & 0 & \cos\beta\end{bmatrix}\\
&\quad\begin{bmatrix}1 & 0 & 0\\ 0 & \cos\alpha & \sin\alpha\\ 0 & -\sin\alpha & \cos\alpha\end{bmatrix}\begin{bmatrix}\cos h\\ 0\\ \sin h\end{bmatrix}\\
&=\begin{bmatrix}-[(\cos e\cos\gamma\cos h-\sin e\sin h)\cos\beta+(\cos e\cos\gamma\sin h+\sin e\cos h)\sin\beta]\cos h+R_1\\ -[(-\sin\gamma\cos h\cos\beta-\sin\gamma\sin h\sin\beta)\cos h+(\cos\gamma\sin\alpha+\sin\gamma\cos h\sin\beta-\sin\gamma\sin h\cos\beta)\cos\alpha]\sin h\\ [(-\sin e\cos\gamma\cos h-\cos e\sin h)\cos\beta+(-\sin e\cos\gamma\sin h+\cos e\cos h)\sin\beta]\cos h+R_3\end{bmatrix}\end{aligned}\tag{8-61}$$

其中：

$R_1=[\cos e\sin\gamma\sin\alpha+(-(\cos e\cos\gamma\cos h-\sin e\sin h)\sin\beta+(\cos e\cos\beta\sin h+\sin e\cos h)\cos\beta)\cos\alpha]\sin h$

$R_3=[\sin e\sin\gamma\sin\alpha+(-(\sin e\cos\gamma\cos h-\cos e\sin h)\sin\beta+(-\sin e\cos\beta\sin h+\cos e\cos h)\cos\beta)\cos\alpha]\sin h$

若补偿正确，则应使像向量 A' 与陀螺仪的转子轴一致，即在 oy_1 轴 oz_1 轴的投影为零，ox_1 轴的投影为 1，由 $A'_y=0$ 经推导可得

$$\tan\gamma=\frac{\sin\alpha\sin h}{\cos h\cos(h-\beta)+\sin h\cos\alpha\sin(h-\beta)}\tag{8-62}$$

现简化(8－62)式。设 α,β,γ 均为小量，有 $\sin\alpha\approx\alpha,\sin\beta\approx\beta,\tan\gamma\approx\gamma,\cos\alpha\approx1,\cos\beta\approx1$，因此

$$\gamma\approx\frac{\alpha\sin h}{\cos h\cos(h-\beta)+\sin h\sin(h-\beta)}=\frac{\alpha\sin h}{\cos[h-(h-\beta)]}=\frac{\alpha\sin h}{\cos\beta}\approx\alpha\sin h\tag{8-63}$$

该简化式表明了陀螺仪 oz_1 轴的敏感角 γ 与摇摆角分量 α 角和俯仰角 h 的关系。

由 $A'_X=1$，经推导可得

$$\cos(h+e+\beta)\cos h+\sin(h+e+\beta)\sin h=1$$

$$\cos[(h+e+\beta)-h]=1$$

$$\cos(e+\beta)=1$$

所以有：$e+\beta=0$，则有

$$e=-\beta\tag{8-64}$$

(8－64)式说明在水平轴 oy 轴向的补偿转角(也即陀螺仪的敏感角)，应等于在此轴向的摇摆分量的负值。

2. 求取绕竖轴的补偿转动量与摇摆角的关系

惯性稳瞄平台实际上不绕 OZ_1 轴作补偿运动，而是绕竖直轴 OZ 作补偿运动，为求出绕竖直轴补偿转动量与摇摆角的关系，可将公式(8－60)改写成下面的形式

$$A'=J_{oy_1,e}J_{oy,-h}J_{oz,\varphi}J_{oy,h}^{-1}J_{oy,h}S_{oy,\beta}J_{ox,\alpha}\tag{8-65}$$

公式(8－65)的意义是：乘 $S_{oy,-h}$ 是转到陀螺仪框架所在的坐标系；乘 $(J_{oy,-h}J_{oz,\varphi}J_{oy,-h}^{-1})$ 的意义是由绕陀螺仪的 OZ_1 轴作补偿运动转为绕竖直轴 oz 作补偿运动；由于陀螺仪 OY_1 轴

与平台框架 oy 轴一致，乘 $\boldsymbol{J}_{oy_1,e}$ 的意义是绕水平轴 oy 作补偿运动，以使陀螺仪所在的转子轴与初始瞄准线 OX_1 一致，达到稳定瞄准线的目的。

由于乘式（$\boldsymbol{J}_{oy,-h}^{-1}\boldsymbol{J}_{oy,-h}$）为一矩阵与其逆矩阵相乘，二者之积为一幺阵，所以可从式中略去，有

$$\boldsymbol{A}'=\boldsymbol{J}_{oy_1,e}\boldsymbol{J}_{oy,-h}\boldsymbol{J}_{oz,\varphi}\boldsymbol{S}_{oy,\beta}\boldsymbol{J}_{ox,\alpha}\boldsymbol{A} \tag{8-66}$$

将各矩阵表达式代入后，由 $\boldsymbol{A}'_y=0$ 有

$$\cos\varphi\cos\beta\cosh-(\cos\varphi\sin\alpha+\sin\varphi\sin\beta\cos\alpha)\sinh=0$$

$$\sin\varphi(\cos\beta\cosh-\sin\beta\cos\alpha\sinh)=\cos\varphi\sin\alpha\sinh$$

$$\tan\varphi=\frac{\sin\alpha\sinh}{\cos\beta\cosh-\sin\beta\cos\alpha\sinh} \tag{8-67}$$

将简化式式（8－63）代入，且有 $\cos\alpha\approx1$，$\tan\varphi\approx\varphi$　代入可得

$$\varphi\approx\frac{\gamma}{\cos\beta\cosh-\sin\beta\sinh}\approx\frac{\gamma}{\cos(\beta+h)} \tag{8-68}$$

将（8－63），（8－64），（8－67）联立，即

$$\begin{cases}\tan\gamma=\dfrac{\sin\alpha\sinh}{\cosh\cos(h-\beta)+\sinh\cos\alpha\sin(h-\beta)}\\ e=-\beta\\ \tan\varphi=\dfrac{\sin\alpha\sinh}{\cos\beta\cosh-\sin\beta\cos\alpha\sinh}\end{cases} \tag{8-69}$$

将式（8－63），（8－64）和（8－68）联立，即

$$\begin{cases}\gamma\approx\alpha\sinh\\ e=-\beta\\ \varphi\approx\dfrac{\gamma}{\cos(\beta+h)}\end{cases} \tag{8-70}$$

联立方程（8－70），e，γ 为陀螺仪的两个敏感角，α，β 为两个轴向的摇摆分量，而 e，φ 又是沿水平轴和竖直轴的两个补偿角，该组公式便是这种惯性稳瞄平台的简化稳定方程。由推导过程所做的简化可知，此组稳定方程应是在摇摆角不大的情况下使用；如果是大摇摆角的情况，则应采用未简化的方程组（8－69）。

8.5.4　惯性稳瞄平台瞄准线稳定时像倾斜特性分析

在图 8－24 中，另设一个位在观察面内与物向量垂直的像倾斜向量 $\boldsymbol{B}$，我们仍沿用高度方位补偿法的视场投影思路来求其在仪器视场内的像倾斜公式。由于仪器实际的方位补偿转动是沿竖直轴进行，所以我们应采用像向量的矩阵方程式（8－60），或简化的式（8－66），即

$$\boldsymbol{B}'=\boldsymbol{J}_{oy_1,e}\boldsymbol{J}_{oy,-h}\boldsymbol{J}_{oz,\varphi}\boldsymbol{S}_{oy,\beta}\boldsymbol{J}_{ox,\alpha}\boldsymbol{B} \tag{8-71}$$

我们把它和视场投影法依据的像向量矩阵方程作一比较

$$\boldsymbol{B}'_{m'xyz}=\boldsymbol{G}^{-1}\boldsymbol{S}_1\boldsymbol{G}\boldsymbol{S}_{oz,\Delta\varphi}\boldsymbol{S}_{oy,\beta}\boldsymbol{S}_{ox,\alpha}\boldsymbol{B}$$

以上两组矩阵方程，坐标系设置完全相同（见图 8－16 与图 8－24），α，β 这些艇摇摆角的分量影响相同。所以，方程右端像倾斜向量 $\boldsymbol{B}$ 左侧的两个三项矩阵式（$\boldsymbol{J}_{oz,\varphi}\boldsymbol{S}_{oy,\beta}\boldsymbol{S}_{ox,\alpha}$），（$\boldsymbol{S}_{oz,\Delta\varphi}\boldsymbol{S}_{oy,\beta}\boldsymbol{S}_{ox,\alpha}$）是完全相同的（其中绕 oz 轴转动补偿矩阵代号和转角符号有差别但实质一样）。视场投影法矩阵方程后三项代表上棱镜转动的影响，不会产生新的像倾斜；而式

(8－71)中右侧的最后两项矩阵,皆是绕俯仰轴的转动矩阵,也同样不会影响像倾斜量。所以可以认定,这种瞄准线稳定方法所带来的像倾斜与视场投影法是完全相同的。

8.5.5 惯性稳瞄平台稳定瞄准线方法的特性分析

(1)惯性稳瞄平台稳定瞄准线方法源自于美国1985年的一项专利[12],该方法专为潜望镜而设计,以精密陀螺仪的惯性空间转子轴向为稳定瞄准线的基础,构思巧妙,故称惯性稳瞄平台;将摇摆敏感元件置于潜望镜的头部,就可以敏感潜望镜头部的干扰,如潜望镜镜管的振动,并加以补偿,这和水平基准置于下部是一个全新的理念。

(2)惯性稳瞄平台稳定瞄准线方法的一大优势是其自主性,它不依赖于公用水平基准,但其最首要的条件是具备精度高、体积小、可靠性高、可响应更高频率范围的陀螺器件。

(3)惯性稳瞄平台稳定瞄准线的最终结果是执行到陀螺仪敏感的信号 e,γ 等于零为止,这说明瞄准线稳定精度主要取决于陀螺仪转子轴稳定的精度,同时随动控制系统的精度也影响部分稳定的精度,但这里的控制系统较之基准设在下部要直接简单得多,所以精度提高的余地也大。

(4)惯性稳瞄平台稳定瞄准线的方法实际上是一个逼近的过程。由于这种方法始终保持陀螺仪框架追随主回转轴,不会出现较大的摆幅,与坐标转换迭代和高度方位误差补偿等方法相比,瞄准线稳定过程平稳,稳定精度更高。

以上特性决定了其瞄准线稳定精度和质量较之坐标转换迭代法、高度方位补偿法等的稳定精度和质量度有大幅提高,法国 PIVIAR 搜索光电潜望镜中瞄准线稳定精度已达到 $1\sigma<20''$,而美国90型光电潜望镜和86型光电桅杆中均达到了35 μrad。

8.5.6 惯性稳瞄平台稳定瞄准线方法的扩展应用

惯性稳瞄平台法稳定瞄准线本是为潜望镜中应用而发明的专利,并且在潜望镜和光电桅杆中得到了广泛应用。而由于该方法的优势,它也被扩展应用到水面舰船光电设备。以下介绍惯性稳瞄平台稳定瞄准线方法一个的扩展应用的实例——法国火山光电跟踪仪瞄准线稳定系统的情况。

1. 火山光电跟踪仪瞄准线稳定的原理

图8－25(见722页)为火山光电指向器的组成结构和光路图。

整个光电指向器,由旋转的头部和不转的下部基座两大部分组成。在下部基座中配置有电视摄像机、红外摄像机、激光测距仪和多个反射镜,它们通过组合形成三光合一的通道与上头部发生关系。

在回转的上头部中,沿水平轴方向配置了两个反射镜,第一个反射镜在与仪器的竖直轴交叉处,成45°向水平轴向倾斜;第二个反射镜在窗口端,其反射面与水平轴成45°交叉配置(见图示)。将第一个反射镜固定于可进行方位回转的头部框架上,第二个反射镜的回转轴安装在俯仰框架平面内,可进行俯仰扫描并可以进行附加方位补偿。

为了实现瞄准线稳定,采用了惯性稳瞄平台原理。将一个二自由度陀螺仪配置在俯仰框架上,其外环轴安装在俯仰框架平面内且与第二个反射镜的回转轴平行,在此轴上的敏感摇摆角通过控制下方的方位补偿力矩马达使该轴转动,并通过其间2:1的传动比使瞄准线在方位方向追随转子轴,直到敏感角为零停止转动;其内环轴在水平轴方向,它敏感出的舰船摇摆分量，通过控制左侧的俯仰力矩马达，使俯仰框架回转，以使瞄准线在俯仰方向追随转子轴。通过以上两个方向的补偿转动，可以达到稳定瞄准线的目的。

2. 解题思路与坐标系的建立

我们将整个问题分做三步来解决：第一步，分析①②反射镜成像的基本原理；第二步，分析瞄准线稳定原理；第三步，分析瞄准线稳定时的像旋转问题，然后评价该装置的工作特性。为了使讨论问题简化，我们不考虑方位的转动，只设定方位在一个固定的方向。但讨论瞄准线稳定时，要考虑局部的方位补偿。为此，我们建立三个右手坐标系（图 8－26）。

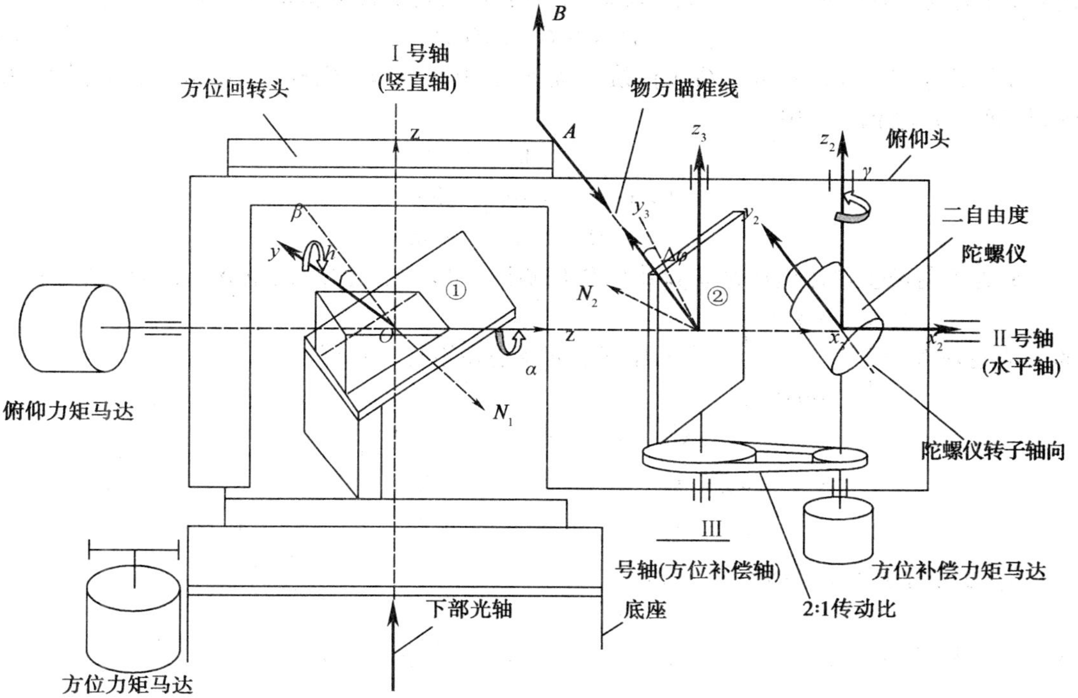

图 8－26　火山型光电指向器瞄准线稳定原理图

仪器坐标系：$oxyz$——与仪器固结；

ox 轴——与仪器的水平回转轴一致，指向右侧；

oz 轴——与仪器的竖直轴一致，指向上方；

oy 轴——与上述二轴垂直，起始位置在仪器的零方位角（舷角）方向。

俯仰头坐标系：$ox_2y_2z_2$——与仪器俯仰头的陀螺框架固结；

ox_2 轴——与仪器的水平回转轴一致，指向右方；

oy_2 轴——与陀螺的转子轴向一致；

oz_2 轴——与陀螺仪的外环轴向一致。

反射镜②坐标系：$ox_3y_3z_3$——与第②反射镜（方位补偿反射镜）固结；

ox_3 轴——在反射镜的主截面内，与水平回转轴一致；

oz_3 轴——在反射镜的反射面内，与方位补偿轴一致，方向朝上；

oy_3 轴——与以上二轴垂直。

建立了以上三个坐标系后，就可以把转动问题转化为坐标转换问题。如俯仰转动，可看成仪器坐标系 $oxyz$ 绕 ox 轴转 h 角到俯仰头坐标系 $ox_2y_2z_2$ 的转换等。

3. 反射镜工作原理矩阵方程及求解

当方位回转头作方位回转时，①②反射镜必须一起回转，否则反射镜①在大部分的位置便接收不到目标的光线；但当俯仰头作高低俯仰时，反射镜①却不能跟着俯仰，因为若一起俯仰的话，则偶次反射的反射镜组，绕任意轴回转均不能改变出射线的方向，即达不到使瞄准线俯仰的目的。但此时随着反射镜②的俯仰，会产生严重的像倾斜。

为此，我们在物方设一瞄准线向量 $\boldsymbol{A}$ 和一像倾斜向量 $\boldsymbol{B}$——它在仪器的主截面（观察面）内且垂直于向量 $\boldsymbol{A}$。经过以上二反射镜作用后，出射的像倾斜像向量为

$$\boldsymbol{B}' = \boldsymbol{S}_1'\boldsymbol{G}_2^{-1}\boldsymbol{S}_2\boldsymbol{G}_2\boldsymbol{B} \tag{8-72}$$

矩阵式中，$\boldsymbol{G}_2$ 为仪器坐标系 $oxyz$ 绕 ox 轴转 h 角到俯仰头坐标系 $ox_2y_2z_2$ 的坐标转换矩阵，是静—动坐标转换矩阵

$$\boldsymbol{G}_2 = \begin{bmatrix} 1 & 0 & 0 \\ 0 & \cos h & \sin h \\ 0 & -\sin h & \cos h \end{bmatrix}$$

$\boldsymbol{S}_1'$ 为反射镜①仪器坐标系 $oxyz$ 中的作用矩阵，可以把其法线向量 $\boldsymbol{N}_1$ 在坐标系 $oxyz$ 中的表达矩阵 $\boldsymbol{N}_1 = \begin{bmatrix} \cos 45° \\ 0 \\ -\sin 45° \end{bmatrix}$，代入如下平面反射镜矩阵公式可得

$$\boldsymbol{S}_1' = \begin{bmatrix} 1-2N_x^2 & -2N_xN_y & -2N_xN_z \\ -2N_xN_y & 1-2N_y^2 & -2N_yN_z \\ -2N_xN_z & -2N_yN_z & 1-2N_z^2 \end{bmatrix} = \begin{bmatrix} 0 & 0 & 1 \\ 0 & 1 & 0 \\ 1 & 0 & 0 \end{bmatrix}$$

$\boldsymbol{S}_2$ 为反射镜②在俯仰头坐标系 $ox_2y_2z_2$ 中的作用矩阵，仍可以把其法线向量 $\boldsymbol{N}_2$ 在 $ox_2y_2z_2$ 坐标系中的表达矩阵 $\boldsymbol{N}_2 = \begin{bmatrix} -\cos 45° \\ \sin 45° \\ 0 \end{bmatrix}$，代入反射镜作用矩阵可得

$$\boldsymbol{S}_2 = \begin{bmatrix} 0 & 1 & 0 \\ 1 & 0 & 0 \\ 0 & 0 & 1 \end{bmatrix}$$

$\boldsymbol{G}_2^{-1}$ 是 $\boldsymbol{G}_2$ 的逆矩阵，乘该矩阵是为了使像向量返回仪器坐标系 $oxyz$ 中来表达。

像倾斜向量的表达式为

$$\boldsymbol{B} = \begin{bmatrix} 0 \\ -\sin h \\ \cos h \end{bmatrix}$$

将各矩阵等式代入（8-72）式可得

$$\boldsymbol{B}' = \boldsymbol{S}_1'\boldsymbol{G}_2^{-1}\boldsymbol{S}_2\boldsymbol{G}_2\boldsymbol{B} = \begin{bmatrix} 0 & 0 & 1 \\ 0 & 1 & 0 \\ 1 & 0 & 0 \end{bmatrix}\begin{bmatrix} 1 & 0 & 0 \\ 0 & \cos h & -\sin h \\ 0 & \sin h & \cos h \end{bmatrix}\begin{bmatrix} 0 & 1 & 0 \\ 1 & 0 & 0 \\ 0 & 0 & 1 \end{bmatrix}\begin{bmatrix} 1 & 0 & 0 \\ 0 & \cos h & \sin h \\ 0 & -\sin h & \cos h \end{bmatrix}\begin{bmatrix} 0 \\ -\sin h \\ \cos h \end{bmatrix}$$

$$= \begin{bmatrix} \cos h \\ -\sin h \\ 0 \end{bmatrix} \tag{8-73}$$

该像倾斜量与俯仰角相等，关系比较简单（图 8－27），可以通过多种方法补偿，如在下部光轴上加道威旋转棱镜、转动接收器件或进行图像处理等。

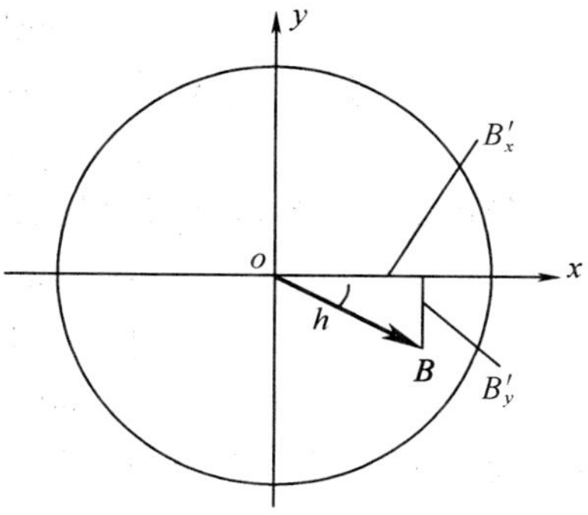

图 8－27　在视场中像倾斜的情况

4. 瞄准线稳定矩阵方程及求解

由图 8－26 可以写出一物方瞄准线向量 $\boldsymbol{A}$ 经过受摇摆影响的仪器坐标系后，其出射的瞄准线像向量在仪器坐标系的表达式为

$$\boldsymbol{A}' = \boldsymbol{S}_1'\boldsymbol{G}_2^{-1}\boldsymbol{G}_3^{-1}\boldsymbol{S}_2'\boldsymbol{G}_3\boldsymbol{G}_2\boldsymbol{J}_{oy,\beta}\boldsymbol{J}_{ox,}\boldsymbol{A} \qquad (8-74)$$

式中的（$\boldsymbol{J}_{oy,\beta}\boldsymbol{J}_{ox,\alpha}$）项代表摇摆作用，（$\boldsymbol{G}_3^{-1}\boldsymbol{S}_2'\boldsymbol{G}_3$）项代表反射镜②的方位补偿转动。其中 $\boldsymbol{G}_3$ 代表由俯仰头坐标系 $ox_2y_2z_2$ 绕与 oz_2 平行的 oy_3 转动 $\Delta\varphi/2$ 角的（静到动）坐标转换矩阵

$$\boldsymbol{G}_3 = \begin{bmatrix} \cos\frac{\Delta\varphi}{2} & \sin\frac{\Delta\varphi}{2} & 0 \\ -\sin\frac{\Delta\varphi}{2} & \cos\frac{\Delta\varphi}{2} & 0 \\ 0 & 0 & 1 \end{bmatrix}$$

$\boldsymbol{G}_3^{-1}$ 为 $\boldsymbol{G}_3$ 的逆矩阵。$\boldsymbol{S}_2'$为反射镜②在坐标系 $ox_3y_3z_3$ 中的作用矩阵，与 $\boldsymbol{S}_2$ 形式相同。

$$\boldsymbol{J}_{ox,\alpha} = \begin{bmatrix} 1 & 0 & 0 \\ 0 & \cos\alpha & \sin\alpha \\ 0 & -\sin\alpha & \cos\alpha \end{bmatrix}$$

$$\boldsymbol{J}_{oy,\beta} = \begin{bmatrix} \cos\beta & 0 & -\sin\beta \\ 0 & 1 & 0 \\ \sin\beta & 0 & \cos\beta \end{bmatrix}$$

物方瞄准线向量为

$$\boldsymbol{A} = \begin{bmatrix} 0 \\ -\cos h \\ -\sin h \end{bmatrix}$$

而当瞄准线稳定后的像向量应为

$$\boldsymbol{A}' = \begin{bmatrix} 0 \\ 0 \\ -1 \end{bmatrix}$$

为了使解矩阵方程更容易进行，我们对（8－74）式加以变换

$$\boldsymbol{J}_{oy,\beta}\boldsymbol{J}_{ox,\alpha}\boldsymbol{A} = \boldsymbol{G}_2^{-1}\boldsymbol{G}_3^{-1}\boldsymbol{S}_2'\boldsymbol{G}_3\boldsymbol{G}_2\boldsymbol{S}_1'\boldsymbol{A} \qquad (8-75)$$

将各矩阵式代入式（8－75）的右侧经运算可得

$$\boldsymbol{G}_2^{-1}\boldsymbol{G}_3^{-1}\boldsymbol{S}_2'\boldsymbol{G}_3\boldsymbol{G}_2\boldsymbol{S}_1'\boldsymbol{A} = \begin{bmatrix} \sin\Delta\varphi \\ -\cos(h+\Delta h)\cos\Delta\varphi \\ -\sin(h+\Delta h)\cos\Delta\varphi \end{bmatrix}$$

将各矩阵式代入式（8－75）的左侧经运算可得

$$J_{oy,\beta}J_{ox,\alpha}A=\begin{bmatrix}-\sin\beta(\sin\alpha\cos h-\cos\alpha\sin h)\\-\cos\alpha\cos h-\sin\alpha\sin h\\\cos\beta(\sin\alpha\cos h-\cos\alpha\sin h)\end{bmatrix}=\begin{bmatrix}\sin\beta\sin(h-\alpha)\\-\cos(h-\alpha)\\-\cos\beta\sin(h-\alpha)\end{bmatrix}$$

使以上左右侧项相等，可以列出三个等式

$$\begin{cases}\sin\Delta\varphi=\sin\beta\sin(h-\alpha)\\-\cos(h+\Delta h)\cos\Delta\varphi=-\cos(h-\alpha)\\-\sin(h+\Delta h)\cos\Delta\varphi=-\cos\beta\sin(h-\alpha)\end{cases}$$

将以上二、三等式相除可得

$$\tan(h+\Delta h)=\cos\beta\tan(h-\alpha)$$

所以有

$$\Delta h=\tan^{-1}[-\cos\beta\tan(h-\alpha)]-h \tag{8-76}$$

由第一个等式得

$$\Delta\varphi=\sin^{-1}[\sin\beta\sin(h-\alpha)] \tag{8-77}$$

(8－76)，(8－77)式，即为该仪器的瞄准线稳定方程。陀螺仪水平轴敏感出 α 角，但实际上其另外一个轴敏感的是绕 oz_2 轴的 γ 角，而不是 β 角，根据式(8－64)（式中 β 等于这里的 α），二者之间的关系为

$$\gamma\approx\beta\sin h$$

所以可以近似得到

$$\Delta\varphi\approx\gamma$$

正如上节所言，瞄准线稳定是一个渐进的过程，瞄准线要不断追随转子轴，一直执行到 $\gamma=0$ 为止，所以最终稳定精度取决于陀螺仪的精度。

5. 瞄准线稳定时像倾斜的特性

以下进一步讨论瞄准线稳定过程中附加像倾斜特性。

为此，根据(8－60)式写出像倾斜的像向量矩阵式为

$$B'=S_1'G_2^{-1}G_3^{-1}S_2'G_3G_2J_{oy,\beta}J_{ox,}B$$

我们采用 8.3.3 节中物向量空间不变法来求解时，物空间出射的向量表达式为

$$B=J_{ox,\alpha}^{-1}J_{oy,\beta}^{-1}G_2^{-1}G_3^{-1}S_2'G_3G_2S_1B' \tag{8-78}$$

将各矩阵等式代入经运算可得

$$B=\begin{bmatrix}-\sin\beta\cos(h+\Delta h)\\-\cos\alpha\sin(h+\Delta h)+\sin\alpha\cos\beta\cos(h+\Delta h)\\\sin\alpha\sin(h+\Delta h)+\cos\alpha\cos\beta\cos(h+\Delta h)\end{bmatrix}$$

物方像倾斜向量的第一项代表像倾斜角的正弦，即

$$\sin\theta=-\sin\beta\cos(h+\Delta h) \tag{8-79}$$

由坐标相等法得到的二轴摇摆稳定时的像倾斜公式为

$$\sin\theta=\frac{-1}{\cos(h+\Delta h)}(\cos q\sin R+\sin q\sin P\cos R)$$

6. 分析及结论

通过以上对这种特殊结构形式的光电跟踪仪的分析，可以得出如下几点结论意见。

(1)该仪器采用特殊布置的二反射镜结构实现了三光合一的共同俯仰与方位扫描,转动部分惯量小,控制与跟踪的性能好,头部尺寸小,隐身性能好等优势;

(2)从式(8-76),(8-77)分析,在高仰角时,为了瞄准线稳定所进行的方向偏补偿量,并不像(8-38)和(8-69)中所讨论的随着高度角的增加而迅速增大($\Delta\varphi \approx \frac{\gamma}{\cos(h+\alpha)}$),它可以避免经纬仪型或潜望镜型仪器高仰角瞄准线稳定由于角速度太大所造成的扫描盲区问题;

(3)从式(8-79)分析,瞄准线稳定所带来的附加像倾斜量,随着高度角的增加会逐步减小,不像经纬仪型或潜望镜型仪器那样,在高仰角时随着 $\cos(h+\Delta h)$ 项的减小会可观地增大;

(4)这种结构形式光电跟踪仪的主要问题是随着俯仰而产生原理上的像倾,在实际中必须妥善解决这一问题。

8.5.7　二轴稳定的缺陷及光电设备构建稳定系统的思路

1. 二轴稳定的缺陷

通过以上各节介绍,无论是高度方位补偿法,或是惯性稳瞄平台稳定瞄准线方法,都有一个突出的缺陷,即为了稳定瞄准线,要绕竖直轴转动整个镜管来补偿方位偏,这就带来了两大问题:

(1)在瞄准仰角高的目标时,会由于方位偏补偿量很大,而使跟踪困难;

(2)在瞄准仰角高的目标时,也是由于方位偏补偿量大,会带来很可观的像倾斜,引起图像处理的困难。

2. 二轴光电设备构建稳定系统的思路过程

通过对以上不同稳定方式的分析,可以初步总结出光电设备构建稳定系统的以下思路过程。

(1)明确对图像稳定起主导作用的扰动源,并集中主要注意力设法解决之。

随着潜艇光电设备中光电系统的大量应用,对高频振动分量的补偿成为在潜望镜或光电桅杆稳定系统设计方面起着决定性的因素。美国专利惯性稳瞄平台稳定方案的出现和大量应用,其实主要是为了解决这一决定性因素的影响而出现的。该方案最主要的是将二轴陀螺仪置于潜望镜的顶端,可以敏感镜管振动,并可以进行补偿消除影响。

(2)让仪器的瞄准线追随陀螺转子的惯性轴线,这种思路是产生惯性稳瞄平台方案的基础。它完全摈弃了迭代法或高度方位补偿法通过坐标来回转换稳定瞄准线的思路,也就克服了原有的缺点,突出了其方案的优势。

(3)要透彻地了解原有方案缺陷的主因,并提出针对性的克服措施。

正是因为透彻了解二轴稳定缺陷的根源在于为瞄准线稳定须绕竖直轴转动整个镜管(或设备)来补偿方位偏,才出现了法国火山光电跟踪仪的惯性稳瞄平台改进方案。该方案摈弃了瞄准线稳定须绕竖直轴转动整个镜管(仪器)的概念,而把瞄准线稳定须进行的方位补偿用在窗口处的俯仰反射镜绕竖直轴完成,保持仪器的主体不动。这样也就不会产生在高仰角时出现的以上两个问题。这时目标的方位角由两部分构成，粗方位由方位回转头计量，精方位由俯仰反射镜的竖直轴处计量。

可以对比式(8-54)

$$\sin\Delta\theta = -[\sin\Delta\varphi\sin(h-\alpha)+\cos\Delta\varphi\sin\beta\cos(h-\alpha)]$$

如果令该式中的 $\Delta\varphi=0$，也就是不进行方位补偿，上式则可变为

$$\sin\theta = -\sin\beta\cos(h-\alpha)$$

该式和(8-79)式本质相同，实际上这就是高度方位补偿法所指的由初始方位偏所引起的像倾斜，该量不大，且随着高度角的增大而趋于零。反之也就说明，这种改进方案完全克服了转动整个镜管进行方位补偿造成的弊病，使系统的稳定性能上了一个台阶。

这种解决问题的思路也在俄罗斯 PARUS-98E 光电桅杆和潜望镜中得到了体现。它是微量方位转动头部反射镜(或棱镜)来补偿瞄准线稳定时所需的方位偏(相对于物镜及成像器件)；而需进行大的方位搜索回转时，则转动整个镜管。

3. 二轴结构仪器构建瞄准线稳定系统的结论性意见

(1)单靠二轴结构条件下的二轴稳定，不管用什么稳定方法，都不能改变二轴稳定的缺陷；

(2)改变二轴稳定缺陷的有效且唯一的方法是建立第三轴，或第三个自由度。

无论是法国火山光电跟踪仪，还是俄罗斯的 PARUS-98E 光电桅杆，以下 8.7 节中所介绍的经纬仪设备中设置第三轴——交叉轴，都是在系统中巧妙地设置了第三轴来克服二轴稳定缺陷的。对于头部有反射镜(反射棱镜)的系统，第三轴的构建是设法让此反射镜相对于成像传感器作方位回转补偿；而对于经纬仪类构造设备，第三轴的构建是设法让俯仰轴在动态下端平。

而英国 CM010 光电桅杆中，则设置了一个自由度回转的别汗棱镜来克服二轴稳定的缺陷之一——图像的旋转。至于高仰角时的跟踪困难，则没有解决。

8.6 角速度稳定方程及捷联稳定系统原理

一般情况下，瞄准线角位移稳定方程是进行瞄准线稳定的主控制方程，而为了提高瞄准线的稳定精度，还把角速度的控制作为前馈控制的一个环节，以提高瞄准线控制的品质和精度。而对于所谓的“捷联式”稳定，则是以角速度测量处理为基础的稳定。

8.6.1 用哥氏定理求二轴结构仪器瞄准线角速度稳定方程

求二轴结构仪器船摇角速度方程可以有多种方法，在此我们首先采用哥氏定理法进行推求[15][35]。

哥氏定理表达为

$$\frac{\mathrm{d}r}{\mathrm{d}t} = \dot{r} + \omega \times \boldsymbol{r} \tag{8-80}$$

上式说明，当坐标系发生转动时，运动坐标系中的位置矢量 $\boldsymbol{r}$ 相对固定坐标系对时间求

导数必须加上转动效应 $\boldsymbol{\omega}\times\boldsymbol{r}$。即运动坐标系中任一矢量 $\boldsymbol{A}$ 相对固定坐标系对时间求导，等于 $\boldsymbol{A}$ 在运动坐标系中对时间求导再加上转动效应 $\boldsymbol{\omega}\times\boldsymbol{A}$，或称为牵连运动项。如图 8－28 所示。

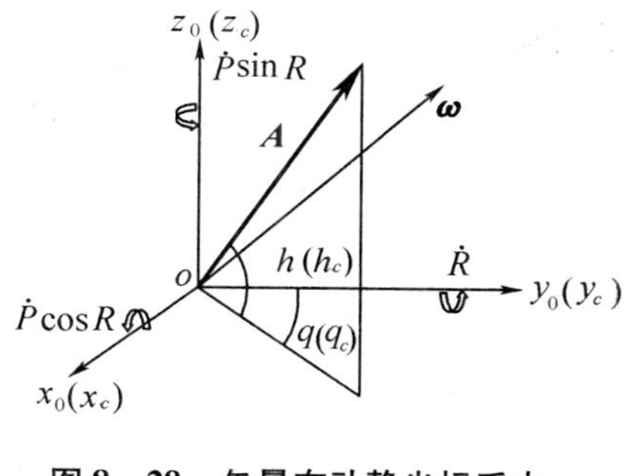

图 8－28　矢量在动静坐标系中

我们在前面已定义 $ox_0y_0z_0$ 为舰体地平坐标系，瞄准线矢量 $\boldsymbol{A}$ 在此坐标系的表达式为

$$\boldsymbol{A}_0=\begin{bmatrix}\cos h\sin q\\ \cos h\cos q\\ \sin h\end{bmatrix}$$

我们在前面也已定义舰船的甲板坐标系 $ox_cy_cz_c$，瞄准线矢量 $\boldsymbol{A}$ 在此坐标系的表达式为

$$\boldsymbol{A}_c=\begin{bmatrix}\cos h_c\sin q_c\\ \cos h_c\cos q_c\\ \sin h_c\end{bmatrix}$$

所谓瞄准线稳定就是指，当载体（舰船）绕任意轴滚动时，瞄准线在空间的指向保持不变。即在以上地平坐标系中 $\frac{\mathrm{d}}{\mathrm{d}t}(\boldsymbol{A}_0)=0$。可以依此为条件建立方程，来求得船摇角速度对瞄准线控制方程的影响。即

$$\frac{\mathrm{d}}{\mathrm{d}t}(\boldsymbol{A}_0)=\frac{\mathrm{d}}{\mathrm{d}t}(\boldsymbol{A}_c)+\boldsymbol{\omega}_c\times\boldsymbol{A}_c=0 \tag{8-81}$$

船摇角运动在舰船的甲板坐标系 $ox_cy_cz_c$ 中的表达式为

$$\boldsymbol{\omega}_c=\begin{bmatrix}\omega_{cx}\\ \omega_{cy}\\ \omega_{cz}\end{bmatrix}=\begin{bmatrix}\cos R & 0 & -\sin R\\ 0 & 1 & 0\\ \sin R & 0 & \cos R\end{bmatrix}\begin{bmatrix}\dot{P}\\ 0\\ 0\end{bmatrix}+\begin{bmatrix}0\\ \dot{R}\\ 0\end{bmatrix}=\begin{bmatrix}\dot{P}\cos R\\ \dot{R}\\ \dot{P}\sin R\end{bmatrix} \tag{8-82}$$

根据矩阵微分公式，瞄准线向量在甲板坐标系中的导数为

$$\frac{\mathrm{d}}{\mathrm{d}t}(\boldsymbol{A}_c)=\begin{bmatrix}\dot{A}_{cx}\\ \dot{A}_{cy}\\ \dot{A}_{cz}\end{bmatrix}=\begin{bmatrix}-\sin h_c\sin q_c\dot{h}_c+\cos h_c\cos q_c\dot{q}_c\\ -\sin h_c\cos q_c\dot{h}_c-\cos h_c\sin q_c\dot{q}_c\\ \cos h_c\dot{h}_c\end{bmatrix} \tag{8-83}$$

在同一坐标系中两个向量的叉乘等于

$$\begin{aligned}\boldsymbol{\omega}_c\times\boldsymbol{A}_c&=\begin{bmatrix}i & j & k\\ \omega_{cx} & \omega_{cy} & \omega_{cz}\\ A_{cx} & A_{cy} & A_{cz}\end{bmatrix}=\begin{bmatrix}\omega_{cy} & \omega_{cz}\\ A_{cy} & A_{cz}\end{bmatrix}\boldsymbol{i}+\begin{bmatrix}\omega_{cz} & \omega_{cx}\\ A_{cz} & A_{cx}\end{bmatrix}\boldsymbol{j}+\begin{bmatrix}\omega_{cx} & \omega_{cy}\\ A_{cx} & A_{cy}\end{bmatrix}\boldsymbol{k}\\ &=(\omega_{cy}A_{cz}-\omega_{cz}A_{cy})\boldsymbol{i}+(\omega_{cz}A_{cx}-\omega_{cx}A_{cz})\boldsymbol{j}+(\omega_{cx}A_{cy}-\omega_{cy}A_{cx})\boldsymbol{k}\end{aligned}$$

代入（8－81）式，得

$$\begin{cases}-\sin h_c\sin q_c\dot{h}_c+\cos h_c\cos q_c\dot{q}_c+\dot{R}\sin h_c-\dot{P}\sin R\cos h_c\cos q_c=0\\ -\sin h_c\cos q_c\dot{h}_c-\cos h_c\sin q_c\dot{q}_c+\dot{P}\sin R\cos h_c\sin q_c-\dot{P}\cos R\sin h_c=0\\ \cos h_c\dot{h}_c+\dot{P}\cos R\cos h_c\cos q_c-\dot{R}\cos h_c\sin q_c=0\end{cases}$$

解之得

$$\begin{cases}\dot{h}_c = \dot{R}\sin q_c - \dot{P}\cos R\cos q_c \\ \dot{q}_c = \dfrac{1}{\cos h_c}[\dot{P}(\sin R\cos h_c - \cos R\sin h_c\sin q_c) - \dot{R}\sin h_c\cos q_c]\end{cases} \tag{8-84}$$

式(8－84)也可写成

$$\begin{cases}\dot{h}_c = \omega_{cy}\sin q_c - \omega_{cx}\cos q_c \\ \dot{q}_c = \omega_{cz} - \tan h_c(\omega_{cx}\sin q_c + \omega_{cy}\cos q_c)\end{cases} \tag{8-85}$$

(8－84)式即为船舶摇摆角速度所引起的瞄准线俯仰和方位回转角速度，该式是以瞄准线稳定(不动)的条件推出的，所以，如果按此式控制瞄准线的俯仰和方位运动，便可实现瞄准线的稳定。(8－85)式为(8－84)式的变形，是以已知甲板坐标系各坐标轴上的回转角速度为基础的。

8.6.2 求导法推求二轴结构仪器瞄准线角速度稳定方程[36]

1. 角速度稳定方程的推求

向量 $\boldsymbol{A}$ 在甲板坐标系中的投影为

$$\boldsymbol{A}_c = \begin{bmatrix}\cos h_c\sin q_c \\ \cos h_c\cos q_c \\ \sin h_c\end{bmatrix}$$

根据矩阵微分公式对该向量求导得

$$\frac{\mathrm{d}}{\mathrm{d}t}(\boldsymbol{A})_c = \begin{bmatrix}\dot{A}_{cx} \\ \dot{A}_{cy} \\ \dot{A}_{cz}\end{bmatrix} = \begin{bmatrix}-\sin h_c\sin q_c\dot{h}_c + \cos h_c\cos q_c\dot{q}_c \\ -\sin h_c\cos q_c\dot{h}_c - \cos h_c\sin q_c\dot{q}_c \\ \cos h_c\dot{h}_c\end{bmatrix}$$

向量的甲板坐标与地平坐标的关系为

$$\boldsymbol{A}_c = \boldsymbol{S}_{oy,R}\boldsymbol{S}_{ox,P}\boldsymbol{A} = \begin{bmatrix}\cos R & 0 & -\sin R \\ 0 & 1 & 0 \\ \sin R & 0 & \cos R\end{bmatrix}\begin{bmatrix}1 & 0 & 0 \\ 0 & \cos P & \sin P \\ 0 & -\sin P & \cos P\end{bmatrix}\begin{bmatrix}A_x \\ A_y \\ A_z\end{bmatrix}$$

$$= \begin{bmatrix}\cos R & \sin R\sin P & -\sin R\cos P \\ 0 & \cos P & \sin P \\ \sin R & -\cos R\sin P & \cos R\cos P\end{bmatrix}\begin{bmatrix}A_x \\ A_y \\ A_z\end{bmatrix}$$

根据矩阵微分公式对上式求导得

$$\begin{bmatrix}\dot{A}_{cx} \\ \dot{A}_{cy} \\ \dot{A}_{cz}\end{bmatrix} = \begin{bmatrix}\cos R & \sin R\sin P & -\sin R\cos P \\ 0 & \cos P & \sin P \\ \sin R & -\cos R\sin P & \cos R\cos P\end{bmatrix}\begin{bmatrix}\dot{A}_x \\ \dot{A}_y \\ \dot{A}_z\end{bmatrix} +$$

$$\begin{bmatrix} -\sin R\,\dot{R} & \cos R\sin P\,\dot{R}+\sin R\cos P\,\dot{P} & -\cos R\cos P+\sin R\sin P\,\dot{P} \\ 0 & -\sin P\,\dot{P} & \cos P\,\dot{P} \\ \cos R\,\dot{R} & \sin R\sin P\,\dot{R}-\cos R\cos P\,\dot{P} & -\sin R\cos P\,\dot{R}-\cos R\sin P\,\dot{P} \end{bmatrix}\begin{bmatrix} A_x \\ A_y \\ A_z \end{bmatrix}$$

对于固定目标且瞄准线稳定时，有$\begin{bmatrix} \dot{A}_x \\ \dot{A}_y \\ \dot{A}_z \end{bmatrix}=0$，故

$$\begin{bmatrix} \dot{A}_{cx} \\ \dot{A}_{cy} \\ \dot{A}_{cz} \end{bmatrix}=\begin{bmatrix} -\sin R\,\dot{R} & \cos R\sin P\,\dot{R}+\sin R\cos P\,\dot{P} & -\cos R\cos P+\sin R\sin P\,\dot{P} \\ 0 & -\sin P\,\dot{P} & \cos P\,\dot{P} \\ \cos R\,\dot{R} & \sin R\sin P R-\cos R\cos P\,\dot{P} & -\sin R\cos P\,\dot{R}-\cos R\sin P\,\dot{P} \end{bmatrix}\begin{bmatrix} A_x \\ A_y \\ A_z \end{bmatrix}$$

向量的地平坐标与甲板坐标的关系为

$$\boldsymbol{A}=\boldsymbol{S}_{ox,P}^{-1}\boldsymbol{S}_{oy.P}^{-1}\boldsymbol{A}_c=\begin{bmatrix} \cos R & 0 & \sin R \\ \sin R\sin P & \cos P & -\cos R\sin P \\ -\sin R\cos P & \sin P & \cos R\cos P \end{bmatrix}\begin{bmatrix} A_{cx} \\ A_{cy} \\ A_{cz} \end{bmatrix}=\begin{bmatrix} A_x \\ A_y \\ A_z \end{bmatrix}$$

代入上式得

$$\begin{bmatrix} \dot{A}_{cx} \\ \dot{A}_{cy} \\ \dot{A}_{cz} \end{bmatrix}=\begin{bmatrix} 0 & \sin R\,\dot{P} & -\dot{R} \\ -\sin R\,\dot{P} & 0 & \cos R\,\dot{P} \\ \dot{R} & -\cos R\,\dot{P} & 0 \end{bmatrix}\begin{bmatrix} A_{cx} \\ A_{cy} \\ A_{cz} \end{bmatrix}$$

将向量的坐标值和导数值分别代入得

$$\begin{cases} -\sin h_c\sin q_c\,\dot{h}_c+\cos h_c\cos q_c\,\dot{q}_c=\sin R\,\dot{P}\cos h_c\cos q_c-\dot{R}\sin h_c \\ -\sin h_c\cos q_c\,\dot{h}_c+\cos h_c\sin q_c\,\dot{q}_c=-\sin R\,\dot{P}\cos h_c\sin q_c-\cos R\,\dot{P}\sin h_c \\ \cos h_c\,\dot{h}_c=\dot{R}\cos h_c\sin q_c-\dot{P}\cos R\cos h_c\cos q_c \end{cases}$$

解以上方程得

$$\begin{cases} \dot{h}_c=\dot{R}\sin q_c-\dot{P}\cos R\cos q_c \\ \dot{q}_c=\dfrac{1}{\cos h_c}[\dot{P}(\sin R\cos h_c-\cos R\sin h_c\sin q_c)-\dot{R}\sin h_c\cos q_c] \end{cases}$$

以上方程与哥氏定理法求出的式(8－84)完全相同。

2. 分析小结

式(8－84)揭示了当舰船摇摆时，二轴结构仪器所引起的仪器俯仰轴和方位轴上的附加角速度大小，也反映了瞄准线的运动情况。如按照(8－84)式关系控制瞄准线的俯仰和方位运动便可实现瞄准线的稳定。但工程上按照此式控制瞄准线是不合理的，可以作为位置稳定控制方程的辅助手段，作为速度前馈控制环，以提高瞄准线稳定控制精度和性能。

由(8－84)(8－85)式可以看出，瞄准线的方位角速度公式中含有 $\cos h_c$ 的倒数项，当高

度角增大时，瞄准线的方位角速度增大；在高角时，方位角速度很大，使随动系统不能有效地实现跟踪，以至形成天顶盲区，这是两轴稳定的固有缺陷。

8.6.3 基于速率测量的捷联稳定技术及角速率传感器安装方式

1. 捷联稳定系统的基本概念

捷联技术的原意是将测量较高运动速率的惯性传感器刚性固定或捷联（Strapped Down）在载体上，通过大量复杂计算来实现平台稳定的一种技术。其最基本的两大特性：是将速率惯性器件直接固定在要稳定的载体上；二是通过复杂的坐标变换计算来实现平台稳定。

就已应用的捷联技术来看，可分为光轴（瞄准线）稳定的捷联技术，多用于导弹的自导引头光轴（天线）稳定；惯导平台的捷联稳定，称为“捷联”惯性导航系统。

（1）半捷联稳定系统

因为和光电设备的瞄准线捷联稳定有些相似之处，现介绍一种导弹行业内通称的“半捷联稳定系统”的原理。如图 8－29 所示，系统利用固连在弹体上的惯性器件，测量出弹体三个方向的角速度。通过弹载计算机算出弹体的姿态角，再进行坐标系的转换，得出伺服系统所需的实时角度信息，以控制伺服系统，从而消除弹体姿态变化对导引头光轴的影响。

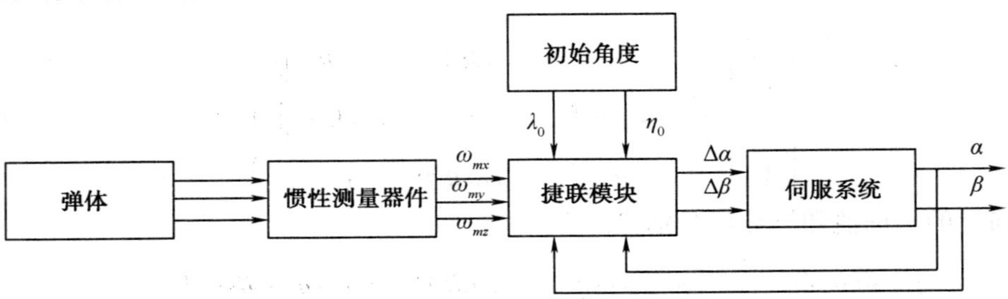

图 8－29 半捷联稳定系统框图

捷联模块是整个捷联稳定系统的核心部分，是运用四元数法将输入的弹体角速度 ω_{mx}，ω_{my}，ω_{my}转化为弹体的姿态角，同时进行复杂的矩阵运算，完成坐标的转换。在捷联计算过程中，通过稳定一个矢量，来实现对导引头光轴的控制，因此，捷联模块需要将初始对准角度（λ_0，η_0）映射为初始位置矢量，最后，将计算得到的稳定矢量（弹体坐标系中）映射为控制伺服系统的角度信息，捷联模块的输出是控制伺服机构的实时角度信息（$\Delta\alpha$，$\Delta\beta$）。

（2）捷联安装的角速率陀螺稳定系统

俄罗斯 PARUS－98E 光电桅杆采用光纤陀螺三轴向捷联安装，是为补偿镜管振动的影响而设立的，它是将光纤陀螺测得的三轴角速率积分成三个角度，并采用对高度、方位控制系统的内稳定回路角度负反馈补偿，通过消除振动影响的方法来稳定瞄准线的。

稳定瞄准线的方法，更多的是利用角速率陀螺“空间测速机”的性能组成内稳定回路，实现对光轴的空间稳定。

但有人已从力矩刚度角度进行研究[51]，采用角位置陀螺的稳定平台可以有效地隔离载体的扰动，其稳定精度要远优于用角速率陀螺实现的稳定平台。从这里就可以理解俄罗斯 PARUS－98E 光电桅杆中何以将测得的角速率积分后再以角度负反馈的形式出现在控制回路中。

2. 二轴结构仪器惯性角速率传感器安装方式

速率陀螺捷联式安装是实现捷联稳定的首要条件，但安装方式因设备构造条件不同可以有多种选择，这样测得的角速率与高度方位应补偿的角速率的关系应该不同。

如果把角速率陀螺安装在瞄准跟踪装置的框架上，在三个轴向为 ox 轴平行于俯仰轴，oz 轴向与方位轴平行，oy 轴与二者垂直来测量滚动角速度，则对应的速率补偿关系式为

$$\begin{cases} \dot{h} = -\omega_x \\ \dot{q}_c = \omega_z - \tan h_c \omega_y \end{cases} \tag{8-86}$$

如果将速率陀螺安装在仪器的俯仰框架的两个方向上，ox_1 轴向与俯仰轴平行，oy_1 轴向与瞄准线平行，oz_1 轴向与瞄准轴垂直，则对应的速率补偿关系式为

$$\begin{cases} \dot{h} = -\omega_{x1} \\ \dot{q}_c = \omega_{z1} / \cos h_c \end{cases} \tag{8-87}$$

8.6.4 英国 CM010 光电桅杆捷联稳定系统的基本工作原理

1. CM010 光电桅杆捷联稳定系统原理

通过对图 8－30、图 8－31 的分析，我们可以用本章前面已介绍过的知识来理解捷联稳定系统的原理。

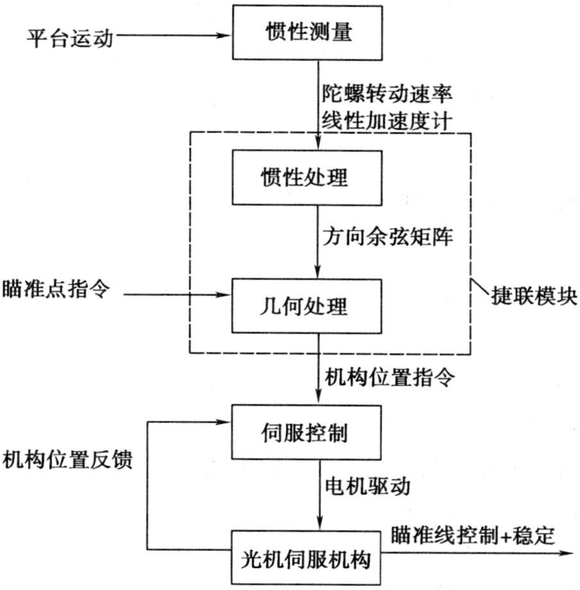

图 8－30　CM010 光电桅杆捷联稳定系统原理框图

（1）与 8.5 节所介绍的惯性稳瞄平台法比较，那里是依据陀螺转子轴向的空间惯性来稳定瞄准线，是将瞄准线稳定在惯性空间；这里是将瞄准线稳定在地球坐标空间，可以克服

地球自转的影响，瞄准线不会漂移，容易实现自动跟踪。为做到这一点，就必须在头部设置3－轴加速度计，测出地球重力场的影响，不断校正方向余弦矩阵，使之不断追随当地的铅垂线，起到了一个真正的地平平台作用，这就是图8－31中很重要的一个内容。

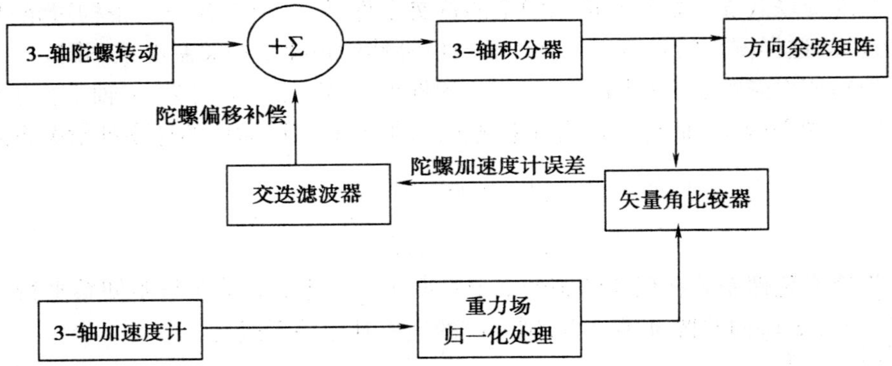

图8－31　惯性处理框图

(2)我们还可以将捷联稳定方法与坐标转换迭代法作一比较。首先，两者的思路是完全相同的，都是在甲板坐标系与地平坐标系间迭代转换来实现瞄准线稳定的；第二，两者都是通过瞄准线向量的计算坐标值与实际坐标值(或预定值)角度之差来操控设备实现瞄准线变动达到稳定的。不过两者间有以下区别：

①坐标转换迭代法，采用的是船上的公用基准提供的载体姿态角；而这里是捷联式安装在设备三个轴上的速率陀螺提供的设备摇摆惯性角速率，不但有载体的摇摆，还包括镜管的振动。坐标转换迭代法，为取得目标的地平高度、方位用于导航定位，要反复迭代计算，而这里不进行反向迭代计算，主要是进行甲板到地平的递推更新。

②坐标转换迭代法采用计算机解算含多个三角函数以欧拉角为基础的稳定方程(相当于两轴欧拉角方向余弦矩阵)，速度慢，实时性差，而且还有判断象限问题和90°附近的无穷大问题(奇点)；这里，是采用四元数递推法修正更新方向余弦矩阵，进行空间矢量变换，速度快，且没有奇偶问题。

2. 捷联式稳定系统所采用的捷联姿态表达式

(1)坐标系的设立和有关规定

在捷联技术中，认为一个物体在绕不同的轴系作一系列转动的情况下，其姿态角的变化不仅为绕每根轴的转角的函数，而且还是转动顺序的函数，转动发生的顺序最为重要[49]。在捷联技术中约定统一采用右手坐标系，转角的正向规定为从原点看去是沿顺时针转动(或右手定则)。约定载体坐标系三正交轴的方向为：ox—横滚轴，oy—俯仰轴，oz—偏航轴。

约定从参考轴系到新坐标系的欧拉角转换顺序如下：

①绕参考轴系的 oz 轴旋转 ψ 角；

②绕新坐标系 oy'轴旋转 θ 角；

③绕新坐标系 ox''轴旋转 φ 角。

(2)方向余弦矩阵

设仪器坐标系 $ox_cy_cz_c$ 固定在船体上，其 ox_c，oy_c，oz_c 轴分别沿仪器的横滚轴、俯仰轴与方位轴，初始位置时，与船体(载体)坐标系一致。实现由设备坐标系到大地坐标系的坐标

转换的姿态矩阵 $\boldsymbol{T}$ 应满足一下的矩阵方程

$$\begin{bmatrix} x_0 \\ y_0 \\ z_0 \end{bmatrix} = \boldsymbol{T} \begin{bmatrix} x_c \\ y_c \\ z_c \end{bmatrix} \tag{8-88}$$

式中

$$\boldsymbol{T} = \begin{bmatrix} T_{11} & T_{21} & T_{31} \\ T_{21} & T_{22} & T_{32} \\ T_{31} & T_{23} & T_{33} \end{bmatrix} \tag{8-89}$$

称 $\boldsymbol{T}$ 为方向余弦矩阵，或设备姿态矩阵。由 8.2.4 节可知，矩阵的列表示设备坐标系中的单位矢量在大地坐标系中的投影。第 i 行 j 列的元素表示大地坐标系的 i 轴和设备坐标系的 j 轴夹角的余弦。

(3)用欧拉角表示的方向余弦矩阵

一个坐标系到另一个坐标系的变换，可以通过绕不同坐标轴的三次连续转动来实现。例如按照前述约定顺序的转动，ψ,θ,φ 称为欧拉转动角。由设备坐标系到大地坐标系用欧拉角表示的方向余弦矩阵为

$$\begin{aligned}\boldsymbol{T} &= \begin{bmatrix} \cos\psi & -\sin\psi & 0 \\ \sin\psi & \cos\psi & 0 \\ 0 & & 0 \end{bmatrix} \begin{bmatrix} \cos\theta & 0 & \sin\theta \\ 0 & 1 & 0 \\ -\sin\theta & 0 & \cos\theta \end{bmatrix} \begin{bmatrix} 1 & 0 & 0 \\ 0 & \cos\varphi & -\sin\varphi \\ 0 & \sin\varphi & \cos\varphi \end{bmatrix} \\ &= \begin{bmatrix} \cos\theta\cos\psi & -\cos\varphi\sin\psi+\sin\varphi\sin\theta & \sin\varphi\sin\psi+\cos\varphi\sin\theta\cos\psi \\ \cos\theta\sin\psi & \cos\varphi\cos\psi+\sin\varphi\sin\theta\sin\psi & -\sin\varphi\cos\psi+\cos\varphi\sin\theta\sin\psi \\ -\sin\theta & \sin\varphi\cos\theta & \cos\varphi\cos\theta \end{bmatrix}\end{aligned} \tag{8-90}$$

(4)用四元数表示的方向余弦矩阵

①四元数概念

一个坐标系到另一个坐标系的变换可以通过绕一个定义在参考坐标系中的矢量 $\boldsymbol{\mu}$ 的单次转动来实现。四元数用符号 $\boldsymbol{q}$ 表示，它是一个具有四个元素的矢量，这些元素是该矢量方向和转动大小的函数。

$$\boldsymbol{q} = \begin{bmatrix} a \\ b \\ c \\ d \end{bmatrix} = \begin{bmatrix} \cos(\dfrac{\mu}{2}) \\ \dfrac{\mu_x}{\mu}\sin(\mu/2) \\ \dfrac{\mu_y}{\mu}\sin(\mu/2) \\ \dfrac{\mu_z}{\mu}\sin(\mu/2) \end{bmatrix} \tag{8-91}$$

式中，μ_x,μ_y,μ_z 是角矢量 $\boldsymbol{\mu}$ 的分量，μ 是其大小。

定义 $\boldsymbol{\mu}$ 的大小和方向是使大地坐标系绕 $\boldsymbol{\mu}$ 转动一个角度 μ，就能与设备坐标系重合。

四元数也可以用其分量 a,b,c,d 表示成一个具有四个参数的复数形式。a 为其实部，b,c,d 为其虚部。

$$\boldsymbol{q} = a + b\boldsymbol{i} + c\boldsymbol{j} + d\boldsymbol{k} \tag{8-92}$$

②用四元数表示的等价方向余弦矩阵

$$
\boldsymbol{T}=\begin{bmatrix} a^2+b^2-c^2-d^2 & 2(bc-ad) & 2(bd+ac) \\ 2(bc+ad) & a^2-b^2+c^2-d^2 & 2(cd-ab) \\ 2(bd-ac) & 2(cd+ab) & a^2-b^2-c^2+d^2 \end{bmatrix} \tag{8-93}
$$

利用式(8－89),(8－90),(8－93)中三矩阵相等,就可以建立方向余弦与欧拉角、四元数之间的关系。可以得出用欧拉角表示的四元数公式为

$$
\begin{bmatrix} a \\ b \\ c \\ d \end{bmatrix}=\begin{bmatrix} \cos\frac{\varphi}{2}\cos\frac{\theta}{2}\cos\frac{\psi}{2}+\sin\frac{\varphi}{2}\sin\frac{\theta}{2}\sin\frac{\psi}{2} \\ \sin\frac{\varphi}{2}\cos\frac{\theta}{2}\cos\frac{\psi}{2}-\cos\frac{\varphi}{2}\sin\frac{\theta}{2}\sin\frac{\psi}{2} \\ \cos\frac{\varphi}{2}\sin\frac{\theta}{2}\cos\frac{\psi}{2}+\sin\frac{\varphi}{2}\cos\frac{\theta}{2}\sin\frac{\psi}{2} \\ \cos\frac{\varphi}{2}\cos\frac{\theta}{2}\sin\frac{\psi}{2}-\sin\frac{\varphi}{2}\sin\frac{\theta}{2}\cos\frac{\psi}{2} \end{bmatrix} \tag{8-94}
$$

(5)用四元数对方向余弦矩阵的修正更新

四元数对方向余弦矩阵的修正更新关键是采用四元数微分方程的如下解:

$$
\begin{cases} \dot{a}=-0.5(b\omega_x+c\omega_y+d\omega_z) \\ \dot{b}=0.5(a\omega_x-d\omega_y-c\omega_z) \\ \dot{c}=0.5(d\omega_x+a\omega_y-b\omega_z) \\ \dot{d}=0.5(c\omega_x-b\omega_y-a\omega_z) \end{cases} \tag{8-95}
$$

首先,根据从设备位置陀螺测得到的一组初始摇摆参数($\varphi_0,\theta_0,\psi_0$),代入式(8－91),得到初始四元数

$$
\boldsymbol{q}_0=[a_0 \quad b_0 \quad c_0 \quad d_0]^{\mathrm{T}}
$$

代入姿态矩阵式(8－93),可确定出初始的方向余弦矩阵 $\boldsymbol{T}_0$,并根据捷联安装的惯性元件测得的角速度 $\omega_x,\omega_y,\omega_z$,都代入方程组(8－95),解出四元数四个分量的导数值,与 Δt 时刻后递次送来的实时新($\omega_x,\omega_y,\omega_z$),代入方程组(8－95),以求得四元数的四个分量值(a,b,c,d),代入(8－93)可实时确定方向余弦矩阵 $\boldsymbol{T}$。这种递推计算方法有多种,有二阶、四阶龙格库塔法等。

从上面用四元数更新方向余弦矩阵过程可知:

①除去确定初始四元数,需要进行三角函数计算之外,主要递推计算是解四个一阶微分方程组,其余皆为代数计算,无需解三角函数方程,计算量小,实时性好;

②从确定初始四元数需要看,必须是方向余弦阵所对应设备坐标系的三轴角位移,所以就必须在设备上安装位置陀螺器件,此角位移陀螺的另一个不可或缺的作用是作为各自轴上控制系统的角度负反馈回路;

③这里主要任务是用捷联安装在设备三个轴向的角速率陀螺参数修正更新方向余弦矩阵,所以没有反向迭代计算问题。

3. 几何处理(或称运动学处理)

CM010 光电桅杆的几何处理是一个比较复杂的过程,尤其是加入了处理像倾斜问题,其原理方框图如图 8－32 所示。

图 8－32 中由于多了一个对像倾斜的处理，就显得比较复杂。由于我们已熟悉像倾斜可以用处理瞄准线稳定同样方法，所以这里以下只注重研讨瞄准线稳定问题。

可用本书中 8.3 节的物向量空间不变法来解释该系统的瞄准线稳定过程的基本工作原理。

$$\boldsymbol{A} = \boldsymbol{T}\boldsymbol{A}' \tag{8-96}$$

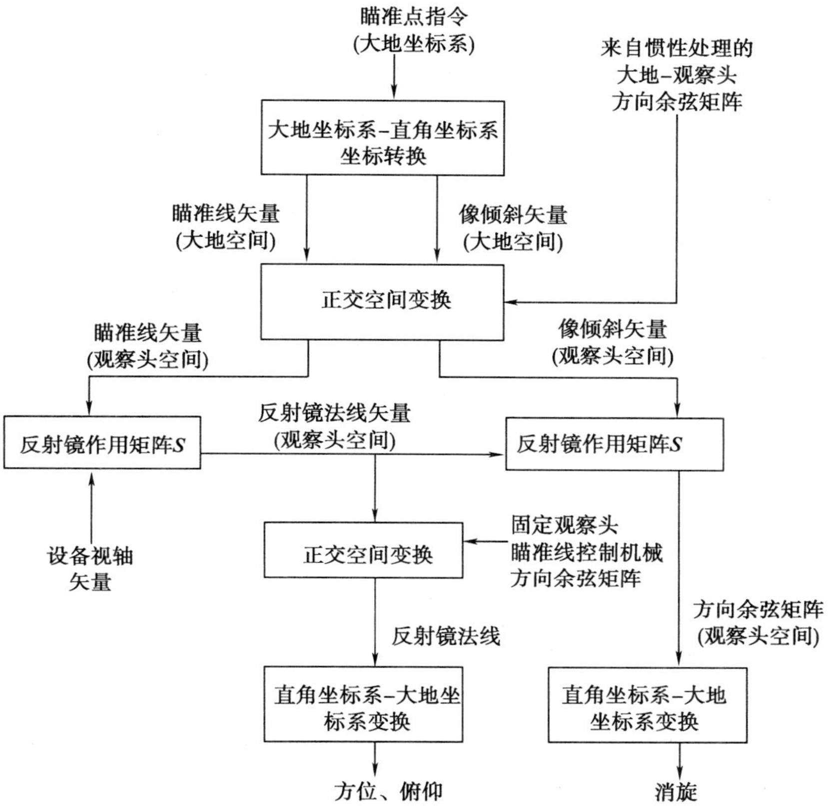

图 8－32　CM010 光电桅杆捷联稳定几何处理框图

式(8－96)中，向量 $\boldsymbol{A}'$ 为设备的瞄准线向量(视轴矢量)，处在动坐标系中，通过左乘方向余弦矩阵，就可使向量 $\boldsymbol{A}$ 保持在大地坐标系中始终指向预设的瞄准点。

可用本书同一节中的高度方位补偿法的原理来理解设备瞄准过程的基本原理，用来理解图 8－32。投影到设备视场中的目标点矢量，应该与仪器的视轴矢量一致；而像倾斜矢量在这里的设置与本书设置有所区别，是设置在水平面内，与瞄准线矢量垂直，在投影到仪器视场内后，若偏离仪器的水平轴方向，则称为有了像倾斜。随动系统控制的是反射镜的法线，和瞄准线间有一个两倍的关系。从瞄准点向量到投影到仪器视场的瞄准线矢量间可用与高度方位补偿法相似的如下矩阵方程确定

$$\boldsymbol{A}' = \boldsymbol{T}^{-1}\boldsymbol{A} \tag{8-97}$$

式中的矩阵 $\boldsymbol{T}^{-1}$ 即是图 8－32 中所述的由大地－观察头的方向余弦矩阵。

式(8－97)中瞄准点指令向量 $\boldsymbol{A}$ 表达式中可由大地坐标系变换到直角坐标系，它与设备坐标系的方向余弦逆矩阵 $\boldsymbol{T}^{-1}$ 左乘后，就已经求出了在设备坐标系三个轴上的投影值。

式中的方向余弦逆矩阵与以下矩阵乘式等效：

$$\boldsymbol{T}^{-1} = \boldsymbol{G}^{-1}\boldsymbol{S}\boldsymbol{G}\boldsymbol{T}'^{-1}$$

式中 $\boldsymbol{T}'^{-1}$——载体(船舶)坐标系的姿态逆矩阵;

$\boldsymbol{J}_{oz,q}$——设备坐标系相对载体坐标系方位转换矩阵;

$\boldsymbol{G}^{-1}\boldsymbol{SG}$——设备坐标系相对载体坐标系俯仰转换矩阵,这里包含了反射镜镜面反射影响。

由于瞄准点向量是以极坐标(又称球坐标)形式给出,所以需经以下公式进行极坐标到直角坐标的转换

$$\boldsymbol{A}=\begin{bmatrix}A_x\\A_y\\A_z\end{bmatrix}=\begin{bmatrix}\cos h\cos I\\\cos h\sin I\\\sin h\end{bmatrix} \tag{8-98}$$

式中 I——瞄准点大地方位角;

h——瞄准点大地俯仰角。

由式(8-96)解算出的 $\boldsymbol{A}$ 向量在设备坐标系三个轴上的投影(A'_{xc},A'_{yc},A'_{zc})必须经过由直角坐标到极坐标的转换,才能得到需操控的舷角角与俯仰角

$$\begin{bmatrix}\varphi_c\\h_c\end{bmatrix}=\begin{bmatrix}\arctan\dfrac{A'_{yc}}{A'_{xc}}\\\arcsin A'_{zc}\end{bmatrix} \tag{8-99}$$

$$\varphi_c=I\pm H \tag{8-100}$$

式中 H——船舶航向角,由艇上的平台罗经提供或自身提供;

φ_c——瞄准点甲板舷角;

h_c——瞄准点甲板俯仰角。

如果将瞄准点指令输入,经过矩阵方程(8-97)解算,可得大地瞄准点坐标的甲板直角坐标投影值(A'_{xc},A'_{yc},A'_{zc}),经过直角坐标到球坐标的转换,便可得到瞄准点球坐标的甲板投影值(φ_c,h_c),与仪器相应轴上的测角元件实际测量值比较,即可生成控制量 $\Delta\varphi_c$,Δh_c,操控瞄准线控制机构瞄准目标。一旦瞄准目标,则会立即启动正向的瞄准线稳定过程,依据式(8-96)通过不断将计算的瞄准点坐标与指令瞄准点坐标值比较生成控制量,操控设备瞄准线不断追随瞄准点,达到稳定瞄准线的目的。而把像倾斜向量代入式(8-97),替换瞄准线向量 $\boldsymbol{A}$,则经过以上过程,可得到需控制消除的像旋转量。

实际上的图像稳定过程就是一个不断刷新操控的过程。在地球不断回转,载体不断移动的情况下,该稳定系统都能使设备瞄准线不断瞄准目标,不用任何人工干预;而且该系统不但可以解决船舶摇摆影响,也可克服镜管振动的影响和消除二轴稳定时图像的旋转,所以说是一个比较完善的稳定系统。

8.7 三轴图像稳定原理

8.7.1 三轴结构仪器的形式

为了克服二轴结构仪器的缺陷,产生了三轴结构仪器的方案。对于舰用光电跟踪仪,

已实现的水平交叉轴结构方案如图8-33所示。

图8-33中,将交叉轴配置在方位轴和俯仰轴之间,在空间形成正交。交叉轴的作用是补偿由于舰船甲板倾斜而引起的俯仰轴的倾斜变化,使得俯仰轴在运动的甲板上始终保持与水平面平行,这样就避免了视场绕瞄准轴的旋转,也就不会有像倾斜;同时也可避免附加方位角速度随仰角而增大的现象,避免了天顶跟踪盲区问题。

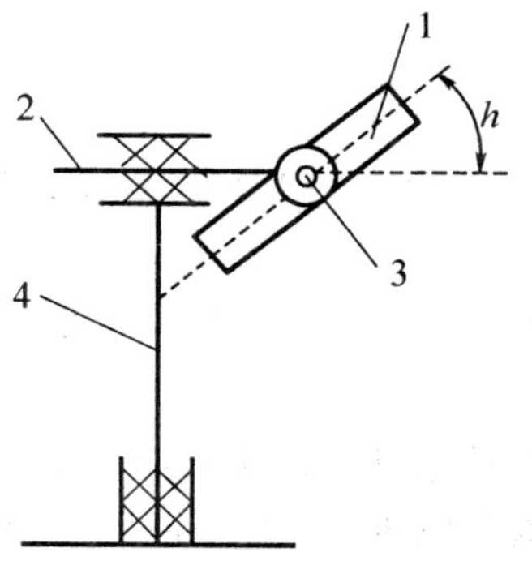

图8-33　具有水平交叉轴的三轴光电跟踪仪结构方案

1—瞄准镜管;2—交叉轴;3—俯仰轴;4—方位轴

图8-33所示的三轴仪器构造,与三坐标雷达方案近似。以下的分析摘自参考文献[34]中对三坐标雷达稳定方程的分析。

8.7.2　三轴结构仪器的图像稳定方程

三轴仪器虽然是安装在甲板坐标系中,但是其俯仰轴却始终保持在地平坐标系中,所以对于稳定方程的推求是一种复杂的情况,它不同于都在甲板坐标系的回转情形。

1. 坐标系的建立

图8-34为建立的坐标系,皆为右手坐标系。$ox_cy_cz_c$ 为甲板坐标系,oy_c 轴指向艇首。$ox_3y_3z_3$ 为与仪器框架固结的坐标系,其中 ox_3 与仪器的水平俯仰轴一致,该轴与地平面平行;oy_3 轴与仪器的交叉轴一致,与甲板平面平行;oz_3 轴与仪器的方位轴一致,与甲板面垂直。其转角定义如下:

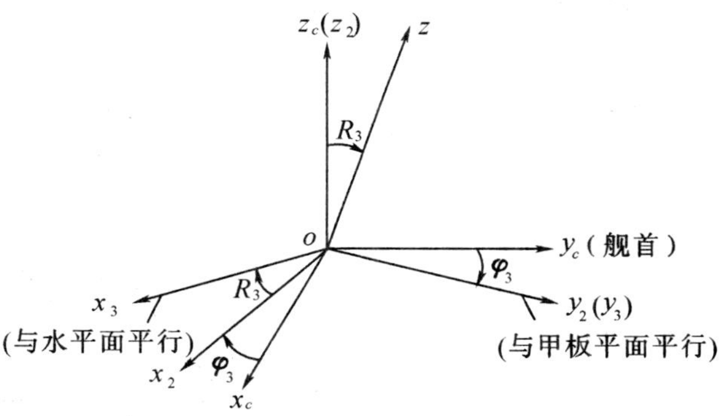

图8-34　三轴旋转示意图

φ_3——三轴结构系统中,方位轴跟踪目标所需旋转的角度,自舰首方向算起,顺时针旋转为正,在舰船甲板面内测量,一般情况下,它与目标的甲板方位角并不相等;

R_3——横倾角,即仪器俯仰轴相对于水平面的倾斜角,在垂直于甲板面且经过俯仰轴的平面内测量,俯仰轴在水平面之下的角度为正;

Δh_3——纵倾角,即仪器的交叉轴与水平面的夹角,在经过交叉轴的铅垂面内测量,交叉轴在水平面之下的角度为正;

h_3——以水平俯仰轴为基准旋转的角度。

2. 三轴稳定跟踪的坐标转换关系

相应于图8-34的坐标转换关系如下

$$\begin{bmatrix} x_3 \\ y_3 \\ z_3 \end{bmatrix} = \boldsymbol{S}_{oy_2,R_3}^{-1}\boldsymbol{S}_{oz_C,\varphi_3}^{-1}\boldsymbol{S}_{ox_c,R}\boldsymbol{S}_{oy_c,P}\begin{bmatrix} x_0 \\ y_0 \\ z_0 \end{bmatrix} \tag{8-101}$$

式(8-101)表示,在舰船地平坐标系中坐标为$[x_0 \quad y_0 \quad z_0]^{\mathrm{T}}$的矢量,在经船舶摇摆影响后的甲板坐标系中的投影变为$\boldsymbol{S}_{ox_c,R}\boldsymbol{S}_{oy_c,P}\begin{bmatrix} x_0 \\ y_0 \\ z_0 \end{bmatrix}$,而与仪器框架固结的动坐标系$ox_3y_3z_3$开始时与舰船的甲板动坐标系$ox_cy_cz_c$重合,经过绕方位轴和交叉轴两项补偿转动后,其俯仰轴应该转回地平坐标系,也就是说仪器的瞄准镜管已在地平坐标系中,设目标在水平方向时,这时仪器的镜管应对准目标。其补偿的转动次序对应为,先绕方位轴,后绕交叉轴。将俯仰轴转回地平坐标系中,是从动坐标系转回静坐标系,所以我们在式中将这部分的转换用逆矩阵来表示。

3. 三轴结构仪器稳定控制旋转角度的解析

三轴结构仪器中,旋转的方位角,看似在甲板坐标系的回转,好像可以定义为与二轴结构仪器目标甲板方位角相同,其实是错误的。因为三轴结构仪器跟踪目标是以水平的俯仰轴旋转跟踪目标的,这时,摇摆时交叉轴的大地水平面方位角不再改变,只用改变大地水平系中的俯仰角。其关系见图8-35。

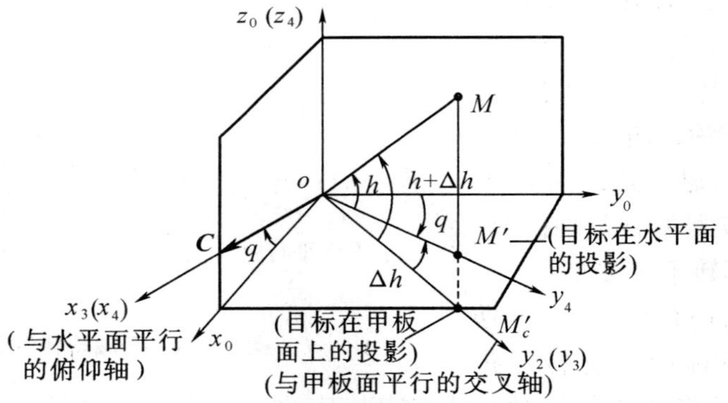

图8-35 俯仰轴水平时的旋转示意图

如图8-35所示,设经过物点和甲板面交叉轴的铅垂面,与经过水平俯仰轴的水平面交线为oy_4,显然,oy_4就是瞄准线oM在大地水平面的投影,且交叉轴绕方位轴转过的实际角度即为水平面的方位角q(舷角)。

我们以仪器瞄准线对准目标时的水平俯仰轴上的单位矢量$\boldsymbol{C}$为参考向量,如图中所示。在仪器框架坐标系$ox_3y_3z_3$中,此向量的坐标是

$$\boldsymbol{C}_3 = \begin{bmatrix} 1 \\ 0 \\ 0 \end{bmatrix}$$

在舰船地平坐标系$ox_0y_0z_0$中的坐标为

$$\boldsymbol{C}_o = \begin{bmatrix} \cos q \\ -\sin q \\ 0 \end{bmatrix}$$

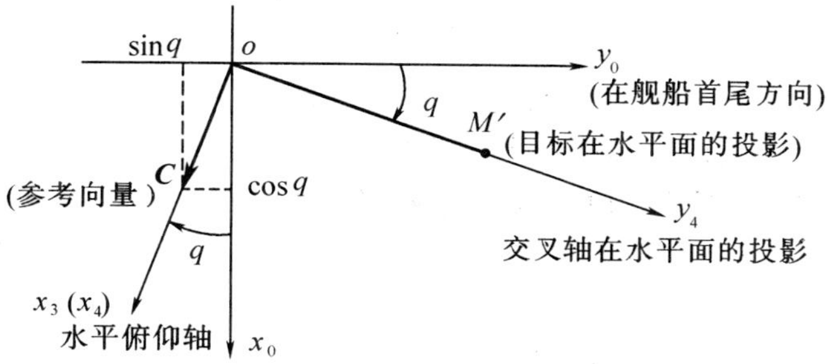

图 8－36　目标在舰船地平坐标系中示意图

该向量在随船摇摆的甲板坐标系 $ox_cy_cz_c$ 中的投影为

$$\begin{bmatrix} C_{0x} \\ C_{0y} \\ C_{0z} \end{bmatrix} = \boldsymbol{S}_{ox_c,R}\boldsymbol{S}_{oy_c,P}\boldsymbol{C}_o = \begin{bmatrix} \cos R & 0 & -\sin R \\ 0 & 1 & 0 \\ \sin R & 0 & \cos R \end{bmatrix}\begin{bmatrix} 1 & 0 & 0 \\ 0 & \cos P & \sin P \\ 0 & -\sin P & \cos P \end{bmatrix}\begin{bmatrix} \cos q \\ -\sin q \\ 0 \end{bmatrix}$$

$$= \begin{bmatrix} \cos q\cos R - \sin q\sin P\sin R \\ -\cos P\sin q \\ \cos R\sin q\sin P + \cos q\sin R \end{bmatrix}$$

而三轴结构仪器由水平的俯仰轴转回到甲板坐标系的矩阵方程为

$$\begin{bmatrix} C_{3x} \\ C_{3y} \\ C_{3z} \end{bmatrix} = \boldsymbol{S}_{oz_c,\varphi_3}\boldsymbol{S}_{oy_2,R_3}\boldsymbol{C}_3 = \begin{bmatrix} \cos\varphi_3 & \sin\varphi_3 & 0 \\ -\sin\varphi_3 & \cos\varphi_3 & 0 \\ 0 & 0 & 1 \end{bmatrix}\begin{bmatrix} \cos R_3 & 0 & -\sin R_3 \\ 0 & 1 & 0 \\ \sin R_3 & 0 & \cos R_3 \end{bmatrix}\begin{bmatrix} 1 \\ 0 \\ 0 \end{bmatrix}$$

$$= \begin{bmatrix} \cos R_3\cos\varphi_3 \\ -\cos R_3\sin\varphi_3 \\ -\sin R_3 \end{bmatrix}$$

根据函数矩阵特性，令二式分别相等来解方程

$$\begin{cases} \cos q\cos R - \sin q\sin P\sin R = \cos R_3\cos\varphi_3 \\ -\cos P\sin q = -\cos R_3\sin\varphi_3 \\ \cos R\sin q\sin P + \cos q\sin R = -\sin R_3 \end{cases}$$

可得

$$R_3 = \sin^{-1}(-\cos R\sin q\sin P - \cos q\sin R) \tag{8－102}$$

$$\varphi_3 = \tan^{-1}\frac{\cos P\sin q}{\cos q\cos R - \sin q\sin P\sin R} \tag{8－103}$$

式(8－102)(8－103)即为三轴结构仪器的稳定方程，按此规律控制方位轴和交叉轴回转，即可把俯仰轴控制在水平状态，保证其俯仰始终在水平坐标系内运动，因而不会带来像的倾斜，而以上的控制方程也可避免与俯仰角产生关系，避免了高角控制的难题，它避免了二轴稳定的缺陷。

4. 水平俯仰轴跟踪目标的旋转角度

甲板坐标系 $ox_cy_cz_c$ 和舰船地平坐标系之间的关系为

$$\begin{bmatrix} x_0 \\ y_0 \\ z_0 \end{bmatrix} = \boldsymbol{S}_{oy,P}^{-1}\boldsymbol{S}_{ox,R}^{-1}\begin{bmatrix} x_c \\ y_c \\ z_c \end{bmatrix}$$

式中，$\boldsymbol{S}_{oy,P}^{-1}\boldsymbol{S}_{ox,R}^{-1}$项代表摇摆扰动，是动→静的坐标转换矩阵。

由图 8－36 可知，oy_4 是交叉轴在水平面的投影，水平俯仰轴 ox_3 是与其垂直的，我们可以建立一个新坐标系 $ox_4y_4z_4$，ox_4 与 ox_3 轴重合，oz_4 轴与 oz 轴重合，甲板地平坐标系 $ox_0y_0z_0$，与新坐标系 $ox_4y_4z_4$ 之间的关系为

$$\begin{bmatrix} x_4 \\ y_4 \\ z_4 \end{bmatrix} = \boldsymbol{S}_{oz,\varphi 3}\begin{bmatrix} x_0 \\ y_0 \\ z_0 \end{bmatrix}$$

式中，$\boldsymbol{S}_{oz,q}$为绕 oz 轴转动的坐标转换矩阵，是从静→动的坐标转换矩阵。

$$\boldsymbol{S}_{oz,q} = \begin{bmatrix} \cos q & \sin q & 0 \\ -\sin q & \cos q & 0 \\ 0 & 0 & 1 \end{bmatrix}$$

Δh_3 是方位旋转后，与甲板面平行的交叉轴 oy_3 轴（与 oy_2 轴重合）与水平面的夹角，见图 8－37。

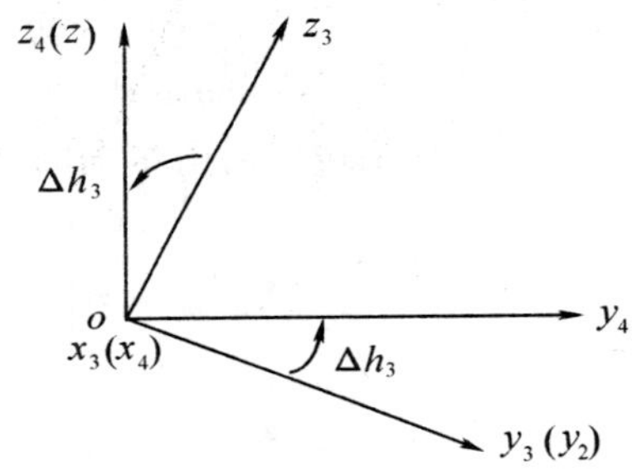

图 8－37　$ox_4y_4z_4$ 坐标系与 $ox_3y_3z_3$ 坐标系之间的关系

$ox_4y_4z_4$ 坐标系与 $ox_3y_3z_3$ 坐标系之间的关系为

$$\begin{bmatrix} x_3 \\ y_3 \\ z_3 \end{bmatrix} = \boldsymbol{S}_{ox_3,\Delta h_3}^{-1}\begin{bmatrix} x_4 \\ y_4 \\ z_4 \end{bmatrix}$$

式中，$\boldsymbol{S}_{ox_3,\Delta h_3}^{-1}$是绕 ox_3 轴转换的动→静的坐标转换矩阵

$$\boldsymbol{S}_{ox_3,\Delta h_3}^{-1} = \begin{bmatrix} 1 & 0 & 0 \\ 0 & \cos\Delta h_3 & -\sin\Delta h_3 \\ 0 & \sin\Delta h_3 & \cos\Delta h_3 \end{bmatrix}$$

$ox_3y_3z_3$ 坐标系与 $ox_2y_2z_2$ 坐标系之间的关系为

$$\begin{bmatrix} x_2 \\ y_2 \\ z_2 \end{bmatrix} = \boldsymbol{S}_{oy_2,R_3}^{-1}\begin{bmatrix} x_3 \\ y_3 \\ z_3 \end{bmatrix}$$

最后，可以得出

$$\begin{bmatrix} x_2 \\ y_2 \\ z_3 \end{bmatrix} = \boldsymbol{S}_{oy_2,R_3}^{-1}\boldsymbol{S}_{ox_3,\Delta h_3}^{-1}\boldsymbol{S}_{oz,q}\boldsymbol{S}_{oy,P}^{-1}\boldsymbol{S}_{ox,R}^{-1}\begin{bmatrix} x_c \\ y_c \\ z_c \end{bmatrix}$$

而坐标系 $ox_2y_2z_2$ 可以由甲板坐标系 $ox_cy_cz_c$ 直接转换而来，即

$$\begin{bmatrix} x_2 \\ y_2 \\ z_3 \end{bmatrix} = \boldsymbol{S}_{oz,\Delta\varphi_3}^{-1} \begin{bmatrix} x_c \\ y_c \\ z_c \end{bmatrix}$$

有
$$\boldsymbol{S}_{oz,\Delta\varphi_3}^{-1} = \boldsymbol{S}_{oy_2,R_3}^{-1}\boldsymbol{S}_{ox_3,\Delta h_3}^{-1}\boldsymbol{S}_{oz,q}\boldsymbol{S}_{oy,P}^{-1}\boldsymbol{S}_{ox,R}^{-1}$$

将上式展开，可得九个方程组，为此对我们有用的方程组为

$$\begin{cases} \cos\Delta\varphi_3 = \cos P\cos q\cos\Delta h_3 - \sin P\sin\Delta h_3 \\ 0 = -\cos R\cos q\cos\Delta h_3\sin P + \cos\Delta h_3\sin R\sin q - \cos P\cos R\sin\Delta h_3 \end{cases}$$

可得到

$$\tan\Delta h_3 = \frac{\sin R\sin q - \cos R\cos q\sin P}{\cos P\cos R} \tag{8-104}$$

$$h_3 = h + \tan^{-1}\left(\frac{\sin R\sin q - \cos R\cos q\sin P}{\cos P\cos R}\right) \tag{8-105}$$

公式(8－102)～(8－105)为三轴结构仪器的稳定方程，这几个方程均与目标地平坐标系的方位角有关，而与目标地平坐标系的的高度角无关，由此。摆脱了船摇对俯仰轴倾斜的影响，提高了目标跟踪范围。

5. 用坐标相等法求取三轴结构仪器的图像稳定方程

在参考文献[45]中，用前述的坐标相等法比较简明地求导了以上正交三轴结构仪器的图像稳定方程，现介绍如下。

设有一个在地平坐标系中的点矢量 $\boldsymbol{M}(x_0,y_0,z_0)$，在舰船没有摇摆时，以上三轴仪器通过绕竖直轴转动一个舷角 q，再绕俯仰轴转动一个高度角 h，其瞄准线对准目标点 $\boldsymbol{M}$，也就是仪器的瞄准线向量与点向量 $\boldsymbol{M}$ 一致，点向量 $\boldsymbol{M}$ 在与仪器固结的动坐标系中的投影为

$$\begin{bmatrix} x_1 \\ y_1 \\ z_1 \end{bmatrix} = \boldsymbol{S}_{ox,h}\boldsymbol{S}_{-oz,q} \begin{bmatrix} x_0 \\ y_0 \\ z_0 \end{bmatrix}$$

在有船摇摆时，经过三轴补偿转动后，仪器的瞄准线重又对准目标点 $\boldsymbol{M}$，此时点向量 $\boldsymbol{M}$ 在经过摇摆扰动和三轴回转补偿后的与仪器固结的动坐标系中的投影为

$$\begin{bmatrix} x_2 \\ y_2 \\ z_2 \end{bmatrix} = \boldsymbol{S}_{ox_c,h_3}\boldsymbol{S}_{oy_c,R_3}\boldsymbol{S}_{oz_c,\varphi_3}\boldsymbol{S}_{oy,R}\boldsymbol{S}_{ox,P} \begin{bmatrix} x_0 \\ y_0 \\ z_0 \end{bmatrix}$$

当瞄准线稳定时，应该有

$$\begin{bmatrix} x_1 \\ y_1 \\ z_1 \end{bmatrix} = \begin{bmatrix} x_2 \\ y_2 \\ z_2 \end{bmatrix}$$

故有

$$\boldsymbol{S}_{ox,h}\boldsymbol{S}_{-oz,q} = \boldsymbol{S}_{ox_c,h_3}\boldsymbol{S}_{oy_c,R_3}\boldsymbol{S}_{oz_c,\varphi_3}\boldsymbol{S}_{oy,R}\boldsymbol{S}_{ox,P}$$

将以上等式变形得

$$\boldsymbol{S}_{oz_c\varphi_3}^{-1}\boldsymbol{S}_{oy_c,R_3}^{-1}\boldsymbol{S}_{ox,(h-h_3)} = \boldsymbol{S}_{oy,R}\boldsymbol{S}_{ox,P}\boldsymbol{S}_{oz,q}$$

将各矩阵表达式代入后，利用函数矩阵各阵元素对应相等关系，可以求得与(8－103)，

(8－104),(8－105)完全相同的稳定方程。

以上关系式的建立,意义是非常明确的。在没有船摇摆影响时,仪器是先绕竖直轴转过一个舷角,此时是带动交叉轴和俯仰轴转动到目标所在的方位,由于是正交轴系,所以交叉轴和俯仰轴一直处在水平面内,然后转动俯仰轴一个高度角即可瞄准目标。

而在有了船舶摇摆影响后,仪器是先绕倾斜了的竖直轴轴过一个 φ_3 角到目标所在的方位,再绕交叉轴转一个 R_3 角,把俯仰轴转回水平状态,在此基础上,再绕拉回到水平的俯仰轴转一个 h_3 角就可瞄准目标。反之,如果利用摇摆前后两个瞄准线向量相等,则可以求出以上这些所需的转动角度。

8.7.3 船摇引起的各轴角速度分析[34]

1. 定义

舰船的摇摆同样会使三轴结构仪器产生附加的角速度和角加速度。在三轴系统中,由于像倾斜角与扫描头的转角不一致,因此无法安装速率陀螺来解决摇摆问题,只能算出各轴的角速度大小,采用速度前馈补偿来克服舰船摇摆的影响。

按照右手定则确定角速度的正方向。

$\omega_{\Delta\varphi_3}$——三轴结构仪器的方位角速度;

ω_{R_3}——三轴结构仪器交叉轴角速度;

$\omega_{\Delta h_3}$——三轴结构仪器水平俯仰轴角速度。

2. 用速度折算法计算各轴的角速度

前面已用哥氏定理法和求导法来求取二轴结构仪器的角速度,现在我们用速度折算法来求取三轴结构仪器各轴的角速度。

我们先把纵横摇角速度转换到不稳定的甲板坐标系 $ox_cy_cz_c$ 的各个轴上,然后再转换到仪器的各个轴上。

纵摇角速度 ω_P 在水平坐标系的 ox 轴上,而横摇角速度 ω_R 在甲板坐标系 oy_c 轴上,如图 8－33 所示。因此,在甲板坐标系各个轴的角速度分别为

$$\begin{cases}\omega_{xc}=\omega_P\cos R\\ \omega_{yc}=\omega_R\\ \omega_{zc}=-\omega_P\sin R\end{cases}$$

舰船甲板坐标系各个轴的角速度应该转换为三轴结构仪器方位轴上的角速度,交叉轴上的角速度(这二项均在甲板坐标系中量测)以及俯仰轴上的角速度(在地平坐标系中量测)。

三轴结构仪器补偿旋转的次序应为先方位轴,后交叉轴,最后俯仰轴。当首先绕 ozc 轴在甲板坐标系内旋转 $\Delta\varphi_3$,变为 $ox_2y_2z_2$ 坐标系后(见图 8－38),在与甲板平行的俯仰轴 ox_2 轴上角速度为

（交叉轴角速度正方向）

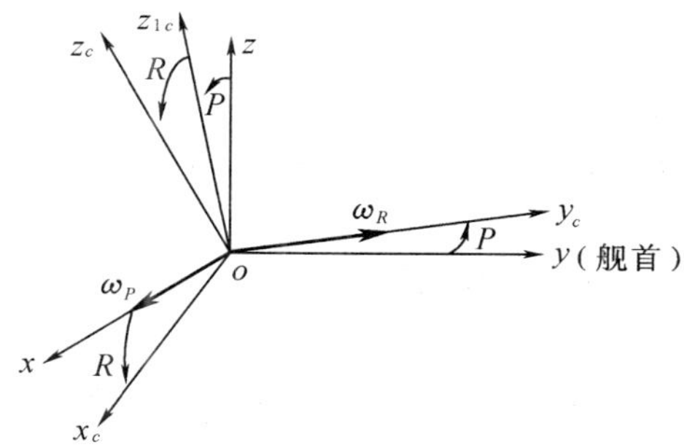

图 8－38　舰船纵横摇角速度分解

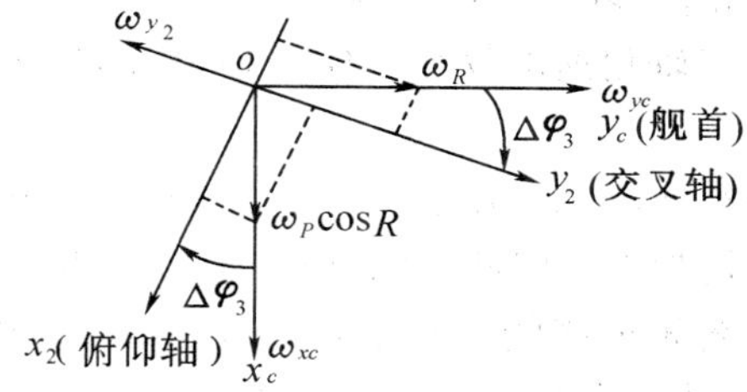

图 8－39　摇摆角速度在甲板面各轴上的变换

$$\omega_{x2}=\omega_{xc}\cos\Delta\varphi_3-\omega_{yc}\sin\Delta\varphi_3=\omega_P\cos R\cos\Delta\varphi_3-\omega_R\sin\Delta\varphi_3$$

船摇在与甲板面平行的交叉轴 oy_2 轴上的角速度为

$$\omega_{y2}=\omega_{xc}\sin\Delta\varphi_3+\omega_{yc}\cos\Delta\varphi_3=\omega_P\cos R\sin\Delta\varphi_3+\omega_R\cos\Delta\varphi_3$$

三轴结构仪器还要以交叉轴为旋转轴旋转 R_3 角，才能使俯仰轴保持水平，如图 8－40 所示。

所以与甲板面平行的俯仰轴上的角速度 ω_{x2} 还要折算为水平的俯仰轴上的角速度 ω_{x3} 及甲板面上的方位角速度 ω'_{z2}

$$\omega_{x3}=\frac{\omega_{x2}}{\cos R_3}=\frac{\omega_P\cos R\cos\Delta\varphi_3-\omega_R\sin\Delta\varphi_3}{\cos R_3}$$

$$\begin{aligned}\omega'_{z2}&=\omega_{x2}\tan R_3\\&=(\omega_P\cos R\cos\Delta\varphi_3-\omega_R\sin\Delta\varphi_3)\tan R_3\end{aligned}$$

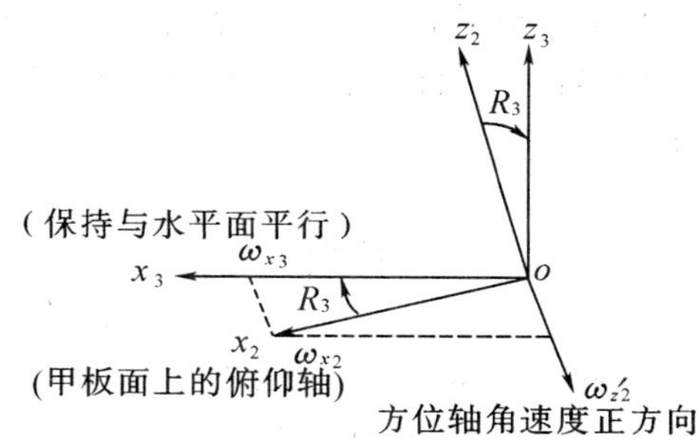

图 8－40　船摇角速度在交叉面各轴上的交换

根据方位角速度的正方向与甲板坐标系 oz_c 轴反向的定义，船摇引起的甲板方位轴上的角速度为

$$\omega_{方位轴}=\omega_{zc}+\omega'_{z2}=-\omega_P\sin R+(\omega_P\cos R\cos\Delta\varphi_3-\omega_3\sin\Delta\varphi_3)\tan R_3 \qquad (8-106)$$

根据交叉轴角速度的正方向与交叉轴反向的定义，船摇引起的交叉轴上的角速度为

$$\omega_{交叉轴}=-\omega_{y2}=-(\omega_P\cos R\cos\Delta\varphi_3+\omega_R\cos\Delta\varphi_3) \qquad (8-107)$$

根据水平俯仰轴角速度的正向与水平俯仰轴同向的定义，船摇引起的水平俯仰轴上的角速度为

$$\omega_{水平俯仰轴}=\omega_3=\frac{\omega_P\cos R\cos\Delta\varphi_3-\omega_R\sin\Delta\varphi_3}{\cos R_3} \qquad (8-108)$$

跟踪目标时，要克服船摇的影响，就必须在三个轴上施以与船摇折算速度相反的角速度，才能保证跟踪精度，隔离船摇的影响，即

$$\begin{cases}\omega_{\Delta\varphi3}=-\omega_{方位轴}=\omega_P\sin R-(\omega_P\cos R\cos\Delta\varphi_3-\omega_3\sin\Delta\varphi_3)\tan R_3\\ \omega_{R_3}=-\omega_{交叉轴}=(\omega_P\cos R\cos\Delta\varphi_3+\omega_R\cos\Delta\varphi_3)\\ \omega_{水平俯仰}=-\omega_{水平俯仰轴}=-\dfrac{\omega_P\cos R\cos\Delta\varphi_3-\omega_R\sin\Delta\varphi_3}{\cos R_3}\end{cases} \qquad (8-109)$$

3. 分析与结论

仔细研究以上三轴结构仪器角速度公式，可以得出：

(1)三轴角速度仅与船摇姿态角及 R_3 角的正切，$\Delta\varphi_3$ 角的正余弦有关，与目标的俯仰角无关；

(2) R_3 角、$\Delta\varphi_3$ 角是由船摇姿态和目标的方位角确定的，$\Delta\varphi_3$ 角的正余弦值不会大于 1，而 R_3 角是为水平俯仰轴保持水平而旋转的角度，不可能是个大的角度；

(3)各轴抑制船摇所需的角速度均是有限值，不会造成无法跟踪，盲区加大的现象，这是引入三轴结构系统主要原因之一。

8.8 稳定平台工作原理分析

目前在舰载设备应用的稳定平台，有二轴十字环稳定平台，四轴稳定平台和楔形块稳定平台多种。在此，只准备对二轴稳定平台和新近出现的楔形块稳定平台的原理作一简要介绍。

8.8.1 二轴稳定平台

二轴十字环稳定平台是较普遍采用的方法。将仪器装在一个十字环稳定平台的内环框架上，而平台是通过伺服系统使内环框架稳定，不受船舶摇摆的影响；即不管船体如何摇摆，内框架始终处于水平位置。其结构原理如图 8-41 所示。

这种结构的稳定平台，其外环轴是在甲板面内，而内环轴是在地平坐标系内，受十字环结构的影响，其安装方式受到船上水平基准安装情况的限制，二者应该是一致的。

如果建立地平坐标系 $ox_0y_0z_0$ 和甲板坐标系 $ox_cy_cz_c$，则将 oy_c 轴指向艇首，且与稳定平台的外环轴一致，oz_c 与甲板面垂直。甲板坐标系 $ox_cy_cz_c$ 在初始状态时与地平坐标系 $ox_0y_0z_0$ 一致，而地平坐标系的 ox_0 轴与稳定平台的内环轴一致。很显然，应该有

$$\begin{bmatrix} x_0 \\ y_0 \\ z_0 \end{bmatrix} = \boldsymbol{S}_{ox,P'}^{-1}\boldsymbol{S}_{oy_c,R'}^{-1}\boldsymbol{S}_{oy_c,R}\boldsymbol{S}_{ox,P}\begin{bmatrix} x_0 \\ y_0 \\ z_0 \end{bmatrix} \tag{8-110}$$

上式的含义是，在地平坐标系内一点 $\begin{bmatrix} x_0 \\ y_0 \\ z_0 \end{bmatrix}$，向经过船摇后的甲板坐标系 $ox_cy_cz_c$ 投影，而此甲板坐标系又经过稳定平台的二轴补偿乘($\boldsymbol{S}_{ox,P'}^{-1}\boldsymbol{S}_{oy_c,R'}^{-1}$)项是返回到地平坐标系，如果补偿转动正确，则点的坐标值应不变。而由上式可以看出，若 $R' = -R$，$P' = -P$ 时，则($\boldsymbol{S}_{oy_c,R'}^{-1}\boldsymbol{S}_{oy,R}$)和($\boldsymbol{S}_{ox,P'}^{-1}\boldsymbol{S}_{ox,P}$)项分别为幺阵，即使得二者相等。所以，只要稳定平台与水平基准的安装关系正确，稳定平台的控制关系将非常简单。

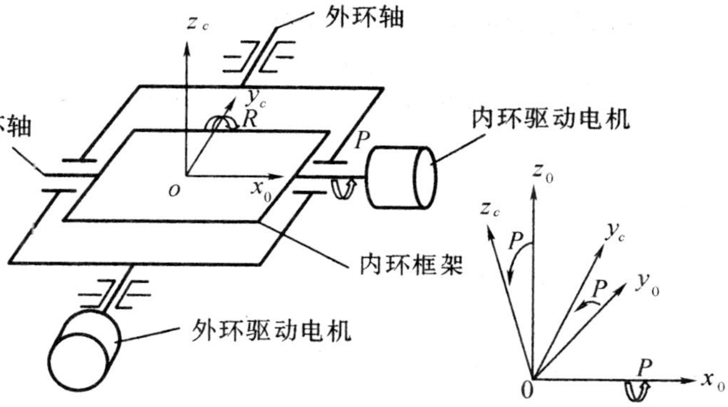

图 8－41　二轴稳定平台原理图

8.8.2　楔形块稳定平台工作原理的分析

1. 结构原理与基本假定

（1）结构原理

楔形块稳定平台首先是在荷兰和加拿大联合研制的“天狼星”远程红外搜索和跟踪系统中所采用的。图 8－42 为国外刊物登载的楔形平台的基本结构图，图 8－43（见 723 页）为有楔形平台的“天狼星”传感器头外形图。

以下是国外刊物介绍的平台工作原理说明。

该平台采用三轴稳定，以一固定速度旋转回转头，并对船舶航向的变化和纵横摇造成的加减速度变化进行校正，以便时刻保持目标不变。

楔形平台主要部件是一个圆盘，它由三块楔块堆积支撑。该圆盘和上部二个楔块能相对旋转其支撑部件，这样就能控制传感器头相对平台安装平面的横摇、纵倾和偏航。

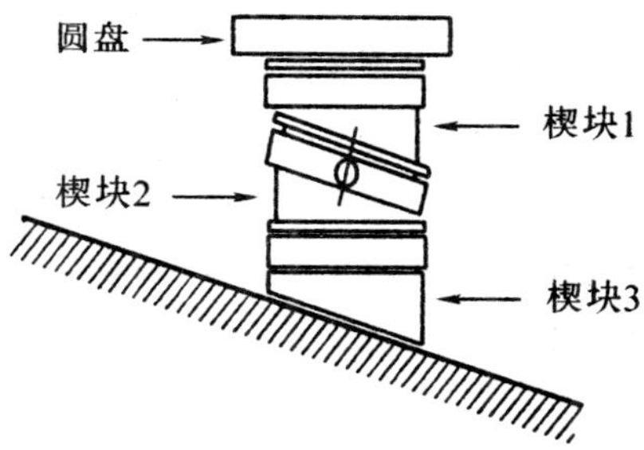

图 8－42　楔形平台基本结构图

用于楔块 1、楔块 2 和圆盘的驱动信号由伺服控制机构产生。楔块 2 和圆盘位置经编码器测出后传输到伺服控制机构。驱动圆盘的伺服驱动机构和楔块 1 连成整体。驱动楔块 1 的伺服驱动机构安装在楔块 2 上。驱动楔块 2 的伺服驱动机构安装在楔块 3 上。楔块 3 固定在甲板上。

以下我们就在以上图片和说明的基础上，对这种稳定平台的稳定方程进行分析探讨。

（2）基本假定及有关说明

为了以下分析问题的方便，我们在国外刊物对一些问题已作明确说明的基础上，再作如下基本假定：

①提供船舶摇摆角度的水平基准（惯导平台或平台罗经）的外环轴位于船舶的首尾方向；

②两个楔形块的楔形角相等，设定为转动方向相反；

③两个楔形块的转动零位只设置在两个特殊方向：

船舶的首尾方向和船舶的正横方向，以此推导稳定方程经过分析比较确定正确的设置方向；

④由于船舶摇摆速度较慢，而且角度传感器配置容易，所以我们以推求角位移控制方程为主。

2. 角位移稳定方程的推求

(1)坐标系的建立与角位移稳定方程

首先，我们根据图8－42画出其工作原理图8－44，这里，首先将双楔形块的转动的起始零位设定在船舶的正横方向。

在楔形块3上建立甲板坐标系 $ox_cy_cz_c$(右手坐标系，以下同)，使 ox_c 在艇的正横方向，oy_c 在艇的首尾方向，指向艇首；

在楔形块2上建立坐标系 $ox_2y_2z_2$，它的初始位置与甲板坐标系 $ox_cy_cz_c$ 一致，当进行摇摆补偿时，将随着楔形块2一起回转 φ_2 角；

在楔形块2的上斜面上建立 $ox_2'y_2'z_2'$ 坐标系，它随楔形块一起回转，但它与坐标系 $ox_2y_2z_2$ 的关系为在 oy_2 轴方向正向旋转一 α 角(右手螺旋定则)；

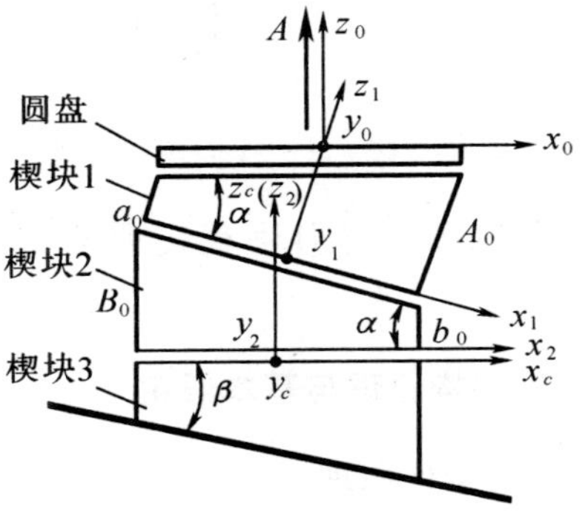

图8－44 楔形块稳定平台结构与坐标系

在楔形块1的斜面上建立坐标系 $ox_1y_1z_1$，该坐标系初始位置与坐标系 $ox_2'y_2'z_2'$ 方向一致，该坐标系将随同楔形块1相对于楔形块2在斜面处一起回转 φ_1 角；

在楔形块1的上平面处建立坐标系 $ox_1'y_1'z_1'$，它随楔形块一起回转，但它与坐标系 $ox_1y_1z_1$ 的关系为在 oy_2 轴方向反向旋转一 α 角(右手螺旋定则)；

在圆盘上建立地平坐标系 $ox_0y_0z_0$，其 oz_0 轴垂直于圆盘的上平面；

在圆盘上建立坐标系 $ox_0'y_0'z_0'$，它随圆盘一起回转 φ_0 角，其初始位置与坐标系 $ox_1'y_1'z_1'$ 方向一致。

利用以上所建立的坐标系，可以写出一个在圆盘上垂直向上的向量 $\boldsymbol{A}$ 经过船摇和楔形块的运动补偿后，其矩阵方程的表达式为

$$\boldsymbol{A}'=\boldsymbol{J}_{oz',\varphi_0}\boldsymbol{G}_{oy_1,-\alpha}\boldsymbol{J}_{oz_2',-\varphi_1}\boldsymbol{G}_{oy_2,\alpha}\boldsymbol{J}_{oz_c,\varphi_2}\boldsymbol{S}_{oy_c,R}\boldsymbol{S}_{ox_0,P}\boldsymbol{A} \tag{8-111}$$

式中，前面的两项矩阵相乘代表船摇的作用，后面的五个矩阵相乘代表楔形块补偿转动作用。式中各坐标转换矩阵式为

$$\boldsymbol{S}_{ox,P}=\begin{bmatrix}1 & 0 & 0\\0 & \cos P & \sin P\\0 & -\sin P & \cos P\end{bmatrix}\quad \boldsymbol{S}_{oy_c,R}=\begin{bmatrix}\cos R & 0 & -\sin R\\0 & 1 & 0\\\sin R & 0 & \cos R\end{bmatrix}$$

$$\boldsymbol{J}_{oz_c,\varphi_2}=\begin{bmatrix}\cos\varphi_2 & \sin\varphi_2 & 0\\-\sin\varphi_2 & \cos\varphi_2 & 0\\0 & 0 & 1\end{bmatrix}\quad \boldsymbol{G}_{oy_2,\alpha}=\begin{bmatrix}\cos\alpha & 0 & -\sin\alpha\\0 & 1 & 0\\\sin\alpha & 0 & \cos\alpha\end{bmatrix}$$

$$J_{oz_2',-\varphi_{i1}}=\begin{bmatrix}\cos\varphi_1 & -\sin\varphi_1 & 0\\ \sin\varphi_1 & \cos\varphi_1 & 0\\ 0 & 0 & 1\end{bmatrix}\qquad G_{oy_1,-\alpha}=\begin{bmatrix}\cos\alpha & 0 & \sin\alpha\\ 0 & 1 & 0\\ -\sin\alpha & 0 & \cos\alpha\end{bmatrix}$$

$$J_{oz',\varphi_0}=\begin{bmatrix}\cos\varphi_0 & \sin\varphi_0 & 0\\ -\sin\varphi_0 & \cos\varphi_0 & 0\\ 0 & 0 & 1\end{bmatrix}$$

利用$A'=A\begin{bmatrix}0\\0\\1\end{bmatrix}$求解。为使矩阵的运算简单，可将矩阵方程（8－111）改写为

$$G_{oy_2,\alpha}^{-1}J_{oz_2,-\varphi_1}^{-1}G_{oy_1,-\alpha}^{-1}J_{oz',\varphi_0}^{-1}A'=J_{oz_c,\varphi_2}S_{oy_c,R}S_{ox_0,P}\overline{A}\tag{8-112}$$

（8－112）式的意义是，都向甲板坐标系转换，使在甲板坐标系内的各轴投影相等来解方程。将各坐标转换的矩阵式及逆矩阵式带入后，经变换可得

$$G_{oy_2,\alpha}^{-1}J_{oz_2',-\varphi_1}^{-1}G_{oy_1,-\alpha}^{-1}J_{oz',\varphi_0}^{-1}A'=\begin{bmatrix}-\sin\alpha\cos\alpha(1-\cos\varphi_1)\\ \sin\alpha\sin\varphi_1\\ 1-\sin^2\alpha(1-\cos\varphi_1)\end{bmatrix}$$

$$J_{oz_c,\varphi_2}S_{oy_c,R}S_{ox,P}A=\begin{bmatrix}-\cos\varphi_2\sin R\cos P+\sin\varphi_2\sin P\\ \sin\varphi_2\sin R\cos P+\cos\varphi_2\sin P\\ \cos R\cos P\end{bmatrix}$$

令以上二式相等，求解 φ_1,φ_2

$$\begin{bmatrix}\sin\alpha\cos\alpha(1-\cos\varphi_1)\\ \sin\alpha\sin\varphi_1\\ 1-\sin^2\alpha(1-\cos\varphi_1)\end{bmatrix}=\begin{bmatrix}-\cos\varphi_2\sin R\cos P+\sin\varphi_2\sin P\\ \sin\varphi_2\sin R\cos P+\cos\varphi_2\sin P\\ \cos R\cos P\end{bmatrix}\tag{8-113}$$

经对（8－113）式求解可得

$$\begin{cases}\cos\varphi_1=\dfrac{\cos R\cos P-\cos^2\alpha}{\sin^2\alpha}\\ \sin\varphi_2=\dfrac{\sin\alpha\sin\varphi_1\sin R\cos P+\cot\alpha\sin P(1-\cos R\cos P)}{\sin^2 P+\sin^2 R\cos^2 P}\\ \varphi_0=\varphi_2-\varphi_1\pm\Delta K\end{cases}\tag{8-114}$$

式中　ΔK——偏航角度。

（2）角位移稳定方程的另一种形式

以下我们再假设双楔形块转动的起始零位设定在船舶的艏艉方向，即将图 8－44 中 ox_c 轴与 oy_c 轴调换，oy_c 轴指向艇首，ox_c 轴指向读者（右舷），oz_c 轴向上，仍符合右手坐标系。则一个在圆盘上垂直向上的向量A经过船摇和楔形块的运动补偿后，其矩阵方程的表达式为

$$A'=J_{oz',\varphi_0}G_{ox_1,-\alpha}J_{oz_2,-\varphi_1}G_{ox_2,\alpha}J_{oz_c,\varphi_2}S_{oy_c,R}S_{ox,P}A\tag{8-115}$$

式中，其他各项形式相同，只有如下两个矩阵表达式发生变化：

$$G_{ox_1,-\alpha}=\begin{bmatrix}1 & 0 & 0\\ 0 & \cos\alpha & \sin\alpha\\ 0 & -\sin\alpha & \cos\alpha\end{bmatrix}$$

$$G_{ox_2,\alpha}=\begin{bmatrix}1 & 0 & 0\\0 & \cos\alpha & -\sin\alpha\\0 & \sin\alpha & \cos\alpha\end{bmatrix}$$

代入(8－115)式后可得

$$\begin{bmatrix}-\sin\varphi_1\sin\alpha\\ \sin\alpha\cos\alpha(1-\cos\varphi_1)\\ 1-\sin\alpha\cos\alpha(1-\cos\varphi_1)\end{bmatrix}=\begin{bmatrix}-\cos\varphi_2\sin R\cos P+\sin\varphi_2\sin P\\ \sin\varphi_2\sin R\cos P+\cos\varphi_2\sin P\\ \cos R\cos P\end{bmatrix}\tag{8-116}$$

解以上式可得

$$\begin{cases}\cos\varphi_1=\dfrac{\cos R\cos P-\cos^2\alpha}{\sin^2\alpha}\\ \sin\varphi_2=\dfrac{-\sin\alpha\sin\varphi_1\sin P+\cot\alpha\sin R\cos P(1-\cos R\cos P)}{\sin^2P+\sin^2R\cos^2P}\\ \varphi_0=\varphi_2-\varphi_1\pm\Delta K\end{cases}\tag{8-117}$$

(3)两种角位移稳定方程的分析比较

我们假设楔形块转动的起始零位不同，而得到了两组稳定方程(8－114)、(8－117)。现在我们代入具体的摇摆角度，得到两组稳定方程的近似解如表8－5。

表8－5 楔形块稳定方程的解

P,R	α	(8－114)稳定方程的解		(8－117)稳定方程的解			
		φ_1	φ_2	φ_1	位置号	φ_2	位置号
1°	5°	－16.281 5°	－36.890 4°	16.281 5°	1′	－36.899 0°	1
2°	5°	－32.894 7°	－28.590 8°	32.894 7°	2′	－28.624 9°	2
3°	5°	－50.243 9	－19.894 5°	50.243 9	3′	－19.984 9°	3
4°	5°	－68.935 1	－10.563 5°	68.935 1	4′	－10.703 0°	4
5°	5°	－90°	－0.001°	90°	5′	－0.215°	5

根据图8－9，当纵横摇摆角相等且皆为正值时，其最大摇摆角的轴线可由下式作近似计算

$$\begin{cases}\alpha=R\cos q+P\sin q\\ \beta=R\sin q-P\cos q\end{cases}\text{（右舷）}$$

应在右舷45°方向，即 $q=45°$，$\alpha_{\max}=R\cdot\dfrac{\sqrt{2}}{2}+P\dfrac{\sqrt{2}}{2}=\sqrt{2}\cdot R(P)$，在这个轴的方向船舶没有方向倾斜。换句话说，船舶最大倾斜方向应在左舷45°方向。

现将方程(8－117)一组求解数据画于图8－45上。由图看出：

①在不同的摇摆角的情况下，其两个楔形块组成的组合楔形角的零位方向始终保持在右舷45°方向，则其组合楔形角最大方向一定在左舷45°方向，如图示，这和船舶摇摆的关系一致，所以说，该组公式正确；

②根据方程组(8－114)计算的楔形块补偿方向，则与上述的船舶摇摆方向不一致，所以说，该组公式不适合以上假定的有关条件下使用。

③由图中看出，楔形块组补偿的过程是：

a. 首先根据提供船舶摇摆角的正负和大小，计算机根据方程(8－117)计算出 φ_1,φ_2 角的

大小和正负，由 $\varphi_0=\dfrac{\varphi_1+\varphi_2}{2}$，便可判断出楔形块的工作零位，也即船舶摇摆的零位轴方向；

b. 船舶向该方向逐步增大摇摆角时，则两个楔形块由工作零位逐步向相反方向分开，使产生的补偿楔形角逐步增大，以抵消船舶逐步增大的摇摆角；

c. 当船舶向一个方向摇摆到最大后再反向摇摆时，则楔形块组又逐渐相对旋转，向工作零位靠近，一直到零位状态；

d. 这时船舶继续向另一个方向摇摆，由于摇摆角正负的变化，使根据方程（8－117）计算出 φ_1，φ_2 角的正负出现变化，两个楔形块将越过零位向图示的相反方向旋转，以使补偿的倾斜角反向。

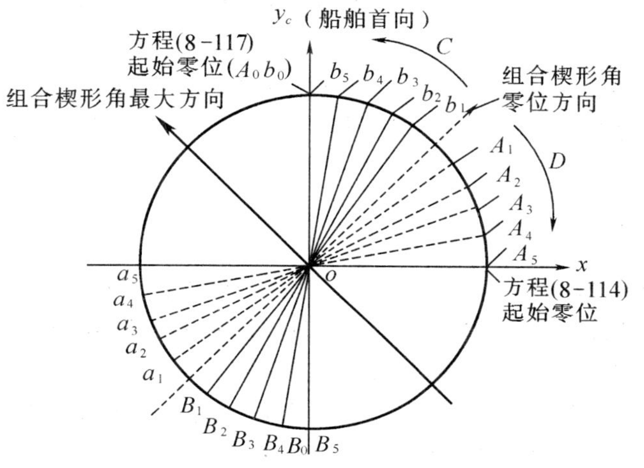

图 8－45　方程（8－117）楔形块补偿转动关系图

A—楔形块 1 的大头；　a—楔形块 1 的小头；
B—楔形块 2 的大头；　b—楔形块 2 的小头；
C—当摇摆角为正且逐步增大时楔形块 2 零位旋转方向；
D—当摇摆角为正且逐步增大时楔形块 1 零位旋转方向

（4）关于稳定方程的等式中摇摆角皆为零时出现不定式的分析

稳定方程式（8－117）中求 φ_2 的公式为

$$\sin\varphi_2=\frac{-\sin\alpha\sin\varphi_1\sin P+\cot\alpha\sin R\cos P(1-\cos R\cos P)}{\sin^2P+\sin^2R\cos^2P}\tag{8-118}$$

R，P 摇摆角同时为零时，会出现 $\sin\varphi_2=\dfrac{0}{0}$ 不定式的情况，给计算机的自动计算造成困难，现在我们用无穷小的比较来分析这个问题。

我们把式（8－118）改写为

$$\sin\varphi_2=\frac{-\sin\alpha\sin\varphi_1\sin P}{\sin^2P+\sin^2R\cos^2P}+\frac{\cot\alpha\sin R\cos P(1-\cos R\cos P)}{\sin^2P+\sin^2R\cos^2P}\tag{8-118$'$}$$

我们由方程式（8－117）的 $\cos\varphi_1=\dfrac{\cos R\cos P-\cos^2\alpha}{\sin^2\alpha}$ 可以知道，当 R，P 摇摆角同时为零时，有 $\cos\varphi_1=\dfrac{1-\cos^2\alpha}{\sin^2\alpha}=1$，则 $\varphi_1=0$。

现在我们来对式（8－118）′求极限，得

$$\lim_{\substack{R\to0\\P\to0}}\sin\varphi_2=\lim_{\substack{R\to0\\P\to0}}\frac{-\sin\alpha\sin\varphi_1\sin P}{\sin^2P+\sin^2R\cos^2P}+\lim_{\substack{R\to0\\P\to0}}\frac{\cot\alpha\sin R\cos P(1-\cos R\cos P)}{\sin^2P+\sin^2R\cos^2P} \tag{8-119}$$

分析(8－119)式中的第一项，其分子项有两项($\sin\varphi_1$，$\sin P$)同时趋于零，而分母也为二阶的同时趋于零，所以，分子分母项，在 $R\to0$，$P\to0$ 时为同阶无穷小，其极限为1。

分析(8－119)式中的第二项，其分子项也有两项[($1-\cos R\cos P$)，$\sin R$]同时趋于零，分子分母项，在 $R\to0$，$P\to0$ 时也为同阶无穷小，其极限为1。

将以上结果代入(8－119)式，则有

$$\lim_{\substack{R\to0\\P\to0}}\sin\varphi_2=-1+1=0$$

所以有 $\varphi_2=0$。因此，对于式(8－117)，凡是在 $R=0$，$P=0$ 同时出现时，可以令 $\varphi_1=0$，$\varphi_2=0$。

实际上，在楔形块工作中，不断会出现越过摇摆角为零的情况，此时的零位位置并不是我们所设定的船舶的首向位置，而应是如图8－45中楔形块的工作零位位置(二者形成平板状态的位置)。

3. 楔形块工作方程的另一种形式

军用光学仪器中常用的双光楔光学补偿器，是由两个楔形角相等的光楔以角速度相等但方向相反进行旋转，可以补偿瞄准线一个方向的偏移。为此，我们以下假定：

(1)两个主要工作的楔形块的楔形角相等，但转动方向相反；

(2)这一组三个楔形块(包括上圆盘)只用来补偿舰船一个方向的摇摆，在它的上面再建立一组三个楔形块补偿另一个方向的摇摆。

我们据此假定，看看机械的楔形块能否在原理上像光学双光楔补偿器一样地进行工作。

设 $P=0$，则由(8－116)式可得

$$\begin{cases}-\sin\alpha\sin\varphi_1=-\cos\varphi_2\sin R\\ \sin\alpha\cos\alpha(1-\cos\varphi_1)=\sin\varphi_2\sin R\\ 1-\sin^2\alpha(1-\cos\varphi_1)=\cos R\end{cases}$$

解以上联立方程，由第二、第三项可得

$$1-\cos\varphi_1=\frac{1-\cos R}{\sin^2\alpha}$$

$$1-\cos\varphi_1=\frac{\sin\varphi_2\sin R}{\sin\alpha\cos\alpha}$$

$$\sin\varphi_2=\frac{(1-\cos R)\sin\alpha\cos\alpha}{\sin R\sin^2\alpha}=\frac{(1-\cos R)\cos\alpha}{\sin R\sin\alpha}=\frac{\sin P}{(1+\cos P)\tan\alpha} \tag{8-120}$$

由第一、第二项联立可得

$$-\frac{\cos\alpha(1-\cos\varphi_1)}{\sin\varphi_1}=-\frac{\sin\varphi_2}{\cos\varphi_2}$$

$$-\frac{2\cos\alpha\sin^2\dfrac{\varphi_1}{2}}{2\sin\dfrac{\varphi_1}{2}\cos\dfrac{\varphi_1}{2}}=-\tan\varphi_2$$

$$\tan\frac{\varphi_1}{2}=\tan\varphi_2/\cos\alpha \tag{8-121}$$

由(8－120)(8－121)式所确定的角位移稳定方程非常简练,其角速度稳定方程也很简练。可分别对上式进行时间的求导即可。

$$\cos\varphi_2\omega_2=\frac{(1+\cos P)\cos P\omega_p+\sin^2 P\omega_P}{(1+\cos P)\tan\alpha} \tag{8-122}$$

所以有

$$\omega_2=\frac{(1+\cos P)\cos P+\sin^2 P}{(1+\cos P)\tan\alpha\cos\varphi_2}\omega_P=\frac{(1+\cos P)\omega_P}{(1+\cos P)\tan\alpha\cos\varphi_2}=\frac{\omega_P}{\tan\alpha\cos\varphi_2} \tag{8-123}$$

对(8－121)式求导可得

$$\sec^2\frac{\varphi_1}{2}\omega_1/2=\sec^2\varphi_2\omega_2/\cos\alpha$$

$$\omega_1=\frac{\sec^2\varphi_2}{\sec^2\frac{\varphi_1}{2}\cos\alpha}\cdot 2\omega_2=\frac{\cos^2\frac{\varphi_1}{2}}{\cos\varphi_2\cos\alpha}\cdot 2\omega_2=\frac{1+\cos\varphi_1}{\cos\varphi_2\cos\alpha}\cdot\omega_2 \tag{8-124}$$

稳定方程(8－120)(8－121)说明,机械式的双楔形块也可以如同双光楔光学补偿器一样地工作,只不过两个楔形块不是严格的二倍转角关系,而是要加一点微小的修正。

4. 对楔形块稳定平台的分析评价

(1)楔形块稳定平台的优势分析

①楔形块稳定平台是一种三轴稳定技术,不存在上述二轴稳定的那些缺陷;

②楔形块稳定平台承重大　在伺服控制系统功率相同的情况下,它稳定的载体质量很大;

③稳定精度高　在摇摆角仅为几度的情况下,楔形块的补偿转角可以达到几十度,相差了一个数量级以上,也就是说,在伺服控制系统同样控制精度的情况下,可以达到较高的稳定精度;

④稳定控制平稳　由于载体的转动部分不在稳定控制范围,它控制的仅仅是楔形块,它的质量小,不存在不平衡力矩,属于轴对称性质,转动惯量小,所以说其负载特性好,为控制的平稳性提供了好的基础;

⑤不影响载体原有控制性能　不像现有的二轴稳定系统,稳定控制要加到产品的高度方位回转功能控制中去,所以特别适用于方位转速很高的红外警戒系统的稳定。

(2)关于楔形块稳定平台稳定控制原理的分析结论

①整个平台稳定控制方程的形式与多项因素相关,本书推出的稳定方程是一个适合以上假定条件下的稳定方程。

②船舶的摇摆,可以看作是绕水平面内某一个任意轴的倾斜;而楔形块稳定平台的最基本的原理,就是使楔形块重新组合,以补偿这个方向的倾斜量;由于摇摆的速度不快,而这个任意轴的变动速度也不是很快,所以说,补偿控制也是容易达到的。

③用楔形块稳定平台补偿船舶一个方向摇摆的方法(所谓单轴稳定),同军用光学仪器的双光楔光学补偿器原理一样,也是可以实现的,只不过二者之间略有差别,需加一点修正。这种单轴稳定的方式同样具有很多优势,可以用在需要的场合。

8.9　电子稳像技术知识

电子稳像(Electronic Image Stabilization,EIS)是一种新型的视频图像稳定技术,由于它稳像精度高、体积小、质量轻、功耗低以及具有实时处理功能等优点,在国外的武器装备中已获得广泛应用,并成为发达国家在军事领域中竞争的热点之一。

电子稳像技术自提出以来已有二十多年的研究历史。随着计算机技术和大规模集成电路技术的迅猛发展,图像设备价格的持续下降,为数字图像处理的发展提供了良好的条件。美国、加拿大、法国、俄罗斯、英国和以色列等科技发达的国家对电子稳像技术已进行了深入的研究,并已成功地将其应用在车载、机载的摄像系统中,为实现目标的捕获、识别、跟踪和定位提供了稳定的图像序列。在大型制导、火控系统和小型的自寻的导引头等武器系统中也都广泛地采用了稳像技术。

电子图像稳定(EIS)是从输入的视频图像序列中除去因为传感器的抖动而引入的图像扰动而使图像序列稳定的处理过程,即经过处理之后,消除因传感器抖动而造成的视频变化,以保证传感器在一定的变化范围内,输出的视频是稳定的。其应用可以减轻观察者的疲劳,也能减少视频跟踪系统中跟踪算法的复杂性,提高跟踪精度。

解决上述问题的关键是从图像序列的帧间差别中计算出代表传感器的运动参数,并根据运动参数判断这种运动是属于无意的抖动还是蓄意的运动,然后通过运动补偿算法消除无意的抖动。

8.9.1　电子稳像的基本原理

图 8-46 是传感器成像靶面的示意图,每一格代表一个像素。其中图 8-46(a)是第一帧图像,图 8-46(b)是物体成像的第二帧图像,由于传感器安装在动载体上,随着载体运动产生了晃动,因此同一物体成像位置发生了变化,相邻两帧图像不重合,如图 8-46(c)所示。当各帧图像按照视频刷新频率在监视器上显示时,图像就会出现晃动、失稳、模糊。根据上述分析,要想稳定晃动的图像序列,首先要获取各帧图像间的运动矢量。对于面阵 CCD 摄像机,由于它每一帧的图像信息是按行输出的,每行又是按像元所排的列序号顺序输出的,所以求出帧间图像的位移量后,再通过对 CCD 图像传感器的行、列序号重组,使其在监视器屏幕上的图像沿运动矢量反方向等位移量移动,二帧图像在屏幕上重合,这样就可获得清晰稳定的图像,如图 8-46(d)所示。

电子稳像系统结构组成如图 8-47 所示,主要由运动估计、运动校正和图像补偿等模块组成等。

(1)运动估计模块　在视频序列中,帧与帧之间总是存在差异,引起这种差异的原因很多。由传感器位置或参数的变化引起的整个图像的变化,即由传感器引起的场景背景的视在运动,称为全局运动;由场景中物体运动引起的局部图像变化,称为局部运动。电子稳像的运动估计是指全局运动的估计。

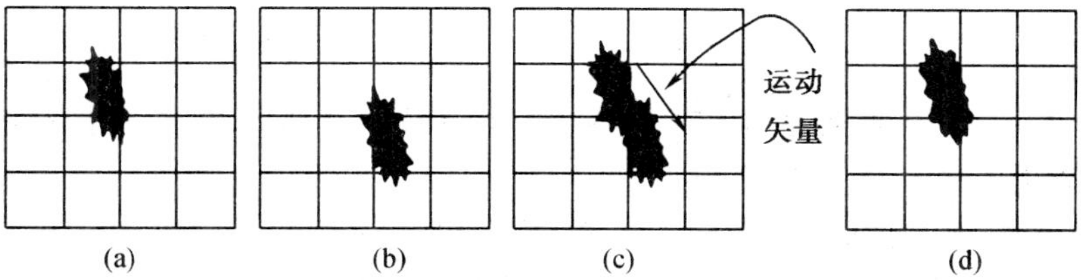

图 8-46　传感器成像靶面示意图

(a)第一帧;(b)第二帧;(c)补偿前;(d)补偿后

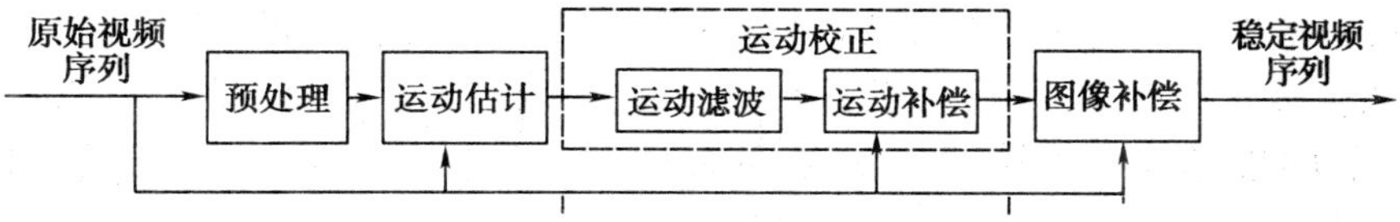

图 8-47　电子稳像系统组成图

(2)运动校正模块　传感器的运动可分解为两部分:意向运动分量和随机运动分量。运动校正模块中,运动滤波的主要作用就是把估算出的全局运动中的意向运动分量和随机抖动分量区分开来,计算补偿分量,并通过运动补偿,采用补偿分量对各帧图像进行矫正变换。

(3)图像补偿模块　运动矫正阶段对视频各帧图像进行矫正变换后,视频帧的某些区域将变成"无定义"区域,从而造成视频帧的视觉退化,我们称"无定义"区域为补偿区域。图像补偿阶段就是要对补偿区域进行重构,再现全帧视觉效果。

8.9.2　图像运动矢量的检测方法

目前,国内外有关学者提出了许多行之有效的图像序列运动检测方法,如代表点匹配法、灰度投影算法、位平面匹配法、基于图像特征的方法(如图像中的直线段等信息)、光流法、频域法、光度学图像分析法等,每种方法有其特定的使用范围和特点。下面以灰度投影算法为例简要介绍图像平移运动矢量的检测方法,以块匹配法为例简要介绍图像旋转运动矢量的检测方法。

灰度投影算法的原理是基于行列灰度曲线的变化规律进行运动估计,其方法是将灰度图像的二维图像信息映射成 2 个独立的一维波形,即获取图像的行列灰度投影曲线,然后进行相关运算,找到相关值曲线中的单峰值即为当前图像相对于参考图像的位移值。一幅 $M \times N$ 的图像 $f(i,j)$ 映射成两个独立的一维投影序列的计算方法为

$$\begin{cases} G_k(j) = \sum_{j=1}^{m} f_k(i,j) \\ R_k(i) = \sum_{i=1}^{n} f_k(i,j) \end{cases} \tag{8-125}$$

式中　$C_k(j)$,$R_k(i)$——分别表示第 k 帧图像 $f_k(i,j)$ 第 j 列和第 i 行的灰度投影值;

m,n——分别表示投影区间长度,满足条件 $0 \leqslant m \leqslant M$,$0 \leqslant n \leqslant N$。

将第 k 帧图像的行、列灰度投影曲线与参考帧图像的行、列灰度投影曲线互相关计算,根据两条互相关曲线的波谷值可以得到当前帧相对于参考帧图像的平移运动矢量。对列向量进行互相关计算

$$T(w)=\sum_{j=1}^{s}\left[C_k(j+w-1)-C_r(m+j)\right]^2, 1\leqslant w\leqslant 2m+1 \tag{8-126}$$

式中 $C_k(j)$，$C_r(j)$——分别为第 k 帧图像、第 r 帧图像(参考帧)的第 j 列的灰度投影值；

s——列的长度；

m——位移矢量相对于参考帧在图像一侧的搜索宽度。

当使 $T(w)$ 为最小值时 w 值 w'，则第 k 帧图像相对于第 r 帧图像在垂直方向的位移矢量为

$$d_y=m+1-w' \tag{8-127}$$

同样可以求出第 k 帧图像相对于第 r 帧图像在水平方向的位移矢量 d_x。

对于图像旋转矢量 θ，可以采用图像分块的方法，在分块后的参考帧内计算目标点移动的转角。如下图 8-48 旋转运动估计图所示，参考帧一小块内点 (x,y) 经过旋转后位于点 (x',y') 处，因此，点 (x,y)、(x',y') 相对于图像中心的旋转角度分别为

$$\begin{cases}\theta_{1,1}=\arctan\dfrac{y-y_0'}{x-x_0'}\\[2ex]\theta_{1,2}=\arctan\dfrac{y'-y_0'}{x'-x_0'}\end{cases} \tag{8-128}$$

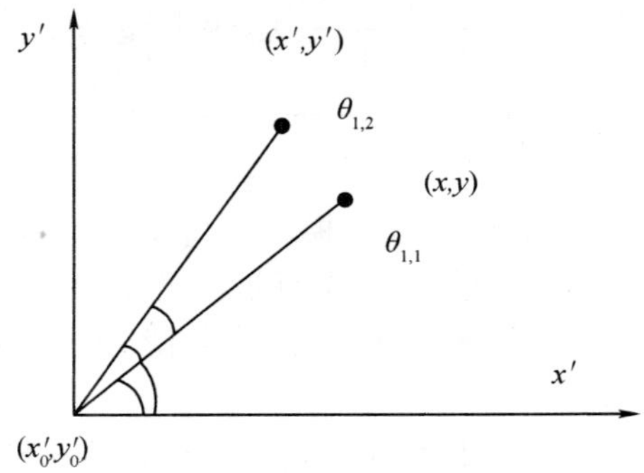

图 8-48 旋转运动估计示意图

可以认为是当前帧相对于参考帧逆时针旋转了 $\theta=\theta_{1,2}-\theta_{1,1}$ 角度，由此可以得到当前帧相对于参考帧的全局旋转角度 $\theta=\dfrac{\sum_{i=1}^{n}\theta_i}{n}$，其中 n 为图像分块的个数。

8.9.3 图像运动补偿

图像序列运动补偿是通过运动检测算法求取的图像运动矢量，对图像像元位置进行重组实现的。求取图像运动矢量后，图像补偿量可分解为平移运动量 $[d_x,d_y]'$ 和图像旋转量 θ，由于图像的像元级平移量只涉及到图像单一方向的运动变化，所以补偿方法比较简单，只需按照运动矢量方向等量反向移动图像便可实现。而当图像有亚像元级平移运动量和旋转运动时，补偿方法比较复杂，是图像补偿的重点和难点，要避免在坐标变换时出现“空洞”和“马赛克”现象。

1. 图像运动补偿公式

设图像中心为 (x_0,y_0)，图像运动矢量为 $[d_x,d_y]'$，图像旋转角度为 θ，则图像运动补偿公式由下式表示

$$\begin{cases}x'=(x-x_0)\cos\theta-(y-y_0)\sin\theta+x_0-d_x\\y'=(x-x_0)\sin\theta+(y-y_0)\cos\theta+y_0-d_y\end{cases} \tag{8-129}$$

式中，(x',y')，(x,y) 分别表示补偿前、后的坐标值。

采用上式进行图像补偿，对于补偿结果，图像的每一个像元坐标 (x,y)，都可以保证在

补偿前原始图像中有一个对应的像元点坐标(x',y')。除非其对应原图像中的点坐标超出坐标值范围,否则在原图像中都可以找到一个对应点,因此可以避免在结果图像中出现"空洞"。

2. 双线性插值——亚像元补偿及平滑处理

在亚像元级运动量$[d_x,d_y]'$和存在旋转运动量θ情况下,按照上式进行补偿,得到的(x',y')计算值是浮点数,而图像像元点的实际坐标值都是整数,在从浮点数转化为整数的过程中将产生误差,影响图像补偿精度。为了提高图像补偿质量,在采用上式进行图像运动补偿时,通过双线性插值方法对图像像元灰度值进行平滑处理。对任意变换后的图像点(x,y),利用上面变换公式计算原图像上的点(x',y')建立(x',y')与(x,y)四邻域像元位置及灰度值的对应关系,采用四邻域灰度值加权平均的方法计算图像点(x,y)的像元灰度值。双线性插值算法由下式表示

$$f(x,y)=(1-x_d')(1-y_d')f(x',y')+(1-x_d')y'\mathrm{d}f(x',y'+1)+ x_d'(1-y_d')f(x'+1,y')+x_d'y_d'f(x'+1,y'+1) \tag{8-130}$$

图像补偿是电子稳像领域中一个很有挑战性的问题。由于运动校正造成的补偿区域位于图像的边缘区域,使得视频背景图像甚至前景运动目标出现信息丢失。传统的图像拼接技术用于图像补偿后得到的视频帧是静态的图像,因而失去了视频的局部运动特性。而传统的图像修复或视频修复技术也不能简单而直接地用于修复补偿区域,因为位于边缘的补偿区域的周边信息极其单一,仅根据周边信息将图像扩展到补偿区域难以保证图像信息的一致性和连续性,修复后的帧图像便会出现伪影现象,影响视频的视觉质量。将视频中的背景与运动前景分割开,然后利用视频的时空连贯性并根据局部运动特性进行图像补偿是该领域的主要研究方向之一。

参考文献

[1]　连铜淑. 棱镜调整[M]. 北京:国防工业出版社, 1978.

[2]　连铜淑. 反射棱镜共轭理论[M]. 北京:北京理工大学出版社, 1988.

[3]　张达. 六分仪的原理误差计算[J]. 舰船光学,1982(增1).

[4]　崔耀新. 潜艇潜望镜瞄准线稳定的方法[J]. 舰船光学,1990(1).

[5]　鲍晓静. 潜艇潜望镜图像运动与补偿的数理分析[J]. 舰船光学,1992(3).

[6]　张建民. 舰载光电三轴视场稳定技术的研究[J]. 舰船光学, 2003(3).

[7]　纪世华,编译. 红外传感器瞄准线的稳定[J]. 舰船光学, 1993(4).

[8]　张赛金,摘译. 目标跟踪系统的瞄准线稳定要求[J]. 舰船光学 1993(3). SPIE Vol 1304.

[9]　Hikert J M, Bowen M, Wang J. 图像稳定系统的规范[J]. 德克萨斯仪器公司防务系统和电子集团. 新光电,2011(5).

[10]　廖佳锋, 张坤石. 动基座潜望式仪器瞄准线稳定时像倾斜的特性分析[J]. 光学与光电技术, 2004(2).

[11]　王有朝. 对舰艇纵横摇坐标变换的讨论[J]. 现代雷达,2001(4).

[12] U. S. Patent 4,491,397. Sighting Heads For Periscope Installations, Particularly For Submarice[Z]. Jan. 1,1985.

[13] 骆顺奇，杨坤涛，张坤石. 计算机控制的潜望镜瞄准线稳定和跟踪系统[J]. 舰船光学，1998(1).

[14] 骆顺奇. 一种自主式光电潜望镜瞄准线稳定及补偿的数理分析[J]. 舰船科学技术，2000(1).

[15] 金毅民. 瞄准线的几何稳定原理与陀螺配置[J]. 应用光学，1991(2).

[16] 汪遵懋. 光学稳像扫瞄头稳像条件分析计算研究[J]. 光学技术，1992(2).

[17] 江瑞颖，孟林生. 稳像光学系统设计[J]. 应用光学，1993(3).

[18] 韩绍坤，赵跃进，刘明奇. 电子稳像技术及其发展[J]. 光学技术，2001(1).

[19] 邹东明，刘栖山，陈长青，等. 舰载光电跟踪设备视轴稳定分析[J]. 兵工自动化，2003(1).

[20] 郭丽虹. 舰载精密光学系统扰动速度的自稳定控制[J]. 光学精密工程，1997(3).

[21] 赵红颖，金宏，熊经武. 电子稳像技术概述[J]. 光学精密工程，2001(4).

[22] 纪明. 自寻北/稳瞄惯性平台组合研究[J]. 应用光学，1995.

[23] 纪明. 多环架光电稳定系统及分析[J]. 应用光学，1994(3).

[24] 沈宏海，等. 摄像稳定技术[J]. 光学精密工程. 2001(2).

[25] 杨越等. 捷联式光学稳定系统在光电桅杆上的应用[J]. 红外技术，2003(3).

[26] 高宏昌. 机载电光跟踪系统图像消旋原理研究[J]. 电光与控制，1995(3).

[27] 赵跃进. 快速像旋转器[J]. 光子学报，1995(4).

[28] 孙东岩，熊仁生，阮萍. 一种用于跟踪高加速度目标的消旋瞄准系统[J]. 光子学报，1997(2).

[29] 张坤石，廖佳锋. 瞄准线稳定的坐标转换迭代方程的讨论[J]. 舰船光学，2004(3).

[30] 张坤石，张建民，廖佳锋. 动基座光学仪器两种基本构造形式瞄准线稳定时像倾斜特性分析[C]. 2004 年厦门全国光电技术交流会论文集. 天津，8358 所，2004.

[31] 张建民，韩根甲. 下视惯性平台瞄准线稳定的数理分析[J]. 光学与光电技术，2004(2).

[32] 张坤石. 瞄准线单轴稳定方程分析[J]. 舰船光学，2005(2).

[33] [印] GUPTA B D. 应用数学[M]. 赵愉深，译. 成都：成都电讯工程学院出版社，1986.

[34] 王小军，李殿璞，赵阳. 舰载三轴雷达波束稳定跟踪的研究[J]. 哈尔滨工程大学学报，2002(1).

[35] 潘武明. 力学. 计算机辅助教程[M]. 北京：科学出版社，2004.

[36] 姜宏滨. 舰上坐标变换及舰艇摇摆产生的角速度[J]. 舰船光学，2004(1).

[37] 方成一，王振旺. 舰载雷达天线电子稳定方程的推导方法[J]. 雷达与对抗 . 1999(2).

[38] 廖佳锋. 舰载光电设备稳定技术研究[D]. 中国舰船研究院，2005.

[39] 廖佳锋. 高度方位补偿法稳定瞄准线的讨论[J]. 舰船光学，2005(2).

[40] 张坤石，廖佳锋，张建民. 图像旋转与坐标系设置[J]. 舰船光学，2005(3).

[41] Hamilton A. Strapdown Optical Stabilisation System for EO Sensors on Moving Platform

[Z]. SPIE. 2774:631 -645.

[42] Armstrong G R. Dual Waveband MWIR/Visible 3 - axis Stabilised Sensor Suite for Submarine Optronics Masts[Z]. SPIE. 3436:676 -684.

[43] 张坤石, 张建民. 火山(Volcan)光电跟踪仪瞄准线稳定特性分析[J]. 舰船光学, 2008(2).

[44] 吴学铜. 振动对光电设备的影响及抑制措施分析[J]. 光学与光电技术,2010(6).

[45] 廖佳锋. 舰载光电仪器三轴稳定结构形式的数理分析[J]. 光学与光电技术,2010(6).

[46] 李峰林. 楔形稳定平台技术研究及设计[J]. 学与光电技术,2010(6).

[47] 吴新建,李家齐,王燕峰,等. 45°反射镜扫描特性分析[J]. 光学与光电技术,2010(6).

[48] [美]Steven J. Leon 著 线性代数[M]. 张文博,张丽静,译. 北京: 机械工业出版社, 2010.

[49] [英]David H. Titterton, John L. Weston 捷联惯性导航技术[M]. 张天光, 王秀萍,王丽霞,等. 北京:国防工业出版社,2007.

[50] 范大鹏,张智永,范世珣,等. 光电稳定跟踪装置的稳定机理分析研究[J]. 光学精密工程,2006(4).

[51] 沈宏海,等. 航空光电成像平台角位置陀螺和角速率陀螺的稳定效果分析[J]. 光学精密工程,2007(8).

[52] 李忠, 刘志雄. 光纤速度陀螺稳定光电系统瞄准线的方法研究[J]. 光学与光电技术,2009(5).

[53] 廖佳锋, 韩根甲. 舰载光电设备瞄准跟踪高角目标的数理分析[J]. 舰船光学, 2008,(增刊1).

[53] 夏平,李忠. 海天图像电子稳像技术[J]. 舰船光学, 2012(2).

[54] 张建民,李飞. 图像旋转快速算法研究[J]. 舰船光学,2009(2).

第 9 章　光电桅杆及光电浮标技术

9.1 概　　述

光电桅杆的概念自 20 世纪 70 年代末出现后，立即引起世界各海军潜艇大国的重视，都纷纷投入巨资开展光电桅杆的研究，经过三十多年发展，技术难关已被攻克，多型产品已陆续装艇。国外以美国科尔摩根公司为代表的传统潜望镜制造商，从研制第一代 86 型光电桅杆样机开始，现已研制了三代光电桅杆产品，不但配装于本国的潜艇，还出口到国外。英、德、法以及俄罗斯等国亦成功研制出光电桅杆产品，配装本国潜艇或用于出口，现今已形成光电桅杆与潜望镜并行发展的局面。

光电桅杆是现代潜艇光电装备的突出代表，它集现代光电子技术和计算机技术于一身，是以计算机为控制核心的高级光电成像自动控制系统。光电桅杆的技术基础一是采用高清晰度电视和凝视型热像仪这两种当代最先进的光电传感器，二是以计算机为核心的高性能自动控制。其系统复杂、技术难度大。

随着现代信息化武器装备概念的提出，加速潜艇装备的信息化与网络化建设已成为各潜艇大国非常紧迫的课题，尤其是美国海军，自 20 世纪 80 年代末以来，一直以极大的决心来实现其装备的信息化。在这种情况下，光电桅杆的一些潜在的优点已得到广泛的认识，其在潜艇信息网络化建设中的地位已得到加强，成为潜艇信息化网络的重要节点。

光电浮标是光电桅杆技术进一步发展的产物，可以说是脱离了潜艇的远（遥）控型光电桅杆。它的应用必将进一步拓展光电手段的探测范围，大大提高潜艇的隐身性能。可见其技术难度更大，需解决的关键技术更多。所以到目前为止，所见报道在技术上还处于研究发展阶段，尚未到装舰的程度。

潜射无人机装载在潜艇上可以实施侦察、监视、通信中继、目标定位、战果评估、电子对抗、诱饵、攻击等作战任务。可以有效克服潜艇在信息战条件下，水下侦察能力弱、指挥协同难度大、水下通信困难等不足，大幅提升潜艇的综合作战效能。其上主要装备的探测器是雷达、红外热像及电视传感器。

本书在此章中将首先在第 1 章阐述的基础上，进一步展开论述光电桅杆发展的背景；介绍光电桅杆的基本组成和光电桅杆的基本工作原理、各国光电桅杆发展的情况、现有国外主要光电桅杆型号、性能参数以及光电桅杆的发展趋势。最后一节，简要介绍光电浮标的概念、基本组成和几种光电浮标的专利方案以及潜射无人机的基本知识。

9.2　潜艇光电桅杆的发展背景

9.2.1　现代潜艇面临的严峻防空形势

茫茫大海，一艘潜艇安静地潜伏在水中，海洋的深度、广度和复杂的气象、海流、海潮条件是潜艇隐蔽的天然屏障。潜艇战和反潜战是人类战争史上的一对双胞胎，自第一次世界大战潜艇暂露头角时，反潜战就随之产生了，并随着潜艇装备技术和使命的发展而发展，目前已进入航空反潜的时代。从世界战争史来看，自有潜艇出现以来，反潜飞机逐渐成为潜艇的头号杀手。飞机反潜有着其他反潜兵力无法比拟的优势：一是速度快，机动性强，反潜飞机搜潜时的巡航航速一般较潜艇（包括核动力潜艇）的航速快得多；二是反潜飞机装备声、光、电、磁等多种探测设备，能在较短的时间内有效地搜索较大面积的海域，并能用自身携带的反舰导弹、空投鱼雷进行远距离的突然攻击；三是受潜艇威胁小，潜艇可用水声设备对水面舰艇进行有效的探测，但由于反潜飞机脱离海面，搜潜时不像水面舰艇机动那样直接产生噪声，潜艇仅凭声呐很难发现飞机的踪迹。据统计，第二次世界大战中被飞机击沉的潜艇为412艘，飞机协同水面舰艇击沉的潜艇为71艘，占被击沉潜艇总量的44%，居各兵种之首。

潜艇的防空开始于二战的中后期。德国潜艇在雷达侦察、涂覆吸雷达波材料等方法均不能躲避来自空中打击的情况下，曾以加强的高射炮在比斯开湾等战区进行过一场激烈的防空战。这场以潜艇失败告终的战斗对后来潜艇的设计和战术使用产生了重大影响，以至二战后相当长的时间，潜艇取消了防空武器，单纯依靠机动规避消极躲避反潜飞机，潜艇防空一直笼罩在失败的阴影中。而另一方面，由于二战中辉煌战绩及众多优点，二战后航空反潜受到了普遍的重视，目前，在护卫舰以上级别的舰艇上，大都装备了反潜直升机；主要海军大国都装备有数量可观的反潜巡逻机，航空反潜已达到相当高的水平。一旦潜艇被反潜飞机发现、跟踪，几乎已很难脱身。因此在未来的海战中，若潜艇不能很好地解决对空防御问题，潜艇不仅不能充分发挥其作战效能，而且可能遭到重大损失，对于在浅海活动的常规潜艇来说这个问题就更加突出了。潜艇的防空已成为潜艇提高自身生存能力的最重要问题之一。

反潜飞机主要分为固定翼的反潜巡逻机和舰载反潜直升机两大类。由于装备性能上的差异，固定翼反潜巡逻机一般担任中、远程海域的警戒飞行任务，称为巡逻反潜；当反潜巡逻机发现潜艇活动的迹象后，其自身可以投掷深水炸弹或空投鱼雷，对潜艇实施致命的突然攻击。如果附近有舰艇编队，也可以通知舰载反潜直升机对此可疑海域进行仔细搜索，由直升机精确定位并实施攻击，称为应召反潜。舰载反潜直升机一般搜潜范围较小，主要作用是舰队护航和港口基地的警戒等任务。反潜巡逻机进行警戒飞行时，搜索范围大、速度快，如果采用声呐和光电等被动探测方式搜潜，具有隐蔽性和突发性，此时潜艇的声呐和雷达都无法对其实现有效的预警探测，是潜艇目前最主要的威胁目标。

9.2.2 传统光学潜望镜的技术局限性

传统的光学潜望镜自从随着潜艇诞生至今已有了一百多年的历史,它有着技术发展成长的初期阶段(从诞生到第一次世界大战前后);战绩辉煌的光机潜望镜时期(第二次世界大战前后);第二次世界大战后一直到今天多样化、多用途化的光电潜望镜时期。具备有目视观察、测距、照相、导航、通信、雷达预警、微光/昼光电视、红外等多种功能,是潜艇上重要的不可缺少的观测设备。但是,随着现代反潜战技术的发展演变及潜艇综合性能的提高,光电潜望镜的地位仍受到巨大挑战。下面以最有代表性的美国 P-3C 反潜巡逻机为例,通过分析反潜飞机对潜艇探测、攻击的能力以及潜艇的反探测能力,来说明传统的光学潜望镜的技术局限性。

P-3"猎户座" 岸基反潜巡逻机是美国洛克希德公司 1987 年在 P-2B 的基础上开始研制,改进的重点为电子设备、数据处理设备和增加光电探潜设备,样机合同高达 2.24 亿美元,美国目前保有量高达 267 架。P-3C 的主要反潜或反舰武器配置是:MK55 水雷 4 枚、MK54 深水炸弹 8 枚、MK46 空投鱼雷 4 枚,同时外挂架上可携带"小斗牛"和"鱼叉"反舰反潜导弹;其主要搜潜器材是 AN/APS-137 搜索雷达、AN/AAS-36 红外光电吊舱、AN/SSQ-75 新型声呐浮标 54~87 枚、AN/ASQ-81 磁探仪。有效武备载荷高达 9 t。

P-3C 反潜飞机搜索潜艇的手段主要是雷达、声呐和光电三大探测通道。

P-3C 在执行反潜巡逻任务中,为了兼顾各种搜潜器材和方法,反潜巡逻机的飞行高度一般为 150~450 m,搜索速度为 200~400 km/h。当未发现潜艇时,反潜巡逻机主要采用间歇雷达开机或目力、红外热成像等工作方式,搜索和识别水面舰船或潜望状态航行的潜艇。

雷达发现潜望镜露出海面的头部的距离受海浪的大小、潜望镜头部的隐身措施、潜望镜的使用航速等因素所影响。由于雷达探潜需发射电磁波,易于暴露自身的位置,故雷达的使用受到较大的限制。

飞行员采用目视方法搜潜,发现潜望镜头部的距离主要与当时的海情和潜艇航行的方向有关,从第 1 章的论述可知,其能力非常有限。

P-3C 装备了先进的 AN/AAS-36 红外光电吊舱,可实施昼夜、被动搜潜。采用红外光电吊舱搜索潜艇,具有作用距离远、可昼夜工作、被动探测的特点,隐蔽性强,图像直观,判断迅速,越来越受到重视。红外吊舱主要探测的是潜望深度的潜艇与海洋背景的红外辐射差异、潜艇的热尾流以及潜艇运动造成的浪迹的红外辐射反射效应等,红外系统的可探测温度灵敏度可达 0.001 ℃。

当反潜巡逻机在搜索中发现潜艇的活动征候时,才采用声呐浮标或磁探仪作进一步的搜索,准确定位和定深,以便对潜艇实施攻击,在三级海情时,主动式声呐浮标的作用距离小于 2 n mile,被动式声呐浮标的作用距离一般为 4 n mile。磁探仪的作用距离不超过 1 km。

潜艇与反潜飞机的对抗,严格来讲目前是一种"不对称的"对抗。潜艇对反潜巡逻机之探测同样主要依赖雷达、声呐和光电三大探测通道。

潜艇上声呐众多,既有主动声呐,又有被动声呐,是艇上最主要的探测器。虽然潜艇的声呐可以通过监听水面舰艇的噪声或直升机投放声呐浮标或吊放声呐的声音而间接发现可能的舰载反潜直升机的踪迹,但是反潜巡逻机进行巡逻反潜时,如果采用光电等被动探测方式搜潜,具有隐蔽性和突发性,此时潜艇的声呐就无能为力了。

潜艇使用主动雷达搜索飞机与飞机使用雷达搜索潜艇一样，都属于主动探测，易于自我暴露。且被动警戒雷达(ESM)的作用距离一般大于主动搜索雷达，同时在敌保持无线电静默或实施强电子压制时会失效，因而潜艇上的雷达警戒作用在战时会受到较大的影响。

在潜艇与反潜飞机之间光电信息通道的探测与反探测对抗中，如不尽快解决有效的对空探测问题，则会形成更大的不均衡局面。如果潜艇使用目前普遍装备的潜望镜目视侦察低空飞机，在天气状态良好的白天，目力发现飞机的距离3～4 km，作用距离非常有限，潜艇难以及时规避；且潜望镜目视侦察受气象条件和时间的影响很大，当潜艇夜间处于通气管航行状态或测天定位时，用目力很难发现敌方的反潜飞机；而反潜飞机拥有红外热像探测能力，黑暗无法给潜艇提供掩护，缺乏红外探测能力的潜艇面临着更大危险。

综合前面的分析，传统潜望镜的技术局限性主要体现在以下两点：

①潜望镜虽然作为潜艇的第一位的侦察用传感器，但由于其作用距离近、效能差、速度慢、海面滞留时间长，利用潜艇潜望镜完成对空侦察监视的战术使命已经遇到了越来越大的困难。同时潜望镜对空搜索能力极为有限，更是无法满足现代潜艇昼夜快速对空警戒探测，保障自身安全的需求。常规动力潜艇经过一个周期后必须浮到水面或在通气管状态充电(包括采用AIP技术以延长在深海中时间的常规潜艇)，即使是可以在水下能长期保持隐蔽的核潜艇，仍有一些战术使命必须上浮至潜望深度，如水文条件不良时发射鱼雷，对海、对岸目标侦察和导弹发射前测天定舰位和定航向等，还是要面临着反潜飞机的威胁。正是在现代潜艇面临着越来越严峻的防空形势和传统潜望镜无法满足现代潜艇防空作战需求的情况下，光电桅杆应运而生了。

②现代潜艇的设计，要求大力提高自动化程度，减少人员，而传统潜望镜穿透耐压壳体，占据了指挥舱的较大空间，又不能与作战系统有机结合，给全艇综合设计和合理布局带来较大影响，已成了制约潜艇现代化设计的重要因素之一。潜艇耐压壳体上的任何穿孔都将会引起下潜时的应力集中，而明显地降低艇体的强度；而且对于穿透型潜望镜而言，是一个大的充满气体的筒状体，其对水动力的冲击特别敏感，是潜艇在水下遭受攻击时的潜在隐患；排除穿透，改善了潜艇耐压壳体的完整性，可使其更好地达到最大强度。现代核动力潜艇的出现和发展，下潜深度的逐步加大，使以上问题的合理解决更显得急迫。

正是因为上述潜艇潜望装备变革性的要求，美国20世纪70年代末就开始提出了非穿透壳体潜望镜的概念，大胆摈弃镜管穿透潜艇耐压壳体的传统设计思想，进行了潜艇潜望装备发展史上的一次重大变革。

光电桅杆可实现对空对海的红外、电视、雷达、ESM等多频段的综合警戒监视，可对目标进行识别和威胁评估，位置测定，并可实现通信和定位。光电桅杆的技术特征为不穿透潜艇的耐压壳体，除增强了艇体的总体耐压强度外，还将给潜艇的设计制造，舱室的布局带来革命性的影响；以红外、电视、雷达侦察仪为主要探测传感器，抛弃目视光学系统；全自动遥控操作，快速的图像和数据处理、识别和威胁分析；快速的视频搜索与监视能力，可胜任快速探测空中反潜飞机等威胁目标，可以说，强烈的潜艇作战需求——对空中反潜探潜直升机、巡逻机的警戒能力要求，也是促使潜望镜作非穿透型设计变革的重要推动力。因为传统的穿透型式，存在大的惯量、摩擦及流体作用力，是与快速的周视警戒功能要求相矛盾的；而光电桅杆旋转部分的转动惯量小、摩擦及流体作用力都小，为实现上述功能要求奠定了基础，现代光电技术、计算机、图像或信号处理技术和自动控制技术的发展，红外热像技术的突破，高清晰度电视技术的成熟应用等又为这种设备的发展创造了前提条件。

9.3 光电桅杆的使命任务、作用与效能

9.3.1 光电桅杆的技术特点

光电桅杆基于光电被动探测原理，而光学潜望镜（包括仍保留光学观察通道的光电潜望镜）则是采用光学成像原理，正是由于这一根本区别，光电桅杆与传统光学潜望镜相比具有以下技术特点。

1. 舷外非穿透安装

潜望镜穿舱安装，光电桅杆在舷外非穿透耐压壳体安装，如图 9－1 所示。

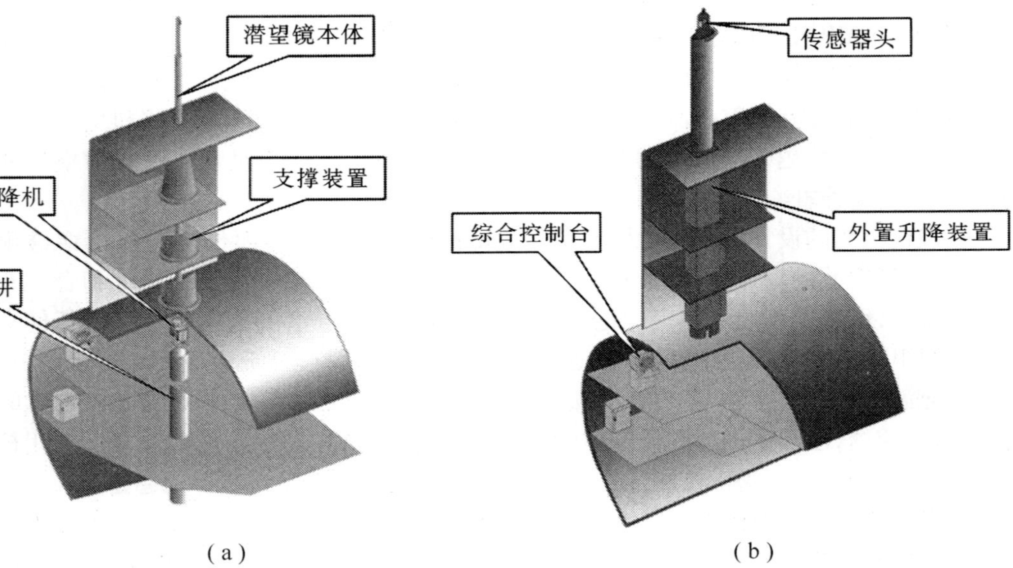

（a） （b）

图 9－1 潜望镜与光电桅杆安装示意图

（a）潜望镜安装示意图；（b）光电桅杆安装示意图

细长潜望镜由多个支点支撑，既要升降，又要密封，在潜艇航行使用时受到很大的流体阻力。这就造成转动力矩大、转动惯量大、方位不灵活，无法适应现代潜艇对空警戒的高速搜索要求。

光电桅杆将升降和回转分为两部分。升降桅杆只管升降，在桅杆上部的光电桅杆本体只管周视回转，其转动部分的自重远小于潜望镜，转动惯量小得多，且转动部分处在水面以上，受到的海水阻力也小得多，故其搜索速度可以加快至潜望镜转速的两倍以上，提高了搜索速度，减少了外露时间。

2. 光电探测方式完全取代光学成像方式

潜望镜的光学成像方式，采用人眼直接观察目标，“人随镜转”限制了潜望镜转动的速

度,增大了潜望镜外露海面的时间。

光电桅杆取消了传统潜望镜复杂的光学传像系统,在与潜望镜头部尺寸相同的条件下,红外系统的口径可以较光电潜望镜更大,探测距离更远、搜索空域更大。光电桅杆的光电成像方式,通过对视频信息进行数字化处理和图像处理,对指定空域的全景图像进行拼接显示,可以在光电桅杆收回后完成图像再现和分析判断,保证了光电桅杆探测的快速性。

3. 光电信息更好地融入综合作战系统

光电桅杆的操控发展为操作人员在综合显控台前遥控,其全天时、被动探测的视频图像可供舱内多人同时观察,不再局限于一人,与潜望镜的单人目视的工作方式相比,搜索效率更高;光电桅杆的图像经处理后可实现自动进行目标指示和跟踪,更好地与作战系统相融合,为提高潜艇综合作战系统的现代化水平提供了条件。

4. 提高了潜望设备的适装性、模块化、维修性及经济性

潜望镜安装时必须穿透潜艇的耐压壳体,降低了耐压壳体的耐压强度,占据了舱室较大的空间,不利于舱室的合理布置。而光电桅杆完全是模块化构造,光电桅杆的结构特点决定了它与潜艇总体设计的关系没有潜望镜那么紧密,而只与潜艇上部指挥围壳关系密切,从而有利于潜艇总体的设计:

(1)减少潜艇舱室内桅杆的数目,节约了光学/光电潜望镜在舱室内所占用的空间,有利于优化舱室布局,潜艇指挥舱采用潜望镜和光电桅杆布置对比情况如图9-2(见723页)所示;

(2)减少潜艇耐压壳体的穿孔数量,有利于提高潜艇耐压壳体的强度和潜艇安全性;

(3)提高适装性,大幅度降低在不同艇型上装备的适装工作量;

(4)可采取削减尾迹、羽形浪迹的活动导流罩等措施,降低被反潜设备的发现距离及概率,提高潜艇的隐蔽性。

9.3.2 光电桅杆的使命任务

光电桅杆是传统潜望镜的升级换代产品,其主要使命任务与光电潜望镜基本一致,重点增强了潜艇在潜望状态或通气管状态时,对威胁空中目标的快速警戒功能和信息网络的重要节点功能。

1. 快速侦察探测海空目标

当潜艇在执行上浮任务之前,光电桅杆可对周围海域及空域进行快速警戒观察,确定是否安全。即光电桅杆的升降装置将传感器头顶出水面,在全向ESM对周围的电磁信号进行监视的同时,光电传感器用大视场在设定的仰角上,以最快的速度完成一圈周视后降下传感器头。在传感器头下降的同时,对采集到的视频图像进行分析,以确定周围海域及空域是否有威胁目标存在。

高清晰度电视技术使光电桅杆的侦察可以做到快速、连续、多战位监视识别,大大提高了侦察工作的快速性和有效性。因而可以说,用现代光电成像技术武装起来的光电桅杆装备的侦察功能,已经远远不是传统潜望镜目视搜索侦察"看一看"的概念了,因为潜望光电设备提供的侦察资料所具有的清晰度、准确性是其他手段无法比拟的,是进一步鉴别分析由声呐所收集的信息的最重要的手段。现代潜艇在对敌侦察手段上,光电桅杆仍是第一位的传感器。

2. 通气管、测天定位时对反潜飞机的警戒探测

当潜艇在执行充电、换气、测天定位或通信等任务过程中,光电桅杆可对周围空域实施警戒监视。即光电桅杆的全向 ESM 始终对周围的电磁信号进行监视,光电传感器以小视场按设定的周视速度对周围远处的空域、海域进行连续搜索观察,采集到的视频图像在综合显控台上进行拼接,实时处理显示,并向操作员提示可能存在的目标,通过操作员判断,确定是否有威胁目标存在。

3. 潜艇信息网络的重要节点

潜艇光电桅杆现今已成为国外潜艇信息网络的倚重设备和重要节点。由于在现代网络中心战中图像侦察作用的提升,光电桅杆利用其红外热像和高清晰度电视探测的分辨率高、隐蔽性好和扫描的快速性、升降操控的灵活性,可以集成多种波段的天线和探测手段,使其成为潜艇对水面以上空间探测的最重要的传感器,它可完成敌区空间信息向潜艇局域网输送及潜艇信息网络与我战区和总部网络进行信息交换的节点功能。

综合起来,光电桅杆具有的主要功能如下:

(1)对空、对海警戒搜索功能;

(2)红外、可见光双波段侦察功能;

(3)ESM 电子告警功能和测向功能;

(4)卫星导航定位功能;

(5)通信功能;

(6)测量目标的距离、高度角和舷角功能;

(7)己舰位置天文定位功能;

(8)电视、红外图像的数字存储功能;

(9)故障自诊断功能;

(10)训练模拟功能。

9.3.3 光电桅杆的作用与效能

这一部分的内容已在第 1 章中研讨,以下进一步补充介绍更详细的内容。

1. 光电桅杆在完善潜艇对空警戒探测系统的作用

(1)航空反潜手段固有的特点

虽然目前潜空对抗中,飞机占据优势,相对比较安全,但是航空反潜也有其固有的弱点。飞机执行反潜任务是一暴露性战斗行为,搜潜时速度较低,通常采用“Z”字形轨迹搜索前进,甚至有时处于悬停状态(如直升机)或停泊状态(如水上飞机);探潜时间长,确定一个水下目标至少需要 4 ~6 min;特别值得指出的是,由于目前潜艇对反潜飞机无法构成威胁,反潜巡逻机或反潜直升机为了增大搜索范围,采用多种综合搜潜探测技术和加大对潜攻击能力,都无一例外地向大型化发展。如 P-3C 反潜巡逻机安装有 4 台 5 000 马力(1 马力 = 735 W)的风扇蜗轮发动机,机组人员达到十几人,机身长为 36 m,体积与中型民航客机相当。因而反潜飞机“Z”字形搜索暴露了飞机红外辐射大的侧翼；加之移动慢，且海空背景单调，大气在红外波段又有良好的透过率；红外探测不受电磁干扰、可昼夜工作，这为潜艇实现光电警戒探测提供了良好的条件。具体可以综合概括为：

①反潜飞机探潜需要往复飞行或低空悬停，是暴露性的活动；

②飞机是一种有较强烈热辐射源的大型目标，与天空的背景对比强烈，易于探测；

③飞机的活动受气象和海况影响很大；

④潜艇使用光电桅杆对空探测时，是隐蔽性活动，采用无源探测手段，隐蔽性好；

⑤潜艇使用光电桅杆对空探测时，刚从海水中升起，热辐射强度低，与背景的对比度小，目标尺寸小；

⑥潜艇使用光电桅杆对空探测受气象和海况的影响小。

(2)光电桅杆对空探测的优势

潜艇对反潜机探测手段有：潜望镜目视、雷达侦察仪、光电桅杆热像侦察、高清晰度电视侦察、ESM 预警，在水下时可依靠声呐对吊放声呐点水听测等。

在雷达探测对抗方面，反潜机要探测潜艇需用主动雷达，探测从目标反射的雷达波信号，发射接受要用两倍行程；潜艇则是采用被动侦察雷达 ESM 探测敌方发射的雷达信号，其作用距离至少为敌雷达作用距离的 1.2 ~ 1.5 倍，可以做到先敌发现。

在光电探测对抗方面，潜望镜的内容中已介绍过，用潜望镜实施对反潜机的目视观察其作用距离不超过 4 km，其作用非常有限。潜望镜上装备红外热像探测设备后，可以大大改善对空探测的性能，但由于潜望镜结构和安装条件的限制，其搜索速度无法大幅度提高，还不能完全胜任对反潜机的探测警戒任务。潜艇换装光电桅杆后，较潜望镜探测性能有三个大的变化：

①搜索回转速度大幅提高，反应速度加快；

②以图像自动存储和处理识别，代替目视识别判断，效能大大提高；

③取消光学观察通道为光电探测性能的提高(如光学入瞳口径的增大)创造了条件，使光电桅杆的探测作用距离可以有较大幅度提升。

红外系统的最大探测距离可由下式决定

$$R = [\underbrace{J_{\Delta\lambda}\tau_a}_{\text{目标和大气透过率}}]^{\frac{1}{2}} \left[\underbrace{\frac{\pi}{2}D_0(NA)\tau_0}_{\text{光学系统}}\right]^{\frac{1}{2}} [\underbrace{D^*}_{\text{探测器}}]^{\frac{1}{2}} \left[\underbrace{\frac{1}{(\omega\Delta f)^{\frac{1}{2}}SNR}}_{\text{系统特性和信号处理}}\right]^{\frac{1}{2}} \tag{9-1}$$

上式为红外系统探测距离的一般计算公式，但当探测器模块的 D^*、系统带宽 Δf 等参数不详时，难以运用该式计算红外系统的探测距离。下面我们用噪声等效温差($NETD$)来推导红外系统的探测距离的一般计算公式。

红外系统的噪声等效温差由下式决定

$$NETD = \frac{H_0}{\omega \cdot \Delta N} \tag{9-2}$$

式中　H_0——探测器的等效噪声照度，$\mathrm{W \cdot cm^{-2}}$；

ω——探测器的瞬时视场，sr；

ΔN——单位温度变化引起的辐射亮度差，$\mathrm{W \cdot cm^{-2} \cdot sr^{-1} \cdot K^{-1}}$。

红外系统的最大探测距离目标可以假定为点目标，即满足目标小于探测器的瞬时视场条件时，探测器的辐射照度可由下式决定

$$H = \frac{J \cdot \tau_a}{R^2} \tag{9-3}$$

式中 J——目标辐射强度，$W \cdot sr^{-1}$；

τ_a——大气透过率；

R——目标距探测器的距离，cm。

将式(9-2)，(9-3)联立，可得到目标信噪比等于1时，即探测器上的照度为等效噪声照度时，红外系统的最大理想作用距离为

$$R \cdot e^{-\alpha R} = \left(\frac{J}{NETD \cdot \omega \cdot \Delta N}\right)^{\frac{1}{2}} \tag{9-4}$$

式中，α 为大气衰减系数。

若假设反潜飞机和光电桅杆所用的红外系统技术水平相近，采用的探测波段和视场相同，则上式中 $NETD$，ω，ΔN，α 等四项可认为一致，因此目标的辐射强度 J 就决定了系统的作用距离差。

由于飞机目标尺寸大，与天空背景的温差也大，而光电桅杆外露的头部小，与浸泡的海水环境的温差也小，计算表明两者可达两个数量级以上，因此在目前红外技术水平下，反潜机的红外系统对潜望状态的光电桅杆头部的探测距离一般不超过5～6 km，而光电桅杆的红外系统对反潜机的探测距离可以达到15～20 km。

所以，光电桅杆相比潜望镜的三个方面性能的大幅提高，使第1章潜望镜对空战技指标论证中，所不能完全适应的对空探测任务，将可以较好地实现。

2. 光电桅杆在潜艇侦察和鱼雷攻击中的作用

由于光电桅杆较之光电潜望镜搜索侦察速度块，作用距离远，依靠图像处理识别目标快速，自动化程度高等优势，使其在潜艇的侦察使命中能更好地起到第一位侦察传感器的作用，也可为潜艇的鱼雷攻击提供一种有效探测手段。

3. 光电桅杆在潜空武器中的作用

潜艇为了摆脱在潜空对抗中的被动局面，大多国家的潜艇已加装潜空导弹。而为了增加潜空导弹的射击效率，如何能先敌发现，给出反潜机目标指示，是潜空对抗中成败的关键。光电桅杆对空探测的距离和快速性等方面的优势，以及在其原理的基础上，有的国家已在发展光电浮标技术，二者一起配套，可以实现上升到潜望状态进行探测，也可在坐沉海底或水下状态进行探测，使之在潜空对抗中可以发挥出其显著的作用。图9-3(见723页)为潜空导弹对反潜飞机实施攻击示意图。

9.4 光电桅杆的组成

9.4.1 光电桅杆的基本组成

光电桅杆的基本组成见图9-4、图9-5、图9-6。图9-4为德国U214潜艇光电桅杆与潜望镜组成的潜望系统及安装示意图。图9-5为德国OMS100光电桅杆的基本组成方

框图。图 9 - 6(见 724 页)为美国“弗吉尼亚”级核潜艇 PMP 光电桅杆设备组成。

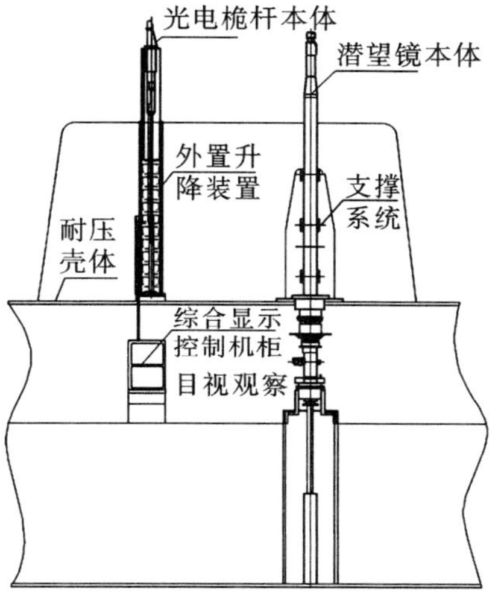

图 9 - 4　德国 U214 潜艇光电桅杆与潜望镜组成的潜望系统及安装示意图

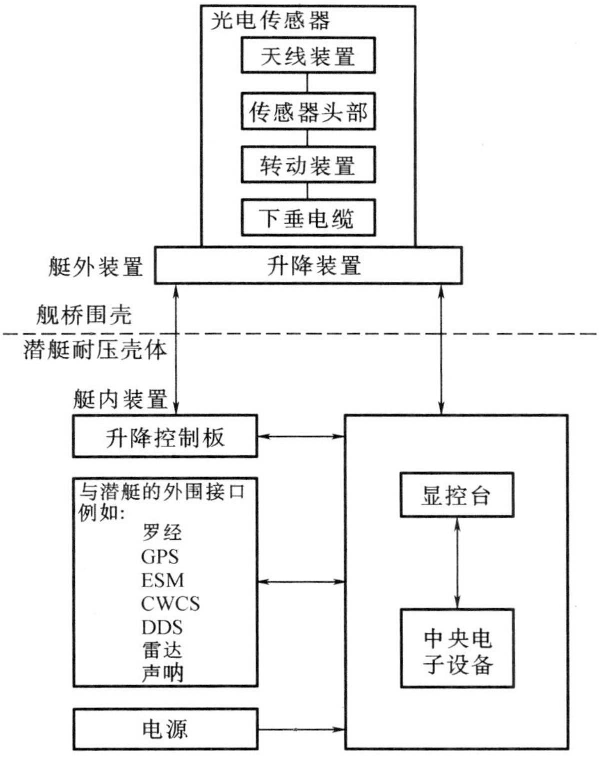

图 9 - 5　德国 OMS100 光电桅杆的基本组成

从总体形式上看,光电桅杆可分为艇内设备部分和舷外设备部分。

(1)艇内设备

主要为光电桅杆综合显控台,包括:

①艇上其他系统的信息接口；

②图像处理设备；

③传感器头操控单元；

④升降控制单元等。

(2)舷外设备

主要包括：

①天线装置；

②传感器头(光电桅杆本体)；

③方位转动装置；

④舷外电缆；

⑤外置升降装置。

9.4.2 传感器头

传感器头模块主要由红外通道、电视通道、瞄准线俯仰及测角机构、瞄准线稳定模块、耐压头罩组件等组成，有的光电桅杆还配置有激光测距装置，并为 ESM 天线提供安装平台。

光电桅杆传感器头的总体形式有三种：

(1)电视和红外通道共用窗口，如图 9-7(a)(见 724 页)所示的英国 CM010 光电桅杆；

(2)电视和红外通道上下布置，如图 9-7(b)(见 724 页)所示的美国 PMV 光电桅杆；

(3)电视和红外通道水平并排布置，如图 9-7(c)(见 724 页)所示的法国 SMS 光电桅杆。

目前国外光电桅杆广泛采用的是电视、红外双通道上下布置方案、共用窗口方案、窗口并排布置方案等三种方案。上下布置方案分别设置电视和红外窗口及相应的反射镜，并通过结构设计保证红外反射镜和可见光反射棱镜同步转动；共用窗口方案中，电视、红外通道共用保护窗口、俯仰棱镜以及变倍镜组等光学元件，在变倍镜组的后端布置分光镜，按探测波段分成可见光和红外光两束光，分别供电视通道和红外通道成像；窗口水平并排布置方案是将红外和电视的反射镜并排配置在同一个俯仰轴上，成像传感器配置在各反射镜的下方，传感器头的光机结构较为简单。从表 9-1 的分析对比可以看出，三种技术方案各有优缺点，共窗口虽然可以减小传感器头的轴向尺寸，但同时又增大了径向尺寸；而红外、电视通道上下布置的结构方案则轴向尺寸较大，有利于径向尺寸的减小；窗口水平并排布置方案为保证双通道的入瞳口径，而致头部径向尺寸较大。图 9-8 为美国 86 型光电桅杆上下布置光机总体示意图，图 9-9 为英国 CM010 型光电桅杆共用窗口光学系统示意图。

表 9-1 电视、红外通道上下布置方案与共窗口方案的技术特点

方案	布置特点	优点	缺点
电视、红外通道上下布置	电视、红外通道各采用独立窗口	技术成熟、风险小 有利于减小径向尺寸	轴向尺寸增大
	两套俯仰轴系及反射镜	可充分利用光能，有利于提高作用距离	两通道瞄准线同步俯仰较难实现
	两套变倍镜组	可充分利用光能，有利于提高作用距离	较为复杂，无法实现两通道视场的同步转换

表9-1(续)

方案	布置特点	优点	缺点
电视、红外通道共窗口	电视、红外通道共用一个窗口	双通道共用蓝宝石窗口,有利于减小轴向尺寸	增大了径向尺寸,大尺寸蓝宝石窗口价格昂贵
	一套俯仰轴系及反射棱镜	方便地实现瞄准线同步俯仰	大尺寸荧石棱镜加工困难
	一套变倍镜组,分光实现电视、红外双通道探测	方便地实现同步视场转换	光学元件增多,同时又光能分配,不利于提高作用距离
电视、红外通道水平布置	电视、红外通道各采用独立窗口	技术成熟、风险小	径向尺寸大,隐蔽性差
	一套俯仰轴系各自的反射镜	两通道瞄准线同步俯仰	在限制头部尺寸的情况下,双通道的口径受限
	两套变倍镜组	各自的独立性较好,便于进行嵌入式设计和发展改进	

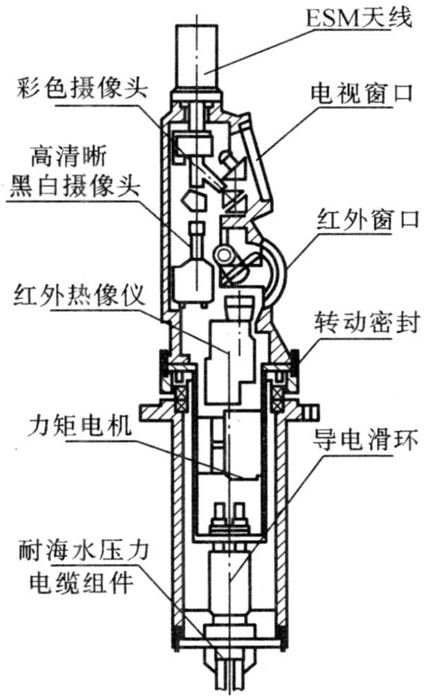

图9-8　美国86光电桅杆上下窗口布置示意图

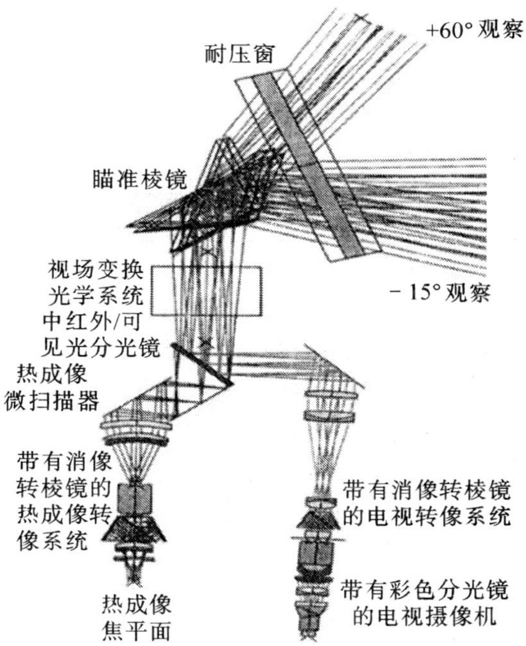

图9-9　英国CM010光电桅杆共用窗口布置示意图

9.4.3　天线装置

当潜艇浮出海面处于暴露状态时,光电桅杆等潜望设备作为潜艇最高位置的桅杆,从潜艇作战使用需求出发,不仅要求光电桅杆提供对周围海域、空域的目标图像信息,而且要求光电桅杆同时实现在雷达频率范围内的电子告警、测向、通信、电子战以及卫星导航等功能。

当潜艇在潜望状态下使用光电桅杆时,安装在其顶部的全向ESM电子告警系统可同时截获潜艇近区的脉冲雷达信号;当雷达信号超越门限电平时即在光电桅杆综合显控机柜处进行声光报警;同时将来自门限电路的TTL电平送往侦察雷达主机进行敌我分析、识别,以确定对潜艇的威胁程度。ESM天线作为潜望镜多波段被动探测通道的有机组成部分,与潜艇的侦察雷达天线组合构成一个综合系统。图9－10为德国蔡司光电子公司研制的光电桅杆用组合天线实例。

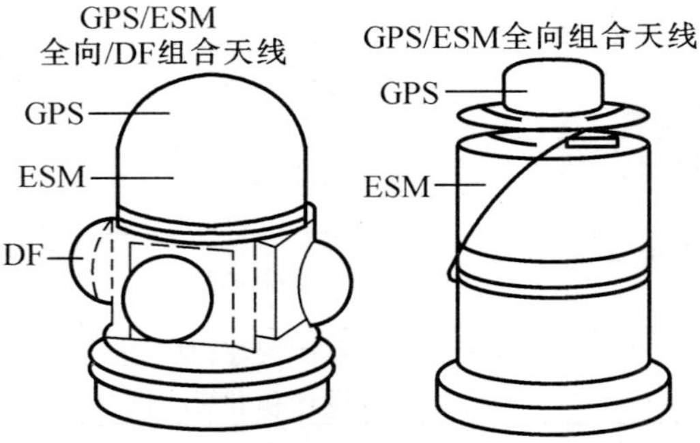

图9－10 安装在德国OMS100光电桅杆顶部的GPS/ESM组合天线

安装于光电桅杆头部的天线装置按用途可以分作三类:雷达ESM、通信ESM、卫星导航。图9－11(见724页)为美国ES－3601战术雷达ESM。

ESM系统是光电桅杆的一个重要组成部分。近年来,国外开发成功多种型号的潜望镜或光电桅杆ESM系统。其中,德国有六种,英国有四种,日本有三种,美国有十种。这些系统大都可进行雷达与通信功能集成,兼有雷达预警和情报搜集功能,其在海上提供的电磁监视能力可与传统的潜艇水下声音监视装置相比。

利用潜望镜或光电桅杆头部的天线进行卫星通信,是通信技术与光电技术结合的又一重要进展。美国BTP公司开发的AN / USC－38天线系统,由5.25 in(1 in＝2.54 cm)可控蝶形天线组成。利用极高频(EHF)波段进行传输。该天线已安装在8B Mod 3型潜望镜上。艇员可通过控制潜望镜天线来捕获到通信卫星,从而可以把信息直接传输到美国的航母上。极高频波束的特点是"聚束",因此不易被敌方的传感器截获。像这样的极高频通信系统在潜艇与编队联合作战,而非独自作战时,显得尤其重要。这种配置加强了光电桅杆作为潜艇信息网络重要节点的功能。

过去,受"烟囱"式装备发展思想的影响,认为这些天线是借道光电装备使用,而不被重视。随着潜艇装备信息化建设的进展,潜艇信息网络要求装备向信息集成的方向发展。这些天线的配置,与光电探测手段可形成有机的结合,如与ESM预警与侧向功能结合,可以大幅提高整个系统对敌探测的距离和识别效能;卫星导航与通信使用,又可得到光电手段的警戒效能等。

光电桅杆出色的操控性能为潜艇不同用途的天线提供了一个优异的机械、电子的安装平台,也为实现潜艇信息网络的建设提供一个重要手段。目前可搭载的天线的主要种类有:

a. ESM——全向天线装置;

b. ESM——测向天线装置;

c. GPS天线装置;

d. GPS/ESM组合天线装置;

e. VHF/UHF通信天线装置;

f. EHP卫星通信天线。

9.4.4　方位转动装置及舷外电缆

方位转动装置位于传感器头的下端，主要作用是使传感器头以不同的速度完成方位扫描。该装置的主要部分是一个采用同轴设计的电机驱动装置。为了完成方位测角，还配置了一个角度传感器，并采用多路导电滑环传输电气信号。方位转动装置的外壳与升降装置相固定，构成了舷外电缆的耐压接口。图 9－12 为光电桅杆方位转动装置示意图。方位转动装置的一个设计难点在于传感器头与方位转动装置机壳之间的旋转密封问题。国外有这方面的具体技术方案涉及多项专利，其中美国科尔摩根公司的 86 型光电桅杆采用的技术原理为设计独特的注油系统，可自动地进行压力补偿。

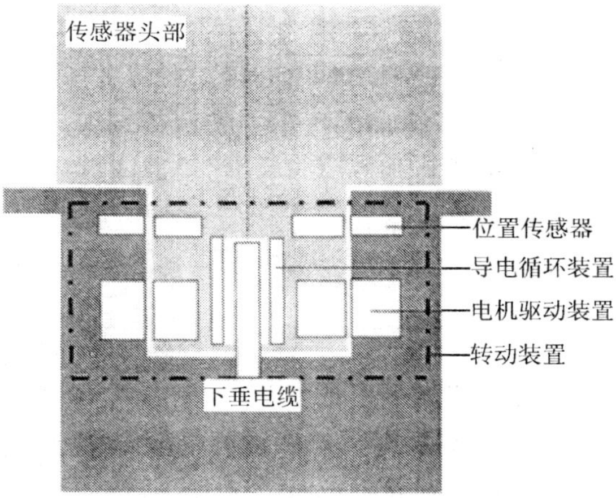

图 9－12　光电桅杆方位转动装置示意图

光电桅杆安装于潜艇的耐压壳体以外，必然随潜艇的下潜而承受巨大的海水压力。光电桅杆的舷外电缆需经过三处耐海水压力的接插件转接，即：光电传感器组件与方位转动组件之间的接插件、方位转动组件与升降装置之间的接插件和升降装置与艇耐压壳体之间的接插件。上述三处接插件及连接电缆必须耐海水的压力和腐蚀。

9.4.5　升降装置

光电桅杆的升降装置由液压升降机、活动导流罩等组成。液压升降机被安装在潜艇舷外的上部指挥台中，浸没于海水。其作用是托住上部的光电桅杆本体，并使其升降。它本身不回转，在升降时能承受很大的水动力且能很好地定向。光电桅杆本体与升降装置之间为法兰连接，通过标校使光电桅杆的舷角零位与艏艉方向一致。

升降装置的桅杆有活动导流罩，呈流线型，即使在潜艇高速航行状态下，流线型结构可以使桅杆以低噪声升降，而且可减小流体阻力和海浪的冲击力。可以减少光电桅杆升出海面使用时的尾迹和弯曲振动，提高了光电桅杆的适用航速。

英国 CM010 光电桅杆与外置升降装置集成后在机敏级核潜艇上安装的情况如图9－13(见 725 页)所示。

光电桅杆升降装置在保证光电桅杆可靠的舷外工作上起着决定性的作用。为此，国外从 20 世纪 90 年代起，就着手模块化非穿透桅杆支撑系统的研制工作。第一代通用性模块桅杆支撑系统采用液压升降机，除供光电传感器使用外，还提供潜艇其他舷外升降传感器使用。图 9－14(见 725 页)所示为通用模块化桅杆支撑系统的组成。

光电传感器使用的支撑系统是由两级可提升和收缩的桅杆系统组成并配置保护盖启动机构。桅杆上装有电子装置，它在桅杆行程过程中可以提供连续的位置指示。另外，桅杆上还设有电缆管理系统以便在桅杆升起时能使下部电缆使用更安全。为了在桅杆升起时,减少桅杆的水流尾迹和产生的浪花,桅杆装有导流罩,上部装有消浪板。桅杆外表面还涂覆雷达吸波材料(RAM)。第一代支撑系统采用液压油缸的缺点是系统复杂,质量大,而且有漏油危险,造成潜艇隐蔽性降低。研制的第二代桅杆支撑系统采用电机传动装置代替液压传动装置,主要的支撑方形导管亦计划采用碳纤维复合材料。

9.4.6 综合显控台

综合显控台的作用是实现光电桅杆瞄准线的操控与稳定;调节红外热像通道和电视通道的工作状态,处理、再现和存储红外热像和电视图像;实时显示瞄准线的高度角和方位角;实现视频测距以及与艇的其他系统数据通信等。综合显控台一般由光电桅杆本体控制装置、传感器控制与显示装置、信号处理装置和电源装置等部分组成。

1. 光电桅杆本体控制装置

该装置控制光电桅杆的外置升降装置,以实现光电桅杆本体的升降高度和升速控制、光电桅杆本体的方位转速和瞄准线的俯仰。操作手可按手动或预编程序方式进行目标搜索和探测。

2. 传感器控制与显示装置

传感器控制与显示装置包括:彩色和黑白监视器,红外热像仪和电视摄像机的倍率变换、灰度调节、灵敏度调节等调节控制装置。

3. 信号处理装置

信号处理装置主要由接口、图像处理计算机等组成,可完成图像增强、滤波、拼接、与数据融合等处理,进行目标的判断与识别。

4. 电源装置

提供光电桅杆所需的各种专用电源。

光电桅杆综合显控台的最大特点在于,可控制升降装置的自动升降和利用计算机图像处理技术实现对威胁空域快速全景扫描,并同时将360°周视图像实时拼接显示、自动存储。光电桅杆完成快速全景扫描探测后,潜艇可将光电桅杆头部收至海面以下,在水下对存储的图像进行处理、再现、仔细分析判断。使光电桅杆完成一次对威胁空域快速全景扫描在8～15 s之内,相对人眼观察的传统光学潜望镜的几分钟,其观测效率有了很大提高。

9.5 光电桅杆的工作原理

9.5.1 光电桅杆的成像模式与周视观察扫描原理

光电桅杆是一种多功能的侦察警戒设备,其成像探测模式通常有三种。

1. 凝视观察模式

凝视观察模式类似传统潜望镜的手操模式，主要用于对指定空域、海面的目标进行小范围搜索、侦察和监视。该模式可实现红外和电视两个通道的快速切换，实现电视视频测距和快速侦察数字化摄像、录像；并实现对拍摄的图像进行增强处理，同时可完成对目标的跟踪。

2. 警戒搜索模式

警戒搜索模式主要用于潜艇在执行通信、换气、充电等任务过程中。该模式下光电桅杆的红外通道以小视场按设定的周视速度对水天线附近的危险空域、海域进行连续周视搜索，将红外传感器采集到的周视视频图像在综合显控台上进行压缩、拼接、显示；提供未经压缩的实时红外图像，通过操作员观察判断，确定是否有威胁目标存在。同时，红外图像通过目标提取单元完成目标提取告警功能，向操作员提示可能存在的目标。法国 SMS 光电桅杆的警戒搜索模式控制界面如图 9－15（见 726 页）所示。

3. 快速周视模式

快速周视模式主要用于潜艇在执行上浮任务之前，对其顶部空域进行快速周视扫描探测，确定是否安全。在此模式下，光电桅杆的红外通道采用大视场在事先设定的仰角，快速完成顶部空域周视探测后，光电桅杆本体即降至水下；同时计算机图像处理系统对周视图像进行自动存储，通过对存储的视频图像进行重放、分析，以确定潜艇顶部空域是否存在威胁目标。

快速周视模式与警戒搜索模式的区别在于，探测的空域范围、红外通道视场的大小、回转速度的快慢以及是否具有目标提取告警功能等四个方面。

潜艇潜望镜周视转速因受人眼目视特性的限制，无法达到对空警戒探测快速性的要求。而光电桅杆采用光电探测手段取代人眼，就为提高周视警戒速度创造了条件。但由于光电桅杆与纯警戒探测设备不同，它还要完成对目标的凝视观察以完成侦察、搜索、定位等多种使命任务。因此，它需要采用大的面阵探测器作为成像器件，因而其周视扫描便属于图像的扫描，它必须一幅幅地完成。所以，图像扫描的最大转速会受到成像器件积分时间的限制。根据目前的器件水平，如果采用匀速周视的方案，则在相应的大视场情况下，最高转速也只有 6～7 r/min。而目前国外所研制的光电桅杆转速已达 12 r/min，最高可达 20 r/min。这其中涉及多项关键技术，如快速周视回转驱动方案可用“步进凝视”程序通过瞄准棱镜的运动实现，每一步凝视为一幅水平视场；也可用在探测器线阵加扫描反射镜的方法，终止反射镜扫描转动，由图像扫描改为线阵扫描；当进行凝视观察和警戒搜索时，又可切换为反射镜扫描的面阵成像。

9.5.2　光电桅杆的转动密封原理

潜艇潜望镜的回转，因需保证潜艇的水密封而带来了很大的摩擦负载，极大地影响了其回转驱动性能。光电桅杆的转速较潜望镜要高得多，它的水密封虽然不是为了解决潜艇的安全，而是为了解决海水由转动处泄漏进入光电桅杆自身的方位电机、导电滑环和测角元件等位置导致功能失效，但这也会使如何解决高转速下的动密封问题，成为一个不可避免的关键技术问题。

为了解决光电桅杆转动密封问题，英国 Barr & Stroud 公司于 1986 年在研究光电桅杆样机时，申请的一项专利采用气压平衡密封方式，其工作原理如图 9－16 所示。转动密封主要由上、下两组密封圈构成气动密封装置的密封腔体，将艇内的高压气体充入密封腔体，以平衡光电桅杆随潜艇下潜所受到的海水压力。密封腔体内的气体压力随着海水压力的变化而变化，相当于压力的“随动”过程，即始终高于外界海水压力 0.5～1 个大气压，从而避免了海水进入需密封的内部空间，同时干燥纯净的气体循环还可带走进入系统的潮气；当光电桅杆露出水面时，其密封腔体内的气体压力相对较低，此时上下密封圈受摩擦力较小，方位驱动电机可以带动传感器模块轻快地转动。

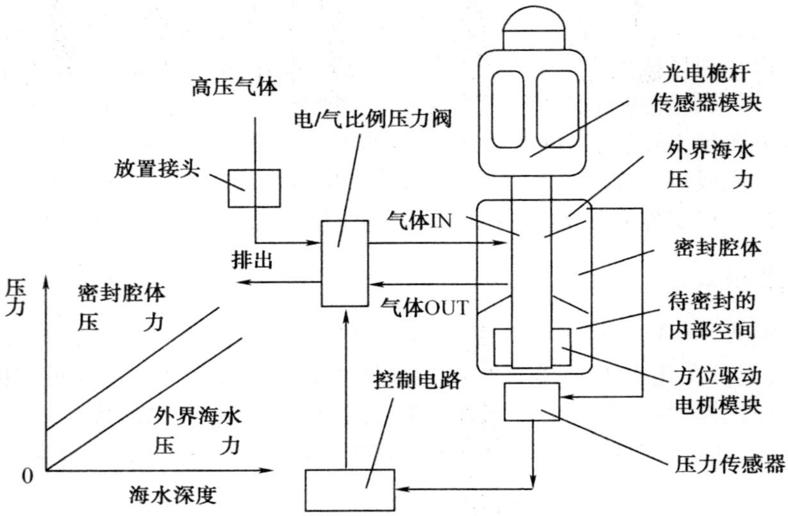

图 9－16　英国基于气压平衡原理的转动密封专利

此方案可以满足光电桅杆对转动密封的要求，尤其是利用了潜艇上充沛的高压气体资源，原理上是可行的，但是整个方案较为复杂，尤其是将艇内处理的最大压力可达 4 MPa 以上的高压气体输送至十几米远的艇外光电桅杆头部，其中必然会遇到一个高压气体无泄漏的气体旋转接头的问题；此外，由于目前气动元件多在 0.4～0.8 MPa 的压力下使用，2 MPa 以上的气动元件很少，因此控制密封腔体内的气压随海水压力正比变化的关键器件——高压电/气比例压力阀的研制也是一个难点。正是由于气动密封的方案有这些技术难点和缺点，英国在研制正式的光电桅杆产品 CM010 系统时，在对光电桅杆的转动密封装置的叙述时已经不再提气压平衡密封了。

在美国 86 型光电桅杆中，对回转转动装置采用注油压力补偿设计，即内部充油，转动部分设计机械密封装置以控制内部绝缘油的泄漏率，通过油压补偿装置使光电桅杆高速回转的方位组件始终在内外压力平衡的油膜状态下工作。这种原理的装置，又被称为防水回转电机。据报道，该独特的转动密封组件其泄漏率可控制在每天 1 mL 以内，可耐压 6.8 Mpa，在海水中浸没连续运转 90 天而无性能下降；实际测试结果，其寿命大于一百万转。

9.5.3　光电桅杆的瞄准线稳定控制与图像稳定原理

光电桅杆采用了光电探测、图像存储和处理的技术，实现了对快速空中目标的警戒功能。由于周视扫描、图像存储和处理的需要，则要求对瞄准线实现更高精度的稳定和图像的稳定。

1. 光电桅杆瞄准线稳定与控制原理

本书第 8 章讨论了多种瞄准线稳定的方法,已在光电桅杆应用的稳定方法有陀螺稳瞄平台稳定瞄准线方法、英国光电桅杆采用的三轴捷联式瞄准线与图像稳定方法、俄罗斯光电桅杆采用的光纤速率陀螺头部捷联安装的瞄准线与图像稳定方法等。现介绍国外光电桅杆采用的陀螺稳瞄平台法稳定瞄准线的工作原理,其组成如图 9－17 所示。

这种系统通过采用高精度微型陀螺 1 及伺服稳定回路 2,3 及 5,6 来实现系统的稳定,陀螺只起敏感干扰力的作用。在该平台上装有成像系统的反光镜,当因摇摆而作用在平台上干扰力矩引起平台绕平台轴转动时,其角位置(或角速率)被装于平台上的陀螺所感受;陀螺角传感器便有信号输出,经放大器放大后送到力矩电机。力矩电机给出稳定控制力矩,抵消作用在平台上的干扰力矩,使平台保持稳定。而通过反射镜保证成像系统的瞄准线始终追随陀螺仪的转子轴,使瞄准线得到稳定。其瞄准线稳定方程如下:

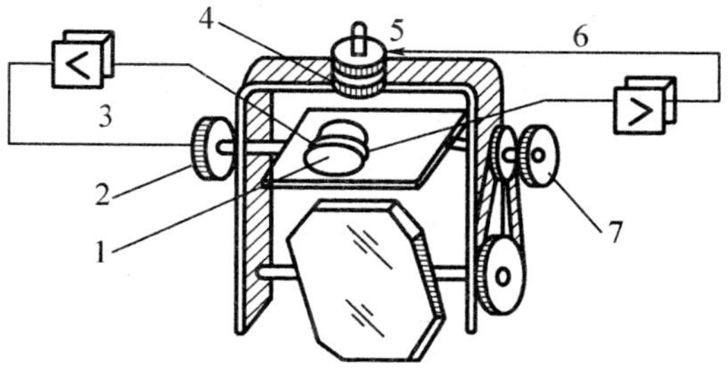

图 9－17　陀螺稳描平台稳定瞄准线组成原理图

1—陀螺;2—高度执行电机;3—高度伺服系统;
4—方位测角元件;5—方位执行电机;
6—方位伺服系统;7—高度测角元件

$$\begin{cases} \gamma = \alpha \sin h \\ e = -\beta \\ \varphi = \dfrac{\gamma}{\cos(h+\beta)} \end{cases}$$

式中　α,β——船摇摆角在光电桅杆观察面及弧矢面的分量;

e,γ——陀螺仪两个敏感轴上的敏感角,e 为绕水平轴的补偿转角;

φ——绕竖直轴的补偿转角;

h——瞄准线的俯仰角。

由于反射镜的转角应为瞄准线转角的二分之一,所以在陀螺仪水平轴与反射镜回转轴间的传动比为 1:2。

上述系统的瞄准线控制原理与潜望镜区别很大。其控制系统流程框图如图 9－18 所示。

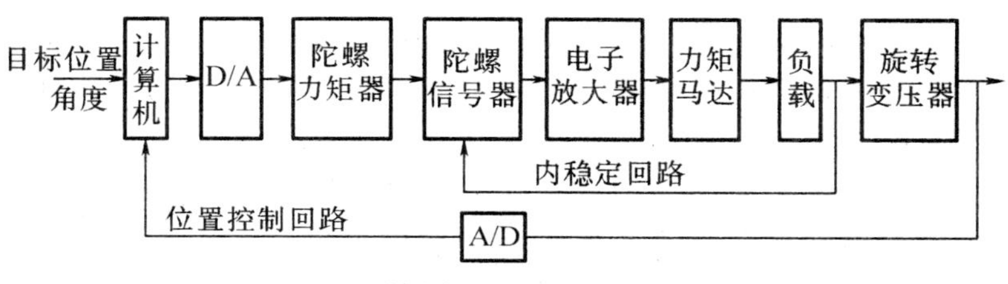

图 9－18　光电桅杆瞄准线控制系统流程框图

内稳定回路是通过陀螺信号器的信号放大等去控制力矩马达,保证陀螺主轴的稳定,从而保证瞄准线的稳定;而位置回路是光电桅杆的瞄准线位置控制回路,它通过计算机将所需的目标高度角、方位角和棱镜所在的位置(通过旋转变压器得到)相比较,发出指令信号，通过 D/A 变换，使陀螺力矩器进动，从而使力矩马达转动，使反射镜运动到相应的位置，实现瞄准线的位置控制功能。

这种瞄准线稳定方法的特点是：

①将陀螺敏感元件置于头部，稳定控制直接，线路简单，稳定精度高；

②这种瞄准线稳定方法不需另设水平基准，自主性好，也少了大量的信息传递和坐标转换过程，减轻了计算机的负担，减少了导电滑环的路数，使光电桅杆的实现方案更简洁，实用性更强；

③这种瞄准线稳定方法可以通过选择陀螺器件，把敏感的频域扩大至振动频带，配之以宽频带的随动系统，有实现对振动稳定的潜力，将可以大大提高图像的质量和清晰度；

④这种瞄准线稳定方法属于两轴稳定，因而带有两轴稳定的缺陷：高仰角时快速扫描困难；图像倾斜（旋转）明显。

2. 光电桅杆的图像稳定原理

由于瞄准线稳定是两轴的稳定，瞄准线稳定后一般还存在图像围绕瞄准线的转动，这对于依靠图像扫描侦察警戒的光电桅杆，会影响图像处理和拼接的质量，甚至会产生局部图像的丢失或拼接杂乱。所以解决瞄准线稳定后的图像旋转问题，便成为其一项技术关键问题。

对于两轴稳定缺陷的分析与解决方案，可参看第 8 章中的有关内容。这里特别提出的是在俄罗斯的 PARUS－98E 光电桅杆中，采用了将头部反射镜相对成像传感器微转动的方法，来补偿瞄准线稳定过程中的方位偏，是在潜望式仪器中首先提出来的一种解决方案。该方案原理上在高仰角时，其扫描容易，像倾斜也不大。整个稳定系统既能消除摇摆影响，又能克服镜管振动影响，比较适宜于光电成像系统探测扫描使用的情况。

英国 CM010 光电桅杆中采用了在物镜与成像探测器间加入消像旋转棱镜的方法。还有的国家正在研究电子稳像方法，以便用于今后采用高清晰度图像系统的产品中。

在成像系统的像方消除像倾斜的原理是先求出瞄准线稳定后的图像旋转公式，然后采用消除图像相对于成像探测器旋转的措施，以消除这项影响。

在第 8 章中已讨论了两轴瞄准线稳定后像旋转的规律如下：

$$\begin{cases}\Delta\theta = \sin^{-1}[\sin\Delta\varphi\cos\beta\sin h + (\cos\Delta\varphi\sin\alpha + \sin\Delta\varphi\sin\beta\cos\alpha)\cos h]\\ \Delta\varphi = \tan^{-1}\left(\dfrac{\sin\alpha\sin h}{\cos\beta\cos h - \sin\beta\cos\alpha\sin h}\right)\end{cases}$$

其公式中符号的意义同第 8 章有关说明。

有了瞄准线稳定后的像旋转公式后，如何消除其影响可以有两种方案。一种是将成像传感器绕光轴转过一个像倾斜的角度；另一种方案是在英国的 CM010 光电桅杆方案中，在像面前设置消像旋转棱镜称为别汉棱镜，见图 9－19。其特性是：当它绕光轴（ox'轴）转动时，会使像以同样的角速度在回转平面内转动，而不产生其他轴向的方向偏和像旋转。这样，只要控制其按上式 $\Delta\theta$ 的规律进行补偿转动，就能解决瞄准线稳定后的图像旋转问题。

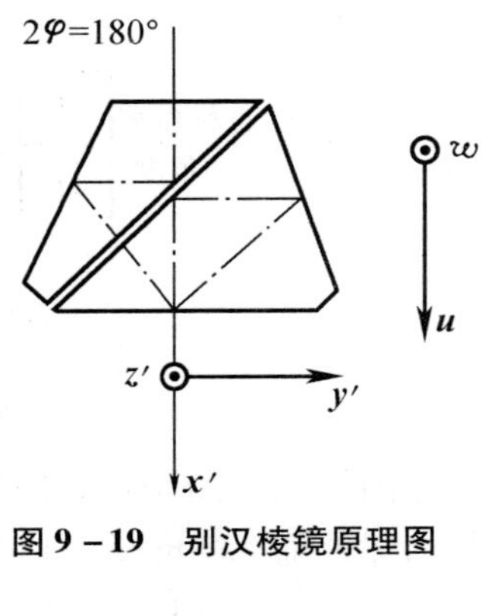

图 9－19　别汉棱镜原理图

9.5.4　光电桅杆的单帧红外图像目标提取原理

光电桅杆警戒探测模式是通过图像处理提取远处来袭的飞机。即便是反潜巡逻机这种大型飞机在十几千米以外，也可以视为小目标。由于飞机为了兼顾多种搜潜器材，一般飞行高度低于 1 000 m，因此可以将问题进行合理简化为水天线附近小目标检测。其难点在于远距离时，目标在图像中呈现为孤立点状或斑点状，而且无明显的结构特征和亮度特征；加之目标在水天线附近，由于处在云层干扰和海杂波干扰组成的复杂海空背景下，目标检测概率很难提高。因此在目前阶段，运用图像处理技术实现单帧红外图像的目标提取只能作为目标告警和提示作用。

下面介绍一种典型的图像处理工作流程和算法。

1. 图像预处理

中值滤波（Median Filtering）是基于排序统计理论的一种能有效抑制噪声的非线性信号处理技术。1971 年，图基（Tukey）在进行时间序列分析时提出中值滤波器的概念，后来人们又将其引入到图像处理中。

二维中值滤波器的定义如下：

数字图像由方格上的数集 $\{x_{ij}\}$ 表示，这里 (i,j) 取遍 Z^2 或 Z^2 的某子集。

一个具有滤波器窗口 A，其尺寸为 $N=(2k+1)(2k+1)$，对于图像 $\{x_{ij},(i,j)\in Z^2\}$ 的二维中值滤波器由下式定义：

$$y_{ij}=\operatorname{med}\{x_{i+r,j+s},(r,s)\in A\} \tag{9-5}$$

中值滤波器在图像处理中的应用流程是：设置一个滤波窗口，将其移遍图像（序列）上的点，且用窗口内各原始值的中值代替窗口中心点的值。

这种滤波器的优点是运算简单而且速度较快，在滤除叠加白噪声和长尾叠加噪声方面显示出了极好的性能。同时，中值滤波器在滤除噪声（尤其是脉冲噪声）时能很好地保护信号的细节信息（例如边缘、锐角等），有利于后续的差方和算法敏感的脉冲噪声消除。

2. 图像的增强处理

八方向的拉普拉斯滤波器模板如下所示。

拉普拉斯滤波模板

1	1	1
1	−8	1
1	1	1

该拉普拉斯模板滤波算法用公式表示如下

$$\begin{aligned}F(x,y)=&[f(x-1,y-1)-f(x,y)]+[f(x-1,y)-f(x,y)]+\\&[f(x-1,y+1)-f(x,y)]+[f(x,y-1)-f(x,y)]+\\&[f(x,y+1)-f(x,y)]+[f(x+1,y-1)-f(x,y)]+\\&[f(x+1,y)-f(x,y)]+[f(x+1,y+1)-f(x,y)]\end{aligned} \tag{9-6}$$

式中的差值改为差值的平方后再相加,就得到了差方和算法。在原拉普拉斯算法中,对于奇异点或边界的提取,通常采用模板处理后判断像素值是否有正负变化来实现。通过差方和后,可以直接通过判断其局部数值的大小来提取奇异点或边界,这就使后续的判断更为方便、有效。同时由于平方后的数值显著增大,这对于所需提取的部分具有一定的信号增强功能。

设$f(x,y)$为图像中点(x,y)处灰度,显然$f(x,y)>0$,对于一幅图像中$M\times N$大小的窗口S,定义差方和为

$$H=\sum_{i\neq x}\sum_{j\neq y}[f(i,j)-f(x,y)]^2,f(i,j)\in S \tag{9-7}$$

式中,H称为该窗口S的差方和。

局部差方和与拉普拉斯算子一样反映了图像灰度的奇异程度,在图像差方和大的地方,图像灰度比较奇异,可能是目标;在差方和小的地方,图像相对较均匀,可能是背景。所以可以通过图像局部差方和来将目标从背景中分离出来,达到抑制背景和增强目标的作用。

目标检测处理并非一定是针对点目标,也会出现小目标的情况,因此差方和算法的模板可以通过调整以适应目标的大小。理论上说如果模板中心区域的大小和目标一样,那么该算法对这种大小的目标最敏感;因此必须根据预估的对象类型来设置模板中心区域的大小,其差方和仍然是计算模板中心区域与模板外围像素的灰度差的平方和。

3. 图像的目标检测

通过红外图像的预处理,去除了可能对差方和算法敏感的脉冲噪声点。差方和算法是利用图像的局部奇异性进行目标检测,这会导致该算法对水天线和背景边缘的敏感,如果不加处理,将会导致虚警。为了避免水天线和背景边缘经过差方和算法后引起的虚警,必须在阈值分割前滤除水天线及弱化背景边缘。

(1)滤除水天线

红外图像中,水天线是由灰度发生变化的像素组成的,这在经过对边缘敏感的差方和算法后必然导致水天线凸现,这就和图像中的小目标的情况相似,如果这个时候直接阈值分割,那么水天线上的点将会产生虚警,这就给阈值分割带来了一定的困难。这里采用图像行扫描法得出水天线,然后滤除。根据水天线在红外图像上的分布特点,可以看出水天线是水平分布在图像上的一条亮带,这样可以按行搜索图像中的每个像素,当某行中的高灰度像素的数量大于某一值时,可以认为这是水天线所在的位置,然后加以去除。

(2)弱化背景边缘

背景边缘弱化算法是采用一定大小的窗口,对图像进行均值处理。从图9-20可以看出,当小目标区域A和窗口B大小相当时,窗口B内的灰度均值和小目标A的灰度均值接近,此处的灰度幅度变化不大。但当窗口B覆盖背景边缘,由于背景边缘和窗口B的形状相差大,它的灰度均值下降较大。弱化背景边缘的关键是窗口大小的选择,当窗口B和目标A大小接近时效果最好。

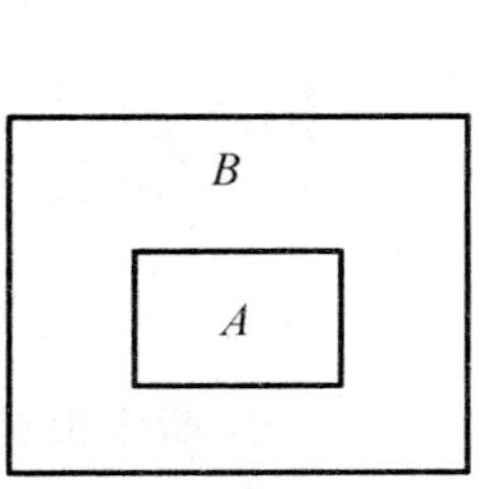

图9-20 目标与背景视窗

(3)阈值分割

阈值分割是得到候选目标的最后一步。阈值的选择由图像的整体灰度确定。当红外图像

质量较好时,那么阈值选择可以较高;反之阈值较低。本文中阈值门限 T 由下式确定:

$$T = m \cdot k \tag{9-8}$$

其中,m 为处理后图像的均值。k 为阈值分割系数,一般通过实验确定,取 100 ~ 200。

图 9 - 21 到图 9 - 26 是一个利用以上方法实现单帧红外图像目标提取的实例。其中图 9 - 21 为原始图像,其大小为 384 × 288 像素。在针对红外背景图像的仿真实验中,中值滤波采用的是 3 × 3 的窗口。由图 9 - 22 可以看出,中值滤波后图像更加柔和,削弱了脉冲噪声。实验中差方和算法采用的也是 3 × 3 的模板,在图 9 - 23 中,可以明显地看到差方和算法处理后,3 个候选点目标出现了,其中水天线和背景边缘也对该算法敏感,可见该算法也可用于目标边缘提取。图 9 - 24 显示的是运用行扫描法消除水天线后的情况,其中小目标和背景边缘依然可见。

图 9 - 21　红外单帧原始图像

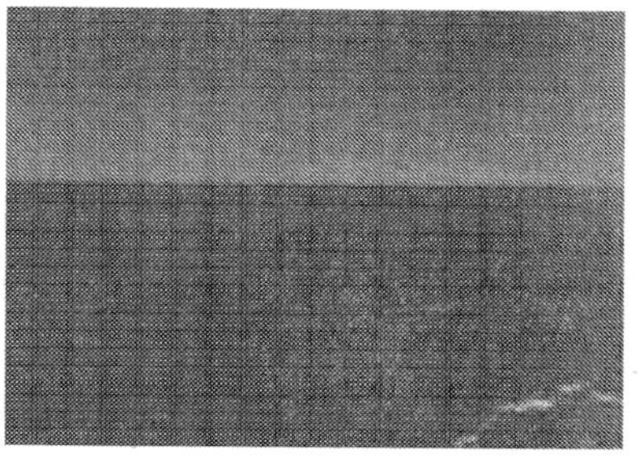

图 9 - 22　中值滤波处理

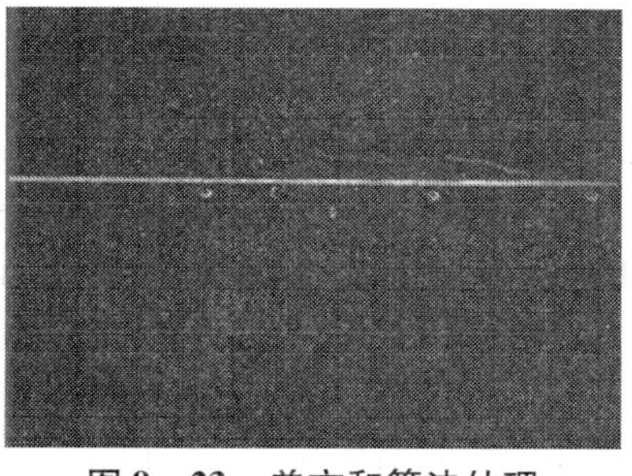

图 9 - 23　差方和算法处理

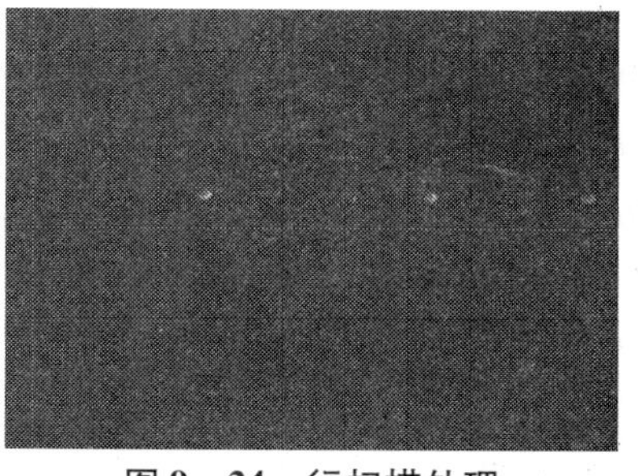

图 9 - 24　行扫描处理

图 9 - 25 是采用背景滑移 5 × 5 窗口弱化背景边缘的情况,这里,小目标和背景边缘都得到削弱,但背景边缘削弱得更厉害,目标区域依然可见。图 9 - 26 中,最后经过阈值分割,得到了 3 个清晰可见候选小目标。以上处理方法中的阈值分割系数 k 取为 150。

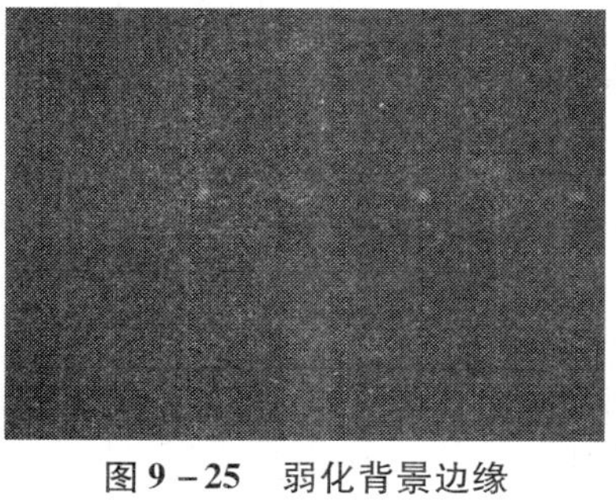

图 9 - 25　弱化背景边缘

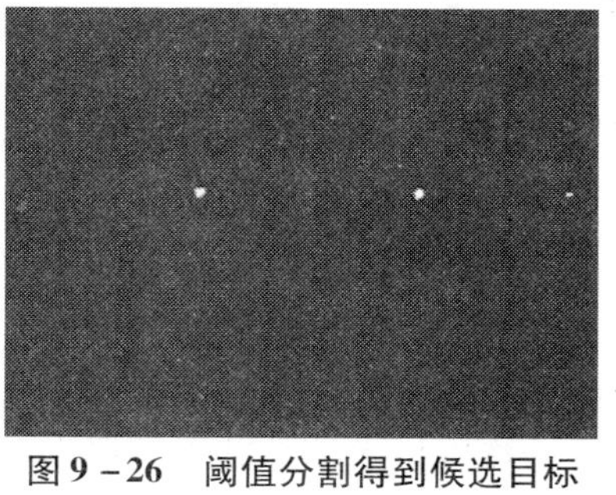

图 9 - 26　阈值分割得到候选目标

9.6 国外光电桅杆的技术发展及主要性能指标

9.6.1 国外光电桅杆的发展历程

在20世纪70年代末，美国科尔摩根公司首先提出“非穿透耐压壳体潜望镜”即光电桅杆的概念以来，美、英、德、法、俄、日等国家对光电桅杆技术发展极其重视，投入了大量的资金和人力进行研制开发，到20世纪90年代初，陆续完成了第一代光电桅杆，并在90年代中期逐步装艇使用，使光电桅杆成为现代潜艇的标准配置装备。潜望镜发展到光电桅杆是潜望设备发展史上的重大变革，是现代潜艇潜望设备发展的总趋势。

国外在第一代光电桅杆正式装备潜艇前，均将正式样机首先在潜艇上改装试用，并进行1~2年海上试验，对光电桅杆性能、功能、安装等进行充分试验验证，在此基础上进行更新设计生产。如：美国科尔摩根公司的第一代86型光电桅杆样机在美国“孟菲斯”号潜艇上进行了历时一年多的海试，为科尔摩根公司研制第二、第三代光电桅杆的设计、生产和安装积累了宝贵的经验；英国的CM010光电桅杆系统样机也换装到Trenchant号潜艇进行海试；俄罗斯罗蒙公司研制的“砖雨”(Brick Spit)光电桅杆已装备到德尔塔Ⅲ级和德尔塔Ⅳ级导弹核潜艇。

国外在发展光电桅杆时，为了解决不同型号潜艇要求有所不同这一问题，非常注重产品的系列化，使光电桅杆成为一种在基本型配置下可衍生由简及繁的系列化产品，使光电桅杆可以适装从常规潜艇到攻击核潜艇以至战略导弹核潜艇的在役或新研艇。例如：美国在86型光电桅杆的基础上，通过配置不同功能模块，形成战术光电桅杆(TOM)、光电传感器桅杆(OMS)和小型光电桅杆(COM)三个系列。英国在开发完成基本型的CM010光电桅杆后，也相应开发了CM011~CM014系列，以适应不同潜艇的不同使命要求。法国已经研制成功了红外光电桅杆(IMS)、搜索光电桅杆(SMS)和光电雷达桅杆三种系列产品，分别出口到瑞典、丹麦、挪威、荷兰和韩国等国家。

国外正式列装的第一代光电桅杆，取代一根潜望镜的居多，使潜艇的潜望设备形成“潜望镜+光电桅杆”的配置方式。进入21世纪，国外光电桅杆有完全取代潜望镜的趋势；尤其是美、英、法三国海军在新型核动力潜艇上配备了光电桅杆，如美国的弗吉尼亚级攻击核潜艇、英国的机敏级攻击核潜艇、法国的胜利级攻击核潜艇完全淘汰了传统的穿透型潜望镜，开创了非穿透型光电桅杆应用的历史。

9.6.2 国外光电桅杆技术的发展趋势

综合各国光电桅杆三十多年的研究历程和技术特点，无不在融合现代微电子技术、传感器技术及计算机技术的基础上扩展光电潜望镜基本功能。在提高电子化、自动化及模块化的前提下，着重强化对空红外热像观察与警戒功能，为现代潜艇作战指挥提供电子战环境下的探测手段，以完善潜艇被动立体探测体系，同时优化潜艇综合作战中心的总体布局。其技术发展趋势和达到的技术水平可以概括为以下几点。

1. 多波段光电传感器与微电子技术高度集成

光电桅杆采用了最先进的光电子技术，如：采用高清晰电视技术、红外焦平面技术以提高观察效果和作用距离；采用高速图像处理技术实现周视全景警戒搜索以提高搜索效率，图像自动存储，下潜后仔细分析，减少潜艇的暴露时间；采用组合稳定技术，实现了从两自由度瞄准线稳定到高精度三自由度图像稳定的跨越；采用光学新材料，实现电视、红外的“两光合一”，使光电桅杆的头部小型化，提高隐身性能。具体体现在以下几方面：

（1）采用高性能红外和电视传感器

光电桅杆的原理样机大都采用了当时最先进的扫积式线列红外探测器，采用的波长通常为 8 ~ 12 μm；随着无须扫描、可靠性更高、体积更小、空间分辨率更高、适应快速周视的 CCD 凝视面阵探测器的成熟，现代新型的光电桅杆已转而采用这种探测器，其波长变化为 3 ~ 5 μm，对水面舰船最大探测距离可达 20 km 以上。同时通过对探测器的不断升级，以保持对反潜飞机先敌发现的技术优势。

随着高清晰电视传感技术的进展，现代新型光电桅杆都装有高可靠性、高清晰度的电视摄像机（1 024 × 1 024 像素）以及彩色电视摄像机，用于白天观察，分辨率达到光学潜望镜的水平。

（2）采用 360°凝视成像技术

潜望光电装备被誉为潜艇的“眼睛”，其重要性决定了潜艇总体和设备自身两个层次的顶层设计都突出体现了可靠性方面的设计要求。潜艇总体设计方面，除了微型潜艇外，几乎所有潜艇均配置了两具互为备份的潜望设备，国外某些大型核潜艇甚至配置了三具潜望设备，如俄罗斯的“台风”级战略核潜艇配置了三具潜望镜、美国的“海狼”级攻击核潜艇配置了两具潜望镜和一具光电桅杆。在潜用光电设备自身设计方面，国内外光电桅杆装备都采用了独立的电视成像和红外成像的双通道设计，充分体现了可靠性冗余设计思想。但是，光电桅杆采用舷外电机驱动转动密封机构实现光电探测头轻快、高速的方位回转扫描，在提高搜索效率的同时，也带来了一个技术隐患，即当光电桅杆本体的转动密封、方位驱动电路或电机发生故障时，整个系统的基本观察功能将失效。且由于光电桅杆舷外安装、不穿透潜艇耐压壳体的总体技术特征，无法像穿舱的传统潜望镜那样依靠人工转动实现应急工作模式。因此，从提高光电桅杆装备的可靠性出发，增加一种应急工作模式非常必要。

美国海军研究局（ONR）针对弗吉尼亚级核潜艇 AN/BVS－1 光电桅杆提出了研制 360°凝视全景成像模块的方案，特别明确要求提交的方案应没有任何转动组件及其相关的部件，只要供电就可成像。美国海军研究局意识到这种非转动 360°凝视全景成像模块的图像分辨率较低，但可大幅度提高设备的可靠性和快速 360°凝视观察的能力，当与光电桅杆目前已有带瞄准线稳定的、高分辨率的、“可指向”的光电成像通道组合探测时，可有效地提升光电桅杆的作战效能和可靠性，确保潜望状态下潜艇航行的安全。美国科尔摩根公司研制的由 4 个高清电视成像模块组成的阵列式 HALO 360°凝视全景成像模块系统，其原理如图 9－27 所示。

表 9－2 为这种 HALO360°凝视成像系统的性能参数，目前已在现役潜望镜和光电桅杆升级改造中得到应用。该模块海试效果良好，可辨识 1 n mile 处的小渔船，对中型水面舰船作用距离约为 5 km，满足潜望状态己艇航行避碰对海面目标的警戒观察的要求。

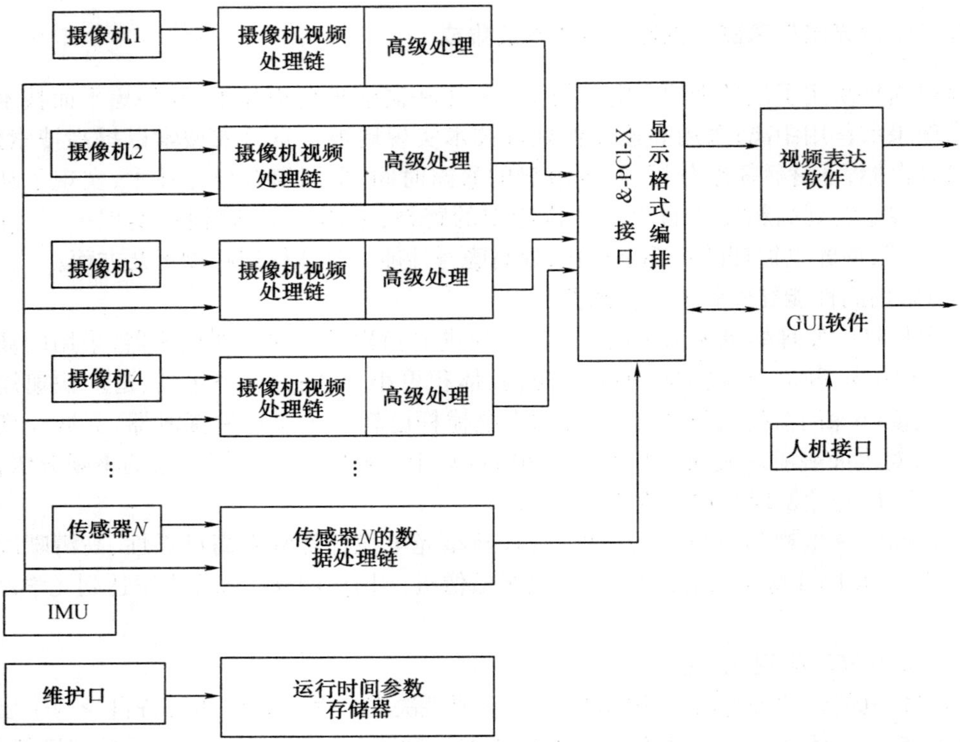

图 9－27　HALO 360°凝视成像模块信息流程的处理示意图

表 9－2　HALO 360°凝视成像模块的性能参数

特点	技术参数
视场	360°水平 ×67°垂直
像素/帧	5.8 兆像素
传感器类型	CCD,带贝尔彩色滤光阵列(Bayer CFA)
IFOV(瞬时视场)	1.18 mrad
帧频	30 帧/秒
图像稳定	利用惯性测量装置(IMU)的输入完成实时数字补偿
滞后	<100 ms
像素处理能力	521 兆像素/秒
图形用户界面(GUI)	全景 360°观察(变焦可选)
显示	1920×1200, DVI 输出
传感器头部尺寸	7.5 in(外径)×7 in(高)(1 in =2.54 cm)

360°凝视成像模块不仅可以提高光电桅杆系统的可靠性,还可以提高光电桅杆系统对多目标的警戒概率。光电桅杆头部扫描式窄视场成像模式无法同时观察整个周围场景,不便于监视与跟踪多个观察到的目标,当潜艇在潜望状态复杂海区航行时存在多个快速运动的非对称威胁目标(如小渔船),这种局限性将妨碍战术任务的完成。图 9－28 给出了在探测/识别/认清(D/R/I)三种情况下概率与距离的关系仿真计算图。曲线 A 是光电桅杆视场为 40°的标准分辨率的光电系统(640×480),感兴趣的目标恰好在视场范围内探测概率与距离的关系;但大多数情况光电系统的视场中并不包含目标,光电桅杆系统需要方位扫描

搜索,这样曲线 A 就要除以一个适当的比例因子,这就导致曲线 B 的产生;曲线 C 表示的是光电桅杆采用凝视阵列来同时覆盖 360°全景范围,若凝视阵列的光电传感器的数量少于 360°/40°,则该 D/R/I 概率曲线就会位于曲线 A 和曲线 B 之间。这种 360°凝视成像光电系统的作用距离虽然比光电桅杆常规的光电通道要近,但不存在近距离观察盲点的优点,使得其具有比光电桅杆的方位扫描工作模式具有更高的 D/R/I 概率。

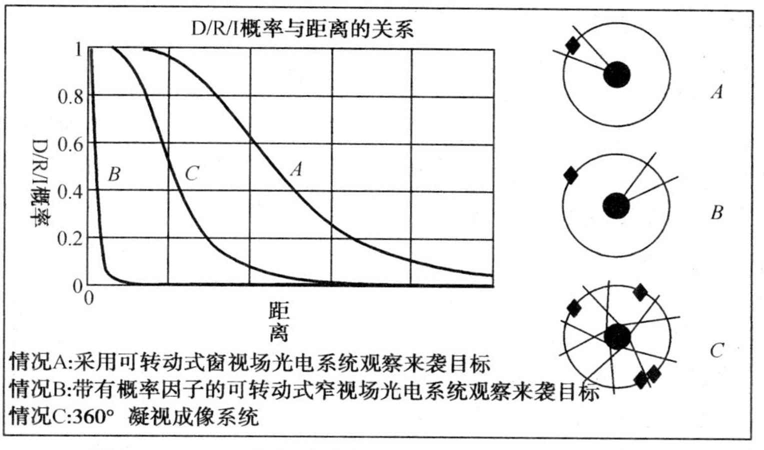

图 9-28　360°凝视成像模块的 D/R/I 概率优势示意图

(3)通过嵌入设计技术不断提高传感器性能

光电桅杆的发展必须能将现代高科技传感器以最快的速度应用到光电桅杆上。为此,应大力推行"技术嵌入"设计法。也就是说,在设计新型光电桅杆时,必须考虑周到,有进行模块化嵌入更换新传感器的可能,并留有适当的扩展空间。

2. 高精度瞄准线及图像稳定

对光电桅杆的光电成像通道而言,由于电视探测器和红外探测器都是建立在信号积累效应的基础上,光电成像传感器的有效输出信号值随着瞄准线的运动速度的增加而减少,故特别精确的图像稳定至关重要。潜望状态光电桅杆的角运动频谱如图 9-29 所示。

图 9-29 以量化的方式示出了角振动的频谱强度 S_{α}。首先,潜艇的纵倾和横摇使得光电桅杆产生第一个谐振峰,角频率 $\omega_{p/r}$ 为 0.6 ~ 1.0 s^{-1};接着,光电桅杆本体在迎向水流中产生更高频率角振动的第二个谐振峰。第二个谐振峰的参数既取决于潜艇的航速又取决于光电桅杆系统的结构,尤其是支撑升降装置的谐振频率、流线型导流罩的使用和观察头因海浪而被淹没的程度等因素,这个高频扰动的振幅可达几弧分,角频率 ω_d 为 15 ~ 50 s^{-1},就是这些高频振动对光电桅杆的观察特性的影响相当大。

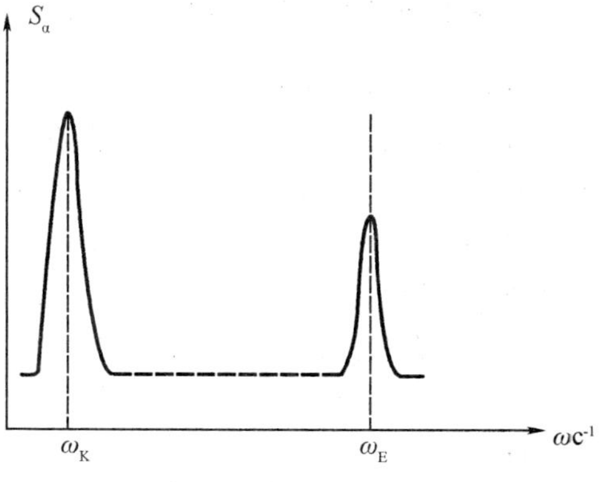

图 9-29　光电桅杆潜望状态的摇摆和振动作用的频谱强度特性

光纤陀螺无机械转子,寿命长,可靠性高;抗振抗冲击性强,稳定输出时间短,不存在加速度误差;有很高的动态测量范围,测速范围宽;带宽很宽,能达几百赫兹;对角速度的反应极快,测速灵敏度高等优点。尤其是光纤陀螺寿命长,可靠性高,准备时间短,非常适用于光电桅杆这类舷外安装、维修不便的设备。当光纤陀螺运用数字技术完成温度——漂移的补偿后,其精度完全可以达到目前机械陀螺的精度。图 9 - 30 所示(5)、(11)和(12)为俄罗斯 PARUS - 98E 型光电桅杆 3 个光纤陀螺布置示意图。这 3 个光纤陀螺的布置方式说明光纤陀螺的 3 个测量轴表示光电桅杆图像的正交坐标系。用 3 个光纤陀螺装置测出惯性角速度的 3 个分量,再利用这 3 个分量来产生瞄准线稳定系统所需的校正信号。瞄准线控制与稳定的伺服系统是无齿轮传动的系统。该系统在每个轴上都装有力矩马达和精密测角装置。

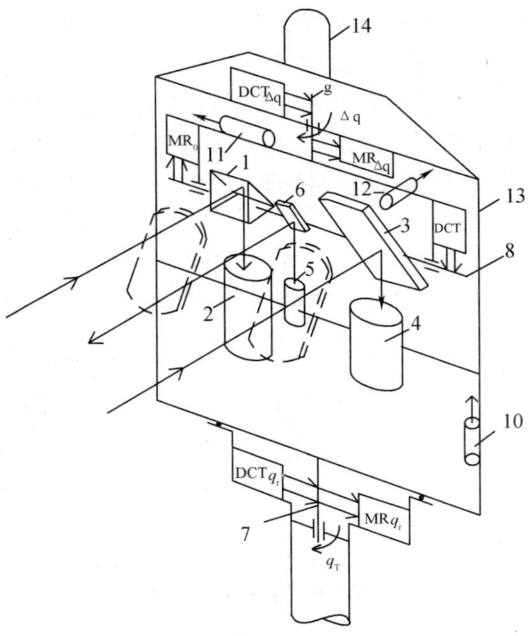

图 9 - 30 俄罗斯 PARUS - 98E 光电桅杆的光纤陀螺布置方案

每个方向的瞄准线稳定控制方案实质上被归结为一个组合稳定系统。在该稳定系统中,由伺服驱动装置产生的角度是由两个分量之和构成的:一个分量是从潜艇的导航系统获得的;另一个是由头部集成的光纤陀螺仪信号获得的。第一个分量对潜艇低频率振动的动态影响提供补偿;第二个分量对轴向系统的高频振动提供补偿。

英国的 CM010 光电桅杆也采用了与此不同的捷联式三轴稳定系统(见第 8 章),达到了 100 ~ 200 微弧级的稳定精度。现在,一般认为光电成像系统的图像稳定精度,应该达到一个像元对应的物方张角(见第 8 章),随着高清晰度成像传感器的采用,图像稳定精度要求必将随着进一步提高。

3. 采用先进的操控技术和图像处理技术

随着计算机技术自动控制技术的进步,对光电桅杆的操控模式已进行了越来越深入的开发研究,自动化程度越来越高;随着图像处理技术、图像识别技术的进展和采用,必将使光电桅杆在对空警戒的探测效能方面取得更大的进步。

SAGEM 公司成为率先将"快速周视"工作模式概念运用到潜望光电装备的公司之一,为了在几秒钟内捕获到潜艇周围的全景图像,这种工作模式要求系统具有以下的能力:

①对捕获(或记录下来)的 360°全景图像信息可在操控台上显示;

②在图像捕获期间对潜望镜头部的快速运动有补偿措施,保证图像质量不会下降。

若红外热像仪中采用的线阵红外探测器可以满足第二条要求,光电桅杆头部的转动进行方位扫描,将热像仪的行扫描镜运动"冻结"也可获取全景图像。通过限制 CCD 电视摄像机的积分时间使运动模糊保持在可接受的程度。随着红外焦平面阵列探测器投入实际的应用,红外热像仪的性能得到了很大程度的提高,可同时获取较大的观察范围和高刷新率以及高的温度灵敏度。但是,在积分时间内我们假设这种传感器的瞄准线是完全稳定以确保探测器的积分时间,若不满足积分时间这个条件,会导致红外热像仪的图像质量下降。鉴于此,SAGEM 公司已经研制出一种专用的“反扫描”(Descanning)光学装置用于采用红外焦平面阵列探测器的光电桅杆系统中,即所谓的“步进凝视”技术。根据具体的应用要求,对所有的通道(红外、电视等)都要进行“反扫描”,利用受伺服高速控制的反扫描镜装置,保证光电桅杆所有光电传感器输出的图像都不会出现任何多余的运动,尽管传感器头部都是以一定的角速度作运动,这种技术对于保持光电传感器在要求的积分时间内瞄准线稳定也是非常有益的。

图 9 - 31(见 726 页)所示为法国 S30 搜索光电桅杆的周视扫描工作换式示意图。图 9 - 32所示为法国 S30 搜索光电桅杆快速周视的数字图像处理信息流程示意图,采用这种技术可以在现代潜艇的作战管理系统的数字式多功能显控台上显示出高质量的高清晰度图像。

由于光电桅杆快速周视模式时,传感器头部转速为几秒至十秒一圈,远比人工操控光电桅杆转动获取 360°图像所需的时间(约几十秒)要短很多,同时还可以对光电桅杆的俯仰搜索方式进行软件编程,使得光电桅杆在完成水面威胁目标探测的同时也可以进行对空搜索。利用光电桅杆这一工作模式,潜艇在危险性最高的潜望深度也可以具有很强的对空中威胁的防御能力。由于红外辐射探测是被动的,因此当空中威胁目标(如海上巡逻机)保持雷达静默时也能具有自防御能力。图 9 - 33(见 726 页)给出了法国 S30 搜索光电桅杆利用这种图像处理技术获取的全景电视图像以及被选区域的全分辨率窗口图像。

4. 多功能、系列化、模块化的方向发展

所谓多功能光电桅杆就是在集成潜望观测所需的基本功能(昼夜观测、红外警戒、天文导航、测距测舷等)的前提下,使光电桅杆成为光电探测、电子警戒、天文与卫星导航及通信的综合信息平台;减少了潜艇的桅杆的数量,使潜艇在有限的自暴露时间内尽可能多地完成战术使命,提高潜艇的安全性。

国外各主要潜望设备研发厂商无一例外地采用模块化技术,提高设备的可靠性、维修性;在光电桅杆的总体设计阶段,综合考虑光电桅杆的各种功能的配置关系,在其基本型的基础上,通过机械接口和电气接口,外挂功能模块,以实现光电桅杆多功能、多战技用途的要求。模块化设计的光电桅杆系列产品为潜艇的总体设计提供了以下许多优点:安装快速方便,采用标准接口和标准电源减少系统对潜艇平台的要求。

表 9 - 3 为英国 CM010 系列光电桅杆系列产品功能模块一览表。CM010 系列光电桅杆各功能模块的设计都采用标准尺寸,以适于安装在平台内的不同位置上。由于这些装置彼此间具有一定的距离,这就为安装决策提供了很大的灵活性。设计的每个装置与其他各装置是完全独立的,因此当某个模块因维护或者因任何其他目的需要更换时,其要求的校准量可降低到最小程度。

表 9 - 3　英国 CM010 系列光电桅杆系列产品功能模块一览表

型号	热像仪		第二代像增强器	电视		ESM	通信天线	GPS
	3 ~ 5 μm	8 ~ 12 μm		单色	彩色			
CM010	●			●	●	■	■	■
CM011			●	●	●	■	■	■
CM012		●		●	●	■	■	■
CM013	●	■	■	●	●			
CM014	■	●				■	■	■

注:●标准设备;■选用设备

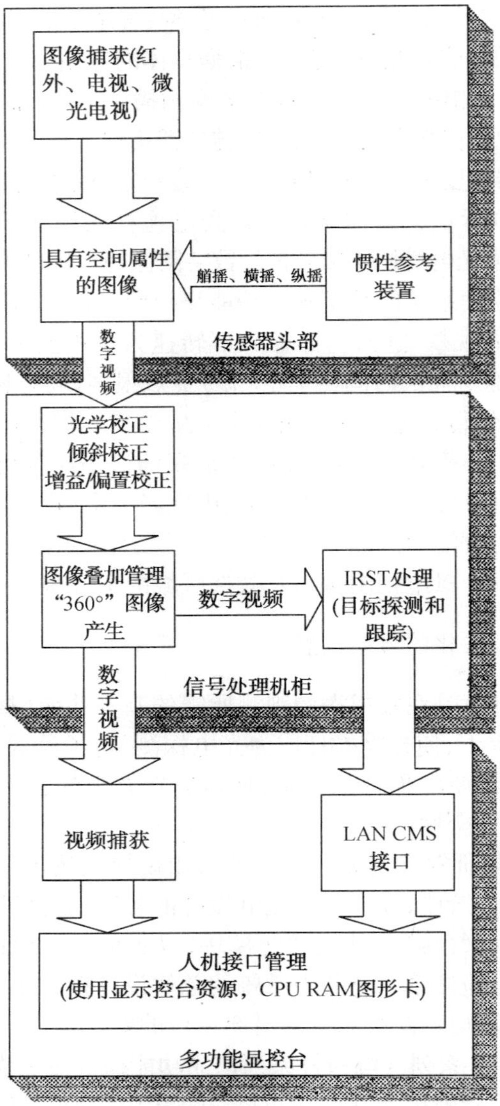

图 9-32　法国 S30 搜索光电桅杆快速周视信息处理流程图

美国光电桅杆采用了意大利卡尔佐尼公司研制的升降桅杆,这种桅杆结构也已通用组件化,可以适配不同类型的光电桅杆本体。美国光电桅杆的显控台目前已有三种,按照模块化的设计思想,其功能可以进一步增强扩展。德国的光电专家认为,光电桅杆的模块化设计,使其有着良好的适用性及发展前景,非常适用于老艇的改造更新装备。

5. 大潜深能力

光电桅杆系列化的一个重要特征是研制大潜深光电桅杆,满足潜艇平台的总体要求。潜艇以其机动性、隐蔽性和突然性而成为一种具有威慑与突击作用的重要海军装备,隐蔽是潜艇的生命力,潜艇的深潜能力是潜艇的隐蔽性和机动性的主要保证。然而随着以水声器材、光电吊舱、磁探仪为代表的航空反潜技术不断发展以及反潜武器作用深度的加大,极限 250~300 m 潜深的潜艇作战优势正逐渐丧失,其生存能力面临着前所未有的挑战。潜艇要保证其机动性、隐蔽性和突击威力等作战优势,必须进一步增加下潜深度、增加潜艇活动空间。全球海洋的 98% 区域深度都在 400 m 以上,海洋给潜艇的深潜提供了广阔的活动空间。海洋深度的分布情况见表 9 – 4。

表 9 – 4　海洋深度的分布情况统计表

海洋深度	300 m 以内	400 ~ 500 m	1 000 ~ 6 000 m
分布比例	1% ~ 2%	4% ~ 5%	90%

潜艇下潜深度(潜航深度)定义为:海平面到艇上深度计的距离。国际上对潜艇大潜深定义为最大下潜深度在 450 m 以上,而超大潜深指下潜深度大于 600 m。增大下潜深度是潜艇隐蔽和规避敌方威胁的最好方式,潜深对潜艇的隐身性能(隐藏率、隐蔽率)和生存率极为重要。此外,随着潜艇下潜深度的加深,潜艇在保护自身安全的基础上,加上潜射武器大深度发射的技术实现,可进一步加大潜艇的威慑力。

追求更深的下潜能力是潜艇技术发展的重要方向,可有效地提高潜艇的隐蔽性和安全性。20 世纪 80 年代之后,国外新研潜艇随着材料科学、设计仿真方法、工艺等相关技术的突破,在极限下潜深度有了大幅度的提高,如 20 世纪末德国新研的 U214 级潜艇、美国弗吉尼亚级和洛杉矶级核潜艇、俄罗斯阿穆尔级潜艇、日本“亲潮”级潜艇的设计下潜深度普遍达到了 450 m;日本的“亲潮”级之后,“春潮”级潜艇极限下潜深度又进一步提高到了 500 m;美国的海狼级核潜艇下潜深度达到了 600 m,个别型号(如前苏联的共青团号核潜艇)采用全钛合金壳体,下潜深度甚至达到 900 m。在这些潜艇上使用的潜望设备(光电桅杆和潜望镜)均具有承受 6 MPa 静水压力甚至更高的能力。

国外实现光电桅杆装备大潜深的技术努力主要体现在新材料和新设计方法的应用上。蓝宝石作为一种新型的光学材料,目前已经被应用在美国、英国的光电桅杆的观察窗口上。同样还有一些新型的红外窗口材料在军事光学领域中具有极大的潜在价值,这些材料如尖晶石和 ALON(氧化氮铝)红外材料早已引起人们的注意。尖晶石不仅具有硬度、韧性、刚性方面的优点,与蓝宝石材料相比具有明显的优点,其透射率更加良好。据有关资料报道,美国海军的低成本多光谱 A 级观察窗研制项目,实质上是采用尖晶石陶瓷材料的潜望镜窗口的研究项目,潜用尖晶石窗口材料的制造及加工技术已经获得成功。

6. 潜艇信息网络重要节点功能

(1)更有条件承担潜艇图像信息中心的角色

光电桅杆的红外视频图像,可利用图像处理技术实现实时处理和自动威胁判断。一方面电子视频信息可以方便地与作战系统的其他探测通道和处理单元实现共享与融合,这样它的显控台将潜艇的光电浮标、水下电视、水下激光扫描系统、潜射无人机、水下机器人、艇内闭路电视监视系统甚至声光等信息,较光电潜望镜可以更有条件形成一个图像信息中心和关键节点;另一方面,有利于减少潜艇作战系统的系统反应时间,使得潜望设备为目前各国竞相研制的潜空导弹系统提供目标指示成为可能。

(2)可以为潜艇的全自动化操控和潜艇隐蔽性作出贡献

由于潜艇的上浮过程是脆弱和易受攻击的状态,如何在此过程中做到先敌发现,且又自我暴露最小,是潜艇发展的一项重要课题。光电桅杆可以做到升降高度“自适应”控制和搜索的全自动操控,将来可以将潜艇的上浮和下潜与光电桅杆的操控结合为统一的程序进行操作,以实现以上的优势。图 9 – 34(见 727 页)所示为 21 世纪潜艇指挥舱示意图。

(3)可以为潜艇的信息网络建设作出贡献

由于光电桅杆出色的操控性能,它可以集合多波段的天线,并有机地配合使用,发挥各自专长，大幅提高探测效能，形成水上空间探测的一个综合体。尤其是发展安装保密性强的极高频卫星通信天线，实现潜艇实时双向保密通信能力，进一步加强其网络节点的能力，无疑可以为潜艇信息网络建设作出突出的贡献。

7. 可靠性、安全性

因为光电桅杆是名副其实的舷外设备，且因升起光电桅杆的时机，往往是潜艇从水下安全深度向潜望状态的不安全过渡区中。它与潜望镜相比有一些不利之处，如一旦发生事故或停电都将无法工作。所以，光电桅杆的可靠性、安全性无论怎么强调都不过分。为此，必须考虑适当的冗余设计和“情况危急”时的应对措施。

9.6.3 国外光电桅杆主要产品及技术参数

表 9 - 5 为国外光电桅杆的主要功能、技术特点及性能参数一览表。

图 9 - 35（见 727 页）为美国 86 型光电桅杆观察头外形；图 9 - 36（见 727 页）为美国 86 型光电桅杆改进型观察头外形；图 9 - 37（见 728 页）为美国 86 型光电桅杆升起状态导流罩及消浪装置外形图；图 9 - 38（见 728 页）为美国 86 型光电桅杆连同支撑系统导流罩试验测试图；图 9 - 39（见 728 页）为美国 86 型光电桅杆在潜望状态航行时露出的观察头；图 9 - 40（见 729 页）为美国 86 型光电桅杆的显控台；图 9 - 41（见 729 页）为美国 96 型攻击光电桅杆的小截面观察头外形；图 9 - 42（见 729 页）为美国 96 型攻击光电桅杆显控台；图9 - 43（见 729 页）为美国弗吉尼亚级潜艇上的 AN/BVS - 1 型光电桅杆；图 9 - 44（见 730 页）为俄罗斯 PARUS - 98E 型光电桅杆观察头外形及显控台；图 9 - 45（见 730 页）为英国 CM010 型光电桅杆观察头外形；图 9 - 46（见 730 页）为英国 CM010 型光电桅杆显控台；图 9 - 47（见 731 页）为通过桅杆控制机柜控制 CM010 型光电桅杆示意图；图 9 - 48（见 731 页）为德国 OMS - 100 型光电桅杆观察头外形；图 9 - 49（见 731 页）为德国 OMS - 100 型光电桅杆在潜艇上的布置示意图；图 9 - 50（见 732 页）为德国潜航状态的 OMS - 100 光电桅杆；图9 - 51（见 732 页）为法国 SMS 搜索光电桅杆观察头外形；图 9 - 52（见 732 页）为法国 SMS - 30 光电桅杆观察头外形。

9.7 潜艇光电浮标技术及潜射无人机简述

9.7.1 潜艇光电浮标的概念

潜艇光电浮标（Submarine Optronic Buoy）是指潜艇不必上升到潜望状态，就可以使用的对海面以上目标进行探测的光电传感器平台。在国外又被称为遥控电子观察平台。自从光电浮标的概念出现以来，它已成为各潜艇大国极为关注的技术领域，出现了各种潜艇光电浮标的专利和方案，并进行了一系列的实际试验。光电浮标技术是潜艇潜望镜技术的自然延伸，潜艇在水下一定的深度通过发射光电浮标来获取水面及空中的目标信息，这样可以既安全又隐蔽地获得所需要的外部信息。因此，光电浮标成为现代潜艇隐身的一个重要手段。目前，潜艇发射光电浮标可以有多种形式，例如从鱼雷发射管、导弹发射管或从潜艇围壳上的筒状容器发射等。图 9 - 53（见 733 页）示出了从潜艇后舱发射浮标的一种形式。目前，光电浮标技术朝着两个方向发展，一种是光电浮标作为潜艇上独立的装置使用；另一种是光电浮标与其他装置组合使用，例如与探雷装置、通信浮标等组合。

表9-5 国外光电桅杆的主要功能、技术特点及性能参数一览表

技术参数 \ 厂家		法国萨吉姆公司			英国皮尔金顿公司	德国蔡司光电公司	美国科尔摩根公司			俄罗斯中央电气仪表科研所
型号		SMS-30系列	SMS	OMS	CM010	OMS100	86改进型	PMP	96型	PARUS-98E
红外	波段	3~5 μm	8~12 μm	8~12 μm	3~5 μm	3~5 μm 8~12 μm(选)	3~5 μm	3~5 μm	3~5 μm	8~12 μm
	探测器像素	640×512 FPA	CCD288×4	CCD288×4	640×512(FPA)	320×240 微扫	640×512 FPA	640×512 FPA	256×256 微扫	FPA
	视场	还设置有 1280×1024FPA 成像方式	7°×5.4°	7°×5.4°	24°×6° 6°×4° 3°×2°	12.4°×9.3° 4.1°×3.1°	9°×6.75° 4°×3°	24°×32° 9°×12° 3°×4°	9°×12° 3°×4°	8°×12° 2.6°×4°
电视	摄像机	高清彩色CCD, 微光电视	黑白CCD	黑白CCD	1024×1024 3片彩色CCD	1920×1080 彩色CCD	480×640彩色 1035×1940黑白	同86改	彩色CCD	昼光、微光
	视场		32°,16°, 8°,4°	32°,4°	同红外	23.6°×13.4° 3°×1.7°	16°×12° 4°×3°	同红外	24°×32° 9°×12°	32°×5°
测距	方式	人眼安全激光测距仪	LPI人眼安全激光测距仪	导航雷达测距估算		人眼安全激光测距仪	人眼安全激光测距仪	人眼安全激光测距仪	人眼安全激光测距仪	人眼安全激光测距仪
	作用距离			4-32 km		9.1 km	9.1 km	9.1 km	10 km	18.5 km
稳定特性	方法	2轴稳瞄平台	2轴稳瞄平台	单轴	3轴捷联稳定台	2轴稳瞄平台	2轴稳瞄平台	2轴稳瞄平台	2轴稳瞄平台	3轴、光纤陀螺
	稳定精度	1′1σ20″	1′ 1σ20″			1′	35 μrad		100 μrad	20″-30″
机械特性	红外俯仰范围		-10~+30°	-20 ~ +50°	-15°~+60°	-15°~+60°	-10°~+55°	-10°~+55°	-10° +45°	
	电视俯仰范围		-10~+80°	同上	同上	同上	-10°~+74°	-15°~+74°	-10 ~ +60°	
	最大回转直径		ϕ320 mm	ϕ370 mm	ϕ394×2 760	ϕ350×2 315	ϕ330×2 200			
	方位驱动能力				12~20 rpm	最快16 rpm	12 rpm	20 rpm		
	快速周视扫描	有,几秒	有,周视5 s		有,10 s以内	有,十几秒	有,5~6 s			
隐身性能		RAM	RAM	RAM	头部隐身设计RAM	RAM	头部隐身设计RAM	头部隐身设计RAM	小截面尺寸RAM	RAM
使用航速					导流罩12节	导流罩12节	导流罩12节	导流罩12节		10节
天线接口		ESM GPS 通信	GPS通信 预警ESM 测向ESM	ESM和GPS 天线接口	ESM GPS 通信天线	ESM-EW / ESM-DF / GPS	ESM GPS 通信天线	ESM全向定向 通信 / GPS VPA天线	(选配) ESM,GPS / 通信天线	ESM,GPS / GLONAS 无线电接收
列装情况		法国核动力及多艘国外潜艇	"海鳝"级潜艇	"凯旋"级核潜艇	"机敏"级核潜艇、Collins级	U206、U212、U214潜艇	"海狼"级,"洛杉矶"级	"佛吉尼亚"级核潜艇	出口型	

图9－54(见733页)示为美国电船公司2007年推出的一种结构新颖的光电浮标，是利用光纤传输目标图像。

20世纪80年代以来，国外已有多篇不同方案的光电浮标申请了专利，三十多年来，探讨中和进行试验研究的光电浮标已有多项。本节将知识性地介绍光电浮标的概念、意义，并简要介绍已出现的几种光电浮标专利方案和试验研究的一些光电浮标情况。

根据具体的探测方式和发射方式的不同，潜艇光电浮标可以有多种形式：

(1)采用光学反射镜类似于光电桅杆的观测方式，通过电视和红外摄像头的周视扫描完成对四周目标的搜索警戒，这种方案又被称为扫描浮标方案；

(2)采用超广角镜头的电视或红外传感器实现对半球空域内目标的实时监视，尤其是天顶目标的警戒，这种方式能解决潜望镜和光电桅杆由于俯仰角度的限制，无法探测潜艇天顶目标的问题，这种方案可称为广角镜头方案；

(3)复眼全景方案；

(4)弹射浮标方案；

(5)发射浮标方案。

图9－55(见733页)为美国海军提出的潜艇扫描型光电浮标系统的构想图。应用这种方法实施观察的潜艇在100 m深以上的海面下释放浮标，浮标配置遥控电视摄像机浮出水面，多功能显控台则安置在潜艇中，利用电缆来连接电视摄像机和多功能显控台。这种浮标能迅速地收回到潜艇上，并且在必要时还能把它迅速抛掉。根据上述设想，有报导美国Dillingham公司研制了PTC100型电视浮标系统，并进行了海试。在耐压壳体(罩)内装有电视摄像系统、扫描电机、360°视场的窗口等，方位扫描电机使电视摄像机进行连续扫描，视频和电源通过滑环传送，视频图像在监视器上显示，电视摄像机的水平分辨能力为600线。在非常低的环境温度下工作时，光学窗口需加热除霜。

9.7.2 发展光电浮标的意义

潜艇兵力最大优势是利用海水介质作掩护所具有的隐蔽性，因而具有强大的突击威力。然而，潜艇为了某些需要，又不得不上升到水面附近进行活动。如常规动力潜艇的通气管航行状态充电、换气；推算舰位位置的天文定位、定向校正；水面上敌情的侦察；与己方基地的通信等。而潜艇升到水面附近执行上述任务时，就会失去海水掩体的隐蔽，处于暴露或半暴露状态。

发展研究光电浮标的意义如下：

(1)利用光电浮标可以使潜艇在水下的隐蔽状态(坐沉海底或潜水航行)照样能执行对空警戒、探测报警任务。由于光电浮标相对于整个潜艇而言，暴露的尺寸要小得多，探测到敌情后，潜艇在水下比在水面机动性也要好得多，从而可以大大提高潜艇的机动性。

(2)坐沉海底(或海水突变层，又称液体海底)停机情况下的对空光电浮标探测，较之潜望状态的光电桅杆对空探测，有很大的优势。它可在与敌直升机声呐浮标探测与反探测中占得先机。这首先因为水面状态附近的潜艇，很难停机，易被敌声呐浮标探测到，而敌方的主动声呐浮标又较容易探测到水中的潜艇；但对坐沉海底，停机的潜艇，则由于受声呐海底混响的影响，不易被探测到。

(3)潜艇坐沉海底，或处于敌航道附近的水中，放出光电浮标进行侦察活动(光电、雷达、通信侦听多种波段），较之在水面附近进行侦察活动，要安全得多，也从容有效得多；

（4）潜艇在与敌反潜兵力直升机的角斗中，如无自卫能力，则始终处于被动挨打地位，只能靠水下机动进行逃避。国外现在不少国家的潜艇上已装备防空导弹，以对付日益增长的反潜直升机的威胁，可以达到潜艇的更高的生存率。但对空中飞行的直升机，潜艇没有合适的探测定位的手段，因而准确发射防空导弹就成了一个难题；而光电浮标将是对敌反潜直升机探测定位的一种较好手段，可以预计，它将会在潜艇与反潜战的下一步发展演变中扮演重要角色。

国外潜艇光电浮标尚处在研究试验中，由于潜艇光电浮标有着其自身的局限，主要是受到传感器的像素和灵敏度等因素的制约，作用距离难以达到潜望镜和光电桅杆相当的水平；扫描型浮标的光学瞄准线距离海面较近，无法对海面的目标进行精确、有效的探测和测量，不但目前无法取代潜望镜和光电桅杆，即便是未来，也只是作为光电探测通道设备的功能扩展而出现。其作战使命是潜艇在可能有潜在威胁的海域上浮潜，在较深、较安全的位置，释放光电浮标，对现有潜艇潜望设备难以探测的天顶实施全景警戒成像；对潜望镜和光电桅杆功能进行有益补充，是继光电桅杆之后极有发展前途的新一代潜艇光电设备。光电浮标的重要价值，已引起各国的注意，现在有越来越多的光电浮标专利发表和多项试验研究的进行就是一个很好的证明。

9.7.3　光电浮标的技术方案及组成

由于光电浮标是一种全新的装备设想，所以目前还处于方案探索阶段，以下列举文献上出现的一些方案，以供参考。

1. 全景成像方案

全景成像的系统有反射镜环形成像装置或超广角透镜装置两类。

图9－56为反射镜环形成像装置的原理图。这类成像装置由两个轴对称的非球面反射镜和CCD摄像机组成。360°环形中的入射光线先由主镜反射，经辅镜第二次反射后，通过主镜上的中心圆孔进入下方的CCD摄像机。该环形全景成像系统的俯仰方向的视场角可达40°～50°，其设计方法类似于折反系统。这种系统顶部有盲区，但周视分辨率较高，适合于周视警戒。由于反射不产生色差，且无透射光能损失，又较适合于红外光学系统。由于只使用两片反射镜，使成像系统结构非常简单，但由于采用非球面，就会出现大的像散差，同时柱面窗口的设计也是一个难题。

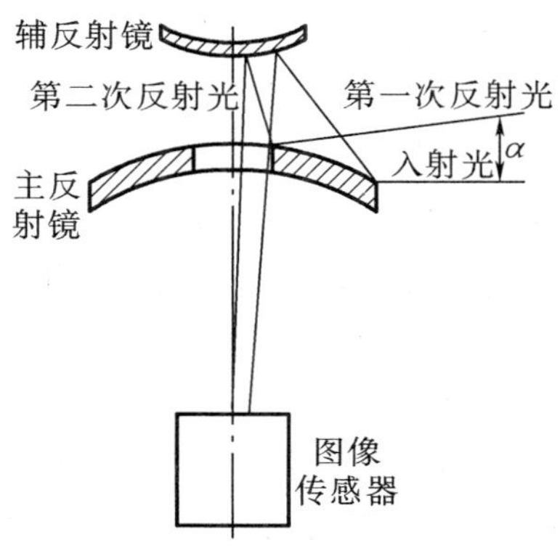

图9－56　环形全景成像装置光学原理图

图9－57（见733页）为超广角透镜成像装置的示意图。该半球全景成像系统无空间盲区，特别适应于对空警戒，且较容易实现潜望设备特有的密封要求。该装置既可以用于潜望镜或光电桅杆头部，也可用于光电浮标。但该类光学系统也存在以下弱点：

（1）焦距很难做大，因此作用距离有限；

(2)视场边沿畸变很大,需要校正;

(3)系统结构复杂,对于红外系统,可选择的材料有限,像差校正困难;

(4)透镜片数多,系统复杂,光能损失大。

这种半球空域的广角成像系统及其获取的图像如图9-57(见733页)所示。为了达到最佳的观察效果,需将全景图像转换为正常形状的条带图像。图9-58(见734页)是常用的柱形投射法示意图,即首先将半球范围的图像转换成柱形,然后再展成条带图像。

2. 复眼全景电视方案

图9-59为一日本专利平2—197810[12]所提出的复眼电视潜望镜的组成原理图。在一个不转动的密封镜管35上端部,开有四个玻璃窗31(在正横方向还有两个装置),在内部设置了相对应的四个有广角镜头的电视摄像机,在倍率为1.5倍时每个物方的视场为96°,6倍时视场为24°。在前者的情况下可覆盖360°的全视场而不必转动壳体。四个摄像装置32的输出可得到数字式视频输出,在视频输出装置上进行多视频信息合成显示。

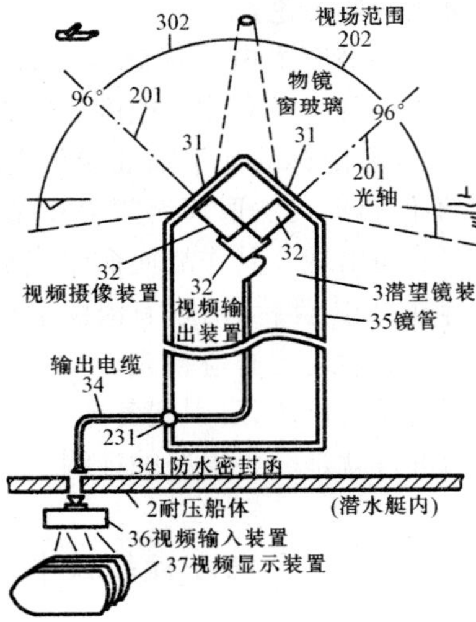

图9-59 复眼电视组成原理图

3. 弹射浮标方案

图9-60所示为美国专利USP4533945[11]提出的弹射浮标方案。其基本原理是利用光电观察浮标具有阻力小浮力大的原理,使光电浮标能迅速跃出海面。浮标跃出水面后它在空中阶段至少有几秒的滞留时间,这样可以使浮标上的光电观察装置处于工作状态,实现观察整个水面或进行通信联络。

图中在艇体1和上甲板2之间是发射管3,该发射管以45°倾斜方向对着艇尾。发射管上端有一个水密门5。光电观察浮标6外部成流线型,尾部有稳定翼7。电缆8装在浮标的后端,它通过发射管底部的电动绞盘被卷绕在卷筒9上,电缆通过旋转接头10和通到艇内的电缆11发射电信号。电缆11通过发射管底部4上的水密衬套12和潜艇壳体上的水密衬套13进入潜艇内部。电缆的另一端是与浮标内的摄像机15相连。

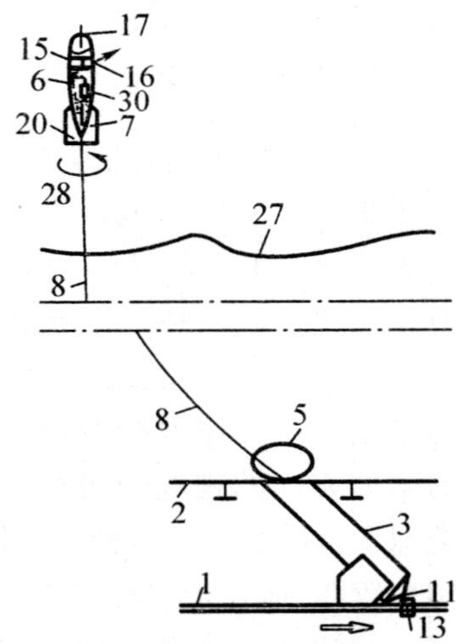

图9-60 弹射浮标方案的组成原理

4. 发射浮标方案

美国专利US2003/0020829A1光电浮标方案见图9-61、图9-62所示。

这种浮标方案的基本原理设想是:

(1)其浮标体是通过潜艇现有的干扰器发射筒发射,其后方拖曳的电缆通过发射器盖与艇上的显示器相连;

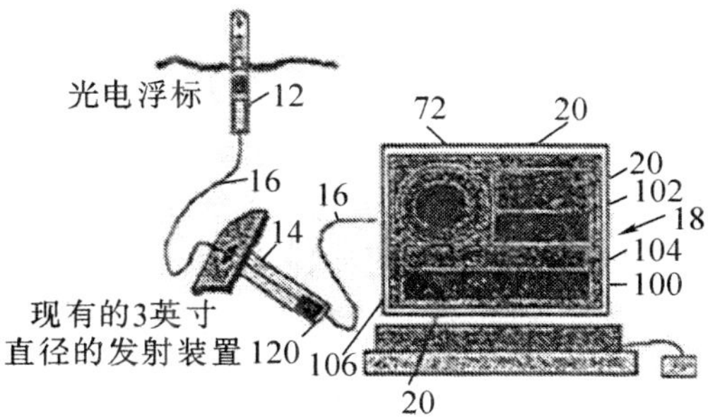

图9-61　发射光电浮标系统有关主要部分

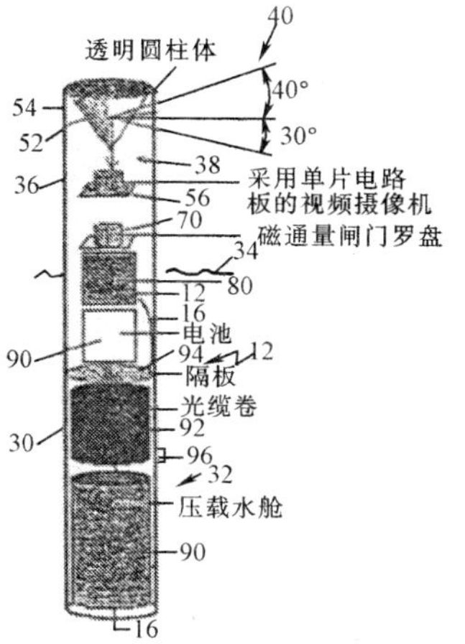

图9-62　发射光电浮标系统有关浮标部分

(2)发射浮标为铝制外壳,分为上下两部分,下部为压载重物,上部为气体腔,有透明窗、锥形反射镜、电视摄像机等;

(3)浮标的方位信息是通过设在浮标上的磁通量闸门罗盘提供的;

(4)图像的稳定不采取陀螺稳定的办法,而设想采用电子图像稳定方法;

(5)浮标体的下部设有自沉插头,其材料在水下预定的时间内可以分解,使壳体部分进水自沉。

图9-63为美国正在试验的一次性低成本发射光电浮标示意图。

图9-63　美国海军正在试验的低成本一次性光电浮标

采用这种工作原理的光电浮标典型产品是美国海军2005年夏在“芝加哥”号潜艇上进行试验的低成本一次性光电浮标。这种光电浮标由美国Arete公司和美国电船公司共同研制,该光电浮标仅是在浮标上放置一个摄像机,从一个3英寸直径的信号发射管上推出,升到海面以上后立即可以对海空进行观察,并向潜艇发回图像,潜艇内信号处理器把潜艇上方情况显示为一幅稳定的360°图像。当潜艇完成观察后,它可以剪断缆线,然后驶离现场。这种浮标可以获得海面上很好而又稳定的图像,但它同潜望镜相比更不易被发现。该浮标伸出水面约3英寸,在波浪上漂浮,所以不会留下潜望镜尾迹,也不会产生雷达特征信号。

5. 光电浮标的一般系统组成

由上面的各种方案可见,光电浮标一般应由光电浮标体、拖曳装置和多功能显控台三大部分组成。图9-64(见734页)为德国Gabler公司Callisto浮标及其拖曳装置。

(1)光电浮标体

光电浮标体是潜艇光电浮标系统的主体,外形独特的密封压力容器内装有电视或红外热像系统、方位指示装置等。

(2)拖曳装置

拖曳装置是连接潜艇与光电浮标的电缆和收放装置,电缆一方面将光电浮标探测到的信号传至艇内显示、处理,另一方面将艇内的控制信号和电源传至光电浮标;收放装置控制电缆的长度,满足潜艇在一定深度下对光电浮标的释放和回收。

(3)多功能显控台

多功能显控台一般由四个部分组成,即:

①拖曳装置控制部分,主要控制光电浮标的释放和回收;

②浮标控制部分,主要完成光电传感器的参数控制;

③光电信号处理与显示部分,包括监视器、图像处理等单元,可完成图像畸变校正、增强处理和显示等;

④电源部分,提供光电浮标所需的各种电源。

9.7.4 潜射无人机简述

潜射无人机(UAV)是装载于潜艇上可以实施侦察、监视、通信中继、目标定位、战果评估、电子对抗、诱饵、攻击等作战任务的一种特种无人飞行器。潜艇加装无人机可以有效克服潜艇在信息战条件下水下侦察能力弱、指挥协同难度大、水下通信困难等不足,大幅提升潜艇的综合作战效能。

目前,国外海军大国如美国、英国、法国、德国等国家都在开发与此相关的潜射无人机技术和无人水下潜器技术。美国科尔摩根公司光电部已经研制成功了装在潜艇桅杆内的“海洋哨兵”潜射无人机发射装置,能在一根通用组件桅杆内一次装入 4 架无人机。这种无人机可提供海面上超视距监视和观察,成为潜艇潜望镜或光电桅杆以外的战术侦察自主系统。“海洋哨兵”潜射无人机若以航速 50 节飞行时,其自持力可达 8 个小时。

如图 9 - 65(见 734 页)所示,2005 年德国的 GABLER 公司与 BWB 合作开发了一种能从潜艇发射的无人机系统,目的是通过隐蔽式空中侦察手段为常规的潜艇提供更多的有价值的整体态势信息,即能将俯视的视频图像实时传输给潜艇。这种要求确定了系统的基本配置包括装有侦察传感器的无人机、无人机发射装置以及实现数据传输的无线通信设备,另外必须在潜艇上预留安装空间。为此,项目组研制出适用于这种特殊应用的隐蔽式光学空中侦察系统,即所谓的改进的 ALADIN 无人机在机翼折叠状态下已装到 TRIPLE M 耐压容器中。

ALADIN 无人机上装备了不同类型的侦察摄像机,能昼夜执行隐蔽空中侦察监视任务,作用距离可达 30 km,并将侦察结果实时地传回到潜艇,这样就能很大程度上扩展潜艇的侦察活动区域,还能“看到”潜艇本身无法探测到的陆上的一些区域(图 9 - 66,见 735 页),例如山丘的后面,能在作出具体的战术部署前获取最新的作战区域的信息。

GABLER 公司已研制出一种从 TRIPLE M 耐压筒中连续发射无人机的发射装置,无人机的发射和控制是由潜艇内部的集中控制和显示装置实现遥控和即时地对飞行过程中获取的信息进行评估和分析。在任务结束时,潜艇无须回收无人机,但无人机必须在远离作战区域的地点着陆或坠落。2006 年初首次成功地用弹射器发射了一架 ALADIN 无人机,同年随后在演示样机的基础上开始了发射程序的研究工作,包括使无人机从耐压筒脱离并自动展开机翼。

TRIPLE M 耐压筒由两级可升降桅杆组成，可以设计为标准桅杆或导流罩桅杆形式，桅杆顶部承载一个耐压筒，其内装有不同的任务载荷模块，以保护这些模块不受海水和外界水压的破坏。筒具有一个可重复密封的外盖，其内径为 800 mm ，其高度取决于潜艇围壳的尺寸，TRIPLE M 系统的基本工作原理和功能如图 9 - 67（见 735 页）所示。

当潜艇深潜时，升降桅杆回缩，完全包围在围壳结构中，此时耐压筒关闭，保护任务载荷部件不受潮，不受下潜深度带来的压力的破坏。当第一级桅杆升起时，耐压筒的上端升出水面，柱形耐压筒外包裹的流线型外罩有助于减少由上升桅杆引起的波浪冲刷的影响，可降低潜艇的特征信号，减少阻力。当打开耐压筒的外盖后，内部的第二级桅杆立即升出容器，相应的任务载荷升出水面到达工作位置。当无人机等任务载荷成功释放后，第二级桅杆降回到筒内，外盖封紧，第一级升降桅杆完全回缩到位。从这一过程可清楚地看出，该潜艇无人机系统工作在潜望镜深度，即潜艇不需要浮出水面，大大降低了潜艇被探测到的风险。

参 考 文 献

[1]　李忠. 光电桅杆红外系统的波段选择初探[J]. 舰船光学, 2001(3).

[2]　鲍晓静. 潜艇光电桅杆作战效能评估[J]. 舰船光学, 2002(4).

[3]　李忠, 杨坤涛. 透射式红外稳态自聚焦系统的研究[J]. 舰船光学, 1994(3).

[4]　李忠, 鲍晓静. 发展光电桅杆技术提高潜空对抗能力[J]. 舰船光学, 2000(1/2).

[5]　姜滨. 光电桅杆之图像处理[J]. 舰船光学, 1997(1).

[6]　李树山, 鲍晓静. 光电桅杆—潜艇潜望观察新设备[J]. 舰船光学, 1997(2).

[7]　张坤石, 杨长城, 李忠. 从传统潜艇潜望镜到光电桅杆（Ⅰ）——国外光电桅杆发展评述[J]. 舰船科学技术, 1999(4).

[8]　张坤石, 李忠. 从传统潜艇潜望镜到光电桅杆（Ⅱ）——光电桅杆的需求分析[J]. 舰船科学技术, 1999(6).

[9]　张坤石, 李忠. 从传统潜艇潜望镜到光电桅杆（Ⅲ）——光电桅杆的发展与几个关系[J]. 舰船科学技术, 1999(6).

[10]　段滔. 全景成像及图像畸变校正复原技术研究[D]. 武汉：华中科技大学, 2004.

[11]　美国专利 USP 4533945. 1985, 6 潜艇光电观察浮筒[J]. 舰船光学 , 1988(2).

[12]　公开特许公报. 平 2—197810、平 2—141717 潜望镜装置[J]. 1990. 舰船光学, 1997(1).

[13]　美国专利 US2003. 0020829A1 潜艇光电浮标[J]. 舰船光学, 2004(1).

[14]　朱耘. 德国现有和未来潜艇的新型桅杆升降装置[J]. 舰船光学, 2008(1).

[15]　新一代红外与光电传感器在潜艇上的应用[J]. 朱耘, 译. 舰船光学, 2010(增刊 1).

[16]　SAGEM 公司的 30 系列搜索光电桅杆[J]. 张文艳, 译. 舰船光学, 2010(增刊 1).

[17]　[美]Michael K Rose, Jesse Chamberlain, 等. 用于态势告警的实时 360 成像系统[J]. 舰船光学, 2010(增刊 2), 译文 SPIE Vol 7305(2009).

[18]　江传富, 陆柄哲. 美国海军潜艇潜望镜的研究方向和计划[J]. 舰船光学, 2001(4).

[19]　李桑梓, 陆炳哲. 俄罗斯 PARUS - 98E 潜望镜系统综述[J]. 舰船电子工程, 2007

(4).
[20] Search Optronic Technical Specification[Z]. SAGEM, 1988.
[21] Proposal for an Electro - Optic Non - Hull Penetrating Mast(E. O. N. H. P. M) for a Submarine[Z]. Barr & Stroud Ltd, 1986.
[22] Optronic Mast System - OMS 100 Technical Description[Z]. ZEISS - Eltro Optronic GmbH, 1996.
[23] Submarine Periscopes & Optronic Systems[Z]. Kollmorgen Electro - Optical Division, 1997.
[24] Periscope Hoisting Devices and Hoistable Masts[Z]. Friedrich Wiggers. Germany.
[25] The Integration of Hoistable Masts/Antennas on submarines[Z]. Günter Bütter . Germany.
[26] Optronics Mast System CM010 Optronics Mast[Z]. Barr & Stroud Ltd ,1996.
[27] Jones D R. KLLMORGEN - OPTRONIC MASTS[C]. UTD 会议录.
[28] 潜艇光电桅杆发展综述[J]. 译文. Jane's Navy International,July / August 2010. 舰船光学,2010,(增刊2).
[29] 鲜勇, 许中胜, 卢雁. 美国海军潜艇新型攻击型光电桅杆概述[J], 舰船光学,2010(2).
[30] 王全喜. 潜艇光电浮标及其关键技术[J]. 舰船光学,2009(4).
[31] 用于潜艇光电设备的天顶仪[J]. 朱耘,译. UDT 2006,Conference. 舰船光学,2011(增刊1).
[32] 曾永辉,刘军. 海天暗箭——潜射无人机的发展及应用前景[J]. 当代海军,2012(5).

第 10 章　水下光电成像探测技术

10.1　概　　述

1. 潜艇水下航行安全问题的现状

潜艇在水下航行时，可能遭遇很多威胁目标，如海底船舶残骸、水雷、反潜网、渔网、暗礁、水面舰船等，都能严重威胁潜艇航行安全，甚至造成艇毁人亡的严重事故。一百年来，潜艇发生触雷、触礁以及与水面舰船碰撞的非海战事故多达数百起，直接导致数百艘潜艇沉没或损伤。

近年来潜艇碰撞事故的典型案例有以下三个。

2001 年 2 月 10 日，美国“格林维尔”号核潜艇和日本渔业实习船“爱媛”号在夏威夷附近海面相撞，造成“爱媛”号直接沉没，多人伤亡。事故原因是由于美国核潜艇在浮出海面之前，未能有效探测和确认水面作业船只。

2009 年 2 月 3 日，英国“前卫”号弹道导弹核潜艇与法国的“凯旋”号核潜艇在大西洋相撞，造成严重损毁，“前卫”号弹道导弹核潜艇只能被拖回基地，而“凯旋”号核潜艇则花了三天时间才返回基地，当时两艘潜艇均携带着核弹。

2009 年 6 月 11 日，中国海军一艘潜艇在菲律宾附近海域与美军“约翰 · 麦凯恩”驱逐舰放出的拖曳声呐发生碰撞。

目前潜艇在航行安全领域对水下无动力目标的主要探测设备有主动声呐、声呐测深仪和水下微光电视设备。主动声呐和声呐测深仪是利用声波反射来探测水中目标的，作用距离较远，是目前潜艇防雷避障、进行水下导航机动的主要依靠手段。但水声技术在如下环境中其效能会大打折扣：

①在近海海区，海洋噪声环境非常复杂，大大影响噪音听测水声设备的探测能力；

②在近海海区，主动声呐的探测会受到海底混响和水面混响的双重影响，导致其探测性能大幅降低，尤其是在垂直方向的探测能力大受影响；

③水声设备受水文气象条件的影响很大，尤其是在浅水区，其作用距离会大幅降低。

由于以上原因，到目前为止，潜艇上以声呐手段为主的水下安全导航系统，仍不能完全满足潜艇在各种复杂海区航行安全的需要，这使潜艇在水下的活动受到很大限制。为此，拥有潜艇的国家一直在寻找新的水下航行安全保障技术，以增强潜艇水下航行的安全性，拓展潜艇水下活动范围。

以光波为基础的水下光电探测技术开启了水下目标探测的新途径，按是否使用照明光源，水下光电成像探测技术可分为主动成像探测和被动成像探测。主动成像探测技术主要是水下激光成像探测系统，包括有同步扫描水下激光成像系统，距离选通水下激光成像系统和条纹管水下激光三维成像系统等。而被动成像探测技术包括水下微光电视技术以及近些年来国外大力发展的虚拟潜望镜技术。而后者的功能使命已超出潜艇的水下航行安全领域,所以,我们将在下一节中单独加以论述。

利用光学观察或光电成像进行水下探测最早可追溯到公元前4500年,那时人们即通过潜水直接用目力观察水下目标并获取海洋食物。公元前360年,亚里士多德在他的著作里首次记载了有关利用潜水钟进行水下观察的活动。1727年,银盐感光的现象被发现,随后发明了照相底片,奠定了光电成像的基础。威廉·汤普森于1856年最早获得世界上第一幅水下光电图像,曝光时间足有十分钟。1872年,欧内斯特·巴赞第一次使用水下照明灯拍摄水下景物,但令人遗憾的是,照片上几乎没有任何可分辨的信息,然而,这次尝试却开创了水下主动成像的先河。1960年,美国物理学家梅曼发明了世界上第一台红宝石激光器,波长为694.3 nm,1964年,出现了氩离子激光器,其中两条激光谱线波长为488 nm和514.5 nm,处在海水光学窗口的蓝绿光波段之内,给水下成像提供了一种高效的照明光源。1969年,贝尔实验室的威拉德·博伊尔和乔治·斯密斯发明了CCD,1990年后,CMOS技术得到飞速发展。这些发明成果为研制高性能的水下光电成像系统奠定了基础。

水下对光线的吸收和散射十分强烈,使得水下光电成像探测系统的作用距离太近,一直无法达到实用的程度。20世纪60年代,人们发现海水存在一个蓝绿波段的光学窗口[1],即蓝绿波段光线对海水的透过率明显高于其他波段,为蓝绿激光器应用于水下照明提供了基础,蓝绿激光雷达应运而生[2]。激光在水下传输过程中,由于海水中悬浮微粒以及微生物对光线的散射作用,大量非成像光线进入探测器,降低了图像的对比度。为了降低散射,特别是后向散射对水下激光成像的影响,人们提出了同步扫描[3]和距离选通[4]两种成像体制,有效地抑制了后向散射,提高了像质和作用距离。

同步扫描和距离选通是水下激光成像的两种基本技术体制,在同步扫描系统中,采用准直连续激光束扫描水下目标,并利用高灵敏度光电倍增管进行窄视域跟踪接收,通过空间分离隔离大部分后向散射,提高了图像信噪比和作用距离。距离选通水下激光成像系统则使用脉冲激光照明目标,采用面阵成像探测器,并控制好照明激光器和成像探测器的工作时序,从时间上有效分离出后向散射,在观察远距离目标时,后向散射影响很小,近似为灵敏度受限成像系统,因此通过增加激光功率和提高探测器的灵敏度就能增加作用距离。

20世纪末开发的条纹管成像技术,使三维水下成像成为可能。条纹管成像技术不仅能够获取目标的灰度分布信息,还能获取目标的三维轮廓,能大幅提高对水下目标识别的可靠性,特别适合于对水雷目标的识别和潜艇的水下航向安全保障。

2. 潜艇对水下光电成像系统的战术需求

(1)大力提高潜艇在水下探测空中反潜机的能力

在第1章的潜艇光电装备的效能分析部分指出,由于现代航空反潜战的日益增强,提高潜艇光电装备在潜艇水下安全深度感知空中反潜机的能力,是涉及潜艇生死攸关的课题,必须尽快尽早地加以解决。这一问题的提出,已超出原来潜艇水下航行安全的范畴,属于潜艇战术使用安全领域。

海水是潜艇隐蔽性的最好屏障,但对于常规潜艇而言,由于要经常上浮到通气管状态或潜望状态进行补充充电、换气、通信等战术活动,就会有被敌空中反潜直升机和反潜巡逻机发现的可能。所以,在水下安全状态实现对空中敌情的探知,便是潜艇,尤其是常规动力潜艇最急迫的战术需求。从这一角度来看,实现对空中目标的探测,应该放在潜艇对水下光电成像战术要求的最突出的位置。

从战术的角度来看，以被动隐蔽的手段来解决潜艇对空中及周围目标的探测，应该是潜艇配置探测设备的首选。基于以上原因，目前在国外非常重视与此相关的虚拟潜望镜技术的研究。从虚拟潜望镜概念的提出到目前的虚拟潜望镜样机，已经有十多年的历史。从原先设计使用的深度 150 英尺（45 m），到适合水下几英寸使用的潜水观察虚拟潜望镜，再到德国蔡司公司研究的安装于光电桅杆头部的虚拟潜望镜，都是为了同一个目的，即与潜望镜或光电桅杆优势互补地使用，大幅提高潜艇活动的隐蔽性和安全性。

（2）大力提高潜艇从安全深度上浮到潜望深度的安全监视能力

潜艇在上浮到潜望深度之前，潜艇必须要确认在它的上浮区域内没有正在行驶的船舶从潜望深度到水下 45 m 这个深度范围的"过渡区"是潜艇水下活动的不安全区。但这个过渡区可能是最佳水声搜索深度，也是最好的规避深度，它是潜艇在浅水区安全活动的最理想深度区域。如果潜艇丧失了这个过渡区，那么，潜艇的活动能力则受到相当大的限制。如果潜艇水下光电成像系统能解决在这个区域内实现被动隐蔽地观察上方和周围物体，那么，潜艇就能在这个过渡区内安全活动。在潜艇的围壳处安装微光电视摄像机，可以被动地观察潜艇从 45 m 以下安全深度上浮过程中，上方危险目标的影像。由于是在接近水面的情况下使用，所以微光电视技术可以为潜艇此项战术需求提供一种技术途径。目前有的潜艇在围壳处装有向上的小型主动声呐装置，但由于要发射声波，也是一种暴露因素，只可能用于己方有制海权的环境。同样，水下激光成像系统的方案也可为潜艇安全上浮作出贡献，但由于其主动探测易暴露的缺陷，也会受到同样的使用限制。在英国的潜艇围壳上装有微光电视摄像机，而且已有三十多年的历史，最新又研制了安装于潜望镜头部的微光电视摄像机。俄罗斯潜艇上舷外配置微光电视摄像机是比较普遍的。以上这种方法和正在大力开发的虚拟潜望镜技术，可以在保持使用隐蔽性的前提下，为解决潜艇在任何海区的上浮"过渡区"安全课题作出贡献。

（3）大力提高潜艇在水下复杂海区的安全航行及活动的能力

潜艇在广阔的大海中水下航行安全现主要靠水声器材保障。但在狭窄航道、近海浅水区、水下通过敌之封锁线、在海岛区、进出潜艇洞库以及复杂海情的情况下的航行，仅靠水声器材，其安全性是无法保证的。目前所依靠的测深测浅仪水声设备，属于水下定点距离探测，无法同时获得航行海区的海底的图像；而如果配置对海底扫描的水声设备虽然可以得到图像，又因传播距离远，存在暴露危险并因海底混响而使分辨率很差，因而无法胜任潜艇水下航行安全的重任。

在潜艇上安装水下激光成像探测系统，可避免水声器材的缺陷，用于水下窄航道安全航行、浅海区复杂海况下的航行、海岛区水下航行以及进出潜艇洞库的航行。特别适合于在潜艇底部安装这样的系统，不但不易被探测，而且可以清晰地对水下目标成像，使潜艇较为安全地离开暗礁、水雷、反潜网、海底残骸等威胁目标，寻找坐沉海底区域或安全规避机动航行。它还可以为正在发展的无人潜器和海底地形匹配导航系统作出贡献。

水下激光成像探测系统是一种主动成像的探测系统，由于比被动成像系统作用距离远、成像清晰，有发展潜力，作为人类开发和利用海洋的工具，可广泛地应用于国防和国民经济各领域，前景十分广阔。在某些水面舰船如扫雷舰、破冰船等船舶上使用都有非常大的需求。在民用方面，水下激光成像探测系统可安装在潜水器、水下拖体或水下机器人上，用于救生打捞、海底地貌勘探、水下设备安装及检修、石油勘探钻井位置测定、生物研究、海上考古,水下环境监测等,所以开展此项技术的研究是具有深远意义的举措。

本章主要对光线在海水中的传输特性、虚拟潜望镜技术、同步扫描技术、距离选通技术、条纹管水下三维成像技术以及水下光学成像的最新进展进行介绍。

10.2 激光在海水中的传输特性

10.2.1 基本概念

海水是包含多种成分的综合体系,激光在海水中的传输包含复杂的物理和化学过程。海水的光学性质可分为固有光学性质和表观光学性质[6],这些性质与海水中的纯水、溶解物质和悬浮体的类型和相对含量有关。如果海水中任意给定点的光学性质不随该点辐射分布的变化而变化,则称此种光学性质为海水的固有光学性质,否则称为表观光学性质。在描述海水固有和表观光学性质时,常常涉及一些光学参数以及某些海洋光学仪器,下面作简要介绍。

1. 散射

散射是指激光在海水中传输过程中,受介质微粒作用而偏离直线传播方向的激光辐射。散射现象实质上是反射、折射和衍射的综合反映,其性质和强度取决于海水中分子或微粒的半径 r 与被散射光的波长 λ 二者之间的对比关系。按散射方向的不同,散射可分为前向散射和后向散射,按水中微粒半径与激光波长之间的对比关系,散射可分为瑞利散射和米氏散射。

2. 前向散射

光在传输方向上的散射称为前向散射,此时光的散射方向与入射方向之间的夹角小于90°。前向散射包含复杂的散射过程,如图 10-1 所示。

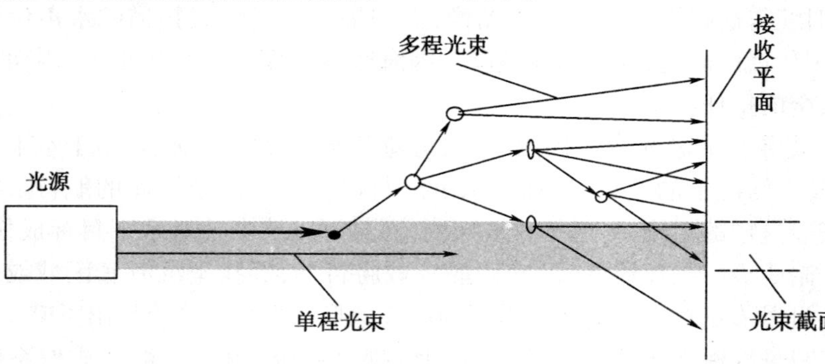

图 10-1 前向散射示意图

由于前向散射,接收面上的总照度 E_e 应为单程照度 E_e^0 和多程照度 E_e^* 之和,即

$$E_e = E_e^0 + E_e^* \tag{10-1}$$

$$E_e^0 = (I_e/L^2)\mathrm{e}^{-\alpha L} \tag{10-2}$$

$$E_e^* = [(I_e k)(4\pi L)]e^{-kL} \tag{10-3}$$

式中　α——体积衰减系数；

k——漫射衰减系数。

由此可见，前向散射使光束传输距离增大，距离越远，前向散射光的贡献就越大。这种效应对水下照明有利，但对水下光束扫描和水下摄影不利，它会使扫描分辨率和目标背景对比度下降。

3. 后向散射

光在与传播方向相反方向的散射称为后向散射，此时光的散射方向与入射方向之间的夹角大于 90°。水下传输光束的后向散射比空气中更为强烈，且入射功率越大，后向散射越强。强烈的后向散射会使接收器产生饱和而接收不到任何有用信息，在水下测距、水下电视、水下摄影等应用中，主要是设法克服后向散射的影响。

4. 瑞利散射

辐射波长远大于分子的线度时（$\lambda \gg r$）发生的散射称瑞利散射，又称分子散射。它的散射强度与入射辐射波长的四次方成反比：

$$\sigma_m = 0.827 \cdot N \cdot A^3/\lambda^4 \tag{10-4}$$

式中　σ_m——瑞利散射系数，m^{-1}；

N——单位体积中的分子数，m^{-3}；

A——分子的散射截面，m^2；

λ——入射光波长，m。

5. 米氏散射

当光的波长相当于或小于散射粒子尺寸时，即产生米氏散射（又称粗粒散射）。米氏散射主要依赖于散射粒子的尺寸、密度分布以及折射率特性，与波长的关系远不如瑞利散射强烈。当 $r \gg \lambda$ 时发生的散射，其散射强度与波长无关，属非选择性散射。

6. 体积散射函数

当一束光入射到海水的一小体积上发生散射后，它的能量将分布于很宽的角度范围，即散射光的强度随散射角而发生变化。这种变化用海水体积散射函数 $\beta(\theta)$ 来表示。$\beta(\theta)$ 定义为：在 θ 方向单位散射体积、单位立体角内散射辐射强度与入射在散射体积上辐照度之比

$$\beta(\theta) = \frac{dI(\theta)}{EdV} \tag{10-5}$$

式中　$dI(\theta)$——θ 方向的散射强度；

dV——散射体积元。

7. 衰减长度

一束单色准直激光束在海水中传输时，其能量衰减到原来的 1/e 时所通过的距离称为海水的衰减长度，衰减长度的倒数称为体积衰减系数 α，单位为 m^{-1}。通常情况下，对特定

的海水 α 为常数，且有 $\mathrm{d}\Phi=-\alpha\Phi\mathrm{d}r$。激光能量在海水中衰减主要由吸收和散射引起，因此体积衰减系数也主要由两部分组成，即

$$\alpha=a+b \tag{10-6}$$

式中 a——体积吸收系数，它表征准直光束通过海洋水体单位路程后吸收的大小；

b——体积散射系数。

海水体积散射函数 $\beta(\theta)$ 对空间 4π 立体角内的积分，即各散射方向散射的总和，就是海水体积散射系数 b，可表示为

$$b=2\pi\int_0^{\pi}\beta(\theta)\sin(\theta)\,\mathrm{d}\theta \tag{10-7}$$

前向散射系数 b_f，表征在前向 $0<\theta<\pi/2$ 立体角内散射的总和，可表示为

$$b_f=2\pi\int_0^{\frac{\pi}{2}}\beta(\theta)\sin(\theta)\,\mathrm{d}\theta \tag{10-8}$$

后向散射系数 b_b，表征在后向 $\pi/2<\theta<\pi$ 立体角内散射的总和，可表示为

$$b_b=2\pi\int_{\frac{\pi}{2}}^{\pi}\beta(\theta)\sin(\theta)\,\mathrm{d}\theta \tag{10-9}$$

海水的散射主要集中于前向散射，后向散射只占小部分。另外，沿光线前进方向（$\theta=0°$）的散射最强，而垂直方向（$\theta=90°$）最弱；与光前进相反的方向（$\theta=180°$）的散射强度比光线前进方向附近的散射强度小 3 ~4 个量级。

8. 漫射衰减系数

漫射衰减系数是海水的外在光学性质参数。单色漫射光通过海水介质，经过 $\mathrm{d}r$ 距离后，由于海水散射和吸收而引起的能量衰减为 $\mathrm{d}W$，则有 $\mathrm{d}W=-kW\mathrm{d}r$，比例系数 k 即为海水的漫射衰减系数。

9. 点扩展函数

由于一次及多次散射效应，一束准直光束并不聚焦于一点而是形成一个模糊斑，这个模糊斑的光强分布就称之为点扩展函数。点扩展函数具有关于介质的散射特性的重要信息，是描述光学系统对点源解析能力的函数。点源在经过任何光学系统后都会由于衍射而形成一个扩大的像点，通过测量系统的点扩展函数，能够更准确地提取图像信息。

10. 光学传递函数

光学传递函数，是以空间频率为变量的描述原始图像经过光学系统后的调制度和相移变化的函数。光学传递函数是点扩展函数的傅里叶变换，并且是光学系统孔径函数的自相关函数，常被用作像质评价的客观判据。调制传递函数是光学传递函数的模函数，相位传递函数是光学传递函数的相函数。

光学传递函数评价光学系统的成像质量，是基于把物体看作是由各种频率的谱组成的，也就是把物体中的光场分布函数展开成傅里叶级数或傅里叶积分的形式，光学传递函数描述了成像前后的变换关系。若把光学系统看成是线性不变的系统，那么物体经过光学系统成像，可视为物体经过光学系统传递后，其传递频率不变，但对比度下降，相位发生推移，并在某一频率截止，这种对比度的降低和相位推移是随频率不同而不同的。

11. 海水固有光学性质测量仪器

主要包括测定体积衰减系数的 c 仪或准直光透射率仪、测定体积散射函数的 β 仪、测定总散射系数的 b 仪,其中 β 仪和 b 仪都称为水中光散射仪。

体积衰减系数测定仪是测定准直光束在海水中衰减的仪器。从光源发出的光,经准直发射系统后成为准直光束,此光束在海水中经过光程 r 而衰减,根据透射率可计算出衰减系数 α。终端显示出值 α 的仪器称为体积衰减系数测定仪,显示透射率的称为准直光透射仪。

测定海水体积散射函数的 β 仪,可用于测定各个散射角度的散射光强度或测定散射光随角度的分布。测量海水总散射系数的 b 仪可用于测定各个角度散射光的总和。因海水散射函数随波长的变化不大,故测量时一般不作光谱分光,即不必针对光谱中的每一单色光测量。

12. 表观光学性质测量仪器

测定表观光学性质的仪器主要包括辐照度仪和辐亮度仪。

辐照度仪是测量海洋表观光学性质中应用最广泛的仪器。仪器一般用光电池作为接收光电器件,测量光谱向下辐照度 E_d 和光谱向上辐照度 E_u,通过计算可得到辐照比 R。

$$R = \frac{E_u}{E_d} \tag{10-10}$$

通常的仪器都配以光学或电子的衰减器,以适应从海面到深层辐照度的大范围变化。

辐亮度仪用于测量各个方向的表观辐亮度,其接收系统是准直接收的光度计,限定接收很小的视场角($10^{-4} \sim 10^{-3}$)的辐亮度。光度计在机械控制下沿不同方位角和俯仰角旋转,可接收海水空间立体角 4π 的各个方向的辐亮度。

10.2.2　准直激光的传输特性

水中传输的各种波中,纵波的衰减最小,声呐技术被广泛采用。而横波衰减比较严重,如无线电波和微波。光波的衰减相对较小,激光的出现使水下有限距离内的测距、准直、照明、摄影以及电视等成为可能。激光在海水中的传输特性是海洋光学[3]的重要研究内容。

人类早在 20 世纪 40 年代开始就有意识地注意海洋中光的传输特性并进行了一系列的实验研究,从中总结出光在深海中的传输特性并进行理论分析。研究表明,光束在海水中传输时的衰减是由于两种独立的机制——海水的吸收与散射造成的。

海水对光具有强散射和强吸收,其散射系数比大气高 4 ~6 个数量级。海水的光谱透射分布主要决定于吸收,清洁大洋水的光谱透射峰值在 480 nm 左右,混浊沿岸海水的光谱透射峰值在 530 nm 左右。海中光传播规律主要决定于多次散射,已知海洋水体的散射函数和吸收系数,对海洋辐射传递方程求解,即可得到日光、人工光源和激光在海水中的传播规律。反之,由辐射场确定海水基本性质,是遥测海洋技术的基本方法。由于海水光散射函数的复杂性,方程难以解析求解,近年来用近代物理学的蒙特 - 卡罗法求解,取得了很好的效果。

光在水中的吸收量随着光的波长和水质的不同而变化。理论和试验证明激光在水中传输时的功率表示为指数衰减的形式:

$$P_r = P_0 e^{-\alpha r} \tag{10-11}$$

衰减长度定义为体积衰减系数 α 常数的倒数，单位为 m，海水的衰减系数随波长而明显变化。图 10-2 给出了海水对光线的吸收效率与波长的关系。从图中可以明显地看出海水对于光谱具有一个很窄的透过窗口，即波长 0.5 μm 附近的蓝绿光。因此，人类在研制水下探测设备时，多采用蓝绿光作为照明光源。在大洋较好的水质中，对于 0.5 μm 波长附近的光，衰减长度可达 20 m 左右，而在沿海浑浊的水质中，衰减长度不过 2 m 或更低。

海水中光的散射是指由于光子在传输过程中的方向改变而引起的随机过程。散射主要是由透明生物体和比光波波长大的微粒所引起的米氏散射，其强度与波长关系不大。水中光的散射非常复杂，很难用理论表达式表达。但实验研究表明，不同折射率的透明有机物造成的海水不均匀性，使前向散射比后向散射要大。

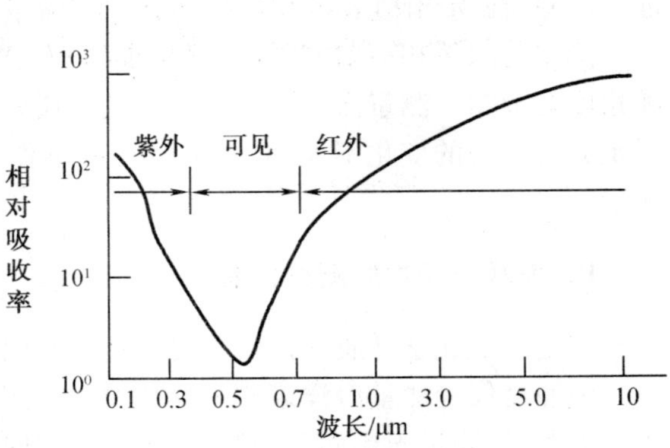

图 10-2 海水对不同波长光线的衰减

海水的吸收和散射导致激光能量的衰减，对于特定的海水和指定的激光波长，通常情况下衰减长度为定值，因此在研究图像水下传输规律时，可认为海水及水下光电成像系统为一个线性系统，满足线性叠加原理，从而简化分析。不同成分的海水，其光谱衰减曲线可能存在很大差异，而海水温度和深度变化对其衰减长度的影响不大。

当准直激光传输时，其水下传输距离为

$$L = -\frac{1}{\alpha}\ln\left(\frac{P}{P_0}\right) = \frac{1}{\alpha}\ln\left(\frac{P_0}{P}\right) \tag{10-12}$$

式中 P_0——激光发射功率；

P——光探测器的最小可探测功率；

L——激光脉冲在水下所能传输的最远距离。

10.2.3 对比度水下传输特性

水中能见度即水中视程，指人眼在水中能分辨黑色目标的最大距离。能见度是从大气光学借用来的术语，水中能见度比大气中的能见度低得多。海水中的水平视程通常为大气中视程的千分之一左右，主要原因是光在海水中的衰减和散射比在大气中强烈得多。水中目标的识别，取决于目标与背景之间的辐亮度和颜色的差别。随观察距离增大，水中的目标与背景的辐亮度的差别迅速减少，目标物变得更加模糊。水中能见度理论主要解决图像在水中传输的问题，应与光学传递函数的研究结合起来。

若目标的辐亮度为 L_1，背景辐亮度为 L_2，则目标相对于背景的固有对比度 C_0 为

$$C_0 = \frac{L_1 - L_2}{L_2} \tag{10-13}$$

理想黑物体（$L_1 = 0$）的固有对比度为 -1，在理想背景（$L_2 = 0$）条件下，任何目标的固有

对比度都为∞。对实际的目标和背景而言,固有对比度介于 -1 和∞之间。在观察距离为 r 处所测得的对比度,称为表现对比度。水中表现对比度 C_r 与固有对比度 C_0 的比值随 r 的变化,称为水中对比度的传输,它反映了图像在水中的传输问题。对比度传输的理论研究,目的在于从海洋辐射传递方程推导出水中对比度传输方程;而在实验研究方面,则是在典型水域或水槽中进行实测,以确定对比度传输的规律。

1948 年,美国斯克里普斯海洋研究所能见度实验室用玻璃底壳船在海上进行了观测实验。当垂直向下观察时,发现对比度传输随着观察距离的增加按指数律衰减,可表示为 $C_r = C_0\exp(-0.810r)$,式中 0.810 为海水的对比度衰减系数。实验测得的海水线性衰减系数 α 为 0.594,辐照度衰减系数 k 为 0.216。二者之和恰等于对比度衰减系数,因此有

$$C_r = C_0 e^{-(\alpha + k)r} \tag{10-14}$$

当观察方向偏离垂直方向时,实验还发现

$$C_r = C_0 e^{-(\alpha + k\cos\theta)r} \tag{10-15}$$

式中 θ 为观察方向与天顶方向之间的夹角,这就是对比度传输和海洋光学参数的经验关系。自海洋辐射传递方程出发,假定光在均匀水体中传播的条件下,从理论上也证明了这个关系式。根据对比度传输规律,当表现对比度下降 1/e 时,观察距离 $L = 1/(\alpha + k\cos\theta)$ 称为对比度衰减长度。清洁的海水的对比度衰减长度可达 20 m 左右,而混浊水体的对比度衰减长度只有几厘米。

10.3　虚拟潜望镜技术[30]

10.3.1　概述

潜艇要观察海上的情况时,必须升出潜望镜或光电桅杆,这种传统的观察方式使潜艇失去了隐蔽性,限制了潜艇的航速,而且增加了潜艇与其他舰船碰撞的可能性。虚拟潜望镜是一种全新的潜用光电技术,它能够在完全潜没的水下平台向上观察海面目标,这项创新技术与现有潜艇上的传感器系统构成一体,可以对传统的潜望镜/桅杆传感器起到互为补充的作用,减少潜艇指挥员使用常规潜望镜/桅杆的次数。因此虚拟潜望镜技术减少了潜艇的暴露,提高了潜艇的隐蔽性。

虚拟潜望镜技术除提高潜艇隐蔽性外,当潜艇需要上浮到潜望镜深度时,它可以在最大程度上减少潜艇与水面舰船碰撞的概率。

虚拟潜望镜还能够为潜艇提供上方空域的目标图像信息,使潜艇具备在水下对空中危险目标的探测能力。目前潜艇信息获取的主要手段除声呐外均需要浮出水面观察,容易暴露,而且声呐仅限于水中目标的探测,对反潜飞机无能为力。潜望航行状态下的潜艇,一旦被头顶反潜飞机发现,其生存概率几乎为零。而虚拟潜望镜技术能够在海水一定深度下为潜艇提供上方空域的目标图像信息,实现对空中危险目标的隐蔽探测,从而有效地提高了潜艇的隐蔽性和生存能力。

虚拟潜望镜技术是光电系统在水下领域的新应用和新发展,是提高潜艇警戒探测性能

和改善潜艇隐身性的有效途径,可填补潜艇在一定深度水下时对水面和空中目标警戒探测手段的空白。这种新颖的技术能够使潜艇从深处观察周围的情况,可以为潜艇提供更大隐身和更大安全,在军事上存在巨大的需求,也是潜用光电系统的最新发展趋势之一。

10.3.2 工作原理

当海面及空中目标的光线通过空气的传播到达海面,经过海面折射进入海水继续传播时,可将光路中一定深度的海水层“虚拟”成光学系统中的一个动态变化的透镜,如果水中光电探测系统的接收视场角足够大,就能接收全部的折射光线成像而获知整个海面及空中的情况,再利用微光成像传感器接收穿透海面水体的微弱折射光线,经高速数字图像处理消除因海浪的不确定性对成像造成的随机扰动,将得到的退化图像重构成一幅海空情况的图像,从而实现潜艇在安全深度下的隐身探测,其原理如图 10 - 3(见 735 页)所示。

虚拟潜望镜与普通潜望镜不同,普通潜望镜可以在海上某个位置直接接收光线。虚拟潜望镜则是利用放置在水下的一个或几个向上观察的摄像机接收来自空间光线。虚拟潜望镜可以在相当大的范围使用,而且能在一定深度上工作。虚拟潜望镜在水下越深,那么海面上能达到的视场就越大。在较大的视场内能看到更多的波浪,因而有利于提高成像的清晰度。但是,随着虚拟潜望镜的深度增加,它接收到的光线就越少。实际上,这种影响也制约了虚拟潜望镜的工作范围,虚拟潜望镜的水下工作深度一般不到 150 英尺①。超出此限,由于没有足够的光线而无法使用虚拟潜望镜。最佳使用深度取决于环境条件,通常不超过 100 英尺。由于虚拟潜望镜是利用波峰接收水平面附近的光线,它不可能像通常的潜望镜那样看得很远,而潜望镜升起的位置可以处在波峰之上。

10.3.3 国外研究现状

虚拟潜望镜技术是一项全新的技术,可以完全从水下潜没的潜艇平台上透过水面进行观察。最初只有美国在开展这方面的研究工作,并取得了一定的进展。其主要参与单位为美国 Areté 公司、美国海军研究实验室(NRL)和美国特种作战司令部(US. SOC),以 Areté 公司研发为主,NRL 和 SOC 提供项目经费支持和试验配合。

虚拟潜望镜的设计思路源于 Areté 公司在 1996 年申请的《通过从波涛汹涌的海面下方观察来确定海面波上方的状况》专利[5]。该专利阐述了应用水下传感器观察海上目标的技术途径。1998 年 Areté 公司利用其研制的水下传感器样机进行了演示,引起了美国海军研究室的重视,于是该海军研究室的两个管理部门在 2001 年共同向 Areté 公司提供研究资金,由 Areté 公司对水下电视传感器和数据采集系统进行设计,将其技术移植为虚拟潜望镜技术。

美国海军研究室虚拟潜望镜项目的主管艾利 · 马丁认为,虚拟潜望镜技术的核心是算法。该算法把多种信号处理方法[12]用于对畸变图像的处理。运用上述的方法可以提取有

① 1 英尺 = 0.3048 米。

用的信息，再把这些微弱信号数据重新构成有用图像。据有关的资料报道，美国海军研究室对虚拟潜望镜研究项目是很重视的，从 2001 年起共分三个研究阶段实施：

第一阶段的研究工作于 2001 年开始。2001 年 7 月，Areté 公司在加利福尼亚州圣克来门岛附近的海上进行原理样机演示，对各种环境条件，海水深度在 10 ~ 20 英尺的水下成像效果进行了测试，并运用建立的波浪估算算法、加强算法和光线追迹算法，把 30°的空间垂直成像分辨率提高到约为 8°。尽管从初期的各项试验的结果来看，在战术上并不是很有用，但是这些结果证明试验的方案是正确的。所以，海军研究处批准了该项目再做进一步的工作。图 10 - 4(见 736 页)和图 10 - 5(见 736 页)分别是早期的虚拟潜望镜试验装置和试验图片。

第二阶段的工作从 2002 年 2 月开始，重新进行设计研究。研究的重点涉及三个方面的算法：波浪估算、消卷积算法和匹配滤波算法。单用匹配滤波算法就能使垂直角分辨率提高到 3°。上面所提到的三个不同方面有三个软件，每个方面目前都有一个算法软件。

第三阶段的工作从 2003 年 3 月开始，由三方共同提供资金对虚拟潜望镜项目进行先期发展研究和演示。虚拟潜望镜的最终目标是要达到 1°垂直角分辨率或优于 1°，而且要改进图像重现的保真度，这样就可以探测到在 1 n mile 处 100 英尺高的目标，或是在 0.5 n mile 处能探测到 50 英尺高的目标。

美国特种部队司令部对演示结果留下了很好的印象，于 2003 年春季签订了合同，首先在蛙人运送器上采用这项技术。该系统只占极小空间，摄像机放置在 7 × 13 in 的矩形壳体内，头部为球面形。

2004 年美国海军研究室与 Areté 公司签订了 113 万美元的研制合同，要求在先进“海豹”小队投放系统(ASDS)上装备一套虚拟潜望镜传感器及数据采集系统，但这项计划未能按时完成，直到 2005 年，虚拟潜望镜才进行正式的第一次海试。

2005 年夏季，Areté 公司在海军研究室和特种作战司令部的支持下，开展了一系列的海上航行试验[13]。其中虚拟潜望镜的光学传感器安装在“芝加哥”号潜艇的艇艏上，可移动控制的数据采集和处理装置通过光纤和电缆与传感器相接，安装在潜艇舱内，如图 10 - 6(见 736 页)所示。

在完成水下数据收集系统前，小组进行了一个初步的水池试验，来检验系统的水密性；并在多种光线和天空条件下，在水下对数据采集系统进行了测试，来检验系统在水下环境的聚焦性。如图 10 - 7(见 737 页)所示，水池试验生动的显示了水下观测图像能够在笛卡儿坐标系中重构，并且所恢复的图像相当的清晰。当水面有皱褶时(用叶片鼓风机吹)，恢复图像的保真度大为降低。水池试验的所有测试结果都相当满意，小组可以进行水下设备的安装和海洋测试工作。

虚拟潜望镜的整个测试工作包括从圣地亚哥横跨到珍珠港，历时 7 天的航行，随后一天在瓦胡岛以南的水域里对一个专门的水面目标进行测试。测试计划由几段航程组成，航线由下面 4 种几何形状中的一种来描述：平行线、圆弧线、圆(250 码 CPA)和椭圆(500 码 CPA)。在水面上作为靶船只是美国军舰“蓝瑟”号。“蓝瑟”号要求在水中完全静止不动或是(潜艇处于平行线航线时)保持一个稳定的航线和速度。潜艇“芝加哥”号按照指定的航线航行，通过水下的传感器观测目标，并通过虚拟潜望镜平台采集系统记录目标的图像和航行数据。

如图 10 - 8 所示的平行航线要求水面上的靶船只保持一个稳定的路线和速度，分别为

2,4,6 节。潜艇在水下 120 或 150 英尺的深度活动,在与船身相垂直的方向上,以同样的路线和速度,在不同区域以每 5 分钟作为一个数据收集时段来航行。潜艇采用有源和无源声呐结合的方式导航。

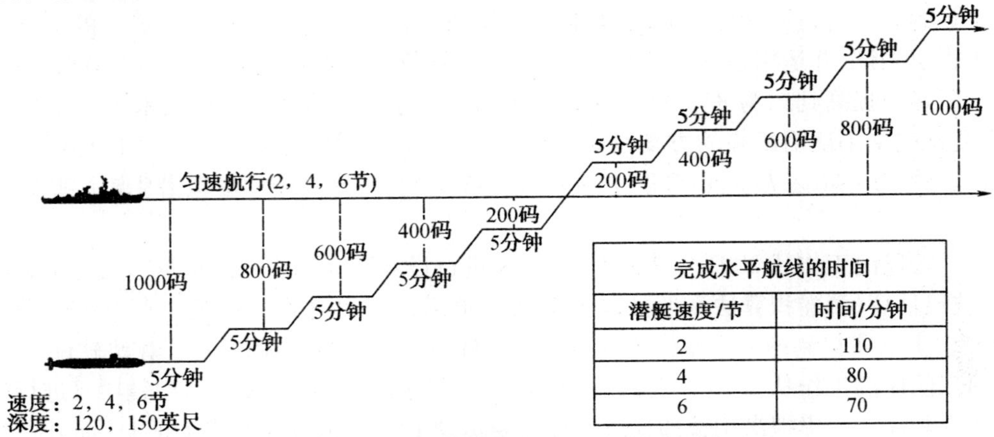

完成水平航线的时间	
潜艇速度/节	时间/分钟
2	110
4	80
6	70

图 10－8　虚拟潜望镜海上的水平航线测试

图 10－9 所示是圆形航线,它要求靶船只在水中保持静止。潜艇在船身下 120 或 150 英尺的深度活动,绕行目标船只 3 次。始终保持潜艇和目标船只在深度上分开。

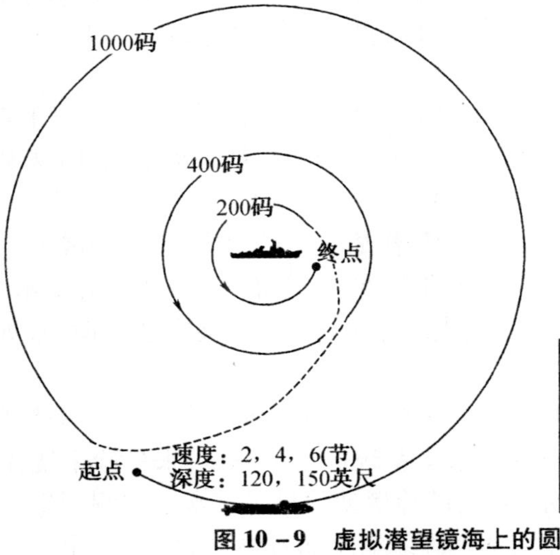

完成圆形航线的时间	
潜艇速度/节	时间/分钟
2	151
4	75
6	60

图 10－9　虚拟潜望镜海上的圆弧航线测试

Areté 公司和美军的试验小组在此试验中共收集了约 1TB 的图像数据,在 0 到 4000 码范围内完成了预先设定的航线:平行线、椭圆、圆弧,还在满月和晴朗的天空情况下,收集了夜间 150 英尺处的图像数据。图 10－10 显示了部分采集的图像数据。

目前这项研究还没有到实际装备的阶段,仍处于与海军潜艇图像获取办公室 PMS435 合作阶段,同时也与美国海军研究实验室,美国国防部高级研究计划局和美国海军水面战中心(巴拿马城分部)赞助的不易被发现的潜望镜研究项目在开展合作。

2008 年 10 月,Areté 公司高级副总裁布鲁斯·哈伯德在美国波士顿举办的工业物理 IPF 论坛进行了专题演讲,介绍了虚拟潜望镜项目研究的最新进展和下一步的发展趋势。目前能够探测到水面 100 m 远外的目标,从而实现潜艇上浮过程中的有效避撞。下一步的研究方向则是通过开发并修改完善软件系统,尽量精确地匹配动态的海面变化,提高图像的保真程度。

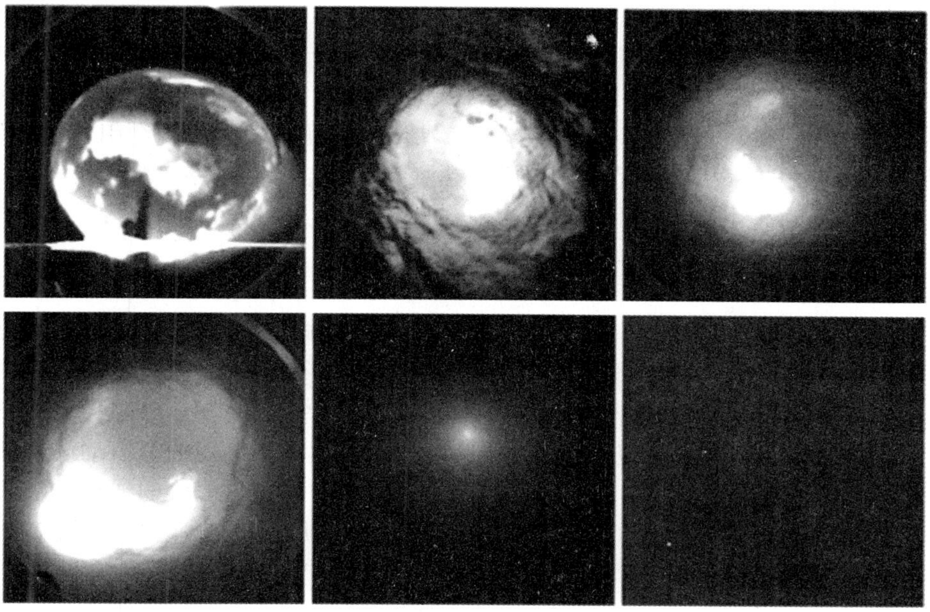

图 10 - 10　从左上图沿顺时针方向依次是：初始数据；水下 10 英尺图像；100 英尺图像；夜间图像；600 英尺图像；100 英尺处有目标船体进入视野的图像

除美国之外，德国蔡司公司也开发了一种类似的虚拟潜望镜技术[14]。其探头安装在 OMS - 100 型光电桅杆观察头的顶部位置，其基本原理、用途和主要功能与美国 Areté 公司基本一致，但核心算法尚不清楚，图 10 - 11（见 737 页）给出了其工作示意图。

10.3.4　关键技术

尽管虚拟潜望镜对潜艇有很大的使用价值，但是它所面临的技术难度也是很大的，而且受到诸多因素的制约，例如气候、海况、海水本身的能见度等都对虚拟潜望镜的应用有一定的影响。所以，在真正形成装备之前，还有以下一些关键技术需要解决。

1. 水体散射效应研究

从试验结果看，在水下较深时，水体散射现象还是比较明显的。更深水区时，由于水体的散射累积效应，导致图像边缘部分模糊，并影响边缘视场的成像探测，最终直接影响到成像探测的作用距离。为了提高系统的作用距离，必须开展水体对光线散射效应的研究，解决由于水中光线前后向散射导致的图像模糊问题。

2. 水下专用光学系统设计

虚拟潜望镜技术将一定范围的海水层纳入成像系统中，并且作为系统第一块“透镜”，而且随海水波面动态变化。因此其光学系统的设计和常规光学系统设计有所不同，需要分析计算动态海水层的透光特性（折射率、散射、吸收等），并综合其余光学元件进行光路计算、消像差等光学设计，完成一定空域的水下虚拟光学成像技术研究，并通过对成像质量的反复比较，寻求出探测视场和成像质量之间的最优匹配关系。

3. 水下微弱光信号的探测

潜艇在 50 m 左右的安全深度航行时，海水层对光能量的吸收、散射效应使海空目标的反射光能量传递到探测器的照度、信噪比极低，为实现对目标的有效探测，必须对这种低照度、低对比度的图像进行增强。但潜艇在浅水层活动时，强烈的光照度会引起成像器件的饱和，因此必须解决光照大动态范围下的成像探测问题。结合光学系统的设计和选用高性能的成像传感器，实现不同靶面不同增益的控制，从而实现大动态范围下微弱光信号探测。

4. 海浪波面动态特性预估技术

海浪是一种复杂的水动力学现象，其面形特征直接影响海空目标辐射进入海水后的传输方向，成为对成像系统的一种扰动。在虚拟潜望镜的成像探测中，海浪波面的斜率、行进方向、速度等动态特性严重影响光电探测效果和对目标的空间垂直分辨率，因此在观测图像扰动规律的基础上，结合平面进行波理论，反演和预估影响光传播的海浪动态特性，进而获得较为准确的海浪波面模型。通过海面的风速和风向可以构建海浪的线性波动模型，但对于实时的成像探测，需要解决的是微观状态下的波浪高度分布，因此对海浪的模型和参数估计需要更深入地研究。

5. 水下对空成像的图像处理技术及目标告警信息提取技术

海水的波面、光能量穿透海水以及超广角光学系统不可避免的对光电探测器的成像产生退化和畸变，消除这种影响就必须开展对海浪波面动态特性、超广角图像几何畸变、一定深度海水层等图像退化因素的研究，并通过综合的数字图像处理技术改善图像质量，对上浮前的海空目标输出告警信息。

10.4 同步扫描水下激光成像系统

10.4.1 工作原理

传统的水下电视技术使用面阵接收器件，并进行大视场照明，使得照明区域和成像区域的重叠体积增大，从而增加了后向散射，降低了图像的对比度，降低了成像系统的性能。同步扫描水下激光成像系统选择波长处在海水光学窗口的蓝绿激光器作为照明光源，并进行准直点照射，一方面减少了海水的吸收作用，同时采用激光同步扫描技术，窄视场跟踪接收目标返回光线，最大限度地抑制了后向散射的影响，增大了成像距离。

面照射成像方式与同步扫描成像方式的工作示意图如下，从图 10 - 12 可以看出二者抑制后向散射的能力差异。

可以看出，宽视场接收器所要求的照明区域很大，这样照明区域和接收器视场的共用水域也很大，到达接收器的能量中后向散射的能量就强，从而造成系统信噪比降低，降低了成像系统性能。

同步扫描成像系统采用了窄视场的接收器和发散角小的激光器作为照明光源，二者在空间上分开足够的距离，其共用水域可减少到最低程度，有效抑制了后向散射。接收器为光功率探测器，例如高灵敏度的光电倍增管，光电倍增管本身不成像，它每次获取一个目标点的反射率信息，通过空间重构形成目标的二维图像。这种成像方式的另一个好处是接收光学系统无须聚焦，可获取全景深图像，但由于照明光源的照射区小，必须通过扫描来扩大横向视场，还要求通过成像系统的垂直运动来扩展纵向视场。

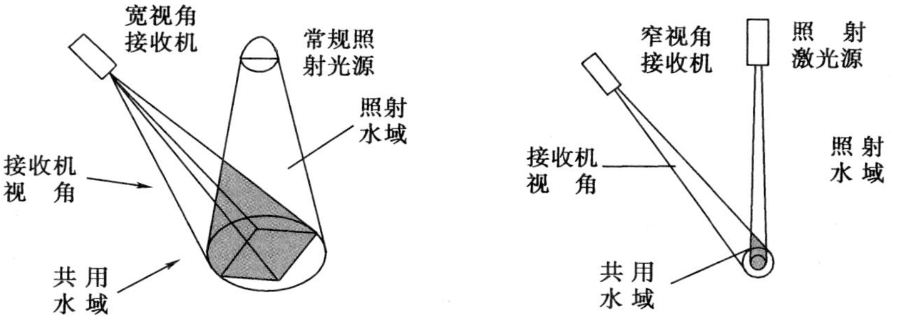

(a)　　(b)

图 10－12　两种成像方式对比

(a)面照射成像系统；(b)点照射行扫描成像系统

10.4.2　系统组成

采用同步扫描技术可以减小照明视场与接收视场公共区域的体积，从而有效减小后向散射，提高图像质量和作用距离，系统结构简图如图 10－13 所示。

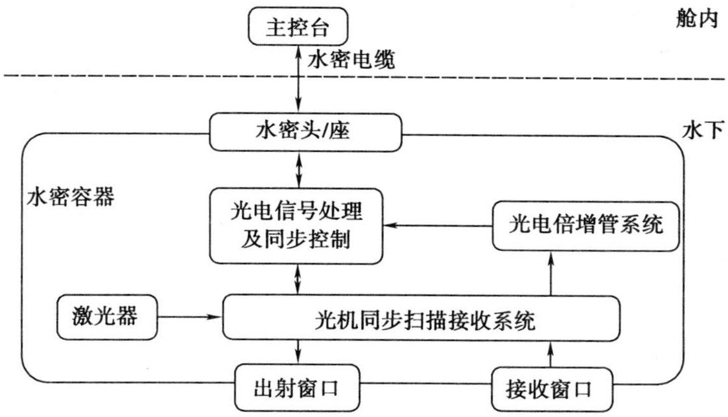

图 10－13　同步扫描水下激光成像系统组成框图

其中光机同步扫描接收部分的简图如图 10－14 所示。

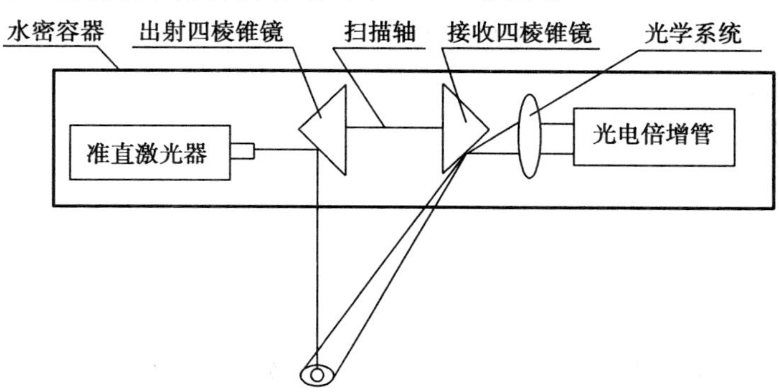

图 10－14　同步扫描系统

同步扫描系统由准直激光器、出射四棱锥镜、扫描轴、接收四棱锥镜、光学系统、光电倍增管等组成,它们安置在水密容器中。准直激光束水平入射到出射四棱锥镜上,反射后经水密容器上的出射窗口横向射出,穿过水体后照射水中目标,激光被目标漫反射后,再次穿过水体并返回到水密容器上的接收窗口处,然后入射到接收四棱锥镜上,经反射后进入光学系统,最后到达光电倍增管。光电倍增管对信号进行转换,其输出电压值即对应目标点的反射率,据此就获得了目标图像的一个点。当扫描轴旋转时,激光束便在横向上进行扫描,当扫描轴旋转四分之一圈即可形成一条扫描线段,在该扫描线段上按一定的间距进行采样,可获取一图像行。

为获取目标的二维图像,除了通过旋转扫描轴扩展横向视场外,还需要载体沿纵向进行平移,从而在目标上形成前后相继的激光扫描线,采样点的时序关系如图 10-15 所示。

图 10-15 中短实线箭头表示图像行内采样点的移动方向,长虚线箭头表示图像行之间的回扫方向,扫描线自左向右扫描,载体平移方向向上。无畸变的水下激光图像要求这些采样点形成一个方阵,即行内间隔与行间间隔相等。影响像素间隔的系统参数包括横向扫描角视场 FOV、扫描转速 S、目标距离 R、图像分辨率 N 以及载体速度 V 等,仅当这些参数满足一定关系时,才能保证图像无畸变,而当任何一个参数发生变化时,图像将产生畸变。例如,当扫描速度过快时,图像在纵向上会被拉伸,反之会被压缩,当载体速度过快时,图像在纵向上会被压缩;反之会被拉伸,当目标距离变大时,图像在纵向上会被拉伸;反之会被压缩。此外,若某个参数产生非线性变化,则图像会产生多重畸变,这是不允许发生的情况,例如载体作变速运动、扫描轴转速不均匀等。

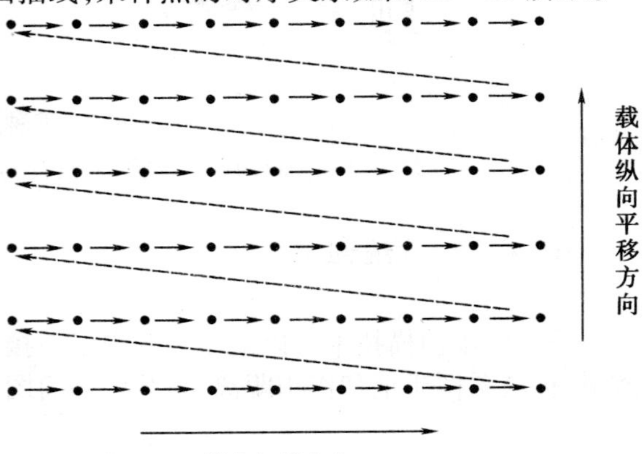

图 10-15　扫描图像采样点的时序

10.4.3　同步扫描参数的约束关系

1. 系统主要技术参数定量分析

同步扫描水下激光成像系统要生成无畸变图像,不仅要保证图像在几何上满足一定的约束关系,还应包括在特定的激光功率、特定的水质条件下,系统有足够的灵敏度能探测目标,这称为系统的能量约束条件,经推算,可知系统接收到的激光回波功率为[7]

$$P_r = \frac{P_0 \cdot \rho \cdot A}{\pi \cdot R^2} e^{-2\alpha R} \tag{10-16a}$$

式中　P_r——激光回波功率;

P_0——激光出射功率;

ρ——水下目标的朗伯反射率;

A——探测器接收面的面积;

A——水体的体积衰减系数；

R——目标距离。

实验发现该表达式低估了前向散射对激光回波功率的贡献，需要修正，引入漫射衰减系数 k 来替代光束衰减系数，根据经验，取 $k=0.2\alpha+0.04$，于是上式变为

$$P_r=\frac{P_0\cdot\rho\cdot A}{\pi\cdot R^2}e^{-(\alpha+k)R}=\frac{P_0\cdot\rho\cdot A}{\pi\cdot R^2}e^{-(1.2\alpha+0.04)R} \tag{10-16b}$$

将上式中几个关键参数赋以典型数值，其中 $P_0=0.2\text{W}=5\times10^{17}$ 光子/s，$\rho=0.05$，$A=2.0\times10^{-3}\ \text{m}^2$，于是有

$$P_r=1.6\times10^{13}\cdot\frac{e^{-(1.2\alpha+0.04)R}}{R^2} \tag{10-16c}$$

P_r 在此表示按光子数度量的激光回波功率，单位为光子/s。在成像过程中，激光回波被光电倍增管转换输出，后续电路对输出电压信号进行高速采样和A/D转换，对每个采样像素点而言，其所占时间非常短暂，而在两个采样像素的间隔期间，光电倍增管必须接收到一定数量的光子才能正常响应，试验证明这个数量不小于 4.0×10^4 个光子。

设信号采样频率 f，则应满足

$$\frac{P_r}{f}>4\times10^4 \tag{10-17}$$

设横向扫描角 $FOV=70°$，根据同步扫描系统的几何关系，可知

$$f=S\cdot N\cdot\frac{360}{70} \tag{10-18}$$

图像行内间隔为

$$T=\frac{70\cdot\pi\cdot R}{180\cdot N}$$

图像行间间距为

$$t=\frac{V}{4\cdot S}$$

图像无畸变应有 $T=t$，于是可得

$$N\cdot V=4.9\cdot S\cdot R \tag{10-19}$$

代入(10-18)式，可得

$$f=\frac{1.05\cdot V\cdot N^2}{R}$$

结合(10-16c)和(10-17)式，可得

$$V<\frac{3.8\times10^8}{N^2}\cdot\frac{e^{-(1.2\alpha+0.04)\cdot R}}{R} \tag{10-20}$$

扫描转速应为有限值，取 $S<4\ 000$ r/min，则(10-19)式变为

$$V<0.32R \tag{10-21}$$

实际上，载体速度 V 存在上限，同时为了实现巡航成像，载体速度不能为零，应大于某一速度阈值，因此 V 的取值为一个有限区间，在此取

$$0.1<V<3 \tag{10-22}$$

系统工作时，目标距离 R 也不可能为零，应设定一阈值，取

$$R > 2 \tag{10-23}$$

式(10－20)～(10－23)四个约束关系式共同决定了同步扫描水下激光成像系统工作时应满足的条件，此时也必定能找到一组可行参数值使式(10－19)成立。

2. 同步扫描参数约束关系图谱

在所有的系统参数中，载体速度 V、目标距离 R 以及扫描转速 S 是最易变化的参数，由于 S 为内部参数，为了直观地反应系统参数之间的约束关系，建立 $R-V$ 坐标系，将式(10－20)～(10－23)所表示的曲线画在坐标系内。

由于系统参数多，其约束关系属多维情形，十分复杂，为直观起见，在 $R-V$ 图谱中，将以下参数取固定值：$P_0=0.2$ W，$\rho=0.05$，$A=2.0\times10^{-3}$ m^2，$FOV=70°$，而 N，α 的不同取值将形成一系列图像，S 根据式(10－19)成为隐含参数，在图像中表示直线的斜率大小。

当 $N=1\ 024$，α 取 0.1，0.2，0.5 时的约束关系图谱如图 10－16 所示。

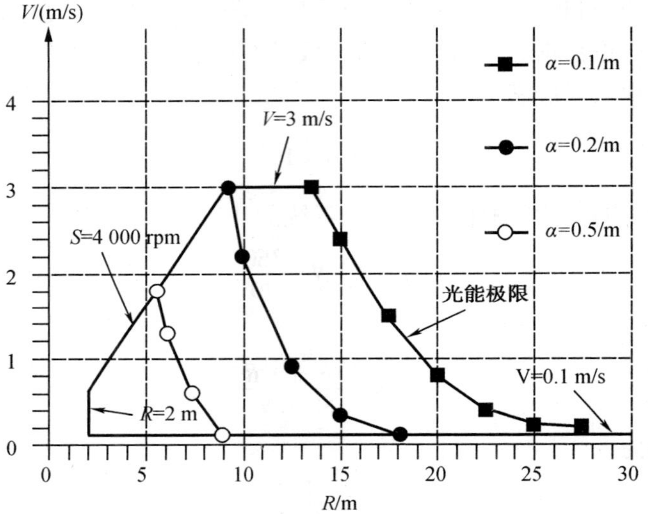

图 10－16　系统参数约束关系图谱($N=1\ 024$)

给定一组值(P_0，ρ，A，FOV，N，c)，在 $V-R$ 图上可由五条线围成一个封闭区域。设该封闭区域中的任意点为(R，V)，则满足参数组(P_0，ρ，A，FOV，N，c，R，V)约束条件必定可使系统获取无畸变图像。

以下取 $N=2\ 048$，将参数约束关系图谱重画于图 10－17。

由图 10－17 可见，由于图谱整体下沉，约束关系 $V<3$ 已成多余条件，这是约束关系图谱的退化情形，此时封闭区域仅由四条线围成。

10.4.4　关键技术

同步扫描水下激光成像系统是一种精密的光机电系统，涉及到较多的基础技术，主要包括：蓝绿激光器技术、光电弱信号提取技术、后向散射抑制技术、图像的几何校正和灰度校正技术等。在这里主要从系统集成的角度介绍后三种关键技术，蓝绿激光器技术和光电弱信号提取技术为器件技术，可从蓝绿激光器厂家和光电倍增管厂家的技术资料中查阅。

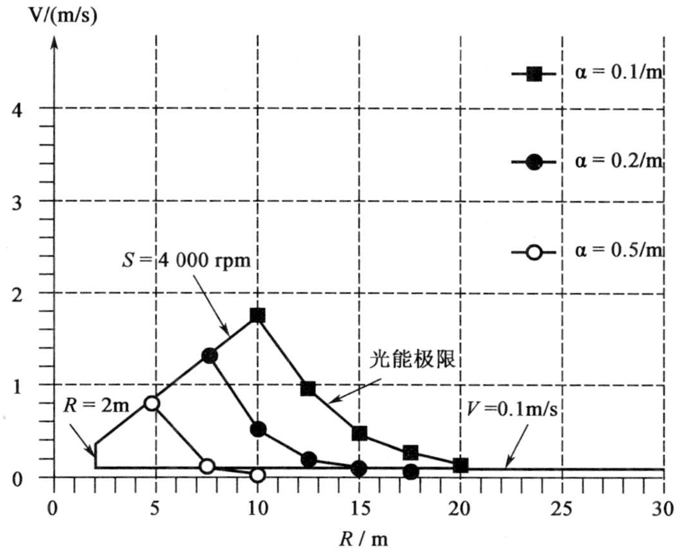

图 10 - 17　系统参数约束关系图谱(N = 2 048)

1. 后向散射抑制技术

海水对光线的散射效应和吸收效应两者都严重地限制了水下进行观察的距离。其中,吸收效应可以用增加光源强度和接收器的灵敏度来克服,但散射效应却不能通过这种方法消除,因为当光源强度增加时,后向散射几乎成比例地增加,信噪比变得更差,甚至在某些情况下,要通过适当降低光源功率才能获得满意图像。20 世纪 60 年代后期人们基于激光水下传输的理论,对水下激光成像系统抑制后向散射的方式提出了多种途径,包括同步扫描、距离选通、偏振鉴别、窄带滤波、激光调制技术以及数字图像处理方法等。以下介绍用两个同轴安装的四棱锥镜实现同步扫描的消杂光方法。

同步扫描系统的出射棱镜设计为四棱锥,接收棱镜也设计为四棱锥,两者同相位地安装在同一根轴上,由一扫描电机驱动。从激光器出射的激光束被旋转着的出射四棱锥镜反射,垂直于扫描轴线出射并照射到目标上形成扫描光点轨迹。扫描光点经目标漫反射后,一部分光线返回到接收棱镜的侧面上,经反射进入接收光学系统,随着棱镜的旋转,它也会在接收焦平面上形成轨迹,即为接收光轨迹。由于同步扫描成像系统以空间分离法将成像光线和后向散射进行分离,因此后向散射抑制技术的重点在于精确设计出扫描及接收光轨迹的形状,并设计出相应的可变光阑对成像光线进行空间选通。

图 10 - 18 是同步扫描成像系统的等效光路图,包括激光器、两个四棱锥镜以及聚光镜。

O 点为扫描光点,当系统到平面目标的垂直距离为 L、激光横向扫描角度为 θ 时,O 点到扫描轴线的距离为 $L/\cos\theta$。根据图中的几何关系,可知 O 点通过接收棱镜侧面所成虚像位于 O',O' 离扫描轴线的垂直距离为 d(两锥顶距离),离聚光镜的水平距离为 $L/\cos\theta$。O 点发出的光线通过接收棱镜反射后等效于直接从 O'发出,因此,下面只考虑 O'点通过聚光镜成像。

设聚光镜焦距 $f \ll L$,则像点位于焦平面处,设扫描角度为 θ 时像高为 h,则

$$h = \frac{fd\cos\theta}{L} \tag{10-24}$$

于是扫描光点的像点在光阑处的轨迹如图 10 - 19 所示。

图 10－19 中 C 点位于光轴上，θ 为横向扫描角。当目标距离为 L 时，横向扫描角度为 θ 时，像点位于 B 点，即

$$h = |CB| = \frac{fd\cos\theta}{L}$$

根据此表达式已知 B 点的轨迹为一个垂直于扫描轴线的圆，并且其直径为 fd/L，轨迹圆的下方正好切于扫描轴线 C 点处，如图 10－19 中圆心为 M 的大圆，其直径为 fd/L。当目标距离增大到 $L+\Delta L$ 时，像点为 A，同理其轨迹仍为一个圆且切于 C 点，如图 10－19 中圆心为 N 的小圆，其直径为 $fd/(L+\Delta L)$。

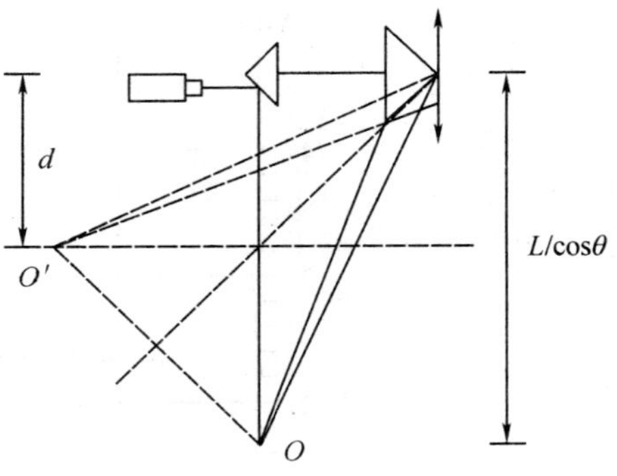

图 10－18 接收光线轨迹仿真图

当横向扫描角 θ 从 $-90°$ 匀速变化到 $90°$ 时，像点刚好匀速运动一周，故像点作圆周运动的角速度正好为扫描角速度的两倍，但其圆心不在扫描轴线上，而是在扫描轴线正上方 $fd/2L$。由于扫描棱镜为四棱锥镜，实际上每一侧面只能实现从 $-45°$ 到 $45°$ 范围的横向扫描，扫描轴每旋转一周产生四条扫描线段，每条扫描线段对应的像点轨迹为轨迹圆的上半个圆周，扫描线的扫描方向始终同向，故像点运动方向也相同，如自左向右。当光阑孔运动到最右端的时刻，必须在左端出现另一个光阑孔，因此应设置两个光阑孔，如图 10－20 所示。

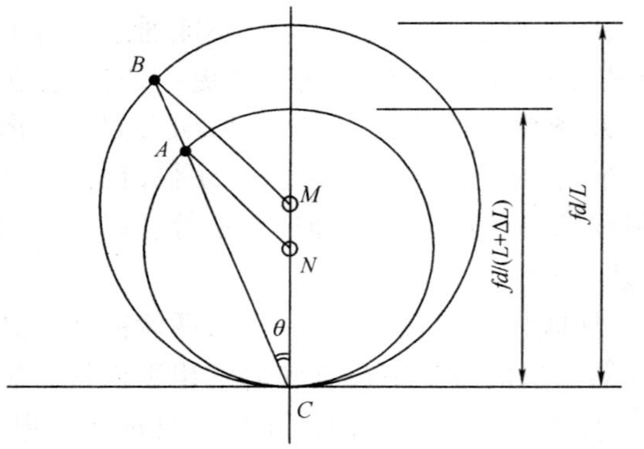

图 10－19 扫描光点的像点轨迹

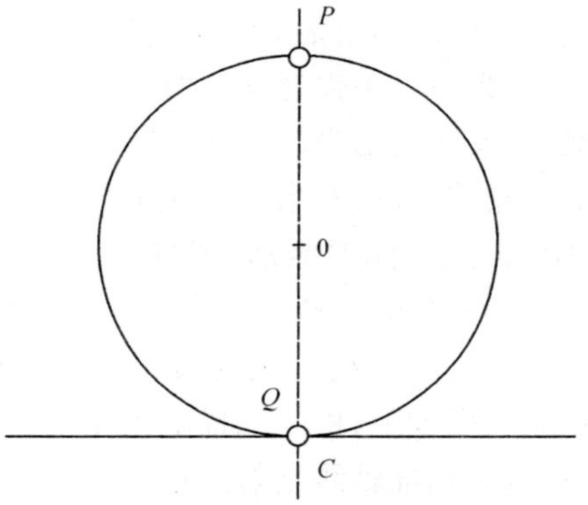

图 10－20 可变光阑的形式

将光阑的转动中心置于 O 点，$|CO| = fd/2L$，两个光阑孔 P，Q 置于直径的两端，光阑以两倍于扫描轴的角速度旋转，像点在上半圆周运动，在任一时刻，都有小孔 P 或者小孔 Q 与像点重合。将扫描棱镜的四个侧面依次编号为 1，2，3，4，则小孔 P 对应扫描棱镜的 1，3 两个侧面的扫描线所成的像，小孔 Q 对应扫描棱镜的 2，4 两个侧面的扫描线所成的像。当光阑孔足够小时，就可以认为只有扫描光点的漫反射光通过光阑，而其周边的杂散光将不可能通过小孔，这样即达到了抑制后向散射的目的。

当目标距离 L 改变时，由于 $|CO| = fd/2L$，故光阑转动中心的位置必须在垂直方向移动，同时光阑孔离转动中心的距离也要调整为 $fd/2L$，使轨迹圆切于 C 点。反过来，若已知光阑孔到转动中心的距离 r，则可以通过公式 $L = fd/2r$ 求得目标的距离，实现了间接测距。

同步扫描成像系统在水下进行探测时，无法预知目标的距离，则可以采用下述方法搜索目标：让 r 从零逐渐增大，在每一固定的 r 值对目标进行成像。若屏幕上输出目标的图像，则根据 $L = fd/2r$ 求得目标的距离。若屏幕上无目标图像，增大 r 重试，直到发现目标。

若 r 增大到最大允许值仍然没有发现目标，则可断定在搜索范围内无目标。

实际上不可能仅仅观察距离为 L 的一个平面，而是观察距离 L 附近的一个具有一定厚度的海水层中的目标，即系统存在成像深度。若光阑孔的直径做得很小，这会导致成像深度几乎为零。虽然它有效地抑制了后向散射，但同时导致通过的光能量太少而无法成像。故必须让光阑孔直径取一个有限值，保证通过足够的光能量，使系统具有合理的成像深度。

由前面的分析可知 $fd = DL$，D 为像点轨迹圆的直径，设成像深度为 ΔL，光阑孔的直径为 ΔD，对公式 $fd = DL$ 两端微分可得成像深度与光阑孔直径的定量关系如下

$$\Delta L = -\frac{L^2}{fd}\Delta D, \Delta D = -\frac{fd}{L^2}\Delta L$$

设 ΔD 沿 D 对称分布，即

$$D_{\max} = D + \frac{\Delta D}{2}, D_{\min} = D - \frac{\Delta D}{2}$$

则

$$\Delta L = \frac{fd}{D_{\min}} - \frac{fd}{D_{\max}} = \frac{fd}{D - \frac{\Delta D}{2}} - \frac{fd}{D + \frac{\Delta D}{2}} = \frac{fd\Delta D}{D^2 - \frac{\Delta^2 D}{4}} \approx \frac{fd\Delta D}{D^2} = \frac{L\Delta D}{D} \tag{10-25}$$

定义相对成像深度

$$\xi = \frac{\Delta L}{L} \approx \frac{\Delta D}{D} \tag{10-26}$$

在 $\frac{\Delta^2 D}{4}$ 相对于 D^2 足够小时上式具有足够的精度，下面仅考虑 ξ 为定值时的情形。注意到 L 并不是处于成像深度的中间，这是由于系统的成像区间为

$$(L - \Delta_1, L + \Delta_2) \tag{10-27}$$

其中

$$\Delta_1 = \frac{fd}{D} - \frac{fd}{D + \frac{\Delta D}{2}} \approx \frac{L\xi}{2 + \xi} \tag{10-28}$$

$$\Delta_2 = \frac{fd}{D - \frac{\Delta D}{2}} - \frac{fd}{D} \approx \frac{L\xi}{2 - \xi} \tag{10-29}$$

称 Δ_1 为前成像深度，Δ_2 为后成像深度，由以上表达式已知 $\Delta_1 < \Delta_2$，且下式成立

$$\frac{\Delta_1}{\Delta_2} \approx \frac{2 - \xi}{2 + \xi}$$

故前成像深度和后成像深度的比值为定值，取 $\xi = 0.2$，则该值为 9/11，且有

$$\Delta_1 = \frac{L}{11}, \Delta_2 = \frac{L}{9}$$

由于有了成像深度，要搜索一定范围内的目标，只需在有限的几个点上进行搜索即可覆盖全程，但必须满足相邻两搜索点间的距离小于前后成像深度之和。设相邻两搜索点的距离分别为 L_1 和 L_2，且 $L_1 < L_2$，其中 L_1 的后成像深度为 Δ_{12}，L_2 的前成像深度为 Δ_{21}，则有

$$L_2 - L_1 \leqslant \Delta_{12} + \Delta_{21} = \frac{L_1}{9} + \frac{L_2}{11} \text{ 即 } L_2 \leqslant \frac{11}{9}L_1$$

这是保证全程搜索不漏掉目标的条件。已知当距离为 L 时的最大测距误差为 Δ_2，当相

对成像深度 $\xi = 0.2$ 时，可得测距误差为

$$\Delta_2 = \frac{L\xi}{2-\xi} = \frac{L}{9}$$

故系统的测距误差不超过 $L/9$，即测距相对误差不超过 1/9。

2. 扫描图像的几何校正

同步扫描水下激光成像系统每一时刻只形成图像中的一个像素，这样获得的图像与其他面阵成像器件输出的视频图像不同，不能用普通的图像采集卡来采集，需要由点像素重新构建还原出原始图像。

由于假定目标为平面，而扫描电机以匀速扫描，因此若按等时间间隔来采样，必然使每行相邻两像素之间不等距，为使采样点在每行内是均匀的，应对光电倍增管输出信号进行时间非均匀采样。同时，为了使行列间距相等，即在纵向上不使图像产生拉伸或压缩，必须使目标的垂直距离 R、电机转速 S、图像行分辨率 N、扫描视场角 FOV、载体航速 V 等保持严格的数量关系。

当扫描电机匀速转动时，扫描目标点的运动速度是不均匀的，因此如果进行等时间间隔采样，则采样点在空间上不均与。如图 10－21，设横向扫描半角为 θ，则扫目标点的坐标 $x = R \cdot \tan\theta$，扫描速度为

$$x' = R \cdot \frac{1}{\cos^2\theta} \cdot \theta' = SR \cdot \frac{1}{\cos^2\theta} \qquad (10-30)$$

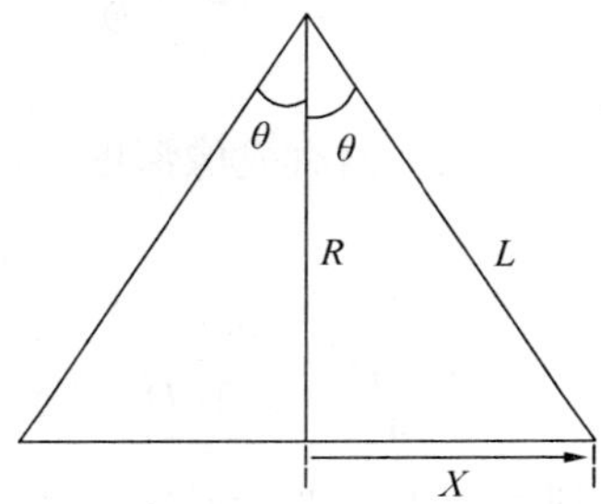

图 10－21　扫描平面示意图

随 θ 角的变化，两边的扫描速度比中心快，当 $\theta = 35°$ 时，

$$x' = SR \cdot \frac{1}{\cos^2 35°} = 1.49SR$$

而在中心 $\theta = 0°$ 时，

$$x' = SR \cdot \frac{1}{\cos^2 0°} = SR$$

因此有

$$\frac{x'_0}{x'_{35}} = \frac{1}{1.49}$$

如果采用等时间间隔采样，可以推导出在 0°和 35°时的空间间隔，也就是行内像素间距的大小。以 $N = 512, R = 15, FOV = 70°$ 为例进行如下计算：

当 $\theta = 0°$ 时，像素间距约为 3.6 cm，$\theta = 35°$ 时，像素间距约为

$$1\,500 \times (\tan35° - \tan(35° - 70°/512)) = 5.3 \text{ cm}$$

当 $N = 4\,096, \theta = 0°$ 时，像素间距约为 0.4 cm，$\theta = 35°$ 时，像素间距约为

$$1\,500 \times (\tan35° - \tan(35° - 70°/4\,096)) = 0.7 \text{ cm}$$

明显看出扫描点之间的间距相差很大，因此必须进行空间修正。

当扫描棱镜加工成四面时，每面扫描角可达 90°，实际只取中间的 70°范围，在 70°的范围内要分成 N(512，1 024，2 048，4 096)分，则平均角分辨率为

$(70° \times 3\,600)/N$

$\approx 492''$　　$N = 512$ 时

$\approx 246''$　　$N = 1\,024$ 时

$\approx 123''$　　$N=2\ 048$ 时

$\approx 61.5''$　　$N=4\ 096$ 时

由于扫描是非线性的，因此角度不平均，最小的角度应该是等分距离后最边缘的一个角度，计算如下

$(35° - \arctan(\tan 35°((N/2)-1)/(N/2))) \times 3\ 600$

$\approx 379''$　　$N=512$ 时

$\approx 189''$　　$N=1\ 024$ 时

$\approx 94''$　　$N=2\ 048$ 时

$\approx 47''$　　$N=4\ 096$ 时

最大的角度计算如下

$\arctan(\tan 35°/(N/2))$

$\approx 564''$　　$N=512$ 时

$\approx 282''$　　$N=1\ 024$ 时

$\approx 141''$　　$N=2\ 048$ 时

$\approx 70''$　　$N=4\ 096$ 时

从这些结果中可以明显看出非线性，表 10－1 可更清晰地看出这种非线性。

表 10－1　横向 70°扫描时不同分辨率条件下的角度分配值(单位:角秒)

像素分辨率 / 角度变化	分辨率(像素/行)			
	$N=512$	$N=1\ 024$	$N=2\ 048$	$N=4\ 096$
平均分配时角度	492	246	123	61.5
空间线性时最大角度	564	282	141	70
空间线性时最小角度	379	189	94	47

在整个成像扫描过程中，为了不失真地反映目标情况，必须保证视场中心横宽与纵宽相等，即行内像素点间距与行间距相等，行内像素点间距由目标到成像系统的距离 R 和每行像素数确定，行间距离由载体速度 V 等确定，设系统的扫描视场角为 70°，则扫描宽度为

$$S = 2R\tan 35°$$

则每个像素点的大小即像素点间距离

$$T_{\text{pixel}} = \frac{S}{N} = \frac{2R\tan 35°}{N} \tag{10-31}$$

由于要控制在一行的扫描时间内成像系统的运动行程与一行内的扫描像素点相等，设成像系统前进一行所要的时间为 t_{line}；又由于棱镜设计为四面，扫描电机每转一周，扫描 4 行，即电机转动一周的同时系统前进相当四行的距离，则有下面等式

$$t_{\text{line}} = \frac{T_{\text{pixel}}}{V_p}$$

$$S = \frac{1}{4\times t_{\text{line}}} = \frac{1}{4\cdot\dfrac{2R\tan 35°}{V_p N}} = \frac{N\cdot V_p}{4.866R} \tag{10-32}$$

当 $N=512$ 时

$$S = 104.789\ 193\ 6 \times \frac{V_p}{R}$$

角度同步信号可实现利用时间非线性换取空间线性采样，是变速图像采集的关键，角度同步信号直接控制图像数字化的进程，其频率受到图像行分辨率、扫描视场角等因素的影响。利用测角元件相应的数字化电路对扫描角度进行测量，在要求采样的角度处产生角度同步信号，控制 A/D 转换器进行转换和采样，从而实现利用时间非线性换取空间采样的线性。

具体计算方法如图 10 - 22 所示。

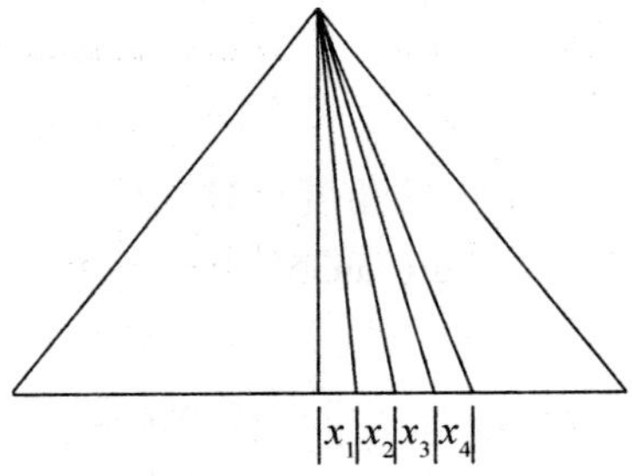

图 10 - 22 等距离分割图

从中心点开始，按行像素分辨率对底边进行等分，令中心点的时间 $t=0$，由中心往两边计数，第 i 点的采样时刻为 t_i 则有

$$x_1 = R \cdot \tan(St_1)$$

$$x_2 = R \cdot (\tan(St_2) - \tan(St_1))$$

$$x_3 = R \cdot (\tan(St_3) - \tan(St_2))$$

$$\vdots$$

$$x_i = R \cdot (\tan(St_i) - \tan(St_{i-1}))$$

又有 $x_1 = x_2 = x_3 = \cdots = x_i$，通过递推可依次计算出各个 x_i，对应的 Sx_i 即为采样角度，将 N 个采样角度制成电子表格，并利用 FPGA 芯片实时读出测角元件输出的横向扫描角度值，快速判断该值是否在电子表格中，若在，则发出角度同步信号进行数据采样，否则不进行采样，这样就完成了图像数据的空间均匀采样。

3. 扫描图像的灰度校正

由于光在海水中传输的衰减严重，在扫描水下目标或海底时，进行以下假定：目标或海底符合朗伯反射特性，扫描的目标面为平面，则存在扫描光线与海底的垂直距离和斜距的距离差，在扫描角为 35°时，斜距是垂直距离的 1.22 倍。由于接收到的光通量随距离增加呈指数衰减，此外还存在由于入射角度的不同造成的反射能量差异，这会导致图像出现中间亮两边暗的情况，这种现象称为黑斑效应，必须加以修正。当激光垂直照射目标时，经目标漫反射后到达探测器的能量可以用下面的表达式表达

$$P = p_0 \cdot \rho T \cdot \Omega \cos\theta \cdot e^{-2\alpha l} \tag{10-33}$$

式中 p_0——激光发射功率；

ρ——目标漫反射系数；

T——光学系统透过率；

Ω——接收孔径对漫反射点的立体角 $\Omega = Ar/l^2$；

α——海水的体积衰减系数；

θ——接收方向与反射点法线方向的夹角；

l——目标到成像系统的距离。

当 $\theta = 0°$时

$$P_l^0 = p_0 \cdot \rho T \cdot \Omega \cos 0 \cdot e^{-2\alpha l} = p_0 \rho T \Omega e^{-2\alpha l}$$

当扫描到 $\theta = 35°$时

$$P_l^\theta = p_0 \cdot \rho T \cdot \Omega \cos\theta \cdot e^{-2\alpha l/\cos\theta} = p_0 \rho T \cos^2\theta \Omega e^{-2\alpha l/\cos\theta}$$

由此可以看到对于两侧的点需要进行校正，校正系数

$$\frac{p_l^\theta}{P_l^0}=\cos^3\theta\cdot e^{-2\alpha l\left(\frac{1-\cos\theta}{\cos\theta}\right)} \tag{10-34}$$

此外，由于两个四棱锥镜在加工镀膜过程存在误差以及不一致性，造成四棱锥镜的各个反射面的反射率不完全相同，这样在相同角度和距离条件下到达光电倍增管的信号可能不一致，导致图像灰度存在，因此进行黑斑校正之后还要进行反射率校正。

能量表达式中的透过率 T 可表达为

$$T=\rho_n' T' \rho_n'' \tag{10-35}$$

式中　ρ_n'——出射棱镜面的反射率；

ρ_n''——接收棱镜面的反射率；

T'——光学系统透过率。

当 $\rho_1'\neq\rho_2'\neq\rho_3'\neq\rho_4'$ 和 $\rho_1''\neq\rho_2''\neq\rho_3''\neq\rho_4''$ 时也会造成 T 不相等，测量出这些值后，取 $\rho_1'\rho_2'$ 为基准，则对其他各组反射面的反射率 T 乘以因子 $\frac{\rho_1'\rho_2'}{\rho_i'\rho_i}$ 即获得反射率校正。

系统所采集到的原始光电信号经过几何校正和灰度校正后，图像灰度即代表了原始目标的反射率分布特性。

10.5　距离选通水下激光成像技术

10.5.1　工作原理

水下光电成像探测的两个主要障碍是海水对光线的强烈吸收及严重的后向散射，前者降低系统的探测距离，后者降低图像的对比度进而也降低探测距离。对于前者，可采用高功率的蓝绿激光器来提高激光的海水穿透能力；对于后者，采用距离选通技术抑制后向散射来增强图像的对比度和分辨率进而提高探测距离。激光光源为较高脉冲重复频率的蓝绿脉冲激光器。成像探测器采用高灵敏度门控选通型摄像机，其选通时间和帧频可调，增加了后续图像处理的灵活性。

距离选通水下激光成像系统的工作原理如图 10－23 所示。

如图 10－23(a)，激光器产生脉宽极短的激光脉冲通过一定长度的水体后射向目标，在行进过程中，激光脉冲受到水分子和水中悬浮杂质等的散射，一部分散射光会沿反方向返回摄像机，这些散射光会降低图像的对比度，因此在此期间，摄像机快门关闭，以阻止后向散射进入摄像机。当激光脉冲到达目标被反射时，如图 10－23(b)，反射光线仍为等宽度的脉冲光，在目标反射光线返回摄像机的途中，摄像机快门仍然保持关闭，因为这期间后向散射仍然在陆续到达摄像机快门，仅当脉冲前沿到达摄像机的时刻，快门打开，进行短暂曝光成像。这样就只有极少的后向散射进入摄像机，激光脉冲的脉宽越窄，后向散射的影响越小。通常激光脉冲的脉宽为纳秒量级。从激光器发出激光脉冲到摄像机快门打开之间有时间延迟 $2T$，该延迟量决定了系统可以对距离 cT 处的目标成像，而激光脉冲的脉宽 τ 及摄像机的快门开启时间 η 决定了系统的选通深度。需指出的是，距离选通成像方式不能有效

地消除小角度前向散射，前向散射与目标返回脉冲是同步传输的，从时间上无法分离，并且其强度与激光脉宽同比例增长，前向散射对增强图像的对比度有贡献，但它会降低图像的分辨率，是距离选通图像产生退化的主要原因之一。

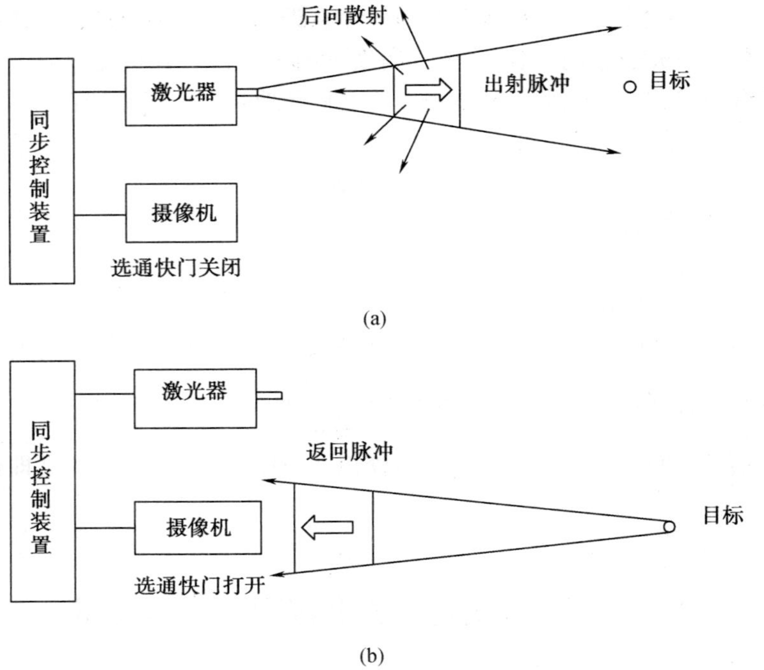

图 10-23 水下激光距离选通成像系统工作原理

(a)激光脉冲射向目标过程中；(b)激光脉冲返回摄像机过程中

主动照明器采用蓝绿脉冲激光器，通过照明镜头调节激光束的照明视场，以满足不同距离的照明要求，成像器为门控选通型 ICCD 摄像机，该摄像机具有快门延迟、选通时间、曝光频率、图像增益的调节功能。成像镜头是变焦镜头，其成像视场与照明视场相匹配。通过距离选通控制装置协调蓝绿脉冲激光器和门控选通型 ICCD 摄像机的工作时序，实现选通成像功能。选通型 ICCD 摄像机的像增强器阴极可进行高频率曝光，通过摄像机本身进行帧平均操作或者专门设计的视频采集卡进行采集和帧平均，可有效降低图像噪声。

距离选通系统的优点是观察距离和选通深度可调，并且在光源与接收器之间不需要严格地校准。系统可设定观察距离，当反射光到达接收系统之前使摄像机快门关闭，这种系统要求接收器具有高速快门或选通电路。这个快门或选通电路在光从物体开始返回之前一直是关闭的，目标光到达时快门短暂开启随后立即关闭，以避免多程散射或环境光进行成像系统。系统的选通深度决定于激光脉宽和快门曝光时间，但通常激光脉宽与快门曝光时间相当。

在清水中限制系统作用距离的主要因素是接收器的灵敏度，提高光源输出功率或接收器灵敏度将会进一步增加距离的能力。在混浊水中，为了减小后向散射，要求极短激光脉冲，但过高的能量密度可能导致激光与海水发生非线性作用，因此激光脉宽要合理设计。

由于距离选通系统实现了所谓的切片观察，通过改变选通延迟时间，可以改变切片离系统的距离，以此为基础，通过多幅距离选通图像可以方便地恢复物体的三维轮廓。

10.5.2　系统组成

距离选通水下激光成像系统由主控台、水下成像装置及二者相连的水密电缆组成。从功能上看，一个典型距离选通水下激光成像系统组成如图 10－24 所示。

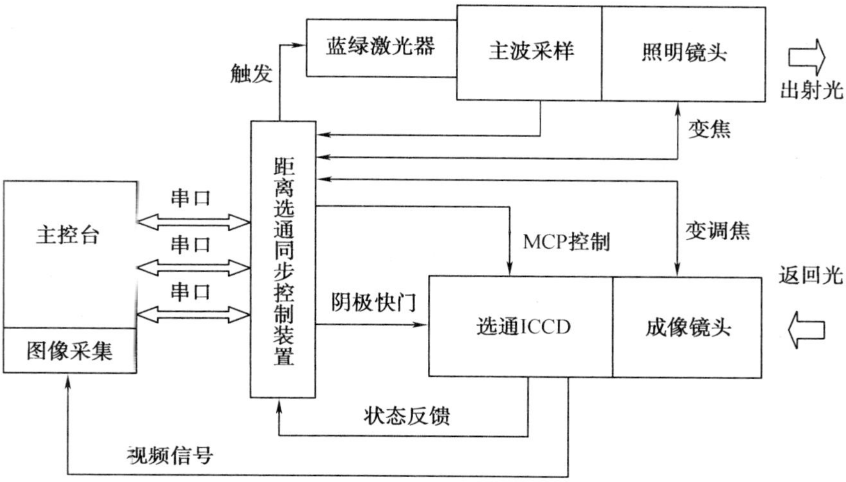

图 10－24　距离选通水下激光成像系统组成框图

主控台用于对水下成像装置进行控制以及对采集到的状态及图像数据进行处理、存储和显示等，其余部分将用耐压密封壳体封装，布置在水下，两者之间通过水密电缆连接。

采用蓝绿脉冲激光器为水下照明器，ICCD 为水下成像器，为适应水下环境，照明镜头通过变焦可对激光器出射的激光束发散角进行调节，成像镜头通过变调焦可对成像视场进行调节，同步控制装置是水下部分的控制中心，对激光器和选通 ICCD 摄像机的工作时序进行控制，同时对照明和成像镜头进行控制，改变成像视场大小，使各部分协调工作。它包括距离选通控制模块、调焦控制模块和激光主波采样模块。ICCD 输出的视频信号通过水密同轴电缆传输至舱内控制台进行后续处理。

距离选通水下激光系统有以下几个优点：

①能在较远的距离探测到高对比度目标；

②对环境光不敏感；

③对平台移动不敏感。

10.5.3　系统水下作用距离估算

将距离选通水下激光成像系统看成灵敏度受限的系统进行分析，计算其水下作用距离。当目标返回光的照度大于 ICCD 的照度灵敏度时，即认为系统能够成像，这样考虑是基于距离选通系统在进行远距离成像时，后向散射已不是主要因素。设海水的衰减系数为 α，激光单脉冲能量为 δ，激光脉宽为 τ，瞬时功率为 P，则 $P=\delta/\tau$，设激光束经扩束后水中照明视场为 FOV，则在距离 S 处的轴上目标的瞬时照度 E'' 为

$$E'' = \frac{Pe^{-\alpha \cdot S}}{\pi\left(S \cdot \tan \frac{FOV}{2}\right)^2} \tag{10-36}$$

设目标的朗伯反射率为ρ，则目标的亮度L''为

$$L'' = \frac{\rho E''}{\pi}$$

由于目标反射光线需经过长度为S的海水衰减才能到达摄像机，故摄像机处观察目标的等效亮度L为

$$L = L'' e^{-\alpha \cdot S}$$

摄像机的物方介质为海水，像方介质为空气，设像方亮度为L'，根据折射界面亮度传递规律有

$$L' = \frac{kL}{n^2}$$

上式中k表示光学系统的透过率，根据有关公式可知像面光照度E'为

$$E' = k\pi L\left(\frac{1}{n}\right)^2 \sin^2 U'$$

将各式代入，则上式变为

$$E' = \frac{P\rho k \sin^2 U' e^{-2\alpha \cdot S}}{\pi n^2\left(S \cdot \tan \frac{FOV}{2}\right)^2} \tag{10-37}$$

E'为 ICCD 摄像机靶面的瞬时照度值，基于距离选通系统的工作原理，E'对靶面的感光时间在激光器出光的一个脉冲周期内仅为τ，靶面的感光是断断续续进行的，而 ICCD 的灵敏度值是以平均照度度量的。因此必须将E'等效成一个平均照度E，为此设激光器的脉冲重复频率 PRF 为m，则

$$E = E' m \tau$$

再结合$P = \delta/\tau$，将E'代入上式得

$$E = \frac{km\delta\rho \sin^2 U' e^{-2\alpha \cdot S}}{\pi n^2\left(S \cdot \tan \frac{FOV}{2}\right)^2} \tag{10-38}$$

当$S = r/\alpha$即在r倍海水衰减长度距离处的目标在 ICCD 靶面上产生的平均照度E为

$$E = \frac{km\delta\rho \sin^2 U'}{\pi n^2 \tan^2 \frac{FOV}{2}} \cdot \alpha^2 \cdot \frac{e^{-2r}}{r^2} \tag{10-39}$$

将$k, m, \delta, \rho, n, FOV, U', \alpha$看成系统固定参数，将 ICCD 的灵敏度阈值代入$E$，求解出的$r$值即为系统的相对作用距离（以衰减长度来度量）的极限值，绝对距离S的极限值为$S = r/\alpha$。由上式可以看出，当水质变浑浊即α值增大时，靶面的照度反而增加，这说明α值增大有利于增加相对作用距离r值。然而在 ICCD 灵敏度一定的条件下，α值增大所导致的r值增大反而会导致绝对作用距离$S = r/\alpha$的减小，将上式变换为

$$E = \frac{km\delta\rho \sin^2 U'}{\pi n^2 \tan^2 \frac{FOV}{2}} \cdot \frac{e^{-2r}}{S^2} \tag{10-40}$$

如上式，设E一定，系统参数不变，则当r增大时，为了维持E不变，则S必须减小。反

之，当 r 减小时，则 S 增加，这说明在水质变好时，尽管系统的相对作用距离 r 有所减小，但绝对作用距离仍然大大增加。

像方孔径角 U' 与光学镜头的焦距、出瞳以及物距 S 等参数有关，在设计光学镜头时，要使设计结果保证 E 在 S 从零变到极限距离的整个过程中始终大于 ICCD 的阈值灵敏度。下面取一些典型的参数值来验证系统的作用距离。

$r=5$　——系统的相对作用距离

$k=0.7$　——光学系统的透过率

$m=100$　——激光器的脉冲重复频率

$n=4/3$　——海水的折射率

$FOV=3°$　——水中照明视场角

$\alpha=0.05\ \mathrm{m}^{-1}$　——海水的衰减系数

$\delta=20\ \mathrm{mJ}$　——激光单脉冲能量

$\rho=0.5$　——水中目标的漫反射率

$U'=30°$　——成像镜头的像方孔径角

代入上式计算可得

$$E=2.075\times10^{-7}\mathrm{Wm}^{-2}=1.037\times10^{-4}\mathrm{Lux}$$

对 532 nm 的光线，上式中取 $1\mathrm{Wm}^{-2}\approx500$ Lux 来近似。对于轴外目标 M，设其像方视场角为 ω'，则其像点照度为

$$E_M\approx E\cos^4\omega'$$

取像方视场角的最大值 $\omega'=FOV/2=1.5°$，得

$$E_M\approx1.036\times10^{-4}\ \mathrm{Lux}$$

目前 ICCD 最小探测照度均优于为 10^{-4} Lux，因此按上述参数组合进行估算的作用距离可达 5 倍衰减长度。

10.5.4　选通深度

激光脉宽τ与选通时间 η 对选通深度 DOG(Depth of Gating)有重要影响，结合工作原理图来分析，设目标离系统的距离为光在 T 时间内行进的长度，即 cT，其中 c 为光在海水中的传输速度。为了充分利用照明激光脉冲的能量，通常令 $\eta\geqslant\tau$，下面分析系统的选通深度及选通区域内不同距离处物体在靶面上形成的照度。

选通区域指距离选通成像系统工作时在物方空间能够成像的区域。选通区域沿光轴方向的纵深成为选通深度。以激光脉冲发出的时刻为零时刻，则激光脉冲前沿到达目标并被反射回来需时 $2T$，这就是选通延迟时间。摄像机的快门以激光发出时刻为基准延时 $2T$ 打开，并保持开启时间 η，此即选通时间，由此可知，摄像机的快门在时间区段$(2T,2T+\eta)$是保持开启的，而 cT 处的目标反射光通过快门的时间区段为$(2T,2T+\tau)$，由于 $\eta\geqslant\tau$，故$(2T,2T+\eta)$完全包含$(2T,2T+\tau)$，cT 处的目标反射光(脉宽为τ)将全部通过摄像机快门并成像。

事实上不只距离 cT 处的目标可以成像，比这个距离近一点和远一点的目标也可以成像，即系统具有一定的选通深度。下面讨论距离 ct 处的目标反射光通过摄像机快门的情形。

已知距离 ct 处的目标反射光通过摄像机快门的时间区段为$(2t,2t+\tau)$，要使这个距离处的目标能够成像，即要求$(2t,2t+\tau)$与$(2T,2T+\eta)$的交集不为空，我们考虑两种极限情况：

①$t\leqslant T$ 且 $2t+\tau=2T$

此时对应能够成像的最近距离的情形，有 $t_{\min}=\dfrac{2T-\tau}{2}$。

②$t\geqslant T$ 且 $2T+\eta=2t$

此时对应能够成像的最远距离的情形，有 $t_{\max}=\dfrac{2T+\eta}{2}$。

故选通深度为 $DOG=c(t_{\max}-t_{\min})=\dfrac{c(\eta+\tau)}{2}$，选通区间为$\left(\dfrac{c(2T-\tau)}{2},\dfrac{c(2T+\eta)}{2}\right)$。注：当 $2T\leqslant\tau\leqslant\eta$ 时，选通区间为$\left(0,\dfrac{c(2T+\eta)}{2}\right)$。

但在这个选通区域范围内，有部分目标的反射光线不能全部通过摄像机快门，仅当$(2t,2t+\tau)$被$(2T,2T+\eta)$完全包含时才能全部通过，我们把选通区域的这个特殊部分称为全照度选通区域。全照度选通区域内的任何目标在快门开启过程中始终是被照亮的，对于全照度选通区域有 $t\geqslant T$ 且 $2t+\tau\leqslant 2T+\eta$，即

$$T\leqslant t\leqslant T+\frac{\eta-\tau}{2}$$

$DOG_c=\dfrac{c(\eta-\tau)}{2}$为全照度选通深度，其区间为$\left(cT,\dfrac{c(2T+\eta-\tau)}{2}\right)$，在此范围内的目标反射光线都可以全部进入摄像机快门。否则在 $t\leqslant T$ 时，只有比例为$\dfrac{2t+\tau-2T}{\tau}$的目标反射光线能够通过摄像机快门；而在 $2t+\tau\geqslant 2T+\eta$ 时，只有比例为$\dfrac{2T+\eta-2t}{\tau}$的目标反射光线能够通过摄像机快门。由此可见，在全照度选通区域的两侧各有$\dfrac{c\tau}{2}$的范围，此范围内的目标反射光只有一部分能够通过摄像机快门。

当 $\eta=\tau$ 时，$DOG_c=0$，而我们感兴趣的目标范围最好应处在全照度选通区域内，即要把系统的全照度选通区域调整到覆盖我们要观察的区域，这是确定 η 和 τ 的依据之一。对于全照度选通区域两侧各$\dfrac{c\tau}{2}$的范围则要求其尽量短。考虑到激光脉冲功率的限制，脉宽太短将导致照度不够而不能成像，因此应综合衡量系统各参数之间的制约关系，对系统的极限作用距离进行估算。通常激光脉冲 τ 为 10 ns 左右，而选通时间 η 比 τ 稍大。

当距离选通成像系统在工作时照度足够的情况下，为了能够更有效地抑制后向散射，可以把选通时间设置得更小一些，即 $\eta\leqslant\tau$。距离 ct 处的目标反射光通过摄像机快门的时间区段为$(2t,2t+\tau)$，要使这个距离处的目标能够成像，即要求$(2t,2t+\tau)$与$(2T,2T+\eta)$的交集不为空。

同理可得选通深度为 $DOG=c(t_{\max}-t_{\min})=\dfrac{c(\eta+\tau)}{2}$，选通区间为$\left(\dfrac{c(2T-\tau)}{2},\dfrac{c(2T+\eta)}{2}\right)$。特别地，当 $2T\leqslant\tau$ 时，选通区间为$\left(0,\dfrac{c(2T+\eta)}{2}\right)$。

$\eta<\tau$ 时，全照度选通深度为零，很显然，这是因为任何目标反射的激光光线在快门开启期间 η 内都不可能使 ICCD 的感光时间达到目标被照明的时间 τ，但可以使感光时间达到快

门开启时间 η，在此给出满照度选通区域的定义：当 $\eta < \tau$ 时，可以使 $ICCD$ 在快门开启时间内使其持续感光 η 的区域。满照度选通区域的纵深成为满照度选通深度，计算方法如下：

当区域$(2t, 2t+\tau)$完全包含区域$(2T, 2T+\eta)$时对应的 t 的范围可以确定满照度选通深度，此时有$\frac{2T+\eta-\tau}{2} < t < T$，故 $DOG_f = \frac{c(\tau-\eta)}{2}$。

当 $2T+\eta \leqslant \tau$ 时，$DOG_f = cT$。

不仅选通区域内的目标可以成像，选通区域内的海水及水中杂质所产生的后向散射也会进入摄像机，降低图像的对比度。这部分散射光是无法消除的，选通深度越深，后向散射越严重。因此选通深度通常不能太宽，可通过 η 和 τ 来调节选通深度。

距离选通成像系统不仅可以用来成像，同时也给出了目标的距离，即具有测距功能。设选通延迟时间为 $2T$，则目标距离的计算公式为 $s = cT$，测距精度（测距误差）即以上提到的选通深度，距离分辨率则主要与选通延迟时间的精确度有关，同时还与门控脉冲的信号质量有关。一般情况下，距离选通成像系统的距离分辨率可以很高，优于数十厘米，这主要由选通延迟时间的精度决定，而测距精度由于目标探测效率的需要而不必要求太高，有时还特意增加选通深度。

在水中激光的传输速度为 22.5 cm/ns，由于选通成像的激光需要传输一个来回，因此 1 ns的时间误差会导致 11.25 cm 的距离误差，设选通控制模块的选通时间的精度为 5 ns，则选通距离的精度为 56.25 cm，这即是系统的测距分辨率。

10.5.5　退化图像的反演复原

研究海水的固有及表观光学参量，对于揭示图像在海水中传输的退化机理，研制畸变退化图像的反演复原算法具有重要的意义。即使对光学系统进行了最优设计，也不能保证系统可以获得良好像质，图像的质量还依赖于传输介质海水的光学特性，海水应该属于光学系统的一部分，其光学特性除吸收之外，还具有散射特性，此外还具有时变特性，而且海水各部分的光学特性也不一致。研究水下退化图像反演复原算法，就是要抵偿海水光学特性对成像质量的影响。目标图像在海水中传输，不同程度地产生畸变和退化。在大洋清洁的海水中，这种程度较小，但在一般海水尤其是近岸浑浊的海水中，海水成分十分复杂，且有大量悬浮泥沙及各种有机物颗粒，引起周围光场的严重畸变和重新分布，对目标图像的传输产生很大影响，如图 10－25 所示。

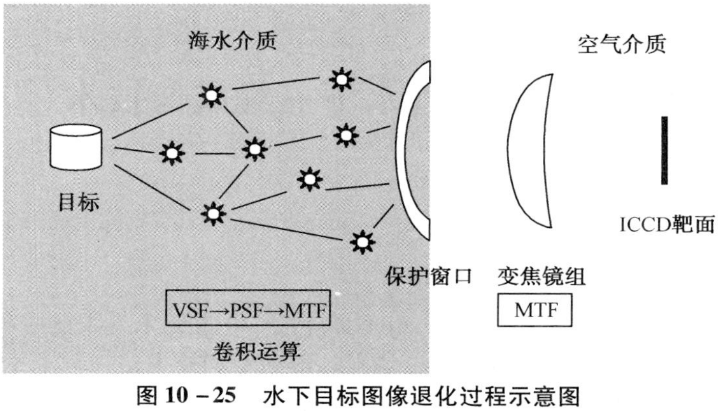

图 10－25　水下目标图像退化过程示意图

海水对光线具有吸收和散射作用,其中吸收只影响光线的传输距离,不引起光场变化,从而也不导致图像产生畸变。散射是一个复杂的过程,除了介质面的折射引起图像产生畸变外,散射是另一个影响成像质量的主要因素。一般地,给定了海水的体积散射函数 VSF,则理论上就可以完全确定图像退化的机理,因为 VSF 描述了光线在海水中传输的微过程,进而可推知光束传输的点扩展函数 PSF,以及调制传递函数 MTF 和光学传递函数 OTF。以此模型为基础,获得了退化的图像,在理论上就可以完全精确地反演出原始图像的本来面貌。

水的光散射特性通常用体积散射函数 VSF(θ)来描述,VSF(θ)的数值等于被单位体积的海水介质散射的散射光在散射角为 θ 的方向上的光强与入射光照度的比值,或者等于在散射角为 θ 的方向上的单位立体角内,在单位长度内被介质散射的光功率与入射功率的比值,在全空域 4π 立体角范围内沿入射光方向 VSF(θ)为辐射对称函数,可表示为

$$VSF(\theta) = \frac{\mathrm{d}I(\theta)}{E \cdot \mathrm{d}V} = \frac{\mathrm{d}p'(\theta)}{p \cdot \mathrm{d}l \cdot \mathrm{d}\Omega} \tag{10-41}$$

邓特利给出了调制传递函数 $MTF(\psi, R)$的一个经验公式

$$MTF(\psi, R) = \exp[-BR\psi] \tag{10-42}$$

其中 B 是一个与散射系数 b 有关,即与体积散射函数 VSF(θ)有关的经验系数。

在水下成像系统消除了后向散射的前提下,设目标的灰度分布函数为 $f(x,y)$,经过海水传输以及光学系统所成的像为 $f'(x,y)$,忽略光学系统的影响,即假定光学系统的 MTF = 1,那么在理论上可以从 $f'(x,y)$通过一定的变换反演出 $f(x,y)$:

$$\widetilde{F}(\psi) = \mathrm{FT}[f'(x,y)]$$

$$F(\psi) = \frac{\widetilde{F}(\psi)}{F(\psi,R)}$$

$$f(x,y) = \mathrm{FT}^{-1}[F(\psi)] \tag{10-43}$$

其中 FT 表示傅里叶变换,FT^{-1}表示傅里叶逆变换,$F(\psi,R)$是海水的传递函数。

然而,目前的海水的光学特性模型都是近似的,海水的光学性质受各种因素的影响,很难建立普遍有效的模型。通过获得大量的水下距离选通成像的实验数据,再结合现有的海水光学特性模型,优化模型参数,可逐步获得较好的图像反演复原算法。

在以上的退化图像反演算法中只是从理论上考虑了前向散射的影响,而忽略了后向散射的影响,后向散射会降低图像的对比度,也会使图像退化。但是,在距离选通成像系统中,通过系统参数的设置可以将后向散射抑制到很小的程度,其影响可以忽略。

10.6 条纹管水下三维成像技术

10.6.1 简介

条纹管三维成像技术[8][9][10]是美国 Areté 公司于 20 世纪末开发的一项专利技术,亦称为 3D LIDAR(Light Detection and Ranging)技术。该项专利技术是一种基于硬件的三维成像解决方案,它以条纹管为成像器件,蓝绿激光作为水下照明器,结合外围信号处理单元来完

成目标场景三维图像的获取。

激光器发射脉冲扇形照明光束,被目标反射回来,条纹管根据目标点离条纹管的距离将其像点在 CCD 靶面上展开,从而可以获得每条激光照明线的几何形状,同时,系统沿垂直于照明线的方向运动,照明线依次扫描目标场景,从而获取目标场景的三维图像。

水下目标探测和识别在军事上有重要应用。然而,由于水下环境的复杂性,要进一步提高目标识别的准确性,还需要获取目标的更多特征信息。条纹管成像技术不仅能够获取目标的灰度分布信息,还能获取目标的三维轮廓,能大幅提高水下目标识别的可靠性。

条纹管三维成像技术的军事需求主要体现在两个方面:①水雷识别,如图 10－26(见 737 页)所示。条纹管三维成像技术利用蓝绿激光优良的水下传输特性可以获得水雷的灰度图像及三维轮廓图像,其目标识别准确率和可靠性显著优于声呐等其他探测设备。②潜艇安全航行。潜艇上安装条纹管三维成像设备,可使潜艇在关闭声呐的情况下对周边态势进行有效感知,获取海底障碍物图像和地形信息,为潜艇安全航行提供保障。

条纹管三维成像技术与同步扫描技术和距离选通技术有密切的关系,如图 10－27(见 738 页)所示。

条纹管三维成像采用扇形光束进行照明,一次同时照明一个线目标,相对于同步扫描每一时刻只能照明一个点而言,取消了横向扫描机构,提高了工作效率和可靠性,而相对于距离选通系统的全视场照明而言,线照明的能量密度更大,因此,条纹管三维成像技术折中了二者的技术特点,形成了具有三维成像功能的系统。表 10－2 与表 10－3 描述了三者的异同。

表 10－2　同步扫描成像系统与条纹管三维成像系统的对比

系统	照明激光	探测器	横向扫描	选通功能	图像类型
同步扫描成像系统	连续准直激光	光电倍增管	扫描	无	二维灰度图像
条纹管三维成像系统	脉冲扇形激光	条纹管	不扫描	有	准四维图像

表 10－3　距离选通成像系统与条纹管三维成像系统的对比

系统	照明激光	探测器	选通功能	图像类型
距离选通成像系统	脉冲发散激光	ICCD	有	二维灰度图像
条纹管三维成像系统	脉冲扇形激光	条纹管	有	准四维图像

美国海军认为,将声呐的远距离探测能力与水下激光成像系统的近距离识别能力结合起来能有效提高水雷探测和识别的效率,这种想法已经体现到其制式反水雷系统中。雷声公司研制的 AN/AQS－20A 声呐在拖体上装有高分辨率的条纹管激光三维成像装置,能有效地对沉底雷进行识别。

诺斯罗普·格鲁门公司研制的机载激光探雷系统(ALMDS),如图 10－28(见 738 页)所示,是一种基于条纹管的三维激光成像雷达,已成为美海军 5 个机载制式反水雷装备之一,安装在 MH－60S 直升机上,主要用来为航母开辟安全水道。

10.6.2 单狭缝条纹管水下三维成像技术

1. 工作原理

条纹管具有时间分辨能力，并能将时间差异转换为空间距离信息，是一种新型的三维成像器件。采用扇形激光光束对目标进行照明，成像器件为条纹管，通过控制激光器与条纹管的时序同步来获取目标的三维信息，经过条纹图像的拼接处理，可获取目标的三维图像，同时还可获取目标的反射强度信息。条纹管工作原理见图 10－29（见 738 页）。

条纹管三维成像的基本过程是：利用扇形脉冲激光光束对目标进行照明，条纹管接收成像，条纹管对线目标的空间形状进行解析，得到线状目标的空间轮廓。杂纹管工作示意图如图 10－30（见 739 页）所示。

对于每个扇形激光脉冲，条纹管得到一幅距离－方位图像，当系统沿垂直方向运动或者沿垂直方向扫描时，扇形激光脉冲逐次扫过目标平面，从而得到一系列前后相继的距离－方位图像，对这些图像进行空间拼接，即得到目标的三维图像。

2. 系统组成及工作模式

条纹管三维成像系统的组成见图 10－31 所示。

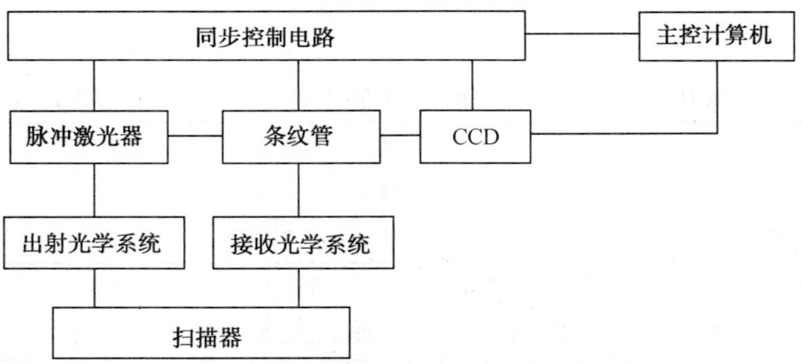

图 10－31 条纹管三维成像系统组成

条纹管三维成像系统由以下各部分组成：脉冲激光器、条纹管、CCD 摄像机、同步控制电路、出射光学系统、接收光学系统、扫描器和主控计算机组成。其中除主控计算机之外的其余部分安装在一密封容器中，工作时沉入水下。

脉冲激光器工作波段为蓝绿波段，照明激光束经出射光学系统变换为扇形激光束，对目标进行线照明。条纹管是三维成像关键部件，它通过光学系统接收目标反射回来的激光能量，进行时间分辨和空间解析，形成线状目标的空间轮廓图像。CCD 与荧光屏耦合，将条纹像变换成视频信号。扫描器的作用是实现系统凝视观察功能，通过扫描，使系统在静止状态下能改变出射激光束的照明方向，对指定场景进行扫描成像。当扫描器不工作时，系统需要进行平移才能成像。

条纹管水下激光三维成像系统的照明方式为线照明，对每个激光脉冲均可获取线目标的一幅轮廓图像。为获取整个目标场景的三维图像，照明线需沿与自身垂直的方向进行扫描，依次覆盖整个目标场景，随后对所有的轮廓图像进行空间拼接，形成目标场景的三维图像，如图 10－32 所示。

照明线的扫描方式决定了系统的工作模式，实现扇形激光束对目标的扫描有两种方式，一是通过载体的平移，使扇形激光束依次划过目标平面，从而完成对目标的全覆盖。二是通过增加一个扫描器，使扇形激光束沿垂直方向进行扫描，也可以完成对目标的完全覆盖。基于此，条纹管三维成像系统有两种工作模式，一是巡航模式，二是凝视模式。

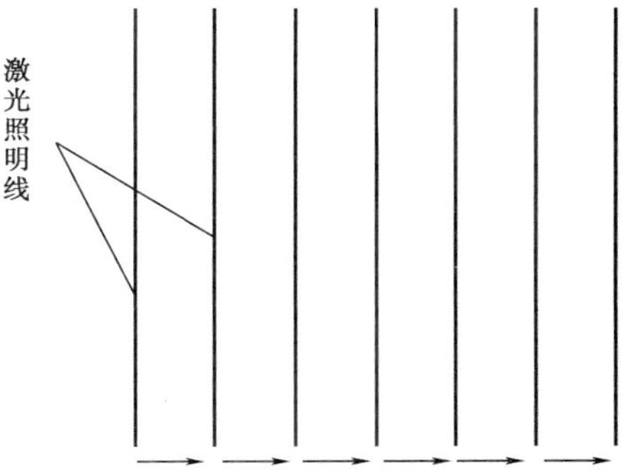

图 10－32　激光照明线扫描覆盖目标场景示意图

在巡航模式下，出射激光束的照明方向固定不变，始终垂直于耐压壳体，而成像系统随载体沿垂直于照明激光束的方向一起平移，照明激光束在目标场景上形成一系列前后相继的平行线，从而实现对目标场景的覆盖。这种工作模式的特点是系统无运动部件，整体随载体平移，搜索效率高，特别适合于对大范围区域进行侦察和目标搜索。巡航模式获取的三维图像是静止目标场景的三维构图，是一种静态信息，而不是目标场景的动态视频图像。图 10－33 为巡航模式示意图。

由于载体的平移运动不改变系统的照明及成像光路，因此每条条纹图像都在基本相同的工况下获取，成像系统始终观察固定方位的目标，水下散射光场恒定，系统工作稳定，图像均匀性较好，条纹图像的差异完全反映目标的距离及反射率。

在凝视模式下，出射激光束在扫描器的作用下来回摆动，可对某一固定区域反复成像，在此情况下，系统无须随载体运动，从而实现对目标的凝视观察。凝视模式获取的目标场景的一系列动态三维视频图像，可用于观察水下运动目标或辅助水下作业的进行。图 10－34为凝视模式示意图。

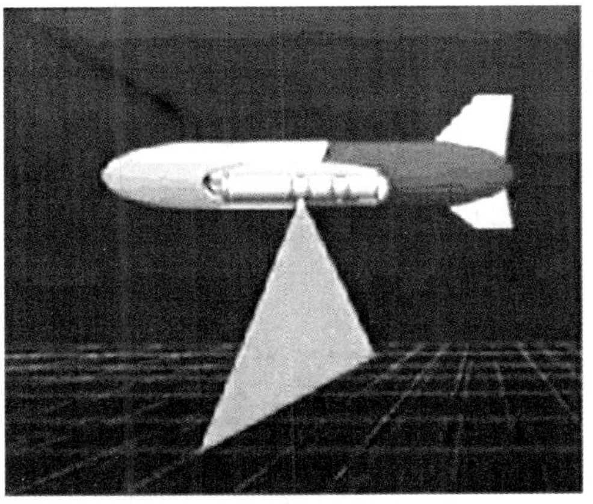

图 10－33　巡航模式示意图

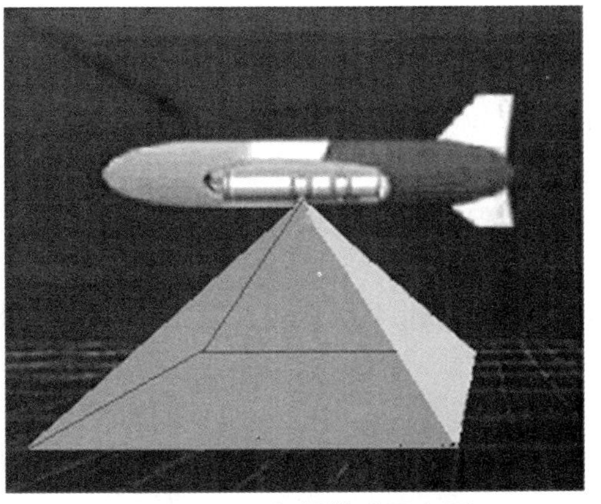

图 10－34　凝视模式示意图

在该模式下，载体无须运动，发射激光束通过扫描器改变照明方向，可对水下固定区域进行凝视观察。从图 10－34 可以看出，由于在工作过程中照明激光线的位置相对于系统有较大角度的偏移，这导致条纹照明线在成像视场中左右晃动，影响成像的一致性，另外，照明激光束与成像激光束的相对方位也发生变化，使得水下散射光场呈现起伏变化，在不同角度处的照明线所产生的后向散射影响不同，一定程度上影响了条纹图像的均匀性，这是光学系统设计必须考虑的因素。

系统工作流程图见图 10－35。

同步控制电路控制脉冲激光器、条纹管和 CCD 摄像机的时序同步。脉冲激光器发射激光脉冲，经出射光学系统形成扇形光束，对目标进行照射，目标散射激光返回到接收光学系统，并到达条纹管的阴极，阴极激发的光电子被聚焦和加速，并通过加有扫描电压的偏转板，最后，条纹管将线状目标的轮廓成像在其荧光屏上，并通过光纤耦合到 CCD 摄像机，形成一帧视频图像。当扇形激光束通过扫描器扫描或者随载体平移，扇形激光可依次扫过目标场景，实现对目标场景的二维覆盖，从而形成一系列视频帧，主控计算机上的图像采集卡对视频图像进行采集和处理，并完成图像拼接，最终形成目标三维图像。

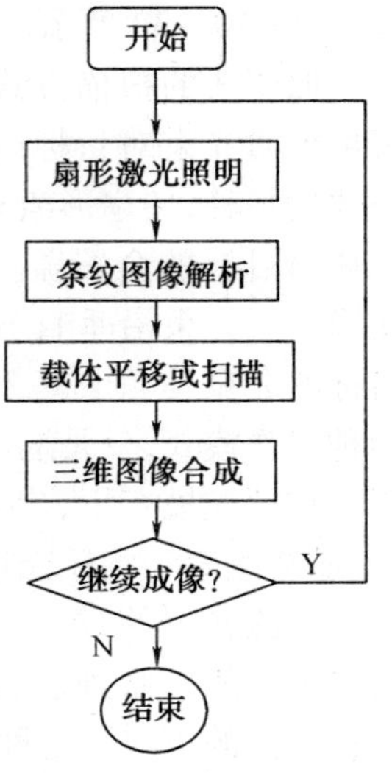

图 10－35 条纹管水下三维成像系统工作流程图

从激光脉冲发射到条纹管开始电压扫描和光电转换之间的延时可调节，实现距离选通功能，对观察距离进行选择，可抑制掉大量的后向散射，提高成像质量。而电压扫描速度也可调节，该参数影响系统观察范围的大小及选通深度，同时影响距离精度，电压扫描速度越快，选通深度越小，而距离精度越高。

3. 系统水下作用距离和距离分辨率

系统的主要技术指标包括作用距离和距离分辨率，为简便起见，下面将给定具体的器件参数来论证水下作用距离是否达到 4 倍衰减长度，以及距离分辨率是否为 0.1 m。

根据目前技术水平选取各器件参数对系统的作用距离进行估算，选取的主要参数如下：激光脉冲能量 50 mJ，光学系统口径 10 cm，光学系统透过率 0.5，条纹管灵敏度取 2×10^{-15} J/mm^2，条纹管阴极面积 1 mm^2（10 mm × 0.1 mm），目标朗伯反射率 0.05。以此验证系统的作用距离是否能够达到 4 倍衰减长度（当衰减长度为 10 m 时对应绝对作用距离为 40 m）。

由于采用短脉冲激光照明，通常情况下条纹管获得的阈值照度足够，而受限的是阈值能量。要使条纹管能够响应，入射到条纹管的最低能量须大于

$$E_{\min}=2\times10^{-15}\times1=2\times10^{-15}\ \text{J}$$

为了保证信号质量，通常应预留 13 db(20 倍)的裕量[11]，故最低能量修正为

$$E_{\min}=2\times10^{-15}\times20=4\times10^{-14}\ \text{J}$$

激光束经过 4 倍衰减长度的水体来回吸收以及目标反射后，被光学系统接收的能量为

$$E_r=0.05\times \mathrm{e}^{-8}\times\frac{\pi\cdot0.05^2}{\pi\cdot40^2}\times0.05\times0.5=6.6\times10^{-13}\ \text{J}$$

由于 $E_r>E_{\min}$，因此系统的水下作用距离可达到 4 倍衰减长度。

下面计算距离分辨率。条纹管的距离分辨率 δ 由时间分辨率 τ 来确定，其关系为

$$\delta=\frac{c\cdot\tau}{2n} \tag{10-44}$$

而时间分辨率 τ 由下式确定

$$\tau=\frac{T}{l\cdot\sigma} \tag{10-45}$$

式中 T——条纹管满屏扫描时间；

σ——条纹管空间分辨率；

l——固定参数。

而 T 可调节，因此 τ 和 δ 均为可调量，取 $l=10$ mm，$\sigma=30$ lp/mm，$T=30$ ns，可得 $\tau=0.1$ ns，而 δ 则为 1.1 cm。但是，脉冲前沿形状、激光脉宽的展宽效应以及条纹像中心提取算法均会影响距离分辨率，实际值会比理论计算值大一些。

4. 条纹管三维图像重建

水下激光三维图像重建技术包括线状目标的二维成像、条纹中心的快速提取算法以及三维图像的拼接。

(1)线状目标的二维成像

线状目标的二维图像通过条纹管获取，条纹管的阴极受光照后产生光电子，光电子被加速和偏转，激发荧光屏成像，通过光纤耦合到 CCD 摄像机，输出目标图像。

单狭缝条纹管又称为单狭缝扫描变像管，它由光电阴极、加速系统、聚焦系统、偏转系统和荧光屏等部分组成。物镜将瞬态光源目标 A 的像成在狭缝上，狭缝取出目标的一维空间信息通过转像透镜成像在变像管的光电阴极上。当光电阴极上的狭缝部分被目标所发出的光脉冲照明时，这一部分将发射光电子，并且光电子的瞬态发射密度正比于该时刻的光脉冲强度，所产生的光电子脉冲的持续时间就是入射光脉冲的持续时间，因此光电阴极发出的电子脉冲在时空结构上是入射光脉冲的复制品。只要设法测出电子脉冲的时空结构，就可以得到入射光脉冲的时空结构。电子脉冲从阴极上发出，经静电聚焦系统聚焦后，进入偏转系统。偏转系统上加有随时间线性变化的斜坡电压，由于不同时刻进入偏转系统的电子受到不同偏转电压的作用，电子束到达荧光屏时，将沿垂直于狭缝的方向展开，这一方向对应于时间轴，因此可以得到沿狭缝每一点展开的时间信息，经过换算，也就得到了对应的空间信息。为了保证电子脉冲和斜坡电压的同步，在光路中引入分束器，该分束器将一部分光送入物镜，另一部分光送入 PIN 管，由于 PIN 输出的电脉冲经可变延时器适当延时后触发斜坡电压发生器。电子经前面的系统加速后轰击荧光屏，转换为可见光，通过 CCD 耦合成像并实时读出进行记录，因此记录的是一维空间随一维时间的变化信息，图像的灰度记录了线状目标的反射率。图 10－36 是条纹管的时序控制原理图。

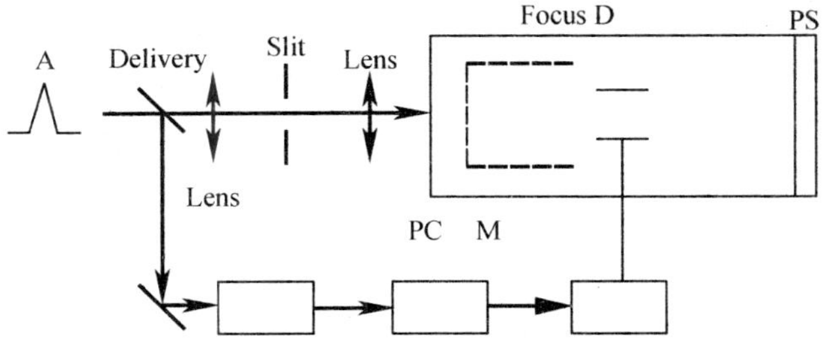

图 10－36　单狭缝条纹管的时序控制原理图

通过分束器的分光采样及延时扫描，系统实现了距离选通的功能，即控制了一定距离内的后向散射进入探测系统，这样，系统通过大范围的时间延迟和小范围的偏转电压扫描，一方面抑制了大范围的后向散射，另一方面又给出了线状目标的精细空间结构，实现了三位成像，同时提高了系统的动态范围。

(2)条纹中心的快速提取算法

通常，条纹管是用作瞬态光学中超快诊断的探测装置，要求有极高的时间分辨率，一般要达到皮秒甚至飞秒量级。然而，高的距离分辨并不总适合激光成像应用，因为在激光成像雷达设计中有两个重要的技术参数需要综合考虑,即距离门宽度和距离精度,距离门宽度代表特定条件下可同时探测的目标距离范围,实际上它对应着条纹管的扫程,即实现满屏扫描所需要的时间。以普通的皮秒条纹管为例,其满屏扫描时间一般为几百皮秒,对应的选通深度仅为几十厘米,即探测目标必须在几十厘米的范围内,这种情况仅在系统搜索到目标之后对目标进行精确成像识别时实用,而在此之前,系统的选通深度应足够大。在激光成像技术的一些应用中,要求首先在大的距离范围内寻找成像目标,然后再对特定物体进行精细成像,这就要求选通深度可变,以利于目标的搜索。

激光成像系统的距离精度受多种因素影响,对于条纹管探测器,其距离测量精度对应于图像的空间分辨率,即图像上一个像素对应的距离量,这与条纹管的空间分辨率(lp/mm)及尺寸、满屏扫描时间有关,此外激光脉宽也影响距离测量精度。

设条纹管满屏扫描时间为 T,则在水下,系统的选通深度为

$$D=\frac{c\cdot T}{2} \tag{10-46}$$

设条纹管荧光屏的分辨率为 σ,荧光屏的纵向尺寸为 l,则单个像素对应的时间分辨率为

$$\tau=\frac{T}{l\cdot\sigma} \tag{10-47}$$

可知单个像素对应的距离分辨率为

$$\delta=\frac{c\cdot\tau}{2}=\frac{c\cdot T}{2\cdot l\cdot\sigma} \tag{10-48}$$

通常荧光屏纵向尺寸 l 和分辨率 σ 是常数,可调节的参数为满屏扫描时间 T,通过调节 T,可调节选通深度 D 的大小以及距离分辨率 δ 的大小。当 T 变大时,选通深度 D 以及距离分辨率 δ 均变大,并且为线性关系。

在理想情况下,条纹像应该是宽度为一个像素的曲线,曲线的形状反映目标的轮廓形状,而实际图像中的条纹存在一定宽度,其主要原因是激光脉冲存在一定宽度。计算表明条纹像的宽度 B(单位为像素数)与激光脉宽 Δ 的关系为

$$B=\frac{\sigma\cdot l\cdot\Delta}{T} \tag{10-49}$$

由上可知,减小激光脉宽 Δ 有利于提高条纹中心的提取精度。

另外,散斑噪音是激光成像系统所固有的噪音,与激光性质有关,以及受系统噪声的影响。实际的条纹像总会有一定的宽度,这个宽度代表的实际距离量至少为脉冲激光的长度,但这不太影响我们确定目标的轮廓,只需提取条纹像的前沿或者中心作为实际轮廓线即可,仍然可以正确复原目标的三维图像。

成像系统噪音来源广泛,影响着成像质量和图像处理速度,甚至目标识别的成败。因此,对于成像系统噪音的分析和处理方法的研究是十分必要的。STIL 较之传统点阵扫描式激光成像雷达具有大视场、高帧频等优点,对于成像质量和图像处理速度提出了更高的要求。对于噪音的分析和处理是后续数据处理工作的前提,因此,需要研究噪音来源、噪音形成机理、影响因素和处理方法,以达到提高成像信噪比并提取条纹数据的目的。图像噪音主要来源于图像的获取和传输过程。条纹管和高帧频 CCD 相机是所获得的目标条纹图像噪音的主要来源。另外,由于激光成像的特殊性,目标条纹图像中还存在散斑噪音、环境背景噪音等。

正确提取条纹像是后面三维图像重建的前提。典型的边界保持类平滑滤波器主要有灰度最小方差均值滤波器、对称近邻 SNN 均值滤波器和西格玛平滑滤波器、K 近邻 KNN 平滑(均值、中值)滤波器等。KNN 平滑(均值、中值)滤波器兼有平滑线性滤波器和统计排序

滤波器的优点,对多种噪音有较好的抑制效果,同时具有较低的时间复杂度和空间复杂度,能满足条纹图像处理高速、有效的要求,适用于混合噪音情况下的条纹图像噪音处理。

下面需要研究条纹中心提取算法。为了能使三维图像合成达到实时,条纹中心提取算法需要具有很高的效率,并具有较强的鲁棒性,以处理条纹像不连续的情形。通过各种滤波算法可以在一定程度上抑制噪声,提取条纹轮廓。

考虑到算法的有效性,这项工作需与试验结合进行,通过对比算法提取结果与实际目标轮廓的差异来优化算法,以提高算法在不同情况下的适应性。

(3)条纹管三维图像的拼接

目标三维图像的拼接首先要保证图像不发生几何失真。系统工作在巡航模式时,系统参数之间要满足一定的约束关系,即激光器的重频 F、扇形激光束的发散角 FOV、目标到系统的垂直高度 H、载体的巡航速度 V 以及图像横向像素数 N 之间应满足一定的关系。图像行内像素间距为

$$\frac{2H \cdot \tan \frac{FOV}{2}}{N}$$

而行间距应为

$$\frac{V}{F}$$

为使图像无畸变,二者应该相等,从而有

$$NV = 2HF \cdot \tan \frac{FOV}{2} \tag{10-50}$$

当系统工作在扫描模式时,激光器的重频 F、扇形激光束的发散角 FOV、目标到系统的垂直高度 H、扫描器的摆动角速度 ω 以及图像横向像素数 N 之间也应满足一定的关系。同上,图像行内像素间距为

$$\frac{2H \cdot \tan \frac{FOV}{2}}{N}$$

而图像行间距为

$$\frac{\omega \cdot H}{F}$$

为使图像无畸变,二者应该相等,从而有

$$N\omega = F \cdot \tan \frac{FOV}{2} \tag{10-51}$$

将条纹像按时间序列映射到三维图像的 $X-Y$ 坐标空间,将其形状特征映射到三维图像的 Z 坐标上,就得到目标的三维图像。

10.6.3　多狭缝条纹管水下三维成像技术

多狭缝扫描变像管的工作原理与单狭缝扫描变像管的工作原理相似,不同在于光电阴极接收的是多狭缝图像,二维平面图像通过光纤变换器,将平面像转变为条纹像,再耦合到扫描变像管的光电阴极输入面。通过变像管的扫描在荧光屏上得到每一个狭缝随时间扫描的多个条纹像,每个条纹代表在某时刻的二维空间图像。采用 CCD 与荧光屏耦合,捕获

荧光屏上的图像，通过算法即可实现三维图像的重建。

多狭缝条纹管激光雷达的基本结构见图 10－37，1989 年奈特等人首先提出了多狭缝条纹管非扫描成像的原理，核心器件是多狭缝条纹管和光纤变换器。激光器发射的激光束经扩束后照射到目标上，接收光学系统将目标反射光聚焦到光纤变换器的输入端面，光纤变换器把目标面图像变换为多个条纹图像，并通过光锥耦合到条纹管的光电阴极，利用条纹管对目标反射光的时间分辨特性，来实现对目标上不同像素点的距离分辨，而目标各部分对应像素点的灰度值即代表了目标回波信号的强度，即物点的反射率大小。

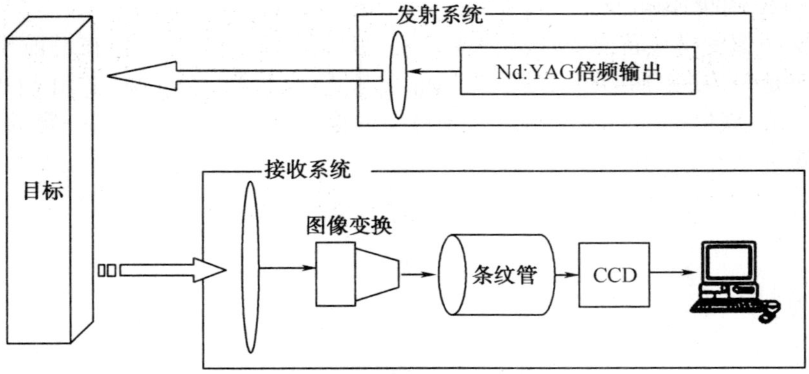

图 10－37　多狭缝条纹管激光雷达结构图

多狭缝条纹管实现距离分辨的原理与单狭缝条纹管相同，其区别在于前者具有多个线形阴极，每个线形阴极发射的光电子在荧光屏上形成各自的图像，将这些图像进行适当组合即可得到目标的三维图像。图 10－38 是多狭缝条纹管的结构示意图。

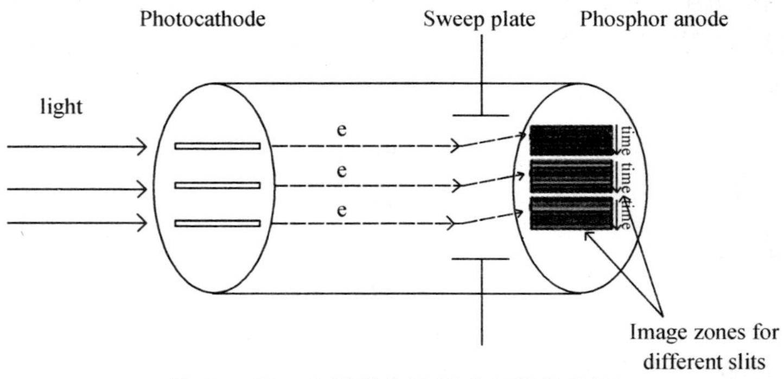

图 10－38　多狭缝条纹管内部结构简图

光纤变换器的作用是将目标面图像离散化，并将各个像素重新排列，使输出图像变为条纹像，其结构示意图及对图像变换效果分别见图 10－39 和图 10－40。光纤变换器的主要技术要求是像素数量，整体透过率和光纤阵列排列的整齐性，其中像素数关系到系统的图像空间分辨率，透过率关系到系统的探测能力，光纤阵列排列的整齐性则会影响图像还原的准确性。与荧光屏耦合的 CCD 相机也影响获取图像的

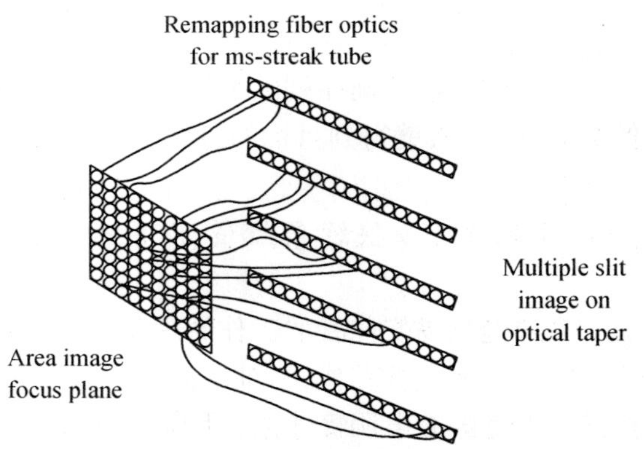

图 10－39　光纤变换器结构示意图

分辨率和图像帧频,因此是十分重要的一个部分。

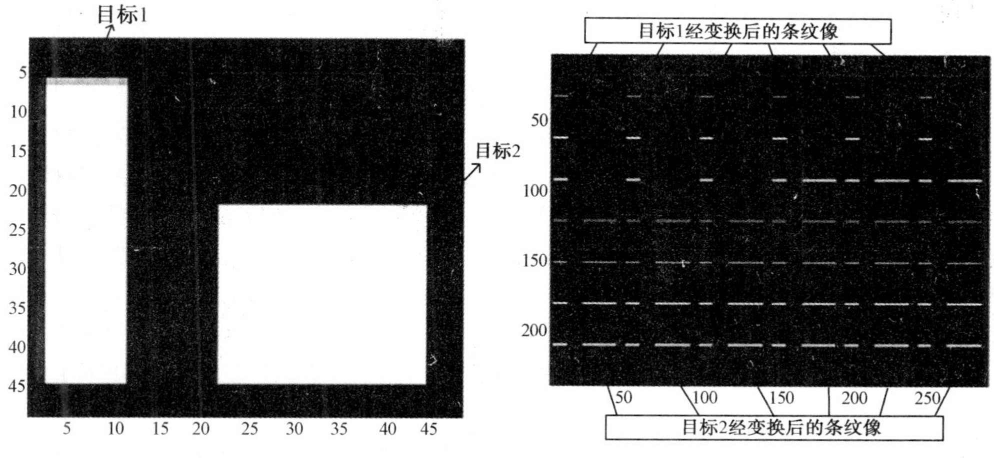

(a)　　　　(b)

图 10-40　光纤变换器将面图像变换为条纹像示意图

(a)光纤变换换器前端面图像;(b)光纤变换换器后端条纹像

多狭缝条纹管激光雷达是在单狭缝条纹管激光雷达的基础上发展起来的新技术,它充分利用了条纹管阴极的有效工作面积,能获得比单狭缝条纹管激光雷达更为丰富的信息,而且无须扫描,成像频率高,使系统的应用更加灵活。但目前由于工艺等原因,多狭缝条纹管在分辨率和灵敏度方面还不及单狭缝条纹管,需要进一步研究。

10.7　水下微光电视系统在潜艇上的应用[26]

10.7.1　概述

俄罗斯、英国海军开发应用的潜艇水下微光电视系统都装在潜艇的围壳上,属于潜艇安全避撞系统的一个十分重要措施。须指出,潜艇围壳上水下微光电视摄像机系统与一般的水下探雷或水下机器人等系统上使用的水下电视摄像机系统或水下激光电视系统成像又有根本的差别。因为,潜艇围壳上的水下电视摄像机系统不是主动式的,而是被动式的,它不用任何的辅助光源,工作原理也是不相同的。

潜艇通过光电成像方法探测活动区域或作战区域的水面舰船,必须上浮到接近水面的潜望深度并升出潜望镜或光电桅杆。这种观察方式牺牲了潜艇本身的隐身特性,限制了潜艇航速,同时也增加了与水面舰船碰撞的危险性。因此,潜艇能在不上浮的情况下,利用水下摄像机系统观察到潜艇上方或前方的较大目标是十分需要的。

10.7.2　英国潜艇的水下电视摄像机系统

英国潜艇围壳上配置的水下电视摄像机系统,是专为潜艇在冰层或水下活动的需要而研制的。它可以提供安全的水下导航,是潜艇上浮时的重要辅助装置。一般就导航系统而言,在潜艇围壳上应配置两台水下电视摄像机系统,一台置于向上观察的位置,另一台置于前视位置并与水平方向成40°角,如图10-41(见739页)中的3所示。视频摄像机在围壳上的这种布置方式十分有利于潜艇在上浮时或者前进机动时获得最好像质的战术信息。每一台摄像机的相对位置连同其观察角可以提供最大的视野。

英国的地理位置处于西北欧,北冰洋是北欧海军的重要活动区域。俄罗斯潜艇也经常出没于这一海域。潜艇在这个地区的活动具有重要的军事战略意义。但是由于冰层及海水下的光线微弱,潜艇冰层区域活动受到限制,要获得清晰图像却成了最大的障碍。英国西姆拉德公司目前生产的OE 0285型摄像机解决了这个技术难题并已装备到英国的潜艇。OE 0285型摄像机是一种增强的硅靶摄像机,在有云的星光条件下,它能在极其微弱的光线状态下观察到各种目标。当潜艇在北冰洋地区活动时,OE 0285型摄像机是潜艇通过冰层上浮时的重要辅助设备。OE 0285型摄像机通过适当的缆线和潜艇壳体的填料函穿透装置,与艇内的控制设备连接。艇内的控制设备包括双备分摄像机电源、数据覆盖发生器(Data Overlay Generator)、显示监视器和高质量的视频监视器。摄像机装在镍铝铜合金的圆柱体铸件镜管内,放置在潜艇的围壳上方和前方,它可以观察到潜艇前方和上方的图像。图10-42(见739页)示出了装在合金铜铸件镜管内的OE 0285型冰下摄像机。

OE 0285型水下电视摄像机是一种高灵敏度的单色摄像机,采用1 in孔径的增强的硅靶摄像管。该摄像机利用两级的一代像增强器,从而可以提供非常好的光灵敏度。与单级的一代像增强器相比,两级的一代像增强器在摄像机的灵敏度方面提高了100倍,相当于在星光条件下工作。采用一代像增强器技术不仅能获得相当好的成像质量,而且像增强噪声极小。因此,这一点对操作者来说尤为重要,因为操作者长时间使用不会感到疲劳。如果海水中最大光透射率约在450 nm波长,那么硅增强靶摄像管的另一个优点是具有理想的适合水下条件的光谱响应。摄像管的最大光谱响应恰好与海水中光的最大透射率一致。

OE 0285型水下电视摄像机具体特点如下:

镜头配有自动光阑控制和中性滤光镜,允许摄像机能在强烈的阳光下使用而不会造成损坏。摄像机关闭时,光栏自动闭合到最小孔径。

①自动增益控制;

②极高的水平分辨率;

③光亮度探测器,提供现场的光亮度显示;

④固定焦距;

⑤NTSC或PAL制式扫描;

⑥全视频输出;不平衡的或差分的;

⑦外部耐压壳体采用镍铝铜合金或镍铝钛合金,附加的紧固件,能与长期耐腐蚀的不同材料实现最大兼容性;

⑧工作温度范围-30°~+40°;

⑨储存温度范围-50°~+70°。

从1982年起,水下电视摄像机系统已在英国潜艇围壳上进行实验和应用,至今有三十多年的历史。1987年后,水下电视摄像机系统在英国海军防务领域应用发展相当快,从最初改进的商用系统装在潜艇上试用,发展到现在装备舰队、成为英国的军用的标准系统。长期以来,潜艇一直主要依靠声呐进行导航和执行战术任务。但是,随着成像传感器在性能、尺寸、加固结构等方面的不断改进,水下摄像机已为英国和其他一些国家的海军潜艇所采用,成为不可缺少的平台传感器。水下摄像机在潜艇围壳上的应用与英国西姆拉德公司的历史联系在一起的,目前西姆拉德公司已成为民用和军用水下视频技术领域的一家重要公司。

目前英国已在潜艇围壳电视摄像机的基础上开发了一种安装于潜望镜头部的微光电视摄像机,外形如图 10 – 43(见 740 页)左侧图所示。

另据最新资料,2012 年英国博泰克产品有限公司(Bowtech Products Ltd)研制了一款型号为“探险家:Extreme(极端)”的水下超微光黑白 CCD 摄像机。该摄像机适合潜艇使用。在不需要像增强器的条件下,该摄像机的性能优于硅增强管。Extreme 摄像机采用培尔帖(Peltier)制冷的 EMCCD 传感器。为了获得更高的灵敏度,该传感器可与自动像增强电路耦合。这种摄像机能提供很强的输出信号,但背景噪声又很小。因此,该摄像机非常适合水下应用。

该摄像机的技术特点是:①单色高分辨率:576 电视线;②超微光灵敏度 1×10^{-5} Lux(面板);③优于硅增强管的固体装置;④整个使用寿命期维护费用低;⑤不会使传感器烧毁又不会使图像模糊。

该传感器的主要技术参数如下:

①电气参数　水平分辨率:576 电视线;最低亮度:1×10^{-5} Lux(面板);传感器类型 $\frac{2}{3''\text{EMCCD}}$;信噪比:35dB1 $\times10^{-3}$ Lux(面板);扫描:625 线 50 Hz。

②环境参数　水深:4 000 m;工作温度:−10 ~ +40 ℃;储存温度:−30 ~ +70 ℃。

③光学参数　透镜:非球面,高速,广角;光阑控制:自动;调焦:固定 300 mm ~ 无穷远;视场:95°(H);窗口:完全水校正的光学丙烯酸树脂。

④技术参数　最大直径:110 mm(本体),130 mm(保护装置);长度:252 mm(不包括连接器);空气中质量:5.5 kg;标准壳体:钛合金。

该摄像机镜头外观如图 10 – 44(见 740 页)所示。

10.7.3　俄罗斯潜艇的水下电视摄像机系统

前苏联时期,潜艇上的电视设备曾朝两个方向发展,一方面是研制通过潜望镜观测空中和海上目标的电视系统;另一方面是发展在冰下航行时使用的近距离水下观测系统(MTK—100,1974 年;MT—70,1972 年)和观测无人舱的系统(MT—30,1963 年)。1972 年,前苏联研制成功了型号为“信号”的自动潜望镜并装艇使用。该潜望镜除了有白天和夜间的目视观测通道外,还具有与电视系统 TB—1 相连的电视通道。在 20 世纪 80 年代,他们在上述潜望镜的基础上又研制成功了更为先进的改进型潜望镜系统和新的电视系统(MTK—110 和 TKH—456 等)。

例如,苏联海军的第二代战略核潜艇上装有 MT—70S 水下电视监视系统,装备有 3 根潜望镜:PZNG – 8M 潜望镜;PR – 14 潜望镜;PZNS – 8 潜望镜。俄罗斯 6 艘 DIV 级导弹弹道核潜艇(667BDRM 型)上装有砖雨光电桅杆,同时还装有耐压密封的水下电视摄像机装置。该水下电视摄像机有两个主要功能,一个是潜艇在冰下航行时用于近距离水下观测,作为潜艇上浮的观察系统,另一个功能是用于监控通信浮标线缆的回收操作。例如,已沉没的库尔斯克号潜艇上设有闭路电视监视系统,不仅各个舱室中装有电视摄像机,围壳上也装有水下电视摄像机,以便中央指挥舱了解各舱和舷外情况以及冰下情况。目前,俄罗斯的水下电视系统在潜艇围壳上的应用是很普遍的,图 10 – 45(见 740 页)示出目前俄罗斯潜艇上安装的电视摄像机外形图。

除围壳上的应用外，俄罗斯还在舷外尾部安装了摄像机，以便中央指挥舱的指挥员能了解舷外的情况，例如2003年8月下水的210级潜艇就是安装了这种电视摄像机。

10.8　水下光学成像的最新进展[35]

10.8.1　简介

近年来海洋光学领域的技术发展促进了以下方面的技术进步：

(1)支持快速、低成本专用图像处理软件和硬件组件的低成本高质量摄像机；

(2)能将干涉条纹直接记录到固态传感器(即兆像素电荷耦合器件)上的数字式全息摄像机来生成时间分辨三维视频；

(3)高重频中等功率激光器以及先进的探测器设计，提高了两维和三维成像系统的性能；

(4)紧凑高效易于编程的数字式信号处理器用于执行以往实时应用中计算量宠大的算法；

(5)建模和模拟编程能更精确地预测出物理海洋参数对不同配置的成像系统性能的影响；

(6)图像处理算法能够对多个同步数据源进行处理，能够提取和匹配从每个这样的源得到的特征点，推导出精确的三维场景信息；

(7)数字压缩技术提供高质量的标准来提高数据传输率(即视频流)和降低存储要求。

10.8.2　用于测绘和监视应用的常规图像采集

大量近期应用都注重使用常规摄像机实现长期监视和观察，采集到的视频图像和后续的图像处理可用于实现图像缩放和测量、目标识别与评估、三维图像重构和分析等。这些系统中采用了基于高带宽数据链的高分辨率摄像机。一个典型的实例就是推出高速兆像素级海底成像系统。它能够从一个拖曳平台布放出来完成扇贝储备量估计作业。该系统采用了一台商业用 GigE Vision 摄像机(1 360×1 024 像素)、闪光灯和拖船，以4/s的图像输出速率实现实时监视。5~8.5 km/h 的拖曳速度提供连续图像间27%~58%的叠加，分辨率大于每毫米1个像素，能够在大多数的水域条件下识别出直径小于50 mm的物体。该系统还能用于精确的海洋生物栖息勘测、海底地貌声学数据采集、海底生态研究和渔业破坏评估等。

要实现更高精度的成像意味着提高像素分辨率，也就要求具有更高的带宽和存储能力，高清(HD)和超高清视频(UHD)图像分别具有1 920×1 080和7 680×4 320像素，采用HDV，MPEG-4 AVC/H.264和VC-1等图像压缩格式(压缩近50%)可降低数据率和数据存储要求。表10-4给出了各种类型摄像机带宽要求的上限，有些摄像机采用了图像压缩技术。

表10-4　摄像机系统的带宽要求

摄像机类型	最大分辨率	压缩(编码解码)	数据率/(Mb/s)
SD	704×480	无	244
D9-HD	1280×1080	DCT	100
HDV	1440×1080	MPEG-2	25
XDCAM HD	1440×1080	MPEG-2(VBR)	50

表 10-4(续)

摄像机类型	最大分辨率	压缩(编码解码)	数据率/(Mb/s)
HDCAM	1440×1080	DCT	144
DVCPRO HD	1440×1080	DCT	100
HDTV(广播制式)	1920×1080	MPEG-2	19
AVC HD	1920×1080	MPEG-4 AVC/H. 264	24
XDCAM EX	1920×1080	MPEG-2	35
XDCAM HD422	1920×1080	MPEG-2 HD422	50
D5-HD	1920×1080	DCT	323
HDCAM SR	1920×1080	DPCM/DCT/MPEG-4	440
HD	1920×1080	无	1 493
数字影院(RED 4K)	4096×2160	REDCODE RAW 小波	288
UHD	4096×2160	无	26 000

10.8.3 远距离成像

远距离水下成像的主要目的是要提高图像对比度和分辨率,作用距离要优于常规摄像机在水下照明条件下的作用距离。远距离成像的研究包括:

①时间鉴别/距离选通法;

②空间鉴别/激光行扫描(LLS)法;

③利用调制/解调技术抑制散射光;

④利用结构化照明实现成像;

⑤极化鉴别;

⑥多角度图像构建。

当前工作的重点是研制出宽扫描幅宽(Swath)成像器,能够安装到通用型的自主式水下航行器(AUV)。以前的成像系统的结构体制包括:①同步扫描连续波(CW)束与光子倍增管(PMT)探测(如雷声公司的 LS4096 和诺格公司的 LLS 系统);②扫描激光束和高速线性 CCD 摄像机(如 L-Bath 系统);③扇束脉冲利用纹影管的时间分辨信号探测(Areté STIL 系统);④带 CCD 摄像机的连续波扇束结构照射系统。

所有这些方法都提供出强度反射图,后三种方法还通过飞行时间或三角法解算出三维地形信息。每种系统都存在由于设计选择所带来的局限性或难度,例如景深有限、体积大、输入功率要求高、作用距离有限等。实际应用中要求降低工作复杂性(尺寸、功率等)并提高工作性能。

1. 时间鉴别/距离选通方法

距离选通系统以往是使用低重频(<100 Hz)绿脉冲激光源来抑制激光源与目标间的后向散射光达到提高图像对比度的目的。以往和近期安装在平台顶部的装置都使用空间扩展激光脉冲作为照射器,使用非扫描式选通增强摄像机作为探测器,采集整个场景的短瞬场景,可达到 40°视场。适当地使用高采样率后,这些系统还能由大量的短时片段来重构三维图像。

另一种这类系统,即 LUCIE(激光水下摄像机成像增强器)部署到遥控潜水器(ROV)上对五个衰减长度距离的螺旋桨叶片进行检查作业。采用了光学极化差分技术来进一步提高目标的对比度。一种紧凑型的第三代潜水员手持型系统也正在研制过程中。其他的一些提高性能距离和恢复环境光学特性的技术在参考文献[15]中有介绍。

2. 空间鉴别/激光行扫描(LLS)方法

激光行扫描(LLS)系统对接收器的窄瞬时视场(IFOV)扫描与高准直激光源的照射同步,可实现大角度的线性扫描,这类系统的光学传递函数可达到接近衍射极限的水平。

尽管 LLS 系统能有效地抑制空间散射光,但仍受到接收器散粒噪声的影响,散粒噪声是由于从激光器和阳光照射后目标的返回信号与散射信号间存在时域叠加而产生的。为了提高作用距离,连续波 LLS 系统增大了激光源与接收器间的距离,这样可以减小近场多散射光的有害效应,但这样妨碍了系统安装到小型无人水下航行器(UUV)上的可能性。已研究出这类系统的计算机模型,经计算机模型演示可获得六个衰减长度的成像能力,后经野外和实验室演示器都验证了这一能力。采用高重频脉冲激光器和接收器选通技术(例如脉冲激光行扫描或 PLLS 成像器)降低了光束叠加效应,最近的试验还表明其有效成像距离可达到七个衰减长度以上。安装到小型 UUV 上的任务载荷采用这种方法可以降低波形因子。

计算机模型开发者的主要精力是放在天气模型开发以避开蒙特卡洛光线追踪法繁重的计算工作量,从而使系统设计人员能折衷考虑系统参数。近期的研究工作表明,PLLS 方法能将散射与目标信号在时间上分隔开来,提高了图像的对比度和系统的作用距离。对于激光源与接收器距离更近的情况,采用电子选通法则更有优势。

在美国大西洋海洋大学(FAU)的港口海洋学研究所(HBOI)使用 PLLS 系统已显示出性能的改进,系统中采用了用户定制的高重频(357 kHz)高功率绿脉冲激光器(在半个最大值处全宽 6 ~7 ns)。图 10 -46 给出了试验水箱中反射图像的比较,从图中可看出,在几乎相同的系统和工作条件下,时间选通 PLLS 系统的信噪比和对比度优于连续波 LLS 系统。

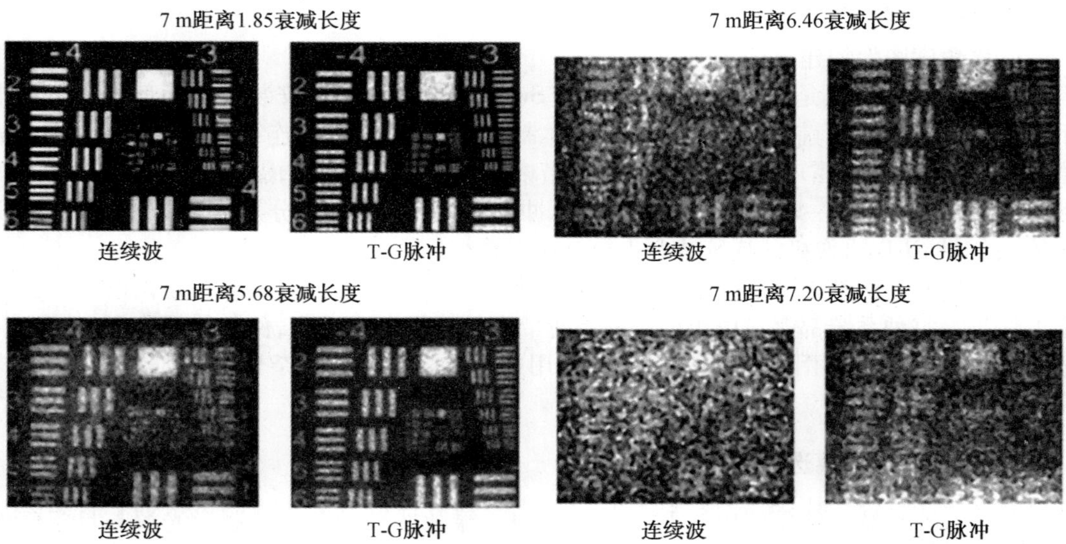

图 10 -46 试验水箱中采集到的距离 7m 的反射图像

左列图:采用 1.5 W 连续波激光器的连续波 LLS 图像;

右列图:采用 357 kHz 平均功率 1.5 W 脉冲激光的时间选通 PLLS 图像。

两组试验的扫描速度都为每秒钟 100 行,激光源与接收器和间距为 23.4 cm,接收器的瞬时视场为 15 mrad,相对于海底的速度为 1.5 m/s。两种激光器的激光束散角为 2 ~3 mrad。

注意所有的图像都是经直方图均衡化和中值滤波(3 ×3)。

对时间选通 PLLS 系统探测能力而言,有几种可能的途径来提高其性能。使用多脉冲可增大信噪比,但会牺牲图像的分辨率。增大接收器口径尺寸也可提高信噪比,同样,使用编码脉冲和相干探测技术也已显示出进一步提高成像能力的可能性。

3. 采用调制/解调技术抑制散射光

众所周知,采用调制/解调技术可以改善通信系统的信号探测性能,但是在光学频率,由于海水的扩散特性,这些技术并不适用于远距离的应用[16]。因此,对调制波形进行编码是一种更实用的方法来提高探测器输入信号的信噪比。例如,较早期的一些水下相干探测演示器就采用机载平台或水下航行器上的连续波激光器发出幅度调制光束来照射水下目标,然后 PMT 将后向散射与目标光子集中起来,通过对 AM 信号的解调,部分抑制散射光信号,使得作用距离仅受到接收器散粒噪声的限制。笔者和其他人也意识到,早期的 LLS 系统采用的非相干信号探测方法也可通过使用接收器处副载波相干探测从时域上将弥散的散射光与目标返回信号分离开,从而生成目标轮廓或距离信息。美国海军航空系统司令部(NAVAIR)就研制出一种这样的系统从机载平台或水下航行器对水下目标成像。该系统使用了功率为 3 W 的连续波激光器 100 MHz 正弦调制,采用复(IQ)调解技术来恢复幅度和相位信息,增强图像对比度并提高成像距离。另外系统还演示出具有成像/通信综合能力。近期出现的其他调制连续波成像演示器采用了 20 mW 波长为 405 nm 的单模激光器,幅度调制频率 36.7 MHz,使用电流控制,由微型压电驱动器来控制步进扫描。在 ENEA(欧洲核能管理局)研究中心的实验室试验过程中,在清澈水下 1.5 m 距离报告出亚毫米级的距离精度。二级管激光波长与纯水吸收光谱的最小值匹配,因此该系统用于相对清澈水域的远距离三维成像。

2007 年,装在 HBOI 平台顶部 LLS 系统与 NAVAIR 系统一起进行了试验,试验结果表明与连续波 LLS 系统相比(如图 10－47 所示),工作于混浊水域时,后向散射的影响降低,因此图像对比度增强。

经模拟试验验证,使用如文献[17]所介绍的调制脉冲与混合 LIDAR－激光雷达技术具有进一步增大 LLS 系统作用距离的潜力。最简单的方法是对激光脉冲进行高频正弦幅度调制,这种技术反过来又可以抑制后向散射和环境光的低频成分,进一步提高系统的成像能力。许多研究机构早就开始对这类系统进行研究,最近已经进入到了仿真研究阶段,仿真中采用了专为水下脉冲激光成像系统开发的 Metron 辐射传输求解器和其他辐射传输码。子系统硬件开发(激光器和探测方法)以及仿真码的验证仍会是这些系统的主要研究内容。

4. 基于结构照射的成像技术

如果使用结构照射,窄激光光束或光面通常会照射到标准一维或二维摄像机的中心轴以外的场景,可以减少后向散射,便于采用三角法恢复场景的三维结构。一种采用结构照射的常用方法是距离补偿法。图 10－48(见 740 页)给出了一种距离补偿结构光系统,该系统使用探照灯来建立结构光模式,比大角度照明具有更强的对比度。采用后处理通过恢复物体距离图来对水衰减效应进行补偿。

第二种基于结构照射的常用方法是合成孔径照射法。尽管大多数的基于结构光的方法都是从单方向照射,但是也可以使用一组照射光源,如图 10－49(见 741 页),每个光源从特定的位置和方向对场景进行照射。当不同的照射源启用后获取多个图像帧,合成后生成不同的照射图形，采集到的图像帧包含的后向散射与泛光照射采集到的图像帧中包含的后向散射类似。数据经后处理，利用图像帧估算出后向散射场，然后对后向散射分量进行补偿以提高图像质量。

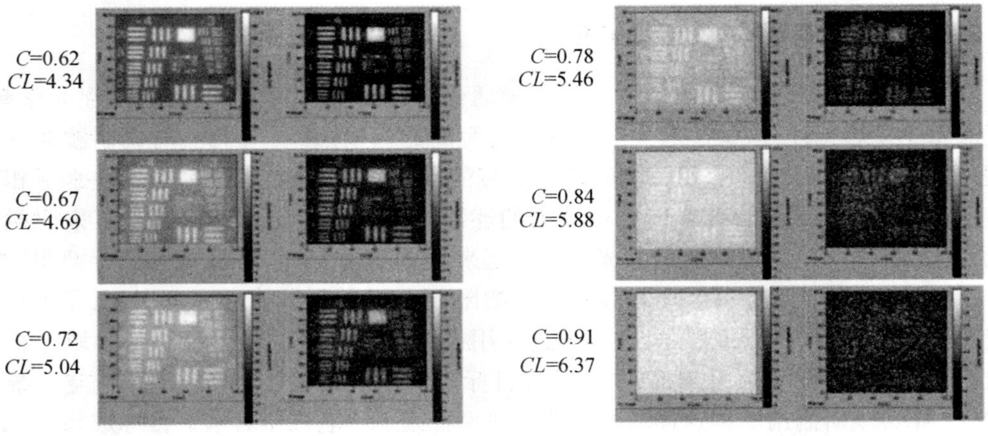

图 10－47 HBOI 试验水箱中连续波 LLS(每列的左图)和调制连续波 LLS
(每列右图)获得的 7 m 距离成像的原始图比较(对比度从最小至最大值)。
注：C = 光束衰减系数(单位：米的倒数)；CL = 衰减长度的个数

依赖于空间相干性的其他方法，如采用结构照射恢复物体形状并实现距离成像的技术受到实际要求的光学系统的尺寸限制，而且在实际尺寸的场景中实现起来存在问题，因此没有进行深入的研究。

5. 极化鉴别

在文献[18]中介绍的最新推出的图像增强技术在图像采集过程中综合了光学与数字后处理技术。采用广角极化光对场景进行照射，同时使用另一个偏光器对场景进行观察。于是采集到相互正交极化状态的两帧广角图像，两个极化状态(图像帧)都存在后向散射，但程度不同，于是对后向散射进行光学调制。使用两帧原始图像作为输入，采用数学方法提取出后向散射场，然后估算出没有后向散射的背景。

6. 多角度成像

通常利用从不同地点采集到的场景图像来解算出物体的尺寸和深度信息，并进行图片拼接和三维重建。通过采用单台成像系统或多台成像系统对指定区域进行高分辨率光学侦察扫描来达到这一目的，其中多台成像系统是在各个不同的时间段进行扫描。如果采用多系统技术，则可将照射与成像过程隔离开，因此后向散射程度更低，可采集到更远距离的图像，图 10－50(见 741 页)给出了照射光源与摄像机的不同配置方式。

伍兹霍尔海洋研究所的研究人员利用两台自主水下航行器(AUV)协同工作来勘探北极海底地形，两台 AUV 按先后顺序布放，完成不同的任务。第一台 AUV，“Puma” 或“Plume mapper”的作用是对热水排放口发出的信号进行定位探测，然后将第二台 AUV，即“Jaguar”布放到该地点以采用高分辨率的摄像机和海底测绘声呐对海底进行成像。

最后，值得一提的是目前已出现了一些能提高视频图像质量的实时软件技术，如 LYYN 能见度增强技术(www. lyyn. com)，和一些图像处理软件中的开发包。

10.8.4　空间相干法

全息摄影技术通过在物体与参考波间形成的干涉图形，利用波前的空间相干性来记录三维信息，通常是在光频范围。传统的方法是记录干涉图形模量并在胶片上回放，但目前已能采用数学方法将衍射法则运用于全息输入数据来实现数字式图像重构。可将电子全息图直接记录在 CCD 摄像机上，然后进行数值法重构。因此，可记录三维实时信息，生成自然环境中生物组织以及一些微粒的三维视频图像。

水下数字全息系统可利用全息技术对海下浮游生物和其他毫米级大小的海洋生物进行短距离的成像，如图 10 - 51 所示。演示系统在 0.1 mm 至几个毫米的作用距离不会受到后向散射或衰减效应的影响，比常规的显微镜具有更大的景深，使得全息图像能提供出瞬时体积信息。

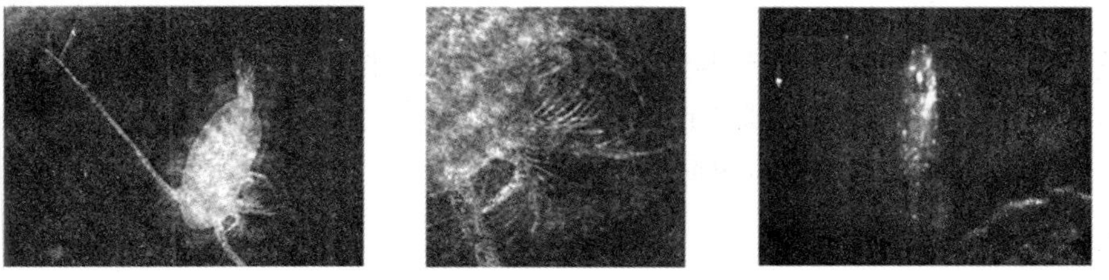

(a)　(b)　(c)

图 10 - 51　哲水蚤桡脚类动物的全息图

(a)70m 远的全息图(2.2 × 0.7 mm)；(b)图的放大；(c)60m 远的离轴全息图(~6 mm 长)

10.8.5　图像空间的多维法

为实现场景的多视角三维重组，文献[19]介绍了双频识别声呐(DIDSON——Dual Frequency Identification Sonar)和立体图像综合技术，此项工作的目的在于利用声呐来增强低能见度下的图像重构能力，在这种情况下可视线索能提供的信息较少。DIDSON 使用高频声呐(1 ~2 MHz)来生成距离和方位二维信息结果，利用的是极坐标，在混浊水域的作用距离为 10 至 20 m。由于"声学图像"几何原理上大大不同于"光学无透镜针孔成像器"成像，因此将声呐与立体图像进行合成的最大难点就是对系统进行校准来保证数据模型的一致性。不仅传感器的覆盖区域不同，而且还要将极坐标系内的像素变换成笛卡尔坐标系中的像素集合，因而加大了对连续图像进行特征点搜索与匹配的复杂度。DIDSON 面临的一些其他的挑战还包括分辨率有限、信噪比低以及观察距离有限等。参考文献[20]中研究出一种算法，通过利用先前观察到的图像帧中获取的目标物体信息来增强声呐视频序列。这种方法涉及到帧内对准、图像强度线性化、目标物体识别以及视频序列中图像融合的最大后验概率确定等。

作为一种可独立工作的传感器，DIDSON 具有很多的优点，随着越来越多的商业软件包的不断开发，数据处理能力也不断提高(例如用于图像拼接的声学图像)。在高频方式下，由声束获取的图像可以表示出目标物体的轮廓、形状以及特征，通常运用于渔业管理和评估，在低能见度条件下也能够对产卵、饲养和迁移情况进行非入侵式的监视和记录。但是，在某些情况下声学探测性能受到限制，因此更好的方法是将 DIDSON 与视频摄像机、立体摄像机或一些其他的光学成像系统组合起来。

10.8.6 未来发展趋势

展望水下成像未来发展前景，有几个尤其令人关注的技术领域。另外，紧凑型高功率光源、数据压缩与管理、能量存储以及像空间实景还原等技术正在大幅度在向前进展。

1. LED 技术

在过去的几年，白光和单波长发光二极管（LED）在电光转换效率和功率数方面有了很大的提高。目前已开发出的装置能够产生几百流明的输出，相当于 60 W 的白炽光源，但这远低于要求的功率。将输出规范为瓦数的方法是使用“发光效率”，荧光灯的发光效率范围为 50 流明/瓦至 70 流明/瓦，弧光灯和 HMI 光源可分别达 50 流明/瓦和 150 流明/瓦。白光 LED 的效率可达到 150 流明/瓦（甚至更高），可由低压源供电，不需要高成本且笨重的整流器。这一特点使得 LED 适用于需要电池供电的应用，如潜水照明灯、小型 AUV 或是其他航行器以及其他沿海浮标等。随着技术的不断发展，将会出现更大功率的装置，最终会取代当前额定功率几百瓦甚至功率更高的灯。

2. 激光技术和探测器发展

随着激光技术的发展，已能够获取蓝绿波长的短脉冲，因而提供稳定、高重频（ >500 kHz）平均功率高于 2 W 的激光源。在 LLS 系统中，采用这种技术可以从时间上分隔后向散射和返回的目标信息，因而在探测过程中主要是对目标光子进行积分，从而提高信噪比，增大了目标探测/成像的距离。接下来的工作是要获取更高速的调制能力、更均匀的脉冲 - 脉冲能量稳定性以及进一步提高功率、效率和结构小型化，目的是要开发出更先进的激光成像系统并将其安装到更小的平台上。另外，研制具有极快速度、高动态范围以及对调制波形精确响应的探测器也是非常重要的。

3. 数据管理

对多个不同的传感器以及对产生大量数据的传感器进行管理是当前比较棘手的问题，并且随着技术的不断发展，情况更是如此。数据管理包括数据存储、分类、检索、恢复、解译、共享、编辑、再使用、分配、归档和简化等。尽管对于用户特定的数据类型需要开发专门的系统，但目前市面上已经能够获取用于高清视频以及相关数据的多媒体管理和数字资产管理（DAM）软件。这些软件包的功能包括对视频和声频源进行自动数据采集、编码和检索、自动生成各种能够及时被用户选择和访问的元数据以及以相对低的成本实现高清视频全屏流动。数据处理与数据管理是同时进行的。由于存储器交换、数据低速处理和渲染以及无法在一个典型尺寸的显示屏上看到所有的数据，对于计算机和用户而言要观察和处理大量的数据并不是件轻松的事情。目前高端游戏和视频编辑计算机以及大型宽屏多显示器已越来越常见。例如，2008 年在拉斯维加斯的消费电子展上就推出了一种曲线型超大宽屏显示器，这种显示器相当于是将两台稍微弯曲的 24 寸 LCD 显示器拼接在一起。

4. 三维电视(3DTV)

英国阿伯丁大学工程与物理科学系的科研人员正在开发一种用于水下分析的电子全息摄像机,他们正在将全息成像技术运用到水下成像领域,用于研究海洋浮游生物。

另外,在计算机图形技术中运用的许多可变形网格和其他通用的三维运动物体表达工具也可成为三维场景表达的工具。

参 考 文 献

[1] Duntley S Q. Light in the sea[J]. J. Opt. Soc. Amer., vol. 53, 1963.

[2] 徐启阳,杨坤涛,王新兵,等. 蓝绿激光雷达海洋探测[M]. 北京:国防工业出版社,2002,7.

[3] Jules S Jaffe. Performance bounds on synchronous laser line scan system[J]. Optics Express, 2005,13(3): 738 - 748.

[4] Alan Weidemann, Georges R Fournier, Forand L, et al. In harbor underwater threat detection/identification using active imaging[C]. Proceeding of SPIE, 2005, 5780:59 ~ 70.

[5] Randall R Potter. Observations from below a rough water surface to determine conditions of or above the surface waves[Z]. USP 5528493, 1996.

[6] 杰尔洛夫. 海洋光学[M]. 赵俊生,吴曙初,译. 北京:科学出版社,1981.

[7] Bryan W Coles. The LS - 4096 laser illuminated underwater imaging system[J]. Applied Remote Technology, Inc. August 1994.

[8] 赵宝升,陈敏. 采用多狭缝条纹变像管实现激光三维成像[J]. 光子学报, 2004, 33(12): 1425 - 1427.

[9] Gleckler A Gelbarta, Bowder J. Multispectral and hyerspectral 3D imaging lidar based on the multiple slit streak tube imaging lidar[J]. SPIE, 2001, 4377:328 - 335.

[10] Baggs M R, et al. Synchronscan and single - shot operation of photochron IV streak cameras[J]. SPIE, 1984, 491:212.

[11] 李思宁,刘金波,广宇昊,等. 多波段条纹管激光成像系统探测距离计算[J]. 光子学报. 2007, vol. 36. 增刊.

[12] Milder D M, Carter P W. Reconstruction of through - surface underwater imagery [J]. Waves in random and complex media. Vol. 16, No. 4, November 2006, 521 - 530.

[13] Nicholas L Flacco. The virtual periscope [Z]. Areté Associates Contract Number: N00014 - 03 - C - 0431. 2006.

[14] Vogel H, Schilling A, Spieweck M. Zenith sight for submarine optronics[Z]. UDT EUROPE 2006:440 - 449.

[15] Hou W, Greay D J, Weidemann A D, et al. Automated underwater image restoration and retrieval of related optical properties[J]. IEEE IGARSS, pp. 1889 - 1892, 2007.

[16] Swanson N L. Coherence loss of laser light propagated through simulated coastal waters [C]. Proc. SPIE Ocean Optics XI, vol. 1750, 1992:397 - 406.

[17] Mullen L, Contarino V M, Herczfeld P R. Hybrid LIDAR – radar ocean experiment[J]. IEEE Trans. on Microwave Theory and Tech, 1996,44(12): 2703 – 2710.

[18] Treibitz T, Schechner Y Y. Instant 3Descatter[C]. Proc. IEEE CVPR, 2006,2:1861 – 1868.

[19] Negahdaripour S. Epipolar geometry of opti – acoustic stereo imaging[J]. IEEE Trans. PAMI, 2007,29(10).

[20] Kim K, Neretti N, Intrator N. Video enhancement for underwater exploration using forward looking sonar[J]. In: Advanced Concepts for Intelligent Vision Systems, vol. 4179, pp. 554 – 563. Springer Berlin, Heidelberg, 2006.

[21] 赵坤. 潜用光电安全系统发展研究[J]. 舰船光学,1997(2).

[22] 刘爱东. 用于深拖侧扫的水下成像系统[J]. 舰船光学,2000(3).

[23] 王杰艳. 一种变速图像采集电路的设计[J]. 舰船光学,1999(1).

[24] 刘爱东,杨坤涛,鲍晓静. 激光水下扫描成像系统的图像修正与显示[J]. 舰船光学,2001(4).

[25] 李临,刘爱东. 水下激光成像中图像数据传输系统的设计与实现[J]. 舰船光学,2000(4).

[26] 陆炳哲. 国外水下电视系统在潜艇围壳上的应用[J]. 舰船光学, 2005(1).

[27] 何大华. 一种拟制后向散射的同步扫描技术[J]. 舰船光学,2008(4).

[28] 李平. 水下激光扫描成像系统误差分析[J]. 舰船光学,2008(3).

[29] 陈志凌. 用于水下激光扫描成像的光学系统设计[J]. 舰船光学,2008(4).

[30] 黄亮. 虚拟潜望镜研究及进展[J]. 舰船光学,2010(1).

[31] 何大华. 同步扫描水下激光成像系统参数约束关系[J]. 舰船光学,2011(4).

[32] 李飞,黄亮. 水下对空成像的光学计算模型[J]. 光学与光电技术,2008(4).

[33] 何大华,袁红卫. 水下运动目标激光扫描测距方法研究[J]. 光学与光电技术,2010(6).

[34] 黄亮,李飞. 水下对空成像中的波估计[J]. 光学与光电技术,2010(6).

[35] 水下光学成像的最新进展[J]. 朱耘译自 Underwater Imaging and Optics :Recent Advances 978 – 1 – 4244 – 2620 – 1 / 08 008 IEEE. 舰船光学,2012,(增刊).

[36] 叶春明. 水下对空成像中的波面估计[J]. 光学与光电技术,2011(2).

第 11 章　天文导航定位定向技术

11.1　概　　述

11.1.1　舰船天文导航设备的发展及关键技术问题

1. 天文导航的概念及基本原理

天文导航是一种靠观测星体来确定船位的导航方法。为了更形象地理解其原理，我们先以舰船在海上以两目标距离的地文航海定舰位原理为例加以说明。

图 11 - 1(a)中，海上有 A，B 两个目标，它们的位置被准确地标注在海图上。舰船通过测距手段(雷达、激光或光学测距)得到舰船到两个目标的距离为 D_A 和 D_B。船员便可在海图上，以两个目标为圆心，以距离为半径，分别画出两个舰位圆。两舰位圆相交两点，其中靠近推算舰位 C 的一个交点 M，就是观测舰位。

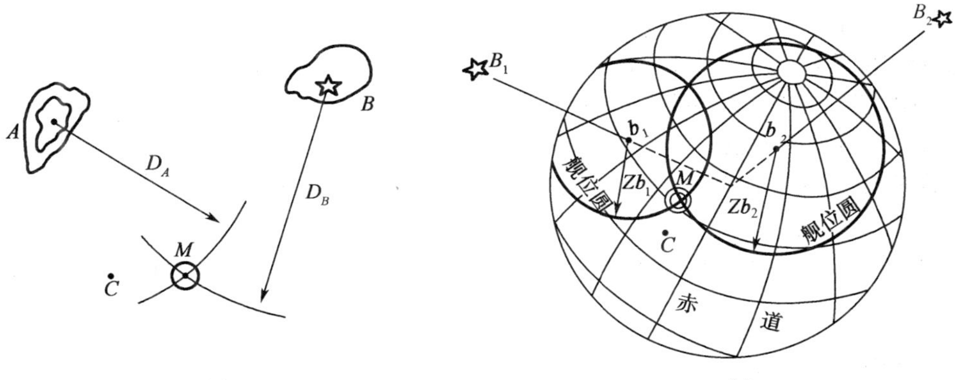

图 11 - 1　天文定舰位的基本原理

在图 11 - 1(b)所示意的天文定位，与此原理相同。图中 B_1，B_2 为两个天体，把天体和地心连成一条直线，此连线与地球表面必然有一个交点，这个交点叫做天体在地面上的投影点(或星下点)。图中，B_1，B_2 两个天体的投影点分别为 b_1 和 b_2。Zb_1，Zb_2 为舰船到两个投影点距离，也即测量星体高度所得到的等高度圈(舰位圆)的半径。如果能知道投影点 b_1 和 b_2 的位置和舰船到投影点的距离 Zb_1，Zb_2，那么，和以上地文航海中两个目标距离定位一样，就能得出以投影点为圆心，以舰船到投影点距离为半径的两个舰位圆，两个舰位圆相交两点，其中靠近推算舰位 C 的一个交点，即为观测所得的天文舰位 M。天体投影点的位置是通过天文年历表和测星时刻对照查得的，舰船到投影点的距离是通过测量星体的地平高度获得的。实际进行的高度差法天文定位的工作原理就是以此为基础的，将在本章的 11.2

节展开详细介绍。

2. 舰船天文导航设备的发展及类型

18 世纪以后,随着天文钟和航海六分仪的问世以及天文等高线(圈)的发现,天文导航已经成为科学的常用的导航手段。二次世界大战后,天文导航技术有了突飞猛进的发展,出现了种类繁多的天文导航设备。

在舰船上应用的天文导航设备分为水面舰艇用的星体跟踪器(或天文经纬仪)、全天候天文定位仪,以及潜用天文定位设备两个领域。而潜用的天文导航设备又可以分为专用的天文导航潜望镜,及与多用途潜望镜结合的测天定位装置。由于在潜望镜上应用的天文导航设备也经历了较长时间发展,型号较多,因此又从原理上将其分作以下两类。

(1)一类是测量基准建立在地平坐标系内的测天定位装置,国外又专称为潜望镜六分仪,或人工水平六分仪。采用此种原理的潜望镜有:前苏联的 ПЗН 型对空导航潜望镜,英国 CK 型镜管外径为 Φ254 mm 的各种光电搜索潜望镜,法国 M41 型、J 型、K 型搜索潜望镜。

(2)另一类是测量基准建立在甲板坐标系内的测天定位装置,国外有时从用途讲也称为潜望镜六分仪。采用此种原理的潜望镜有:美国的 8 型、15 型、18 型、76 型等各种搜索型潜望镜、法国的 PIVAR 型光电搜索潜望镜等。

近代由于弹道导弹核潜艇的发展,各有关国家在潜用天文导航与惯导的组合导航技术方面仍在努力进行发展,已有重要的发展成果。

在水面舰船用的天文导航设备主要是自动化程度较高的星体跟踪器(或天文经纬仪)。由于所用的场合有限,所以过去报道有美国 20 世纪 60 年代研制成功的 FAST 昼夜星体跟踪器,已用于美国“阿诺德”号大西洋靶场测量船上和法国“亨利 · 帮加勒”号靶场测量船上。还有美国诺思罗普公司和斯佩里陀螺仪器公司同时代共同研制的 NAST 星体跟踪器,已装于“阿波罗”主测量船“红宝石”号和附测船“亨格维尔”号上。在前苏联的远洋测量船上安装有光学自动定向仪,高度与方位轴的检测精度为 6 角秒,白天可测二等星,夜间测3.5 等星。后来,美国和前苏联又把天文导航装在远程飞机、弹道导弹和航天飞机上。

我国在 20 世纪 70 年代就已经研制成功了用于核潜艇的星光导航仪,以后又于 80 年代研制成功了用于远洋测量船用的全自动天文经纬仪,可以说在此领域的技术发展已走在世界前列。

3. 天文导航的关键技术问题

天文导航需要解决以下技术关键问题。

(1)提高定位定向精度

若以等精度观测双星定位为例,则船位误差为

$$\sigma_M^2 = \frac{(\sigma_h^2 + \sigma_z^2)}{\sin^2(A_2 - A_1)} \tag{11-1}$$

式中 σ_M——舰位误差;

σ_h——星体测高误差;

σ_z——人工水平基准误差。

由以上公式可以看出,天文导航的精度取决于星体测高精度和水平基准的精度。随着光电技术的发展,采用大面阵星体检测与图像处理技术、合理光学结构设计、选用高精度测

角元件以及探讨新的导航方法等，星体测高误差 σ_h 达到大地经纬仪的标准是很有可能的，那么美国海军天文台应用研究室主任 P. M. Tanjczek 博士的预言，天文定位精度达到 30 m 左右，就是可以实现的。

在运动载体上能够实时指示当地铅垂线的装置，目前主要依靠惯导平台。因此惯导平台的人工水平基准误差 σ_z 则是天文导航成败的关键，而且是必须要解决的难题。

(2)关于全球小型自动化测星导航

天文导航观测的主要目标是天空中的星体，因此它不受空间、地域的限制，可以实现全球小型自动化导航，而且其定位定向误差不随时间增加而增大，也不随地域的扩展而累加，加上其特有的战术优越性，因此天文导航是舰船乃至导弹和飞机的重要导航手段。根据用途使命和应用场所不同，要解决的侧重点是有区别的。但是主要解决以下问题：

①采用捷联式激光平台加大面阵 CCD 星敏感器以解决小型化问题；

②自动星历表选星计算；

③自动捕获和跟踪星体；

④自动检测星体；

⑤自动定向定位解算。

(3)关于全球昼夜导航

以前，天文导航都是在夜间测星或者晨昏蒙影下测星，白天只能测太阳，还不能进行昼夜导航，大大降低了天文导航的使用效率并容易失去有利战机。因此，突破昼夜导航技术已势在必行，且有非常深远的使用意义。

白天太阳光通过大气层时引起散射和折射，使得白天天空背景光变得非常明亮，星体的光线都被淹没了，不仅人眼看不到星体，就是借用一般的光学仪器也是看不到星体的。但是，星光是平行光，通过优质光学系统后被聚焦成星点，其照度正比于 $\left(\frac{D}{d_{星}}\right)^2$；而背景光是杂散光，将在 CCD 靶面上形成均匀的背景噪声，其输出电平 V_B 为

$$V_B = K\left(\frac{\pi}{4}\right)\eta B_{天}\left(\frac{D}{f}\right)^2 \tag{11-2}$$

式中　D——光学系统口径；

f——光学系统焦距；

η——光学透过率；

$B_{天}$——天空背景亮度；

K——光电转换系数。

在 CCD 靶面上星象照度产生的星脉冲，其幅度 V_s 为

$$V_s = KE_0(2.5)^{-m}(D^2\eta/d_{星}^2) \tag{11-3}$$

式中　E_0——地面上零等星的照度；

$d_{星}$——星像直径；

m——观测星等。

在白天背景下可观测星等的公式为

$$m \approx -2 \cdot 5\lg(0.863\ 5d_{星}^2\ B_{天}/f^2E_0) \tag{11-4}$$

因此，研制优质的光学系统(含滤光器)，以增加星/天空背景的光学对比度，增加 CCD 器件光电灵敏度的线性范围，引用新的图像识别与软件处理技术，就能从亮的天空背景中

检测到弱的星体信号，这是实现昼夜导航的关键。

(4)关于全天候导航

对于地面导航，因受大气层包围，既有昼夜导航问题，也有全天候导航问题。传统的天文导航需要有晴朗的天空。但天有不测风云，阴雨天将直接影响星光导航的使用效率，特别是战争时会阻挠其发挥作用。因此人们开始探讨阴雨天的导航问题，这就是射电天文导航了。当前射电天文导航主要解决三个问题：①天文射电源的种类特性；②接收天线尺寸与射频信号处理；③敏感器精度。

现在已经探明，可用的射电源有：太阳、金星、木星、仙后座 α 星、金牛座 α 星、天鹅座 α 星、室女座 α 星等。

11.1.2 光电导航技术的发展[50][54]

以上都是叙述的以高度差法为基础的天文导航技术的发展情况与主要技术关键问题。近些年来，随着大面阵 CCD 成像探测器的应用，一种基于星图识别的多星矢量定位技术的天文导航系统，得到了广泛的开发和应用。国外有的将其核心部分称为“星敏感器”，国内将此技术称作“光电导航技术”[第1章[24]][54]，以区别于传统的以高度差法为基础的天文导航技术。基于多星矢量定位技术的天文导航系统最大的优势，就是可不借助于任何先验信息而自主确定运载体相对于惯性空间的姿态。系统的工作过程主要由大视场成像、多星体目标同步提取、星图识别、导航解算等几步组成。该技术具有如下特点：

①大视场光学系统(一般为 $10° \times 10° \sim 50° \times 50°$ 范围)。视场内平均有 3 颗以上的星体被利用，这样可提高系统捕获星体的概率和导航精度。

②不需要任何外部信息，直接输出系统相对于惯性空间的姿态，因而能对惯导的陀螺误差进行直接校正[52]。

③确定运载体惯性姿态的精度是现有测量设备中最高的。

④系统在大气层以内工作时，同传统天文导航技术一样，受天候影响较大，其可靠性有待进一步提高。

天文导航系统要真正实现自主导航，主要是摆脱由惯导提供水平基准的束缚，解决利用自身功能自主提供高精度水平基准这项关键技术。对大气层外的天文导航系统而言，完全可以实现这个难题。现在可以利用自身的光电探测功能和星光折射/星光色散原理来获得优于 $10''(1\sigma)$ 的高精度水平基准。该方法利用天文导航系统测量恒星星光在通过地球边缘大气层时所发生的折射间接得到大地水平信息，由此可确定运载体的地理位置和真北航向。20 世纪 80 ~ 90 年代。美国几家研究单位已共同研制出双色折射测量仪，并发展成为专用的星光折射 / 色散导航敏感器。经过误差分析和仿真研究，其导航定位精度预计可达 50 ~ 200 m，已接近 GPS 的定位精度。

本章论述以高度差法为基础的传统天文导航技术为主，系统介绍天文导航定位定向工作原理、潜艇潜望镜各种天文导航系统的原理方案对比分析、天文导航设备的系统设计、误差分析和弯曲补偿等问题。另外介绍基于多星矢量定位技术的大视场多星定位基本工作原理、射电天文定位、卫导定位等的基本知识。

11.2　天文导航定位定向原理

11.2.1　天文导航定位定向的基本概念及工作原理

天文导航定位的工作原理，首先是确定图 11－1 中所说的天体在地球表面的投影点问题。为此，是通过一个假想天球，并在天球面上建立赤道坐标系和地平坐标系，确定天体在天球上的位置，并编成航海天文年历，每年一册，按时间列出了各天体的格林时角（T_G）、赤经（α）和赤纬（δ）分别与投影点的地理经度（λ_0）和纬度（φ_0）对应的关系，只要记下测星瞬间的世界时，就可查到测星的星下点位置数据。而工程上的测星解算过程是使天体、地球、测者发生联系，找到三者之间的关系式，通过解算天文导航三角形，从而达到通过观测天体测定船位和航向的目的。所以要了解天文导航工作原理必须建立天球的概念。

1. 天球（见图 11－2）

天球是一个以地球为球心，任意长为半径的假想球体。无论天体距离地球的远近如何，都包含在天球之内。

（1）天轴　天轴是地轴向两端无限延伸，与天球面相交的线段。

（2）天极　天轴的两端为天极，与北极 p_n 相对应的是天北极 P_N，与南极 p_s 对应的是天南极 P_S。

（3）天赤道　与天轴垂直的球面上的大圆称为天赤道，它是地球赤道圆在天球上的投影。

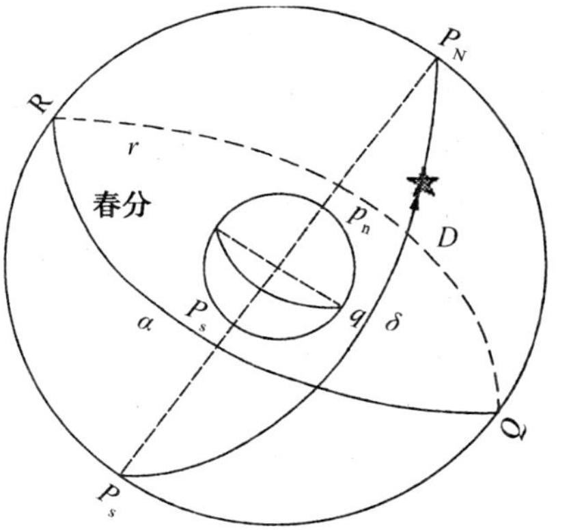

图 11－2　天球与天球赤道坐标系

（4）天体位置　所有天体无论其远近如何，全都投影到天球面上。也就是地心与天体中心的连线延长与天球面的交点，即为该天体在天球面上的投影点，称为该天体的位置。

⑤天体时圈　天球面上通过天南极、天北极的半圆称为时圈。通过天体的时圈为该天体时圈。

2. 天球上的赤道坐标系

天球赤道坐标系是以天赤道为基圈，天北极为基点的坐标系。天球的赤道坐标系与地球的地理坐标系相类似，是由两个相互垂直的基准大圆组成。横向基准大圆是天赤道，纵向大圆是春分点时圈。两个基准大圆相交于春分点。

（1）春分点　春分点是天赤道上的一个基准点。是天赤道与天黄道两个大圆相交的两点之一。3 月 22 日的交点为春分点，9 月 22 日的交点为秋分点。

（2）天黄道　与其他恒星不同，地球除自转外还绕太阳公转。在以地心为球心的天球上，太阳的视位置是时刻变化的，它以年（365.242 4 天）为周期，幅度为 23°26′.3，按正弦变化。这条轨迹在天球上的投影为天黄道。春分点是以天赤道为纵向轴正弦变化的天黄道的起始点。

3. 天体的赤道坐标

(1)天体赤纬 δ　天体赤纬是以天赤道为起点，沿天体时圈到天体中心的弧距，范围在 $0° \sim 90°$之内，沿天体时圈向北为正，向南为负。

(2)天体赤经 α　天体的赤经是以天球上的春分点时圈为起点，沿天赤道到天体时圈的弧距。从天北极上看下来，逆时针方向为正，顺时针方向为负。

4. 天球的地平坐标系

天球地平坐标系由两个相互垂直的基准大圆组成，如图 11－3 所示。它的纵向基准大圆是测者子午圈，横向基准大圆是测者真地平圈。测者真地平圈将天球分为上天半球和下天半球。通过球心的真地平圈垂线与上半球测者子午圈的交点是测者天顶 Z。位于上半球的天极称为高极，高极必定是高天顶点较近的天极，因此它必定与测者纬度同名。测者真地平圈与测者子午圈相交于两点，靠近天北极的交点为北(N)，另一交点为南(S)；测者真地平圈与天赤道也有两个交点，面朝北，右手侧的交点为东(E)，左手侧交点为西(W)。这就是测者真地平圈的四个方向。

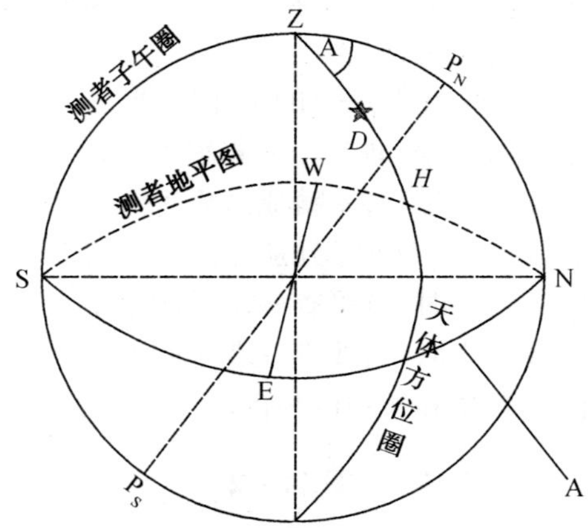

图 11－3　天球地平坐标系

(1)测者子午圈　天球上通过天北极 P_N、天南极 P_S 和测者天顶 Z 及天底的大圆称为测者子午圈。

(2)天体方位圈　天球上通过测者天顶 Z，天底和天体中心的半圆称为天体方位圈。天体方位圈与测者子午圈在测者真地平圈所夹的弧距就是天体的地平方位角(A)。从真地平圈起沿天体方位圈向上至天体中心的弧距，就是天体的地平高度角(H)。

5. 恒星时

(1)平太阳时　太阳两次上中天的时间间隔为 1 太阳天，等于 24 太阳时。由于存在地球绕太阳公转的因素，太阳天之间是不相等的。取平均值即为平太阳天，等于 24 平太阳时。我们日常生活使用的时间是平太阳时。

(2)恒星时　春分点两次上中天的时间间隔为 1 恒星天，等于 24 恒星时，也就是地球自转一周的时间。

(3)年　地球绕太阳公转一周的时间间隔称为年，等于 365. 242 4 太阳天，也等于 366. 242 4恒星天。所以

$$1\text{ 太阳时} = \frac{366.2424}{365.2424} = 1.002738\text{ 恒星时}$$

天文导航是通过建立以地球中心为球心，地球两极连线延长线为天轴的天球，将天体与测者联系起来，就是只考虑地球自转。因此其时间是恒星时，在关系式中必须将平太阳时化为恒星时。

6. 天文导航三角形

在天球地平坐标系中，由测者天顶点 Z,、天北极 P_N及天体 D 为顶点，在天球面上构成

的球面三角形 ZDP_N 称为天文三角形或天文导航三角形，如图 11－4 所示。

在球面三角形 ZDP_N 中

$\widehat{ZP}_N=90°-\varphi$；　$\widehat{ZD}=90°-H$；　$\widehat{DP}_N=90°-\delta$；

$\angle P_NZD=A$（球面角）——天体 D 的地平方位角；

$\angle ZP_ND=360°-t_M$（球面角）；

球面角 t_M 称为天体的地方时角。

$$t_M=SG_0+1.002\ 738t+\lambda-\alpha$$

式中　SG_0——世界时零时的真恒星时，可以在天文年历中查到每日的世界时零时的真恒星时，也可以通过公式计算得到；

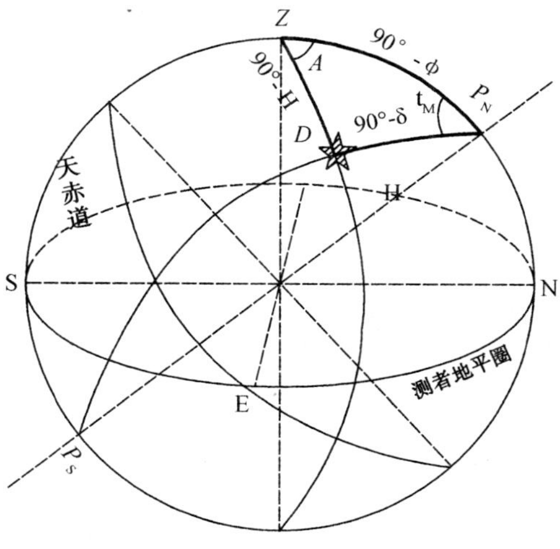

图 11－4　天球上的天文导航三角形

t——当日的平太阳时，即计算时刻的时间 $SG_0+1.002\ 738t$ 就是计算时刻的真恒星时；

λ——测者的地理经度；

α——被测天体的赤径，可以在天文年历中查到，也可以计算得到。

从导航三角形可以看出，它反映了天体的视位置 α,δ 与测者地理位置 λ,φ 的关系，也反映了可供观测的天体地平高度 H、地平方位 A、天体视位置 α,δ 与测者位置 λ,φ 的关系。求解天文导航三角形，就可以达到定位定向的目的。

根据球面三角形余弦公式得

$$\cos(90°-H)=\cos(90°-\delta)\cos(90°-\varphi)+\sin(90°-\delta)\sin(90°-\varphi)\cos(360°-t_M)$$

所以

$$\sin H=\sin\delta\sin\varphi+\cos\delta\cos\varphi\cos t_M \tag{11-5}$$

$$H=\sin^{-1}(\sin\delta\sin\varphi+\cos\delta\cos\varphi\cos t_M) \tag{11-6}$$

根据球面三角形正弦公式得

$$\sin A\sin(90°-H)=\sin(360°-t_M)\sin(90°-\delta)$$

所以

$$\sin A\cos H=-\sin t_M\cos\delta$$

$$\sin A=\frac{-\sin t_M\cos\delta}{\cos H} \tag{11-7}$$

根据球面三角形，角的正弦与其相邻边余弦的相乘积的公式为

$$\sin(90°-H)\cos A=\cos(90°-\delta)\sin(90°-\varphi)-\sin(90°-\delta)\cos(90°-\varphi)\cos(360°-t_M)$$

$$\cos H\cos A=\sin\delta\cos\varphi-\cos\delta\sin\varphi\cos t_M$$

$$\cos A=\frac{\sin\delta\cos\varphi-\cos\delta\sin\varphi\cos t_M}{\cos H} \tag{11-8}$$

因为 A 角的范围是 0～360°，所以单求 $\sin A$ 或 $\cos A$ 都不能得到正确方位角 A 的象限，必须同时知道 $\sin A$ 和 $\cos A$ 才能正确得出方位角 A。

$$\tan A=\frac{-\cos\delta\sin t_M}{\sin\delta\cos\varphi-\cos\delta\sin\varphi\cos t_M} \tag{11-9}$$

对 $\tan A$ 的分子分母分别判断正负号，判断象限，以得到正确的方位角 A。其中天体地方时角为

$$t_M=SG_0+1.002\ 738t+\lambda-\alpha \tag{11-10}$$

11.2.2 天文定位模型和工作原理

天文定位是基于天体等高圈相交的原理，而解等高圈交点方程可以有几种方法，如作图法、高度截距法（高度差法）、直接解算法等。另外在参考文献[24]中还提出了方位－高度差法，而在参考文献[20][23][47]中则提出了直接解算法的方案，有人也提出了不依靠水平基准进行测天定位的构想。总之，关于定位方法的探讨一直在进行中。但目前为止，高度截距法（高度差法）一直是天测定位的主流方法。因为其原理简洁直观，使用简便，而且应用较为普遍，所以在本书中以介绍该方法为主。

1. 两星定位公式及推导过程

三星以下（含三星）高度差法定位公式的推导有截距法、微分法、三角函数法等。而多星定位公式，则可引入最小二乘法的概念，以求取最或然舰位。在本书中，将详细介绍各种方法的推导过程。

高度差即

$$\Delta H_i = H_{Li} - H_{ci} \tag{11-11}$$

式中 H_{Li}——观测高度；

H_{ci}——计算高度。

（1）截距法

截距法就是制图法。截距法是法国人圣希勒尔 1875 年提出的，它是由观测一个星体高度，在地球上得到一个舰位圆的原理推演而成。

利用粗略舰位（由惯导提供或其他方法获得）λ,φ 根据公式

$$\begin{cases} \sin H = \sin\varphi\sin\delta + \cos\varphi\cos\delta\cos t_M \\ \tan A = \dfrac{-\cos\delta\sin t_M}{\cos\varphi\sin\delta - \sin\varphi\cos\delta\cos t_M} \\ t_M = SG_0 + 1.002738t + \lambda - \alpha \end{cases}$$

计算出在观测点 λ,φ，观测时刻 t_i，对 α_i,δ_i 星体的计算高度 H_{ci} 和计算方位 A_{ci}。

以 λ,φ 为原点，纵轴为 $\Delta\varphi$ 轴，横轴为 $\lambda\cos\varphi$ 轴，建立地理坐标系。以观测点 (λ,φ) 为起点，以 A_{c1} 为方位角，以 $90°-H_{c1}$ 为长度，确定星体 1 在地球上的投影 D_1，以 D_1 为圆心，以 $90°-H_{c1}$ 为半径画圆，得到计算舰位圆。同样以 A_{c2} 为方位角，以 $90°-H_{c2}$ 为长度，确定 D_2，以 D_2 为圆心，以 $90°-H_{c2}$ 为半径得到第二个舰位圆，两圆相交点是计算舰位 $C(\lambda_c,\varphi_c)$。

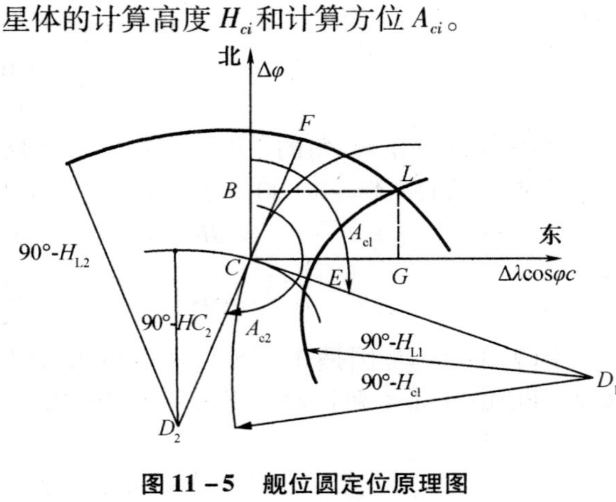

图 11－5 舰位圆定位原理图

以 D_1 为圆心，以 $90°-H_{L1}$ 为半径得到一个真舰位圆，其中 H_{L1} 是测得的星体真地平高度。以 D_2 为圆心，以 $90°-H_{L2}$ 为半径，得到第二个真舰位圆，两圆相交点 $L(\lambda_L,\varphi_L)$ 就是真舰位，如图 11－5 所示。

由图中：$\begin{cases}\Delta H_1 = EC = ED_1 - CD_1 = 90° - H_{L1} - (90° - H_{c1}) = H_{c1} - H_{l1} & \text{负值} \\ \Delta H_2 = FC = FD_2 - CD_2 = 90° - H_{l2} - (90° - H_{c2}) = H_{c2} - H_{l2} & \text{正值}\end{cases}$

A_{c1}为第二象限角，A_{c2}为第三象限角。

截距法的依据是将舰位差与舰位圆相比看作是一个小量，可以将舰位圆在星体方位角附近的圆弧作为垂直于星体方位角的直线，这条直线就称为舰位线。两条舰位线的交点就是舰位。

利用截距法可以在海图上求出真舰位。以计算舰位 λ_c, φ_c 为原点，以纵坐标向上为北向 φ 轴，以右向为东为 λ 轴，以 A_{c1}为方位角，以 $H_{L1} - H_{c1}$为线段长，作 D_1 舰位线；以 A_{c2}为方位角，以 $H_{l2} - H_{c2}$为线段长，作 D_2 舰位线。两条舰位线交点 $L(\lambda_L, \varphi_L)$即是真舰位点，如图 11－6 所示。图中：

$$\Delta\varphi = CB = \varphi_c - \varphi_B \qquad \Delta\lambda\cos\varphi = (\lambda_c - \lambda_L)\cos\varphi = CG$$

现对 $\Delta H_1, \Delta H_2$ 和 $\Delta\lambda, \Delta\varphi$ 之间的关系进行解算分析，见图 11－7。

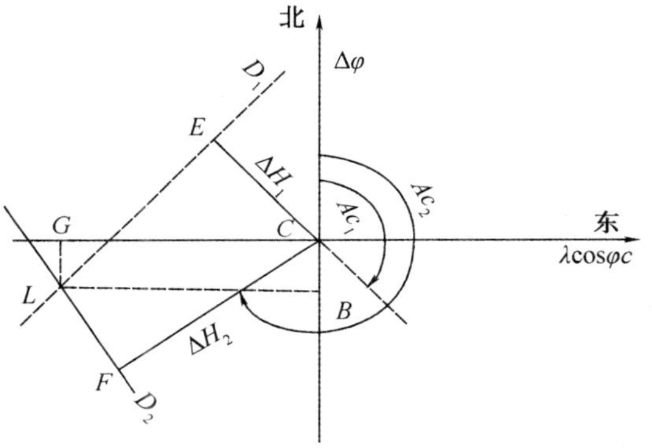

图 11－6　用舰位线定位原理图

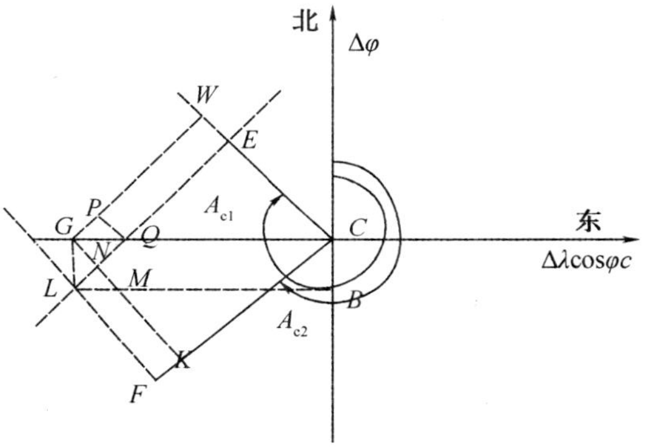

图 11－7　高度差与舰位的关系图

对于图 11－7 中各点和各条线的意义如下：

C 点——代表推算舰位；

L 点——代表测量舰位；

CE——代表 ΔH_1；

$CK + KF$——代表 ΔH_2；

EL——代表舰位线 D_1；

FL——代表舰位线 D_2；

CB——代表纬度差；

CG——代表经度差。

作 $LG \perp CG$；$GK \perp CF$；$GW \perp CE$。

对图 11－7 中的几何图形进行演算如下：

在直角三角形 CWG 中：$\angle WCG = (A_{c1} - 270°)$　$CW = CG \cdot \cos(A_{c1} - 270°)$

在直角三角形 LGQ 中：$QG = GL\tan(A_{c1} - 270°) = CG\tan(A_{c1} - 270°)$

在直角三角形 QPG 中：$QP = QG \cdot \cos(A_{c1} - 270°) = CB\sin(A_{c1} - 270°)$

$QP = EW$　因为 $CE = \Delta H_1, CB = \Delta\varphi, CG = \Delta\lambda \cdot \cos\varphi$

所以
$$\begin{aligned}\Delta H_1 &= CE = CW - EW = CG \cdot \cos(A_{c1} - 90°) - CB \cdot \sin(A_{c1} - 90°) \\ &= -\Delta\lambda\cos\varphi\sin A_{c1} - \Delta\varphi\cos A_{c1}\end{aligned} \tag{11-12}$$

在直角三角形 CKG 中　　$\angle KCG = 270° - A_{c2}$

所以 $CK = CG \cdot \cos(270° - A_{c2})$

在直角三角形 GLN 中 $\angle LGN = \angle KCG = 270° - A_{c2}$

所以 $NL = GL \cdot \sin(270° - A_{c2})$

在直角三角形 MNL 中 $\angle LMN = \angle KCG$

所以 $MN = ML\cos(270° - A_{c2}) = GL\tan(270° - A_{c2}) = GL\sin(270° - A_{c2})$

因为 $\Delta\varphi = CB = GL, \quad LN = KF$

所以
$$\begin{aligned}\Delta H_2 &= CK + KF = CG\cos(270° - A_{c2}) + GL\sin(270° - A_{c2}) \\ &= -\Delta\lambda\cos\varphi\sin A_{c2} - \Delta\varphi\cos A_{c2}\end{aligned} \tag{11-13}$$

以此类推
$$\Delta H_i = \Delta\varphi\cos A_{ci} + \Delta\lambda\cos\varphi\sin A_{ci} \tag{11-14}$$

为已知高度差求舰位，需解以下联立方程组

$$\begin{cases}\Delta H_1 = -\Delta\varphi\cos A_{c1} - \Delta\lambda\cos\varphi\sin A_{c1} \\ \Delta H_2 = -\Delta\varphi\cos A_{c2} - \Delta\lambda\cos\varphi\sin A_{c2}\end{cases}$$

联立解得

$$\Delta\lambda = \frac{-(\Delta H_2\cos A_{c1} - \Delta H_1\cos A_{c2})}{\cos\varphi\sin(A_{c2} - A_{c1})} \tag{11-15}$$

代入 $\Delta\varphi$ 式运算后得

$$\Delta\varphi = \frac{-(\Delta H_1\cos A_{c2} - \Delta H_2\sin A_{c1})}{\sin(A_{c2} - A_{c1})} \tag{11-16}$$

公式(11－15)(11－16)即为天文二星定位公式。

(2)微分法

对公式
$$\sin H = \sin\delta\sin\varphi + \cos\delta\cos\varphi\cos t_M$$
$$t_M = SG_0 + 1.002\ 738t + \lambda - \alpha$$

求全微分，式中 $\alpha,\delta,SG_0,t,\lambda$ 为常量，$\mathrm{d}t_M = \mathrm{d}\lambda$

$$\cos H\mathrm{d}H = \sin\delta\cos\varphi\mathrm{d}\varphi - \cos\delta\sin\varphi\cos t_M\mathrm{d}\varphi - \cos\delta\cos\varphi\sin t_M\mathrm{d}\lambda$$

所以
$$\begin{aligned}\mathrm{d}H &= \frac{\sin\delta\cos\varphi - \cos\delta\sin\varphi\cos t_M}{\cos H}\mathrm{d}\varphi + \frac{-\sin t_M\cos\delta}{\cos H}\mathrm{d}\lambda\cos\varphi \\ &= \cos A\mathrm{d}\varphi + \sin A\cos\varphi\mathrm{d}\lambda\end{aligned}$$

即有 $\Delta H_i = \Delta\varphi\cos A + \Delta\lambda\cos\varphi\sin A$，与截距法推出的结果相同。

(3)三角函数法

假设公式 $\sin H = \sin\delta\sin\varphi + \cos\delta\cos\varphi\cos t_M$ 中

$$H = H_0 + \Delta H;\varphi = \varphi_0 + \Delta\varphi;t_M = t_{M0} + \Delta\lambda$$

所以 $\sin(H_0 + \Delta H) = \sin\delta\sin(\varphi_0 + \Delta\varphi) + \cos\delta\cos(\varphi_0 + \Delta\varphi)\cos(t_{M0} + \Delta\lambda)$

将上式展开，得

$$\begin{aligned}\sin H_0\cos\Delta H + \cos H_0\sin\Delta H = {}&\sin\delta(\sin\varphi_0\cos\Delta\varphi + \cos\varphi_0\sin\Delta\varphi) + \\ &\cos\delta(\cos\varphi_0\cos\Delta\varphi - \sin\varphi_0\sin\Delta\varphi)(\cos t_{M0}\cos\Delta\lambda - \sin t_{M0}\sin\Delta\lambda)\end{aligned}$$

因为 $\Delta H,\Delta\lambda,\Delta\varphi$ 都是小量，所以可以认为

$$\cos\Delta H \simeq \cos\Delta\lambda \simeq \cos\Delta\varphi \simeq 1$$
$$\sin\Delta H \simeq \Delta H, \sin\Delta\lambda \simeq \Delta\lambda, \sin\Delta\varphi = \Delta\varphi, \Delta\lambda\Delta\varphi \simeq 0$$

对上式进行简化后得

$$\begin{aligned}\sin H_0 + \Delta H\cos H_0 &= \sin\delta\sin\varphi_0 + \Delta\varphi\sin\delta\cos\varphi_0 + \cos\delta(\cos\varphi_0 - \Delta\varphi\sin\varphi_0)(\cos t_{M0} - \Delta\lambda\sin t_{M0}) \\ &= \sin\delta\sin\varphi_0 + \cos\delta\cos\varphi_0\cos t_{M0} + \Delta\varphi(\sin\delta\cos\varphi_0 - \cos\delta\sin\varphi_0\cos t_{M0}) -\end{aligned}$$

$$\Delta\lambda\cos\delta\cos\varphi_0\sin t_{M0}+\Delta\lambda\Delta\varphi\sin\varphi_0\cos\delta\sin t_{M0}$$

应用公式(11－3)(11－4)对上式进行简化得

$$\Delta H_i=\Delta\varphi\cos A+\Delta\lambda\cos\varphi\sin A$$

与微分法、截距法推导的结果相同。

由三种方法推导中我们可以看出:

①我们均假设 $\Delta\lambda,\Delta\varphi,\Delta K,\Delta H$ 都是小量,其小量间的乘积为零,如 $\Delta\lambda,\Delta\varphi$ 值超过 1°,即误差圆半径大于 84.8 n mile 时,会给公式带来计算误差 1′(1 n mile)。所以在粗略舰位误差太大时,应进行两次天文舰位修正。

②在天文观测二颗以上星体进行定位的时间内,假设惯性导航或其他提供粗略舰位手段的 λ,φ 含有同样的 $\Delta\lambda,\Delta\varphi,\Delta K$,即 λ,φ 可以不同,而所含误差 $\Delta\lambda,\Delta\varphi$ 不变。在航行时,可以测两次(大于四小时时间间隔)太阳定位,用移线法修正异项。

③公式中值的正负号为

$$\begin{cases}\Delta H=H_c-H_L\\ \Delta\varphi=\varphi_c-\varphi_L\\ \Delta\lambda=\lambda_c-\lambda_L\end{cases}$$

式中 λ_c,φ_c 为惯导(或其他方法)提供的舰位,λ_L,φ_L 是天文导航所定舰位。$\Delta\lambda,\Delta\varphi$ 的定义与惯导对其定义相同。

2. 三星定位公式及推导过程

根据 $\Delta H_i=\Delta\varphi\cos A_{ci}+\Delta\lambda\cos\varphi\sin A_{ci}$ 得到

$$\begin{cases}\Delta H_1=\Delta\varphi\cos A_{c1}+\Delta\lambda\cos\varphi\sin A_{c1}\\ \Delta H_2=\Delta\varphi\cos A_{c2}+\Delta\lambda\cos\varphi\sin A_{c2}\\ \Delta H_3=\Delta\varphi\cos A_{c3}+\Delta\lambda\cos\varphi\sin A_{c3}\end{cases}$$

用 $\Delta H_3-\Delta H_1,\Delta H_3-\Delta H_2$ 表述,有

$$\Delta H_3-\Delta H_1=\Delta\varphi(\cos A_{c3}-\cos A_{c1})+\Delta\lambda\cos\varphi(\sin A_{c3}-\sin A_{c1})\qquad(11-17)$$

$$\Delta H_3-\Delta H_2=\Delta\varphi(\cos A_{c3}-\cos A_{c2})+\Delta\lambda\cos\varphi(\sin A_{c3}-\sin A_{c2})\qquad(11-18)$$

解两元一次方程组,先将(11－20)式化为

$$\Delta\lambda\cos\varphi=\frac{\Delta H_3-\Delta H_1-\Delta\varphi(\cos A_{c3}-\cos A_{c1})}{\sin A_{c3}-\sin A_{c1}}$$

代入(11－18)式,得

$$\Delta H_3-\Delta H_2=\Delta\varphi(\cos A_{c3}-\cos A_{c2})+\frac{\Delta H_3-\Delta H_1-\Delta\varphi(\cos A_{c3}-\cos A_{c1})}{\sin A_{c3}-\sin A_{c1}}\times(\sin A_{c3}-\sin A_{c2})$$

将上式展开

$$\begin{aligned}&(\Delta H_3-\Delta H_2)(\sin A_{c3}-\sin A_{c1})-(\Delta H_3-\Delta H_1)(\sin A_{c3}-\sin A_{c2})\\ &=\Delta\varphi[(\cos A_{c3}-\cos A_{c2})(\sin A_{c3}-\sin A_{c1})-(\cos A_{c3}-\cos A_{c1})(\sin A_{c3}-\sin A_{c2})]\\ &=\Delta\varphi(\cos A_{c3}\sin A_{c3}-\cos A_{c3}\sin A_{c1}-\cos A_{c2}\sin A_{c3}+\cos A_{c2}\sin A_{c1}-\cos A_{c3}\sin A_{c3}+\\ &\cos A_{c3}\sin A_{c2}+\cos A_{c1}\sin A_{c3}-\cos A_{c1}\sin A_{c2})\end{aligned}$$

因为

$$\begin{cases}\cos A_{c1}\sin A_{c3}-\cos A_{c3}\sin A_{c1}=\sin(A_{c3}-\sin A_{c1})\\ \cos A_{c3}\sin A_{c2}-\cos A_{c2}\sin A_{c3}=\sin(A_{c2}-A_{c3})\\ \cos A_{c2}\sin A_{c1}-\cos A_{c1}\sin A_{c2}=\sin(A_{c1}-A_{c2})\end{cases}$$

所以 $(\Delta H_3-\Delta H_2)(\sin A_{c3}-\sin A_{c1})-(\Delta H_3-\Delta H_1)(\sin A_{c3}-\sin A_{c2})$

$=\Delta\varphi[\sin(A_{c1}-A_{c2})+\sin(A_{c2}-A_{c3})+\sin(A_{c3}-A_{c1})]$

$$\Delta\varphi=\frac{(\Delta H_3-\Delta H_2)(\sin A_{c3}-\sin A_{c1})-(\Delta H_3-\Delta H_1)(\sin A_{c3}-\sin A_{c2})}{\sin(A_{c1}-A_{c2})+\sin(A_{c2}-A_{c3})+\sin(A_{c3}-A_{c1})} \tag{11-19}$$

用同样方法可得

$$\Delta\lambda=\frac{(\Delta H_3-\Delta H_1)(\cos A_{c3}-\cos A_{c2})-(\Delta H_3-\Delta H_2)(\cos A_{c3}-\cos A_{c1})}{\cos\varphi[\sin(A_{c1}-A_{c2})+\sin(A_{c2}-A_{c3})+\sin(A_{c3}-A_{c1})]} \tag{11-20}$$

式(11-19)(11-20)即三星定位公式。

11.2.3 用最小二乘法推导高度差法多星定位公式

以上用常规方法推导了二星、三星定位公式。如果采用多星定位时，则多条舰位线一般情况下会围成一个误差多边形的舰位区。而在这个误差多边形中，真舰位到底在哪一点，可以有不同的选取方法，以下引用参考文献[15]最小二乘法的原理求解最或然舰位。

1. 基本概念和原理

如果在初始(推算)舰位点 C $(\lambda_c\cos\varphi_c,\varphi_c)$ 等经度观测 N 颗星体，获得 N 条舰位线。由于每条舰位线里都含有误差，N 条舰位线不交于一点，而是形成一个误差 N 边形，见图11-8。天文真舰位点就在这个误差 N 边形内。对于误差 N 边形内一点 $P(x,y)$ 来说，它到各边距离分别为 $t_1,t_2,\cdots,t_n$ 的概率密度为

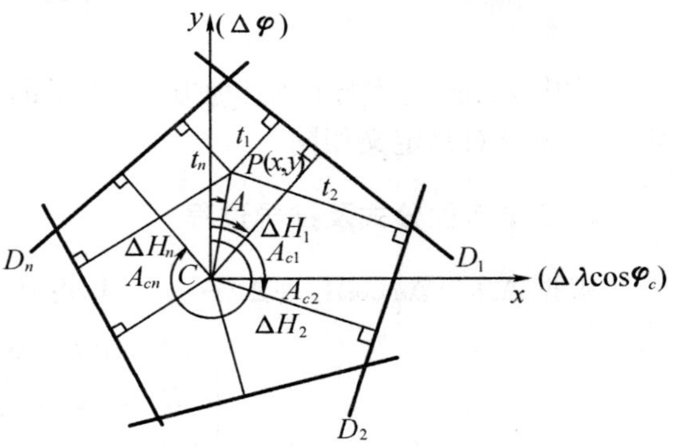

图11-8 误差多边形的最或然舰位示意图

$$p_1=k_1\mathrm{e}^{-h^2t_1^2},\ p_2=k_2\mathrm{e}^{-h^2t_2^2},\cdots,p_n=k_n\mathrm{e}^{-h^2t_n^2} \tag{11-21}$$

式中 h——等精度系数；

$k_1,k_2,\cdots,k_n$——常数。

同时满足式(11-21)的舰位概率密度为

$$p=p_1\times p_2\times\cdots\times p_n=k_1\cdot k_2\cdot\cdots\cdot k_n\mathrm{e}^{-h^2(t_1^2+t_2^2+\cdots+t_n^2)} \tag{11-22}$$

由图11-8中可以求得

$t_1=\Delta H_1-d\cos(A_{c1}-A)=\Delta H_1-d\cos A_{c1}\cos A-d\sin A_{c1}\sin A=\Delta H_1-y\cos A_{c1}-x\sin A_{c1}$

同理，可求得

$$t_2=\Delta H_2-y\cos A_{c2}-x\sin A_{c2}$$
$$\vdots$$
$$t_n=\Delta H_n-y\cos A_{cn}-x\sin A_{cn}$$

式中 d——点 $P(x,y)$ 到推算舰位点 C 的距离；

A——点 $P(x,y)$ 的方位；

ΔH_i——某个星的测量高度差；

A_{ci}——某个星的计算方位。

令 $M=t_1^2+t_2^2+\cdots+t_n^2$，根据最小二乘法的原理，若满足条件

$$\begin{cases}\dfrac{\partial M}{\partial x}=0\\\dfrac{\partial M}{\partial y}=0\end{cases}$$

时，和 M 最小，即舰位落在 $P(x,y)$ 点的概率密度最大，称作最佳舰位。

2. 推导过程

根据最小二乘法原理的条件，M 先对 x,y 进行偏微分，有

$$\begin{cases}\dfrac{\partial M}{\partial x}=2(\Delta H_1-y\cos A_{c1}-x\sin A_{c1})(-\sin A_{c1})+2(\Delta H_2-y\cos A_2-x\sin A_{c2})(-\sin A_{c2})\\\qquad+\cdots+2(\Delta H_n-y\cos A_{cn}-x\sin A_{cn})(-\sin A_{cn})=0\\\dfrac{\partial M}{\partial y}=2(\Delta H_1-y\cos A_{c1}-x\sin A_{c1})(-\cos A_{c1})+2(\Delta H_2-y\cos A_{c2}-x\sin A_{c2})(-\cos A_{c2})\\\qquad+\cdots+2(\Delta H_n-y\cos A_{cn}-x\sin A_{cn})(-\cos A_{cn})=0\end{cases}$$

整理后得

$$\begin{cases}Gx+Ey=HS\\Ex+Fy=HC\end{cases}\tag{11-23}$$

式中，$G=\sum\limits_{i=1}^{n}\sin^2A_{ci}$；$F=\sum\limits_{i=1}^{n}\cos^2A_{ci}$；$E=\sum\limits_{i=1}^{n}\sin A_{ci}\cos A_{ci}$；$HS=\sum\limits_{i=1}^{n}\Delta H_i\sin A_{ci}$；$HC=\sum\limits_{i=1}^{n}\Delta H_i\cos A_{ci}$。

解(11－23)式可得高度差法多星定位解析式

$$\begin{cases}x=\Delta\lambda\cos\varphi_c=\dfrac{HS\times F-HC\times E}{G\times F-E^2}\\y=\Delta\varphi=\dfrac{HC\times G-HS\times E}{G\times F-E^2}\end{cases}\tag{11-24}$$

这个高度差法多星定位公式是天文导航高度差法定位的一个通用公式。由该公式通过简化可以得到二星定位公式

$$\begin{cases}\Delta\lambda\cos\varphi_c=\dfrac{\Delta H_2\cos A_{c1}-\Delta H_1\cos A_{c2}}{\sin(A_{c2}-A_{c1})}\\\Delta\varphi=\dfrac{\Delta H_1\sin A_{c2}-\Delta H_2\sin A_{c1}}{\sin(A_{c2}-A_{c1})}\end{cases}$$

这与通常方法推出的(11－15)，(11－16)式完全相同。

由公式(11－24)可推出三星高度差定位公式为

$$\begin{cases}\Delta\lambda\cos\varphi_c=\dfrac{(\Delta H_1\sin A_{c1}+\Delta H_2\sin A_{c2}+\Delta H_3\sin A_{c3})-(\Delta H_1\cos A_{c1}+\Delta H_2\cos A_{c2}+\Delta H_3\cos A_{c3})\dfrac{E}{F}}{G-\dfrac{E^2}{F}}\\\Delta\varphi=\dfrac{(\Delta H_1\cos A_{c1}+\Delta H_2\cos A_{c2}+\Delta H_3\cos A_{c3})-(\Delta H_1\sin A_{c1}+\Delta H_2\sin A_{c2}+\Delta H_3\sin A_{c3})\dfrac{E}{G}}{F-\dfrac{E^2}{G}}\end{cases}\tag{11-25}$$

该式与通常方法推出的三星定位公式(11－19),(11－20)有所不同,此组公式是由最小二乘法原理导出的,它更适合于各组成测量误差中随机误差占主要成分的情况,其处理的结果更为合理,舰位的精度更高。

3. 使用条件

为了保证定位精度和定位数据的可信度,在使用式(11－24)的多星定位公式时,应注意以下条件。

①星体之间的方位角最好是成均匀分布,如三星定位,起码是三者之和大于180°。如果三者之和或者 N 项之和小于180°,则易于造成天测舰位点在误差 N 边形之外,使处理的舰位点误差会稍微偏大。为了缩小舰位误差,提高定位精度,以尽可能选取天测舰位点为在误差 N 边形之内为好。

②原理对应关系要正确,否则会引起粗大误差,见表11－1所示。

表11－1 天测舰位与初始舰位(推算舰位)的原理对应关系

序号	项目名称	天测舰位(λ,φ)	推算舰位(λ_c,φ_c)
1	时间	测星时间 T	用测星时间 T
2	高度	观测高度 H_i'	计算高度 H_{ci}
3	折光差 ρ_i'	修正	
4	视差 π_i'	修正	
5	异顶差 $V_i'\cos q_i$	修正	
6	高度差 $\Delta H_i=(H_i'-\rho_i'-\pi_i'+V_i'\cos q_i)-H_{ci}$		
7	方位		计算方位 A_{ci}
8	定位计算:$G,E,F,HS,HC,\Delta\lambda,\Delta\varphi$		
9	真舰位(天测舰位) $\lambda'=\lambda_c+\Delta\lambda$ $\varphi'=\varphi_c+\Delta\varphi$		
10	观测方位	对应低高度星体的方位 A_i' 和时间 T_i'	
11	计算方位	对应真舰位(天测舰位)和时间 T_i' 的计算方位 A_{ci}	
12	航向修正量	$\Delta k=A_i'-A_{ci}$	

以上公式不仅适用于手动天测定位,而且适用于全自动的星体跟踪系统的快速多星定位,特别适用于同时测量多颗星体的大面阵传感器(如CCD)的多星定位。

11.2.4 天文定向模型和工作原理

天文定向过程按以下几个步骤进行。

1. 求取精确舰位精确舰位

天文定向前,必须获得精确舰位,否则舰位误差将带来定向误差。即先由天文定位或卫星定位,而得到粗略舰位的误差之后再定向。

$$\begin{cases}\lambda_0=\lambda-\Delta\lambda\\ \varphi_0=\varphi-\Delta\varphi\end{cases}$$

2. 求星体精确的方位值

以观测时刻 t_0，精确舰位 λ_0，φ_0 根据公式

$$\begin{cases}\tan A_0 = \dfrac{-\cos\delta\sin t_{M0}}{\sin\delta\cos\varphi_0 - \cos\delta\sin\varphi_0\cos t_{M0}} \\ t_{M0} = SG_0 + 1.002738t_0 + \lambda - \alpha \\ A_0 = \tan^{-1}[\tan A_0]\end{cases}$$

来求取星体精确的计算方位值 A_0。

根据 $\tan A_0$ 的分子、分母的正、负判断象限，得到正确的 A_0 值。

3. 求航向差

$$\Delta k = A_0 - A_c$$

式中　A_c——测得星体方位角；

Δk——航向差。

真航向为

$$K = K_L + \Delta k$$

式中，K_L 为观测瞬间录取的惯导的航向。

11.2.5　天文定位定向模型使用注意事项

（1）公式中的 λ，φ，K 允许有误差；

（2）对星体视位置 α，δ，真恒星时 SG_0，平太阳时 t，要求应精确，水平姿态角应精确，否则会带来定位定向误差；

（3）所选择的星体不能同时处于测者子午圆上。选择观测星体应遵循以下条件：

二星定位时　$30° < (A_2 - A_1) < 150°$

三星定位时　三颗星在天空分布 $> 180°$

（4）定向用星体高度角尽量低，以减小测量仪器的竖轴误差的影响；

（5）在一次测量定位过程中，λ，φ 所含误差 $\Delta\lambda$，$\Delta\varphi$ 认为是不变的，否则定位公式是不成立的。

11.3　天文导航系统测星工作原理

11.3.1　概述

1. 测星的技术问题

天文导航系统测星就是要解决图 11－1 中舰位点到星体在地球上投影点的距离问题。测星主要目的是要得到星体相对真地平的高度角和方位角。对于海上在摇摆的舰船上进行测星的天

文导航系统而言,要想测量准确和实现自动化的要求曾是一个带有挑战性的课题。因为星体是在惯性空间,而测星的比较基准是设置在动态的舰船上,二者是相对运动的。所以,在过去基于目视瞄准观察测星的情况下,测星误差是影响天文导航定位精度的主要误差源之一。

为了解决正确测星问题,天文定位系统(或装置)中,采取了以下方法:

(1)瞬间相切瞄准法　这种方法被用在以航海六分仪为代表的各种天文导航设备中,是利用星体在动态的测星设备视场中呈现的弧线运动轨迹,选择其弧线轨迹的最低(或最高)点与设备测星水平分划相切点作为测星基准点,在瞄准的同时,记下测星时刻,并读取设备的俯仰角数据,就是需要的星体视地平高度角。

(2)跟随多次测量平均法　这种方法被用在测量基准建立在地平坐标系的潜望镜六分仪装置中,是为克服陀螺水平基准漂移,进动误差大,设备动态稳定性能低等因素所采用的一种补救办法。是通过瞄准测星过程中,不断瞄准测量取数,最后通过在一定的时间内(通常是 40 ~ 120 s)将读取数据进行平均,并按平均时间的中间值,作为测星的时刻。

(3)自动测星瞄准方法　这种方法被用在测量基准建立在甲板坐标系的天文定位系统中,其特点是测星自动化程度高。又分为三种情况:

①人工瞄准　是这种设备早期的一种测星方式,是通过人工干预瞄准,得到的是星体的甲板高度角和系统的控制量,再经过甲板 - 地平的反变换才能得到星体的地平高度;

②光电狭缝瞄准　是通过星象在观察视场中作弧线运动时,经过设置在视场中的光电狭缝的瞬间录取星体的高度和舷角数据并记下时刻;

③CCD 面阵传感器瞄准测量　这种瞄准方法只要记下测星采样的时刻,并同时录下 CCD 面阵成像对应图像,就可根据星像在 CCD 面阵传感器上的位置,自动计算“脱靶量”,叠加到高度方位的测角数据中,所以就省去了精确对准过程,不但测星精度大幅提高,而且测星时间缩短,自动化水平也得到了改进。

天文导航设备测得的星体高度,一般还称作为视地平高度,这不是定位要求的真地平高度和符合要求的定位用地平高度,还要进行折光差修正,天体视差修正,测量不同的天体时的异顶差修正等。

以下就测量基准建立在甲板坐标系内的天文导航系统自动测星过程进行介绍,这种测星过程看似比较复杂,实乃原理需要,并且曾是测星实现自动化所走出的第一步。

2. 计算天体的地平高度角和地平方位角

启动自动化测星过程的第一步,是首先根据已知条件,通过解算天文导航三角形(图 11 -9),求出天体的地平高度角 H 和地平方位角 A。

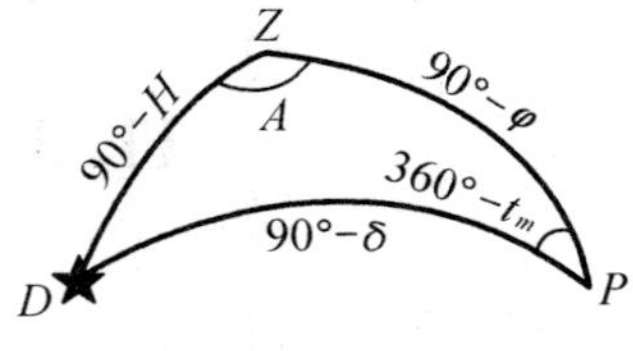

图 11 -9　天文导航三角形

根据所选的预测星体、本身舰艇现在的位置、测星的起始时刻,可以确定如下已知条件:

(1)α,δ——天体在天球上的视位置;

(2)λ,φ——观测者的地理位置;

(3)SG_0——世界时零时真恒星时;

(4)t——观测时的平太阳时。

带入由天文导航三角形图(图 11 -9)解出的公式(11 -6)(11 -9),便可得到天体的地平高度角 H 和地平方位角 A,再根据船舶的航向,由下式计算出天体的地平舷角

$$q = A - K$$

11.3.2　求取天体甲板高度角和甲板舷角

由于天文导航设备都安装在载体上，载体可以是舰艇、飞机或卫星，其姿态不可能水平，航向也不可能保持正北。所以在载体上观测天体，必须知道天体相对载体的甲板高度角 H_g 和舷角 q_g。将相对地平坐标系的天体地平高度角 H 和舷角 q 变换成相对甲板坐标系的天体甲板高度角 H_g 和舷角 q_g 的过程，称为甲板正变换。

1. 甲板坐标系的建立

甲板姿态角是由惯性平台或罗经平台提供的。平台的台体安装在甲板上，平台外环轴固定安装在台体上，台体上有一标准面代表全船的甲板面。外环轴与甲板面艏艉方向一致，外环轴线即代表船首方向。装在内环里的平台平面永远保持水平状态，代表水平基准面。

如图 11－10，11－11，11－12 所示，$oxyz$ 组成地平坐标系，$ox''y''z''$组成甲板坐标系。绕内环轴 ox 转 P 角为纵摇角，oy''（外环轴，代表舰艏）抬高为正。$\angle y''oy=P$，因 x 轴保持水平，所以$\angle y''oy$ 垂直于水平面，oy''与 oy 的方位指向不变，即航向 K 不变。绕外环轴 oy''转 R 角为横摇角，右舷向下为正。

很好地理解惯导平台和罗经平台的结构特点，其建立的地平坐标系和甲板坐标系的相互关系，特别是固定安装外环轴 oy''，内环轴 ox 不在同一坐标系这一特点，使其变换公式不同于一般直角坐标系的数学变换公式，也使正反甲板变换公式形式不一样。

2. 甲板正变换公式推导过程

假设被测天体 D，其计算地平高度角为 H，地平方位角为 A，计算舷角 $q=A-K$。l_x, l_y, l_z 是天体 D 在地平坐标系 $oxyz$ 中三个坐标轴上的投影，$\boldsymbol{l}$ 为指向天体的任意向量，则有（见图 11－10）

$$\boldsymbol{l}=\begin{bmatrix} l_x \\ l_y \\ l_z \end{bmatrix}=\begin{bmatrix} l\cos H\sin q \\ l\cos H\cos q \\ l\sin H \end{bmatrix}$$

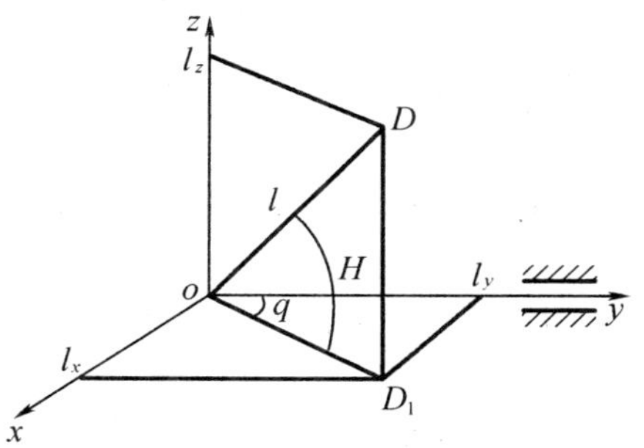

图 11－10　天体位置在地平坐标系中

如果船首抬高 P 角即内环轴输出 P，此时目标 D 在甲板坐标系的投影为 l'_x, l'_y, l'_z如图 11－11所示。有

$$\begin{cases} l'_x=l_x=l\cos H\sin q \\ l'_y=l_y\cos P+l_z\sin P=l\cos H\cos q\cos P+l\sin H\sin P \\ l'_z=l_z\cos P-l_y\sin P=l\sin H\cos P-l\cos H\cos q\sin P \end{cases}$$

船右舷下降 R 角，即外环轴输出横摇角 R，此时在甲板坐标系的投影为 l''_x, l''_y, l''_z

$$\begin{cases} l''_x=l'_x\cos R-l'_z\sin R=l\cos H\sin q\cos R-l\sin H\cos P\sin R+l\cos H\cos q\sin P\sin R \\ l''_y=l'_y=l\cos H\cos q\cos P+l\sin H\sin P \\ l''_z=l'_z\cos R+l'_x\sin R=l\sin H\cos P\cos R-l\cos H\cos q\sin P\cos R+l\cos H\sin q\sin R \end{cases}$$

如图（11－12）所示。根据前面分析，l''_x, l''_y, l''_z就是天体在甲板坐标系中的位置坐标，所以

$$\sin H_g=\frac{l''_z}{l}=\sin H\cos P\cos R-\cos H\cos q\sin P\cos R+\cos H\sin q\sin R \tag{11-26}$$

$$\tan q_g=\frac{l''_x}{l''_y}=\frac{l(\cos H\sin q\cos R-\sin H\cos P\sin R+\cos H\cos q\sin P\sin R)}{l(\cos H\cos q\cos P+\sin H\sin P)}$$

$$q_g=\tan^{-1}\frac{\cos H\sin q\cos R-\sin H\cos P\sin R+\cos H\cos q\sin P\sin R}{\cos H\cos q\cos P+\sin H\sin P} \tag{11-27}$$

(11－26)(11－27)两式就是在舰船摇摆时将地平高度角和舷角变换成甲板高度角和舷角的变换公式,即坐标正变换公式。该二式与第8章中的用矩阵法求取的坐标变换公式完全相同。

求出天体相对甲板的高度角 H_g 和舷角 q_g 的目的,是引导天文导航设备捕获天体并进行测量。

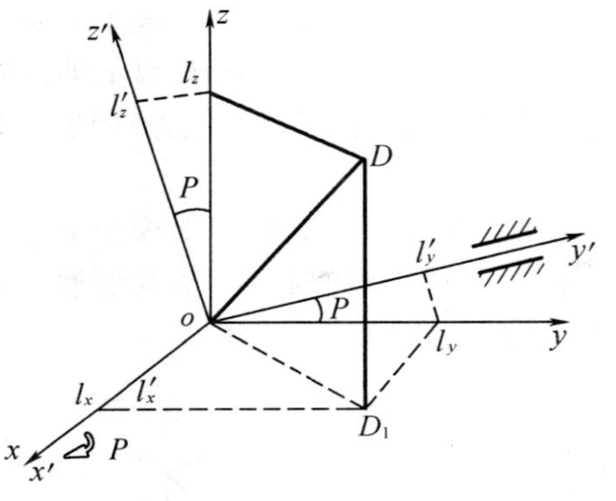

图11－11 绕 ox 轴转 P 角时的坐标变化

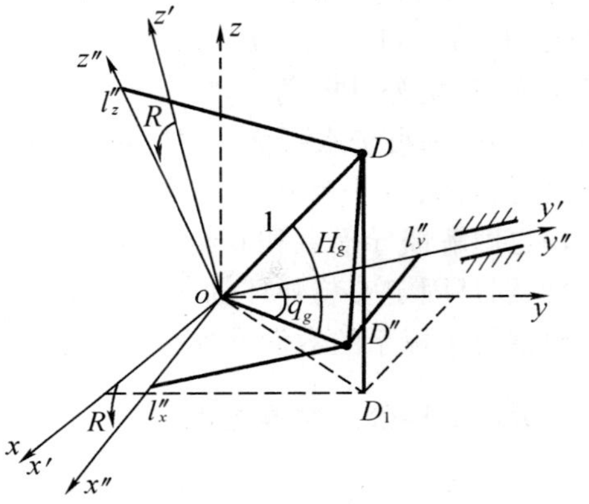

图11－12 甲板坐标系与地平坐标系的关系

11.3.3 数据采集计算及坐标反变换计算

当天文导航系统瞄准被测天体时,计算机应在瞄准瞬间采集如下数据:

H_{gL}——天体的甲板测量高度;

q_{gL}——天体的甲板测量舷角;

t_L——天体的测量时间;

P_L——天体测量瞬间的纵摇角;

R_L——天体测量瞬间的横摇角;

K_L——天体测量瞬间的航向角。

1. 计算测量瞬间天体的地平高度角 H_c 和方位角 A_c、舷角 q_c

将 $t=t_L$ 代入公式(11－10)得

$$t_{ML}=SG_0+1.002738t_L+\lambda-\alpha$$

将 $t_M=t_{ML}$ 代入公式(11－6)及(11－9),得

$$H_c=\sin^{-1}(\sin\delta\sin\varphi+\cos\delta\cos\varphi\cos t_{ML})$$

$$A_c=\tan^{-1}\left[\frac{-\cos\delta\sin t_{ML}}{\sin\delta\cos\varphi-\cos\delta\sin\varphi\cos t_{ML}}\right]$$

$$q_c = A_c - K$$

2. 甲板 – 地平坐标反变换计算公式

甲板 – 地平反变换公式推导过程从略,可得

$$H = \sin^{-1}(\sin H_g \cos R \cos P - \cos H_g \sin q_g \sin R \cos P + \cos H_g \cos q_g \sin P) \qquad (11-28)$$

$$q = \tan^{-1}\frac{\cos H_g \sin q_g \cos R + \sin H_g \sin R}{\cos H_g \cos q_g \cos P - \sin H_g \cos R \sin P + \cos H_g \sin q_g \sin R \sin P} \qquad (11-29)$$

(11 – 28)(11 – 29)两式就是将相对甲板姿态角 P,R 的甲板天体高度角和甲板舷角转换成相对地平的天体高度角和舷角的转换公式。

3. 注意事项

①甲板坐标系是与平台内外环轴密切相关的,甲板正反变换公式是两个不同的公式,不能 $-R$, $-P$ 代替 R,P 进行相反的变换。

②甲板姿态角 P,R 及航向角 K 在航行状态是瞬间即变的,必须注意其实时性,必须直接由平台的纵横摇角和航向角测角元件处直接提取,必须与测量录取 H_g,q_g 同时录取 P,R,K,才能保证天文导航仪的定位、定向精度。

4. 甲板 – 地平坐标反变换计算

将测量的天体甲板坐标参数 H_{gL},q_{gL},P_L,R_L 代入公式(11 – 28)(11 – 29)得测量的天体地平坐标参数如下

$$H'_L = \sin^{-1}(\sin H_{gL} \cos R_L \cos P_L - \cos H_{gL} \sin q_{gL} \sin R_L \cos P_L + \cos H_{gL} \cos q_{gL} \sin P_L)$$

$$q'_L = \tan^{-1}\frac{\cos H_{gL} \sin q_{gL} \cos R_L + \sin H_{gL} \sin R}{\cos H_{gL} \cos q_{gL} \cos P_L - \sin H_{gL} \cos R_L \sin P_L + \cos H_{gL} \sin q_{gL} \sin R_L \sin P_L}$$

天文定位需要观测二个以上天体,其数据才能满足定位解算的要求,同样的方法步骤可以得到

$$\begin{cases} H_{c1}, A_{c1}, q_{c1}, H'_{L1}, q'_{L1} \\ H_{c2}, A_{c2}, q_{c2}, H'_{L2}, q'_{L2} \\ H_{ci}, A_{ci}, q_{ci}, H'_{Li}, q'_{Li} \end{cases}$$

11.3.4　观测高度的修正

天文导航系统测量的天体高度角 H'_{Li},并不是天体的真高度;并且,在航行状态下,观测的不同天体,也不可能是同一个天顶;所以为了定位的需要,必须对天体的观测高度进行修正。

1. 天体视差

从天文定位原理中可以看出,天球的球心应该是地球的球心,而在此点测量是不可能的,所以在地球表面测量与在地心测量有一个误差;但因地球的半径与地球距恒星的距离相比是可以忽略不计的,所以对半径无穷大的天球而言,地球可以当成一个点对待,对于恒星,其天体视差可以忽略,但对行星、太阳和月亮应引入视差修正,即 $\pi^* \cos H_L$。

2. 折光差修正

当天体光线从真空状态进入大气层后，由于光的传播介质变化而产生折射，使观测者观测的天体不是真实的，要比真实的天体高，所以必须进行折光差修正；而且折光差修正量一定是负值，即

$$H_L' - \rho = H_L$$

可根据天文台提供的以下公式进行此项修正

$$\rho = 60''.2\frac{P}{760}\cdot\frac{273}{273+t_c^0}\cot H \tag{11-30}$$

式中 P——大气层平均气压，以毫米汞柱为单位；

t_c^0——大气层平均气温，以摄氏温度为单位。

上述数值是难以测量的，一般 P 取 760 mmHg，t_c^0 按当天天气测量或预报估算即可。折光差修正量是不可少的，高度愈高，折光差愈小。45°高度的星，折光差近似 1 角分；高度角 30°的星，折光差就达 1.74 角分左右；低于 30°的星光由于受到地面或海面潮气的影响，折光差修正的准确度就大受影响，所以选择天文导航定位天体时，一般高度角不低于 30°，原因就在于此。

3. 异顶差

从天文定位公式可知，对于多星定位，地平高度观测必须在同一天顶下进行，否则必须进行异顶差修正。

如果在航行状态，只在第一颗星测量时记录了 λ，φ，那么就将后面所测的星体高度角都修正到测第一颗星的地理位置的高度角，其修正量为

$$\Delta\xi = \sqrt{V_{北}^2 + V_{东}^2}\,(t_i - t)\cos q \tag{11-31}$$

经过折光差异顶差和视差修正后，得到的天体高度为

$$H_{Li} = H_{Li}' - \rho_i - \Delta\xi - \pi^*\cos H_L \tag{11-32}$$

11.4 潜艇天文导航系统(装置)各种方案的分析比较[1]

天文导航在海军的应用，除古老的航海六分仪以外，在潜望镜上发展测天定位功能，在各海军大国的发展史上曾很受重视，自第二次世界大战末期一直到今天，实际应用到潜望镜上的天文导航系统(装置)已经有多种类型，形成了各具特色的发展系列。以下对这种技术发展作一全面回顾。

11.4.1 测量基准建立在地平坐标系内的潜望镜六分仪装置

这种潜望镜天文导航装置的最基本的组成原理，是如何把普通测天六分仪的原理与潜望镜相结合，而结合方法可以是多种多样的。前苏联在 20 世纪 50 年代，曾同时研制了带有陀螺六分仪的 ПЗН 型对空导航潜望镜和六分仪与潜望镜结合的专用 ПР－12 天文导航潜望镜，曾经在潜望镜的天文定位功能领域具有一定的技术优势。法国于 20 世纪 60 年代研制的 M41 型潜望镜，其六分仪与潜望镜结合的方法也开创了法国的技术特色。这种原理后

来又应用于70年代研制的J型潜望镜和80年代研制的K型潜望镜中。英国的潜望镜天文定位功能也是典型的地平测量坐标系天文定位系统。巴尔—斯特劳德公司于20世纪60～70年代研制了AHPS型潜望镜六分仪,被用到英国的现代各型光电潜望镜中。

可以把已实际应用于潜望镜中的地平测量坐标系天文定位系统从原理上分作两种类型:

(1)放在稳定平台上的六分仪加视场稳定的后方潜望镜观察系统,如前苏联的ПР-12,ПР-12M天文导航潜望镜;

(2)前方的潜望镜本体加后方带有水平基准的六分仪,符合这种原理的系统已有以下三种方案:

①前苏联П3H型潜望镜六分仪方案;

②法国M41型、J型、K型潜望镜六分仪方案;

③英国AHPS4型潜望镜六分仪方案。

1. 潜望镜六分仪原理方案的技术问题

为了从潜望镜总体设计的角度来考察潜望镜六分仪方案,我们先介绍普通六分仪原理,见图11-13。

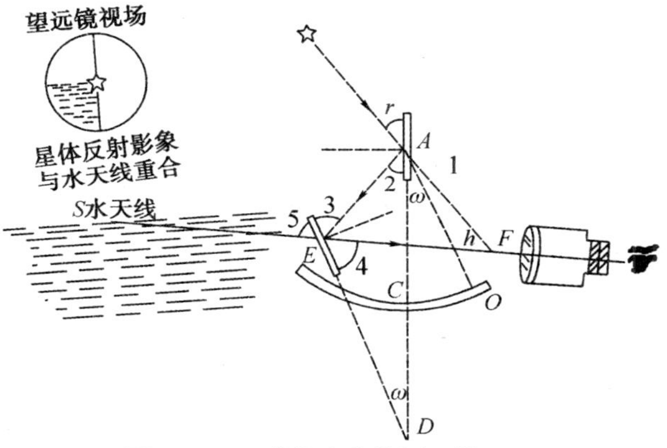

图 11-13　普通六分仪测天原理

利用六分仪可以测量出天体对于水平线的高度角 h,即天体与真地平之间的夹角,又被称为天体高度。在图11-13中,A 为动镜,E 为静镜,h 为天体高度,ω 为动镜 A 与静镜 E 镜面之夹角。动镜 A 和标杆 C 相连,静镜 E 既反射天体来的光线,又使水天线来的光线通过,观察者从望远镜中,可同时看到天体和水天线的像。

根据几何光学中的入射角等于反射角,以及几何中三角形外角等于不相邻两内角和的关系,则图中从△AEF,△ADE 的内外角关系得

$$\omega = \angle 3 - \angle 2$$

所以

$$h = 2\omega \tag{11-33}$$

也就是说,当天体的像和水天线的像相重合时,则动镜相对于静镜转角的二倍,就是所测量的天体的高度。天体高度可借与动镜 A 相连的标杆 C 在分度弧上直接读出,而分度弧上的刻度值,应为空间角度的二倍。

由图11-13可知,由天体来的光线,要经过二次反射才到达观察镜筒,而水天线的光线不经过任何反射,也就是说,二者经过的光路是不完全等效的。在观察面内(又称为子午面),天体的光线经过了二次反射,由参考文献[2]可知,当在此面内有摇摆时,星体入射到镜筒的光线方向将不会发生变化。而当在与此垂直的平面(又称为弧矢面)内有摇摆时,由于动镜 A 要进行转动测天,无法保证与静镜 E 处于平行状态,星体入射到镜筒的光线方向将发生变化。水天线的光线由于不经过任何反射,将不受摇摆的影响。这样,当动镜A即便是转到了恰当的角度,刚好等于天体的实际高度,有摇摆时,也不能保证天体像与水天线像一直重合,当摇摆时天体像在观察镜筒视场内的轨迹是一段弧线。参考文献[2]和第2章参考文献[11]对普通六分仪在摇摆状态下的原理误差进行了细致的分析。对于横标线

的六分仪,在弧矢面摇摆所产生的测高、测向误差为

$$\Delta h = \frac{1}{2}\alpha_{弧}^{2}\tan h \tag{11-34}$$

$$\Delta\varphi = -\alpha_{弧}\tan h \tag{11-35}$$

式中 Δh——因横向摇摆产生的测高误差;

$\Delta\varphi$——因横向摇摆产生的测向误差;

$\alpha_{弧}$——六分仪的横向摇摆角;

h——星体的高度角。

为了克服摇摆时这种普通六分仪横向"失调"性对测量精度的影响,测天操作者,一是要方向对准;二是要用手尽量端平仪器;三是要等待天体像轨迹弧线与水天线像相切的时刻,把相切点作为测量点。

潜望镜与六分仪结合而形成的潜望镜六分仪,既存在普通六分仪的共性问题,又有自己的特性,因而技术上的问题也就比较多:

(1)天体光线要独自经过整个潜望镜光学系统,带来更大的"失调"因素;

(2)六分仪置于潜望镜内,很难将其整个"端平",又带来新的技术问题;

(3)测量时方向对准和取轨迹弧线相切的瞬时也很难取。

这些问题,是指导潜望镜六分仪进行总体设计考虑并须解决的一些最基本的问题。过去的方案中,通常是用以下方法解决以上的技术难题:

(1)研究星光系统和标线系统的抗摇摆"等效"问题,至少做到在观察面内二者应该是"等效"的,也即瞄准线在观察面内应该是稳定的,在弧矢面内如果无法实现"等效",则考虑如何减小其影响,或采取稳定措施;

(2)采用镜管弯曲补偿技术来解决潜望镜管变形失调问题;

(3)采用多次瞄准测量的平均技术来解决不能瞬时相切瞄准问题。

2. 前苏联 ПЗН 型潜望镜六分仪(见第 1 章参考文献[12])

(1)工作原理

图 11-14 中,镶入式六分仪装置被安置在潜望镜下方的目镜头内。它的前方是由潜望镜主观察系统切换而成的 $+1^{\times}$ 望远中性系统(所谓望远中性系统是指该系统作整体转动时,出射光线向量与入射光线间的平行性不发生改变),包括 $+1^{\times}$ 望远镜 2 和两个反射面平行且同步回转的上下立方棱镜 1 和 5。六分仪装置由动镜 6、静镜 11 和带人工水天线光管 9 的陀螺水平仪 8 组成。由于在星体光路中,为使光线折转和得到正像而加入了五角屋脊棱镜 7,所以在标线光路中,也相应加入了普罗棱镜 10。为补偿因镜管弯曲而造成的上部中性望远系统失调,该型潜望镜内设置了专门的补偿系统 12~17,通过相应地操作 7 的转动来进行补偿。

在图 11-15 中,1~23 为主观察光学系统;25~26 为形成正一倍所增加的导航光学元件;27~30 为六分仪测量光学系统;31~40 为人工水平标线光学系统;41~52 为镜管弯曲补偿光学系统。

由图 11-14、11-15 可见,该潜望镜六分仪中,来自天体的光线,要经过长达十米左右的潜望镜主观察系统;而来自人工水天线的光线,位于潜望镜的目镜头处。当潜望镜受外界因素的干扰,产生弯曲和振动,或者因温度的变化产生变形时,则易造成天体光线和人工水天线光线相互间的失调。所以我们称其为"失调"的潜望镜六分仪。而如果把六分仪置

于潜望镜的上头部，同时利用自然水天线作测天基准，虽可以解决失调的问题，但会带来潜望镜上头部体积过大，影响潜望镜其他的功能使用时的隐蔽性，而且也只能黄昏和晨曦下使用。故这种方案并以前未被人们所采用。

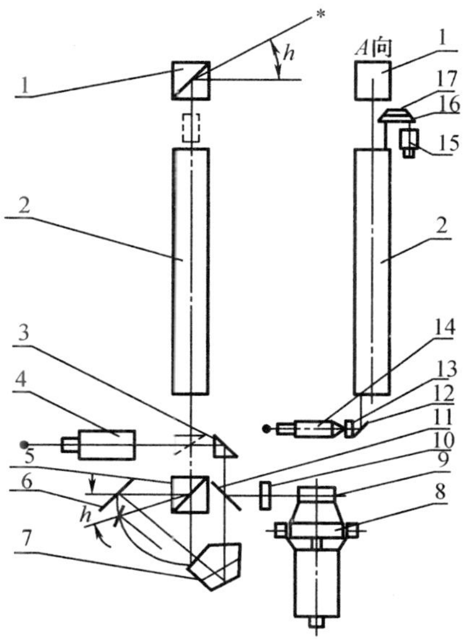

图 11－14　ПЗН 型潜望镜六分仪工作原理图

1—上立方棱镜；2—1 望远系统；3—目棱镜；4—观察望远镜；5—下立方棱镜；6—六分仪动镜；7—五角屋脊棱镜（兼补偿上反射镜用）；8—陀螺水平仪；9—人工水天线光管；10—普罗棱镜；11—六分仪静镜；12—补偿反光镜；13—补偿分划板；14—补偿观察镜；15—补偿光管；16，17—反射棱镜

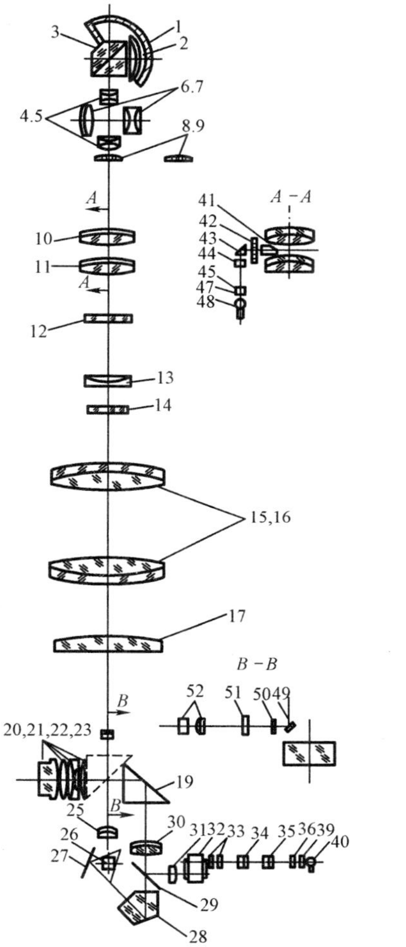

图 11－15　ПЗН 型潜望镜导航光学系统图

（2）技术特点

①＋1$^{\times}$中性望远系统加反射面平行且同步转动的上下二反射棱镜组的思路，是这种方案的最显著的特点。从原理上看是“无懈可击的”：将潜望镜的主观察系统转换成为＋1$^{\times}$中性望远系统加反射面平行且同步转动的上下二反射棱镜组，使星体的观察高度不失真地被传送到潜望镜下部的目镜头处，在此放置镶入式六分仪，这就相当于人站在舰桥上拿着它直接测天。

②镶入式六分仪的布局方案，也是很有特色的。由于星体光线在＋1$^{\times}$中性望远系统下立方棱镜出射后，方向随着俯仰而发生很大的变化，六分仪动镜要在此能正确地测取天体高度值，它不能像传统的六分仪那样，绕自身的轴转动，而是要绕下立方棱镜的转轴同步转动。

③为使在观察面内星体光线与水天线标线光线稳定且“等效”，须均为偶次反射，为此，在标线光路中加入了普罗棱镜，它可简化为一次反射。

④为使在弧矢面内能“端平”六分仪而设计了摆锤稳定机构，用来稳定六分仪的动镜和

静镜。

⑤为解决六分仪前方的望远中性系统因镜管弯曲而失调的问题，设计了专用的镜管弯曲补偿系统。

⑥上下反射棱镜（立方棱镜）同步转动的精度是影响测高精度的非常大的因素，为此设置了10°分度的上下定位齿板机构，使上下定位齿板一起加工，合理设置定位机构，以保证定位精度。

⑦为了解决测量时星体像与标线像运动轨迹在弧矢面内的不一致带来的测量瞄准误差的影响（由陀螺水平仪的摇摆进动误差、兼作补偿镜管弯曲用的五角屋脊棱镜未经摆锤稳定、摆锤稳定精度不够等造成），设置了平均计算机构，取多次瞄准测量的平均值。

（3）测量数学模型

①测高公式为

$$h = h_0 + h_{\text{平均}} + h_{\text{弯}(\theta\text{弯子})} \tag{11-36}$$

式中 h_0——被测天体高度的初始值，由接入测天时上下立方棱镜引入；

$h_{\text{平均}}$——平均计算工作时间内（瞄准测量时间），所测天体高度变化量的平均值

$$h_{\text{平均}} = c \cdot \tau + \int_0^{\tau} \beta \sin\left(\frac{2\pi}{Tt} + \varphi_0\right) \tag{11-37}$$

$h_{\text{弯}(\theta\text{弯子})}$——因镜管在观察面内弯曲而引起的天体高度变化值，在本潜望镜中已通过转动五角屋脊棱镜角度 $\alpha = \frac{1}{2} h_{\text{弯}(\theta\text{弯子})}$ 补偿其影响；

c——天体高度的变化率；

τ——平均工作时间；

β——星体和水天线像相对运动幅度；

T——运动周期；

φ_0——初始相位角。

②摆式陀螺水平仪的摇摆进动误差　由于人工水平基准建立在陀螺水平仪之上，陀螺水平仪的摇摆进动误差将直接影响瞄准线的稳定。

a. 假设潜艇的摇摆运动规律为

$$\alpha = \alpha_0 \sin \frac{2\pi}{T_1} t = \alpha_0 \sin \omega t \tag{11-38}$$

式中 α_0——潜艇最大摇摆角；

$\omega = \frac{2\pi}{T_1}$——潜艇摇摆的圆频率；

T_1——潜艇的摇摆周期。

b. 受潜艇摇摆的影响，单物理摆的运动规律为

$$\beta = \beta_0 \sin(\omega t - \varphi_1) \tag{11-39}$$

式中 $\beta_0 = \frac{L}{l}\alpha_0 \frac{\omega^2}{\omega_0^2 - \omega^2} = \frac{L}{l}\alpha_0 \frac{T_o^2}{T_1^2 - T_0^2}$——摆的最大摆幅；（11-40）

$\omega_0 = \sqrt{\frac{g}{l}}$——摆的自由振动圆频率；

l——物理摆的相当摆长；

L——摆悬挂点到艇摇摆中心的距离；

$T_0 = \frac{2\pi}{\omega_0}$——摆的自由振动周期。

c. 摆式陀螺水平仪的摇摆进动误差为

$$\theta_2 = \frac{\beta_0}{\sqrt{1+\omega^2 T^2}}\sin(\omega t + \varphi_2) \tag{11-41}$$

式中　T——该型摆式陀螺水平仪的过渡过程时间常数；

φ_2——初始相位角。

③镶入式六分仪测量时的原理误差　由于五角屋脊棱镜横向未稳定而带来的测量原理误差为

$$\Delta h = \frac{\cos\alpha_{弧} - 1}{2 + \cos\alpha_{弧} - (\sqrt{2}-1)\cos^2\alpha_{弧}} \approx -\frac{\alpha_{弧}^2}{4} \tag{11-42}$$

(4)分析与评价

①该潜望镜六分仪测量原理思考比较周到，机构设计巧妙，专门研制的摆式陀螺水平仪、平均计算器、镶入式六分仪等均具有专利特色，但这些配置都是以不太合理的主光学系统为基础，因而其效果便大打折扣。

②为保证 $+1^{\times}$ 中性望远系统原理的实现，以便于在潜望镜的目镜头处进行测天，不得不花费较大的代价，致使系统和机构比较繁杂，从而造成制造误差因素大大增加，因而形成了适得其反的结果。

③限于开发较早的历史原因，系统对镜管振动的影响未予考虑，对镜管弧矢面弯曲的影响也未考虑。

④整个测天定位系统配置比较复杂，测天时需要三个人进行，操作使用麻烦，精度较低。

3. 英国 AHPS 型潜望镜六分仪方案分析

(1)工作原理

AHPS 型六分仪的组成框图见图 11-16 所示，工作原理见图 11-17 所示。装在潜望镜上和目镜头处的设备主要由潜望镜等效观察与测高系统、稳定的十字线投射系统、镜管弯曲补偿系统、石英钟、控制组件和打印机等组成。不在潜望镜上的设备有准直仪和反光镜等。

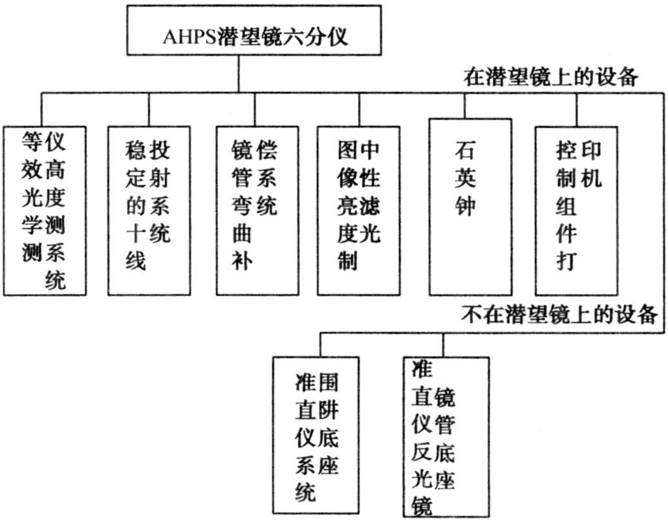

图 11-16　AHPS 型潜望镜六分仪组成框图

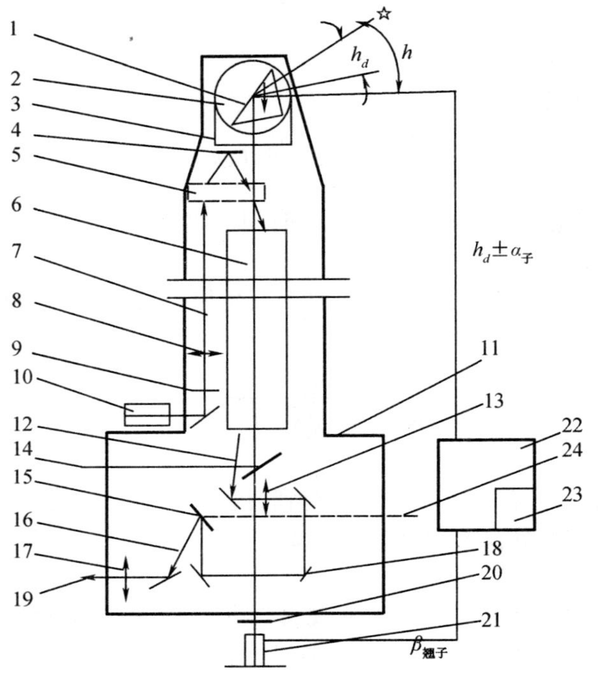

图 11－17 APHS 型潜望镜六分仪工作原理图

1—上反射棱镜(相当于六分仪动镜);2—测高元件;3—上头部支架;4—反射镜;5—摆动棱镜组件;6—潜望镜星光系统等效物镜组;7—六分仪标线准直光线;8—六分仪标线准直物镜;9—六分仪标线;10—六分仪标线照明与滤光组件;11—目镜头;12—从潜望镜等效物镜组出射的六分仪标线光线;13—准直物镜;14—星光系统出射线;15—稳定反射镜;16—经稳定后的标线准直光线;17—标线系统等效物镜;18—人工地平投射系统;19—标线系统出射光线;20—下部反射镜;21—装于围阱底部的自准直仪;22—控制打印组件;23—时钟;24—来自艇上平台罗经或惯导系统的水平控制信号

这种潜望镜六分仪的原理(图 11－17)非常类似于普通六分仪的原理:这里是把潜望镜的上棱镜当作六分仪的动镜,在目镜头处另设一个析光镜(图中未画出)作为静镜。潜望镜的观察系统作为星体光路的等效物镜。而在经过稳定反射镜后的标线光路系统,组成标线光路的等效物镜。星体光线与人工水天线标线光线在析光镜处重合,通过后方的观察目镜组进行观察瞄准。

为了补偿镜管弯曲造成的影响,专门设置了可称为自动补偿原理的镜管弯曲补偿系统,该系统比较奇特而且复杂。其思路是,将设置在目镜头处的六分仪标线 9,经过准直物镜 8 后,其准直光线 7 沿潜望镜主镜管与内镜管间的空隙上传到锥形镜管处的摆动棱镜组件 5,由于其内在观察面为偶次反射,其出射光线方向便不会受到镜管弯曲变动的影响。其出射的光线经与头部内支架 3 固结的反射镜 4 反射后,又回到摆动棱镜组件 5,再进入潜望镜的主观察系统 6。和星体光路一样,都经过弯曲变形的主观察系统和受变形影响的头部反射镜一次反射的影响。所以,从潜望镜下部出射的星体光路光线 14,六分仪标线光路光线 12,二者受镜管弯曲的影响相同(观察面内),相对变化为零,所以可称为自动补偿原理的系统。

但此时的星体光路光线经反射镜后是处于地球坐标系内,而六分仪标线光路则是处于甲板坐标系内,此标线光路还必须加以稳定。为此设置了稳定反射镜 15 和相应的投射系统 13,18 等组件。稳定反射镜接受艇上平台罗经或惯导平台的信息,可以随动复示艇的摇摆姿态。经过其反射的标线光路光线 16 便已经是处于地平坐标系内了。该光线经过反射棱镜反射,再经标线光路等效物镜 17 后的出射主光线 19,与星体光路主光线 14 相互平行,状态一致,便可以经过后方的析光镜重合,以便进行星高测量。

由于水平基准采用复示原理，因此测天精度容易受到潜望镜安装处相对于艇体准确甲板基准面处艇体相对翘曲的影响。为此设置了潜望镜目镜头处翘曲测量系统20，21。

（2）技术特点

①该型潜望镜六分仪的技术特点之一是六分仪的组件与潜望镜主观察系统的密切结合，上反射棱镜成为六分仪的动镜；物镜、转像系统成为星光系统的等效物镜组；而标线系统也需配置相应的投射物镜组。这样的系统，从原理上为了观察测量时瞄准线的稳定，必须非常讲究两个系统在同一坐标系内的"等效"问题。其含义是：

a. 星光系统的等效物镜焦距与标线系统的等效物镜焦距相等，正负号相同；

b. 星光系统的光线反射次数与标线系统的投射反射次数的奇偶数相同；

c. 反射镜相对于入射光线的状态等效。

为了实现以上要求，该潜望镜采取了较多的技术措施，以致使整个光路系统比较复杂。为了使二者状态等效，从稳定反射镜15出射的标线光线16与水平面形成一定的夹角。参考文献[1]中曾提出该角为45°的一种设想方案，可使概率较多的测星场合，在弧矢面有摇摆分量时，星体与标线在视场中的相对变动较小。

②采用复示稳定反射镜是该型潜望镜六分仪的又一重要特点。可免去甲板坐标系潜望镜测天系统复杂的坐标变换，较自备陀螺水平仪的方案简洁，系统配置简单。

③在潜望镜的主观察系统（星光系统）中采用了变形折点成像的图像稳定原理，用于减少镜管弯曲振动失调的影响，另外设置了专用的镜管弯曲自动补偿系统。

④专门设置了左目镜（图中未画出）进行测天观测作业，将星光信号标线信号都向左目镜视场投影，并在此光路中的弧矢方向设置析光镜（兼补偿校正），使二者光路重合。

⑤面对测天系统横向（弧矢面）失调的情况，该型潜望镜六分仪中的测星瞄准测量并未采用多次测量的平均技术，而是采用瞬时测量法。这和该系统中的稳定反射镜复示稳定精度较高，进动误差小，测量、录数、计时装置较先进有关。

（3）测星数学模型

该系统的测高公式为

$$h=(h_d \pm \alpha_{子})+\beta_{翘子} \tag{11-43}$$

式中　h——测量瞄准瞬时的星体地平高度；

$(h_d \pm \alpha_{子})$——上反射镜测角元件测出的星体视高度角，一旦测星时将星像与标线像重合，则会自动实现二者的和计算；

h_d——星体的甲板高度角；

$\alpha_{子}$——在潜望镜子午面内的甲板水平偏离量，由平台复示装置解出，控制稳定反射镜随动执行；

$\beta_{翘子}$——目镜头子午面内翘曲补偿值。

（4）分析与评价

①这样的系统因为在观察面内星像与标线像是相对稳定的，所以不用瞄准线稳定系统就可以较好地使用，此时上棱镜测出的是星体的甲板高度与潜艇摇摆分量之和，即星体的地平视高度。要采用瞄准线稳定系统，其测量数据反而不好处理，故英国带六分仪的光电搜索潜望镜中，一直未采用瞄准线稳定系统，这可能是一个原因。

②比较奇特的镜管弯曲自动补偿系统，比较好地消除了镜管弯曲对测天精度的影响，其补偿精度较高，而且可以省去一个补偿人员，由一人完成测天作业。

③配置了石英钟、控制与打印组件，使测天使用操作简单和快捷。

④为达到更好的测量瞄准效果，提高测天精度，该系统采用了多种技术措施，为了消除测量误差因素设置的设备比较全面，在测量读数计时的精度和快捷方面又下了功夫，所以，

其使用性能和精度皆是较好的。据厂家介绍,其改进型可在十秒内完成天体高度测量,而且精度很高。

⑤系统本身的光学系统比较复杂,且装置还停留在输出一次测量的星体高度、方位和测星时刻的情况,未能实现定位解算。

4. 法国 M41 型潜望镜六分仪方案分析

(1)工作原理

M41 型潜望镜六分仪的组成见图 11-18。该型潜望镜六分仪,法国人又称为陀螺六分仪,广泛配置于法国的 M41,J,K 等型潜望镜中。其间并有所发展,如在 K 型潜望镜中,原先头部的度盘投影测角已改为光学编码器测角。

这也是一种组合式的潜望镜六分仪装置,分立的陀螺六分仪装置通过定位机构,被精确地定位于潜望镜目镜的后方,其析光镜相当于普通六分仪的静镜,潜望镜的上棱镜相当于六分仪的动镜。在上棱镜的转轴上安装有光学度盘或增量式光学轴角编码器,以便进行天体高度的读数。整个潜望镜的 1.5× 望远系统相当于六分仪的观察镜,它和上下棱镜一起组成了星体光路。图 11-18 中,人工水天线光路包括平行光管 14,15 为 45°固定反射镜,16 为 1.5× 等效望远镜。其中平行光管 14 被稳定在陀螺水平仪 13 上,观察者可以在视场内看到模拟的水天线像或水泡像。当操纵潜望镜俯仰和方位回转,使星体光线经星体光路在析光镜处与人工水天线像重合时,在视场边沿或显示装置上看到的数据,即为瞄准时刻星体的地平视高度角。

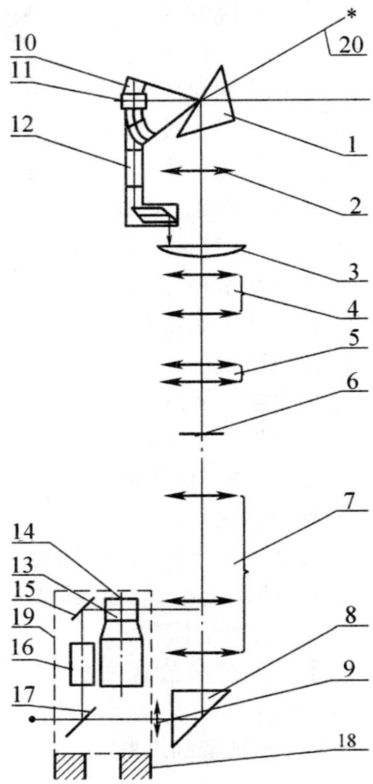

图 11-18 M41 型潜望镜陀螺六分仪组成示意图

1—上棱镜;2—主物镜;3—场镜;4—第一转像系统;5—第二转像系统;6—稳定像面;7—第三转像系统;8—目棱镜;9—目镜;10—高度角度盘;11—测微装置;12—投影读数光学系统;13—陀螺水平仪;14—平行光管;15—45°反射镜;16—1.5× 等效潜望镜;17—析光镜;18—定位机构;19—陀螺六分仪装置;20—瞄准线

由于在该型潜望镜内采用了变形折点成像的图像稳定原理,没有另外设置专用的镜管弯曲补偿系统。另外,由于该型潜望镜六分仪在获取天体高度的测取途径上,方法与 AHPS 型潜望镜六分仪基本一致,在此就不作重复介绍了。

(2)技术特点

①该型潜望镜六分仪配置的最显著的特点,是把其置于观察目镜之后作为一个独立的部件。在潜望镜目镜头处,只考虑精确定位机构,内部只考虑高度角的测量读数系统。这种方案较之 ПЗН 型潜望镜六分仪和 AHPS 型潜望镜六分仪方案都要灵活,潜望镜本体简洁,不影响其他功能的使用或进一步扩展。

②由于该型潜望镜六分仪是置于潜望镜观察系统的后方,在 1.5× 下使用,所以星体光路已无法实现中性系统的要求。为了能进行正确的测天使用,只有采用系统等效原理。它有别于 AHPS 型潜望镜六分仪的等效物镜法,而是用等效望远镜法。

③为使透镜系统等效，标线在与星体光线会合前，也必须经过 $1.5^{\times}$ 的潜望镜；为使反射镜系统等效，标线也须经过两次反射。

④配备这种陀螺六分仪的法国各型潜望镜，都是采用图像稳定原理来解决镜管弯曲对测天的影响，因为没有考虑二次补偿措施，会造成显著的测高误差。

(3)分析与评价

这种陀螺六分仪测天定位装置配置简洁，但考虑如何消除测量误差的措施太少，必然造成测天误差很大，测量也不易进行，应该是一种早期方案考虑的结果。但它实现了水下测天的要求，不能不说在当时还是一个进步。

5. 地平测量坐标系潜望镜六分仪共同的特点和技术问题

(1)水平基准的引入问题

这种系统都要将较精确的水平基准引入潜望镜的观察视场内，一是须自带陀螺水平仪或平台，二是须解决引入潜望镜观察视场的技术。所以这种系统较甲板测量坐标系的测天系统要复杂些，模块化设计制造性能也差些。

(2)等效问题

因为星体光线与水平基准的标线，在测量瞬时都处在地平坐标系内，若处在甲板坐标系内的星光系统和标线系统二者完全等效了，则测量瞄准线自然也就稳定了，所以这里要研究系统的等效法。一般在子午面内，等效是必须保证的，所以这里测天要比甲板测量坐标系测量瞄准容易。

(3)平均技术的采用

由于瞄准相对容易，为克服系统不完全等效，仪器无法“端平”，水平基准精度低等因素的影响，这种系统普遍采用平均技术，以提高测量瞄准精度。

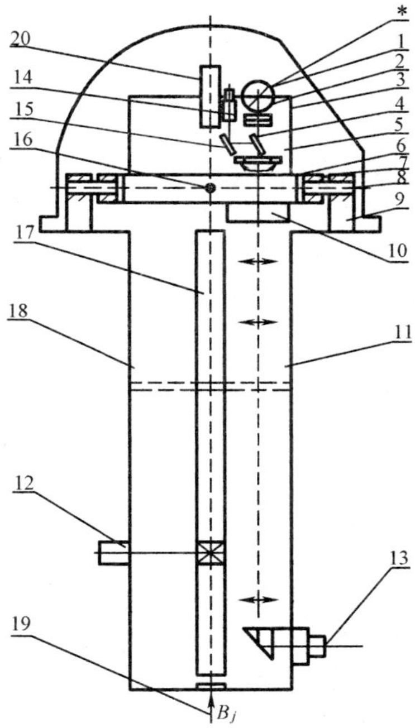

图 11-19　ПР-12 天文导航潜望镜测天系统工作原理图

1—六分仪动静；2—高度测角分划圈；3—头部框架；4—六分仪静镜(析光镜)；5—方向测角分划圈；6—稳定平台内环；7—稳定平台外环；8—外环轴；9—头部客体；10—视场稳定用的光学空间铰链与双四连杆机构；11—观察光学系统；12—校准目镜；13—观察目镜；14—人工水平光管；15—反光镜；16—内环轴；17—校准光学系统；18—镜管；19—来自下部稳定陀螺的校准光轴；20—主基准光管；21—双光楔测量元件

11.4.2　测量基准建立在地平坐标系内的天文导航潜望镜

ПР-12 潜望镜是前苏联研制的专用天文导航潜望镜，它被用于弹道导弹潜艇和巡航式导弹潜艇，作为导弹发射前精确确定己艇坐标位置之用。由于其基本原理与潜望镜六分仪相近，故在此一并加以介绍。其工作原理图见图 11-19。图 11-20 所示为 ПР 天文导航潜望镜测天系统。

1. 组成与工作原理

详细介绍可参看第 1 章参考文献[12]，这里仅对其原理特点进行分析。图 11-19 中，由人工水天线光管 14、动镜 1、静镜 4 为主，组成六分仪装置，被安装于潜望镜头部双轴稳定平台内环框架 6 上，可被看作是在摇摆的船上被端平的六分仪。该六分仪的方向对准工作，由观察手操纵框架 3 在上部稳定平台上绕竖直轴转动来达到。该型潜望镜共设有两个相同的测星通道，初始方向角间距为 90°，可以相互独立地转动 ±15°进行各自的测星瞄准。由于双轴稳定平台安装于潜望镜的上头部，潜望镜升起时距离艇摇摆中心较远，因此稳定精度不高。为此，本潜望镜内专设了第三个校准光学通道 17，将来自潜艇摇摆中心处的沙吐伦大型陀螺水平仪上的稳定光管基准网格线向量 B_j，与来自上头部主基准光管 20 的相同网格线像对准，有偏差时，可以通过操控上头部双轴稳定平台进动，直到对准为止。因此上头部双轴稳定平台实际为人工复示平台。六分仪的高度角和方位角测量皆采用光学精密度盘形式，因此设有较复杂的投影读数系统，以便在潜望镜的观察视场中读数。

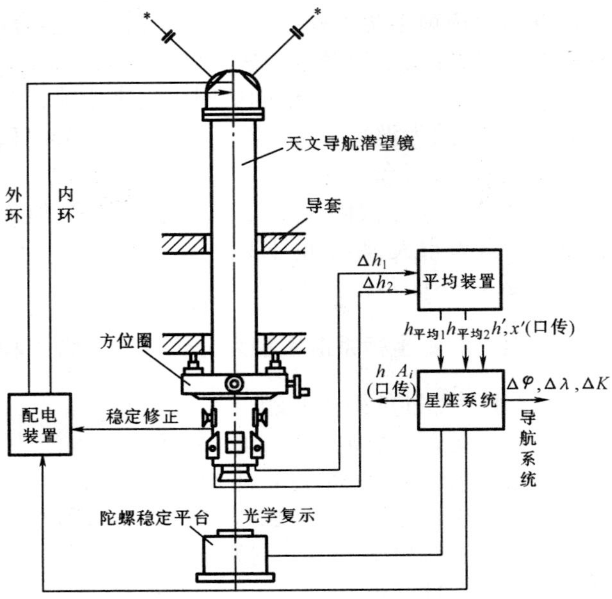

图 11－20　ПР－12 天文导航潜望镜测天系统

由于待测星体和六分仪的读数在六分仪的后方是处在地平坐标系内，而下方的潜望镜观察系统则是处在甲板坐标系内；为了达到在潜望镜观察视场中的相对稳定，在上头部双轴稳定平台的下方与观察系统间，加进了较为复杂的空间光学铰链与相应的双四连杆机构。

为了提高在动态下的测星瞄准精度，本潜望镜内是在六分仪静镜 4 之前的星体光路内加入双光楔测量元件 21，通过它来改变星像出射线方向，达到与人工水平线精确瞄准的目的。而星体的地平高度角则为俯仰测角度盘值与双光楔测角的平均值之和。

图 11－21 为该型潜望镜的光学系统图，在该图中只画出了一个观察通道。其中 1～23 为主观察通道光学系统，这里 4，5 为旋转双光楔，10～12 为空间光学铰链；24～40 为天体高度角光学读数系统，24 为高度角测微光学度盘；41～54 为天体舷角光学读数系统，41 为头部舷角测微光学度盘；101～108 为镜管舷角读数光学系统；55～61 为人工水平标线光学系统；64～96 为修正通道光学系统。

2. 工作特点

(1)从工作原理上说，将两架六分仪置于潜望镜头部的双轴稳定平台之上，在地平坐标系内“端平”进行测天，这一设想是非常好的；

(2)为提高测天精度，而将测天用的真正水平基准置于潜望镜的摇摆中心处，在其正上方安装天文导航潜望镜，以便于对上头部的双轴稳定平台随机复示和修正，为提高精度可以说费尽了脑筋；

(3)在地平坐标系内的六分仪和甲板坐标系内的观察系统间，加进非常独特的光学视场稳定装置，以便提高测量瞄准精度；

(4)为了满足当时武器发展任务的需要，动用了当时所能动员的资源和技术，尤其是复杂的几何光学设计制造技术、陀螺稳定技术、电气自动控制技术等,创造了历史上最复杂的一型潜望镜。

3. 测量数学模型

星体测量地平高度为

$$h_{测} = h_{棱} \pm \Delta h_{较正} \pm \Delta h_{平均} \qquad (11-44)$$

式中　$h_{棱}$——由上棱镜俯仰测角度盘测出的星体高度角;

$\Delta h_{较正}$——由上头部基准光管 20 的标线投射到视场内与上头部人工水平光管 14 标线在观察面内的差值,又称为指标修正量;

$\Delta h_{平均}$——星体动态变化高度的平均值

$$\Delta h_{平均} = \frac{1}{\tau}\int_{0}^{\tau}\Delta h \cdot \mathrm{d}t \qquad (11-45)$$

式中　Δh——由双光楔测出的星体动态修正高度角的瞬时值;

τ——平均工作时间。

4. 分析与评价

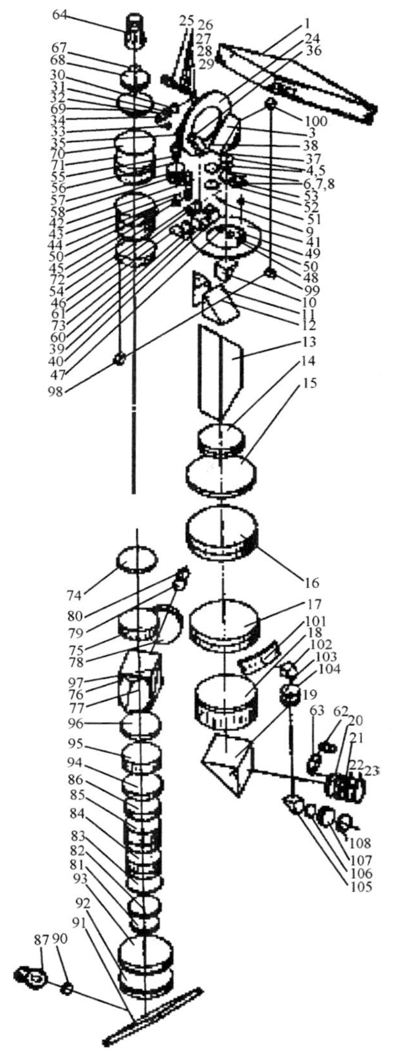

图 11-21　ПР-12 天文导航潜望镜光学系统图

(1)将一个双轴陀螺稳定平台放到潜望镜的上头部中,本身会带来先天性的不足。受技术水平发展的限制,当时敏感地垂线的传感器是以摆式元件为主的;在远离潜艇摇摆中心的上头部,会受到较大加速度的影响;误差大,基准水平面精度不可能高。为此,又不得不设置了多种修正系统,使头部的双轴陀螺稳定平台相对于处于潜艇摇摆中心的大型陀螺水平仪进动复示,这就大大增加了构造和使用上的复杂性。

(2)设计两个测量通道同时测星的方案,造成了又一个先天性的不足。这不但使整个系统更趋大型复杂,而且也给使用造成了难题:一方面使上下基准的复示变成了两维的对准,增加了很大的难度;另一方面,双通道同时测星,在天气不是十分好的情况下,双星同时测中的概率一般也很小。

(3)对比 20 世纪 80 年代初才出现的法国 PIVAIR 潜望镜,PIVAIR 潜望镜改用甲板测量坐标系,潜望镜上头部的陀螺稳定平台是利用陀螺的定轴性来稳定瞄准线,避免了前者利用陀螺平台将整个仪器稳定在地平坐标系内带来的基准精度不高问题;PIVAIR 潜望镜采用一维测天系统,利用其镜管一维(子午面)弯曲测量系统,可以解决测量基准(分划线)设在头部受镜管弯曲影响问题,较前者的两维复示修正系统,解决了稳定平台设在头部基准水平精度不高的问题,方法要简单且精度要高得多。

(4)从历史的角度来看,该潜望镜中好的方案设想受到当时技术水平发展的限制,未达到满意的实际效果,设备复杂庞大,使用繁杂(要由四人同时操作),精度不高(仅达到 2.7 n mile)。

各种形式地平测量坐标系测天定位系统组成与性能比较见表 11-2。

表 11-2 各种形式地平测量坐标系测天定位系统组成与性能比较

形式 \ 组成与性能	采用潜望镜	系统组成	测天水平基准	镜管弯曲振动解决措施	测天定位精度	备注
ПЭН 潜望镜六分仪	前苏联各式 ПЭН、ПЭНА、ПЭНГ 型潜望镜	·星体光路 +1× 望远镜 上下棱镜同步转动机构 ·标线光路 陀螺水平仪 被稳定的人工标线光管 等效反光镜(普罗棱镜) ·镶入式六分仪 ·平均计算器 ·专用的镜管弯曲补偿系统	陀螺水平仪水平基准精度 4′	专用的镜管弯曲补偿系统，补偿精度 2′	测高精度 6′~7′	3 人操作，1 人测星，1 人补偿，2 人对时
AHPS4 潜望镜六分仪	英车 CK034、CK035、CK043 镜管外径为 φ254 mm 的各式潜望镜	·星体光路 等效物镜组 上反射镜测高装置 ·标线光路 复示平台 被稳定的人工标线 等效标线物镜组 ·六分仪分光镜组 ·专用的镜管弯曲补偿系统	复示平台	专用的镜管弯曲补偿系统 目镜头翘曲变形测量装置	测高精度 1′	1 人操作
M41 潜望镜六分仪	法国 M41、K、J 型各式潜望镜	·星体光路 1.5× 组主观察系统 上反射镜镜测高装置 ·标线光路 陀螺水平仪 被稳定的人工标线光管 1.5× 等效望远镜组 六分仪分光镜组	陀螺水平仪	利用镜管弯曲与振动折点成像原理	测高精度 5′	2 人操作，1 人测星，1 个对时
ПР-12 天文导航潜望镜六分仪	前苏联 ПР-12，ПР-12M 天文导航潜望镜	·星体光路 带测高装置的反射镜镜 ·标线光路 双轴陀螺平台 被稳定的人工标线光管 六分仪 大型陀螺水平仪 复示较正通道 ·下方潜望镜观察系统 ·视场稳定空间光学较链 ·平均装置 ·星座系统机电模拟计算机	双轴陀螺平台 4′大型陀螺水平仪复示较正通道经过 120″平均后精度可达 1′	不需要	2.7 n mile	4 人操作，2 人测星，1 个校正，1 人对时

11.4.3 测量基准建立在甲板坐标系内的测天定位装置与天文导航潜望镜

采用甲板测量坐标系在美国潜艇潜望镜的天文导航定舰位功能中有传统的历史。从 20

世纪 50 年代初潜艇天体高度记录器(SEAR)在 8 型潜望镜上应用,开创了美国潜望镜实现测天定舰位功能以来,已经经历了一系列的改进发展。从初期方案发展为 8B 型潜望镜上的Ⅲ型六分仪,经规格化标准化,后来推广应用到 15 型系列潜望镜和 18 型潜望镜中。再后来,经过了现代化的改进,其相似的形式又出现在向世界各国销售的 76 型潜望镜中。而美国潜望镜中应用甲板测量坐标系最典型的例子当属 20 世纪 60 年代研制的 11 型天文导航潜望镜。

我国于 20 世纪 60 年代开始研制采用甲板测量坐标系的专用天文导航潜望镜。于 20 世纪 80 年代将相似的原理移植到新研制的多用途光电潜望镜中,从而使我国光电潜望镜系列产品具有了瞄准线稳定功能和测天定位采用甲板测量坐标系的特色。

法国于 20 世纪 70 年代末至 80 年代初研制了别具特色的 PIVAIR 光电搜索潜望镜,将多用途潜望镜的测天定位技术和精度提高到了一个新的水平。它采用自主式的甲板测量坐标系测天定位原理,这与前述的各种系统构造上非常不同。

可将已实际应用的甲板测量坐标系测天定位装置,从原理上归为以下三种形式:

①美国 11 型潜望镜原理的形式,为非自主式的甲板测量坐标系精密测天定位系统;

②法国 PIVAIR 光电搜索潜望镜原理的形式,为自主式的甲板测量坐标系精密测天定位系统;

③Ⅲ型六分仪原理的形式,为自主式的甲板测量坐标系简用型测天定位装置。

1. 美国 11 型潜望镜测天定位原理与方案分析

(1)工作原理

图 11－22、11－23 中,11 型潜望镜测天定位系统由潜望镜本体、稳定计算机、导航计算机、高度和方位随动系统、转换装置、时间基准和球形液体静压轴承等组成。

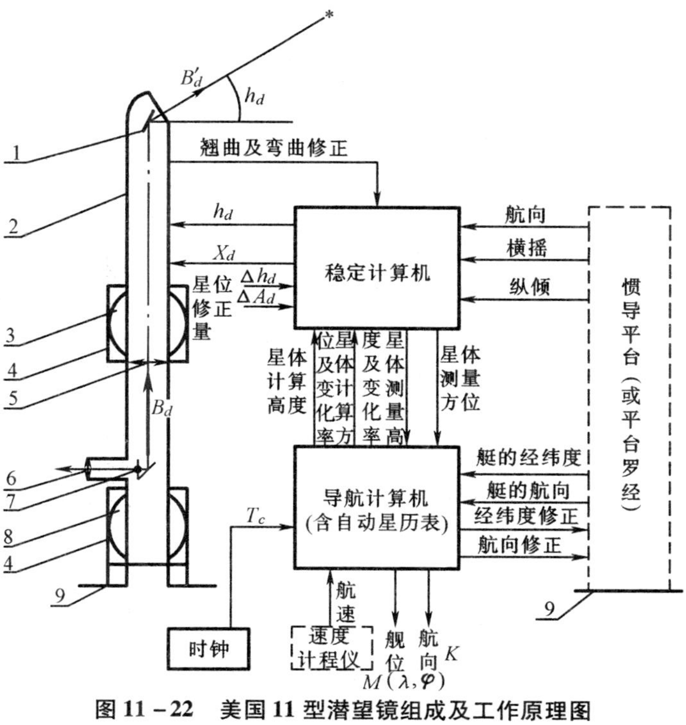

图 11－22　美国 11 型潜望镜组成及工作原理图

1—上反射镜;2—镜管;3—上液压轴承;4—与甲板基准垂直的支承基面;5—主物镜;6—目镜;7—瞄准分划板;8—下液压轴承;9—甲板基准面

①测星瞄准线向量 $\boldsymbol{B}_d$ 与甲板基准平面垂直。要实现随艇体晃动的潜望镜瞄准线测量瞄准星体,必须的前提是,测星瞄准线向量 $\boldsymbol{B}_d$ 在从潜望镜出射后的空间能得到稳定,或称其为瞄准线稳定。要做到这一点,该潜望镜中是靠稳定计算机,将取自惯导平台的艇实时纵横摇角和航向角信息,以及取自导航计算机的待测星的计算高度和方位信息,按地平－甲板坐标系进行转换计算,得出实时的星体甲板高度角 h_d 和甲板舷角 x_d,通过设在潜望镜本体处的高度和方位两套随动系统驱动潜望镜上棱镜俯仰和镜管整体回转,以实现对星体的稳定瞄准测量。

②惯导平台的漂移反映为艇推算位置误差和航向误差,进而形成视场中星体位置的偏离。此时观察手可通过潜望镜觉察到瞄准线空间向量 $\boldsymbol{B}'_d$ 与星体不重合,通过他的手动干预,使二者重合,测出星体的甲板高度和甲板舷角后,经甲板－地平坐标系的逆变换,便可得到对星体测量的地平高度角 h 和地平方位角 A,输入导航计算机,再会合以测星时刻 T_G,解算后,便可得到真舰位 $M(\lambda,\varphi)$ 和真航向 K,以及经纬度修正量 $\Delta\lambda$, $\Delta\varphi$ 和航向修正量 ΔK。

③为了解决测星瞄准线向量 $\boldsymbol{B}_d$ 在潜望镜中传递时受镜管弯曲振动而产生的失调影响,在该潜望镜中将物镜 8 的焦距取得较短(以下见图 11－23),位置靠近下方不变形的部分,上部镜管中为空管,仅在镜管的上端部设置有反射镜装置 2,33,39。它在观察面内(子午面)为四次反射,可消除镜管弯曲振动对光线出射方向的影响;而在弧矢面内则把装于环形支架 35 上的反射镜装置、力矩马达 37 和测角元件 3,用两根长铟钢杆 4,32 构成的平行四边形机构(上部一边为环形支架,下部一边为潜望镜下端支座)加以稳定,以克服镜管弯曲振动的影响。

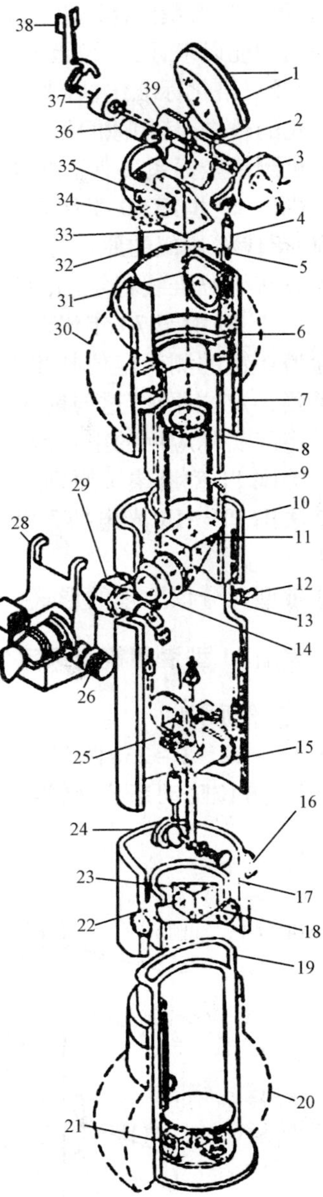

图 11－23 美国 11 型潜望镜结构组成原理图

④在潜望镜下端支座处设有立方体 21 和平面反射镜,代表潜望镜用的甲板高度和甲板方位基准。如果该处离潜艇的惯导平台较远,则还需考虑艇体的翘曲变形,设置翘曲变形测量装置,以校正立方体和平面反射镜的正确位置。

(2)数学计算模型

①地平－甲板坐标转换公式,可称为瞄准线稳定公式

$$\begin{cases}\sin h_d = \sin h_p \cdot \cos R \cdot \cos P + \cos h_p \cdot \sin R \cdot \cos x_p - \cos h_p \cdot \sin R \cdot \cos P \cdot \sin x_p & (11-46)\\ \tan x_d = \dfrac{\cos h_p \cdot \cos R \cdot \sin x_p + \sin h_p \cdot \sin R}{\cos x_p \cdot \cos h_p \cdot \cos P + \cos h_p \cdot \sin x_p \cdot \sin R \cdot \sin P - \sin h_p \cdot \cos R \cdot \sin P} & (11-47)\end{cases}$$

式中　h_d——甲板高度角；

X_d——甲板舷角；

h_P——计算地平高度角；

x_P——计算地平舷角；

R——横摇角；

P——纵摇角。

需要特别指出的是，以上坐标转换公式是有前提条件的。

a. 对应的矩阵转换公式是

$$\boldsymbol{B}'_d = \boldsymbol{S}_P\boldsymbol{S}_R\boldsymbol{B}'_P \tag{11-48}$$

即从地平坐标系向甲板坐标系转换时，先绕首尾线轴转动 R 角，再绕横轴转动 P 角，顺序颠倒，则成为另外的公式。

b. 采用右手坐标系，纵摇轴正向指向艇首，横摇轴正向指向左舷，舷角左舷为正。

正因为有以上的假定，才使此稳定公式的形式与(8-10)(8-11)式有所不同。

②甲板-地平坐标转换公式，可称为星体地平坐标参数计算公式

$$\begin{cases} h' = \sin^{-1}(\cos h'_d \cdot \sin x'_d \cdot \sin R - \cos x'_d \cdot \cos h'_d \cdot \cos R \cdot \sin P + \sin x'_d \cdot \cos R \cdot \cos P) & (11-49) \\ x' = \tan^{-1}\left(\dfrac{\cos h'_d \cdot \sin x'_d \cdot \cos R + \cos h'_d \cdot \cos x'_d \cdot \sin R \cdot \sin P - \sin h'_d \cdot \sin R \cdot \cos P}{\cos h'_d \cdot \cos x'_d \cdot \cos P + \sin h'_d \cdot \sin P}\right) & (11-50) \\ A' = k \pm x' & (11-51) \end{cases}$$

式中　h'——星体测量地平高度角；

A'——星体测量地平方位角；

x'——星体测量地平舷角；

k——航向角；

h'_d——星体测量甲板高度角；

x'_d——星体测量甲板舷角。

同理，(11-49)(11-50)式对应的坐标转换矩阵公式为

$$\boldsymbol{B}' = \boldsymbol{S}_R^{-1}\boldsymbol{S}_P^{-1}\boldsymbol{B}'_d \tag{11-52}$$

③对正余弦函数的计算，11 型潜望镜是采用以下契贝雪夫展开式

$$\begin{cases} \sin x = c_1x - c_3x^3 + c_5x^5 - c_7x^7 = x\{c_1 + x^2[-c_3 + x^3(c_5 - c_7x^2)]\} & (11-53) \\ \cos x = c_0 - c_2x^2 + c_4x^4 - c_6x^6 = c_0 + x^2[-c_2 + x^2(c_4 - c_6x^2)] & (11-54) \end{cases}$$

④根据测星的时刻和潜艇的推算舰位，用式(11-1)(11-5)来计算星体的计算地平高度角和地平舷角：

$$\begin{cases} h_P = \sin^{-1}(\sin\varphi\sin\delta + \cos\varphi\cos\delta\cos t_M) \\ A_P = \tan^{-1}\left(\dfrac{-\cos\delta\sin t_M}{\cos\varphi\sin\delta - \sin\varphi\cos\delta\cos t_M}\right) \end{cases}$$

但计算时角的公式有所不同

$$t_M = t_{\Gamma P} \pm \lambda_W^{ost} - \alpha \tag{11-55}$$

式中　φ——推算舰位纬度；

λ_w^{ost}——推算舰位经度；

t_M——地方时角；

δ——待测星的赤纬；

α——待测星的赤经；

$t_{\Gamma P}$——格林时。

(3)工作特点

①开创了非自主式测天定位系统的先例。这种系统由于采用艇上比较精确的公用水平和航向基准,使方案具有基准精度高、减少了重复装备、设备较简单等优点。

②需要高速的计算机和快速随动系统。由于坐标转换公式较复杂,为了转换的实时性,必然要对计算机和随动系统的快速性、品质和精度提出较高的要求。

③这种采用甲板测量坐标系的测天定位系统,需要特别关注的是,测天的比较基准是否与艇上的正确甲板基准平面一致,它会受到哪些失调因素的影响。在该潜望镜中,考虑得比较全面,即考虑了镜管弯曲的影响,也考虑了镜管振动的影响,还考虑了艇体翘曲变形的影响。

④这种测天定位系统,由于寻星靠推算舰位的计算,其推算误差和操控系统的误差不是很大,因此一般其观察视场较小就够了,这为解决镜管失调的问题也提供了一定的方便条件。

⑤对于潜望镜的安装条件,潜望镜的方位回转将产生很大的阻力矩,其负载特性在启动时呈跳跃变化,这给方位随动系统高精度快速性的实现带来很大的难题。为此,在该潜望镜中专门研制了液体静压轴承,以改善回转阻力,实现方位随动系统的特性要求。

(4)分析与评价

①这种非自主式的精密测天定位系统是首次在潜望镜中实现的,其优点是系统自动化程度比较高,潜望镜本体构造简洁,测星和定位解算比较快捷省力,寻星瞄准容易,测天定位精度较高。

②这种非自主式的精密测天定位系统的缺点,一是自主性差,其正常工作要完全依赖于公用水平基准的正常与同时工作;二是因坐标转换公式复杂,要做到实时高精度的瞄准测量,对“硬件”的要求必然要高,会带来制造难度增大成本提高;三是这种系统的观察视场较小,在气象条件不是很好的情况下,虽然选好了星体,但潜望镜升起测量时,由于云雾的遮挡,却不一定能测得上,因此它需要另外一根大视场的潜望镜先升起进行预观察搜索,或采取其他措施。

③受当时技术发展水平的限制,其测星瞄准还是限于人工进行,还没能实现光电自动瞄准,这将带来较大的精度损失。

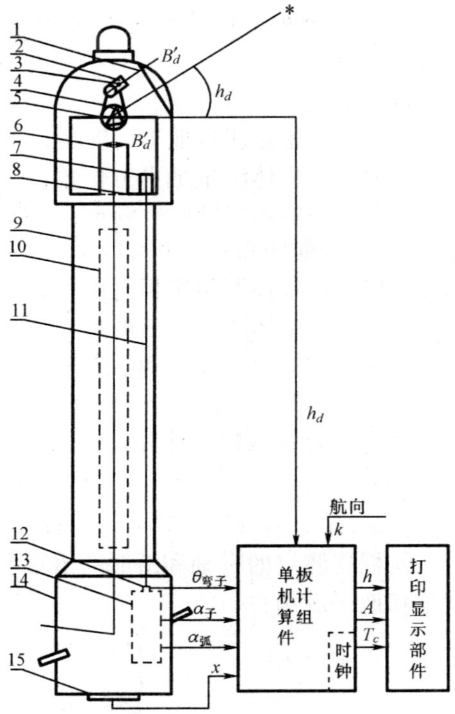

图 11-24 PIVAIR 潜望镜测天定位装置组成原理图

1—陀螺转子曲线;2—二自由度陀螺;3—陀螺安装轴线;4—上棱镜;5—上棱镜轴线;6—主物镜;7—镜管弯曲光管;8—主瞄准分划板;9—潜望镜管;10—图像稳定传输光学系统;11—在内外镜管间传输的补偿光线;12—补偿接收光管;13—垂直陀螺平台;14—目镜头;15—舷角测角元件

2. 法国 PIVAIR 型光电搜索潜望镜测天定位装置原理与方案分析

(1)组成与工作原理

图 11-24 为 PIVAIR 潜望镜测天定位装置组成原理图,图 11-25 为原理示意图。

PIVAIR 型潜望镜是一种多用途的光电潜望镜,测天定位仅是其主要功能之一,在这样的潜望镜内实现精密测天定位,是很不容易的。它是把测天系统的各个组成部分有机地融合到潜望镜的组成中，在图 11－24，11－25 中，该系统由头部带有瞄准线装置的双轴瞄准线稳定平台、目镜头内的垂直陀螺平台、镜管弯曲补偿装置、计算组件和打印显示装置等组成。其工作原理如下。

①产生测星瞄准线 $\boldsymbol{B}_d'$ 的瞄准管 6，8，固定在潜望镜头部框架上。二自由度陀螺仪 2 被装在头部与俯仰棱镜 4 回转轴 5 相平行的轴 3 上，它所敏感的摇摆和振动信息通过两套位置随动系统控制棱镜俯仰轴和整个镜管所形成的方位轴随动，以达到瞄准线稳定的目的。

②这里，代表甲板测量坐标基准的是瞄准线向量 $\boldsymbol{B}_d$ 被放在潜望镜的上头部。为了在人眼观察的视场内图像稳定，后方的观察光学系统 10 为了克服镜管弯振的影响，而采用了稳定的光学传输技术，也即图像稳定技术。

③为了保证得到高精度的地平坐标星体高度和方位参数，该方案中在 14 处配置了双轴垂直陀螺平台 13。安装时，使其外环轴平行于上反射镜的俯仰轴。

④通过内外环轴上的测角传感器，可得到艇体摇摆在潜望镜子午面和弧矢面的分量 $\alpha_{子}$ 和 $\alpha_{弧}$（图 11－24）。这些量与上反射镜回转轴上测角传感器测得的星体甲板高度角 h_d 进行叠加计算，便可得到星体的地平高度角。

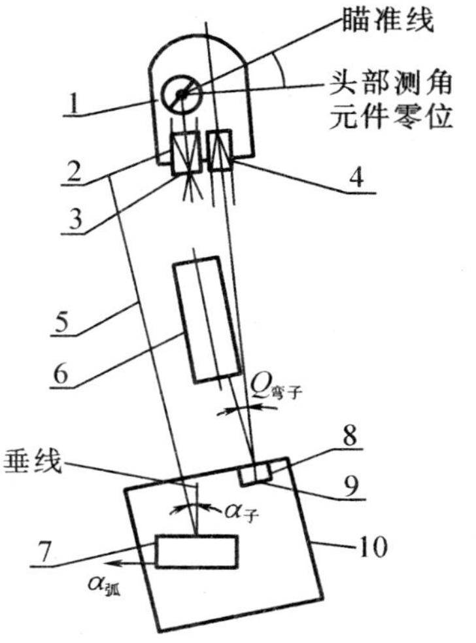

图 11－25　PIVAIR 潜望镜测天定位装置原理示意图

1—俯仰测角元件；2—头部瞄准管；3—主分划板（人工照明）；4—弯曲计光管；5—下部镜管轴线；6—下方光学观察系统；7—垂直陀螺平台；8—弯曲计接收管；9—接收靶面；10—垂直陀螺平台外壳

⑤由于该方案中瞄准线向量 $\boldsymbol{B}_d$ 置于上头部，因而该向量会因为镜管的弯曲，产生相对于甲板基准面的失调。为了补偿这项失调误差，该方案中采用直接测出镜管在子午面弯曲量的办法，进行直接的加减法补偿。

⑥该装置包括与头部瞄准管 3 固结的弯曲计平行光管 4（图 11－25），装在下部垂直陀螺平台 7 外壳 10 上的弯曲信号接受管 8。该装置布置在潜望镜的子午面内，其平行光束是通过内外镜管间的空隙进行传播的。

⑦由于不需要进行复杂的坐标变换，因此就没有必要设置稳定计算机，它只用能进行代数计算作用的单扳机就够了（称为计算组件）。

（2）测量数学模型与误差分析

星体测量的地平高度表达式为

$$h = h_d \pm Q_{弯子} \pm \alpha_{子} + \frac{1}{2}\alpha_{弧}^2 \tan h_d \qquad (11-56)$$

式中　h_d——上俯仰反射棱镜同轴安装的测角传感器测出的星体甲板高度角；

$Q_{弯子}$——镜管弯曲补偿系统测出的镜管子午面弯曲值；

$\alpha_{子}$——下部垂直陀螺平台测出的艇摇摆在潜望镜子午面的分量；

$\alpha_{弧}$——下部垂直陀螺平台测出的艇摇摆在潜望镜弧矢面的分量。

根据参考文献[6]中的介绍，该系统的误差源可分为如下四类。

①画圆类误差　由于实际上头部反射棱镜回转轴不完全平行于下部陀螺垂直平台的外环轴，将会引起星像在视场中作画圆运动。通过控制俯仰和方位转动可使画圆逐步减小，当星体像画圆减小到零且与十字线中心重合时，则由于以上不平行误差的存在，会造成星体测量的方位偏差和高度偏差。

②斜率类误差　由于在测量瞄准过程中，星像在视场内作画圆运动，操作者在测量瞄准时刻不能完全作到星像轨迹以垂直的方向穿过十字线的水平刻线，也就是说会存在一定的斜率，而不在通过该星的铅垂面内，由此可造成一定的测高误差。

③弧矢弯曲误差　由于该潜望镜中没有考虑补偿镜管横向弯曲的措施，如果测星时不把星在方位上严格对准，则镜管弧矢面内弯曲未补偿造成的测量误差是不可忽视的。

④测量面内误差　显而易见，在测量面的误差源有俯仰测角元件的测角误差、弯曲计测角误差、垂直陀螺平台测角元件测角误差等各项误差因素。

(3)工作特点

①利用二自由度陀螺的稳定特性作为敏感艇摇摆和潜望镜振动的传感器，将其置于潜望镜的头部，直接馈给两套随动系统实现瞄准线的两轴稳定和振动稳定，稳定方法简洁直接，完全抛弃了非自主式系统需要进行繁杂坐标转换的过程，精度很高($1\sigma = 20''$)，几乎没有滞后，而且能同时消除镜管抖动的影响。参考文献[5][6]中认为，这是该测天定位系统获得高精度测量结果的关键因素，所以说这种解决方案的效果要比坐标转换法好得多。

②由于有这么高的瞄准线稳定精度，所以又带来第二位的构造特点：将瞄准分划板和重要的成像传感器皆配置于潜望镜的上头部。这可消除后方光学系统因镜管振动和失调所造成的影响。这种方案是把后方的光学系统只作为一个观察放大镜来用。

③由于瞄准分划板设在上头部，因而镜管弯曲的补偿法与瞄准分划板在下部的截然不同。这里采用直接测出镜管弯曲值的方法进行叠加，不需要任何转换，因而补偿精度可以较高。这里瞄准线稳定和测天定位采用两套稳定基准，不像非自主式系统采用同一水平基准。自备的垂直陀螺平台作为测天定位的水平基准，因受空间限制，虽精度上不如大的惯导平台，但这里不需要复杂的坐标逆变换过程，也免去了多种因素参加进来所造成的测高精度损失，且自主性好，实时性好，也免去了一套翘曲测量补偿系统。

④单板(片)机组件由于不承担坐标转换功能，因而可以大大简化。它在此只承担测量“瞄准好”瞬时的数据提取与叠加计算功能，驱动打印功能等。

(4)分析与评价

①在多用途的现代光电潜望镜中实现精密测天定位，是一个创造性的进展，其方案有非常的独到之处；

②这种方案是建立在高精度、高可靠性、高水平的陀螺稳定技术的基础之上的，没有这种过硬的技术也就没有这种方案的出现；

③这种方案与非自主式的方案相比，唯一的缺点是自动化程度低，不能自动寻星，目前也尚未做到舰位的自动解算，但不失改进的潜力。

3. 美国 Ⅲ型潜望镜六分仪原理和方案分析

(1)组成与工作原理

图 11－26 中，改进的Ⅲ型潜望镜六分仪测天定位系统由潜望镜本体、六分仪记录装置、垂直基准装置等三部分组成。代表基准的瞄准线 $\boldsymbol{B}_d$ 位于潜望镜的下部。用上棱镜的转角

来计量星体的甲板高度角。操作者瞄准星体的同时，操控同步机，经电气接口送出上棱镜实时的甲板转角信息 h_d 和整个镜管转动的舷角信息 x，；六分仪记录装置中的微机，采集同一时刻自备垂直基准送出的艇横纵摇角信息 α_x，α_y，经过实时的解算，得到星体的地平高度角 h；然后再把测星时刻 T_G、星体的方位角 A 等一起打印出来。这种系统是在Ⅲ型六分仪原理基础上改进而来的。Ⅲ型六分仪构成上与此不同的是，垂直陀螺仪不是独立放置，而是装在潜望镜下部的电子适配器内，随同潜望镜一起回转；安装的状态为其一个水平轴总是平行于上棱镜的回转轴，如 PIVAIR 潜望镜下部垂直陀螺平台的安装状态。

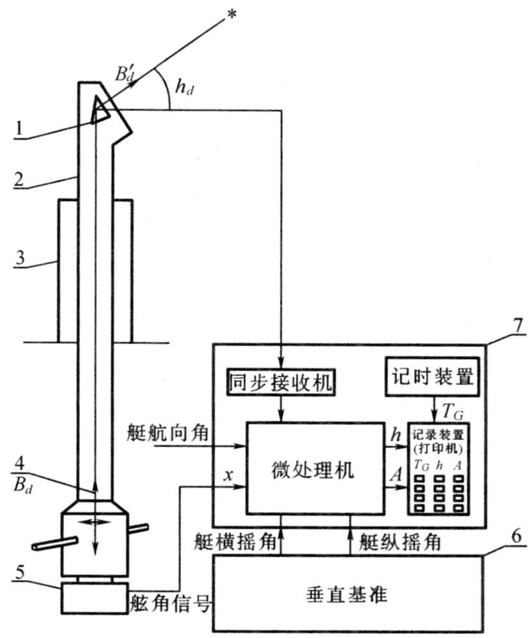

图 11－26　76 型潜望镜测天定位组成与工作原理图

1—上棱镜；2—镜管；3—导流罩；4—下部基准瞄准线；5—舷角测角装置；6—垂直基准装置；7—六分仪记录装置

（2）数学计算模型

76 型潜望镜测天定位系统的数学计算模型为

$$
\begin{cases}
h = h_d \pm \alpha_{子} + \dfrac{1}{2}\alpha_{弧}^2 \tan h_d & (11-57)\\
A = k \pm x & (11-58)\\
\left.\begin{array}{l}\alpha_{子} = R\cos x + P\sin x\\ \alpha_{弧} = -R\sin x + P\cos x\end{array}\right. \text{（为小摇摆角情况下的近似折算关系）} & (11-59)
\end{cases}
$$

式中　h_d——上棱镜测角元件测出的星体甲板高度角；

$\alpha_{子}$——由垂直基准给出的艇摇摆角在潜望镜坐标系中子午面的分量；

$\alpha_{弧}$——由垂直基准给出的艇摇摆角在潜望镜坐标系中弧矢面的分量；

A——星体的方位角；

k——艇的航向角；

x——星体的舷角。

对于Ⅲ型六分仪则只适用（11－57）（11－58）式。

（3）工作特点与分析评价

①Ⅲ型六分仪的特点

a. 构造简洁，适装性强　这种方案，潜望镜本体内只提供一个甲板基准瞄准线，陀螺水平仪仅装于电子适配器内，和本体光学系统无任何联系。在美国过去的潜望镜内是推广应用非常广泛的一种导航定位手段。

b. 相对于同期出现的法国 M41 潜望镜陀螺六分仪、前苏联 П3Н 型潜望镜六分仪，具有机电自动化水平高、可一人完成测天作业、测天定位时间短、精度较高等优势。

c. 方案在性能和配置上不是很完善　由于导航定位是作为潜望镜的多功能之一来考

虑,而且定位导航主要是作为一种航海保障手段之一来用,其精度要求不是很高。这样其配置方案就不会是很完善的,一是没有考虑瞄准线稳定措施;二是没有设置专用的镜管弯曲补偿装置;三是只能完成星体高度角和舷角的测量,而不进行舰位的解算。

②76 型潜望镜测天定位系统的特点

a. 由于该型潜望镜是为销往世界各国而设计的,因而把多种功能的选择性和适装性放在了重要的位置,重视模块化设计原则。测天定位作为一种选择功能而出现,将需配置的垂直基准从原Ⅲ型六分仪方案的电子适配器处剥离,和六分仪记录装置一起作为独立的部件。这样的方案,使潜望镜本体更为简略,便于潜望镜多项选择功能的实现。

b. 增加了陀螺单轴稳定瞄准线功能,但并不是专门为测天定位服务的。因此,该功能可以单独出现,它专门在目镜头处配置了另外的水平基准,其精度要比测天定位用的垂直陀螺装置低,在子午面内可消除摇摆 70% ~80% ,但弧矢面仍不稳定。

c. 用活动导流罩来减小镜管弯曲的影响,测高精度不高(6′)。

d. 在六分仪记录装置内设置了微机,可以方便地进行数学叠加处理、简易坐标变换,也可进行进一步的舰位解算。所以研制该型潜望镜的美国科尔摩根公司称,可以在 1 秒钟内完成测天定位。总之可以这样认为,该型潜望镜的测天定位装置较之Ⅲ型六分仪方案,在使用性能上有了较明显的改进。

4. 甲板测量坐标系测天定位装置共同的技术问题

(1)必须解决对星体的精确瞄准问题

很显然,这种系统的瞄准线向量与星体,一个是与摇摆的甲板平面"固结",一个是在空间相对不动的,如何能实现稳定精确的瞄准,便成为这种系统必须解决的首要问题。在采用Ⅲ型六分仪测天原理的美国各型潜望镜中,都没有瞄准线稳定手段,只能用瞬间相切法进行瞄准。后来的 76 型潜望镜测天定位系统解决了瞄准面的单轴瞄准线稳定,使测星瞄准精度提高了一些。专用的 11 型天文导航潜望镜则解决了瞄准线的双轴稳定。法国 PIVAIR 潜望镜测天定位系统则又进一步解决了瞄准线的高精度稳定和消振问题,使这种甲板测量坐标系对星精确瞄准措施达到了较完美的地步。

(2)必须解决测量的星体甲板坐标数据向地平坐标的转换问题

在该系统中,一般都是用上棱镜同轴安装的轴角编码器来测取星体的甲板高度角。因此,在这样的系统中不可或缺的配置是地平坐标的垂直(或水平)基准;其次是要从甲板测量数据向地平测量数据转换。

如上所述,这种转换方法有两种:即非自主式的系统一般都要用"坐标转换法";自主式的系统则采用所谓的"投影法"。

(3)必须解决镜管弯曲、振动对瞄准线空间失调影响问题

一般而言,当基准瞄准线设在潜望镜下部时,由于接近甲板基准平面,本身空间失调量小;但缺点是它从弯曲变动的镜管中出射到地球坐标空间时(或星体光线经过弯曲振动的镜管向下传递时),失调影响因素复杂。因此补偿的难度大,补偿措施复杂,补偿的精度低。而将基准瞄准线设在潜望镜上部时,由于离甲板基准面较远,本身空间失调量大;但好处是不受镜管光学系统失调的影响,失调影响因素简单,补偿的难度低,补偿的精度较高。

各种形式的甲板测量坐标系测天定位系统的组成和性能比较见表 11 -3。

表 11－3　各种形式甲板测量坐标系测天定位系统组成与性能比较

组成与性能 型式	采用潜望镜	系统组成	瞄准镜稳定		测天水平基准	镜管弯曲振动解决措施	测天定位精度	备注
			措施	精度				
美国 11 型潜望镜原理型	美国 11, 11A, 11B 型中国天文导航潜望镜光电多用途潜望镜	·小视场专用潜望镜本体（大视场潜望镜） ·下部瞄准分划板 ·俯仰、方位调整随动系统 ·稳定与导航计算机 ·共用惯导平台或平台罗经 ·时间基准 ·专用镜管弯曲补偿系统	利用惯导平台成平台罗经姿态信号的坐标转换法	★(±10′以内)	共用惯导平台或平台罗经★(1′～2′)	·测量面内偶次反射镜 ·弧矢面内四连标机构最大弯曲量 22′	定位 ±0.87 n mile	★括号内值为估计值
法国 PIVAIR 潜望镜原理型	同左	·多用途大视场潜望镜本体 ·头部瞄准线稳定平台，二自由度陀螺仪 ·目镜头垂直陀螺平台 ·直接式镜管弯曲测量装置 ·头部瞄准分划板 ·时间基准 ·记录与打印组件	利用装于头号部的二自由度陀螺仪作为敏感加速的传感器，控制俯仰、方位两套随动系统	$1\sigma=20'$	自备垂直陀螺平台	·专用的镜管弯曲测量补偿装置 ·陀螺敏感和消除振动影响 ·稳定的图像传输技术	测高精度 $1\sigma<1'$	
美国 III 型六分仪原理型	美国 8B, 8C, 8L, 15, 15B, 15D, 15L, 18 等潜望镜 76 型搜索潜望镜	·陀螺垂直器 ·下部瞄准分划板 ·俯仰方位测角装置 ·时间基准 ·电气记录器和打印组件	无 单轴稳定瞄准线和粗水平基准（76型）	2°～3°（摇摆 10°时）	自备陀螺垂直器静态精度 2′，动态精度 3′	导流罩	测高精度 4′左右（摇摆 ±3°时）6′左右（26型）	

11.5 天文导航系统总体技术

11.5.1 天文导航设备的主要功能和战技指标

由上节的介绍可知,天文导航设备有简繁之分。但其功能有基本一致之处,即都能完成测天定舰位,而具体功能又有很大差别。这表现在自动化程度上的差别很大。以下论述的主要功能和战技指标,是专指现代化全自动的舰用或潜用天文导航系统而言。至于多用途潜望镜中的天文导航装置的功能则一般要简略得多,战技指标也会相去甚远。

1. 全自动精密天文导航设备的主要功能

(1)自动解算星历表

计算天体的地平高度角和方位角,必须已知该天体在赤道坐标系中的坐标点,即天体的视位置。由于恒星的自行、岁差、章动、光行差和视差等原因,即使是太阳系之外的恒星,其视位置也不是一点不变的;紫金山天文台每年出版的天文年历中,相隔十天就给出各个恒星当日世界时零时的恒星视位置;但是,查表将给操作者带来很多麻烦,天文导航设备软件必须具备自动解算出需要测量的天体当日的视位置的能力。

(2)自动选择被测天体

天文导航设备软件应能根据粗略舰位、时间计算出各恒星的地平高度和方位,再舍掉地平高度角低于15°和高于70°的星体后,按方位角从小到大排序捕获和测量。对于因遮挡、气象原因无法测量的星体自动删除,达到自动选择被测星体的目的。

(3)对外交换信息

天文导航设备从惯性导航系统串并行输入24位粗、精组合的航向 K、纵摇角 P 和横摇角 R。还要串行输入船位 λ,φ,船速 $V_{东}$,$V_{北}$。

天文导航设备向惯性导航系统串并行输出修正量 ΔK,$\Delta\lambda$,$\Delta\varphi$。

(4)对时和守时

天文导航需要精确的时间,所以天文导航设备必须具有方便、快速、准确、可靠的对时功能和精确的频率标准,向天文导航计算机提供时、分、秒信息和毫秒、秒脉冲信号。

(5)自动寻星和跟踪

天文导航设备根据计算机控制自动捕获星体并对由时间、船的摇摆、航向变化引起的星象变化实施自动跟踪,即具有由计算机控制的高度和方位随动系统。此套系统应有人工修正和限位功能。

(6)瞄准和读数

天文导航设备应自动对进入视场的星体进行测量,并同时录取测量瞬间的时间 t_i,航向 K_i,船摇角 P_i,R_i,星体高度角 H_i,舷角 q_i。

(7)测角

天文导航设备应具有由轴系、角度传感器和电子线路组成的精确的高度和舷角测角系统。向计算机提供实时的俯仰轴和方位轴的转角信息。

2. 天文导航设备的主要战技指标

衡量天文导航设备的优劣主要取决于以下几项指标。

(1)定位、定向精度

天文导航设备应用在不同的舰艇上,对其定位、定向精度要求也不同。一般对高精度的天文导航设备的定位、定向精度要求是

定位误差半径　$\sigma = \sqrt{(\Delta\lambda\cos\varphi)^2 + \Delta\varphi^2} \leqslant 40$ 角秒

定向误差　$\sigma \leqslant 30$ 角秒

(2)测星能力

在白天晴好的状态下,天文导航设备应具有:

白天测量星等应大于 +2.5 等星;

夜间测星能力应大于 +3.5 等星。

(3)单次测天定位、定向所需的时间应小于 2.5 min。这项技术指标考核了天文导航设备的自动化程度。

(4)可靠性和可维修性

天文导航设备中除时间系统需要长期连续工作外,其他都是短时间工作,并且由于被测目标是天体,所以即使出现故障,排除后可以连续很好地完成任务,仅是时间向后延续,其他指标不受影响。因此其可靠性和可维修性指标按一般电子产品的指标即可。

11.5.2　天文导航潜望镜的系统组成和构造原理

1. 现代天文导航潜望镜的发展改进

天文导航潜望镜的系统组成与图 11－22 有相似之处。但与之不同的是:

(1)原来需由稳定计算机和导航计算机两台计算机分别完成的稳定和导航解算任务,现在可以由一台计算机来完成;

(2)原来由人工判读,现在可以由大面阵 CCD 成像单元来进行瞄准和判读,通过计算“脱靶量”来精确读取天体的坐标值;

(3)潜望镜采用滚动轴承支承装置,取代了易出故障、保养困难的液压轴承支承装置;

(4)潜望镜内部的构造完全抛弃图 11－23 的构造形式,而是采用了图 11－27 所示大小负一倍望远系统和悬臂梁结构;

(5)大力发展软件,如自动星历表、测多星高度方位数据后,自动组合进行定位解算等等。

2. 天文导航潜望镜与经纬仪所不同的难点

天文导航潜望镜的构造是决定定位定向精度的关键因素,必须进行精细的分析和设计。如何在一具柔性的镜管上进行精密的测角(天体高度角),是整个问题的难点。

相对于经纬仪,天文导航潜望镜的复杂程度和技术难题在于其测星的主体仪器。它与经纬仪所不同的是:

(1)潜望镜镜管细长,会受到水动力的作用而产生弯曲和振动,使瞄准线产生失调。

(2)天文导航潜望镜视场窄小,又处于水下状态测星,不像经纬仪在水面测星一样,肉眼无法直接看到星空;在有云时,如不具备目视选星判断功能,则测星的成功率会很低。所以,天文导航潜望镜须同时具有目视测星和CCD测星并可以切换的功能。

(3)天文导航潜望镜是通过绕镜管的回转来实现方位扫描的,瞄准轴与机械回转轴(镜管)的不一致会带来显著的测量误差,而在经纬仪的测量中不包括这一因素。

正因为以上因素,天文导航潜望镜测天系统结构较经纬仪型测天系统复杂,多增加了镜管弯曲补偿分系统,潜望镜镜管振动克服措施及考虑振动造成星象拖尾的采样算法、目视测星与CCD测星两套切换系统以及特殊的装校措施等,其误差因素也更多。

3. 天文导航潜望镜的构造原理

天文导航潜望镜的构造原理有如图11-23的方案和如图11-27所示的方案。如图11-23的方案已在11.3.3节中作了介绍,我们称之为"空镜管方案";而如图11-27所示的方案可称为"负一倍系统方案"。

对于图11-27所示的方案,为了提高测天定位精度,采用了如下的原理和措施。

(1)在弯曲振动的大镜管内采用了大小负一倍望远镜系统和内镜管的悬臂梁结构。

小负一倍与上反射棱镜在观测的主截面内组成了可消除观测面弯曲振动影响的"中性"系统;而在弧矢面内则设置了图11-44中所介绍的弯曲补偿系统,用来补偿弧矢面镜管弯曲误差的影响。采用悬臂梁的目的是为了隔离外镜管弯曲振动对内镜管的影响,将大的振动弯曲先隔离掉一部分。

(2)为了使观察得到正像,在主物镜和目镜之间设置了五角屋脊棱镜。

(3)为了消除目镜头相对主镜管变形的影响,尽量将测量分划及向主观察系统的投射元件上移进入主镜管内。

(4)测量标线的十字线中心与主物镜的连线将代表甲板基准瞄准线,该瞄准线应与镜管安装的轴线一致,而且尽量不受镜管变形的影响。

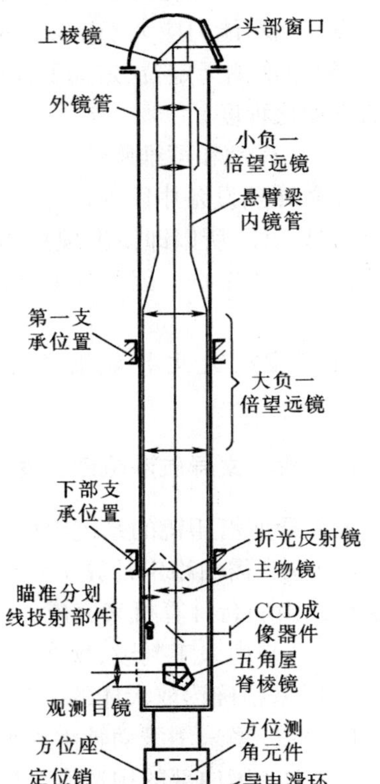

图11-27 天文导航潜望镜的构造原理

(5)应保持镜管安装轴线与甲板基准平面垂直,潜望镜舷角为零时的观察面与舰船甲板的艏向一致,这要通过标校来解决。

11.5.3 天文经纬仪的结构与系统组成

天文经纬仪系统由经纬仪和控制机柜两大部分组成,见图11-28。经纬仪部分主要由图中的1~8和方位座与支架组成;机柜部分由图中的9~16和机柜体组成。

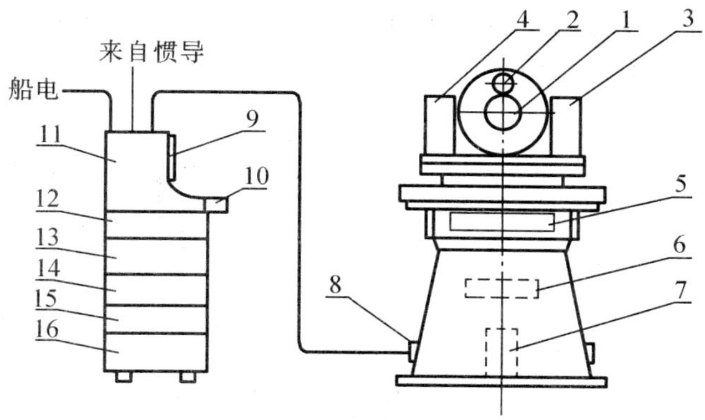

图11-28 天文经纬仪组成示意图

1—星体观测单元;2—太阳观测单元;3—高度测角传感器;4—高度伺服电机;5—方位测角传感器;6—方位伺服电机;7—导电滑环;8—电缆接插件;9—显示器;10—操控台;11—计算机及接口;12—CCD采样电路抽屉;13—测角处理电路抽屉;14—伺服电路抽屉;15—时统电路抽屉;16—专用电源

天文经纬仪的系统组成见图11-29。天文经纬仪的系统组成中主要包括:控制计算机、图像处理计算机、方位与高度随动系统、方位高度测角系统、太阳与星体的CCD测量系统、时统系统、保护控制系统等。

11.5.4 天文导航潜望镜与天文经纬仪单机功能与特性

以下介绍的组成单元从原理上说,有的是天文导航潜望镜与经纬仪共有的,如星体观测单元、高度方位测角装置、高度方位伺服系统、时间基准单元、CCD图像采集卡等,而只有部分的单元或者是参数有所不同,所以在此将一并介绍。

1. 星体观测单元

星体观测单元由天文望远镜和CCD摄像机二部分组成,具有昼夜观测星体的功能。

天文经纬仪的光学系统又称为天文望远镜,物镜采用折反射系统,达到在白天使星光信号与天空背景光信号的对比度满足CCD星体检测线路的提取能力,同时CCD像面不能饱和。光学系统物镜的主、副反射镜采用非球面反射光学元件,能够很好地消除像差,且不会引起色差。

在组件中,采用遮光罩减少外部杂光进入,在光路中设置消杂光光阑,主镜筒壁采用消杂光螺纹,对镜筒进行消光处理;而在天文导航潜望镜中,则由于镜筒细长此问题不突出。

在天文望远镜或天文导航潜望镜光学系统的焦面上安装高灵敏度的CCD摄像机。在测星CCD靶面前方设计强光保护机构,当视场中出现太阳或强光时,强光保护机构关闭,保护CCD靶面不受灼伤。根据星光和白天天空背景特点设计滤光镜,在白天测星时尽量地滤掉背景光,提高星光与背景光的对比度。

2. 太阳测量单元

太阳测量单元有两个作用,其一是直接观测太阳进行定向;其二是在白天星体观测单元在搜索、捕获星体的过程中，太阳光可能长时间照射在测星 CCD 靶面上，造成 CCD 的永久损伤。而太阳测量单元的 CCD 靶面视场大，可以预先敏感到太阳光，用其产生的信号控制强光保护机构动作，挡住太阳光。

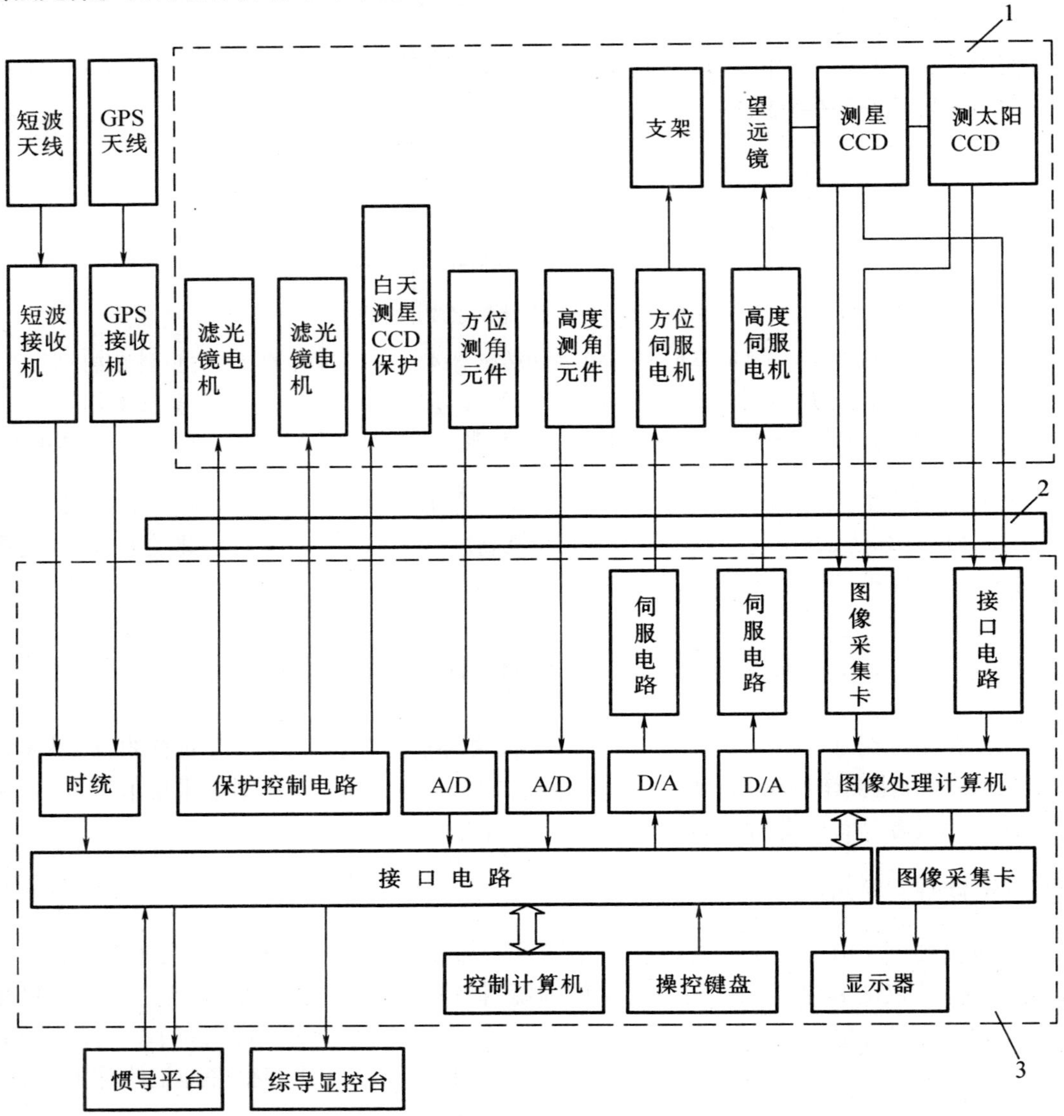

图 11－29 天文经纬仪的系统组成图

1—经纬仪主体；2—导电滑环；3—机柜

太阳测量单元的光轴与星体观测单元光轴平行，太阳测量单元的 CCD 靶面前设置一个可切换的滤光片，白天滤光片切入光学系统进行太阳测量，夜间打开，让星光直接照射在 CCD 靶面上。

3. 高度、方位测角装置

天文导航潜望镜和天文经纬仪的高度、方位测角元件可以采用多极旋转变压器、感应同步机、光电码盘、光栅测角仪等角度传感器。而经常被采用的是粗精组合双通道 32 对极或 64 对极的多极旋转变压器。

高度测角元件采用同轴方式安装在经纬仪或潜望镜上反射镜的俯仰轴上，用于测量俯仰轴旋转的角度；方位测角元件采用同轴方式安装在经纬仪的垂直轴或潜望镜的竖直轴上，用于测量方位转角。

高度方位测角元件均由特种电源提供 36 V、400 Hz 正余弦交流电激磁，输出粗、精两路模拟信号给测角转换线路，转换为数字量，实时向计算机提供经纬仪的高度和方位角。

测角装置的原理框图见图 11－30。

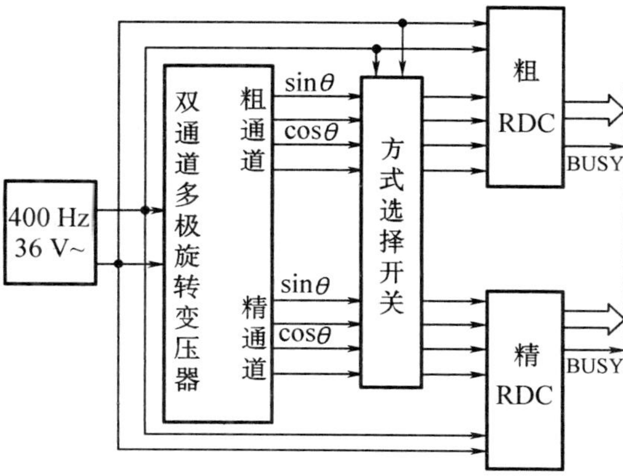

图 11－30　测角装置原理框图

测角转换线路采用正余弦旋转变压器——数字转换器（RDC）模块设计。粗通道采用 10 位 A/D 转换芯片，精通道采用 14 位 A/D 转换芯片，精粗组合采用可编程 EPROM 或软、硬件组合的方式实现，可以提高测量精度和可靠性。

4. 高度/方位伺服系统

高度/方位伺服系统由计算机及软件控制模块、伺服电路、力矩电机、测角元件、测角转换电路等环节组成。伺服电路包括 D/A 转换、双极性 PWM 脉宽调制、桥式功率放大器等。其原理框图见图 11－31。

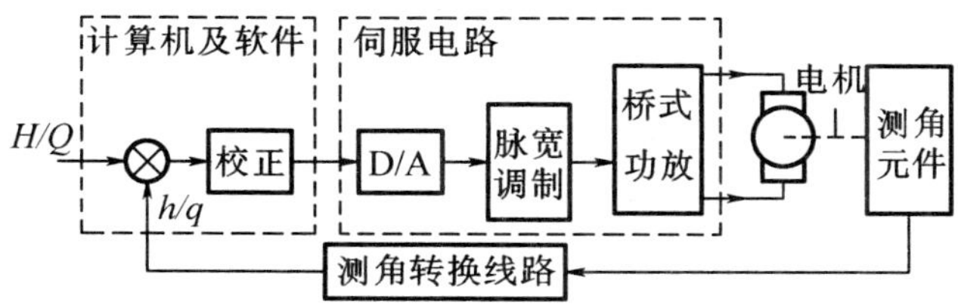

图 11－31　数字伺服系统原理框图

5. 时间基准单元

时间基准为天文导航系统实时地提供精确的北京时或世界时时间、1 Hz 的秒信号和 1 000 Hz的计数信号。精确的时间信息和毫秒计数信号是天文导航系统计算被测天体高度和方位的依据，其误差将带来系统定位、定向误差。1 Hz 的秒信号是时间基准的对时信号，也是毫秒计数开始的清零信号。

时间基准主要由频标、对时线路、分频及计时电路、输入输出接口电路等组成。

频率标准可根据连续工作时间、定位和定向精度、工作环境条件、接收授时信号难易等要求，选择铷原子频标、石英晶体震荡器或其他振荡器。一般远洋航天测量船和战略潜艇的天文导航系统时间基准选用铷原子频标，其他舰艇的天文导航选用石英晶体振荡器作为频标就可以了。

时间基准的原理框图见图 11 －32。

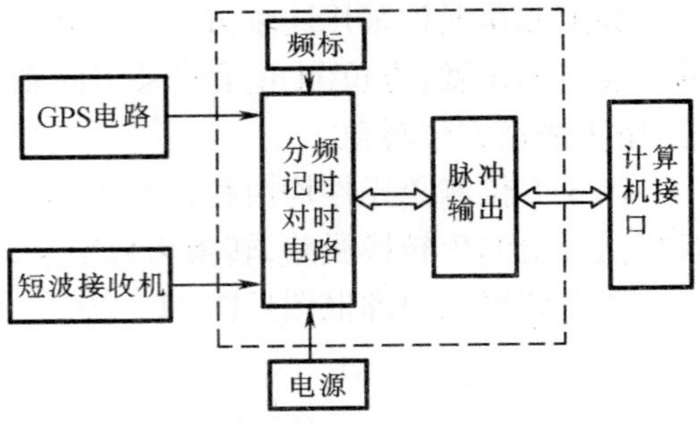

图 11 －32 时间基准单元原理框图

频标输出的信号经过放大整形处理后，进入分频电路进行分频，得到 1 Hz 的秒信号。秒脉冲信号与短波接收机收到的天文台发布的标准时号或 GPS 电路输出的秒同步信号进行对准。1 Hz 的秒信号通过对时电路的对时校时处理，得到与标准信号或 GPS 同步信号同步运行的时钟秒信号，该时钟秒信号对计时线路进行对时，得到年、月、日、时、分、秒的时间信号，输送给计算机。

由于天文导航所需要的时间精确到秒是不够的，所以分频链中分频出的1 000 Hz信号经过计数器计数由并口直接输送给计算机。在计算机收到秒信号时，首先对计数器清零，时、分、秒加上1 000 Hz计数即为实时的时间。

时间误差不大于 0.1 s，由此引起的地理经度误差不大于 1.5″，对于地平高度角不大于 45°的天体，定向误差不大于 1.5″。

6. CCD 图像采集卡

CCD 摄像机摄取含有天体的天空图像信息后，传输至图像采集卡。星体图像采集模块采用高速图像处理芯片对星体图像信号进行数字处理、存储、再现，采用软件进行星像坐标检测。图像采集卡向计算机输出星体在 CCD 视场中的位置量 x，y。

7. 操控键盘

操控键盘的功能是向计算机发出操控指令，实现人机对话。操控键盘的设置应满足人机对话的要求：

①在不同使用状态下，需人工参与的操作；

②在自检、调试状态，完成系统自检、调试全部项目；

③能对系统软件进行简单修改。

天文导航潜望镜的操控键盘与天经纬仪的操控键盘所完成的基本功能应该如上所述，但具体的形式和具体要求可以有所差别。一般情况下，对于天文经纬仪的操控键盘，应具有如下操控键：

a. 数字键	10 个	0 ~ 10	向计算机人工输入数据；
b. 数字符号键	2 个	. ，－	表示数据符号和小数点；
c. 确认回车键	1 个	#	表示一个数据，一条指令结束；
d. 删除纠错键	1 个	×	删除前一个输入；
e. 开始键	1 个		
f. 停止键	1 个		
g. 自动测星键	1 个		
h. 人工测星键	1 个		
i. 系统自检键	1 个		
j. 人工修正键	4 个	↑ ↓ → ←	用于操作经纬仪，将星像拉至视场中心

k. 人工采样键　　1 个　　　　　　　　　在人工测星状态，进行人工采样

要完成全部人机对话任务，24 个操控键显然是不够的，应该通过软件根据各个键的使用情况进行再次定义，赋予它新的使命，扩充操控键的功能，直至满足要求为止。

11.5.5 天文导航系统软件的有关问题

以下只概略介绍导航软件的总体要求和总的程序框图，具体功能程序模块从略。

1. 系统给定需求

（1）软件应满足系统自动昼夜测天体，人工昼夜测星定位、定向和系统自检调试三种状态下工作的要求。

（2）软件应具有以下功能模块：

①自动生成即日的星历表；

②智能选星　将适合当时、当地测量的星按方位从小到大排列；

③自动星体跟踪　实时计算天体的地平甲板高度、方位；

④自动星体检测　检测 CCD 中星体位置坐标；

⑤伺服稳定控制　完成高度方位伺服系统的控制；

⑥星体高度差计算　计算测量瞬间地平测量高度与计算高度之差；

⑦天文导航数据补偿与处理；

⑧天文导航定位、定向解算；

⑨系统通信；

⑩系统自检；

⑪设备初始化；

⑫纠错处理。

2. 软件总体设计

系统的总体程序流程图如图 11－33 所示。

11.5.6 潜望镜镜管弯曲的精密补偿技术

1. 概述

在 11.5.2 节中已介绍了天文导航潜望镜提高测天精度的关键因素是如何构建潜望镜的结构方案，而其最为棘手的问题是如何处理镜管弯曲与振动的影响。这个问题解决的好坏直接影响设备达到的精度和工作稳定性。所以，我们在此把它作为一个有专业特色的总体技术加以介绍。

在潜望镜的发展实践中，对这个问题的研究已积累了一定的经验和成果，有多种专利和方案，但应用于实际潜望镜中的毕竟有限。可以把 11.4 节中论述的潜望镜解决这个问题的实际方案归纳为以下五个不同类型：

（1）如图 11－23 所示的美国 11 型潜望镜的“空镜管方案”；

(2)如图 11－24 所示的法国 PIVAIR 潜望镜“头部瞄准管方案”；

(3)如图 11－27 所示的“大小负一倍系统方案”；

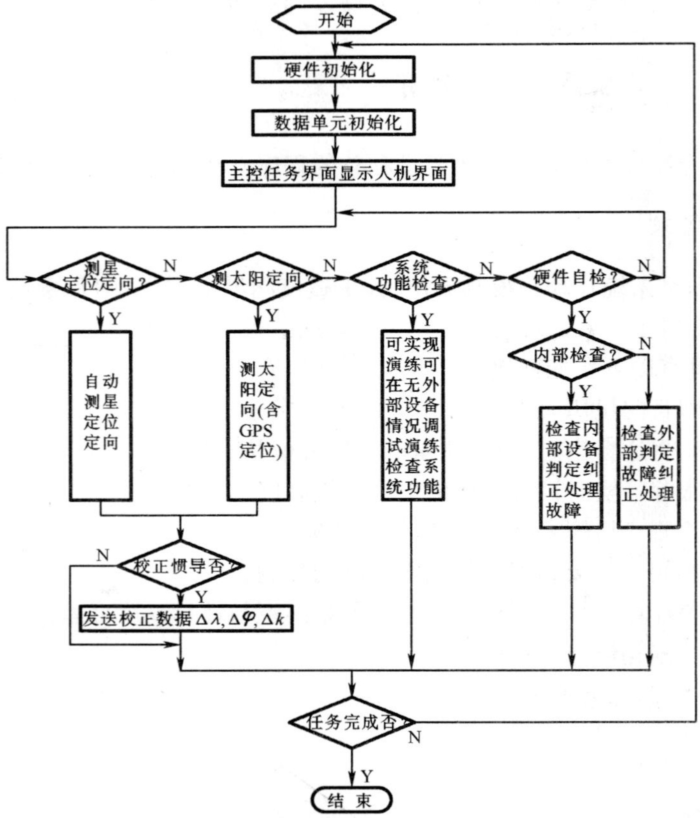

图 11－33　天文导航系统总体程序框图

(4)如图 11－14 所示“倒放开普勒望远镜加补偿系统方案；

(5)如图 11－15 所示的“图像稳定系统加补偿系统方案”。

表 11－4 示出了以上五种解决镜管振动弯曲对精密测量影响方案的分析对比。

表 11－4　各种解决镜管振动弯曲对精密测量影响方案的分析比较

	方案名称	方案的要点	方案的特点和评价
0	美国 11 型潜望镜的“空镜管”方案	①主望远镜观察系统和瞄准线置于镜管不受弯曲的下部，镜管受弯曲振动的部分为一空镜管； ②上反射镜在观察面内为偶次(4 次)反射，称为“固定偏离系统”，当镜管在此方向弯曲振动时，瞄准线出射方向不受影响； ③在弧矢面内，采用四连杆机构，在镜管左右两侧，设置两根细长的铟钢杆，将上反射棱镜组、力矩马达和测角元件等组成的框架作为四连杆的一根杆，镜管下端基座作为另一根杆，当上部镜管弯曲振动时，此四连杆机构可始终保持上棱镜回转轴与下部不变的基座平行，也就克服了镜管振动弯曲的影响	系统的结构方案比较简洁，但细长铟钢杆的制造和四连杆机构的装调难度大

表 11－4(续)

	方案名称	方案的要点	方案的特点和评价
a	法国 PIVAIR 潜望镜"头部瞄准管方案"	①潜望镜测星瞄准线设置在头部,并设置在双轴稳瞄平台上,在观察面内的振动影响靠陀螺敏感和稳瞄控制系统消除; ②在观察面内的弯曲靠专设于镜管壁腔的镜管弯曲测量系统测出并加以补偿; ③为了克服镜管振动弯曲对在潜望镜下部观察瞄准时的影响,潜望镜观察系统采用了图像稳定光学系统(其原理见第 2,4 章)用于稳定观察视场	将瞄准管置于潜望镜的头部尽管有失调量大的缺陷,但可以使测星光路与基准光路尽快重合,以下便形成所谓"不失调光路",更易于方案的构建
b	英国 CK035 潜望镜、国产多用途潜望镜"图像稳定系统加补偿系统方案"	①瞄准线设置在潜望镜的目镜头部位,系统在观察面和弧矢面对镜管振动的影响靠图像稳定光学系统来大部消除; ②系统在观察面内镜管弯曲的影响的大部也靠图像稳定系统消除; ③为了消除镜管变形折点在观察面内的变动误差,光学透镜随镜管弯曲的侧移误差等造成的瞄准线在观察面的变动误差,设置了专门的补偿系统	主要依靠图像稳定系统,并不能完全消除镜管弯曲振动的影响,即便是设置镜管弯曲补偿系统,而由于系统比较复杂,失调因素多,其测高误差的水平也不会有多高
c	"大小负一倍系统方案"	①如图 11－27 所示,瞄准管设在镜管下部不受影响的部位,在潜望镜的外伸距部分设置内外硬镜管,内镜管与外镜管在上部完全脱开,形成悬臂梁结构,这样可尽量隔离内镜管受外镜管振动弯曲的影响; ②在上部内镜管中设置负一倍望远系统和上反射棱镜,可保证在观察面内消除内镜管牵连运动(振动、弯曲)的影响; ③内镜管在弧矢面内牵连运动(振动、弯曲)中弯曲的影响靠专设的镜管弯曲补偿系统来解决	采用双层镜管的内管悬臂梁结构,选取合理的支点,可以使内镜管隔离大部分的弯曲振动,但这种方案存在一定的危险性,而且失调因素多,稳定性相对较差
d	ПЗН－10 潜望镜"倒方开普勒望远镜加补偿系统方案"	①瞄准线设在潜望镜目镜头部分,系统在观察面和弧矢面对镜管振动的影响都未加改进措施; ②系统在弧矢面内设置了镜管弯曲补偿措施,用来补偿镜管观察面内弯曲的影响	这种方案反映了测天定位系统早期技术局限性,方案构建比较粗糙的情况

以上五种构建方案体现了世界各国的潜望镜中为解决镜管弯曲振动影响的几乎所有可能途径,从中也可看出,为解决在一根"柔性"的镜管上进行精密测角的难度是很大的。

2. 潜望镜镜管弯曲观察面的精密补偿技术

以下以实际应用于潜望镜中观察面补偿系统为例介绍潜望镜特有的精密补偿技术。

(1)子午(观察)面内弯曲变形补偿实例(方案 d)

①补偿原理

在表 11－4 中方案 d 的前苏联的 ПЗН－10 对空导航潜望镜中,在潜望镜的弧矢面内设置了专门的镜管弯曲补偿系统,用来补偿镜管子午面内的弯曲变形影响。其详细原理可参看第 1 章参考文献[12],补偿角公式的推出参见图 11－34。

在图 11－34 中,潜望镜的测量天体高度的目标光学系统中包含有弯曲折点前方的望远镜 Γ_1,弯曲折点后方的望远镜 Γ_2。由于镜管在观察面内的的弯曲 θ 角,造成了水平方向来的瞄准线向量 A,经上述受镜管弯曲影响的光学系统后,产生了与光轴的出射角 ω',而原理上在此处将用来对星体的高度进行测量(原理见本章 11.4.1 节),如对此角不进行补偿,则就造成测量星体高度的误差。由图中有

$$\omega = \theta - \alpha = \theta - \theta \cdot \Gamma_1$$

$$\omega' = \omega \cdot \Gamma_2 = (\theta - \theta\Gamma_1)\Gamma_2 = \theta(\Gamma_2 - \Gamma_1 \cdot \Gamma_2)$$

在该系统的光学系统设计时,使 $\Gamma_1 \cdot \Gamma_2 = +1^{\times}$,所以有

$$\omega' = \theta(|\Gamma_2| - 1) \tag{11-60}$$

如果以反射镜作为补偿镜(实际是屋脊棱镜),则补偿镜的转角为

$$\Delta\varphi_{棱} = \frac{\theta}{2}(|\Gamma_2| - 1) \tag{11-61}$$

公式中绝对值的意义是,这里不用再考虑望远镜 Γ_2 的正负号,而只按绝对值来取值。

②补偿方案的实现

在本章 11.4.1 节中已示出补偿方案的组成,包括设在弧矢面内主物镜前带亮标线上部平行光管,设在弧矢面内处于目镜前像面的补偿分划板和补偿观察目镜,在下部六分仪测量系统中的补偿屋脊棱镜,以及图 11－35 中所示的补偿机构。

当补偿手通过补偿目镜 4 观察到上平行光管中的亮标线相对于补偿分划板的双标线 1 产生位移时,他操作图中左下方的补偿手论回转,通过锥齿轮付 5,6,齿轮齿条 7,8,1,使补偿分划板的双标线移动,以便重新夹中上平行光管的亮标线。另外通过凸轮 2,使带摆杆的屋脊棱镜 3 作补偿转动,恰当地设计传动链的有关参数,即可实现镜管弯曲的补偿。

上平行光管标线在像面上的位移量用 l 来表示,由图 11－36 可以求出。为了尽量不影响主视场的观察,设计时将补偿接收视场置于主视场的边沿,即距视场中心的距离为 Y,

$$Y = f'_{转Ⅱ+聚} \cdot \tan\beta$$

$$S = \sqrt{Y^2 + (f'_{转Ⅱ+聚})^2} = f'_{转Ⅱ+聚}\sqrt{1 + \tan^2\beta}$$

则上标线产生的位移为

$$l = S \cdot \theta = f'_{转Ⅱ+聚} \cdot \theta\sqrt{1 + \tan^2\beta}$$

由于角 β 只有 1°多,$\tan^2\beta$ 与 1 相比可以略去,有

$$l \approx f'_{转Ⅱ+聚} \cdot \theta \tag{11-62}$$

式(11－60)表示的是镜管弯曲影响测高误差的公式,式(11－62)表示所观察到的上标线位移量公式。补偿传动机构应满足这二者之间的等效关系式。

现在如取消补偿传动机构,在补偿双分划板处设置线阵 CCD 接受元件,测量出上标线的位移量 Δl,则在测高度盘(或测角传感器)读出的星体高度数据基础上应加上的镜管弯曲补偿量为

$$\Delta h = \frac{|\Gamma_2| - 1}{2f'_{转Ⅱ+聚}} \cdot \Delta l = K_{补} \cdot \Delta l \tag{11-63}$$

式中,$K_{补} = \dfrac{|\Gamma_2| - 1}{2f'_{转Ⅱ+聚}}$称为补偿传递系数。

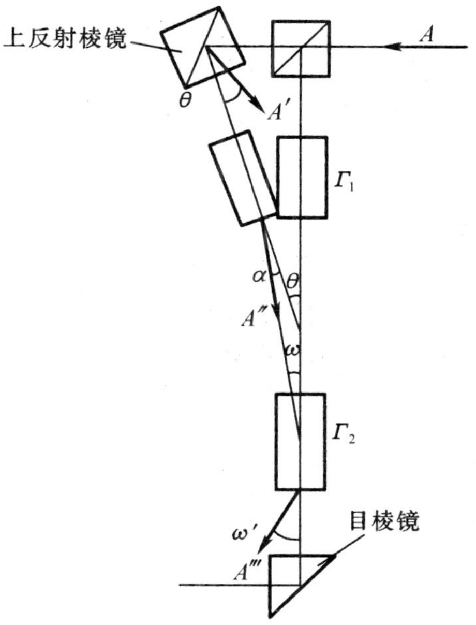

图 11－34　镜管弯曲补偿角的关系示意图

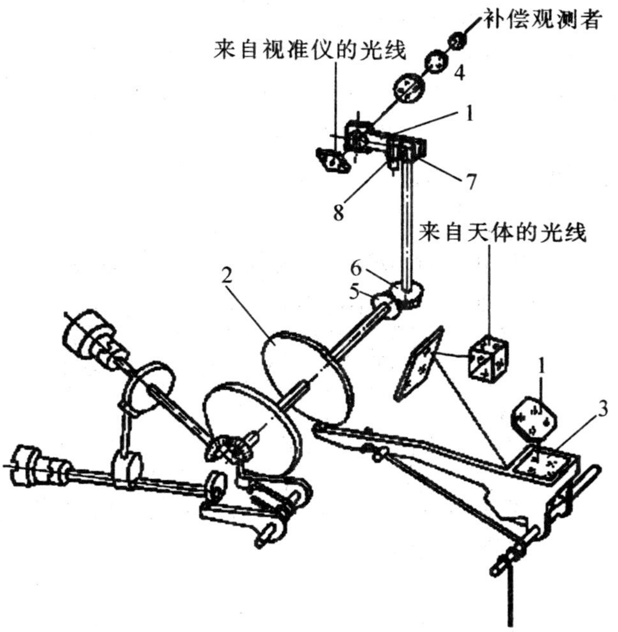

图 11－35　补偿机构传动图

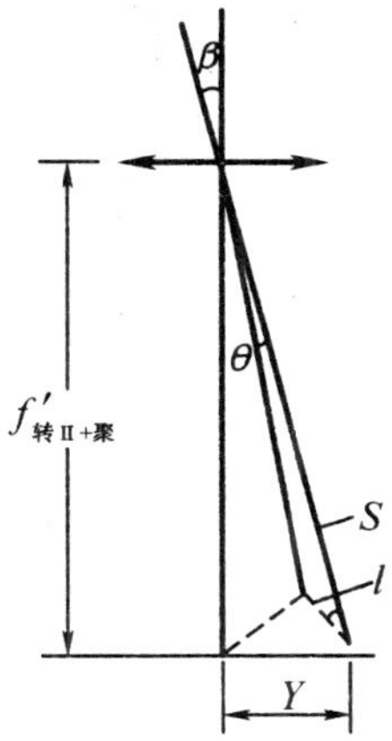

图 11－36　补偿亮标线的位移量示意图

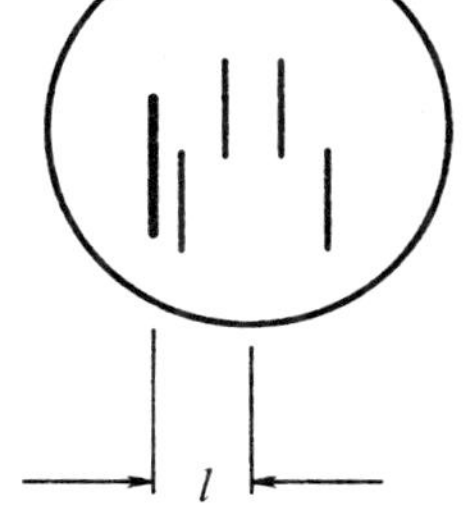

图 11－37　补偿目镜视场图

(2)采用图像稳定系统时(方案 b)镜管弯曲观察面的精密补偿

对于采用图像稳定原理的潜望镜光学系统，如瞄准线分划板设在目镜头处，要进行精密的测量(如测天定位)，只利用弯曲折点的成像是远远不够的，还必须配置专门补偿系统。实践证明，只利用图像稳定原理的潜望镜光学系统，而无补偿系统时，在镜管外伸端无弯曲的情况下测天时，就会因支撑的不同轴度，使镜管局部弯曲而带来 3′～5′的测高误差，这种误差是随方位回转角而变动的，无法通过设修正值来消除。在参考文献[9][10]中，提出了一种离焦补偿系统的方法，并在潜望镜中得到了广泛采用。这种方法非常显著地提高了该系统的测天定位精度。

①系统组成

该系统的原理图见图 11－38。我们称此系统为“离焦补偿系统”，它由以下几部分组成。

a. 补偿标线系统。装于潜望镜的弧矢面内，由标线分划板、平行光管物镜、折转光线用棱镜和负透镜（在具有三转系统的光路中为正透镜）组成。它发出发散（或会聚）光束，经过物镜后，成像于物镜焦面下方的一倍焦距处，即二者的离焦量为一倍物镜焦距。

b. 反光镜与线阵 CCD。使线阵 CCD 置于补偿标线接收系统的像面上，用于接收上标线分划板狭缝因镜管弯曲而造成的位置移动量。

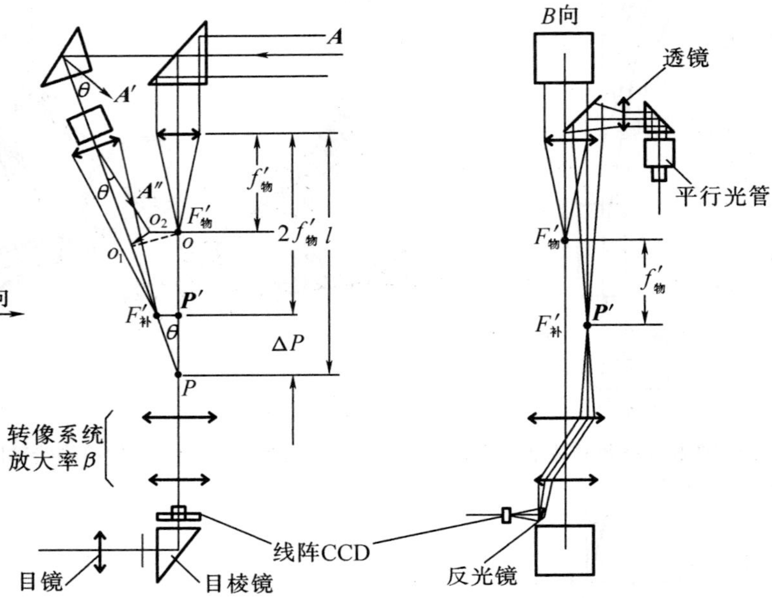

图 11-38 离焦补偿系统的组成及原理图

c. R/D 线路及计算机（或单片机）。用于按一定的关系式，计算测高补偿值，并送给天体高度测量系统。

②补偿工作原理

a. 当潜望镜的弯曲折点恰好位于二倍焦距处时，图 11-38 中 $\Delta P=0$，则当镜管绕 p' 点折转 θ 时，由水平目标来的光线向量 $\boldsymbol{A}$ 经上反射棱镜和物镜后，出射光线向量 $\boldsymbol{A}''$ 将与原光轴相交于 o 点，即仍成像在镜管弯曲前的像面位置，即始终落在下部固定系统的光轴上，因而在 CCD 线阵上就不会发生偏移，也就无补偿量输出。

b. 当潜望镜的弯曲折点不与物镜的二倍焦距位置重合时，即有图 11-38 中 ΔP 的折点位移时，测星光学系统的像偏移量为 o_2o，标线系统的像偏移量为 $F_补 p'$，由图有

$$
\begin{aligned}
o_2o \approx oo_1 - o_1o_2 &= (2f'_物 + \Delta P - f'_物)\cdot\theta - f'_物\cdot\theta \\
&= f'_物\cdot\theta + \Delta P\cdot\theta - f'_物\cdot\theta \\
&= \Delta P\cdot\theta = f'_物 P'
\end{aligned}
$$

可见，二者量值相等。此时对于测星光学系统来说将造成测高误差；而对于补偿标线系统来说，则标线像相对于线阵 CCD 的设定零位将产生偏移，从而有高度的补偿信号输出，可以去抵消星体测量系统的测高误差。显然，此时所应补偿的高度误差为

$$
\Delta h = \frac{\Delta P}{f'_物} = \frac{\Delta S}{f'_物\cdot\beta} \qquad (11-64)
$$

式中 ΔS——线阵 CCD 所测标线偏移值；

β——转像系统横向放大率。

如果将 Δh 除以 ΔS，则可以得到补偿系数

$$K_B = \frac{\Delta h}{\Delta S} = \frac{1}{f'_{物}\beta} = \frac{1}{f'_{物}\beta_2\beta_3} \tag{11-65}$$

c. 事实上，无论是星光或是补偿标线都会受到下部转像系统“失调”的影响，如为三转系统时，也会受到折点前方第一个转像系统“失调”的影响。所以在补偿式中，必须很好地考虑这些因素，才会提高该补偿方法的精度水平和使用价值。

③弯曲折点前后方光学系统的适应性设计

由以上的介绍可以看出，以上的“离焦补偿系统”，主要是从镜管弯曲折点变化的角度提出来的。但镜管的弯曲折点变化只是造成测高误差的一种原因。由于镜管的弯曲会造成分布于镜管轴线上各点的光学系统透镜光轴侧向偏移，从而引起瞄准线变动，同样会引起测高误差，而且是最主要的影响因素。这是因为镜管在回转过程中，由于支撑不同轴度的存在，致使分布在镜管轴线上各点的光学透镜产生复杂的相互不同轴度的变动，引起瞄准线变动带来的。解决这一问题的要点是，如何通过补偿标线光路来反映这种透镜偏移误差的存在；如何建立正确的补偿系数，补偿掉这一误差。

图 11-39 示出 一种具有三组转像系统的图像稳定光学系统图。在弯曲变形折点 P 的上方具有一组转像系统和一主物镜，它被简化为一个负一倍望远镜和一个主物镜。在变形折点的下方有两组转像系统，其横向放大倍率分别为 β_2，β_3，每组转像系统分别由两块转像透镜组成，每块透镜的偏心分别为 δ_3，δ_4，δ_5，δ_6。测星瞄准线分划板设置在目镜前焦面上。

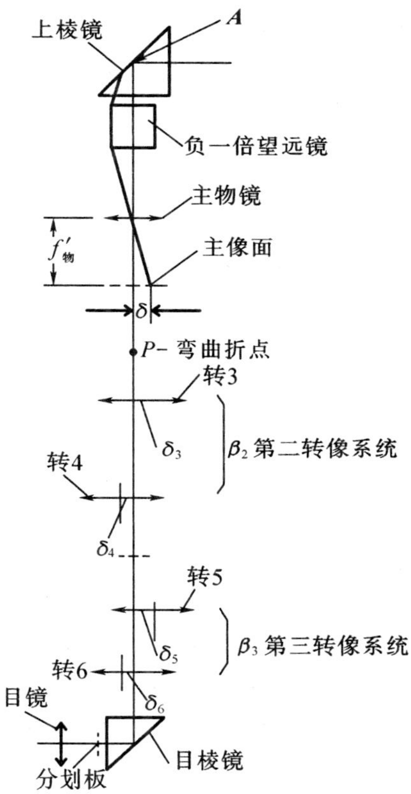

图 11-39　透镜偏心造成的误差分析

可把透镜偏移造成的影响按像偏移看待，并且向着物方进行折算

$$\delta = \delta_3 \pm (\delta_4 \pm \delta_5)\frac{1}{\beta_2} \pm \delta_6 \frac{1}{\beta_2\beta_3}$$

此偏移量造成物方空间的测高误差为

$$\Delta h = \frac{\delta}{f'_{物}} = \frac{1}{f'_{物}}\left[\delta_3 \pm (\delta_4 \pm \delta_5)\frac{1}{\beta_2} \pm \delta_6 \frac{1}{\beta_2\beta_3}\right] \tag{11-66}$$

以下我们来分析补偿标线的偏移。由于补偿标线像面与主像面离焦，它对于后方转像系统而言，是对其焦面外的目标成像，此时，转像系统的横向放大率为

$$\beta'_2 = -\frac{f'_3}{f'_4} \cdot \frac{x'}{x}$$

式中，$x = -f'_{物}$ 为标线成像在一倍焦距处的物距。

$$x' = -\frac{f'^2_4}{f'_3 + f'_4 - d_2 + f'_3/f'_{物}}$$

代入后可得

$$\beta'_2 = \frac{\beta_2 \cdot f'_{组2}}{f'_{组2} + \beta_2 \cdot f'_{物}} = k_2 \cdot \beta_2$$

式中
$$k_2 = \frac{f'_{组2}}{f'_{组2} + \beta_2 \cdot f'_{物}} \tag{11-67}$$

同样对于第三转像系统有

$$\beta'_3 = k_3 \cdot \beta_3$$

$$k_3 = \frac{f'_{组3}}{f'_{组3} + \beta_3 \cdot x'} \tag{11-68}$$

则标线向补偿观察目镜前像面折算的总偏移量为

$$\begin{aligned}\Delta S &= \delta_3 \cdot \beta'_2 \cdot \beta'_3 \pm (\delta_4 \pm \delta_5)\beta'_3 \pm \delta_6 = \delta_3 \cdot k_2 \cdot k_3 \cdot \beta_2 \cdot \beta_3 \pm (\delta_4 \pm \delta_5) k_3 \cdot \beta_3 \pm \delta_6 \\ &= k_2 \cdot k_3 \cdot \beta_2 \cdot \beta_3 \left[\delta_3 \pm (\delta_4 \pm \delta_5) \frac{1}{k_2 \cdot \beta_2} \pm \delta_6 \frac{1}{k_2 k_3 \beta_2 \beta_3} \right]\end{aligned} \tag{11-69}$$

将 Δh 除以 ΔS 便可以得到补偿传递系数

$$K_{补} = \frac{\Delta h}{\Delta S} = \frac{Q}{f'_{物} k_2 k_3 \beta_2 \beta_3} \tag{11-70}$$

式中
$$Q = \frac{\delta_3 \pm (\delta_4 \pm \delta_5)\dfrac{1}{\beta_2} \pm \delta_6 \dfrac{1}{\beta_2 \beta_3}}{\delta_3 \pm (\delta_4 \pm \delta_5)\dfrac{1}{k_2 \beta_2} \pm \delta_6 \dfrac{1}{k_2 k_3 \beta_2 \beta_3}} \tag{11-71}$$

式(11－71)中，要使 $Q = 1$，其充要条件是

$$\begin{cases} k_2 = 1 \\ k_3 = 1 \end{cases} \tag{11-72}$$

要满足(11－72)式的条件，经分析，转2、转3只有符合图11－40的组成结构才行，即转像系统的两个透镜焦距相等，其横向放大率 $\beta = 1$，而其组合焦距 $f'_{组} = \infty$。

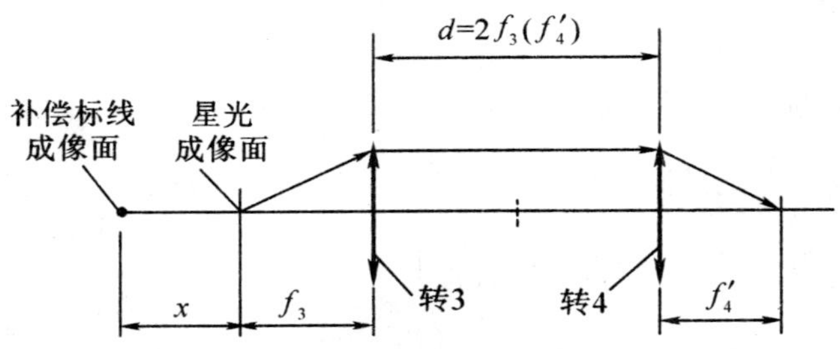

图 11－40 满足全补偿的转像系统结构图

如果设计上全满足此条件有困难，则可以满足近似条件，如安排转6透镜在目镜头处。可以近似的认为 $\delta_6 = 0$；而只令第二组转像系统满足 $\beta_2 = 1$ 的条件。

如果全满足了(11－72)式的条件，则可实现

$$K_{补} = K_B = \frac{1}{f''_{物}}$$

此时因弯曲折点变动产生的补偿影响系数与透镜偏心产生的补偿影响系数两者一致，而且与变动量成线性关系，将可以达到比较理想的补偿效果。

3. 潜望镜镜管弯曲弧矢面精密补偿技术

潜望镜弧矢面的弯曲补偿对于精密测高测向的天文导航系统来说，也是非常重要的，尤其是对测向的影响更大。在此，我们先来分析在各种类型的构建方案中镜管弧矢面的弯

曲对测高测向的影响。

(1)几型潜望镜测天定位系统镜管部分弧矢面的简化方案及其说明

图 11-41 中画出了各型潜望镜测天系统弧矢面简化原理方案。

对各型潜望镜弧矢面简化方案的说明如下。

①美国 11 型潜望镜的构建方案，潜望镜测星瞄准线置于潜望镜下部的不受镜管弯曲影响的部分，由于始终保持上反射镜转轴平行于基座轴线，所以镜管侧向弯曲对测高测向不会产生影响(图中未画出)；

②法国 PIVAIR 潜望镜，在其上头部设置有陀螺稳瞄平台和测星瞄准光管，所以当潜望镜管侧向弯曲时，其测星瞄准光管将一起向侧向弯曲。而对于此弯曲量，上部陀螺是不敏感的，会造成一定的测高测向误差(图中(a))；

③英国 CK035 以及我国多用途潜望镜的简化方案，镜管部分的光学系统如果是正一倍望远镜加组合物镜的方案，则镜管的弯曲折点 P 在主物镜的二倍焦距处，此时设置在目镜头处的测星瞄准线，经过以上系统后，其出射的瞄准线向量将变为与原不动部分的光轴平行(图中(b))；

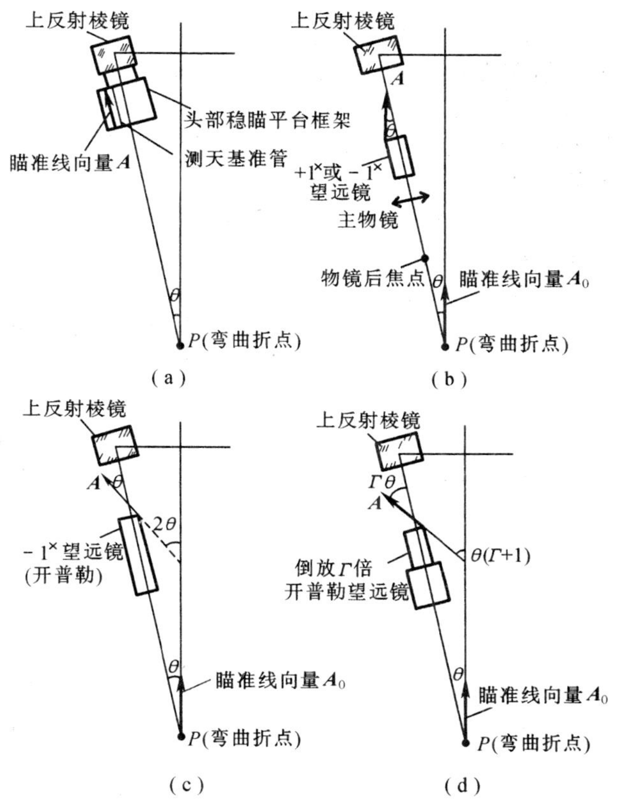

图 11-41　各型潜望镜镜管部分测天系统的弧矢面内简化方案

④国产某型天文导航潜望镜在镜管中设置的负一倍望远镜，在观察面内刚好和上反射镜的一次反射相互作用，使镜管在观察面内的弯曲不影响测高测向误差，但在弧矢面内，则下部来的瞄准线向量 $\boldsymbol{A}_0$ 经过负一倍望远镜出射为瞄准线向量 $\boldsymbol{A}$ 将与原不动部分的光轴夹角为 2θ，并引起一定的测高测向误差(图中(c))；

⑤前苏联 пзн-10 对空导航潜望镜，下部的测星瞄准线向量经上部倒放开普勒望远镜后，其出射的瞄准线向量 $\boldsymbol{A}$ 将与原不动部分的光轴夹角为 $\theta(\Gamma+1)$ 并引起可观的测高测向误差(图中(d))。

(2)解题思路与坐标系的建立

我们将解题分作两步走，第一步是建立坐标系，求出瞄准线矢量在上棱镜俯仰时，在静坐标系中的轨迹方程；第二步是根据瞄准线在静坐标系中的轨迹方程，结合球面三角法求出对测高测向误差的影响公式。为此，建立三个直角坐标系(以 c 方案为例)：

①静坐标系 $ox_0y_0z_0$，其 ox_0z_0 平面与潜望镜的观察面一致，oz_0 轴向上与竖直轴一致；

②与上部弯曲镜管固结的动坐标系 $ox_2y_2z_2$，它随弧矢面弯曲的镜管一同弯曲 θ 角，其 ox_2z_2 面与弯曲部分的主截面一致，oz_2 轴与弯曲的上部轴线一致；

③与棱镜固结的动坐标系 $ox_1y_1z_1$，它随上棱镜一起俯仰，在仰角为零时，其方向与动坐标系 $ox_2y_2z_2$ 一致。

(3)镜管侧向弯曲后，各型潜望镜瞄准线空间轨迹方程的求取

在图 11－42 中，由镜管下部大负一倍向上出射的瞄准线向量 $\boldsymbol{A}_0$，经过弧矢面弯曲 θ 角的上部小负一倍透镜后，其出射向量 $\boldsymbol{A}$ 与竖直光轴形成 2θ 的夹角。可用下式求取该向量经上棱镜后在空间的轨迹方程

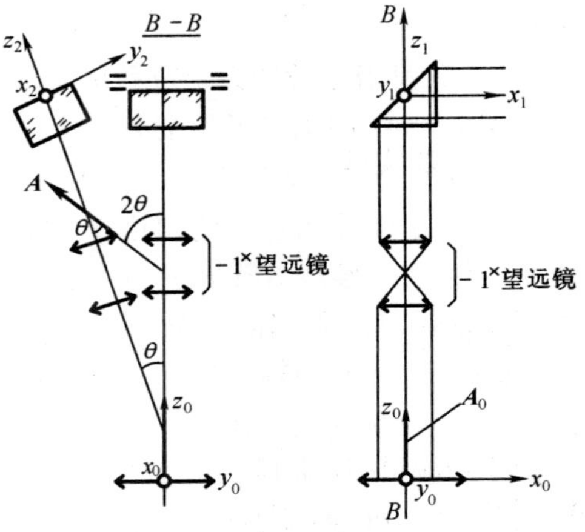

图 11－42　坐标系的建立

$$\boldsymbol{A}' = \boldsymbol{G}_2^{-1}\boldsymbol{G}_1^{-1}\boldsymbol{S}_2\boldsymbol{G}_1\boldsymbol{G}_2\boldsymbol{A} \qquad (11-73)$$

式中　$\boldsymbol{A}$——瞄准线向量在静坐标系中的表达式；

$\boldsymbol{G}_2$——由静坐标系 $ox_0y_0z_0$ 向动坐标系 $ox_2y_2z_2$ 绕 ox_0 转动 θ 角的坐标转换矩阵

$$\boldsymbol{G}_2 = \begin{bmatrix} 1 & 0 & 0 \\ 0 & \cos\theta & \sin\theta \\ 0 & -\sin\theta & \cos\theta \end{bmatrix}$$

$\boldsymbol{G}_1$——由坐标系 $ox_2y_2z_2$ 向与棱镜固结的动坐标系 $ox_1y_1z_1$ 绕 oy_2 轴俯仰的坐标转换矩阵

$$\boldsymbol{G}_1 = \begin{bmatrix} \cos\dfrac{h}{2} & 0 & \sin\dfrac{h}{2} \\ 0 & 1 & 0 \\ -\sin\dfrac{h}{2} & 0 & \cos\dfrac{h}{2} \end{bmatrix}$$

$\boldsymbol{S}_2$——上棱镜在与其固结的坐标系 $ox_1y_1z_1$ 中的作用矩阵

$$\boldsymbol{S}_2 = \begin{bmatrix} 0 & 0 & 1 \\ 0 & 1 & 0 \\ 1 & 0 & 0 \end{bmatrix}$$

$\boldsymbol{G}_2^{-1}, \boldsymbol{G}_1^{-1}$——相应的逆矩阵，乘它们意味着返回原来的坐标系，也就是说，需要将瞄准线的轨迹方程转到静坐标系中来表达。

根据图 11－42 可以理解，在各型潜望镜简化方案中，式(11－73)中的瞄准线向量 $\boldsymbol{A}$ 对各型潜望镜的表达式是不同的，而其他各项反映了坐标系的转换，都应是相同的。

对应于图 11－41(a)

$$\boldsymbol{A} = \begin{bmatrix} 0 \\ -\sin\theta \\ \cos\theta \end{bmatrix} \approx \begin{bmatrix} 0 \\ -\theta \\ 1 \end{bmatrix}$$

由于镜管侧向弯曲的量值一般只有几角分的量级，所以可以进行相应化简。

对应于图 11－41(b)

$$\boldsymbol{A} = \begin{bmatrix} 0 \\ 0 \\ 1 \end{bmatrix}$$

对应于图 11－41(c)

$$A = \begin{bmatrix} 0 \\ -2\theta \\ 1 \end{bmatrix}$$

对应于图 11－41(d)

$$A = \begin{bmatrix} 0 \\ -\theta(\Gamma+1) \\ 1 \end{bmatrix}$$

分别代入(11－69)式,可以求出各型潜望镜的瞄准线轨迹方程:

对应于图 11－41(a)

$$A' = \begin{bmatrix} 1 & 0 & 0 \\ 0 & 1 & -\theta \\ 0 & \theta & 1 \end{bmatrix} \begin{bmatrix} \cos\frac{h}{2} & 0 & -\sin\frac{h}{2} \\ 0 & 1 & 0 \\ \sin\frac{h}{2} & 0 & \cos\frac{h}{2} \end{bmatrix} \begin{bmatrix} 0 & 0 & 1 \\ 0 & 1 & 0 \\ 1 & 0 & 0 \end{bmatrix} \begin{bmatrix} \cos\frac{h}{2} & 0 & \sin\frac{h}{2} \\ 0 & 1 & 0 \\ -\sin\frac{h}{2} & 0 & \cos\frac{h}{2} \end{bmatrix} \begin{bmatrix} 1 & 0 & 0 \\ 0 & 1 & \theta \\ 0 & -\theta & 1 \end{bmatrix} \begin{bmatrix} 0 \\ -\theta \\ 1 \end{bmatrix}$$

$$= \begin{bmatrix} (1+\theta^2)\cos h \\ -\theta(1+\theta^2\sin h) \\ (1+\theta^2)\sin h \end{bmatrix} \approx \begin{bmatrix} (1+\theta^2)\cos h \\ -\theta\sin h \\ (1+\theta^2)\sin h \end{bmatrix} \tag{11-74}$$

对应于图 11－41(b)

$$A' = \begin{bmatrix} \cos h \\ \theta(1-\sin h) \\ \theta^2+\sin h \end{bmatrix} \tag{11-75}$$

对应于图 11－41(c)

$$A' = \begin{bmatrix} (1+2\theta^2)\cos h \\ -\theta(1+2\theta^2\sin h)-\theta \\ -\theta^2+(1+2\theta^2)\sin h \end{bmatrix} \approx \begin{bmatrix} (1+2\theta^2)\cos h \\ -\theta(1+\sin h) \\ -\theta^2+(1+2\theta^2)\sin h \end{bmatrix} \tag{11-76}$$

对应于图 11－41(d)

$$A' = \begin{bmatrix} [\theta^2(\Gamma+1)+1]\cos h \\ -\Gamma\theta-\theta[\theta^2(\Gamma+1)+1]\sin h \\ -\Gamma\theta^2+[\theta^2(\Gamma+1)+1]\sin h \end{bmatrix} \approx \begin{bmatrix} [\theta^2(\Gamma+1)+1]\cos h \\ -\theta(\Gamma+\sin h) \\ -\Gamma\theta^2+[\theta^2(\Gamma+1)+1]\sin h \end{bmatrix} \tag{11-77}$$

以上轨迹方程在球面坐标系的形象表达如图 11－43 所示。

(4)几型潜望镜镜管弧矢面弯曲影响测高测向误差方程

求出瞄准线在物空间的轨迹曲线后,仍可借助于球面三角法求出其产生的测高测向误差方程。在此必须明确,对于因镜管侧向弯曲造成的测量误差,与产品在装校中产生的误差是截然不同的;装校误差可以进行零位校正补偿,而镜管弯曲误差是动态误差,因而是无法进行校正的。所以这里用球面三角来求取对测高测向误差的影响方法和第 3 章分析潜望镜的轴系误差有所不同。具体推导过程从略,其结果如表 11－5 所示。

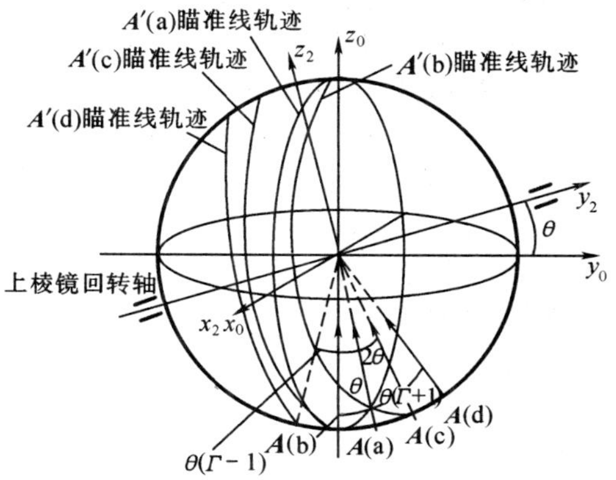

图 11－43　镜管侧向弯曲时各型潜望镜瞄准线的空间轨迹曲线

表 11－5　几种典型潜望镜镜管弯曲带来的测高测向误差公式

序号	潜望镜型号	A	A	Δq	Δh
a	法国 PIVAIR 潜望镜	$\begin{bmatrix}0\\-\theta\\1\end{bmatrix}$	$\begin{bmatrix}(1+\theta^2)\cos h\\-\theta\sin h\\(1+\theta^2)\sin h\end{bmatrix}$	$-\theta\tan h$	高阶微量，不随高低角而变化
b	英国 CK035 潜望镜	$\begin{bmatrix}0\\0\\1\end{bmatrix}$	$\begin{bmatrix}\cos h\\\theta(1-\sin h)\\\theta^2+\sin h\end{bmatrix}$	$-\dfrac{\theta(1-\sin h)}{\cos h}$	$-\dfrac{\theta^2(2-\sin h)}{2\cos h}$
c	某型天文导航潜望镜	$\begin{bmatrix}\theta\\-2\theta\\1\end{bmatrix}$	$\begin{bmatrix}(1+2\theta^2)\cos h\\-\theta(1+\sin h)\\-\theta^2+(1+2\theta^2)\sin h\end{bmatrix}$	$-\dfrac{\theta(1+\sin h)}{\cos h}$	$-\dfrac{\theta^2(2+\sin h)}{2\cos h}$
d	前苏联 ПЗН 型潜望镜	$\begin{bmatrix}0\\-\theta(\Gamma+1)\\1\end{bmatrix}$	$\begin{bmatrix}[\theta^2(\Gamma+1)+1]\cos h\\-\theta(\Gamma+\sin h)\\-\Gamma\theta^2+[\theta^2(\Gamma+1)+1]\sin h\end{bmatrix}$	$-\dfrac{\theta(\Gamma+\sin h)}{\cos h}$	$-\dfrac{\theta^2(2\Gamma+\Gamma^2\sin h)}{2\cos h}$

①从镜管侧向弯曲后各型潜望镜产生的方位(舷角)测量误差式来看，各型潜望镜产生的方位误差皆为一阶误差性质(美国 11 型潜望镜除外)，其大小都是相当可观的，而且误差都是随着高度角的增大而增加。

②分析序号(a)可以知道，在高度角处于水平面附近时，其引起的测向误差很小，而当高度角为零时，则不引起测向误差，这是该型潜望镜(PIVAIR)的一个特殊之处，而其他型号的潜望镜皆存在水平零位时的测向误差。

③从镜管侧向弯曲后各型潜望镜产生高度角测量误差式来看，其他型号的潜望镜皆会引起二阶微量的测高误差，而 PIVAIR 型潜望镜则只会引起高阶微量的测高误差，一般潜望镜皆随着高度角的增加，测高误差也会随着加大，但 PIVAIR 型潜望镜则不随高度角而变化，其产生的高度角误差可以忽略。

④对于前苏联的 пзн－10 对空导航潜望镜，由于倒放开普勒望远镜的倍率可以达到 4～5倍，所以镜管侧向弯曲产生的测向测高误差都是较大的，其测向误差可以达到几十角分，而其最大测高误差也会达到角分的量级。

⑤从镜管侧向弯曲引起的测向测高误差来看，美国 11 型潜望镜的解决方案是最为合理的，它不产生任何理论上的测高测向误差，而将基准瞄准线设置在头部的 PIVAIR 型潜望镜构造方案也要优于其他方案。

(5)镜管弧矢面弯曲精密补偿实例

图 11－44 中示出一种实用的镜管弯曲弧矢面补偿方案的示意。1 为上棱镜的俯仰回转轴，2 为上棱镜，3 为大负一倍转像透镜的第一块透镜，4 为带亮标线的补偿平行光管，它被设置在观察面内，和小负一倍镜管共同安装在悬臂梁内径管上，其变动可以反映内径管的弯曲。在潜望镜目镜头的主观察目镜相对的一侧，设有一个补偿窗口，内设补偿系统成像物镜和线阵 CCD 成像器件。当镜管侧向产生弯曲时，则补偿平行光管的亮刻线会在 CCD 靶面上产生位移，将该位移除以补偿物镜焦距，便是镜管弯曲的角度，再代入表 11－5 的补

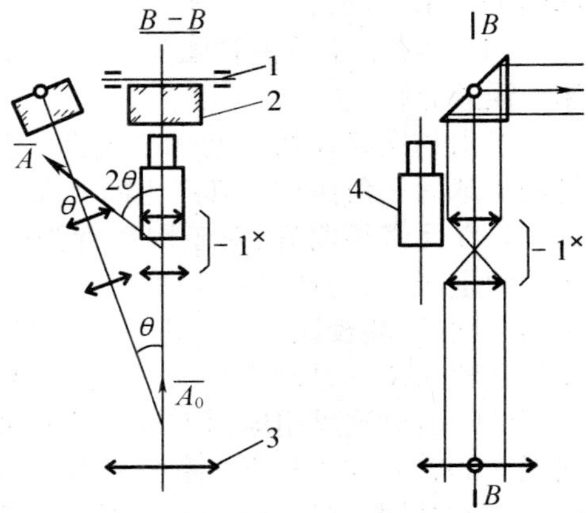

图 11－44　负一倍系统弧矢面弯曲补偿原理

偿公式，便可得到应该补偿的修正量。

11.6　天文导航误差分析

11.6.1　天文导航测量天体高度、方位误差源分析

对于现代化的全自动天文导航设备而言，其测量天体高度方位系统是一种计算机控制的全自动测量系统，既有静态精度问题，也有动态精度问题。由于其测量链组成环节多，其误差源的构成也比较复杂。由 11.2 节中天文导航定位原理可知，对于测量基准在甲板坐标系内的测天定位系统，天体高度的测量得到的是天体的甲板高度和舷角，而要进行定位则需要转换到地平坐标系，得到天体的地平高度和方位角。其测量链的组成见图 11－45。

由图可知，天文导航定位定向误差来源可分为四个大的方面：

①天文导航设备在设计、制造过程中产生的误差；

②测量使用误差；

③天文导航设备在安装标校过程中产生的误差；

④惯性导航设备向天文导航设备提供的真水平和甲板姿态角的误差。

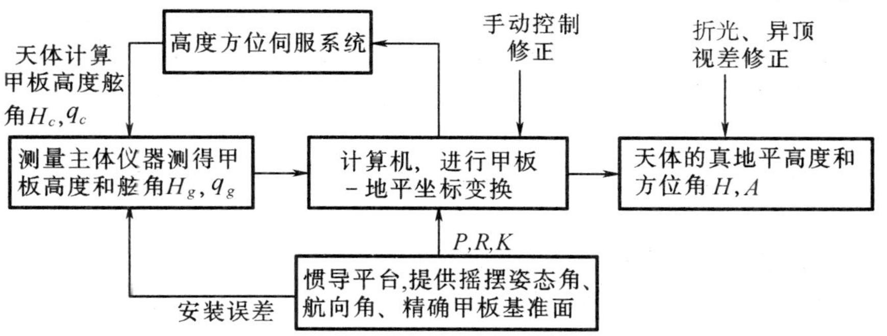

图 11－45　天文导航地平高度方位测量关系图

11.6.2　天文导航设备设计制造误差与修正

1. 对天体高度角、方位角计算公式的分析

$$
\begin{cases}
\sin H = \sin\varphi\sin\delta + \cos\varphi\cos\delta\cos t_M \\
\tan A = \dfrac{-\cos\delta\sin t_M}{\cos\varphi\sin\delta - \sin\varphi\cos\delta\cos t_M} \\
t_M = SG_0 + 1.002\ 738t + \lambda - \alpha
\end{cases}
$$

公式中的 α,δ,SG_0 等项取自年历或自动星历表，是精确的，误差可以忽略。公式中的 λ,φ 二项是允许有误差的，因天文导航的目的就是求出 λ,φ 中所含的误差 $\Delta\lambda,\Delta\varphi$。

在二星或三星天文定位解算公式(11－22)(11－23)(11－26)(11－27)的推导过程中,认为$\Delta\lambda$,$\Delta\varphi$,ΔH是小量,令其$\sin\Delta H\simeq\Delta H$,$\sin\Delta\lambda\simeq\Delta\lambda$,$\sin\Delta\varphi\simeq\Delta\varphi$,$\Delta\lambda\cdot\Delta\varphi\simeq 0$。若假设$\Delta\varphi$和$\Delta\lambda\cos\varphi$都是1°时,即经度方向和纬度方向都有60 n mile误差,误差半径为25 n mile。因设$\Delta\lambda\cdot\Delta\varphi=0$所引起的$\Delta\varphi$,$\Delta\lambda$的计算误差极大值为1′(测点是南北极$\varphi=\pm 90°$,被测星体赤纬$\delta=0$,地方时角$t_M=90°$),此时有$\sigma=20''$。如果初始舰位误差过大,又要求定位精度很高的情况,应在对初始舰位经过一次定位修正后再定位,即可消除。

一般条件下,计算误差是可以忽略的。

2. 时间误差

天文导航设备在瞄准天体的瞬间,同时录取时统提供的瞬间准确时间,而时间误差直接影响星体的高度、方位计算。

从公式$t_M=S_{G_0}+1.002\,738t+\lambda-\alpha$中看出,$t$与$\lambda$一样只影响$t_M$,反映的是地球自转情况,所以时间误差$\Delta t$只会引起经度误差,不影响纬度。它与东向水平误差性质相同,而在未区分开前,这二项误差容易混淆,需对时间系统重新对时,首先确定或排除时间误差。

时间误差是系统误差。有两种产生原因,对时误差和频标误差。对时统单机的精度要求取决于定位精度和允许的对时间隔。对时精度根据定位精度不同,限定误差在10～100 ms之间,而对定位精度的影响在0.15至1.5角秒之间。这样时间误差对天文定位误差的影响可以忽略。

3. 瞄准和采样误差

目前,天文导航系统中所采用的瞄准方式有人工、光电狭缝和面阵CCD等三种。

人工瞄准　瞄准困难,精度低,瞄准时间长。在精度要求较高的天文导航设备中不宜使用。

光电狭缝　精度高,瞄准间隔取决于扫描速度。缺点是不能同时测出准确的高度角和舷角。适用于光路较为简单的水面舰船天文导航设备。

面阵CCD瞄准　精度高,采样速度快,自动化程度高,适用于自动化的高精度天文导航设备。对光学系统要求较高,特别是光透过率。在光路复杂的潜望镜上应用,要注意光能损失会降低测星能力。

人工瞄准误差是人为误差,因操作手熟练程度而异,属偶然误差,只能通过多次测量取平均值的方法避免误差过大。

光电狭缝瞄准误差主要由狭缝宽度造成。利用上、下、左、右顺序过狭缝的方法即可消除。

CCD瞄准误差,即为CCD靶面提取目标值的精度,与以下几个因素有关:

(1)CCD像元尺寸大小。

(2)焦距误差　焦距有误差可引起星像坐标位置的换算误差。

(3)分划板倾斜误差　由于在采用CCD器件作为成像器件的测量系统中,星体像不用精确拉到十字线上,即可进行采样,但要以十字线为准进行CCD像元坐标位置(称为脱靶量)的提取,所以分划板倾斜会影响脱靶量的提取精度,也即影响高度方位测量精度。

(4)采样误差　由于瞄准线稳定有一定的精度,使星像在CCD像面上产生像移,再加上CCD积分时间的影响,造成测星时刻与星像空间位置的不对应,而造成测量误差。一般经修正补偿处理 CCD 采样数据均方差 $\sigma \leqslant 5''$（角秒）。瞄准目标后，瞄准装置应立即向计算机发出采样脉冲，计算机以中断方式响应和录取相关数据。从瞄准目标至数据录取完毕所需的时间是滞后时间 Δt。正常情况下 Δt 是微秒级，但不可忽视的是，由于中断接口硬件不合格，中断响应惯性，中断响应时间达几毫秒，造成星像在视场中因不稳定而产生误差。所以采样中断的响应时间是需要测量控制的，应达到设计要求，如果计算机以查询方式响应采样脉冲或电平，必然造成较大的滞后时间，最多可达一个查询周期，会造成较大的天文导航定位、定向误差。

4. 测角误差

测角误差是由轴系晃动、测角传感器制造误差、A/D 转换误差等形成，属于偶然误差。根据对天文定位、定向的精度要求确定角度传感器的测角精度。一般要求测角误差是定位、定向总误差值的 1/5 ~ 1/3 之间。

影响测角误差的重要因素是测角元件的轴心与测量轴的回转中心不一致所造成的误差，尤其是对于仪器的方位测角元件而言。

如果航向误差相对某个舷角为对称，半边误差偏正，半边误差偏负，很可能是安装时，方位测角元件的中心与方位旋转中心不重合造成的，如图 11－46 所示。

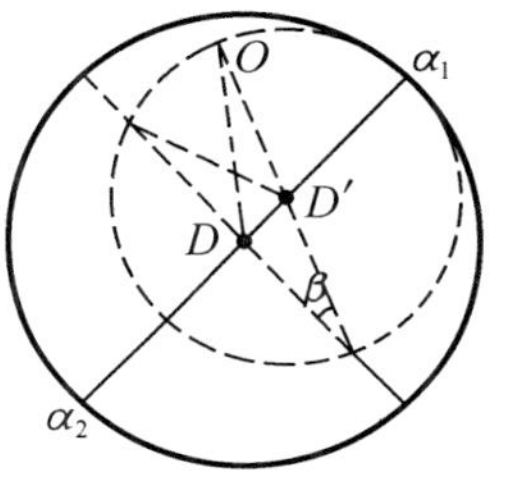

图 11－46 测量元件中心与回转中心不一致的影响

假设 D 为旋转中心，D'为测量元件的中心，$\alpha_1\alpha_2$ 是 DD'的延长线，测角误差在 $\alpha_1\alpha_2$ 线的右半边偏正，左半边偏负。最大偏差必然发生在 $\alpha_1+90°$处，而最大偏差值为 β，可得

$$q_{真} = q_{测} - \beta\sin(q - \alpha_1) \qquad (11-78)$$

可利用该式进行修正。

5. 零位误差的分析与修正

另一类测角误差是天文导航设备的高度零位误差。它可以在制造过程中标定不准确时产生，也可能在使用不当时产生。它是系统误差，对天文定位、定向结果，与时间误差、瞄准误差、水平姿态误差影响不同，很容易区别。在陆上联调、系泊试验、航行试验中，用不同的双星或三星定位结果的误差基本一致时，其误差是由时间误差、水平姿态误差引起的。采用三星定位可以完全消除高度零位误差对定位结果的影响。当发现有高度零位误差时，通过下述方法可以确定其修正量。

利用试验地的准确位置或 GPS 提供的准确舰位，多次用三星定位结果的 $\Delta\lambda,\Delta\varphi$ 代入公式

$$\Delta P = -\Delta\varphi\cos k - \Delta\lambda\cos\varphi\sin k \qquad (11-79)$$

$$\Delta R = -\Delta\varphi\sin K + \Delta\lambda\cos\varphi\cos k \qquad (11-80)$$

求出 $\Delta P,\Delta R$ 对水平姿态角的零位进行修正，使 $\Delta\lambda,\Delta\varphi$ 为很小量，打印显示 $\Delta H_1,\Delta H_2,\Delta H_3$，经过 3 ~ 5 次测量，求出平均值 $\Delta H_0 = \dfrac{\Delta H_1 + \Delta H_2 + \Delta H_3}{3}$，即高度零位误差，可对高度电气零位值进行修正。

6. 天文经纬仪轴系误差的分析与修正

(1)测量光轴与俯仰轴不垂直度

可以产生随着测量高度的增加而增大的系统误差,其中测高误差为

$$\Delta H_k = \frac{k^2}{2}\tan H \tag{11-81}$$

测方位误差为

$$\Delta q_k = k(1 - \sec H) \tag{11-82}$$

式中 k 为光轴与俯仰轴的不垂直度,光轴向顺时针偏为正。k 的可实现值一般很小,不会超过 15 角秒,对测量高度影响为二阶量,而由(11-82)式可知,对航向误差影响为一阶量,不可忽略。可以利用仪器测出 k 值,也可以通过判断和误差分析得出 k 值,用公式(11-82)进行修正。有需要时,用公式(11-81)对高度值进行修正。

(2)俯仰轴与竖直轴的不垂直度

也可以产生随着测量高度的增加而增大的系统误差,其中测高误差为

$$\Delta H_l = \frac{l^2}{2}\tan H \tag{11-83}$$

测方位误差为

$$\Delta q_l = l\tan H \tag{11-84}$$

该误差对测量高度影响为二阶量,而对方位测量的影响为一阶量,不可忽略。在仰角较大时,影响非常显著,值得认真对待。

(3)竖直回转轴倾斜误差

该误差表示仪器的竖直回转轴与甲板基准面的不垂直度,用 m 表示。其对测高误差的影响公式为

$$\Delta H_m = m\cos(q' - q_m) \tag{11-85}$$

对方位测量误差的影响公式为

$$\Delta q_m = m\sin q'\tan H \tag{11-86}$$

式中 q'——测量目标的舷角;

q_m——竖轴倾斜面与艏艉面的夹角。

由以上二式可以看出,该误差对高度角、方位角的影响皆为一阶量,是需要高度重视的一项误差。

7. 天文导航潜望镜设计制造使用误差源分析

潜望镜型的天文导航设备,其误差源要复杂得多。除以上大部分的误差与经纬仪相同外,还有以下因镜管制造使用所造成的误差和其他误差,其中的轴系误差与经纬仪型也有所不同,其误差分析见第 3 章。

(1)镜管弯曲误差

包括子午面弯曲误差和弧矢面弯曲误差。在设有弯曲补偿系统时,则有补偿的剩余误差。补偿系统的补偿剩余误差实际上又是一个测量系统的误差分析问题。包括补偿公式假定造成的理论误差,系统制造误差,补偿测量采样误差等。对于多用途潜望镜的测天系统,由于兼顾其他用途,镜管弯曲影响的对策措施将变得困难,如何减小镜管弯曲误差的影

响将是提高测天精度的首要问题。

(2)潜望镜光学系统瞄准轴的失调误差

实际上这也是镜管弯曲的影响问题,但又不完全相同。该误差还与采用的结构方案关系极大。由于潜望镜的瞄准轴须代表潜艇的甲板基准面垂线,如测量瞄准线基准在潜望镜下端,则会受到镜管下端变形的影响,潜望镜安装基座处的艇体相对于甲板基准面翘曲的影响。如果测量基准在潜望镜的上端(如法国的 PIVAIR 潜望镜),则还要包括镜管弯曲的影响。

(3)动态下测天使用时潜望镜镜管振动的影响

镜管的振动是一种次声波范围的振动,在潜望镜中采用的减少外镜管自激振动的影响的方法有多种,但都不能做到完全消除影响,就会带来动态测天使用时,镜管振动造成像移,影响测量瞄准精度。对于采用面阵 CCD 做测量器件的系统,也会造成拖尾现象,再加上 CCD 积分时间的影响,造成测星时刻与星像空间位置的不对应,而造成测量误差。

(4)采用地平坐标系测天系统的误差

潜望镜型的测天定位系统如采用地平坐标系原理时,一般都不采用瞄准线稳定系统。

由于原理上要求星光系统与标线系统等效,这种系统的误差源更要复杂得多。

①星光系统与标线系统等效,包括透镜系统等效和反射镜系统等效,如两个系统的倍率差,或焦距差,反射镜的等效差,造成摇摆测星时的测量瞄准误差;

②镜管弯曲误差造成星光系统的失调极大地影响测天精度;

③动态测天时,摇摆造成水平基准和星像相对晃动,给瞄准测星造成困难。

这种系统大都是采用模拟连续采样方法,配置平均计算装置,以减小测量误差。

11.6.3　水平姿态误差分析与修正

随着天文观测设备的观测精度不断提高,水平姿态误差已成为影响天文导航定位、定向精度的主要因素。除大地测量仪器外,舰载、机载天文导航设备的姿态角都是由惯性导航、平台罗经等惯性平台提供的,其中含有惯性元件(陀螺、加速度计等)误差和平台轴系角度输出误差。

1. 水平姿态误差的构成

天文观测设备的水平姿态是由多个环节构成的:

(1)由惯性元件提供基准控制的惯性平台内环平面代表真水平;

(2)惯性平台的台体有一标定的基准面代表载体的甲板面,外环轴端平面镜法线方向代表艏向;

(3)惯性平台的内环轴转角输出 P 代表载体的纵摇角,外环轴转角输出 R 代表载体的横摇角;

(4)从惯性平台基准面过渡到天文观测设备的甲板面中间的制造、变形、标校的误差;

(5)安装造成的天文观测设备的方位轴与甲板面的不垂直度。

由此可以看出,形成天文观测设备所需要的真水平姿态角环节很多,每个环节都可能引起误差。虽然经过标校,但标校确实不易,误差是不可避免的。另外在系泊、航行状态下,惯性平台的姿态误差没有有效的测量手段,再加上惯性元件随时间环存在飘移。总之,水平姿态误差环节多、标定困难,责任难以区分;又是影响天文导航精度的主要因素,天文导航系统必须对此误差进行分析,寻求修正的方法和数学模型,进行修正,以提高天文导航的定位定向精度。

2. 水平姿态误差分析

根据天文导航定位定向原理,天文观测设备的水平姿态误差有偶然误差和系统误差之分。

(1)偶然误差

包括有惯性元件的飘移、载体的甲板随机变形、潜望镜镜管弯曲补偿后的残差等。偶然误差相对系统误差较小,但修正困难。

(2)系统误差

天文观测设备的水平姿态系统误差主要有两种:

①由惯性元件造成的相对大地方位相对稳定的水平基准误差;

②由甲板和设备制造与安装造成的相对艏向相对稳定的姿态误差。

3. 水平姿态误差对天文定位影响的关系式

水平姿态误差影响天文观测设备测量天体的高度值和舷角值,以下对其影响关系推导(图 11-47)。

假设:

①天文观测设备的水平姿态在正北方向存在抬高 a 角的误差,在正西方向存在抬高 b 角的误差;

②采用 GPS 卫星定位提供的舰位或在系泊状态采用码头位置,即计算舰位误差可忽略不计。

③天文观测设备本身的测量误差、时间误差也可忽略不计;

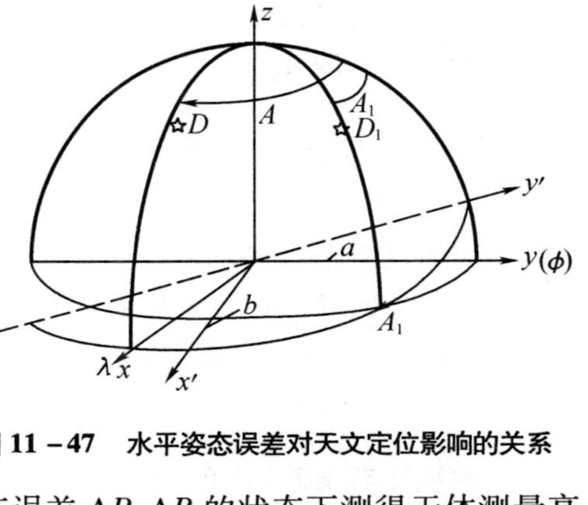

图 11-47 水平姿态误差对天文定位影响的关系

以精确舰位 λ,φ,时间 t,正确水平姿态 P,R 经过计算得到天体的计算高度 $H_{计}$,在含有水平姿态误差 $\Delta P,\Delta R$ 的状态下测得天体测量高度 $H_{测}$。

根据图 11-47 可以看出

$$\Delta H_1 = H_{计_1} - H_{测_1} = a \cdot \cos A_1 - b \cdot \sin A_1 \tag{11-87}$$

$$\Delta H_2 = H_{计_2} - H_{测_2} = a \cdot \cos A_2 - b \cdot \sin A_2 \tag{11-88}$$

将以上二式代入二星定位公式中可得

$$\begin{aligned}\Delta\varphi &= \frac{(a \cdot \cos A_1 - b \cdot \sin A_1)\cos A_1 - (a \cdot \cos A_2 - b \cdot \sin A_2)\cos A_2}{\sin(A_2 - A_1)} \\ &= \frac{a(\cos A_1 \sin A_2 - \sin A_1 \cos A_2)}{\sin(A_2 - A_1)} = a\end{aligned} \tag{11-89}$$

$$\Delta\lambda = \frac{(a \cdot \cos A_2 - b \cdot \sin A_2)\cos A_1 - (a \cdot \cos A_1 - b \cdot \sin A_1)\cos A_2}{\cos\varphi\sin(A_2 - A_1)}$$

$$= \frac{-b(\cos A_1 \sin A_2 - \sin A_1 \cos A_2)}{\cos\varphi \sin(A_2 - A_1)} = \frac{-b}{\cos\varphi} \tag{11-90}$$

以上二式表达了在忽略其他误差的条件下，天文定位误差与水平姿态误差之间的关系式。

根据前面的讨论，水平姿态误差由水平基准误差和甲板姿态误差两种误差组成

$$a = \Delta\Psi + \Delta R \cdot \cos K + \Delta P \cdot \sin K \tag{11-91}$$

$$b = \Delta\theta - \Delta R \cdot \sin K + \Delta P \cdot \cos P \tag{11-92}$$

由公式(11-87)~(11-92)可以看出，影响天文导航定位精度的水平姿态的误差量有四个，分别是 $\Delta\Psi, \Delta\theta, \Delta R, \Delta P$。

如果我们在两个不同航向 K 的情况下，进行测星定位，得到 $\Delta\lambda_1, \Delta\varphi_1$ 和 $\Delta\lambda_2, \Delta\varphi_2$，代入以上四式可得：

$$\Delta\varphi_1 = \Delta\Psi + \Delta R \cdot \cos K_1 + \Delta P \cdot \sin K_1 \tag{11-93}$$

$$\Delta\lambda_1 \cdot \cos\varphi_1 = -\Delta\theta + \Delta R \cdot \sin K_1 - \Delta P \cdot \cos K_1 \tag{11-94}$$

$$\Delta\varphi_2 = \Delta\Psi + \Delta R \cdot \cos K_2 + \Delta P \cdot \sin K_2 \tag{11-95}$$

$$\Delta\lambda_1 \cdot \cos\varphi_2 = -\Delta\theta + \Delta R \cdot \sin K_2 - \Delta P \cdot \cos K_2 \tag{11-96}$$

将(11-95)式与(11-93)式相减得

$$\Delta\varphi_2 - \Delta\varphi_1 = \Delta R(\cos K_2 - \cos K_1) + \Delta P(\sin K_2 - \sin K_1) \tag{11-97}$$

将(11-96)式与(11-94)式相减得

$$\Delta\lambda_2 \cos\Delta\varphi_2 - \Delta\lambda_1 \cos\Delta\varphi_1 = \Delta R(\sin K_2 - \sin K_1) - \Delta P(\cos K_2 - \cos K_1) \tag{11-98}$$

变换(11-97)式有

$$\Delta P = \frac{(\Delta\varphi_2 - \Delta\varphi_1) - \Delta R(\cos K_2 - \cos K_1)}{\sin K_2 - \sin K_1} \tag{11-99}$$

变换(11-98)式有

$$\Delta R = \frac{(\Delta\lambda_2 \cos\varphi_2 - \Delta\lambda_1 \cos\varphi_1) + \Delta P(\cos K_2 - \cos K_1)}{\sin K_2 - \sin K_1} \tag{11-100}$$

将 ΔP 代入(11-98)式并经推导得

$$\Delta R = -\frac{(\Delta\lambda_2 \cos\varphi_2 - \Delta\lambda_1 \cos\varphi_1)(\sin K_2 - \sin K_1) + (\Delta\varphi_2 - \Delta\varphi_1)(\cos K_2 - \cos K_1)}{2 - 2\cos(K_2 - K_1)}$$

将 ΔR 代入(11-99)式并经推导得

$$\Delta P = \frac{(\Delta\varphi_2 - \Delta\varphi_1)(\sin K_2 - \sin K_1) - (\Delta\lambda_2 \cos\varphi_2 - \Delta\lambda_1 \cos\varphi_1)(\cos K_2 - \cos K_1)}{2 - 2\cos(K_2 - K_1)}$$

因为在一般情况下，这种寻找修正水平姿态误差修正量的试验是在系泊航行试验时进行的，其 $\varphi_2 - \varphi_1$ 不会很大，可以认为 $\cos\varphi_2 \approx \cos\varphi_1$，所以，以上公式可以化简为

$$\Delta R = -\frac{(\Delta\lambda_2 - \Delta\lambda_1)\cos\varphi(\sin K_2 - \sin K_1) + (\Delta\varphi_2 - \Delta\varphi_1)(\cos K_2 - \cos K_1)}{2 - 2\cos(K_2 - K_1)} \tag{11-101}$$

$$\Delta P = -\frac{(\Delta\lambda_2 - \Delta\lambda_1)\cos\varphi(\cos K_2 - \cos K_1) - (\Delta\varphi_2 - \Delta\varphi_1)(\sin K_2 - \sin K_1)}{2 - 2\cos(K_2 - K_1)} \tag{11-102}$$

$\Delta R, \Delta P$ 既已从误差中分离出来，求 $\Delta\Psi, \Delta\theta$ 也就容易了，将 $\Delta R, \Delta P$ 代入(11-89)~

(11－91)式得

$$\Delta\Psi=\Delta\varphi_1-\Delta R\cos K_1-\Delta P\sin K_1$$
$$\Delta\theta=-\Delta\lambda_1\cos\varphi+\Delta R\sin K_1-\Delta P\cos K_1$$

$\Delta\Psi,\Delta\theta$ 分别为惯性元件造成的与艏向无关的北向和东向水平基准误差，其正负号定义与 a,b 相同，$\Delta R,\Delta P$ 是甲板姿态角误差，ΔP 是纵摇角误差，以艏向抬高为正；ΔR 是横摇角误差，以右舷偏低为正。

4. 水平姿态误差的修正方法

通过试验求得 $\Delta\Psi,\Delta\theta,\Delta R,\Delta P$ 后，可在程序中采取下面的方法修正：

（1）$\Delta\Psi,\Delta\theta$ 直接在定位结果上修正

$$\Delta\varphi'=\Delta\varphi-\Delta\Psi$$
$$\Delta\lambda'=\Delta\lambda-\Delta\theta$$

其中 $\Delta\varphi=\varphi_{计}-\varphi_{天},\Delta\lambda=\lambda_{计}-\lambda_{天}$与惯性导航所需要的 $\Delta\varphi,\Delta\lambda$ 方向定义相同。

（2）$\Delta R,\Delta P$ 在姿态零位上修正

$$P'=P-(P_0+\Delta P)$$
$$R'=R-(R_0+\Delta R)$$

5. 计算验证

假设天文导航系统存在水平姿态误差

$$\Delta P=1',\quad \Delta R=1',\quad \Delta\theta=1',\quad \Delta\Psi=1'$$

（1）由水平姿态误差引起的定位误差

①在 $K_1=0°$时

$$\Delta\varphi_1=a=\Delta R+\Delta\Psi=2'$$
$$\Delta\lambda_1\cos\varphi=-b=-(\Delta P+\Delta\theta)=-2'$$

②在 $K_2=90°$时

$$\Delta\varphi_2=a=\Delta P+\Delta\Psi=2'$$
$$\Delta\lambda_2\cos\varphi=-b=-(\Delta\theta-\Delta R)=-0'$$

③在 $K_2=-90°$时

$$\Delta\varphi_2=a=-\Delta P+\Delta\Psi=0'$$
$$\Delta\lambda_2\cos\varphi=-b=-(\Delta\theta+\Delta R)=-2'$$

④在 $K_2=180°$时

$$\Delta\varphi_2=a=\Delta\Psi-\Delta R=0'$$
$$\Delta\lambda_2\cos\varphi=-(\Delta\theta-\Delta P)=0'$$

⑤在 $K_2=30°$时

$$\Delta\varphi_2=a=\Delta\Psi+\Delta R\cos30°+\Delta P\sin30°=2.366'$$
$$\Delta\lambda_2\cos\varphi=-b=\Delta\theta-\Delta R\sin30°+\Delta P\cos30°=1.366'$$

（2）验证

将以上结果分别代入相应的公式可得表 11－6。

表 11-6　水平姿态修正结果表

序号	已知条件						计算结果			
	K_1	K_2	$\Delta\varphi_1$	$\Delta\lambda_1\cos\varphi$	$\Delta\varphi_2$	$\Delta\lambda_2\cos\varphi$	ΔR	ΔP	$\Delta\Psi$	$\Delta\theta$
1	0°	90°	2′	-2′	2′	0′	1′	1′	1′	1′
2	0°	-90°	2′	-2′	0′	-2′	1′	1′	1′	1′
3	0°	180°	2′	-2′	0′	0′	1′	1′	1′	1′
4	0°	30°	2′	-2′	2.36′	1.36′	1′	1′	1′	1′

经过计算验证，证明公式(11-73)(11-74)(11-85)(11-86)修正公式正确。

11.7　大视场多星定位的原理与技术

11.7.1　概述

大视场多星定位系统的工作原理有别于传统的天文导航设备的主要之处在于它的大视场、没有运动机构、全自动和系统结构简单。其工作过程是成像—星体识别—位置和航向计算。系统可分为星体观测部分和控制处理部分。观测部分的功能是实现对星体的观测；控制处理部分实现电子降噪、星空星图数字化、提取星体质心相对系统观测轴的坐标、星体的自动识别、图像稳定以及外部信息的获取和最终信息处理和输出。

大视场光学观测组件是一个高精度广角天顶摄像机，其成像器件不是传统的胶片而是大面阵 CCD。主要解决大视场条件下 CCD 成像系统的光学系统设计、太阳保护、部分光学降噪、CCD 成像器件防饱和等技术问题。大视场光电成像探测通过光学系统的优化设计和多种技术措施，实现高精度多星同步成像测量。

大视场多星定位定向技术能够简化系统设计，改变传统天文导航设备庞大、误差环节多的缺点，在国外已被广泛采用。

大视场多星定位定向的基本原理是：CCD 相机实时拍摄的星图，经处理后，得出视场内各恒星像点位置，并进一步得到多颗观测星在运载体坐标下的位置；再与内存天文星历表中的恒星位置数据进行星图匹配识别，得到多颗观测星在惯性坐标系下的位置；结合时钟系统提供的时间信息和惯性平台提供的运载体姿态，利用九元素姿态矩阵建立反映这些恒星位置在惯性坐标系、运载体坐标系和地平坐标系中的变换关系以及运载体位置与真北航向信息的矢量方程，矢量方程的最优解即为此刻运载体的地理位置和真北航向。

在本节中将简要介绍大视场多星定位定向的基本原理和关键技术方面的知识。

11.7.2　大视场多星定位定向原理及特点

1. 坐标系定义

建立大视场多星定位定向数学模型，必须牵连到与惯性空间、地球、运载体有关的坐标系，下面分别予以定义。

地心惯性坐标系 $OX_iY_iZ_i$（图 11－48）。坐标系的原点 O 在地球中心，Z_i 轴与地球自转轴一致，X_i，Y_i 轴在赤道平面内，X_i 轴指向春分点，Y_i 轴的指向符合右手定则。

地平坐标系 $O_dX_dY_dZ_d$（图 11－49）。坐标系的原点 O_d 为运载体质量中心在地球表面的投影点，Z_d 轴沿地心与坐标系原点的连线并指向天顶，垂直于当地水平面。X_d，Y_d 轴在当地水平面内，分别水平指东和指北。地平坐标系不仅随地球自转相对惯性坐标系运动，还随运载体相对惯性坐标系运动，其原点位置由纬度 φ、经度 λ 确定。

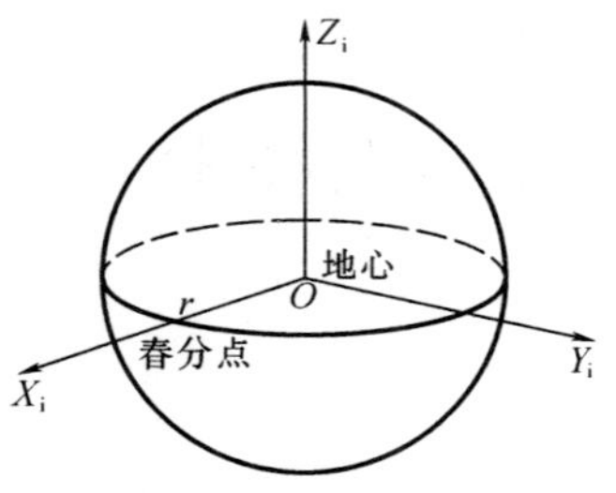

图 11－48　地心惯性坐标系

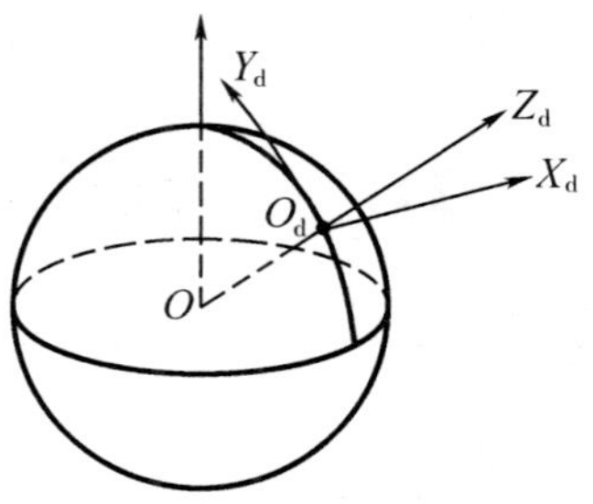

图 11－49　地平坐标系

运载体坐标系 $O_bX_bY_bZ_b$（图 11－50）。坐标系原点位于运载体质量中心，Y_b 轴与载体纵轴重合指向首部，X_b 轴与载体横轴重合指向右舷，Z_b 轴与 X_b 轴、Y_b 轴构成右手直角坐标系，指向上方。运载体的水平姿态通过运载体坐标系与地平坐标系的相对位置来确定。

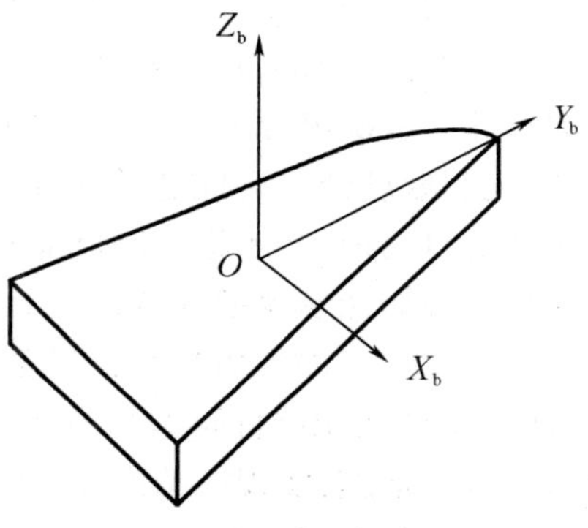

图 11－50　运载体坐标系

在此还需明确以下两点：

①天文导航系统对天体进行观测所得矢量为天体在观测系统坐标系中的矢量。天文导航系统安装于运载体某刚性基座上后，其观测坐标系相对于载体坐标系的位置关系可通过标校后得出，从而使两坐标系在数学模型上得到统一。因此，在讨论天文定位定向原理时可忽略观测坐标系的存在，从而简化问题的分析。

②天文导航系统的观测对象为至少几光年以外的天体，因此，以上定义的各坐标系的原点可认为重合于一点 O。

2. 定位定向模型

设运载体相对地平绕 X_b 轴的转角（纵摇角）为 P、绕 Y_b 轴的转角（横摇角）为 R、绕 Z_b 轴的转角（艏摇角）为 K。运载体所在地理位置的纬度和经度分别为 φ,λ。

（1）姿态矩阵 $\boldsymbol{T}_b^d$

运载体的水平姿态角实际上就是运载体坐标系 $OX_bY_bZ_b$ 和地平坐标系 $OX_dY_dZ_d$ 之间的方位关系。b 系相对于 d 系的角位置可用一组欧拉角 R,P,K 来表示两坐标系之间的位置变换关系。按照横摇角、纵摇角和艏向角的定义，运载体坐标系 $OX_bY_bZ_b$ 可按下列顺序分三次转动到地平坐标系 $OX_dY_dZ_d$。

$$OX_bY_bZ_b\ \frac{R}{Y_b}\!\!\rightarrow OX_{b1}Y_{b1}Z_{b1}\ \frac{P}{X_{b1}}\!\!\rightarrow OX_{b2}Y_{b2}Z_{b2}\ \frac{K}{Z_{b2}}\!\!\rightarrow OX_dY_dZ_d \tag{11-103}$$

其变换关系为

$$\begin{pmatrix}X_d\\Y_d\\Z_d\end{pmatrix}=\begin{pmatrix}\cos K & \sin K & 0\\ -\sin K & \cos K & 0\\ 0 & 0 & 1\end{pmatrix}\begin{pmatrix}1 & 0 & 0\\ 0 & \cos P & \sin P\\ 0 & -\sin P & \cos P\end{pmatrix}\begin{pmatrix}\cos R & 0 & -\sin R\\ 0 & 1 & 0\\ \sin R & 0 & \cos R\end{pmatrix}\begin{pmatrix}X_b\\Y_b\\Z_b\end{pmatrix}=\boldsymbol{T}_b^d\begin{pmatrix}X_b\\Y_b\\Z_b\end{pmatrix}\tag{11-104}$$

(2)位置矩阵 $\boldsymbol{C}_d^i$

从地平坐标系 $OX_dY_dZ_d$ 到惯性坐标系 $OX_iY_iZ_i$ 的关系可按下列转动顺序得到。

$$OX_dY_dZ_d\xrightarrow[X_d]{-(90^\circ-\varphi)}OX_{d1}Y_{d1}Z_{d1}\xrightarrow[Z_{d1}]{-(90^\circ+(SG_0+1.002\ 74t\pm\lambda))}OX_iY_iZ_i\tag{11-105}$$

其变换关系为

$$\begin{pmatrix}X_i\\Y_i\\Z_i\end{pmatrix}=\begin{pmatrix}-\sin\alpha & -\cos\alpha & 0\\ \cos\alpha & -\sin\alpha & 0\\ 0 & 0 & 1\end{pmatrix}\begin{pmatrix}1 & 0 & 0\\ 0 & \sin\delta & -\cos\delta\\ 0 & \cos\delta & \sin\delta\end{pmatrix}\begin{pmatrix}X_d\\Y_d\\Z_d\end{pmatrix}=C_d^i\begin{pmatrix}X_d\\Y_d\\Z_d\end{pmatrix}\tag{11-106}$$

式中　λ——观测点经度；

φ——观测点纬度；

t——世界时；

S_{G0}——世界时 0 时的格林尼治平恒星时。

(3)定位定向模型

大视场天文定位定向系统利用其大视场摄像单元对天空任何一个区域实现一次成像，完成 $j(j\geqslant1)$ 颗星体的同步捕获；信号处理单元对这些星体进行高精度检测得到星体在载体坐标系中的矢量分量 $\boldsymbol{A}_j=(X_{bj}\quad Y_{bj}\quad Z_{bj})$，并获得星体与星体之间的空间夹角(角距)。

根据星体角距和预先制定的导航星库，利用模式识别技术获得被测星体在惯性坐标系中的矢量分量 $B_j=(X_{ij}\quad Y_{ij}\quad Z_{ij})$

根据上述姿态和位置矩阵，可建立如下大视场天文定位定向模型。

$$B_j=C_d^iT_d^bA_j\tag{11-107}$$

3. 大视场多星定位定向特点

从式(11-107)可以看出，大视场多星定位定向具有以下特点：

①已知姿态矩阵 $\boldsymbol{T}_b^d$ 中的横摇角 R 和纵摇角 P，可求得运载体的位置和航向，其过程不需运载体的初始位置和航向，也不需要系统的光轴指向一个特定的空域。

②已知位置矩阵 $\boldsymbol{C}_d^i$ 中的纬度 φ 和经度 λ，可求得运载体的水平姿态和航向，其过程不需运载体的初始水平姿态和航向，也不需要系统的光轴指向一个特定的空域。

③令 $C_d^iT_b^d=T_b^i$，则 $\boldsymbol{T}_b^i$ 即为运载体坐标系到惯性坐标系的转换矩阵，式(11-107)变为

$$B_j=\boldsymbol{T}_b^iA_j\tag{11-108}$$

式(11-108)表明，在不需要任何初始条件的前提下，大视场多星定位定向系统可确定运载体相对惯性空间的姿态矩阵 $\boldsymbol{T}_b^i$。矩阵 $\boldsymbol{T}_b^i$ 与惯导系统的陀螺输出参量相同，其精度不随时间而降低。因此，大视场天文定位定向系统可直接校正惯导系统的常值和随机漂移，从而提高惯导系统的导航精度。

④大视场天文定位系统的光学视场一般为 10°×10°以上，与光电传感器组成的摄像单元的质量较轻(小于 3 kg)。另外，系统在捕获星体时不需要其光轴指向一个特定空域，因

而也就不需要星体跟踪单元，只需有利于星体高精度检测用的轻小图像稳定单元（质量小于10 kg）。这些因素决定了大视场天文定位系统具有体积小、质量轻的特点。

⑤大视场天文定位系统的静态精度主要取决于一次捕获星体的数量和星体的检测精度，没有其他角度测量误差的影响。对摄像系统进行高精度标定后，系统的静态定位精度可达到 1 角秒（折算到地面的距离为 30 m 左右），静态定向精度可达到 15 角秒。

大视场天文定位系统的动态精度主要取决于其图像稳定单元的稳定精度。由于系统的摄像单元质量小于 3 kg，所以系统的图像稳定精度可优于 10 角秒。由此决定系统的动态定位精度可达到 10 角秒（折算到地面的距离为 300 m 左右），动态定向精度优于 30 角秒。

11.7.3　大视场多星定位定向主要关键技术分析

大视场天文定位定向的主要关键技术包括大视场摄像单元高精度标定与修正、星目标提取与高精度检测、星图识别与导航最优解算等。

1. 大视场摄像单元高精度标定与修正

（1）恒星位置的确定

恒星位置是指所测恒星在大视场天文定位系统摄像单元坐标系中的位置（经标定后可转换为在载体坐标系中的位置），以指向该恒星的单位矢量表示。该矢量描述了恒星相对于系统光轴（或瞄准线）的位置。摄像单元坐标系是以其光学系统的光轴指向为 z 轴，光学系统的后主点为坐标原点，xoy 平面与摄像单元中 CCD 靶面平行，如图 11－51 所示。

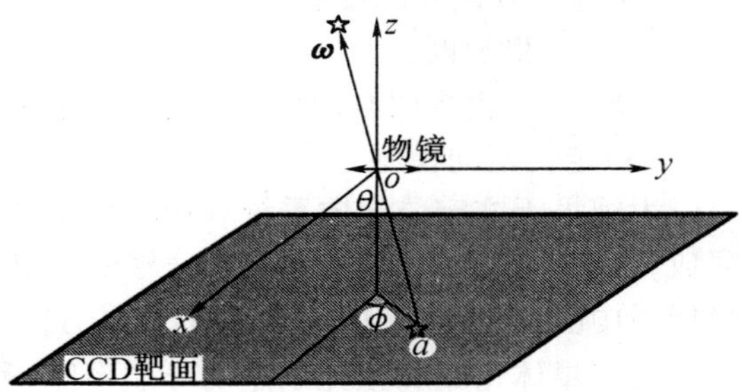

图 11－51　摄像单元坐标系

图中光斑 a 为某颗恒星在摄像单元 CCD 靶面上所成的像，坐标为(x,y)。指向该恒星的矢量与星体跟踪器光轴（z 轴）之间的夹角 θ 为

$$\theta = \arctan \frac{\sqrt{x^2 d_u^2 + y^2 d_v^2}}{f} \tag{11-109}$$

式中　d_u, d_v——相邻光敏元的横向、纵向中心间距，mm；

f——光学系统焦距，mm。

光斑 a 在 CCD 平面上的幅角 φ 为

$$\varphi = \begin{cases} \arctan(yd_v/xd_h) & x>0, y\geqslant 0 \\ \pi/2 & x=0, y\geqslant 0 \\ \pi + \arctan(yd_v/xd_h) & x<0, y\geqslant 0 \\ \pi + \arctan(yd_v/xd_h) & x<0, y<0 \\ -\pi/2 & x=0, y<0 \\ \arctan(yd_v/xd_h) & x>0, y<0 \end{cases} \Rightarrow \varphi = \begin{cases} \arctan(yd_v/xd_h) & x>0 \\ \pi + \arctan(yd_v/xd_h) & x<0 \\ \pi/2 & x=0, y\geqslant 0 \\ -\pi/2 & x=0, y<0 \end{cases} \tag{11-110}$$

这样，该恒星在系统坐标系中的单位位置矢量 w 可描述为

$$w=\begin{pmatrix}\sin\theta\cos(\varphi+\pi)\\ \sin\theta\sin(\varphi+\pi)\\ \cos\theta\end{pmatrix}=\begin{pmatrix}-\sin\theta\cos\varphi\\ -\sin\theta\sin\varphi\\ \cos\theta\end{pmatrix} \tag{11-111}$$

系统的定位定向精度直接由这些恒星的 θ 和 φ 的精度决定。由公式(11－109)和(11－110)可知,θ 和 φ 的精度又最终取决于恒星在 CCD 靶面上所成像的坐标位置测量精度。因此,如何精确确定星像的位置是系统恒星检测的一个关键技术。

(2)影响星目标矢量坐标检测精度的主要因素

在实际静态测量过程中主要有三个环节对测量精度起到关键的影响:

①摄像系统的物面分辨率;

②摄影系统的标定(如后主点、光轴和焦距等内外系统参数)和误差修正精度;

③图像中目标的检测精度。

摄像系统的物面分辨率,即成像系统对空间光学图像的最小细节的分辨能力,主要受 CCD 像元数和视场大小的限制。如果星体跟踪器中 CCD 摄像单元的视场为 14°×14°,像元数为 1 024×1 024。则单个 CCD 像元的角分辨率为 49.2″。这样的精度是不能够满足大视场天文定位系统高精度恒星检测要求的,必须采用亚像素检测算法,以克服 CCD 成像阵列固有的角分辨率限制,进一步提高星像质心位置的检测精度。然而恒星图像必须通过光学成像系统才能得到,而各种非针孔形的实际光学系统都存在系统误差或像差。这表明实际成像模型并不满足线性关系,而是一种非线性关系。对于普通镜头,其误差在图像周边可达几个像素点。在这种数字图像上,亚像素处理技术失去了意义。要提高测量精度,必须消除或修正摄影系统的系统误差。这除了采用较高成像质量的光学系统,以及提高系统装配精度外,还应结合误差模型,对摄像系统进行标定,通过软件进行综合补偿。

2. 星目标提取

(1)星目标图像的特征

图 11－52 是实际拍摄的一幅星图。图 11－53 为图 11－52 中白色方框内的放大图像。为了便于观察灰度变化情况,将图 11－53 中某一行的灰度分布用曲线示于图 11－54。

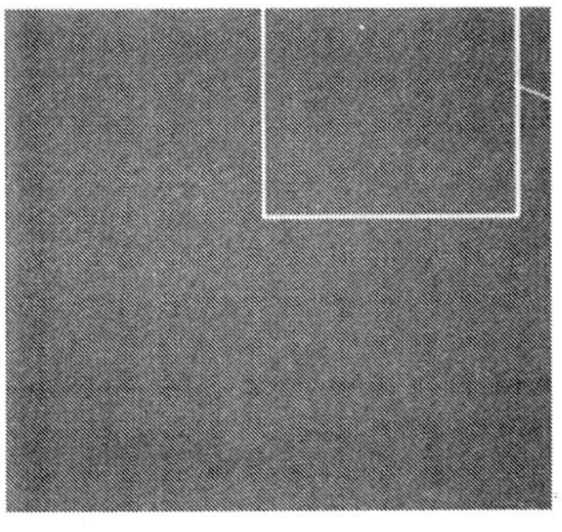

图 11－52　实际拍摄的星图

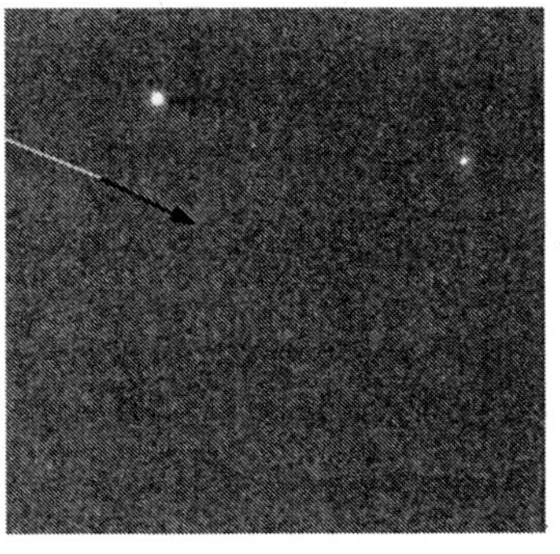

图 11－53　放大的局部星图

从图中可见,恒星目标信号呈孤立的像点分布在整幅图像中。由于云层对月光以及地面灯光的反射和折射,所以,星图中存在很强的背景信号,其灰度值在 1000 以上。图像中的噪声信号主要来自天空杂散光和 CCD 摄像机、图像采集卡等产生的电噪声(包括光子计数噪声、读出噪声、暗电流噪声,探测器光响应非均匀性引起的固定图像噪声,杂波噪声,A/D 转换引起的量化噪声等)。对图 11－54 进行统计,可得噪声的灰度标准差约为 10.7。由此

可见,一幅星图主要由恒星像点,背景信号和噪声组成。可用如下数学模型描述整幅星图灰度分布

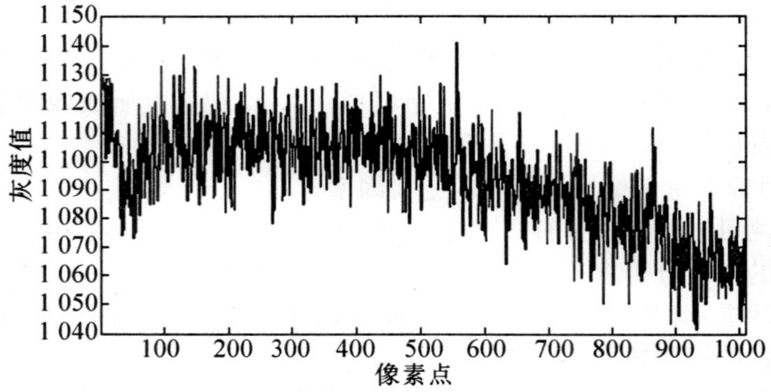

图 11-54 星图中某一行的灰度分布曲线

$$f(i,j)=s(i,j)+b(i,j)+n(i,j) \tag{11-112}$$

式中 $f(i,j)$——(i,j)处像元的灰度值;

$s(i,j)$——恒星照度信号;

$b(i,j)$——背景灰度;

$n(i,j)$——噪声信号。

在天空中,星等较低的恒星占多数,所以在星图中存在大量的微弱恒星目标。对于5等以下的恒星目标,由于它们所占像元数较少,灰度值较低,所以,直接提取比较困难,必须先对星图进行处理,以抑制噪声和背景。

(2)星图处理

针对星图灰度分布特点,这里先采用高斯形二维低通滤波算法对图像进行平滑降噪。由于高斯函数的傅里叶变换仍是高斯函数,因此高斯函数在时域和频域都具有良好的平滑性能,既有效抑制了噪声,又较好地保护了恒星目标的信息。并且它的算法也较为简单,调整较为方便。

对于背景信号,由于其变化较为缓慢,属于图像中的低频分量,因此,可采用高通滤波算法将其滤除。

图 11-55 是经过上述图像处理后,与图 11-54 同一行的灰度分布曲线。

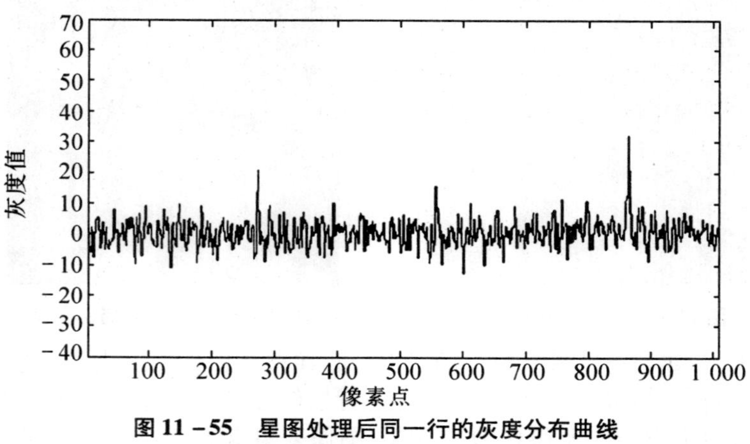

图 11-55 星图处理后同一行的灰度分布曲线

从图 11-55 中可以看出,经过图像处理后,星图只剩下恒星目标和分布均匀的背景白噪声。它们之间存在明显的灰度差别,所以,采用灰度阈值法能够较好地分割图像。为了

使后续的星图识别正确进行,应尽量确保提取的目标为真实的恒星目标。所以确定分割阈值时,应尽量减少把背景点误判为恒星目标点的概率。对于把恒星目标点误判为背景点的概率要求,在能够获取足够数量的恒星目标时,可适当放宽。先估计整幅图像背景噪声的灰度标准差 σ。当图像中某一点的灰度值 $y(i,j) > k\sigma$ 时,该点为目标部分;$y(i,j) \leqslant k\sigma$ 时,该点为背景噪声。k 为决定阈值大小的系数。

3. 导航星库与星图识别

(1)导航星数据库构造

星图识别是根据星图的特征来区分不同的星图的。星图的特征越多,识别的成功率也就越大。星图的自身特征有星对角距和星等两种,星图特征的多少成为星图特征的维数。N 颗恒星组成的星图,其特征维数为

$$D = N \times \frac{(N-1)}{2} + N \tag{11-113}$$

一般来说,星等特征不够精确,角距特征是星图识别的主要特征。通过星图识别仿真得出这样一个结论:局部天区(<100 平方度)的星图识别需要观测星中至少有三颗以上的导航星才能正确识别。全天星图识别则需要观测星中至少有五颗以上的导航星才能正确识别。

导航星库中的导航星应满足以下几个条件:

①导航星应在一定的星等范围之内。星等范围由系统摄像单元的敏感特性决定。

②导航星应在系统视场可能扫过的天区中。

③不是变光星(或称变星)。变星的亮度不是固定的,它们不适合用作导航星。

④任意两颗导航星之间的角距都大于一定的角距门限(一般≥0.1°)。这是因为相邻太近的导航星对定位无太大益处,另外还可能引起星图识别的误匹配。

(2)星三角形全天星图识别算法

星图是由具有一定几何特征的若干颗同一球面上的恒星组成,其几何特征可由星对之间的角距唯一确定。星图识别就是将系统视场中观测星组成的星图和由导航星库中导航星组成的星图根据几何特征进行匹配,以确定观测星与导航星的对应关系。星图识别算法中最关键的问题就是算法的识别成功率、运算量、运算速度和存储量。星图识别可以说是一种动态的模式识别,随着系统视场的变化,观测星星图所对应的导航星星图将呈连续的变化,所以星图识别不能预先将导航星星图划分成离散的模式类别,而只能在匹配过程中动态地寻找一种划分。目前,星图识别的算法很多,但比较成熟且最早运用的是星三角形全天星图识别算法。该算法实现过程如下。

①首先根据角距匹配找出所有能和观测星星对匹配的导航星星对,建立星对匹配矩阵,如表 11-7。导航星的星对角距是预先计算出来并按顺序存放的。星对匹配可以采用快速查找算法(如折半查找)。

表 11-7　星对匹配矩阵

观测星星对	导航星星对	
(1,2,*)	(A,B,*)	…
(1,3,*)	(A,C,*)	…
(1,4,*)	(A,D,*)	…
…	…	…
(7,8,*)	(*,*,*)	…

注:(*,*,*)分别为(星号,星等,角距)

②选一个观测星基三角形,根据星对匹配矩阵寻找能够匹配的导航星基三角形。一个观测星基三角形可能和若干个导航星基三角形匹配。

③基三角形匹配可能会出现镜像效应,因此要进行镜像检验。星图和它经过透镜后的星像应互为镜像关系。镜像检验可以通过比较一次矢量积的方向来完成。

④对其余的观测星进行匹配,也即比较它们和观测星基三角形的三个角距,如果和某颗导航星到导航星基三角形的三个角距相等,则认为是正确匹配,加入匹配星组。

⑤保留最大匹配星组。如果这个观测星基三角形还和别的导航星基三角形匹配,则选下一个导航星基三角形,转入第三步。

⑥如果还有别的观测星基三角形,则选下一个观测星基三角形,转入第二步。

⑦在匹配了所有的观测星基三角形以后,取最大的匹配星组作为识别结果。如果最大匹配星组不止一个,则降低角距门限重新匹配。由于保留了星对匹配矩阵,所以重新匹配能很快完成。

根据几何知识可以证明:在视场大小的邻域内,如果不是所有的导航星共弧,并且导航星星表具有星图模式唯一性,那么全天星图识别算法就一定能够得到正确的匹配结果。星图模式的唯一性问题指的是一个导航星星表,它能使得任意视场的观测星和其对应天区的导航星的匹配星组比和不确定天区中的任何其他导航星的匹配星组都要大。星图模式唯一性问题主要研究以下内容:

①具有星图模式唯一性的导航星星表的存在性;

②星图识别所用的特征对星图模式唯一性的影响;

③导航星的分布和星图模式唯一性的关系;

④导航星的数量和星图模式唯一性的关系。

从以上分析可知,星图模式的唯一性决定着星图识别的正确率,也就是说导航星星表的选取对星图识别的正确率是至关重要的。

基于星三角形的星图识别算法的几何特征匹配是一步完成的,不需要进行星组分裂;在星三角形匹配后直接进行镜像检验而不是在整个星组匹配结束后才进行,这样就能消除很多因镜像效应产生的伪匹配;通过优化算法还可以消除重复的星组匹配,这样就能大大降低参加匹配的星组的数量。星三角形算法所需的存储空间大约为 520 K 字节,在 PIII 级 CPU 上完成一次星图识别的时间不到 0.01 s。

(3)基于神经网络的智能星图识别技术

对所捕获的星图进行处理后,可得到星体在载体坐标系中的位置矢量。系统要完成导航功能,还必须利用已装订好的全天导航星库,通过星图识别技术得到星图中每颗星体在惯性坐标系中的位置。

采用神经网络技术完成系统的星图识别功能是一种较为可靠的方式。其优点在于算法的全天球星体识别功能具有很强的鲁棒性以及算法的算子特别适合硬件实时实现。以下为基于 SOFM 自组织神经网络的一种星图识别模型。

利用 SOFM 网络的特征抽取作用,通过网络的训练对由导航星库星信息构建的星三角进行聚类,用聚类中心(各输出节点的权向量)代表原输入星三角。

SOFM 网络由输入层和输出层组成,如图 11-56 所示,三个输入神经元,分别输入三星对角距,输出神经元 n 个代表 n 个聚类中心,输入层与竞争层之间实行全互连接。

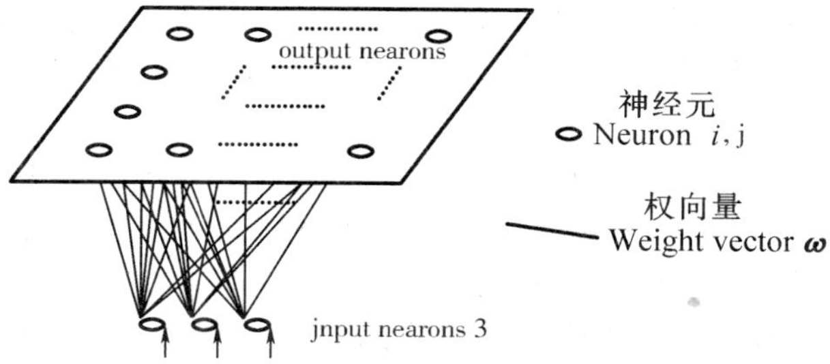

图 11－56　**SOFM 神经网络星三角聚类简图**

星三角 SOFM 聚类系统由三层构成，如图 11－57 所示。所有星三角聚类 SOFM 的输入神经元数为 3，输出神经元数如图中所示。其中最后一层输出神经元数 n_{i-j} 由该层 SOFM 网络的输入样本数 m_{i-j} 和平均每类的所含样本个数 P_{i-j} 决定，一般取 $n_{i-j}=m_{i-j}/P_{i-j}$。

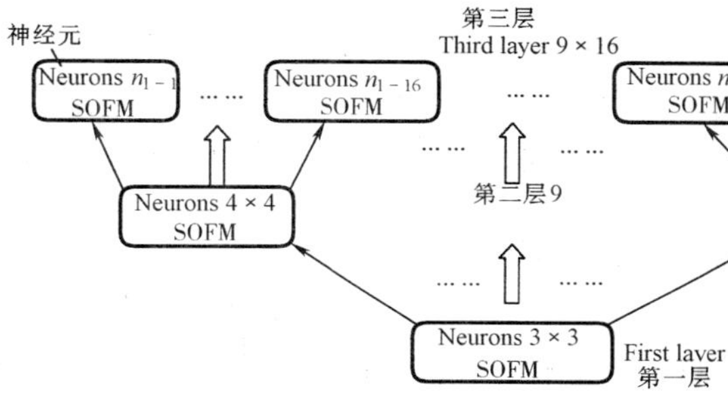

图 11－57　**星三角 SOFM 聚类的层次结构**

11.8　射电天文定位定向原理与技术

11.8.1　概述

射电天文导航是一门借助射电望远镜接受宇宙射电源辐射信号进行测天定位的学科。其定位方法与光学方法相似，也是用高度差法原理定位，以测量星体方位定向。

可见光波段的天文导航设备在地球表面（大气层）使用时容易受到不良天气的影响，限制了天文导航系统的全天候使用性能。为了解决这个问题，人们想到了利用星体其他波段的辐射进行星体观测，完成天文导航功能。首选波段是微波波段，即利用射电天文的方法完成星体检测，实现全天候天文导航功能。

星体是全波谱的辐射，除了可见光外还有各种波段的电磁辐射，而地面上所能收到的仅仅是可以透过地球大气的那一部分辐射。大气允许透过的电磁波段范围被形象地称为“大气窗口”。传统的天文导航设备使用的是波长在 0.4 μm（紫光）～0.7 μm（红光）的大气窗口（称谓“光学窗”）中完成星体检测。但当云层、阴雨天时，星体的可见光辐射在大气层中接收不到。射电天文学则利用了波长大致上从 1 mm 到 30 m 的大气窗口（又称谓“射电窗”）。

研究表明，大量天体都在宽广的频率范围内辐射出无线电波。到目前为止，在银河系中共有二千多个局部的无线电射电源。天体的无线电辐射功率根据普朗克定律确定，但在射电窗内，背景辐射相对于源的强度比光学窗的要大得多，所以，所收到的无线电辐射信号与无线电接收机中发生的噪音相似。因而只有用特殊的无线电接收机——辐射计，才可以接收到这种信号。

基于无线电和雷达技术的射电天文方法目前是天文界探测星体的重要方法，具有较高的灵敏度和测量精度；使用天线阵测量时，星体方位和高度角的测量精度可以达到 10^{-4} 角秒。美国柯林斯公司的大量实验和研究证明：

①太阳和月亮的无线电辐射强度，足可以用小型天线对两者进行跟踪；

②天体辐射的 8.7 mm 和 2 cm 两个波段，适用海上天文导航应用。利用这两波段工作的射电六分仪，可用 1 m 直径的天线，在中雨和阴天准确跟踪太阳和月亮，使用 2 cm 波段效果更好；

③太阳的射电辐射中心和几何中心是重合的，对于 2 cm 波段，月亮的射电辐射中心和几何中心也是重合的；

④大气折射可用观测点的干湿泡温度和大气压力加以计算和修正。

将天文导航系统与射电天文导航系统有机地结合在一起，构成一个组合导航系统，可以实现自主式、全天候、全球性的导航要求，带来导航领域的革命性变革。

11.8.2 射电天文导航系统的组成和工作原理

美国柯林斯公司曾为其海军研制了 AN/SAN－1 型射电六分仪，并在船上进行过试验。前苏联也在其靶场测量船上安装了与光学自动定向仪配套的射电六分仪，实现了全天候性能，在俄罗斯的潜艇上也已使用射电六分仪。

射电天文导航设备一般由射电接收单元、跟踪轴系、控制单元、定位解算单元组成，组成框图见图 11－58，利用的是高度差法定位原理，测量两颗或两颗以上的星体方位、高度角，解算出测量者的位置和航向。工作流程和小视场可见光波段的天文导航设备工作流程相同。

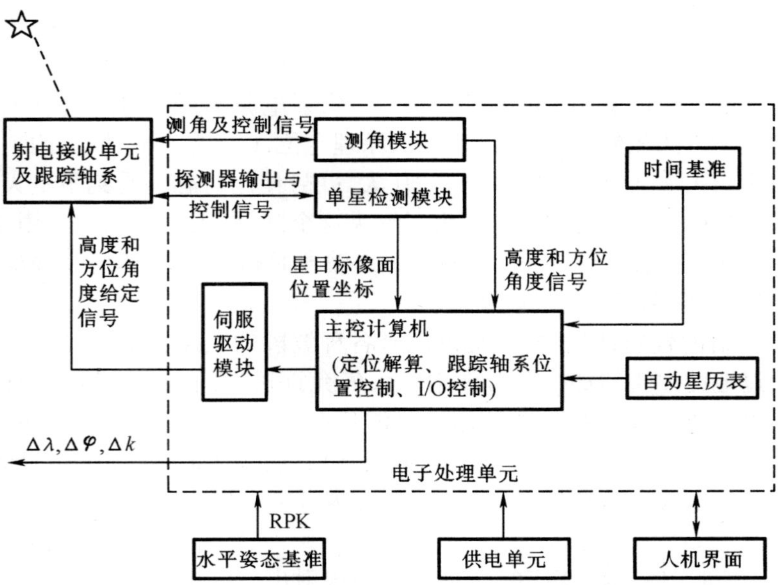

图 11－58 射电天文导航设备组成框图

1. 射电接收单元工作特性

(1)射电接收单元组成

射电接收机由天线、接收机组成。天线的有效面积可收集天体投射来的无线电波,把它汇聚到接收机的输入端;接收机把汇集到的无线电信号放大、加工以供处理。

(2)天体辐射信息

天体射电呈现为噪声的形式。对于它的测量主要是随时间平均的功率测量。定义 S_V 为射电源在中心频率为 ν 的辐射流量密度。如果射电接收系统的天线在这一特定方向的有效接收面积为 A,接收机的频带宽度为 $\Delta\nu$,则在无耗损情况下天线输出端所收到的中心频率为 ν 的天体射电功率为

$$p_\nu \Delta\nu = S_\nu A \Delta\nu \tag{11-114}$$

天体发出的信息可以用辐射强度 B_ν 来表达,定义为从天体上垂直于辐射方向的一个单位面积、在单位频率范围、向单位立体角发出的中心频率为 ν 的功率。天体上一个对观测者视线方向投影面积为 $\Delta\alpha$ 的辐射元,辐射强度为 B_ν,天体离观测者的距离为 R,$R \gg \Delta\alpha$ 的线尺度并远远大于射电接收系统的线尺度。天线处的单位面积在天体 $\Delta\alpha$ 处所含的立体角为 $\frac{1}{R^2}$。则 $S_\nu = B_\nu \Delta\alpha \cdot \frac{1}{R^2}$。令 $\Delta\Omega = \frac{\Delta\alpha}{R^2}$,即被测的天体辐射区在观测者处所含的立体角,则射电源的辐射流量密度为

$$S_\nu = B_\nu \Delta\Omega \tag{11-115}$$

(3)射电接收系统主要特性

射电接收系统最基本的性能为灵敏度和分辨率。

①灵敏度　灵敏度的定义是"最低可测"的辐射流量密度 $S_{v,\min}$,对无耗损天线,

$$S_{v,\min} = p_{v,\min} A^{-1}$$

式中,$p_{v,\min}$ 为天线接收到的单位频宽的最低可测功率。

在射电天文测量中,功率常常用温度的单位来表示。首先是天线接收到的单位频带宽度的功率 p_a 通过以下换算公式表示为天线温度 T_a,

$$p_a = kT_a$$

式中,k 为玻耳兹曼常数,等于 $1.38 \times 10^{-23}\ \mathrm{J \cdot K^{-1}}$。

上式的物理意义是天线终端是一个匹配电阻,投入的功率 p_a 被电阻吸收,使电阻温度提高 T_a 度,并由它辐射出相当于黑体温度为 T_a 的功率 p_a。

提高灵敏度可以通过增宽频带或增加积分时间来达到,但是这些受使用要求的制约,如测量快速变化时,τ 不能太大。

②分辨率　射电接收系统的分辨率标志着分辨从不同方向投射来的电波的能力。可以用天线的方向束来表达。方向束是平面无线电波在天线孔径边界的衍射效应,通常用半功率宽度来定义天线的分辨率。可表达为

$$\Delta\theta = 1.22\frac{\lambda}{D}(\text{弧度}) \tag{11-116}$$

提高分辨率的办法是增大 $\frac{D}{\lambda}$,即增大以工作波长为单位的天线系统的孔径尺度。孔径上所有的部分都把各自吸收到的无线电波传送到同一汇聚点,各个部分在接收和传送过程

中必须保持相互之间的正确相位关系，以达到在汇聚点上对所测方向的电波场同相迭加。因此，孔径上每一部分的机械公差、安装误差都要控制到远远小于一个工作波长。一般说来，其总和的均方根差不宜大于 1/20 个波长。

2. 天文导航对射电接收装置的要求

射电天文导航是通过对两颗或两颗以上的已知星体（视赤经、视赤纬）的测量，利用高度差定位方程解算测量者位置和航向。提高灵敏度和分辨率是对射电接收系统的基本要求。射电天文的测量，是测一个参量 $S(v,\theta,t)$，即作为频率、方位和时间函数的流量密度。

测流量密度的基本问题是首先应具有足够大的信噪比，即测得到。作出这种判断的基本条件是首先具有足够高的分辨率，即区分得清；其次是方位定标，即定出被测天体的天球坐标，通常是它的赤经和赤纬（α,δ）。

S 的频率应当有一个清楚的定义。一个实际的接收机有一个频带宽度。如果整个系统的频率响应为 $y(v)$，则中心频率 v_c 可以定义为 $\dfrac{\int_{-\infty}^{\infty} y(v)v\mathrm{d}v}{\int_{-\infty}^{\infty} y(v)\mathrm{d}v}$。在连续谱的测量或“单频”流量测量中，可以把 $\overline{S(v)}$ 看成 Sv_c（即中心频率处的流量密度）。

3. 机械扫描与电扫描

射电天文观测的灵敏度依赖于 $\sqrt{\tau}$。τ 为对一个目标进行观测的积分时间。射电天体信号通常很弱，需要有很长的积分时间以取得足够的灵敏度，这就需要天线能够长时间跟踪天体，也就是能够使它的方向束连续移动，以抵消地球自转所形成的天体视运动。通常的机械跟踪系统把天线安在具有二维转动能力的座架上（如“地平装置”，靠水平轴和俯仰轴转动；“赤道装置”，把一个轴，即“时角轴”安在与地球自转轴平行的方向，靠它和“赤纬轴”转动），把天线主轴对准被测天体，人工控制转轴运动进行跟踪。当跟踪观测完一个方位后，再把天线对准另一点，这样依次测量完成扫描。这里的“对准”、跟踪、扫描用的是同一机械系统。在这种跟踪过程以及对每一个不同采样点观测中，天线孔径法线与被测天区的几何关系保持不变，虽然天线方向图可能沿天区中孔径法线投影点旋转，但如果用的是赤道装置，则这种旋转也被抵消。可以认为，机械跟踪是一种固定方向束的跟踪。

电扫描和电跟踪与机械方法有重要的差异。它靠更变方向束来扫描、跟踪，这样做的时候，整个天线系统的位置不随天体变化，因而在被测天体方向上的投影面积和方位就不断在变。电扫描虽然可使方向束对准同一天体，但是方向束的宽度和形状则随着孔径投影的变化而变化。这表明，电扫描的跟踪并不能保持恒定的测量状态。

4. 总功率接收机

射电接收系统的接收机把天线收集到的射电信号进行放大、加工以便有效地进行处理。加工的内容包括提供频带宽度 Δv 及积分时间 τ，以减低接收机输入端系统噪声 $T_{系}$ 在输出端引起的起伏。

天体信号非常弱，所需的放大主要由中频放大器承担，为此可采用超外差技术。

放大设备本身带有噪声，这往往是可测信号的主要限制。但是现代技术已把一些波段的放大器噪声限制得非常小(如厘米波段量子放大器);余下的噪声主要来源于天线、传输器件及环境噪声等,这是设计者考虑的主要问题之一。

决定射电天文测量灵敏度有两个因素,一是系统噪声起伏,正比于 $T_{系}/\sqrt{\Delta\nu\cdot\tau}$;一是接收机增益起伏。

在超高频段,通常频带宽度 $\Delta\nu$ 很容易达 10^7 Hz 以上,若 $\tau=10$ s,则噪声起伏约为 $0.0001T_{系}$。如果在测量过程中放大器总增益为 $[\overline{G}+\Delta G(t)]$,$\overline{G}$ 为额定功率增益值,ΔG 为其瞬时均方根值。由于 $T_{系}\gg T_a$,若 $\dfrac{\Delta G}{G}$ 达到 0.000 1,则在上述 $\sqrt{\Delta v\cdot\tau}$ 的例子中,增益起伏造成的影响不可不计。要求 $\dfrac{\Delta G}{G}\leqslant 0.000\ 1$ 已是颇难做到,而实用中却有着比这更高的要求。

我们的目的是测量 T_a,因此还需要考虑用以标定 T_a 的标准源的准确度及接收机系统对功率的线性响应。Dicke 比较源本身就可以是一个标准源。视不同工作要求,标准源可以是 T_0 为已知的放电管、噪声二极管、温度受控的匹配负载以及天空背景等。

射电接收系统的灵敏度取决于记录仪表上表现出的最低可测的信号水平。接收机输出端的噪声起伏为

$$\text{const.}\ (\Delta T)_{系}=\text{const.}\ T_{系}(\Delta v\cdot\tau)^{-2}$$

式中,$T_{系}$ 是归算到接收机输入端的系统噪声温度

$$T_{系}=\eta_t T_a+(1-\eta_T)T_{环}+T_N$$

$(\Delta T)_{系}$ 为输出端噪声归算到输入端的等效值。灵敏度的定义为 $N(\Delta T)_{系}$,N 为所取的"可用"信噪比。式中,T_N 为接收机噪声,η_t 为从天线输出端到接收机之间传输线的效率因子,用以计量这一段的传输线吸收引起的耗损($0\leqslant\eta_t\leqslant 1$)。在平衡状态下,传输线应当有热辐射 $(1-\eta_t)T_{环}$ 贡献到接收机输入端,$T_{环}$ 为环境温度,通常取为 290 K 或 300 K。

灵敏度取决于信噪比,噪声使信号受到混淆,而接收机中的信息损失则使信号受到削弱,在讨论灵敏度时应考虑到这两方面的因素。

11.8.3　射电天文导航关键技术

1. 采用圆锥扫描天线技术提高精度

采用圆锥扫描天线,使用卡塞格林天线,副反射面采用偏心安装,用一小型驱动电机使副反射面高速旋转,形成圆锥扫描波瓣,对目标高速扫描。

天线安装在经纬仪上,经纬仪安装了高精度的测角元件,天线轴线方向按计算出的天体方向(高度、方位)对准天体,采用高速扫描,提高星体观测积分时间。

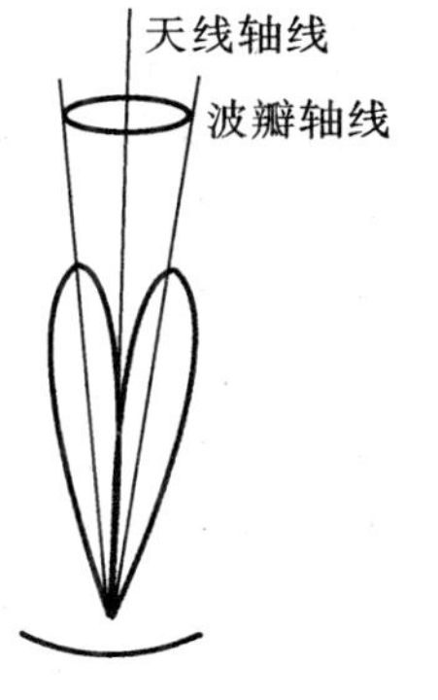

图 11－59　射电天线圆锥扫描示意图

2. 小尺寸天线高灵敏度射电接收系统

移动载体如舰船、飞机、导弹、航天器等对所需的定位装置的物理特性(体积、质量)要求比较严格,而作为噪声功率测量的射电系统,希望有较大的有效接收面积,因此必须研究高效率的接收系统。

3. 高精度的测量星体位置

射电波与光学测量在测量分辨率和精度上存在较大差异，对于单天线射电接收系统，由于天线尺寸的限制，系统的分辨率会受到限制。虽然利用干涉测量方法可以提高精度，但单天线射电天文导航设备精度需要提高。

总之，其研究方向是探索更多更好的射电源（包括人造扩展源目标、地球卫星等）、减小尺寸、提高观测精度。

11.9 卫星导航知识

11.9.1 卫星导航定位的特点及卫导装置在潜望镜和光电桅杆上的安装使用

GPS 全球定位系统是美国国防部于 1973 年批准海陆空联合研制的第二代导航定位系统，旨在彻底解决海上、空中和陆地运载工具的导航和定位问题。1994 年 3 月，由 24 颗卫星组成的导航“星座”部署完毕，形成全球、全天候、连续三维定位和导航的能力，标志着 GPS 正式建成。GPS 目前共有 30 颗导航卫星，其中 6 颗为技术试验卫星。24 颗导航卫星分布在 6 个轨道平面内，每个近似圆形的轨道平面内各有 4 颗卫星均匀分布，可以保证在全球任何地点、任何瞬间至少有四颗卫星同时出现在用户视野中。

根据 GPS 的设计要求，它能提供两种服务。一种为精密定位服务（PPS），利用精码（军码）定位，定位精度可达 10 m，只供美国及盟国的军事部门和特许的民用部门使用。另一种为标准定位服务（SPS），利用粗码（民码）定位，提供给民间和商业用户使用。目前 GPS 民码单点定位精度可以达到 25 m，测速精度 0.1 m/s，授时精度 200 ns。现在标准型的导航接收机已大量生产，并大批投入市场。已在船舶定位、海洋捕鱼、远洋轮导航、飞机导航、地质勘探、汽车驾驶、旅游探险等方面得到了广泛的应用。

GPS 定位技术的应用特点是：

①用途广泛；

②自动化程度高；

③观测速度快；

④定位精度高；

⑤全球性和全天候性能好；

⑥价格便宜，经济效益高。

GPS 定位技术较之测星定位的天文导航技术具有明显的技术优势，主要体现在定位精度、观测速度和全天候性能上。用天文导航技术进行测天定位，其最高的定位精度也在几百米以上（测量星体高度角的误差 1′时，在地球赤道附近约相当于 1 852 m），而 GPS 定位技术的定位精度最差也在 100 m 以内，高的可达到几米；用天文导航技术进行测天定位，定一个舰位时间至少要几分钟，一般要十分钟以上，甚至几十分钟，而用 GPS 定位技术定一个舰位的时间则一般不超过两分钟；用天文导航技术进行测天定位受天候的影响非常大，而用 GPS 定位技术定位则不受天候的影响，这使其应用的时机大大增加。再从经济效益上说，备一台专用的 GPS 定位接收机的花费,仅仅是专用天文导航装置的几十分之一到几百分之一而已。正因为如此,目前在军用的各种舰船上,都普遍地配装了 GPS 定位接收机。

但 GPS 定位装置与天文导航的测星定位相比,有一个致命的缺点,即自主性差,尤其是在战时,使用的自主权由于不在自己手里,会受到别人的控制;另外,在战时强烈的电磁环境下也会存在被干扰而不能使用的危险;再者,目前卫星导航只能定位,不像天文技术,既可定位又可定向。因而,发展自主性的天文导航定位系统仍是我们的主要任务。而如果把卫星定位的准确性和天文定向的准确性相结合,则是一种优化的选择。

如果在潜艇上配装卫导定位装置,其首要的选择便是配置在潜望镜上。一是因为当潜艇升起到潜望状态时,潜望镜头部所处的位置一般是最高的,GPS 定位装置的天线装在这里是最合适的,其视野最为开阔,而且是最先升起,对使用的隐蔽性最为有利;二是目前潜望镜和 GPS 定位装置同属于艇上的综合导航系统范围,其接口和关系的协调也最为方便。因此进行潜望镜研究设计的人员有必要对 GPS 定位技术有所了解。

11.9.2　卫星导航系统的组成和定位的原理

1. GPS 卫星导航系统的组成

GPS 定位系统由三大部分组成,即 GPS 卫星组成的空间部分、由若干地面站组成的控制部分和以接收机为主体的广大用户部分。三者有各自独立的功能和作用,但又是有机地配合而缺一不可的整体系统,见图 11 - 60 。

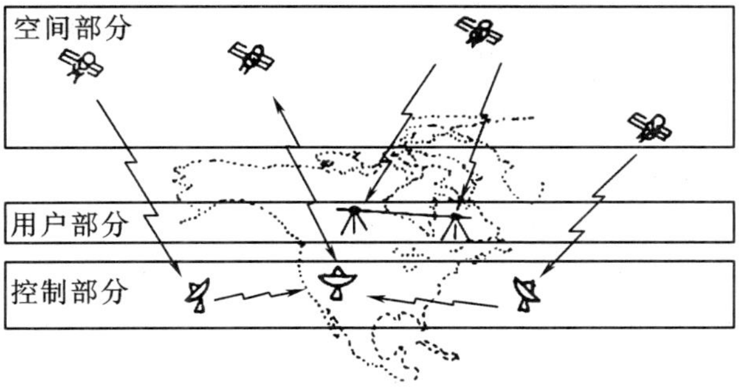

图 11 - 60　GPS 的空间、控制和用户部分

(1)空间部分

空间部分由 GPS 卫星组成。目前,GPS 工作卫星星座共有 24(21 + 3)颗卫星,均匀分布在倾角为 55°的六个轨道上,即各轨道升交点(与赤道交点)之间的角距为 60°,每轨均匀分布 4 颗卫星,相邻轨道之间的卫星还要彼此叉开 40°,以保证全球覆盖的要求。

每颗卫星以两个 L 波段频率发射载波无线电信号:

$$L_1 = 1\ 575.42\ \text{MHz}(\text{波长约 19 cm})$$

$$L_2 = 1\ 227.60\ \text{MHz}(\text{波长约 24 cm})$$

在 L_1 载波上测距定位用 P 码(精码,码长约 30 m)和 C/A 码(粗搜索码,码长约 300 m),此外,在载波上还调制了每秒 50 bit 的数据导航电文,内容包括:卫星星历、电离层模型系数、状态信息、时间信息、星钟偏差以及漂移信息等。

GPS 卫星采取多种编号识别系统，通常采用的编号是 PRN 数（伪随机噪声数），由各卫星的导航电文获知。GPS 工作卫星离地高度 20 200 km，运行周期为 12 个恒星时。

原先，美国采用两种限制性政策：SA（选择可用性政策），有意使频率漂移和降低轨道精度，使 C/A 码原有的定位精度从 14 m 降低到 100 m；AS（反欺骗）政策：为防止 P 码被窃取，将 P 码改为 Y 码，使非受权用户无法解态 P 码。自 2000 年 5 月 1 日起又宣布取消 SA 政策，它的停止使得 GPS 的能力真正发挥出来，精度实现了数量级的提高，从 100 m 以上增到 10 m 量级。

（2）控制部分

负责监控全球定位系统的工作，可不断跟踪监控卫星的运行状态，不断向卫星发送更新其位置和时间信息，以保持其定位的精度。

（3）用户部分（参见以后的介绍）

2. GPS 卫星导航定位的原理

用导航卫星测定船位和其他定位方法一样，必须具备两个条件：一是要准确地知道卫星的位置；二是确定测者和卫星间的相对位置关系。

（1）卫星准确位置的确定和得知

卫星的位置是用 X 轴指向格林经线和赤道交点的地心赤道面直角坐标系表示的，如图 11－61。

该坐标系的原点是地球质量中心 O，X 轴指向格林午圈和赤道的交点，Y 轴在 X 轴以东 90°的赤道面上，Z 轴与地轴重合并指向北极方向。目前，GPS 定位系统采用的 WGS－84 坐标系与此规定基本一致，不过其考虑的影响因素更为全面。

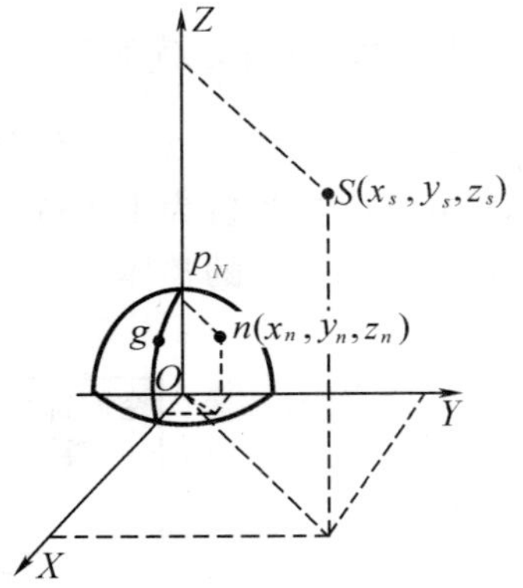

图 11－61 卫导定位用地心赤道面直角坐标系

如图 11－61 中所示，卫星 S 在空间的位置可用 x_s, y_s, z_s 表示，其值可根据卫星所播发的导航电文卫星星历（时间、位置）中得知。卫星的地面控制部分又不断地将随时监控测得的卫星轨道参数注入到卫星上去，就使得其发布的位置参数非常准确。

同样，测者的地理位置也应用地心直角坐标系表示，以便与卫星处于同一个坐标系内，有利于位置的确定。地理坐标与直角坐标的转换关系为

$$\begin{cases} x_n = (m+h)\cos\varphi_n\cos\lambda_n \\ y_n = (m+h)\cos\varphi_n\sin\lambda_n \\ z_n = [m(1-e^2) + h]\sin\varphi_n \end{cases} \tag{11-117}$$

式中

$$m = \frac{R_0}{\sqrt{1-e^2\sin^2\varphi_n}} \tag{11-118}$$

R_0——地球赤道半径，R_0 = 6 378 137 m；

h——观测天线在平均海面上的高度＋大地水准面偏离地球椭圆体的高度；

e——地球的第一偏心率，e^2 = 0.006 694 379 990 13；

φ_n——观测天线（测者）的地理纬度；

λ_n——观测天线(测者)的地理经度。

如果知道了测者在直角坐标系中的位置,则可用下式求其在地理坐标系中的位置:

$$\begin{cases} \lambda_n = \arctan\left(\dfrac{y_n}{x_n}\right) \\ \varphi_n = \arctan\left\{\dfrac{z_n(m+h)}{\sqrt{x^2+y^2}\left[m(1-e^2)+h\right]}\right\} \\ h = \dfrac{z_n}{\sin\varphi_n} - m(1-e^2) \end{cases} \tag{11-119}$$

式(11 - 115)中,由于 m 是 φ_n 的函数,因此需用叠代法求出 φ_n,然后再求解 h。

(2)测者与卫星间相对位置的确定

目前,确定测者与卫星间相对位置的方法有距离法、多普勒频移法、载波相位差法等。以下着重介绍普通卫导接收机常用的距离法。

距离法现通常称为伪距测量法,伪距观测量中的时间差是利用相关技术获取的。在相关接收中,卫星上发送的 C/A 码伪随机信号是由卫星钟控制的,用户接收机中的 C/A 码伪随机信号是由本地时钟控制的。在相关接收时,将此两伪随机信号码位对齐,即完成跟踪和延时锁定。这一时刻相对于初始时刻的时延量,即表征了信号在空中传播的时间。它是地面测点到卫星间距离的函数,再乘以电波传播的速度,即称为伪距观测量(ρ)。之所以称为伪距,是因为还要经过钟差和大气效应等修正后,才能得到测点与卫星间的真实距离。

在同一个直角坐标系中,若知道测者和卫星之间的距离,则可用两点坐标与两点距离的关系式来求解测者的位置坐标,如图 11 - 62 所示。

设地面测点 P 到卫星 S^i 距离矢量为 $\boldsymbol{R}_P^i$,地心原点 O 到卫星 S^i 距离矢量为 $\boldsymbol{R}^i$,地心原点到地面测点的距离矢量为 $\boldsymbol{R}_P$,如果卫星钟和地面钟完全同步,这时的伪距观测量就代表了测点 P 到卫星的真实距离 R_P^i

$$R_P^i = C(t_{nR} - t_{sV}) - C\,\tau_A \tag{11-120}$$

式中　t_{nR}——地面接受机已同步的观测时刻;

t_{sV}——卫星已同步的观测时刻;

τ_A——信号传播途中的附加时延,称为大气改正;

C——卫星信号的传播速度,即光速。

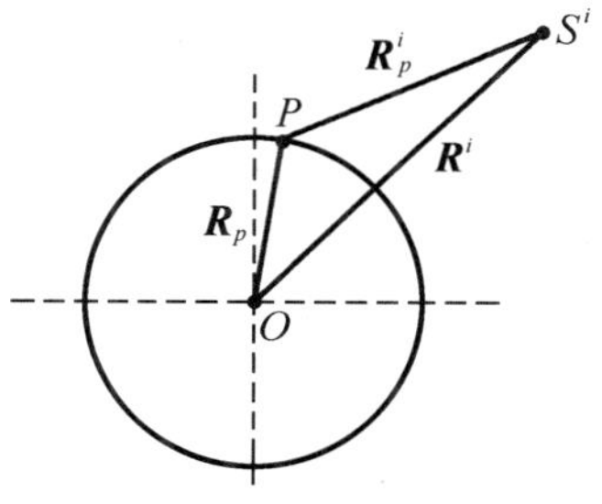

图 11 - 62　地面测点与卫星间的几何位置关系

但是,实际卫星钟和地面钟不可能完全同步,均存在一定钟差,所以实际测量的不是真实距离,而是伪距

$$\rho_P^i = C(t_{nR} + \Delta t_{nR} - t_{sV} - \Delta t_{sV}) = R_P^i + C\,\tau_A + C(\Delta t_{nR} - \Delta t_{sV}) \tag{11-121}$$

由两点位置坐标计算两点距离的公式为

$$R_P^i = \left[(x_s^i - x_P)^2 + (y_s^i - y_P)^2 + (z_s^i - z_P)^2\right]^{\frac{1}{2}} \tag{11-122}$$

带入(11 - 121)式得

$$\rho_P^i = \left[(x_s^i - x_P)^2 + (y_s^i - y_P)^2 + (z_s^i - z_P)^2\right]^{\frac{1}{2}} + C\,\tau_A + C(\Delta t_{nR} - \Delta t_{sV}) \tag{11-123}$$

式中,只有四个未知量,即 $x_P, y_P, z_P, (\Delta t_{nR} - \Delta t_{sV})$,只要同时观测四颗卫星,便可得到式(11 - 123)的四个方程,就可联立求解出测点 n 的三个坐标值。

载波相位法是在距离法的基础上发展起来的,目前多用于大地精密测量。

差分 GPS 定位,需要在用户所在的区域设立基准站,利用已知的基准站精确坐标计算出基准站到卫星的伪距改正数,并将这一改正数实时发送出去。用户接收机在进行 GPS 观测的同时,也接收基准站的伪距改正数,对其伪距观测量进行改正,此后利用改正过的伪距进行定位计算,求解出精确的用户接收机位置。

3. GPS 接收机的组成

GPS 接收机通常由两个部分组成,即天线部分和接收单元部分,如图 11－63 所示。

(1)天线单元

它由天线和前置放大器组成。对天线的要求是灵敏度高和抗干扰性强。目前 GPS 接收机的天线形式有:定向天线、偶极子天线、微带天线、一(二、四)螺旋天线、圆锥螺旋天线等。这些天线各有利弊,各有特点,可根据需要选用。前置放大器是一种关键性组件,它直接影响接收信号的信噪比。因此要求它具有噪声系数小、增益高和动态范围大的特点。GPS 接收机一般采用场效应 FET 放大器。

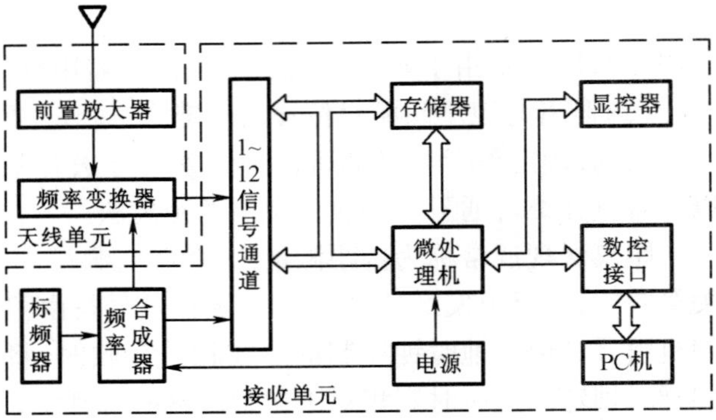

图 11－63　GPS 接收机的基本构成

(2)接收单元

①信号通道单元　它的主要功能是接收来自天线单元的信号,经过变频、放大、滤波等一系列处理过程,实现对 GPS 信号的跟踪、锁定、测量,提供出计算位置的数据信息。根据需要可设计成 1～12 通道,供任意选择。

通道由硬件和软件组成。每一通道在某一时刻只能跟踪一颗卫星。当此卫星被锁定后,便占据这一通道,直到此卫星信号失锁为止。现代技术的发展,并行多通道技术已经成功应用于各种类型的接收机。而在相关型接收机中,则采用了相关型通道,其主要由以下部分组成:

a. 码延迟锁定环(DLL)　将本地伪随机码与卫星伪随机码对齐,实现卫星的跟踪、识别和伪距测量。

b. 载波相位锁定环(PLL)　是利用本机的 Costas 环,将载波相位与卫星载波相位锁定,借以解调出导航电文,并可进行载波相位测量。

②存储单元　为了差分定位和相位定位事后处理的要求,一些接收机能将实时定位的各种数据、原始观测量以及计算结果存储下来,供事后处理用。

③计算和显示控制单元　其功能是:

a. 工作开始的自检;

b. 根据采集到的卫星星历、伪距观测值计算三维坐标值和速度;

c. 人机对话,输入航路进行自动导航。输入卫星高度截止角、历元间隔以及其他指令,以计算和更新位置。输入各种指令,以控制屏幕显示等。

④电源　GPS 接收机采用直流供电,可以将镉镍蓄电池装于机内,也可外接蓄电池。在利用外接电池时,可自动对机内电池充电。此外,机内还装有锂电池,专门为时钟和 RAM

存储器充电，以保证在关机时保留存储数据。

11.9.3　其他全球卫星导航系统简介

GNSS 泛指所有的卫星导航系统，包括全球的、区域的和增强的。2020 年前预计 GNSS 将包括四大全球系统，真正从单一的美国 GPS 系统转变为多星座并存的 GNSS 时代。其标志为：GPS 现代化得以实现（2013 年左右），并不失时机地实施 GPSⅢ计划；俄罗斯GLONASS 系统 2010 年已恢复 24 颗星的完全工作，并实施现代化计划；欧洲的 Galileo 系统也会在 2015 年前后投入运营；中国的 Compass 北斗卫星导航系统将成为 GNSS 的四大全球系统之一。

1. GLONASS

GLONASS 是前苏联于 1976 年正式启动的全球导航卫星系统项目，可提供高精度的三维空间和速度信息，以及授时服务等。由于前苏联解体等多种原因的影响，整个系统直到 1993 年 9 月 24 日采正式启动，截止 2011 年 3 月 3 日，在轨道运行的 GLONASS 卫星共 27 颗。现有系统可保证俄罗斯所有地区都能 100% 接收到导航信号，并覆盖全球 98% 的范围。其性能如下：

可提供两种导航信号：标准精密导航信号（SP）和高精密导航信号（HP）。其中 SP 精度为

水平精度　57 ~ 70 m（99.7% 概率）

垂直精度　70 m（99.7% 概率）

授时精度　1 μs（99.7% 概率）

测速精度　15 cm/s（99.7% 概率）

随着俄罗斯国家战略调整和商业需求增长，俄罗斯政府开始积极着手对 GLONASS 系统进行技术改造，并频繁发射后续卫星入轨，逐步提高导航精度，计划在 2015 年将发射改良的 GLONASS—KM 卫星入轨。未来 GLONASS 系统将由 30 颗卫星组成，系统导航精度可达到 1.5 m 以内。

2. Galileo 系统

完全部署的 Galileo 系统将由 30 颗卫星（27 颗工作星和 3 颗活动备用星）组成，原计划于 2008 年建成，但由于技术等问题，要到 2014 年才开始运营，2015 年才具备 15 颗卫星网络，开始初始服务，此后再补足 30 颗卫星，实现系统的全运营。这些卫星分置在 3 个圆形的中地球轨道（MEO）面内，离地高度为 23 222 km，轨道面倾角为 56°，导航信号能提供高达 75°的良好覆盖。

Galileo 系统将提供的服务有五种：公共服务（OS）、生命安全服务（SOLS）、商用服务（CS），公共特许服务（PRS），搜索救援服务（SAR）。

Galileo 系统与 GPS 系统相比的不同和优势如下：

（1）Galileo 系统的卫星数量多，轨道位置高、轨道面少；

（2）Galileo 系统更多用于民用，可为地面用户提供三种信号：免费使用的信号，加密且需交费使用的信号，加密且需满足更高使用要求必须得到授权才能使用的信号；

（3）其精度依次提高，最高精度比现有的 GPS 系统高十倍，即使免费使用的信号精度也

达到 6m；

(4) Galileo 系统的用户可根据需要选择不同服务类型，且定位精度优于原来 GPS 系统的设计水平，GPS 系统只提供两种服务类型，而 Galileo 系统可提供五种服务类型。

11.9.4 我国北斗卫星导航系统(Compass)

北斗卫星导航系统是中国自行研制的全球卫星定位与通信系统(Compass)，是继美国 GPS 和俄罗斯 GLONASS 之后第三个成熟的卫星导航系统。

1. 系统组成、现状及建设目标

中国建成完善的全球导航系统计划分三步走。第一步为区域导航系统，已由北斗一号系统完成。第二步，即在“十二五前期完成完成发射 12 颗到 14 颗卫星任务，组成区域性、可以自主导航的定位系统。第三步，即在 2020 年前后，有 30 多颗卫星覆盖全球，解决覆盖区域局限问题。

北斗卫星导航系统由空间端、地面端和用户端三部分组成，可在全球范围内全天候、全天时为各类用户提供高精度、高可靠性的定位、导航、授时服务，并兼具短报文通信能力。

北斗导航系统的建设目标是建成独立自主、开放兼容、技术先进、稳定可靠、覆盖全球的导航系统。

用户终端由北斗用户终端以及与 GPS、GLONASS、Galileo 系统等其他卫星导航系统兼容的终端组成。

2. 系统服务

2011 年 12 月 27 日起，已开始为中国及周边地区提供连续的导航和授时服务。服务方式分为开放服务和授权服务两种方式。开放服务是向全球免费提供定位、测速和授时服务，目前定位精度优于 20 m，单向授时精度优于 100 ns，双向定时精度为 20 ns。第三步的目标是定位精度 10 m，测速精度 0.2 m/s，单向授时精度 50 ns，双向定时精度为 10 ns。

3. 系统评价

与 GPS，GLONASS 系统相比的优势如下：

(1) 短信服务和导航结合，增加了通信功能；

(2) 全天候快速定位，极少通信盲区；

(3) 精度与 GPS 相当，而在增强区域，也就是亚太区域，甚至超过 GPS；

(4) 在提供无源定位导航和授时等服务时，用户数量没有限制，且与 GPS 兼容；

(5) 特别适合集团用户大范围监控与管理，以及无依托地区数据采集用户数据传输应用，独特的中心节点式定位处理和指挥型用户设计，可同时解决“我在哪”和“你在哪”；

(6) 高精度加密设计，安全、可靠、稳定，适合关键部门应用。

参考文献

[1]　张坤石. 潜艇潜望镜天文定位系统回顾与方案分析[J]. －潜艇潜望镜天文定位系统系列分析论文之一、二 、三. 舰船光学, 2001(1);2002(1);2003(2/4).

[2]　张达. 六分仪原理误差计算[J]. 舰船光学, 1982(增 1).

[3]　刘荣霖. 航海天文学[M]. 北京: 高等教育出版社, 1959.

[4]　季必达. 天文导航在组合导航与制导中的功能[J]. 导航,1985(1).

[5]　Pivair Periscope Gyroscopic Sextant[Z]. SAGEM MX324 Document November, 1982.

[6]　Stabilized Search Optronic Periscope Technical Specification[Z]. SAGEM MX373 Document Sept, 1984.

[7]　舰船光学编辑组. 法国“女神”级潜艇 M41 型潜望镜操作手册及图集[K]. 1984.

[8]　张坤石. 舰位误差的分布特性与评定方法[J]. 舰船光学,1987(4).

[9]　张坤石. 潜望镜镜管弯曲补偿系统[J]. 舰船光学,1987(5).

[10]　张坤石. 穿透型潜望镜镜管变形机理及潜望镜工程设计[J]. 舰船光学,2000(3/4).

[11]　MIL－s－23960(SHIPS). Sextant Type Ⅲ Periscope[Z]. 1964.

[12]　邹玉林, 冯应峰. 光电设备新型稳定观察装置[J]. 舰船光学, 1992(3).

[13]　季必达. 关于 S938 昼夜星体跟踪器[C]. 武汉: 天文/惯导学术交流会, 1999.

[14]　季必达. 星光导航与射电天文导航[J]. 舰船光学,1997(2).

[15]　季必达. 关于高度差法多星定位公式的推导及应用条件[J]. 舰船光学,2002(1).

[16]　张铁元. 天文定位粗略鉴定水平姿态误差[J]. 舰船光学,1985(3).

[17]　张铁元. 天文定位在综合导航中的作用[J]. 舰船光学,1985(3).

[18]　张铁元. 天文导航与水平姿态的关系分析[J]. 舰船光学,2001(2).

[19]　张铁元. 天文定位公式推导过程[J]. 舰船光学,2002(1)

[20]　王泽和. 新式的三星定位解算法[J]. 舰船光学,1983(5).

[21]　许少华. 发挥天文导航的优势[J]. 舰船光学,1982(增 2).

[22]　虞厚柏. 粗跟踪精瞄准星体跟踪器[J]. 舰船光学,1982(增 2).

[23]　王长钰. 航海多星定位算法分析[J]. 舰船光学,1984(2).

[24]　陈养谓. 天文定位新算法——方位－高度差法[J]. 舰船光学,1985(2).

[25]　陈养谓. 跟踪单一天体确定船位和航向[J]. 舰船光学,1986(4).

[26]　彭旭煌. 一种基于天文数据库的快速寻址方法[J]. 舰船光学,1992(1).

[27]　黄盖云. 面阵 CCD 星体检测的离散化处理[J]. 舰船光学,2000(3).

[28]　季必达. 把 CCD 用于昼夜星光导航与制导的试验研究[J]. 导航,1987(3).

[29]　黄盖云, 唐建博. 天文球面三角形方程式的迭代解[J]. 舰船光学,2003(1).

[30]　江滨. 天文导航中自动选星算法初探[J]. 舰船光学,2000(3).

[31]　唐建博. 昼夜星体检测技术发展现状综述[J]. 光学与光电技术,2005(5).

[32]　唐建博, 刘爱东. 大视场多星定位定向原理[J]. 舰船光学,2001(2).

[33]　胡冬至, 彭春萍. 双 DSP 嵌入式天文导航硬件平台[J]. 光学与光电技术,2004(6).

[34]　张绪清, 王振华, 刘爱东. 大视场多星捕获探测器的设计要素分析[J]. 舰船光学,

2002(4).

[35] 郑存红，彭春萍. 星体跟踪器中星目标检测的实现[J]. 光学与光电技术,2005(5).

[36] 孙莉，王艳萍. 影响星体识别的因素分析[J]. 舰船光学,2003(4).

[37] 黄勇. 神经网络星图识别算法的仿真测试及分析[J]. 光学与光电技术,2005(5).

[38] 孙莉. 一种新的提取星体圆形边沿的方法[J]. 光学与光电技术,2005(5).

[39] 赵坤. 太阳射电天文定位的实验研究[J]. 舰船光学,1993(2).

[40] 赵坤. 在短厘米波段用小口径天线探测导航射电源的可行性分析[C]. 武汉:天文/惯导学术交流会,1999.

[41] 刘爱东. 辐射计接受机的系统噪声与灵敏度[C]. 武汉:天文/惯导学术交流会,1999.

[42] 宣扬. 被动射电成像技术研究[J]. 光学与光电技术,2010(6).

[43] 宣扬. 射电天文导航探测体制分析[J]. 舰船光学,2009(1).

[44] 陈国庆,刘兴超. 天文导航设备中高精度时间系统的实现[J]. 光学与光电技术,2009(5).

[45] 何大华. 无水平基准天文定位方法的设想[J]. 光学与光电技术, 2005(5).

[46] 季必达. 天文定位的直接解算法[J]. 舰船光学,2008(3).

[47] 李振伟. 姿态误差对天文定向的影响分析与仿真[J]. 舰船光学,2008(4).

[48] 郑存红. 一种改进的星图识别算法[J]. 舰船光学,2009(3).

[49] 王振华. 近红外探测器暗电流噪声对星体目标提取的影响[J]. 光学与光电技术.

[50] 王振华. 天文导航技术与装备的发展现状与对策[J]. 光学与光电技术,2005(5).

[51] 王振华,陈兴. 一种基于生物侧拟制原理的星图点目标检测方法[J]. 光学与光电技术,2011(6).

[52] 黄勇,陈建华. 型敏感器高精度姿态解算法[J]. 舰船光学,2009(3).

[53] 昼光恒星成像器[J]. 朱耘,译. USP 2007 / 0038374. 舰船光学,2007(增刊1).

[54] 袁红卫. 光电导航技术与装备发展研究[J]. 光学与光电技术,2011(1).

[55] 李忠. 天文导航航向误差的数理分析[J]. 光学与光电技术,2011(5).

[56] 邹志,唐建博. 天文导航系统星图像质分析[J]. 光学与光电技术,2009(5).

[57] 吴学铜,王振华. 物理量模拟星库建立的一种方案介绍[J]. 舰船光学,2009(4).

[58] 梁娟. 短波红外昼光恒星成像光学系统设计[J]. 光学与光电技术,2010(2).

[59] 王广运，郭秉义，李洪涛. 差分 GPS 定位技术与应用[M]. 北京:电子工业出版社,1996.

[60] 郭晋. 北斗与 GPS 导航定位系统对比分析研究[J]. 科技资讯,2011(28).

[61] 曾庆化,刘建业,胡倩倩,等. 北斗系统及 GNSS 多星座组合导航性能研究[J]. 全球定位系统,2011(1).

[62] 朱筱红,李喜来,杨元喜. 从国际卫星导航系统发展谈加速中国北斗卫星导航系统建设[J]. 测绘通报,2011(1).

附　　图

图 1－3　美国 8B Mod3 光电搜索潜望镜目镜头、上头部外形图

图 1－4　美国 18 型光电搜索潜望镜目镜头、上头部外形图

图1-5　美国90型光电潜望镜目镜头、上头部外形图

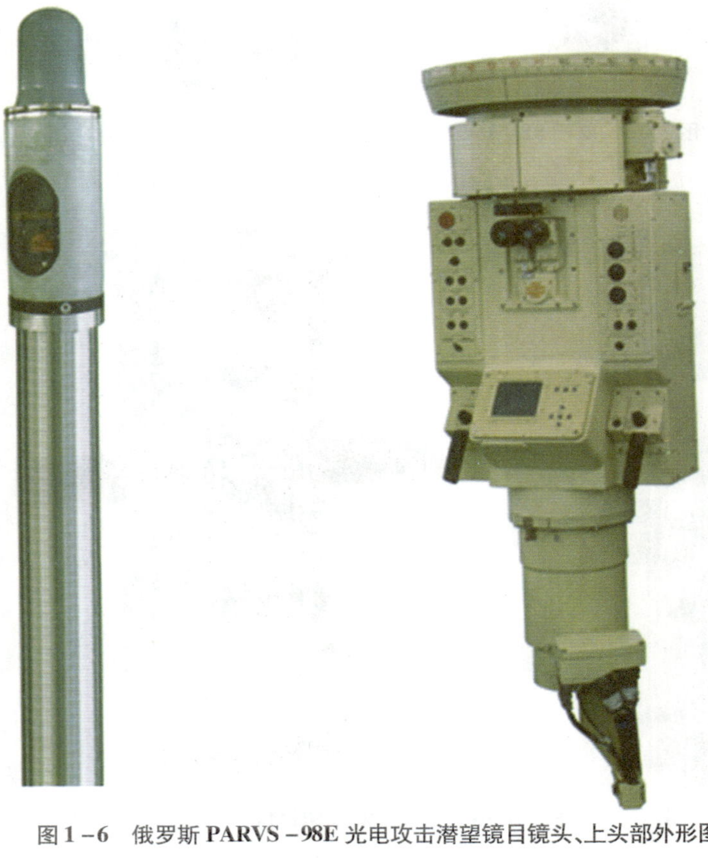

图1-6　俄罗斯 PARVS-98E 光电攻击潜望镜目镜头、上头部外形图

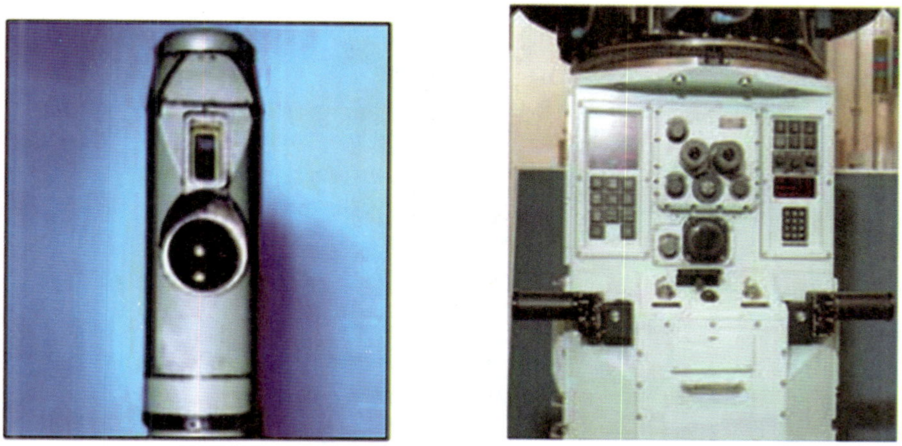

图 1 – 7　英国 CK043 光电搜索潜望镜目镜头、上头部外形图

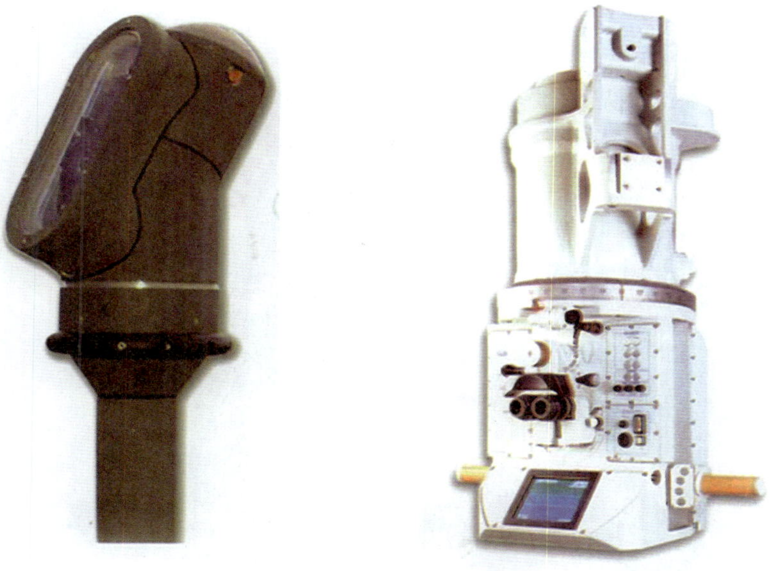

图 1 – 10　法国 APS – 20 系列光电攻击潜望镜目镜头、上头部外形图

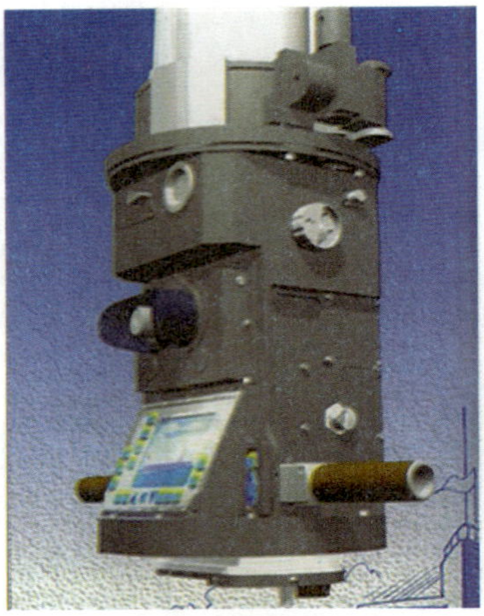

图 1－11　南非 Ibol 光电潜望镜目镜头外形图

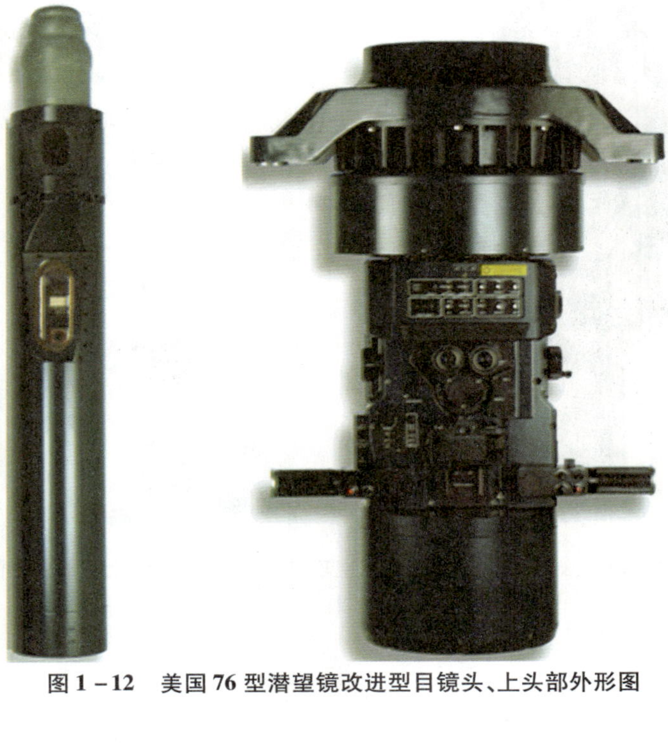

图 1－12　美国 76 型潜望镜改进型目镜头、上头部外形图

图 1－15 潜艇上浮中的潜望镜及潜望镜激起的浪花

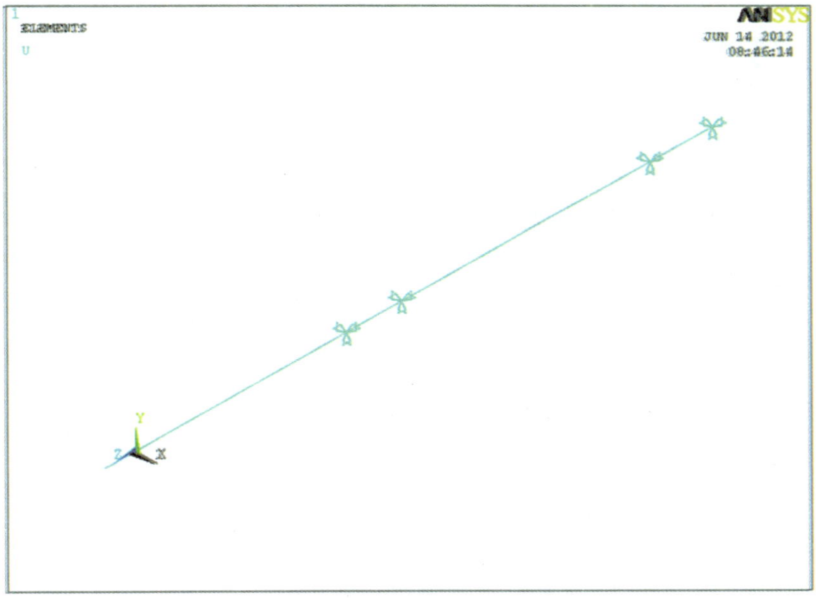

图 2－14 潜望镜系统基于 ANSYS 的有限元模型

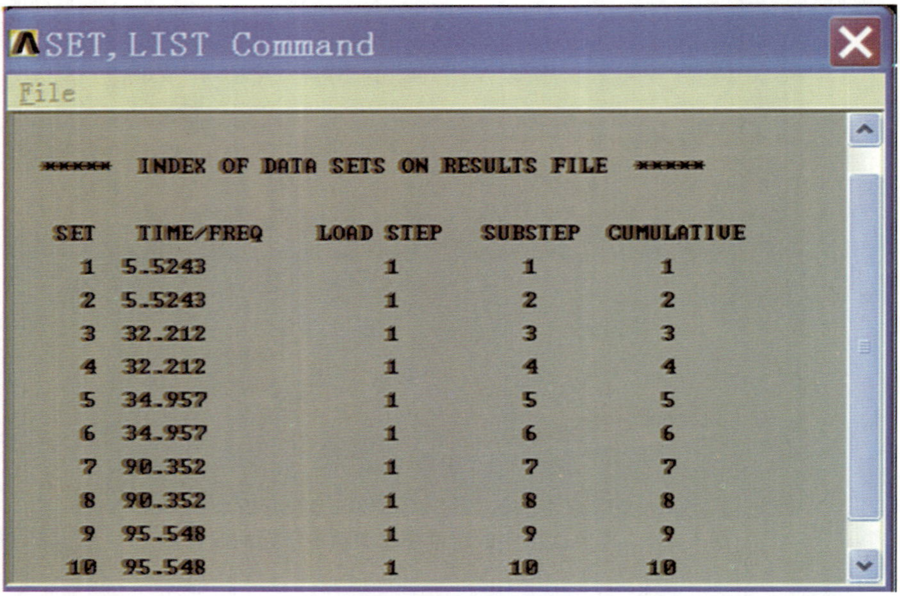
SET, LIST Command

File

***** INDEX OF DATA SETS ON RESULTS FILE *****

SET	TIME/FREQ	LOAD STEP	SUBSTEP	CUMULATIVE
1	5.5243	1	1	1
2	5.5243	1	2	2
3	32.212	1	3	3
4	32.212	1	4	4
5	34.957	1	5	5
6	34.957	1	6	6
7	90.352	1	7	7
8	90.352	1	8	8
9	95.548	1	9	9
10	95.548	1	10	10

图 2-15 前 10 阶固有频率

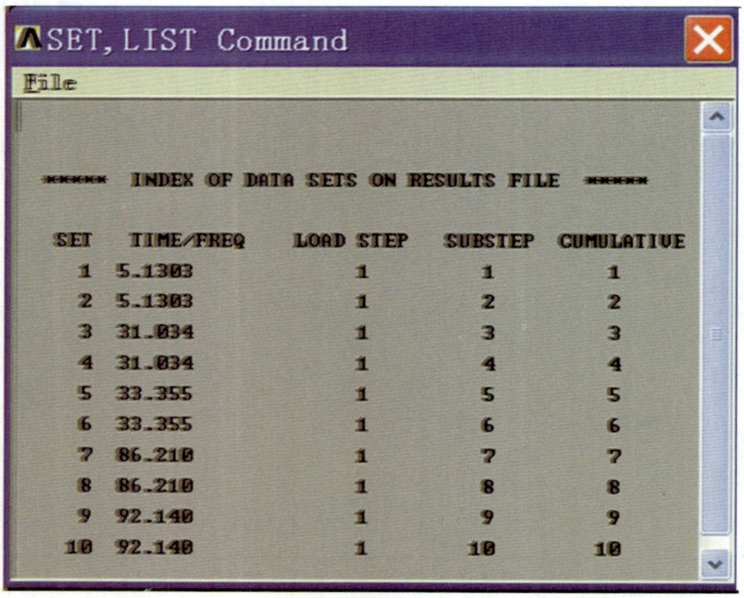
SET, LIST Command

File

***** INDEX OF DATA SETS ON RESULTS FILE *****

SET	TIME/FREQ	LOAD STEP	SUBSTEP	CUMULATIVE
1	5.1303	1	1	1
2	5.1303	1	2	2
3	31.034	1	3	3
4	31.034	1	4	4
5	33.355	1	5	5
6	33.355	1	6	6
7	86.210	1	7	7
8	86.210	1	8	8
9	92.140	1	9	9
10	92.140	1	10	10

图 2-16 头部有 10 kg 集中质量时的固有频率

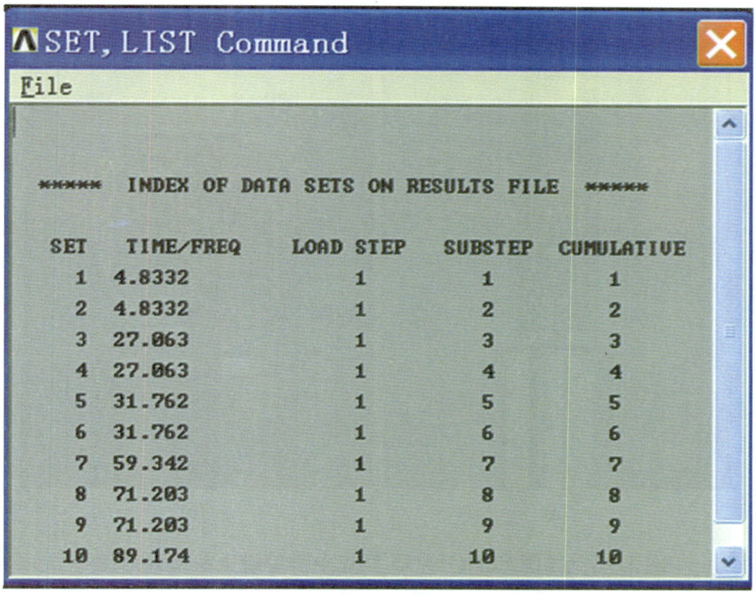

SET, LIST Command

File

***** INDEX OF DATA SETS ON RESULTS FILE *****

SET	TIME/FREQ	LOAD STEP	SUBSTEP	CUMULATIVE
1	4.8332	1	1	1
2	4.8332	1	2	2
3	27.063	1	3	3
4	27.063	1	4	4
5	31.762	1	5	5
6	31.762	1	6	6
7	59.342	1	7	7
8	71.203	1	8	8
9	71.203	1	9	9
10	89.174	1	10	10

图 2－17　支座为弹性时的固有频率

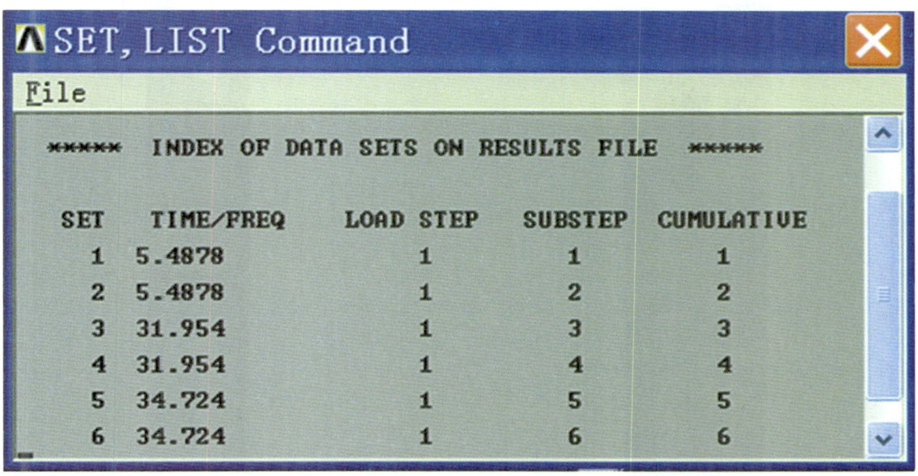

SET, LIST Command

File

***** INDEX OF DATA SETS ON RESULTS FILE *****

SET	TIME/FREQ	LOAD STEP	SUBSTEP	CUMULATIVE
1	5.4878	1	1	1
2	5.4878	1	2	2
3	31.954	1	3	3
4	31.954	1	4	4
5	34.724	1	5	5
6	34.724	1	6	6

图 2－23　采用 PIPE59，PIPE20 和 MASS21 建模的固有频率

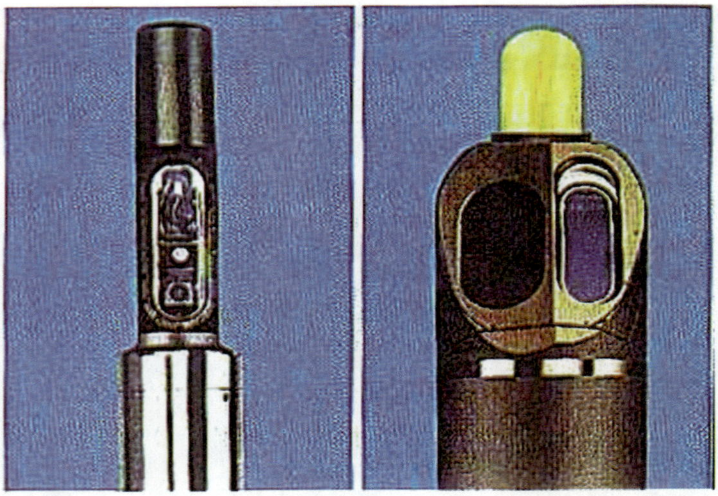

(a) (b)

图 3-3　德国 SERO14/15 型光电潜望镜上头部外形图

(a)攻击潜望镜;(b)搜索潜望镜

图 3-4　美国光电搜索潜望镜的上头部外形图

(a)**8**B Mod **3** 型;(b)**8**J Mod **3** 型

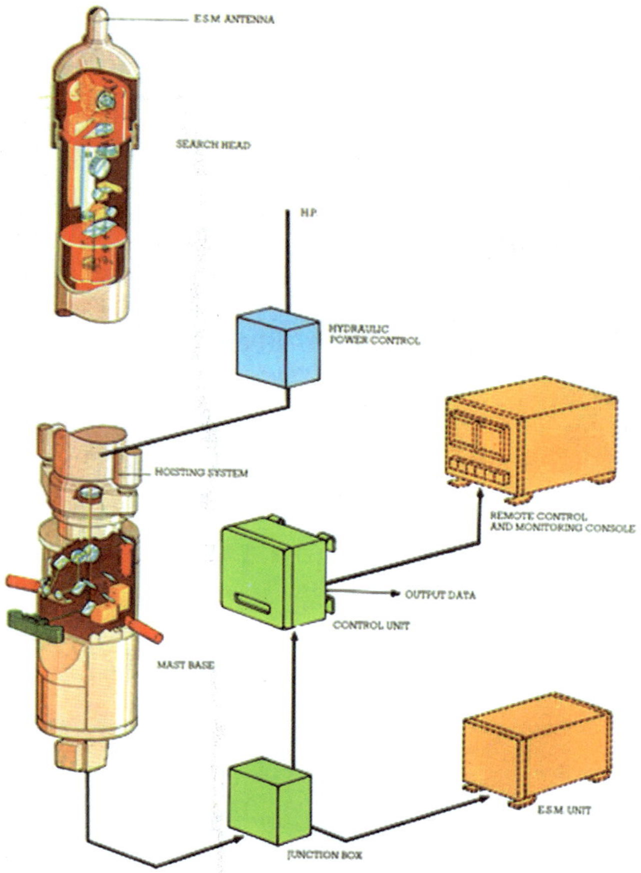

图 3-6　法国 PIVAIR 光电多用途潜望镜组成示意图

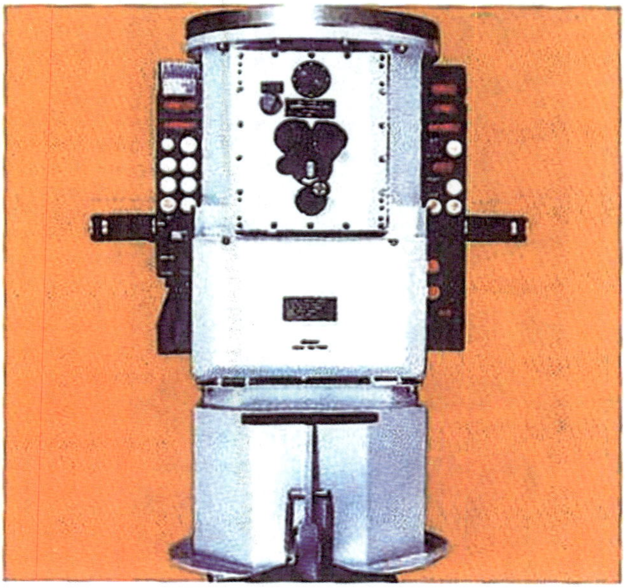

图 3-7　英国 CK-035 光电潜望镜目镜头外形图

图 3-8　英国 CH085 攻击潜望镜目镜头外形图

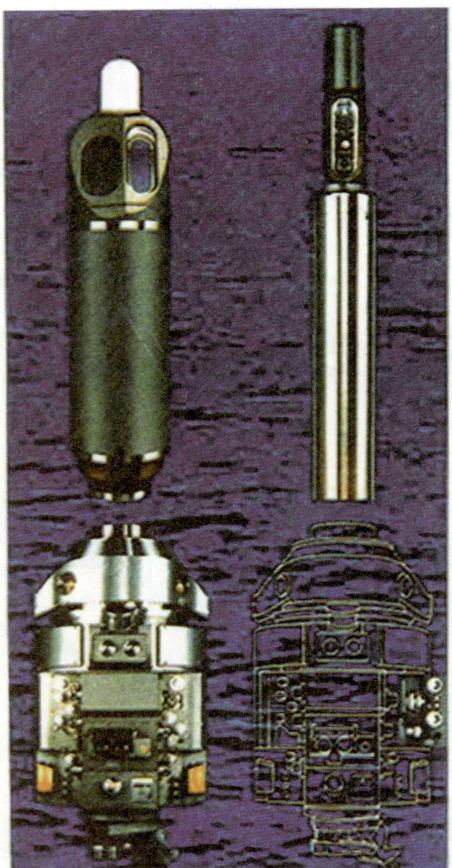

图 3-9　德国的 SER014 型光电搜索潜望镜和 SER015 型光电攻击潜望镜外形图
（图中左为搜索潜望镜；右为攻击潜望镜）

图 3-11　美国 76 型潜望镜总体布局与大模块化设计

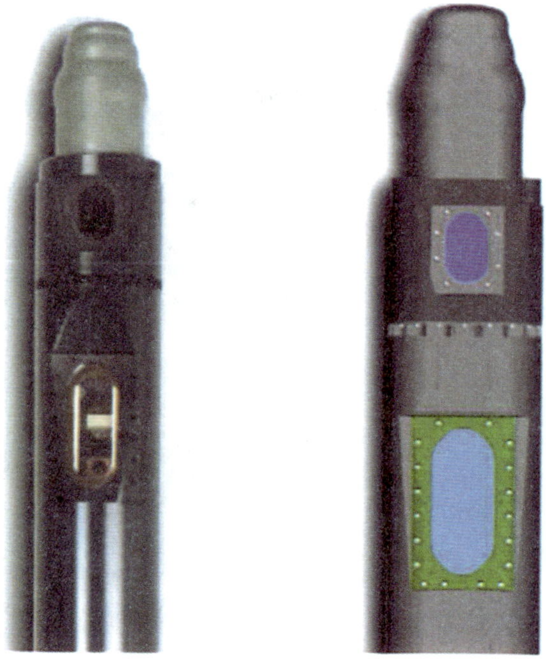

图 3-12　美国 76 型潜望镜两种红外观察头

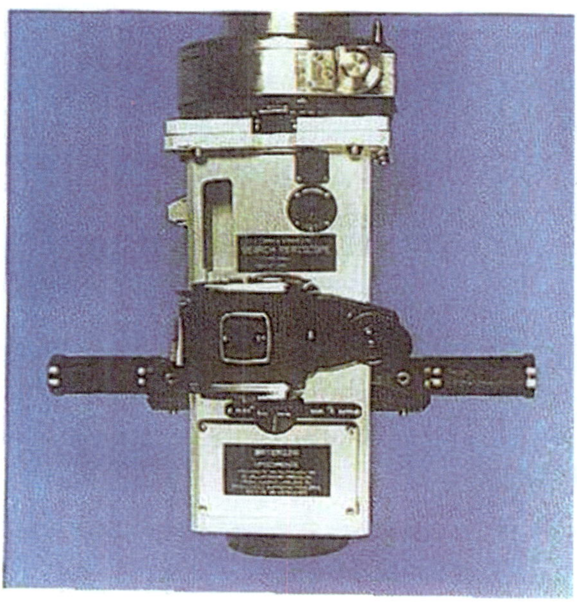

图 3-13　英国小型潜望镜的目镜头

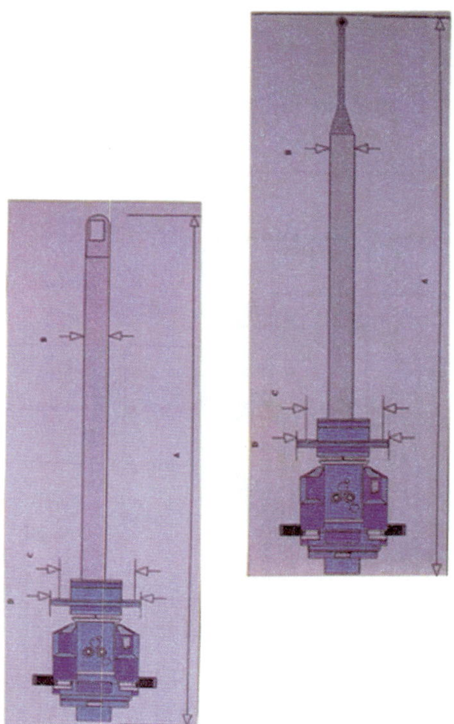

图 3-14　英国 CK038、CH088 型潜望镜模块化布局示意图

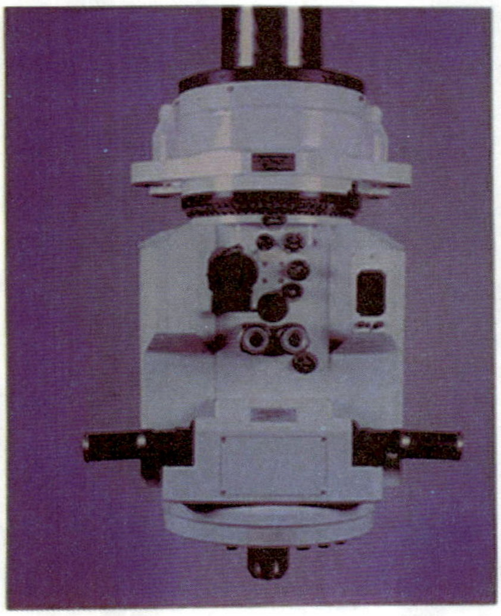

图 3－15　英国 CK038、CH088 型潜望镜模块化的通用目镜头外形图

图 3－16　英国 CK043 型搜索潜望镜/CH093 攻击潜望镜通用目镜头

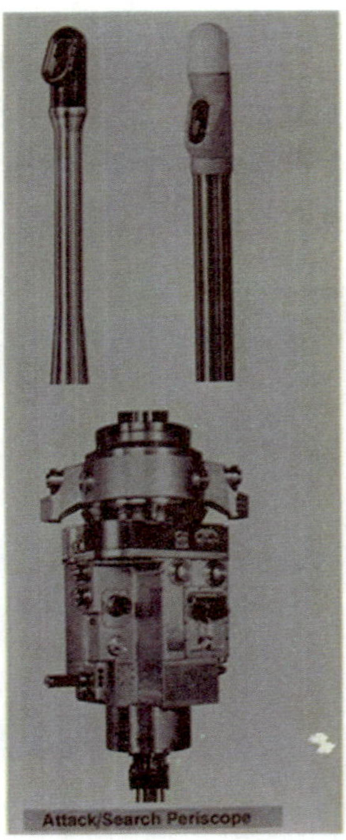

图 3－17　德国蔡司公司 SERO40－S 型模块化结构攻击潜望镜(左)、搜索潜望镜(右)及通用目镜头

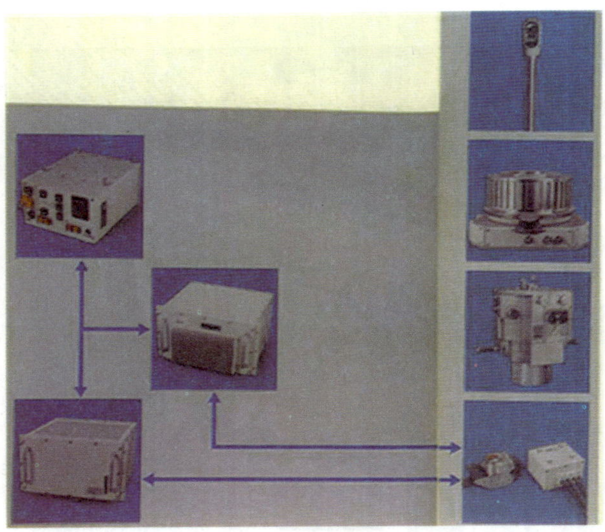

图 3－18　德国蔡司公司 SERO40－S 型攻击潜望镜模块化的组成示意图

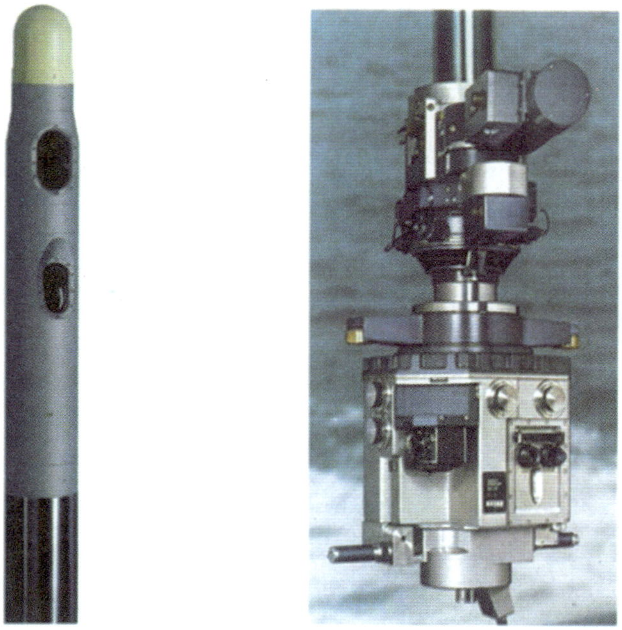

图 3－19 德国 SERO 40 红外潜望镜的上头部和目镜头外形图

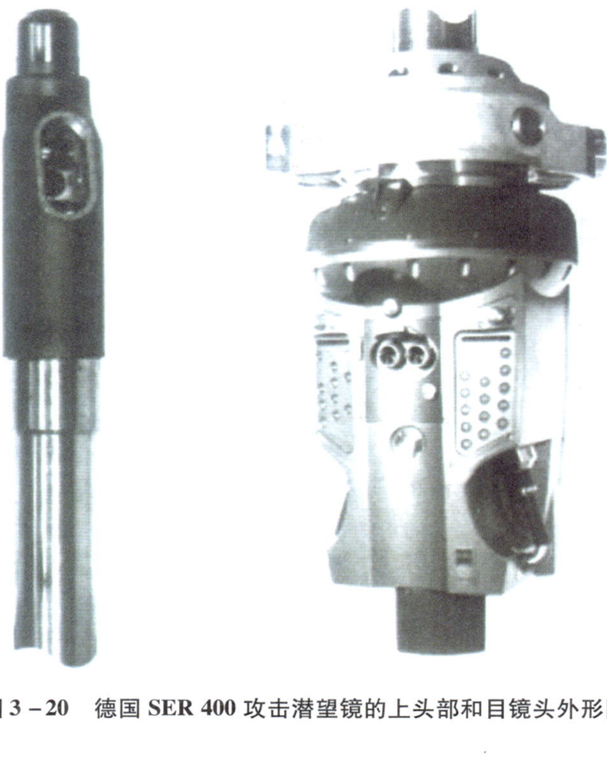

图 3－20 德国 SER 400 攻击潜望镜的上头部和目镜头外形图

图 3－21 正在操作使用的德国 SERO 14 型光电搜索潜望镜目镜头

图 3－22 正在操作使用的英国 CK043 型潜望镜目镜头

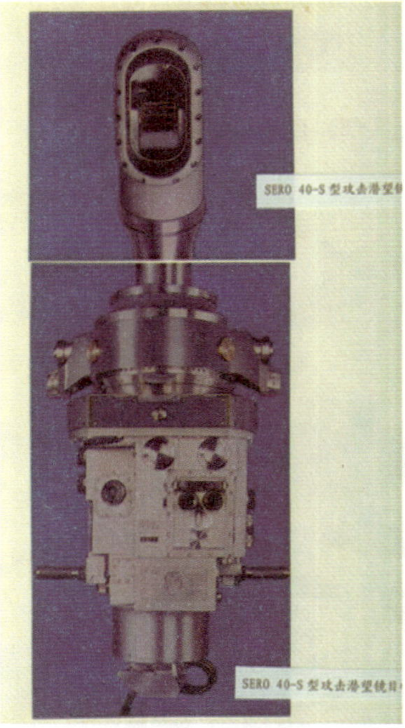

图 3－25 德国潜望镜模块化的目镜头结构(SERO 40－S 型)

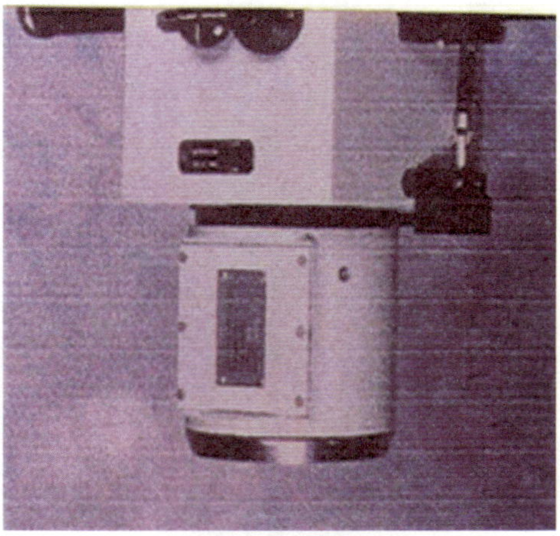

图 3－26 二腔式总体结构的导电滑环配置

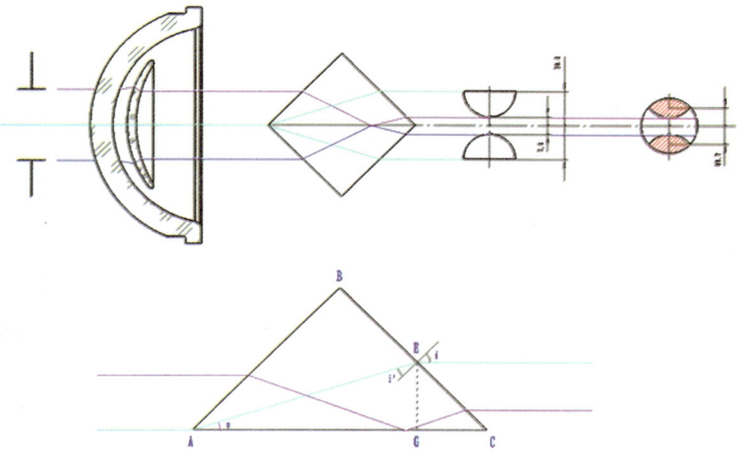

图 4－4　观察天顶时立方棱镜的光路图

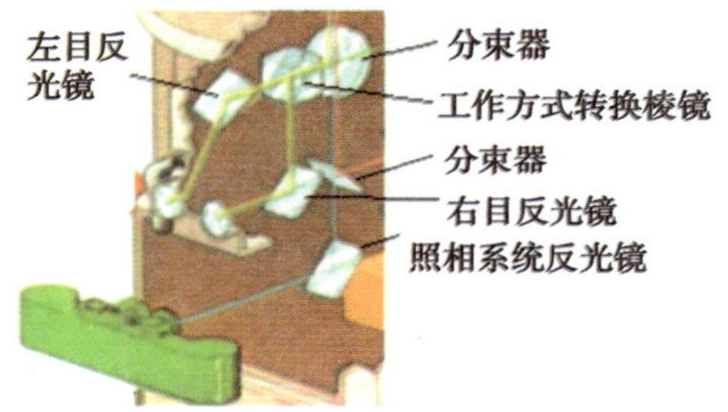

图 4－20　法国 PIVAIR 潜望镜准双目结构图

图 5－42　总线型加固计算机组成图

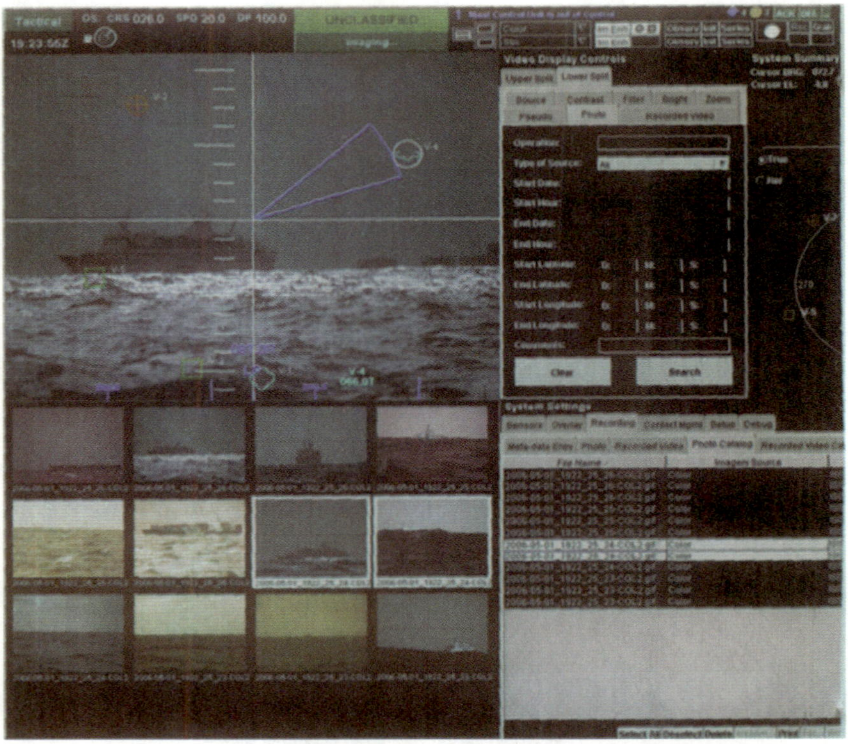

图 5－61　美国洛杉矶核潜艇综合成像系统的屏幕的局部显示

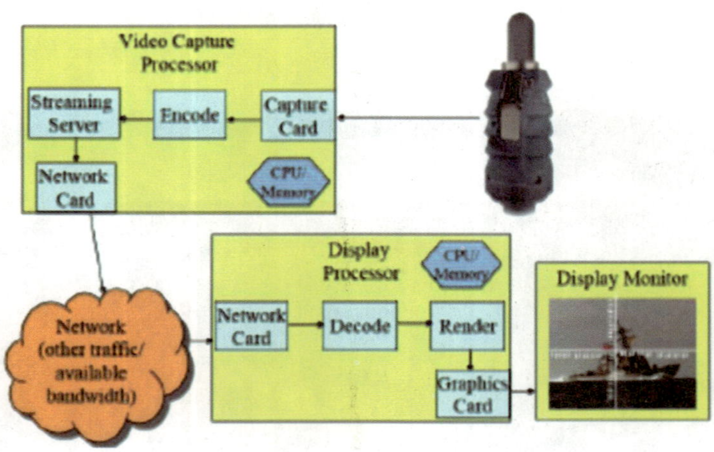

图 5－62　用于综合成像系统的流动视频系统

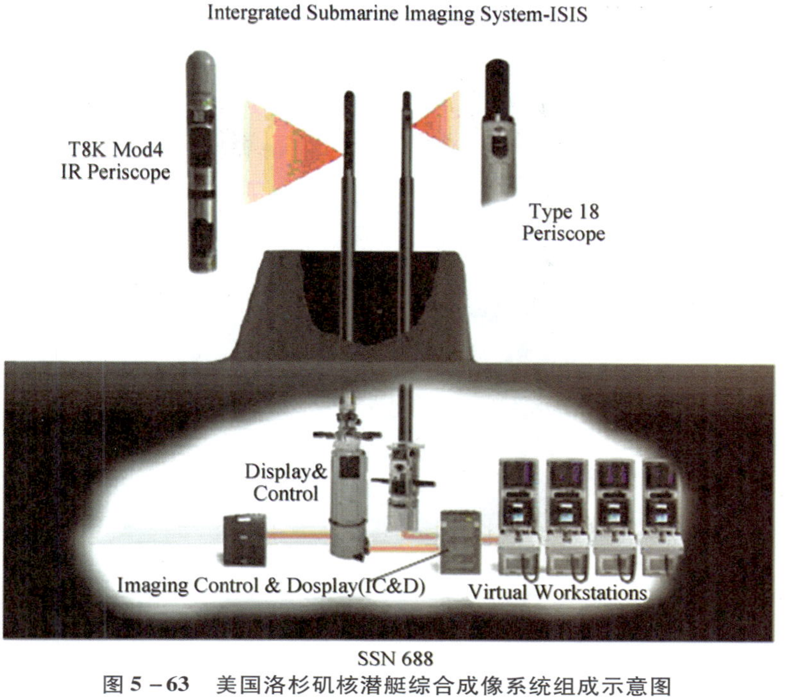

图 5－63　美国洛杉矶核潜艇综合成像系统组成示意图

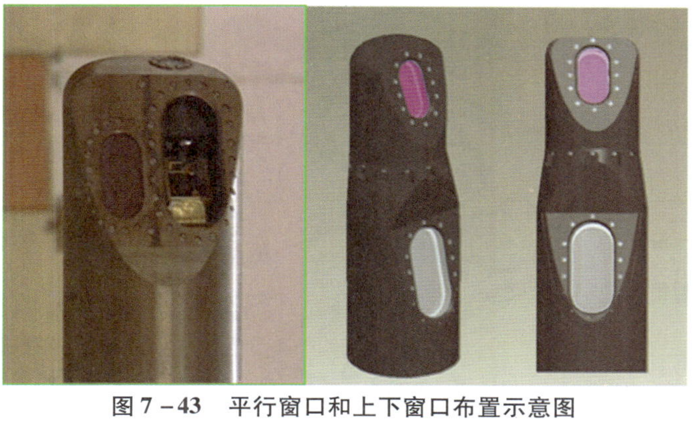

图 7－43　平行窗口和上下窗口布置示意图

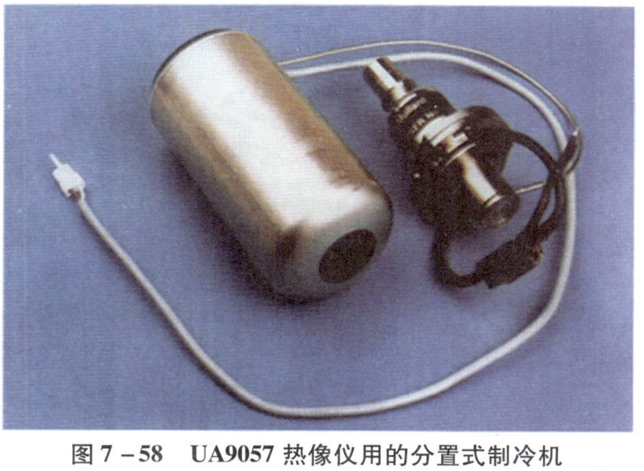

图 7－58　UA9057 热像仪用的分置式制冷机

图 7-59 试验中的中波红外全景潜望镜摄像机组件

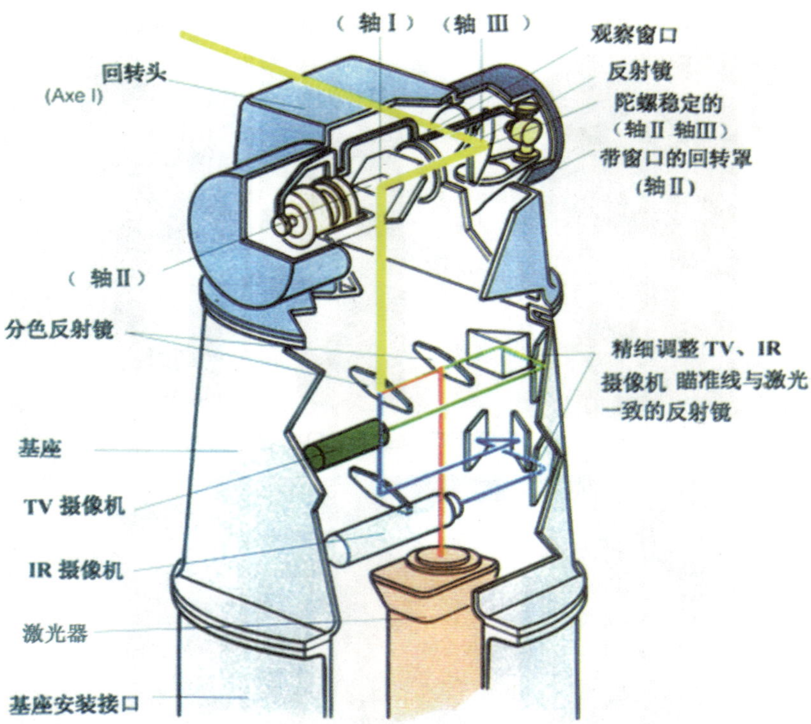

图 8-25 火山型光电指向器的组成结构和光路图

图 8 - 43 装在楔形平台上的“天狼星”传感器头部外形图

(a)

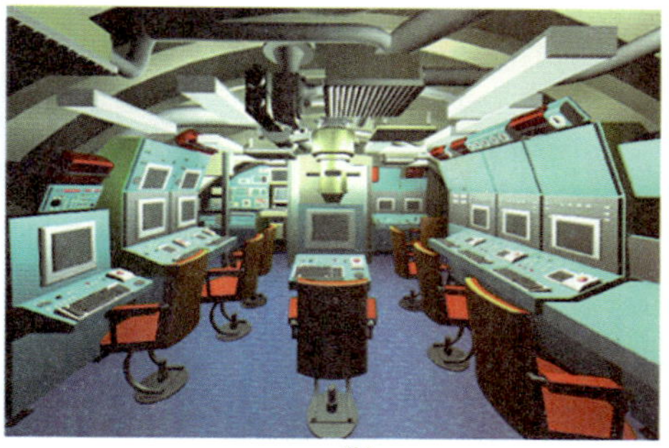

(b)

图 9 - 2 潜艇指挥舱采用潜望镜和光电桅杆舱室布置对比

(a)美国“海狼”级潜艇采用两根潜望镜时的舱室布置；

(b)俄罗斯“阿穆尔”级潜艇采用光电桅杆时的舱室布置

图 9 - 3 潜空导弹对反潜飞机实施攻击示意图

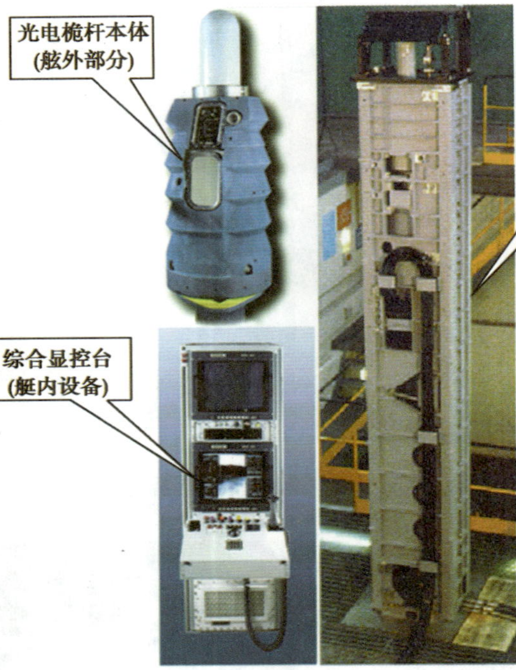

图 9－6 美国“弗吉尼亚”级核潜艇 PMP 光电桅杆设备组成

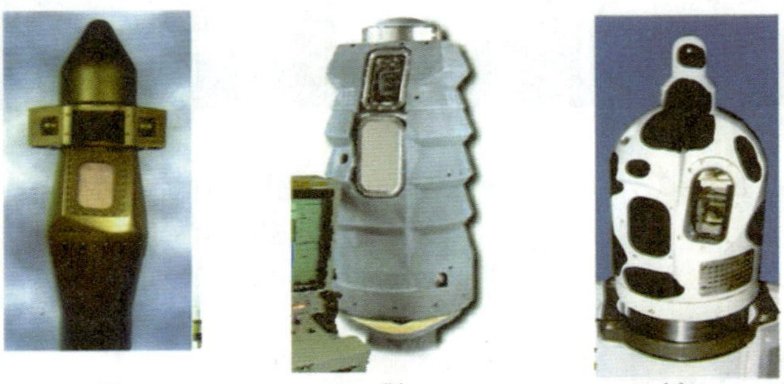

(a) (b) (c)

图 9－7 光电桅杆传感器头外形图

图 9－11 美国 ES－3601 战术雷达 ESM

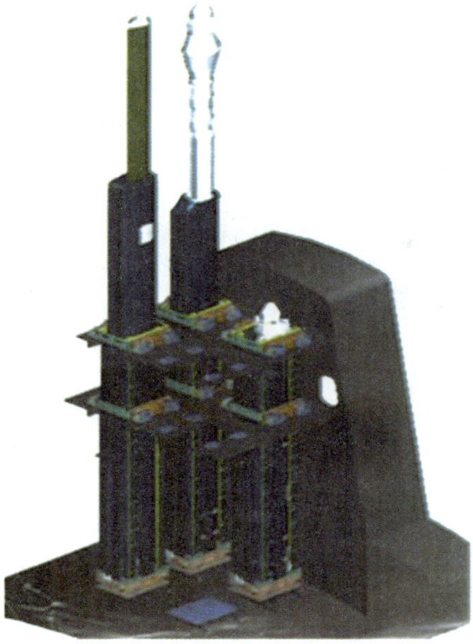

图 9－13　英国 CM010 光电桅杆与其配套的外置升降装置安装示意图

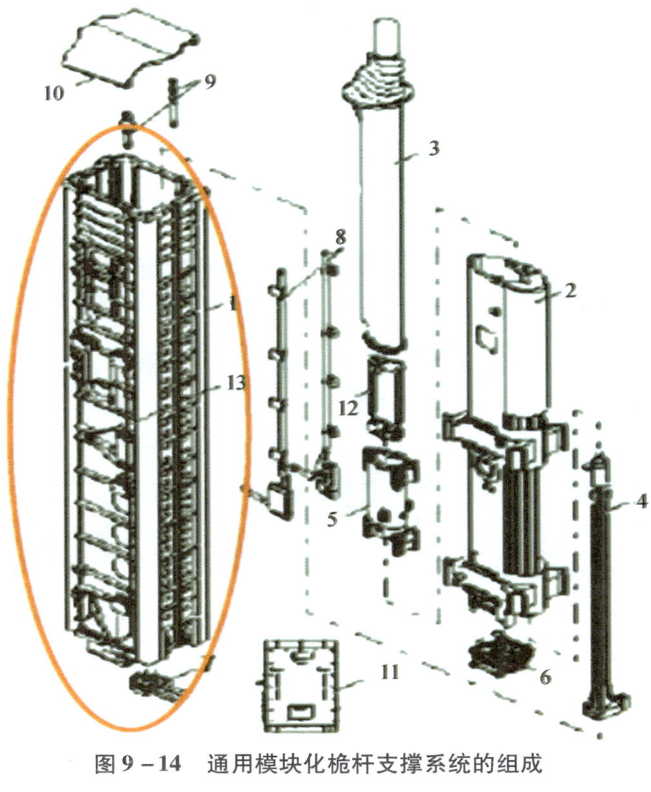

图 9－14　通用模块化桅杆支撑系统的组成

1—流线型桅杆结构模块(方形导管);2—导流罩组件;3—光电桅杆;4—升降液缸组件;
5—内支撑组件;6—电缆控制组件;7—液缸适配器组件;8—传动机构组件;9—弹簧套管组件;
10—保护盖;11—接口装置;12—电缆夹组件;13—桅杆锁定装置

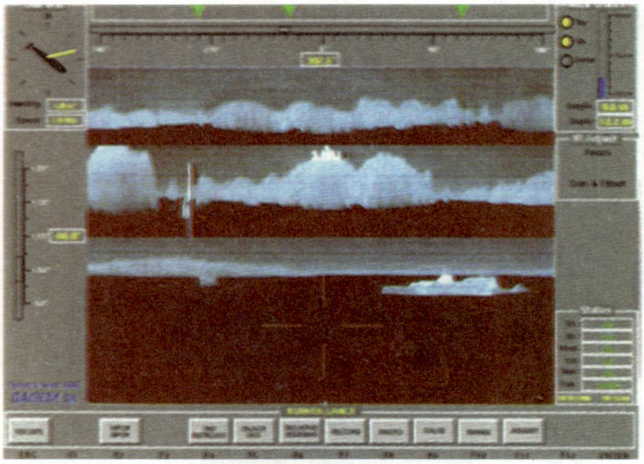

图 9 – 15　法国 **Sagem** 公司光电桅杆的全景警戒模式控制界面

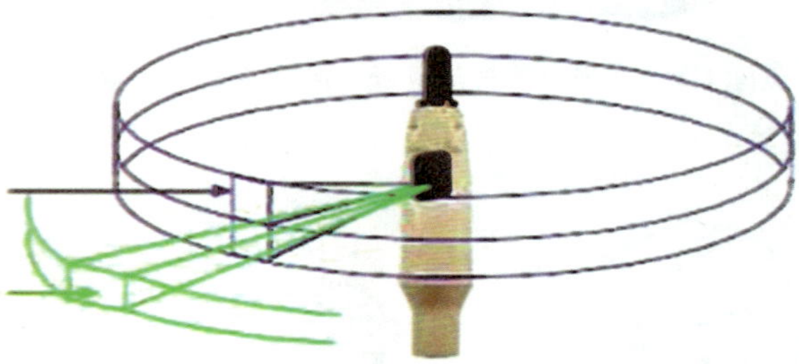

图 9 – 31　法国 **S30** 搜索光电桅杆的周视扫描工作模式示意图

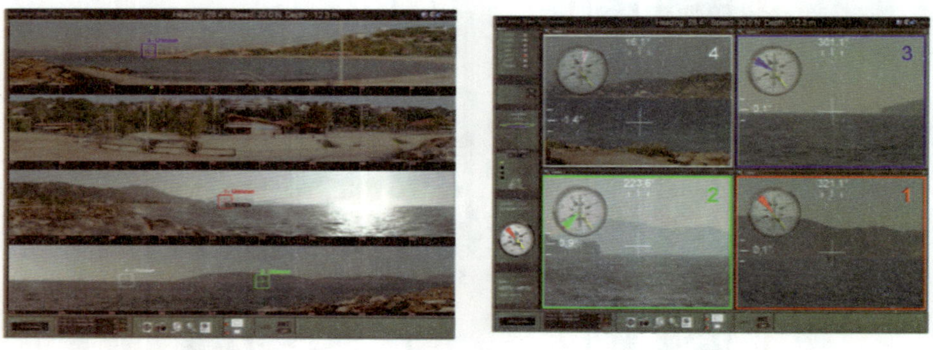

图 9 – 33　快速周视模式的全景水面图像及被选区域的全分辨率窗口图像

图 9－34　21 世纪潜艇指挥舱示意图

图 9－35　美国 86 型光电桅杆观察头外形

图 9－36　美国 86 型光电桅杆改进型观察头外形

图 9－37　美国 86 型光电桅杆升起状态导流罩及消浪装置外形图

图 9－38　美国 86 型光电桅杆连同支撑系统导流罩试验测试图

图 9－39　美国 86 型光电桅杆在潜望状态航行时露出的观察头

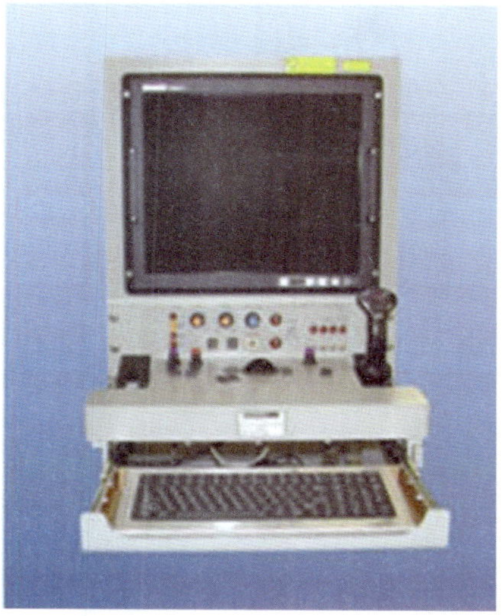

图 9－40　美国 86 型光电桅杆的显控台

图 9－41　美国 96 型攻击光电桅杆的小截面观察头外形

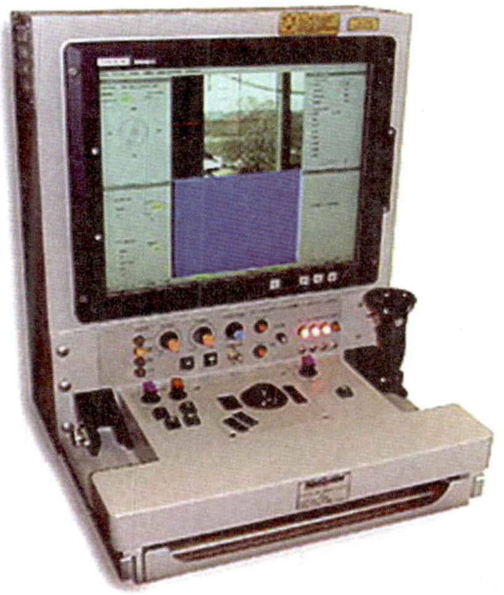

图 9－42　美国 96 型攻击光电桅杆显控台

图 9－43　美国弗吉尼亚级潜艇上的 AN / BVS－1 型光电桅杆

图 9-44 俄罗斯 PARUS-98E 型光电桅杆观察头外形及显控台

图 9-45 英国 CM010 型光电桅杆观察头外形

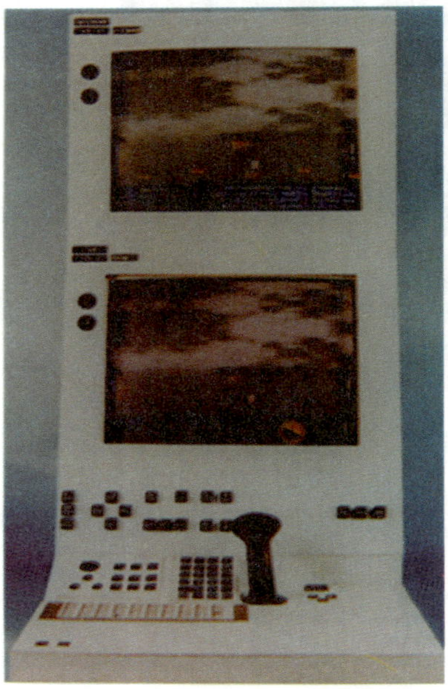

图 9-46 英国 CM010 型光电桅杆显控台

图 9－47　通过桅杆控制机柜控制英国 CM010 型光电桅杆示意图

图 9－48　德国 OMS－100 型光电桅杆新颖观察头外形

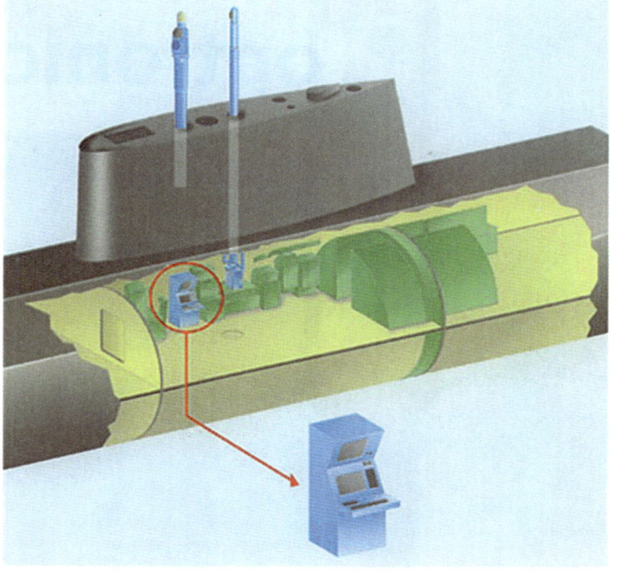

图 9－49　德国 OMS－100 型光电桅杆在潜艇上的布置示意图

图 9 - 50　德国潜航状态的 OMS - 100 光电桅杆

图 9 - 51　法国 SMS 搜索光电桅杆观察头外形

图 9 - 52　法国 SMS - 30 光电桅杆观察头外形

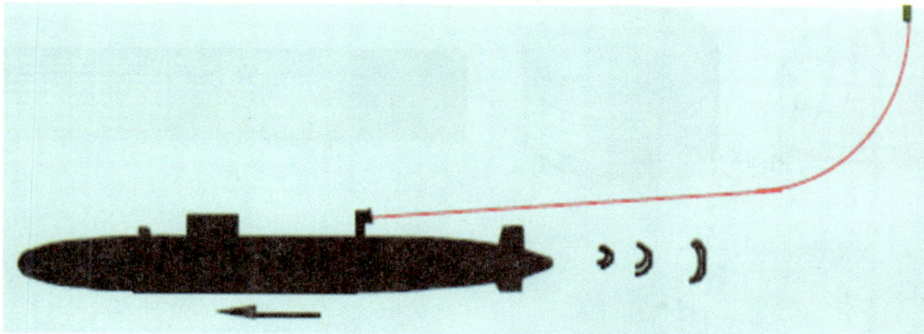

图 9－53　潜艇后舱发射浮标的一种形式

图 9－54　美国电船公司的一种结构新颖的光电浮标

图 9－55　美国扫描型光电浮标系统的构想图

图 9－57　半球空域的超广角光电浮标的光学系统示意图

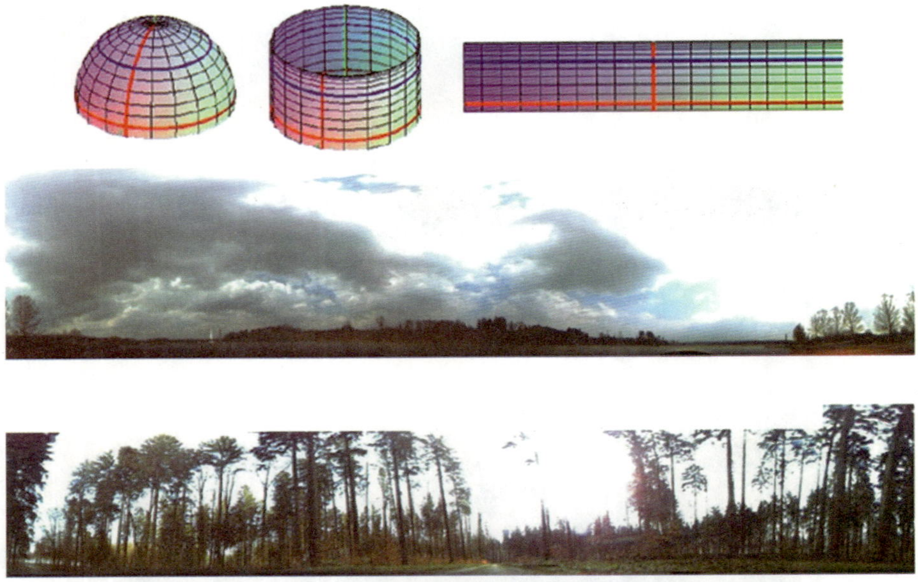

图 9 – 58　采用柱形投射法展开得到的全景图像

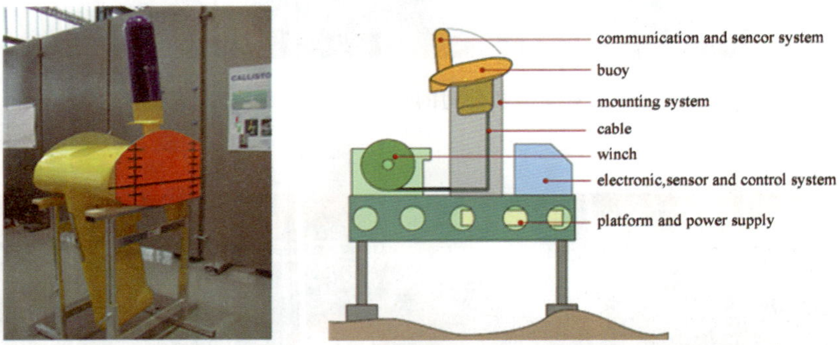

图 9 – 64　德国 Gabler 公司 Callisto 浮标及其拖曳装置

图 9 – 65　装在耐压容器内的无人机

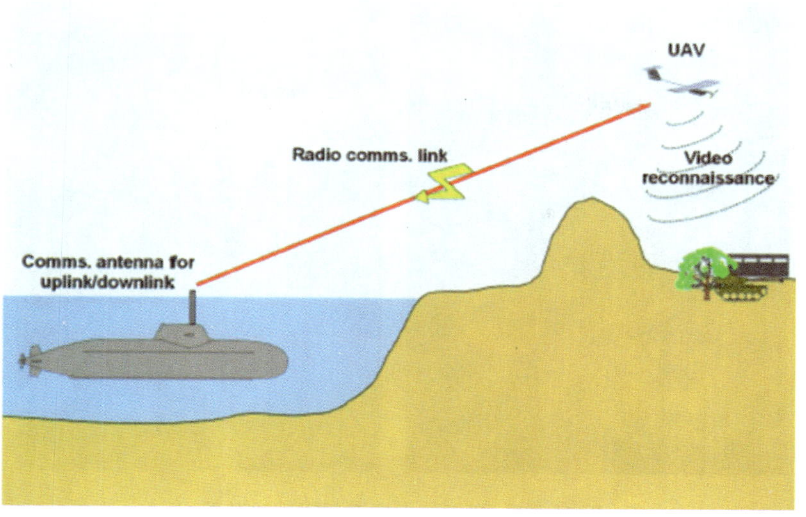

图 9－66　从潜艇发射的无人机(UAV)光学观察系统工作原理图

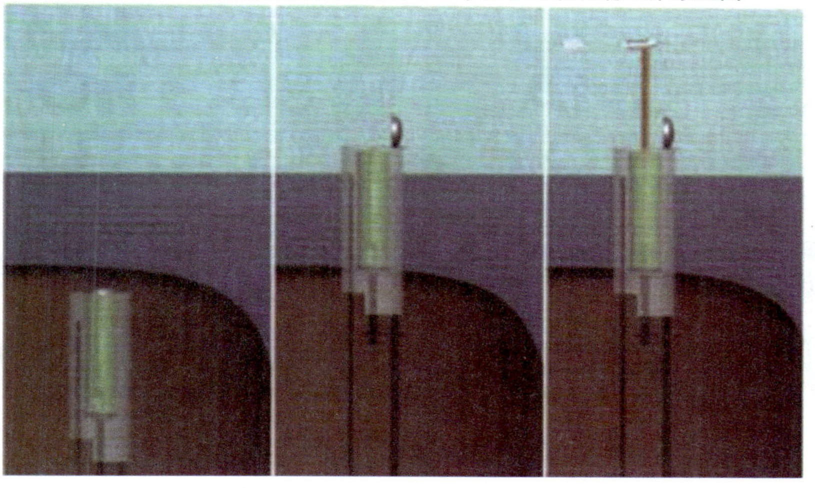

图 9－67　TRIPLEM 两级升降桅杆的工作原理

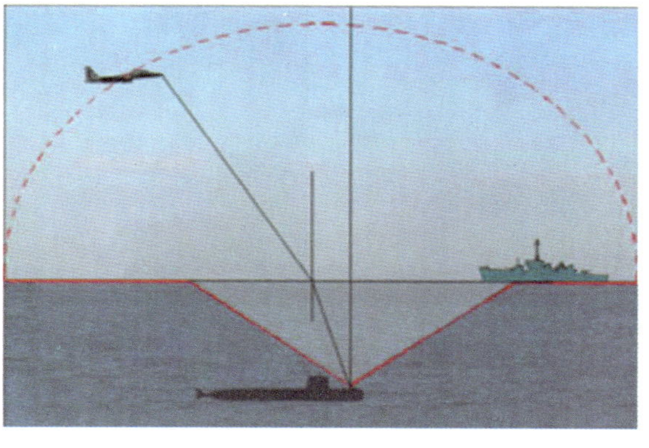

图 10－3　虚拟潜望镜工作原理

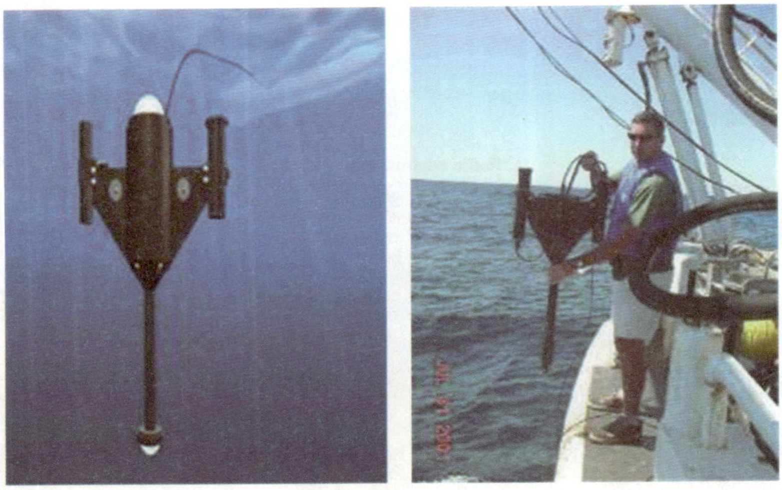

图 10-4 早期的虚拟潜望镜试验装置

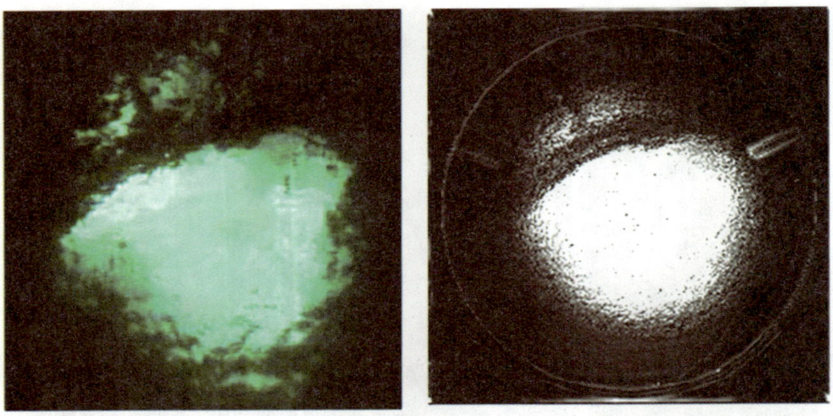

图 10-5 早期虚拟潜望镜试验装置所记录的水下对空图像

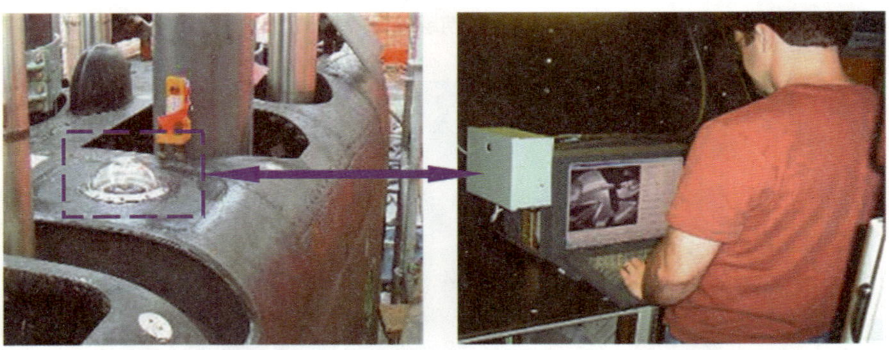

图 10-6 安装在“芝加哥”号潜艇(SSN-721)上的虚拟潜望镜数据采集装置

图 10－7　最初的水池试验，测试虚拟潜望镜的数据采集系统；传感器装置（左图），重构的图像和未受干扰时的视图（中图和上图），重构图和风吹过时的水面视图（右图和下图）

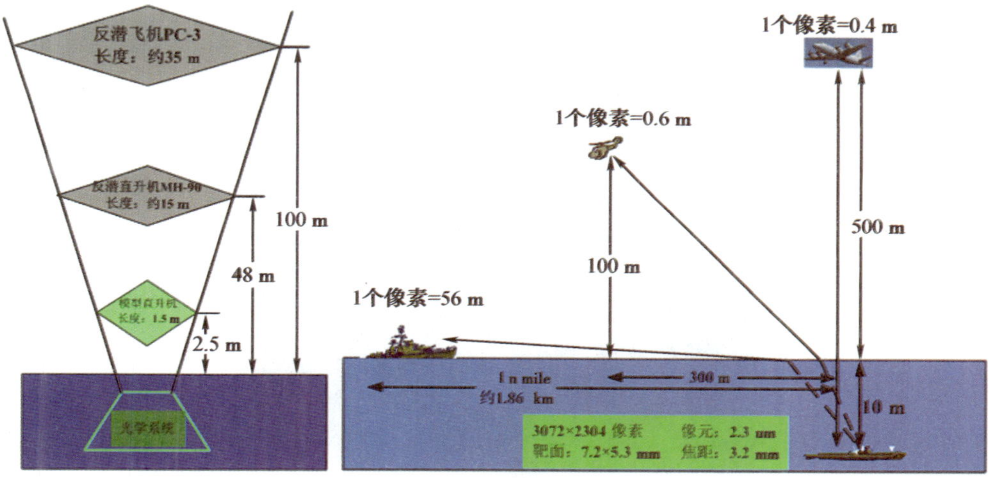

图 10－11　德国蔡司公司的虚拟潜望镜工作示意

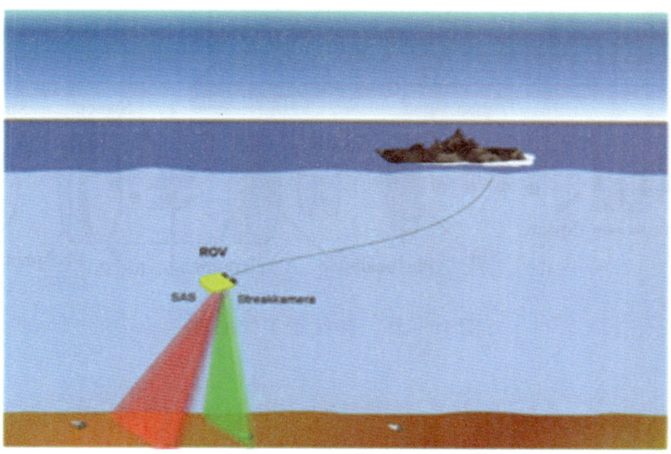

图 10－26　条纹管三维成像用于水雷识别

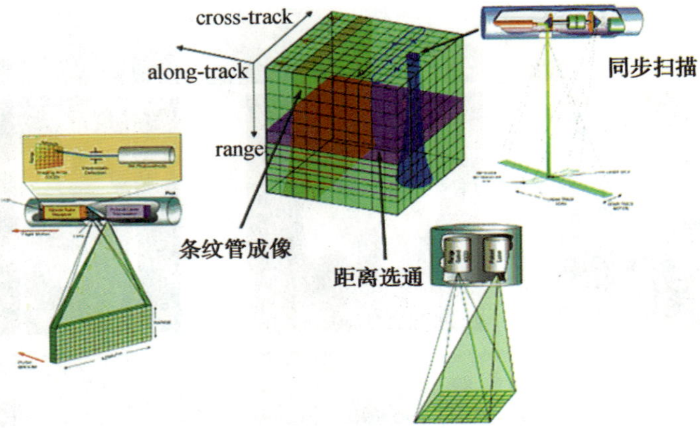

图 10-27 条纹管三维成像技术与同步扫描和距离选通的关系

图 10-28 美海军机载激光探雷系统(ALMDS)

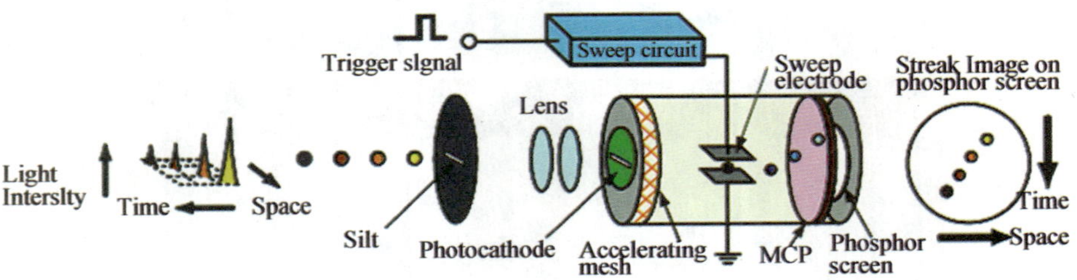

图 10-29 条纹管工作原理

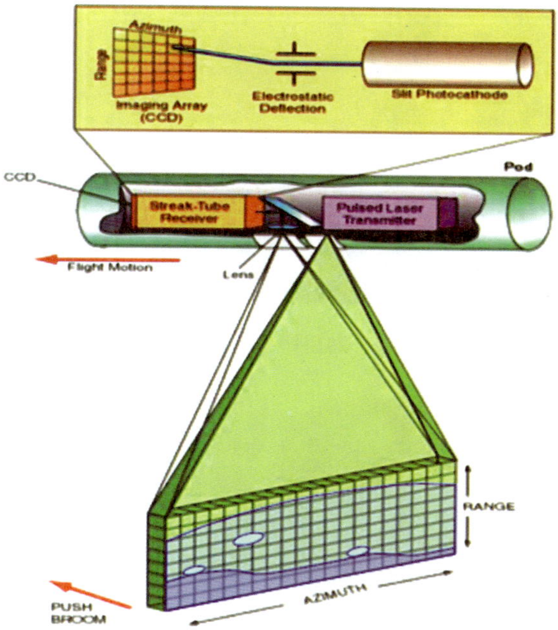

图 10-30　条纹管工作示意图

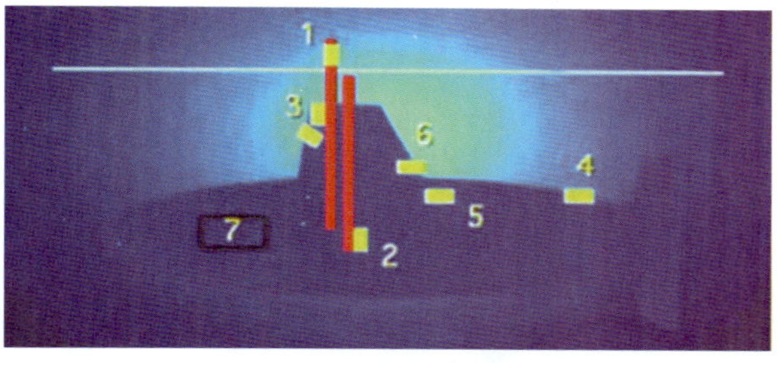

图 10-41　英国水下电视摄像机在潜艇上的配置

1—桅杆头上的摄像机;2—微光潜望镜摄像机;3—向上观察的摄像机;
4—拖曳阵列监视摄像机;5—拖曳阵列监视摄像机;6—通用的导航摄像机;7—视频管理系统

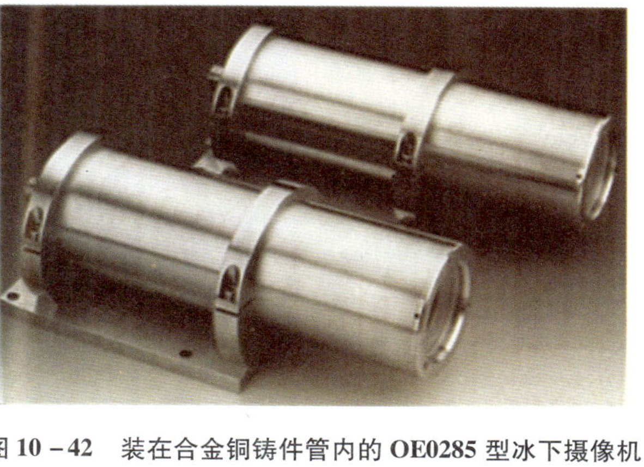

图 10-42　装在合金铜铸件管内的 OE0285 型冰下摄像机

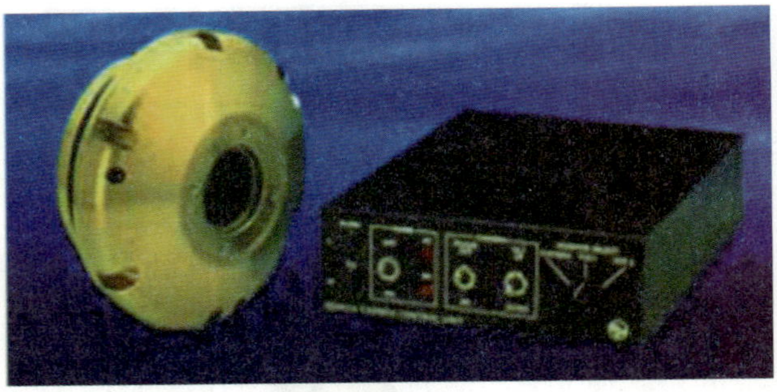

图 10－43 英国安装于潜望镜头部的微光电视摄像机外形图

图 10－44 英国 Extreme 超微光摄像机外观图

图 10－45 目前俄罗斯潜艇上安装的微光电视系统

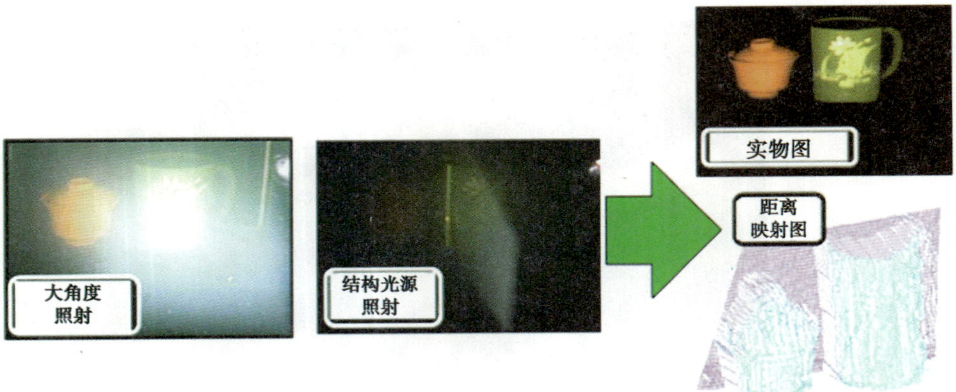

图 10－48 距离补偿结构光源照射系统示例

图 10－49　使用多个照射光源的实验室配置

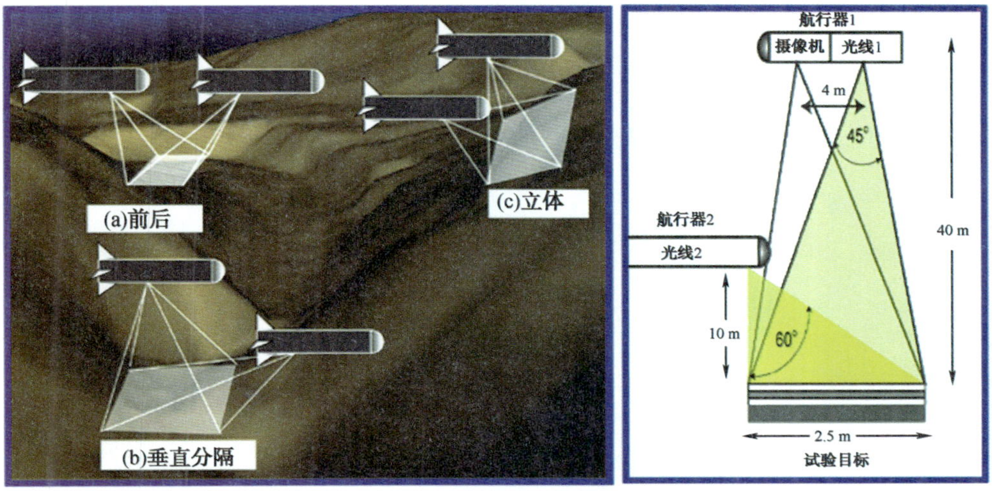

图 10－50　多角度成像的概念（左）；摄像机具有两个不同照射位置的示例（右）